Schriftenreihe des Forschungsinstitutes für politisch-historische Studien der Dr.-Wilfried-Haslauer-Bibliothek, Salzburg

Band 65

böhlau

Robert Kriechbaumer · Richard Voithofer (Hg.)

POLITIK IM WANDEL

Der Salzburger Landtag im Chiemseehof
1868–2018

Band 1

BÖHLAU VERLAG WIEN KÖLN WEIMAR

Bibliografische Information der Deutschen Nationalbibliothek:
Die Deutsche Nationalbibliothek verzeichnet diese Publikation in der
Deutschen Nationalbibliografie; detaillierte bibliografische Daten sind
im Internet über http://dnb.d-nb.de abrufbar.

Umschlagabbildung: Hauptportal des Chiemseehofs vor 1919 und 2015 (Fotos: Archiv der Stadt Salzburg
und Landes-Medienzentrum Salzburg)

Korrektorat: Matthias Stangel, Rommerskirchen
Einbandgestaltung: Michael Haderer, Wien
Satz: Michael Rauscher, Wien
Druck und Bindung: Finidr, Cesky Tesin
Gedruckt auf chlor- und säurefrei gebleichtem Papier
Printed in the EU

Vandenhoeck & Ruprecht Verlage | www.vandenhoeck-ruprecht-verlage.com

ISBN 978-3-205-20776-4

Inhaltsverzeichnis

Einbegleitung

Der Landtag als Kern der politischen Identität

Es ist keineswegs sicher, ob sich die Zeitgenossen, vor allem die politischen Akteure, der hohen symbolischen Bedeutung bewusst waren, als der Salzburger Landtag 1868 erstmals im Chiemseehof tagte und damit das Gebäude auch endgültig in Besitz nahm. Zwei Jahre zuvor hatte das Land Salzburg das historische Gebäude erworben, um dort sowohl den Landtag wie auch die Landesregierung zu situieren.

1215 hatte der Salzburger Erzbischof das Bistum Chiemsee gegründet und dessen Bischof fungierte ab diesem Zeitpunkt als persönlicher Weihbischof des Erzbischofs in der Stadt Salzburg. Zu diesem Zweck bezog er 1216 den nach ihm benannten Chiemseehof, der mit vielen Um- und Zubauten bis 1812 als dessen Residenz dienen sollte. Bis 1840 residierten hier die Erzbischöfe Augustin Gruber und Fürst zu Schwarzenberg. 1866 wurde das Gebäude endgültig seiner kirchlichen Bestimmung entkleidet und durch den Erwerb durch das Land Salzburg zum Zentrum der weltlichen Macht. Der seit 1861 wiederum existierende Landtag und die neu geschaffene Landesregierung waren ab nun die Bewohner des historischen Gebäudekomplexes. Für den Salzburger Landtag bedeutete die Übersiedlung in den Chiemseehof insofern einen politischen Akt von mehr als symbolischer Bedeutung, als er damit erstmals über ein eigenes Gebäude verfügte. Die Machtstellung der Stände in den auf dem Gebiet der Republik Österreich sich befindenden Erblande der Habsburger kam bis zum Siegeszug des Absolutismus nicht nur in ihrem Recht der Steuerbewilligung und dem von ihnen besoldeten und unterhaltenen Beamtenapparat zum Ausdruck, sondern manifestierte sich vor allem auch in den einzelnen Landhäusern als repräsentative Residenzbauten. In Kärnten befand sich durch eine Schenkung Kaiser Maximilians I. sogar die Landeshauptstadt Klagenfurt im Besitz der Landstände. Im Vergleich zur Stellung der Stände in den österreichischen Ländern wird die untergeordnete Rolle der Salzburger Stände, der Landschaft, deutlich.

Wenngleich sich in Salzburg im 14. Jahrhundert infolge der Loslösung des Erzbistums von Bayern und damit der Konstituierung des Landes Salzburg Landstände (Prälaten, Ritter, Städte) bildeten und vorübergehend auch politische Bedeutung erlangten, so konnten sich diese, im Gegensatz zu den österreichischen Ländern, nicht als selbstbewusstes Gegengewicht zur bischöflichen Gewalt etablieren. Dies lag an der Sonderstellung des Domkapitels, das durch das alleinige Recht der Bischofswahl und die Formulierung von Wahlkapitulationen der eigentliche Gegenspieler des Erzbischofs wurde. Hinzu trat die überwältigende materielle Überlegenheit des Erzbischofs, der durch die Verfügungsgewalt über drei Viertel des gesamten Grundbesitzes, den Besitz aller Märkte und Städte (mit Ausnahme Mauterndorfs), seine reichen Einkünfte aus dem Salz-, Gold- und Silberbergbau und den Zöllen von der finanziellen Unterstützung der Stände weitgehend unabhängig war. Auf Grund dieser materiellen Unabhängigkeit sah sich der Landesherr – mit Ausnahme der Phase der Türkenkriege – kaum veranlasst, Landtage einzuberufen. Während das 16. und frühe 17. Jahrhundert den

Höhepunkt der Ständeherrschaft in den österreichischen Ländern bedeutete und diese sogar die Auseinandersetzung mit dem Landesfürsten für sich zu entscheiden schien, befanden sich die Salzburger Stände in einem Schattendasein, aus dem sie gegen Übernahme der enormen Schuldenlast von 635.000 Gulden von Erzbischof Paris Lodron 1620 vorübergehend befreit wurden.

Die 1620 wiederum tagenden Stände (Landschaft) tagten – quasi als Zeichen ihrer Untertänigkeit – im Hauptsaal der von Erzbischof Wolf Dietrich errichteten Neuen Residenz, der daher den Namen „Ständesaal" erhielt. Der sogenannte „Große Landtag" als Versammlung aller Repräsentanten der drei Stände tagte in den folgenden beiden Jahrhunderten nur einmal. Um die Kosten für die Mitglieder des Landtages zu senken, trat an die Stelle des Großen Landtages der einmal jährlich tagende Große Ausschuss, bestehend aus vier Prälaten (unter ihnen der Bischof von Chiemsee), acht Rittern und vier Vertretern der Städte und Märkte. Die zwischen den jährlichen Tagungen anfallenden Aufgaben wurden von einem aus acht Personen bestehenden Kleinen Ausschuss erledigt.

Mit der Übergabe Salzburgs an Bayern 1810 erlosch auch die ohnedies bescheidene Existenz der Landstände. Salzburg hörte damit als eigenständiges Land zu bestehen auf und auch die 1816 erfolgte Inkorporierung des – verkleinerten – Landes in die Habsburgermonarchie änderte an dieser deprimierenden staatsrechtlichen Stellung nichts. Salzburg wurde als fünfter Kreis an Oberösterreich angeschlossen und der Landesregierung in Linz unterstellt. Die Bestrebungen um eine Änderung der Lage hatten schließlich Erfolg. Salzburg wurde zwar mit Jahresbeginn 1850 als eigenes Kronland wieder konstituiert, die Konstituierung eines eigenen Landtages sollte jedoch erst durch das Februarpatent 1861 erfolgen. Der nach dem Kurienwahlrecht gewählte, aus 26 Abgeordneten bestehende Landtag tagte wiederum im Ständesaal der Neuen Residenz, bevor er 1868 in den Chiemseehof übersiedelte.

Der 1861 konstituierte und nunmehr im Chiemseehof tagende Landtag konnte zwar auf eine lange Geschichte verweisen, jedoch – im Unterschied zu den anderen österreichischen Landtagen – kaum auf eine politisch-demokratische Tradition. Zu sehr war die Geschichte der Salzburger Landschaft von dem oben kurz skizzierten Sonderweg geprägt.

Parlamente entwickelten sich in Europa aus den ständischen Vertretungen des Mittelalters, wobei diese Entwicklung keineswegs in einem einheitlichen gesamteuropäischen Prozess erfolgte, sondern in zeitlichen und regionalen Differenzierungen. Über die Bewilligung und Kontrolle der Verwendung der Steuermittel erstreckte sich die Intention der Parlamente allmählich auf die Kontrolle der Regierung. Dies erfolgte zunächst nur auf der Basis einer eingeschränkten Gruppe (des Adels, der Geistlichkeit und des Patriziats) und erlangte erst durch längere demokratische Metamorphosen in Form von Ausdehnungen des Wahlrechts den modernen Status des Parlamentarismus. Parlamentarismus und Demokratie sind daher von ihrem Ursprung her nicht identisch, sondern das Ergebnis eines historischen Prozesses. Parlament und Demokratie werden oftmals als Synonyme verwendet, doch ist dabei Vorsicht geboten. Auch Diktaturen besitzen Parlamente. Eine parlamentarische Demokratie basiert auf freien Wahlen, der Parteienkonkurrenz, der Gewaltenteilung – im Fall des Parlaments auf der Mitwirkung an und der Kontrolle der Staatsgewalt – und der Bereitschaft der Übernahme von Verantwortung für das Staatswohl in Form des Kompromisses der unterschiedlichen Teilinteressen. Plurale politische Systeme verweigern sich der totalitären Illusion der Einheit von Volk und Regierung, der Homogenität von Regierten und Regierenden. Sie basieren auf dem Konkurrenzmodell der Demokratie, nach dem sich die politischen Akteure (Parteien) im Rahmen klar definierter Spielregeln des Verfassungs- und Rechtsstaates um Entscheidungsbefugnis in einem Konkurrenzkampf um die Stimmen der Wähler/innen befinden. Parlamente als Orte des politischen Diskurses sind die Arena des Ringens der demokratisch legitimierten Teilinteressen.

Montesquieus am Beispiel der Römischen Republik und Englands entwickelte Theorie der Gewaltenteilung als verfassungsrechtliche Bedingung der persönlichen Freiheit findet dabei eine Einschränkung, die der französische Philosoph als dem realen politischen Prozess inhärent konstatierte und als Gewaltenverschränkung definierte. Im parlamentarischen Regierungssystem stehen sich somit Regierung und Parlament nicht strikt gewaltenteilend gegenüber, sondern sind vielfach miteinander verflochten. Zum einen bestellt das Parlament auf Grund seiner durch Wahlen erhaltenen Legitimation die ihm verantwortliche Regierung, zum anderen fällt die Regierung ihre Entscheidungen jeweils in enger Koordination mit den sie im Parlament tragenden Parteien. Politische Entscheidungen sind somit das Resultat der die Regierungsmehrheit bildenden politischen Interessen und gesamtgesellschaftlichen Vorstellungen (Ideologien). Der eigentliche Widerpart ist die parlamentarische Minderheit als Opposition, deren Kontrollfunktion, sofern diese nicht in Destruktion entartet, das parlamentarische Leben vor der politischen Sterilität bewahrt und deren Ziel es ist, durch Alternativen die Konkurrenz der nächsten Wahlen für sich zu entscheiden.

Tradition und Wandel, Kontinuität und Brüche in der Geschichte der Parlamente sind das Ergebnis der Geschichte des jeweiligen Landes, dessen spezifischer politischer Kultur und der Konjunkturen des Zeitgeistes. Ein Blick auf die nunmehr mehr als 150-jährige Geschichte des Salzburger Landtages ermöglicht es, gleichsam aus der Vogelperspektive des Betrachters ex post, die Strukturen von Kontinuitäten und Brüchen zu erkennen.

1. 1861 bis 1918: Semi-Konstitutionalismus mit eingeschränktem Wirkungsbereich. Aufrechterhaltung des Gottesgnadentums und Dominanz der Krone, durch Kurien- und Zensuswahlsystem abgesicherte Dominanz der traditionellen Eliten.

2. 1918 bis 1919: Der revolutionäre Bruch. Wegfall der kaiserlichen Prärogative, deutlicher Machtzuwachs des Landtages und des Landeshauptmanns, allgemeines Wahlrecht/Frauenwahlrecht, Siegeszug der Massenparteien.

3. 1919 bis 1934: Ära der Konsensdemokratie, die auch durch den Einzug der NSDAP und ihr destruktives Verhalten 1932/33 (im Juni 1933 wird die NSDAP verboten, ihre Mandate für ruhend erklärt) nicht erschüttert wird.

4. 1934 bis 1938: Scheinkonstitutionalismus im autoritären Staat.

5. 1945 bis 1949: Bruch und Rückbruch. Der Sonderfall der unmittelbaren Nachkriegsjahre. Bewusster Bruch mit der NS-Zeit, Rückkehr zur Verfassung der Ersten Republik, Abwesenheit der Kriegsgefangenen und Entzug des Wahlrechts für ehemalige Nationalsozialisten brachten asymmetrische Wahlergebnisse und den diesen entsprechende politische Machtverhältnisse.

6. 1949 bis 1989: Rückkehr (des Dritten Lagers) zur politischen Normalität und Etablierung des „Salzburger Klimas".

7. 1989 bis 2018: Verlebendigung des politischen Systems. Änderung der politischen Wettbewerbslogik durch den Einzug der Grünen in den Landtag, der damit erstmals in der Zweiten Republik vier Parteien umfasst, und das Ende des Proporzsystems.

Salzburg und dessen politisches System wurden seit den Siebzigerjahren des 20. Jahrhunderts (Einzug der Bürgerliste in den Salzburger Gemeinderat 1977) zum bundespolitische Entwicklungen antizipierenden politischen Seismographen, der Veränderungen der politischen Kultur und in deren Folge des Parteiensystems signalisierte. Der Triumph der Konsumgesellschaft, der sich beschleunigende Säkularisierungs- und Individualisierungsprozess, das Schwinden der so lange prägenden politischen Milieus und Lebenswelten, die zunehmende Distanz zu den etablierten Politikmustern und -stilen sowie die aus der persönlichen Betroffenheit resultierende Bereitschaft, sich in Bürgerbewegungen oder alternativen politischen Angeboten zu engagieren, führten zu neuen Herausforderungen für die traditionellen Akteure der parlamentarischen Demokratie.

Politische Partizipation im Sinne einer Bürgergesellschaft hat ihren Ursprung stets im erfahrbaren Nahbereich. Zum anderen erfolgte und erfolgt im Zeitalter zunehmender Bedeutung politischer und ökonomischer Entscheidung auf mehr oder weniger stark ausgeprägten internationalen Ebenen eine Renaissance des Heimatbegriffs, des Stellenwerts des Regionalen und Lokalen, der kulturellen Beheimatung im Meer nivellierender Internationalisierung. Hier ist der Nukleus der regionalen Identität, der Ort und die Notwendigkeit von Regionalpolitik als Ordnungsinstrument des komplexen Beziehungsgeflechts von lokalen, regionalen, bundespolitischen und europäischen Strukturen. Wenngleich die Rolle der Landtage von der Dominanz des Bundes und der EU zunehmend überschattet wird, so gründet hier, jenseits ihrer historischen Genesis und verfassungsrechtlichen Stellung, als einzig direkt gewähltes Landesorgan deren identitätsstiftende Bedeutung.

Robert Kriechbaumer
Richard Voithofer

Dank

Die Idee für ein solches Buch ist schnell gefasst, der Weg dorthin ist steinig und mit unvorhersehbaren Untiefen versehen. Die Herausgabe eines Werks zur Geschichte des Salzburger Landtages im Chiemseehof ist eine Herausforderung, die alleine nicht zu bewältigen gewesen wäre. Dass aus der Idee ein Konzept und aus dem Konzept eine Planung wurde, ist Landtagspräsidentin Dr. Brigitta Pallauf zu verdanken, die von der ersten Stunde an maßgeblich an der Realisierung dieses Projektes mitwirkte. Sie gab uns den Rückhalt, der für das Gelingen eines solchen Werkes Grundvoraussetzung ist.

Unser Dank gilt zu allererst den Autorinnen und Autoren, die uns Beiträge zur Verfügung gestellt haben, die von hohem Engagement zeugen und die Vielfalt der Kompetenzen zum Ausdruck bringen.

Bedanken möchten wir uns bei den Archivdirektoren Dr. Oskar Dohle (Salzburger Landesarchiv), Dr. Peter F. Kramml (Archiv der Stadt Salzburg) und Dr. Thomas Mitterecker (Archiv der Erzdiözese Salzburg), die uns nicht nur den Einblick in die umfassenden Bestände der jeweiligen Archive ermöglichten, sondern uns bei der Suche nach bislang unbekannten Bildern unterstützten.

Einen unschätzbaren Dienst hat uns der der Salzburger Pressefotograf Franz Neumayr geleistet, der uns Zugang zu seiner Bilddatenbank gewährte. Unser Dank gilt auch der Dr. Hans-Lechner-Forschungsgesellschaft und ihrem Präsidenten MMag. Michael Neureiter für die Möglichkeit, in das Bildarchiv Einsicht zu nehmen und damit wertvolle Bilder für diese Publikation zu erhalten. Mit Mag. Werner Friepesz von der Fotosammlung des Salzburg Museums hatten wir einen verlässlichen Partner bei der Suche ausgewählter Fotografien. Bedanken möchten wir uns bei den Dienststellen des Landes, den Interessensvertretungen und der Universität Salzburg für ihre Unterstützung.

Politik ist grundsätzlich eine ernste Angelegenheit, verträgt jedoch immer wieder ein kleines Schmunzeln und ein Augenzwinkern. Komplexe und komplizierte politische Handlungsfelder kommen durch eine Karikatur oft viel klarer zum Ausdruck als durch eine ausführliche schriftliche Darstellung. Deshalb bedanken wir uns ganz herzlich beim Karikaturisten der Salzburger Nachrichten, Mag. Thomas Wizany, der uns seine Karikaturen zur Verfügung gestellt hat.

Ohne die tatkräftige und uneigennützige Zusammenarbeit mit vielen Institutionen und begeisterten Salzburgerinnen und Salzburgern hätte dieses Buch nie das Licht der Öffentlichkeit erblickt. Die Stunden sind nicht zählbar, die in diesem Buch stecken, aber bei der Lektüre wird man hoffentlich das Engagement und den Einsatz verspüren, die den Chiemseehof und die Salzburger Landespolitik in den vergangenen 150 Jahren in einem neuen Licht erscheinen lassen.

Wir können nur Danke sagen!

Robert Kriechbaumer
Richard Voithofer

2018 – Ein bedeutungsvolles Jahr

2018 ist ein Jahr mit bedeutenden Jahrestagen. Allen voran bildet der „Beschluß der Provisorischen Nationalversammlung für Deutschösterreich über die grundlegenden Einrichtungen der Staatsgewalt" vom 30. Oktober 1918 den Anlass, auf 100 Jahre Republik dankbar zurückzublicken. Aber nicht nur Erfolge gibt es in dieser Hinsicht zu feiern. In diesem Erinnerungs- und Gedenkjahr müssen wir unseren Blick allerdings auch auf den 4. März 1933 und auf den 11. März 1938 richten. Am 4. März 1933 traten nach Unregelmäßigkeiten bei einer Abstimmung alle drei Nationalratspräsidenten zurück, der Nationalrat war damit handlungsunfähig, und es erfolgte die Ausschaltung des Parlaments. Nach der Etablierung eines autoritären „Ständestaates" und einem schrecklichen Bürgerkrieg konnte schließlich Bundeskanzler Kurt Schuschnigg dem Druck aus Nazi-Deutschland nicht mehr standhalten. Er trat am 11. März 1938 zurück, was den „Anschluss" zur Folge hatte. Beide Daten führen uns die Verletzlichkeit und Zerbrechlichkeit einer parlamentarischen Demokratie drastisch vor Augen. Unsere Aufgabe als Abgeordnete darf sich daher niemals darin erschöpfen, die eigene Position durchzusetzen. Es ist unser ureigener Auftrag, Föderalismus und Parlamentarismus lebendig zu gestalten und – zu erhalten. Dazu gehört die Öffnung des Hauses. Im Landtag begegnen sich Bürger/innen und Politiker/innen. Die Abgeordneten verbinden diese beiden Ebenen. Und das muss für alle sichtbar sein. Der Landtag soll Ort der Begegnung, des Austauschs und – um mit dem in Oberndorf geborenen Philosophen Leopold Kohr zu sprechen – Ort der Gastlichkeit sein.

Unsere demokratische und rechtsstaatliche Ordnung ist keine Selbstverständlichkeit, die damit verbundene Anstrengung wird zu unserem einzigen Prüfmaßstab. Wir als Abgeordnete dürfen weder den Eindruck vermitteln noch selber glauben, unsere Heimstätte, der Landtag, erkläre sich von selbst, seine Vorteile wären auf den ersten Blick offenkundig, die Qualität (und Quantität) seiner Arbeit klar sichtbar. Wir müssen unseren Wählerinnen und Wählern die Auswirkungen unseres Tuns anschaulich machen, über Zusammenhänge aufklären und Ergebnisse erklären.

Art. 1 des Salzburger Landes-Verfassungsgesetzes erinnert daran, dass die Erste Republik durch einen Zusammenschluss der Länder entstanden ist. Die parlamentarische Tradition in den Ländern ist also mindestens so alt und – ich behaupte auch mindestens so erfolgreich – wie die des Gesamtstaates. Ein Landtag bedeutet wie jedes Parlament ein Stück politische Freiheit, ein Stück politische Autonomie, und im Falle Salzburgs auch das wieder gewonnene Selbstbestimmungsrecht für die Bevölkerung. Denn am 22. August 1868 tagte der Salzburger Landtag das erste Mal dort, wo er auch heute noch immer zusammentritt, im Landtagssitzungssaal des Chiemseehofs im Salzburger Kaiviertel. Derzeit dröhnen draußen am Gang der Stiege 2, seit jeher der Hauptzugang zum Sitzungssaal, die Baumaschinen. Der Nordtrakt des Chiemseehofs, seit 150 Jahren der Sitz des Salzburger Landtags, wird derzeit generalsaniert. Barrierefreiheit, einladende Offenheit für die Bevölkerung und gute Arbeitsbedingungen für Abgeordnete und Bedienstete sind drei große Ziele des Umbaus. Die Symbolik dieses Unternehmens geht über derlei technische Aspekte jedoch weit hinaus. Der Landtag ist nicht einfach nur umbauter Raum, ein spatium, das heute so und morgen so bespielt werden könnte. Der Landtag ist ein topos, ein Ort, an dem gewählte Vertreterinnen und Vertreter zu einer bestimmten Zeit zusammenkommen, um bindende Entscheidungen für das Land und seine Menschen zu treffen. Nur in einer bestimmten, nämlich in einer legitimierten Zusammensetzung erfüllt er seinen Sinn. Dies mag in einer Zeit der digitalen Synchronizität anachronistisch klingen. Politik werde heute medial vermittelt, Tweets lösten Umstürze aus und die Netzwerkgesellschaft organisiere sich selbstgesteuert. Dies alles mag sein. Der britische Politikwissenschaftler John Parkinson erinnert uns indes daran, dass es in der politischen Kommunikation um echte Menschen geht, die tatsächliche Plätze einnehmen, besetzen, teilen und umkämpfen. Selbst oder vielleicht gerade in unserer digitalen Welt ist Demokratie von jeher auf physisch vorhandene und öffentlich verfügbare Orte angewiesen. Demokratie braucht zum Funktionieren einen bestimmten, sichtbaren und offenen Ort, an dem allgemein verbindliche Kollektiventscheidungen getroffen werden können. Dieser Ort muss förmlich einladen zu ermächtigtem Handeln von ganz normalen Menschen, die sich für zuständig erklären. Denn nur diese, so sagte es Joachim Gauck in seiner Festrede zur Eröffnung der Salzburger Festspiele 2011, werden Europa retten.

Und abschließend noch ein Satz zu jenen zentralistischen Ideen, Landtage seien nicht mehr zeitgemäß. Der bundesstaatliche Charakter Österreichs ist in Art. 2 des Bundes-Verfassungsgesetzes festgeschrieben. Die 36 Abgeordneten stehen für diesen Föderalismus. Ihre Nähe zu den Bürgerinnen und Bürgern dieses Landes, die Tatsache, dass sie diesen sehr oft persönlich Rede und Antwort stehen müssen, gemeinsam mit ihnen in einer außerordentlich komplexen Welt ihren Lebens-Raum, Salzburg, gestalten können – das alles lässt Demokratie erlebbar werden. Konkret, nahe und menschlich.

An Sie, sehr geehrte Leserinnen und Leser, ergeht die Einladung, in die reiche Geschichte und Gegenwart des Salzburger Landtags einzutauchen und sich für unsere Landesdemokratie erneut oder erstmals begeistern zu lassen. Mein besonderer Dank gilt den Autorinnen und Autoren dieses Buches und seinen beiden Herausgebern Robert Kriechbaumer und Richard Voithofer, die durch die sorgsame und profunde Auswahl der Themen und Beiträge eine bisher einzigartige und hochaktuelle Zusammenstellung zur Geschichte und Gegenwart des Salzburger Landtags vorlegen können. Besonders freue ich mich jedoch darauf, Ihre Meinung darüber zu erfahren. Dem Buch wünsche ich die verdiente Aufnahme und Aufmerksamkeit.

Dr. Brigitta Pallauf
Präsidentin des Salzburger Landtages

Ein Handschlag unter Präsidenten: Landtagspräsident Dr. Helmut Schreiner und Prof. Vytautas Landsbergis (Präsident des Seimas von Litauen) am 31. Mai 2000 in Vilnius (Foto: Seimas Litauen)

Delegation des Salzburger Landtages bei Prof. Vytautas Landsbergis am 31. Mai 2000 (Foto: privat)

Gruß aus Vilnius

Die Salzburger können mit Recht stolz sein auf ihr modernes Leben und ihre Geschichte, in der der Salzburger Landtag eine signifikante Rolle spielt.

Die Geschichte hat es gewollt, dass sowohl die Erzdiözese Salzburg als auch das Großfürstentum Litauen zum selben Zeitpunkt, am Ende des 18. Jahrhunderts, ihre Eigenständigkeit verloren haben und wiederum am Ende des 19. und Anfang des 20. Jahrhunderts sowohl Salzburg als auch Vilnius um Freiheit und Souveränität kämpften. Ich wage zu behaupten, die Gebildeten des Großherzogtums Litauen, die 1861 gegen die russische Monarchie aufbegehrten, waren sich bestimmt der bedeutendsten Ereignisse in Europa bewusst und werden auch über den Erlass des österreichischen Kaiserhauses von 1861 über die Eigenständigkeitsrechte und Landtagswahlen Bescheid gewusst haben.

Für die Republik Litauen, die im Jahr 2018 den 100. Jahrestag der Wiedererlangung ihrer Staatlichkeit feiern wird, markiert das Jahr 1990 die Rückkehr in die Gemeinschaft der demokratischen Nationen nach 50-jähriger sowjetischer Besatzung. Am 24. Februar 1990 beobachtete gerade die Delegation des Salzburger Landtages die ersten freien Parlamentswahlen nach 70 Jahren. Sie bekundete die nicht nur für Litauen allein historisch entscheidenden Ergebnisse der Wahlen zum Parlament, das bald die Wiederherstellung der Unabhängigkeit deklarierte.

Die Unterstützung der Salzburger war auch schon zu jener Zeit in Litauen zu spüren, als der Salzburger Landtag am 4. April 1990 mit einem Beschluss die österreichische Regierung aufforderte, das unabhängige Litauen zu unterstützen. Es war auch zu jener Zeit zu spüren, als nach blutiger sowjetischer Aggression am 13. Januar 1991 der Salzburger Landtag den Protest beim Generalkonsulat der Sowjetunion in Salzburg einreichte und am 27. Februar 1991 mit einer Resolution die österreichische Regierung aufforderte, die Unabhängigkeit der Republik Litauen anzuerkennen. Die Freundschaft und die Unterstützung des Salzburger Landtags sowie weiterer Behörden haben Litauen gestärkt, sich um den EU-Beitritt und die Mitgliedschaft in internationalen Organisationen zu bewerben.

Heute freuen wir uns zusammen mit dem Salzburger Landtag über das Geleistete und bekunden unsere bewährte Freundschaft, die die Völker in den Alpen und an der Ostsee einander näher gebracht hat.

Prof. Viktoras Pranckietis
Präsident des Seimas der Republik Litauen

Gemeinsame Erklärung

zur Zusammenarbeit

des Landtags Rheinland-Pfalz
und
des Landtags von Salzburg

aus Anlass des 50-jährigen Bestehens der
Zusammenarbeit beider Landtage

vom 7. Oktober 2014

Anlässlich des 50-jährigen Jubiläums der Partnerschaft zwischen den Landtagen von Rheinland-Pfalz und Salzburg unterzeichneten am 7. Oktober 2014 Landtagspräsidentin Dr. Brigitta Pallauf und Landespräsident Joachim Mertes eine gemeinsame Erklärung über die Zusammenarbeit der beiden Landtage (Foto: Landes-Medienzentrum Salzburg, Salzburger Landtag)

Das Europa der Regionen

50 Jahre erfolgreiche Zusammenarbeit der Landtage Rheinland-Pfalz und Salzburg

Der Grundstein für eine lange und intensive partnerschaftliche Zusammenarbeit zwischen dem Landtag Rheinland-Pfalz und dem Landtag von Salzburg wurde durch die im Jahr 1964 begonnenen Kontakte und interregionalen Begegnungen gelegt.

In der Folgezeit wurden die gegenseitigen Beziehungen sehr aktiv wahrgenommen. Die Konferenzen der Präsidentinnen und Präsidenten der deutschen und der österreichischen Landesparlamente bildeten die Grundlagen für einen grenzüberschreitenden Dialog, der ein frühes und insbesondere wegweisendes Beispiel für ein interregionales Gespräch zwischen den europäischen Regionen ist.

Weiter wurde und wird die partnerschaftliche Zusammenarbeit durch zahlreiche kontinuierliche Delegationsbesuche seit der Jahrtausendwende vertieft.

Bei allen Delegationsbesuchen ließ sich ein reger Meinungs- und Erfahrungsaustausch verzeichnen. Themenschwerpunkte lagen nicht nur auf den länderspezifischen Fragen, welche den deutschen und den österreichischen Landtag im besonderen Maße betrafen. Ein intensiver Gedankenaustausch fand in Bezug auf die politischen Fragen der beiden Länder statt. Der Diskurs beschränkte sich aber keineswegs nur auf die länderspezifischen Fragestellungen. Darüber hinaus wurden diverse aktuelle Fragestellungen aus dem europarechtlichen Bereich von allgemeinem Interesse behandelt.

Alle jährlich stattfindenden Delegationsbesuche würden in diesem Beitrag eine besondere Erwähnung verdienen, da jeder Besuch zu einer weiteren Annäherung und einem vertieften interregionalen Verständnis führte. Jedoch sollen im Folgenden zwei Besuche exemplarisch näher beleuchtet werden.

Die Rede ist zunächst von dem denkwürdigen Besuch des rheinland-pfälzischen Landtags in Salzburg im Zeitraum vom 26.–28. September 2004. Teilnehmer des Besuchs waren Präsident Christoph Grimm, die Vizepräsidenten Helga Hammer und Friedel Grützmacher und Landtagsdirektor Dr. Klaus-Eckart Gebauer. Thematische Schwerpunkte des Besuchs bildeten die Wasserkraft im Rahmen der erneuerbaren Energien, der Alpentransit, der Naturschutz und eine engere Zusammenarbeit im Bereich der Hochschulen der Regionen. Aus Anlass des 40-jährigen Bestehens der partnerschaftlichen Zusammenarbeit wurde beim Besuch dieser Delegation eine „Gemeinsame Erklärung zur Zusammenarbeit des Landtages Rheinland-Pfalz und des Landtages von Salzburg" abgegeben. Diese Erklärung wurde von dem rheinland-pfälzischen Präsidenten, Christoph Grimm, und dem Landtagspräsidenten von Salzburg, Johann Holztrattner, feierlich unterzeichnet. Vorgesehen ist ein Dialog beider Landtage im Bereich der politischen Fragen, die in den Kompetenzen der beiden Länder liegen, sowie im europarechtlichen Bereich.

Des Weiteren ist der Besuch der rheinland-pfälzischen Delegation anlässlich des 50-jährigen Bestehens der Zusammenarbeit beider Landtage erwähnenswert. Die Delegation, welche vom 6.–8. Oktober 2014 Salzburg besuchte, setzte sich aus dem Präsidenten Joachim Mertes, Frau Vizepräsidentin Hannelore Klamm, Vizepräsident Dr. Bernhard Braun, Mitglied des Landtages Dr. Norbert Mittrücker (CDU-Fraktion) sowie Landtagsdirektorin Ursula Molka zusammen. Schwerpunkte dieses Besuchs bildeten Gespräche in der Fachhochschule Kuchl zum Thema Holzbau, der Besuch des Biomasse-Heizkraftwerks Kuchl sowie Besuche der Festung Hohensalzburg und des Salzburger Festspielhauses. Dadurch konnte das interkulturelle Verständnis zwischen beiden Regionen weiter vertieft werden.

Anlässlich dieses Besuches und aus Anlass des 50-jährigen Bestehens der Zusammenarbeit der beiden Landtage wurde zwischen den Präsidenten der Landtage eine neue „Gemeinsame Erklärung zur Zusammenarbeit beider Landtage" feierlich unterzeichnet.

Die obigen Schilderungen lassen den Schluss zu, dass eine solche bemerkenswerte interregionale Zusammenarbeit hinsichtlich der Entwicklung des Föderalismus in Deutschland und Österreich weiter fortgesetzt und ausgebaut werden wird.

Festzuhalten ist folglich, dass die partnerschaftliche Zusammenarbeit der Regionen eine herausragende Bedeutung für eine harmonische Entwicklung in der Europäischen Union aufweist. Wir, der Landtag Rheinland-Pfalz, sprechen uns weiterhin für eine enge Zusammenarbeit der Regionen aus und hoffen, dass der Meinungs- und Erfahrungsaustausch in Zukunft genauso ertragreich sein wird.

Hendrik Hering
Präsident des Landtags von Rheinland-Pfalz

HISTORISCHE ENTWICKLUNGSLINIEN UND BRÜCHE 1861–2018

Landtafl, So Bey dem Hochwürdigissten Fürs-
ten, und Herrn, Herrn Wolf Dietrichen, Ertzbischouen zu Saltz-
burg und Legaten des Stuels zu Rhom, Anno Domini
1592 den ersten octobris, alhie in der Hochfürstl. Haubtstatt
versamblet gewesen, wie hernach volgt.
Freising
Gurkh
Passau
Chiembse
Regenspurg
Seckhau
Brixen
Lauant
3

Hubert Schopf

Die Salzburger Landschaft (Landstände)

Der Vorläufer des heutigen Landtages

Die Landstände mittelalterlicher und neuzeitlicher Territorien sahen sich – wie der Name schon nahelegt – als rechtmäßige Repräsentanten eines Landes an und setzten sich aus den führenden Ständen der Prälaten (Geistlichkeit), Herren und Ritter (Adel) und der Städte und Märkte (Bürger) zusammen. Die Entwicklung dieser landesweiten Ständevertretungen ging jedoch in einzelnen Ländern unterschiedlich vonstatten.

Das Land Salzburg als Herrschaftsgebiet der Salzburger Erzbischöfe löste sich erst allmählich aus dem Herzogtum Bayern und es dauerte bis in das 14. Jahrhundert, bis man von einem Land Salzburg mit einem eigenen Landrecht und Landesbewusstsein sprechen kann. Die Grenzen des Erzstiftes Salzburg als selbständiges geistliches Reichsfürstentum entwickelten sich im Spätmittelalter und wurden schließlich im 16. Jahrhundert endgültig fixiert.

Im Land der Salzburger Erzbischöfe sind erste Vorstufen von Landständen am Ende des 13. Jahrhunderts zu erkennen, als Erzbischof Konrad IV. (1291–1312) Vertreter des Domkapitels, der Ritterschaft und der Bürger zur Beilegung einer Auseinandersetzung mit Herzog Albrecht I. von Österreich beigezogen hat. Zumeist waren es politisch kritische Situationen, in denen die Vertreter des Landes aktiv wurden, wie nach der verlorenen Schlacht von Mühldorf (1322), als durch eine allgemeine „Schatzsteuer" die von Bayern gefangen genommenen Salzburger Edelleute und die Salzburger Stadt Tittmoning freigekauft werden mussten. Im späten 14. Jahrhundert wurden die Vertreter des Erzstiftes Salzburg neuerlich aktiv, als Erzbischof Pilgrim II. (1365–1396) im Jahr 1387 bei Verhandlungen in Raitenhaslach von Bayern gefangen genommen worden war. Die ständischen Vertreter brachten die 30.000 Gulden Lösegeld auf und warben Truppen zur Verteidigung des Landes an. Allerdings wurde der befreite Erzbischof erst wieder ins Land gelassen, nachdem er die von den Bayern abgepressten Zugeständnisse widerrufen hatte.

Diese Vorgänge waren ausschlaggebend, dass die Landstände ein Mitwirkungsrecht an der Regierung des Erzstiftes Salzburg beanspruchten. Ihre Aufgaben bestanden hauptsächlich im Bewilligungsrecht für allgemeine Landsteuern und in der Organisation und Finanzierung des militärischen Aufgebotes im Erzstift.

Auf der anderen Seite waren die Erzbischöfe des 14. Jahrhunderts durchaus bestrebt, die Rechte der Landstände zugunsten ihrer eigenen Landesherrschaft zu beschneiden, was immer wieder zu schweren Konflikten führte. Die Erzbischöfe gingen gegen die mächtigen freien Adelsgeschlechter vor und versuchten diese in ihre Abhängigkeit zu bringen oder aus dem Land zu verdrängen. Als Nebeneffekt konnten sie dadurch die Macht der Landstände im Zaum halten. Diese wiederum versuchten nach den schlechten Erfahrungen mit den Erzbischöfen Pilgrim II. von Puchheim und Gregor Schenk von Osterwitz (1396–1403) mit einem Zusammenschluss der wesentlichen Vertreter der Ritterschaft und

Linke Seite:
Titelblatt der ersten gemalten Landtafel von 1592 in einer Handschrift im Staatsarchiv Troppau in Tschechien (zeitnahe Kopie). Dargestellt sind die Wappen von Erzbischof Wolf Dietrich im Zentrum, darunter das fiktive Wappen des hl. Rupert als erster Salzburger Bischof (links) und das Salzburger Landeswappen (rechts) sowie die Wappen der Inhaber der vier Erbämter (Nußdorf, Thurn, Thannhausen, Kuen) (kleine Wappen links und rechts oben). In den beiden Randleisten sind die Wappen der acht Salzburger Suffraganbistümer (Freising, Passau, Regensburg, Brixen, Gurk, Chiemsee, Seckau und Lavant) gemalt. (Foto: Zemský archiv v Opavé, Staatsarchiv Troppau)

der Stadtbürger im Jahr 1403 (Igelbund) vom neugewählten Erzbischof eine Beteiligung an den Regierungsgeschäften zugestanden zu bekommen. Es blieb jedoch bei wenigen allgemeinen Erklärungen von Erzbischof Eberhard III. von Neuhaus (1403–1427), denen keine entsprechenden Taten folgten. Insbesondere forderten die Ständevertreter jährliche Beratungen, die als „Landtage" bisher nur fallweise nach Bedarf vom Landesherren einberufen worden waren. Da jedoch die Prälaten diese Forderungen nicht mittrugen, konnten sie letztendlich nicht durchgesetzt werden.

Außerdem hatten die Salzburger Ständevertreter noch einen weiteren mächtigen Widerpart im Salzburger Domkapitel, das zwar einerseits zu den Landständen zu rechnen war, andererseits aber das Wahlrecht für den Erzbischof besaß und die Regierungsgeschäfte des Landesherren während der Sedisvakanz selbst ausübte. Durch diese Sonderstellung des Domkapitels ist auch verständlich, dass dasselbe kein Interesse an einem starken Ständeeinfluss hatte und daher auch bei vielen ständischen Forderungen nicht mitging.

Die Gesamtheit der Landstände wurde auch als „Landschaft" bezeichnet. Die einzelnen Kurien, die hauptsächlich Eigeninteressen verfolgten, waren die Prälaten (Bistümer und Klöster mit Grundbesitz), die Ritterschaft und die Vertreter der Städte und Märkte.

Die Prälatenkurie bildeten die sieben im Land Salzburg gelegenen alten Stifte und Klöster mit umfangreicherem Grundbesitz. Den Vorsitz auf der Prälatenbank führte der Bischof von Chiemsee als Vertreter dieses alten Salzburger Eigenbistums. Danach folgten der Salzburger Dompropst und der Domdechant als Vertreter des Domkapitels, die Äbte der Benediktinerklöster St. Peter in Salzburg und Michaelbeuern, weiters der Propst des Augustiner Chorherrenstiftes Höglwörth und die Äbtissin von Nonnberg als einzige Frau. Der Propst von Berchtesgaden wurde zwar bis weit in die Neuzeit zum Prälatenstand gezählt, nahm jedoch trotz wiederholter Salzburger Forderungen nicht mehr an den Landtagen teil. Ebenso entsandte das Benediktinerkloster Mondsee nur während der Zugehörigkeit der Mondseer Herrschaft Wildenegg zu Salzburg (1508–1565) Vertreter in den Salzburger Landtag.

Die Ritterschaft (der landsässige Adel) war die zahlenmäßig größte Gruppe und die treibende Kraft für eine politische Mitsprache bei den Regierungsgeschäften. Ursprünglich setzte sich dieser Stand aus den Herren (Edelfreien) und Rittern zusammen. Da die Erzbischöfe aber im Spätmittelalter gezielt die alten freien Adelsgeschlechter als Konkurrenten ihrer Herrschaftsbestrebungen betrachteten, bekämpften sie diese. Das hatte zur Folge, dass diese Adelsgeschlechter abwanderten, ausstarben oder sich unterwarfen, wodurch ein einheitlicher Ritterstand entstand, dessen einzelne Mitglieder allerdings für die Landesherrschaft der Erzbischöfe keine Bedrohung darstellten. Die Mitgliederzahl des Salzburger Ritterstandes schwankte zwischen etwa 50 im Spätmittelalter, stieg im 16. Jahrhundert auf über 100 Mitglieder und ging bis zum Ende des Erzstiftes wieder auf rund 45 zurück. Die vornehmste Gruppe im Ritterstand bildeten die Inhaber der vier Erbämter (Marschall, Mundschenk, Truchsess und Kämmerer), die sogenannten Erbherren. Diese ursprünglich den Herzögen der Nachbarländer Salzburgs zustehenden Ehrenämter wurden von diesen an Salzburger Ritterfamilien verlehnt, wobei diese Funktionen innerhalb der Familien sehr bald erblich wurden. Das wichtige Marschallamt, dem auch die Leitung der Landtage oblag,

Der Erbämtersaal in der neuen Residenz in Salzburg. Dieser erst 2009 wieder hergestellte Saal ist mit einer prächtigen Holzdecke aus der 2. Hälfte des 17. Jahrhunderts ausgestattet. In den Eckfeldern sind die Wappen der Inhaber der vier Erbämter des Erzstiftes Salzburg (Lodron, Törring, Kuenburg und Thannhausen) dargestellt. (Foto: Salzburg Museum)

war in den Händen der Familien Kuchl, Felben, Nußdorf und seit 1633 bei den Grafen von Lodron. Das Mundschenkenamt wurde von den Herren von Goldegg, Alm, Thurn, Plaz und seit 1671 von den Grafen Kuenburg bekleidet. Die Aufgaben des Truchsessenamtes nahmen die Weissenegg, Rabenstein, Alm, Thannhausen und seit 1731 die Grafen Lamberg wahr. Das Kämmereramt versahen die Herren von Thann, die Wispeck, Kuen-Belasy und seit 1618 die Grafen Törring.

Für die Aufnahme in die Salzburger Landschaft als „Landmann" waren neben dem Besitz eines Edelmannssitzes auch Einnahmen aus Grundbesitz von mindestens 150 Gulden jährlich nachzuweisen. Ebenso war die Zugehörigkeit zum Adelsstand (seit mindestens 50 Jahren) Voraussetzung. Für die Neuaufnahme und die Eintragung in die „Landtafel" als „Salzburger Landmann" musste überdies noch eine erhebliche Aufnahmstaxe gezahlt werden.

Den dritten Stand bildeten schließlich die Vertreter der Bürger aus den Salzburger Städten und Märkten. Die Residenzstadt Salzburg und die Salzstadt Hallein waren dauernd bei den Zusammenkünften vertreten, die übrigen Städte (Laufen, Tittmoning, Mühldorf und Radstadt) durften abwechselnd einen Deputierten entsenden. Als Salzburger Besonderheit muss auch die Vertretung der Märkte am Landtag angemerkt werden. Diese resultierte aus dem Umstand, dass im Erzstift Salzburg die Märkte praktisch den Städten gleichgestellt waren. Betrug im Spätmittelalter die Zahl der Märkte noch 17, so stieg sie bis zum Ende des Erzstiftes auf 23; zuletzt wurde der Markt Seekirchen im Jahr 1716 nominell in die Salzburger Landschaft aufgenommen, obwohl der Ort bereits seit 1424 als Markt nachzuweisen ist. Dieser untersten Gruppe der Salzburger Landstände gehörten zeitweise auch bäuerliche Vertreter der Gerichtsgemeinden an. So durften zwischen 1473 und 1565 Vertreter der Bauernschaft – allerdings ohne Sitz und Stimme – an den Salzburger Landtagen teilnehmen, zumal sie nicht nur die Kriegssteuern zu zahlen hatten, sondern auch die Soldaten zur Verteidigung der Landesgrenzen (Landfahne) stellen mussten. Trotz wiederholter Forderungen konnten sie aber nie – im Gegensatz zu Tirol etwa – als vierter Stand auch Sitz und Stimme im Landtag erlangen. Vielmehr hatten sie nur in Notzeiten, etwa als die Verteidigung des Landes gegen die Türken (1473, 1529 etc.) virulent wurde, ein gewisses Anhörungsrecht, im neuzeitlichen Salzburger Landtag aber war davon keine Rede mehr.

Die Landtage fanden seit dem späten 15. Jahrhundert in beinahe jährlichen Abständen statt. Das Recht zur Einberufung derselben lag ausschließlich beim Erzbischof, die Stände konnten diese Befugnis nie erlangen. Der Landtag wurde in der erzbischöflichen Residenz von einem landesherrlichen Kommissar mit der Verlesung der Tagesordnung und der Forderungen des Erzbischofs („Präposition") eröffnet. Danach berieten sich die Stände getrennt, verfassten Antworten und Gegenvorschläge. Die Punkte wurden schließlich mit einer endgültigen Antwort des landesherrlichen Vertreters beendet. Die Ergebnisse wurden in Landtagsrezessen (Landtagsabschiede) festgehalten. Seit dem 16. Jahrhundert bildete man vermehrt Landtags-Ausschüsse, die die Arbeit bis zum nächsten Gesamtlandtag übernahmen. Der „Große Ausschuss" bestand aus 16 Mitgliedern (vier Prälaten, acht Ritter, vier Bürger) und trat seit dem 17. Jahrhundert jährlich zusammen und ersetzte damit die großen Gesamtlandtage. Der „Kleine Ausschuss", der nur halb so viele Mitglieder hatte, traf sich monatlich und führte die tatsächlichen Geschäfte.

Mit dem Aufkommen der absolutistischen Herrschaftsform seit der Mitte des 16. Jahrhunderts wurde auch die Mitsprache der Landstände empfindlich beschnitten. Das ging schließlich so weit, dass unter Erzbischof Wolf Dietrich (1587–1612) nach 1597 kein Landtag mehr einberufen wurde. Der Erzbischof sistierte den Landtag durch Nichteinberufung. Erst Erzbischof Paris Lodron (1619–1653) rief im Jahr 1620 angesichts der drohenden Kriegsgefahr die Landstände wieder zusammen, um die finanziellen und militärischen Herausforderungen des beginnenden Dreißigjährigen Krieges bewältigen zu können. Eine weitere Einflussnahme auf die Führung der politischen Herrschaftsgeschäfte blieb der Salzburger Landschaft auch unter den nachfolgenden Erzbischöfen bis zum Ende des Erzstiftes verwehrt.

Als wesentliche Aufgaben der Landschaft erwiesen sich die Steuerbewilligung mit der Umlegung der Steuer auf die Landesuntertanen durch das General-Steuer-Einnehmeramt sowie die Finanzierung des seit dem 17. Jahrhundert stehenden Militärs. Seit Beginn des Dreißigjährigen Krieges wurde auch dem Ausbau und der Verstärkung der Befestigungsanlagen größeres Augenmerk geschenkt, da der Krieg Salzburg unmittelbar immer wieder bedrohte. Diese vermehrten Ausgaben wurden vornehmlich durch Schuldverschreibungen der Salzburger Landschaft finanziert. Dadurch wurde die Salzburger Landschaft auch zum größten Geld-Institut des Erzstiftes und behielt die ausgezeichnete Bonität bis zu den Koalitionskriegen am Ende des 18. Jahrhunderts.

Obwohl die wirtschaftliche und administrative Bedeutung der Salzburger Landstände durchaus bedeutend war, konnten sie einen größeren politischen Einfluss auf die Regierung des Landes nie durchsetzen. Diese geringe Macht zeigt sich auch darin, dass die Landstände nie ein eigenes Landhaus errichten konnten, sondern anfangs in der erzbischöflichen Residenz und seit dem 17. Jahrhundert in den Prunkräumen des Neugebäudes (Ständesaal, Erbämtersaal, Steuerstube) tagten und somit immer unter der Aufsicht des Landesfürsten blieben.

Mit dem Ende der Eigenstaatlichkeit Salzburgs (1805) war auch die Existenz der Stände massiv bedroht, doch erst durch die Angliederung Salzburgs an Bayern als Salzachkreis kam es am 4. Oktober 1811 zur definitiven Aufhebung der Salzburger Landschaft als eigenständiger Korporation.

Der Ständesaal in der neuen Residenz in Salzburg. In diesem unter Erzbischof Wolf Dietrich errichteten Prunkraum tagten die Salzburger Landstände im 17. und 18. Jahrhundert bei ihren Versammlungen. (Foto: Salzburg Museum)

Obwohl Tatsache, war man aber nicht bereit, das endgültige Aus der landständischen Verfassung hinzunehmen und die Landesidentität aufzugeben. Vielmehr gab es aus den Reihen der ehemaligen Landstände mehrfach Versuche, ein selbständiges Kronland samt landständischer Verfassung unter der Habsburgermonarchie zu errichten. Allerdings sollte es dann doch fünf Jahrzehnte dauern, bis Salzburg – seit 1850 als Herzogtum Salzburg ein eigenes Kronland der Habsburgermonarchie – im Jahr 1861 wieder einen Landtag erhielt.

Auswahlbibliographie

Klein, Herbert: Salzburg und seine Landstände von den Anfängen bis 1861. In: Beiträge zur Siedlungs-, Verfassungs- und Wirtschaftsgeschichte von Salzburg. Festschrift zum 65. Geburtstag von Herbert Klein, Salzburg 1965 (Mitteilungen der Gesellschaft für Salzburger Landeskunde, Ergänzungsband 5), S. 115–136

Koller, Fritz: Land und Landstände. In: Dopsch, Heinz/Spatzenegger, Hans (Hg.): Geschichte Salzburgs, Band I/1, 2. Aufl., Salzburg 1983, S. 594–607

Mell, Richard: Abhandlungen zur Geschichte der Landstände im Erzbistume Salzburg. In: Mitteilungen der Gesellschaft für Salzburger Landeskunde 43 (1903), S. 93–178 und 347–363; 44 (1904), S. 139–255 und 45 (1905), S. 79–104

Zaisberger Friederike: „Das Land und Erzstift Salzburg". Ein Beitrag zur Entstehung des Landes und seiner Grenzen. In: „Landeshoheit". Beiträge zur Entstehung, Ausformung und Typologie eines Verfassungselementes des römisch-deutschen Reiches, München 1994 (Studien zur Bayerischen Verfassungs- und Sozialgeschichte XVI), S. 213–235

Deß Hochlöblichen Hochfürstlichen Ertz-
Stiffts Saltzbürg Landt Tafel, welche aüf dem Anno 1620.
gehalltnen Landtag in ein Neüe Ordnüng ge-
bracht worden
Der Löbliche Prälaten Standt
Die Vier Erbämbter
Der Löblich Ritter Standt
Die Sechs Stett
Die Märckht

Friederike Zaisberger

Die Salzburger Landtafeln im Chiemseehof

Sinnbild für den „alten“ Landtag

Die Salzburger Landstände verfügten zu keiner Zeit über ein eigenes Landhaus. Die „Landhausgasse“ im Kaiviertel erhielt ihren Namen erst in der zweiten Hälfte des 19. Jahrhunderts. Heute erinnern in landesfürstlichen Baulichkeiten wie im Residenz-Neugebäude (Mozartplatz 2) der „Erbämtersaal“ und der „Ständesaal“ daran, dass die Landstände ihre Sitzungen „unter Aufsicht“ abhalten mussten. Vor diesem Neubau der Zeit um 1600 tagten die Landstände in dem bis zur Gegenwart erhaltenen Teil des alten Domklosters (Domspital: um 1514 Einbau der Kapitelstube, dann Olmützhof, Firmian-Salmhof, Kapitelgasse 5–7), woran das Wappenfries der Domherren von Meister Ulrich (Bocksberger?) von 1549 im heutigen Bibliotheksteil erinnert.

Als bildliche Symbole für die Landstände können auch das Wappen-Fries auf der Festung Hohensalzburg (nach 1526) und die Wappenumrahmung der „Quaternionendarstellung des Hl. Römischen Reiches deutscher Nation“ im Rittersaal der Burg in Goldegg (1536) angesehen werden.

Das Archiv der Landschaft wurde 1812 vom Neugebäude in die südlichen Dombögen übersiedelt, ging dann nach Bayern und wurde 1823 zurückgestellt. Bei der Rückführung in das Neugebäude aus St. Peter 1845 verblieben zahlreiche Objekte des Landschaftsarchives dort, weil die südlichen Dombögen inzwischen in das Eigentum des Klosters St. Peter übergegangen waren, darunter acht kleinere Kopien der Landtafeln.

Die drei großen gemalten Landtafeln überlebten im Landschafts-Saal des Neugebäudes. Nach 1862 bzw. 1866 wurde der Schüttkasten im Chiemseehof umgebaut und nach Fertigstellung des Landtagssaales die drei großen Landtafeln dort aufgehängt.

Die erste der vier gemalten Landtafeln als Aquarell auf Papier von Christoph Grueber entstand 1592, ist jedoch leider schlecht erhalten. Eine sehr farbenprächtige Wiedergabe ist im Landesarchiv von Troppau/Opava erhalten geblieben.

Die älteste der drei im Landtagssitzungssaal hängenden Wappengemälde, ein Ölbild auf Leinwand, 247,5 x 189 cm (gemalt von Christoph Müller, Schrift von Samuel Mayr) entstand, nachdem am 24. Juli 1620 die von Erzbischof Wolf Dietrich aufgelöste Landschaft wieder zugelassen wurde. Die „Landtafel“ durfte errichtet und vermehrt werden. Fürsterzbischof Paris Graf Lodron brachte einen Toast auf die anwesenden Mitglieder „mit abgedeckten Haupt und stehend“ aus und brachte jedem ein Glas von der Tafel. Festgehalten sind außer dem Fürsterzbischof im Prälatenstand acht Mitglieder (Bischof von Chiemsee, Dompropst, Vertreter des Domkapitels, Abt von St. Peter, Berchtesgaden, Michaelbeuern, Propst zu Höglwörth), darunter als einzige Frau „mit Sitz und Stimme“ die Äbtissin „auf dem Nunberg alhie“ (Stift Nonnberg).

Die Landtafel von 1706 (245 x 193,5 cm) schuf der Hofmaler August Erich, der am 20. September 1707 mit 163 Gulden, 8 Schillingen und 44 Groschen bezahlt wurde. Für Vergolderarbeit erhielt der aus Eisenach stammende Künstler, der auf seiner Rückreise aus Rom 1680 in Salzburg „hängen blieb“, noch extra 5 Gul-

Linke Seite:
Landtafel 1620 (Foto: Salzburger Landesarchiv)

Die vier Erbämter auf der Landtafel von 1592 (Foto: Zemský archiv v Opavě, Staatsarchiv Troppau)

Die sechs Städte: Salzburg, Hallein, Mühldorf, Laufen, Tittmoning und Radstadt (Märkte: Golling, Werfen, Tamsweg, St. Michael, St. Johann, St. Veit, Hof in der Gastein, Zell im Pinzgau, Mittersill, Saalfelden (2. Reihe) sowie Taxenbach, Hopfgarten (im Brixental), Lofer, Waging, Straßwalchen, Neumarkt, Teisendorf, Abtenau, Mauterndorf, Windisch Matrei (in Osttirol), Kuchl, Wagrain (3. Reihe) (Foto: Salzburger Landesarchiv)

den. Marco d'Aviano bekehrte ihn zum Katholizismus, er heiratete und bekam sieben Kinder. Als Hofmaler schuf er u. a. den Kreuzweg in der Kajetanerkirche (Heilige Stiege). Auf der Tafel sind außer dem Fürsterzbischof Johann Ernst Graf Thun die acht Mitglieder des Prälatenstandes, die vier Erbämter, 114 Vertreter des Ritterstandes (darunter eine Frau und ihre Erben), sechs Städte und 23 Märkte aufgezählt (vermehrt um Seekirchen).

Die Landtafel von 1739 (240,5 x 191 cm) schuf wohl der Hofmaler von Fürsterzbischof Leopold Anton von Firmian, Franz Anton Ebner, der in Neapel, Rom, Venedig und Wien studiert hatte. Sein bekanntestes Werk in Salzburg sind die

Der Prälatenstand sowie die vier Erbämter Landmarschall, Kämmerer, Mundschenk, Truchsess auf der Landtafel 1620 (Foto: Salzburger Landesarchiv)

Ausschnitt aus der Landtafel 1739 (Foto: Salzburger Landesarchiv)

Pferdebilder der Pferdeschwemme beim Neutor in Salzburg. Das Bildprogramm gibt deutliche Hinweise auf Kämpfe gegen Falschgläubige wie Türken und Protestanten. Wertvoll ist in der rechten Bildseite der Ritter, der die rote Landfahne trägt, die mit den Bildern im Landschaftssaal aufbewahrt worden war und im Rahmen der Napoleonischen Kriege ebenso „verschwand" wie der silberne Marschallstab, auf den neue Landschaftsmitglieder ihren Eid leisten mussten. Auffallend ist auf dieser Tafel im Titel des Fürsterzbischofs Leopold Anton Graf Firmian, dass er sich neben dem üblichen Titel „Legat des hl. Apostolischen Stuhls zu Rom" auch erstmals als „des Teutschlands Primas" etc. bezeichnen lässt. Dann folgen, wie üblich, die acht Prälaten, die vier Erbämter und 106 Ritter (darunter dieselbe Witwe wie 1706), sowie die sechs Städte und die 23 Märkte. Bei den Rittern wurde das Jahr der Erwerbung der Landstandschaft eingetragen.

Die vier Landtafeln zwischen 1592 und 1739 bieten einen vorzüglichen Überblick über die Salzburger Landstandschaft dieser Jahre, in denen 249 ritterliche Familien zu Gesamt-Landtagen einberufen wurden. Die Alltagsarbeit machten der „Kleine und der Große Ausschuss" aus Vertretern dieser Familien, ergänzt durch die Beamtenschaft.

Auswahlbibliographie

Müller, Karel/Zaisberger, Friederike: Die Salzburger Landtafel von 1592 in Opava/Troppau. In: Mitteilungen der Gesellschaft für Salzburger Landeskunde 150 (2010), S. 79–125

Zaisberger, Friederike: Die Salzburger Landtafeln, Salzburg 1990 (Schriftenreihe des Salzburger Landesarchivs 9)

Blick auf den Chiemseehof. Rechts im Bild der Garten des Chiemseehofs und die Kajetanerkirche. Das Panorama des Salzburger Malers Michael Sattler ist eine der wenigen authentischen Darstellungen des Chiemseehofs und stammt aus der Zeit um 1825/29. Besonders bemerkenswert sind eine Sonnenuhr und eine Planetentafel mit den Tierkreiszeichen, die 1729 vom Salzburger Universitätsprofessor Bernhard Stuart entworfen wurde und an der Nordseite des Chiemseehofs angebracht war. (Foto: Salzburg Museum)

Richard Voithofer

Der Chiemseehof – ein Haus mit Geschichte

Betritt man den Chiemseehof durch sein prächtiges Portal, so ist man auf den ersten Blick gefangen von der schlichten Schönheit, den strengen Formen und der stillen Würde des Gebäudes. Man betritt ein Haus mit Geschichte. Allein schon der Name weist auf seine lange Geschichte hin. Nahezu 600 Jahre lang war der Chiemseehof Residenz der Bischöfe von Chiemsee. 1216 gründete der Salzburger Erzbischof Eberhard II. das Bistum als sogenanntes „Eigenbistum", wobei er sich das Recht der Bischofsernennung vorbehielt. Die Diözese reichte vom Chiemsee bis Jochberg und vom Pass Strub bis zum Brixental. Der Bischof von Chiemsee war als Suffraganbischof dem Erzbischof von Salzburg unterstellt und fungierte nicht nur als dessen Weihbischof, sondern erledigte für diesen auch politische Aufträge. Dies ist auch der Grund, warum der Bischof von Chiemsee in Salzburg und nicht an seinem Bischofssitz auf der Insel Herrenchiemsee residierte. Dem neuen Bischof von Chiemsee wurde ein Haus als Wohnsitz zugewiesen, das im Bereich des Spitals des Klosters St. Peter (heute: Barmherzige Brüder) lag. 1305 kaufte Bischof Albert diese Liegenschaft und baute sie zu einer Residenz aus. 1315 wurde der Garten angelegt und 1583 vergrößert, 1355 begann man mit dem Bau einer Hauskapelle. Gegen Ende des 16. Jahrhunderts brannte das mittelalterliche Gebäude ab. 1694 erfolgte unter Bischof Sigmund Ignaz von Wolkenstein, dessen Wappen heute noch den Haupteingang ziert, eine Umgestaltung des Chiemseehofs, die ihm sein heutiges Aussehen verlieh.

Es entstand ein viergeschossiger Bau, die fürstliche Wohnung und die große Treppe. Im Hof rechter Hand residierte der Bischof, linker Hand wurde 1677 als Vorratslager der Getreideschüttkasten errichtet, der 1696 ein weiteres Stockwerk erhielt. Der Getreidekasten wurde um ein eigenes Stöckl für den Kammerdiener des letzten Bischofs von Chiemsee erweitert. 1803 wurde das Erzbistum Salzburg säkularisiert und 1806 erstmals Teil des österreichischen Kaisertums. Die Residenz der Bischöfe von Chiemsee ging in österreichischen Staatsbesitz über. 1816 kam Salzburg endgültig zu Österreich.

Die Geschichte des Chiemseehofs reicht weit zurück. 1866 machte man bei Bauarbeiten eine sensationelle Entdeckung, und zwar ein römisches Mosaik aus

dem 3./4. nachchristlichen Jahrhundert. Das Mosaik stellt den in einen Stier verwandelten Göttervater Zeus dar, der die Königstochter Europa über das Meer von Phönizien nach Kreta entführte. Dort angekommen, verwandelte sich Zeus wieder zurück in seine Menschengestalt, machte Europa zu seiner irdischen Gattin und zur Königin von Kreta. „Unsterblich wird dein Name werden, denn der fremde Weltteil, der dich aufgenommen hat, heißt hinfort Europa!", prophezeite die Göttin Aphrodite der Königstochter. (Foto: Salzburg Museum)

Von 1824 bis 1835 war der Chiemseehof Sitz des Salzburger Erzbischofs Augustin Gruber. Sein Nachfolger Erzbischof Friedrich von Schwarzenberg übersiedelte jedoch in das Schloss Mirabell, das offenbar den repräsentativen Anforderungen einer erzbischöflichen Residenz eher entsprach. In den folgenden Jahren konnte der Chiemseehof allerhöchste Gäste aus der spanischen Königsfamilie beherbergen, die im Zuge der Karlistenkriege aus Spanien vertrieben worden waren. 1840 besuchte die Reiseschriftstellerin Ida Gräfin Hahn-Hahn Salzburg und fällte in ihren Reisebriefen ein wenig schmeichelhaftes Urteil über das Erscheinungsbild der Stadt und des Chiemseehofs: „Die Stadt sieht aus wie alle Städte, die früher glänzendere Tage gehabt: menschenleer, grasbewachsen, unnütz weitläufig, die großen Häuser schlechtgehalten, hingegen die kleinen besser. Eins von jenen fiel mir besonders auf mit seinen schwarzen Jalousien, als ob es in Trauer wäre. Es hat einen Namen, wie das in alter Zeit wohl üblich war, und heißt der Chiemsee-Hof. In den letzten Jahren haben da die Mitglieder der vertriebenen spanischen Königsfamilie gewohnt. Aus dem Pomp des Eskurials in solche Ruine!"

1861 verfügte der Salzburger Landtag noch über keine eigenen Räumlichkeiten. Die ersten Jahre wurden die Sitzungen im Ständesaal des Neugebäudes der Salzburger Residenz abgehalten. Die Nutzung dieses Gebäudes, das im Eigentum

Im Schloss Rimpach in Friesenhofen (Leutkirch im Allgäu) befindet sich in einem Bogenfeld des Hauptsaales ein Gemälde aus dem Jahre 1757, das den Chiemseehof in seiner ursprünglichen Form zeigt. Das Schloss gehört der Familie Waldburg-Zeil, aus der der letzte Bischof von Chiemsee, Sigmund Christoph von Waldburg zu Zeil und Trauchburg (1754–1814), entstammte. Er wurde 1800, als Erzbischof Hieronymus vor den Franzosen nach Wien floh, Statthalter von Salzburg. 1808 wurde er – das Bistum Chiemsee war bereits aufgehoben – durch den Kaiser zum Koadjutor von Salzburg ernannt, vom Papst aber nicht bestätigt, jedoch nach dem Tod von Colloredo 1812 doch Administrator (Foto: Waldburg-Zeil'sches Gesamtarchiv, Leutkirch im Allgäu).

Der Chiemseehof vor dem Umbau (um 1860) (Foto: Salzburg Museum)

des k. k. Ärars stand, war jedoch nicht kostenlos, sondern die Regierung in Wien verlangte einen jährlichen Mietzins in der Höhe von 1.000 Gulden. Dies stieß sowohl beim Landtag als auch beim Landesausschuss auf heftigen Widerstand und war der Ausgangspunkt für die Verhandlungen über das ehemalige landschaftliche Vermögen. Salzburg stand vor der Situation, dass das ehemals erzbischöfliche Vermögen und auch das der Landschaft 1806 an das Kaisertum übergegangen waren und dem Land kaum Mittel zur Verfügung standen, die Kosten für die Landesverwaltung zu decken. Um einigermaßen über Einnahmen verfügen zu können, wurde 1863 ein vergleichsweise hoher Steuerzuschlag von 31 Kreuzern pro Gulden eingehoben, um die Landeserfordernisse decken zu können.

1864 wandte sich der Landtag mit einem mutigen Forderungsprogramm an die k. k. Staatsregierung, das unter anderem die Ablösung des behaupteten Miteigentums am Neugebäude der Residenz mit den Eigentumsrechten am Chiemseehof zum Zwecke der Adaptierung für ein Landhaus beinhaltete. Ebenso verlangte das Land seinen Anteil am inkamerierten Vermögen in der Höhe von jährlich 27.000 Gulden. Gleichzeitig forderte der Landtag die Rückerstattung der bisherigen Ausgaben für die Landesvertretung seit 1861 von mehr als 44.000 Gulden. In langen und zermürbenden Verhandlungen mit den Ministerien in Wien konnte am 6. August 1866 eine Einigung erzielt werden, die zum einen die Übertragung des Chiemseehofs in das Eigentum des Landes Salzburg und zum anderen eine jährliche Subvention von 15.000 Gulden an das Land gegen den Verzicht auf das inkamerierte Vermögen zum Gegenstand hatte. Wenngleich die Forderungen des Landes nicht in voller Höhe umgesetzt werden konnten, so verfügte das Land mit 5. Oktober 1866 über ein eigenes Landhaus.

Bereits am 22. Dezember 1865 wurde der Grundsatzbeschluss gefasst, den Chiemseehof für die Zwecke der Landesvertretung umzubauen und dafür einen Betrag von 15.000 Gulden vorzusehen. Neue Heimstätte des Salzburger Landtages sollte der ehemalige Getreideschüttkasten an der Nordseite des Chiemseehofs werden. Die Bauarbeiten begannen am 2. Juli 1866. Die Planungen und auch die bauliche Umsetzung gestalteten sich sehr schwierig, weil es sich eigentlich um Wirtschaftsgebäude handelte, die nun für den Landtag entsprechend zu adaptieren waren. Erschwerend kam hinzu, dass der bauliche Zustand des gesamten Gebäudes eher schlecht war. Dennoch gingen die Arbeiten rasch voran und am 27. Juni 1868 wurde die behördliche Bewilligung für die Benutzung der „adaptirten Lokalitäten ertheilt". Mittelpunkt war der neu errichtete Landtagssitzungssaal, der an der Nordseite des Chiemseehofs eine zentrale Position einnahm. Angesichts des engen Kostenrahmens und des hohen Zeitdrucks wurde auf eine repräsentative Ausgestaltung des Sitzungssaales verzichtet und lediglich ein dekorativer Deckenspiegel angebracht. Beim Hauptportal wurde das Wappen der Bischöfe von Chiemsee durch ein Landeswappen aus Untersberger Marmor ersetzt. Saniert wurde auch der sogenannte Konsistorialgang (Bischofsgang), der sich „in ziemlich schadhaftem und verwitterten Zustande" befand. Ausgestattet wurde der Bischofsgang mit 13 lebensgroßen Bildnissen der ehemaligen Bischöfe von Chiemsee, die heute noch dort hängen. Die Abgeordneten betraten das Landtagsgebäude über die schmale Treppe im Kammerdienerstöckl, während das Publikum den Landtagssitzungssaal über die Haupttreppe direkt beim Haupteingang erreichen konnte. Deshalb wurden die Räumlichkeiten des Landtages auch in diesem Bereich eingerichtet und somit klar von der Publikumsgalerie getrennt. Beleuchtet wurden der neue Sitzungssaal und die Nebenräumlichkeiten mit Gas. Der Sitzungssaal erhielt einen großen und zwei kleine Luster sowie acht Wandarmleuchter.

Trotz des erheblichen Aufwandes für die Adaptierung des Schüttkastens für die Zwecke des neuen Landtages blieb der Chiemseehof insgesamt in einem eher schlechten Zustand, sodass das Gesamturteil Ende 1866 mit der Bewertung „fast ruinenhaften Aussehen", das „kaum länger belassen werden" könne, negativ ausfiel. Der Gesamtaufwand für die Adaptierung betrug laut Schlussrechnung 20.823 Gulden und 47 Kreuzer. Die erste Sitzung im neuen Landtagssitzungssaal im Chiemseehof wurde am 22. August 1868 abgehalten.

Die Herstellung des Landtagstraktes blieb aber ein Stückwerk. In den folgenden Jahrzehnten mussten immer wieder Adaptierungsarbeiten durchgeführt werden, weil es an grundlegender Infrastruktur im Gebäude fehlte. So vermissten die Abgeordneten 1874 etwa ein Vorzimmer für den Landtagssitzungssaal, das auch als Garderobe benützt hätte werden können. Neben den regelmäßigen Sanierungen kam es zwischen 1873 und 1877 zu zahlreichen Adaptierungen und Umbauten. So wurde etwa die alte Hauskapelle beim Schlossgebäude oder auch die Abschlussmauer zum Krankenhaus der Barmherzigen Brüder abgetragen. Der Chiemseehof erhielt ein schmiedeeisernes Tor und der Hofraum wurde nun von außen einsehbar. Weiters wurde das sogenannte Kammerdienerstöckl (Stiege 3) aufgestockt. Der Landesausschuss befand, dass die beiden Gebäude „in ihrer gegenwärtigen vollkommen unschönen, mit den übrigen Gebäuden des Landhauses nicht im mindesten harmonirenden, ja geradezu mit denselben in grellen Kontrast stehenden und das ganze Landhaus entstellenden Bauart nicht

Der Chiemseehof in einer vertrauten Ansicht ca. 1890 (Foto: Salzburg Museum)

wohl belassen werden könnten". Mit dieser Maßnahme wurde nicht nur zusätzlicher Raum gewonnen, sondern auch eine ansprechende einheitliche Fassade des Nordtraktes hergestellt. Nach langjährigen Arbeiten konnte der Landesausschuss 1877 zusammenfassend feststellen, dass der „Chiemseehof … seiner Widmung als Landhaus entsprechend und würdig hergestellt" worden sei.

Der Landtag investierte in den Chiemseehof nur insoweit, als dies unbedingt erforderlich war, worunter der bauliche Zustand erheblich gelitten hatte. Im Oktober 1903 zeichnete der Landesausschuss ein düsteres Bild: „Die äußerst primitive Heizanlage, aus zwei undichten Öfen bestehend, funktioniert so schwerfällig und unregelmäßig, dass im Winter stets 2 bis 3 Tage vor Benutzung des Saales die Heizung beginnen muss … Die Undichtheiten der Öfen … bringen es mit sich, dass in den Saal Rauchgase dringen, welche den Aufenthalt in demselben unangenehm machen und die Wände schwärzen". Weiters berichtet der Landesausschuss, dass es im Frühjahr auf Grund des Tauwetters zu Durchnässung der Decke und der Wände komme. Auch habe die Einrichtung im Laufe der Zeit sehr gelitten und würden einen unordentlichen Eindruck hinterlassen. Insgesamt würden sich die Landtagsräumlichkeiten „in sehr schlechtem Zustande" befinden. Zusammenfassend hielt der Landesausschuss fest, dass „der beschriebene Zustand angesichts des Zweckes des Saales als Tagungslokal für die Landesvertretung ein unhaltbarer ist und dass es die Würde und das Ansehen des Landtages dringend erfordern, die für die Tagung desselben bestimmten Räume in einen tadellosen Zustand zu versetzen und einfach, aber würdig auszustatten". Für die „bescheiden gehaltene Renovierung" wurde ein Betrag von 25.000 Kronen angesetzt. Trotz der beschriebenen baulichen Mängel konnte sich der Landtag nicht durchringen, eine Generalsanierung durchzuführen, sondern beschränkte sich auf die Durchführung der allernotwendigsten Maßnahmen, wie etwa der Anbringung zweier Fenster an der Nordwand des Saales zur Verbesserung der Beleuchtungssituation und der Verschiebung der Balustrade, um mehr Platz für die Abgeordneten zu schaffen. Weniger sachlichen, sondern vielmehr repräsentativen Erfordernissen entsprechend, sollte das Podium um 20 cm angehoben werden, damit sowohl der Landeshauptmann als auch die Mitglieder des Landesausschusses erhöht sitzen können. Außerdem wurde der Regierungstisch zentral positioniert, weil es als „unwürdig" empfunden wurde, dass „der Regierungssitz dort im Winkel sich befindet". Für diese Baumaßnahmen bewilligte der Landtag 3.000 Kronen. Insgesamt dürfte die damalige Ausstattung des Landtages äußerst bescheiden gewesen sein, denn die Klubräumlichkeiten verfügten teilweise nur über eine spärliche Einrichtung. Unter anderem beklagte Abg. Anton Hueber, dass „im ganzen Haus kein Spiegel, kein Sofa" zur Verfügung stehe. Auch die Arbeitsbedingungen waren eher einfach gehalten. Die Abgeordneten saßen bei den Ausschusssitzungen „wie die Häringe" zusammen und es konnte „sich niemand ausbreiten". „So viel Raum soll doch vorhanden sein, dass jeder einen Sitz hat", war der nachvollziehbare Wunsch eines Abgeordneten. Trotz aller budgetären Zwänge war die Durchführung der Sanierungsarbeiten unausweichlich, jedoch mit einer großen zeitlichen Verzögerung. Es dauerte bis 1908, bis die Arbeiten abgeschlossen waren. Das neue Erscheinungsbild des Landtagssitzungssaals gibt das Gruppenbild aus dem Jahre 1909 wieder. Mit den Umbaumaßnahmen und der Verbesserung der Arbeitsbedingungen im Landtag kam man auch den zusätzlichen Erfordernissen durch die Aufstockung des Landtages von 28 auf 39 Mitgliedern entgegen.

So sparsam der Landtag in vielen Bereichen auch gewesen sein mag, so aufgeschlossen zeigte er sich gegenüber gewissen neuen technischen Entwicklungen. Ende 1907 wurde der Einbau einer Telefonsprechstelle beschlossen, wobei betont wurde, dass diese „nicht zur Bequemlichkeit der Herren Abgeordneten dient", sondern der Effizienz der Beratungen.

Schon sehr früh hat sich auch der Landtag mit der Einführung einer elektrischen Beleuchtung im Chiemseehof auseinandergesetzt. 1892 wurde der Auftrag erteilt, ein entsprechendes Projekt auszuarbeiten. Die Salzburger Elektrizitätsgesellschaft sah sich jedoch nicht in der Lage, ein großes Gebäude wie den Chiemseehof mit Strom zu versorgen. Eine Verstärkung der Kabel wurde jedoch mit der Begründung abgelehnt, dass erst die Errichtung der Staatsgewerbeschule in unmittelbarer Nähe des Chiemseehofs abgewartet werden müsse und erst dann entsprechende Entscheidungen getroffen werden könnten. Eine Installation der elektrischen Beleuchtung im Landtag wurde als zu kostspielig abgelehnt, weil der Saal ohnehin nur fünf Wochen im Jahr benützt würde. Es dauerte bis 1901, bis das Thema wieder auf der Tagesordnung des Landtages stand. Die grundlegende Diskussion spielte sich um die Frage ab, ob nun eine Auer'sche Gasbeleuchtung oder elektrisches Licht installiert werden sollte. Nach Abwägung aller Pro und Kontras und aller damit in Zusammenhang stehenden Kosten kam der Landtag am 23. Juli 1901 zu der Auffassung, der Auer'schen Gasbeleuchtung den Vorzug zu geben. Unter Berücksichtigung, dass die Kanzleien im Jahre 1901 noch mit Petroleumlampen beleuchtet wurden, erscheint die Diskussion aus heutiger Sicht durchaus unterhaltsam. Im Vordergrund standen wirtschaftliche Überlegungen und die Einführung der Gasbeleuchtung in den

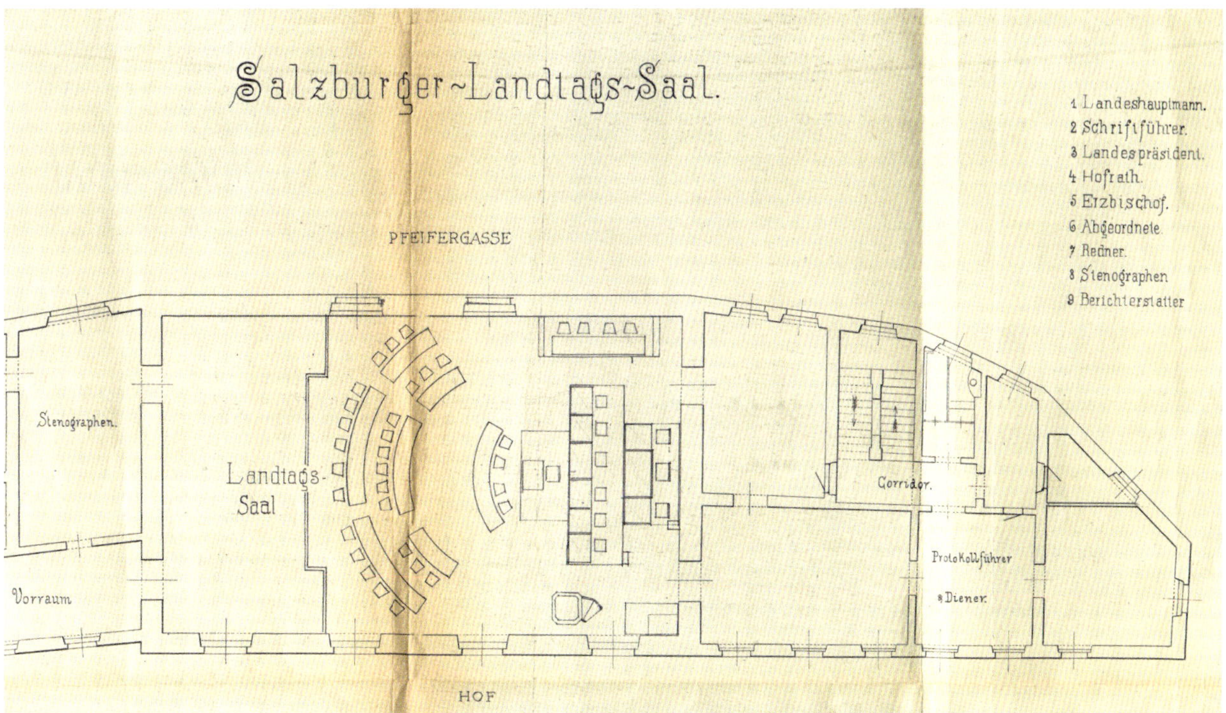

Der Sitzungssaal des Salzburger Landtages (Plangrundlage ca. 1909) mit den Adaptierungen für den ständischen Landtag im Jahre 1934 (Foto: Salzburger Landtag)

Kanzleiräumlichkeiten stand außer Zweifel. In den Räumlichkeiten des Landesausschusses wurde eine dauerhafte Beleuchtung als „ganz unnothwendig" bezeichnet und befürchtet, dass die „schönen Prunkräume der alten Bischöfe neuerdings verunstaltet" würden. Auch der sonst vom Grundsatz her sehr fortschrittliche Landeshauptmann Dr. Albert Schumacher lehnte die „zwangsweise Einführung" der Gasbeleuchtung in seinen Amtsräumlichkeiten unter Hinweis auf die Schonung der Kunstgegenstände ab. Abg. Ludwig Zeller, ein vehementer Befürworter der elektrischen Beleuchtung, war von der Zögerlichkeit der Abgeordneten durchaus überrascht und meinte, dass man eine „so gefährliche Beleuchtung wie Petroleum aus öffentlichen Räumen gänzlich ausmerzt und ein Licht wählt, welches jederzeit zur Verfügung steht". Der Landtag gab zwar ein Bekenntnis zur Auer'schen Gasbeleuchtung ab, setzte dem Landesausschuss lediglich eine Obergrenze von 4.450 Kronen für die nächsten Jahre. Wo die Beleuchtung eingeführt werden sollte, überließ der Landtag dem Landesausschuss. Damit wurden auch die Bedenken von Landeshauptmann Dr. Schumacher berücksichtigt. Mit 1. Juni 1907 wurden die Räumlichkeiten des Landesausschusses elektrisch beleuchtet, der Landtag blieb dem Auer'schen Gaslicht treu. Die Elektrifizierung nahm jedoch ihren Lauf. 1917/18 wurden Stromleitungen mit Papierisolierung eingebaut, die 1927 erneuert werden mussten.

Der Wechsel von der Monarchie zur Republik ging am Sitzungssaal des Landtages ohne größere Veränderungen vorbei. Lediglich das Kaiserbild an der Stirnseite des Saales wurde durch ein anderes Gemälde ersetzt. Das Mobiliar blieb erhalten. 1926 beschloss der Landtag den Einbau einer Zentralheizung für den gesamten Chiemseehof mit Kosten von S 98.500,–. Wiederum zeigten sich nach einigen Jahren erhebliche Schäden am Sitzungssaal, sodass im Jahre 1927/28 größere Sanierungsarbeiten durchgeführt werden mussten. Der Zustand des

Chiemseehofs war insgesamt nicht besonders gut, wie ein Bericht der Landesregierung aus dem Jahre 1924 zeigt. Beklagt wurde auch, dass die Fassade schon sehr verwaschen sei und eine Vermorschung der Fensterrahmen begonnen habe. Insgesamt S 12.000,– sollten die Sanierungsarbeiten kosten.

Bis zur Auflösung des Landtages im Jahre 1938 sind kaum größere Verbesserungsmaßnahmen zu erkennen. Das aus der Monarchie übernommene Mobiliar wurde weiter benutzt und lediglich Schönheitsreparaturen durchgeführt. Auch das ständische System führte nur diejenigen Arbeiten durch, die aufgrund der Änderung der Landesverfassung erforderlich waren.

Mit einer neuen Tonanlage wurden die Arbeitsbedingungen der Abgeordneten nachhaltig verbessert und die neue Zeit hielt Einzug im ehrwürdigen Chiemseehof (Foto: Salzburger Landesarchiv)

Der erste frei gewählte Landtag nach Ende des Zweiten Weltkrieges trat am 12. Dezember 1945 in den Räumlichkeiten der Neuen Residenz zu seiner konstituierenden Sitzung zusammen. Damit schloss der Landtag an eine alte Tradition an. Schon der erste Landtag des Jahres 1861 hielt seine Sitzungen im Ständesaal der Residenz ab, weil noch keine geeigneten Räumlichkeiten zur Verfügung standen. Erst 1948 konnte der Landtag endgültig in den Chiemseehof übersiedeln. Grund für das Ausweichquartier im Ständesaal war 1945 der Umstand, dass der ehemalige Sitzungssaal im Dritten Reich vollständig umgebaut und mit nationalsozialistischen Symbolen ausgestattet worden war. Mit der Landtagssitzung am 25. Juni 1946 konnte der Salzburger Landtag wieder in seine historische Wirkungsstätte zurückkehren. (Zum Landtag 1938/39 bzw. 1945/46 vergleiche die Beiträge von Richard Voithofer und Robert Kriechbaumer in diesem Buch)

Im März 1947 hielt Landtagspräsident Franz Hell fest: „Die Einrichtung des Salzburger Landtages wurde während der deutschen Zeit vernichtet. Der Landtag hat deshalb beschlossen, den Landtagssitzungssaal neu einzurichten." Das Gebäude hatte während des Krieges erheblich gelitten, sodass nicht nur der Landtagssitzungssaal erneuert werden musste, sondern auch allgemeine Instandsetzungsarbeiten in Angriff genommen werden mussten. Insgesamt S 421.000,– waren für die Arbeiten vorgesehen, wobei alleine S 196.000,– auf den Landtag entfielen.

Am 17. Dezember 1948 konnte Landtagspräsident Franz Hell die Abgeordneten im neuen Sitzungssaal begrüßen. Ein schlichtes Äußeres ohne überflüssigen Zierrat wurde das Markenzeichen des Saales. Das Mobiliar wurde vollständig erneuert und in einem schlichten Braunton gehalten. Zentraler Blickfang war das vom Halleiner Bildhauer Jakob Adlhart geschaffene Landeswappen, das umrahmt wird von den Wappen der fünf Bezirkshauptstädte. Die finanziellen Schwierigkeiten nach Ende des Krieges, aber auch die problematische Beschaffung von Baumaterialien führten dazu, dass der Landtag nun in einem vollkommen sanierten Sitzungssaal tagen konnte, jedoch die Ausstattung noch viele Wünsche offen ließ. So fehlte es an einer geeigneten Beleuchtung, an Telefonen oder einer Tonaufzeichnungsanlage, aber auch an Besprechungs- und Tagungsräumlichkeiten. Auch die Akustik war nicht zufriedenstellend, sodass Zug um Zug Nacharbeiten durchgeführt werden mussten, die sich bis zum Ende der 1950er-Jahre hinzogen.

1951 hielt die moderne Technik Einzug im Chiemseehof. Nach langen Diskussionen verständigten sich die Abgeordneten auf die Anschaffung einer modernen Magnetophon-Anlage. Damit wurde die Arbeit der Stenographen erheblich erleichtert und die Übertragung in eine Reinschrift deutlich beschleunigt. Hinter-

Von 1948 bis 2017 wurde der Landtagssitzungssaal in seinem äußeren Erscheinungsbild nicht verändert. Hier bei der konstituierenden Sitzung am 1. Dezember 1949 fehlte noch einiges. Es sollte jedoch noch Jahre dauern, bis die Umbauarbeiten endgültig abgeschlossen werden konnten. (Foto: Salzburger Landtag)

grund für die Anschaffung dieser Anlage war auch der Umstand, dass geeignete Stenographen kaum „aufzutreiben" waren, wie die Abgeordneten bei den Ausschussberatungen feststellen mussten. Diese Investition schlug mit immerhin S 25.000,– zu Buche.

Die Aufstockung des Landtages im Jahr 1954 von bisher 26 auf 32 Abgeordnete sowie der Zahl der Mitglieder der Landesregierung von fünf auf sieben machte neuerliche Baumaßnahmen erforderlich, wobei sich diese im Wesentlichen auf Tischlerarbeiten im Landtagssitzungssaal beschränkten. Angesichts der Größe des Landtages wurde 1955 auch ein Ausschusssitzungszimmer anschließend an den Landtagssitzungssaal errichtet und zwei Telefonapparate installiert. Den endgültigen Abschluss fanden die Umbau- und Adaptierungsarbeiten mit der Installation von zwei Kristalllustern, die mit dem bereits bestehenden zentralen Luster dem Landtagssitzungssaal sein typisches Erscheinungsbild verliehen haben, das bis 2017 Bestand hatte.

1969 fiel der Startschuss für einen abermaligen Umbau des Landtagstraktes, der nach mehr als 20 Jahren mehr als überfällig war. Der Landtag übersiedelte während dieser Bauphase wiederum in den Ständesaal der Neuen Residenz, wo er nach Ende des Krieges provisorisch untergebracht war. Der Landtag erhielt im Erdgeschoss nun ein eigenes Ausschusssitzungszimmer, das aus vier größeren Räumen entstanden war. Die Räume der Landtagsparteien wurden ebenso adaptiert wie das Büro des Landtagspräsidenten. Die Landtagsvizepräsidenten erhielten nun ebenfalls eigene Räumlichkeiten, womit auch der geänderten Arbeitsweise entsprochen wurde. Das Mobiliar im Landtagssitzungssaal wurde überholt und die Stühle neu bezogen. Bis es jedoch soweit war, wartete auf die Professionisten eine Menge Arbeit.

1969–1972: Nicht die Politik, sondern die Handwerker haben im Chiemseehof das Sagen (Fotos: Salzburger Landesarchiv)

Der Salzburger Landtag tagte aufgrund der Bauarbeiten im Chiemseehof 1970/71 im Ständesaal der Neuen Residenz (Foto: Salzburger Landesarchiv)

Am 20. Oktober 1972 hielt der Salzburger Landtag seine erste Sitzung im neugestalteten Sitzungssaal ab. Es sollte aber bis Dezember 1973 dauern, bis das S 12,5 Mio. teure Bauvorhaben abgeschlossen werden konnte.

Die letzte größere Baumaßnahme im Bereich des Landtages geht auf das Jahr 1992 zurück. Das im Erdgeschoss gelegene Ausschusssitzungszimmer stammte in seiner Grundkonzeption aus dem Jahre 1970 und entsprach keineswegs mehr den Anforderungen. In einer Rekordzeit von nur zwölf Wochen gelang es, das alte Ausschusssitzungszimmer mit einem Kostenaufwand von S 5,1 Mio. zu modernisieren und mit einer Raumkomposition von Inge Dick auch künstlerisch anspruchsvoll auszustatten. Am 9. Oktober 1992 wurden die Bauarbeiten abgeschlossen.

Die Diskussionen um einen vollständigen Umbau des Landtagstrakts und insbesondere des Landtagssitzungssaales haben eine lange Geschichte. Bereits Anfang der 1990er-Jahre entstand der berechtigte Wunsch des Landtags

Der bauliche Zustand des Chiemseehofs sorgte auch für so manche Bemerkung mit der spitzen Feder (Karikatur: Thomas Wizany)

Vorher und nachher: Bei den Budgetberatungen (hier 1965) fanden nicht immer alle Abgeordneten Platz am Verhandlungstisch. Mit dem neuen Ausschusssitzungszimmer wurde das Platzproblem gelöst. (Fotos: Salzburger Landesarchiv)

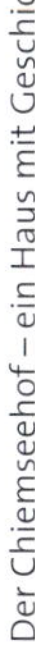

Der Chiemseehof in den 1980er-Jahren (Foto: Salzburger Landesarchiv)

nach einer Umgestaltung des Nordtraktes, weil sich zum einen mit dem Einzug der Bürgerliste in den Landtag im Jahre 1989 die Zahl der Fraktionen erhöht hatte und sich aufgrund der Unterbringung vieler Amtsdienststellen die Raumsituation immer mehr verschlechterte. Ende 1999 hatte der Landtag beschlossen, den Landtagstrakt umzubauen und die Bauarbeiten ehestmöglich zu beginnen.

Ausgegangen wurde damals von Kosten von S 88 Mio. In diesem Projekt wäre neben der Sanierung und Modernisierung des Gebäudes auch eine Anhebung des Daches über dem Landtagssitzungssaal vorgesehen gewesen, um zum einen zusätzliche Räumlichkeiten gewinnen zu können und zum anderen eine einheitliche Dachlandschaft herzustellen. Doch schon ein Jahr danach waren diese Planungen aus budgetären Gründen hinfällig und die Landesregierung teilte mit, dass lediglich Ausmalarbeiten durchgeführt werden könnten. Das Provisorium lebte weiter und der Landtag behalf sich mit Notlösungen. Da eine politische Einigung trotz aller Übereinstimmung über die Notwendigkeit eines Umbaus nicht erzielt werden konnte, mussten sich die Baumaßnahmen auf Stückwerk beschränken. So wurde 2010 der Sitzungssaal komplett neu ausgemalt, die Beleuchtung erneuert sowie einige Renovierungsarbeiten durchgeführt. In der Folge wurde die aus den 1970er-Jahren stammende Tonanlage gegen ein modernes System ausgetauscht und ab 2013 die Live-Übertragung der Sitzungen im Internet bewerkstelligt. Immer wieder gab es Anläufe und konkrete Planungen, wie der nicht mehr zeitgemäße und etwas angegraute Landtagstrakt den Anforderungen eines modernen Parlamentarismus gerecht werden konnte.

Da man sich auf eine große Umbaulösung nicht verständigen konnte, wurde der Landtagssitzungssaal mit regelmäßigen Reparaturen funktional und auch repräsentativ ausgestattet (Foto: Salzburger Landtag)

Das Ausschusssitzungszimmer des Salzburger Landtages, das 1992 bis 2017 für intensive Beratungen genutzt wurde (Foto: Land Salzburg)

Nach den Landtagswahlen 2013 entwickelte sich ein neues Bewusstsein und die politischen Verhandlungen nahmen immer konkretere Formen an. Neben der Frage der energetischen Sanierung des Gebäudes und einer zeitgemäßen Ausstattung spielte die barrierefreie Erreichbarkeit des Sitzes des Landtages eine immer größere Rolle. Mit aller Entschlossenheit vertraten alle Landtagsparteien ein gemeinsames Anliegen und konnten schlussendlich ein gemeinsames Ergebnis präsentieren.

Der 22. März 2017 war ein besonderer Tag für den Chiemseehof. Exakt um 17:40 Uhr beendete Landtagspräsidentin Dr.^{in} Brigitta Pallauf die letzte Sitzung des Salzburger Landtages im ehrwürdigen Sitzungssaal im Chiemseehof, wo dieser 69 Jahre hindurch seine Sitzungen abgehalten hat. In den nächsten zwei Jahren gehörte der Landtagstrakt den Maurern, Installateuren, Malern, Elektrikern und vielen anderen Professionisten, die den Landtagstrakt nicht nur äußerlich sanierten, sondern in ein modernes Arbeitsparlament verwandelten, das in allen Bereichen dem Stand der Technik entspricht und für alle Bürgerinnen und Bürger barrierefrei zugänglich ist.

Rund € 7 Mio. investierte das Land in den Chiemseehof. Der Salzburger Landtag ist beim Umbau einer alten Tradition treu geblieben. Nicht Protz und Selbstdarstellung waren die Leitlinien, sondern Effizienz und Modernität in einem stilvollen aber schlichten Umfeld.

2017: Die Bagger fahren auf und der Landtagssitzungssaal wird für zwei Jahre hindurch zur Baustelle (Foto: Salzburger Landtag)

Ein Blick in die nahe Zukunft. Der Landtag im neuen Glanz. Ein modernes Parlament in einem Haus mit Geschichte (Visualierung: tanner gmbh, Salzburg)

Josef Hörmandinger

Eine Verfassung ist ein bisschen wie die Bibel …

… alle wissen, dass es sie gibt, die meisten haben eine – wenn auch sehr undeutliche – Vorstellung, um was es darin in etwa geht und – kaum jemand liest sie. Der Vergleich mit der Heiligen Schrift ist natürlich nicht neu. Jan Assmann nimmt sogar an, dass sich sowohl das Gesetz als auch der Staat aus der Kanon-Funktion der Schrift entwickelt haben. Die Schrift, indem sie dem gesprochenen Wort Dauerhaftigkeit verleiht, bietet einer Gesellschaft die Möglichkeit einer linearen Eigengeschichtlichkeit und damit die Begründung für legitime Selbst-Herrschaft und gleichzeitig deren Begrenzung in Form eines Buches mit unveränderlichen – weil heiligen – Gesetzen. Damit sind auch die drei Funktionen einer Verfassung umrissen, die auch heute noch eine Rolle spielen: Demokratisierung durch Volkssouveränität, Identitätsstiftung durch autonome Entscheidungsspielräume und Beschränkung staatlicher Macht durch Gesetze. Nicht aus dem Blickwinkel der Kulturanthropologie, sondern der Staatslehre warnt jedoch Josef Isensee: „Die Verfassungsurkunde ist ein staatliches Gesetz und keine weltliche Bibel." Für ihn lebt eine Verfassung aufgrund des alltäglichen, stillschweigenden und daher konkludenten Konsenses der Bürgerinnen und Bürger. „Der Verfassungskonsens ist eine nüchterne Sache der Praxis. Er ergibt sich daraus, dass die Bürger […] ihre Chancen der Freiheit nutzen und die Bedingungen der Freiheit aller respektieren", schreibt er 1992.

Als Rechtsinstrumente führen Verfassungen im täglichen Gebrauch der staatlichen Verwaltung denn auch ein Stiefmütterchen-Dasein. Einfache Gesetze, Verordnungen, im zunehmenden Ausmaß die Rechtsprechung nationaler oder europäischer Höchstgerichte und – gerade im Verwaltungsbereich – die zahlreichen internen Erlässe geben den wortreichen Kanon des Dürfens und Sollens vor. Das ist schade. Zwischen 2.000 und 5.000 Bescheidbeschwerdeverfahren sind beim Verfassungsgerichtshof jedes Jahr anhängig, 17 Gesetze und Verordnungen hob er alleine auf Bundesebene im Jahresschnitt der letzten drei Jahre auf (Verfassungsgerichtshof Österreich, 2017). Ein gelegentlicher Blick in die Verfassung würde also zumindest der juristischen Praxis nicht schaden.

In der Politik haben Verfassungen schon ein ganz anderes Gewicht. Sie werden zwar vielleicht nicht öfter gelesen. Sie verteilen jedoch wirksam Macht, und beschränken diese in Gestalt des Rechtsstaates gleichzeitig. Noch viel mehr gilt das für die Verfassung eines österreichischen Bundeslandes, die zusätzlich die Spielräume regionaler Autonomie im europäischen Mehrebenensystem ausgestalten und vor allem absichern soll.

Für die Bewertung der Gegenwart, die ja wiederum nur die Erkundung der Zukunft zum Ziel hat, sind drei Sprünge in der Entwicklung der Salzburger Landesverfassung auffällig, die die eingangs beschriebenen Funktionen einer Verfassung erst mit politischer Lebenskraft erfüllen. Prominent geworden ist nur eine von den dreien und sie steht daher am Beginn.

Das Ende der Proporzregierung und die Entwicklung des Salzburger Landtages zum Kontrollparlament

Als am 12. August 1998 mit dem Landesgesetzblatt Nr. 72/1998 das „Landesverfassungsgesetz zur Abschaffung des Proporzes in der Landesregierung und zur Stärkung der Kontrollrechte im Landtag" kundgemacht wurde, sollte sich das politische System im Salzburg der Zweiten Republik grundlegend und dauerhaft verändern. Der nach der darauf folgenden Landtagswahl am 7. März 1999 zusammentretende Landtag sollte die Landesregierung erstmals nicht nach dem Verhältnis-, sondern nach dem Mehrheitsprinzip wählen. Eine bestimmte Mandatsstärke im Landtag würde für eine Partei nicht mehr automatisch zu einer Regierungsbeteiligung führen. Die notwendige Regierungsmehrheit würde über frei gebildete Koalitionen zustande kommen müssen. Salzburg hatte als drittes Bundesland den sogenannten „Regierungsproporz" abgeschafft. Dieser bisher weitreichendsten Änderung der Landesverfassung in der Zweiten Republik waren jahrelange politische Auseinandersetzungen und intensive Beratungen im Landtag vorausgegangen. In der ersten Sitzung der Enquete-Kommission des Landtags zur Reform der Salzburger Landesverfassung und der Landtagsarbeit am 23. November 1994 fasste Herbert Dachs als geladener Experte das damalige Unwohlsein mit dem Proporzsystem folgendermaßen zusammen: „Klar ist [...], dass Streben nach Konsens in den Augen der Bevölkerung bei weitem nicht mehr diese dominante Position – seit längerem schon nicht mehr – hat, wie noch in Jahrzehnten davor. Deutlich ist auch, dass stärkere Orientierung und der Wunsch nach Alternativen, nach der Unterscheidbarkeit der Parteien, der politischen Akteure untereinander eingefordert wird, erwartet wird und gewünscht wird deutlichere Kontrolle." Außerdem stellten viele Beobachter fest, dass politische Akteure zwar aufgrund ihrer Stärke im Landtag durch das Proporzsystem in der Regierung vertreten waren, dort aber das Verhalten einer Fundamentalopposition an den Tag legten, um vor allem die Landeshauptmann-Partei mit ihrer von außen wahrgenommenen Gesamtverantwortung öffentlich unter Druck zu setzen. Damit wäre jedoch auch eine effiziente Regierungsarbeit in Frage gestellt. Friedrich Koja formulierte dies in derselben Sitzung der Enquete-Kommission folgendermaßen: „Im Laufe der letzten Jahre sind mir gewisse Zweifel gekommen, weil eben der für dieses System oder für sein Funktionieren notwendige Geist, eine gewisse Konsensbereitschaft und eine gewisse Loyalität der in der Regierung Zusammenarbeitenden auch dann in der Landtagsarbeit und in der Öffentlichkeit, weil mir das zu schwinden scheint." Mit einer klaren Trennung der im Landtag vertretenen Parteien in Regierung und Opposition glaubte man schließlich, den Wunsch nach einer klaren Rollenteilung erfüllen zu können. Dies geht aus den Wortmeldungen der Landtagssitzung am 22. April 1998 hervor, die Franz Fallend in seinem Beitrag zu diesem Band zusammengestellt hat.

Trotz dieser Befunde gab es im Laufe der Auseinandersetzung um ihre Einführung immer wieder Zweifel daran, dass eine Mehrheitsregierung das Allheilmittel für diese Probleme sein würde. Fest stand nämlich auch, dass eine eindeutige Rollenverteilung wie im oft zitierten Vorbild des Parlaments des Vereinigten Königreichs durch die bundesverfassungsrechtliche Vorgabe eines Verhältniswahlsystems für Landtagswahlen nicht möglich sein würde. Das Westminster-Parlament erreicht ja seine meist eindeutige Rollenverteilung zunächst aufgrund des

Mehrheitswahlrechts bei den Parlamentswahlen, bei denen es für jeden Wahlkreis nur einen eindeutigen Sieger geben kann. Franz Schausberger, damals Klubobmann der ÖVP im Landtag, formulierte diese Zweifel in der erwähnten Enquete-Kommission sehr klar. „Das heißt, wir haben hier nur den eher engen Spielraum, davon wegzugehen, dass er zwar zu Koalitionen, zu freien Koalitionen kommen kann, die aber letztendlich auch in irgendeiner Form einen Proporz darstellen, weil man eben nicht dorthin kommt, wie es in England ist, wo eben eine Partei, vielleicht auch mit vierzig Prozent oder noch darunter alleine sozusagen die Regierung stellt und wo also dann ganz klar und deutlich ist, wo ist die Verantwortlichkeit zwischen Regierung und Opposition." Führten die beiden Symptome, fehlende Unterscheidbarkeit der politischen Rollen und fehlende Kooperationsbereitschaft der politischen Parteien, etwa zu einer unvollständigen Diagnose und konsequenterweise zu einer falschen Therapie mit unerwarteten Nebenwirkungen? Zwei weitere Gesichtspunkte sprechen dafür. Zum einen ist da der Ausgangspunkt des konkordanzdemokratischen Modells, jenes Modells also, dessen Obsoleszenz für Salzburg diagnostiziert worden war, Gerhard Lehmbruchs Studie mit dem Titel „Proporzdemokratie: Politisches System und politische Kultur in der Schweiz und in Österreich" aus 1967. Lehmbruch sieht darin den Unterschied zwischen Proporzregierung und Mehrheitsregierung mit, in den langen Phasen der Großen Koalition schwacher, parlamentarischer Opposition nicht als entscheidend an. Obwohl die Bundesregierung nach dem Mehrheitsprinzip gebildet wird, ordnet er Österreich trotzdem als Proporzdemokratie ein. Für Lehmbruch ist das Proporzsystem im Falle Österreichs vor allem durch eine starke soziale und ideologische Versäulung geprägt, die von den Parteieliten getragen und mittels einer starken Partei- und Kammerdisziplin durchgesetzt wird. Ergänzend dazu tritt eine starke Ämterpatronage im öffentlichen Dienst und die ständige „Junktimierung" von Ansprüchen und Entscheidungen, die sachlich nichts miteinander zu tun haben. Das Einstimmigkeitsprinzip bei Regierungsbeschlüssen in Art. 69 B-VG führt er dabei ausdrücklich als Merkmal an. Eine Proporzregierung ist daher für das Vorliegen einer Proporzdemokratie weder notwendig noch hinreichend. Für den zweiten Gesichtspunkt wagen wir einen kurzen Blick zurück, der erahnen lässt, wie tief die verhältnismäßige Zusammensetzung der Landesregierung in der Verfassungsgeschichte Salzburgs verwurzelt war.

Als Salzburg 1861 mit dem Februar-Patent Kaiser Franz Josephs seine politische Teilautonomie wieder erhielt, sah die damit erlassene Landes-Ordnung in ihrem § 12 eine proportionale Zusammenstellung der Landesregierung, des sogenannten „Landesausschusses" aus Landtagsabgeordneten unter einem vom Kaiser aus deren Reihen ernannten Landeshauptmann vor. Die Proportionalität verlief natürlich nicht entlang von Parteigrenzen, sondern entlang der Demarkationslinien des Machtgefüges der damaligen Gesellschaft, den Kurien der einflussreichen ständischen Vertretungen, jener gesellschaftlichen Gruppen also, die hinsichtlich ihrer Gestaltungsmacht an der gesellschaftlichen Steuerung beteiligt werden mussten. Natürlich war der Salzburger Landtag damit eher ein Sprachrohr für Eliteninteressen und mit Sicherheit kein demokratisch legitimierter „allgemeiner" Vertretungskörper. Die Eigentümlichkeit dieser Konstruktion verlockt dazu, sie zunächst unter den Begriff Konkordanzdemokratie einzuordnen. Durch eine möglichst breite Beteiligung der relevanten politischen Kräfte sollten Konflikte und die Marginalisierung von Minderheiten vermieden werden, politische Entscheidungen sollten bevorzugt im Verhandlungsweg erreicht werden. Genau dafür war die Konstruktion jedoch wenig geeignet. Der Landesausschuss hatte im Grunde zwei Funktionen, er war einerseits ein Ausschuss des Landtags, etwa bei der Einbringung einer Gesetzesvorlage, andererseits war er aber auch oberstes Organ für die autonome Landesverwaltung. Für die parlamentarische Ausschussarbeit war die Geschäftsordnung des Landtags anzuwenden, für die Verwaltungstätigkeit die „Dienstes-Instruction und Geschäfts-Ordnung für landschaftliche Beamte", die beide im Jänner 1863 zu Beginn der 2. Session beschlossen wurden. In beiden wurde für die Beschlüsse des Landesausschusses das Mehrheitsprinzip festgelegt, wie es auch für alle anderen Ausschüsse und das Plenum des Landtags galt, bei Regierungsbeschlüssen befreite eine protokollierte abweichende Meinung eines Regierungsmitglieds sogar von der Verantwortung für die nicht mitgetragene behördliche Entscheidung. Einfach gesagt: Landtag und Landesregierung waren proportional zusammengesetzt, Entscheidungen wurden aber nach dem Mehrheitsprinzip – also mehr kontroversiell als konkordant getroffen. Wenn also nicht konkordanzdemokratische Erwägungen der Proporzregierung zugrunde lagen, was dann? Ein Blick auf die Entwicklung des Bundes-Verfassungsgesetzes von 1920 legt nahe, dass es bei der Ausschussregierung eher um die Umsetzung von Volkssouveränität durch Identität von Volksvertretung und Regierung ging. Für Hans Kelsen, einen der Autoren des Bundes-Verfassungsgesetzes von 1920, war die Kombination aus Verhältniswahl bei der Bildung des Parlaments und Mehrheitsprinzip bei dessen Abstimmungen die Gewährleistung größtmöglicher Freiheit der Rechtsunterworfenen. Es sei „von größter Wichtigkeit, dass alle politischen Gruppen im Verhältnis zu ihrer Stärke im Parlamente vertreten seien, damit die tatsächliche Interessenlage, das ist aber die tatsächliche Voraussetzung, unter der ein Kompromiß zustanden kommen kann, im Parlamente sich zunächst überhaupt darstelle. [...] Denn der influenzartige Einfluß, den die Minorität auf die Bildung des Majoritätswillens ausübt, muss umso bedeutender sein, je mächtiger diese Minoritäten im Parlamente auftreten", schreibt er 1926 in seinem Aufsatz „Das Problem des Parlamentarismus". Die Rechnung dahinter ist ganz einfach: Je mehr verschiedenartige Interessen durch Verhältniswahl im Parlament vertreten sind, desto mehr Interessen müssen durch den abschließenden Beschluss abgedeckt sein, um überhaupt eine Mehrheit im Parlament zu bekommen. Damit wird der Kompromiss zum zentralen Element der Volkssouveränität. Konkordanzdemokratie kommt also mehr durch die Zusammenstellung des Parlaments als der Regierung zum Ausdruck. Die Umsetzung der Volkssouveränität in der Konstruktion des österreichischen Parlamentarismus weist jedoch noch auf einen anderen Aspekt hin: Gewaltentrennung, also die personelle und institutionelle Trennung zwischen Gesetzgebung, Vollziehung und Rechtsprechung. Hans Kelsen äußert in seinem Aufsatz „Wesen und Wert der Demokratie" aus 1919: „Der Grundsatz von der Trennung der Gewalten, der die Demokratisierung der Staaten hemmt, beruht auch innerlich auf einer unrichtigen Auffassung der Rechtsgestaltung, die sich keineswegs in der Gesetzgebung erschöpft, vielmehr bis zu der Entscheidung des einzelnen Rechtsfalles [...] fortschreitet. Die sogenannte Exekutive ist demnach ein ebenso wichtiger Faktor der Rechtserzeugung wie die Legislative." Hans Kelsen wollte nicht Parlament und Regierung, er wollte ein regierendes Parlament. Tatsächlich war die Ablöse des Regierungsproporzes ein wesentlich schwerwiegenderer Eingriff in die Arbeitsweise des Landtags als in die der Landesregierung. Während die Landesregierung unter dem in Art. 36 Abs. 1 L-VG neu eingeführten Einstimmigkeitsprinzip und der zumindest im Tagesgeschäft vorherrschenden selbständigen Erledigung in den einzelnen Ressorts lediglich weniger Verhandlungsaufwand hatte, bzw. diesen auf die Umsetzung eines vorher ausverhandelten Regierungsprogramms konzentrieren konnte, bedeutete die klare Verteilung von Oppositions- und Regierungsrolle für den Landtag und die dort vertretenen Parteien eine grundlegende Änderung der politischen Funktion und vor allem Kultur. Auch darüber war sich die Landespolitik im Vorfeld der Reform durchaus im Klaren. Abermals Franz Schausberger in der Enquete-Kommission: „Ich habe das Gefühl, dass mit dieser Vorgangsweise eher eine Schwächung des Landtages verbunden ist, als das vielleicht bisher der Fall ist. Jetzt sind natürlich im Landtag freie Mehrheiten wesentlich leichter möglich, als dann bei einer fixen Koalition in der Regierung." Weiters Gabi Burgstaller, damals Klubvorsitzende des SPÖ-Landtagsklubs: „[...] zentrale Bedeutung bei der Frage Proporz ja oder nein sollte wohl die Frage haben, wie schaut es aus mit dem Kräfteverhältnis zwischen Parlament und Regierung." Und schließlich Helmut Schreiner, damals Landtagspräsident und Vorsitzender der Enquete-Kommission: „Natürlich müssen jetzt auch noch mitdebattiert werden die Änderungen, die ein solcher Regierungssystemwechsel auch auf das Parlament hat [...]. Wir haben zwar ein sehr entwickeltes Minderheitenrecht im Salzburger Landtag, aber die Geschäftsordnung müsste mindestens gleichzeitig geändert sein, dass dann, wenn so ein Regierungssystem funktionieren soll, dass die wesentlichen Kontrollrechte alle Minderheitenrechte sein müssen." Wie Wolfgang Kirchtag in seinem Beitrag in diesem Band deutlich zeigt, ging die erste Mehrheitskoalition zwischen ÖVP und SPÖ die notwendigen Reformen zügig an, der Reformprozess in Richtung Kontrollparlament reicht indes bis in die letzte Gesetzgebungsperiode hinein und kann, das haben die Erkenntnisse rund um den Finanzskandal 2012 gezeigt, auch heute noch nicht als abgeschlossen betrachtet werden. Denn in einem Punkt waren sich alle damals politisch Verantwortlichen und Experten einig: Dass es immer schwieriger werden würde, politische Vorgänge, Positionen und Entscheidungsprozesse übersichtlich und verständlich abzubilden, also Parlamente in ihrer Funktion als Volksvertretungen weiter zu entwickeln. Wie Brigitta Pallauf und der Autor des vorliegenden Beitrags an anderer Stelle in diesem Band zeigen, wird diese Weiterentwicklung in Zukunft zum politischen Tagesgeschäft gehören müssen, wenn die Landtage als Volksvertretungen teilautonomer Regionen in Europa erhalten bleiben sollen. Künftige Reformen werden dabei stärker als bisher den Spagat zwischen den auf Fritz Scharpf zurückgehenden Messgrößen Input-Legitimität, also möglichst direkte Erfüllung des Auftrags der Bevölkerung, und Output-Legitimität, also Erzeugung eines sachlich richtigen und an Fakten orientierten Ergebnisses schaffen müssen.

Vom Friedhof der Symbolpolitik in den Gerichtssaal: Das befremdliche Überleben der Staatszielbestimmung

Im Windschatten der Abschaffung des Proporzes hat mit derselben Verfassungsnovelle eine weitgehend unbeobachtet gebliebene Bereicherung des Landes-Verfassungsrechts stattgefunden, nämlich durch Antworten auf die Frage „Wozu?" in Form von Staatszielbestimmungen. Wozu gibt es Staaten, wozu gibt es die Politik? Diese Frage ist für Politikerinnen und Politiker in Zeiten überbordender Komplexität, in denen sogar das Überleben der Menschheit fraglich erscheint, nicht leicht zu beantworten. Unbeantwortet jedoch kann sie auch nicht bleiben, denn sie steht am Anfang alles Politischen. „Jede Gemeinschaft bildet sich und besteht zu dem Zweck, irgendein Gut zu erlangen", schreibt Aristoteles zu Beginn seiner „Politik", und der Staat als höchste Gemeinschaft strebe nach dem höchsten Gut, dem Glück. Die Salzburger Definition des höchsten Gutes wurde 1998 in Artikel 9 des Landes-Verfassungsgesetzes eingefügt:

- die Schaffung und Erhaltung der Grundlagen für eine leistungsfähige Wirtschaft und für quantitativ ausreichende und qualitativ gute Arbeitsmöglichkeiten, insbesondere durch Vorsorge für eine hochwertige Infrastruktur;
- die Anerkennung und Erhaltung der bäuerlichen Landwirtschaft als Garantin für natürliche Ausgangsprodukte zur Versorgung der Bevölkerung mit Lebensmitteln sowie als Wahrerin und Pflegerin der Kulturlandschaft und der natürlichen Lebensgrundlagen;
- die Schaffung und Erhaltung von angemessenen Wohnverhältnissen;
- die Bewahrung der natürlichen Umwelt und der Landschaft in ihrer Vielfalt und als Lebensgrundlage für den Menschen sowie der Tier- und Pflanzenwelt vor nachteiligen Veränderungen und die Erhaltung besonders schützenswerter Natur in ihrer Natürlichkeit;
- das Bestehen von angemessenen Gesundheits- und Pflegeeinrichtungen;
- das Bestehen von bestmöglichen Bildungseinrichtungen, die Weiterentwicklung von Wissenschaft, Kunst und Kultur unter Respektierung deren Freiheit, Unabhängigkeit und Vielfalt, die Bewahrung erhaltenswerter Kulturwerte sowie die Ermöglichung der Teilhabe aller Interessierten an Bildung und am kulturellen Leben;
- die Sicherstellung der zur Führung eines menschenwürdigen Lebens notwendigen Grundlagen für jene, die dazu der Hilfe der Gemeinschaft bedürfen;
- die Unterstützung von alten und behinderten Menschen und das Bemühen um Lebensbedingungen, die den Bedürfnissen dieser Menschen entsprechen;
- die Anerkennung der Stellung der Familie in Gesellschaft und Staat und die Erreichung einer kinderfreundlichen Gesellschaft;
- die Schaffung von Chancengleichheit und Gleichberechtigung für alle Landesbürger, insbesondere für Frauen.

Staatszielbestimmungen genießen in der Rechts- und Politikwissenschaft nicht den allerbesten Ruf. Vor dem Hintergrund einer auf Nüchternheit und Spielregeln beschränkten Verfassungsgeschichte und einer anfangs starken Zurückhaltung des Verfassungsgerichtshofes beim Schutz der Grundfreiheiten und Menschenrechte wurde und wird programmatischen Verfassungsinhalten keine große Wirkung zugebilligt. Christoph Grabenwarter und Michael Holoubek weisen etwa darauf hin, dass „ihre Steuerungskraft für das unterverfassungsrechtliche Recht gering" sei. Ulrich Zellenberg unterstellt im Falle des zuerst in Salzburg eingeführten Staatszieles des arbeitsfreien Sonntags den Landesverfassungsgesetzgebern sogar, „die Staatszielbestimmungen primär als Placebos gedacht" zu haben. „In einem merkwürdigen Gegensatz zu ihrer verstärkten Implementierung steht die Einschätzung, dass Staatszielbestimmungen als ‚entbehrlich' abgetan oder gar als ‚Zeitbombe' bezeichnet, oder lediglich als ‚harmlos' oder ‚Beruhigungspille' für politische Forderungen der Bevölkerung eingestuft werden", schreibt Maria Bertel unter Nennung der teils prominenten Quellen. Verrechtlichte politische Werthaltungen laufen natürlich leicht Gefahr, in der rauen Realität des politischen Alltags zum Schenkelklopfer zu werden. Den Antragstellern im UVP-Verfahren zum Bau der dritten Startbahn des Flughafens Wien-Schwechat dürfte das Lachen indes im Halse stecken geblieben sein, als das Bundesverwaltungsgericht am 2. Februar 2017 in der Bescheidbeschwerde „Parallelpiste 11R/29L" (W109 2000179-1) den Antrag zu Errichtung und Betrieb abweist. Die erkennenden Richter räumen in ihrem Erkenntnis dem öffentlichen Interesse am Schutz vor den negativen Folgen des Klimawandels und der Bodeninanspruchnahme völlig zu Recht Vorrang ein. Österreich ist nach Aussagen aus der staatlichen Verwaltung aufgrund der Bodeninanspruchnahme derzeit nicht in der Lage, seine Bevölkerung autark mit Lebensmitteln zu versorgen und das Bundesministerium für Gesundheit und Frauen bringt auf seiner Webseite „gesundheit.gv.at" erhöhte Luftverschmutzung direkt mit verkürzter Lebenserwartung und erhöhter Kindersterblichkeit in Verbindung, vom prekär gewordenen Klimaschutz nicht zu reden. Die schutzwürdigen Rechtsgüter griff das Bundesverwaltungsgericht dabei nicht einfach aus der (noch sauberen) Luft. Das Erkenntnis beruft sich ausdrücklich auf die eigens hervorgehobene Bedeutung des Klimaschutzes im Staatszielkatalog der niederösterreichischen Landesverfassung. „In der österreichischen Bundesverfassung sowie der Niederösterreichischen Landesverfassung wird dem Umweltschutz – und hier dem Klimaschutz im Besonderen – ein besonderer Vorrang eingeräumt", heißt es in der Erwägung. Dass sogar die Landespolitik darauf hin Angst vor der eigenen Courage bekam, mag die auf dem Fuße folgende Änderung des betreffenden Art. 4 der niederösterreichischen Landesverfassung (LGBl. Nr. 62/2017) belegen. Der Satz „Dem Klimaschutz kommt besondere Bedeutung zu" wurde kurzerhand gestrichen, die besondere Bedeutung dafür dem Wachstum, der Beschäftigung und einem wettbewerbsfähigen Wirtschaftsstandort ohne weiteres zuerkannt. Dass man Geld nicht essen kann, gilt zwischenzeitlich als weitgehend etabliert, über die Atembarkeit werden wohl künftige Generationen zu urteilen haben.

In Salzburg sind die in der Zwischenzeit erheblich erweiterten Staatszielbestimmungen bisher noch nicht unter einen vergleichbaren realpolitischen Druck geraten. Natürlich tragen Formulierungen wie die in den Erläuterungen der damaligen Vorlage der Landesregierung (SLP, Nr. 377, 5. Session, 11. GP), wonach auf die Staatsziele „die gesamte Landespolitik ausgerichtet zu sein hat", zur ihrer von Maria Bertel herausgearbeiteten Implementierungsfähigkeit bei. Dass es dem Verfassungsgesetzgeber dabei durchaus ernst war, mag die Regierungserklärung des damaligen Landeshauptmanns Franz Schausberger zu dieser Vorlage in der oben erwähnten Plenarsitzung am 22. April 1998 zeigen: „Letztendlich kommt an diesen Richtlinien niemand vorbei." Die Erweiterungen waren in chronologischer Reihenfolge im Einzelnen:

- „Die grundsätzliche Anerkennung und Erhaltung der Sonntage als Tage der Arbeitsruhe" durch LGBl. Nr. 53/2000 nach einem Antrag der Abg. Ing. Griessner, Breitfuß, Saliger, Dr. Petrisch und Mag. Neureiter (SLP, Nr. 197, 2. Session, 12. GP)
- „Die Achtung und der Schutz der Tiere als Mitgeschöpfe des Menschen aus seiner Verantwortung gegenüber den Lebewesen" durch LGBl. Nr. 52/2002 nach einem Antrag der Abg. Naderer, Dr. Schnell und Dr. Schöppl (SLP, Nr. 319, 4. Session, 12. GP) sowie einem Antrag der Abg. Schwaighofer, Mag. Thaler, Mag. Neureiter und Dr. Schnell (SLP, Nr. 434, 4. Session, 12. GP)
- „Die nachhaltige Sicherung des Wassers als natürliche Lebensgrundlage und die Sicherung der Versorgung insbesondere der Bevölkerung mit qualitativ hochwertigem Trinkwasser zu sozial verträglichen Bedingungen" sowie
- „Die Sicherung der Kindern und Jugendlichen zukommenden Rechte auf Entwicklung und Entfaltung ihrer Persönlichkeit, auf Fürsorge und Schutz vor physischer, psychischer und sexueller Gewalt und Ausbeutung und auf kindgerechte Beteiligung entsprechend dem UN-Übereinkommen über die Rechte des Kindes. Bei allen Maßnahmen des Landes, die Kinder betreffen, ist das Wohl des Kindes zu berücksichtigen." Diese Ergänzungen erfolgten nach einer Regierungsvorlage der Landesregierung Burgstaller I (SLP, Nr. 88, 2. Session, 13. GP) durch LGBl. Nr. 97/2004.
- „Die nachhaltige Sicherung des Wassers als natürliche Lebensgrundlage, der Schutz strategisch wichtiger Wasserressourcen zur Vorsorge für kommende Generationen und die Sicherung der Versorgung insbesondere der Bevölkerung mit qualitativ hochwertigem Trinkwasser zu sozialverträglichen Bedingungen" durch LGBl. Nr. 85/2006 nach einem Antrag der Abg. Mag. Brenner, Dritte Präsidentin Mosler-Törnström, Steidl und Ebner (SLP, Nr. 621, 3. Session, 13. GP). Diese Bestimmung ersetzt seither auch die in der vorherigen Änderung enthaltene Formulierung zur Sicherung des Wassers.
- „Der Schutz des Klimas, insbesondere durch Maßnahmen zur Verminderung oder Vermeidung des Ausstoßes von klimarelevanten Gasen und zur Steigerung der Energieeffizienz sowie zur nachhaltigen Nutzung erneuerbarer Energien" durch LGBl. Nr. 15/2013 nach einer Regierungsvorlage der Landesregierung Burgstaller II (SLP, Nr. 243, 5. Session, 14. GP)

Das Herz des Herzens Europas: Die EU hält in die Landesverfassung Einzug

Europa – oder besser: die Europäische Union hielt am 6. April 1993 mit LGBl. Nr. 50/1993 in das Landesverfassungsrecht Einzug. Genauer mit einem eigenen Landesverfassungsgesetz, dem „Landesverfassungsgesetz vom 15. Dezember 1992 über die Mitwirkung des Landes Salzburg im Rahmen der Europäischen Integration". Die Funktion dieser Gesetzgebung im Gesamtzusammenhang der Europapolitik des Landes hat Andreas Kiefer in seinem Beitrag hervorragend zusammengefasst. An dieser Stelle soll daher auf die Bedeutung für die Arbeitsweise des Landtages eingegangen werden.

Das Gesetz galt zum Zeitpunkt seiner Entstehung als das modernste Mitwirkungsgesetz eines Landtages in EU-Angelegenheiten in Österreich und diente in den folgenden Jahren zahlreichen ähnlichen Gesetzen in Österreich und Deutschland als Vorbild oder nahm diese zumindest vorweg. Sein Ziel war es, Rechtssetzungsakte auf EU-Ebene zu beeinflussen, für die in Österreich die Länder eine Gesetzgebungskompetenz haben. Es zeichnete sich vor allem durch drei Punkte aus:

- Für den Landeshauptmann bzw. die Landesregierung wurde eine umfangreiche Informationsverpflichtung eingeführt, die an die zur Vorbereitung auf EWR bzw. EU bereits mit BGBl. Nr. 276/1992 normierte Informationspflicht des Bundes an die Länder über Vorhaben im Rahmen der europäischen Integration (heute geregelt in Art. 23d B-VG) und an die Verhandlungsgegenstände der auf einer Vereinbarung gemäß Art. 15a B-VG basierenden Integrationskonferenz der Länder anschließen sollte. Zusätzlich wurde eine jährliche Berichtspflicht über die europapolitischen Vorhaben der Landesregierung festgelegt (europapolitischer Vorhabensbericht).
- Sowohl die Zuleitung dieser Informationen als auch die Beschlussfassung über die Haltung des Landes zu einzelnen Vorhaben sollte ohne Befassung des Plenums des Landtages erfolgen, um Zeit zu sparen und den kurzen Stellungnahmefristen aus Wien und Brüssel gerecht werden zu können. Dazu wurde das Landtags-Geschäftsordnungsgesetz ergänzt und ein Europa-Integrationsausschuss mit entsprechenden Befugnissen geschaffen.
- Eine Entschließung des Europa-Integrationsausschusses sollte die Landesregierung in ihrem Abstimmungsverhalten bei der Beschlussfassung über einheitliche oder gemeinsame Länderstellungnahmen binden, eine Abweichung wurde nur für den Fall vorgesehen, dass sonst keine gemeinsame Länderposition zustande kommen könnte.

Die dem Gesetz zugrunde liegende Regierungsvorlage (SLP, Nr. 445, 4. Session, 10. GP) war ein Auftragswerk auf Bestellung des Landtags gewesen, genauer eines „Dringlichen Antrags der Abgeordneten Dr. Schausberger, Ing. Griessner und Haunsberger betreffend die Mitwirkung des Landes Salzburg an der Europäischen Integration Österreichs" (SLP, Nr. 405, 4. Session, 10. GP). Die Regierungsvorlage sah lediglich die Informationspflicht für die Beratungsgegenstände der Integrationskonferenz vor, da die Landesregierung explizit davon ausging, dass gemeinsame oder einheitliche Länderstellungnahmen an den Bund ausschließlich dort zustande kommen würden, eine Aufgabe, die sehr rasch die Landeshauptleutekonferenz übernahm. Entschließungen sollten zudem keine Bindungswirkung für die Vertreter des Landes dort entfalten. Die deutliche Erweiterung der Informationspflicht und des Stellungnahmerechts auf Angelegenheiten auch außerhalb der Beratungsgegenstände der Integrationskonferenz und der Gesetzgebungskompetenz des Landtages und die Bindungswirkung von Entschließungen fanden erst im Zuge der Ausschussberatungen (SLP, Nr. 166, 5. Session, 10. GP) in den Gesetzesbeschluss Eingang. Der Landtag hat also seine starken Einwirkungsmöglichkeiten auf die Landesregierung in EU-

Angelegenheiten entgegen derer ursprünglichen Intention durchgesetzt und damit ein starkes Lebenszeichen in einem damals neuen und zukunftsträchtigen Politikfeld gesetzt.

1994 folgten die Landtagswahl zur 11. Gesetzgebungsperiode, die Volksabstimmung über den Beitritt Österreichs zur EU und die Unterzeichnung des Beitrittsvertrages. Im Juli 1995 meldete sich die SPÖ mit einem ersten Zwischenfazit in Form eines „Antrages der Abg. Dr. Firlei, Mag. Burgstaller, Mag. Thaler und Rainer betreffend die Mitwirkung des Landtages in EU-Angelegenheiten" (SLP, Nr. 665, 2. Session, 11. GP) zu Wort. Dort wird das Mitwirkungsinstrumentarium des Landtags ausdrücklich positiv hervorgehoben, seine Anwendung aber ebenso stark kritisiert. „Es ist heute mehr als ein Jahr nach der erfolgreichen Volksabstimmung über den Beitritt Österreichs zur Europäischen Union leider festzustellen, dass der Landtag dieses ihm zustehende Instrumentarium bisher nicht genutzt hat. Der Europaausschuss des Landtages wurde bisher noch kein einziges Mal einberufen. Von einer Wahrnehmung einer regelmäßigen, die Integrationsvorhaben und die österreichische Europapolitik begleitenden Kontroll-, Beobachtungs- und Entscheidungstätigkeit des Landtages kann nicht einmal in Ansätzen gesprochen werden", heißt es in der Präambel. Neben einem Bericht der Landesregierung zu EU-Angelegenheiten in den einzelnen Ressorts wird vor allem die Schaffung einer von der Landesregierung unabhängigen Infrastruktur gefordert, um mit der „enormen Fülle an Unterlagen und der Erforderlichkeit, diese zu sichten und auf ihre landespolitische Relevanz aus der Sicht des Gesetzgebers zu prüfen", fertig zu werden.

Trotz des weiterhin ungelöst gebliebenen Ressourcenproblems fanden in der Folge immer wieder Versuche statt, die Möglichkeiten des Landtages in EU-Angelegenheiten mit Leben zu erfüllen. So gehörte Salzburg auf Initiative des damaligen Landesrates Sepp Eisl neben Oberösterreich 2003 zu den Gründungsmitgliedern des Europäischen Netzwerks gentechnikfreier Regionen und setzte mit dem Gentechnikvorsorgegesetz einen wichtigen Schritt, die Salzburger Landwirtschaft GVO-frei zu halten. Mit der Richtlinie (EU) 2015/412 konnte schließlich ein nationales Selbstbestimmungsrecht durchgesetzt werden, seither können die Mitgliedstaaten über den Einsatz gentechnisch veränderter Organismen in der Landwirtschaft selbst entscheiden. Der Bundesgesetzgeber hat 2015 schließlich mit einem allerdings unnötigen Rahmengesetz nachgezogen und die Bundesländerverbote bestätigt.

Das Landesverfassungsgesetz vom 15. Dezember 1992 über die Mitwirkung des Landes Salzburg im Rahmen der Europäischen Integration wurde mit LGBl. Nr. 59/2012 in Form der Art. 50a bis 50c in das Landes-Verfassungsgesetz 1999 inkorporiert. Gleichzeitig erfolgte damit die Erweiterung des bisherigen Mitwirkungsverfahrens auf die mit dem Vertrag von Lissabon eröffnete Möglichkeit der Subsidiaritätsrüge durch die nationalen Parlamente der Mitgliedstaaten. Die Landtage hatten zuvor 2010 in Art. 23g B-VG ein Stellungnahmerecht an den Bundesrat und eine entsprechende Erwägungsverpflichtung durchsetzen können.

Mit dem Beginn der 15. Gesetzgebungsperiode hat das Thema Europa im Landtag erneut Fahrt aufgenommen. Unterstützt von einem steigenden Bewusstsein in der Bevölkerung, dass Entscheidungen auf EU-Ebene die eigene Lebenswelt stark beeinflussen, versuchten die Landtagsparteien, EU-Themen in ihre Arbeit zu integrieren. Die Landesregierung hatte hierfür die Arbeitsbedingungen mit der in ihrem Arbeitsübereinkommen festgelegten Zurverfügungstellung des Verbindungsbüros des Landes in Brüssel für direkte Sachauskünfte verbessert. Hinzu kommt, dass der Landtag mit seiner Präsidentin Dr. Brigitta Pallauf als Mitglied des Ausschusses der Regionen der EU eine sehr engagierte Vertreterin Salzburgs in Brüssel hinzugewonnen hatte. In diese Phase fallen mehrere Erfolge wie die direkte Annahme der Position des Salzburger Landtages durch den Bundesrat in seiner Subsidiaritätsrüge zur Bio-Kennzeichnungsverordnung der EU (COM (2014) 180 final), der Beschluss betreffend die Änderung der EU-Richtlinie RL 91/477/EWG über die Kontrolle des Erwerbs und des Besitzes von Waffen (SLP, Nr. 287, 4. Session, 15. GP) und der Beschluss betreffend Ratifizierung des CETA-Freihandelsabkommens (SLP, Nr. 337, 4. Session, 15. GP), dem auf der folgenden Landeshauptleutekonferenz unter Gastgeberschaft von Landeshauptmann Dr. Wilfried Haslauer eine entsprechende einheitliche Länderstellungnahme gemäß Art. 23d B-VG folgte.

Was bleibt, ist der überbordende Informationsdruck. 932.667 Kilobyte Information in 863 Geschäftsstücken wurden dem Landtag von der Landesregierung alleine in der ersten Jahreshälfte 2017 übermittelt – die Direktinformationen des Bundesrates gemäß Art. 23g B-VG nicht eingerechnet. Das entspricht nach einem aus einem Factsheet des globalen Rechtsinformationsdienstleisters LexisNexis abgeleiteten Umrechnungsverfahren etwa 60.000 Seiten an MS-Word-Dokumenten oder knapp 100.000 Seiten E-Mails. Die letzte Druckausgabe der Encyclopædia Britannica aus 2010 wirkt mit ihren 32.640 Seiten daneben durchaus bewältigbar. Angesichts dieses informationellen Drucks wächst die Rolle der Kooperation des Salzburger Landtags mit dem Landes-Europabüro und dem Verbindungsbüro des Landes in Brüssel, aber auch mit anderen Landtagen und Regionalparlamenten in Europa. Dies alles kann aber nicht darüber hinwegtäuschen, dass ohne Abgeordnete, die Europa zu ihrer Angelegenheit erklären, dauerhaft keine regionale Europapolitik etabliert werden kann. Sie einzufordern ist auch Aufgabe der Medien und der Öffentlichkeit.

Wozu Verfassung?

Verfassungen sollen Volkssouveränität im rechtsstaatlichen Rahmen gewährleisten, dazu muss Politik vermittelbar gemacht werden. Schon alleine deshalb entlarven sich Forderungen nach einer Verkleinerung des Landtags als populistisch und zu kurz gedacht. Sie machen parlamentarische Arbeit verächtlich und schwächen damit die Demokratie. Mit seinen 36 Abgeordneten gehört der Salzburger Landtag schon jetzt zu den kleinsten seiner Art. Lediglich 13 der 64 Regionalparlamente der EU sind – oft nur geringfügig – kleiner. Dies kann jedoch nicht darüber hinweg täuschen, dass Regionalparlamente ihre Zukunft mehr als bisher selbst gestalten müssen, und zwar ihrer Hauptaufgabe gemäß, der Vertretung der Bevölkerung in politischen Entscheidungen. Hier sind Reflexion und Vigilanz geboten. Als mit BGBl. I Nr. 41/2016 etwa die Freiheit der Länder zur Gestaltung des passiven Wahlrechts bei Landtagswahlen bundesverfassungsrechtlich empfindlich eingeschränkt wurde, die Bedingungen der Wählbarkeit haben nunmehr mit der Nationalratswahlordnung identisch zu sein, wurde dies im Salzburger Landtag nicht einmal thematisiert, einigen anderen Bundesländern war dies zumindest eine kritische Stellungnahme wert.

Auswahlbibliographie

Arbeitsübereinkommen 2013 bis 2018. Grundlagen für die Zusammenarbeit zwischen ÖVP, Grünen und Team Stronach, Salzburg 2013 (Schriftenreihe des Landes-Medienzentrums, Salzburg Dokumentationen Nr. 122)

Assmann, Jan: Kulturelles Gedächtnis als normative Erinnerung. Das Prinzip „Kanon" in der Erinnerungskultur Ägyptens und Israels. In: Oexle, Otto Gerhard: Memoria als Kultur, Göttingen 1995, S. 95–114

Bertel, Maria: Staatszielbestimmungen – Bedeutung und Funktion im österreichischen Verfassungsrecht. In: Breitenlechner, Josefa (Hg.): Sicherung von Stabilität und Nachhaltigkeit durch Recht, Wien 2014, S. 139–158

Einöder, Silvia: Weniger wird mehr. In: Die Furche 46/2015

Grabenwarter, Christoph/Holoubek, Michael: Verfassungsrecht – Allgemeines Verwaltungsrecht, Wien 2009

Isensee, Josef: Das Volk als Grund der Verfassung. Mythos und Relevanz der Lehre von der verfassunggebenden Gewalt, Opladen 1995

Kelsen, Hans: Das Problem des Parlamentarismus, Wien – Leipzig 1926

Lehmbruch, Gerhard: Proporzdemokratie. Politisches System und politische Kultur in der Schweiz und in Österreich. In: Ders.: Verhandlungsdemokratie. Beiträge zur vergleichenden Regierungslehre, Wiesbaden 2003

Protokoll der 1. Sitzung am 23. November 1994 der Enquetekommission zur Reform der Salzburger Landesverfassung und der Landtagsarbeit (unveröffentlicht)

Ranacher, Christian: Rechtliche Aspekte der Subsidiaritätskontrolle unter Berücksichtigung der Lissabon-Begleitnovelle. In: Rosner, Andreas/Bußjäger, Peter: Im Dienste der Länder – im Interesse des Gesamtstaates, Wien 2011, S. 387–411

Scharpf, Fritz W.: Regieren in Europa. Effektiv und demokratisch, Frankfurt am Main 1999

Zellenberg, Ulrich. E.: Effektiver Sonntagsschutz oder Staatszielbestimmungen mit Placebowirkung? In: Österreichisches Archiv für Recht und Religion 2/2002, S. 260

Salzburger Landtag 1908 (Foto: Salzburger Landtag)

Lothar Höbelt • Richard Voithofer

Alles sehr kompliziert, aber nicht konsequent: Wahlrechtsentwicklung und Besonderheiten des Wahlrechts vor 1918

Die wichtigste Waffe der Parlamente, die im 19. Jahrhundert mit der monarchischen Exekutive um Macht und Einfluss rangen, war das Budgetrecht, die Kontrolle der öffentlichen Finanzen im Sinne eines Aufsichtsrates, der berufen war, die Gebarung der Geschäftsführung zu überwachen. Das Muster eines Aufsichtsrates stand auch bei der Zusammensetzung der Parlamente Pate: Wer mehr an Steuern einzahlte, sollte auch mehr Mitspracherecht genießen. Die Theorie hatte nur den einen Schönheitsfehler: Man beschränkte sich dabei in der Regel auf die direkten Steuern und ließ die indirekten Steuern unbeachtet, die alle Konsumenten gleichermaßen belasteten (die Alkoholiker freilich meist besonders).

War das altösterreichische Wahlrecht deshalb „plutokratisch", sprich: im Sinne einer Herrschaft der Reichen? Die Frage muss mit einem eindeutigen „Jein" beantwortet werden. Der direkte Zusammenhang zwischen Steuerleistung und Wahlrecht war beim sogenannten „Dreiklassenwahlrecht" gegeben, wie es für den preußischen Landtag galt oder auch für die meisten Gemeinderäte in Österreich. Die Steuerzahler wurden nach ihrer Abgabenschuld gereiht. Die gesamte Steuersumme wurde in drei Teile geteilt. Die wenigen Reichen, die das erste Drittel aufbrachten, bildeten den I. Wahlkörper; die weniger Reichen, die das zweite Drittel beisteuerten, den II. Wahlkörper; die Masse der übrigen Steuerzahler den III. Wahlkörper. Alle drei Wahlkörper erhielten gleich viel Sitze im Gemeinderat.

Doch beim Wahlrecht für die Landtage ging man von dieser klaren und eindeutigen Formel ab. Zwar wurde eine eigene Kurie des Großgrundbesitzes geschaffen, als Abschlagszahlung für den alten Adel. Die übrigen Sitze entfielen auf die Kurien der „Städte, Märkte und Industrialorte" einerseits, der „Landgemeindenbezirke" andererseits. In diesen beiden Kurien war wahlberechtigt, wer eine gewisse Summe an direkten Steuern zahlte, anfangs 10 Gulden, später dann auf 5 oder 4 Gulden reduziert. Dieser „Zensus" verschaffte in der Regel zwischen 5 und 10 Prozent der Bevölkerung das Wahlrecht. Das wirkt auf den ersten Blick immer noch sehr elitär und exklusiv. Man muss allerdings in Rechnung stellen, dass bei einer rasch wachsenden Bevölkerung – anders als heute – fast die Hälfte der Bevölkerung aus Minderjährigen bestand (und das hieß damals: unter 24 Jahren). Von der erwachsenen Hälfte wiederum waren die Hälfte Frauen, die man mit politischen Problemen nicht „belasten" wollte. 5 bis 10 Prozent der Bevölkerung entsprach daher rund einem Drittel der erwachsenen Männer. Ein Drittel der erwachsenen Männer, das war nicht bloß eine dünne Oberschicht, auch nicht bloß das klassische Bürgertum von Besitz und Bildung. Am Lande galt als Faustregel, der Besitzer eines mittleren Bauernhofes sollte wählen dürfen. In der Stadt, so lautete ein Kommentar, brach das Wahlrecht unvermittelt irgendwo im Kleinbürgertum ab. Innerhalb dieser Wählerschaft aber zählte die

Salzburger Landtag 1865 (Foto: Stift St. Peter)
1. Reihe (sitzend): Franz Peitler, Ludwig Kalteis, Dr. Franz Albert Eder, Eduard Graf Taaffe, Josef Ritter von Weiß, Dr. Maximilian Josef von Tarnoczy, Alois Lainer, Johann Schgör, Johann Scharler, Peter Meilinger, Anton Embacher.
2. Reihe (stehend): Dr. Otto Widmann, Rudolf Biebl sen., Dr. Josef Freiherr von Lasser, Heinrich Ritter von Mertens, Mathäus Steinacher, Dr. Josef Halter, Josef von Rauchenbichler, Josef Winkler, Adolf Ritter von Steinhauser, Kaspar Moser.
3. Reihe (stehend): Josef Salzmann, Dr. Josef Valentin Stieger, Mathias Gschnitzer, Franz Schleindl, Franz Pichler.

Stimme des Kleinbürgers gleichviel wie das Votum des superreichen Investors und „Rentiers".

Freilich: Die Steuerleistung wurde auch noch in einer anderen Form in Betracht gezogen. Wohlhabende Gegenden, die mehr Steuern ablieferten, bekamen mehr Wahlkreise zugewiesen. Diese Regel kam dem Lande Salzburg sehr zugute. Denn Salzburg galt damals schon – neben Niederösterreich/Wien – als das Kronland mit der größten durchschnittlichen Steuerleistung. Salzburg bekam daher im Abgeordnetenhaus des altösterreichischen Reichsrates in der Regel auch fast doppelt so viel Sitze zugesprochen, wie es seinem Bevölkerungsanteil entsprochen hätte: Anfangs drei Mandate von 203, zum Schluss immer noch sieben von 516, also 1,4–1,5 Prozent – bei einem Anteil an der Gesamtbevölkerung der österreichischen Reichshälfte (des sogenannten „Cisleithanien") von nur 0,7–0,8 Prozent (anfangs rund 150.000 Einwohner von 20 Millionen).

Doch wie sah es mit der Verteilung der Mandate im Landtag aus? Hier wurde nach einem sehr einfachen Schema vorgegangen. Die Landgemeinden und die Städte erhielten überall ungefähr gleich viel Mandate, obwohl die Steuerleistung der Landgemeinden in einer noch überwiegend agrarischen Gesellschaft in der Regel eine viel höhere war. Nach einer Statistik aus dem Jahre 1902 entfiel in den Salzburger Städten und Märkten ein Mandat auf 700 Wahlberechtigte, in den Landgemeinden auf 1.200. Bevorzugt wurde also der Mittelstand in den Kleinstädten, innerhalb des Mittelstandes wiederum die Beamten und Akademiker, die vielfach unabhängig von der Steuerleistung das Wahlrecht „auf Grund persönlicher Eigenschaften" eingeräumt erhielten. Ein Schelm, wer daran dachte, dass die Beamten vielleicht auch mehr von der Regierung abhängig waren, freilich in der Regel auch anfälliger für alle Formen des Nationalitätenstreits, ging es dabei doch in erster Linie – um Beamtenposten.

Salzburger Landtag 1874 (Foto: Salzburger Landesarchiv)
1. Reihe (sitzend): Franz Peitler, Dr. Ignaz Harrer, Ludwig Kalteis, Sigmund Graf Thun-Hohenstein, Hugo Graf Lamberg, Dr. Maximilian Josef von Tarnoczy, Leopold Scheibl, Anton Embacher, Franz Schleindl.
2. Reihe (stehend): Anton Buchner, Dr. Franz Keil, Dr. Eduard Hueber, Dr. August Ploner, Dr. Mathias Lienbacher, Georg Lienbacher, Emil Kofler, Josef Sigl, Adolf Fürst Auersperg, Johann Wallner, Blasius Holaus, Dr. Johann Wegscheider, Mathias Lindner, Dr. Max Chiari, Johann Lackner sen., Johann Bürgler, Andrä Eisl, Dr. Rudolf Spängler.

Innerhalb der Landgemeinden wiederum hätte sich bei einem einheitlichen Zensus ein Übergewicht der reicheren Gegenden ergeben. Deshalb ging man auch hier vom Prinzip ab. Wer 10 Gulden zahlte, durfte selbstverständlich überall wählen. Aber außerdem durften auch alle diejenigen wählen, die in ihrer Gemeinde zu den ersten zwei Dritteln der Steuerzahler zählten – das waren in armen Gegenden in der Regel viel mehr als in reicheren. Diese Regelung entsprach ganz und gar nicht dem vermeintlich „plutokratischen“ Prinzip, aber es sollte dem Landtag eine ausreichende gesellschaftliche Basis verschaffen, auch in Regionen, die von der Natur weniger begünstigt waren. Diese Abweichungen waren alle nicht sehr konsequent; es war alles sehr kompliziert. Aber das Ergebnis war: In Österreich waren 1861 im Durchschnitt mehr Bürger wahlberechtigt als in den meisten anderen Ländern Europas, mehr als z. B. in England oder in Italien. 1902 wurde im Zuge einer Reform dann der Zensus auf 4 Gulden (= 8 Kronen) ermäßigt, um mit dem Reichsrat gleichzuziehen, der diese Erweiterung schon ein paar Jahre früher beschlossen hatte. Die Zahl der Wahlberechtigten in der „privilegierten“ Kurie der Städte erreichte jetzt schon 11 Prozent der Bevölkerung, mehr als in den meisten anderen Kronländern.

Höchst unterschiedlich war weiterhin die Zahl der Wähler, die nötig war, um ein Mandat zu erhalten. In der Kurie der Städte und Märkte benötigte man dazu maximal 277 Stimmen. Ein Mandat der Stadt Salzburg kostete dagegen schon 1.582 Stimmen und in den Landgemeinden waren dazu sogar bis zu 2.385 Wähler erforderlich. Eine Besonderheit bildete die Kurie der Handels- und Gewerbekammer, wo zwar nur 18 Kammerräte das Wahlrecht direkt ausübten und zwei Abgeordnete in den Landtag entsandten; aber diese Kammerräte verdankten ihre Wahl selbst wiederum Dutzenden bis Hunderten von Industriellen, Händlern und Gewerbetreibenden. In der Kurie des Großgrundbesitzes konnte man mit nicht viel mehr als 100 Wählern dagegen auf einen Sitz gleich fünf Mandate ergattern.

Landtagswahl	Wähler	Einwohner	Wähleranteil
1878	13.345	163.570	8,16 %
1890	14.084	173.510	8,12 %
1902	21.158	192.763	10,98 %
1910	44.024	214.737	20,50 %

Der bäuerliche Sonderfall: Die Kurie des Grossgrundbesitzes

Militärisch war die Revolution von 1848 gescheitert. Doch schon ein Dutzend Jahre später zwang die Finanzmisere den Kaiser, seine Souveränität mit parlamentarischen Körperschaften zu teilen: Denn die Finanzmärkte gewährten nur dem Kredite, der seine Finanzen einer öffentlichen Kontrolle unterwarf. Oder wie ein Finanzminister seufzte: „Das Kapital ist leider liberal." Das Schwergewicht lag dabei zunächst noch auf den Landtagen, die ihre Delegierten in den Reichsrat entsenden sollten. Wie sollten diese Landtage aussehen? Man entschied sich in Österreich für dasselbe Muster wie in fast allen anderen europäischen Ländern. Das Wahlrecht richtete sich nach der Steuerleistung.

Allerdings waren die Mandate ungleich verteilt: Während in England oder in Preußen die ländliche Bevölkerung bevorzugt wurde, war es in Österreich umgekehrt. Auf die Städte und Märkte mit ihrer viel geringeren Bevölkerung (und Steuerleistung) entfielen genauso viele Sitze im Landtag wie auf die Landgemeindenbezirke. Dafür kannte die österreichische Wahlordnung eine Besonderheit: Die bisherigen Landtage, „die Stände", waren vom Adel dominiert worden, den „Herrschaftsbesitzern", die bis 1848 auch die Verwaltung in erster Instanz besorgt hatten. Den bedeutendsten Familien des historischen Adels wurde als Entschädigung für die verlorene Stellung ab 1861 ein erblicher Sitz im Herrenhaus angeboten, der zweiten Kammer des Reichsrates, nach dem Vorbild des englischen House of Lords. Doch in den Landtagen gab es keine zweite Kammer. Man verfiel deshalb auf die Idee, neben den Städten und den Landgemeinden eine weitere „Kurie" des landtäflichen Großgrundbesitzes zu schaffen, die ihre Abgeordneten für den Landtag wählte. Dafür war eine Steuerleistung nötig, die das Zehn- oder Zwanzigfache des normalen Zensus betrug.

Vor allem aber: Für die Wahlberechtigung in der Kurie des Großgrundbesitzes kamen nur „landtäfliche" Güter in Frage, sprich: ehemaliger Herrenbesitz, keine noch so reichen Bauern. In Kärnten z. B. zahlten mehr als 500 Besitzer die vorgeschriebenen 100 Gulden an Grundsteuer, aber davon galten nur knapp hundert Güter als landtäflich (davon waren gerade einmal ein Dutzend sogenannte „Sterzgrafen", sprich: Bauern, die irgendwann einmal landtäfliche Güter erworben hatten). Der Hochadel machte in den meisten Ländern fast die Hälfte der Wähler dieser Kurie aus; mit der Zeit kauften sich dann auch immer mehr reich gewordene Städter, Industrielle oder Bankiers solche Landsitze; eine gewisse Anzahl von Stimmen entfiel auf Stifte und Klöster, in Oberösterreich z. B. auch auf wohldotierte Pfarreien. Der Großgrundbesitz war zweifellos dazu ausersehen, ein konservatives Bollwerk zu bilden. Er sollte darüber hinaus der Regierung zur Verfügung stehen, wenn sie die gegebenen Mehrheiten im Landtag kippen wollte. Denn der Großgrundbesitz bildete einen kompakten Block: Er war nicht in einzelne Wahlkreise unterteilt, sondern alle seine Mandate wurden auf

Salzburger Landtag 1880 (Foto: Salzburger Landesarchiv)
1. Reihe (sitzend): Wenzel Czech, Georg Lienbacher, Dr. Mathias Lienbacher, Dr. Carl Graf Chorinsky, Dr. Franz Albert Eder, Sigmund Graf Thun-Hohenstein, Josef Salzmann, Dr. Josef Valentin Stieger, Josef Thalmayr.
2. Reihe (stehend): Dr. Viktor Freiherr von Fuchs, Johann Bürgler, Johann Lackner sen., Alois Winkler, Adolf Ritter von Steinhauser, Michael Gmachl, Peter Paul Prandstätter, Josef Alexander Schwer, Mathias Neumayer, Alois Fürschnaller, Sebastian Russegger.

einmal in einem einzigen Wahlgang vergeben. In Böhmen und Mähren bildete der Großgrundbesitz das Zünglein an der Waage und entschied darüber, ob die Mehrheit im Landtag den Deutschen oder den Tschechen zufiel.

Dieses Muster wurde auf alle Kronländer der Monarchie (oder doch zumindest der österreichischen Reichshälfte) umgelegt. Freilich: In manchen Ländern gab es einfach keinen landtäflichen Großgrundbesitz, z. B. in Vorarlberg. Dort entfiel die Kurie einfach. In der Stadt Triest, die ein eigenes Land bildete, wurde der Großgrundbesitz durch eine „Kurie der Höchstbesteuerten" ersetzt. Doch was sollte man mit Salzburg tun? Auch hier gab es keinen großgrundbesitzenden Adel. Die Verwaltung war von erzbischöflichen „Pflegern" besorgt worden. Der Großteil des Landes bestand aus staatlichen Wäldern und Almen. Nicht einmal die kirchlichen Institutionen verfügten über nennenswerten Grundbesitz. Sollte also Salzburg – wie Vorarlberg – ohne Kurie des Großgrundbesitzes auskommen? Nein: Aber um eine solche Kurie mit einer Mindestzahl von Wählern – und entsprechendem gesellschaftlichem Ansehen – auszustatten, verzichtete man in Salzburg auf den Zusatz „landtäflich". Sprich: In Salzburg waren deshalb auch ja fast ausschließlich Großbauern wahlberechtigt, als absoluter Sonderfall innerhalb der Habsburgermonarchie.

Die erste Wählerliste vom März 1861 verzeichnet unter 113 Wählern gerade einmal sieben oder acht Hochadelige, dazu fünf geistliche Stifte (Mattsee, Michaelbeuern, die Müllner Augustiner, die Benediktinerinnen am Nonnberg und St. Peter) und zwei Pfarrhöfe (Köstendorf und St. Georgen). Im Landtag wurde deshalb auch extra darauf hingewiesen, im Großgrundbesitz seien „alle Klassen der Bevölkerung" vertreten, „vom einfachen Bauern bis zum Grafen und Prälaten hinauf". Allerdings: Bei den Adeligen, die sich in Salzburg um ein Mandat bewarben, handelte es sich in Zukunft fast ausschließlich um auswärtige Beamte, wie z. B. den liberalen Landeshauptmann Hugo Graf Lamberg oder seinen konservativen Nachfolger Carl Graf Chorinsky, die allerdings meist in der Städtekurie antraten, die Geistlichen in der Regel in den Landgemeinden.

Salzburger Landtag 1896 (Foto: Salzburger Landesarchiv)
1. Reihe (sitzend): Johann Stadler, Dr. Franz Keil, Dr. Ignaz Harrer, Dr. Johannes Haller, Dr. Albert Ritter von Schumacher, Sigmund Graf Thun-Hohenstein, Alois Winkler, Dr. Viktor Freiherr von Fuchs, Andreas Winkler.
2. Reihe (stehend): Franz Schitter, Johann Mayr, Johann Groh, Josef Lettmayer, Johann Lackner sen., Anton Kreidenhuber, Ludwig Sauter (Hofrat der Landesregierung), Josef Eberhart, Mathias Lindner, Michael Siller, Dr. Alois Rottensteiner.
3. Reihe (stehend): Johann Gmachl, Andrä Eder, Julius Haagn, Johann Schmiederer, Georg Lienbacher, Dr. Otto Spängler, Ludwig Zeller, Alois Hölzl sen.

Gerade der prinzipiell so elitäre Großgrundbesitz blieb die Domäne der Bauern. Auffallend waren dafür die Unterschiede in der Besitzstruktur zwischen den verschiedenen Teilen des Landes: Die überwältigende Mehrzahl der Wähler befand sich im Flachgau oder im Pinzgau. In dreien der damaligen Gerichtsbezirke (Abtenau, St. Gilgen und Thalgau) gab es überhaupt keine Großgrundbesitzer. Bei den ersten Wahlen 1861 gab es noch keine fest organisierten Parteien, ja nicht einmal weltanschauliche Lager. Am Anfang herrschte der Eindruck vor, die Pinzgauer wollten „fünf Bauern aus dem Hochgebirge" wählen. Unter „schweren Mühen" kam doch noch ein Kompromiss zustande: Die Pinzgauer unter ihrem „Capo" Johann Scharler aus Mittersill „bewilligten zwei Flachländer", einen Salzburger und den Dekan (später Propst) Josef Halter von Mattsee, der als „hervorragende Kapazität" galt und schon im Kremsierer Reichstag gesessen hatte, aber bei den Wahlen in der Stadt durchgefallen war. Der Großgrundbesitz delegierte ihn bis zu seinem Tode 1872 auch prompt in den Landesausschuss, in späteren Jahren hätte man gesagt: er wurde zum „Landesrat" gewählt.

Mit der Zeit nahm die regionale Polarisierung offenbar auch eine gewisse weltanschauliche Färbung an. Hatten die Liberalen anfangs auch Geistliche kandidiert, wie z. B. eben Halter oder den Abt von St. Peter, so entwickelte sich spätestens ab 1870 der Kulturkampf zur beherrschenden Frage. Die Bewegung, die anderswo wie in der Steiermark auf die Landgemeinden beschränkt blieb, erfasste hier auch den Großgrundbesitz. Kandidaten wie der Taxenbacher Postmeister Anton Embacher, „der doch gewiss zur mäßigen Partei gehört, der aber nicht ganz unbedingt zu allem ja sagt, was die Geistlichen wollen", konnten sich ihrer Wiederwahl nicht mehr sicher sein, hieß es bereits 1870. In den Bergen, so lamentierten die Liberalen, ging es zu wie in Tirol, sprich: machte sich der politische Katholizismus breit. In der Umgebung von Salzburg residierten die Liberalen. Solange der Innenminister Freiherr Joseph von Lasser, der selbst aus einer

Salzburger Landtag 1902 (Foto: Salzburger Landesarchiv)
1. Reihe (sitzend): Dr. Viktor Freiherr von Fuchs, Dr. Franz Keil, Clemens Graf Saint-Julien, Alois Winkler, Dr. Johannes Katschthaler, Dr. Albert Ritter von Schumacher, Dr. Alois Rottensteiner.
2. Reihe (stehend): Franz Schitter, Josef Lettmayer, Josef Eberhart, Dr. Otto Spängler, Carl Freiherr von Myrbach (Hofrat der Landesregierung), Julius Haagn, Ludwig Zeller, Dr. August Prinzinger jun., Ignaz Eder, Anton Hueber.
3. Reihe (stehend): Jakob Fötschl, Josef Scheiblbrandner, Simon Schaber, Alois Fürschnaller, Alois Hölzl sen., Josef Hutter, Josef Windhofer, Johann Gmachl, Mathias Monuth, Andrä Friembichler, Michael Siller.

Dynastie Salzburger Pfleger stammte, bei den Liberalen die Fäden zog, entsandte der Großgrundbesitz immer noch Liberale in den Landtag. Doch nach seinem Rücktritt kippte die Mehrheit. Stand es 1871 im Großgrundbesitz noch 76 zu 58 für die Liberalen, so erhielten ihre Kandidaten 1878 nur mehr 38 von 127 Stimmen. In den Reichsrat wählte der Salzburger Großgrundbesitz 1878 dann – wenn auch erst im zweiten Wahlgang – den Prinzen Aloys Liechtenstein, einen der Begründer der katholischen Soziallehre und der christlichsozialen Bewegung. Wie in den böhmischen Ländern oder im benachbarten Oberösterreich, erwies sich auch in Salzburg der Großgrundbesitz als Zünglein an der Waage. Doch wiederum bewährte sich Salzburg als Ausnahme von der Regel. Auf lange Sicht setzten sich im Großgrundbesitz nämlich nicht die regulären „Konservativen" durch, die Katholische Volkspartei, sondern eine Gruppe, die ihre Entstehung einem Salzburger verdankte (und auch nur in Salzburg überlebte), die sogenannten Deutsch-Konservativen des Hofrates Georg Lienbacher, die über lange Zeit im Großgrundbesitz die Mehrheit erzielten, weil sie auch für die Liberalen als kleineres Übel galten. Salzburg war daher für ein Vierteljahrhundert ein Land mit wechselnden Mehrheiten, mit einmal konservativen, dann wieder liberalen Landeshauptleuten.

Erst 1909, bei den letzten Landtagswahlen der Monarchie, ging diese Ausnahmeposition der Deutsch-Konservativen zu Ende. Die Deutsch-Konservativen, von ihren Gegnern nur mehr als „vulgo Liberale" betitelt, waren inzwischen vielleicht zu sehr nach links gerutscht, hatten zu sehr an Eigengewicht eingebüßt. Die Christlichsozialen entschieden jetzt auch die Wahlen im Großgrundbesitz mit 128 zu 93 für sich (1902 waren sie noch mit 93 zu 112 unterlegen). Notabene: Auf Grund diverser Steuerreformen hatte sich die Zahl der Großgrundbesitzer, die jährlich 100 Gulden zahlten, im letzten halben Jahrhundert mehr als verdoppelt!

Das Wahlrecht – allgemein, aber nicht gleich

Die ersten Vorstöße für die Einführung eines allgemeinen Wahlrechts – zumindest für Männer – waren von der Wahlrechtsdebatte für den Reichsrat motiviert, wo schon 1896 eine „allgemeine Wählerkurie" geschaffen worden war. Ende 1902 stellten die deutschfreiheitlichen Abgeordneten im Salzburger Landtag den Antrag, „mit der k. k. Regierung in Fühlung zu treten, behufs einer Ausdehnung des Wahlrechts auf solche Personen, welche derzeit nicht wahlberechtigt sind, durch Schaffung einer neuen Kurie." Dieser Antrag blieb bei der Abstimmung im Landtag jedoch in der Minderheit. Lediglich zwölf Abgeordnete stimmten dafür. (SLP, I. Session, 9. Wahlperiode, S. 11, 247 und 348) Angesichts der Debatten um die Einführung des nicht bloß allgemeinen, sondern auch gleichen und direkten Wahlrechts für das Abgeordnetenhaus in Wien brachten die deutschfreiheitlichen Abgeordneten im Oktober 1905 (SLP, III. Session, 9. Wahlperiode, S. 578) den Antrag ein, auch in Salzburg ein solches Wahlrecht einzuführen. Trotz dieses mutigen Vorstoßes konnte sich der Landtag nicht zur Einführung des allgemeinen Wahlrechts durchringen. Der Verfassungsausschuss des Landtages kam zwar zum Ergebnis, dass „da die Bevölkerung in ihrer Allgemeinheit durch direkte und indirekte Besteuerung an den Lasten des Landes mitträgt, dieselbe auch in ihrer Allgemeinheit an den rechten der Landesvertretung teilhaben soll". (SLP, III. Session, 9. Wahlperiode, S. 987) Die Entscheidung wurde aber weiterhin auf die lange Bank geschoben und lediglich der Beschluss gefasst, unter Berücksichtigung der in Wien gefassten Beschlüsse sowie der in einer Petition der Salzburger Arbeiterschaft erhobenen Forderungen eine entsprechende Vorlage auszuarbeiten. Die Einführung des allgemeinen Wahlrechts auf Landesebene war freilich kein Salzburger Spezifikum, auch andere Landtage schlossen sich dieser Forderung an. Ernüchterung trat ein, sobald die Entscheidung des Innenministeriums bekannt wurde, wonach einer Einführung des allgemeinen und gleichen Wahlrechts auf Landesebene nicht zugestimmt werden könne, weil der Landtag nicht bloß gesetzgebende Funktionen, sondern überwiegend administrative Aufgaben wahrnehme. Deshalb, so das Ministerium, müsse auf die Interessen jener Bevölkerungskreise Rücksicht genommen werden, welche Träger der direkten Steuern seien Der Landtag peilte daher einen Kompromiss an, der bloß die Einführung einer 4. Wählerklasse vorsah, wobei „auf das bisherige Verhältnis in der Vertretung der bürgerlichen und landwirtschaftlichen Interessen tunlichst Rücksicht zu nehmen" sei. (SLP, V. Session, 9. Wahlperiode, S. 663)

1909 wurde für den Salzburger Landtag dann diese allgemeine Wählerkurie eingeführt, die allerdings ausdrücklich nur für Männer bestimmt war. Der Landesausschuss hat sich zwar mit dem Frauenwahlrecht auseinandergesetzt, sich schlussendlich aber nicht entschließen können, Frauen in der 4. Wählerklasse das Wahlrecht einzuräumen. (SLP, V. Session, 9. Wahlperiode, S. 1445 ff.) Insgesamt war die Novelle zum Landtagswahlrecht 1909 ein Kompromiss, der grundsätzlich auf den Erhalt der bisherigen Machtverhältnisse abzielte. Der großen Zahl von rund 32.500 Wählern in der allgemeinen Wählerkurie standen nur sechs Mandate gegenüber. Hierbei handelt es sich jedoch nicht ausschließlich um neue Wähler, weil auch die Wähler der Landgemeinden und des Großgrundbesitzes in der 4. Wählerklasse-Landgemeinden wahlberechtigt waren und somit zwei Stimmen hatten. Damit war nahezu sichergestellt, dass das Ergebnis der Landgemeinden-Kurie in

	1870	1871	1878	1884	1890	1896	1902	1909
Mandate	26	26	26	26	26	26	28	39
Virilstimme	1	1	1	1	1	1	1	1
Konservativ (Kons)	9							
Liberal (Lib)	16							
Verfassungstreues Central-Wahl-Comite (Verf)		16						
Katholisch-patriotischer Wahlausschuss (K-P)		8						
Ohne Partei		1						
Liberaler Verein (LV)			8					
Konservatives Landeswahlkomitee (Kons)			17					
Fortschrittliches Landeswahlcomite (Fort)				10				
Katholisch-konservative Partei (KKP)				15	10	13		
Fortschrittlicher Landeswahlausschuss (Fort)					10			
Deutsch-Konservative Volkspartei (DKVP)					5	4	7	
Deutsch-fortschrittlicher Landes-Wahlausschuss (Dt-Fort)						8		
Katholisch-politischer Volksverein (KPVV)							10	
Landeswahlausschuss der Vereinigten deutschen Parteien (VDP)							10	
Christlichsoziale Partei (CSP)								21
Sozialdemokratische Partei (SDAP)								2
Deutsch-Freiheitliche Partei (DFP)								15

der Regel auch auf die 4. Wählerklasse übertragen werden konnte. Lediglich in der 4. Wählerklasse der Städte und Märkte wurden ausschließlich neue Wähler angesprochen. 7.822 Personen nutzten in dieser Wählerklasse ihr Wahlrecht und entschieden sich für die zwei sozialdemokratischen Kandidaten Josef Proksch und Robert Preußler. Zum Vergleich: 24.585 Wähler der 4. Wählerklasse hatten sechs Abgeordnete zu wählen, während für die 229 Wahlberechtigten in der Kurie des Großgrundbesitzes fünf Mandate vorgesehen waren. Wenngleich die Reform durchaus einen Fortschritt gegenüber den bisherigen Regelungen darstellte, so blieb man doch auf halbem Wege stehen. Bei der Abstimmung über die Landtagswahlordnung im Landtag am 30. Oktober 1908 kam es zu Szenen, von denen die Abgeordneten selbst äußerst überrascht waren. Das anwesende Publikum – vornehmlich sozialdemokratische Funktionäre – protestierte gegen den Beschluss und es waren Rufe wie „Pfui! Wahlrechtsräuber! Nieder mit dem Doppel-Wahlsystem! Nieder mit den Klerikalen!“ zu hören. (SLP, V. Session, 9. Wahlperiode, S. 2172) Der sozialdemokratische Landesvorsitzende Robert Preußler bezeichnete die Reform zwar als „kleinen Fortschritt“, der jedoch immer noch „an der alten Ungleichheit des Wahlrechts festhält“. Nach ihrem Einzug in den Landtag 1909 versuchten die Sozialdemokraten sofort, eine weitere Änderung des Landtagswahlrechts zu erreichen und das allgemeine und gleiche Wahlrecht – zumindest für Männer – auch in Salzburg einzuführen. Der Antrag wurde allerdings aus formellen Gründen nicht in Verhandlung genommen. (SLP, I. Session, 10. Wahlperiode, S. 697 f.)

Die Darstellung der einzelnen Wahlergebnisse in der Monarchie ist aufgrund der lockeren Parteistrukturen nur bedingt möglich, weshalb eine Kurzdarstellung gewählt wird.

Der Salzburger Landtag 1861 bis 1915 (1918)

Der Salzburger Landtag war und ist kein anonymes Gremium, sondern er besteht aus Menschen, die sich oft über Jahre hindurch der Allgemeinheit zur Verfügung gestellt haben. Die nachfolgende Übersicht soll einen Überblick ermöglichen, wer wann und wie lange im Salzburger Landtag Verantwortung übernommen hat. Biografische Details zu den Abgeordneten von 1861–1915 (1918) finden sich im Handbuch von Richard Voithofer: Dem Kaiser Treue und Gehorsam. Ein biografisches Handbuch der politischen Eliten in Salzburg 1861 bis 1918, Wien – Köln – Weimar 2011 (Schriftenreihe des Forschungsinstitutes für politisch-historische Studien der Dr.-Wilfried-Haslauer-Bibliothek, Band 40). Zu den Abkürzungen für die Landtagsparteien vergleiche die vorstehende Tabelle.

Altenberger Johann (DKVP)
(1857–1935)
Zehenthofbauer in Pirtendorf, Stuhlfelden
Abg. zum Landtag (Großgrundbesitz): 1902–1908

Auersperg Adolf Fürst (Verf)
(1821–1885)
k. k. Ministerpräsident, Wien
Abg. zum Landtag (Großgrundbesitz): 1872–1875, 1876–1877
Mitglied des Herrenhauses: 1869–1885

Bantsch Heinrich
(1821–1881)
Wundarzt, Uttendorf
Abg. zum Landtag (Pinzgauer Landgemeinden): 1861–1864

Benedikt Karl (Kons)
(1816–1913)
k. k. Bezirksrichter, Hallein
Abg. zum Landtag (Großgrundbesitz): 1878–1879
Landeshauptmann-Stellvertreter: 1878–1879

Berger Franz (DFP)
(1860–1929)
Bankier, Salzburg
Abg. zum Landtag (Stadt Salzburg): 1909–1915

Biebl Rudolf, jun. (VDP, DFP)
(1856–1934)
Kaufmann, Salzburg
Abg. zum Landtag (Handels- und Gewerbekammer): 1902–1915

Biebl Rudolf, sen. (LV, Fort)
(1820–1895)
Kaufmann, Salzburg
Abg. zum Landtag (Stadt Salzburg): 1861–1870
Abg. zum Landtag (Stadt Salzburg): 1878–1890

Binggl Peter (Kons, KKP)
(1835–1913)
Bäckermeister, Tamsweg
Abg. zum Landtag (Lungauer Märkte): 1881–1884
Abg. zum Landtag (Lungauer Landgemeinden): 1884–1887

Brandl Johann (DFP)
(1859–1926)
Gasthofbesitzer, Hallein
Abg. zum Landtag (Stadt Hallein): 1909–1915

Brötzner Bartholomäus (KKP)
(1835–1906)
Kopeindlbauer, Wals-Siezenheim
Abg. zum Landtag (Großgrundbesitz): 1884–1890

Brötzner Georg (KBB/CSP)
(1869–1940)
Althammerbauer, Wals-Siezenheim
Abg. zum Landtag (Großgrundbesitz): 1909–1911

Buchner Anton (Kons, K-P)
(1829–1902)
Schütterbauer, Rauris
Abg. zum Landtag (Pinzgauer Landgemeinden): 1870–1877

Buchsteiner Heinrich (DFP)
(1866–1944)
Gasthofbesitzer, Radstadt
Abg. zum Landtag (Stadt Radstadt): 1911–1915

Bürgler Johann (K-P, Kons)
(1819–1905)
Kleinbuchbergbauer, Goldegg
Abg. zum Landtag (Pongauer Landgemeinden): 1870–1877
Abg. zum Landtag (Großgrundbesitz): 1878–1884

Chiari Max, Dr. (Lib, Verf)
(1832–1894)

k. k. Sektionsrat, Wien
Abg. zum Landtag (Lungauer Märkte): 1869–1871
Abg. zum Landtag (Stadt Radstadt): 1872–1877

Chorinsky Carl, Graf, Dr. (Kons, KKP)
(1828–1897)
k. k. Oberlandesgerichtspräsident, Wien
Abg. zum Landtag (Pongauer Landgemeinden): 1878–1890
Landeshauptmann: 1880–1890
Mitglied des Herrenhauses: 1887–1897

Czech Wenzel (Kons, KKP)
(1844–1885)
Bindermeister, Henndorf am Wallersee/Administrator, Schwarzach im Pongau
Abg. zum Landtag (Flach- und Tennengauer Landgemeinden): 1878–1884
Abg. zum Landtag (Großgrundbesitz): 1884–1885
Mitglied des Landesausschusses: 1878–1885

Eberhart Josef (Fort, Dt-Fort, VDP, DFP)
(1849–1912)
Friseur und Hausbesitzer, Saalfelden am Steinernen Meer
Abg. zum Landtag (Pinzgauer Märkte): 1896–1912

Eder Andrä (KKP)
(1828–1903)
Kaspernbauer, Saalfelden am Steinernen Meer
Abg. zum Landtag (Pinzgauer Landgemeinden): 1884–1896

Eder Franz Albert, Dr. (Kons)
(1818–1890)
Fürsterzbischof, Salzburg
Abg. zum Landtag (Tennengauer Märkte): 1861–1870
Abg. zum Landtag (Flach- und Tennengauer Landgemeinden): 1870–1871
Abg. zum Landtag (Virilstimme): 1877–1890
Mitglied des Abgeordnetenhauses: 1861–1865
Mitglied des Herrenhauses: 1876–1890

Eder Ignaz (Dt-Fort, VDP, DFP)
(1855–1931)
Kaufmann, Salzburg
Abg. zum Landtag (Stadt Salzburg): 1897–1915

Eisl Andrä (K-P, KKP)
(1832–1904)
Bauer am Gumersillgut, Seekirchen am Wallersee
Abg. zum Landtag (Flach- und Tennengauer Landgemeinden): 1874–1877
Abg. zum Landtag (Großgrundbesitz): 1889–1890

Embacher Anton (Lib, Verf)
(1811–1888)
k. k. Postmeister und Realitätenbesitzer, Taxenbach
Abg. zum Landtag (Pinzgauer Landgemeinden): 1861–1867
Abg. zum Landtag (Großgrundbesitz): 1867–1877

Etter Daniel (CSP)
(1876–1955)
Domkapitular, Salzburg
Abg. zum Landtag (Flachgauer Landgemeinden): 1909–1915
Mitglied des Landesausschusses: 1909–1918

Fill Josef (Verf)
(1840–1891)
Kaufmann, Zell am See
Abg. zum Landtag (Pinzgauer Märkte): 1881–1884

Fötschl Jakob (KKP/KVP)
(1854–1919)
Mehlhartlmüller in Mörtelsdorf, Tamsweg
Abg. zum Landtag (Lungauer Landgemeinden): 1897–1902

Frauenschuh Georg (Kons)
(1813–1902)
Austragbauer in Wertheim, Köstendorf
Abg. zum Landtag (Flachgauer Märkte): 1870–1870

Friembichler Andrä (KKP/KVP, KPVV, CSP)
(1856–1930)
Ökonom und Bürgermeister, Henndorf am Wallersee
Abg. zum Landtag (Flach- und Tennengauer Landgemeinden): 1897–1902
Abg. zum Landtag (Flachgauer Landgemeinden): 1902–1915

Fuchs Franz
(1821–1896)
Kaufmann, Mauterndorf
Abg. zum Landtag (Lungauer Märkte): 1867–1869

Fuchs Viktor, Freiherr von, Dr. (Kons, KKP, KKP/KVP, KPVV)
(1840–1921)
Hof- und Gerichtsadvokat, Wien
Abg. zum Landtag (Pinzgauer Landgemeinden): 1878–1915
Mitglied des Abgeordnetenhauses: 1879–1918

Fürschnaller Alois (Kons, KKP/KVP, KPVV, CSP)
(1846–1923)
Krämer, Bramberg am Wildkogel
Abg. zum Landtag (Pinzgauer Landgemeinden): 1878–1884, 1897–1915

Gmachl Johann (DKVP, DFP)
(1856–1919)
Wirt und Großgrundbesitzer, Elixhausen
Abg. zum Landtag (Großgrundbesitz): 1890–1905
Mitglied des Abgeordnetenhauses: 1901–1907

Gmachl Michael (Kons, KKP, CC [DKVP])
(1830–1889)
Realitätenbesitzer, Elixhausen
Abg. zum Landtag (Großgrundbesitz): 1878–1889

Gotter Johann
(1806–1865)
Chirurg, Bad Hofgastein
Abg. zum Landtag (Pongauer Landgemeinden): 1861–1865
Mitglied des Landesausschusses: 1861–1865

Grimm Franz Xaver (KKP/KVP)
(1847–1922)
Färbermeister und Bürgermeister, Oberndorf bei Salzburg
Abg. zum Landtag (Flachgauer Märkte): 1897–1899

Groh Johann (Verf, Fort)
(1834–1917)
Spenglermeister, Straßwalchen
Abg. zum Landtag (Flachgauer Märkte): 1875–1884, 1890–1896

Gruber Georg (KKP)
(1847–1900)
Schmaranzbauer, Bad Hofgastein
Abg. zum Landtag (Großgrundbesitz): 1884–1890

Gruber Josef (KKP)
(1836–1897)
Gutsbesitzer und Bürgermeister, Salzburg-Maxglan
Abg. zum Landtag (Großgrundbesitz): 1885–1890
Mitglied des Landesausschusses: 1885–1890

Gruber Melchior
(1822–1880)
Krämer, St. Veit im Pongau
Abg. zum Landtag (Pongauer Märkte): 1868–1870

Gschnitzer Mathias (Lib)
(1808–1884)
Fabrikbesitzer, Salzburg
Abg. zum Landtag (Handels- und Gewerbekammer): 1861–1871
Mitglied des Abgeordnetenhauses: 1861–1865, 1867–1871

Gstirner Adolf, Dr.
(1819–1893)
Advokat und k. k. Notar, St. Johann im Pongau
Abg. zum Landtag (Pongauer Märkte): 1867

Haagn Julius (Fort, Dt-Fort, VDP, DFP)
(1844–1925)
Kaufmann, Salzburg
Abg. zum Landtag (Stadt Salzburg): 1890–1915
Mitglied des Landesausschusses: 1902–1918

Habersatter Josef (DKVP)
(1860–1929)
Weißenhofbauer, Radstadt
Abg. zum Landtag (Großgrundbesitz): 1902–1908

Haidinger Karl
(1820–1903)
k. k. Notar, Oberndorf bei Salzburg
Abg. zum Landtag (Flachgauer Märkte): 1867–1870

Haller Johannes, Dr.
(1825–1900)
Kardinal-Fürsterzbischof, Salzburg
Abg. zum Landtag (Virilstimme): 1890–1900
Mitglied des Herrenhauses: 1891–1900

Halter Josef, Dr. (Lib, Verf)
(1811–1872)
Stiftspropst, Mattsee
Abg. zum Landtag (Großgrundbesitz): 1861–1872
Mitglied des Landesausschusses: 1861–1869
Landeshauptmann-Stellvertreter: 1870–1872
Mitglied des Abgeordnetenhauses: 1870–1871

Harrer Ignaz, Dr. (Lib, Verf, LV, Fort)
(1826–1905)
k. k. Notar, Salzburg

Abg. zum Landtag (Handels- und Gewerbekammer): 1867–1870
Abg. zum Landtag (Stadt Salzburg): 1870–1896
Mitglied des Landesausschusses: 1867–1872

Hassauer Augustin (Kons)
(1815–1883)
Pfarrer, Mittersill
Abg. zum Landtag (Pinzgauer Landgemeinden): 1870–1871

Hilzensauer Emil (DFP)
(1877–1941)
k. k. Bezirkstierarzt, Zell am See
Abg. zum Landtag (Pinzgauer Märkte): 1913–1915

Hofer Franz, Dr. (CSP)
(1874–1933)
k. k. Gymnasiallehrer und Gutsbesitzer, Schwarzach im Pongau
Abg. zum Landtag (4. Wählerklasse): 1909–1915

Holaus Blasius (K-P)
(1825–1904)
Dechant, Stuhlfelden
Abg. zum Landtag (Pinzgauer Landgemeinden): 1871–1877

Hölzl Alois, jun. (KBB/CSP)
(1875–1947)
Klinglerbauer, Saalfelden am Steinernen Meer
Abg. zum Landtag (Großgrundbesitz): 1909–1915

Hölzl Alois, sen. (KVP, KKP, KKP/KVP)
(1845–1911)
Mooshambauer, Saalfelden am Steinernen Meer
Abg. zum Landtag (Großgrundbesitz): 1890–1902
Mitglied des Abgeordnetenhauses: 1897–1900

Höttl Josef (Fort)
(1836–1890)
Färbermeister, St. Johann im Pongau
Abg. zum Landtag (Pongauer Märkte): 1884–1890

Huber Jakob (KPVV, CSP)
(1852–1921)
Zimmermeister, Golling an der Salzach
Abg. zum Landtag (Tennengauer Märkte): 1902–1915

Huber Johann (CSP)
(1873–1929)
Kaufmann und Kerschenbauer, Oberalm
Abg. zum Landtag (Tennengauer Landgemeinden): 1909–1915

Hueber Anton (Dt.-Fort, VDP, DFP)
(1862–1937)
Direktor des Gewerbeförderungsinstitutes, Salzburg
Abg. zum Landtag (Flachgauer Märkte): 1899–1915
Mitglied des Abgeordnetenhauses: 1897–1918

Hueber Eduard, Dr. (Lib, Verf, LV, Fort)
(1829–1889)
Hof- und Gerichtsadvokat, Salzburg
Abg. zum Landtag (Stadt Salzburg): 1869–1889
Mitglied des Landesausschusses: 1872–1889

Hutter Josef (DKVP)
(1865–1930)
Schrempfbauer, Niedernsill
Abg. zum Landtag (Großgrundbesitz): 1901–1902

Kalteis Ludwig (Verf)
(1813–1874)
Chirurg, Seekirchen am Wallersee
Abg. zum Landtag (Flach- und Tennengauer Landgemeinden): 1861–1870
Abg. zum Landtag (Flachgauer Märkte): 1871–1874
Mitglied des Landesausschusses: 1867–1870

Katschthaler Johannes, Dr.
(1832–1914)
Kardinal-Fürsterzbischof, Salzburg
Abg. zum Landtag (Virilstimme): 1900–1914
Mitglied des Herrenhauses 1901–1914

Keil Franz, Dr. (Verf, LV, Fort, Dt-Fort)
(1830–1909)
Hof- und Gerichtsadvokat, Salzburg
Abg. zum Landtag (Handels- und Gewerbekammer): 1871–1877, 1884–1902
Abg. zum Landtag (Stadt Salzburg): 1878–1884
Mitglied des Landesausschusses: 1889–1897, 1901–1902
Mitglied des Abgeordnetenhauses: 1871–1897

Kofler Emil (Lib, Verf)
(1826–1901)

k. k. Notar, Salzburg
Abg. zum Landtag (Tennengauer Märkte): 1867–1870
Abg. zum Landtag (Stadt Hallein): 1870–1877
Mitglied des Landesausschusses: 1869–1878

Kreidenhuber Anton (DKVP)
(1834–1900)
Oberhirschfurthbauer und Gemeindevorsteher, Goldegg
Abg. zum Landtag (Pongauer Landgemeinden): 1890–1896
Mitglied des Landesausschusses: 1895–1897

Krennwallner Paul (KBB/CSP)
(1876–1914)
Großgrundbesitzer, Salzburg-Itzling
Abg. zum Landtag (Großgrundbesitz): 1909–1914
Mitglied des Abgeordnetenhauses: 1907–1914

Lackner Johann, jun. (KBB/CSP)
(1875–1927)
Zehenthofbauer in Reitdorf, Flachau
Abg. zum Landtag (Großgrundbesitz): 1909–1915

Lackner Johann, sen. (K-P, Kons, KKP)
(1838–1904)
Zehenthofbauer in Reitdorf, Flachau
Abg. zum Landtag (Pongauer Landgemeinden): 1873–1896

Lackner Josef (KPVV)
(1850–1908)
Pfarrer, Mariapfarr
Abg. zum Landtag (Lungauer Landgemeinden): 1902–1908

Lainer Alois
(1802–1878)
Wundarzt, St. Michael im Lungau/Gutsbesitzer, Salzburg-Morzg
Abg. zum Landtag (Lungauer Märkte): 1861–1867
Mitglied des Landesausschusses: 1865–1867

Lamberg Hugo Raimund, Reichsgraf (Verf)
(1833–1884)
Gutsbesitzer, Salzburg
Abg. zum Landtag (Großgrundbesitz): 1871–1877
Abg. zum Landtag (Stadt Hallein): 1878–1880
Landeshauptmann: 1872–1880
Mitglied des Abgeordnetenhauses: 1871–1873

Langreiter Gregor (CSP)
(1875–1950)
Grimmingwirt, Rauris
Abg. zum Landtag (Pinzgauer Landgemeinden): 1909–1915

Lasser Josef, Freiherr von, Dr. (Lib)
(1814–1879)
k. k. Geheimer Rat, Wien
Abg. zum Landtag (Pinzgauer Märkte): 1861–1867
Abg. zum Landtag (Pinzgauer Landgemeinden): 1867–1870
Abg. zum Landtag (Großgrundbesitz): 1870–1871
Mitglied des Abgeordnetenhauses: 1861–1865, 1867–1878
Mitglied des Herrenhauses: 1879

Leitner Josef (KKP/KVP)
(1851–1901)
Dechant, Thalgau
Abg. zum Landtag (Großgrundbesitz): 1897–1901
Mitglied des Landesausschusses: 1897–1901

Lettmayer Josef (KKP, KKP/KVP, DKVP, DFP)
(1850–1921)
Kaufmann, Tamsweg
Abg. zum Landtag (Lungauer Märkte): 1890–1915

Lienbacher Georg (Kons, K-P, KKP, CC (DKVP), DKVP)
(1822–1896)
k. k. Hofrat, Wien
Abg. zum Landtag (Tennengauer Märkte): 1870–1896
Mitglied des Landesausschusses: 1890–1895
Mitglied des Abgeordnetenhauses: 1873–1896

Lienbacher Mathias, Dr. (K-P, Kons)
(1807–1884)
Domdechant, Salzburg
Abg. zum Landtag (Flach- und Tennengauer Landgemeinden): 1870–1884
Mitglied des Landesausschusses: 1870–1884
Landeshauptmann-Stellvertreter: 1880–1884

Lindner Mathias (K-P, KKP)
(1832–1907)
Dopplerbauer, Obertrum am See
Abg. zum Landtag (Flach- und Tennengauer Landgemeinden): 1871–1896

Mayr Johann
(1809–1880)

Bauer in Kreuzberg, Pfarrwerfen
Abg. zum Landtag (Großgrundbesitz): 1861–1867

Mayr Johann (DKVP)
(1850–1920)
Wirt und Ökonom in Hundsdorf, Bruck an der Großglocknerstraße
Abg. zum Landtag (Großgrundbesitz): 1890–1896

Meilinger Peter
(1812–1889)
Weyerhofbauer, Bramberg am Wildkogel
Abg. zum Landtag (Großgrundbesitz): 1861–1867

Meisinger Adolf (Fort)
(1841–1909)
Seifensieder, Oberndorf bei Salzburg
Abg. zum Landtag (Flachgauer Märkte): 1884–1890
Landeshauptmann-Stellvertreter: 1884–1890

Mertens Heinrich, Ritter von
(1811–1872)
Bürgermeister, Salzburg
Abg. zum Landtag (Stadt Salzburg): 1861–1870
Landeshauptmann-Stellvertreter: 1861–1870

Miglbauer Jakob (CSP)
(1867–1926)
Restaurateur, Steindorf bei Straßwalchen
Abg. zum Landtag (4. Wählerklasse): 1909–1915

Mitmesser Franz (DFP)
(1854–1919)
Fleischhauermeister, Bischofshofen
Abg. zum Landtag (Pongauer Märkte): 1909–1915

Monuth Mathias (KKP/KVP)
(1852–1905)
Kollerbauer, Bad Gastein
Abg. zum Landtag (Pongauer Landgemeinden): 1897–1902

Moser Johann (SBV)
(1849–1935)
Bacherwirt und Ökonom in Oberweißburg, St. Michael im Lungau
Abg. zum Landtag (Lungauer Landgemeinden): 1887–1890

Moser Kaspar
(1804–1875)
Brauereibesitzer, Henndorf am Wallersee
Abg. zum Landtag (Flach- und Tennengauer Landgemeinden): 1861–1867

Mühlberger Adolf (DFP)
(1856–1924)
Hotelbesitzer, Bad Gastein
Abg. zum Landtag (Handels- und Gewerbekammer): 1909–1911

Neumayer Mathias (Kons, KKP)
(1832–1902)
Kammererbauer, Maishofen
Abg. zum Landtag (Großgrundbesitz): 1878–1890
Mitglied des Abgeordnetenhauses: 1873–1891

Neureiter Michael (CSP)
(1877–1941)
Dechant, St. Johann im Pongau und Salzburg
Abg. zum Landtag (4. Wählerklasse): 1909–1915

Oedl Alois (Verf, Fort)
(1842–1898)
Kaufmann, Hallein
Abg. zum Landtag (Stadt Hallein): 1881–1890

Ott Max (VDP, DFP)
(1855–1941)
Kaminkehrermeister, Salzburg
Abg. zum Landtag (Stadt Salzburg): 1902–1915

Padstätter Johann (Verf)
(1827–1880)
Gastwirt, Hallein
Abg. zum Landtag (Stadt Hallein): 1880

Peitler Franz (Lib, Verf)
(1808–1877)
k. k. Landesgerichtsrat, Wien
Abg. zum Landtag (Flachgauer Märkte): 1861–1867
Abg. zum Landtag (Pongauer Landgemeinden): 1867–1870
Abg. zum Landtag (Großgrundbesitz): 1870–1877
Mitglied des Landesausschusses: 1861–1877

Perwein Josef (KPVV, CSP)
(1859–1924)

Gutsbesitzer, Pfarrwerfen
Abg. zum Landtag (Pongauer Landgemeinden): 1902–1915
Mitglied des Abgeordnetenhauses: 1907–1918

Pfisterer Balthasar (KPVV)
(1862–1948)
Domchorvikar, Salzburg
Abg. zum Landtag (Tennengauer Landgemeinden): 1902–1905

Pichler Franz
(1806–1873)
Pächter des Schlosses Höch, Flachau
Abg. zum Landtag (Pongauer Landgemeinden): 1861, 1865–1867

Ploner August, Dr. (Verf)
(1829–1879)
k. k. Bezirksrichter, Tamsweg
Abg. zum Landtag (Lungauer Märkte): 1873–1877

Prandstätter Peter Paul (Kons)
(1837–1880)
Bräuer, Tamsweg
Abg. zum Landtag (Lungauer Märkte): 1878–1880

Preußler Robert (SDAP)
(1866–1942)
Redakteur, Salzburg
Abg. zum Landtag (4. Wählerklasse): 1909–1915

Prinzinger August, jun., Dr. (DKVP)
(1851–1918)
Hof- und Gerichtsadvokat, Salzburg
Abg. zum Landtag (Großgrundbesitz): 1897–1908
Mitglied des Landesausschusses: 1897–1909
Landeshauptmann-Stellvertreter: 1907–1909

Prinzinger August, sen., Dr.
(1811–1899)
Hof- und Gerichtsadvokat, Salzburg
Abg. zum Landtag (Stadt Salzburg): 1867–1869

Pritz Kaspar
(1832–1885)
Pritzbauer und Gemeindevorsteher, St. Michael im Lungau
Abg. zum Landtag (Lungauer Landgemeinden): 1867–1870

Proksch Josef (SDAP)
(1876–1940)
Privatbeamter, Salzburg
Abg. zum Landtag (4. Wählerklasse): 1909–1915

Rainer Josef (CSP)
(1861–1941)
Gemeindesekretär, Saalbach-Hinterglemm
Abg. zum Landtag (4. Wählerklasse): 1909–1915

Rauchenbichler Josef von
(1816–1880)
k. k. Postmeister, Salzburg
Abg. zum Landtag (Großgrundbesitz): 1861–1867
Abg. zum Landtag (Flach- und Tennengauer Landgemeinden): 1867–1870

Rehrl Simon (Kons, K-P)
(1805–1887)
Unterwindingbauer, Bergheim bei Salzburg
Abg. zum Landtag (Flach- und Tennengauer Landgemeinden): 1870–1874

Reschreiter Markus (KKP)
(1838–1892)
Vorderlindenthalerbauer und Gemeindevorsteher, Abtenau
Abg. zum Landtag (Flach- und Tennengauer Landgemeinden): 1884–1890

Riedl Johann (DKVP, KBB/CSP)
(1850–1927)
Hofbauer, Mattsee
Abg. zum Landtag (Großgrundbesitz): 1906–1915

Rottensteiner Alois, Dr. (KKP, KKP/KVP, KPVV, CSP)
(1850–1928)
Hof- und Gerichtsadvokat, Salzburg
Abg. zum Landtag (Flach- und Tennengauer Landgemeinden): 1890–1902
Abg. zum Landtag (Flachgauer Landgemeinden): 1902–1915
Mitglied des Landesausschusses: 1909–1918

Rottmayr Josef (Fort)
(1839–1895)
Lederermeister, Saalfelden am Steinernen Meer
Abg. zum Landtag (Pinzgauer Märkte): 1884–1895

Russegger Sebastian (Kons)
(1826–1899)
Dechant, Thalgau
Abg. zum Landtag (Großgrundbesitz): 1880–1884

Salzmann Josef (Lib, Kons)
(1819–1892)
Riemermeister, Zell am See
Abg. zum Landtag (Pinzgauer Landgemeinden): 1864–1867
Abg. zum Landtag (Großgrundbesitz): 1867–1870, 1878–1884
Abg. zum Landtag (Pinzgauer Märkte): 1870–1871

Schaber Simon (KKP/KVP)
(1852–1935)
Bürgerbauer und Gemeindevorsteher, Bad Vigaun
Abg. zum Landtag (Flach- und Tennengauer Landgemeinden): 1897–1902

Scharler Johann
(1820–1891)
Wimmbauer, Hollersbach im Pinzgau
Abg. zum Landtag (Großgrundbesitz): 1861–1870

Schatzberger Ignaz (DFP)
(1855–1922)
Kaufmann, Salzburg-Gnigl
Abg. zum Landtag (Gnigl, Maxglan): 1909–1915

Scheibl Eligius (DFP)
(1851–1936)
Goldarbeiter, Salzburg
Abg. zum Landtag (Stadt Salzburg): 1909–1915

Scheibl Leopold (Lib, Verf)
(1817–1894)
Goldarbeiter, Salzburg
Abg. zum Landtag (Stadt Salzburg): 1870–1877
Landeshauptmann-Stellvertreter: 1872–1877

Scheiblbrandner Josef (DKVP, DFP)
(1842–1911)
Bäckermeister, Radstadt
Abg. zum Landtag (Stadt Radstadt): 1897–1911

Schgör Johann
(1803–1879)
Apotheker, Hallein/Hausbesitzer, Salzburg
Abg. zum Landtag (Stadt Hallein): 1861–1867
Mitglied des Landesausschusses: 1861–1867

Schitter Franz (Fort, Dt-Fort, VDP)
(1848–1909)
Kaufmann, St. Johann im Pongau
Abg. zum Landtag (Pongauer Märkte): 1890–1908

Schitter Georg
(1800–1888)
Ludlmüller in Wölting, Tamsweg
Abg. zum Landtag (Lungauer Landgemeinden): 1861–1864

Schleindl Franz (Kons, K-P)
(1814–1891)
Domkapitular, Salzburg
Abg. zum Landtag (Lungauer Landgemeinden): 1865–1867, 1870–1877

Schmiederer Johann (Fort, VDP)
(1849–1930)
Bäckermeister, Hallein
Abg. zum Landtag (Stadt Hallein): 1890–1896
Abg. zum Landtag (Handels- und Gewerbekammer): 1902–1908

Schmued Ludwig (Lib)
(1827–1899)
Direktor der k. k. Landeslehrerbildungsanstalt, Salzburg
Abg. zum Landtag (Handels- und Gewerbekammer): 1870–1871

Schnug Josef (Fort)
(1837–1910)
Wundarzt, Mauterndorf
Abg. zum Landtag (Lungauer Märkte): 1884–1890

Schoosleitner Franz (KPVV, CSP)
(1856–1917)
Wirt und Gutsbesitzer, Thalgau
Abg. zum Landtag (Flachgauer Landgemeinden): 1902–1915
Landeshauptmann-Stellvertreter: 1909–1917

Schumacher Albert, Ritter von Tännengau, Dr. (Fort, Dt-Fort, VDP)
(1844–1913)
Arzt und Realitätenbesitzer, Salzburg
Abg. zum Landtag (Stadt Salzburg): 1889–1896
Abg. zum Landtag (Stadt Hallein): 1897–1908

Landeshauptmann: 1890–1897, 1902–1909
Landeshauptmann-Stellvertreter: 1897–1902

Schwer Josef Alexander (Kons, KKP, CC [DKVP])
(1846–1893)
Domchorvikar, Salzburg
Abg. zum Landtag (Flach- und Tennengauer Landgemeinden): 1878–1890
Mitglied des Landesausschusses: 1881–1890

Seiwald Pankraz (DKVP)
(1848–1916)
Nechlbauer, Kuchl
Abg. zum Landtag (Tennengauer Landgemeinden): 1905–1908

Sigl Josef (Lib, Verf)
(1834–1908)
Bräuer, Obertrum am See
Abg. zum Landtag (Flach- und Tennengauer Landgemeinden): 1867–1870
Abg. zum Landtag (Großgrundbesitz): 1870–1877

Siller Michael (KKP, DKVP)
(1848–1939)
Unterascherbauer, St. Koloman
Abg. zum Landtag (Flach- und Tennengauer Landgemeinden): 1890–1896
Abg. zum Landtag (Großgrundbesitz): 1898–1902

Spängler Otto, Dr. (Fort, Dt-Fort)
(1841–1919)
Sparkassendirektor, Salzburg
Abg. zum Landtag (Großgrundbesitz): 1890–1896
Abg. zum Landtag (Stadt Salzburg): 1897–1902

Spängler Rudolf, Dr. (Verf, LV, Fort)
(1830–1895)
Apotheker, Salzburg
Abg. zum Landtag (Handels- und Gewerbekammer): 1871–1895

Stabauer Josef (DKVP)
(1851–1935)
Gasthof- und Realitätenbesitzer, Salzburg
Abg. zum Landtag (Großgrundbesitz): 1902–1908

Stadler Johann (DKVP, KKP/KVP)
(1834–1897)
Wirt und Ökonom, Lamprechtshausen
Abg. zum Landtag (Großgrundbesitz): 1890–1899

Stainer Johann (DFP)
(1852–1937)
Tischlermeister, Lofer
Abg. zum Landtag (Handels- und Gewerbekammer): 1912–1915

Steger Mathias (Kons)
(1821–1895)
Domkapitular, Salzburg
Abg. zum Landtag (Lungauer Landgemeinden): 1878–1884

Steger Rupert
(1799–1870)
Ranstlbauer, Flachau
Abg. zum Landtag (Pongauer Landgemeinden): 1863–1865

Steinacher Mathäus
(1803–1886)
k. k. Postmeister, Golling an der Salzach
Abg. zum Landtag (Flach- und Tennengauer Landgemeinden): 1861–1867
Abg. zum Landtag (Tennengauer Märkte): 1867–1867

Steinhauser Adolf, Ritter von (Lib, Verf)
(1825–1888)
k. k. Hofrat, Salzburg
Abg. zum Landtag (Pongauer Landgemeinden): 1865–1871
Abg. zum Landtag (Großgrundbesitz): 1877

Steinwender Leonhard (KPVV, CSP)
(1854–1918)
Franzenbauer in Lasaberg, Tamsweg
Abg. zum Landtag (Lungauer Landgemeinden): 1908–1915

Stieger Josef Valentin, Dr.
(1807–1875)
Advokat, Salzburg
Abg. zum Landtag (Handels- und Gewerbekammer): 1863–1867
Abg. zum Landtag (Großgrundbesitz): 1867–1870
Mitglied des Abgeordnetenhauses: 1867–1870

Stölzel Arthur, Dr. (VDP, DFP)
(1868–1933)
Hof- und Gerichtsadvokat, Salzburg
Abg. zum Landtag (Stadt Salzburg): 1902–1915

Mitglied des Landesausschusses: 1902–1918
Landeshauptmann-Stellvertreter: 1909–1918
Mitglied des Abgeordnetenhauses: 1907–1918

Tarnoczy Maximilian Josef von, Dr.
(1806–1876)
Kardinal-Fürsterzbischof, Salzburg
Abg. zum Landtag (Virilstimme): 1861–1876
Mitglied des Herrenhauses: 1861–1876

Thalmayr Josef (Kons)
(1826–1884)
Kaufmann, Saalfelden am Steinernen Meer
Abg. zum Landtag (Pinzgauer Landgemeinden): 1867–1870
Abg. zum Landtag (Pinzgauer Märkte): 1878–1881
Mitglied des Landesausschusses: 1880–1881

Wallner Friedrich (Verf)
(1809–1879)
k. k. Bezirksvorsteher, Saalfelden am Steinernen Meer
Abg. zum Landtag (Pinzgauer Märkte): 1867–1877
Mitglied des Landesausschusses: 1877–1878

Wallner Johann (Verf)
(1817–1873)
k. k. Postmeister und Werkverweser, Mauterndorf
Abg. zum Landtag (Lungauer Märkte): 1871–1873

Weber Josef
(1821–1882)
Kaufmann, Radstadt
Abg. zum Landtag (Stadt Radstadt): 1861–1862

Wegscheider Johann, Dr. (Lib, Verf)
(1828–1907)
k. k. Landesgerichtsrat, Salzburg
Abg. zum Landtag (Pongauer Märkte): 1870–1884
Mitglied des Abgeordnetenhauses: 1871–1891

Weiß Josef, Freiherr von (Lib, Verf)
(1805–1887)
k. k. Landesgerichtspräsident, Salzburg
Abg. zum Landtag (Stadt Salzburg): 1861–1867
Abg. zum Landtag (Stadt Radstadt): 1867–1872
Landeshauptmann: 1861–1872

Widmann Otto, Dr.
(1825–1893)
Hof- und Gerichtsadvokat, Salzburg
Abg. zum Landtag (Stadt Radstadt): 1863–1867

Windhofer Josef (DKVP)
(1857–1922)
Gastwirt, Abtenau
Abg. zum Landtag (Tennengauer Märkte): 1897–1902

Winkler Alexander (OP)
(1829–1883)
Gastwirt, Werfen
Abg. zum Landtag (Pongauer Landgemeinden): 1871–1873

Winkler Alois (Kons, KKP, KVP, KPVV, CSP)
(1838–1925)
Domkapitular, Salzburg
Abg. zum Landtag (Stadt Radstadt): 1878–1896
Abg. zum Landtag (Pongauer Landgemeinden): 1897–1915
Landeshauptmann-Stellvertreter: 1890–1897, 1902–1909
Landeshauptmann: 1897–1902, 1909–1918
Mitglied des Abgeordnetenhauses: 1896–1897

Winkler Andreas (KKP)
(1828–1907)
Dechant, Tamsweg
Abg. zum Landtag (Lungauer Landgemeinden): 1890–1896

Winkler Josef
(1818–1888)
k. k. Postmeister, Werfen
Abg. zum Landtag (Pongauer Märkte): 1861–1867

Zaunmayer Anton (KBB/CSP)
(1864–1916)
Wirt und Grundbesitzer, Hallwang
Abg. zum Landtag (Großgrundbesitz): 1912–1915

Zeller Franz
(1812–1891)
Fabrikbesitzer, Salzburg
Abg. zum Landtag (Handels- und Gewerbekammer): 1861–1862

Zeller Ludwig (Fort, Dt-Fort)
(1844–1933)
Fabrikbesitzer, Salzburg
Abg. zum Landtag (Handels- und Gewerbekammer): 1896–1902

Bei den Landtagswahlen in den 1960er-Jahren präsentierten sich die wahlwerbenden Parteien noch gemeinsam auf eigenen Plakatflächen. Heute ist es für die interessierte Wählerschaft schon einigermaßen schwierig, den Überblick zu bewahren. (Fotos: Dr.-Hans-Lechner-Forschungsgesellschaft und Franz Neumayr)

Richard Voithofer

„Stimmrecht aller Staatsbürger ohne Unterschied des Geschlechtes“

Wahlrecht, Gewählte und Wahlergebnisse 1918 bis 2018

Die Einführung des allgemeinen, gleichen und direkten Wahlrechts stellte die Landesregierung und die provisorische Landesversammlung in Salzburg vor große organisatorische und legistische Herausforderungen. Noch nie zuvor hatte Salzburg eine Landtagswahl vorzubereiten, die in ihrem Umfang alle bisher bekannten Dimensionen sprengte. Bei den Landtagswahlen 1902 waren gerade einmal elf Prozent der Bevölkerung oder rund 21.000 Personen wahlberechtigt. Selbst bei den Reichsratswahlen 1911, die bereits nach dem allgemeinen Männer-Wahlrecht durchgeführt worden waren, lag die Zahl der Wahlberechtigten bei 42.500 Personen oder 20 Prozent der Wohnbevölkerung. Am 6. April 1919 waren 123.434 Salzburgerinnen und Salzburger zur Wahl aufgerufen, was einem Anteil von rund 60 Prozent der Wohnbevölkerung entsprach. Das alte Wahlrecht aus der Monarchie war als Grundlage ungeeignet, sodass ein neues Wahlrecht entwickelt werden musste, das sowohl den Erfordernissen der neuen verfassungsrechtlichen Bedingungen als auch den Anforderungen der einzelnen Parteien entsprach. Auf Grund des enormen Zeitdrucks und auch der Vielfältigkeit der Wünsche der Parteien einigte sich die provisorische Landesversammlung auf einen Kompromiss, der die Größe des Landtages auf 40 Mitglieder festlegte sowie durch die Wahlkreiseinteilung die regionalen Stärken der Parteien berücksichtigte. Wahlberechtigt waren Männer und Frauen, die am 1. Jänner des Wahljahres in das 21. Lebensjahr eingetreten waren. Voraussetzung für die Wählbarkeit war der Eintritt in das 27. Lebensjahr während des Wahljahres. Das Land wurde in insgesamt sieben Wahlbezirke unterteilt und jedem Wahlbezirk eine bestimmte Zahl von Mandaten zugeordnet, die dem Anteil an der Gesamtbevölkerung entsprachen. So erhielt die Stadt Salzburg acht Mandate, der Flachgau zwölf, der Tennengau vier, der Pongau acht, der Pinzgau sechs und der Lungau zwei Mandate. Insgesamt waren also 40 Mandate zu vergeben. Die Vergabe der Mandate erfolgte in den Wahlbezirken nach dem d'Hondtschen Verfahren, mit dem die Wahlzahl errechnet wurde. Die einzelnen Parteienergebnisse wurden durch diese Wahlzahl dividiert und jede Partei erhielt so viele Mandate, wie die Wahlzahl in der Parteisumme enthalten war. Ein zweites Ermittlungsverfahren war nicht vorgesehen. Eine Besonderheit des neuen republikanischen Wahlrechts war die Möglichkeit der sogenannten Listenkoppelung. Zwei oder mehrere Wahlvorschläge konnten in einem Wahlkreis miteinander verbunden (gekoppelt) werden. Diese Regelung war insbesondere für kleinere Parteien von enormer Bedeutung, weil mit gekoppelten Listen die Streuungsverluste minimiert und in manchen Fällen der Einzug in den Landtag überhaupt erst möglich war. Besonders die deutschnationalen Parteien profitierten von dieser Bestimmung. (Protokolle der provisorischen Landesversammlung, S. 744 ff., 852 ff. und 903 ff.)

Konstituierender Landtag 1919–1922 (ca. 1921) (Foto: Salzburger Landtag)
1. Reihe (sitzend): LR und LVP Karl Emminger, LR Anton Christoph, LR Josef Breitenfelder, LR und LP Michael Neureiter, LVP Josef Rainer, LR Daniel Etter, LR Wilhelm Schernthanner.
2. Reihe (stehend): Jakob Viehauser, Josef Witternigg, Johann Rettenbacher, LH-Stv. Max Ott, LH-Stv. Robert Preußler, LH Ing. Oskar Meyer, LH-Stv. Dr. Franz Rehrl, Johann Lackner, Josef Hauthaler, Jakob Perner.
3. Reihe (stehend): Heinrich Wilhelmi, Josef Riedler, Anton Neumayr, Aloisia Franek, Maria Simmerle, Margarethe Diller, Johann Hasenauer, Johann Nitzinger, Dr. Karl Schnizer.
4. Reihe (stehend): Heinrich Leukert, Eduard Baumgartner, Josef Gobes, Johann Ober, Benedikt Stampfl, Josef Schwarzenbrunner, Josef Kirchner, Paul Költringer, Johann Eiböck, Josef Brandner, Isidor Gugg, Thomas Auer, Josef Preis, Hans Prodinger.

Landtagswahlen am 6. April 1919				
	Stimmen	Prozente	Mandate	Regierung
Gültige	81.210			
Christlichsoziale Partei	36.857	45,38 %	19	5
Sozialdemokratische Partei	24.010	29,57 %	12	3
Freiheitliche Bürger-, Bauern- und Arbeiterpartei	9.255	11,40 %	5	2
Pinzgauer Wirtschaftspartei	2.955	3,64 %	1	–
Deutsche Arbeiterpartei	2.703	3,33 %	1	–
Freiheitlicher Salzburger Bauernbund	2.684	3,31 %	1	–
Deutschfreiheitlicher Volksverein	2.509	3,09 %	1	–
Unabhängige Wirtschaftspartei	237	0,29 %	–	–

EXKURS: Wenn das Recht zur Pflicht wird – nicht in Salzburg

Das Wahlrecht wurde vielfach auch im Zusammenhang mit einer staatsbürgerlichen Pflicht gesehen. Von einer Aufnahme einer Wahlpflicht in die Landtagswahlordnung sah der Salzburger Landtag jedoch sehr lange ab. 1909 kam es zu einem Paradigmenwechsel. Erstmals wurde die Wahlpflicht in Gesetzesform gegossen. In § 21 wurde normiert, dass die Wähler der 4. Wählerklasse sowie in der Wählerklasse der Landgemeinden zur Abgabe ihrer Stimme verpflichtet waren. Die näheren Bestimmungen dazu wurden in einem eigenen Gesetz ausgeführt. (LGBl. Nr. 27/1909) Ein Verstoß gegen die Wahlpflicht wurde mit Geldstrafen von 1,– bis 50,– Kronen geahndet, wenn keiner der gesetzlichen Entschuldigungsgründe, wie etwa Krankheit, unerfüllbare Berufspflichten oder Reisen außerhalb des Landes

Salzburg, geltend gemacht werden konnten. Der Landtag begründete diese Entscheidung damit, dass Angestellte der Erfüllung ihrer „Bürgerpflicht" ungeachtet etwaiger Dienst- und Arbeitsverpflichtungen entsprechen könnten. In der Wählerklasse der Landgemeinden befürchtete man, dass wegen der großen Entfernungen zu den Wahllokalen „eine gewisse Lauheit ... platzgreife". Wenngleich die neue Landtagswahlordnung im Landtag auch von den Deutschfreiheitlichen mitgetragen worden war, so übertrug das „Salzburger Volksblatt" die ganze Verantwortung den Christlichsozialen. Das Blatt mutmaßte, dass sich die Kandidaten des Katholischen Bauernbundes großer Unbeliebtheit erfreuen würden und nur „der Wahlpflicht und dem unverschämten Terrorismus, den die Führer des Bundes auf alle Wähler in gesellschaftlicher und hauptsächlich geschäftlicher Weise ausüben, hat es die Partei der Dunkelmänner zu verdanken, wenn ihre Drahtpuppen durchkommen". Auch die Sozialdemokraten erhoben schwere Vorwürfe gegen die Wahlpflicht und sparten nicht mit Unterstellungen: „Wahlpflicht und Amtsmissbrauch, Missbrauch der Religion und der Kanzel, diese unerlässlichen Grundsätze der klerikalen Wahlmacher, gemünzt auf die Gleichgiltigkeit und Indolenz ihrer Wähler, ersetzen nun im Landtag die Stimme des Volkes." Seitens der Sozialdemokraten wurde die Einführung einer Wahlpflicht grundsätzlich abgelehnt. Daran änderte auch der Übergang von der Monarchie zur Republik nichts. Da Christlichsoziale und Sozialdemokraten bei der Nationalratswahlordnung keinen Kompromiss hinsichtlich der Frage der Wahlpflicht erzielen konnten, wurde die Ermächtigung zur Erlassung einer Wahlpflicht an die Landesparlamente übertragen. Die „Masse der Gleichgültigen mit Gewalt, durch Strafen zur Wahl zu zwingen, hieße die politisch reifen Bestandteile der Bevölkerung vergewaltigen, das Wahlrecht prostituieren", so die Meinung der Sozialdemokraten in ihrer Parteizeitung am 18. Jänner 1919. Damit reagierten die Sozialdemokraten auf eine Forderung der Christlichsozialen und Deutschnationalen, die für Salzburg eine Wahlpflicht durchaus präferierten. Wie ernst es die Sozialdemokraten mit dieser Aussage meinten, zeigt auch, dass sie im Falle der Einführung einer Wahlpflicht ihre Mandate in der Landesregierung niederlegen würden. Diesem klaren Bekenntnis der Sozialdemokraten hatten Christlichsoziale und Deutschnationale nichts entgegenzusetzen und so trat die neue Wahlordnung für die ersten Landtagswahlen in Salzburg ohne eine Wahlpflicht in Kraft. Während die Christlichsozialen die realpolitischen Gegebenheiten akzeptierten, unternahmen die Deutschnationalen 1921 einen neuerlichen Vorstoß in Richtung Wahlpflicht, der allerdings abermals scheiterte. Der Grund für die konsequente Einforderung einer Wahlpflicht durch die deutschnationalen Parteien lag in der organisatorischen und auch ideologischen Zersplitterung und Instabilität dieses Parteiensegments. Mit der Wahlpflicht erhofften sich gerade die Großdeutschen eine Motivation der eigenen Wählerschaft. Mit diesem letzten Vorstoß war das Thema Wahlpflicht im Landtag als erledigt abgehakt. Auch in der Zweiten Republik blieb das Thema Wahlpflicht in Salzburg ein Nebenschauplatz. Die Nationalratswahlordnung ermöglichte es den Ländern, entsprechende Regelungen anlässlich der Durchführung der Wahlen zu erlassen. Salzburg machte davon nie Gebrauch. Auch die späteren Salzburger Landtagswahlordnungen kennen den Begriff „Wahlpflicht" nicht.

Für die Landtagswahl 1922 wurde angesichts der neuen verfassungsrechtlichen und auch politischen Situation die Ausarbeitung einer neuen Landtagswahlordnung in Angriff genommen. Im Hintergrund schwebten jedenfalls die Erfahrungen der Wahl vom 6. April 1919 mit, die mit einer neuen Wahlordnung umgesetzt werden sollten. Die Großdeutschen versuchten mit aller Vehemenz, die für sie so wichtige Listenkoppelung auch in das neue Wahlrecht zu übernehmen. Allerdings waren weder Sozialdemokraten noch Christlichsoziale dazu bereit. Durchsetzen konnten sich die Großdeutschen lediglich bei der Zahl der Landtagsabgeordneten, mussten dafür aber die Wahlpflicht und die Listenkoppelung opfern. Mit der Reduktion der Wahlkreise wurde der Wunsch von Großdeutschen und Sozialdemokraten aufgenommen, die sich daraus bessere Erfolgsaussichten erwarteten. Das Land wurde in drei Wahlkreise eingeteilt, wobei es sich hierbei um ein Junktim mit der Zustimmung zur Landesverfassung handelte, das von allen Parteien unterschrieben wurde. Die Stadt Salzburg bildete mit vier Mandaten einen eigenen Wahlkreis. Der Flachgau und der Tennengau wurden zu einem Wahlkreis mit elf Mandaten und der Pinzgau und der Pongau mit neun Mandaten zusammengefasst. Der Lungau bildete einen eigenen Wahlkreis mit einem Mandat. Insgesamt waren 25 Mandate in den Bezirken zu vergeben. Drei weitere Mandate wurden in einem zweiten Ermittlungsverfahren verteilt, bei dem ausschließlich die Reststimmen berücksichtigt wurden. Für den Lungau war eine Sonderregelung im Ermittlungsverfahren vorgesehen. Sollte keine Partei im Lungau die Wahlzahl erreichen, also kein Grundmandat erzielen, so wurden der stärksten Partei aus dem Wahlkreis Pongau-Pinzgau die fehlenden Stimmen zugezählt. In Anspruch genommen werden musste diese Regelung allerdings nie, weil die Christlichsozialen bei den Landtagswahlen 1922 im Lungau 68 Prozent der Stimmen erreichten. In der Wahlordnung 1925 wurden die Wahlbezirke aufgelöst und durch einen einheitlichen Wahlkreis ersetzt. (SLP, 2. Session, 1. Wahlperiode, S. 1209 ff. und 1561 ff. und LGBl. Nr. 30/1922)

Landtagswahlen am 9. April 1922				
	Stimmen	Prozente	Mandate	Regierung
Gültige	95.825			
Christlichnationale Wahlgemeinschaft	53.925	56,27 %	16	4
Sozialdemokratische Partei	33.082	34,52 %	10	2
Großdeutsche Volkspartei	8.818	9,20 %	2	–

Das Landtagswahlrecht wurde in der Folge einigen Novellierungen unterzogen. So wurde am 1. Dezember 1925 (LGBl. Nr. 28/1926) die Zahl der Abgeordneten auf 26 Mandate reduziert. Zur Umsetzung kam auch ein Vorschlag aus der Diskussion des Jahres 1922. Die regionalen Wahlkreise wurden abgeschafft und ein einheitlicher Wahlkreis gebildet. Zu einer Änderung kam es auch beim Wahlalter und der Wählbarkeit. Wahlberechtigt waren Personen, die vor dem 1. Jänner des Wahljahres das 20. Lebensjahr vollendet hatten. Wählbar waren wiederum Personen, die zum gleichen Termin das 24. Lebensjahr vollendet hatten. Die Verteilung der Mandate beruhte auf einem mehrstufigen Verfahren. Auf Landesebene wurden die Parteistimmen nebeneinander geschrieben und nach dem

Salzburger Landtag 1922–1927 (ca. 1926) (Foto: Salzburger Landtag)
1. Reihe (sitzend): LVP Josef Rainer, LP Josef Breitenfelder, LVP Wilhelm Schernthanner.
2. Reihe (stehend): Max Ott, LAD Karl Hiller-Schönaich, LR Dr. Otto Troyer, LR Karl Emminger, LH-Stv. Robert Preußler, LH Dr. Franz Rehrl, LH-Stv. Michael Neureiter, LR Ing. Rudolf Brauneis, Josef Preis, Daniel Etter, Josef Hauthaler.
3. Reihe (stehend): Josef Riedler, Johann Treml, Eduard Baumgartner, Anton Neumayr, Theresia Wowes, Anna Witternigg, Johann Rainer, Bartholomäus Fersterer, Johann Kirchner, Johann Nitzinger.
4. Reihe (stehend): Heinrich Leukert, Franz Freundlinger, Hans Prodinger, Johann Huber, Alois Kalschegg, Johann Kriechhammer, Josef Bachinger.

d'Hondtschen Verfahren die Ermittlungszahl, die die 26-größte Zahl in dieser Reihe war, errechnet. An der Mandatsverteilung nahmen nur Parteien teil, die in einem Wahlbezirk zumindest so viele Stimmen erreicht hatten, dass sie die Ermittlungszahl erreichten. In einem zweiten Rechengang wurde aus den Gesamtstimmen all derjenigen Parteien, für die sich ein Mandatsanspruch ergeben hatte, nach dem gleichen Verfahren die sogenannte Wahlzahl ermittelt. Die Verteilung der Mandate erfolgte auf Grund einfacher Division der Parteistimmen durch die Wahlzahl. Ein Reststimmenverfahren war nicht mehr vorgesehen. Von der Grundkonzeption wurde hiermit eine Art Grundmandats-Hürde geschaffen, die im Wahlrecht für den Salzburger Landtag noch viele Jahre Bestand haben sollte und erst durch die Fünf-Prozent-Klausel im Jahre 1996 abgeschafft wurde. Gerade die kleineren Parteien im Landtag, wie die Großdeutschen, den Landbund oder die Nationalsozialisten, traf diese Regelung besonders hart. Christlichsoziale und Sozialdemokraten waren jedoch nicht bereit, von dieser Hürde abzugehen. Die Mehrheit im Landtag war der Auffassung, dass „eine Zersplitterung der Bevölkerung in eine Unzahl von Parteien eine unerfreuliche Erscheinung sei und glaubte, dem allgemeinen Empfinden Rechnung tragen zu sollen, das Vielerlei als Parteienunwesen“ bezeichnet. Weiters liege es nicht „im Volksinteresse, Zersplitterung und Vielparteienwesen zu fördern“.

Salzburger Landtag 1927–1932 (ca. 1930) (Foto: Salzburger Landtag)
1. Reihe: Bartholomäus Fersterer, Franz Bacher, Johann Strasser, Josef Hauthaler, Karl Engl, Josef Preis, Landtagsdirektor Dr. Franz Wallentin, Peter Ackerer, Franz Freundlinger, Heinrich Leukert, Eduard Baumgartner, Hans Treml.
2. Reihe: Josef Bachinger, ?, LR Ing. Rudolf Brauneis, LH-Stv. Michael Neureiter, LH Dr. Franz Rehrl, LH-Stv. Robert Preußler, LR Karl Emminger, Nikolaus Schlam, Alois Weidenhillinger, Josef Riedler.
3. Reihe: Adolf Hochleitner, Johann Rainer, LVP Johann Kirchner, LP Anton Neumayr, LVP Max Ott, Anna Witternigg, Richard Kürth.

Landtagswahlen am 3. April 1927				
	Stimmen	Prozente	Mandate	Regierung
Gültige	115.027			
Christlichsoziale Partei	55.863	48,57 %	13	3
Sozialdemokratische Partei	36.431	31,67 %	9	2
Großdeutsche und Nationalsozialisten	13.245	11,51 %	3	–
Salzburger Landbund	7.968	6,93 %	1	–
Wirtschaftlicher Ständebund	1.517	1,32 %	–	–

Die letzte größere Novelle des Landtagswahlrechts wurde vom Landtag am 19. Dezember 1930 (LGBl. Nr. 14/1931) beschlossen. Aufgrund bundesverfassungsrechtlicher Vorgaben wurde das aktive Wahlrecht Personen eingeräumt, die vor dem 1. Jänner des Wahljahres das 21. Lebensjahr vollendet hatten. Eine Anhebung des Wahlalters gab es auch beim passiven Wahlrecht, nämlich auf 29 Jahre.

Landtagswahlen am 24. April 1932				
	Stimmen	Prozente	Mandate	Regierung
Gültige	116.328			
Christlichsoziale Partei	44.113	37,92 %	12	3
Sozialdemokratische Partei	29.810	25,63 %	8	2
NSDAP-Hitlerbewegung	24.125	20,74 %	6	1
Unabhängige Bauern- und Ständevertretung	7.374	6,34 %	–	–
Heimatschutz	5.530	4,75 %	–	–
Kommunisten	3.126	2,69 %	–	–
Großdeutsche Volkspartei	2.250	1,93 %	–	–

Die Landtagswahlen am 24. April 1932 brachten den Einzug der NSDAP mit sechs Mandaten in den Landtag mit sich. Wesentliche Änderungen des Landtagswahlrechts wurden mit Ausnahme einiger formeller Anpassungen nicht mehr vorgenommen. Mit dem Landesverfassungsgesetz vom 26. Februar 1934 (LGBl. Nr. 47/1934) übertrug der Landtag seine Gesetzgebungskompetenz an die Landesregierung und die ständische Landesverfassung 1934 ersetzte die Wahl der Mitglieder des Landtages durch die Ernennung durch die Landesregierung.

Neubeginn 1945: Das alte Wahlrecht lebt wieder auf

Für die am 25. November 1945 gemeinsam stattfindenden ersten Landtags- und Nationalratswahlen „in der befreiten Republik Österreich" bedurfte es eines einheitlichen Wahlrechts für das gesamte Land. Die provisorische Staatsregierung hatte deshalb am 19. Oktober 1945 das sogenannte Wahlgesetz kundgemacht, das alle erforderlichen Regelungen getroffen hatte. Den Ländern wurde die Festsetzung der Zahl der Abgeordneten überlassen. Die provisorische Landesregierung in Salzburg legte fest, dass 26 Abgeordnete in einem einheitlichen Wahlkreis zu wählen seien und griff damit wieder auf die Rechtslage vor 1934 zurück. Wahlberechtigt waren alle Männer und Frauen, die die österreichische Staatsbürgerschaft besaßen, das 21. Lebensjahr vollendet hatten und vom Wahlrecht nicht ausgeschlossen waren. Gerade die Wahlausschließungsgründe waren umfangreich geregelt. Neben den schon in der Ersten Republik geltenden Wahlausschließungsgründen enthielt die neue Wahlordnung detaillierte Regelungen über ehemalige Mitglieder der NSDAP, der SS oder SA bzw. sonstiger Organisationen des Dritten Reiches. Solche Personen waren grundsätzlich vom aktiven und passiven Wahlrecht ausgeschlossen. Rücksicht nahm die neue Wahlordnung auf „Ausgebombte, Evakuierte, Umsiedler, aus irgendwelchen Gründen Geflüchtete ...". Diese waren in derjenigen Gemeinde wahlberechtigt, in der sie sich gerade aufgehalten hatten. Sonderregelungen gab es auch für Heimkehrer aus der Kriegsgefangenschaft bzw. Personen, die in Konzentrationslagern interniert waren. Wählbar waren Personen, die das 29. Lebensjahr überschritten hatten.

Landtagswahlen am 25. November 1945				
	Stimmen	Prozente	Mandate	Regierung
Gültige	125.934			
ÖVP	71.380	56,68 %	15	3
SPÖ	49.773	39,52 %	10	2
KPÖ	4.781	3,80 %	1	–

Die erste Salzburger Landtagswahlordnung nach Ende des Zweiten Weltkrieges wurde am 30. Juni 1949 beschlossen. Viel Gestaltungsspielraum blieb dem Salzburger Landtag jedoch nicht. Da sowohl Landtags- als auch Nationalratswahlen am 9. Oktober 1949 stattfinden sollten, orientierte sich der Salzburger Landtag im Wesentlichen an den Vorgaben des Bundes. Wesentlichste Neuerung dieses Gesetzes war die Ausweitung der Zahl der Wahlberechtigten. Nunmehr waren

Salzburger Landtag 1945–1949 (ca. 1947) (Foto: Salzburger Landtag)
1. Reihe (sitzend): LVP Franz Illig, LH-Stv. Franz Peyerl, LH-Stv. Dr. Adolf Schemel, LH Josef Rehrl, LP Franz Hell, LR Heinz Kraupner, LR Bartholomäus Hasenauer, LVP Josef Ausweger.
2. Reihe (stehend): Franz Strasser, Anton Neumayr, Maria Emhart, Karl Wimmer, Dr. Adalbert Müller, Franz Freundlinger, Martin Saller, Anton Huber, Johann Brunauer, Benedikt Meißnitzer, Johann Neureiter.
3. Reihe (stehend): Josef Weißkind, Konrad Hölzl, Thomas Ganisl, Rupert Rindler, Johann Siller, Peter Hager, Hans Müller, Fritz Moser, Josef Seitlinger.

Männer und Frauen wahlberechtigt, die vor dem 1. Jänner des Wahljahres das 20. Lebensjahr überschritten hatten. Wählbar waren Personen, die zum gleichen Termin das 26. Lebensjahr überschritten hatten. Eine nicht unerhebliche Zahl an neuen Wählerinnen und Wählern stammte aus der Gruppe der ehemaligen NSDAP-Mitglieder, weil das Verbotsgesetz 1947 den sogenannten Minderbelasteten das Wahlrecht einräumte. Die Zahl der Wahlberechtigten stieg damit im Vergleich zu 1945 um 44.000 Personen auf 186.665 Wählerinnen und Wähler.

Landtagswahlen am 9. Oktober 1949				
	Stimmen	Prozente	Mandate	Regierung
Gültige	170.158			
ÖVP	74.257	43,64 %	12	2
SPÖ	57.139	33,58 %	9	2
WdU*	31.553	18,54 %	5	1
KPÖ**	5.811	3,42 %	–	–
4. Partei	945	0,56 %	–	–
Demokratische Union (DU) Dobretsberger	453	0,27 %	–	–

* Wahlpartei der Unabhängigen
** Kommunistische Partei Österreichs und Linkssozialisten (Linksblock)

Salzburger Landtag 1949–1954 (1952) (Foto: Salzburger Landtag)
1. Reihe (sitzend): LVP Karl Wimmer, LR Florian Groll, LH-Stv. Bartholomäus Hasenauer, LH Dr. Josef Klaus, LP Franz Hell, LH-Stv. Franz Peyerl, LR Josef Weißkind, LVP Franz Illig.
2. Reihe (stehend): Josef Eisl, Anton Neumayr, Hans-Friedrich Freyborn, Karl Mayr, Peter Röck, Karl Glaser, Martin Saller, Franz Freundlinger, Anton Kimml, Josef Rehrl, Dr. Andreas Viehauser.
3. Reihe (stehend): Dr. Adalbert Müller, Dipl.-Vw. Franz Buchinger, Manfred Krüttner, Alois Ruhdorfer, Hans Pexa, Ernst Hallinger, Johann Prodinger, Johann Brunauer, Bruno Eder, Georg Schnöll.

Der Grundsatz, dass das gesamte Land einen Wahlkreis bildet, sowie das System der Mandatsermittlung wurden 1949 übernommen und damit auf die Rechtslage von 1925/30 zurückgegriffen. Übernommen wurde auch die Hürde für kleinere Parteien, nämlich das Erreichen der Ermittlungszahl in einem Wahlbezirk. Auf Basis der abgegebenen gültigen Stimmen ermittelte die Landeswahlbehörde nach dem d'Hondtschen Verfahren eine Wahlzahl. Dies war die 26-größte Zahl, die sich aus der Aneinanderreihung und mehrfacher Division der Wahlergebnisse ergab. Die Partei-Ergebnisse wurden durch diese Wahlzahl dividiert, woraus die Mandatszahl der jeweiligen Parteien resultierte. Gerade diese Bestimmung, die bereits in der Ersten Republik existierte, löste bei der einzigen Minderheitsfraktion im Salzburger Landtag, der KPÖ, Kritik aus. Der KPÖ-Abgeordnete Franz Strasser rechnete vor, dass unter ungünstigsten Bedingungen eine Partei mit landesweit 35.000 Stimmen in keinem der Wahlbezirke die erforderliche Wahlzahl erreichen könnte. Er bewertete diese Bestimmung als „undemokratische Maßnahme gegen eine Minderheitspartei". (SLP, Landtagssitzung am 30. Juni 1949, S. 180 f.)

Landtagswahlen am 17. Oktober 1954				
	Stimmen	Prozente	Mandate	Regierung
Gültige	172.903			
ÖVP	79.391	45,92 %	15	3
SPÖ	66.019	38,18 %	13	3
WdU*	22.787	13,18 %	4	1
V.O.**	4.012	2,32 %	–	–
FSÖ***	694	0,40 %	–	–

* Wahlpartei der Unabhängigen
** Wahlgemeinschaft Österreichische Volksopposition
*** Wahlgemeinschaft Salzburger Heimatliste – Freiheitliche Sammlung Österreichs

Salzburger Landtag 1954–1959 (1959) (Foto: Salzburger Landtag)
1. Reihe (sitzend): Manfred Krüttner, Martin Saller, LR Hermann Rainer, LH-Stv. Bartholomäus Hasenauer, LH Dr. Josef Klaus, LVP Michael Haslinger, LP Franz Hell, LVP Franz Illig, LH-Stv. Franz Peyerl, LR Josef Weißkind, LR Josef Kaut, LR Walter Leitner.
2. Reihe (sitzend): Rupert Wolfgruber, Fritz Gruber, Heinrich Rettenbacher, Peter Meikl, Peter Röck, Josef Rehrl, Johann Prodinger, Alois Ruhdorfer, Katharina Gruber.
3. Reihe (stehend): Fritz Daghofer, Josef Eisl, Hans Zyla, Ing. Helmut Langer, Josef Brunauer, Josef Grani, Walter Aichinger, Bruno Eder, Anton Kimml, Ernst Hallinger, Fritz Schorn, Johann Wohl, Hans Pexa.

1952 wurden sowohl das Landesverfassungsgesetz als auch die Landtagswahlordnung novelliert. Die Volkszählung von 1951 hatte einen großen Anstieg der Landesbevölkerung gezeigt und der Landtag beschloss deshalb aufgrund bundesverfassungsrechtlicher Vorschriften eine Erhöhung der Mandatszahl auf 32 Abgeordnete. Lediglich der VdU sprach sich gegen diese Aufstockung aus. Nach Meinung der VdU-Abgeordneten sollte die Frage der Aufstockung des Landtages der Bevölkerung zu Entscheidung vorgelegt werden, weil die Parteien in dieser Frage befangen seien und deshalb nicht selbst entscheiden sollten. Während der VdU die Mehrkosten von S 150.000,– als nicht zweckmäßig einschätzte, vertrat die Mehrheit des Landtags die Meinung, dass sich diese auf den Landeshaushalt „kaum nennenswert auswirken".

Wahl für die Landes-Versammlung.

Wahlbezirk I: Stadt Salzburg.

Stimmzettel

der Demokratischen Ständevereinigung (Deutschfreiheitliche Vereinigung)

1. **Max Ott,** Bürgermeister u. Landeshauptmann-Stellvertreter.
2. **Maria Simmerle,** Fachlehrerin.
3. **Ingenieur Karl Irresberger,** Gießereidirektor i. R.
4. **Carl Lackner,** Obmann des Verbandes der mittelständischen Vereine der Stadt und des Landes Salzburg.
5. **Hermann Balde,** Gerichts-Oberoffiziant.
6. **Gustav Lang,** Schuhmacher und Obmann des Gewerbegenossenschafts-Verbandes Salzburg.
7. **Alois Baldi,** Kaufmann.
8. **Josef Roithmeir,** Sekretär des Gewerbegenossenschafts-Verbandes Salzburg.

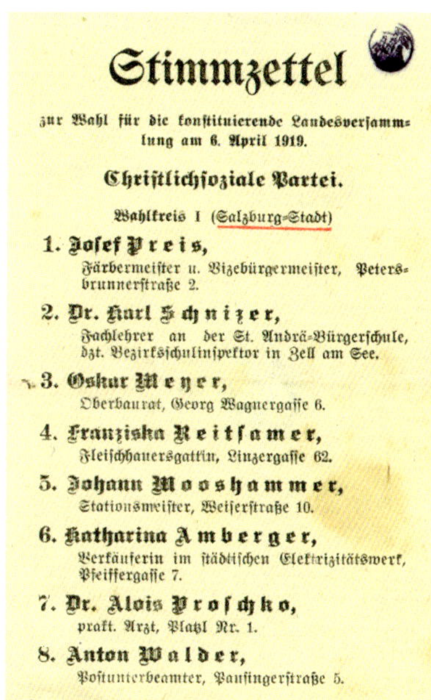

Stimmzettel

zur Wahl für die konstituierende Landesversammlung am 6. April 1919.

Christlichsoziale Partei.

Wahlkreis I (Salzburg-Stadt)

1. **Josef Preis,** Färbermeister u. Vizebürgermeister, Petersbrunnerstraße 2.
2. **Dr. Karl Schnitzer,** Fachlehrer an der St. Andrä-Bürgerschule, dzt. Bezirksschulinspektor in Zell am See.
3. **Oskar Meyer,** Oberbaurat, Georg Wagnergasse 6.
4. **Franziska Reitsamer,** Fleischhauersgattin, Linzergasse 62.
5. **Johann Mooshammer,** Stationsmeister, Weiserstraße 10.
6. **Katharina Amberger,** Verkäuferin im städtischen Elektrizitätswerk, Pfeiffergasse 7.
7. **Dr. Alois Proschko,** prakt. Arzt, Platzl Nr. 1.
8. **Anton Walder,** Postunterbeamter, Pausingerstraße 5.

Zaunrith, Salzburg 10069

Stimmzettel

zur Wahl des Salzburger Landtages
24. April 1932

Sozialdemokratische Partei

1. **Robert Preußler,** LH.-Stellv., Salzburg.
2. **Karl Emminger,** Landesrat, Itzling.
3. **Anton Neumayr,** Landt.-Präs., Hallein.
4. **Hans Treml,** L.-Abg., Oberschaffner, Bischofshofen.
5. **Josef Riedler,** L.-Abg., Fachlehrer, Saalfelden.
6. **Anna Witternigg,** L.-Abg., Haushalt, Salzburg.
7. **Stanislaus Pacher,** Bergarb., Mühlbach im Pongau.
8. **Eduard Baumgartner,** L.-Abg., Bürgerschuldirektor, Salzburg.
9. **Alois Weidenhillinger,** L.-A., Werkführer, Salzburg.
10. **Jakob Riedl,** Angestellter, Salzburg.
11. **Maria Steiner,** Tabakarbeiterin, Hallein.
12. **Franz Kaufmann,** Druckereiltr., Maxglan.

Wahlbezirk I, Stadt Salzburg.

Stimmzettel

zur Wahl für den Konstituierenden Landtag am 6. April 1919.

Deutsche Arbeiterpartei.

Hans Wagner, Arbeitersekretär.

Rudolf Jung, Ingenieur.

Johann Scharmüller, Schmiedmeister u. Genossenschaftsvorsteher.

Rudolf Dinnebier, Prokurist.

Margarethe Diller, Postadjunktin.

Eugen Felber, Spänglermeister.

Franz Sieger, Schriftsetzer.

Franz Forsthuber, Kanzleiexpedient.

Stimmzettel für die Landtagswahlen 1919 und 1932 (Foto: Salzburg Museum)

Vor der Landtagswahl 1959 kam es zu einer umfangreichen Novelle der Salzburger Landtagswahlordnung, die neben formalen Anpassungen auch einen Meilenstein in der Wahlrechtsentwicklung bzw. der organisatorischen Umsetzung der Wahl enthielt.

Der amtliche Stimmzettel

Die Landtagswahlordnung 1909 hatte zwar die Einführung amtlicher Stimmzettel grundsätzlich erwogen, blieb aber schlussendlich bei den bisherigen Praktiken. Den Wählern wurde auf Wunsch ein leerer, weißer Stimmzettel ausgehändigt, jedoch konnte jeder Wähler selbst ähnliche Zettel mitbringen und verwenden. Auch in der Republik war die Einführung eines amtlichen Stimmzettels nicht Gegenstand der Überlegungen. Die erste Landtagswahlordnung des Jahres 1919 sah lediglich vor, dass der Stimmzettel aus weichem Papier sein müsse. Stimmzettel, die von den Parteien unter den Wahlberechtigten verteilt wurden, konnten ebenfalls in die Wahlurne eingeworfen werden. In der Novelle 1925 wurde das Aussehen des Stimmzettels genauer spezifiziert. Er hatte aus weichem, weißlichem Papier im Format 9,5–10,5 cm in der Länge und 6,5–7,5 cm in der Breite zu bestehen. Die Landtagswahlordnung 1949 sah zwar schon amtliche Stimmzettel vor, diese waren aber leer und wurden dem Wähler nur auf Verlangen ausgehändigt. Die Parteien hatten die Stimmzettel also selbst herzustellen und hierzu gab es ganz klare Vorschriften. Wurden diese Vorgaben nicht eingehalten, so war die Stimme ungültig. Gültig war ein Stimmzettel dann, wenn dieser eindeutig eine Partei bezeichnete oder einen oder mehrere Bewerberinnen und Bewerber einer Parteiliste enthielt. 1959 wurde endlich der amtliche Stimmzettel eingeführt und die von den Parteien verteilten Stimmzettel waren Geschichte und fortan ungültig.

Salzburger Landtag 1959–1964 (1961) (Foto: Salzburger Landtag)
1. Reihe (sitzend): LR Walter Leitner, LR DI DDr. Hans Lechner, LH-Stv. Bartholomäus Hasenauer, LH Dr. Josef Klaus, LVP Anton Kimml, LP Franz Hell, LVP Michael Haslinger, LH-Stv. Franz Peyerl, LR Josef Weißkind, LR Josef Kaut.
2. Reihe (stehend): Josef Eisl, Martin Saller, Jakob Gruber, Peter Röck, Heinrich Rettenbacher, Johann Prodinger, Fritz Daghofer, Martha Weiser, Hans Zyla, Johann Schmidinger, Josef Brandauer, Karl Steinocher, Josef Brunauer, Walter Aichinger, Fritz Schorn, Manfred Krüttner, Katharina Gruber, Franz Illig, Dr. Kurt Richter.
3. Reihe (stehend): Josef Erber, Josef Grani, Rupert Wolfgruber, Hans Ungar, Johann Wohl, Hans Pexa, Otto Karl, Michael Pöllhuber, Alfred Bäck.

Nach der Pfeife der Partei tanzen

Die Novelle 1959 beseitigte auch einen demokratiepolitischen Missgriff des Salzburger Landtages aus dem Jahre 1949. Wiewohl die Landesverfassung seit 1920 deutlich feststellt, dass die Mitglieder des Landtages bei der Ausübung des Mandates an keinerlei Auftrag gebunden sind, wurde in der Landtagswahlordnung 1949 eine Bestimmung über den Verlust des Abgeordnetenmandates aufgenommen, die über das bisherige Maß erheblich hinausging. In § 93 Abs. 1 lit. e war vorgesehen, dass der Verlust des Mandates auch dann eintritt, wenn ein Abgeordneter aus der Partei, auf deren Liste er gewählt wurde, ausscheidet. Die Entscheidung darüber traf der Verfassungsgerichtshof. Es handelte sich offenbar um eine neue Bestimmung, denn die Wahlordnungen der Ersten Republik kannten eine solche Regelung nicht. Doch ganz neu war diese offenkundige Disziplinierungsmaßnahme von Abgeordneten nicht. Bereits bei der Novelle zur Landtagswahlordnung 1925 wurde die Einführung einer solchen Bestimmung angedacht, jedoch aufgrund eines Einspruches der Bundesregierung nicht weiter verfolgt. Die neue Bestimmung sorgte 1949 für heftige Kritik. Der KPÖ-Abgeordnete Strasser meinte etwa, dass der Abgeordnete entweder nach der Pfeife des Parteivorstandes tanzen müsse oder „eliminiert" werde. Für Strasser war diese Bestimmung auch eine Einschränkung des Wählerwillens, der seinen Einfluss nur so lange ausüben könne, als er den Stimmzettel noch in den Händen habe. „Es wird ihm huldvollst gestattet, solange auch noch irgendwie Demokratie mitspielen zu dürfen. Wenn er seine Stimme abgegeben hat, sind ja in diesem Gesetz schon Zügel vorgesehen, um eventuelle demokratische Ausflüge von Abgeordneten rechtzeitig zähmen zu können." Mit dieser Gesetzesbestimmung mache man Abgeordnete zur „Marionette seines Parteivorstandes". (SLP, Landtagssitzung am 30. Juni 1949, S. 174 f.) Trotz seiner heftigen Kritik konnte Strasser die Abgeordneten des Landtages nicht überzeugen und die Bestimmung wurde in das neue Wahlrecht aufgenommen

Salzburger Landtag 1964–1969 (1968) (Foto: Salzburger Landtag)
1. Reihe (sitzend): LVP DI Anton Bonimaier, LR Rupert Wolfgruber, LH-Stv. Michael Haslinger, LH DI DDr. Hans Lechner, LP Hans Zyla, LH-Stv. Karl Steinocher, LR Josef Kaut, LR Walter Leitner, LVP Hans Pexa, Manfred Krüttner
2. Reihe (stehend): Johann Brunner, Josef Erber, Josef Hörl, Dr. Wilfried Haslauer, Martha Weiser, Johann Schmidinger, Otto Karl, Josef Brunauer, Michael Pöllhuber, Franz Illig, Katharina Gruber, Leopold Wally, Robert Janschitz
3. Reihe (stehend): Ing. Josef Weiser, Christian Pongruber, Franz Spann, Heinrich Rettenbacher, Simon Illmer, Hans Ungar, DI Dr. Ferdinand Kirchner, Jakob Gruber, Alois Zillner, Josef Pichler, Kurt Hufler, Karl Zillner

und war immerhin zehn Jahre lang geltendes Recht. Mit einer Novelle im Jahre 1959 (LGBl. Nr. 31/1959) wurde diese doch etwas eigenwillige Bestimmung gestrichen, weil sie vom Verfassungsgerichtshof in einem anderen Zusammenhang als unzulässig eingestuft worden war. (SLP, Nr. 43, 5. Session, 3. GP)

Landtagswahlen am 10. Mai 1959				
	Stimmen	Prozente	Mandate	Regierung
Gültige	191.709			
ÖVP	82.942	43,26 %	14	3
SPÖ	73.999	38,60 %	13	3
FPÖ	30.915	16,13 %	5	1
KLS*	3.430	1,79 %	–	–
Salzburger Heimatliste (SHL)	423	0,22 %	–	–

* Kommunisten und Linkssozialisten

Die weiteren Novellen der Landtagswahlordnung waren abermals formaler Natur und berücksichtigten Änderungen auf Bundesebene, wie beispielsweise das einheitliche Wählerevidenzgesetz aus dem Jahre 1960. So wurden die Landtagswahlen 1964 ohne wesentliche Änderung der Wahlordnung durchgeführt. Auch die Mandatsverteilung erfuhr keine nachhaltige Änderung.

Landtagswahlen am 26. April 1964				
	Stimmen	Prozente	Mandate	Regierung
Gültige	200.917			
ÖVP	90.206	44,90 %	15	3
SPÖ	82.177	40,90 %	13	3
FPÖ	23.788	11,84 %	4	1
EFPÖ**	2.384	1,19 %	–	–
KLS*	2.362	1,18 %	–	–
* Kommunisten und Linkssozialisten ** Europäische Föderalistische Partei Österreichs und Parteifreie				

Auch die 5. Gesetzgebungsperiode des Salzburger Landtages seit Ende des Zweiten Weltkrieges brachte inhaltlich kaum Änderungen der Wahlordnung, jedoch eine Senkung des aktiven und passiven Wahlalters. Die Vollendung des 19. Lebensjahres war Voraussetzung für das aktive Wahlrecht, und die Vollendung des 24. Lebensjahres dafür, um auch gewählt zu werden. Die Zahl der Wahlberechtigten stieg um 21.941 Personen auf 254.296 Wählerinnen und Wähler.

Landtagswahlen am 23. März 1969				
	Stimmen	Prozente	Mandate	Regierung
Gültige	212.252			
ÖVP	86.439	40,72 %	13	3
SPÖ	85.775	40,41 %	13	3
FPÖ	38.202	18,00 %	6	1
KPÖ	1.466	0,69 %	–	–
MRF*	370	0,17 %	–	–
* A. Glantschnig für Menschlichkeit, Recht und Freiheit in Österreich				

Eine tiefgreifende Modernisierung erfuhr die Landtagswahlordnung in Salzburg durch die Novellierung im Jahre 1973. Aufgrund der Entwicklungen auf Bundesebene wurde der Zugang zu den Wahlkarten erheblich erleichtert. Der Entfall der Beschränkungen bei der Ausgabe von Wahlkarten zog auch eine Nummerierung der Wahlbezirke nach sich, um eine Zuordnung der Wahlkartenstimmen entsprechend vornehmen zu können. Diese Regelung sollte auch den Missbrauch bei den Wahlkarten verhindern, weil „im Wege der massierten Ausübung des Wahlrechts durch Wähler einer Parteiliste in diesem Wahlbezirk manipuliert werden könnten. Eine solche Manipulation wäre für Kleinparteien zur Umgehung der zur Ausscheidung solcher Gruppen eingebauten Hürde der Ermittlungszahl verlockend." Damit bestätigte die Landesregierung Sinn und Zweck dieser Hürde, die sich ausschließlich an kleine Parteien richtete.

Die bisherige Möglichkeit der Wählerinnen und Wähler, ihre Präferenz durch Umreihungen oder Streichungen auf der Kandidatenliste vorzunehmen, wurde gestrichen und durch die Abgabe einer Vorzugsstimme ersetzt. Erreichte ein Bewerber zumindest so viele Wahlpunkte (= Vorzugsstimmen) wie die Wahlzahl war, so wurde dieser Bewerber auf der Kandidatenliste vorgereiht. Damit wurde erstmals ein Vorzugsstimmensystem entwickelt, mit dem die Kandidatinnen und Kandidaten aus dem Schatten ihrer jeweiligen Partei treten und auch über Vorzugsstimmen-Wahlkämpfe den Einzug in den Landtag schaffen konnten.

Salzburger Landtag 1969–1974 (1970) (Foto: Salzburger Landtag)
1. Reihe (sitzend): LVP Hans Zyla, LR Rupert Wolfgruber, LR Walter Leitner, LH-Stv. Michael Haslinger, LH DI DDr. Hans Lechner, LP Josef Brandauer, LH-Stv. Karl Steinocher, LR Hans Pexa, LR Dr. Herbert Moritz, LVP Manfred Krüttner.
2. Reihe (stehend): Dr. Wilfried Haslauer, Ing. Josef Weiser, Ing. Josef Steiner, DI Anton Bonimaier, DI Dr. Ferdinand Kirchner, Hans Schmidinger, Karl Zillner, Annemarie Dengg, Alois Zillner, Maria Springle, Jakob Gruber, Josef Brunauer, Josef Pichler, Robert Janschitz, Dkfm. Walter Stockinger.
3. Reihe (stehend): Franz Spann, Dr. Helmut Schreiner, Simon Illmer, Johann Brunner, Josef Hörl, Ing. Walter Rud, Dr. Hellfried Schuller, Othmar Brunner, Alois Stöllinger, Karl Hofmann.

Schließlich wurde die Zahl an Abgeordneten auf den heutigen Stand von 36 Mandatarinnen und Mandataren festgelegt.

Trockener Wahlsonntag

Bis 1973 war es an Wahltagen und zum Teil auch am Tag davor nicht erlaubt, Alkohol auszuschenken. Helmut Qualtinger fragte 1959 als Travnicek: „Wie kommt man dazu, dass ma am Sonntag kein Alkohol trinken kann?" Und hatte auch gleich die Lösung parat: „I kauf mir scho am Samstag zwa Liter Wein und sauf mi z'Haus an." 1973 wurde das Alkoholverbot an Wahltagen als nicht mehr zeitgemäß angesehen, aus der Salzburger Landtagswahlordnung gestrichen und damit eine Besonderheit des Wahlrechts abgeschafft. Bei Nationalratswahlen galt das Ausschankverbot bis 1979. Bereits die erste Landtagswahlordnung 1919 sah in ihrem § 26 ein Ausschankverbot von alkoholischen Getränken am Tag vor der Wahl und am Wahltag selbst vor. Die Novelle zur Landtagswahlordnung im Jahre 1922 gab sich in der Frage des Alkoholausschanks schon erheblich liberaler. Das gesetzliche Verbot des Ausschanks wurde umgewandelt in eine Verordnungsermächtigung für die Landesregierung, die am Wahltag und am Tag zuvor den Ausschank von Alkohol verbieten konnte. In den Landesgesetzblättern findet sich keine diesbezügliche Anordnung, sodass davon ausgegangen werden kann, dass die Landesregierung keinen Anlass für ein Ausschankverbot gesehen hat. Diese Bestimmung blieb bis zum Ende der Ersten Republik in Geltung. Für

Salzburger Landtag 1974–1979 (1978) (Foto: Salzburger Landtag)
1. Reihe (sitzend): LR Dr. Albert Steidl, LR Dr. Sepp Baumgartner, LH-Stv. Dr. Hans Katschthaler, 3. LP Hans Zyla, LP Hans Schmidinger, LH Dr. Wilfried Haslauer, 2. LP Karl Zillner, LH-Stv. Dr. Herbert Moritz, LR Sepp Oberkirchner, LR DI Anton Bonimaier.
2. Reihe (stehend): Wolfgang Haunsberger, Karl Nindl, Simon Illmer, Franz Sampl, Franz Spann, Christina Steinmetzer, Johann Eder, Annemarie Dengg, Josef Hörl, Dr. Helmut Schreiner, Leonhard Neumayer, Jakob Gruber, Maria Springle, Ing. Fritz Ledermann, Josef Brunauer, Georg Maier, Robert Janschitz, Ing. Walter Rud, Josef Pichler, Johann Pitzler, Sepp Wiesner, Karl Hofmann, Dkfm. Walter Stockinger, Alois Zillner.
3. Reihe (stehend): Ing. Christian Posch, Dr. Viktor Mayer-Schönberger, Josef Schwaighofer, Dr. Walter Vogl, Othmar Brunner, Alois Stöllinger, Josef Weichenberger, Dr. Hellfried Schuller, Dr. Wolfgang Gmachl.

die Landtags- und Nationalratswahlen 1945 wurde nach § 45 Abs. 2 des Wahlgesetzes ein strenges Alkoholverbot ausgesprochen. „Der Ausschank von geistigen Getränken ist am Wahltage sowie am Tage vorher allgemein verboten“, so die unmissverständliche Anordnung. Die Nationalratswahlordnung 1949 konkretisierte das Alkoholverbot an Wahltagen in der Form, dass der Ausschank von alkoholischen Getränken am Tag vor der Wahl ab 20:00 Uhr und am Wahltag selbst bis 20:00 Uhr allgemein verboten war. Die im gleichen Jahr erlassene Salzburger Landtagswahlordnung übernahm in ihrem § 58 Abs. 2 diese Regelung wortident. Mit einer Novelle 1959 wurde das Verbot des Alkoholausschanks etwas abgeschwächt, und zwar auf den Wahltag in der Zeit von 0:00 Uhr bis zum Ende der Wahl.

Landtagswahlen am 31. März 1974				
	Stimmen	Prozente	Mandate	Regierung
Gültige	220.430			
ÖVP	103.991	47,18 %	18	4
SPÖ	79.771	36,19 %	13	2
FPÖ	34.099	15,47 %	5	1
KPÖ	2.569	1,17 %	–	–

Die Landtagswahlen 1974 waren die letzten, die aufgrund des Wahlrechts aus dem Jahre 1949 bzw. 1925/30 durchgeführt wurden. Ein Erkenntnis des Verfassungsgerichtshofes vom Juni 1978 zur Burgenländischen Landtagswahlordnung

Salzburger Landtag 1979–1984 (1983) (Foto: Salzburger Landtag)
1. Reihe (sitzend): 3. LP Josef Hörl, LR DI Friedrich Mayr-Melnhof, LR Sepp Wiesner, LH-Stv. Dr. Hans Katschthaler, LH Dr. Wilfried Haslauer, LP Hans Schmidinger, LH-Stv. Dr. Herbert Moritz, LR Sepp Oberkirchner, LR Wolfgang Radlegger, 2. LP Johann Pitzler.
2. Reihe (stehend): Wolfgang Haunsberger, Dr. Franz Schausberger, Ing. Georg Griessner, Ing. Christian Posch, Franz Spann, Dr. Viktor Mayer-Schönberger, Mag. Dr. Walter Vogl, Annemarie Dengg, Dr. Helmut Schreiner, Christina Steinmetzer, Dr. Othmar Raus, Maria Springle, Josef Pichler, Inge Stuchlik, Alois Stöllinger, Josef Weichenberger, Mag. Walter Thaler, Andreas Eisl.
3. Reihe (stehend): Josef Schwaighofer, Bertl Emberger, Dr. Wolfgang Gmachl, Hans Bachmann, Ing. Walter Rud, Dipl.-Vw. Margot Hofer, Dr. Hellfried Schuller, Peter Rotschopf, Leonhard Neumayer, Othmar Nacovsky, Mag. Karl Fink, Reinhold Wahlhütter, Karl Hofmann, Walter Rieser, Georg Maier.

stellte fest, dass jedes Land bei der Durchführung von Landtagswahlen in Wahlkreise eingeteilt werden muss. Der Landtag nahm nun diese Einteilung in der Form vor, dass die politischen Bezirke gleichzeitig auch Wahlbezirke waren. Die Verteilung der Mandate auf die einzelnen Wahlbezirke erfolgte aufgrund der Bevölkerungszahl und sah 1978 folgenden Verteilungsschlüssel vor: Stadt Salzburg: 11 Mandate, Flachgau: 7 Mandate, Tennengau: 4 Mandate, Pongau: 6 Mandate, Pinzgau: 6 Mandate, Lungau: 2 Mandate.

Landtagswahlen am 25. März 1979				
	Stimmen	Prozente	Mandate	Regierung
Gültige	231.427			
ÖVP	105.073	45,40 %	17	3
SPÖ	90.449	39,08 %	14	3
FPÖ	30.703	13,27 %	5	1
VBI*	4.256	1,84 %	–	–
KPÖ	946	0,41 %	–	–

Vereinigte Bürgerinitiativen „Rettet Salzburg" – Bürgerliste

Die Verteilung der Mandate erfolgte in zwei getrennten Ermittlungsverfahren. Im ersten Ermittlungsverfahren auf Bezirksebene wurden die zugewiesenen Mandate auf die Parteien wie folgt verteilt: Die Gesamtsumme der im Bezirk gültig abgegebenen Stimmen wurde durch die Zahl der Mandate dividiert. Daraus ergab sich die sogenannte Wahlzahl. Die einzelnen Parteienergebnisse wurden durch diese Wahlzahl dividiert. Jede Partei erhielt so viele Mandate,

Salzburger Landtag 1984–1989 (1984) (Foto: Salzburger Landtag)
1. Reihe (sitzend): 3. LP Mag. Dr. Walter Vogl, LR Dr. Arno Gasteiger, LR DI Friedrich Mayr-Melnhof, LH-Stv. Dr. Hans Katschthaler, LH Dr. Wilfried Haslauer, LP Hans Schmidinger, LH-Stv. Dr. Herbert Moritz, LR Sepp Oberkirchner, LR Wolfgang Radlegger, 2. LP Johann Pitzler.
2. Reihe (stehend): Wolfgang Haunsberger, Christina Steinmetzer, Rudolf Eder, Ing. Georg Griessner, Volker Winkler, Hedwig Wasserbauer, Johann Lienbacher, Peter Rotschopf, Bertl Emberger, Dr. Gerheid Widrich, Leonhard Neumayer, Dr. Othmar Raus, Josef Pichler, Alois Stöllinger, Othmar Nacovsky, Ricky Veichtlbauer, Mag. Walter Thaler, Mag. Karl Fink, Andreas Eisl, Inge Stuchlik.
3. Reihe (stehend): Dr. Wolfgang Gmachl, MMag. Michael Neureiter, Dr. Johann Buchner, Dipl.-Vw. Margot Hofer, Dr. Christian Menzel, Dr. Gottfried Nindl, Hans Karl, Dr. Franz Schausberger, Dr. Helmut Schreiner, Walter Rieser, Manfred Gruber, Franz Kurz, Reinhold Wahlhütter.

wie die Wahlzahl in der Parteisumme enthalten war. Mandate, die im ersten Ermittlungsverfahren nicht zugewiesen werden konnten, kamen im zweiten Ermittlungsverfahren auf Landesebene nach einem gesonderten Prozedere zur Verteilung. An diesem Verfahren nahmen nur Parteien teil, die bereits im ersten Ermittlungsverfahren ein Mandat (= Grundmandat) erhalten hatten. Diese Grundmandats-Hürde wurde in Analogie zur bisherigen Ermittlungszahl geschaffen und sorgte wiederum dafür, dass gerade kleine Parteien wenig Aussicht auf einen Sitz im Landtag hatten.

Landtagswahlen am 25. März 1984				
	Stimmen	Prozente	Mandate	Regierung
Gültige	241.621			
ÖVP	121.183	50,15 %	19	4
SPÖ	84.729	35,07 %	13	3
FPÖ	21.095	8,73 %	4	–
GABL*	10.304	4,26 %	–	–
GRÜNE**	3.215	1,33 %	–	–
KPÖ	1.095	0,45 %	–	–

* Grün-Alternative-Bürgerliste Salzburg
** Die Grünen Österreichs – GRÜNE

Trotz restriktiver Bestimmungen für kleine Parteien und die zum Teil unüberwindbare Grundmandats-Hürde kam es mit den Landtagswahlen 1989 zu einer Erweiterung des parlamentarischen Parteienspektrums. Mit der Bürgerliste

Salzburger Landtag 1989–1994 (1989) (Foto: Salzburger Landtag)
1. Reihe (sitzend): LR Dr. Gerheid Widrich, LR Ing. Bertl Göttl, 3. LP Bertl Emberger, LH-Stv. Dr. Arno Gasteiger, LH Dr. Hans Katschthaler, LP Dr. Helmut Schreiner, LH-Stv. Gerhard Buchleitner, 2. LP Inge Stuchlik, LR Dr. Othmar Raus, LR Volker Winkler.
2. Reihe (stehend): Wolfgang Haunsberger, Dr. Franz Schausberger, Hedwig Wasserbauer, Josef Saller, Hans Karl, Johann Lienbacher, Dr. Gottfried Nindl, Alexander Böhm, Anni Hödlmoser, Ing. Ernst Längauer, Iris Schludermann, Mag. Walter Thaler, Dr. Christian Burtscher.
3. Reihe (stehend): Dr. Wolfgang Gmachl, Ing. Georg Griessner, MMag. Michael Neureiter, Rudolf Eder, Reinhard Martin Herok, Othmar Nacovsky, Ingo Othmar Scharfetter, Dr. Robert Thaller, Josef Mayr, Dr. Johann Buchner, Dr. Karoline Hochreiter.
4. Reihe (stehend): Werner Roßmann, Reinhold Wahlhütter, Manfred Gruber, Siegfried Pichler, Ricky Veichtlbauer, Dr. Klaus Firlei.

Salzburg-Land zog 40 Jahre nach dem VdU wieder eine neue Partei in den Landtag ein. Der Bürgerliste gelang es, ein Grundmandat in der Stadt Salzburg und im zweiten Ermittlungsverfahren ein weiteres Mandat zu erringen.

Landtagswahlen am 12. März 1989

	Stimmen	Prozente	Mandate	Regierung
Gültige	246.666			
ÖVP*	108.456	43,97 %	16	4
SPÖ**	77.081	31,25 %	12	2
FPÖ	40.375	16,37 %	6	1
BL***	15.171	6,15 %	2	–
VGÖ****	4.350	1,76 %	–	–
KPÖ	1.233	0,50 %	–	–

* Österreichische Volkspartei Landeshauptmann Dr. Wilfried Haslauer
** Sozialistische Partei Österreichs Landeshauptmann-Stellvertreter Wolfgang Radlegger
*** Bürgerliste Salzburg-Land, Grüne
**** Vereinte Grüne Österreichs – Grüne

Die Landtagswahlen 1994 brachten eine weitere Erweiterung des Kreises der Wahlberechtigten, indem 1993 das aktive Wahlalter auf die Vollendung des 18. Lebensjahres und das passive Wahlalter auf die Vollendung des 19. Lebensjahres gesenkt wurden.

Landtagswahlen am 13. März 1994				
	Stimmen	Prozente	Mandate	Regierung
Gültige	255.638			
ÖVP*	98.676	38,60 %	14	3
SPÖ**	69.146	27,05 %	11	2
FPÖ	49.827	19,49 %	8	2
BL***	18.590	7,27 %	3	–
Liberales Forum – Heide Schmidt	14.737	5,76 %	–	–
ÖABP****	4.662	1,82 %	–	–

* Österreichische Volkspartei Landeshauptmann Dr. Hans Katschthaler
** Sozialdemokratische Partei Österreichs Landeshauptmann-Stellvertreter Gerhard Buchleitner
*** Bürgerliste
**** Österreichische Autofahrer- und Bürgerinteressens-Partei

Salzburger Landtag 1994–1999 (1994) (Foto: Salzburger Landtag)
1. Reihe (sitzend): LR Dr. Othmar Raus, LH-Stv. Dr. Arno Gasteiger, 2. LP Mag. Walter Thaler, LH Dr. Hans Katschthaler, LP Dr. Helmut Schreiner, LH-Stv. Gerhard Buchleitner, 3. LP Dipl.-Vw. Margot Hofer, LR Dr. Karl Schnell, LR Rupert Wolfgruber.
2. Reihe (stehend): Dr. Franz Schausberger, Margit Hofer, Theresia Fletschberger, Josef Saller, Johann Lienbacher, Mag. Gabi Burgstaller, Maria Bommer, Rosemarie Blattl, Mag. Anita Strebl, Monika Oberndorfer, Wolfgang Rainer, Dr. Matthias Meisl, Dr. Christian Burtscher.
3. Reihe (stehend): Ing. Georg Griessner, Helmut Mödlhammer, Simon Illmer, Ing. Georg Leberbauer (BR), Alexander Böhm, Johann Holztrattner, Wolfgang Haider, Josef Franz Fritzenwallner, Dr. Peter Lechenauer, Dr. Klaus Firlei, Dr. Karoline Hochreiter.
4. Reihe (stehend): Wolfgang Saliger, MMag. Michael Neureiter, Werner Roßmann, Dr. Gottfried Nindl, Anton Karl, Josef Mayr, Alfons Schröcker, Franz Hornegger, Helmut Naderer, Gerhard Höggerl.

Bei den Landtagswahlen 1994 setzte sich der Trend der neuen Vielfalt in Parteienspektrum fort. Die Bürgerliste Salzburg Land stabilisierte sich und mit dem Liberalen Forum klopfte eine neue Partei an die Türen des Chiemseehofs. Das Ergebnis offenbarte aber auch die Schwächen des Salzburger Landtagswahlrecht.

Salzburger Landtag 1999–2004 (1999) (Foto: Salzburger Landtag)
1. Reihe (sitzend): LR Josef Eisl, LR Dr. Maria Haidinger, 2. LP Johann Holztrattner, LH-Stv. Dr. Arno Gasteiger, LH Dr. Franz Schausberger, LP Dr. Helmut Schreiner, LH-Stv. Gerhard Buchleitner, 3. LP Maria Bommer, LR Dr. Othmar Raus, LR Mag. Gabi Burgstaller.
2. Reihe (stehend): Ing. Georg Griessner, Dr. Gertraud Wagner-Schöppl, Wolfgang Saliger, Mag. Gerlinde Rogatsch, Mag. Margit Hofer, MMag. Michael Neureiter, Matthias Scheiber, Hilde Ossberger (Wanner), Mag. Anita Strebl, Gudrun Mosler-Törnström BSc, Wolfgang Rainer, Dr. Karl Schnell, Rosemarie Blattl.
3. Reihe (stehend): Ludwig Bieringer (BR), Theresia Fletschberger, Werner Roßmann, Roswitha Stadlober-Steiner, Josef Mayr, Dr. Heidi Reiter, Cyriak Schwaighofer, Robert Zehentner, Rupert Doppler, Mag. Walter Thaler, Helmut Naderer.
4. Reihe (stehend): Josef Saller (BR), Helmut Lindenthaler, Ilse Breitfuß, Simon Illmer, Dkfm. Dr. Bernd Petrisch, Walter Steidl, Alfons Schröcker, Mag. David Brenner, Lukas Essl, Friedrich Wiedermann, Dr. Andreas Schöppl, Mag. Eduard Mainoni (BR).

Landtagswahlen am 7. März 1999				
	Stimmen	Prozente	Mandate	Regierung
Gültige	252.605			
ÖVP*	97.890	38,75 %	15	4
SPÖ**	81.704	32,34 %	12	3
FPÖ	49.457	19,58 %	7	–
Die Grünen	13.610	5,39 %	2	–
Liberales Forum – Heide Schmidt	9.242	3,66 %	–	–
Christlichsoziale Union Österreichs (CSUÖ)	702	0,28 %	–	–

* Salzburger Volkspartei – Landeshauptmann Dr. Franz Schausberger
** Sozialdemokratische Partei Österreichs – Landeshauptmann-Stellvertreter Gerhard Buchleitner

Obwohl das Liberale Forum mit 14.734 Stimmen oder 5,76 Prozent ein Wahlergebnis erzielen konnte, bei dem von einem Einzug in den Landtag ausgegangen hätte werden müssen, scheiterte die Partei an der Grundmandats-Hürde. Während die Bürgerliste 1989 mit 15.171 Stimmen oder 6,15 Prozent zwei Mandate erzielen konnte und 1994 mit rund 3.800 Stimmen mehr sogar ein drittes Mandat erreichte, ließ die Systematik der Salzburger Landtagswahlordnung einen Einzug des Liberalen Forums nicht zu. Das Liberale Forum beschritt deshalb den Weg zum Verfassungsgerichtshof, der 1995 die Bestimmung, wonach nur Parteien, die im ersten Ermittlungsverfahren ein Mandat erzielt hatten, auch am zweiten Ermittlungsverfahren teilnehmen, als verfassungswidrig aufhob. Ausschlaggebend für die Aufhebung war, so der Verfassungsgerichtshof wörtlich, „dass zum einen nach der LWO für ein Mandat in einem bestimmten Wahlkreis,

nämlich dem Wahlkreis Tamsweg, im Regelfall mehr als 50 Prozent der abgegebenen Stimmen notwendig sind und diese hohe Eintrittsschwelle nicht durch eine alternative Prozentklausel abgeschwächt wird." Salzburg wählte nun einen Weg, den sowohl der Bund in seiner Nationalratswahlordnung als auch andere Bundesländer bereits eingeschlagen hatten. Die Teilnahme am zweiten Ermittlungsverfahren war nun nicht mehr an ein Grundmandat, sondern an das Erreichen von zumindest fünf Prozent der abgegebenen gültigen Stimmen gebunden. Die neue Regelung trat mit 1. März 1996 in Kraft. Die Landtagswahlen 1994 blieben trotzdem gültig, weil das Liberale Forum vor dem Verfassungsgerichtshof keinen Antrag auf Aufhebung der Wahl gestellt hatte. Gegen die Novellierung der Landtagswahlordnung in dieser Form stimmte lediglich die Bürgerliste Salzburg Land und sprach sich für die Durchführung von Neuwahlen auf Grundlage des neuen Wahlrechts aus. Die Mehrheit des Landtages war dazu allerdings nicht bereit. Ein Treppenwitz der Geschichte ist, dass gerade die Grünen die ersten Nutznießer der neuen Landtagswahlordnung waren. Sie erzielten 1999 in keinem Wahlkreis ein Grundmandat. Das knappe Überspringen der Fünf-Prozent-Hürde verhinderte jedoch, dass die Grünen den Einzug in den Landtag verpassten.

Die Landtagswahlen 2004 brachten in politischer Hinsicht eine totale Veränderung der Mehrheitsverhältnisse. Dieses Mal war es die FPÖ, die von der Novelle 1996 profitierte. Sie erhielt in keinem der Wahlkreise ein Grundmandat, nahm aber durch das Überschreiten der Fünf-Prozent-Hürde am zweiten Ermittlungsverfahren teil, wo sie drei Mandate erzielen konnte.

Salzburger Landtag 2004–2009 (2004) (Foto: Salzburger Landtag)
1. Reihe (sitzend): LR Dr. Erwin Buchinger, LR Walter Blachfellner, 3. LP Gudrun Mosler-Törnström BSc, LH-Stv. Dr. Othmar Raus, LHF Mag. Gabi Burgstaller, LP Johann Holztrattner, LH-Stv. Dr. Wilfried Haslauer, 2. LP MMag. Michael Neureiter, LR Doraja Eberle, LR Josef Eisl.
2. Reihe (stehend): Wolfgang Saliger, Matthias Scheiber, Theresia Fletschberger, Mag. Hilde Eisl, Hilde Wanner, Dr. Josef Sampl, Mag. Gerlinde Rogatsch, Simon Illmer, Walter Steidl, Heidi Hirschbichler, Rosemarie Blattl.
3. Reihe (stehend): Dkfm. Dr. Bernd Petrisch, Mag. Hans Scharfetter, Dr. Heidi Reiter, Margit Pfatschbacher, Ingrid Riezler, DI Sonja Hartl, Arno Kosmata, Robert Zehentner, Lukas Essl.
4. Reihe (stehend): Cyriak Schwaighofer, Ing. Josef Schwarzenbacher, Michael Obermoser, Werner Roßmann, Mag. David Brenner, Dr. Karl Schnell, Othmar Schneglberger, Michael Nikolaus Kretz, Emmerich Schwemlein, Peter Pfeifenberger, Mag. Martin Apeltauer.

Salzburger Landtag 2009–2013 (2010) (Foto: Salzburger Landtag)
1. Reihe (sitzend): LR Josef Eisl, LR Doraja Eberle, 2. LP Gudrun Mosler-Törnström BSc, LH-Stv. Dr. Wilfried Haslauer, LP Simon Illmer, LH Mag. Gabi Burgstaller, LH-Stv. Mag. David Brenner, LR Erika Scharer, LR Walter Blachfellner.
2. Reihe (stehend): Sonja Ottenbacher, Dr. Brigitta Pallauf, Theresia Neuhofer, Ing. Josef Schwarzenbacher, Mag. Gerlinde Rogatsch, Ing. Mag. Roland Meisl, Ingrid Riezler, Mag. Hilde Eisl, Hannes Ebner, Rosemarie Blattl, Mag. Karl Schmidlechner, Friedrich Wiedermann.
3. Reihe (stehend): Franz Wenger (BR), Michael Obermoser, Dr. Christian Stöckl, Waltraud Ebner, Josef Saller (BR), Margit Pfatschbacher, Heidi Hirschbichler, Walter Steidl, Mag. Susanne Neuwirth (BR), Robert Zehentner, Dr. Josef Schlömicher-Thier, Peter Pfeifenberger, Ernst Rothenwänder, Dr. Astrid Rössler.
4. Reihe (stehend): Manfred Sampl, Dr. Josef Sampl, Dr. Josef Schöchl, Mag. Hans Scharfetter, Dr. Florian Kreibich, Mag. Anja Hagenauer, Dr. Nicole Solarz, Arno Kosmata, Manfred Gruber (BR), Dr. Karl Schnell, Lukas Essl, Cyriak Schwaighofer.

Landtagswahlen am 7. März 2004

	Stimmen	Prozente	Mandate	Regierung
Gültige	276.192			
SPÖ*	125.382	45,40 %	17	4
ÖVP**	104.723	37,92 %	14	3
FPÖ***	24.077	8,69 %	3	–
Die Grünen – die Grüne Alternative	22.080	7,99 %	2	–

* Sozialdemokratische Partei Österreichs – Gabi Burgstaller
** Salzburger Volkspartei – Landeshauptmann Dr. Franz Schausberger/Dr. Wilfried Haslauer
*** Freiheitliche Partei Salzburg – Dr. Karl Schnell

Um die Jahrtausendwende wurde die Absenkung des Wahlalters auf 16 Jahre in der Öffentlichkeit immer breiter diskutiert. Im Jahr 2000 setzten Kärnten und das Burgenland die Senkung des Wahlalters auf 16 auf kommunaler Ebene um. Salzburg folgte im Jahre 2004 (LGBl. Nr. 97/2004) und setzte 2005 gleich den nächsten Schritt. Das aktive Wahlalter bei Landtagswahlen wurde auf 16 Jahre abgesenkt. Auf Grundlage der damaligen Berechnungen waren damit mehr als 12.000 junge Salzburgerinnen und Salzburger wahlberechtigt. Trotz zum Teil unterschiedlicher parteipolitischer Orientierungen in dieser Frage kam der Beschluss einstimmig zustande. Die Wahlaltersenkung auf Gemeinde- und Landesebene kam bei den Landtags- und Gemeindevertretungswahlen 2009 erstmals zur Umsetzung.

Landtagswahlen am 1. März 2009				
	Stimmen	Prozente	Mandate	Regierung
Gültige	283.035			
SPÖ*	111.485	39,39 %	15	4
ÖVP**	103.385	36,53 %	14	3
FPÖ**	36.845	13,02 %	5	–
Die Grünen — Die Grüne Alternative	20.843	7,36 %	2	–
BZÖ***	10.477	3,70 %	0	–

* Sozialdemokratische Partei Österreichs – Gabi Burgstaller
** ÖVP Salzburg Wilfried Haslauer/Doraja Eberle/Sepp Eisl
*** Freiheitliche Partei Salzburg
**** Für Salzburg – Bündnis Zukunft Österreich & Liste Doris Tazl

Der Kampf um die Vorzugsstimmen

Erstmals konnten bei der Landtagswahl 1974 Vorzugsstimmen vergeben werden. Damit sollte das Persönlichkeitswahlrecht gestärkt und den Wahlberechtigten die Möglichkeit gegeben werden, einzelne Kandidatinnen und Kandidaten der Parteiliste besonders zu unterstützen. Jedoch blieb das Primat der Partei nach wie vor erhalten, da es nicht möglich war, eine Aufteilung der Stimme vorzunehmen – also einerseits eine Partei und andererseits eine Persönlichkeit einer anderen Partei zu wählen. Diese Besonderheit, die gleichzeitig auch eine Einschränkung des Persönlichkeitswahlrechts darstellt, gilt bis heute. Das Vorzugsstimmensystem spielte auf Landesebene über lange Jahre eine untergeordnete Rolle, sodass mit Hilfe von Vorzugsstimmen keinerlei Vorreihungen erfolgten. Von Wahl zu Wahl erfolgte jedoch ein Anstieg der Vorzugsstimmen, wobei dies hauptsächlich auf die Personalisierung der Parteien zurückzuführen war. Vorzugsstimmen wurden vielfach nicht mit dem Ziel einer Umreihung auf der Kandidatenliste abgegeben, sondern vielmehr als weitere Unterstützung für den jeweiligen Spitzenkandidaten. So wurden bei den Landtagswahlen 2013 insgesamt 25.284 Vorzugsstimmen abgegeben, wovon fast die Hälfte auf die Spitzenkandidatinnen und Spitzenkandidaten der im Landtag vertretenen Parteien entfiel. Dennoch erreichten die Vorzugsstimmen auf dieser Ebene nicht einmal ansatzweise die Voraussetzungen für ein Vorzugsstimmenmandat. Auch bei den auf die beiden Spitzenkandidaten von SPÖ und ÖVP fokussierten Landtagswahlen 2004 waren die Vorzugsstimmen nur Beiwerk. Mag. Gabi Burgstaller erreichte in der Stadt Salzburg 2.652 Vorzugsstimmen und damit mehr als 82 Prozent aller Vorzugsstimmen für ihre Partei. Voraussetzung für die Erreichung ist Direktmandate in der Stadt Salzburg wären jedoch 7.043 Stimmen gewesen. Das ursprüngliche Ziel, nämlich das Persönlichkeitswahlrecht zu stärken und die starren Parteilisten durchlässiger zu machen, wurde bislang noch nicht erreicht.

Salzburger Landtag 2013–2018 (2014) (Foto: Salzburger Landtag)
1. Reihe (sitzend): LR Dr. Heinrich Schellhorn, LR Mag. Martina Berthold, 2. LP Gudrun Mosler-Törnström BSc, LH-Stv. Dr. Astrid Rössler, LP Dr. Brigitta Pallauf, LH Dr. Wilfried Haslauer, LH-Stv. Dr. Christian Stöckl, LR DI Dr. Josef Schwaiger, LR Hans Mayr.
2. Reihe (stehend): Helmut Naderer, Gabriele Fürhapter, Josef Saller (BR), DI Angela Lindner, Dr. Josef Schöchl, Mag. Daniela Gutschi, Theresia Neuhofer, Martina Jöbstl, Mag. Gerlinde Rogatsch, Walter Steidl, Heidi Hirschbichler MBA, Rosemarie Blattl, Friedrich Wiedermann.
3. Reihe (stehend): Mag. Karl Schmidlechner, Ing. Mag. Roland Meisl, Dr. Nicole Solarz, Mag. Hans Scharfetter, Ing. Johann Schnitzhofer, Simon Hofbauer, Ingrid Riezler-Kainzner, Othmar Schneglberger, Marlies Steiner-Wieser, Mag. Barbara Sieberth, Cyriak Schwaighofer, Ing. Manfred Sampl.
4. Reihe (stehend): Otto Konrad MBA, Michael Obermoser, Mag. Wolfgang Mayer, Josef Scheinast, Mag. Dr. Kimbie Humer-Vogl, Dr. Karl Schnell, Andreas Haitzer, Lukas Essl, Rupert Fuchs, Ernst Rothenwänder.

Landtagswahlen am 5. Mai 2013

	Stimmen	Prozente	Mandate	Regierung
Gültige	266.490			
ÖVP*	77.312	29,01 %	11	3
SPÖ**	63.460	23,81 %	9	–
Die Grünen – Die Grüne Alternative***	53.779	20,18 %	7	3
FPÖ****	45.387	17,03 %	6	–
Stronach*****	22.217	8,34 %	3	1
Piraten******	3.456	1,30 %	0	–
KPÖ	879	0,33 %	0	–

* Salzburger Volkspartei – Dr. Wilfried Haslauer
** Sozialdemokratische Partei Österreichs – Landeshauptfrau Gabi Burgstaller
*** Die Grünen – Die Grüne Alternative – Astrid Rössler
**** Freiheitliche Partei Salzburg
***** Team Stronach für Salzburg
****** Salzburger Piraten – Bürgerbeteiligung, Transparenz und 340 Millionen mehr Gründe dieses Mal die Piratenpartei zu wählen

Weniger Stimmen – Mehr Parteien

390.091 Salzburgerinnen und Salzburger waren am 22. April 2018 zur Wahl aufgerufen. Nur 65 Prozent der Wahlberechtigten gaben ihre Stimme ab. Damit sank die Wahlbeteiligung auf ein historisches Tief. Die sinkende Wahlbeteiligung ist ein Phänomen, das bereits in den 1960er-Jahren zu erkennen ist, wiewohl damals die Wahlbeteiligung noch jenseits der 80 Prozent lag. Bei der Landtagswahl 1989 wurde erstmals diese Marke unterschritten und die Tendenz der Wahlverweigerung verstärkte sich. Bei den Landtagswahlen 2013 nahmen nur mehr 71 Prozent der Wahlberechtigten ihr Wahlrecht in Anspruch. Die Landtagswahlen am 22. April 2018 bestätigten das seit 2013 in Salzburg bestehende Fünf-Parteiensystem.

Landtagswahlen am 22. April 2018				
	Stimmen	Prozente	Mandate	Regierung
Gültige	250.539			
ÖVP*	94.642	37,78 %	15	5
SPÖ	50.175	20,03 %	8	
GRÜNE**	23.337	9,31 %	3	1
FPÖ***	47.194	18,84%	7	
FPS****	11.386	4,54 %	0	
NEOS*****	18.225	7,27 %	3	1
KPÖ******	1.014	0,40 %	0	
MAYR*******	4.385	1,75 %	0	
CPÖ********	181	0,07 %	0	

* Landeshauptmann Dr. Wilfried Haslauer – Salzburger Volkspartei
** Die Grünen – Die Grüne Alternative – Astrid Rössler
*** Freiheitliche Partei Salzburg
**** Liste Dr. Karl Schnell – Freie Partei Salzburg
***** Neos – das neue Salzburg
****** Kommunistische Partei Österreichs und Plattform Plus
******* Liste Hans Mayr – Sbg – die Salzburger Bürgergemeinschaft
******** Christliche Partei Österreichs

Salzburger Landtag 2018 (Foto: Salzburger Landtag)

1. Reihe (sitzend): 2. LP Dr. Sebastian Huber, LR Mag. (FH) Andrea Klambauer, LH-Stv. Dr. Heinrich Schellhorn, LH-Stv. Dr. Christian Stöckl, LP Dr. Brigitta Pallauf, LH Dr. Wilfried Haslauer, LR DI Dr. Josef Schwaiger, LR Maria Hutter, LR Mag. Stefan Schnöll

2. Reihe (stehend): Michael Obermoser, Hermann Stöllner, Josef Egger MBA, Dr. Andreas Schöppl, Elisabeth Weitgasser, Ing. Mag. Roland Meisl, Mag. Martina Berthold MBA, Michaela Eva Bartel, Mag. Daniela Gutschi, Walter Steidl, Stefanie Mösl MA, Marlene Svazek BA, Dr. Josef Schöchl

3. und 4. Reihe (stehend): Ernst Lassacher, Hannes Schernthaner, Mag. Hans Scharfetter, Andreas Teufl, Wolfgang Pfeifenberger, Alexander Rieder, Ing. Manfred Sampl, Ing. Simon Wallner, Ing. Johann Schnitzhofer, Josef Scheinast, Mag. Dr. Kimbie Humer-Vogl, Mag. Martina Jöbstl, Mag. Wolfgang Mayer, Elisabeth Huber, Dr. Markus Maurer, Gerald Forcher, Barbara Thöny MBA, Mag. Karl Zallinger, Dr. Karin Dollinger, Karin Berger, Dr. Sabine Klausner

Der Salzburger Landtag 1918 bis 2018

Die Liste der Abgeordneten und Regierungsmitglieder seit 1918 ist lang. Insgesamt 450 Damen und Herren gehörten in den letzten 100 Jahren entweder dem Landtag oder der Landesregierung in Salzburg an. Die Bilanz für die Frauen fällt noch immer sehr bescheiden aus. Unter den Abgeordneten und Regierungsmitgliedern seit 1918 finden sich lediglich 73 Frauen oder 16 Prozent. Die nachstehende Liste umfasst alle Abgeordneten sowie Regierungsmitglieder zwischen 1918 und 2018 (Stand: 13. Juni 2018).

Ablinger-Ebner Waltraud (ÖVP)
(*1980)
Landesbedienstete, Faistenau
Abg. zum Landtag: 2006–2013, 2018

Ackerer Peter (CSP)
(1884–1957)
Bezirksförster, St. Johann im Pongau
Abg. zum Landtag: 1927–1932

Aichinger Walter (WdU, FPÖ)
(1916–1994)
Direktor, Salzburg
Abg. zum Landtag: 1955–1964

Angelberger Bartholomäus (CSP)
(1859–1924)
Großfuhrwerksinhaber und Holzhändler, Salzburg
Mitglied der Provisorischen Landesversammlung: 1918/19
Landesrat: 1918

Apeltauer Martin, Mag. (SPÖ)
(1965–2006)
Landesparteigeschäftsführer, Salzburg
Abg. zum Landtag: 2004–2006

Aschauer-Lichtenthurn Erich (StL)
(1897–1965)
Finanzbeamter, St. Johann im Pongau
Mitglied des Ständischen Landtages: 1934–1938

Aspöck Robert, Dr. (FPÖ)
(1943–2018)
Rechtsanwalt, Salzburg
Abg. zum Landtag: 1980–1983

Auer Thomas (CSP)
(1865–1942)
Unterzehenthofbauer, Abtenau
Abg. zum Konstituierenden Landtag: 1919–1922

Ausweger Josef (ÖVP)
(1900–1978)
Kaufmann, Salzburg
Abg. zum Landtag: 1945–1949
Zweiter Landtagspräsident-Stellvertreter: 1945–1949

Bacher Franz (CSP)
(1878–1962)
Wimmerbauer, Hollersbach im Pinzgau
Abg. zum Landtag: 1927–1932

Bachinger Josef (CSP)
(1880–1952)
Arbeitersekretär, Salzburg
Abg. zum Landtag: 1922–1934

Bachmann Hans (FPÖ)
(1927–1988)
Molkereifacharbeiter, Mittersill
Abg. zum Landtag: 1979–1984

Bäck Alfred (SPÖ)
(1903–1974)
Sparkassendirektor, Salzburg
Abg. zum Landtag: 1954–1964

Bartel Michaela Eva (ÖVP)
(*1970)
Diplom-Kommunikationskauffrau, Salzburg
Abg. zum Landtag: seit 2015

Baumgartner Eduard (SDAP)
(1870–1948)
Bürgerschuldirektor, Salzburg
Mitglied der Provisorischen Landesversammlung: 1918/19
Abg. zum Konstituierenden Landtag: 1919–1922
Abg. zum Landtag: 1922–1934

Baumgartner Ingo (SPÖ)
(1944–2015)
Hauptschullehrer, Abtenau
Abg. zum Landtag: 1987–1989

Baumgartner Sepp, Dr. (FPÖ)
(1922–2010)
Professor an der Pädagogischen Akademie, Salzburg
Landesrat: 1978–1983

Bayr Alfred (StL)
(1904–1970)
Bankbeamter, Salzburg
Mitglied des Ständischen Landtages: 1934–1938

Berger Karin (FPÖ)
(*1963)
Hotelangestellte, Lofer
Abg. zum Landtag: seit 2018

Berthold Martina, Mag. MBA (Grüne)
(*1970)
Landesbedienstete, Salzburg
Landesrätin: 2013–2018
Abg. zum Landtag: seit 2018

Bieringer Ludwig (ÖVP)
(*1943)
Bundesheerbediensteter i. R., Wals-Siezenheim
Abg. zum Landtag: 1989–1991

Blachfellner Walter (SPÖ)
(*1952)
ÖGB-Vorsitzender, Werfen
Landesrat: 2001–2013

Blattl Rosemarie (FPÖ)
(*1941)
Gastwirtin, Maria Alm am Steinernen Meer
Abg. zum Landtag: 1994–2015

Bogner Ludwig (SPÖ)
(1898–1949)
Bundesbahnbediensteter, Salzburg
Landesrat: 1948–1949

Böhm Alexander (SPÖ)
(*1942)
Angestellter, Kaprun
Abg. zum Landtag: 1989–1998

Bommer Maria (SPÖ)
(*1942)
Angestellte, St. Johann im Pongau
Abg. zum Landtag: 1994–2004
Dritte Präsidentin des Landtages: 1999–2004

Bonimaier Anton, Dipl.-Ing. (ÖVP)
(1924–2014)
Direktor der Landwirtschaftsschule Kleßheim, Wals-Siezenheim
Abg. zum Landtag: 1964–1977
Zweiter Landtagspräsident-Stellvertreter: 1968–1969
Landesrat: 1977–1983

Brand Gerd (SPÖ)
(*1973)
Bürgermeister, St. Margarethen im Lungau
Abg. zum Landtag: 2015–2018

Brandauer Josef (SPÖ)
(1921–1988)
Gemeindebeamter, Hallein
Abg. zum Landtag: 1959–1974
Präsident des Landtages: 1969–1974

Brandner Josef (CSP)
(1878–1957)
Wagnermeister, Bad Hofgastein
Abg. zum Konstituierenden Landtag: 1919–1922

Brauneis Rudolf, Ing. (CSP)
(1880–1961)
Direktor der Landwirtschaftsschule, Oberalm
Landesrat: 1922–1932

Breitenfelder Josef (SDAP)
(1884–1928)
Werkmeister, Salzburg
Mitglied der Provisorischen Landesversammlung: 1918/19
Abg. zum Konstituierenden Landtag: 1919–1922
Abg. zum Landtag: 1922–1928
Erster Landtagspräsident-Stellvertreter: 1921–1922
Präsident des Landtages: 1922–1928
Landesrat: 1919–1922

Breitfuß Ilse (ÖVP)
(*1944)
Geschäftsfrau, Mittersill

Abg. zum Landtag: 1999–2004

Brenner David, Mag. (SPÖ)
(*1971)
Angestellter, Salzburg
Abg. zum Landtag: 1999–2007
Landeshauptmann-Stellvertreter: 2007–2013

Bruckner Leopold (SDAP)
(1881–1921)
Werkmeister, Schwarzach im Pongau
Abg. zum Konstituierenden Landtag: 1919–1921

Brunauer Johann (SPÖ)
(1895–1958)
Schuhmachermeister, Salzburg
Abg. zum Landtag: 1945–1958

Brunauer Josef jun. (SPÖ)
(1921–1999)
Arbeiterkammerpräsident, Salzburg
Abg. zum Landtag: 1956–1983

Brunner Johann (ÖVP)
(1919–1996)
Lagerhausangestellter, Maishofen
Abg. zum Landtag: 1964–1974

Brunner Othmar (SPÖ)
(1924–2013)
Sonderschuldirektor, Tamsweg
Abg. zum Landtag: 1969–1981

Buchinger Erwin, Dr. (SPÖ)
(*1955)
AMS-Landesgeschäftsführer, Salzburg
Landesrat: 2004–2007

Buchinger Franz, Dipl.-Vw. (WdU)
(1921–1954)
Buchhalter, Zell am See
Abg. zum Landtag: 1949–1954

Buchleitner Gerhard (SPÖ)
(*1942)
Gewerkschaftssekretär, Salzburg
Landeshauptmann-Stellvertreter: 1989–2001

Buchner Johann, Dr. (FPÖ)
(*1950)
Landesbediensteter, Salzburg
Abg. zum Landtag: 1984–1993

Burgstaller Gabi, Mag. (SPÖ)
(*1963)
Arbeiterkammerangestellte, Hallein
Abg. zum Landtag: 1994–1999
Landesrätin: 1999–2001
Landeshauptmann-Stellvertreterin: 2001–2004
Landeshauptfrau: 2004–2013

Burtscher Christian, Dr. (Bürgerliste)
(*1950)
Lehrer, St. Leonhard bei Grödig
Abg. zum Landtag: 1989–1999

Christoph Anton (DF, GDVP)
(1867–1924)
Notar, Salzburg
Mitglied der Provisorischen Landesversammlung: 1918/19
Abg. zum Konstituierenden Landtag: 1919–1922
Abg. zum Landtag: 1922–1924
Landesrat: 1919–1922

Daghofer Fritz (ÖVP)
(1897–1976)
Fleischhauermeister, Salzburg
Abg. zum Landtag: 1954–1964

Dengg Annemarie (ÖVP)
(1920–2011)
Hausfrau, St. Johann im Pongau
Abg. zum Landtag: 1969–1984

Dick Alois (StL)
(1898–1987)
Kaufmann, Saalfelden am Steinernen Meer
Mitglied des Ständischen Landtages: 1934–1938

Diller Margarethe (DNSAP)
(1876–1951)
Postoberoffizial, Salzburg
Abg. zum Konstituierenden Landtag: 1921–1922

Dollinger, Karin, MMMag. Dr. (SPÖ)
(*1969)

Juristin, Salzburg
Abg. zum Landtag: seit 2018

Doppler Rupert (FPÖ)
(1958)
Betriebsratsvorsitzender, St. Veit im Pongau
Abg. zum Landtag: 1999–2004

Dürlinger Franz (StL)
(1898–1981)
Stallmeister, Oberalm
Mitglied des Ständischen Landtages: 1938–1938

Eberle Doraja (ÖVP)
(*1954)
Dipl. Sozialarbeiterin, Grödig
Landesrätin: 2004–2010

Ebner Hannes (SPÖ)
(*1958)
Werkmeister der Salzburg AG, Koppl
Abg. zum Landtag: 2005–2013

Eder Bruno (SPÖ)
(1891–1973)
Hausstallbauer, Lofer
Abg. zum Landtag: 1949–1959

Eder Johann (ÖVP)
(1923–1999)
Ederbauer, Lamprechtshausen
Abg. zum Landtag: 1977–1979

Eder Rudolf (ÖVP)
(*1934)
Landwirt, Lofer
Abg. zum Landtag: 1984–1994

Egger Josef, MBA (NEOS)
(*1959)
Unternehmer, Zell am See
Abg. zum Landtag: seit 2018

Eiböck Johann (CSP)
(1870–1945)
Sattlermeister, Saalfelden am Steinernen Meer
Abg. zum Konstituierenden Landtag: 1919–1922

Eisl Andreas (FPÖ)
(*1940)
Landwirt, St. Georgen bei Salzburg
Abg. zum Landtag: 1983–1994

Eisl Hilde, Mag. (SPÖ)
(*1955)
Abteilungsleiterin, Henndorf am Wallersee
Abg. zum Landtag: 2004–2013

Eisl Josef (ÖVP)
(*1964)
Landwirt, St. Gilgen-Abersee
Landesrat: 1997–2013

Eisl Josef (ÖVP)
(1914–1968)
Buchbergbauer, St. Gilgen
Abg. zum Landtag: 1949–1968
Zweiter Landtagspräsident-Stellvertreter: 1965–1968

Eisl Wolfgang (ÖVP)
(*1954)
Steuerberater, St. Gilgen
Landeshauptmann-Stellvertreter: 2000–2004

Emberger Bertl (ÖVP)
(1941–2015)
Land- und Gastwirt, Wagrain
Abg. zum Landtag: 1979–1994
Dritter Präsident des Landtages: 1989–1994

Emhart Maria (SPÖ)
(1901–1981)
Hausfrau, Bischofshofen
Abg. zum Landtag: 1945–1953

Emminger Karl (SDAP)
(1878–1944)
Werkführer, Salzburg
Mitglied der Provisorischen Landesversammlung: 1918/19
Abg. zum Konstituierenden Landtag: 1919–1922
Abg. zum Landtag: 1922–1934
Landesrat: 1919–1934

Engl Karl (CSP)
(1888–1955)
Redakteur, Salzburg

Abg. zum Landtag: 1927–1934

Erber Josef (ÖVP)
(1920–2005)
Forstangestellter, Bischofshofen
Abg. zum Landtag: 1959–1969

Essl Lukas (FPÖ, FPS)
(*1965)
Karosseriebauer, Golling an der Salzach
Abg. zum Landtag: 1999–2018

Etter Daniel (CSP)
(1876–1955)
Domkapitular, Salzburg
Mitglied der Provisorischen Landesversammlung: 1918/19
Abg. zum Konstituierenden Landtag: 1919–1922
Abg. zum Landtag: 1922–1927
Landesrat: 1918–1922

Fersterer Bartholomäus (CSP, StL)
(1882–1949)
Kühmaierbauer, Saalfelden am Steinernen Meer
Abg. zum Landtag: 1925–1934
Mitglied des Ständischen Landtages: 1934–1938

Filzer Johannes, Dr. (StL)
(1874–1962)
Weihbischof, Salzburg
Mitglied des Ständischen Landtages: 1934–1935

Fink Karl, Mag. (SPÖ)
(*1947)
Kammeramtsdirektor, Salzburg
Abg. zum Landtag: 1983–1989

Firlei Klaus, Dr. (SPÖ)
(*1947)
Universitätsprofessor, Salzburg
Abg. zum Landtag: 1989–1999

Fletschberger Theresia (ÖVP)
(*1951)
Landwirtin, Henndorf am Wallersee
Abg. zum Landtag: 1994–2009

Forcher Gerald (SPÖ)
(*1977)
Geschäftsführer, Salzburg
Abg. zum Landtag: seit 2018

Forsthuber Martin (ÖVP)
(*1937)
Geschäftsführer des Salzburger Seniorenbundes, Salzburg
Abg. zum Landtag: 1996–1999

Franek Aloisia (SDAP)
(1879–1949)
Bundesbahnpensionistin, Salzburg
Abg. zum Konstituierenden Landtag: 1919–1922

Freundlinger Franz (LB, ÖVP)
(1888–1973)
Reichartingerbauer, Hallwang-Esch
Abg. zum Landtag: 1924–1932, 1945–1954

Freyborn Hans-Friedrich (WdU)
(1913–1999)
Jurist, Salzburg
Abg. zum Landtag: 1949–1954

Fritzenwallner Josef Franz (FPÖ)
(*1965)
Gastwirt, Kleinarl
Abg. zum Landtag: 1994–1999

Fuchs Rupert (Grüne)
(*1964)
Energieberater, St. Johann im Pongau
Abg. zum Landtag: 2013–2018

Fürhapter Gabriele (TSS, OP)
(*1965)
Selbstständige, Wals-Siezenheim
Abg. zum Landtag: 2013–2018

Ganisl Thomas (SPÖ)
(1907–1980)
Gasmeister, Salzburg
Abg. zum Landtag: 1945–1949

Gasteiger Arno, Dr. (ÖVP)
(*1947)
Journalist, Salzburg
Landesrat: 1984–1989
Landeshauptmann-Stellvertreter: 1989–2000

Gaubinger Josef (SDAP)
(1879–1962)
Brauer, Hallein/Kaltenhausen
Mitglied der Provisorischen Landesversammlung: 1918/19

Gebert Erich, Dr. (NSDAP)
(1895–1978)
Kammeramtsdirektor-Stellvertreter, Salzburg
Landesrat: 1938–1940

Geisler Simon (CSP)
(1868–1931)
Bauer und Gastwirt, Krimml
Abg. zum Konstituierenden Landtag: 1919–1919

Glaser Karl (ÖVP)
(1921–2006)
Postbeamter, Salzburg
Abg. zum Landtag: 1949–1955

Gmachl Johann (DF)
(1856–1919)
Großgrundbesitzer, Elixhausen
Mitglied der Provisorischen Landesversammlung: 1918/19

Gmachl Wolfgang, Dr. (ÖVP)
(*1943)
Kammeramtsdirektor, Salzburg
Abg. zum Landtag: 1974–1991

Gobes Josef (SDAP)
(1878–1931)
Oberschaffner, Salzburg-Kasern
Abg. zum Konstituierenden Landtag: 1919–1922

Gönitzer Josef (SPÖ)
(*1946)
Gewerkschaftssekretär i. R., Oberndorf bei Salzburg
Abg. zum Landtag: 2008–2009

Göttl Bertl, Ing. (ÖVP)
(*1942)
Landwirtschaftslehrer, Wals-Siezenheim
Landesrat: 1986–1991

Grani Josef (SPÖ)
(1914–2002)
Gartenmeister, Mittersill
Abg. zum Landtag: 1954–1964

Griessner Georg, Ing. (ÖVP)
(1948–2011)
Landesschulinspektor, Bruck an der Großglocknerstraße
Abg. zum Landtag: 1979–2004
Präsident des Landtages: 2001–2004

Grießner Isidor (StL)
(1906–1983)
Bauer, Fusch an der Großglocknerstraße
Mitglied des Ständischen Landtages: 1934–1938
Landesrat-Ständischer Landtag: 1938

Grinninger Norbert (SPÖ)
(*1940)
Magistratsbeamter, Salzburg
Abg. zum Landtag: 1993–1994

Groll Florian (WdU, FPÖ)
(1892–1964)
Major a.D., Salzburg
Abg. zum Landtag: 1949–1950, 1954–1959
Landesrat: 1949–1954

Groß Herbert (OP)
(1903–1973)
Kaufmann, Salzburg
Landesrat: 1945

Gruber Fritz (ÖVP)
(1909–1966)
Hotelier, Bad Gastein
Abg. zum Landtag: 1955–1959

Gruber Jakob (SPÖ)
(1919–1993)
Tödlingbauer, Zell am See
Abg. zum Landtag: 1959–1982

Gruber Katharina (SPÖ)
(1918–1995)
Hausfrau, Schwarzach im Pongau
Abg. zum Landtag: 1953–1969

Gruber Manfred (SPÖ)
(*1949)
Technischer Beamter-Telekom Austria, Bad Gastein

Abg. zum Landtag: 1984–1994

Gugg Friedrich (StL)
(1896–1977)
Gastwirt, Straßwalchen
Mitglied des Ständischen Landtages: 1934–1938

Gugg Isidor (CSP)
(1859–1925)
Oberpostmeister, Mauterndorf
Abg. zum Konstituierenden Landtag: 1919–1922

Gumpold Nikolaus (CSP)
(1878–1964)
Bauernbräubauer, Hallein-Burgfried
Mitglied der Provisorischen Landesversammlung: 1918/19

Gutschi Daniela, Mag. (ÖVP)
(*1967)
Geschäftsführerin, Eugendorf
Abg. zum Landtag: seit 2013

Haagn Julius (DF)
(1844–1925)
Kaufmann, Salzburg
Mitglied der Provisorischen Landesversammlung: 1918/19
Landesrat: 1918–1919

Hagenauer Anja, Mag. (SPÖ)
(*1969)
Magistratsbedienstete, Salzburg
Abg. zum Landtag: 2009–2013

Hager Peter (ÖVP)
(1900–1992)
Fabrikschlosser, Hallein
Abg. zum Landtag: 1945–1949

Haider Wolfgang (FPÖ)
(*1956)
Gastwirt, Saalbach-Hinterglemm
Abg. zum Landtag: 1994–1999
Dritter Präsident des Landtages: 1997–1999

Haidinger Maria, Dr. (ÖVP)
(*1950)
Gynäkologin, Anif
Landesrätin: 1999–2004

Haitzer Andreas (SPÖ)
(*1967)
Bürgermeister, Schwarzach im Pongau
Abg. zum Landtag: 2013–2015

Hallinger Ernst (SPÖ)
(1905–1977)
Bauelektriker, Salzburg
Abg. zum Landtag: 1949–1959

Hammerschmied Helga (SPÖ)
(*1949)
Angestellte, Leogang
Abg. zum Landtag: 2001–2004

Hartl Sonja, Dipl.-Ing. (SPÖ)
(*1967)
Architektin, Zell am See
Abg. zum Landtag: 2004–2009

Hasenauer Bartholomäus (ÖVP)
(1892–1980)
Stoffengutbauer, Maishofen
Landesrat: 1945–1949
Landeshauptmann-Stellvertreter: 1949–1963

Hasenauer Johann (CSP)
(1887–1929)
Kooperator, Mittersill
Mitglied der Provisorischen Landesversammlung: 1918/19
Abg. zum Konstituierenden Landtag: 1919–1922
Abg. zum Landtag: 1922–1925

Haslauer Johann (CSP)
(1878–1959)
Faberlbauer, Bergheim bei Salzburg
Mitglied der Provisorischen Landesversammlung: 1918/19

Haslauer Wilfried, Dr. (ÖVP)
(1926–1992)
Kammeramtsdirektor, Salzburg
Abg. zum Landtag: 1961–1974
Landeshauptmann-Stellvertreter: 1973–1977
Landeshauptmann: 1977–1989

Haslauer Wilfried, jun., Dr. (ÖVP)
(*1956)
Rechtsanwalt, Salzburg

Abg. zum Landtag: 2004
Landeshauptmann-Stellvertreter: 2004–2013
Landeshauptmann: seit 2013

Haslinger Michael (ÖVP)
(1906–1998)
Buchsachverständiger, Zell am See
Abg. zum Landtag: 1952–1961, 1963–1964, 1969
Zweiter Landtagspräsident-Stellvertreter: 1954–1961
Landesrat: 1961–1963
Landeshauptmann-Stellvertreter: 1963–1973

Haunsberger Wolfgang (ÖVP)
(1940–2018)
Tischlermeister, Elsbethen
Abg. zum Landtag: 1974–1994

Haupolter Walter, Dr. (StL)
(1891–1966)
Rechtsanwalt, Salzburg
Mitglied des Ständischen Landtages: 1934–1938

Haustein Otto, Dr. (StL)
(1890–1952)
Professor, Salzburg
Mitglied des Ständischen Landtages: 1934–1938

Hauthaler Josef (CSP, StL)
(1890–1937)
Gasthofbesitzer, Viehhausen (Wals-Siezenheim)
Abg. zum Konstituierenden Landtag: 1919–1922
Abg. zum Landtag: 1922–1934
Präsident des Landtages: 1932–1934
Landesrat: 1934
Landesrat-Ständischer Landtag: 1934–1937

Hauzar Herbert (FPÖ)
(*1952)
Hauptmann, St. Johann im Pongau
Abg. zum Landtag: 1994

Heilig-Hofbauer Simon, BA (Grüne)
(*1987)
Student, Salzburg
Abg. zum Landtag: 2013–2018

Hell Franz (StL, ÖVP)
(1899–1963)
Arbeiterkammersekretär, Salzburg
Abg. zum Landtag: 1945–1963
Präsident des Landtages: 1945–1963
Mitglied des Ständischen Landtages: 1934–1938

Herok Reinhard Martin (ÖVP)
(*1961)
Student, Salzburg
Abg. zum Landtag: 1989–1994

Hirschbichler Heidi, MBA (SPÖ)
(1959)
ÖGB-Landesgeschäftsführerin, Grödig
Abg. zum Landtag: 2004–2018

Hochleitner Adolf (CSP, StL)
(1881–1966)
Bezirksoberförster, Golling an der Salzach
Abg. zum Landtag: 1929–1934
Mitglied des Ständischen Landtages: 1934–1938

Hochleitner Albert, Dipl.-Ing. (ÖVP)
(1893–1964)
Kammeramtsdirektor, Salzburg
Landeshauptmann: 1945–1947

Hochreiter Karoline, Dr. (Bürgerliste)
(*1950)
Psychologin, Salzburg
Abg. zum Landtag: 1989–1999

Hödlmoser Anni (SPÖ)
(*1948)
Kindergartenhelferin, Strobl-Abersee
Abg. zum Landtag: 1989–1994

Hofer Franz (StL)
(1890–1947)
Gutsmeier, Plainfeld
Mitglied des Ständischen Landtages: 1934–1938

Hofer Johann (StL)
(1891–1960)
Partieführer der Wildbach- und Lawinenverbauung, Stuhlfelden
Mitglied des Ständischen Landtages: 1937–1938

Hofer Margit, Mag. (ÖVP)
(*1964)
Angestellte, Salzburg
Abg. zum Landtag: 1994–2004

Hofer Margot, Dipl.-Vw. (FPÖ)
(*1943)
Hausfrau, Salzburg
Abg. zum Landtag: 1983–1997
Dritte Präsidentin des Landtages: 1994–1997
Landesrätin: 1997–1999

Höfferer Uwe, Mag. (SPÖ)
(*1965)
Landesgeschäftsführer, Salzburg
Abg. zum Landtag: 2012–2013

Hofmann Karl (SPÖ)
(1931–2000)
Bundesbahnbeamter, St. Johann im Pongau
Abg. zum Landtag: 1969–1984

Höggerl Gerhard (FPÖ)
(*1943)
Kfz-Mechanikermeister, Salzburg
Abg. zum Landtag: 1993–1999

Hölzl Alois (CSP)
(1875–1947)
Klinglerbauer, Saalfelden am Steinernen Meer
Mitglied der Provisorischen Landesversammlung: 1918/19
Landesrat: 1918

Hölzl Konrad (SPÖ)
(1897–1960)
Tabakarbeiter, Hallein
Abg. zum Landtag: 1945–1949

Holztrattner Johann (SPÖ)
(*1945)
Versicherungskaufmann, Elsbethen
Abg. zum Landtag: 1992–2008
Zweiter Präsident des Landtages: 1999–2004
Präsident des Landtages: 2004–2008

Horak Josef (SPÖ)
(1898–1978)
Gewerkschaftssekretär, Salzburg
Landesrat: 1954–1956

Hörl Josef (ÖVP)
(1928–2017)
Hanslbauer, Saalfelden am Steinernen Meer
Abg. zum Landtag: 1964–1984
Dritter Präsident des Landtages: 1979–1984

Hornegger Franz (FPÖ)
(*1953)
Landwirt, Untertauern
Abg. zum Landtag: 1994–1999

Huber Anton (ÖVP)
(1898–1965)
Schütterbauer, Rauris
Abg. zum Landtag: 1945–1949

Huber Elisabeth (ÖVP)
(*1990)
Angestellte, St. Veit im Pongau
Abg. zum Landtag: seit 2018

Huber Johann (CSP)
(1873–1929)
Kaufmann und Kerschenbauer, Oberalm
Mitglied der Provisorischen Landesversammlung: 1918/19
Abg. zum Landtag: 1922–1929

Huber Sebastian, Dr. (NEOS)
(*1964)
Arzt, Salzburg
Abg. zum Landtag: seit 2018
Zweiter Präsident des Landtages: seit 2018

Hueber Anton (DF)
(1862–1937)
Direktor des Gewerbeförderungsinstitutes, Salzburg
Mitglied der Provisorischen Landesversammlung: 1918/19

Hufler Kurt (SPÖ)
(1919–1982)
Hauptschullehrer, Mittersill
Abg. zum Landtag: 1964–1969

Humer-Vogl Kimbie, Mag. Dr. (Grüne)
(*1971)
Klinische Psychologin, Hallein

Abg. zum Landtag: seit 2013

Hutter Maria (ÖVP)
(*1982)
Landwirtin, Bruck an der Großglocknerstraße
Landesrätin: seit 2018

Hutter Matthias (CSP, StL)
(1885–1966)
Hinterweglehenbauer, Pfarrwerfen
Abg. zum Landtag: 1932–1934
Mitglied des Ständischen Landtages: 1934–1938
Vizepräsident des Ständischen Landtages: 1934–1938
Landesrat: 1934

Illig Franz (SPÖ)
(1908–1991)
Volksschuldirektor, Mariapfarr
Abg. zum Landtag: 1945–1969
Erster Landtagspräsident-Stellvertreter: 1945–1959

Illmer Simon (ÖVP)
(1919–2001)
Mitterdielbauer, Pfarrwerfen
Abg. zum Landtag: 1965–1979

Illmer Simon, jun. (ÖVP)
(*1954)
Mitterdielbauer und Unternehmer, Pfarrwerfen
Abg. zum Landtag: 1994–2013
Dritter Präsident des Landtages: 2008–2009
Präsident des Landtages: 2009–2013

Irresberger Karl, Ing. (DF)
(1860–1932)
Gießereidirektor, Salzburg
Mitglied der Provisorischen Landesversammlung: 1918/19

Janschitz Robert (SPÖ)
(1921–2002)
Oberst des Österreichischen Bundesheeres, Elsbethen
Abg. zum Landtag: 1965–1982

Jöbstl Martina, Mag. (ÖVP)
(*1992)
Juristin, Salzburg
Abg. zum Landtag: seit 2013

Kalschegg Alois (GDVP)
(1873–1952)
Sattlermeister, Hallein
Abg. zum Landtag: 1924–1927

Karl Anton (ÖVP)
(1935–2015)
Fleischhauermeister, Salzburg
Abg. zum Landtag: 1992–1999

Karl Hans (ÖVP)
(1936–2018)
Bauernbunddirektor, Ebenau
Abg. zum Landtag: 1984–1994

Karl Otto (FPÖ)
(1902–1973)
Pensionist, Schwarzach im Pongau
Abg. zum Landtag: 1959–1969

Kastner Rupert (StL)
(1880–1947)
Stadtbaumeister, Salzburg
Mitglied des Ständischen Landtages: 1934–1938
Vizepräsident des Ständischen Landtages: 1934–1938

Katschthaler Hans, Mag. Dr. (ÖVP)
(1933–2012)
AHS-Direktor, Salzburg
Landesrat: 1974–1977
Landeshauptmann-Stellvertreter: 1977–1989
Landeshauptmann: 1989–1996

Kaufmann Johann (StL)
(1906–1974)
Schriftsetzer, Salzburg
Mitglied des Ständischen Landtages: 1934–1937

Kaut Josef (SPÖ)
(1904–1983)
Chefredakteur, Salzburg
Abg. zum Landtag: 1954–1956
Landesrat: 1956–1969

Keil Alois (SDAP)
(1875–1919)
Staatsbahnschaffner, Saalfelden am Steinernen Meer
Mitglied der Provisorischen Landesversammlung: 1918/19

Abg. zum Konstituierenden Landtag: 1919

Kimml Anton (SPÖ)
(1900–1977)
Arbeiterkammersekretär, Salzburg
Abg. zum Landtag: 1949–1964
Erster Landtagspräsident-Stellvertreter: 1959–1964

Kirchner Ferdinand, Dipl.-Ing. Dr. (ÖVP)
(1923–2001)
Leiter der Landwirtschaftsschule, Tamsweg
Abg. zum Landtag: 1964–1974

Kirchner Johann (CSP)
(1876–1948)
Neuhofbauer, Radstadt
Abg. zum Konstituierenden Landtag: 1919–1922
Abg. zum Landtag: 1922–1932, 1934
Erster Landtagspräsident-Stellvertreter: 1927–1932
Präsident des Landtages: 1934

Klambauer Andrea, Mag. (FH) (NEOS)
(*1977)
Personalmanagerin, Bad Hofgastein
Landesrätin: seit 2018

Klaus Josef, Dr. (ÖVP)
(1910–2001)
Rechtsanwalt, Salzburg
Abg. zum Landtag: 1954–1955, 1959
Landeshauptmann: 1949–1961

Klaushofer Maria (SDAP)
(1866–1954)
Lehrerin, Salzburg-Maxglan
Abg. zum Landtag: 1922–1925

Klausner Sabine, Dr. (SPÖ)
(*1977)
Juristin, Bischofshofen
Abg. zum Landtag: seit 2017

Knosp Josef (CSP, StL)
(1891–1953)
Bundesbahnbeamter, Salzburg-Gnigl
Mitglied des Ständischen Landtages: 1934–1938
Präsident des Ständischen Landtages: 1934–1938
Landesrat: 1934

Kofler Eduard, Dr. (SPÖ)
(1903–1969)
Landesbeamter, Salzburg
Abg. zum Landtag: 1945–1946

Költringer Paul (CSP)
(1860–1939)
Maisenthalbauer, Mattsee
Abg. zum Konstituierenden Landtag: 1919–1922

Konrad Otto, MBA (TSS, OP)
(*1964)
Selbstständiger, Salzburg
Abg. zum Landtag: 2013–2018

Köpf Peter (SPÖ)
(*1939)
Versicherungsdirektor, Salzburg
Abg. zum Landtag: 1990–1991

Kosmata Arno (SPÖ)
(*1963)
Polizeibeamter, St. Johann im Pongau
Abg. zum Landtag: 2004–2013

Koweindl Franz (NSDAP)
(1894–1933)
Schmiedemeister, Rauris
Abg. zum Landtag: 1932–1933
Zweiter Landtagspräsident-Stellvertreter: 1932–1933

Kraupner Heinz (SPÖ)
(1890–1971)
Cafetier, Salzburg
Landesrat: 1946–1948

Kreibich Florian, Mag. Dr. (ÖVP)
(*1969)
Rechtsanwalt, Salzburg
Abg. zum Landtag: 2004–2013

Krennwallner Paul (NSDAP)
(1901–1991)
Bauer, Salzburg-Itzling
Landesrat: 1938–1939

Kretz Nikolaus Michael (SPÖ)
(*1966)

Unternehmensberater, Golling an der Salzach
Abg. zum Landtag: 2004–2009

Kreuzberger Melchior (CSP)
(1869–1944)
Froschaubauer, St. Johann im Pongau
Mitglied der Provisorischen Landesversammlung: 1918/19

Kriechhammer Johann (CSP)
(1886–1948)
Landarbeiter, Salzburg
Abg. zum Landtag: 1922–1927

Krüttner Manfred (WdU, FPÖ)
(1909–1992)
Landesbeamter, Salzburg
Abg. zum Landtag: 1950–1974
Zweiter Landtagspräsident-Stellvertreter: 1969–1974

Kumpfmiller Moritz, Dr. (ÖVP)
(1893–1958)
Brauereidirektor, Hallein
Abg. zum Landtag: 1954–1958

Kürth Richard (GDVP)
(1875–1964)
Schlossermeister, Salzburg
Abg. zum Landtag: 1927–1932

Kurz Franz (SPÖ)
(1932–2003)
Nebenerwerbsbauer, Bad Dürrnberg
Abg. zum Landtag: 1984–1987

Lackner Johann (CSP)
(1875–1927)
Großgrundbesitzer, Reitdorf bei Altenmarkt im Pongau
Mitglied der Provisorischen Landesversammlung: 1918/19
Abg. zum Konstituierenden Landtag: 1919–1922
Landesrat: 1918–1920

Längauer Ernst, Ing. (SPÖ)
(1941–2007)
Sicherheitsingenieur, Hallein
Abg. zum Landtag: 1989–1994

Langer Helmut, Ing. (ÖVP)
(*1927)
Berufsschullehrer, Mittersill
Abg. zum Landtag: 1958–1959

Lassacher Ernst (FPÖ)
(*1960)
Angestellter, St. Michael im Lungau
Abg. zum Landtag: seit 2018

Lechenauer Peter, Dr. (FPÖ)
(*1958)
Rechtsanwalt, Salzburg
Abg. zum Landtag: 1994–1999

Lechner Hans, Dipl.-Ing. DDr. (ÖVP)
(1913–1994)
Landesbeamter, Salzburg
Abg. zum Landtag: 1964, 1969, 1974
Landesrat: 1959–1961
Landeshauptmann: 1961–1977

Ledermann Fritz, Ing. (FPÖ)
(1918–1993)
Gewerbetreibender, Salzburg
Abg. zum Landtag: 1969–1979

Leitner Walter (WdU, FPÖ)
(1915–2002)
Industrieangestellter, Salzburg
Abg. zum Landtag: 1959, 1964, 1974
Landesrat: 1954–1978

Lettner Harald, Dr. (SPÖ)
(*1945)
Rechtsanwalt, Salzburg
Abg. zum Landtag: 1984–1989

Leukert Heinrich (SDAP)
(1866–1941)
Gewerkschaftssekretär, Salzburg-Maxglan
Mitglied der Provisorischen Landesversammlung: 1918/19
Abg. zum Konstituierenden Landtag: 1919–1922
Abg. zum Landtag: 1922–1932

Lienbacher Johann (ÖVP)
(*1934)
ÖBB-Maschinenmeister, Bad Dürrnberg
Abg. zum Landtag: 1984–1999

Lindenthaler Helmut (ÖVP)
(*1962)
Geschäftsführer, Abtenau
Abg. zum Landtag: 1999–2004, 2008–2009

Lindner Angela, DI (Grüne)
(*1966)
HTL-Lehrerin, Eugendorf
Abg. zum Landtag: 2013–2018

Maier Georg (SPÖ)
(1927–1999)
Mechaniker, Hallein
Abg. zum Landtag: 1974–1984

Maltschnig Georg, MMag. Dr. (SPÖ)
(*1951)
Geschäftsführer, Zell am See
Landesrat: 2013

Maurer Markus, Dr. (SPÖ)
(*1970)
Landesbeamter, Anif bei Salzburg
Abg. zum Landtag: seit 2018

Mayer Wolfgang, Mag. (ÖVP)
(*1978)
Landesgeschäftsführer, Salzburg
Abg. zum Landtag: seit 2013

Mayer-Schönberger Viktor, Dr. (ÖVP)
(1926–1992)
Steuerberater, Zell am See
Abg. zum Landtag: 1973–1984

Mayr Hans (TSS, OP)
(*1960)
Bankkaufmann, Goldegg
Landesrat: 2013–2018
Abg. zum Landtag: 2018

Mayr Josef (SPÖ)
(*1950)
Optikermeister, Pfarrwerfen
Abg. zum Landtag: 1986–2004

Mayr Karl (WdU)
(1902–1979)
Diplomarchitekt, Salzburg
Abg. zum Landtag: 1949–1953

Mayrhofer Johann (StL)
(1895–1964)
Kasparbauernsohn, Radstadt
Mitglied des Ständischen Landtages: 1934–1938

Mayr-Melnhof Friedrich, Dipl.-Ing. (ÖVP)
(*1924)
Land- und Forstwirt, Grödig
Landesrat: 1983–1986

Meikl Peter (ÖVP)
(1923–2011)
Landarbeiter, Werfen
Abg. zum Landtag: 1954–1959

Meisl Matthias, Mag. Dr. (Bürgerliste)
(*1954)
AHS-Lehrer, Kuchl
Abg. zum Landtag: 1994–1999

Meisl Roland, Ing. Mag. (SPÖ)
(*1972)
Jurist, Kuchl
Abg. zum Landtag: seit 2006

Meißnitzer Benedikt (SPÖ)
(1895–1974)
Kreuzsalbauer, Ennswald bei Radstadt
Abg. zum Landtag: 1945–1949

Meißnitzer Hans (KPÖ)
(1915–1965)
Elektromeister, Salzburg
Landesrat: 1945

Menzel Christian, Dr. (ÖVP)
(*1943)
Primararzt, Salzburg
Abg. zum Landtag: 1984–1989

Mete Tarik, Mag., BA MA (SPÖ)
(*1986)
Sozialversicherungsangestellter, Salzburg
Abg. zum Landtag: 2016

Meyer Oskar, Ing. (CSP)
(1858–1943)
Oberbaurat, Salzburg
Abg. zum Konstituierenden Landtag: 1919–1922
Landeshauptmann: 1919–1922

Miller Johannes (ÖVP)
(*1931)
Volksschuldirektor i. R., St. Georgen bei Salzburg
Abg. zum Landtag: 2004–2006

Mödlhammer Helmut (ÖVP)
(*1951)
Journalist, Salzburg
Abg. zum Landtag: 1994–1999

Mösl Stefanie, MA (SPÖ)
(*1985)
Angestellte, Eugendorf
Abg. zum Landtag: seit 2018

Moritz Herbert, Dr. (SPÖ)
(1927–2018)
Chefredakteur, Salzburg
Abg. zum Landtag: 1974–1974
Landesrat: 1969–1976
Landeshauptmann-Stellvertreter: 1976–1984

Moser Fritz (ÖVP)
(1901–1984)
Roiderbauer, Seekirchen am Wallersee
Abg. zum Landtag: 1945–1949

Mosler-Törnström Gudrun, BSc (SPÖ)
(*1955)
Systemanalytikerin, Puch bei Hallein
Abg. zum Landtag: 1999–2018
Dritte Präsidentin des Landtages: 2004–2006
Präsidentin des Landtages: 2008–2009
Zweite Präsidentin des Landtages: 2009–2018

Mühlberger Johann (SDAP)
(1874–1935)
Bundesbahnschaffner, Bischofshofen
Mitglied der Provisorischen Landesversammlung: 1918/19

Müller Adalbert, Dr. (ÖVP)
(1900–1981)
Landesbeamter, Salzburg
Abg. zum Landtag: 1945–1954

Müller Hans (ÖVP)
(1902–1974)
Hauptschuldirektor, Salzburg
Abg. zum Landtag: 1945–1949

Müller Wenzel (SDAP)
(1877–1955)
Direktor des Konsumvereines „Vorwärts", Salzburg
Mitglied der Provisorischen Landesversammlung: 1918

Nacovsky Othmar (SPÖ)
(1931–2009)
Postbeamter, Seekirchen am Wallersee
Abg. zum Landtag: 1982–1992

Naderer Helmut (FPÖ, OP, TSS, FWS)
(*1962)
Polizeibeamter, Seekirchen am Wallersee
Abg. zum Landtag: 1994–2004, 2013–2018

Neuhofer Theresia (ÖVP)
(*1963)
Daxerbäuerin, Straßwalchen
Abg. zum Landtag: 2009–2018

Neumayer Leonhard (ÖVP)
(*1929)
Angestellter, St. Johann im Pongau
Abg. zum Landtag: 1974–1989

Neumayr Anton (SDAP, SPÖ)
(1887–1954)
Hofrat, Salzburg
Abg. zum Konstituierenden Landtag: 1919–1922
Abg. zum Landtag: 1922–1934, 1945–1954
Präsident des Landtages: 1929–1932
Erster Landtagspräsident-Stellvertreter: 1932–1934
Landeshauptmann-Stellvertreter: 1945–1946

Neureiter Johann (ÖVP)
(1910–1989)
Landarbeiter, St. Georgen bei Salzburg
Abg. zum Landtag: 1945–1949

Neureiter Michael, MMag. (ÖVP)
(*1950)
Konsulent und Uhrmacher, Bad Vigaun
Abg. zum Landtag: 1984–2008
Zweiter Präsident des Landtages: 2004–2008

Neureiter Michael (CSP)
(1877–1941)
Dechant, St. Johann im Pongau und Salzburg
Abg. zum Konstituierenden Landtag: 1919–1922
Abg. zum Landtag: 1922–1934
Präsident des Landtages: 1921–1922
Landesrat: 1920–1922
Landeshauptmann-Stellvertreter: 1922–1934

Nindl Gottfried, Dr. (ÖVP)
(*1948)
Gastwirt, Kaprun
Abg. zum Landtag: 1984–1999

Nindl Karl (ÖVP)
(1943–2010)
Landesbeamter, Bramberg am Wildkogel
Abg. zum Landtag: 1974–1979

Nitzinger Johann (CSP)
(1871–1944)
Linzerbauer, Fusch an der Großglocknerstraße
Mitglied der Provisorischen Landesversammlung: 1918/19
Abg. zum Konstituierenden Landtag: 1919–1922
Abg. zum Landtag: 1922–1927

Nölscher Karl, Ing. (StL)
(1886–1965)
Forstdirektor, Werfen
Mitglied des Ständischen Landtages: 1934–1938

Nußbaumer Robert (StL)
(1892–1955)
Goldarbeiter, Salzburg
Landesrat-Ständischer Landtag: 1934–1938

Ober Johann (FSB, LB)
(1887–1968)
Frankbauer, Seekirchen am Wallersee
Abg. zum Konstituierenden Landtag: 1919–1922
Abg. zum Landtag: 1922–1924

Oberkirchner Sepp (SPÖ)
(1932–2018)
Landesparteisekretär, Salzburg
Abg. zum Landtag: 1971–1976
Landesrat: 1976–1989

Obermoser Michael (ÖVP)
(*1967)
Gastwirt, Wald im Pinzgau-Königsleiten
Abg. zum Landtag: seit 2004

Oberndorfer Monika (SPÖ)
(*1952)
Diplomkrankenschwester, Oberndorf bei Salzburg
Abg. zum Landtag: 1994–1999

Ott Max (DF, GDVP)
(1855–1941)
Kaminkehrermeister, Salzburg
Mitglied der Provisorischen Landesversammlung: 1918/19
Abg. zum Konstituierenden Landtag: 1919–1922
Abg. zum Landtag: 1922–1932
Zweiter Landtagspräsident-Stellvertreter: 1927–1932
Landeshauptmann-Stellvertreter: 1918–1922

Ottenbacher Sonja (ÖVP)
(*1960)
Psychotherapeutin, Stuhlfelden
Abg. zum Landtag: 2009–2013

Pacher Stanislaus (SDAP)
(1892–1970)
Bergarbeiter, Mühlbach am Hochkönig
Abg. zum Landtag: 1932–1934

Pallauf Brigitta, Dr. (ÖVP)
(*1960)
Juristin und Mediatorin, Salzburg
Abg. zum Landtag: 2009–2018, seit 2018
Präsidentin des Landtages: 2013–2018, seit 2018
Landesrätin: 2018

Paumgartner Bernhard, Dr. (StL)
(1887–1971)
Direktor des Mozarteums, Salzburg
Mitglied des Ständischen Landtages: 1934–1938

Peisser Max, Dr. (NSDAP)
(1894–1970)
Gerichtsvorsteher, Radstadt
Abg. zum Landtag: 1932

Perner Jakob (CSP)
(1870–1925)
Vordergrubbauer, Göriach
Mitglied der Provisorischen Landesversammlung: 1918/19
Abg. zum Konstituierenden Landtag: 1919–1922
Abg. zum Landtag: 1922–1925

Petrisch Bernd, Dkfm. Dr. (ÖVP)
(*1943)
Unternehmer, Salzburg
Abg. zum Landtag: 1999–2009

Pexa Hans (SPÖ)
(1919–1996)
Angestellter, Puch bei Hallein
Abg. zum Landtag: 1949–1969, 1974
Erster Landtagspräsident-Stellvertreter: 1964–1969
Landesrat: 1969–1974

Peyerl Franz (SPÖ)
(1897–1967)
Buchhalter, Salzburg
Abg. zum Landtag: 1945–1966
Landesrat: 1945–1946
Landeshauptmann-Stellvertreter: 1946–1966

Pfatschbacher Margit (SPÖ)
(*1960)
Betriebsratsvorsitzende, Saalfelden am Steinernen Meer
Abg. zum Landtag: 2004–2013

Pfeifenberger Peter (SPÖ)
(*1964)
Polizeibeamter, St. Michael im Lungau
Abg. zum Landtag: 2004–2013

Pfeifenberger Wolfgang (ÖVP)
(*1967)
Buchhändler, Tamsweg
Abg. zum Landtag: seit 2018

Pichler Josef (SPÖ)
(1930–2017)
Geschäftsführer, Saalfelden am Steinernen Meer
Abg. zum Landtag: 1967–1989

Pichler Siegfried (SPÖ)
(*1952)
Gewerkschaftssekretär, Salzburg
Abg. zum Landtag: 1989–1990

Piesinger Josef (CSP)
(1846–1938)
Kondukteur, Salzburg
Mitglied der Provisorischen Landesversammlung: 1918/19

Pitzler Johann (SPÖ)
(1929–2007)
Orthopädietechniker, Hallein
Abg. zum Landtag: 1974–1989
Zweiter Präsident des Landtages: 1983–1989

Pluntz Liane, Dr. (SPÖ)
(*1952)
Sozialwissenschafterin, Salzburg
Abg. zum Landtag: 1991–1994

Pöllhuber Michael (FPÖ)
(1908–1977)
Obersäger, Wald im Pinzgau
Abg. zum Landtag: 1959–1971

Pongruber Christian (ÖVP)
(*1920)
Schneiderbauer, Bergheim bei Salzburg
Abg. zum Landtag: 1968–1969

Posch Alois (CSP)
(1868–1925)
Pfarrer, Mariapfarr
Mitglied der Provisorischen Landesversammlung: 1918

Posch Christian, Ing. (ÖVP)
(*1925)
Bezirksbauernkammersekretär, Hallein
Abg. zum Landtag: 1974–1984

Preis Josef (CSP)
(1867–1944)
Färbermeister, Salzburg
Mitglied der Provisorischen Landesversammlung: 1918/19

Abg. zum Konstituierenden Landtag: 1919–1922
Abg. zum Landtag: 1922–1934

Preußler Robert (SDAP)
(1866–1942)
Redakteur, Salzburg
Mitglied der Provisorischen Landesversammlung: 1918/19
Abg. zum Konstituierenden Landtag: 1919–1922
Abg. zum Landtag: 1922–1934
Landeshauptmann-Stellvertreter: 1918–1934

Prodinger Hans (DNSAP, GDVP)
(1887–1938)
Handelsangestellter, Salzburg
Abg. zum Konstituierenden Landtag: 1919–1922
Abg. zum Landtag: 1922–1927

Prodinger Johann (ÖVP)
(1912–2000)
Mitterlingbauer, Mariapfarr
Abg. zum Landtag: 1949–1964

Radauer Josef (StL)
(1901–1965)
Fabriksarbeiter, Hallein
Mitglied des Ständischen Landtages: 1934–1938

Radlegger Wolfgang (SPÖ)
(*1947)
Landesparteisekretär, Grödig
Landesrat: 1979–1984
Landeshauptmann-Stellvertreter: 1984–1989

Rainer Friedrich, Dr. (NSDAP)
(1903–1947)
Gauleiter, Salzburg
Landeshauptmann: 1938–1940

Rainer Hermann (ÖVP)
(1896–1983)
Direktor der Landwirtschaftskrankenkasse, Salzburg
Landesrat: 1954–1959

Rainer Johann (CSP, ÖVP)
(1892–1974)
Wögerbauer, Tamsweg
Abg. zum Landtag: 1925–1934, 1945–1947

Rainer Josef (CSP)
(1861–1941)
Gemeindesekretär, Saalbach-Hinterglemm
Mitglied der Provisorischen Landesversammlung: 1918/19
Abg. zum Konstituierenden Landtag: 1919–1922
Abg. zum Landtag: 1922–1927
Zweiter Landtagspräsident-Stellvertreter: 1921–1927

Rainer Wolfgang (SPÖ, OP)
(*1959)
ÖGB-Sekretär, Hallein
Abg. zum Landtag: 1994–2004

Raus Othmar, Dr. (SPÖ)
(*1945)
Landessekretär der Gewerkschaft der Privatangestellten, Salzburg
Abg. zum Landtag: 1979–1984
Landesrat: 1984–2004
Landeshauptmann-Stellvertreter: 2004–2007

Rehrl Franz, Dr. (CSP, StL)
(1890–1947)
Landesbeamter, Salzburg
Mitglied der Provisorischen Landesversammlung: 1918/19
Abg. zum Konstituierenden Landtag: 1919–1922
Abg. zum Landtag: 1922–1934
Landesrat: 1918–1919
Landeshauptmann-Stellvertreter: 1919–1922
Landeshauptmann: 1922–1934
Landeshauptmann-Ständischer Landtag: 1934–1938

Rehrl Josef (ÖVP)
(1895–1960)
Landesbeamter, Salzburg
Abg. zum Landtag: 1949–1959
Landeshauptmann: 1947–1949

Reichl Alois (NSDAP)
(1885–1970)
Bergarbeiter, St. Leonhard bei Grödig
Abg. zum Landtag: 1932–1933

Reinthaler Karl (SPÖ)
(1913–2000)
Lokomotivführer, Saalfelden am Steinernen Meer
Abg. zum Landtag: 1945–1946

Reiter Heidi, Dr. (Grüne)
(*1953)
Fremdenführerin i. R., Eugendorf
Abg. zum Landtag: 1999–2009

Reitter Albert, Dr. (NSDAP)
(1895–1962)
Rechtsanwalt, Salzburg
Landesstatthalter: 1938–1939

Renner Josef (ÖVP)
(1892–1958)
Landesbeamter, Salzburg
Abg. zum Landtag: 1954–1958

Resch Anton (NSDAP)
(1892–1969)
Werkmeister i. R., Bad Gastein
Landesrat: 1938–1939

Rettenbacher Heinrich (ÖVP)
(1912–1981)
Tapezierer- und Sattlermeister, Abtenau
Abg. zum Landtag: 1958–1969

Rettenbacher Johann (FSB)
(1873–1937)
Hackerbauer, Golling an der Salzach
Abg. zum Konstituierenden Landtag: 1919–1922

Richter Kurt, Dr. (FPÖ)
(1911–1976)
Geschäftsführer, Salzburg
Abg. zum Landtag: 1959–1964

Rieder Alexander (FPÖ)
(*1961)
Diplompädagoge, St. Johann im Pongau
Abg. zum Landtag: seit 2018

Riedler Josef (SDAP)
(1873–1965)
Fachlehrer, Saalfelden am Steinernen Meer
Abg. zum Konstituierenden Landtag: 1919–1922
Abg. zum Landtag: 1922–1934

Rieser Walter (SPÖ)
(1940–2015)
Vizeleutnant, Wals-Siezenheim
Abg. zum Landtag: 1983–1989

Riezler-Kainzner Ingrid (SPÖ)
(*1959)
Dipl. Erwachsenenbildnerin, Radstadt
Abg. zum Landtag: 2004–2018

Rindler Rupert (SPÖ)
(1892–1964)
Bahnbediensteter, Taxenbach
Abg. zum Landtag: 1946–1949

Röck Peter (ÖVP)
(1907–1982)
Maschlbauer, Lend-Embach
Abg. zum Landtag: 1945–1964

Rogatsch Gerlinde, Mag. (ÖVP)
(*1965)
Klubobfrau, Salzburg
Abg. zum Landtag: 1999–2015

Ropper Franz, Dr. (NSDAP)
(1896–1950)
Rechtsanwalt, Salzburg
Landesrat: 1932–1933

Rössler Astrid, Dr. (Grüne)
(*1959)
Unternehmensberaterin, Salzburg
Abg. zum Landtag: 2009–2013
Landeshauptmann-Stellvertreterin: 2013–2018

Roßmann Werner (ÖVP)
(*1948)
Landwirt, St. Margarethen im Lungau
Abg. zum Landtag: 1989–2007

Rothenwänder Ernst (FPÖ, FPS)
(*1947)
Bauleiter, Zederhaus
Abg. zum Landtag: 2009–2018

Rotschopf Peter (ÖVP)
(1925–1999)
Kammerbeamter, Tamsweg
Abg. zum Landtag: 1979–1989

Rottensteiner Alois, Dr. (CSP)
(1850–1928)
Rechtsanwalt, Salzburg
Mitglied der Provisorischen Landesversammlung: 1918/19
Landesrat: 1918

Rotter Hubert (WdU)
(1919–1986)
Schlosser, Mittersill
Abg. zum Landtag: 1953–1954

Rud Walter, Ing. (FPÖ)
(1924–2008)
Zimmermeister, Bad Gastein
Abg. zum Landtag: 1969–1984

Ruhdorfer Alois (WdU)
(1896–1973)
Gast- und Landwirt, Radstadt
Abg. zum Landtag: 1949–1959

Sagmeister Michael (StL)
(1894–1973)
Lenzbauer, Lessach
Mitglied des Ständischen Landtages: 1934–1938

Saliger Wolfgang (ÖVP)
(*1946)
Marketingberater, Plainfeld
Abg. zum Landtag: 1991–2009
Dritter Präsident des Landtages: 2006–2008
Zweiter Präsident des Landtages: 2008–2009

Saller Josef (ÖVP)
(*1945)
Hauptschuldirektor i. R., Bischofshofen
Abg. zum Landtag: 1989–1999

Saller Martin (ÖVP)
(1903–1965)
Lehenbauer, Bischofshofen
Abg. zum Landtag: 1945–1965
Zweiter Landtagspräsident-Stellvertreter: 1961–1963
Präsident des Landtages: 1963–1965

Sampl Franz (ÖVP)
(1923–2009)
Peterbauer, St. Michael im Lungau
Abg. zum Landtag: 1974–1979

Sampl Josef, Mag. Dr. (ÖVP)
(*1948)
Rektor der Pädagogischen Hochschule Salzburg, Elsbethen
Abg. zum Landtag: 2001–2013

Sampl Manfred, Ing. (ÖVP)
(*1973)
Bankangestellter, St. Michael im Lungau
Abg. zum Landtag: seit 2007

Scharer Erika (SPÖ)
(*1952)
Geschäftsstellenleiterin des AMS, Kaprun
Landesrätin: 2007–2011

Scharfetter Hans, Mag. (ÖVP)
(*1962)
Landwirt und Unternehmer, Bad Hofgastein
Abg. zum Landtag: seit 2004
Präsident des Landtages: 2009

Scharfetter Ingo Othmar (FPÖ)
(*1942)
Hauptschullehrer, St. Michael im Lungau
Abg. zum Landtag: 1989–1994

Schaschko Leopold (DNSAP, NSDAP)
(1880–1952)
Bundesbahnbeamter, Salzburg-Gnigl
Mitglied der Provisorischen Landesversammlung: 1918/19
Abg. zum Landtag: 1932–1933

Schausberger Franz, Dr. (ÖVP)
(*1950)
Universitätsdozent, Salzburg
Abg. zum Landtag: 1979–1996
Landeshauptmann: 1996–2004

Scheiber Matthias (ÖVP)
(*1946)
Landwirt, Leogang
Abg. zum Landtag: 1999–2009

Scheinast Josef (Grüne)
(*1960)
Tischler, Salzburg

Abg. zum Landtag: seit 2013

Schellhorn Heinrich, Dr. (Grüne)
(*1961)
Rechtsanwalt, Hallein
Landesrat: 2013–2018
Landeshauptmann-Stellvertreter: seit 2018

Schemel Adolf, Dr. (CSP, StL, ÖVP)
(1880–1961)
Landesbeamter, Salzburg
Landeshauptmann-Stellvertreter: 1934
Landeshauptmann: 1945
Landeshauptmann-Stellvertreter: 1945–1949
Landesrat-Ständischer Landtag: 1934–1938

Schernthaner Hannes (ÖVP)
(*1986)
Landesbeamter, Fusch an der Großglocknerstraße
Abg. zum Landtag: seit 2018

Schernthanner Wilhelm (CSP)
(1882–1951)
Korrektor, Salzburg
Mitglied der Provisorischen Landesversammlung: 1918/19
Abg. zum Konstituierenden Landtag: 1919–1922
Abg. zum Landtag: 1922–1927
Erster Landtagspräsident-Stellvertreter: 1922–1927
Landesrat: 1918–1922

Schlam Nikolaus (DNSAP)
(1885–1946)
Hüttenmeister, Hallein
Abg. zum Landtag: 1927–1932

Schließlberger Josef (CSP, StL)
(1884–1953)
Industrieller, Salzburg
Landesrat: 1934
Landesrat-Ständischer Landtag: 1934–1938

Schlömicher-Thier Josef, Dr. (SPÖ)
(*1954)
HNO-Facharzt, Köstendorf
Abg. zum Landtag: 2009–2013

Schludermann Iris (FPÖ)
(1936–2006)
Kaufmann, St. Gilgen
Abg. zum Landtag: 1989–1994

Schmidinger Hans (ÖVP)
(1926–2010)
Volksschuldirektor, Thalgau
Abg. zum Landtag: 1959–1989
Präsident des Landtages: 1974–1989

Schmidjell-Esterbauer Cornelia, Mag. (SPÖ)
(*1964)
Abteilungsleiterin der Arbeiterkammer, Salzburg
Landesrätin: 2011–2012

Schmidlechner Karl, Mag. (SPÖ)
(*1972)
Lehrer, Neukirchen am Großvenediger
Abg. zum Landtag: 2009–2018

Schneglberger Othmar (SPÖ)
(*1962)
Geschäftsführer, Wals-Siezenheim
Abg. zum Landtag: 2004–2005
Abg. zum Landtag: 2013–2017

Schnell Karl, Dr. (FPÖ, FPS)
(*1954)
Arzt, Saalbach-Hinterglemm
Abg. zum Landtag: 1997–2018
Landesrat: 1992–1997

Schnitzhofer Johann, Ing. (ÖVP)
(*1970)
Landwirt, Abtenau
Abg. zum Landtag: seit 2013

Schnizer Karl, Dr. (CSP)
(1879–1951)
Bezirksschulinspektor, Zell am See
Abg. zum Konstituierenden Landtag: 1919–1922

Schnöll Georg (ÖVP)
(1885–1970)
Unterleisenbauer, Kuchl
Abg. zum Landtag: 1949–1954

Schnöll Stefan, Mag. (ÖVP)
(*1988)

Bundesobmann der JVP, Wals-Siezenheim
Landesrat: seit 2018

Schöchl Josef, Mag. Dr. (ÖVP)
(*1959)
Landesveterinärdirektor, Eugendorf
Abg. zum Landtag: seit 2009
Präsident des Landtages: 2018

Schöppl Andreas, Dr. (FPÖ)
(*1961)
Rechtsanwalt, Salzburg
Abg. zum Landtag: 1999–2004, seit 2018

Schorn Fritz (SPÖ)
(1919–2004)
Gewerkschaftssekretär, Grödig
Abg. zum Landtag: 1954–1965

Schreiner Helmut, Dr. (ÖVP)
(1942–2001)
Universitätsprofessor, Salzburg
Abg. zum Landtag: 1969–2001
Präsident des Landtages: 1989–2001

Schröcker Alfons (SPÖ)
(*1941)
Arbeiterkammersekretär, St. Margarethen im Lungau
Abg. zum Landtag: 1991–2001

Schuller Hellfried, Dr. (FPÖ)
(*1938)
Richter, St. Johann im Pongau
Abg. zum Landtag: 1969–1984

Schuster Veronika (SPÖ)
(*1954)
Maskenbildnerin, Salzburg
Abg. zum Landtag: 2007–2009

Schwaiger Josef (SDAP)
(1889–1951)
Sekretär, Salzburg
Abg. zum Landtag: 1922–1925

Schwaiger Josef, DI Dr. (ÖVP)
(*1965)
Landesbediensteter, Berndorf bei Salzburg
Landesrat: seit 2013

Schwaighofer Cyriak (Grüne)
(*1950)
Kulturmanager, Goldegg
Abg. zum Landtag: 1999–2018

Schwaighofer Josef (ÖVP)
(*1929)
Sägewerker, Rußbach am Paß Gschütt
Abg. zum Landtag: 1974–1984

Schwarzenbacher Josef, Ing. (ÖVP)
(*1956)
Landesbeamter und Landwirt, Annaberg-Lungötz
Abg. zum Landtag: 2004–2013

Schwarzenbrunner Josef (FSB)
(1877–1928)
Schlossermeister, St. Gilgen
Abg. zum Konstituierenden Landtag: 1919–1922

Schweinberger Johann (CSP)
(1894–1985)
Gastwirt, Neukirchen am Großvenediger
Abg. zum Landtag: 1932–1934

Schwemlein Emmerich (SPÖ)
(*1950)
Berufsschuldirektor, Bruck an der Großglocknerstraße
Abg. zum Landtag: 2004–2009

Seitlinger Josef (ÖVP)
(1891–1976)
Denggbauer, Weißpriach im Lungau
Abg. zum Landtag: 1947–1949

Sieberth Barbara, Mag. (Grüne)
(*1978)
selbstständige Trainerin, Salzburg
Abg. zum Landtag: 2013–2018

Siller Johann (ÖVP)
(1896–1968)
Hagenbauer, Kuchl
Abg. zum Landtag: 1945–1949

Simmerle Maria (GDVP)
(1882–1946)
Lehrerin, Salzburg
Abg. zum Konstituierenden Landtag: 1919–1922

Solarz Nicole, Mag. Dr. (SPÖ)
(*1981)
Landesbedienstete, Salzburg
Abg. zum Landtag: 2009–2018

Spann Franz (ÖVP)
(1925–2009)
Sozialversicherungsangestellter, Salzburg
Abg. zum Landtag: 1964–1984

Springenschmid Karl (NSDAP)
(1897–1981)
Fachlehrer, Salzburg
Landesrat: 1938–1940

Springle Maria (SPÖ)
(1922–2015)
Hausfrau, Salzburg
Abg. zum Landtag: 1969–1984

Stadler Hans (StL)
(1894–1966)
Sägewerksbesitzer, St. Johann im Pongau
Mitglied des Ständischen Landtages: 1934–1938

Stadlober-Steiner Roswitha (ÖVP)
(*1963)
Hausfrau, Radstadt
Abg. zum Landtag: 1999–2004

Stampfl Benedikt (CSP)
(1869–1933)
Bauer und Bühelwirt, Oberndorf bei Salzburg
Abg. zum Konstituierenden Landtag: 1919–1922

Starkel Karl, Ing. (NSDAP)
(1885–1960)
Oberforstrat, Salzburg
Abg. zum Landtag: 1932–1933

Steidl Albert, Dkfm. Dr. (ÖVP)
(1927–2017)
Steuerberater, Leogang
Landesrat: 1977–1979

Steidl Walter (SPÖ)
(*1957)
Gewerkschaftssekretär, Salzburg
Abg. zum Landtag: 1999–2012, seit 2013
Landesrat: 2012–2013
Landeshauptmann-Stellvertreter: 2013

Steiner Josef, Ing. (ÖVP)
(*1928)
Frächter, Golling an der Salzach
Abg. zum Landtag: 1969–1973

Steiner Markus, BA, MA (FPÖ, FPS)
(*1987)
Steuerberater-Berufsanwärter, Niedernsill
Abg. zum Landtag: 2015–2018

Steiner-Wieser Marlies (FPÖ, OP)
(*1963)
Sachbearbeiterin, Salzburg
Abg. zum Landtag: 2013–2018

Steinmetzer Christina (ÖVP)
(*1941)
Hausfrau, St. Gilgen
Abg. zum Landtag: 1974–1989

Steinocher Karl (SPÖ)
(1920–2013)
Bundesbahnbeamter, Salzburg
Abg. zum Landtag: 1959–1974
Landeshauptmann-Stellvertreter: 1966–1976

Steinwender Leonhard, Dr. (CSP)
(1889–1961)
Chefredakteur, Salzburg
Mitglied der Provisorischen Landesversammlung: 1918

Stepski-Doliwa Ludwig (StL)
(1875–1965)
Oberst i. R., Salzburg
Mitglied des Ständischen Landtages: 1934–1938

Stockinger Walter, Dkfm. (SPÖ)
(1924–1999)
Sparkassendirektor, Salzburg

Abg. zum Landtag: 1964–1979

Stöckl Christian, Mag. Dr. (ÖVP)
(*1957)
AHS-Lehrer, Hallein
Abg. zum Landtag: 2009–2013
Landeshauptmann-Stellvertreter: seit 2013

Stöllinger Alois (SPÖ)
(1924–2015)
Standesbeamter, Schwarzach im Pongau
Abg. zum Landtag: 1969–1986

Stöllner Hermann (FPÖ)
(*1985)
Molkereimeister, Seekirchen am Wallersee
Abg. zum Landtag: seit 2018

Stöllner Sebastian (CSP)
(1873–1929)
Gastwirt, Salzburg-Maxglan
Mitglied der Provisorischen Landesversammlung: 1918/19

Stölzel Arthur, Dr. (DF)
(1868–1933)
Rechtsanwalt, Salzburg
Mitglied der Provisorischen Landesversammlung: 1918/19
Landesrat: 1918
Landeshauptmann-Stellvertreter: 1918–1919

Strasser Franz (KPÖ)
(1908–1981)
Stukkateur, Salzburg
Abg. zum Landtag: 1945–1949

Strasser Johann (CSP)
(1875–1934)
Michlbauer, Obertrum am See
Abg. zum Landtag: 1927–1934

Strebl Anita, Mag. (SPÖ)
(*1946)
AHS-Lehrerin, Grödig
Abg. zum Landtag: 1994–2004

Stuchlik Inge (SPÖ)
(*1942)
Landessekretärin des Pensionistenverbandes, Salzburg
Abg. zum Landtag: 1979–1993
Zweite Präsidentin des Landtages: 1989–1993

Svazek Marlene (FPÖ)
(*1992)
Politikwissenschafterin, Großgmain
Abg. zum Landtag: seit 2018

Teufl Andreas (FPÖ)
(*1963)
Hotelier, Faistenau
Abg. zum Landtag: seit 2018

Thaler Walter, Mag. (SPÖ)
(*1941)
AHS-Direktor i. R., Zell am See
Abg. zum Landtag: 1982–2004
Zweiter Präsident des Landtages: 1993–1999

Thaller Robert, Dr. (FPÖ)
(*1952)
Notariatsanwärter, Salzburg
Abg. zum Landtag: 1989–1994
Landesrat: 1994–1999

Thöny Barbara, MBA (SPÖ)
(*1975)
Sozialbetreuerin, Saalfelden am Steinernen Meer
Abg. zum Landtag: seit 2018

Treml Hans (SDAP)
(1883–1941)
Oberschaffner, Bischofshofen
Abg. zum Landtag: 1922–1934

Triflinger Engelbert (StL)
(1878–1944)
Fabrikbeamter, Lend
Mitglied des Ständischen Landtages: 1934–1938

Troyer Otto, Dr. (DNSAP)
(1870–1949)
Rechtsanwalt, Salzburg
Landesrat: 1922–1927

Ungar Hans (ÖVP)
(1918–1983)
Bundesbahnbeamter, Salzburg

Abg. zum Landtag: 1955–1969

Veichtlbauer Ricky (SPÖ)
(*1948)
Hausfrau, Salzburg
Abg. zum Landtag: 1984–1994

Viehauser Andreas, Dr. (ÖVP)
(1901–1968)
Arzt, Salzburg
Abg. zum Landtag: 1945–1954
Zweiter Landtagspräsident-Stellvertreter: 1952–1954

Viehauser Jakob (SDAP)
(1869–1950)
Bauer und Fuhrwerksunternehmer, Dienten am Hochkönig
Abg. zum Konstituierenden Landtag: 1919–1922

Vogl Otto (NSDAP)
(1888–1952)
Gast- und Landwirt, Anthering
Abg. zum Landtag: 1932–1933

Vogl Walter, Mag. Dr. (ÖVP)
(1927–1996)
Sozialversicherungsjurist, Wals-Siezenheim
Abg. zum Landtag: 1974–1989
Dritter Präsident des Landtages: 1984–1989

Wagenbichler Alois, Dr. (CSP, StL)
(1895–1957)
Arzt, Bad Gastein
Landeshauptmann-Stellvertreter: 1934
Landesstatthalter-Ständischer Landtag: 1934–1938

Wagner Erich (NSDAP)
(1902–1989)
Arbeiter, Salzburg
Abg. zum Landtag: 1932–1933

Wagner Hans (DF, DNSAP)
(1891–1957)
Redakteur, Salzburg
Mitglied der Provisorischen Landesversammlung: 1918/19
Abg. zum Konstituierenden Landtag: 1919–1921
Landesrat: 1918

Wagner-Schöppl Gertraud, MMag. Dr. (ÖVP, OP)
(*1956)
Tierärztin, Salzburg
Abg. zum Landtag: 1999–2004

Wahlhütter Reinhold (SPÖ)
(*1946)
Angestellter, St. Michael im Lungau
Abg. zum Landtag: 1981–1991

Waitz Sigismund, Dr. (StL)
(1864–1941)
Fürsterzbischof, Salzburg
Mitglied des Ständischen Landtages: 1935–1938

Wallner Simon, Ing. (ÖVP)
(*1970)
Landesbediensteter, Obertrum am See
Abg. zum Landtag: seit 2018

Wally Leopold (SPÖ)
(1918–1978)
Hauptschuldirektor, Salzburg
Abg. zum Landtag: 1966–1969

Wanner (Ossberger) Hilde (SPÖ)
(*1961)
Magistratsbeamtin, Salzburg
Abg. zum Landtag: 1999–2009

Wasserbauer Hedwig (ÖVP)
(*1935)
Hausfrau, Mühlbach am Hochkönig
Abg. zum Landtag: 1984–1994

Weichenberger Josef (SPÖ)
(*1930)
Landessekretär des ÖGB, Salzburg
Abg. zum Landtag: 1976–1984

Weidenhillinger Alois (SDAP)
(1883–1942)
Werkführer, Salzburg
Abg. zum Landtag: 1929–1932

Weiser Josef, Ing. (ÖVP)
(1920–1979)
Spenglermeister, Salzburg

Abg. zum Landtag: 1964–1974

Weiser Martha (ÖVP)
(1913–2008)
Volksschullehrerin, Salzburg
Abg. zum Landtag: 1959–1969

Weiser Rosa (StL)
(1891–1969)
Spenglermeistersgattin, Salzburg-Gnigl
Mitglied des Ständischen Landtages: 1934–1938

Weißkind Josef (SPÖ)
(1914–1977)
Kaufmann, Salzburg
Abg. zum Landtag: 1946–1949, 1954, 1958–1959, 1969–1971
Landesrat: 1949–1969

Weitgasser Elisabeth (NEOS)
(*1963)
Angestellte, Altenmarkt im Pongau
Abg. zum Landtag: seit 2018

Widmann Tina, Dr. (ÖVP)
(*1960)
Juristin und Pädagogin, Piesendorf
Landesrätin: 2010–2013

Widrich Gerheid, Dr. (ÖVP)
(*1937)
Ärztin, Salzburg
Abg. zum Landtag: 1984–1989
Landesrätin: 1989–1994

Wiedermann Friedrich (FPÖ, OP, FPS)
(*1951)
Gendarmeriebeamter i. R., Wals-Siezenheim
Abg. zum Landtag: 1999–2004, 2009–2018

Wiesner Sepp (FPÖ)
(1927–2002)
Holzkaufmann, Mattsee
Abg. zum Landtag: 1971–1983
Landesrat: 1983–1984

Wilhelmi Heinrich (SDAP)
(1886–1945)
Bundesbahnbeamter, Bad Gastein
Abg. zum Konstituierenden Landtag: 1921–1922

Wimmer Karl (ÖVP)
(1908–1985)
Hotelier, Salzburg
Abg. zum Landtag: 1945–1952
Zweiter Landtagspräsident-Stellvertreter: 1949–1952

Wimmer Viktor, Dr. (DF)
(1888–1958)
Rechtsanwalt, Salzburg
Mitglied der Provisorischen Landesversammlung: 1918/19

Wimmreuter Andreas (SPÖ)
(*1963)
ÖBB-Bediensteter, Zell am See
Abg. zum Landtag: 2012–2013

Winkler Alois (CSP)
(1838–1925)
Domkapitular, Salzburg
Mitglied der Provisorischen Landesversammlung: 1918/19
Landesrat: 1918
Landeshauptmann: 1918–1919

Winkler Volker (FPÖ)
(*1945)
Spengler- und Installateurmeister, Rauris
Abg. zum Landtag: 1984–1989
Landesrat: 1989–1992

Wintersteiger Anton, Dipl.-Ing. (NSDAP)
(1900–1990)
Gauleiter, Salzburg
Landeshauptmann: 1938
Landeshauptmann-Stellvertreter: 1938–1940

Witternigg Anna (SDAP)
(1890–1967)
Redakteursgattin, Salzburg
Abg. zum Landtag: 1925–1934

Witternigg Josef (SDAP)
(1881–1937)
Redakteur, Salzburg
Mitglied der Provisorischen Landesversammlung: 1918/19
Abg. zum Konstituierenden Landtag: 1919–1922
Landesrat: 1918–1919

Wohl Johann (SPÖ)
(1920–2011)
Geschäftsführer, Mühlbach am Hochkönig
Abg. zum Landtag: 1954–1967

Wolfgruber Rupert (ÖVP)
(1913–1993)
Langerbauer, Göming
Abg. zum Landtag: 1954–1964, 1969, 1974
Landesrat: 1963–1977

Wolfgruber Rupert, jun. (ÖVP)
(*1941)
Langerbauer, Göming
Landesrat: 1991–1997

Wowes Theresia (SDAP)
(1869–1929)
Heimarbeiterin, Salzburg-Gnigl
Abg. zum Landtag: 1925–1927

Zallinger Karl, Mag. (ÖVP)
(*1961)
Geschäftsführer, Salzburg
Abg. zum Landtag: seit 2018

Zehentner Robert (SPÖ)
(*1951)
Landwirt, Taxenbach
Abg. zum Landtag: 1998–2012

Zeillinger Gustav (WdU, FPÖ)
(1917–1997)
Rechtsanwalt, Salzburg
Abg. zum Landtag: 1954–1955

Ziller Josef (StL)
(1878–1953)
Hauslbauer, Salzburg-Aigen
Mitglied des Ständischen Landtages: 1934–1938

Zillner Alois (FPÖ)
(1915–2005)
Zillnerbauer, Salzburg
Abg. zum Landtag: 1964–1980

Zillner Karl (SPÖ)
(1926–1983)
Bundesbahnbeamter, Bürmoos
Abg. zum Landtag: 1964–1983
Zweiter Präsident des Landtages: 1974–1983

Zyla Hans (ÖVP)
(1919–1999)
Baukaufmann, Salzburg
Abg. zum Landtag: 1954–1979
Zweiter Landtagspräsident-Stellvertreter: 1963–1965
Präsident des Landtages: 1965–1969
Erster Landtagspräsident-Stellvertreter: 1969–1974
Dritter Präsident des Landtages: 1974–1979

Ingrid Bauer

Eine maßgebende Ressource der Demokratie – Frauen im Salzburger Landesparlament

Es zog sich ins 21. Jahrhundert hinein, bis die aktive Partizipation von Frauen auf allen Ebenen der Landespolitik angekommen ist. Mit der ersten Landeshauptfrau für das Bundesland (2004–2013) und den Präsidentinnen des Salzburger Landtages (2008–2009 und 2013–2018) waren und sind auch die höchsten Ämter erreicht. Hinter diesem geschlechterdemokratischen Status quo steht – nimmt man das erste Zusammentreten des Landtags im Jahr 1861 als Ausgangspunkt – ein Prozess von mehr als 150 Jahren, der über lange Zeit nur sehr zögerlich in Gang kam und immer wieder von Rückschritten unterbrochen war. Galt es doch die kulturell verankerte dualistische Geschlechterordnung des 19. Jahrhunderts zu überwinden, die weit ins 20. Jahrhundert hineinwirkte: Weibliche und männliche Lebenssphären und ein damit assoziierter familiär-privater sowie öffentlich-politischer Raum wurden als strikt voneinander getrennt gedacht und Frauen das Recht und die Fähigkeit zur Teilhabe am Politischen abgesprochen. Dass solche Haltungen heute, im 21. Jahrhundert, erstaunen und befremden, zeigt, wie fundamental sich der Zugang zum Thema Frauen und Politik/Frauen in der Politik gewandelt hat. Gänzlich und in allen Bereichen aufgelöst sind diese Zuschreibungen aber auch aktuell noch nicht.

Das Stimmrecht der „Frauenspersonen“: Umstritten und spät voll zuerkannt (1861–1918)

Die Basis politischer Partizipation lag seit der „Durchsetzung der Idee der Repräsentativverfassung“ (Bader-Zaar 2001, S. 6) im Wahlrecht. Der 1861 erstmals gewählte Salzburger Landtag war ein – Besitzenden und Gebildeten vorbehaltenes – Honoratiorenparlament und blieb es, trotz des einen oder anderen Schrittes zurückhaltender Demokratisierung, bis 1918. Die Wahlen erfolgten nach Wählerklassen (Kurien), in denen Vermögen und Steuerleistung über die Zulassung zum Stimmrecht und über das Gewicht der einzelnen Stimme entschieden. Die Geschlechtszugehörigkeit war zunächst zweitrangig und eine kleine, privilegierte Gruppe von Frauen wurde zur Stimmabgabe zugelassen, was keineswegs alle Landtage so hielten. Das ergaben auch die Recherchen, die man von Salzburg aus anstellte, als 1868 im Landesparlament aufgrund einer unklaren Textierung in der Landeswahlordnung Diskussionen darüber entstanden waren, ob und vor allem *wie* Frauen das Wahlrecht ausüben dürfen. In Salzburg entschloss man sich, die Wahlordnung dahingehend zu ergänzen, dass Frauen nach Besitz und Steuerleistung prinzipiell wahlberechtigt waren, aber nur durch einen Bevollmächtigten.

Der entsprechende, am 9. September 1868 vom Salzburger Landtag beschlossene § 15 lautete nunmehr: „Das Wahlrecht darf von jedem Wähler [...] in der Regel nur persönlich ausgeübt werden. Eine Ausnahme von letzterer Bestimmung findet statt bezüglich der Frauenspersonen, welche – wenn sie in ehelicher Gemeinschaft leben – ihr Wahlrecht durch den Ehegatten, sonst aber durch einen Bevollmächtigten ausüben." Ein besonders heftiger Gegner des Frauenwahlrechts, der Hof- und Gerichts-Advokat August Prinzinger, der als Abgeordneter der Landeshauptstadt im Landtag saß, sah damit „diesen Gegenstand", wenn er schon „einmal in unsere Verfassungsurkunde gerathen ist" und darüber verhandelt werden müsse, zumindest weitgehend „unschädlich" gemacht, denn, so seine Position: „das Wahlrecht ist des freien Mannes Ehre, des freien Mannes, der zugleich die Wehr zu führen hat, nicht aber der Frauen".

Als der Salzburger Landtag im Jahr 1909 zu den bestehenden Wählerklassen eine vierte „allgemeine Kurie" hinzufügte – im Sinne einer, wenn auch bescheidenen, Demokratisierung –, waren in dieser explizit nur Männer (ab 24 Jahren) wahlberechtigt, wie auch schon beim im Jahr 1907 eingeführten „Allgemeinen Wahlrecht" auf Reichsratsebene, das zwar die sozialen Zugangsbeschränkungen aufhob, aber Frauen nun auf Grund ihres Geschlechts generell ausschloss; paradoxerweise also gerade zu jenem Zeitpunkt, als sich das Wahlrecht vom Prinzip Besitz/Steuerleistung gelöst hatte und als Grundrecht des Individuums Anerkennung gewann. Das freie mit demokratischen Rechten ausgestattete staatsbürgerliche Subjekt wurde einseitig als ein männliches gedacht. Ein wirklich allgemeines, freies, gleiches und geheimes Wahlrecht ohne Unterschied des Geschlechts wurde erst 1918 mit der Konstituierung der ersten österreichischen Republik verfassungsmäßig festgelegt. Zudem hatte der Erste Weltkrieg die festgefügte Geschlechterordnung und ihre Rollenzuschreibungen gelockert, Frauen mobilisiert und über das Privat-Familiäre hinaus in die Öffentlichkeit gedrängt: von der Kriegsfürsorge über die Mitwirkung in den Ernährungskommissionen bis hin zu den Hungerprotesten und den sich ab 1918 auch in Salzburg verstärkenden Aktivitäten einer Frauenstimmrechtsbewegung. Die rechtliche Gleichstellung der Frauen als Staatsbürgerinnen war Folge auch dieses Dynamisierungsprozesses.

Die ersten weiblichen Abgeordneten im Landtag: Ein Novum, das irritierte (1919–1934)

Auf Landesebene fanden in Salzburg die ersten Wahlen, bei denen Frauen das aktive und passive Wahlrecht hatten, im April 1919 statt. Als neue Wählerinnen und quantitativ nunmehr bestimmender politischer Faktor wurden sie intensiv umworben und schienen auf den Wahllisten der Parteien jeweils zumindest mit einer Vertreterin auf. Auch im Landtag selbst ging jene seit 1861 fast sechs Jahrzehnte andauernde Phase zu Ende, in welcher sich dieser ausschließlich aus Männern zusammengesetzt hatte.

Nach der Wahl waren im Chiemseehof erstmals auch zwei weibliche Abgeordnete vertreten. Zum einen die Sozialdemokratin Aloisia Franek, die, trotz des erst 1918 aufgehobenen Verbots politischer Organisierung von Frauen, schon lange in öffentlich-politischen Belangen engagiert gewesen war: seit 1907 als Gründerin des ersten Frauenvereins in Salzburg-Itzling, seit 1910 als Landesvorsitzende der sozialdemokratischen Frauenorganisation und dann 1918/19 als Mitglied im provisorischen Gemeinderat der Stadt Salzburg. Die 1919 für die Großdeutsche Volkspartei in den Landtag eingezogene Lehrerin Maria Simmerle

Die ersten weiblichen Abgeordneten im Salzburger Landtag 1919: Aloisia Franek (Sozialdemokratische Partei) und Maria Simmerle (Großdeutsche Volkspartei) (Foto: Salzburger Landtag)

wiederum war die erste Frau, die dort das Wort ergriff. Schon in der zweiten Sitzung des konstituierenden Landtags am 25. Juni 1919 hatten „Simmerle und Genossen" eine Dringliche Anfrage an den Landeshauptmann betreffend die wirtschaftliche Notlage der Lehrerschaft und Verzögerungen bei der Auszahlung höherer Bezüge und von Teuerungsbeiträgen gestellt; und bei der am 5. Juli 1919 folgenden Debatte zu einem Gesetzesentwurf, der – eine jahrzehntelange Forderung der Lehrerschaft erfüllend – deren Diensteinkommen und rechtlichen Status mit jenem der Staatsbeamten gleichstellte, verwies sie in ihrer Rede darauf, dass das Lehrpersonal erst damit nicht mehr zu „hemmenden Nebenbeschäftigungen" gezwungen sei, um finanziell „halbwegs sorgenfrei" leben zu können. Das sei insbesondere im Sinne der Jugend und damit auch der Zukunft bedeutsam, denn nur so könne ein Lehrer „unseren Kindern" das sein, „was er sein soll: der Bildner, der Erzieher, der Freund und auch der frohe Gefährte seiner jungen Freunde!" Der erste Antrag einer weiblichen Abgeordneten ging ebenfalls auf Simmerle zurück, sie hatte sich am 26. Juni 1919 darin für die „Fortbildung der schulentlassenen weiblichen Jugend" eingesetzt. Die an Mandaten stärkste Partei, die Christlichsozialen, blieb im Landtag weiterhin ‚frauenlos', ja man hatte – laut einem Zeitungsbericht der Salzburger Chronik (23./24. März 1919) – sogar Probleme gehabt, überhaupt eine Kandidatin für die Wahlliste zu finden; wie es hieß, sahen sich die Frauen zu unvermittelt in das „Gebiet der hohen Politik hineingestellt".

Welchen Bruch die in den Landtag eintretenden Mandatarinnen in der politischen Kultur dieses bis dahin männlich besetzten Ortes darstellten, lässt sich aus sprachlichen Abwehrreaktionen aufschlussreich erahnen. So wurden sie bei den ersten Sitzungen des neu gewählten Landtages schlichtweg übersehen, bis hinauf durch Landeshauptmann und Landtagspräsidenten. Da hieß es zunächst fast durchgängig weiterhin „Meine hochverehrten Herren Abgeordneten!" –

„Die Herren Abgeordneten werden sehr viel Arbeit vorfinden" – „Ich ersuche die Herren, welche diese Anträge annehmen, die Hand zu heben" – „Ich erlaube mir den anwesenden Herren mitzuteilen ...". In einem einzigen Statement wurde die neue, nunmehr beide Geschlechter umfassende Realität explizit und als positive Errungenschaft erwähnt, als der sozialdemokratische Abgeordnete Josef Witternigg am 23. Juni 1919 im Rahmen der Budgetdebatte festhielt: „Der alte Landtag war ein Privilegienlandtag. [...] Heute sind wir auf die freieste Verfassung in dieses hohe Haus einberufen worden, Frauen und Männer mit gleichen Rechten sitzen wir hier beisammen. Es ist der Arbeiter, der Bürger, der Bauer mit gleichen Rechten ausgestattet."

Frauen als „Abgeordnete" zu titulieren, scheint eine spezielle mentale Hürde gewesen zu sein und der christlichsoziale Landeshauptmann Oskar Meyer tat sich offensichtlich zunächst besonders schwer damit, was zu sprachlichen Seiltanzakten wie jenem vom 2. Juli 1919 führen konnte. „Wünscht einer der Herren Abgeordneten das Wort? Fräulein Simmerle hat das Wort." Es dauerte fast zehn Landtagssitzungen, bis sich die Irritationen, die das Novum ‚weibliche Landtagsabgeordnete' ausgelöst hatte, legten. Erst nach der Sommerpause im November 1919 wurden dann mit einer gewissen Selbstverständlichkeit die „Damen und Herren Abgeordneten" begrüßt und während der Sitzungen wurde nun auch von Landeshauptmann Meyer regelmäßig gefragt: „Wünscht einer der Damen und Herren Abgeordneten das Wort?"

Hinsichtlich der konkreten inhaltlichen Schwerpunkte ihrer Landtagstätigkeit waren die ersten beiden weiblichen Abgeordneten von ihren Parteien für den Ernährungsausschuss und den Schulausschuss namhaft gemacht worden – und damit für Politikbereiche, die den gängigen Zuschreibungen von weiblichen Wirkungsfeldern entsprachen. Das sollte auch in den weiteren Wahlperioden bis 1934, ja letztlich bis in die 1970er-Jahre hinein so bleiben. Und bis in die 1970er-Jahre sollte es auch dauern, dass wieder drei Frauen gleichzeitig dem Landtag angehörten; 1921/1922 war ja mit der Postbeamtin Margarethe Diller (Deutsche Nationalsozialistische Arbeiterpartei) noch eine dritte Abgeordnete dazugekommen.

Ab 1922 waren dann bis zum Ende der Ersten Republik nur mehr Sozialdemokratinnen im Salzburger Landtag präsent, zunächst zwei und dann als einzig verbliebene Frau die Abgeordnete Anna Witternigg, die noch am 11. Jänner 1934, in einer der letzten Sitzungen des demokratisch gewählten Landtages, eine leidenschaftliche Rede hielt. Abermals ging es um die Lehrerschaft, aber dieses Mal um ein Gesetz über den Abbau verheirateter Lehrerinnen, gegen das sich die Abgeordnete vehement verwehrte. Sie habe dazu „vom Standpunkt der Frau aus einiges zu sagen", ergriff sie das Wort: „Die Lehrerinnen verstehen es gewiss, dass es in einer so außergewöhnlichen Zeit außergewöhnliche Maßnahmen geben kann. Dagegen lehnt man sich nicht auf. Aber sie verstehen nicht, dass die ganze Schwere der Notzeit auf dem Rücken der Lehrerinnen ausgetragen wird. Wir sehen, dass man nicht nur bei den Lehrerinnen, sondern auf der ganzen Linie darangeht, die Errungenschaften, die seit dem Jahre 1918 geboren wurden, abzubauen, und hier macht man das ganz besonders gern bei der Gleichberechtigung der Frau, und wir sehen es bei dem vorliegenden Gesetz, dass man speziell ein Gesetz gegen die Frau gemacht hat, denn nicht ein einziger Mann ist es, der unter den Abbau fallen würde." Er sei es „nicht gewohnt mit Amazonen zu kämpfen", lautete die Reaktion des nachfolgenden christlichsozialen Debattensprechers Michael Neureiter, der sich, wie er betonte, daher auch nicht auf die Sichtweise und Argumente seiner Vorrednerin „einlassen“ wollte.

Der Wandel des Landtages auf den Punkt gebracht: vom elitären Projekt männlicher Honoratioren zum demokratischen Landesparlament mit weiblicher Präsenz auch in höchsten Ämtern (Karikatur: Thomas Wizany)

Vom Prinzip „eine Frau im Landtag brauchen wir“ über die Quoten-Diskussion zu den ersten Frauen auf der Regierungsbank (1945–2000)

Hatte die nach Frauen forschende Recherche nach 1919, wie schon ausgeführt, zunächst zwei (kurzfristig sogar drei) weibliche Abgeordnete im Salzburger Landtag vorgefunden, so war es am Ende der ersten österreichischen Republik nur mehr eine. Bei diesem Stand sollte es – was einen demokratisch gewählten Landtag betrifft – bis zum Ende der 1950er-Jahre bleiben. Nach den Landtagswahlen 1959 durchbrachen erstmals wieder zwei Frauen, politisch der ÖVP und der SPÖ zugehörig, die Dominanz der Männer. Diese weibliche Teilhabe von 6,3 Prozent an den damals insgesamt 32 Abgeordneten überdauerte die 1960er-Jahre. Erst seit den 1970er-Jahren, also mehr als ein halbes Jahrhundert nach Einführung des Frauenwahlrechts, begann sich die Spirale der Repräsentanz von Frauen auch im Salzburger Landtag schneller zu drehen: 8,3 Prozent oder drei Frauen von nunmehr insgesamt 36 Abgeordneten nach den Landtagswahlen von 1974, 11,1 Prozent oder vier weibliche Abgeordnete ab 1979, sechs Vertreterinnen oder ein Frauenanteil von 16,7 Prozent nach den Wahlen von 1984. Damit war, wie es eine damals veröffentlichte Studie des Europarates über „Mittel und Weg zur Verbesserung der politischen Mitwirkung der Frau“ pointiert formulierte, jene kritische 10-Prozent-Schwelle erkennbar überschritten, „unter der die Frauen nur eine machtlose Minderheit darstellen und fast wie Geiseln in der politischen Szene agieren“. (Bauer/Pluntz 1991, S. 126)

Als „exotische Wesen“ – so eine kritische Schlagzeile im Kurier – galten Mandatarinnen Anfang der 1980er-Jahre jedoch weiterhin. Die Salzburger Politikwissenschafterin Barbara Wicha gab daher an Parteifrauen aller politischen Lager die dringliche Losung aus: „Verweigerung der niedrigen Dienste in den Parteiorganisationen“, zu denen sich die Frauen überproportional herangezogen sahen, Absage an die eigene „Ausbeutungsduldung“ sowie selbstbewusste Hartnäckigkeit beim Drängen auf eine stärkere Vertretung in höheren Parteifunktionen und bei öffentlichen Mandaten. (Kurier, 20. Mai 1982)

Auf den Landtag bezogen ist die Öffnung der dort vertretenen Parteien gegenüber weiblichen Abgeordneten mit sehr unterschiedlicher Dynamik verlaufen. So war die sozialdemokratische Partei sowohl in der Ersten als auch in der Zweiten Republik kontinuierlich mit Mandatarinnen präsent, wenn auch bis 1979 (fast immer) nach dem reduzierten Prinzip „Eine Frau brauchen wir“. Als die SPÖ-Landtagsfraktion 1984 ihre Abgeordnete Inge Stuchlik zur Klubvorsitzenden wählte – womit diese wichtige und dementsprechend begehrte Position erstmals in Salzburg mit einer Frau besetzt wurde –, war das dann aber das deutliche Zeichen einer geschlechterdemokratischen Wende. Ihm folgte auf Drängen der Parteifrauen rasch zunächst die Festlegung einer 25-Prozent-Quote, die bei den Landtagsmandaten nach den Wahlen des Jahres 1989 umgesetzt werden konnte, und in die 1990er-Jahre zog man mit einer in den Statuten verankerten und ebenfalls schnell Wirkung zeigenden Frauenquote von 40 Prozent.

Demonstration der Neuen – autonomen – Frauenbewegung in Salzburg am Internationalen Frauentag 1981 (Foto: Archiv der Stadt Salzburg, Karl-Steinocher-Fonds)

Die ÖVP, die im Landtag über lange Zeit gänzlich auf die Einbindung von Frauen verzichtet hatte, bestellte 1959 mit der Lehrerin Martha Weiser spät ihre erste Mandatarin, die in der Folge noch in einer weiteren Funktion zur Pionierin wurde: nämlich als erste Frau die – von 1964 bis 1976 – einer Salzburger Stadtregierung angehörte. Erst 1989 wird auch im Landtag erstmals eine Frau in der Regierungs*mannschaft* präsent sein, abermals von der ÖVP in dieses Amt geholt, die damit *ihr* Signal eines Aufbruchs setzte. Bei einer gleichberechtigten Zusammensetzung der Mandate für den Landtag kam die Partei aber bis in die späten 1990er-Jahre hinein nicht in Fahrt, sondern stagnierte – mit zwei weiblichen von insgesamt 14 ÖVP-Abgeordneten – bei einem Frauenanteil von 14,3 Prozent.

Für die FPÖ war mit der Diplomvolkswirtin, Gemeinderätin und 1982/83 Stadträtin Margot Hofer erst ab 1983 zumindest eine Abgeordnete im Landtag vertreten, die 1992 auch Klubobfrau ihrer Fraktion, 1994–1997 Dritte Landtagspräsidentin sowie 1997–1999 Mitglied der Landesregierung werden sollte; dabei scheint aus der Sicht ihrer Partei neben den Kompetenzen der Mandatarin auch eine ‚Not am Mann'-Logik mitgespielt zu haben. Die Grünen/Bürgerliste Land, die sich zum sogenannten Reißverschlussprinzip bekennen, setzten 1989 bei ihrem Einzug ins Landesparlament gleich und bewusst auf eine Spitzenkandidatin, die Psychologin, Psychotherapeutin und Begründerin der Initiativgruppe „Mütter für eine atomfreie Zukunft" Karoline Hochreiter.

Insgesamt zeigte sich in den 1980er-Jahren auch in der Salzburger Landespolitik immer deutlicher, dass man sich veränderten Anliegen und Interessen von Frauen nicht mehr verschließen konnte. Der soziokulturelle Wandel der Gesellschaft, die Bildungsexpansion, die Frauen besonders deutlich zugutekam, die bundespolitischen Reformen der 1970er-Jahre in Richtung Gleichberechtigung, die neue Frauenbewegung, ihre Diskurse, Proteste und Initiativen sowie der Druck engagierter Funktionärinnen in den Parteien hatten ein geschärftes politisches Bewusstsein von Frauen zur Folge und damit auch die etablierte Politik herausgefordert.

Nach den Wahlen von 1989 saßen nicht nur acht Mandatarinnen gemeinsam mit 28 männlichen Abgeordneten im Landtag: drei Sozialdemokratinnen (vier seit Februar 1991), je zwei Vertreterinnen der ÖVP und der FPÖ sowie eine Man-

Landesrätin Gerheid Widrich – als erste Frau in einer Salzburger Landesregierung – nach der Angelobung im Mai 1989 (Foto: Dr.-Hans-Lechner-Forschungsgesellschaft)

datarin der Grünen. Das ergab insgesamt einen Anteil von 22,2 Prozent. Nachhaltig geöffnet wurde zudem mit der Wahl der SPÖ-Abgeordneten Inge Stuchlik zur Zweiten Landtagspräsidentin das höchste Gremium des Landesparlaments: Seither gab es kein Landtagspräsidium mehr ohne weibliche Teilhabe.

Noch durch eine weitere Entwicklung ist die Legislaturperiode 1989–1994 bedeutsam: Frauenpolitik, als Frauen in allen gesellschaftlichen Bereichen förderndes, auf Bundesebene bereits etabliertes Politikfeld, begann sich in Salzburg aus seiner hier traditionellen Gleichsetzung mit Familienpolitik herauszulösen. Hatte es in dieser Hinsicht in den letzten Jahren der Ära von Landeshauptmann Wilfried Haslauer sen. noch höchst kontroversielle, ideologisch aufgeladene Auseinandersetzungen gegeben, etwa um eine Verankerung von Ehe und Familie in der Verfassung, für die sich im Landtag aber keine Mehrheit fand, nannte 1989 der nunmehrige Landeshauptmann, Hans Katschthaler, in seiner Regierungserklärung „Frauenpolitik" als einen von sechs Arbeitsschwerpunkten. Und mit der Ärztin Gerheid Widrich (ÖVP) wurde, wie schon erwähnt, erstmals in Salzburg eine Landesrätin angelobt.

„Als erste Frau in der Salzburger Landesregierung musste ich nicht nur die politischen Handlungsfelder zur Frauenpolitik besetzen, sondern mich auch mit den eingefahrenen (männlichen) Strukturen auf der Regierungsbank vertraut machen. Genauso mussten sich die Männer an mich gewöhnen; oft in erstaunlicher Höflichkeit", hält Widrich im Rückblick fest. Nie zu kurz gekommen seien jedoch „der Humor und die Gestaltungslust", und „mit Hilfe vieler über Parteigrenzen hinweg agierender Frauennetzwerke" hätten sich damals Ergebnisse erzielen lassen, „die heute noch gelten. Darauf bin ich stolz!" („90 Jahre Frauenwahlrecht", S. 6)

Was hier angesprochen wurde, ist eine in manchen Fällen erfolgreich verlaufene ‚Frauenkoalition' über die Fraktionsgrenzen hinweg – ein neues Politikmuster im Landtag, eingebracht von einer Generation an Mandatarinnen, die sich von ihrem Selbstverständnis her nicht nur als Frauen in der Politik begriffen, sondern einige von ihnen auch als „Lobbyistinnen für Frauensichtweisen" (Stranzinger/Rotschopf 1999, S. 58) und für von der Politik vernachlässigte Interessen aus der Perspektive weiblicher Lebenszusammenhänge.

Auf diesen die übliche Loyalität mit der eigenen Partei zurückstellenden Veränderungsdruck geht etwa das 1991 beschlossene Frauenförderungsprogramm für den Landesdienst zurück: Die gemeinsame Diskussion des Themas durch die Frauen aller im Landtag vertretenen Fraktionen verhalf ihm zum Durchbruch. 1993 war die ‚Frauenkoalition' mit einem gemeinsam eingebrachten Antrag „betreffend die Solidarität mit den Frauen in Bosnien-Herzegowina" erfolgreich, der auf wirkungsvolle Salzburger Hilfe für Vergewaltigungsopfer des Bosnienkrieges und deren Kinder abzielte. Die Beschlussfassung im Landtag am 31. März 1993 erfolgte einstimmig.

Im Detail betrachtet, erwies sich aber der frauenpolitische Aktionsradius der Mandatarinnen in seinen Zielen und Werten doch sehr unterschiedlich ausgeprägt – sowohl vom eigenen Selbstverständnis als auch von der Unterstützung durch ihre jeweilige Fraktion her. So war etwa bei der Einrichtung eines Büros für Frauenfragen innerhalb der Landesverwaltung – heute Referat Frauen, Diversität und Chancengleichheit – seine anfängliche administrative Anbindung an das Referat für Familienpolitik – und damit die Weiterführung der traditionellen Verklammerung – eine Entscheidung, die Kontroversen auslöste. Und was die damalige finanzielle und personelle Ausstattung der neuen Einrichtung und ihre Unabhängigkeit von Weisungen betrifft, waren die Vorstellungen und Forderungen der SPÖ-Frauen und der Grünen deutlich weitreichender.

Mandatarinnen in den Landtagsfraktionen
Abgeordnete gesamt – davon Frauen – Frauenanteil in Prozent, jeweils zu Beginn der Gesetzgebungsperiode

	ÖVP	SPÖ	FPÖ	Grüne	TSS	Landtag gesamt
1984–1989 9. GP	19–3–15,8 %	13–2–15,4 %	4–1–25,0 %			36–6–16,7 %
1989–1994 10. GP	16–2–12,5 %	12–3–25,0 % ab 1991: 4	6–2–33,3 %	2–1–50,0 %		36–8–22,2 % ab 1991: 9–25 %
1994–1999 11. GP	14–2–14,3 %	11–4–36,4 %	8–2–25,0 %	3–1–33,3 %		36–9–25,0 %
1999–2004 12. GP	15–6–40,0 %	12–5–41,7 %	7–1–14,3 %	2–1–50,0 %		36–13–36,1 %
2004–2009 13. GP	14–2–14,3 % ab 2006: 3	17–7–41,2 %	3–1–33,3 %	2–1–50,0 %		36–11–30,5 % ab 2006: 12–33,3 %
2009–2013 14. GP	14–5–35,7 %	15–6–40,0 %	5–1–20,0 %	2–1–50,0 %		36–13–36,1 %
2013–2018 15. GP	11–5–45,4 %	9–4–44,4 %	6–2–33,3 % ab 2015: 1	7–3–42,8 %	3–1–33,3 %	36–15–41,7 % ab 2015: 14–38,9 %

Das offizielle Porträt der ersten Salzburger Landeshauptfrau Gabi Burgstaller im Regierungssitzungszimmer des Chiemseehof: Gabi Burgstaller, die Künstlerin Gerlind Zeilner und Landeshauptmann Wilfried Haslauer bei der Präsentation 2014 (Foto: Landes-Medienzentrum, Franz Neumayr)

Österreichweit im Spitzenfeld – und doch weiterhin Luft nach oben (2000–2018 und darüber hinaus)

Das ausgehende 20. Jahrhundert hatte den Frauen nicht nur die deutliche Vergrößerung ihres quantitativen Anteils an den Landtagsabgeordneten gebracht, sondern sie machten, wie gezeigt wurde, auch in der Hierarchie des Landesparlaments wichtige Schritte: und zwar nach oben. Zudem hat die kontinuierliche Eroberung der Landesregierung begonnen, seit 1997 gab und gibt es durchgehend keine mehr ohne die Einbindung und Beteiligung von Frauen. Das rege mediale Interesse an Frauen in politischen Führungsfunktionen hat diese Entwicklung noch dynamisiert.

In der Legislaturperiode 1999–2004 waren zum ersten Mal zwei Landesrätinnen im Regierungskollegium präsent, mit einer Ressortzuteilung, die zumindest punktuell über die traditionellerweise den Frauen zugeschriebenen Bereiche hinausging: Der Frauenärztin Maria Haidinger, mit der sich der ÖVP-Trend hin zu Quereinsteigerinnen fortsetzte, wurde, ihrer Fachkenntnis entsprechend, die Verantwortung für die Landeskrankenanstalten anvertraut, neben den ‚weiblichen Klassikern' Familienpolitik, Kinderbetreuung und Tierschutz. Die SPÖ hat ihr erstes weibliches Regierungsmitglied, die Juristin, Wohn- und Mietrechtsberaterin Gabi Burgstaller, mit den Bereichen Frauen und Konsumentenschutz bedacht, dieser aber auch den Verkehr übertragen sowie mit dem Bauressort „einen konventionell männerdominierten Arbeitsbereich". (Stranzinger/Rotschopf

1999, S. 64) Die größte Frauenpräsenz wies die Salzburger Landesregierung in der Legislaturperiode nach 2009 auf (Landesrätin Doraja Eberle bzw. ihre Nachfolgerin Tina Widmann, ÖVP; Landesrätin Erika Scharer bzw. ihre Nachfolgerin Cornelia Schmidjell, SPÖ, sowie Landeshauptfrau Gabi Burgstaller). Die beiden über die gesamte Gesetzgebungsperiode hinweg tätigen weiblichen Mitglieder in der Landesregierung 2013 bis 2018 stellten die Grünen (Landeshauptmann-Stellvertreterin Astrid Rössler, Landesrätin Martina Berthold), Ende Jänner 2018 kam sozusagen auf den letzten Metern noch die bis dahin als Landtagspräsidentin amtierende Brigitta Pallauf (ÖVP) dazu, die das Regierungsmandat des zurückgetretenen Landesrates für Verkehr und Wohnen übernahm.

Die wachsende Präsenz von Frauen in Führungspositionen sowie ihre damit deutlich sichtbar werdende Kompetenz waren und sind eine entscheidende Grundlage dafür, dass sie in allen politischen Funktionen und Ämtern „eine Selbstverständlichkeit werden". (Rosenberg 2010, S. 43) Die Wahl der ersten Landeshauptfrau für Salzburg im Jahr 2004 ist diesbezüglich als weiterer Meilenstein zu nennen und nicht zuletzt durch veränderte Bewertungen in der Geschlechterordnung des Politischen grundiert. So sprachen die politischen Analysen nach dieser – den Machtwechsel von der ÖVP zur SPÖ bringenden – Wahl von einem „candidate voting": Gabi Burgstaller, ab 2001 Frontfrau der SPÖ und Landeshauptmann-Stellvertreterin, sei in der Öffentlichkeit als „Powerfrau mit Herz" wahrgenommen worden, „unkompliziert, unkonventionell" und als vertrauenswürdiger „Alternativ-Entwurf" zum amtierenden „Landesfürsten", mit dem die Analysen eher Kennzeichen wie „harter Macher" oder „hat sein Amt zelebriert" assoziierten. (Mair 2006, S. 23 und 26) Die letzte bis dahin ausschließlich männlich besetzte landespolitische Position fiel, wie eingangs schon erwähnt, einige Jahre später: 2008 wählte der Landtag die Systemanalytikerin Gudrun Mosler-Törnström (SPÖ) zu seiner Ersten Präsidentin, ein Amt, das in der Gesetzgebungsperiode 2013 bis 2018 ebenfalls von einer Frau bekleidet wurde, der Juristin und Mediatorin Brigitta Pallauf (ÖVP), die allerdings, wie oben schon erwähnt, Ende Jänner 2018 in die Funktion einer Landesrätin wechselte.

Das Salzburger Landesparlament wiederum liegt mit seinem Frauenanteil schon seit den 1990er-Jahren im österreichweiten Vergleich im Spitzenfeld, lange an zweiter Stelle hinter Wien, aktuell knapp hinter der Steiermark, kommt dabei aber nur der 40-Prozent-, nicht aber einer 50-Prozent-Marke nahe.

Frauenanteile in den Landtagen in Österreich
Stand: 1.7.2017

Bundesland	Abg. gesamt/ davon Frauen	Frauenanteil
Steiermark	48/19	39,6 %
Salzburg	36/14	38,9 %
Vorarlberg	36/13	36,2 %
Wien	100/35	35,0 %
Oberösterreich	56/19	33,9 %
Niederösterreich	56/14	25,0 %
Tirol	36/9	25,0 %
Burgenland	36/8	22,2 %
Kärnten	36/8	22,2 %

Die vier Salzburger Bürgermeisterinnen des Jahres 2016 – seit Herbst 2017 amtiert eine fünfte – bei Landesrätin Martina Berthold (Foto: Landes-Medienzentrum Salzburg)

Dass es in der Politik „noch definitiv Luft nach oben“ gibt, „was die Partizipation von Frauen betrifft“, hielt anlässlich des Internationalen Weltfrauentages 2016 auch die damalige Salzburger Landtagspräsidentin Pallauf fest (Landeskorrespondenz, 7. März 2016). Besonders markant zeigt sich das in den Gemeindevertretungen des Bundeslandes: Dort also, wo Politik räumlich am nächsten ist, sind Frauen aktuell im Durchschnitt nur mit 22,2 Prozent vertreten, ein Wert, der sich seit den letzten Wahlen nicht verändert hat. („Frauenzahlen 2016“, S. 70) Und nur fünf von den 119 Gemeinden werden von einer Bürgermeisterin geführt (Stand: September 2017), was Salzburg in dieser Hinsicht zum österreichischen Schlusslicht macht.

Das für eine aktive Partizipation von Frauen weiterhin harte Pflaster der Gemeindepolitik erinnert daran, dass in dem langwierigen Aufholprozess, der in diesem Beitrag in den Blick genommen wurde, nicht nur eine „numerisch-quantitative ‚Verspätung‘“ (Rosenberg 2010, S. 37) auszugleichen war. Es ging und geht dabei immer auch darum, entlang der Kategorie Geschlecht die grundsätzliche Verfasstheit von Politik zu be- und zu hinterfragen: ihre Rekrutierungsmuster, Seilschaften, Strukturen, Zeitrhythmen, Rituale, ihre Sitzungskultur und ihre Kommunikationsstile, vorhandene/fehlende Wertschätzung und Respekt. Diese Rahmenbedingungen für einen Eintritt in die Politik können die Entscheidung, sich in politische Entscheidungs- und Gestaltungsprozesse einzubringen, erleichtern oder erschweren. Gleichzeitig sind es nach wie vor auch die in den Köpfen von Frauen (und Männern) wirkenden Rollenbilder, die zu so einem Engagement ermutigen, herausfordern oder davon abhalten, sich ins politische Feld zu wagen und dort zu behaupten.

„Mehr Frauen in die Salzburger Politik“ bleibt als Devise – so von der für Frauen und Chancengleichheit ressortzuständigen Landesrätin Berthold auch für den Girls‘ Day ausgegeben (Landeskorrespondenz, 3. Februar 2016) – weiterhin hoch aktuell. Und dabei geht es nicht alleine um Geschlechtergerechtigkeit, sondern es geht immer auch um die notwendige Expertise von Frauen, darum, durch möglichst viele unterschiedliche „Zugänge, Erfahrungen und Hintergründe“ zu „guten, gerechten Ergebnissen in der Politik zu kommen“. (Stainer-Hämmerle 2016, S. 7)

Auswahlbibliographie

Bader-Zaar, Birgitta: Zur Geschichte des Frauenwahlrechts im langen 19. Jahrhundert. Eine international vergleichende Perspektive. In: Ariadne (2001), S. 6–13

Bauer, Ingrid: Das Bewusstsein ist den Verhältnissen vorweggeeilt ... – Die Frauen der achtziger Jahre und diese Stadt. In: Marx, Erich (Hg.): Stadt im Umbruch – Salzburg 1980 bis 1990, Salzburg 1990 (Schriftenreihe des Archivs der Stadt Salzburg Nr. 3), S. 93–121

Bauer, Ingrid/Pluntz, Liane: Vom Anspruch auf Gegenmacht und dem Geschenk der Teilhabe. Frauenpolitik/Frauen und Politik in Salzburg. In: Salzburger Jahrbuch für Politik 1991, S. 123–142

Floimair, Roland (Hg.): „Salzburg weiblich“ – Ein Frauenbericht, Salzburg 1992 (Schriftenreihe des Landes-Medienzentrums, Sonderpublikationen Nr. 101)

„Frauenzahlen 2016“, hrsg. von Landesamtsdirektion, Referat Frauen, Diversität und Chancengleichheit und Landesstatistik Salzburg

Hauch, Gabriella: Vom Frauenstandpunkt aus. Frauen im Parlament 1919–1933, Wien 1995

Mair, Michael: Ein verwandelter Elfmeter. Machtwechsel und Kommunikation. In: Salzburger Jahrbuch für Politik 2005, S. 9–33

Mazohl-Wallnig, Brigitte (Hg.): Die andere Geschichte 1. Eine Salzburger Frauengeschichte von der ersten Mädchenschule (1695) bis zum Frauenwahlrecht (1918), Salzburg – München 1995

Rosenberg, Barbara: Macht wird weiblich. Mehr Frauen in Führungspositionen – verändern sie die Politik? In: Gutschner, Peter (Hg.): Signaturen des Wandels. Zur Rolle der SPÖ in Salzburg 1970–2009, Innsbruck – Wien – Bozen 2010, S. 29–44

„Starke Frauen im Chiemseehof 1918–2015“. Die weiblichen Seiten der Salzburger Landespolitik (Redaktion Richard Voithofer), Salzburg 2015 (Schriftenreihe des Landes-Medienzentrums, Salzburger Landtag Nr. 24)

Stainer-Hämmerle, Kathrin: regional, kommunal, feminin. Sieben Thesen zu einer weiblicheren Politik in Stadt und Land. In: if:faktum spezial_2016_gleichstellung kompakt, hrsg. vom Fachbereich Frauen und Gleichstellung des Amtes der Tiroler Landesregierung, S. 5–7

Steininger, Barbara: Feminisierung der Demokratie? Frauen und politische Partizipation. In: Pelinka, Anton. (Hg.): Die Zukunft der Demokratie. Trends, Prognosen und Szenarien, Wien 2000, S. 141–167

Stranzinger, Dagmar: Der Aufbruch der Frauen. In: Dachs, Herbert/Floimair, Roland/Hanisch, Ernst/Schausberger, Franz (Hg.): Die Ära Haslauer. Salzburg in den siebziger und achtziger Jahren, Wien – Köln – Weimar 2001, S. 429–458

Stranzinger, Dagmar/Rotschopf, Romana: Auf die Plätze Frauen los ... Präsenz von Frauen in der Salzburger Politik. In: Salzburger Jahrbuch für Politik 1999, S. 57–68

Thurner, Erika/Stranzinger, Dagmar (Hg.): Die andere Geschichte 2. Eine Salzburger Frauengeschichte des 20. Jahrhunderts, Salzburg – München 1996

Veits-Falk, Sabine: Zur Geschichte des Frauenwahlrechts in Salzburg und Österreich. In: 90 Jahre Frauenwahlrecht, hrsg. von Karl Steinocher-Fonds, Stabsstelle für Frauenfragen und Chancengleichheit des Landes Salzburg und Frauenbüro der Stadt Salzburg, Salzburg 2008

Erasmus+
JUGEND IN AKTION
LAND
- LICH
WILLKOMMEN
SALZBURGER JUGENDLANDTAG 2017

Wolfgang Schick • Harald Brandner

Demokratie braucht Beteiligung und Mitbestimmung

Die Jugendlandtage 1996 bis 2017

„Grundsätzlich versteht sich der Landtag der Jugend als Initialzündung für andere Jugendbeteiligungsmodelle auf Bezirks-, Landes- und Gemeindeebene. Durch den direkten Kontakt zur Landesregierung und zum Landtag können die jungen Menschen ihre Forderungen und Anträge direkt an die zuständigen Ressortchefs sowie den Salzburger Landtag herantragen und mit diesen diskutieren.“ So das 1995 verfasste Grundsatzpapier zum Salzburger Jugendlandtag. Dieser stand im Kontext der Erarbeitung eines neuen und modernen Salzburger Jugendgesetzes unter dem damals für Jugend zuständigen Regierungsmitglied Landeshauptmann-Stellvertreter Gerhard Buchleitner, das die bis dorthin getrennten Landesgesetze für Jugendschutz und Jugendförderung vereinen sollte. Zum Gesamtprozess gehörten eine repräsentative Jugendbefragung unter 3.500 jungen SalzburgerInnen, eine Jugendstudie, breit angelegte Arbeitskreise mit Mitwirkenden aus den Bereichen Wirtschaft, Bildung, Wissenschaft, Gemeindearbeit und VertreterInnen der Jugendorganisationen sowie zwei große Fachenqueten. Dieser vom Landesjugendreferat initiierte und gemeinsam mit Akzente Salzburg begleitete und durchgeführte Diskussionsprozess sollte eine optimale Regierungsvorlage für den Salzburger Landtag garantieren. Als roter Faden zog sich das Motto „Fördern ist der beste Schutz“ durch die gesamte Materie.

Bei dem 1996 erstmals stattfindenden Salzburger Jugendlandtag hatten 36 „Jugendabgeordnete“ die Möglichkeit, ihre Anliegen dem Landtag und der Landesregierung vorzutragen. Sie hatten sich während eines Wochenendseminars im Lungau gründlich und sehr engagiert darauf vorbereitet. Mehr als die Hälfte der TeilnehmerInnen kam aus Landgemeinden, es waren etwas mehr SchülerInnen als Lehrlinge, zum Teil mit Funktionen wie SchulsprecherInnen, oder sie stammten aus Jugendorganisationen und -initiativen. Die Gruppe war sowohl vom Alter als auch von der sozialen Herkunft gemischt, fünf Jugendliche kamen aus betreuten Wohngemeinschaften, vier Plätze wurden verlost. Während des Seminars wurde in den Arbeitsgruppen „Jugendschutz“, „Partizipation“, „Jugendförderung“ und „Jugend in der Gemeinde“ gearbeitet. Über eine Analyse der derzeitigen Situation und der Beschreibung des Idealzustandes wurden Maßnahmen bzw. entsprechende Anträge erarbeitet, die dann im Plenum präsentiert, einzeln diskutiert und abgestimmt wurden. Schwerpunkte der 15 Anträge waren Jugendbeteiligung und -förderung in unterschiedlichen Formen, Wahlaltersenkung auf kommunaler Ebene, Jugendmobilität, Jugendtreffpunkte, Jugendinformation sowie Freizeitangebote. Aber auch der Alkohol- und Nikotinkonsum war ein Thema.

Am 26. September 1996 fand im Landtagssitzungssaal der erste Salzburger Jugendlandtag zum Thema „Jugendförderung und Jugendschutz“ unter Vorsitz von Landtagspräsident Univ.-Prof. Dr. Helmut Schreiner statt. Nach einem Ein-

Linke Seite:
Impressionen aus den Salzburger Jugendlandtagen 2001 bis 2017 (Fotos: Landes-Medienzentrum Salzburg und Akzente Salzburg)

leitungsreferat von Landeshauptmann-Stellvertreter Gerhard Buchleitner zum neuen Jugendförderungs- und Jugendschutzgesetz wurden die Anträge präsentiert und ausführlich mit den JugendsprecherInnen bzw. Klubobleuten der im Landtag vertretenen Parteien diskutiert. Die Antragsformel nach der Berichterstattung der Mädchen und Burschen über den jeweiligen Antrag lautete: „... aus diesem Grund stellen wir folgenden Antrag: Der Jugendlandtag hat beschlossen, die Landesregierung zu ersuchen ...“, danach kam die jeweilige Forderung. Zum Abschluss dankte Landtagspräsident Schreiner für die 141 Wortmeldungen, erklärte die weitere Vorgangsweise mit Regierungsvorlage und Begutachtungsverfahren, danach endgültige Regierungsvorlage und auf dieser basierend die Beratungen im zuständigen Landtagsausschuss. Bei diesem sollten auch die jugendlichen ExpertInnen beigezogen werden. Bei einer von Akzente im November 1996 organisierten Nachbesprechung mit den Jugendlichen wurde berichtet, dass bis auf drei an den Nationalrat zugewiesene Anträge alle in die Diskussionsvorlage für das neue Jugendgesetz eingearbeitet wurden.

In einer Aussendung der Salzburger Landeskorrespondenz zum zweiten Salzburger Jugendlandtag 2001, der am 6. März im Chiemseehof stattfand, heißt es: „Jugendarbeit wird ernst genommen. Zwei Drittel aller Anträge vom ersten Jugendlandtag wurden umgesetzt.“ Bereits im Vorfeld erarbeiteten die jungen TeilnehmerInnen bei einer dreitägigen Zukunftswerkstätte insgesamt 29 Anträge zu Themen wie objektive DirektorInnenbestellung, Aufwertung und Qualitätssicherung des Unterrichts, attraktive und kostengünstige öffentliche Verkehrsmittel oder Änderungen zum Wahlrecht, diskutierten diese eingehend und stimmten letztlich darüber ab. Die 36 Abgeordneten wurden durch die Jugendbeauftragten aus den Bezirken, die LandesschulsprecherInnen, die VertreterInnen von Schülerorganisationen, des Landesjugendbeirates, aber auch von Wohngemeinschaften der Jugendwohlfahrt, Jugendzentren sowie von Lehrlingen gestellt. Neu war, dass die vom Jugendlandtag gefassten Beschlüsse zur Gänze an den Landtag als Petition weitergeleitet wurden.

Der dritte Jugendlandtag 2003, mit dessen Vorbereitung Landtagspräsident Ing. Georg Griessner das Landesjugendreferat Ende Juli 2003 beauftragte und der Ende September stattfinden sollte, gestaltetet sich in der Vorbereitung etwas turbulent. Aufgrund der Evaluierung des zweiten Jugendlandtages durch die Wissenschaftsagentur, wurde die Zahl der Teilnehmer auf den offenen Plätzen zu Lasten der stellvertretenden Jugendbeauftragten (minus 5) und stellvertretenden SchulsprecherInnen (minus 3) um acht erhöht. Vor allem aber wurde ein Alterslimit mit „ca. 19 Jahre“ empfohlen. Dies geschah zwar in Absprache mit der Vorsitzenden des Landesjugendbeirates, führte jedoch zu erbosten Reaktionen einer politischen Jugendorganisation. Eine Landtagsabgeordnete sprach sogar von einem „Willkürakt sondergleichen“ und wies darauf hin, „dass laut Salzburger Jugendgesetz Menschen bis zum 27. Lebensjahr als Jugendliche gelten.“ Trotzdem fand die Vorbereitung mit großer Transparenz in der geplanten Form statt, die offenen Plätze wurden durch eine vom Landesjugendbeirat eingesetzte Gruppe nach Kriterien wie Stadt/Bezirke, Mädchen/Burschen unter Berücksichtigung des empfohlenen Alters vergeben. Die übrige bewährte Zusammensetzung blieb unverändert. Bei der Präsentation, Diskussion und Abstimmung der von den Jugendlichen erarbeiteten Anträge am Vorbereitungswochenende am 19. September in Obertrum nahm Landtagspräsident Griessner persönlich teil und zeigte sich höchst beeindruckt ob der Professionalität und des Engagements. Seiner Anregung im Vorfeld, auch beim Jugendlandtag sowohl eine „Aktuelle Stunde“ als auch eine tagesaktuelle „Dringliche Anfrage“ mitaufzunehmen, wurde gerne entsprochen und damit beim Jugendlandtag am 25. September 2003 im Plenarsaal des Landtages in der Aktuellen Stunde das Thema „Jugendförderung“ diskutiert, die „Dringliche Anfrage“ wurde zum Thema „Unterstützung von jungen Mädchen und Frauen in schwierigen Lebenssituationen“ gestellt. Dabei ging es um Schwangerschaftsabbruch und begleitende Betreuung sowie Maßnahmen und Unterstützung für junge schwangere Frauen. Die 20 Anträge wurden in fünf Gruppen zusammengefasst, von jeder Gruppe wurden zwei mündlich im Plenum eingebracht, der Rest schriftlich. Die Themenpalette reichte von Wohnungen für Jugendliche, Jugendarbeit, Bildungsscheck, Projektförderung für arbeitslose Jugendliche bis zur Wahlalter-Absenkung auf 16 Jahre. Auch ein mehrheitlich abgelehnter Antrag zum Thema Legalisierung von Marihuana wurde nur schriftlich eingebracht. Die Auswahl wurde von den Jugendlichen selbst getroffen. Landtagspräsident Griessner legte besonderen Wert darauf, den Jugendlandtag auf Basis der Geschäftsordnung des Landtages durchzuführen, auch das Wortprotokoll ging danach allen Jungabgeordneten zur allfälligen Korrektur zu. Die 19 beschlossenen Anträge wurden alle dem Petitionsausschuss zur Beratung und Beschlussfassung zugewiesen und der Landtagspräsident, der die Diskussionskultur ausdrücklich lobte, garantierte den Jugendlichen, dass alle Anträge beraten und sie über die Ergebnisse informiert werden.

Bereits im März 2006 erging die Einladung durch Landtagspräsident Johann Holztrattner zur Konzepterstellung für den vierten Jugendlandtag, der jedoch aufgrund von politischen Diskussionen in der Landesregierung erst im Mai 2007 stattfand. Die Durchführung lag wieder bei „Akzente“ in Kooperation mit dem Landesjugendbeirat und dem Landesjugendreferat. Aufgrund von Beschlüssen des dritten Jugendlandtages wurde die bewährte Zusammensetzung geringfügig verändert, so wurden von den 36 Plätzen drei für Minderheiten (Migrationshintergrund, Behinderung und „ein noch zu definierender Platz“ – gemeint war sexuelle Orientierung) vorgesehen. Um besonders transparent zu sein und Befürchtungen bezüglich Einflussnahme auf die Zusammensetzung vorzubeugen, wurde für die zehn offenen Plätze eine Auswahlkommission mit VertreterInnen von Landesjugendbeirat, Kinder- und Jugendanwaltschaft, LandesschülerInnenvertretung und Abgeordneten der vier Landtagsfraktionen eingesetzt, die zudem auch einstimmig das Höchstalter auf maximal 22 Jahre festlegte. Bei der beibehaltenen „Dringlichen Anfrage“ stand das Thema Integration im Mittelpunkt, danach folgte die Vorstellung der 15 beim verbindlichen Vorbereitungsseminar beschlossenen Anträge, von Sexualität und Anti-Diskriminierung, leistbarer Bildung und PsychologInnen an Schulen, Politischer Bildung, Wohnen, Freizeitgestaltung und Mobilität bis zu einer Plakette „Jugendfreundliches Lokal“. Alle Anträge wurden mit den anwesenden LandespolitikerInnen diskutiert. 13 der Anträge wurden angenommen. Die Anträge „Modularisierung an Salzburgs Schulen“ und „Mehr musikalische Förderung“ wurden von den Jugendlichen mehrheitlich abgelehnt. In einer Nachbesprechung mit Landtagsabgeordneten wurde festgehalten, dass die TeilnehmerInnen keine „Delegierten“ sind, sondern ihre persönliche Meinung vertreten und entsprechend ihre eigenen Anträge einbringen. Durch eine breite strukturelle Streuung unterschiedlicher

Lebensbereiche wurde jedoch gewährleistet, dass verschiedenste Meinungen aus dem ganzen Land zur Sprache kamen. Das Vorbereitungswochenende bzw. -seminar zum Jugendlandtag war vergleichbar mit Ausschussberatungen im Landtag. Unbefriedigend war jedoch die Situation, dass der Bericht des Petitionsausschusses (d. h. die Anträge des Jugendlandtages) im Landtag mit „Bericht zur Kenntnis" behandelt wurden und keine bzw. kaum Folgewirkung hatten. 2013 und 2014 wurden unterschiedliche Projektskizzen für einen Jugendlandtag erstellt und obwohl sich sowohl Jugendliche als auch PolitikerInnen bei den jeweiligen Jugendlandtagen für mindestens einen Jugendlandtag pro Legislaturperiode ausgesprochen hatten, gab es von 2007 bis 2015 keinen Auftrag zur Durchführung eines Jugendlandtages.

Erst Landtagspräsidentin Dr.[in] Brigitta Pallauf gab den Auftrag zum fünften Jugendlandtag 2016, direkt vom Landtag durchgeführt in Kooperation mit „Akzente Salzburg". Neu bei diesem Jugendlandtag war, dass 400 junge Mädchen und Burschen im Alter von 16 bis 20 Jahren – die Auswahl der Adressen erfolgte durch Zufallsprinzip – eingeladen wurden, als „Abgeordnete" teilzunehmen. Zur Vorbereitung wurde ein eineinhalbtägiges Vorbereitungswochenende durchgeführt, bei dem, neben Grundsatzinformationen von ExpertInnen über Demokratie und Mitbestimmung, von 48 angemeldeten Jugendlichen Anträge erarbeitet wurden. Im Vorfeld konnten interessierte Jugendliche auch an einem Nachmittagsworkshop in der Jugendinfo über die Grundlagen der Demokratie teilnehmen. Die ausgearbeiteten Anträge wurden der Landesregierung mit den zuständigen Ressortmitgliedern am Jugendlandtag im Chiemseehof präsentiert, debattiert und danach abgestimmt. Eine Behandlung durch den Landtag im Petitionsausschuss samt Rückmeldung an die Jugendlichen wurde bereits im Vorfeld festgelegt. Insgesamt wurden acht Anträge zu folgenden Themen gestellt: Stärkung des Personennahverkehrs in der Region, Förderungen für Aus- und Weiterbildung, Abschaffung von Tempo 80 auf der Stadtautobahn, Ausbau der Schulautonomie, Politische Bildung, Tag der Aufklärung, Zielgruppenerweiterung von Jugendzentren und der Antrag „Zeiten ändern sich – Gesetze auch?".

Beim sechsten Jugendlandtag 2017 blieben Konzept und Durchführung fast unverändert, diesmal wurden 800 Mädchen und Burschen per Zufallsprinzip angeschrieben. Von den 40, die sich in der Landtagskanzlei angemeldet hatten, meldeten sich am Vorbereitungsseminar vier für ein Medienteam, somit war der Jugendlandtag mit 36 Jugendabgeordneten komplett. Wie 2016 gab es wieder die Möglichkeit für interessierte Jugendliche, an einem Grundlagenworkshop in der Jugendinfo teilzunehmen. Am Vorbereitungswochenende erarbeiteten die Mädchen und Burschen auch Fragen an die Regierungsmitglieder, die dann am Jugendlandtag selbst in einer Stunde, in der alle bis auf zwei entschuldigte Landesräte anwesend waren, beantwortet wurden. Sieben Anträge wurden am Jugendlandtag zu folgenden Themen beschlossen: Erschließung von ungenutztem Wohnraum durch „Generationen-WGs", Attraktivierung des Angebots im Bereich öffentlicher Verkehr für Salzburger Jugendliche bezüglich Fahrplan und Fahrpreise, Integrationspaket 2.0., Jugendschutz, verstärkte Angebote zu innerschulischer, kompetenzorientierter Allgemeinbildung und Lebenskompetenz, alternative Antriebsformen sowie Autonomie in der Wahl des Lernstoffes. Eine Behandlung durch den Landtag im Petitionsausschuss samt Rückmeldung an die Jugendlichen wurde bereits im Vorfeld festgelegt.

Landtagspräsidentin Dr.[in] Brigitta Pallauf mit den Teilnehmerinnen und Teilnehmern des Jugendlandtages 2017 (Foto: Landes-Medienzentrum Salzburg)

Rückblickend auf die bisherigen Jugendlandtage kann man feststellen, dass viele der TeilnehmerInnen am Jugendlandtag heute noch politisch aktiv sind, der Bogen reicht von politischen Interessensvertretungen bis hin zu Mandaten im Gemeinde- oder Nationalrat. Mit Sicherheit aber haben alle teilnehmenden jungen Menschen bei den Jugendlandtagen viel gelernt und wurden auch zu authentischen IdeenlieferantInnen für die Politik.

Die ARGE Partizipation Österreich schreibt in ihrer Grundsatzerklärung: „Eine funktionierende Demokratie braucht Beteiligung und Mitbestimmung sowie engagierte Menschen und Rahmenbedingungen, die dieses Engagement ermöglichen. Damit das friedliche Zusammenleben in der gegenwärtigen und auch in einer zukünftigen Gesellschaft gewährleistet ist, geht es um eine gerechte Verteilung von Arbeit, Einkommen und Lebenschancen. All das kann nur durch eine umfassende, aktive Beteiligung und Mitbestimmung der BürgerInnen erreicht werden. Die Vision engagierter, selbstbestimmter und verantwortungsvoller BürgerInnen wird nur dann Realität werden, wenn das Bewusstsein für Mitbestimmung und nachhaltige Generationengerechtigkeit geschaffen wird. Demokratie fängt klein an. Wenn wir von unseren Kindern fordern, aktive, engagierte und politisch denkende Menschen zu werden, dann müssen wir auch die Basis dafür schaffen – durch demokratische Beteiligung von klein auf."

Ein Jugendlandtag kann eines von vielen Mosaikstücken in diesem Prozess sein, allerdings sollte gewährleistet sein, dass die Anliegen von jungen Menschen tatsächlich Eingang in die Landespolitik finden und deren Anträge nicht nur mit „BzK", also „Bericht zur Kenntnis", beschlossen werden, ansonsten könnte sich demokratiepolitische Begeisterung rasch in gegenteilige Frustration verwandeln. Landtagspräsidentin Dr.[in] Brigitta Pallauf hielt bereits 2016 beim Jugendlandtag fest: „Es soll ein Bewusstsein geschaffen werden, dass jeder und jede politische Verantwortung hat. Um das Leben und Miteinander in Salzburg zu gestalten, ist die Meinung jedes einzelnen wichtig. Niemand sollte abwarten, was passiert, sondern jeder ist gefragt, mitzuarbeiten."

Kontrolle birgt auch das Element Konflikt und Überraschung in sich. Das Ergebnis muss so oder so verdaut werden. Mediale Aufmerksamkeit bedeutet auch öffentliche Diskussion und ist der Sache dienlich. (Karikatur: Thomas Wizany)

Hans Buchner

Landesrechnungshof: Gut Ding braucht Weile!

Rechtsgrundlage für die Finanz- und Gebarungskontrolle der gesamten Staatswirtschaft im Kronland Salzburg war die Kaiserliche Verordnung vom 21. November 1866 (RGBl. Nr. 140/1866). Darin verordnete Kaiser Franz Joseph I. den Übergang der „Staats-Rechnungscontrole" an den „Obersten Rechnungshof." Dieser war als Zentralgewalt eingerichtet, direkt dem Kaiser unterstellt und den Ministerien gleichgestellt.

Die Kontrolle umfasste nicht nur die ziffernmäßige Richtigkeit, sondern hatte ihr Hauptaugenmerk auf die Gebarung mit dem Staatsvermögen zu richten. § 12 der Kaiserlichen Verordnung bestimmte: „Die Landes- und die denselben untergebenen Behörden haben in allen Angelegenheiten des Controldienstes den Anordnungen des Obersten Rechnungshofes Folge zu leisten, und es ist der Oberste Rechnungshof befugt, seinen Verfügungen auf gleiche Weise wie die Ministerien Folge zu sichern." Erhebungen erfolgten in Form von „Amtsvisitationen". Eine solche hatte nach § 12 der dazu eigens erlassenen „Geschäfts-Ordnung" so abzulaufen: „Ueber diese Erhebungen hat der zur Amtsvisitation entsendete Referent bei seiner Rückkunft dem Präsidium eine umständliche Relation zu erstatten, welches hierüber das weiters Erforderliche verfügt, und zwar, wenn es Landesbehörden betrifft, an den Chef derselben." Den damaligen Landtagen blieb es überlassen, die ‚summarischen' Rechnungsabschlüsse der unter Verwaltung des Landes stehenden Anstalten und Fonds zur Kenntnis zu nehmen. Der politische Umsturz des Jahres 1918 hatte für den „Obersten Rechnungshof" unmittelbar keine Folgen. Er wurde in die neu entstandene Republik übernommen und anstelle des Monarchen dem Staatsrat unterstellt. Ein Jahr darauf legte die Provisorische Nationalversammlung fest: „Für Deutschösterreich wird ein Staatsrechnungshof errichtet." Dieser war der Nationalversammlung unterstellt und ausschließlich für den Bund zuständig. Bemerkenswert: Die Bestimmungen der Kaiserlichen Verordnung aus dem Jahre 1866, die den Geschäftsgang geprägt haben, blieben grundsätzlich weiterhin in Kraft. Sie wurden erst durch das Rechnungshofgesetz des Bundes aus dem Jahre 1925 außer Kraft gesetzt. Nicht nur ironisch gemeint: Grundsätze monarchistischen Verwaltungshandelns flossen reibungslos und gesetzlich legitimiert in staatlich-republikanisches Verwaltungshandeln ein; nicht nur bei kritischer Betrachtungsweise sind Spuren davon heute noch erkennbar.

Zu einer Zäsur kam es 1920. Die Bundesverfassung deklarierte: „Zur Überprüfung der Gebarung der gesamten Staatswirtschaft des Bundes … ist der Rechnungshof berufen." Ein folgenschwerer zentralstaatsfördernder Türspalt blieb offen: Den Ländern wurde vorerst die Möglichkeit eingeräumt, dem allein schon von seiner Rekrutierung her zentralstaatlich ausgerichteten Rechnungshof als „quasi" Landesorgan zu ermächtigen, die Landesgebarung zu überprüfen. Das Recht eines Landes, seine landeseigene Kontrolleinrichtung autonom zu bestimmen, währte nur kurz. 1925 oktroyierte der Bundesverfassungsgesetzgeber: „Der Rechnungshof hat auch die Gebarung der Länder zu prüfen." Die darnieder liegende Finanzlage der öffentlichen Haushalte mag dabei sowohl zentralisti-

140.

Kaiserliche Verordnung vom 21. November 1866,

über die Regelung des Staats-Rechnungs- und Controlsdienstes bei sämmtlichen Zweigen der Civilverwaltung, mit Ausnahme der politischen und Justizverwaltung in Ungarn, Kroatien, Slavonien und in Siebenbürgen.

Zur Erzielung einer einfacheren und schnelleren Verrechnung, sowie zur Handhabung einer wirksameren und zweckmäßigeren Controle über die Gebarung mit dem gesammten Staatsvermögen, finde Ich, nach Anhörung Meines Ministerrathes, folgende Bestimmungen, und zwar vorläufig für die sämmtlichen Zweige der Civilverwaltung, mit Ausnahme der politischen und Justizverwaltung in Meinen Königreichen Ungarn, Kroatien und Slavonien und Großfürstenthume Siebenbürgen zu erlassen:

1866: Der Kaiser verordnet den Obersten Rechnungshof (RGBl. Nr. 140/1866)

schen als auch international unterstützten Kräften in die Hände gespielt haben. Die „quasi schleichende" Entmündigung der Länder in Kontrollfragen war zwar vorerst abgemildert: War eine qualifizierte Landeskontrolleinrichtung ausgestattet mit ausschließlicher Verantwortlichkeit gegenüber dem Landtag sowie der Zuständigkeit auch zur Prüfung von Sparsamkeit, Zweckmäßigkeit und Wirtschaftlichkeit vorhanden, so war die Prüftätigkeit des Rechnungshofes auf die Feststellung der ziffernmäßigen Richtigkeit und der Übereinstimmung mit den bestehenden Vorschriften beschränkt. Diese Beschränkung entfiel im Jahre 1929. Seither gilt die Prüfbefugnis des Rechnungshofes uneingeschränkt; sie umfasst auch die Beurteilung von Wirtschaftlichkeit, Sparsamkeit und Zweckmäßigkeit. Den Ländern wurde als Ausgleich konzediert, dass von der Überprüfung gebarungsbedeutsame Beschlüsse der Landtage nicht umfasst sein sollen. Bemerkenswert ist – was das Selbstwertgefühl der Länder betrifft – wohl die im Jahre 1929 eingeführte Verpflichtung des Rechnungshofes, der Bundesregierung die Ergebnisse von Länderprüfungen zur Kenntnis bringen zu müssen. Warum wohl? Wohl als Art föderalistisches „Trostpflaster" ist anzusehen, dass gegenüber dem Rechnungshof vom Land ein mit den Gegebenheiten Beauftragter namhaft zu machen war. Der Rechnungshof war angehalten, den Beauftragten bei Prüfungshandlungen beizuziehen. Dem Beauftragten und auch dem Vorstand einer allenfalls eingerichteten landeseigenen Kontrolleinrichtung war die Möglichkeit einzuräumen, sich zu Prüfungsergebnissen zu äußern. Das Institut dieses „Beauftragten" entfiel in der Zweiten Republik. Einschneidend war eine weitere „Quasi-Entmündigung" der Länder im Jahre 1929: Entgegen der im Allgemeinen den Ländern zustehenden Gesetzgebungskompetenz für Gemeindeangelegenheiten verfügte der Zentralstaat durch Gesetz, dass der Rechnungshof fortan auch für die Prüfung von Gemeinden zuständig ist. Obligatorisch galt dies vorerst für Gemeinden mit über 20.000 Einwohnern; für kleinere Gemeinden war dafür ein Ersuchen durch die jeweilige Landesregierung erforderlich. 2011 wurde die für die obligatorische Zuständigkeit erforderliche Einwohnerzahl auf 10.000 Einwohner herabgesetzt. Die Länder sind mehr als Teil des politischen Systems der Republik; sie sind wohl ein wichtiges Fundament dieser Republik. Daher verwundert es, dass die Länder, wie das Beispiel Finanz- und Gebarungskontrolle zeigt, eine schleichende „Quasi-Teil-Entmündigung" zumindest bis weit hinein in die Zweite Republik geduldet haben. Salzburg bildet da keine Ausnahme.

Der Finanzausschuß ist auf Grund dieser Prüfung in der Lage, mit Genugtuung feststellen zu können, daß die Landesregierung sich von einer zielbewußten Sparsamkeit leiten ließ und stellt sohin den

Antrag:

1. Der Landtag wolle den von der Landesregierung vorgelegten Hauptrechnungsabschluß für das Verwaltungsjahr 1924 samt den angefügten Abschlüssen für die selbständigen Fonds die Genehmigung erteilen.

2. Der Landtag spricht der Landesregierung und ihrem Finanzreferenten für die zielbewußte Führung des Landeshaushaltes den Dank und die Anerkennung aus.

3. Der Landtag hat die Landeskontrolle der Haushaltsgebarung in der Erwägung eingeführt, daß eine wirksame Ueberprüfung des Landeshaushaltes am zweckmäßigsten durch Organe, die mit den Landesverhältnissen unmittelbar vertraut sind, zu erfolgen hätte.

Der Landtag ist aber bereit, die Durchführung der landesgesetzlichen Bestimmungen über die Kontrolle durch das Landes-Kontrollamt vorläufig aufzuschieben und dem Rechnungshof auch die Kontrolle der Wirtschaftlichkeit und Zweckmäßigkeit der Landeshaushaltsführung einzuräumen, um Erfahrungen über die Führung der Kontrolle durch den Rechnungshof zu gewinnen.

Diese Aufschiebung ist widerruflich; die Landesregierung wird ermächtigt, das Kontrollamt sofort zu aktivieren, wenn sich erweist, daß die Ausübung der Kontrolle durch den Rechnungshof gegenüber der Kontrolle durch das mit den Landesverhältnissen vertraute Kontrollamt wesentliche Erschwernisse mit sich bringen sollte.

Salzburg, am 18. Februar 1926.

Für den Finanzüberwachungsausschuß: Ott, Rainer, Baumgartner.

Für den Finanzausschuß: Der Obmann: Neumayr.

Der Berichterstatter: Rainer.

Der Landtag sistiert das Kontrollamt (Sitzungsprotokoll des Salzburger Landtages vom 25. Februar 1926)

Das Land Salzburg hat vorerst die beim Übergang von der Monarchie zur Republik entstandene institutionelle „Lücke" im Kontrollwesen geschlossen. So hat der Landtag es auch übernommen, die Rechnungsabschlüsse aus der vorrepublikanischen Zeit formal zu prüfen und auch zu genehmigen. So wie etwa den für das Jahr 1917. Vorhaltungen eines Abgeordneten über Gebarungsverstöße wurden vom Berichterstatter des Finanzausschusses wie folgt pariert: „... kleine Verstöße dürften in der Hauptsache darauf zurückzuführen sein, dass im Jahre 1917 die Buchhaltung in Bezug auf ihre Beamten infolge zahlreicher Einrückungen sehr knapp bemessen war, dass sie den Betrieb nur notdürftig aufrecht erhalten konnte und infolgedessen es sehr leicht möglich ist, dass derlei kleine Übersehen unterlaufen sind." 1921 richtete das Land durch Gesetz einen permanent tagenden Ausschuss zur Finanz- und Gebarungskontrolle ein. Dieser Finanzüberwachungsausschuss war ein besonderer und permanent tagender Ausschuss des Landtages. Er rekrutierte sich aus jeweils einem Vertreter der drei stärksten Landtagsparteien. Eine Zusammensetzung unabhängig vom Stärkeverhältnis der Landtagsparteien und der damit bewirkte minderheitenstärkende Effekt war damals wohl eine Besonderheit. Beinahe ein dreiviertel Jahrhundert später hat der Salzburger Landtag zumindest für die Zusammensetzung der Überprüfungsausschüsse in den Gemeinden eine ähnliche Regelung getroffen. Nach den parlamentarischen Materialien von damals beschränkte sich die Prüftätigkeit des Finanzüberwachungsausschusses vor allem auf die jeweiligen Rechnungsabschlüsse. Zudem war diesem im Sinne des Grundsatzes der „Budgethoheit des Landtages" die Mitwirkung bei „außerplanmäßigen" Ausgaben eingeräumt. Die schon erwähnte Ausdehnung der Prüfungszuständigkeit des Rechnungshofes auf die Länder zeitigte auch für das Land Salzburg Folgen. Politische Zielsetzung war es vorerst, die Zuständigkeit des Rechnungshofes lediglich auf die Feststellung der ziffernmäßigen Richtigkeit und der Vorschriftsgemäßheit beschränkt zu halten. Daher wurde durch Landesgesetz das Kontrollorgan „Finanzüberwachungsausschuss" mit Wirksamkeit 19. Jänner 1926 durch ein „Kontrollamt" ersetzt. Von seiner Ausgestaltung her war dieses Kontrollamt für das damals herrschende Kontrollverständnis als durchaus geeignetes und wirksames Kontrollorgan anzusehen. Somit war für den Rechnungshof lediglich eine eingeschränkte Prüfbefugnis gegeben. Das Kontrollamt wurde nicht alt. Bei den Beratungen des Finanzausschusses über den Rechnungsabschluss 1924 am 18. Februar 1926 gab der Finanzausschuss die Empfehlung ab, das vor vier Wochen eingerichtet Kontrollamt nicht tätig werden zu lassen.

Der Landtag folgte dieser Empfehlung. Die „Premiere" für die Prüfung der Landesgebarung durch den Rechnungshof war der Rechnungsabschluss 1925. Dies und auch die erstmalige Darstellung der Gebarung in Schilling sah der Landtag nach dem Protokoll als „historisch" an: „Das Gaukelspiel trügerischer Nullen ist vorbei und in nüchternen aber wahren Ziffern können wir die schwere Einbuße an Landesvermögen ersehen, die der Zusammenbruch der alten Geldwirtschaft mit sich brachte. Der Entschluss des Landtages, die gesamte Haushaltsführung hinsichtlich ihrer Wirtschaftlichkeit und Zweckmäßigkeit durch den Rechnungshof überprüfen zu lassen, dokumentiert das Bewusstsein der Landesvertretung, dass ihre Beschlüsse und Handlungen die strengste Kritik durch einen unbeeinflussten Prüfer nicht zu scheuen braucht." Dieser Beitrag befasst sich nicht mit einzelnen Prüfungsergebnissen. Zwei Ausnahmen gelten für die „Premiere":

Beim Rechnungsabschluss 1925 wird sowohl das Führen von Büchern nach dem Grundsatz der „Doppik" als auch die jährliche Prüfung der Bücher durch private Buchsachverständige beanstandet und als systemwidrig gebrandmarkt. Heute wohl nicht mehr nachvollziehbar!

In den darauffolgenden Jahren erfolgte stets eine Prüfung der jährlichen Landesrechnungsabschlüsse durch den Rechnungshof. 1948 wurde die diesbezüglich gesetzliche Verpflichtung abgeschwächt; seither sind dem Rechnungshof die jährlichen Rechnungsabschlüsse lediglich quasi zur „Information" und nicht zum Zwecke der Prüfung zu übermitteln. Dies führte dazu, dass sich in den Folgejahren die „Dichte" der Prüfungen der jeweiligen Rechnungsabschlüsse verringert hat. Als „Ersatz" werden bei allgemeinen Gebarungsprüfungen die jeweils in Betracht kommenden Rechnungsabschlüsse mit einbezogen und einer eher allgemeinen Beurteilung unterzogen. Der Landesrechnungshof hat 2009 auf Wunsch des Landtages einen besonderen Bericht bzw. eine besondere Beurteilung des zu beratenden Rechnungsabschluss für das Jahr 2008 vorgelegt. 2012 wurde die rechtliche Grundlage dafür geschaffen, dass diese Art der Prüfung jährlich wiederkehrend durchzuführen ist.

Das 1926 eingeführte Provisorium „Nichtaktivierung Kontrollamt" blieb bis in die Zweite Republik hinein aufrecht. Wohl haben sich die Träger des Regierungssystems damit abgefunden oder vielleicht damit arrangiert, auch ohne eigene landeseigene Kontrolleinrichtungen gut auskommen zu können. Erst ein Vierteljahrhundert nach „Sistierung" des Kontrollamtes befasste sich der Landtag auf Grund eines Initiativantrages von Abgeordneten mit der Schaffung einer landeseigenen Kontrolleinrichtung. Es begann ein langer politischer Leidensweg zur Schaffung einer tauglichen landesautonomen Einrichtung zur Finanz- und Gebarungskontrolle. Der erste Versuch erfolgte 1951 mit der gesetzlichen Bestellung eines Landeskontrollbeamten. Er hatte dem Dienststand des Amtes der Landesregierung anzugehören; dieses hatte auch Hilfskräfte beizustellen. Er hatte lediglich Prüfungsaufträge zu vollziehen. Die fehlende Unabhängigkeit des Landeskontrollbeamten mag folgende Anekdote verdeutlichen: Dem Verfasser vertraute der frühere Landeshauptmann DDr. Hans Lechner an, ihm wäre in den 1950er-Jahren die Position des „Landeskontrollbeamten" angeboten worden; wegen der Einbindung in das Amt der Landesregierung und der damit nicht gewährleisteten unabhängigen Amtsführung habe er dieses Angebot ausgeschlagen. Zum ersten „Landeskontrollbeamten" wurde Dr. Paul Jäger bestellt. Er übte dieses Amt bis 31. Jänner 1972 aus. Ihm folgte Dr. Ferdinand Steindl. Nach dessen Ableben im Jahre 1975 wurde Dipl.-Vw. Josef Höllweger Landeskontrollbeamter. Er wurde auch Leiter der 1984 gesetzlich neu eingerichteten und als „Landesrechnungshof" benannten Kontrolleinrichtung. Diese galt zwar als Organ des Landtages, erfüllte allerdings nur unzureichend die Anforderungen, die an ein von der Landesregierung unabhängiges parlamentarisches Kontrollorgan zu stellen sind. Das politische Unbehagen über das Fehlen eines unabhängigen Kontrollorgans war durch den „Landesrechnungshof 1984" nicht zu stillen. Dieser ist somit nur als kurzes kontrollpolitisches Intermezzo anzusehen.

Die Länder haben im auslaufenden 20. Jahrhunderts mehr und mehr Mut gezeigt und unter Berufung auf die von ihnen eingeforderte „Relative Verfassungsautonomie" respektable und im Vergleich zum Rechnungshof durchaus gleichartige und ebenbürtige Landesrechnungshöfe zu schaffen begonnen. Als

Vorreiter hat sich dabei der Salzburger Landtag einen guten Namen gemacht. 1991 verständigten sich die Landtagsparteien darauf, die Landeskontrolle unter Einbeziehung der Gemeinden auf eine neue gesetzliche Grundlage zu stellen. Dazu brachten die Landtagsparteien ihre Vorstellungen ein. Vor allem der damalige Landtagspräsident und Verfassungsrechtler Univ.-Prof. Dr. Helmut Schreiner war treibende Kraft dafür, die bundesverfassungsrechtlichen Möglichkeiten zur Einrichtung eines dem Rechnungshof des Bundes ebenbürtigen Landesrechnungshofes auszuschöpfen. Dessen Geburtsstunde schlug bei der Sitzung des Landtages am 16. Dezember 1992 mit dem Gesetz über die Einrichtung eines Landesrechnungshofes (Salzburger Landesrechnungshofgesetz 1993). Dieser Landesrechnungshof ist nunmehr auch in der Landesverfassung (Artikel 54) als Einrichtung der Gebarungskontrolle des Landes, der Gemeinden und anderer Rechtsträger, auf die das Land und die Gemeinden Einfluss haben, verankert. Mit Walter Schwab hat ein hervorragender Kenner und Fachmann der öffentlichen Finanzkontrolle angesichts der vom (Bundes)Rechnungshof angestrebten Reformen seiner Rechtsgrundlagen zum Salzburger Landesrechnungshofgesetz 1993 folgende Beurteilung abgegeben: „Nicht in Wien, sondern in Salzburg gehen die Uhren anders: Obwohl erst 1984 gegründet, wurde dem Landesrechnungshof ein neues rechtliches Kleid angemessen. Der Rechnungshof 2000 findet daher vorerst in Salzburg statt." Das dafür geschaffene rechtliche Konstrukt soll vor allem Unabhängigkeit gegenüber den geprüften Stellen sicherstellen. Die monokratische Organisationsform bedeutet klare Verantwortlichkeit. Der Direktor wird vom Landtag für die Dauer von zwölf Jahren bestellt; Wiederwahl ist unzulässig. Er ist gegenüber dem Landtag politisch verantwortlich; dieser kann ihn vorzeitig abberufen. Über die verfassungsmäßige Verantwortlichkeit im Falle einer behaupteten schuldhaften Rechtsverletzung erkennt der Verfassungsgerichtshof. Dieser erkennt zudem Meinungsverschiedenheiten zwischen Landesrechnungshof und geprüfter Stelle; dies dient auch der Durchsetzbarkeit der umfassenden Informationsverpflichtung, die geprüften Stellen gegenüber dem Landesrechnungshof zukommt. Zum rechtlichen Konstrukt, das Unabhängigkeit sichern soll, gehört auch die dem Direktor eingeräumte Diensthoheit bzw. Stellung als Dienstgeber. Bedienstete sind somit keinerlei Einfluss der zu prüfenden Stelle ausgesetzt und von dieser auch nicht abhängig.

Erster Direktor des Salzburger Landesrechnungshofes war von 1993 bis 2005 Dr. Hans Buchner; der Verfasser dieses Beitrages. Ihm folgte Dr. Manfred Müller; dieser war vor seiner Bestellung Landesbuchhaltungsdirektor. 2014 wurde der Wirtschaftsprüfer und im Bankwesen tätig gewesene Mag. Ludwig F. Hillinger zum Direktor bestellt.

Der Direktor hat an Verhandlungen des Landtages und seiner Ausschüsse teilzunehmen, die Belange der Finanz- und Gebarungskontrolle betreffen (Landesvoranschlag, Rechnungsabschluss, Prüfberichte). In den Ausschüssen hat er das Recht, gehört zu werden. Dies bedeutet umfassende Information.

Die Unabhängigkeit des Landesrechnungshofes gegenüber der Landesregierung bzw. dem Amt der Landesregierung soll auch für die personellen, finanziellen und sachlichen Erfordernisse sichergestellt sein. Diese sind im Landtag zu beraten und sodann an die Landesregierung zur Einarbeitung in den Landesvoranschlag weiterzuleiten. Verfügungsberechtigt bzw. anweisungsberechtigt ist der Direktor des Landesrechnungshofes. Zur Unabhängigkeit gehört auch, dass

Dr. Hans Buchner, 1993–2005
Dr. Manfred Müller, 2005–2014
Mag. Ludwig F. Hillinger seit 2014

dieser Schwerpunkt und Inhalt seiner Prüfungstätigkeit eigenverantwortlich festlegt. Es gibt auch Prüfungen, die im Auftrag des Landtages – die dabei geltenden Minderheitsrechte sind vorbildhaft – oder der Landesregierung durchzuführen sind. Wichtig ist die gegebene Berichtstransparenz, die wohl zum Wesen einer parlamentarischen Einrichtung gehört. Die Kontrollfunktion wird durch mediale Berichterstattung – fallweise auch durch Karikatur – verstärkt. Neben anderen Zuständigkeiten gehört vor allem die Prüfung der Gebarung des Landes und der 119 Gemeinden zur Tätigkeit Landesrechnungshofes. Dazu zählt auch die Prüfung von Einrichtungen, die sich im Einflussbereich des Landes oder einer Gemeinde befinden (Stiftungen, Fonds, Anstalten, betriebsähnliche Einrichtungen, Unternehmungen). Die Wahrscheinlichkeit ist allerdings gering, dass eine

Gemeinde vom Landesrechnungshof aufgesucht wird. Die Autonomie des Landesrechnungshofes ist bei der eigenständigen Festlegung der Prüftätigkeit stark eingeschränkt. Es wird zwischen „kleinen" Gemeinden – solche haben weniger als 10.000 Einwohner – und „großen" Gemeinden (sieben waren es zum Zeitpunkt der Abfassung dieses Berichtes) unterschieden. Für „kleine" Gemeinden gilt: In das jährliche Prüfungsprogramm dürfen nicht mehr als zwei Gemeinden aufgenommen werden. Für deren Auswahl gibt es eine Richtlinie, die unter Einbindung der Landesregierung und der Interessensvertretung der Gemeinden zu erstellen ist. Die Prüfung einer „großen" Gemeinde setzt einen Landtagsbeschluss oder ein Verlangen der Landesregierung voraus; jährlich dürfen jeweils zwei solche Ersuchen gestellt werden. Solche sind nur zulässig, wenn eine auffällige Entwicklung bei Schulden oder Haftungen vorliegt. Über die angeführten Zuständigkeiten hinaus kann der Landesrechnungshof von der Landesregierung zur Prüfung der Gebarung von Tourismusverbänden, Kurfonds, gemeinnützigen Bauvereinigungen und auch „kleinen" Gemeinden herangezogen werden. Bei einem solchen „Sonderauftrag" ist der Landesrechnungshof nicht Organ des Landtages, sondern er gilt als eine dem Amt der Landesregierung einbezogene Einrichtung zur Abgabe von Gutachten. Der Landesrechnungshof prüft neben der formalen Ordnungsmäßigkeit vor allem die Beachtung der Grundsätze von Wirtschaftlichkeit, Sparsamkeit und Zweckmäßigkeit. Auch die Möglichkeit der Herabminderung oder Vermeidung und auch Erhöhung bzw. Schaffung von zusätzlichen Einnahmen ist zu beurteilen. Beispielgebend ist die Verpflichtung der Landesregierung, längstens zwölf Monate nach Behandlung des Berichtes im Landtag über Beanstandungen und zu Verbesserungsvorschlägen gemachte Maßnahmen zu berichten. Damit wird der gegenüber einer nachgängigen Kontrolle immer wieder ins Treffen geführten Kritik entgegengewirkt, es würden nur Missstände aufgezeigt, aber nicht beseitigt.

Abschließend: Trotz Schwächen, die einer jeden Organisation oft auch ressourcenbedingt innewohnen und die auch behebbar sind, erfüllt der Landesrechnungshof hinsichtlich der Landesgebarung die Anforderungen, die von Wissenschaft und auch kontrollpolitischer Praxis an ein unabhängiges Kontrollorgan gestellt werden, in einem außerordentlich hohen Ausmaß. Im Widerspruch dazu stehen allerdings die Regelungen, die das Tätigwerden des Landesrechnungshofes zur Gebarungsprüfungen von Gemeinden weitgehend beschränken sollen. Angesichts der insgesamt gegebenen und auch gebarungspolitischen Bedeutung der Gemeinden ist hier politischer Mut gefragt und angebracht!

Der Sitzungssaal des österreichischen Bundesrates von 1920 bis 1936 (Foto: Parlamentsdirektion)

Richard Voithofer

Der Bundesrat

Die Länderkammer im Schatten des Nationalrates

Der Bundesrat ist die Länderkammer des österreichischen Parlaments und besteht aus derzeit 61 Mitgliedern. Salzburg entsendet vier Mitglieder in den Bundesrat, die nach dem Grundsatz der Verhältniswahl vom Landtag gewählt werden. Der Bundesrat war das Ergebnis des Verfassungskompromisses von 1920. Vielfach war die Debatte von gegenseitigem Misstrauen unter den politischen Parteien geprägt, sodass eine Stärkung der Länderkammer den taktischen Überlegungen geopfert wurde. Zu unterschiedlich waren die Meinungen über die Kompetenzen oder den Modus der Bestellung, als dass man eine starke Ländervertretung als Gegenpol zum Nationalrat schaffen hätte können.

Die Kritik an der Konstruktion des Bundesrates wurde auch bei seiner Schaffung bereits unmissverständlich erhoben. Der großdeutsche Bundesrat Rudolf Birbaumer meinte am 2. Dezember 1921, dass „dieser Bundesrat nichts anderes als ein Verlegenheitskompromiß" und „mit lächerlich geringen Kompetenzen ausgestattet" sei. Auch hinsichtlich der Wahrnehmung der Länderrechte fällt die Bilanz des Bundesrates zwischen 1921 und 1934 eher bescheiden aus. Insgesamt erhob der Bundesrat nur 35 Mal Einspruch gegen 1.087 Gesetzesbeschlüsse des Nationalrates, wobei nur zehn Einsprüche aus dem Titel der Wahrung der Länderinteressen erfolgten. Im Zuge der B-VG-Novelle 1929 sind zwar konkrete Reformansätze des Bundesrates zu erkennen, der in einen Länder- und Ständerat umgewandelt und damit aufgewertet werden sollte. Allerdings kamen diese Beschlüsse bis zum Ende der Ersten Republik nicht mehr zur Umsetzung.

Der Bundesrat der Ersten Republik war aus Salzburger Sicht gekennzeichnet von einer personellen Kontinuität. Dr. Franz Rehrl und Robert Preußler gehörten der Länderkammer durchgehend von 1920 bis 1934 beziehungsweise 1932 an. Damit waren zwei der drei Salzburger Bundesratssitze nicht mehr disponibel. Sowohl Dr. Rehrl als auch Preußler übten die Bundesratstätigkeit nebenher aus und waren hauptberuflich als Landeshauptmann und Landeshauptmann-Stellvertreter tätig. Auch für die christlichsozialen Bundesräte Johann Lackner, Daniel Etter und Josef Hauthaler war der Bundesrat kein Karrieresprungbrett, sondern eine Tätigkeit im Rahmen ihrer politischen Verantwortung im Land Salzburg. 1932 zeigt sich ein gewisser Wandel in der Zusammensetzung. Der Sozialdemokrat Alois Weidenhillinger wechselte 1932 vom Landtag in den Bundesrat und die NSDAP entsandte mit Karl Scharizer einen politischen Neuling.

Mit Wiedererrichtung der Demokratie im Jahre 1945 wurde der verfassungsrechtliche Rahmen des Jahres 1933 wiederhergestellt. Die Chance, die Bestimmungen der Verfassungsnovelle 1929 hinsichtlich der Umwandlung des Bundesrates zu einem Länder- und Ständerat blieben ungenutzt. Der Bundesrat wurde somit in seiner ursprünglichen Kompetenzlage fortgeführt. Dies blieb nicht ohne öffentliche Kritik. „Der Bundesrat hat nur das aufschiebende Veto und kein absolutes. Der Bundesrat ist nicht so zusammengesetzt, als dies einem föderalistischen Bundesrat entsprechen würde", meinte etwa Landeshauptmann-Stellvertreter Dr. Adolf Schemel bei seiner Budgetrede im Landtag am 17. Dezember 1948. Vielfach kommt in den politischen Äußerungen eine latente Unzufriedenheit mit der Ländervertretung zum Ausdruck, die Mitte der 50er-Jahre dadurch verstärkt wurde, dass 1956 der Bundesrat in das Koalitionsabkommen zwischen ÖVP und SPÖ einbezogen wurde und somit Eigenständigkeit einbüßte. Gerade die Nachkriegszeit war gekennzeichnet von starken Zentralisierungsbestrebungen auf Bundesebene, die zu Kompetenzverschiebungen zu Lasten der Länder führten. 1966 wurde das erste Forderungsprogramm der Länder „als Ausgleich für verlorengegangene Länderkompetenzen ... (und) eine Verstärkung der Befugnisse des Bundesrates im Rahmen der Mitwirkung der Länderkammer an der Verfassungsgesetzgebung des Bundes" erhoben. Der Prozess der Reform des Bundesrates der Zweiten Republik zog sich über Jahrzehnte hin und erfolgte nur Schritt für Schritt. Die Länder formulierten zahlreiche Forderungsprogramme an den Bund, die mit der B-VG-Novelle 1974 erste Erfolge mit sich brachten. In der Tat kam es zu einer Aufwertung des Föderalismus, es wurden einige Landeskompetenzen wiederhergestellt und mit der Schaffung des Artikels 15a B-VG der kooperative Föderalismus in der Verfassung verankert. Der Bundesrat war davon aber nur am Rande betroffen.

Bei einer Enquete zur Reform des Bundesrates im Jahre 1978 in Salzburg wurde das Thema ausgiebig debattiert und es kam zur grundsätzlichen Übereinstimmung über die Notwendigkeit der Reform der Länderkammer des österreichischen Parlaments. Die Wege dorthin wurden unterschiedlich vorgezeichnet. SPÖ-Bundesrat Wolfgang Radlegger meinte, dass eine Aufwertung des Bundesrates nur mit einer Aufwertung seiner Mitglieder einhergehen könne. Diese Aufwertung müsse von dem Gremium ausgehen, das die Bundesräte entsende, nämlich von den Landtagen. Auch Landeshauptmann Dr. Wilfried Haslauer sen. bekannte sich ausdrücklich zum Föderalismus und sagte, man wolle einen „neuen und realistischen Anlauf zur Reform und zu einem weiteren Ausbau der Rechte des Bundesrates unternehmen". ÖVP-Abgeordneter Dr. Walter Vogl bemerkte, dass man bei einer Reform des Bundesrates den Weg der kleinen Schritte gehen müsse. Der Salzburger Landtag setzte sich schon in der Vergangenheit für eine Aufwertung des Bundesrates ein und wurde auch selbst aktiv. So wurde etwa 1958 beschlossen, die Bundesräte fallweise zu den Sitzungen der Ausschüsse einzuladen, „um sie mit besonderen Anliegen und Problemen des Landes vertraut zu machen". Dieser Weg der kleinen Schritte wurde fortgesetzt. 1988 wurde den Salzburger Bundesräten ausdrücklich die Teilnahme an den Sitzungen des Landtages eingeräumt. Zu einem Rederecht für die Bundesräte konnte man sich allerdings nicht entschließen. Weitere 20 Jahre später setzte der Salzburger Landtag dann ein deutliches Zeichen für den Föderalismus und die Länderkammer. Mit 1. Mai 2008 erhielten die Bundesräte ein Rederecht im Salzburger Landtag, wobei die Grundlage dafür ein thematischer bundespolitischer Bezug ist, der von der Präsidialkonferenz festzustellen ist. Ungeachtet der Bedeutung dieses Schrittes muss doch darauf verwiesen werden, dass die Vorschläge zur Einräumung eines Rederechtes der Bundesräte in den Landtagen auf das Jahr 1966 zurückgehen. Eine Aufwertung erfuhr der Bundesrat im Zuge der Umsetzung des Vertrags von Lissabon im Jahre 2010, der den nationalen Parlamenten auch stärkere Kontrollrechte hinsichtlich der Einhaltung des Subsidia-

Sitzungssaal des österreichischen Bundesrates 2015 (Foto: Parlamentsdirektion/Zolles KG/Christian Hofer)

ritätsprinzips einräumt, sodass hier ein enger Konnex zwischen dem jeweiligen Landtag und seinen Bundesrätinnen und Bundesräten hergestellt wird.

In den Jahren danach sind immer wieder Vorstöße hinsichtlich der Stärkung des Föderalismus und des Bundesrates zu verzeichnen, die allerdings in Umfang und Detailliertheit den Rahmen eines Überblicks sprengen würden. Zu weitreichenden Konsequenzen führte das im Oktober 1992 zwischen Bund und Ländern im Zuge der Vorbereitungen für den Beitritt Österreichs zur Europäischen Union abgeschlossene „Perchtoldsdorfer Paktum“ über die Neuordnung des Bundesstaates, in dem umfangreiche Maßnahmen zur Aufgabenverteilung zwischen Bund und Ländern enthalten waren. Vereinbart wurde auch eine „grundsätzliche Reform des Bundesrates ... im Sinne der Stärkung seiner Stellung als Länderkammer“. Die anfängliche Begeisterung über das Paktum von 1992 verflog allerdings sehr schnell, weil dessen Umsetzung nur zögerlich voranging und die Forderungen der Länder aus deren Sicht nur bedingt übernommen wurden. Der Salzburger Landtag hat sich deshalb im Jahre 1996 ausgiebig mit der Reform des Bundesrates befasst und seine Forderungen neuerlich formuliert (siehe Dokumentenanhang).

Die Beurteilung des Bundesrates in der Öffentlichkeit und auch in der Politik ist höchst unterschiedlich und zum Teil durch Vorurteile beeinflusst. So urteilte VdU-Klubobmann Manfred Krüttner am 2. März 1955, dass es früher üblich gewesen sei, „einen Politiker, den man kaltstellen wollte, oder den man sonst wie versorgen wollte, ins Kloster zu schicken ... heute schickt man ihn in den Bundesrat“. Hinsichtlich der Kompetenzen des Bundesrates war die Kritik Krüttners jedenfalls zutreffend, wenngleich er sich bei der Beurteilung der personellen Hintergründe wohl von einer parteipolitischen Sicht lenken ließ. In den ersten

Nachkriegsjahren konnte man bei der Zusammensetzung des Bundesrates noch gewohnte Mechanismen beobachten. So gehörten die Landeshauptmänner DI Albert Hochleitner und Josef Rehrl parallel auch dem Bundesrat an. Neu war allerdings, dass sowohl die ÖVP als auch die SPÖ zwei Bundesräte entsandten, die noch über keine politische Erfahrung in einer gesetzgebenden Körperschaft verfügten. Von den 40 Bundesräten seit 1945 gehörten dieser Gruppe immerhin 21 Bundesräte an. Als Einstieg in die Politik wurde der Bundesrat gegen Ende der 1970er-Jahre zunehmend genutzt. Insbesondere die SPÖ entsandte Hoffnungsträger nach Wien, die in weiterer Folge in höchste politische Ämter eintraten. Beispielhaft seien hier etwa der spätere Landesrat Wolfgang Radlegger, der langjährige Nationalratsabgeordnete Stefan Prähauser oder auch Ricky Veichtlbauer genannt, die 1984 in den Landtag wechselte und dort Klubvorsitzende wurde. Sie war auch die erste Salzburgerin, die die Männer-Bastion bei den Salzburger Bundesräten eroberte. Auch ihr Vater, der SPÖ-Landesparteivorsitzende und Landeshauptmann-Stellvertreter Karl Steinocher, begann 1957 seine politische Karriere im Bundesrat. Die ÖVP weist den höchsten Anteil an Politikern auf, die ausschließlich im Bundesrat tätig waren. Darunter befinden sich auch Langzeit-Bundesräte wie Johann Mayer, Friedrich Gugg oder Dr. Hans Heger. Sie vertraten Salzburg zwischen 13 und 18 Jahre lang in Wien. Insgesamt 16 der 40 Salzburger Bundesräte wechselten nach unterschiedlichsten politischen Aufgaben in die zweite Kammer des Parlaments und begannen dort eine neue und lange andauernde politische Karriere. Ludwig Bieringer, der für kurze Zeit dem Landtag angehörte, war mehr als 23 Jahre Vertreter Salzburgs. Gleiches gilt für die ehemaligen Abgeordneten Josef Saller, Manfred Gruber oder Dr. Helmut Frauscher, die mehr als ein Jahrzehnt im Bundesrat tätig waren. Die drei längstdienenden Salzburger Bundesräte seit 1945 waren Ludwig Bieringer (23 Jahre), Johann Mayer (18,8 Jahre) und Josef Saller (18,4 Jahre). Bemerkenswert ist die Altersstruktur der Salzburger Bundesräte. Unter 30-Jährige sind gar nicht zu finden und fast 50 Prozent der Bundesräte waren bei ihrem Eintritt zwischen 50 und 60 Jahre alt. Vergleicht man den Altersdurchschnitt des Landtages mit dem der Salzburger Bundesräte, so war dieser bis 1959 um bis zu 13 Jahre höher. Ab 1964 lässt sich eine nachhaltige Verjüngung feststellen. Bis 1984 glich sich das Durchschnittsalter der Salzburger Bundesräte fast an das des Landtages an. Während es im Landtag bei 44,7 Jahren lag, betrug es im Bundesrat 47,3 Jahre. Bis 2013 kam es jedoch wiederum zu einem Auseinanderklaffen und die Salzburger Bundesräte waren im Schnitt 11,5 Jahre älter als die Landtagsabgeordneten. Diese Altersdifferenz reduzierte sich 2018 auf 8,4 Jahre.

Die Zusammensetzung der Salzburger Delegation des Bundesrates war bis 1989 von den stabilen Mehrheiten von ÖVP und SPÖ geprägt. Erst 1989 gelang es der FPÖ auf Grund des Wahlergebnisses einen Sitz im Bundesrat zu erlangen. 2013 brachte eine völlig neue Konstellation. Auf Basis des Ergebnisses der Landtagswahlen verteilten sich die vier Sitze Salzburgs im Bundesrat auf vier Parteien. ÖVP und SPÖ stellten ebenso ein Mitglied wie Grüne und FPÖ. Mit den Landtagswahlen 2018 ging der Sitz der Grünen auf die ÖVP über.

Die Bestrebungen der Länder, die Länderkammer in Wien aufzuwerten und damit auch entsprechenden Einfluss auf die Gesetzgebung des Bundes zu erlangen, sind vielfältig und waren zum Teil von Erfolg gekrönt. Ein Abschluss der Debatte steht jedoch noch immer aus, weil es dazu einer neuen gesamthaften

Betrachtungsweise des Bundesstaats mit einer tiefgreifenden Neuordnung der Kompetenzen bedürfen würde.

Auswahlbibliographie

Kathrein, Irmgard: Der Bundesrat in der Ersten Republik. Studie über die Entstehung und die Tätigkeit des Bundesrates der Republik Österreich, Wien 1983 (Schriftenreihe des Instituts für Föderalismusforschung, Band 29)

Schambeck, Herbert (Hg.): Bundesstaat und Bundesrat in Österreich, Wien 1997

Zwink, Eberhard (Hg.): Reform des Bundesrates. Enquete am Donnerstag, 11. Mai 1978 auf Schloss Kleßheim), Salzburg 1978 (Schriftenreihe des Landespressebüros, Salzburg Dokumentationen Nr. 27)

Aus den Debatten des Salzburger Landtages

Auszug aus dem Dringlichen Antrag der Abg. Haider, Dr. Lechenauer, Ing. Griessner und Dr. Nindl betreffend die Reform des Bundesrates (SLP, Nr. 590, 3. Session, 11. GP)

Die politische Vereinbarung über die Neuordnung des Bundesstaates, das sogenannte Perchtoldsdorfer Paktum vom Oktober 1992, das spätestens anlässlich des Beitritts Österreichs zur Europäischen Union in einer Novelle der Bundesverfassung hätte umgesetzt werden sollen, enthält unter Punkt 8 auch die Reform des Bundesrates. Dieser solle, so heißt es im Paktum, einer grundsätzlichen Reform im Sinne der Stärkung seiner Stellung als Länderkammer unterzogen werden.

Die Regierungsvorlage vom Sommer 1994, die ursprünglich noch vor den Nationalratswahlen im Oktober 1994 hätte beschlossen werden sollen, enthielt keine Reform des Bundesrates. Nachdem ÖVP und SPÖ die verfassungsgebende Mehrheit im Nationalrat verloren hatten und den Grünen und dem Liberalen Forum Zugeständnisse, die die nicht befriedigende Ministervorlage weiter zuungunsten der Länder verwässerte, machen mussten, um die zur Beschlussfassung im Nationalrat erforderliche Zwei-Drittel-Mehrheit zu erreichen, wurde von der Landeshauptleutekonferenz diese unbefriedigende Reformvorlage zur Umsetzung des Perchtoldsdorfer Paktums mit Recht zurückgewiesen.

Da seit den Nationalratswahlen 1995 die große Koalition wieder über die Zwei-Drittel-Mehrheit im Nationalrat verfügt, liegt es an der Bundesregierung, das Versprechen, das Bundeskanzler Vranitzky im Oktober 1992 unterzeichnete, nun endlich einzulösen. Sehr wesentlich für eine Stärkung der Länderrechte ist dabei die im Paktum vorgesehene Reform des Bundesrates.

…

Auszug aus dem Bericht des Verfassungs- und Verwaltungsausschusses zum dringlichen Antrag der Abg. Haider, Dr. Lechenauer, Ing. Griessner und Dr. Nindl (Nr. 590 der Beilagen) betreffend die Reform des Bundesrates (SLP, Nr. 591, 3. Session, 11. GP)

Der vorliegende dringliche Antrag wurde in der Sitzung des Ausschusses während der Unterbrechung der Plenarsitzung des Landtages am 4. Juli 1996 einer geschäftsordnungsgemäßen Beratung unterzogen.

Die Reform des Bundesrates und die damit verbundene Stärkung seiner Stellung als Länderkammer war ein wesentlicher Punkt in der politischen Vereinbarung über die Neuordnung des Bundesstaates, dem sogenannten Perchtoldsdorfer Paktum vom Oktober 1992, das anlässlich des EU-Beitrittes in einer Novelle der Bundesverfassung hätte umgesetzt werden sollen. Diese Reform erfolgte bis dato nicht. Der Antrag solle daher den Bundesrat entsprechend aufwerten und stärken, indem die angeführten Forderungen zu verwirklichen wären. Weiters sollten die Bundesräte ersucht werden, die Änderungen im Bundesverfassungsgesetz sowie im Finanzverfassungsgesetz zu unterstützen.

In kontroversiellen Wortmeldungen stellten die Fraktionen ihre Standpunkte dar, wobei sich die SPÖ und die BL für die ersatzlose Auflösung des Gremiums und die Einrichtung eines Konsultationsmechanismus unter Einbeziehung der Landtage aussprachen.

Der Verfassungs- und Verwaltungsausschuss stellt mit den Stimmen der ÖVP und FPÖ gegen die Stimmen der SPÖ und BL, hinsichtlich Punkt 3. mit den Stimmen von ÖVP, SPÖ und FPÖ, im Gesamten – sohin mehrstimmig – den

Antrag,

der Salzburger Landtag wolle beschließen:

1. Der Landtag spricht sich dafür aus, dass vom Nationalrat zur Stärkung des Bundesrates in einem ersten Schritt zumindest jene Maßnahmen beschlossen werden, die Inhalt der am 23. März 1995 eingebrachten Gesetzesanträge 159 und 160 der Beilagen zu den stenographischen Protokollen des Nationalrates XIX. GP waren; in weiterer Folge soll allerdings eine Reform des Bundesrates nach folgenden Zielvorstellungen im Rahmen der versprochenen Bundesstaatsreform erfolgen:

- Die Mitglieder des Bundesrates sind wie bisher durch die Landtage zu bestellen, wobei sie gleichzeitig auch gewählte Mitglieder des jeweiligen Landtages sein sollen.
- Die Landeshauptleute sollen Kraft ihrer Funktion ebenfalls Mitglieder des Bundesrates sein.
- Ohne Vergrößerung des Bundesrates soll allen Ländern eine Vertretung in gleicher oder zumindest nicht so stark wie derzeit abgestufter Zahl zuerkannt werden.
- Die Bundesräte sollen hinsichtlich ihrer Tätigkeit in der Länderkammer an die Beschlüsse der entsendenden Landtage gebunden werden können.
- Der Bundesrat soll ein absolutes Vetorecht hinsichtlich der Gesetzesbeschlüsse des Nationalrates erhalten, womit auch das Beharrungsrecht des Nationalrates abzuschaffen ist.
- Im Konfliktfall soll automatisch ein Vermittlungsausschuss der beiden Parlamentskammern tätig werden, um eine funktionierende Gesetzgebung zu gewährleisten …

3. Die Landesregierung wird ersucht, alles daran zu setzen, dass das Perchtoldsdorfer Paktum aus dem Jahr 1992 so schnell wie möglich umgesetzt wird. Vor allem sollen die beiden Arbeitsgruppen „Bundesstaatsreform" und „Finanzfragen" ihre Arbeit zügig vorantreiben, damit eine abgerundete, also auch Finanzfragen umfassende Bundesstaatsreform vorliegt.

Die nachstehende Übersicht ist eine Zusammenstellung aller Mitglieder des Bundesrates, die vom Salzburger Landtag seit 1920 (Stand: 13. Juni 2018) entsandt wurden. Es wurden nur die Funktionen im Bundesrat aufgenommen. Eine detaillierte Darstellung findet sich im Handbuch von Richard Voithofer: Politische Eliten in Salzburg. Ein biografisches Handbuch 1918 bis zur Gegenwart, Wien – Köln – Weimar 2007 (Schriftenreihe des Forschungsinstitutes für politisch-historische Studien der Dr.-Wilfried-Haslauer-Bibliothek, Band 32)

Aspöck Robert, Dr. (FPÖ)
(1943–2018)
Rechtsanwalt, Salzburg
Mitglied des Bundesrates: 1999–2004

Bieringer Ludwig (ÖVP)
(*1943)
Bundesheerbediensteter i. R., Wals-Siezenheim
Mitglied des Bundesrates: 1984–1989, 1991–2009
Präsident des Bundesrates: 1993, 1998, 2002

Brunauer Josef (SPÖ)
(1898–1967)
Postbeamter, Salzburg
Mitglied des Bundesrates: 1953–1957

Eder-Gitschthaler Andrea, Dr. (ÖVP)
(*1961)
Versicherungsangestellte, Wals-Siezenheim
Mitglied des Bundesrates: seit 2017

Eisl Andreas (FPÖ)
(*1940)
Landwirt, St. Georgen bei Salzburg
Mitglied des Bundesrates: 1994–1999

Etter Daniel (CSP)
(1876–1955)
Domkapitular, Salzburg
Mitglied des Bundesrates: 1922–1927

Fersterer Bartholomäus (CSP)
(1882–1949)
Kühmaierbauer, Saalfelden am Steinernen Meer
Mitglied des Bundesrates: 1934

Fischer Aloisia (ÖVP)
(*1954)
Bäuerin, Piesendorf
Mitglied des Bundesrates: 1996–1999

Forsthuber Martin (ÖVP)
(*1937)
Geschäftsführer des Salzburger Seniorenbundes, Salzburg
Mitglied des Bundesrates: 1993–1994

Frauscher Helmut, Dkfm. Dr. (ÖVP)
(1934–1994)
Kaufmann, Salzburg
Mitglied des Bundesrates: 1980–1993
Vorsitzender des Bundesrates: 1984
Präsident des Bundesrates: 1989, 1993

Gfrerer Silvester (ÖVP)
(*1959)
Landwirt, Großarl
Mitglied des Bundesrates: seit 2018

Gruber Manfred (SPÖ)
(*1949)
Technischer Beamter – Telekom Austria, Böckstein
Mitglied des Bundesrates: 2001–2012
Präsident des Bundesrates: 2007

Gugg Friedrich (ÖVP)
(1896–1977)
Gastwirt, Straßwalchen
Mitglied des Bundesrates: 1932, 1934, 1949–1966
Vorsitzender des Bundesrates: 1953, 1957, 1962, 1966

Hallinger Ernst (SPÖ)
(1905–1977)
Bauelektriker, Salzburg
Mitglied des Bundesrates: 1959–1969

Hauthaler Josef (CSP)
(1890–1937)
Gasthofbesitzer, Viehhausen (Wals-Siezenheim)
Mitglied des Bundesrates: 1927–1932

Heger Hans, Dkfm. Dr. (ÖVP)
(1915–1993)

Außenhandelskaufmann, Salzburg
Mitglied des Bundesrates: 1966–1980
Vorsitzender des Bundesrates: 1966, 1971, 1975, 1980

Hochleitner Albert, DI (ÖVP)
(1893–1964)
Kammeramtsdirektor, Salzburg
Mitglied des Bundesrates: 1945–1948

Köpf Peter (SPÖ)
(*1939)
Versicherungsdirektor, Salzburg
Mitglied des Bundesrates: 1979–1990

Lackner Johann (CSP)
(1875–1927)
Großgrundbesitzer, Reitdorf bei Altenmarkt im Pongau
Mitglied des Bundesrates: 1920–1922

Lakner Georg, Mag. (FPÖ, OP)
(1941–2016)
Mittelschullehrer, Hof bei Salzburg
Mitglied des Bundesrates: 1989–1994

Leberbauer Georg, Ing. (ÖVP)
(1926–2016)
Pensionist, Wald im Pinzgau
Mitglied des Bundesrates: 1994–1996

Mainoni Eduard, Mag. (FPÖ)
(*1958)
Angestellter, Salzburg
Mitglied des Bundesrates: 1999

Mayer Johann (ÖVP)
(1922–2005)
Gendarmeriebeamter, Anthering
Mitglied des Bundesrates: 1965–1984

Mosshammer Franz (SPÖ)
(1882–1964)
Maschinenmeister der ÖBB, Bischofshofen
Mitglied des Bundesrates: 1945–1953

Neuwirth (Kurz) Susanne, Mag. (SPÖ)
(*1956)
HTL-Lehrerin, Salzburg
Mitglied des Bundesrates: 2004–2018
Präsidentin des Bundesrates: 2011

Ober Johann (ÖVP)
(1887–1968)
Frankbauer, Seekirchen am Wallersee
Mitglied des Bundesrates: 1949–1959

Pongruber Christian (ÖVP)
(*1920)
Schneiderbauer, Bergheim bei Salzburg
Mitglied des Bundesrates: 1959–1965

Prähauser Stefan (SPÖ)
(*1948)
Geschäftsführer, Wals-Siezenheim
Mitglied des Bundesrates: 1990–2001

Prechtl Josef (ÖVP)
(1896–1976)
Kaufmann, Salzburg
Mitglied des Bundesrates: 1948–1949

Preußler Robert (SDAP)
(1866–1942)
Redakteur, Salzburg
Mitglied des Bundesrates: 1920–1932

Radlegger Wolfgang (SPÖ)
(*1947)
Landesparteisekretär, Grödig
Mitglied des Bundesrates: 1978–1979

Rainer Hermann (ÖVP)
(1896–1983)
Direktor der Landwirtschaftskrankenkasse, Salzburg
Mitglied des Bundesrates: 1959

Rehrl Franz, Dr. (CSP)
(1890–1947)
Landesbeamter, Salzburg
Mitglied des Bundesrates: 1920–1934
Vorsitzender des Bundesrates: 1922/23, 1927, 1931/32

Rehrl Josef (ÖVP)
(1895–1960)
Landesbeamter, Salzburg
Mitglied des Bundesrates: 1945–1949
Vorsitzender des Bundesrates: 1948

Reiter Heidi, Dr. (Grüne)
(*1953)
Fremdenführerin, Eugendorf
Mitglied des Bundesrates: 2013–2018

Saliger Wolfgang (ÖVP)
(*1946)
Marketingberater, Plainfeld
Mitglied des Bundesrates: 1989–1991

Saller Josef (ÖVP)
(*1945)
Hauptschuldirektor i. R., Bischofshofen
Mitglied des Bundesrates: 1999–2017
Präsident des Bundesrates: 2016

Scharizer Karl (NSDAP)
(1901–1956)
Gauleiter, Salzburg
Mitglied des Bundesrates: 1932–1933

Schmittner Dietmar, Dr. (FPÖ, OP)
(*1958)
Verwaltungsjurist, Salzburg
Mitglied des Bundesrates: 2013–2018

Steiner-Wieser Marlies (FPÖ)
(*1963)
Sachbearbeiterin, Salzburg
Mitglied des Bundesrates: seit 2018

Steinocher Karl (SPÖ)
(1920–2013)
Bundesbahnbeamter, Salzburg
Mitglied des Bundesrates: 1957–1959

Veichtlbauer Ricky (SPÖ)
(*1948)
Hausfrau, Salzburg
Mitglied des Bundesrates: 1982–1984

Wally Leopold (SPÖ)
(1918–1978)
Hauptschuldirektor, Salzburg
Mitglied des Bundesrates: 1969–1978

Wanner Michael (SPÖ)
(*1964)
Leiter des städtischen Bauhofs, Salzburg
Mitglied des Bundesrates: seit 2018

Weichenberger Josef (SPÖ)
(*1930)
Landessekretär des ÖGB, Salzburg
Mitglied des Bundesrates: 1984–1989

Weidenhillinger Alois (SDAP)
(1883–1942)
Werkführer, Salzburg
Mitglied des Bundesrates: 1932–1934

Wenger Franz (ÖVP)
(*1950)
Landesbediensteter, Taxenbach
Mitglied des Bundesrates: 2009–2013

Zehentner Robert (SPÖ)
(*1951)
Landwirt, Taxenbach
Mitglied des Bundesrates: 2012–2013

Die ersten Abgeordneten des Salzburger Landtages wurden noch in Gulden entlohnt. Im Jahre 1892 erfolgte die Umstellung auf die Kronen-Währung. Hier einige Geldscheine aus den Jahren 1863, 1880, 1902 und 1913. (Fotos: Geldmuseum der Oesterreichischen Nationalbank)

Richard Voithofer

„Wer für das Allgemeine arbeitet ... soll auch entschädigt werden“

Die Landesordnung von 1861 kannte noch keine Bestimmungen über die Entschädigung der Abgeordneten. Deshalb musste der Landtag erst eine neue Systematik für die Entschädigungen entwickeln. In der Landtagssitzung am 12. April 1861 wurde ausführlich darüber debattiert und man kam überein, dass „wer für das Allgemeine arbeitet“ auch entschädigt werden solle. Für Abgeordnete aus der Stadt Salzburg wurde ein Sitzungsgeld von 2 Gulden, für auswärtige Abgeordnete von 4 Gulden pro Sitzungstag (ca. € 24,– bzw. € 48,–) sowie ein Reisekostenersatz für die Bahnfahrt 1. Klasse oder von einem Gulden pro Meile (entspricht 13 Kreuzer pro Kilometer) beschlossen. Ein Verzicht auf diese Entschädigung war unzulässig. Abg. Dr. Josef Halter begründete dies folgendermaßen: „Wenn gestattet ist, dass einzelne Herren auf die Diäten verzichten, so wird die Vertretung ein Monopol derjenigen, die vom Glück begünstiget oder geneigt sind, sich die Sache etwas kosten zu lassen.“ Lediglich dem Salzburger Fürsterzbischof, der dem Landtag als Virilist angehörte, gestattete man, auf seine Entschädigung zu verzichten.

Der Landtag tagte nicht auf Dauer, sondern trat im Regelfall nur einmal jährlich zu seinen Sessionen zusammen. 1864 waren es insgesamt 11 Sitzungen, sodass ein Abgeordneter aus der Stadt 22 Gulden und ein auswärtiger Abgeordneter 44 Gulden erhielt. 1897 wurde das Sitzungsgeld für Abgeordnete aus der Stadt Salzburg ebenfalls auf 4 Gulden angepasst. Angesichts von 15 Sitzungen, die in diesem Zeitraum stattfanden, erhielt jeder Abgeordnete 60 Gulden (ca. € 833,–) als Entschädigung. 1902 und 1910 kam es zu weiteren Erhöhungen, und zwar auf 10 beziehungsweise 15 Kronen pro Sitzungstag. Bei einem intensiven Arbeitsprogramm des Salzburger Landtages mit immerhin 28 Sitzungen in der 1. Session in den Jahren 1909/10 stieg der Entschädigungsbetrag auf 420 Kronen (ca. € 2.470,–).

Da der Landtag nur wenige Wochen im Jahr zusammentrat, waren die Ausgaben für die Abgeordneten sehr überschaubar. Die Kosten lagen bis um 1900 relativ stabil bei rund 2.500 bis 2.600 Gulden, was einem heutigen Gegenwert von etwa € 37.500,– entspricht. Erst mit der personellen Aufstockung des Landtages in den Jahren 1902 und 1909, einem dichteren Sitzungsplan und der Erhöhung der Aufwandsentschädigung stiegen die Kosten auf 14.140 Kronen beziehungsweise 29.010 Kronen im Jahre 1912 (€ 83.500,– bzw. € 153.800,–).

Auf Grund eben dieses Umstandes war es erforderlich, ein Verwaltungsorgan der Landesvertretung in Gestalt des Landesausschusses zu wählen. An seiner Spitze stand der vom Kaiser ernannte Landeshauptmann, die weiteren Mitglieder des Landesausschusses wählte der Landtag. Die Mitglieder des Landesausschusses hatten ihren Aufenthalt in der Stadt Salzburg zu nehmen und erhielten für ihre Tätigkeit eine jährliche Entschädigung aus Landesmitteln. Diese betrug 1861 für den Landeshauptmann 1.500 Gulden (ca. € 18.100,–) und für die weiteren Mitglieder des Landesausschusses 800 Gulden pro Jahr. Mitglieder des Landesausschusses, die gezwungen waren, in die Stadt Salzburg zu übersiedeln, erhielten noch eine Zulage in Höhe von 400 Gulden. 1863 kam es zu einer Anpassung auf 1.800 Gulden für den Landeshauptmann und 1.000 Gulden für die weiteren Mitglieder. Wenn ein Mitglied des Landesausschusses wegen seiner politischen Tätigkeiten seinen Beruf aufgeben musste, so wurde diesem eine Zulage von 600 Gulden gewährt. Bis 1897 blieb diese Entschädigungsregelung unverändert. 1897 wurden die Entschädigungen auf 2.000 Gulden (ca. € 27.765,–) für den Landeshauptmann und auf 1.200 Gulden (ca. € 16.659,–) für die weiteren Mitglieder angehoben. 1904 wurde der Bezug des Landeshauptmannes auf 6.000 Kronen angehoben und eine Sonderregelung für den Landeshauptmann-Stellvertreter geschaffen, der nun 3.000 Kronen erhielt. Die letzte Erhöhung fand 1910 statt. 8.000 Kronen (ca. € 45.285,–) waren für das Amt des Landeshauptmanns und je 3.000 Kronen (ca. € 16.982,–) für die übrigen Mitglieder des Landesausschusses vorgesehen. Ein Blick in die Entlohnungsstruktur des St.-Johanns-Spitals im Jahre 1911 zeigt, wo die Bezüge des Landesausschusses anzusetzen sind. So erhielt der Direktor des St.-Johanns-Spitals, der gleichzeitig Primar der Augenabteilung war, ein jährliches Gehalt von insgesamt 7.500 Kronen, ein Assistenzarzt an der chirurgischen Abteilung wurde mit jährlich 2.100 Kronen entlohnt und der Portier im Kinderspital erhielt ein Jahresgehalt von 1.499 Kronen.

Die Republik bleibt den alten Traditionen treu

Mit der ersten Sitzung der provisorischen Landesversammlung am 7. November 1918 wurde die seit 1913 unterbrochene parlamentarische Arbeit wieder aufgenommen. Nach wesentlichen Beschlüssen über die Verfassung des Landes, die Organisation der Verwaltung und der Arbeitsweise der Landesversammlung stand auch das Thema der Entschädigung der Abgeordneten auf der Tagesordnung. Abgeordnete aus der Stadt Salzburg erhielten nun 30 Kronen und jene, die außerhalb wohnten, 40 Kronen pro Sitzungstag (ca. € 11,– bzw. € 15,–). Dazu kamen noch Reisegebühren. Die Bezüge der Mitglieder des Landesrates (Landesregierung) wurden am 22. Jänner 1919 festgelegt. Der Landeshauptmann erhielt einen jährlichen Bezug von 8.000 Kronen samt einer Teuerungszulage von 25 Prozent. Die weiteren Mitglieder erhielten einen Bezug von 6.000 Kronen samt einer Teuerungszulage von 25 Prozent.

Auch wenn die Systematik aus dem Landtag der Monarchie übernommen wurde, so wurde in der am 9. November 1918 beschlossenen provisorischen Verfassung des Landes Salzburg der Anspruch der Abgeordneten auf Reisekostenentschädigung sowie Anwesenheitsgelder festgeschrieben. Ausdrücklich festgehalten wurde wiederum, dass ein Verzicht auf die Entschädigung „nicht zulässig“ ist. Die Landesverfassung 1921 präzisierte in Artikel 33 diese Bestimmung. Diese Grundsatzbestimmung blieb bis zur Novelle der Landesverfassung im Jahre 1931 aufrecht.

Einen Einblick in die Beurteilung der Höhe der Entschädigung gibt es aus dem April 1920. Der christlichsoziale Abgeordnete Jakob Perner führte im Landtag darüber Klage, dass die Tagesdiäten für einen Abgeordneten nicht einmal die Höhe des Tageslohnes eines Zimmerers oder Maurers erreichen würden. Wenn die „Knauserei so weitergeht, werden schließlich der Arbeiter und der Kleinbauer nicht mehr herein gehen“, so die Befürchtung Perners.

Die galoppierende Inflation machte immer mehr Nullen auf den Geldscheinen notwendig (Foto: Geldmuseum der Oesterreichischen Nationalbank)

Für 1922 lassen sich folgende Tagsätze feststellen: Abgeordnete aus der Stadt Salzburg erhielten 150 Kronen und auswärtige Abgeordnete jeweils 250 Kronen pro Tag. Im Dezember 1921 ging man von Gesamtkosten für die Abgeordneten von 836.000 Kronen aus. Für den Landtagspräsidenten und seine Stellvertreter wurden höhere Tagesgebühren festgelegt, die das Doppelte bzw. das Eineinhalbfache der Tagesgebühr eines einfachen Abgeordneten betragen haben. Eine Umrechnung auf den heutigen Wert muss auf Grund der damaligen Inflationssituation unterbleiben.

Der Landesvoranschlag für 1923 sah einen Systemwandel vor. Die Abgeordneten sollten kein Taggeld mehr erhalten, sondern eine pauschale Grundgebühr in der Höhe der Hälfte des Bezugs eines Bundesrates. Dazu kamen noch Reisegebühren und Funktionszulagen. Ausgegangen wurde von Kosten von 427 Millionen Kronen pro Jahr. Am 22. März 1923 befasst sich der Salzburger Landtag ausführlich mit dem Landesvoranschlag. Für Aufregung sorgte eine Aussage des großdeutschen Abgeordneten Max Ott, der im Zusammenhang mit den Abgeordnetendiäten von einem „arbeitslosen Einkommen" sprach. Sein Parteikollege Abg. Anton Christoph sprach sich gegen eine Pauschalentschädigung aus und stellte den Antrag, die Tagesgebühr für Abgeordnete zu senken. Weiters verlangte er die definitive Regelung der Abgeordnetenbezüge. Der sozialdemokratische Landeshauptmann-Stellvertreter Robert Preußler widersprach dem und meinte, dass „eine auskömmliche Entschädigung des Abgeordneten … gerade vom Standpunkt der Reinhaltung der Korruption von größter Bedeutung ist. Schließlich müsse in einem demokratischen Staat jedem Bürger die Möglichkeit geboten werden, ein Abgeordnetenmandat anzunehmen, was aber für Nichtbegüterte ohne entsprechende Entschädigung nicht möglich sei". Das Vorgehen der Großdeutschen bezeichnete Preußler als „unanständig". Auch der christlichsoziale Landeshauptmann-Stellvertreter Michael Neureiter sprach sich gegen den großdeutschen Vorschlag aus und kritisierte, dass das „Verhalten der großdeutschen Opposition Parteipolitik reinsten Wassers" sei. Schlussendlich wurden die Ausgaben für den Landtag mit 430 Millionen Kronen pro Jahr festgesetzt, ohne dass jedoch eine endgültige Regelung für die Bezüge der Abgeordneten gefunden werden konnte.

Im März 1924 kam es zu einer Einigung unter den Landtagsparteien und es erfolgte die Umwandlung der Taggelder in einen fixen Entschädigungsbetrag, der sich an den Bezügen eines Bundesrates orientierte. Im Dezember 1926 befasste sich der Landtag im Zuge der Budgetberatungen ausgiebig mit der Thematik und folgte einer Empfehlung des Rechnungshofes, „dem Landtage und damit der Öffentlichkeit eine genaue Übersicht über die Bezüge der Landtagsabgeordneten und der Volksbeauftragten zu geben". Damit kann auch die 1924 beschlossene Regelung nachvollzogen werden. Die Abgeordneten aus dem Flach- und Tennengau erhielten 40 Prozent des Bezuges eines Bundesrates, sohin S 124,85, die Abgeordneten aus dem Pinzgau, Pongau und Lungau 50 Prozent davon, sohin S 156,06. Der Landtagspräsident wurde mit S 249,69 und seine beiden Vizepräsidenten mit S 218,48 bzw. S 187,27 entlohnt. Vierteljährlich wurde den Abgeordneten noch eine Fahrkostenpauschale in Höhe von S 250,– bis 312,50 gewährt. Wie sich aus den Landesvoranschlägen ablesen lässt, führte die Neuregelung zu einer nachhaltigen Erhöhung der Kosten um fast das Doppelte und pendelte sich zwischen S 50.000,– und 65.000,– pro Jahr ein (zur Orientierung: € 3,60 entsprechen einem Schilling).

Die Bezüge der Mitglieder der Landesregierung waren auf bundesgesetzlicher Ebene im Volksbeauftragtengesetz 1924 geregelt. Die Berechnung dieser Bezüge erfolgte auf Grundlage des Gehaltsgesetzes für Bundesbedienstete. 115 Prozent des Anfangsgehaltes eines Bundesangestellten der I. Dienstklasse der allgemeinen Verwaltung mit Dienstsitz in einer Landeshauptstadt waren als Bezug für einen Landeshauptmann vorgesehen. Überdies hatte er noch Anspruch auf eine Amtswohnung und einen Dienstwagen. Landeshauptmann Dr. Franz Rehrl erhielt 1926 einen monatlichen Bezug von S 420,20, weil sein Gehalt als Landesbediensteter gegengerechnet und somit abgezogen wurde. An sich hätte er einen Anspruch auf S 1.339,40 gehabt. Die Landeshauptmann-Stellvertreter hatten Anspruch auf 80 Prozent des Bezuges des Landeshauptmanns und erhielten monatlich S 1.071,52. Die Entlohnung von Landesräten erfolgte in gleicher Höhe wie bei Nationalratsabgeordneten. Bemerkenswert war die Situation von Landesrat Rudolf Brauneis, dessen Gehalt als Direktor der Landwirtschaftsschule Winklhof in Oberalm höher war als sein Landesratsbezug und er somit überhaupt keinen Bezug als Regierungsmitglied erhielt.

Nach den Landtagswahlen 1927 wurden die Bezüge der Landtagsabgeordneten vereinheitlicht und die Bezügeregelung des Bundes als Grundlage herangezogen. Jeder Abgeordnete erhielt die Hälfte der Entschädigung eines Mitgliedes des Bundesrates. Der Landtagspräsident erhielt die volle Entschädigung und seine Vizepräsidenten drei Viertel davon. Bundesräte erhielten jeweils die Hälfte dieses Bezuges eines Nationalrates. Die pauschale Entschädigung eines Landtagsabgeordneten betrug 1927 somit S 152,67 und stieg bis 1932 auf S 175,29. Daneben erhielten die Abgeordneten noch einen vom Wohnort abhängigen Fahrtkostenzuschuss, der 1932 mit zwischen S 95,– und S 190,– im Lungau lag. Der Landtagspräsident erhielt monatlich einen Grundbezug von S 305,33 (ca. € 1.075,–).

Mit diesem Beschluss wurde das Bezügesystem des Bundes für die Landtagsabgeordneten erstmals übernommen und es erfolgte eine Anbindung an

Eine Folge der Einführung der Schilling-Währung im Jahre 1924 waren auch neue Geldscheine. Hier eine Banknote aus dem Jahre 1925. (Foto: Geldmuseum der Oesterreichischen Nationalbank)

die Bezüge der öffentlich Bediensteten, die mit Unterbrechungen bis zum Jahre 1998 in Salzburg Anwendung fand. Insgesamt blieben die Kosten für die Entschädigung der Abgeordneten in der Ersten Republik trotz zahlreicher Änderungen stabil bei S 50.000,– bis 65.000,–. Dies entspricht einem heutigen Wert von € 175.000,– bis € 230.000,–. Bezieht man noch die Sachkosten ein, so kostete der Landtag im Durchschnitt rund S 100.000,– (ca. € 350.000,–) pro Jahr. Für 1932 lassen sich die monatlichen Bezüge von Landesregierung und Landtag folgendermaßen darstellen:

	Gesamtbezug 1932	Wert 2017
Landeshauptmann	S 2.033,37	€ 7.029,–
Landeshauptmann-Stellvertreter	S 1.532,70	€ 5.297,–
Landesräte	S 878,65	€ 3.035,–
Landtagspräsident	S 538,58	€ 1.860,–
Landtagspräsident-Stellvertreter	S 262,94	€ 909,–

Einen politisch motivierten Versuch, das Bezügesystem des Landes vollends zu kippen, unternahmen die Nationalsozialisten bei den Beratungen des Landesvoranschlages für das Jahr 1933. Die bisherigen Entschädigungen sollten durch Abrechnung der tatsächlichen und nachgewiesenen Barauslagen ersetzt werden. Abg. Schaschko argumentierte mit der Situation auf dem Arbeitsmarkt, den Schulden des Landes und den sinkenden Löhnen. Für die anderen Parteien waren die Argumente jedoch leicht durchschaubar und Abg. Hochleitner meinte, dass es sich bei diesem Antrag um „Demagogie und Volksaufwiegelei" handle.

Zurück zum Taggeld – der Ständestaat

Die Schaffung der ständestaatlichen Verfassung brachte auch einen Paradigmenwechsel im Zusammenhang mit der Entschädigung der Abgeordneten mit sich, denn man kehrte wieder zum System des Sitzungsgeldes zurück. S 20,– (heute rund € 71,–) wurden einem Abgeordneten als tägliches Sitzungsgeld gewährt. Abgeordnete, die mehr als „zwei Gehstunden, gerechnet von der Staatsbrücke" wohnten, erhielten noch eine pauschale Nächtigungsgebühr von

S 150,– monatlich. Die Reisekosten wurden Abgeordneten je nach Wohnort mit einer monatlichen Reisekostenpauschale zwischen S 110,– und 200,– abgegolten.

Eine Sonderregelung gab es wiederum für den Landtagspräsidenten und seine Stellvertreter. Der Präsident wurde bezugsrechtlich einem Mitglied der Landesregierung gleichgestellt und die Vizepräsidenten erhielten die Hälfte davon. Dem Landtagspräsidenten wurde darüber hinaus noch eine monatliche Repräsentationszulage in Höhe von S 200,– gewährt. Für die Regierungsmitglieder wurde die Bezügeregelung des Bundes übernommen.

Aufbruch und Rückschau

Nach Jahren der Diktatur und des Krieges trat am 12. Dezember 1945 wieder ein freigewählter Landtag zusammen. Hinsichtlich der Entlohnung der Abgeordneten und der Regierungsmitglieder griff man auf die Rechtslage des Jahres 1924 bzw. 1927 zurück. Der Landtagspräsident erhielt den vollen Bezug und seine Vizepräsidenten drei Viertel des Bezuges eines Bundesrates. Für die Mitglieder der Landesregierung wurde die Regelung des Volksbeauftragtengesetzes aus dem Jahre 1924 übernommen.

Am 12. Dezember 1946 verabschiedete der Nationalrat ein neues Bezügegesetz für die Bundesorgane, das auch auf Salzburg entsprechende Auswirkungen hatte. In einem umfangreichen Paket wurden die Bezüge in Salzburg Ende 1949 neu geordnet. Die Bezüge des Landeshauptmannes wurden mit 115 Prozent des Höchstgehaltes eines Beamten der Dienstpostengruppe I aus dem Bezügerecht des Bundes übernommen und auch die Bezüge der weiteren Regierungsmitglieder der neuen Systematik angepasst. Diese Änderung brachte insbesondere für die Landesräte eine massive Besserstellung mit sich, weil ihr Bezug um 64 Prozent angehoben wurde. Dazu kamen noch pauschale Repräsentations- und Reisekostenersätze.

	Gesamtbezug 1950	Wert 2017
Landeshauptmann	S 6.567,77	€ 5.111,–
Landeshauptmann-Stellvertreter	S 4.972,05	€ 3.869,–
Landesräte	S 3.877,64	€ 3.017,–

Aber auch die Landtagsabgeordneten kamen in den Genuss von Erhöhungen, was sich insbesondere bei den Repräsentations- und Reisekosten auswirkte. Der Landtagspräsident und seine Stellvertreter erhielten nun eine Repräsentationszulage von S 300,– bzw. S 150,– monatlich. Die Bezüge der Abgeordneten wurden auf zwei Drittel des Bezuges eines Bundesrates angehoben. Darüber hinaus wurde eine Reisekostenpauschale von zwischen S 300,– und S 500,– gewährt.

	Gesamtbezug 1950	Wert 2017
Abg. Stadt, Flachgau, Tennengau	S 986,93	€ 768,–
Abg. Pongau, Pinzgau	S 1.086,93	€ 845,–
Abg. Lungau	S 1.186,93	€ 923,–
Landtagspräsident	S 1.630,50	€ 1.268,–
Landtagspräsident-Stellvertreter	S 1.222,88	€ 951,–

Ausdruck der wiedergewonnenen Freiheit war 1946 die Wiedereinführung der alten Schilling-Währung. Hier zwei Banknoten aus den Jahren 1946 und 1949. (Foto: Geldmuseum der Oesterreichischen Nationalbank)

1951 ist erstmals ein politischer Akt der Selbstbeschränkung feststellbar. Angesichts der schwierigen Budgetsituation fasste der Landtag einstimmig den Beschluss, dass die Mitglieder der Landesregierung und des Landtages bis zum Ende der Landtagsperiode im Jahre 1954 auf 5 Prozent ihres Nettobezuges verzichten. Damit wollten „die Volksvertreter mit gutem Beispiel vorangehen … und ein persönliches Opfer bringen", wie es im Ausschussbericht heißt. Damit reagierte der Landtag auf einen Vorstoß des VdU und setzte den Vorschlag umgehend um.

Nach den Landtagswahlen 1954 kam es mit 1. Jänner 1955 zu einer Neuregelung der Abgeordnetenbezüge. Es erfolgte eine Entkoppelung von den Politikerbezügen auf Bundesebene und zu einer Anknüpfung an die Beamtenbezüge des Bundes. Begründet wurde dies im Landtag damit, dass die Vergütung „einerseits vom Standpunkt der Landesfinanzen tragbar erscheint und andererseits auch dem mit der Ausübung des Mandates als Mitglied des Landtages verbundenen Aufwand gerecht wird". Der Landtagspräsident erhielt 50 Prozent des Gehaltes eines Bundesbeamten der Dienstpostengruppe II, Gehaltsstufe 6, die Vizepräsidenten 50 Prozent der Gehaltsstufe 1. Darüber hinaus wurde dem Präsidenten eine monatliche Zulage von S 510,– und den Vizepräsidenten von S 260,– gewährt. Abgeordnete erhielten 50 Prozent des Bezuges eines Beamten der Dienstpostengruppe III, Gehaltsstufe 5. Diese Neuregelung wurde vom Landtag am 3. März 1955 um 00.25 Uhr ohne weitere Debatte einstimmig verabschiedet. Dies ist insofern bemerkenswert, als das neue Bezügesystem mit nicht unerheblichen Mehrkosten verbunden war und darauf auch im Landesvoranschlag hingewiesen wurde.

	Gesamtbezug 1956	Wert 2017
Abg. Stadt, Flachgau, Tennengau	S 3.500,–	€ 1.752,–
Abg. Pongau, Pinzgau	S 3.600,–	€ 1.802,–
Abg. Lungau	S 3.700,–	€ 1.853,–
Landtagspräsident	S 5.710,–	€ 2.860,–
Landtagspräsident-Stellvertreter	S 4.160,–	€ 2.083,–

Das erste Salzburger Bezügegesetz 1958

1958 vollzog der Salzburger Landtag einen völligen Systemwandel und reagierte damit auf die neuen Anforderungen an die Politik. Auf Bundesebene bestand seit 1924 eine gesetzliche Regelung über die Bezüge der obersten Organe. Nach 1945 folgten viele Länder diesem Beispiel und schufen eigene Bezügegesetze. Salzburg setzte diesen Schritt mit dem Salzburger Bezügegesetz 1958. Es ging dem Landtag jedoch nicht um eine Erhöhung der Bezüge, sondern um eine sozialrechtliche Absicherung im Falle von Unfall oder Tod. Berücksichtigt werden sollte auch, dass Mitglieder der Landesregierung keinen Beruf neben ihrem Amt ausüben konnten und auch die Abgeordneten erheblichen beruflichen Einschränkungen unterlagen. Insbesondere der Wiedereinstieg nach Beendigung der politischen Tätigkeit war nach Meinung des Landtages mit erheblichen Schwierigkeiten verbunden.

Auch die Bezüge der Abgeordneten wurden neu festgesetzt, wobei dies zum einen auf das neue Gehaltsgesetz 1956 des Bundes zurückzuführen war. Zum anderen wurden die Bezüge der Salzburger Landesbeamten als Grundlage herangezogen. Der Landtagspräsident erhielt nunmehr 50 Prozent des Bruttogrundgehaltes eines Landesbeamten der Dienstklasse VIII/6, seine Stellvertreter 50 Prozent von VIII/1. Die übrigen Abgeordneten wurden mit 50 Prozent des Gehaltes eines Landesbeamten der Dienstklasse VII/5 entlohnt. Die Präsidenten erhielten noch eine Repräsentationszulage von S 510,– bzw. S 260,–. Abgeordnete erhielten eine vom Wohnort abhängige Reisekostenentschädigung in Höhe von S 510,– und S 990,–. Die Bandbreite der monatlichen Entschädigungen bewegte sich 1959 von S 3.710,– für einen Abgeordneten aus der Stadt Salzburg und S 5.920,– für den Landtagspräsidenten. Heute entspricht dies in etwa Beträgen von € 1.742,– und € 2.780,–.

Bei Ausscheiden aus dem Mandat erhielten Abgeordnete nach fünf Jahren den dreifachen Monatsbezug als Entschädigung. Bei einer längeren Mandatsdauer konnte eine Entschädigung bis zu 12 Monatsbezügen gewährt werden, wobei der Abgeordnete in einem solchen Fall mehr als 15 Jahre dem Landtag angehören musste. Im Falle eines Unfalls und einer daraus resultieren Erwerbsminderung wurde den Abgeordneten eine monatliche Aufwandsentschädigung in Abhängigkeit der Höhe der Erwerbsminderung gewährt.

Auch für die Mitglieder der Landesregierung wurden diese Regelungen in angepasster Form übernommen und auch die Bezüge auf Grundlage des neuen Gehaltsgesetzes neu festgesetzt. Eine Novität war der Pensionsanspruch für die Mitglieder der Landesregierung.

	Gesamtbezug 1959	Wert 2017
Landeshauptmann	S 19.601,50	€ 9.207,–
Landeshauptmann-Stellvertreter	S 15.200,–	€ 7.139,–
Landesräte	S 12.006,–	€ 5.639,–

Nach einer zehnjährigen Tätigkeit in der Landesregierung bestand ein Anspruch auf einen Ruhegenuss in Höhe von 40 Prozent des letzten Einkommens. Jedes weitere Jahr wurde mit 3 Prozent berücksichtigt, wobei die Höchstgrenze bei 78,3 Prozent des letzten Bezuges eingezogen wurde. Im Grundsatz blieb diese Bezügeregelung bis 1970 aufrecht.

1970 – Salzburg schwenkt auf die Bundeslinie ein

Mit 1. August 1970 kam es zu einer völligen Neuregelung der Bezüge der Salzburger Landespolitik. Die Regelung aus dem Jahre 1958 wurde in einem Drei-Parteien-Antrag als „überholt" eingestuft. Dies deshalb, weil auf Bundesebene eine Neuregelung der Bezüge in Ausarbeitung war und auch zahlreiche andere Bundesländer bereits die Anknüpfung an die Bundesregelung vollzogen hatten. Die Antragsteller hielten ausdrücklich fest, dass „die Tätigkeit eines Mitgliedes eines Landtages ihrer Art und ihrem Umfange nach jedenfalls mit der Tätigkeit eines Mitgliedes des Bundesrates vergleichbar" sei. Deshalb hatten sich die Landtagsparteien darauf verständigt, eine Angleichung der Bezüge an die des Bundesrates vorzunehmen.

Die Debatte des Landtages am 1. Juli 1970 wurde sehr sachlich geführt und es gab von allen drei Parteien Übereinstimmung. SPÖ-Abgeordneter Karl Zillner begrüßte die Gesetzesänderung und schloss seine Ausführung mit der Versicherung: „Wir werden diese Gehaltserhöhung, die uns sicherlich von öffentlichen Geldern aus gewährt wird, durch eine erhöhte Leistung und eine erhöhte Schaffenskraft diesem Lande Salzburg gegenüber rechtfertigen." Was war nun Inhalt dieser Novelle? Die Salzburger Landtagsabgeordneten wurden besoldungsrechtlich den Bundesräten gleichgestellt. Da die kostenlose Benutzung von öffentlichen Verkehrsmitteln im gesamten Bundesgebiet für Salzburg als „nicht zweckmäßig" beurteilt wurde, wurde den Abgeordneten eine Reisekostenentschädigung in Abhängigkeit vom Wohnort gewährt. Diese betrug für Abgeordnete aus dem Lungau, Pinzgau und Pongau 40 Prozent der Aufwandsentschädigung und 30 Prozent für die übrigen Abgeordneten. Gleiches galt für den Landtagspräsidenten und seine Stellvertreter, die nun mit geringfügigen Ausnahmen gleich entlohnt wurden wie das Bundesratspräsidium. An Stelle einer Amtswohnung erhielt der Salzburger Landtagspräsident eine Amtszulage in Höhe von 100 Prozent der Aufwandsentschädigung. Mit der Übernahme der Bundesregelung erwarben nun auch die Mitglieder des Landtages mit Vollendung des 60. bzw. 55. Lebensjahres einen Anspruch auf eine Politikerpension, wobei Zeiten seit dem 12. Dezember 1945 zur Anrechnung kamen, die Pension aber nach dem 31. Dezember 1957 angetreten werden musste. Die Pensionszeiten konnten nachgekauft werden und dafür war ein besonderer Pensionsbeitrag zu entrichten.

Die Anknüpfung an das Bezügegesetz des Bundes zum 1. August 1970 brachte eine deutliche Erhöhung der Entschädigungen in Höhe von rund 40 Prozent bei den Abgeordneten und 61 Prozent bzw. 76 Prozent im Präsidium des Landtages mit sich. In absoluten Zahlen ausgedrückt, stiegen die Entschädigungen für Abgeordnete auf monatlich S 11.365,90 bzw. 12.240,20 und für den Landtagspräsidenten von S 13.009,73 auf S 20.983,20, sohin um fast S 8.000,– (S 1.000,– entsprechen heute ca. € 324,–).

Die Bezugsregelung für die Mitglieder der Landesregierung wurde ebenso angepasst. Die Landeshauptmann-Stellvertreter erhielten den Bezug eines Staatssekretärs. Die Bezüge der Landesräte wurden auf 90 Prozent des Bezuges eines Landeshauptmann-Stellvertreters festgelegt und eine Repräsentationszulage in Höhe von 25 Prozent des Bezuges eingeführt. Auch die Bestimmungen über Politikerpensionen für Mitglieder der Landesregierung wurden angepasst. Nach einer zehnjährigen Tätigkeit in der Landesregierung bestand ein Anspruch auf einen Ruhegenuss in Höhe von 50 Prozent des letzten Einkommens und die Höchstgrenze wurde bei 80 Prozent des letzten Bezuges eingezogen. Zum 1. August 1970 stiegen die Anfangsgehälter der Regierungsmitglieder um 18 Prozent beim Landeshauptmann und 36 Prozent bei einem Landesrat. Der monatliche Bruttobezug des Landeshauptmanns lag somit bei rund S 43.000,– (€ 13.930,–). Seine Stellvertreter erhielten je S 35.400,– (€ 11.470,–) und ein Landesrat S 31.900,– (€ 10.340,–).

Bis zur endgültigen Regelung dauerte es fast drei Jahre, weil immer wieder Anpassungen an die Bundesregelung erforderlich waren. Die Bezüge der Regierungsmitglieder waren deshalb erheblichen Schwankungen unterworfen. Zum 1. Juli 1973 lässt sich folgende Übersicht erstellen:

	Gesamtbezug 1973	Wert 2017
Landeshauptmann	S 67.386,30	€ 18.243,–
Landeshauptmann-Stellvertreter	S 54.973,24	€ 16.240,–
Landesräte	S 50.175,92	€ 13.587,–

Im Vergleich zu 1970 sind auch hier große Veränderungen nach oben festzustellen. Lag der Bezug des Landeshauptmanns 1970 noch bei rund S 37.000,–, so stieg dieser innerhalb von drei Jahren um 84 Prozent an.

Das Bezügegesetz des Bundes trat erst am 1. Juli 1972 in Kraft, was für den Salzburger Landtag in der Folge bedeutete, eine Nachschärfung in formeller als auch inhaltlicher Hinsicht vorzunehmen. So wurde etwa die Pensionsregelung für Mitglieder des Landtages insofern verbessert, als der Anspruch bereits nach fünfjähriger Tätigkeit entstand. Dafür war ein Pensionsbeitrag von 6 Prozent zu entrichten. Neu war auch die Einbeziehung der Klubobleute in das Bezügegesetz, die eine Gleichstellung mit den Klubobleuten im Bundesrat vorsah. Ebenso neu war die Regelung, dass bei der Bemessung der Bezüge nicht mehr auf einen Fixbetrag einer bestimmten Verwendungsgruppe abgestellt wurde, sondern ein Anfangsgehalt festgelegt wurde, das entsprechend der besoldungsrechtlichen Bestimmungen für Bundesbeamte alle zwei Jahre zu einer Vorrückung in die nächste Gehaltsstufe führte. Je länger also ein Abgeordneter politisch tätig war, desto höher wurde sein Gehalt, wobei auch Zeiten in anderen Organen zur Anrechnung kamen. Erheblich günstiger wurde auch die Berechnung der Reisekostenentschädigung geregelt. Im Endausbau stellten sich die Bezüge der Abgeordneten zum 1. Juli 1973 folgendermaßen dar:

	Bezug 1973	Wert 2017
Abg. Stadt, Flach- und Tennengau	S 16.368,70	€ 4.430,–
Abg. Pinzgau, Pongau, Lungau	S 17.890,10	€ 4.842,–
Landtagspräsident	S 36.694,60	€ 9.932,–
Landtagspräsident-Stellvertreter	S 32.014,15	€ 8.665,–
Klubobleute	S 24.159,67	€ 6.539,–

Insgesamt führte die Reform der Politikerbezüge zu erheblichen Mehraufwendungen. Die doch sehr deutlichen Anhebungen sind überwiegend auf die steuerliche Behandlung der Entschädigung zurückzuführen. Anstelle einer „Entschädigung" würden nun „Bezüge" gewährt, die nun der Einkommensteuerpflicht unterlagen, wobei der Bundesgesetzgeber zahlreiche Ausnahmen vorgesehen hatte, die erst in späterer Folge ausgeräumt wurden. Bislang waren die Entschädigungen weitgehend steuerfrei. Erst für die Jahre 1969 und 1972 wurde eine Sonderabgabe in der Höhe von zehn Prozent auf die Entschädigungen eingeführt. Zum anderen zeigt die Umwandlung der Entschädigung hin zu einem Bezug auch einen Wandel im Berufsbild von Politikern, der zunehmend die Hauptberuflichkeit in den Vordergrund rückte. Mit der vollständigen Anknüpfung an das Bundesbezügesystem begab sich der Salzburger Landtag jedweder Gestaltungsmöglichkeit, die Dynamik auf Bundesebene wurde gesetzgeberisch nachvollzogen und nur zum Teil ein eigenständiger Weg gewählt.

Kreiskys Gehaltsstreifen

Die Anknüpfung an das Bundesbezügesystem bekamen die Mitglieder der Salzburger Landesregierung alsbald unmittelbar zu spüren. In einer der letzten Nationalratssitzungen des Jahres 1978 wurde die Kürzung der Prozentsätze beschlossen. Insgesamt stellte diese Maßnahme eine Bezugsreduktion von rund 5 Prozent dar. Ob es sich dabei um ein wahltaktisches Manöver im Vorfeld der Nationalratswahlen 1979 gehandelt hat oder den Ausdruck des gemeinsamen Sparwillens, bleibt offen.

Nach den Nationalratswahlen 1979 vereinbarten SPÖ und ÖVP auf Bundesebene eine Reform der Politikerbezüge. Es wurde ein umfangreiches Paket geschnürt, das beispielsweise Unvereinbarkeitsbestimmungen, ein generelles Berufsverbot für alle Mitglieder der Landesregierung, die Streichung steuerlicher Vergünstigungen, die Abschaffung von Wohnungspauschalen etc. enthielt. Mit dieser Novelle des Bundesbezügegesetzes im Dezember 1980 war jedoch die Rücknahme der Kürzungen aus dem Jahre 1978 und somit eine Erhöhung der Politikerbezüge verbunden. Die Prozentsätze wurden nach oben geschraubt, sodass sich die Gehälter der Mitglieder der Landesregierung automatisch erhöhten, was beim Landeshauptmann ein Plus von 26 Prozent und bei den Landesräten von fast 40 Prozent bedeutete. Hintergrund war aber nicht nur die Erhöhung der Bezüge, sondern die Schaffung der Auslagenvergütung in Höhe von mindestens 25 Prozent des Bezuges „zur Abdeckung besonderer, mit einer politischen Funktion verbundenen Auslagen". Während die Landtagspräsidenten vorher einen Auslagenersatz von monatlich S 7.000,– erhielten, stieg dieser mit der Gesetzesnovelle auf über S 20.000,–. In den Genuss einer Gehaltserhöhung kamen auch die Klubobleute, weil die Amtszulage wieder auf 66 Prozent angehoben wurde und die Abgeordneten generell von der neuen Auslagenvergütung profitierten.

Im Vergleichsüberblick stellen sich die Bezüge der Abgeordneten wie folgt dar:

	Anfangsbezug 1981	Wert 2017
Abg. Zentralraum	S 33.510,65	€ 5.530,–
Abg. Pongau, Pinzgau, Lungau	S 36.035,95	€ 5.947,–
Landtagspräsident	S 76.647,80	€ 12.649,–
Landtagspräsident-Stellvertreter	S 75.665,41	€ 12.487,–
Klubobleute	S 55.627,68	€ 9.180,–

Eine Debatte über die Neuregelung gab es im Landtag nicht, jedoch war die mediale Berichterstattung durchwegs negativ. Der „Kurier" titelte am 12. April 1981 „Kreisky wär' in Salzburg ein armer Schlucker" und warf dem Landtag „Gehaltserhöhungen, von denen der Normalverbraucher nicht einmal zu träumen wagt" vor, die „hinter verschlossenen Türen ... untereinander ausgeschnapst" worden seien. Die Zeitung zog auch einen Vergleich zu den Einkünften von Bundeskanzler Dr. Kreisky, der „mit seinem Gehaltsstreifen in Salzburg nur mitleidiges Lächeln ernten" würde, weil sein Parteifreund und Landeshauptmann-Stellvertreter Dr. Herbert Moritz S 136.366,20 und damit um rund S 5.050,– mehr verdienen würde. Für die Mitglieder der Landesregierung brachte die Novellierung insgesamt spürbare Einkommensvorteile. Der Anfangsbezug des Landeshauptmannes lag nun bei S 128.992,–, was einem heutigen Gegenwert von ca. € 21.288,– entspricht.

Die Privilegien-Diskussion

Im Laufe des Jahres 1982 entwickelte sich österreichweit eine Diskussion um die Bezüge von Politikern und etwaige damit verbundene Privilegien, die auch in Salzburg durchaus heftig geführt wurde und entsprechende Maßnahmen auslöste. So beschloss der Salzburger Landtag am 2. November 1982 in Anbetracht weiterer Änderungen auf Bundesebene, dass es ungeachtet der Bezügeänderungen für Beamte zu keiner Erhöhung der Politikerbezüge kommen solle. Der Landtag hielt es „für ein Gebot der Stunde, den Sparsamkeitswillen der öffentlichen Hand auch seitens der politischen Mandatare in der Weise zu dokumentieren, dass es zu einem Einfrieren der derzeitigen Politikerbezüge" komme. In der Debatte kamen auch Versäumnisse der Vergangenheit zu Tage. Die Salzburger Landespolitik sah darüber hinaus erheblichen Handlungsbedarf und richtete im Jänner 1983 eine Arbeitsgruppe der Landtagsparteien unter dem Vorsitz eines Richters des Landesgerichtes Salzburg ein, deren Aufgabe es war, das Bezügesystem in Salzburg neu zu ordnen.

1984 – Neuregelung der Bezüge

Allein im Jahre 1983 kam es zu mehrfachen Novellen des Salzburger Bezügegesetzes. So wurden mit 1. Jänner 1983 die Doppelbezüge von Regierungsmitgliedern, die im Dienst des Bundes, des Landes oder einer Gemeinde standen, abgeschafft und die Bezüge „stillgelegt", wie es das Gesetz nennt, und am 1. Februar 1983 die Pensionsbeiträge für Abgeordnete von bisher 7 Prozent auf 13 Prozent und bei Mitgliedern der Landesregierung sogar auf 16 Prozent angehoben. Abgeschafft wurden auch Abfertigungen beim Wechsel vom Landtag in die Landesregierung oder in den Nationalrat. Die mehrjährige und zum Teil kontroversiell geführte Diskussion mündete schließlich im neuen Salzburger Bezügegesetz 1984. Klubobmann Dr. Raus (SPÖ) bezeichnete es als „Entrümpelungsaktion der Bezügebestimmungen auf allen Ebenen". Landeshauptmann Dr. Wilfried Haslauer sen. bewertete die Umsetzung des Pakets als „glaubwürdigen Versuch, Ungereimtheiten und ungerechtfertigte Dinge abzubauen und zu angemessenen Entschädigungen für Politiker zu kommen". Das neue Salzburger Bezügegesetz war Ausdruck einer Vereinheitlichung des Bezügesystems auf Bundes-, Landes- und Gemeindeebene. Der Grundbezug eines Landtagsabgeordneten blieb weiter dem eines Bundesrates gleichgestellt, wobei dieser 50 Prozent des Gehaltes eines Beamten der Dienstklasse IX/1 betrug. Salzburg koppelte sich jedoch vom Bezugsschema des Bundes ab und nahm wiederum das Landesbeamtenschema als Grundlage, um einen kleinen Handlungsspielraum zu erhalten. Der Landtagspräsident und seine Stellvertreter sowie die Klubobleute wurden hinsichtlich der Amtszulage den vergleichbaren Organen im Bundesrat gleichgestellt, wobei die Amtszulage des Landtagspräsidenten 100 Prozent und die eines Klubobmanns 66 Prozent des jeweiligen Bezuges betrug.

Die Reisekostenentschädigung blieb regional gegliedert und betrug 30 Prozent für Abgeordnete aus dem Zentralraum und 40 Prozent des erreichbaren Höchstbezuges für die anderen Abgeordneten. Eine Sonderregelung bei der Reisekostenentschädigung gab es für das Landtagspräsidium und die Klubobleute. Dazu kam noch ein Aufwandsersatz von 25 Prozent des Höchstbezuges der Dienstklasse IX/6. Gerade die Berücksichtigung der Amtszulage bei der Berechnung der Reisekosten ließ die Bezüge deutlich ansteigen.

	Anfangsbezug 1984	Wert 2017
Abg. Zentralraum	S 38.080,98	€ 5.458,–
Abg. Pongau, Pinzgau, Lungau	S 40.948,43	€ 5.869,–
Landtagspräsident	S 75.210,70	€ 10.781,–
Landtagspräsident-Stellvertreter	S 76.516,45	€ 10.968,–
Klubobleute	S 65.244,02	€ 9.352,–
Landeshauptmann	S 146.589,00	€ 21.015,–
Landeshauptmann-Stellvertreter	S 131.930,10	€ 18.922,–
Landesräte	S 118.737,09	€ 17.021,–

Nach Abschluss der umfangreichen gesetzgeberischen Maßnahmen wurden die Ergebnisse im Bezügegesetz 1984 aus Gründen der Übersichtlichkeit und Nachvollziehbarkeit neu verlautbart.

1992 – Der vorletzte Schritt zur Transparenz

Insgesamt wurde bei allen Novellen des Bezügegesetzes die komplizierte und wenig transparente Tradition bei der Bemessung der Politikerbezüge beibehalten und die Nachvollziehbarkeit durch Verweise auf das Bundesrecht nochmals erschwert. Das Bezügegesetz 1992 brachte in dieser Hinsicht in wesentlichen Bereichen eine nachhaltige Verbesserung. Die unzähligen Verweise auf das Bundesrecht sollten mit dem neuen Gesetz beseitigt werden, damit „die Bestimmungen auch für die Allgemeinheit durchschaubarer werden und zudem weniger Anlass für nicht seltene, schwierige Auslegungsfragen geben", so im Motivenbericht der Regierungsvorlage. Auslöser für das neue Gesetz war die 1990 österreichweit geführte Debatte um Doppel- und Mehrfachbezüge von Politikern, die ihren Angelpunkt in den öffentlich diskutierten Bezügen des Präsidenten der Arbeiterkammer Steiermark, Alois Rechberger, fand.

Aber auch inhaltlich war das neue Gesetz ein erster Meilenstein. Es wurde ein einheitliches Pensionsalter von 60 Jahren und ein Anspruch auf eine Pension erst nach mindestens zehn Jahren der Funktionsausübung eingeführt, eine Bezügeobergrenze bei Mehrfachbezügen aus dem öffentlichen Bereich mit dem höchsten Bezug (samt Amtszulage) eines Landesrates eingezogen und die Bundesregelung hinsichtlich der Verhinderung von Mehrfachabfertigungen übernommen.

Das Bezügegesetz 1992 war das Ergebnis langer und intensiver Verhandlungen. Letztendlich konnten sich die Landtagsparteien auf einen Kompromiss einigen, der insgesamt beispielgebend für die zukünftige Entwicklung der Politikerbezüge war. So sehr es Einigkeit über die Novelle gab, wurde auch Kritik an einzelnen Bereichen geübt. Objektiv gesehen hatte der Landtag wesentliche Schritte zum Privilegienabbau gesetzt, die überdies mit keinerlei Erhöhungen der Bezüge verbunden waren.

Die letzten Schilling-Noten vor der Umstellung auf den Euro mit 1. Jänner 2002 (Foto: Geldmuseum der Oesterreichischen Nationalbank)

Die Einkommenspyramide des Bundes

Die Diskussion um die Politikerbezüge wurde aber mit dem neuen Bezügegesetz keineswegs geschlossen, sondern mit zunehmender Intensität weitergeführt. Auf Bundesebene wurde im Juli 1996 eine Expertenkommission unter dem Vorsitz des Präsidenten des Rechnungshofes eingesetzt. Auftrag an die Kommission war unter anderem, dass eine „Einkommenspyramide für Politiker in Bund, Ländern, Gemeinden und Selbstverwaltungskörpern geschaffen wird, die auf die Verantwortung des einzelnen Funktionsträgers abstellt". Salzburg schloss sich diesem Prozess an und richtete ebenso im Juli 1996 eine Kommission, bestehend aus Experten des Amtes der Landesregierung, der Kammer der Wirtschaftstreuhänder, der Finanzlandesdirektion, des Gemeindeverbandes und des Städtebundes mit dem Auftrag der Erstellung eines Gutachtens ein. Die Kommission sollte Vorschläge zu den Reisekosten und den Aufwandsentschädigungen vorlegen, Lösungsvorschläge für die politische Übereinkunft der Abschaffung von Politikerpensionen machen sowie die Vorgaben hinsichtlich der sogenannten „Einkommenspyramide" für Bezüge aus politischen Tätigkeiten berücksichtigen.

Auf Basis des von der Bundeskommission im Dezember 1996 vorgelegten Berichtes, der mehrere Bewertungsvarianten enthielt, beschloss der Nationalrat mit Wirkung vom 1. August 1997 das im Verfassungsrang stehende Bezügebegrenzungsgesetz. Der Bundesgesetzgeber legte für die Länder und Gemeinden nun Bezügeobergrenzen fest, die in einem Prozentsatz vom Bezug eines Nationalratsabgeordneten (S 100.000,–) zum Ausdruck kamen. Darüber hinaus umfasste das neue Gesetz auch Obergrenzen für die Bundesorgane sowie für Funktionäre von Sozialversicherungen und Interessensvertretungen. Die Länder wurden angehalten, einen einheitlichen Bezug vorzusehen. Sonstige Leistungen wurden ausdrücklich untersagt, sofern diese nicht im Bundesgesetz ihre Grundlage fanden. Zulässig waren also nur mehr Regelungen zur Bezugsfortzahlung, Aufwandsentschädigungen und Dienstwägen.

Am 2. Juli 1997 legten ÖVP, SPÖ und Bürgerliste dem Salzburger Landtag einen gemeinsamen Antrag für die Neuregelung vor und legten ein klares Bekenntnis „zu einer umfassenden Neuregelung der Bezüge der Politiker im Bundesland Salzburg" ab. Das Gesamtsystem sollte „möglichst einfach, übersichtlich und transparent" sein. „Das Bezügemodell der Politiker ist vom Gehaltsrecht für öffentlich Bedienstete zu entkoppeln. Zusatz-(Zweit)Pensionen aus der politischen Tätigkeit sind abzuschaffen. Die Teilnahme an der Pflichtversicherung in der Pensionsversicherung und die freiwillige Pensionsvorsorge sind analog zu den bundesrechtlichen Regelungen vorzusehen. Abfertigungsansprüche müssen künftig entfallen. Lediglich für Politiker mit Berufsverbot und ohne sofortigen Wiedereinstieg in einen Zivilberuf ist als Übergangslösung die Entgeltfortzahlung vorzusehen", so die Abgeordneten.

Auf Grund der Bundesvorgaben kam man im Salzburger Landtag bald zu einem tragfähigen Ergebnis. Über Jahrzehnte hindurch waren Bezügeregelungen für Politiker ein Buch mit sieben Siegeln, das nur von wenigen durchschaut wurde. Nun lag ein Gesetz vor, das beispielhaft für seine Transparenz war und das Bezügesystem auf völlig neue Beine stellte. In § 4 des neuen Gesetzes wurden die Bezüge der Mitglieder des Landtages und der Landesregierung oder des Gemeinderates der Stadt Salzburg ebenso detailliert aufgegliedert wie die Einkünfte von Klubobleuten, Landtagspräsidenten, Kammerpräsidenten oder des Direktors des Landesrechnungshofes und der Bürgermeister. Salzburg zeigte sich bei der Ausschöpfung der Obergrenzen durchaus zurückhaltend. Für Abgeordnete war etwa ein Höchstbezug von S 80.000,– und für Klubobleute sogar von S 140.000,– vorgesehen. Der Salzburger Landtag zog die Grenze bei S 60.000,– beziehungsweise S 95.000,– ein.

Im Vergleich zum Bezügegesetz 1992 auf Basis der Gehaltsansätze 1998 zeigt sich folgendes Bild bei den Höchstbezügen:

	Monatsbezug	Jahresbezug	Differenz	Differenz
Abg. Zentralraum	S 60.000,–	S 840.000,–	– 24.365,70	–2,8 %
Abg. Innergebirg	S 60.000,–	S 840.000,–	– 74.717,10	–8,2 %
Landtagspräsident	S 110.000,–	S 1.540.000,–	– 239.082,80	–13,4 %
2. Landtagspräsident	S 85.000,–	S 1.190.000,–	– 595.796,32	–33,4 %
3. Landtagspräsident	S 75.000,–	S 1.050.000,–	– 735.796,32	–41,2 %
Klubobleute	S 95.000,–	S 1.330.000,–	– 188.430,39	–12,4 %
Landeshauptmann	S 200.000,–	S 2.800.000,–	– 1.060.274,–	–27,5 %
LH-Stellvertreter	S 180.000,–	S 2.520.000,–	– 501.084,–	–16,6 %
Landesräte	S 170.000,–	S 2.380.000,–	– 338.975,60	–12,5 %

Das System der Politikerpensionen wurde mit dem Bezügegesetz 1998 für neueintretende Abgeordnete und Regierungsmitglieder vollends abgeschafft. Bereits erworbene Ansprüche blieben erhalten. Abgeordnete und Regierungsmitglieder, die zum 1. Jänner 1998 noch keinen Anspruch auf eine Pension hatten – also noch nicht zumindestens zehn Jahre in der jeweiligen Funktion waren – konnten ausdrücklich erklären (Optionsrecht), im alten System zu bleiben. Für Personen, die sich nicht für den Verbleib im alten System entschieden, wurden die bereits eingezahlten Pensionsbeiträge in eine Pensionskasse übertragen. Diese Pensionskasse stand auch allen neuen Abgeordneten offen, wodurch eine private Vorsorgesäule für Politiker geschaffen wurde. 1998 wurde auch der Pensionsbeitrag nach dem Bezügegesetz 1992 für Abgeordnete und für die Mitglieder der Landesregierung erhöht.

Abgegangen wurde auch vom bisherigen Senioritätsprinzip, wonach mit zunehmender Amtsdauer die Bezüge angestiegen waren, und eine funktionsbezogene Entlohnung geschaffen, die auf die jeweilige Verantwortung, und nicht auf die Dauer der politischen Tätigkeit abstellte. Das neue Bezügesystem wurde im Landtag mehrheitlich von ÖVP und SPÖ beschlossen. FPÖ und Bürgerliste stimmten mit unterschiedlichen Argumenten gegen das neue Gesetz, wobei insbesondere die Bezugshöhen Kernpunkt der Kritik der beiden Parteien waren. Das Bezügegesetz 1998 wurde in der Folge mehrfach abgeändert, steht jedoch in seinem Grundbestand bis heute in Geltung.

Richard Voithofer

Der Dualismus der politischen Macht

Landespräsidenten – Landtagspräsidenten – Landeshauptleute

Mit den Silvester-Patenten von 31. Dezember 1851 kehrte Österreich wieder zum Absolutismus zurück und die konstitutionellen Ansätze gehörten der Vergangenheit an. Die Verwaltung war bis 1861 ebenfalls zentralistisch ausgerichtet und lag in den Händen der Ministerien sowie der in den Kronländern installierten Verwaltungsinstanzen. Das Februar-Patent vom 26. Februar 1861 gewährte den Kronländern eine Föderalisierung und eine Teilhabe an den Machtbefugnissen. Damit wurde 1861 ein Verfassungssystem geschaffen, das einen Dualismus der politischen Macht mit sich brachte. In jedem Kronland – so auch in Salzburg – bestand ein doppeltes Verwaltungssystem. Auf der einen Seite stand die Verwaltung des Landes – die autonome Landesverwaltung, die vom Landtag und dem Landesausschuss wahrgenommen wurde. Diese beschränkte sich auf die Landesangelegenheiten sowie jene Aufgaben, die von der Reichsregierung nicht wahrgenommen wurden. Dem gegenüber lag die Verwaltung im Land – die landesfürstliche Verwaltung – in den Händen des Landespräsidenten, der direkt vom Monarchen eingesetzt wurde und diesem uneingeschränkt verantwortlich war. Dieser Dualismus wurde mit der Funktion des Landeshauptmanns in gewissen Bereichen durchbrochen, weil dieser zwar vom Monarchen ernannt wurde, jedoch dem Landtag angehörte. Mit der Schaffung eines eigenen Kronlandes erhielt Salzburg 1850 eine eigene politische Landesbehörde unter der Leitung eines Statthalters beziehungsweise eines Landespräsidenten, wobei die Bezeichnung von der Größe des Kronlandes abhängig war. In den größeren Kronländern wurden Statthaltereien und in den kleineren Landesregierungen eingerichtet, denen entweder ein Statthalter oder Landespräsident vorstand. Da Salzburg zu den kleinen Kronländern zählte, wurde eine Landesregierung unter der Leitung eines Landespräsidenten geschaffen. 1861 wurde in Salzburg wieder eine selbstständige Landesbehörde errichtet und der bisherige Landeshauptmann Ernst Graf Gourcy-Droitaumont zum Landespräsidenten ernannt. Formell unterstand der Landespräsident dem Innenministerium, jedoch konnte er auch direkte Aufträge vom Kaiser erhalten. Der Landespräsident hatte auch das Rederecht im Landtag, das er im Regelfall zu grundsätzlichen Erklärungen nutzte. Der Landespräsident war somit nicht nur oberstes Verwaltungsorgan, sondern er übte auch eine politische Funktion aus. Seine Bestellung war von den politischen Machtverhältnissen abhängig und er gehörte im Regelfall der Regierungspartei an. Aus dieser besonderen Verfassungskonstellation ergab sich ein Dualismus der politischen Macht, der in Österreich bis 1918 Bestand haben sollte. Bis zum Amtsantritt von Sigmund Graf Thun-Hohenstein im Jahre 1872 als Landespräsident ist eine hohe Fluktuation und eine kurze Amtsdauer der Landespräsidenten bemerkbar. Die Tätigkeit in Salzburg wurde vielfach als Zwischenstation auf dem Weg an die Spitzen der Verwaltung oder als Karrieresprungbrett in der Politik betrachtet. So finden sich unter den Salzburger Landespräsidenten mit Adolf Fürst

Auersperg und Eduard Graf Taaffe zwei spätere Ministerpräsidenten. Erst mit der Ernennung Thun-Hohensteins, der das Amt bis zu seinem Tode 1897 ausübte, trat eine gewisse Stabilität ein. Auch die folgenden Landespräsidenten Clemens Graf Saint-Julien-Wallsee und Levin Graf Schaffgotsch standen in der Tradition der Stabilität und bauten auch ein enges Verhältnis zu den politischen Akteuren in Salzburg auf. Die Tradition, dass mit dem Amt ausschließlich Nicht-Salzburger betraut wurden, blieb bis zum Ende der Monarchie erhalten. Bis 1913 entstammten die Landespräsidenten allesamt dem Hochadel. Erst mit der Bestellung von Dr. Felix Schmitt-Gasteiger wurde von dieser Tradition abgewichen. 1913 zeigte sich aber auch, dass die Bestellung des Landespräsidenten durchaus zu einem großen Politikum werden konnte. Seitens der Christlichsozialen wurden Personen favorisiert, die ihnen nahestanden, während die Deutschfreiheitlichen auf allen Ebenen versuchten, dies zu verhindern. Die Entscheidung, Dr. Schmitt Gasteiger zum Landespräsidenten zu ernennen, erregte bei den Christlichsozialen erheblichen Unmut. Schmitt Gasteiger sei „notorisch liberal" und man würde ihm „mit Vorsicht und einem gewissen Misstrauen gegenüberstehen".

Zwar übte der Landtag gemeinsam mit dem Landesausschuss die autonome Landesverwaltung aus, jedoch waren die Überschneidungen mit der landesfürstlichen Verwaltung derart komplex, dass ein Ungleichgewicht der Machtverteilung entstand, die zu Ungunsten des Landtages ausfiel. Der Landespräsident übte aufgrund der Kompetenzzuteilung eine zentrale Schlüsselfunktion aus. Er war es, der Landtagsbeschlüsse mit einer entsprechenden Stellungnahme nach Wien weiterleitete, ihm oblag die Entscheidung, wann etwaige Nachwahlen erfolgten oder wie generell mit Anliegen des Landes in Wien umgegangen wurde. Die Kontaktnahme des Landtages oder des Landesausschusses mit den Zentralstellen erfolgte über den Landespräsidenten, von dessen Stellungnahme die Erledigung eines Anliegens wesentlich abhing. Weder dem Landtag noch dem Landesausschuss war es gestattet, mit anderen Landtagen oder Landesausschüssen in Kontakt zu treten oder sich direkt an den Kaiser zu wenden. Der Landtag war auch in seiner Zusammensetzung vom Landespräsidenten abhängig, weil nur dieser die Ausschreibung von Wahlen vornehmen konnte. Ohne die Zustimmung des Innenministeriums war also eine Wahlausschreibung nicht möglich, weshalb sich Nachwahlen oftmals aufgrund politischer Überlegungen auf ministerieller Ebene verzögerten.

Die wahre Exekutivgewalt lag in den Händen des Landespräsidenten, der zentraler Träger der Verwaltung und Bindeglied zwischen dem Land und den Wiener Ministerien war. Die umfangreichen Kompetenzen des Landespräsidenten und dessen Bedeutung für das politische System kamen auch in seiner Entlohnung zum Ausdruck. Während der Landeshauptmann 1868 ein jährliches Gehalt von 1.800 Gulden bezog, wurde der Landespräsident mit 8.000 Gulden sowie einer Dienstwohnung entlohnt. 1898 betrug das Gehalt des Landespräsidenten 12.000 Gulden pro Jahr und der Landeshauptmann von Salzburg musste sich mit jährlich 2.000 Gulden zufriedengeben. Diese vergleichsweise geringe Entschädigung war mit ein Grund, dass die Landeshauptmänner bis 1890 entweder hohe Beamte oder Adelige waren. Der erste bürgerliche Landeshauptmann, Dr. Albert Schumacher, zögerte 1890, das Amt anzunehmen, weil dies „nicht unbedeutende finanzielle Opfer kosten würde", da die Funktionsgebühr „in schmählicher Weise" nur 1.800 Gulden betrug, wie er in seinen Erinnerungen ausführt.

Die letzte Erhöhung fand 1910 statt. 8.000 Kronen waren für das Amt des Landeshauptmanns und je 3.000 Kronen für die übrigen Mitglieder des Landesausschusses vorgesehen. Im Vergleich zu den Bezügen des Landespräsidenten waren diese Summen geradezu bescheiden. 1907 wurde das Anfangsgehalt eines Landespräsidenten mit 14.000 Kronen festgelegt. Dazu kam noch eine sogenannte Aktivitätszulage in der Höhe von 10.000 Kronen.

Die Ausübung der Befugnisse in Landesangelegenheiten erfolgte entweder durch den Landtag selbst oder durch den Landesausschuss. Der Landtag wurde vom Kaiser im Regelfall zu jährlichen Sessionen einberufen und konnte von diesem jederzeit aufgelöst werden. Ein selbstständiges Einberufungsrecht bestand nicht. Beginn und Ende der Session wurden vom Kaiser bestimmt. Dies führte dazu, dass der Landtag oft über längere Zeit nicht einberufen wurde oder auch Neuwahlen nach der Auflösung mit erheblicher Verzögerung durchgeführt wurden. Nach Ende der Wahlperiode des Landtages am 14. September 1877 dauerte es über ein Jahr, bis die Neuwahlen durchgeführt wurden und sich der neue Landtag am 24. September 1878 konstituierte. Die direkte Abhängigkeit vom Monarchen führte aber auch zu organisatorisch-politischen Problemen. Die 2. Session der 8. Wahlperiode sollte am 28. Februar 1898 geschlossen werden. Da der Landtag aber noch eine erhebliche Zahl dringlicher Materien zu beraten hatte, wandte man sich an den Landespräsidenten, in Wien eine Verlängerung der Session zu erwirken. Das Ministerium zeigte sich entkommend und gewährte einen weiteren Tag für die Verhandlungen. Hintergrund für die Resolution war, dass der Landtag erst für 10. Jänner 1898 einberufen worden war, sodass der Landeshaushalt für 1898 nur provisorisch weitergeführt werden konnte. Dies führte unter den Abgeordneten durchaus zu Verstimmungen, weshalb eine Resolution verabschiedet wurde, die auf die rechtzeitige Einberufung des Landtages zur Beschlussfassung über den Landeshaushalt abzielte. Seitens der Regierung in Wien zeigte man zwar Verständnis, konnte jedoch keine Lösung anbieten. Es sollte bis zum 20. September 1904 dauern, bis der Landtag wieder so rechtzeitig einberufen wurde, dass ausreichend Zeit für die Beratung des Rechnungsabschlusses und des Voranschlages zur Verfügung stand, wobei es in den Folgejahren immer wieder zu Abweichungen kam. Dies zeigt, dass die Einberufung der Landtage vielfach nicht nach sachlichen Kriterien erfolgte, sondern von den politischen Rahmenbedingungen abhängig war. Die Sitzungen wurden vom Landeshauptmann beziehungsweise seinem Stellvertreter geleitet. Beide wurden vom Kaiser ernannt, wobei der Landeshauptmann-Stellvertreter ausdrücklich nur für die Leitung der Sitzungen berufen war, jedoch nicht als Stellvertreter des Landeshauptmannes in dessen Funktion als Vorsitzender des Landesausschusses.

Ähnlich wie Landespräsidenten entstammten die Landeshauptmänner bis 1890 adeligen Familien, wobei diese große Erfahrung in der Verwaltung vorzuweisen hatten. Mit den Landtagswahlen 1890 kam es in mehrerlei Hinsicht zu einem Paradigmenwechsel. Die Mehrheit der Katholisch-Konservativen Partei wurde auf Grund des Wahlerfolgs der Deutsch-Konservativen Volkspartei gebrochen. Mit dem Salzburger Arzt Dr. Albert Schumacher übernahm ein Liberaler als Landeshauptmann die Spitze der Landesverwaltung. Dr. Schumacher war – obwohl in Wien geboren – Salzburger, während seine Vorgänger allesamt aus anderen Kronländern stammten und sich der Bezug zu Salzburg erst auf Grund der beruflichen Tätigkeit entwickelte. Dr. Schumacher war auch der erste bürgerliche Landeshauptmann von Salzburg, der 1909 in den Ritterstand erhoben wurde. Schließlich verfügte Dr. Schumacher als langjähriges Mitglied des Gemeindesrates und Bürgermeister der Stadt auch über ein hohes Maß an politischer Erfahrung und war führendes Mitglied des Liberalen Vereins beziehungsweise der Deutsch-Fortschrittlichen Partei. Dr. Schumacher war von 1890 bis 1897 sowie von 1902 bis 1909 Landeshauptmann von Salzburg. Sein parteipolitisches und funktionales Gegenüber war Domkapitular Alois Winkler, der dem Landtag von 1878 bis 1919 angehörte und der ausgewiesene Proponent der Katholisch-Konservativen Partei, des Katholisch-politischen Volksvereins beziehungsweise der Christlichsozialen Partei war. Auch er hatte einen engen Bezug zu Salzburg und eine feste Verankerung in seiner Partei. Als Pendant zu Dr. Schumacher war Winkler 1897 bis 1902 sowie ab 1909 Landeshauptmann von Salzburg. Er war es auch, der als Landeshauptmann den Übergang von der Monarchie zur Republik maßgeblich mitgestaltet hat.

Landespräsidenten und Landeshauptmänner waren von 1861 bis 1918 die bestimmenden politischen Faktoren im Land Salzburg (Fotos: Land Salzburg, Salzburger Landesarchiv und Salzburg Museum)

Franz Freiherr von Spiegelfeld (1802–1885)
Landespräsident (1861–1863)

Joseph Freiherr von Weiß (1805–1887)
Landeshauptmann (1861–1872)

Eduard Graf Taaffe (1833–1895)
Landespräsident (1863–1867)

Dr. Carl Graf Coronini-Cronberg (1818–1910)
Landespräsident (1867–1869)

Ohne Bild: Ernst Graf Gourcy-Droitaumont (1821–1870)
Landespräsident (1861 und 1869–1870)

Adolf Fürst Auersperg (1821–1885)
Landespräsident (1870–1871)

Hugo Raimund Reichsgraf von Lamberg (1833–1884)
Landeshauptmann (1872–1880)

Sigmund Graf Thun-Hohenstein (1827–1897)
Landespräsident (1872–1897)

Carl Graf Chorinsky (1828–1897)
Landeshauptmann (1880–1890)

Clemens Graf Saint-Julien-Wallsee (1845–1908)
Landespräsident (1897–1908)

Dr. Albert Schumacher (1844–1913)
Landeshauptmann (1890–1897 und 1902–1909)

Alois Winkler, CSP (1838–1925)
Landeshauptmann (1897–1902, 1909–1918 und 1918–1919)

Levin Graf Schaffgotsch (1852–1913)
Landespräsident (1908–1913)

Dr. Felix von Schmitt-Gasteiger (1865–1932)
Landespräsident (1913–1918)

Das Zwischenspiel 1918 bis 1920

Mit dem Ende der Monarchie und der Gründung der neuen Republik Deutschösterreich griff man nicht nur in Salzburg in vielen Bereichen auf die Verfassungs- und Verwaltungssystematik der Monarchie zurück. Zur Vereinfachung erfolgte die Zusammenlegung der autonomen Landesverwaltung mit der landesfürstlichen Verwaltung, sodass erstmals eine einheitliche Landesverwaltung entstand. Diese lag in den Händen der drei Präsidenten der provisorischen Landesversammlung, Max Ott, Robert Preußler und Alois Winkler. Die drei Präsidenten waren nicht nur Vorsitzende der Landesversammlung, sondern standen auch der gesamten Verwaltung vor. Das alte Konzept einer aus den Mitgliedern des Landtages gebildeten Landesregierung (Landesausschuss) wurde übernommen und bis 1922 fortgeführt. Salzburg entschied sich bei der Bezeichnung bewusst gegen die Terminologie der Monarchie. Diese Entscheidung währte jedoch nur bis zum 29. November 1918, als durch Beschluss der Nationalversammlung in Wien die Amtsbezeichnung „Landeshauptmann" wiedereingeführt werden musste. Der Landeshauptmann stand nun wieder an der Spitze des Landtages und an der Spitze der Landesverwaltung, womit die alten Verhältnisse der Monarchie wieder nachgebildet worden waren. Der bekannte Dualismus der Macht kam insofern nicht mehr zum Tragen, als die Mitglieder der Landesregierung auch gleichzeitig Mitglieder des Landtages waren und de facto als Exekutivausschuss in Erscheinung traten.

1920 bis 1934 – Der neue Dualismus

Mit der Bundesverfassung 1920 und der Novelle 1925 wurden die neuen rechtlichen Grundlagen für die neue Republik geschaffen. In der konsequenten Umsetzung des Gewaltenteilungsprinzips kam es zu einer Trennung zwischen der Legislative, repräsentiert durch den Landtagspräsidenten, und der Exekutive, an deren Spitze der Landeshauptmann stand.

Mit dem Landeshauptmann wurde eine Funktion geschaffen, die sowohl die Verantwortung für die Landesverwaltung trug als auch als Organ der Bundes-

verwaltung tätig war. Damit trat der Landeshauptmann indirekt in die Fußstapfen der Landespräsidenten der Monarchie und übte diese Funktion in Personalunion aus. Dies führte konsequenterweise zu einer erheblichen Aufwertung des Amtes.

Demgegenüber stand das neu geschaffene Amt des Präsidenten des Landtages, dessen wesentliche Aufgabe die Leitung des gesetzgebenden Organes war. Darüber hinaus übte der Landtagspräsident in gewissen Bereichen auch staatsnotarielle Funktionen, wie beispielsweise bei der Beglaubigung von Gesetzen oder der Angelobung oder Enthebung von Mitgliedern der Landesregierung, aus. Für den Landtag brachte die neue Verfassung eine Festschreibung der schon bislang wahrgenommenen Aufgaben in völliger Unabhängigkeit. Alle Beschränkungen hinsichtlich der Kontaktnahme mit Bundesbehörden oder mit anderen Landtagen, wie sie etwa in der Monarchie gegolten hatten, gehörten der Vergangenheit an. Der Landtag wurde nun vom Landtagspräsidenten und nicht mehr vom Landeshauptmann einberufen und eine Minderheit von sechs Abgeordneten konnte eine Landtagssitzung erzwingen. Die Kontrolle des Landtages gegenüber der Landesregierung wurde massiv ausgebaut. So hatte der Landtag die Möglichkeit, die Tätigkeit der Landesregierung zu kontrollieren und seinen Mitgliedern auch das Vertrauen zu entziehen. Neben der Gesetzgebungskompetenz blieb auch das Recht der Erstellung des Landesbudgets unter Kontrolle des Rechnungsabschlusses beim Landtag. Damit wurde der Landtag zu einem selbstbewussten und mit starken Kompetenzen ausgestatteten Parlament. Der Dualismus der politischen Macht wurde durch eine neue Konstellation im Verhältnis zwischen dem Landeshauptmann und dem Präsidenten des Landtages abgelöst. Dennoch gelang es den Landtagspräsidenten in der Ersten Republik nur bedingt, sich gegenüber der Landesregierung und insbesondere gegenüber dem Landeshauptmann klar abzugrenzen und die gesetzgebende Funktion des Landtages in den Vordergrund zu stellen.

1934 – Der Landeshauptmann wird die Nummer 1

Gerade mit der ständischen Verfassung 1934 wurde die herausragende Position des Landeshauptmanns noch viel stärker betont, weil sowohl die Kompetenz der Ernennung der Mitglieder der Landesregierung als auch des Landtages nunmehr in den Händen einer einzelnen Person zu liegen kam. Der Landtag behielt zwar grundsätzlich seine gesetzgebende Kompetenz, doch konnte er diese aufgrund der starken Position des Landeshauptmanns und der Landesregierung nicht mehr in einer kreativen Form wahrnehmen und wurde auf eine förmliche Beschlussfassung reduziert. Der Landtag hatte nicht die Möglichkeit, eine Gesetzesvorlage abzuändern, sondern konnte sie nur unverändert annehmen oder ablehnen. Wenn der Landtag nicht innerhalb einer von der Landesregierung gesetzten Frist entschieden haben sollte, so konnte das Gesetz im Verordnungswege erlassen werden. „Das Landesparlament sollte somit völlig den Charakter einer Bühne der politischen Auseinandersetzung einbüßen und im wesentlichen auf eine die Landesregierung beratende Funktion reduziert werden", resümiert Franz Fallend.

Das Ende des Dualismus durch die Diktatur

Die Gesetzgebungskompetenz des Landtages endete mit 17. März 1938 durch den Zweiten Führererlass über die Einführung deutscher Reichsgesetze in Österreich, mit dem die sinngemäße Anwendung des Gesetzes über den Neuaufbau des Reiches angeordnet wurde, wodurch die bisherigen Volksvertretungen der Länder aufgelöst wurden. Ing. Anton Wintersteiger wurde am Abend des 12. März 1938 von Bundeskanzler Dr. Arthur Seyß-Inquart auf Grundlage der Landesverfassung 1934 zum Landeshauptmann ernannt. Am 13. März 1938 ernannte Wintersteiger die Mitglieder der neuen Landesregierung. Durch die Ernennung der Reichsstatthalter mit Wirkung vom 1. April 1940 wurden die letzten Reste des österreichischen Verfassungssystems zu Grabe getragen. Die beiden Landeshauptmänner des Dritten Reiches sind lediglich der Vollständigkeit halber angeführt, wenngleich der Dualismus mit der Auflösung des Landtages im März 1938 beendet wurde.

Der Dualismus der Monarchie wurde in der Republik fortgesetzt und fand ihren Ausdruck in den beiden Spitzenrepräsentanten der Landespolitik – den Landeshauptmännern und den Landtagspräsidenten (Fotos: Land Salzburg, Salzburger Landtag)

DI Oskar Meyer, CSP (1858–1943)
Landeshauptmann (1919–1922)

Michael Neureiter, CSP (1877–1941)
Landtagspräsident (1921–1922)

Dr. Franz Rehrl, CSP (1890–1947)
Landeshauptmann (1922–1938)

Josef Breitenfelder, SDAP (1884–1928)
Landtagspräsident (1922–1928)

Ohne Bilder:

Anton Wintersteiger (1900–1990)
Landeshauptmann (1938)

Dr. Friedrich Rainer (1903–1947)
Landeshauptmann (1938–1940)

Anton Neumayr, SDAP (1887–1954)
Landtagspräsident (1929–1932)

Josef Hauthaler, CSP (1890–1937)
Landtagspräsident (1932–1934)

Johann Kirchner, CSP (1876–1948)
Landtagspräsident (1934)

Josef Knosp, CSP (1891–1953)
Landtagspräsident (1934–1938)

1945 – Die alte Verfassung lebt wieder auf

1945 wurde die Landesverfassung von 1921 wieder in Kraft gesetzt und damit die rechtsstaatliche Ordnung wiederhergestellt. Die Gründung der Zweiten Republik erfolgte durch die politischen Parteien und deren Repräsentanten. Am 23. Mai 1945 wurde von der US-amerikanischen Militärregierung die provisorische Landesregierung unter Landeshauptmann Dr. Adolf Schemel angelobt. Der erste frei gewählte Salzburger Landtag nach Ende des Zweiten Weltkrieges trat am 12. Dezember 1945 zusammen. Das bereits in der Ersten Republik sich abzeichnende Übergewicht der Landesregierung gegenüber der Landesgesetzgebung setzte sich in den folgenden Jahrzehnten weiter fort und führte zu einer schrittweisen Aushöhlung der faktischen Kompetenzen des Landtages. Es ist dies eine Entwicklung, die bis heute andauert. Wenngleich die Entlohnung in vielerlei Hinsicht nur bedingt aussagekräftig ist, so zeigt sich dennoch, dass die politische Macht sich auch in Zahlen gießen lässt. 1932 wurde das Amt des Landeshauptmanns mit S 2.033,37 entlohnt. Der Landtagspräsident erhielt im Gegenzug eine monatliche Vergütung von S 538,58.

Das offenkundige Missverhältnis wurde auch in der Zweiten Republik fortgeführt. Das Salzburger Bezügegesetz sah 1959 für den Landtagspräsidenten eine Entlohnung von S 5.920,– und für den Landeshauptmann S 19.601,50 vor. In den 1980er-Jahren kam es in gehaltsrechtlicher Hinsicht zu einer Aufwertung des Landtages und auch des Landtagspräsidenten. Der Anfangsbezug eines Landeshauptmanns wurde 1984 mit S 146.589,– festgesetzt, der Landtagspräsident erhielt mit S 75.210,70 rund die Hälfte davon. Dieses Verhältnis blieb auch in den folgenden Jahrzehnten in etwa erhalten. 2017 betrug das Gehalt der Landtagspräsidentin 56 Prozent jenes des Landeshauptmanns.

Die personelle Trennung von Landtag und Landesregierung

Die Mitglieder der Landesregierung – insbesondere Landeshauptmann Dr. Rehrl – waren durchwegs auch Mitglieder des Landtages. Diese Tradition, die noch aus dem Landtag der Monarchie herrührte und auf eine nicht ganz konsequente Umsetzung der Gewaltentrennung zurückzuführen war, wurde mit der ständischen Landesverfassung 1934 beendet. Auf der einen Seite stand der Landtag mit seinen 26 Mitgliedern, die vom Landeshauptmann ernannt wurden, und auf der anderen Seite die Landesregierung mit dem Landeshauptmann an der Spitze, denen umfangreiche Kompetenzen zugeordnet waren. Die Position des Landtages als parlamentarisches Gremium wurde dadurch erheblich geschwächt, womit auch die Position des Landtagspräsidenten nachdrücklich in Mitleidenschaft gezogen wurde.

Die Trennung zwischen Legislative und Exekutive erhielt nach 1945 einen höheren Stellenwert, wenngleich nicht mit der letzten Konsequenz. Landeshauptmann Dr. Josef Klaus war etwa nur wenige Tage Landtagsabgeordneter und verzichtete im Anschluss an seine Wahl in die Landesregierung. Auch sein Nachfolger, Landeshauptmann DI DDr. Hans Lechner, war dreimal für einige wenige Tage Mitglied des Landtages. Trotz allem leitete er 1974 als ältester Abgeordneter die konstituierende Sitzung.

Landeshauptmann Dr. Wilfried Haslauer sen. übte nach seiner Wahl zum Landeshauptmann-Stellvertreter im Jahre 1973 zwar sein Landtagsmandat bis zum Ende der Legislaturperiode aus, nahm jedoch in der Folge seine Landtagsmandate nicht mehr an und verzichtete bereits im Vorfeld. Sein Sohn, Dr. Wilfried Haslauer jun., kam 2004 in eine ähnliche Situation. Nach seiner Wahl zum Landeshauptmann-Stellvertreter behielt er auch das Landtagsmandat für drei Monate, weil die Nachfolge noch offen war. So zeigt sich sehr deutlich, dass seit 1945 die Mitglieder der Landesregierung einer eigenen Dynamik unterlagen und die enge Bindung zwischen Landtag und Landesregierung in personeller Hinsicht weit geringer wurde. Überdies erfolgte die Rekrutierung der Mitglieder der Landesregierung nicht mehr vordringlich aus dem Landtag, sondern aus den Interessensvertretungen, der Wirtschaft und mehr oder weniger prominenten Quereinsteigern.

Das reale Übergewicht der Landesregierung und insbesondere des Landeshauptmanns ist auf verschiedene Faktoren zurückzuführen. Dazu zählt etwa der

Umstand, dass in der Regel die führenden und tonangebenden Persönlichkeiten einer Partei in der Landesregierung vertreten und die Abgeordneten gewissermaßen an die Linie ihrer Partei gebunden sind. Für die Abgeordneten ergibt sich dadurch ein gewisser Konflikt zwischen dem Grundsatz des freien Mandats unter Loyalität gegenüber ihrer Partei. Gestärkt wird die Position des Landeshauptmanns noch durch seine Doppelfunktion als Vorsitzender der Landesregierung und auch Träger der mittelbaren Bundesverwaltung. Die umfangreichen Kompetenzen des Landeshauptmanns heben diesen deutlich aus dem Kreis der Mitglieder der Landesregierung heraus und ziehen eine scharfe Abgrenzung zur Gesetzgebung. Damit wird der Landeshauptmann auch realpolitisch als die politische Spitze des Landes wahrgenommen, wobei dies durch die bundespolitische Tätigkeit noch verstärkt wird.

Zweierlei Konferenzen

Der Dualismus der politischen Macht lässt sich nach 1945 aber auch in der Bildung informeller, jedoch faktisch sehr einflussreicher Gremien erkennen. Aus der Notwendigkeit der Koordination unter den einzelnen Ländern wurde schon kurz nach Ende des Krieges zu Länderkonferenzen bzw. Landeshauptmännerkonferenzen eingeladen. 1965 wurde diese Tradition wieder aufgenommen und es kristallisierte sich eine Konferenz der österreichischen Landeshauptleute heraus. 1969 wurde ein halbjährlicher Wechsel im Vorsitz der Landeshauptleutekonferenz vereinbart und seit 1990 ist der Vorsitzende der Landeshauptleutekonferenz mit der Wahrnehmung der Interessen aller Länder beauftragt. Obwohl gesetzlich nicht legitimiert, ist die Landeshauptleutekonferenz heute nach wie vor ein wesentlicher politischer Faktor in Österreich.

Analog dazu wurde 1959 in Salzburg die Gründung einer ständigen Bundeskonferenz der Landtagspräsidenten in Aussicht genommen. Die der ÖVP angehörenden Landtagspräsidenten begrüßten die Einrichtung einer ständigen Konferenz und erklärten, dass diese Konferenz „im Interesse der Fortentwicklung der Demokratie in Österreich" liege und „der Aktivierung der Landtage und deren Autorität zu dienen" habe. Am 21. November 1959 trat in Wien die erste Konferenz der Landtagspräsidenten zusammen. Die anfängliche Begeisterung wich in den kommenden Jahren aber einer Ernüchterung, weil man sich über formale Fragen nicht einigen konnte und die Teilnahme an den Konferenzen immer spärlicher wurde. Die letzte Konferenz im Juli 1963 wurde nur von vier der neun Landtagspräsidenten besucht, sodass es zu einer Sistierung der Konferenz bis 1972 kam. Auf Initiative des Wiener Landtagspräsidenten wurde die Landtagspräsidentenkonferenz wieder reaktiviert und tritt nunmehr seit 9. Mai 1973 regelmäßig zusammen. Die Vernetzung mit Südtirol und auch den deutschen Landtagen wurde gerade in den letzten Jahren sehr stark intensiviert.

Bemerkenswert ist jedenfalls, dass beide Konferenzen der überregionalen Vernetzung und der Verstärkung der eigenen Position gegenüber dem Bund dienen. In ihrer Organisationsstruktur ähneln sich Landeshauptleutekonferenz und Landtagspräsidentenkonferenz augenscheinlich. Jedes Halbjahr wird ein vorsitzendes Bundesland bestimmt, wobei man sich an der alphabetischen Reihenfolge orientiert. Den jeweiligen Konferenzen vorgeschaltet sind die Beratungen der Landesamtsdirektoren bzw. der Landtagsdirektoren. Während somit in organisatorischer Hinsicht weitgehende Parallelitäten zu erkennen sind, kommt bei der Landeshauptleutekonferenz das der österreichischen Politik immanente Übergewicht der Verwaltung zum Ausdruck. Die Beschlüsse der Landeshauptleutekonferenz haben überwiegend weittragende politische Konsequenzen, und die Bindungswirkung für die Verhandlungspartner – insbesondere für die Bundesregierung – ist nicht zu unterschätzen. Die Landtagspräsidentenkonferenzen sind ein wertvolles Instrument der Kommunikation und der Koordination. Aufgrund der faktischen Kompetenzlagen bleiben die Ergebnisse dieser Konferenzen allerdings vielfach einer konkreten Umsetzung verschlossen. Anton Pelinka meint zum Verhältnis der beiden Konferenzen: „Das stärkste Organ des kooperativen Föderalismus ist die Landeshauptleutekonferenz ... Diese transportiert auch – etwa gegenüber der Bundesregierung oder gegenüber dem Österreich-Konvent – die Position ‚der Länder'. Parallel dazu existiert die Landtagspräsidentenkonferenz. Diese sieht ihre Aufgabe vor allem darin, dem Übergewicht der Länderexekutive – ausgedrückt durch die Landeshauptleutekonferenz – die Sichtweise der Länderparlamente entgegen zu stellen. Die parteipolitischen Parallelen zwischen Landeshauptleute- und Landtagspräsidentenkonferenz führen jedoch im Regelfall zu einem Gleichklang der Positionen der Landeshauptleute und der Landtagspräsidenten."

Die Landtagspräsidenten als Instrumente des Machtausgleichs

Die Position des Landtagspräsidenten war unzweifelhaft ein Machtfaktor und diente auch dazu, einen Ausgleich vorzunehmen. Erstmals geschah dies nach der Landtagswahl 1922. Mit der neuen Landesverfassung 1921 ging auch eine Reduktion der Mandate von 40 auf 28 und der Mitglieder der Landesregierung von 10 auf 6 einher. Bei der nach der neuen Landesverfassung notwendig gewordenen Landtagswahl 1922 erreichte die Christlich-Nationale Wahlgemeinschaft, eine Koalition der „Volksgemeinschaft", bestehend aus Christlichsozialen, Freiheitlichem Bauernbund und Nationalsozialisten, gegen den „Marxismus", zwar 16 Mandate und damit die absolute Mehrheit, doch war die Zusammensetzung der Christlich-Nationalen Wahlgemeinschaft derartig inhomogen, dass im Verhandlungswege mit den Sozialdemokraten und den Großdeutschen über die Zusammensetzung der Landesregierung Einvernehmen erzielt werden musste. Überdies stand die Christlichsoziale Partei vor einer besonderen Herausforderung, da sie mit Dr. Franz Rehrl einen neuen Landeshauptmann zur Wahl stellte. Angesichts dieser Konstellation war es erforderlich, Kompromisse einzugehen und die Christlichsozialen erklärten den Verzicht auf das Amt des Landtagspräsidenten. „Für die größte Partei des Landtages bedeutet dies ein großes Opfer und Entgegenkommen und wurde nur gebracht in der sicheren Erwartung, dass die sozialdemokratische Partei auch gewillt ist, unnötige Reibungen zu vermeiden und die parlamentarischen Pflichten gegenüber den Lebensnotwendigkeiten des Landes zu erfüllen, so die Salzburger Chronik am 5. Mai 1922. Damit wurde Josef Breitenfelder zum ersten sozialdemokratischen Landtagspräsidenten in Salzburg gewählt. Aber nicht nur die konstruktive Zusammenarbeit in der Landesregierung war Hintergrund für dieses Entgegenkommen, sondern auch die

Kompensation der personellen Einbußen aufgrund der Änderung der Landesverfassung dürfte mit ein Grund gewesen sein.

Die Landtagswahl 1927 brachte eine abermalige Reduktion der Sitze im Salzburger Landtag auf 26 Abgeordnete. Die christlichsoziale Partei erzielte 13 Mandate und verfügte damit nicht über die erforderliche absolute Mehrheit. Wiederum war man zu einem Kompromiss bereit und wählte abermals Josef Breitenfelder zum Landtagspräsidenten. Nach dem plötzlichen Tod Breitenfelder im Jahr 1928 respektierte der Landtag das Anrecht der Sozialdemokraten auf diese Position und wählte am 14. Februar 1929 Anton Neumayr, der dieses Amt bis 1932 ausübte.

Die Wahl der Landtagspräsidenten nach 1945 orientierte sich bis 1969 an dem Grundsatz, dass die stärkste Partei auch die Spitze des Landtages besetzen sollte. Die Landtagswahlen 1969 hatten zwei gleich starke Parteien zum Ergebnis. Die ÖVP erzielte 13 Mandate und hatte gerade einmal 664 Stimmen mehr als die SPÖ, die ebenfalls 13 Mandate verbuchen konnte. Die FPÖ war mit ihren sechs Mandaten nun das Zünglein an der Waage, denn zur Wahl der Landesregierung waren 17 Stimmen im Landtag erforderlich. Die ÖVP verzichtete daher erstmals nach 1945 auf das Amt des Landtagspräsidenten, wodurch am 14. Mai 1969 mit Josef Brandauer ein Sozialdemokrat (damals noch Sozialist) an der Spitze des Salzburger Landtages stand. Der Anspruch der ÖVP auf den zweiten Präsidenten-Stellvertreter wurde auf die FPÖ übertragen, die den Abg. Manfred Krüttner nominierte.

Josef Brandauer ging in seiner ersten Rede als Präsident des Hauses auch auf die politischen Rahmenbedingungen und verschiedene Probleme des Landtages ein. So bemerkte er, dass „große Teile der Bevölkerung über die oft zu wichtige und sich auf alle Landesbürger auswirke Tätigkeit des Salzburger Landtages zu wenig informiert" seien und schlug eine bessere und wirkungsvollere Öffentlichkeitsarbeit vor. Ein wesentliches Anliegen war für ihn auch der Ausbau der Kontrollrechte, „damit die demokratischen Rechte der Abgeordneten und die Aufklärung der Bevölkerung stärker und zielführender in den Vordergrund gerückt werden". Brandauer beklagte, dass die Mitglieder des Landtages zu wenig informiert würden und die „Kontrolltätigkeit vielfach zu Gunsten der Landesregierung verlagert" werde. Das Budgetrecht des Salzburger Landtages bezeichnete er als die „vornehmste und wichtigste Verpflichtung des Hohen Hauses" und kündigte an, „dieses unbestrittene und sicherlich auch notwendige Recht des Landtages zu wahren".

Ab 1974 wurde der Landtagspräsident wieder aus den Reihen der stärksten Partei – bis 2004 die ÖVP – erkoren. Der Wahlsieg der SPÖ im Jahre 2004 und die damit verbundene Wahl von Mag. Gabi Burgstaller zur Landeshauptfrau wirkte sich auch auf die Zusammensetzung des Landtagspräsidiums aus. Als Ergebnis der Parteienverhandlungen zwischen SPÖ und ÖVP wurde kein Machtausgleich im Wege des Landtagspräsidenten gesucht oder gefunden. Hans Holztrattner wurde nach Josef Brandauer der zweite sozialdemokratische Präsident des Salzburger Landtages nach 1945. Die ÖVP erhielt lediglich den Zweiten Präsidenten, weil die Dritte Präsidentin auch von der SPÖ gestellt wurde, was aufgrund des Wahlergebnisses den gesetzlichen Bestimmungen entsprach. Bei der konstituierenden Sitzung des Landtages am 28. April 2004 wurde jedoch eine Vereinbarung bekannt, wonach Landtagspräsident Holztrattner nur eine Halbzeitlösung sei und ein Wechsel mit der sozialdemokratischen Dritten Präsidentin Gudrun Mosler-Törnström im Raum stand. Dies führte insbesondere bei den oppositionellen Grünen und der FPÖ zu heftiger Kritik. FPÖ-Klubobmann Dr. Karl Schnell warf den Regierungsparteien vor, „das Landtagspräsidium zum Spielball parteiinterner Personalpolitik" zu machen. Klubobmann Cyriak Schwaighofer von den Grünen kritisierte, dass „die Posten unserer höchsten Repräsentanten zur Manövriermasse der Regierungsverhandlungen" geworden seien. Im Oktober 2006 hätte die Halbzeitlösung umgesetzt werden sollen. Landtagspräsident Hans Holztrattner trat jedoch nicht zurück, sodass die Dritte Präsidentin Gudrun Mosler-Törnström, der Koalitionsvereinbarung entsprechend, das Amt für den ÖVP-Abgeordneten Wolfgang Saliger freimachen musste. Damit war die Parteienvereinbarung aus 2004 zumindest teilweise umgesetzt. Hans Holztrattner verzichtete erst im Dezember 2008 auf sein Amt und am 17. Dezember 2008 stand mit Gudrun Mosler-Törnström erstmals in der Geschichte des Salzburger Landtages eine Frau an der Spitze.

Als Ergebnis der Landtagswahlen 2009 standen sich SPÖ und ÖVP fast gleichauf gegenüber und das Stärkeverhältnis im Landtag lautete 15 zu 14 Mandaten. Diese neue Konstellation führte auch zu einem Wechsel an der Spitze des Landtages. Mit Simon Illmer stellte die ÖVP nun wiederum den Landtagspräsidenten. Eigentlich war Mag. Hans Scharfetter für dieses Amt vorgesehen, jedoch verhinderte ein Unfall am Tag vor der Konstituierung des Landtages seine Wahl. Diese wurde am 9. Juni 2009 nachgeholt. Mag. Scharfetter legte jedoch sein Amt auf Grund der langwierigen Rehabilitation wieder zurück und Simon Illmer wurde nun endgültig zum Landtagspräsidenten gewählt. Die SPÖ nominierte Gudrun Mosler-Törnström als Zweite Präsidentin. Das Amt des Dritten Präsidenten wurde 2009 ersatzlos abgeschafft.

Die Abschaffung des Dritten Präsidenten führte auch dazu, dass die Wahlen für das Landtagspräsidium nach der Landtagswahl 2013 ohne große Diskussionen abgewickelt werden konnten, wenngleich es im Vorfeld immer wieder Diskussionen darüber gab. Erstmals in der Geschichte des Salzburger Landtages standen von 2013 bis 2018 mit Dr. Brigitta Pallauf und Gudrun Mosler-Törnström zwei Frauen an der Spitze des Landtages.

2013 – Das neue Selbstbewusstsein

Der schleichende Prozess der Aushöhlung der Kompetenzen des Landtages wurde auch 1999 nicht beendet, sondern ganz im Gegenteil sogar noch verstärkt. Nach Meinung von Walter Thaler in seiner Analyse „Gefesselte Riesen" sei die Landesregierung durch den Systemwechsel zum „zentralen politcal player" geworden. Das Landesparlament habe enorm an Bedeutung eingebüßt und zu einem „Debattierklub bereits erfolgter Beschlüsse mutiert". Dieser nüchterne und in vielen Bereichen zutreffende Befund löste auch im Landtag schrittweise ein neues Selbstbewusstsein aus, das seit 2013 auch konkreten Niederschlag gefunden hat. Während bislang die Landesregierung ohne vorherige Anhörung als Gesamtes gewählt und somit dem einzelnen Abgeordneten die Möglichkeit der Differenzierung genommen wurde, haben sich die potentiellen Mitglieder der Landesregierung 2018 eine Anhörung vor dem Landtag zu stellen und werden in einzelnen Wahlgängen gewählt. So besteht nun die Möglichkeit einer differenzierten Abstimmung, die als Resonanz auf die Anhörung verstanden werden kann. Auch in anderen Bereichen hat der Landtag mit einer geschlossenen Linie den hinhaltenden Widerstand der Landesregierung gegen die Modernisierung des Landtagstraktes durchbrochen und damit klar die Kompetenz der Landesgesetzgebung und ihrer berechtigten Ansprüche verdeutlicht. Einen neuen Zugang fand der Landtag 2014/15 in seinem Unterausschuss zum Thema „Kinderbetreuung". Mit einer Vielzahl von Expertinnen und Experten und intensiven Verhandlungen konnte der Landtag bereits nach einem Jahr ein umfangreiches Maßnahmenpaket vorlegen und die Landesregierung mit dessen Umsetzung beauftragen. Wenngleich es sich hierbei um kleine Aspekte handeln mag, so zeigt sich doch, dass ein wachsendes Selbstbewusstsein des Landtages auch einen Wandel in der Politik mit sich bringen kann.

1945 wurde das Verfassungssystem des Jahres 1921 wieder in Kraft gesetzt und damit auch der Dualismus der politischen Macht erneuert (Fotos: Land Salzburg und Salzburger Landtag)

Dr. Adolf Schemel, ÖVP (1880–1961)
Landeshauptmann (1945)

DI Albert Hochleitner, ÖVP (1893–1964)
Landeshauptmann (1945–1947)

Josef Rehrl, ÖVP (1895–1960)
Landeshauptmann (1947–1949)

Dr. Josef Klaus, ÖVP (1910–2001)
Landeshauptmann (1949–1961)

Franz Hell, ÖVP (1899–1963)
Landtagspräsident (1945–1963)

DI DDr. Hans Lechner, ÖVP (1913–1994)
Landeshauptmann (1961–1977)

Dr. Wilfried Haslauer sen., ÖVP (1926–1992)
Landeshauptmann (1977–1989)

Martin Saller, ÖVP (1903–1965)
Landtagspräsident (1963–1965)

Hans Zyla, ÖVP (1919–1999)
Landtagspräsident (1965–1969)

Josef Brandauer, SPÖ (1921–1988)
Landtagspräsident (1969–1974)

Hans Schmidinger, ÖVP (1926–2010)
Landtagspräsident (1974–1989)

Dr. Hans Katschthaler, ÖVP (1933–2012)
Landeshauptmann (1989–1996)

Univ.-Prof. Dr. Helmut Schreiner, ÖVP (1942–2001)
Landtagspräsident (1989–2001)

Univ.-Doz. Dr. Franz Schausberger, ÖVP (*1950)
Landeshauptmann (1996–2004)

Ing. Georg Griessner, ÖVP (1948–2011)
Landtagspräsident (2001–2004)

Mag. Gabi Burgstaller, SPÖ (*1963)
Landeshauptfrau (2004–2013)

Hans Holztrattner, SPÖ (*1945)
Landtagspräsident (2004–2008)

Gudrun Mosler-Törnström, BSc, SPÖ (*1955)
Landtagspräsidentin (2008–2009)

Mag. Hans Scharfetter, ÖVP (*1962)
Landtagspräsident (2009)

Simon Illmer, ÖVP (*1954)
Landtagspräsident (2009 und 2009–2013)

Dr. Wilfried Haslauer jun., ÖVP (*1956)
Landeshauptmann (seit 2013)

Dr. Brigitta Pallauf, ÖVP (*1960)
Landtagspräsidentin (2013–2018 und seit 2018)

Dr. Josef Schöchl, ÖVP (*1959)
Landtagspräsident (2018)

Auswahlbibliographie

Brauneder, Wilhelm: Österreichische Verfassungsgeschichte, Wien 2009

Dohle, Oskar: 150 Jahre Salzburger Landeshauptleute 1861–2011, Salzburg 2011 (Schriftenreihe des Salzburger Landesarchivs Nr. 17)

Fallend, Franz: 70 Jahre Salzburger Landesverfassung. Genese-Reformen-Analyse, Salzburg 1991 (Schriftenreihe des Landespressebüros, Salzburg Dokumentationen Nr. 102)

Pelinka, Anton: Föderalismus für das 21. Jahrhundert. Perspektiven der Weiterentwicklung des Politischen Systems Österreichs im Spannungsfeld zwischen Legitimität und Effizienz. In: Steger, Friedrich Michael (Hg.): Baustelle Bundesstaat. Perspektiven der Weiterentwicklung des politischen Systems in Österreich, Wien 2007, S. 119–154

Schwarz, Reinhold: Die österreichischen Landtage und die Landtagspräsidentenkonferenzen. In: Schneider, Erich (Hg.): Der Landtag – Standort und Entwicklungen, Baden-Baden 1989, S. 43–52

Thaler, Walter: Gefesselte Riesen. Wechsel vom Proporz- zum Majorzsystem in Salzburg und Tirol, Wien 2006 (Studien zur politischen Wirklichkeit 17)

Wolfgang Kirchtag

Die Geschäftsordnung des Salzburger Landtages

Geschäftsordnungen von Parlamenten sind zugegebenermaßen eine sehr nüchterne und auch trockene Materie. Funktional dient die Geschäftsordnung dazu, die internen Abläufe eines Parlamentsbetriebes zu ordnen und die Kompetenzen der Organe zu regeln. Neben der organisatorischen Funktion sind Geschäftsordnungen auch Ausdruck der politischen Kultur. Wie die Mehrheit eines Parlamentes mit der Minderheit, also mit kleinen Parteien, umgeht, welche Rechte sie diesen zugesteht und wieviel Gestaltungsspielraum eingeräumt wird, kommt in den Geschäftsordnungen sehr deutlich zum Ausdruck.

Historisches – 1863 bis 1973

Seine erste Geschäftsordnung beschloss der Salzburger Landtag am 9. Jänner 1863, die in den folgenden Jahrzehnten mehrfach abgeändert wurde. Tiefgreifende Novellen erfolgten 1894, 1899, 1904 und 1910. Die Mehrheitsverhältnisse blieben bis zum Ende der Monarchie im Salzburger Landtag vom Grundsatz her relativ stabil. Die Wahlen brachten zwar immer neue Mandatsverteilungen, doch standen sich traditionell die zwei großen Machtblöcke aus Deutschfreiheitlichen/ Deutschnationalen und Konservativen/Christlichsozialen gegenüber. Dieses Zwei-Parteien-System erfuhr 1890 mit dem Einzug der Deutsch-Konservativen Volkspartei eine Veränderung und es entwickelte sich ein Drei-Parteien-System unterschiedlicher Ausprägung, das sich jedoch erst in der Republik stabilisierte. Diese stabilen Mehrheitsverhältnisse spiegelten sich auch bei der Ausübung des parlamentarischen Antrags- und Anfragerechtes wieder. Zwar konnte der einzelne Abgeordnete parlamentarische Initiativen setzen, benötigte dazu jedoch die Unterschrift von fünf weiteren Abgeordneten. Mit dem Einzug der Sozialdemokraten im Jahre 1909 verfügte der Salzburger Landtag erstmals in seiner Geschichte über eine echte Minderheitsfraktion, die aus zwei Abgeordneten bestand. Die Anpassung der Geschäftsordnung an die Erfordernisse eines von 28 auf 39 Abgeordneten aufgestockten Landtages führte dazu, dass die Unterschriften von zumindest sieben Abgeordneten erforderlich waren, um eine entsprechende Initiative einzubringen. Der sozialdemokratische Abg. Robert Preußler kritisierte diese Reform und meinte: „Ich bin auch dafür, daß das Haus sich schützt gegen eine etwaige mutwillige Obstruktion, ich kann aber nicht dafür sein, daß die Majorität das Recht in die Hand bekommt, der Minorität jeden Weg einer scharfen Opposition abzuschneiden." Somit waren die Sozialdemokraten bei jeder Initiative auf das Wohlwollen der anderen Parteien im Landtag angewiesen, wodurch die parlamentarische Entfaltung der neuen Partei nachhaltig eingeschränkt wurde. Während die Geschäftsordnung des Landtages bislang mit einfacher Mehrheit beschlossen worden war, erfolgte 1910 eine Änderung in der Form, dass die Anwesenheit von drei Viertel der Abgeordneten und die Zustimmung von zwei Drittel erforderlich waren.

Mit dem Ende der Monarchie und dem staatsrechtlichen Wandel zur Republik war auch eine Neukonzeption der Landtagsgeschäftsordnung erforderlich. In den ersten Jahren behalf man sich im Landtag noch mit einer adaptierten Geschäftsordnung des Jahres 1910. Mit der Landesverfassung 1921 war diese Geschäftsordnung jedoch überholt, sodass am 22. April 1921 eine neue Geschäftsordnung beschlossen wurde, die zum einen den neuen verfassungsrechtlichen Rahmenbedingungen entsprach und überflüssig gewordene Relikte aus der Monarchie beseitigte.

Die umfassende Kompetenz des Disziplinarausschusses, der in der Monarchie einen Abgeordneten sogar des Saales verweisen konnte, wenn dieser gegen die Ordnungsbestimmungen verstoßen hatte, wurde erheblich eingeschränkt.

Eine Novität der neuen Landtagsgeschäftsordnung war die Schaffung der Landtagsparteien. Art. 15 der Landesverfassung bzw. § 5 der Geschäftsordnung sahen die Bildung von Landtagsparteien vor, die gegenüber dem Präsidenten anzuzeigen war. Der Zusammenschluss der Abgeordneten zu Landtagsparteien erfolgte auf freiwilliger Basis. Gerade diese Freiwilligkeit löste bei den Sozialdemokraten Bedenken aus. So verlangte der sozialdemokratische Abgeordnete Witternigg, dass, wenn ein Abgeordneter „aus seiner Partei austritt oder ausgeschlossen wird, erlischt sein Mandat im Landtag; das gilt für alle Parteien im Landtag gleich … Es gibt solche dort und da und da müssen wir uns doch als Partei unsere Reinheit bewahren und festlegen, daß es für solche Kalfakter keinen Platz mehr gibt". Witternigg erntete für diesen Vorschlag zwar Verständnis, jedoch keine Zustimmung.

Eine ebensolche Novität war die Schaffung des Amtes des Landtagspräsidenten und seiner beiden Stellvertreter. Während in der Monarchie und in den Anfängen der Republik noch der Landeshauptmann und seine Stellvertreter den Vorsitz im Landtag führten, ging diese Kompetenz nun auf den Landtagspräsidenten über, der auch mit umfassenden Rechten ausgestattet wurde. Unterschiedlicher Meinung war man hinsichtlich der Kompetenzen der Stellvertreter des Landtagspräsidenten. Die Sozialdemokraten sprachen sich für eine kollegiale Führung aus, während die Mehrheit dem Vorschlag folgte, dass die Stellvertreter lediglich den Präsidenten bei seiner Tätigkeit zu unterstützen hatten. (SLP, Landtagssitzung am 22. April 1921, S. 1611–1665)

Die Landtagsgeschäftsordnung 1974

Die Geschäftsordnung von 1921 wurde in der Folge mehrfach novelliert und war bis 1938 in Kraft. Nach dem Zweiten Weltkrieg wurde die Geschäftsordnung aus 1921 mit allen Novellen am 21. Februar 1946 wieder in Kraft gesetzt. Trotz zahlreicher Novellen der Geschäftsordnung zeigte sich Ende der 1960er-Jahre, dass sich diese durchaus bewährt habe, sie entspreche jedoch nicht mehr in allen Punkten den Anforderungen, die an eine Geschäftsordnung zu stellen seien. 1968 begannen die Arbeiten an einer grundlegenden Überarbeitung der Landtagsgeschäftsordnung, die sich bis 1974 hinzogen. Der Gesetzesvorschlag, der schlussendlich dem Landtag zur Beschlussfassung zugeleitet wurde, wurde von einem Komitee, bestehend aus Abgeordneten aller im Landtag vertretenen Parteien und Experten, vorbereitet. (SLP, Nr. 69 und 70, 2. Session, 7. GP) Der Geschäftsordnungsentwurf folgt in seinem Aufbau der „Konfrontation" des neugewählten Mitgliedes des Landtages mit der Landtags- und Ausschussarbeit. Der Entwurf umfasste zwölf Abschnitte, welche im Sinne des dargestellten Leitgedankens mit Bestimmungen über die Dauer und Gliederung der Gesetzgebungsperiode beginnen, sodann die Stellung der Mitglieder des Landtages behandeln, weiters die Eröffnung und Bildung des Landtages, die Wahl der Landesregierung sowie die Mitglieder des Bundesrates normieren. Sodann finden sich Regelungen über die Verhandlungsgegenstände und die Verhandlungssprache. Ein Abschnitt regelt die Sitzung des Landtages und ein weiterer die Vorberatung der Verhandlungsgegenstände. In einem Abschnitt wurden die Vorschriften über die Verhandlungsgegenstände zusammengefasst. Abschnitte über die Ordnungsbestimmungen, die Protokolle und Schlussbestimmungen folgten als letzte. Im Wesentlichen hat die aktuelle Geschäftsordnung diese Gliederung bis heute beibehalten.

Die Geschäftsordnung 1974 brachte im Wesentlichen folgende Änderungen:

- Wegfall der Unterteilung der jährlichen Sitzungsperiode in Frühjahrs- und Herbsttagung
- Einführung der Präsidialkonferenz
- Bildung von Untersuchungsausschüssen
- Wegfall der Beschränkung, dass ein Abgeordneter zu einem Thema nur zwei Mal sprechen durfte
- Einführung des Dringlichen Antrages
- Mündliche Anfrage und Dringliche Anfrage werden detaillierter geregelt und verbessert
- Präzisierung der Bestimmungen über den Bestand und die Funktion der Landtagsklubs
- Der Präsident des Landtages erhält – wie alle Abgeordneten – das Stimmrecht
- Einführung des qualifizierten Quorums für die Beschlüsse betreffend die Geschäftsordnung

Vor allem zwei Punkte haben zu intensiven Diskussionen in den Gremien geführt. Zum einen das Stimmrecht des Landtagspräsidenten, welches schlussendlich normiert wurde, und zum anderen die Wahl der Landeshauptmann-Stellvertreter, für die nur den beiden stimmenstärksten Parteien ein Vorschlagsrecht eingeräumt wurde. Auch diese Regelung wurde in die Geschäftsordnung aufgenommen. Insgesamt stellte diese Novelle eine Modernisierung des Parlamentsbetriebs und eine Anpassung an die neuen Rahmenbedingungen dar. Die Geschäftsordnung wurde von allen Landtagsparteien mitgetragen und am 11. Juli 1974 einstimmig zum Beschluss erhoben.

Die Geschäftsordnung von 1974 hatte bis 1998 bestanden und wurde in dieser Zeit mehrfach novelliert. In der Novelle von 1988 wurde beispielsweise die Möglichkeit der Abhaltung von Landtags-Enqueten geschaffen, die sich in der Folgezeit zu einem wertvollen Instrument der politischen Meinungsbildung entwickelten. Seit 1988 wurden insgesamt 42 Enqueten abgehalten. Präzisiert wurde im Jahre 1988 auch die Bestimmung über die Untersuchungsausschüsse. Bereits 1990 kam es zum ersten Untersuchungsausschuss zum Thema WEB, der nicht nur landespolitische, sondern auch strafgerichtliche Konsequenzen nach sich zog.

Das Landtags-Geschäftsordnungsgesetz 1998 (GO-LT)

Im Jahr 1998 kam es nach langer Diskussion und der Durchführung einer Volksabstimmung zu einer tiefgreifenden Änderung des politischen Systems in Salzburg. Am 22. April 1998 wurde das Landesverfassungsgesetz zur Abschaffung des Proporzes in der Landesregierung und zur Stärkung der Kontrollrechte im Landtag, Landesverfassungsgesetz-Novelle 1998, im Plenum beschlossen. Die Novelle hatte im Wesentlichen drei Schwerpunkte:

- Aufnahme ausführlich formulierter Aufgaben und Zielsetzungen des staatlichen Handelns – Grundwerte und Staatsziele.
- Abschaffung des Proporzes in der Landesregierung – Die Regierungsbildung erfolgt nach der Mehrheitsregel. Diese neue Art der Regierungsbildung und -zusammenarbeit mit einem gemeinsamen Programm und klar identifizierbaren Verantwortlichkeiten zwischen Regierung und Opposition erforderte auch die
- Stärkung der politischen Kontrollrechte der „Nichtregierungsparteien" im Landtag.

Um im Landtag ein Gegengewicht zur Mehrheitsregierung zu haben, wurden wesentliche parlamentarische Kontrollrechte verändert. Herbert Dachs spricht sogar davon, dass „die Möglichkeiten oppositioneller Kontrollen in einem bis dahin in Österreich einmaligen Ausmaß deutlich ausgeweitet" wurden. Mit dem Wechsel im System der Regierungsbildung unmittelbar verbunden, wird das Misstrauensvotum neu geregelt. Nunmehr ist die unbedingte Mehrheit im Landtag (19 Stimmen) anstelle einer bisher erforderlichen Zweidrittelmehrheit (24 Stimmen) notwendig. Das Misstrauen kann sich gegen die gesamte Regierung oder nur ein einzelnes Regierungsmitglied richten. Neu und detaillierter geregelt wurden auch die Bestimmungen über die Debatte zum Misstrauensantrag im Landtag.

Bis 1998 war die Geschäftsordnung des Landtages ein einfacher Beschluss. Mit der Novelle 1999 wurde die Geschäftsordnung auf eine gesetzliche Basis gestellt und am 10. Dezember 1998 erstmals das Landtags-Geschäftsordnungsgesetz (GO-LT) beschlossen. Eine besondere Absicherung erfuhr die Geschäftsordnung durch das erhöhte Zustimmungsquorum auf zwei Drittel der Abgeordneten.

Das verfassungsrechtlich umstrittene Recht auf Akteneinsicht ist ebenfalls vorgesehen. Jede Landtagspartei ist befugt, von den Mitgliedern der Landesregierung Auskünfte einzuholen. Gerade dieses Kontrollrecht hat in der Praxis zu vielen Diskussionen geführt. Fragen wie: „Welche Akteneile müssen vorgelegt werden?", „Was darf ‚geschwärzt' werden?", „Dürfen Akten fotokopiert werden?", fanden zum Teil sogar Eingang in parlamentarische Anfragen. Vor allem im Hinblick auf den Datenschutz und die Amtsverschwiegenheit gab es immer wieder Diskussionen bis hin zum Misstrauensantrag. Hier war die Verweigerung der Akteneinsicht Gegenstand einer dringlichen Anfrage. Das befragte Regierungsmitglied konnte die gewünschten Informationen nicht geben, da es der Amtsverschwiegenheit verpflichtet war. Nach der damals gültigen Geschäftsordnung des Landtages konnte ein Mitglied der Landesregierung von der Amtsverschwiegenheit nur auf Antrag der fragestellenden Partei entbunden werden. Die fragestellende Partei verweigerte diesen Antrag, obwohl das Regierungsmitglied signalisierte, dann die gewünschten Auskünfte zu erteilen. Das Recht, eine Sonderprüfung durch den Rechnungshof verlangen zu können, wird gleichfalls als Minderheitenrecht (ein Drittel der Landtagsmitglieder anstelle der Mehrheit) konstruiert.

Mit der Landtagsgeschäftsordnungs-Novelle wird eine neue Untersuchungsausschüsse-Verfahrensordnung normiert. Zu regeln sind die Einrichtung der Untersuchungsausschüsse und das Verfahren. Neun Abgeordnete (seit der Novelle 2008 auch jede Landtagspartei einmal in der Gesetzgebungsperiode) können die Einsetzung eines Untersuchungsausschusses verlangen. Mit diesem Begehren ist ein Antrag auf Festsetzung des Untersuchungsgegenstandes einzubringen. Jede Landtagspartei ist berechtigt, je ein Mitglied oder auf Grund eines Beschlusses des Landtages auch mehrere, jeweils aber gleich viele Mitglieder in den Untersuchungsausschuss zu entsenden. Die wohl weitgehendste Änderung wurde aber bereits in der Landesverfassungsgesetz-Novelle festgeschrieben. Die Beweisaufnahme soll von einem Richter unter Mitwirkung der Mitglieder des Untersuchungsausschusses vorgenommen werden. Nach intensiven Verhandlungen hat die Bundesregierung (Schreiben des BKA vom 22. April 1998, GZ 650.055/4-V/2/98) dem zugestimmt: Danach ist die Zuständigkeit des Richters in der Geschäftseinteilung des Landesgerichtes Salzburg festzulegen. Der Richter darf nicht in die politische Willensbildung eingebunden sein und damit beauftragt werden, die Ergebnisse des mit den Arbeiten im Untersuchungsausschuss verbundenen politischen Prozesses aufzuarbeiten, sondern er ist vielmehr weiterhin nur als unabhängiges Organ der Rechtsprechung tätig. Die Mitwirkung der Mitglieder des Untersuchungsausschusses an der vom Gericht vorzunehmenden Beweisaufnahme kann sich nur auf Sachfragen, nicht jedoch auf die Bewertung der Beweisergebnisse sowie auf Rechtsfragen beziehen. Diese Regelung ist in Österreich einzigartig. Seit 1999 gab es insgesamt drei Untersuchungsausschüsse, bei denen ein Richter des Landesgerichtes die Beweisaufnahme geleitet hat. Zu Beginn der 15. Gesetzgebungsperiode wurde der Präsident des Landesgerichtes Salzburg bei den Landtagsklubs vorstellig und warb dafür, dass die Untersuchungsausschüsse-Verfahrensordnung an die des Nationalrates angepasst werde und die Beweisaufnahme nicht mehr durch einen Richter des Landesgerichtes Salzburg durchgeführt werde. Die hervorragenden Erfahrungen mit der Salzburger Regelung – der Autor hat selbst zwei Untersuchungsausschüsse (Schwimmunion und Finanzskandal) begleitet – haben den Landtag veranlasst, diese Bestimmung nicht zu ändern.

Professor Anton Pelinka (Mitglied der Enquete-Kommission zur Vorbereitung der Landesverfassungsgesetz-Novelle 1998) forderte auch eine systematische Überprüfung und Erweiterung der Kontrollrechte. Dazu wird in den Erläuterungen auf die Bestimmungen der Geschäftsordnung des Salzburger Landtages und die Landesverfassung hingewiesen. Dabei zeigt sich, „dass die Einzelpunkte im Sinn Pelinkas ohnedies weit entwickelt sind (Interpellationsrecht: schriftliche Anfragen von zwei Abgeordneten, Auskunftsbegehren vom jeweiligen Klubvorsitzenden, mündliche Anfragen von jedem Abgeordneten, Durchführung einer Volksabstimmung bei Teiländerung der Landesverfassung auf Verlangen eines Drittels der Abgeordneten, Durchführung einer Volksbefragung auf Antrag eines Drittels der Abgeordneten). Darüber hinaus gibt es weitere Befugnisse, die nicht an die Mehrheit im Landtag gebunden sind: Einberufung des Landtages auf Begehren von sechs Abgeordneten; Anfechtung von Landesgesetzen wegen behaupteter Verfassungswidrigkeit durch ein Drittel der Abgeordneten, Sonderprüfungen durch den Landesrechnungshof auf Verlangen eines Viertels der Abgeordneten oder einmal im Kalenderjahr auch einer kleineren Landtagspartei". (SLP, Nr. 377, 5. Session, 11. GP) Abschließend wurde in der Landesverfassung die verfassungsrechtliche Grundlage dafür geschaffen, die Geschäftsordnung des Landtages auf Gesetzesstufe zu heben.

Die weitere Entwicklung

Von kritischen Beobachtern wurde auf Grund der ersten Erfahrungen der Landtagsarbeit auf der Grundlage des Majorzsystems darauf hingewiesen, dass die Geschäftsordnung erneut reformiert werden sollte. Bis zum Jänner 2018 gab es insgesamt 15 Novellen der Landtagsgeschäftsordnung. In der Folge werden nicht alle Novellen chronologisch und inhaltlich dargestellt, sondern nur die wesentlichen Neuerungen bzw. Veränderungen erläutert.

Mündliche Anfragen – eine Gesetzgebungspanne

In den Verhandlungen zur Novelle 1999 kamen die Landtagsparteien überein, das Interpellationsinstrument der Mündlichen Anfrage abzuschaffen. Bereits in der ersten Arbeitssitzung am 19. Mai 1999 war aber klar, dass die Geschäftsordnung wiederum novelliert werden musste, denn aus der Landesverfassung wurde die gegenständliche Bestimmung nicht gestrichen. Auf die Verfassungsbestimmung gestützt hat die FPÖ in dieser Landtagssitzung die Aufnahme eines Tagesordnungspunktes „Mündliche Anfragen" begehrt. Nach Unterbrechung der Sitzung für die Abhaltung einer Präsidialkonferenz wurde die Mündliche Anfrage auf Grund der landesverfassungsgesetzlichen Normierung zugelassen und in weiterer Folge wieder in die Geschäftsordnung aufgenommen.

Antrags- und Rederecht im Ausschuss

Der Ausgang der Landtagswahlen vom 7. März 1999 hatte für die Grünen den Verlust ihres bisherigen dritten Mandates zur Folge. Nicht nur, dass damit kein Klubstatus mehr im Landtag gegeben war, war auch die aktive Teilhabe an der Landtagsarbeit nicht mehr möglich. Demokratie bedeutet auch, es solchen kleinen Parteien für sich – also ohne die Notwendigkeit der Unterstützung durch eine andere Partei – zu ermöglichen, ihre politische Auffassung zu artikulieren und aktiv in den Arbeitsgremien mitarbeiten zu können. (Präambel des Antrages Nr. 13, 1. Session, 12. GP) Im Ausschuss sollte daher das Rederecht einem Abgeordneten einer Kleinpartei eingeräumt werden, die mit keinem Ausschussmitglied vertreten ist. Ein Stimmrecht war damit nicht verbunden. Die für einen Antrag nötigen Unterschriften wurden von drei auf zwei Unterschriften reduziert. Ein dringlicher Antrag konnte weiterhin nur von einem Landtagsklub eingebracht werden.

Aktuelle Stunde und Beschränkung der Sonderlandtage

Den vielfältigen Wünschen auf Einberufung eines Sonderlandtages wollte man mit der Einführung einer aktuellen Stunde entgegenwirken. So lagen der Präsidialkonferenz am 12. November 2001 insgesamt vier Wünsche auf die Einberufung von Sonderlandtagen auf dem Tisch. Ein derartiges Forderungspaket hätte nach der geltenden Geschäftsordnung gar nicht erfüllt werden können und hätte auch das Instrument des Sonderlandtages ad absurdum geführt, weil man nicht vier Sonderlandtage auf einmal einberufen konnte. Zudem erschien es wohl wenig sinnvoll, eine Woche vor einer regulären Landtagssitzung eine Sondersitzung durchzuführen. Die Änderung der Geschäftsordnung sah nun vor, dass der Präsident den Landtag unverzüglich einzuberufen hatte, wenn es von mindestens vier Mitgliedern des Landtages oder von der Landesregierung schriftlich verlangt wurde. Ein solches Verlangen konnte von denselben Mitgliedern des Landtages nur einmal im Kalenderjahr gestellt werden. Auf die Tagesordnung der Sondersitzung können nur solche Verhandlungsgegenstände gesetzt werden, die mit dem Verhandlungsgegenstand, der mit dem Verlangen eingebracht oder darin bezeichnet worden ist, in sachlichem Zusammenhang stehen. Im Zuge dieser Novelle wurde das Instrument der „Aktuellen Stunde" eingeführt. Eine Uhrstunde lang kann ein aktuelles Thema diskutiert werden. Jede Landtagspartei hat das Recht, ein Thema vorzuschlagen. In der Präsidialkonferenz wird das Thema für die Sitzung festgelegt. Dem ressortzuständigen Mitglied der Landesregierung stehen zehn Minuten Redezeit zur Verfügung, den Abgeordneten jeweils fünf Minuten.

Die Novelle 2008 – Ausbau der Rechte der Kleinparteien

Im Mittelpunkt der Novelle steht der Ausbau der Rechte kleiner Landtagsparteien, die über keinen Klubstatus verfügen. So kann jede Landtagspartei, unabhängig von der Zahl ihrer Mitglieder, einmal pro Gesetzgebungsperiode die Einsetzung eines Untersuchungsausschusses verlangen. Die Einberufung der Präsidialkonferenz kann auch eine Landtagspartei mit zwei Mitgliedern und nicht nur ein Landtagsklub begehren. Gleiches gilt für die Vorschlagserstattung zur Bestimmung des Berichterstatters für die Verhandlungsgegenstände in der Präsidialkonferenz.

Neben der Stärkung der Rechte kleiner Landtagsparteien dienen die Änderungen im Landtags-Geschäftsordnungsgesetz der Effektuierung des Anfragerechts und der Akteneinsicht. Für die Ablehnung der Beantwortung einer schriftlichen Anfrage wegen Unzuständigkeit soll ein Regierungsmitglied nur mehr zwei statt wie bisher sechs Wochen Zeit haben. Bei nicht fristgerechter

Beantwortung der Anfrage kann der Anfragesteller als „Sanktion" auch das Aussprechen eines Verweises für das säumige Regierungsmitglied durch den Präsidenten verlangen. Außerdem kann in der Fragestunde (mündliche Anfragen) der Anfragesteller ein kurzes abschließendes Statement zu den Inhalten der Beantwortung abgeben.

Für die Gewährung der Akteneinsicht wird eine Frist von sechs Wochen ab Einbringen des Begehrens auf Einsicht beim Präsidenten gesetzt. Die Verweigerung der Akteneinsicht, auch eine Teilverweigerung, ist schriftlich zu begründen. Außerdem kann der Abgeordnete bei der Akteneinsicht von einem Klubmitarbeiter, der Landesbediensteter ist, begleitet werden, und von den eingesehenen Akten können Ablichtungen gemacht werden.

Schließlich hat jede Landtagspartei einmal pro Session das Recht, das Thema der Aktuellen Stunde zu bestimmen. Außerdem wird eine Regelung über die Reihenfolge der Wortmeldungen in der Aktuellen Stunde getroffen.

Weiters wird festgelegt, dass Abgeordnete für die Dauer von höchstens einem Jahr Karenzurlaub nehmen können und in dieser Zeit vertreten werden, ohne dass sie ihre Abgeordneteneigenschaft verlieren. Karenzurlaub kann bei Geburt eines Kindes oder für die Pflege schwer erkrankter Angehöriger gewährt werden. Während des Karenzurlaubes erhält der/die Abgeordnete keine Bezüge, was in einer Änderung des Bezügegesetzes geregelt ist.

Eine weitere Änderung ist, dass nicht nur die Klubs, sondern auch die Landtagsparteien mit zwei Mitgliedern einen Vorsitzenden mit der Bezeichnung Fraktionsvorsitzender und einen stellvertretenden Vorsitzenden namhaft machen müssen. Dieser übernimmt die Aufgaben des Bevollmächtigten der Landtagspartei und kann auch die Einberufung der Präsidialkonferenz verlangen. Festgelegt wird weiters, dass jede Landtagspartei Anspruch auf ein Büro hat. Gutachten und Expertisen, für die jede nicht in der Landesregierung vertretene Landtagspartei jährlich einen bestimmten Betrag zur Verfügung hat, sind nicht mehr auf juristische Fragen beschränkt.

Den Salzburger Mitgliedern des Bundesrates wird ein Rederecht im Landtag eingeräumt, wenn Themen mit Bundesbezug behandelt werden.

Zum Ende der Beratungen der Landtagsparteien zur Novelle 2008 wurde noch der Vorschlag eingebracht, einerseits die Landtagskanzlei in Landtagsdirektion umzubenennen und die Funktionsbezeichnung „Landtagsdirektor" gesetzlich zu verankern, andererseits wurde ein Vorschlag zum Bestellverfahren des Landtagsdirektors unterbreitet. Aus den Erläuterungen geht hervor, dass die Voraussetzungen für die Bestellung des Landtagsdirektors den Bestimmungen betreffend den Direktor des Landesrechnungshofes nachgebildet seien. Der Bestellung solle eine Anhörung durch den Landtagsausschuss vorausgehen. Übersehen wurde dabei, dass für den Landtagsdirektor nicht das Bezügegesetz gilt und dieser nicht durch den Landtag gewählt wird, sondern es sich um einen Landesbediensteten handelt. Vergessen wurde, Aussagen zu treffen, ob die Anhörung vor dem Verfassungs- und Verwaltungsausschuss das Verfahren nach dem Objektivierungsgesetz ersetzt und eine Regelung, wie der weitere Bestellungsvorgang zu gestalten ist.

Die Klubobleute von ÖVP und SPÖ stellten in der Ausschussdebatte fest, dass die Gesetzesvorlage den Landtag wieder ein Stück weit demokratischer mache, insbesondere beim Anfragerecht, bei der Akteneinsicht und bei der Einsetzung von Untersuchungsausschüssen. Die Rechte der Opposition seien ausgebaut worden. Es handle sich um ein Demokratiepaket, das den Minderheiten mehr nütze als großen Parteien. Nach Ansicht der Grünen fiel die Bilanz der Geschäftsordnungsänderung sehr mager aus, denn die langjährige Forderung, dass jede Landtagspartei die Möglichkeit habe, dringliche Anträge und dringliche Anfragen zu stellen, habe nicht in die Novelle Eingang gefunden. Damit wurde den Landtagsparteien, welche keinen Klubstatus haben, nicht die Möglichkeit eröffnet, die Alltagsarbeit der Abgeordneten, nämlich die Kontrolle der Regierung, effizienter zu gestalten.

In weiteren Novellen wurde beispielsweise die Funktion des Dritten Präsidenten ersatzlos gestrichen, in einer folgenden Novelle wurden die Integrationsangelegenheiten zusammengefasst und präzisiert. Die Abschaffung des Vorstandes als Organ des Landtages (bedingt durch den Wegfall des Dritten Präsidenten) sowie die Präzisierung der Aufgaben des Landtagspräsidenten und des Zweiten Präsidenten waren Inhalt einer weiteren Novelle im Jahr 2009. In dieser Novelle ist die „Hürde" weggefallen, dass nur Landtagsklubs einen dringlichen Antrag oder eine dringliche Anfrage einbringen können. Nunmehr genügen die Unterschriften von zwei Abgeordneten, wobei aber der Klubobmann oder der Fraktionsvorsitzende oder sein Stellvertreter den dringlichen Antrag oder die dringliche Anfrage unterschreiben muss. Deshalb ist es nicht möglich, dass zwei Abgeordnete ohne Klub- oder Fraktionszugehörigkeit eine solche Initiative einbringen können. Damit ist eine langjährige Forderung der Grünen erfüllt worden.

Umsetzung von Empfehlungen der Enquete-Kommission zur Vorbereitung neuer Mittel der Teilhabe, Mitbestimmung und direkte Demokratie für Salzburgs Bürgerinnen und Bürger

Als erster Schritt kann die Regelung gesehen werden, die es ermöglicht, eine Petition im Internet elektronisch zu unterstützen. Eine Petition, die dem Landtag/Petitionsausschuss zugeleitet wurde, kann bis zur Behandlung im Petitionsausschuss auf der Homepage des Salzburger Landtages unterstützt werden. Die Parlamentarier wollen damit die Bürgerbeteiligung fördern und die Arbeit des Petitionsausschusses besser bekannt machen. Zudem steht dem Petitionsausschuss damit eine zusätzliche Information über die Bedeutsamkeit der Petition zur Verfügung.

Im Salzburger Landtag wurden in unterschiedlichen zeitlichen Intervallen Jugendlandtage durchgeführt. Nunmehr wurde gesetzlich festgelegt, dass jährlich ein Jugendlandtag durchzuführen ist. Landtagspräsidentin Dr. Pallauf hat für die Durchführung der Jugendlandtage ein Konzept entwickelt, das für die Zukunft übernommen wurde. (SLP, Nr. 57, 5. Session, 15. GP) Im Zuge der Beratungen der Enquete-Kommission wurde im Salzburger Landtag auch erstmals ein Bürgerinnen- und Bürgerrat durchgeführt. Die sehr guten Erfahrungen sind in die Gesetzwerdung eingeflossen. Normiert wurde, dass der Landtagspräsident nach Anhörung der Präsidialkonferenz die Abhaltung von „Neuen Mitteln der Teilhabe, Mitbestimmung und Instrumenten der partizipativen Demokratie", z. B. einen Bürgerrat, veranlassen kann. Die Mitglieder des neu gewählten Landtages sollen vor der Wahl der Mitglieder der Landesregierung die Möglichkeit erhalten, die Positionen der einzelnen Regierungsmitglieder kennenzulernen. Bei der Konstituierung 2013 wurde ein Hearing mit allen zu wählenden Mitgliedern der Landesregierung freiwillig, ohne gesetzliche Basis, durchgeführt. Die positiven Erfahrungen wurden in der Enquete-Kommission weiter diskutiert und in einen Gesetzesvorschlag formuliert. Jetzt hat vor der Wahl der Mitglieder der Landesregierung eine Befragung der Kandidaten stattzufinden.

Die sogenannte „Versteinerungstheorie" und ihre Auswüchse

§ 8 Abs. 3 GO-LT regelt die Klubanzeige nach Veränderungen im Landtagsklub während einer Gesetzgebungsperiode. Der letzte Satz dieses Absatzes lautet: „Die Änderungsanzeige bewirkt nicht das Erlöschen bereits erworbener und ausgeübter Parteienrechte." Aus diesem Satz wird abgeleitet, dass die Rechte, welche eine Landtagspartei bei der Konstituierung erworben hat, nicht mehr verändert werden können. Scheidet ein Abgeordneter auf eigenen Wunsch aus einem Klub aus oder wird ein Abgeordneter nicht mehr zu Klubsitzungen eingeladen bzw. aus dem Landtagsklub ausgeschlossen, so behält z. B. die Landtagspartei die Förderung für die Landtagsarbeit in ungekürzter Höhe weiter. Oder ein Landtagsklub bleibt Landtagsklub und der Klubobmann bleibt Klubobmann – inklusive der Bezüge als Klubobmann –, wenn mehrere Abgeordnete ausscheiden und die ursprünglich geforderte Klubstärke von drei Abgeordneten nicht mehr gegeben ist. Das geschilderte Beispiel spielte bis zur 15. Gesetzgebungsperiode keine besondere Rolle. In dieser Gesetzgebungsperiode schieden aus einem Landtagsklub mit drei Abgeordneten zwei aus. Der verbliebene Klubobmann blieb auf Grund der Versteinerungstheorie Klubobmann, und auch der Klubstatus blieb erhalten. Umgekehrt wurde nach dem Zerwürfnis der ehemaligen Mitglieder der Salzburger FPÖ mit der Bundespartei und deren Ausschluss aus der FPÖ die einzige in der FPÖ verbliebene Abgeordnete aus dem Klub ausgeschlossen. Diese beharrte darauf, dass sie die einzige „wirkliche" FPÖ-Landtagsabgeordnete sei. Auf Grund der Versteinerungstheorie blieb aber der ehemalige FPÖ-Landtagsklub als FPÖ-Landtagsklub bestehen, obwohl die Mitglieder nicht mehr der FPÖ angehörten. Erst rund ein Jahr nach diesen Vorfällen musste die Klubführung auf Grund einer gerichtlichen Entscheidung den Klub umbenennen und führte von da an die Bezeichnung FPS-Landtagsklub. Die einzige „FPÖ"-Abgeordnete wurde als parteifreie Abgeordnete geführt. Spätestens seit diesem Zeitpunkt war klar, dass der § 8 Abs. 3 geändert werden und eine zeitgemäße Regelung gefunden werden muss. Den skurrilen Höhepunkt fand die Debatte, als der FWS-Landtagsklub (vormals TSS-Landtagsklub) einen Antrag auf Einsetzung eines Untersuchungsausschusses stellte. Durch § 1 Abs. 1 LTUA-VO (jede Landtagspartei kann einmal je Gesetzgebungsperiode einen Antrag stellen) und die Versteinerung (der FWS-Landtagsklub bestand zu Recht) legitimiert, wurde dieser Antrag zu Recht gestellt. Abs. 2 des § 1 verlangt aber, dass gleichzeitig mit dem Verlangen auf Einsetzung eines Untersuchungsausschusses ein Antrag zur Festlegung des Untersuchungsgegenstandes einzubringen ist. Ein Antrag muss aber mindestens zwei Unterschriften aufweisen. Keine Landtagspartei hat den

Antrag mitunterschrieben. So ging der Antrag auf Einsetzung eines Untersuchungsausschusses ins Leere.

Mit einem Fünf-Parteien-Antrag, welcher am 31. Jänner 2018 zum Beschluss erhoben wurde, wurde die „Versteinerungstheorie" in der Landtagsgeschäftsordnung abgeschafft. Die neuen Regelungen traten mit dem Beginn der 16. Gesetzgebungsperiode in Kraft. Tritt ein Abgeordneter aus einem Klub aus oder wird er aus dem Klub ausgeschlossen, so hat die Klubführung dies dem Landtagspräsidenten anzuzeigen. Ab diesem Zeitpunkt wird die Klubförderung neu festgesetzt und gebührt nur mehr für die tatsächlich im Klub zusammengeschlossenen Abgeordneten. Ein ausgeschiedener Abgeordneter kann sich freiwillig einem anderen Klub anschließen. Dem Klub stehen aber für diesen Abgeordneten keine Klubfördermittel zu. War ein Abgeordneter aus einem Landtagsklub ausgeschieden, konnte der betreffende Landtagsklub über die Ausschusssitze, die der nunmehr parteifreie Abgeordnete innehatte, nicht verfügen, außer es wurde auf den Ausschusssitz verzichtet. Nach der neuen Rechtslage bewirkt eine Änderungsanzeige über die Klubzusammensetzung auch Neuwahlen in die Ausschüsse. Somit kann der Landtagsklub ein Klubmitglied zur Wahl vorschlagen.

Resümee

Gut Ding braucht Weile – oder der lange Weg zu einem Parlament mit Minderheitsrechten, die in Europa keinen Vergleich scheuen müssen! Als nach der Landtagswahl 1989 die GRÜNEN – damals noch Bürgerliste – in den Landtag mit zwei Abgeordneten einzogen, wurde die Geschäftsordnung z. B. im Hinblick auf die Anzahl der Unterschriften für Anträge und Anfragen nicht angepasst. Nach politischen Verhandlungen wurde lediglich eine für die Gesetzgebungsperiode geltende Zusatzvereinbarung zur Geschäftsordnung des Landtages beschlossen. Für Anträge und Anfragen waren nur zwei Unterschriften erforderlich. Außerdem wurde der Bürgerliste ein Ausschusssitz zugestanden. Zu diesem Zeitpunkt waren die „Großparteien" noch stark gedanklich verhaftet in der Proporz- oder Konzentrationsregierung, der Umgang mit Kleinparteien unbekannt und ein Eingehen darauf nicht en vogue.

Mit den ersten Überlegungen, das Proporzsystem abzuschaffen, verfestigte sich langsam der Gedanke, dass für ein Funktionieren des Systems die Minderheitenrechte gestärkt, die Arbeitssituation der kleinen Landtagsparteien verbessert werden müssen. Anlässlich der 1. Sitzung der Enquete-Kommission zur Reform der Salzburger Landesverfassung und der Landtagsarbeit am 23. November 1994 hat der damalige Landtagspräsident Univ.-Prof. Dr. Helmut Schreiner festgestellt, dass die Geschäftsordnung des Landtages mindestens gleichzeitig geändert werden müsse. Wenn so ein Regierungssystem funktionieren solle, müssten alle Kontrollrechte auch Minderheitsrechte sein. Er ging sogar so weit, dass dann zwischen Regierungs- und Oppositionsparteien in ihren Rechten unterschieden werden müsse. Festzustellen ist, dass mit der Novelle der Geschäftsordnung zur Landesverfassungsgesetz-Novelle 1999 die Minderheitenrechte noch lange nicht dem entsprachen, was in den Diskussionen vor dem Systemwechsel auf ein Mehrheitssystem verlangt wurde. Es hat gut zehn Jahre, einige Novellen und viele Forderungen der Oppositionsparteien gebraucht, bis der Salzburger Landtag eine Geschäftsordnung erhalten hat, die den Nicht-Regierungsparteien die wichtigen Kontrollrechte einräumt.

Richard Voithofer

Die Landtagsdirektion

Dreh- und Angelpunkt zwischen Politik und Verwaltung

Ein parlamentarischer Betrieb benötigt für eine gesetzeskonforme und effiziente Aufgabenerfüllung auch einen schlagkräftigen Verwaltungsapparat, der die Kommunikation innerhalb des Parlaments, mit den Verwaltungsbehörden sowie der Bevölkerung ermöglicht. Dazu kommen umfangreiche Aufgaben der Dokumentation wie die Erstellung der Protokolle, Ausfertigung von Geschäftsstücken, Organisation der Sitzungen oder auch die Abwicklung der finanziellen Obliegenheiten.

Der 1861 gewählte Landtag stand vor der Herausforderung, eine solche Landtagsverwaltung erst zu schaffen. Da der Landtag nur wenige Woche im Jahr zusammentrat, war an eine dauerhafte Einrichtung ohnehin nicht zu denken, sondern lediglich die Sicherstellung der Kontinuität vorrangig. Der Landeshauptmann als höchstes Organ der Landesverwaltung war auch Vorsitzender des Landtages, sodass die Verwaltungsagenden zwangsläufig beim Landesausschuss angesiedelt wurden und der Landeshauptmann entsprechendes Personal zur Verfügung stellte. Während der Sessionen wurden sogenannte Schriftführer bestellt, wobei dies die jeweils an Jahren jüngsten Mitglieder des Landtages waren. Die Schriftführer hatten mit Hilfe der Stenographen nicht nur die Protokolle zu erstellen, sondern auch die Beschlüsse auszufertigen. Insgesamt handelte es sich um einen sehr kostengünstigen Landtagsbetrieb, da keine ständigen Einrichtungen erforderlich waren. 1876 wurden für die fünfwöchige Session Verwaltungskosten von 875 Gulden für die Stenographen, 200 Gulden für vier „Aushilfs-Diurnisten" und 84 Gulden für zwei „Aushilfs-Diener" angesetzt. Insgesamt also ein Kostenaufwand von 1.159 Gulden. Im Vergleich dazu kostete die Drucklegung der Landtagsprotokolle 2.300 Gulden. Diese personelle Ausstattung blieb bis zum Ende der Monarchie unverändert, auch wenn 1894 das „Bureau des Landtages" geschaffen wurde, das aus dem Landeshauptmann und den beiden Schriftführern bestand. „Das Bureau besorgt den schriftlichen Verkehr nach Außen, sowie die Geschäftsübergabe an den Landesausschuß nach beendeter Session", wie es in der neuen Landtagsgeschäftsordnung hieß. 1910 wurde das „Bureau des Landtages" in „Landtagsamt" umbenannt.

1921 – Die Geburtsstunde der Landtagskanzlei

Wenngleich die Monarchie 1918 untergegangen und Österreich eine Republik geworden war, so brachen die Abgeordneten der Provisorischen Landesversammlung und des Konstituierenden Landtages in so manchen Bereichen nicht mit den alten Traditionen. Dazu gehörte auch die Landtagsverwaltung. Vom Grundsatz wurden die Bestimmungen aus der Monarchie in die Geschäftsordnungen 1920 und 1921 übernommen und wiederum ein Landtagsamt eingerichtet, das aus dem Präsidium des Landtages sowie den Schriftführern und Ordnern bestand. Diesem Landtagsamt war die Landtagskanzlei beigestellt, deren „Beamte und Diener" im Einvernehmen mit der Landesregierung vom Landtagspräsidenten bestellt wurden. 1921 wurde die Landtagskanzlei sogar in den „Verfassungsrang" erhoben und in Art. 17 Abs. 3 Landes-Verfassungsgesetz zum operativen Organ des Landtagspräsidenten (LGBl. Nr. 58/1921) ausdrücklich hervorgehoben. Auch in der ersten Geschäftseinteilung des Amtes der Landesregierung des Jahres 1922 (SLP, Nr. 57, 3. Session der 1. WP) wurde die Landtagskanzlei als Teil der Landesverwaltung ausdrücklich erwähnt und war der Abteilung XII, die für die Landesfinanzen verantwortlich war, zugeordnet. Leiter war Landesregierungsrat Johann Buchstätter (1875–1958). Er dürfte die Verantwortung bis Ende 1922 getragen haben, denn die Agenden wurden 1923 an die Abteilung X beziehungsweise ab 1925 an die Abteilung III (Legislativangelegenheiten) übertragen, deren Leiter Hofrat Dr. Franz Wallentin (1878–1975) war. Dr. Wallentin führte nun die Geschäfte der Landtagskanzlei und wurde hierbei von Alois Koci (1887–1938) unterstützt.

Hofrat Dr. Franz Wallentin. Landeslegist und Leiter der Landtagskanzlei bis 1938 (Foto: Land Salzburg)

Bei Hofrat Dr. Wallentin handelte es sich um einen Spitzenbeamten der Landesverwaltung, der in den kommenden Jahren noch Karriere machen sollte. 1927 wurde er zum stellvertretenden Landesamtsdirektor ernannt. Der Landtag gewährte ihm angesichts des Umstandes, dass er die Leitung der Landtagskanzlei weiterhin ausübte, eine monatliche Zulage von S 373,91. Der Personalaufwand für die Landtagskanzlei war auch in der Ersten Republik sehr gering. 1930 waren Personalkosten von gerade einmal S 11.300,– entstanden, was einem heutigen Wert von rund € 37.000,– entspricht.

Mit Einführung der ständischen Verfassung 1934 wurde Dr. Wallentin zum Regierungsdirektor ernannt und war somit Vorstand der gesamten Landesverwaltung. Die Agenden der Landtagskanzlei wurden an das Büro des Regierungsdirektors übertragen und gemeinsam von Dr. Franz Wallentin und Alois Koci wahrgenommen. Hofrat Dr. Franz Wallentin war es, der die Landtagskanzlei aufgebaut und über Jahre hindurch mit hohem Sachverstand und großem Einsatz geführt hatte. Im März 1938 kam ihm die Aufgabe zu, den Landtag und damit die Landtagskanzlei im Auftrag des neuen Landeshauptmanns und Gauleiters Ing. Anton Wintersteiger aufzulösen, um kurz danach aus politischen Gründen in den Ruhestand versetzt zu werden.

Der Neubeginn

Nach Ende des Zweiten Weltkrieges und der Durchführung von Landtagswahlen trat der Salzburger Landtag am 12. Dezember 1945 erstmals wieder zusammen. Am 21. Februar 1946 wurde auch eine neue Geschäftsordnung beschlossen, die sich im Wesentlichen an den Bestimmungen der Ersten Republik bis 1928 orientierte. Eine eigene Bestimmung über die Landtagskanzlei wurde nicht vorgesehen, obwohl die Landtagsgeschäftsordnung des Jahres 1936 eine besondere Regelung hierfür traf.

Auch in organisatorischer Hinsicht griff man auf die Erfahrungen der Zwischenkriegszeit zurück und siedelte die Landtagskanzlei bei der Abteilung I (Rechtsangelegenheiten) unter Hofrat Dr. Karl Ledochowski-Thun (1891–1971) an, der von 1945 bis zu seiner Pensionierung im Jahre 1952 als Leiter der Land-

Dr. Hans Rosi baute in seiner 30-jährigen Tätigkeit von 1958 bis 1988 die Landtagskanzlei zu einem schlagkräftigen und leistungsfähigen Dienstleister für die Landespolitik aus. (Foto: Salzburger Landesarchiv)

tagskanzlei und bis 1958 als Rechtskonsulent tätig war. Besonderes Augenmerk dürfte aber seitens der Verwaltung auf den Landtag nicht gelegt worden sein, was in der Folge zu einer gewissen Unzufriedenheit unter den Abgeordneten führte. Ab November 1950 wurde für die Erstellung der Ausschusssitzungsprotokolle ein Jurist aus der Landesverwaltung angestellt. Die Kosten wurden jedoch nicht vom Amt, sondern von den Abgeordneten selbst getragen. Für die monatliche Zulage von S 156,– musste jeder Abgeordnete S 6,– von seinem Bezug beisteuern. Am 25. April 1951 brachten die SPÖ-Abgeordneten Hans Pexa, Ernst Hallinger und Anton Kimml deshalb einen Antrag auf Reorganisation der Landtagskanzlei ein. Die Abgeordneten bemängelten, dass „die Landtagskanzlei in ihrer derzeitigen Organisationsform nicht den an sie zu stellenden Anforderungen entspricht". Kritik wurde insbesondere an organisatorischen Mängeln und der verspäteten Fertigstellung von Protokollen geübt. „Diese für eine gesetzgebende Körperschaft unhaltbaren Verhältnisse müssen den Salzburger Landtag veranlassen, eine beschleunigte Reorganisation der Landtagskanzlei zu verlangen", so die Abgeordneten. Am 27. Juni 1951 brachten auch die Abgeordneten des VdU einen weiteren Antrag ein und verlangten, die Landtagskanzlei aus der Abteilung I auszugliedern und in personeller und sachlicher Hinsicht der Landesamtsdirektion zu unterstellen. Ergebnis dieser Kritik war, dass die Landtagskanzlei im Herbst 1951 dauerhaft besetzt war und mit Dr. Alfred Edelmayer (1922–2008) ein eigener Mitarbeiter zugeteilt wurde, der die Leitung der Landtagskanzlei bis 1958 innehatte. Dr. Edelmayer wurde 1958 zum Leiter des Legislativ- und Verfassungsdienstes bestellt, sodass eine Neubesetzung erforderlich wurde. Auch Dr. Edelmayer stieg in der Folge in die Spitze der Landesverwaltung auf und wurde 1971 zum Landesamtsdirektor bestellt.

Dr. Hans Rosi (1921–2004) folgte am 1. Februar 1958 Dr. Edelmayer in der Funktion als Leiter der Landtagskanzlei. Erstmals emanzipierte sich der Landtag. Die Landtagskanzlei wurde zu einer eigenen Dienststelle und war nicht mehr Anhängsel einer Amtsabteilung. Diese neue Eigenständigkeit wurde schon 1953 vollzogen, als die Landtagskanzlei nicht mehr als Teil des Amtes der Landesregierung aufschien. Auf eine weitere Regelung verzichtete man jedoch bis zum Jahre 1974. Die neue Landtagsgeschäftsordnung traf in § 14 folgende Festlegung: „Die administrativen Belange der Aufgaben des Präsidenten, des Vorstandes des Landtages und der Präsidialkonferenz einschließlich der Vorsorge für den Stenographendienst werden durch die Landtagskanzlei besorgt … Die Bediensteten der Landtagskanzlei sind vom Amt der Landesregierung beizustellen. Die mit der Bestellung dieser Bediensteten verbundenen personellen Maßnahmen bedürfen der Zustimmung des Präsidenten." Damit wurde nicht nur eine eigenständige Dienststelle geschaffen, sondern auch die Personalhoheit des Landtagspräsidenten statuiert. 1975 wurde nach dem Vorbild anderer Bundesländer für den Leiter der Landtagskanzlei der Amtstitel „Landtagsdirektor" geschaffen und somit die bestehenden Fakten in eine legistische Form gegossen. (LGBl. Nr. 82/1975) Hofrat Dr. Hans Rosi leitete die Landtagskanzlei bis März 1988. Ihm ist der Aufbau einer effizienten und kompetenten Landtagsverwaltung zu verdanken, die bis heute die Brücke zwischen Politik und Verwaltung darstellt.

Landtagsdirektor Dr. Karl W. Edtstadler, von 1988 bis 2012 Chef der Landtagsverwaltung (Foto: Franz Neumayr)

Die Nachfolge trat der bisherige Referatsleiter in der Präsidialabteilung des Landes, Dr. Karl Edtstadler (*1948) an, der 1988 zum Landtagsdirektor und Hofrat ernannt wurde. Mit seiner großen Erfahrung in der Landesverwaltung und dem ihm eigenen unverwechselbaren Charme war er nicht nur ein kompetenter Impulsgeber für den Landtag, sondern auch die administrative Säule in einer immer intensiver und anspruchsvoller werdenden Landtagsverwaltung. In die Amtszeit von Landtagsdirektor Hofrat Dr. Edtstadler fällt die Umbenennung der Dienststelle in Landtagsdirektion im Jahre 2008, weil den Abgeordneten die Bezeichnung als Landtagskanzlei nicht mehr zeitgemäß erschien.

Nach seiner Pensionierung Ende 2012 übernahm Dr. Wolfgang Kirchtag (*1962) die interimistische Leitung der Landtagsdirektion, der er seit dem Jahr 2000 als Leiter des Referates „Dokumentation und EDV" angehörte. Wieder setzte der Landtag einen mutigen Schritt der Emanzipation und brachte sich aktiv in das Bestellungsverfahren des neuen Landtagsdirektors ein. Nach Schaffung der gesetzlichen Voraussetzungen wurde das Auswahlverfahren ausschließlich vom Landtag wahrgenommen. Der Landesregierung wurde lediglich das Ernennungsrecht auf Grund eines Vorschlages des Landtages eingeräumt.

Nach Durchführung einer öffentlichen Ausschreibung und eines Hearings vor dem Landtag wurde am 1. März 2014 Dr. Wolfgang Kirchtag zum Landtagsdirektor ernannt. Mit Dr. Kirchtag steht eine neue Generation an der Spitze der Landtagsverwaltung. Schon in seiner vorherigen Tätigkeit hat er die Digitalisierung der Landtagsmaterialien und der Kommunikation begonnen und auf dieser Basis eine leistungsfähige, zeitgemäße und moderne Verwaltungsstruktur geschaffen. Heute ist die Landtagsdirektion eine verlässliche Stütze der 36 Landtagsabgeordneten, die den verfassungskonformen parlamentarischen Betrieb auf administrativer Ebene sicherstellt.

Landtagsdirektor Dr. Wolfgang Kirchtag steht seit 2014 an der Spitze der Landtagsdirektion (Foto: Franz Neumayr)

Franz Fallend

Funktionen und Arbeitsweise des Salzburger Landtages im Wandel der Zeit

Im Lauf seiner 150-jährigen Geschichte erlebte der Salzburger Landtag unterschiedlichste politische Regime: die österreichisch-ungarische Monarchie, die Erste Republik, den austrofaschistischen Ständestaat und schließlich die Zweite Republik (während der Zeit des Nationalsozialismus 1938–1945 gab es keinen Landtag). Jedes neue Regime hatte Auswirkungen nicht nur auf die Stellung der Bundesländer im Gesamtstaat, sondern auch auf die Stellung des Landtages innerhalb des landespolitischen Systems, seine Funktionen und seine Arbeitsweise.

Der Landtag bildet auf der regionalen Ebene in Österreich das Parlament, die „Volksvertretung". Er übt daher – ähnlich wie ein nationales Parlament auf der gesamtstaatlichen Ebene – folgende zentrale Funktionen aus:

- Repräsentation: Im Parlament sollen, gewählt über KandidatInnenlisten miteinander konkurrierender politischer Parteien in allgemeinen und freien Wahlen, die verschiedenen sozialen Schichten und politischen Gruppierungen einer Gesellschaft abgebildet werden.
- Gesetzgebung: Die gewählten VolksvertreterInnen beraten und beschließen die Gesetze, die das Zusammenleben der BürgerInnen regeln. In den parlamentarischen Systemen Europas, so auch in Österreich, gehen diese Gesetze aufgrund der Überlegenheit der Regierung (einschließlich der ihr nachgeordneten Verwaltung) an personellen Ressourcen zu einem erheblichen Teil auf Regierungsvorlagen zurück.
- Kontrolle von Regierung und Verwaltung: Das Parlament kann zu diesem Zweck u. a. Anfragen an Regierungsmitglieder richten (Interpellationen), Handlungsaufträge an die Regierung formulieren (Resolutionen), Untersuchungsausschüsse einsetzen oder einzelne Regierungsmitglieder, gegebenenfalls auch die ganze Regierung, mittels Misstrauensvotum stürzen. Aufgrund der Tatsache, dass die Regierung in parlamentarischen Systemen in der Regel von den Regierungsparteien, die die Mehrheit des Parlaments stellen, gestützt wird, sind es in erster Linie die Oppositionsparteien, die Kontrolle als ihre zentrale Aufgabe sehen.
- Information: Indem die ParteienvertreterInnen im Forum des Parlaments ihre unterschiedlichen Interessen und Positionen zu beschlossenen Gesetzen verkünden, wird Öffentlichkeit hergestellt.

In den einzelnen Perioden der österreichischen Geschichte hat der Salzburger Landtag diese Funktionen in unterschiedlicher Weise wahrgenommen.

Der Landtag in der Monarchie

Das maßgebliche Dokument, das Stellung und Aufgaben des Landtages in der Monarchie regelte, war das Februarpatent vom 26. Februar 1861 (RGBl. Nr. 20), das einen Einheitsstaat begründete. Das Patent enthielt als Beilagen „Landes-Ordnungen und Landtags-Wahlordnungen", die alle nach einer Schablone verfasst und ängstlich bemüht waren, den Ländern ja nicht zu viel effektive Gewalt zuzugestehen. Die Länder galten als Selbstverwaltungskörper, Landesfürst war der Kaiser. Die Salzburg gewährte Landes-Ordnung blieb bis 1918 nahezu unverändert. Dem Landtag gehörten der Erzbischof (als Virilist) sowie 25 weitere Mitglieder an, die die Bevölkerung auf sehr ungleiche Weise repräsentierten. Gewählt wurde nach einem Zensus- und Kurienwahlrecht, das auf soziale Interessen und Privilegien abstellte. Wählen durften nur wohlhabende bzw. akademisch gebildete Bürger, und nicht alle Stimmen zählten gleich viel: Einer Wählerliste aus dem Jahr 1878 zufolge konnten 147 Großgrundbesitzer 5 Abgeordnete wählen, 16 Mitglieder der Handelskammer 2 Abgeordnete, 1.432 Angehörige der Kurie der Märkte und Städte 3 Abgeordnete und 10.087 Bewohner von Landgemeinden 8 Abgeordnete. Auch Frauen erhielten 1868 das Wahlrecht, allerdings nur, sofern sie genügend Steuern zahlten; zudem war es durch den Ehegatten auszuüben. Während für den Reichsrat auf gesamtstaatlicher Ebene bereits 1896 eine allgemeine Kurie (ohne Mindeststeuerleistung) eingeführt wurde, gelang dies für den Landtag erst 1909. Dazu stellte diese 4. Kurie nur 6 von insgesamt 39 Abgeordneten. Die 1907 für den Reichsrat erfolgte Abschaffung der Kurien wurde auf Landesebene bis zur Auflösung der Monarchie nicht nachvollzogen.

Salzburg zählte nie zu jenen Kronländern, die einen ausgeprägt föderalistischen Staatsaufbau wünschten. Zu den Landesangelegenheiten, in denen der Landtag Gesetze vorschlagen konnte, zählten u. a. die Landwirtschaft, öffentliche Bauten und Wohltätigkeitsanstalten. Landesgesetze erforderten jedoch die Sanktion des Kaisers. Darüber hinaus bildete der Landtag das leitende Organ der autonomen Selbstverwaltung, hatte als solches das Landesvermögen, Fonds und Anstalten zu verwalten und konnte Zuschläge zu landesfürstlichen Steuern beschließen. Als ausführendes Organ für die Selbstverwaltung bestellte der Landtag den Landesausschuss, an dessen Spitze der vom Kaiser aus den Landtagsmitgliedern ernannte Landeshauptmann stand. Die Landesverwaltung war damit doppelgleisig organisiert: Neben dem Landesausschuss bestand noch die Landesregierung, die in Unterordnung unter die gesamtstaatlichen Ministerien die staatliche Landesverwaltung leitete. An der Spitze der Landesregierung stand der Landespräsident (Landesstatthalter), der zugleich Leiter des Amtes der Landesregierung war. Obwohl den Ländern jegliche Staatlichkeit vorenthalten wurde und die Landeszuständigkeiten eher bescheiden waren, richtete der neugewählte Landtag am 8. April 1861 als „Akt der ehrerbietigsten Huldigung" eine einstimmig verabschiedete Loyalitätsadresse an seinen Landesherrn, den Kaiser.

Der Landtag in der Ersten Republik

Nach dem Zusammenbruch der Monarchie und dem Ende des Ersten Weltkrieges 1918 war der verfassungsrechtliche Status der Länder und damit der Landtage umstritten, und die rechtliche wie politische Diskussion darüber hält bis heute an. Die Vertreter der Wiener rechtstheoretischen Schule, Hans Kelsen, Georg Fröhlich und Adolf Merkl, die später maßgeblich die Inhalte des Bundes-Verfassungsgesetzes 1920 prägen sollten, waren der Auffassung, dass der am

30. Oktober 1918 gefasste „Beschluß über die grundlegenden Einrichtungen der Staatsgewalt" (StGBl. Nr. 1/1918) die oberste Gewalt der Provisorischen Nationalversammlung zugeteilt hatte, was eine gleichrangige Landesgewalt logisch ausschließen würde. Freilich mussten sie selbst einräumen, dass die Realität eine andere war, da die Zentralregierung es zugelassen hatte, dass sich die ehemaligen Kronländer – wenngleich vielfach in enger Abstimmung mit der Wiener Zentrale – als selbständige politische Einheiten verfassungsrechtlich konstituierten. In Salzburg trat am 3. November 1918 die Provisorische Landesversammlung zusammen, deren parteipolitische Zusammensetzung – da der Landtag ja bis dahin nach einem Kurienwahlrecht gebildet worden war – sich an den Ergebnissen der Reichsratswahlen von 1911 orientierte. Von den 38 Mitgliedern der Landesversammlung hatten 12 dem vorigen Landtag angehört, darunter befanden sich alle 7 Mitglieder des letzten Landesausschusses. Die Landesversammlung wählte aus ihrer Mitte einen 14-köpfigen Landesrat, der sich ebenfalls analog den Reichsratswahlergebnissen aus sieben Christlichsozialen, vier Deutschnationalen und drei Sozialdemokraten zusammensetzte. Am nächsten Tag richtete das paritätisch von den drei Parteien besetzte Präsidium folgenden Appell an die „Bauern, Bürger, Arbeiter von Stadt und Land Salzburg, Männer und Frauen", aus dem klar die Bedeutung hervorgeht, die in diesen Jahren der Zusammenarbeit zwischen allen sozialen Schichten und politischen Parteien beigemessen wurde: „Sollen aber die durch das Vertrauen der Bauern, Bürger und Arbeiter eingesetzten Männer ihre schier übermenschliche Aufgabe erfüllen können, muss die gesamte Bevölkerung ... uns mit allen Kräften unterstützen. Der Bauernstand soll ohne Zwang und als freier Bürger an seine von ihm selbst erwählte Regierung alle verfügbaren Lebensmittel im Interesse des Volkes und seiner eigenen Sicherheit abliefern, der Handelsstand soll wucherische Elemente selbst ausschließen und das Volk vor Verteuerung beschützen, der Arbeiterstand, der nicht mehr rechtlos, sondern gleichberechtigt ist, soll dem Lande wie bisher mit freudiger Schaffenskraft zur Seite stehen. Es lebe das freie Deutsch-Österreich. Heil dem Salzburger Volk in Not und Gefahr."

Die am 7. November 1918 von der Provisorischen Landesversammlung beschlossene Provisorische Landesverfassung (LGBl. Nr. 59/1918) bekräftigte die Stellung Salzburgs als „gesonderte eigenberechtigte Provinz" unter Anerkennung der Nationalversammlung als „oberste Gewalt". Die Präsidenten der Provisorischen Landesversammlung standen zugleich auch dem Landesrat als der neuen Landesregierung vor. Im Landesrat waren die politischen Parteien proporzmäßig vertreten, also entsprechend ihren Stimmenanteilen bei den Landtagswahlen. Für die Wahl des Landtages sah die am 22. Februar 1919 verabschiedete Landtagswahlordnung (LGBl. Nr. 49/1919) das Verhältniswahlsystem vor. Auch hier folgte man zentralstaatlichen Vorgaben, war doch im Gesetz vom 12. November 1918 über die Staats- und Regierungsform von Deutschösterreich (StGBl. Nr. 5/1918) festgelegt worden, dass das Wahlsystem auf allen territorialen Ebenen auf denselben Prinzipien zu beruhen hatte. Das Verhältniswahlsystem bildete das Hauptanliegen der Sozialdemokratischen Partei, es stand jedoch auch für die übrigen Parteien außer Streit. Mit der Forderung, dass in jedem der sieben Wahlkreise mindestens einem Bürger, einem Arbeiter und einem Bauern ein Mandat im Landtag garantiert werden solle, konnten sich die Sozialdemokraten jedoch nicht durchsetzen.

Obwohl die Republik Österreich schließlich am 1. Oktober 1920 mit Beschluss der Konstituierenden Nationalversammlung über das Bundes-Verfassungsgesetz (B-VG) formal als Bundesstaat eingerichtet wurde (BGBl. Nr. 1/1920), wies die neue Staatsform stark zentralistische Züge auf. Die wichtigsten Gesetzgebungskompetenzen und die Kompetenz, die Besteuerungsrechte auf Bund und Länder aufzuteilen, wurden dem Bund zugewiesen. Für einen Bundesstaat ungewöhnlich war weiters die Tatsache, dass das B-VG sehr detailliert auch die Grundzüge der Landesverfassungen regelte. Für die Landtage war ein Verhältniswahlsystem vorgeschrieben; in den Landtagswahlordnungen konnten die Länder jedoch frei die Größe des Landtages, eine Sperrklausel und Möglichkeiten des Reihens oder Streichens von KandidatInnen festlegen. Das B-VG bestimmte darüber hinaus, dass der Landtag das exekutive Organ, die Landesregierung, zu wählen hatte – ob nach dem Mehrheits- oder dem Verhältnisprinzip („Proporz"), war den Ländern zur Entscheidung überlassen. Das auf dieser Grundlage am 16. Februar 1921 beschlossene Landes-Verfassungsgesetz (L-VG; LGBl. Nr. 44/1921) enthielt für den Landtag folgende Regelungen:

- Der Landtag sollte aus 28 nach dem Verhältniswahlsystem gewählten Mitgliedern bestehen (in der Landtags-Wahlordnung 1922, LGBl. Nr. 30/1922, wurden dafür vier Wahlbezirke eingerichtet, die in der Landtags-Wahlordnung 1926, LGBl. Nr. 28/1926, auf sechs erweitert wurden).
- Die Gesetzgebungskompetenz des Landtages war dadurch beschränkt, dass 20.000 BürgerInnen verlangen konnten, ein Landesgesetz einer Volksabstimmung zu unterziehen.
- An Kontrollrechten wurde dem Landtag ein Interpellations- und Resolutionsrecht sowie die Möglichkeit eines Misstrauensvotums eingeräumt.
- Der Landeshauptmann sollte vom Landtag nach dem Mehrheitsprinzip, die übrigen Mitglieder der sechsköpfigen Landesregierung nach dem Verhältnisprinzip gewählt werden.

Das bereits bei der Beratung des L-VG zum Ausdruck gekommene, konsensorientierte „Salzburger Klima" zwischen den Parteien setzte sich im weiteren Verlauf der Ersten Republik fort. Zwar beklagte sich die Großdeutsche Partei als Repräsentantin des zersplitterten „Dritten Lagers" wiederholt darüber, dass einzelne Regelungen der Landtags-Wahlordnung (wie insbesondere das Verbot der Listenkoppelung und das Erfordernis der Erzielung eines Grundmandats in einem der Wahlbezirke) ihr zum Nachteil gereichten. Die Sozialdemokratische Partei, die großen Wert auf die Fraktionsdisziplin legte, konnte sich wiederum nicht mit ihrem Vorschlag durchsetzen, dass ein Abgeordneter, der aus seiner Partei austritt oder von ihr ausgeschlossen wird, auch sein Mandat verlieren soll. Insgesamt herrschte aber unter den Parteieliten ein hohes Maß an Konsens vor, gestützt auf ein klares Bekenntnis zur Demokratie, die Überzeugung von der Notwendigkeit praktizierter Klassenharmonie, eine bei allen Parteien vorhandene deutschnationale Grundstimmung sowie eine parteienmäßig nuancierte Anti-Wien-Haltung. Die Wahl der Landesregierung und die Verabschiedung des Landeshaushalts durch den Landtag gingen infolgedessen meist einstimmig über die Bühne.

Die Salzburger Konsenstradition hielt dem Ansturm der antidemokratischen Kräfte lange Stand. Das änderte sich mit der Weltwirtschaftskrise und dem Aufkommen der Nationalsozialisten, die sich als „Todfeinde der Demokratie" bezeichneten und das „System" des Regierungsproporzes und der „Packelei" aufs Korn nahmen. Nachdem im Juni 1933 die NSDAP und nach dem Bürgerkrieg im Februar 1934 auch die Sozialdemokratische Partei in ganz Österreich verboten worden waren, beschloss der nur mehr aus 12 Abgeordneten der Christlichsozialen Partei bestehende Landtag ein Ermächtigungsgesetz, in dem er alle seine Gesetzgebungsbefugnisse auf die Landesregierung übertrug. Damit wurde die Demokratie endgültig zu Grabe getragen.

Der Landtag im austrofaschistischen Ständestaat und im Nationalsozialismus

Mit dem 1. Mai 1934 trat die von der Bundesregierung unter dem christlichsozialen Bundeskanzler Engelbert Dollfuß aufgrund des Kriegswirtschaftlichen Ermächtigungsgesetzes von 1917 erlassene „Verfassung 1934" in Kraft, die ein autoritäres, ständestaatliches System begründete. Die Länder sollten an der Bundesgesetzgebung über einen aus den Landeshauptleuten und den Landesfinanzreferenten bestehenden Länderrat beteiligt werden, der als eines von vier ständisch besetzten Organen allerdings nur „vorberatende" Funktion hatte. Die Bundesregierung konnte als einziges Organ Gesetze initiieren; der Bundestag, neben dem Länderrat noch von drei weiteren, ständisch geformten Organen beschickt, konnte diese nur ohne Diskussion bestätigen oder ablehnen. Auch die Landtage waren ständisch zu organisieren. Ähnlich wie auf Bundesebene waren Gesetzesinitiativen für die Landesregierung reserviert und eine politische Diskussion darüber unerwünscht. Landeshauptmann und Landesregierung wurden nicht mehr vom Landtag gewählt, sondern der vom Bundespräsidenten ernannte Landeshauptmann bestimmte nach freiem Ermessen die übrigen Mitglieder der Landesregierung. Die autoritäre, parteiunabhängige Stellung des Landeshauptmannes, der nach wie vor Dr. Franz Rehrl hieß, wurde um den Preis einer radikalen Beschneidung des Föderalismus und der Demokratie erkauft.

Am 14. September 1934 erließ die Salzburger Landesregierung die „Landesverfassung 1934" (LGBl. Nr. 116/1934), die dem Muster der „Verfassung 1934" folgte. Die 26 Mitglieder des Landtages wurden vom Landeshauptmann aufgrund von Vorschlägen der Vaterländischen Front ernannt, der Einheitsorganisation des autoritären Regimes. Der Landtag setzte sich dementsprechend aus folgenden „Ständen" zusammen: Kirchen und Religionsgemeinschaften; Schule, Erziehung und Bildungswesen; Wissenschaft und Kunst; Land- und Forstwirtschaft; Industrie, Bergbau und Gewerbe; Handel und Verkehr; Geld- und Versicherungswesen; freie Berufe sowie öffentlicher Dienst. In den folgenden Jahren bildete der Landtag nur mehr ein Dekor: Die Sitzungen dauerten wenige Minuten, es gab kaum Debatten, und die Abstimmungen erfolgten immer einstimmig.

Nach dem Anschluss Österreichs an Adolf Hitlers Drittes Reich am 12. März 1938 war mit der Eigenständigkeit Österreichs und seiner Bundesländer ganz Schluss. Österreich wurde als „Land" einem Reichsstatthalter unterstellt. Die Länder wurden als „Reichsgaue" mit dem Doppelcharakter eines Verwaltungsbezirks und eines Selbstverwaltungskörpers eingerichtet, die zunächst noch dem Land, ab 1940 nur mehr dem Reich unterstanden. Die oberste Vollzugsgewalt übten – in Unterordnung unter den Reichsstatthalter – der Regierungspräsident (in Angelegenheiten der Reichsverwaltung) bzw. der Gauhauptmann (in Angelegenheiten der Selbstverwaltung) aus. Die Landtage – und somit auch der Salzburger Landtag – wurden aufgelöst.

Der Landtag in der Zweiten Republik

Die militärische Niederlage und der Untergang des NS-Regimes sorgten 1945 für eine „Stunde Null" in Österreich, ähnlich wie 1918. Die politischen Eliten richteten ihr Augenmerk auf die als vorrangig betrachteten Probleme des Wiederaufbaus, der Bekämpfung der wirtschaftlichen und sozialen Not und die prekäre Sicherheitslage und befassten sich nicht lange mit Verfassungsfragen. So kam es, dass auf der Bundes- wie auf der Länderebene im Grunde das politische System der Ersten Republik wiedererrichtet wurde – mit Stand vor dem Abrutschen ins autoritäre System des Ständestaates. Besonders zwischen ÖVP und SPÖ als den Nachfolgeparteien der Christlichsozialen bzw. der Sozialdemokratischen Partei herrschte ein starker Wille zur Zusammenarbeit, in Wien wie auch in Salzburg. Seit 1949 stellte auch der Verband der Unabhängigen (VdU), aus dem später die FPÖ entstand, einen Landesrat, und der sich darin ausdrückende „Proporz" wurde im Lauf der Jahre auf weite Bereiche des politisch-administrativen Systems ausgedehnt. Für die Wahlen zum Landtag blieb auch in der Zweiten Republik das Verhältniswahlsystem maßgebend. Das bedeutet, dass die kandidierenden Parteien so viele Sitze im (seit 1974) 36 Mitglieder umfassenden Landtag erhalten, wie es ihrem Anteil an den abgegebenen WählerInnenstimmen entspricht. Grundsätzlich ist damit die Repräsentation verschiedener gesellschaftlicher und politischer Gruppierungen im Landtag gesichert. Um eine Parteienzersplitterung zu verhindern, muss eine Partei jedoch ein Grundmandat in einem der sechs Wahlkreise erreichen. Tatsächlich sind im Landtag nach 1945 (bis 2013) nie mehr als vier Parteien vertreten gewesen. Bis 1969 konnten die WählerInnen die auf den Parteilisten angeführten KandidatInnen umreihen, seit 1974 können sie Vorzugsstimmen vergeben, allerdings nur für KandidatInnen der zugleich gewählten Partei. Zudem müssen KandidatInnen dafür mindestens so viele Stimmen erzielen, wie in einem Wahlkreis für die Zuteilung eines Mandats notwendig sind – und das ist bislang noch niemandem gelungen.

Die Gesetzgebung der Landtage ist aufgrund der sich nach 1945 sogar noch verstärkenden zentralistischen Ausrichtung der Kompetenzverteilung im österreichischen Bundesstaat auf relativ wenige, eher sekundäre Angelegenheiten beschränkt (Baurecht, Raumordnung, Naturschutz, Jagd und Fischerei, Jugendschutz etc.). Obwohl der Landtag formal das übergeordnete Organ ist, steuert in der Praxis die Landesregierung den Gesetzgebungsprozess. Sie kann sich auf das Amt der Landesregierung stützen und ist dem Landtag an fachlicher Expertise und juristischen Kenntnissen weit überlegen. Zwischen 1999 und 2004 gingen z. B. nicht weniger als 232 von 240 (das sind 96,6 Prozent!) der vom Salzburger Landtag beschlossenen Gesetze auf Regierungsvorlagen zurück. Diese werden von den Abgeordneten der Regierungsparteien oft nur „durchgewunken", während die Abänderungsanträge der Oppositionsparteien in der Regel abgelehnt werden. Hauptproblem aus Sicht des Landtages ist der fehlende legistische Dienst, ohne den die Abgeordneten außerstande sind, den Regierungsvorlagen alternative Entwürfe gegenüberzustellen.

Das Abstimmungsverhalten der Abgeordneten ist trotz des in Art. 30 L-VG 1999 festgelegten Prinzips des freien Mandats generell durch hohe Partei- bzw. Regierungsdisziplin gekennzeichnet. In den Parteienvereinbarungen nach den Landtagswahlen verpflichten sich die Regierungsparteien regelmäßig dazu, im Landtag keine Alleininitiativen zu setzen, die in die Ressortpolitik eines Mitglieds der Landesregierung eingreifen würden. Diese gegenseitige Bindung wurde auch nach der Abschaffung der Proporzregierung 1998 von den Parteien beibehalten, die den nachfolgenden, frei gebildeten Koalitionsregierungen angehörten. In der Periode 1999–2004 lehnte z. B. die ÖVP im Arbeitsausschuss des Landtages, dem die Klubvorsitzenden und Klubgeschäftsführer der beiden damaligen Koalitionsparteien angehörten, 80 Anträge der SPÖ ab – was bei den SPÖ-Abgeordneten natürlich Frust erzeugte. Zu den Hauptaufgaben der beiden Klubvorsitzenden gehörte jetzt, die Einstellung des Koalitionspartners der eigenen Fraktion gegenüber einsichtig zu machen. Zu diesem Zweck musste die Fraktionsdisziplin gelegentlich ins Unerträgliche gesteigert werden.

Das Konsensniveau im Landtag ist grundsätzlich sehr hoch: z. B. kamen von 1999 bis 2004 von den 1.064 gefassten Beschlüssen 774 (72,24 Prozent) einstimmig zustande. Um die Landtagsarbeit transparenter zu gestalten, wurden die Ausschusssitzungen 1999 öffentlich zugänglich gemacht. Aus Platzgründen und zur Vermeidung von Lärm werden die Sitzungen aus dem Ausschusszimmer in Bild und Ton in den Sitzungssaal übertragen – außer ein paar JournalistInnen nutzt die Öffentlichkeit diese Informationsmöglichkeit jedoch kaum.

Aufgrund ihres Charakters als parlamentarische Systeme wird in den Ländern die Kontrolle der Landesregierungen weniger durch die Landtage als Ganzes als vielmehr durch die Oppositionsparteien wahrgenommen. Die Abgeordneten der Oppositionsparteien stellen z. B. in der Regel deutlich öfter Anfragen an Regierungsmitglieder als Abgeordnete der Regierungsparteien. Die Kontrollmöglichkeiten des Landtages, d. h. der Opposition, wurden aber nur langsam ausgebaut: 1962 wurde die Fragestunde eingeführt, was aber nur wenig daran änderte, dass die Medien über die Fadesse der Landtagssitzungen klagten. In den 1970er-Jahren verstärkten sich die Bemühungen, den Landtag aufzuwerten: 1974 erhielt er z. B. das Recht, Untersuchungsausschüsse einzusetzen; seit 1988 kann er zu kontroversen Themen Enquete-Kommissionen mit ExpertInnen-Hearings veranstalten.

Wenngleich SPÖ und FPÖ den Landtag gelegentlich als Bühne benutzten, um ihre Opposition gegenüber der landespolitisch dominierenden ÖVP auszudrücken, wurde ihr Kontrolleifer doch von der Proporzregierung gebremst, in die sie bis zu deren Abschaffung 1998 eingebunden waren. Man stelle sich vor: Zwischen 1949 und 1984 waren alle (!) Landtagsparteien zugleich in der Landesregierung vertreten, sodass es keine „reinen" Oppositionsparteien gab. Mit dem Einzug der Bürgerliste in den Landtag 1989 änderte sich das, allerdings war sie zahlenmäßig zu schwach, um eine wirklich effektive Kontrolle ausführen zu können. Quasi als Ausgleich für das Ende der Proporzregierung wurden im Zuge der Landesverfassungsreform 1998 (LGBl. Nr. 72/1998) die Kontrollrechte des Landtages ausgebaut; alle Landtagsparteien erhielten ein Recht auf Akteneinsicht, zudem kann seither ein Viertel der Mitglieder des Landtages die Einsetzung eines Untersuchungsausschusses begehren.

Untersuchungsausschüsse stellen eines der schärfsten Kontrollinstrumente dar, die dem Landtag zur Verfügung stehen. Sie gelangen allerdings nur selten zum Einsatz. Ein solcher Untersuchungsausschuss befasste sich z. B. ab dem Juli 1989 mit dem sogenannten WEB-Skandal. Die Arbeiterkammer hatte aufgedeckt, dass ein Bauimperium, bestehend aus den Firmen Wohnungseigentumsbau (WEB), Bautreuhand und IMMAG mit Hilfe von komplizierten Unternehmensverschachtelungen und MitarbeiterInnen der Salzburger Sparkasse ca. 150 Mio. S zum Nachteil von über 25.000 EignerInnen von Hausanteilsscheinen veruntreut hatte. Die Untersuchungsergebnisse führten zum Rücktritt des politisch verantwortlichen Landeshauptmann-Stellvertreters Wolfgang Radlegger (SPÖ); mehrere Firmenmanager wurden zu mehrjährigen Freiheitsstrafen verurteilt. Weitere Untersuchungsausschüsse wurden u. a. zur missbräuchlichen Verwendung von Fördergeldern durch den Landesschwimmverband (2001) und zum Finanzskandal (2013) durchgeführt.

Als die Bürgerliste 1989 in den Landtag einzog, hegte sie große Hoffnungen, die aus ihrer Sicht erstarrten politischen Strukturen aufbrechen und die Demokratiequalität steigern zu können. Bald kehrte jedoch herbe Enttäuschung ein, da die anderen Parteien den Weck- und Veränderungsruf, den schon die Wahl der Bürgerliste bedeutet habe, nicht verstanden hätten. Ihre Forderungen nach einer verbesserten Infrastruktur (Personal, Räumlichkeiten, technische Ausstattung) insbesondere für die Kleinparteien verhallten weitgehend ungehört. Immerhin trat die ÖVP der Bürgerliste, die bei den Landtagswahlen nur zwei Mandate erzielt hatte und damit in den Ausschüssen nicht vertreten gewesen wäre, einen ihrer Ausschusssitze ab.

Mit dem Einzug der Bürgerliste nahmen die verbalen Auseinandersetzungen zwischen den Landtagsparteien deutlich an Schärfe zu. Als die Bürgerliste z. B. im Jänner 1992 einen Misstrauensantrag gegen die gesamte Landesregierung einbrachte, weil diese einen positiven Baubescheid für das Airportcenter in Wals-Siezenheim erlassen hatte, und der Antrag von den übrigen Fraktionen ohne Diskussion abgelehnt wurde, protestierten die anwesenden Mitglieder einer Bürgerinitiative und die Abgeordneten der Bürgerliste derart lautstark, dass Landtagspräsident Dr. Helmut Schreiner die Sitzung unterbrechen musste. Er und Landeshauptmann Dr. Hans Katschthaler rügten das „faschistische" bzw. „totalitäre" Verhalten der Bürgerliste, was deren Obmann Dr. Christian Burtscher seinerseits dazu bewog, die „Diktatur einer nur noch zufälligen Mehrheit" zu brandmarken.

Zusätzlich konfliktverschärfend wirkte, dass sich die FPÖ zur gleichen Zeit in eine rechtspopulistische Partei verwandelte. Im Februar 1994 ließ Landtagspräsident Schreiner sogar die Polizei rufen, nachdem eine Gruppe von DemonstrantInnen, angeführt von FPÖ-Stadtrat Mag. Siegfried Mitterdorfer und dem FPÖ-Klubobmann im Salzburger Gemeinderat, Mag. Eduard Mainoni, und unter Teilnahme des Bürgerliste-Gemeinderats Herbert Fux aus Protest gegen den Abriss einer SAFE-Villa mit Transparenten in den Sitzungssaal eingedrungen war und die Absperrung überschritten hatte.

Seit den 1990er-Jahren hat sich das politische Klima in Salzburg – wie auch in ganz Österreich – nachhaltig verändert. Die wachsende Unzufriedenheit mit der von ÖVP und SPÖ dominierten Politik hat die Opposition gestärkt. Konsens als dominantes Muster der Politik ist zunehmend Konkurrenz und Protest gewichen. Der bisweilen harte Konfrontationskurs der Bürgerliste und der FPÖ hat das viel zitierte „Salzburger Klima" stark in Mitleidenschaft gezogen. Die großen Hoffnungen auf eine deutliche Aufwertung des Landtages und eine Verlebendigung der Demokratie, die mit dem 1998 vollzogenen Systemwechsel von der Proporzregierung zu einer frei gebildeten Mehrheits- bzw. Koalitionsregierung verknüpft wurden, haben sich jedoch nicht ganz erfüllt.

Auswahlbibliographie

Fallend, Franz: 70 Jahre Salzburger Landesverfassung. Genese – Reformen – Analyse, Salzburg 1991 (Schriftenreihe des Landespressebüros, Salzburg Dokumentationen Nr. 102)

Fallend, Franz. Vom „Zwangsproporz" zum „freien Spiel der Kräfte"? Landesregierung, Landesverwaltung und Landtag in Salzburg 1989–2004. In: Dachs, Herbert/Dirninger, Christian/Floimair, Roland (Hg.): Übergänge und Veränderungen. Salzburg vom Ende der 1980er-Jahre bis ins neue Jahrtausend, Wien – Köln – Weimar 2013, S. 57–104

Haas, Hanns: Das liberale Zeitalter. In: Dopsch, Heinz/Spatzenegger, Hans (Hg.): Geschichte Salzburgs. Stadt und Land, Bd. II: Neuzeit und Zeitgeschichte, 2. Teil, Salzburg 1988, S. 718–832

Hanisch, Ernst: Die Erste Republik. In: Dopsch, Heinz/Spatzenegger, Hans (Hg.): Geschichte Salzburgs. Stadt und Land, Bd. II: Neuzeit und Zeitgeschichte, 2. Teil, Salzburg 1988, S. 1057–1120

Schausberger, Franz: Der Salzburger Landtag. In: Hanisch, Ernst/Kriechbaumer, Robert (Hg.): Salzburg. Zwischen Globalisierung und Goldhaube, Wien – Köln – Weimar 1997 (Schriftenreihe des Forschungsinstitutes für politisch-historische Studien der Dr.-Wilfried-Haslauer-Bibliothek, Band 6), S. 362–378

Aus den Debatten des Salzburger Landtages

Die folgenden Auszüge aus zwei Landtagsdebatten sollen veranschaulichen, in welchem Spannungsverhältnis das allen gewählten Abgeordneten verfassungsrechtlich garantierte freie Mandat zu ihrer Parteizugehörigkeit steht. Bei den Landtagswahlen wählen die WählerInnen weniger die individuellen KandidatInnen als die hinter diesen stehenden politischen Parteien, die die KandidatInnenlisten erstellt haben. Die Parteien haben zudem die wichtige Aufgabe, den Entscheidungsprozess im Landtag zu steuern und die Politik damit planbar und berechenbar zu machen. Wenn die Partei- bzw. Klubführungen jedoch – wie in den beiden Debattenauszügen sichtbar wird – die Abgeordneten unter Berufung auf das Parteiprogramm oder eine Parteienvereinbarung zu einem bestimmten Abstimmungsverhalten verpflichten wollen, stellt sich die Frage, ob damit nicht das freie Mandat in unzulässiger Weise beschränkt wird.

Auszug aus dem Protokoll der Landtagssitzung am 22. April 1921

Abg. Josef Witternigg (SDAP): Es kann vorkommen, aber es soll hier gesetzlich festgelegt werden: wenn einer aus seiner Partei austritt oder ausgeschlossen wird, erlischt sein Mandat im Landtage; das gilt für alle Parteien im Landtage gleich, und niemand hat ein persönliches Interesse daran; es trifft auch zu in den Gemeinden, die Leute fallen um. (Heiterkeit) Es gibt solche dort und da und müssen wir uns doch als Partei unsere Reinheit bewahren und festlegen, daß es für solche Kalfakter keinen Platz mehr gibt.

Landeshauptmann Dr. Franz Rehrl (CSP): Diese Frage hat uns im Ausschuß lange beschäftigt ...; wir haben aber nach eingehendem Studium folgendes gefunden, daß die Frage für die Gemeinden und für den Landtag verschieden zu behandeln ist; in der Gemeinde besteht keine verfassungsrechtliche Bestimmung, daß der Mandatar nicht an einen Auftrag der Wähler gebunden ist, aber für den Nationalrat und für den Landtag besteht die Bestimmung, daß der Abgeordnete, sobald er gewählt ist, an keinen Auftrag gebunden ist, das steht in der Bundesverfassung und in der Landesverfassung und daher kann man einem Abgeordneten, der es mit seinem Ehrgefühl vereinbar findet, obwohl er auf die Liste einer anderen Partei gewählt ist, sein Mandat auszuüben und eventuell im Landtage aufzutreten, rechtlich nichts anhaben. ... Es ist selbstverständlich, daß man den Uebergang eines Abgeordneten zum Beispiel der sozialdemokratischen Partei oder auch unserer Partei zu einer anderen Partei nicht gut heißen würde; andererseits gibt es Parteien, zwischen denen ein so geringer programmatischer Unterschied ist, wie z. B. bei verschiedenen freiheitlichen Parteien, daß man deshalb einen Mann, weil er sich innerhalb dieser Parteien einer anderen Gruppe anschließt, deshalb nicht vorwerfen könnte, daß er eine ehrlose Handlung begangen, insbesondere bei einem Abgeordneten, der auf eine gekoppelte Liste gewählt worden ist ...

Landeshauptmann-Stellvertreter Robert Preußler (SDAP): Meines Ermessens nach hat die Frage, ob derjenige, der auf ein bestimmtes Programm gewählt ist und dieses Programm verläßt, an einen Auftrag gebunden werden darf, mit der rechtlichen Frage gar nichts zu tun; er darf nur bestimmte Aufträge nicht übernehmen und daß er als Parteimann erscheint, ist eigentlich kein Auftrag, sondern Sache seiner Ueberzeugung und muß jede Verfassung Raum dafür lassen, daß ein Mensch, der seine Ueberzeugung, die des Mannes Ehre ist, mit der er fällt und steht, aufgibt, mit der Annahme einer anderen Ueberzeugung nicht mehr Mandatar jener Partei sein kann, welche ihm in der Voraussetzung, daß er die Ueberzeugung dieser Partei dauernd vertritt, zum Mandate verholfen hat. Schließlich und endlich wäre kein Abgeordneter möglich, ohne daß ihm eine bestimmte Wählergruppe das Mandat gibt; ... sie hat ihm das Mandat gegeben, daß er nach ihrer Ueberzeugung handeln und ihre Interessen vertreten soll; wenn er erklärt, er kann das nicht mehr, darf er auch nicht mehr das Recht haben, irgendwie ein Mandat für diese Ueberzeugung auszuüben.

Auszug aus dem Protokoll der Landtagssitzung am 23. April 1986

Klubobmann Dr. Helmut Schreiner (ÖVP): Offenbar will der Klubobmann der FPÖ ... davon ablenken, daß eine von ihm selbst unterzeichnete Parteienvereinbarung von der FPÖ mindestens dem Geist nach gebrochen worden ist, obwohl diese Vereinbarung von der Landesverfassung und der Landtagsgeschäftsordnung als rechtsverbindlich erklärt ist. Man mag nun sagen, Herr Dr. Buchner, und ich akzeptiere dieses Argument, daß wenigstens der Buchstabe der Vereinbarung nicht gebrochen worden sei. Ganz sicher ist dann aber der Grundsatz von Treu und Glauben mißachtet worden, ein Grundsatz, von dem wir bis zur Stunde angenommen haben, daß die FPÖ ihn heilig hält.

Worum geht es nun, meine Damen und Herren? Aus Anlaß der Ergänzungswahlen in die Landesregierung am 8. Jänner dieses Jahres (bei denen Bertl Göttl zum Agrar-Landesrat gewählt wurde; Anm. d. Verf.) fanden vorher, so wie es die Landesverfassung vorsieht, Parteienverhandlungen statt, die unter anderem ergeben haben, ich zitiere wörtlich: „Die Wahl des neuen Landesrates wird durch die Abgeordneten aller Parteien einstimmig vorgenommen"... Für die Wahlen gilt kraft unserer Landesverfassung im Zusammenhang mit dem § 40 der Geschäftsordnung des Landtages, daß eine Parteienvereinbarung den Vorrang vor den Bestimmungen der Geschäftsordnung hat. Gelingt es, Parteienvereinbarungen über Wahlen zu erzielen, dann treten nicht die Bestimmungen der Geschäftsordnung für die Wahlen in Kraft, sondern die Vorschriften der Parteienvereinbarung. Sie bekommen also eine Rechtsverbindlichkeit. ... Herr Klubobmann Dr. Buchner hat nun für die Fraktion der FPÖ diese Vereinbarung unterschrieben und damit eine rechtliche erhebliche Verpflichtung begründet, wonach alle Abgeordneten der FPÖ den neuen Landesrat zu wählen haben. ... Umso erstaunter waren wir daher ..., als in der Präsidialkonferenz knapp vor der Sitzung am 8. Jänner Herr Dr. Buchner von sich aus mitgeteilt hat, daß sich der Abg. Eisl zu Wort melden wolle, um zu begründen, warum er den neuen Landesrat nicht mitwählen könne – und daß er dann den Saal verlassen werde. ...

Klubobmann Dr. Hans Buchner (FPÖ): Herr Kollege Dr. Schreiner, ich muß namens der freiheitlichen Fraktion entschiedenst den Vorwurf, die FPÖ hätte den Grundsatz von Treu und Glauben gebrochen, zurückweisen. ... Ich habe beim Unterzeichnen dieser Parteienvereinbarung auf die Bedenken des Abg. Eisl hingewiesen, die beiden Parteiobmänner von ÖVP und SPÖ haben für diese Haltung Verständnis aufgebracht und es wurde vom Herrn Landeshauptmann der Vorschlag für richtig empfunden, daß der Abg. Eisl bei der Wahl des Landesrates Göttl den Sitzungssaal verläßt. Daher hat die Freiheitliche Partei keine Parteienvereinbarung gebrochen ...

Brigitta Pallauf • Josef Hörmandinger

Neue Wege – Die Enquete-Kommission des Salzburger Landtags zur Demokratiereform

Caminante, no hay camino, se hace camino al andar.
(Wanderer, es gibt keinen Weg, der Weg entsteht beim Gehen)
(Antonio Machado y Ruiz)

Ein Ende und ein Anfang

Politische Krisen sind der Stoff, aus dem die Zukunft gemacht wird, sie bergen auch Chancen in sich, man muss sie nur ergreifen. Der Salzburger Finanzskandal des Herbstes 2012 war eine solche Krise. Das gesamte politische System war betroffen. Nicht Vorstellbares war geschehen – bestehende Kontrollmechanismen waren außer Kraft gesetzt, der Auftrag, öffentliches Geld sorgsam und transparent zu verwalten, wurde offenkundig missachtet. Dieses Versagen betraf das Amt der Landesregierung, den Landesrechnungshof, den Rechnungshof der Republik und es betraf auch den Salzburger Landtag. Großer politischer Schaden wurde angerichtet. Vor allem der Landtag hat die Aufgabe, die Interessen der gesamten Bevölkerung zu vertreten und seiner Kontrollfunktion gerecht zu werden. Er ist, wie Renate Mayntz das einmal formuliert hat, der „Spezialist für das Allgemeine" und hat damit für das Allgemeine, also für die Gesamtgesellschaft die politische Verantwortung. Verantwortung ist jedoch nichts anderes als die Wertsicherung der Hauptwährung menschlichen Zusammenlebens: Vertrauen. Das Vertrauen in unsere demokratische Verfasstheit schien auf dem Prüfstand zu stehen. Als die Intelligence Unit des U.S. Informationsdienstleisters Economist Group (EIU) in ihrem jährlich erscheinenden Demokratieindex die USA vom Status einer „Full Democracy" zu einer „Flawed Democracy", einer mangelhaften Demokratie, herabstufte, schrieb die Herausgeberin des Berichts und EIU-Europadirektorin Joan Hoey: „The US has been downgraded because of a further erosion of trust in government and elected officials." Donald Trump sei dabei nicht Ursache, sondern Auswirkung. Natürlich gab es Vertrauensverlust in das politische System auch schon vorher. „Auch in Österreich ist seit den 70er Jahren das Vertrauen in Parteien, Parlament oder Regierung im Schwinden", stellen Reinhard Heinisch und Kristina Hauser in einem Beitrag 2015 fest. Wir hatten und haben in Salzburg vielleicht bessere Voraussetzungen, die Vertrauenskrise zu bewältigen, denn anders als z. B. die USA ist Österreich eine parlamentarische Demokratie mit einem Verhältniswahlsystem, die Parteienvielfalt ist damit größer und eine Regierung ist auf parlamentarische Mehrheiten angewiesen. Es gibt keinen vom Parlament losgelösten „starken Mann". Der konkrete Vertrauensverlust war den Abgeordneten der 14. Gesetzgebungsperiode jedenfalls sehr wohl bewusst, der Beschluss zur vorzeitigen Auflösung des Landtags und zu vorgezogenen Neuwahlen auf Antrag der ÖVP (SLP, Nr. 265, 5. Session, 14. GP) im Jänner 2013 fiel einstimmig. Vor allem haben alle zur Wahl antretenden Parteien vor oder während des Wahlkampfes mehrfach umfangreiche Bekenntnisse zum Ausbau der demokratischen Beteiligungsmöglichkeiten abgelegt und auch entsprechende Programme entwickelt. Damit war klar, dass nach der Wahl des Landtags der 15. Gesetzgebungsperiode unabhängig von der Regierungskonstellation ein entsprechender politischer Auftrag bestehen würde. Dieser lag klar einmal mehr in der Verantwortung des Landtags.

Der Weg zur Enquete-Kommission

Obwohl vom Landtag gewählt, hatte die neue Landesregierung aus ÖVP, Grünen und dem Team Stronach einen Startvorteil gegenüber diesem. Sie hatte – nolens volens – zum Zeitpunkt ihres Entstehens einen wesentlichen Brocken ihrer Arbeit schon erledigt, die Bildung eines gemeinsamen Arbeitsprogrammes. Die Landesverfassung sieht in Art. 35 ausdrücklich vor, dass der Konstituierung eines neuen Landtags Parteienverhandlungen über die Regierungsbildung vorauszugehen haben. Auch der Landtag der 15. Gesetzgebungsperiode fand bei seiner ersten Sitzung ein fertiges Regierungsprogramm mit einem eigenen Kapitel „Demokratie" vor. Die Regierungsparteien hatten darin sechs konkrete Reformpunkte festgelegt. Diese waren notabene auch Basis für die Landtagsarbeit. Die Salzburger Volkspartei etwa hatte den BürgerInnenrat nach Vorarlberger Vorbild in das Regierungsprogramm eingebracht. Auch andere Punkte waren keine „Neuerfindungen", es waren teils drängende Strukturfragen mit einer langen Entwicklung. So etwa die Erhöhung des Frauenanteils in politischen Funktionen oder das Vorzugsstimmenwahlrecht. Mit Punkten wie dem bereits erwähnten BürgerInnenrat nach Vorbild Vorarlberg oder dem Modell für mehr direkte Demokratie für die Stadt Salzburg, das in Hamburg entwickelt und dort seit 1996 eingesetzt worden war, fanden bereits erprobte Beteiligungskonzepte Eingang in das vereinbarte Regierungsprogramm. Zu vielen dieser Punkte hatten die im Landtag vertretenen Parteien bereits vor der Wahl positiv Stellung bezogen oder sie waren zumindest bereit, über Reformen dazu zu beraten. Das Beraten, die Debatte ist eine parlamentarische Kernkompetenz, trotzdem war aus mehreren Gründen klar, dass für eine erfolgreiche Umsetzung derartiger Reformvorhaben parlamentarisches „Business as usual" nicht geeignet sein würde. Der Wahlkampf mit seiner Zermürbungsrhetorik lag noch nicht lange zurück und nach dem Untersuchungsausschuss zur „Überprüfung des Finanzmanagements des Landes Salzburg seit 2001" hatten die politischen Parteien ihre jeweils eigene Sichtweise auf die Ereignisse der jüngeren Vergangenheit auf eine Art und Weise gebildet, die Robert Anderson in Anlehnung an Akira Kurosawas Verfilmung zweier Kurzgeschichten von Ryūnosuke Akutagawa als „Rashomon-Effekt" bezeichnet hat. Dieser Effekt tritt dort auf, wo es nicht nur um Unterschiede des Blickwinkels geht, sondern wo zusätzlich keine Version der Wahrheit beweis- oder widerlegbar ist und es sozialen Druck gibt, die Frage endgültig zu erledigen. Der „Bericht des parlamentarischen Untersuchungsausschusses betreffend das Finanzmanagement des Landes Salzburg seit 2001" (SLP, Nr. 399, 5. Session, 14. GP) ist ein gutes Beispiel für das Zusammentreffen all dieser Faktoren. Für Salzburg waren daher alle Reformvorhaben schließlich Neuland, das nur mit einer beginnenden Veränderung der politischen Kultur zu betreten sein würde. Als alternative Verfahrensart „zur Schaffung ausreichender Grundlagen für Entscheidungen über umfangreiche Angelegenheiten" ist in § 21 des Landtags-Geschäftsordnungsgesetzes die Enquete-Kommission vorgesehen. Sie bot auch im Frühjahr 2013 jene drei Eigenschaften, die für derartige Situationen sehr vorteilhaft sind:

- Freie Gestaltbarkeit des Verfahrens: Der Ausschuss, der sie einsetzt, bestimmt zum Start die Zusammensetzung der Enquete-Kommission und gibt ihr einen Auftrag, ein Thema vor. Die Verfahrensstruktur gleicht der eines Ausschusses, es gibt also einen Vorsitz, bestimmte Teilnahmerechte und -pflichten und am Schluss einen Bericht an den Ausschuss. Was ihre Mitglieder dazwischen tun, um zu diesem zu kommen, können sie – einvernehmlich – selbst entscheiden.
- Entschleunigung: Enquete-Kommissionen sind auf längere Zeit angelegt. Sie sind ungeeignet, politisches Tagesgeschäft zu erledigen. Das nimmt Druck weg und macht Energien frei, die im normalen parlamentarischen Entscheidungsverfahren für Defensivargumentation reserviert werden müsste. Und freie menschliche Energien suchen nach Neuem.
- Ergebnisoffenheit: Enquete-Kommissionen entscheiden nicht. Sie leben von Kooperation. Eine Regierungsmehrheit gewinnt nichts, wenn sie einen Auftrag durchdrückt, der den Inhalt des Endberichts vorwegnimmt. Da ist ein Standard-Prozedere im Landtag bei gleichem Ergebnis wesentlich weniger aufwändig, sowohl zeitlich als auch politisch. Eine Enquete-Kommission funktioniert daher nur, wenn der Auftrag die Entwicklung von Optionen zulässt. Sie kann es sich leisten, Heinz v. Foersters ethischem Imperativ zu folgen: „Handle stets so, dass die Anzahl der Wahlmöglichkeiten größer wird."

Darin liegen möglicherweise der größte Vorteil des Formats und die größte Chance für den Parlamentarismus. In einer Enquete-Kommission kann ein Parlament freier als sonst über die eigene Arbeitsweise nachdenken. Mehr noch: Es kann in einem „geschützten" Rahmen Neues denken und ausprobieren. Führen wir uns vor Augen: Parlamente haben seit ihrer Entstehung in ihrer heutigen Form im 19. Jahrhundert im Wesentlichen die gleiche Arbeitsweise, bei exponentiell steigender Veränderungsrate der gesellschaftlichen Rahmenbedingungen. Da wird Veränderungsfähigkeit schnell zur Überlebensbedingung.

Dem Antrag der Regierungsparteien betreffend „die Einrichtung einer Enquete-Kommission gemäß § 21 Abs. 2 des Landtagsgeschäftsordnungsgesetzes, die der Vorbereitung neuer Mittel der Teilhabe, Mitbestimmung und direkten Demokratie für Salzburgs Bürgerinnen und Bürger dienen soll" (SLP, Nr. 8, 1. Session, 15. GP) traten bei den Ausschussberatungen am 11. September 2013 auch die beiden Oppositionsparteien als Antragsteller bei, die Enquete-Kommission wurde einstimmig eingesetzt. In derselben Sitzung wurde auch der SPÖ-Antrag betreffend „Maßnahmen zum Ausbau der direkten Demokratie" (SLP, Nr. 11, 1. Session, 15. GP) beraten, der auf die Einsetzung einer Arbeitsgruppe im Landtag zur Umsetzung des Salzburger Modells für mehr direkte Demokratie abzielte, um die die Stadt Salzburg nach einem Gemeinderatsbeschluss am 17. April 2013, also noch vor der Wahl, das Land gebeten hatte. Dieses Modell stand auch auf der Themenliste der Enquete-Kommission, die SPÖ signalisierte in den Ausschussberatungen Einverständnis, das Thema in dieser weiter zu behandeln.

Beschlossen wurde aber ein Abänderungsantrag der FPÖ, die für das Modell der Stadt Salzburg vollendete Tatsachen schaffen wollte. Darin wurde die Landesregierung beauftragt, „bis längstens 31. Dezember 2013 den Gesetzesentwurf für eine Novellierung des Salzburger Stadtrechtes vorzulegen, der die Umsetzung des Beschlusses des Gemeinderates der Stadt Salzburg vom 17. April 2013 betreffend Direkte Demokratie, Instrumente der BürgerInnenmitbestimmung, zum Gegenstand hat". (SLP, Nr. 42, 2. Session, 15. GP) Konsequenterweise ging die Enquete-Kommission in weiterer Folge davon aus, dass sie bei diesem Themenbereich bis zu ihrem Abschlussbericht längst von der politischen Entwicklung eingeholt sein würde. Dies sollte sich in gewisser Weise auch bewahrheiten, wenn auch anders als geplant.

Die Enquete-Kommission arbeitet

Die Enquete-Kommission nahm am 16. Oktober 2013 ihre Arbeit auf, Landtagspräsidentin Dr. Brigitta Pallauf wurde zur Vorsitzenden gewählt, Zweite Landtagspräsidentin Gudrun Mosler-Törnström BSc übernahm die Vorsitz-Stellvertretung. Die Enquete-Kommission war im Gegensatz zu den Landtagsausschüssen paritätisch zusammengesetzt.

Der Auftrag des Ausschusses lautete:

- Wahlrechtsreform: Ziel einer Wahlrechtsreform in Salzburg soll die Stärkung des Persönlichkeitswahlrechts sein. Es soll die gesamte Bandbreite zwischen einer Erleichterung und Stärkung des Vorzugsstimmenwahlrechts bis zu einer Direktwahl von Abgeordneten untersucht und die Optionen zu ihrer verfassungsrechtlichen Umsetzung erarbeitet werden. Bei der Stärkung des Vorzugsstimmenwahlrechts soll die möglichst rasche Umsetzung einer Vereinfachung vorbereitet werden, die die Abgabe von Vorzugsstimmen auch auf dem Landeswahlvorschlag ermöglichen soll.
- Frauenanteil: Ziel ist die Entwicklung von Maßnahmen und Anreizen, um die aktive politische Tätigkeit von Frauen besser zu ermöglichen, zu attraktivieren und zu fördern.
- Mitentscheidung: Ziel ist die Entwicklung eines mehrstufigen Modells der direkten Demokratie, an dessen Ende ein BürgerInnenentscheid nach dem „Salzburger Modell für mehr direkte Demokratie" steht.
- BürgerInnenrat nach Vorarlberger Vorbild: Ziel ist die Entwicklung eines landesweiten BürgerInnenrates nach Vorarlberger Vorbild. Nach Zufallsprinzip in repräsentativer Verteilung ausgewählte Bürgerinnen und Bürger sollen in einem professionell moderierten Prozess zu einer bestimmten Fragestellung Lösungen und Antworten entwickeln, die öffentlich präsentiert vom Landtag beraten und auf ihre Umsetzbarkeit überprüft werden.
- Öffentliches Hearing: Ziel ist die Erarbeitung eines Modells zur gesetzlichen Verpflichtung für KandidatInnen für die Wahl zu einem Mitglied der Landesregierung, sich vor der Wahl einem öffentlichen Hearing im Landtag zu unterziehen. Dies soll Abgeordnete und Öffentlichkeit in die Lage versetzen, sich ein besseres Bild als bisher von der Persönlichkeit und dem Programm der KandidatInnen machen zu können.

- Berichte der Beiräte der Landesregierung an den Landtag: Ziel ist die Erarbeitung einer Regelung zu einer regelmäßigen Berichterstattung der von der Landesregierung eingesetzten Beiräte an den Landtag.

Die Enquete-Kommission tagte zwischen Oktober 2013 und Juni 2015 insgesamt zwölfmal und hörte zu den angeführten Themenbereichen insgesamt 19 Expertinnen und Experten aus Österreich und Deutschland.

Der Weg entsteht beim Gehen

Von Anfang an stellte sich die Frage, wie die Enquete-Kommission ihre Arbeit nach außen dokumentieren und gleichzeitig eine Möglichkeit für Interessierte schaffen könnte, Ideen, Vorschläge oder Informationen an die Enquete-Kommission zu kommunizieren. Diese Frage stellte sich für den Salzburger Landtag aufgrund der Ressourcenknappheit auf besonders prekäre Weise und man griff auf das Web als neue Kommunikationsform zurück. Mit dem Auftritt demokratie.salzburg.at wurden gleich mehrere Ziele erreicht:

- Die Mitglieder der Enquete-Kommission konnten in Form eines Gruppen-Blogs ihre persönliche Sicht auf die Themen der Enquete-Kommission darlegen.
- Die Dokumente der Enquete-Kommission wie Tagesordnungen, ExpertInnen-Papiere, Protokolle und Video-Mitschnitte konnten dort veröffentlicht werden.
- Für Interessierte wurde eine Möglichkeit geschaffen, einen Newsletter zu abonnieren, eigene Ideen und Vorschläge einzubringen und dort zu diskutieren. Eine Twitter-Wall mit dem Hashtag #demokratie_sbg rundete das Angebot ab.

Die neue und ungewöhnliche Arbeitsweise, die den Verlauf der Enquete-Kommission besonders prägen sollte, entwickelten die Mitglieder der Enquete-Kommission bei der Arbeit selbst. Aufgrund der geschilderten Entwicklung rund um das Salzburger Modell für mehr direkte Demokratie nahm sich die Enquete-Kommission den BürgerInnenrat nach Vorarlberger Vorbild als erstes Thema vor. Als Expertin bzw. Experte zur 2. Sitzung am 19. November 2013 waren Manfred Hellrigl, damals Leiter des Büros für Zukunftsfragen des Landes Vorarlberg, und Rita Trattnigg, damals Nachhaltigkeitsexpertin im Lebensministerium, geladen. Manfred Hellrigl hatte den BürgerInnenrat in Vorarlberg mit entwickelt und Rita Trattnigg war eine der erfahrensten Anwenderinnen und Moderatorinnen dieser Methode. BürgerInnenräte sind in mehrfacher Weise eine besondere Partizipationsform. Eine ihrer Besonderheiten ist die verwendete Gruppen-Moderationsmethode namens Dynamic Facilitation. Sie wurde von Jim und Jean Rough in den USA entwickelt und besteht im Wesentlichen aus zwei Elementen:

- Die Mitglieder der Gruppe treten nicht untereinander, sondern nur einzeln mit dem Moderator in Dialog. Die anderen verfolgen diesen Dialog als Zuhörer. Der Moderator spiegelt das Gesagte dabei zurück, der Gesprächspartner beginnt iterierend, über seine eigenen Aussagen zu reflektieren, bis jemand anders das Wort ergreift.

- Dabei entsteht eine abwechselnde Folge an Problembeschreibungen, Lösungsvorschlägen, Wirklichkeitsbeschreibungen und Bedenken, die nach dieser Einteilung getrennt sichtbar festgehalten werden. Die Gruppe schaut im Halbkreis auf diese vier Charts. Dadurch entsteht ein Gesprächsmuster, in dem nicht Argumente gegeneinander um Geltung ringen, sondern gemeinsam Auswahlmöglichkeiten erzeugt werden. Alles bekommt Raum und die Gruppe entwickelt Schritt für Schritt eine gemeinsame Lösung.

Rita Trattnigg stellte diese Methode in der Enquete-Kommission vor, indem sie sie bei den Abgeordneten live in der Sitzung anwendete, und zwar auf die Frage nach der weiteren Vorgangsweise zum Thema „BürgerInnenrat nach Vorarlberger Vorbild". Für so manches Mitglied der Enquete-Kommission war dies mit Sicherheit eine ungewohnte Erfahrung. Die persönliche Bereitschaft der damals anwesenden Abgeordneten, sich in diese neue und anspruchsvolle Gesprächssituation zu begeben, sollte sich im weiteren Verlauf als vielleicht wichtigster Erfolgsfaktor herausstellen. Am Ende der Sitzung fiel nicht nur der von allen Mitgliedern getragene Beschluss, im Rahmen der Enquete-Kommission einen landesweiten BürgerInnenrat abzuhalten und dessen Empfehlungen in die Beratungen einzubeziehen. Die Mitglieder wünschten sich außerdem, sich in den weiteren Sitzungen der Enquete-Kommission mit einer Moderation in Dynamic Facilitation begleiten zu lassen. Zu den Themenbereichen „Landtagshearing von Kandidatinnen und Kandidaten zu einem Regierungsamt" (3. Sitzung, 12. Dezember 2013), „Wahlrechtsreform" (5. Sitzung, 20. März 2014) und „Erhöhung des Frauenanteils in politischen Funktionen" (7. Sitzung, 25. September 2014) entwickelte die Enquete-Kommission in mit Dynamic Facilitation moderierten Runden die Grundlagen für die weiteren Beratungen.

In der Politik ist jede Sachfrage gleichzeitig „Machtfrage", denn jede Position basiert auf Fakten, orientiert sich aber an Werten. Entscheidungen eines Parlaments sind daher am Ende des Tages immer politisch. Die Enquete-Kommission hatte mit dieser selbst entwickelten Vorgangsweise jedoch die Möglichkeit geschaffen, in einem ersten Schritt von den eigenen Gedanken und den der anderen zu lernen und miteinander, anstatt gegeneinander, Positionen zu erarbeiten. Die dabei gemachten Erfahrungen könnten einen möglichen Weg in die Zukunft des Parlamentarismus weisen.

Der erste landesweite Salzburger BürgerInnenrat nach Vorarlberger Vorbild fand am 17. und 18. Oktober 2014 auf Schloss Goldegg unter der Moderation von Rita Trattnigg und Thomas Haderlapp sowie Alfred und Ruth Rindlisbacher statt. Die Moderation war zuvor nach einem Bestbieterverfahren ausgeschrieben worden. Die Enquete-Kommission hatte sich auf die Fragestellung „Wie wollen wir BürgerInnen-Beteiligung in Salzburg gestalten?" festgelegt. Die Durchführung erfolgte noch nach den bewährten Richtlinien des Landes Vorarlberg für BürgerInnenräte. Der persönlichen Einladung von Landtagspräsidentin Brigitta Pallauf an 600 zufällig aus dem Melderegister ausgewählte Salzburgerinnen und Salzburger folgten schließlich 26 Personen, die auf zwei Gruppen aufgeteilt wurden. Sie präsentierten der Enquete-Kommission ihre 20 konkreten Lösungsvorschläge am 24. Oktober 2014 zusammen im Chiemseehof, auch Landeshauptmann Wilfried Haslauer und Landeshauptmann-Stellvertreterin Astrid Rössler waren gekommen, um sich die Ergebnisse und Empfehlungen des BürgerInnenrates anzuhören und anschließend mit den Teilnehmenden im World-Café-Format zu diskutieren. Über seine konkreten Vorschläge hinaus war der erste landesweite BürgerInnenrat vor allem ein Schritt zu einer neuen politischen Kultur in Salzburg. Dies zeigen einige der im Endbericht festgehaltenen Aussagen von Teilnehmenden:

- „Der BürgerInnen-Rat ist eine bleibende Erinnerung. Das Zusammensein war eine magische Geschichte. Es war ein sehr achtsamer Umgang miteinander."
- „Jeder ist zu Wort gekommen. Es wurde nichts negativ bewertet. Der BürgerInnenrat bringt die Stimme wieder zu den BürgerInnen zurück und stellt Nähe zwischen Politik und BürgerInnen her".
- „Das könnte eine Initialzündung für die Politik sein."
- „Die Moderation hat den Raum für eine wertschätzende Gesprächsatmosphäre gehalten und war notwendig, um zu solchen Ergebnissen kommen zu können."
- „Falls wieder ein BürgerInnen-Rat ist und jemand fragt mich, ob er hingehen soll, sage ich, ja, unbedingt!"
- „Die Menschen haben in diesen 1 ½ Tagen das Beste für Salzburg gegeben. Ich bin stolz auf mein Bundesland."

Die Enquete-Kommission beriet die Vorschläge des BürgerInnenrates in zwei Sitzungen und die Teilnehmenden erhielten eine umfangreiche Stellungnahme der Enquete-Kommission zu ihren Vorschlägen und wurden über die darauf folgenden Umsetzungsschritte laufend informiert.

Jede Reise beginnt mit dem ersten Schritt – eine Zwischenbewertung

Während diese Zeilen geschrieben werden, hat einer der Reformschritte der Enquete-Kommission bereits sichtbare landespolitische Spuren hinterlassen. Brigitta Pallauf hat sich als erste Kandidatin zu einem Regierungsamt vor ihrer Wahl am 29. Jänner 2018 einer öffentlichen Anhörung durch den Landtag gestellt, jener Anhörung, deren gesetzliche Einführung sie als Vorsitzende der Enquete-Kommission mit beantragt hatte (SLP, Nr. 215, 4. Session, 15. GP). Die Kandidatinnen und Kandidaten für die nächste Landesregierung werden sich den neu gewählten Abgeordneten vor ihrer Wahl auch dieser öffentlichen Anhörung stellen. Über ihre Wahl wird nicht mehr in einem Wahlgang, sondern für jede Person einzeln abgestimmt werden. Das ermöglicht den Abgeordneten eine getrennte Bewertung. Auf Vorschlag der Enquete-Kommission und einem darauf basierenden All-Parteien-Antrag wurden die Landesverfassung und das Landtags-Geschäftsordnungsgesetz entsprechend geändert. Die Landtagswahl betrifft aber noch einen weiteren Vorschlag der Enquete-Kommission: Mit Beschluss vom 6. Juli 2016 hat der Landtag die Landesregierung beauftragt, nach dem Grundsatz „Comply or Explain" durch das Frauenbüro einen Bericht bezüglich des tatsächlichen Frauenanteils bei den eingereichten Wahlvorschlägen zur

Landesliste zu legen. Die Parteien werden sich hier nach den Maßstäben messen lassen müssen, die sie sich selbst gegeben haben. Landtagsbeschlüsse betreffend die bessere Absicherung der Wahlkarten-Abstimmung und die Einführung einer Eltern- und Pflegekarenz-Möglichkeit für Mitglieder der Gemeindevertretungen bzw. des Gemeinderates der Stadt Salzburg warten derzeit noch auf Umsetzung.

Die erste und vielleicht wichtigste Empfehlung des ersten landesweiten BürgerInnenrates an die Enquete-Kommission lautete: „Regelmäßig durchgeführte BürgerInnen-Räte (mit Zufallsprinzip) bringen Menschen wieder näher ans politische Handeln heran und unterstützen sie dabei, in die Verantwortungsrolle zurück zu finden." Die Umsetzung dieser Empfehlung sollte auch die größte und dauerhafteste Wirkung der Enquete-Kommission entfalten. Kurz nach der Ergebnispräsentation berief die Landesregierung zwei weitere landesweite BürgerInnenräte ein, im April 2015 Landesrat Hans Mayr zur Erstellung des neuen Landesmobilitätskonzeptes und im November 2015 Landeshauptmann Wilfried Haslauer, Landeshauptmann-Stellvertreterin Astrid Rössler, Landesrat Hans Mayr und Landesrätin Martina Berthold zum Thema Asyl und Integration. Beide BürgerInnenräte konnten dabei auf den Erfahrungen der Enquete-Kommission aufbauen.

Am 16. März 2016 beschloss der Salzburger Landtag aufgrund eines Antrages von Mitgliedern der Enquete-Kommission aus allen fünf Landtagsparteien (SLP, Nr. 216, 4. Session, 15. GP) eine Erweiterung des Art. 5 des Salzburger Landes-Verfassungsgesetzes (LGBl. Nr. 40/2016), mit dem sich das Land zu den „Instrumenten der partizipativen Demokratie" und zu deren Förderung bekennt. Diese Erweiterung entspricht im Wesentlichen dem Vorarlberger Vorbild und soll zukünftig die gesetzliche Grundlage für BürgerInnenräte und andere Beteiligungsformate bilden. Gleichzeitig wurde ein umfangreicher Leitfaden beschlossen, der die Qualität der inhaltlich anspruchsvollen BürgerInnenräte erhalten helfen soll und der zwischenzeitlich von der Landesregierung in einem Regierungsbeschluss übernommen wurde. Auf derselben verfassungsrechtlichen Grundlage beruht auch der zwischenzeitlich auf einfachgesetzlicher Ebene umgesetzte Salzburger Jugendlandtag. Außerdem wurde das Landtags-Geschäftsordnungsgesetz dahingehend erweitert, dass der „Präsident nach Anhörung der Präsidialkonferenz die Abhaltung von Instrumenten der partizipativen Demokratie gemäß Art. 5 Abs. 5 L-VG veranlassen" kann. Damit verfügt der Landtag auch über eine einfachgesetzliche Ermächtigung zur Abhaltung von Beteiligungsformaten (LGBl. Nr. 81/2016). Es ist wohl kein Zufall, dass die Antragstellerin bzw. der Antragsteller zu dieser Erweiterung beide auch Mitglieder der Enquete-Kommission gewesen waren.

Die Enquete-Kommission konnte natürlich aus unterschiedlichen Gründen nicht alle Vorschläge des BürgerInnenrates übernehmen. Während die maschinenlesbare Veröffentlichung der Finanzdaten des Landes (SLP, Nr. 409, 4. Session, 15. GP) durch Übernahme einer entsprechenden Verpflichtung aus dem Österreichischen Stabilitätspakt 2012 in das Allgemeine Landeshaushaltsgesetz 2018 rechtlich abgesichert ist, gibt es zur Verbesserung von Bürgerinnen- und Bürgerinformations- und -beteiligungsmodellen für große Infrastrukturprojekte des Landes, etwa durch Erstellung von Pro/Contra-Informationen nach Schweizer Vorbild (SLP, Nr. 407, 4. Session, 15. GP) zumindest einen entsprechenden Auftrag an die Landesregierung. Im Bericht des ersten landesweiten Salzburger BürgerInnenrates an die Enquete-Kommission heißt es an einer Stelle: „Die repräsentative Demokratie braucht Ergänzung und die politische Kultur ist die gemeinsame Verantwortung von Politik und BürgerInnen. Besonders wichtig erschien es, dass Menschen aus der passiven Konsumhaltung von Politik wieder in die aktive Mitgestaltungsrolle kommen können." Ein Arbeitsauftrag, den sich Parlamente weltweit zu Herzen nehmen sollten. Der Salzburger Landtag ist den ersten Schritt auf dem neuen Weg gegangen, weitere werden sicherlich folgen!

Auswahlbibliographie

Anderson, Robert: The Rashomon Effect and Communication. Canadian Journal Of Communication 41, no. 2 (April 2016), S. 249–269

Foerster, Heinz von: Über das Konstruieren von Wirklichkeiten. In: Ders.: Sicht und Einsicht. Versuche zu einer operativen Erkenntnistheorie, Wiesbaden 1985, S. 25–42

Heinisch, Reinhard/Hauser, Kristina: Österreich und die Zukunft der Demokratie. In: Öhlinger, Theo/Poier, Klaus (Hg.): Direkte Demokratie und Parlamentarismus. Wie kommen wir zu den besten Entscheidungen?, Wien – Köln – Graz 2015, S. 13–42

Hellrigl, Manfred/Lederer, Michael: Wisdom Councils im öffentlichen Bereich. In: Zubizarreta, Rosa/Bonsen, Matthias zur (Hg.): Dynamic Facilitation. Die erfolgreiche Moderationsmethode für schwierige und verfahrene Situationen, Weinheim – Basel 2014, S. 150–162

Konrath, Christoph: Das Recht geht vom Volk aus? Anmerkungen zu Vorschlägen für Demokratiereformen in Österreich 2011–2013. In: Öhlinger, Theo/Poier, Klaus (Hg.): Direkte Demokratie und Parlamentarismus. Wie kommen wir zu den besten Entscheidungen?, Wien – Köln – Graz 2015, S. 253–288

Konrath, Christoph/Biegelbauer, Peter: Die Pfadabhängigkeit von Demokratiereformen in Österreich. In: Journal für Rechtspolitik 25 (2017), S. 171–181

Rough, Jim: Society's Breakthrough! Releasing Essential Wisdom and Virtue in All the People, Bloomington 2002

Trattnigg, Rita/Haderlapp, Thomas: Dynamic Facilitation – eine Methode des kulturellen Wandels. In: Zubizarreta, Rosa/Bonsen, Matthias zur (Hg.): Dynamic Facilitation. Die erfolgreiche Moderationsmethode für schwierige und verfahrene Situationen, Weinheim – Basel 2014, S. 163–177

In der Reihe der Salzburger Landeshauptmänner taucht der Name Wilfried Haslauer zweimal auf: Neben dem amtierenden Wilfried jun. war auch sein gleichnamiger Vater von 1977 bis 1989 Salzburger Landeshauptmann. (Foto: Land Salzburg/ Sabine Bauer)

Vater und Tochter in der Politik: Karl Steinocher als Landeshauptmann-Stellvertreter, Ricky Veichtlbauer als Landtagsabgeordnete und SPÖ-Klubvorsitzende (Foto: privat)

Stefan Mayer

Salzburger Wahlverwandtschaften

Manche Namen tauchen in der Salzburger Politiklandschaft wiederholt auf

Welche Brüder einst das Land regierten, welche Väter, Söhne und Töchter sich in politischen Spitzenpositionen befanden und warum Goldegg eine besonders hohe Spitzenpolitikerdichte ausweist, dem geht dieser Artikel nach.

550.000 Einwohner zählt das kleine Bundesland Salzburg. Sieben Regierungsmitglieder leiten seine Geschicke, 36 Abgeordnete beschließen im Landtag die Regeln dazu. Ein Blick in die jüngere Landesgeschichte zeigt, dass es bei diesen Spitzenpositionen durchaus verwandtschaftlich zugeht.

Wenn der Apfel nicht weit vom Landeshauptmann-Stamm fällt

Allen bestens bekannt ist, dass gleich zwei Landeshauptleute denselben Namen tragen, und das nicht aus Zufall: Wilfried Haslauer war von 1977 bis 1989 Salzburger Landeshauptmann, sein gleichnamiger Sohn ist es seit 2013. Weniger bekannt ist, dass Wilfried jun. 2004 nach seiner Wahl zum Landeshauptmann-Stellvertreter noch zusätzlich für etwas mehr als zwei Monate ein Landtagsmandat innehatte.

Auch zwei Brüder waren schon einmal Landeshauptmann: Franz Rehrl von 1922 bis 1938, der als politischer Vater der Großglockner Hochalpenstraße in die Landesgeschichte einging, und Josef Rehrl, kurzzeitig von 1947 bis 1949.

Von Vätern, Söhnen, Töchtern, Paaren und Geschwistern

Vater-Kind-Nachfolgen auf Landesregierungsebene gab es in Salzburg mehrfach. Nicht nur Doraja Eberle (2004 bis 2010), sondern auch ihr Vater Friedrich Mayr-Melnhof saß schon zwei Jahrzehnte früher auf der Regierungsbank, bei Rupert Wolfgruber hatten Vater und Sohn zeitversetzt (1963 bis 1977 bzw. 1991 bis 1997) das Regierungsamt als Agrar-Landesräte inne. Ricky Veichtlbauer, Tochter des von 1966 bis 1976 amtierenden Landeshauptmann-Stellvertreters Karl Steinocher, beerbte ihn politisch als Abgeordnete (1984 bis 1994) und zwischen 1989 und 1994 SPÖ-Klubvorsitzende zum Salzburger Landtag.

Familienbande im Landesparlament

Das Abgeordnetenmandat im Landtag hatten innerhalb der Familie bereits Sohn und Vater Johann Lackner, Zehenthofbauern in Reitdorf, inne. Der Vater gehörte dem Landtag von 1873 bis 1896 an, der Sohn von 1909 bis 1915. Johann

Lackner jun. wurde 1918 stellvertretender Präsident der provisorischen Landesversammlung und anschließend bis 1922 Abgeordneter zum konstituierenden Landtag. Auch Vater und Sohn Alois Hölzl (1890 bis 1902 bzw. 1909 bis 1915 sowie 1918 bis 1919), Landwirte aus Saalfelden, waren Landtagsabgeordnete. Ebenfalls aus Saalfelden stammen Josef Pichler (im Landtag von 1967 bis 1989) und sein Sohn Siegfried, der ihm unmittelbar für ein Jahr im Hohen Haus nachfolgte und später Präsident der Arbeiterkammer wurde. Simon Illmer jun. aus Pfarrwerfen brachte es gegenüber seinem gleichnamigen Vater im Landesparlament von 2009 bis 2013 zum Landtagspräsidenten. Der Pinzgauer Isidor Grießner war Mitglied des ständischen Landtags zwischen 1934 und 1938 und später Nationalrat. Sein Sohn Georg Griessner schrieb seinen Namen anders und stieg vom einfachen Abgeordneten (1979 bis 1996) über den ÖVP-Klubobmann (bis 2001) bis zum Landtagspräsidenten (bis 2004) auf. Der Hof- und Gerichtsadvokat August Prinzinger war nicht nur von 1867 bis 1869 Salzburger Landtagsabgeordneter, der aus dem Ottobeuren im Allgäu stammende Rechtsanwalt und Heimatforscher gehörte bereits 1848/49 der Frankfurter Nationalversammlung an. Sein Sohn August trat als Jurist und Volkskundler in die Fußstapfen des Vaters und war nach der Abgeordnetentätigkeit ab 1897 noch zwei Jahre bis 1909 stellvertretender Landeshauptmann von Salzburg.

Politiker-Gene über Generationen

Bei der Familie Sampl aus St. Michael im Lungau ist das Politiker-Gen über Generationen vererbt worden. Bereits der Urgroßonkel von Franz Sampl (im Landtag von 1974 bis 1979), Kaspar Pritz, war Landtagsabgeordneter im Herzogtum Salzburg. Sohn Manfred gehört dem Landtag seit 2007 an. Beide waren beziehungsweise sind Bürgermeister von St. Michael im Lungau. Über mehrere Perioden war der Besitzer der Andre-Hofer-Feigenkaffeefabrik Ludwig Zeller im Übergang zum 20. Jahrhundert Landtagsmitglied. Sein Vater Franz war Vizebürgermeister der Landeshauptstadt und gehörte bereits dem 1861 eingerichteten Landtag für ein Jahr an.

Vater Franz (re.) und Sohn Manfred Sampl vertraten beide die Lungauer Bevölkerung im Landtag (Foto: Roland Holitzky)

Onkel und Neffe als Abgeordnete und Bürgermeister

Bei Martin und Josef Saller aus Bischofshofen waren Onkel und Neffe im Landtag, Martin von 1945 bis 1965, davon die beiden letzten Jahre als Präsident, Josef von 1989 bis 1999. Leopold und Eligius Scheibl waren ebenfalls Onkel und Neffe, die dem Landtag (1870 bis 1877 bzw. 1909 bis 1915) angehörten, zusätzlich waren beide in den 1880er- und 1890er-Jahren jeweils Bürgermeister der Landeshauptstadt, Leopold von 1872 bis 1877 Landeshauptmann-Stellvertreter. Eligius entstammte einer Juwelier- und Goldschmiedfamilie und schuf 1913 die Salzburger Bürgermeisterkette. Nach der Stadt-Salzburgerin Rosa Weiser, Mitglied des ständischen Landtags von 1934 und 1938, war ihr Sohn Josef ab 1964 über zwei Gesetzgebungsperioden im Landtag vertreten.

Das Ehepaar Anna und Josef Witternigg war zu unterschiedlichen Zeiten in der ersten Hälfte des 20. Jahrhunderts im Landtag vertreten (Foto: SPÖ Salzburg)

Das Brüderpaar Georg (li.) und Mathias Lienbacher war in der zweiten Hälfte des 19. Jahrhunderts zeitgleich im Landtag (Foto: Salzburger Landesarchiv)

Abweichende politische Ansichten unter Geschwistern: Christian Menzel (li.) war für die ÖVP, seine Schwester Iris Schludermann für die FPÖ im Landtag (Fotos: Salzburger Landeskliniken und FPÖ Salzburg)

Abgeordnete Eheleute und Geschwister mit abweichenden Ansichten

Mit Josef (provisorische Landesversammlung 1918 bis 1919) und Anna (von 1925 bis 1934 im Landtag) Witternigg gab es ein Ehepaar im Landesparlament. Ab 1870 vertraten mit Georg (bis 1895) und Domdechant Mathias (bis 1883, zusätzlich Landesrat von 1880 bis 1884) Lienbacher zwei Brüder die Salzburgerinnen und Salzburger im Landesparlament, die Geschwister Iris Schludermann (1989 bis 1994, FPÖ) und der langjährige Landeskrankenhaus-Direktor Christian Menzel (1984 bis 1989, ÖVP) interessanterweise in unterschiedlichen Fraktionen.

Politikernest im Pongau

Übrigens: Der kleine Pongauer Ort Goldegg kann mit Fug und Recht von sich behaupten, ein echtes Politikernest zu sein. Landeshauptmann-Stellvertreter Christian Stöckl und NEOS-Nationalratsabgeordneter Sepp Schellhorn wuchsen dort auf, der ehemalige Landesrat Hans Mayr ist ein waschechter Goldegger und der ehemalige Landtags-Klubobmann der Grünen, Cyriak Schwaighofer, hatte in der 2.500-Seelen-Gemeinde über mehrere Jahrzehnte seinen Arbeits- und Lebensmittelpunkt.

STRUKTUREN UND KONTINUITÄTEN.
DER SALZBURGER LANDTAG 1861–2018

Richard Voithofer

... ich erkläre hiermit den ersten Landtag des Herzogthumes Salzburg für eröffnet ...

Die erste Sitzung des Salzburger Landtages am 6. April 1861

„Der heutige Tag war nicht nur einer der wichtigsten der Geschichte des österreichischen Kaiserstaates, sondern auch einer der denkwürdigsten in der Chronik unseres engeren Vaterlandes Salzburg – denn heute versammelten sich hier, wie in den meisten übrigen Kronlandshauptstädten, nach langem Zeitraume wieder zum erstenmale die Vertreter des Landes, und zwar die freigewählten Vertreter. Österreich hat heute den ersten thatsächlichen Schritt auf der Bahn seiner verfassungsmäßigen Entwicklung gemacht. Was wir solange angestrebt, was wir so heiß erhofft, was uns immer als fernes lockendes Ziel vorgeschwebt – es ist heute zur unwiderlegbaren Wahrheit geworden. Die aus freien Wahlen hervorgegangenen Vertreter des Landes tagen in unserer Mitte, berathen öffentlich die heimischen Angelegenheiten, beschließen öffentlich, was sie der Wohlfahrt des Landes zuträglich erachten ... Es sind dies Ereignisse von historischer Bedeutsamkeit für alle Patrioten des engeren Vaterlandes; Feierlichkeiten, auf die ein Volk mit stolzer Befriedigung hinblickt. Einer jener seltenen Momente, welche das Leben eines Landes wie Sonnenblicke erhellen und erwärmen, war die heute hier stattgefundene Feier der Eröffnung des salzburgischen Landtages", so die Salzburger Zeitung am 6. April 1861.

Pünktlich um 10:30 Uhr versammelten sich die 26 vollzählig erschienenen Abgeordneten im Ständesaal der Neuen Residenz. Bereits um 8:30 Uhr besuchten die Abgeordneten ein von Erzbischof Maximilian Tarnoczy zelebriertes Hochamt im Salzburger Dom. Der Ständesaal war festlich geschmückt und die drei Landtafeln aus den Jahren 1620, 1706 und 1739 wurden eigens für die Eröffnung des Landtages in diesem Saal aufgehängt. Damit wurde 1861 eine Tradition begonnen, die bis heute gilt. Die großen Landtafeln, auf denen die Mitglieder früherer Landtage mit Wappen verewigt sind, schmücken heute noch den Sitzungssaal des Salzburger Landtages im Chiemseehof.

Zentraler Blickfang war aber auch ein Bildnis des Kaisers, unter dem der Landeshauptmann und die beiden Schriftführer auf einem Podium Platz nahmen. Auch für den Landespräsidenten wurde ein eigener Sitzplatz auf dem Podium vorgesehen. Die Abgeordneten saßen an mit grünem Tuch bespannten Tischen in Form von zwei doppelten Halbkreisen. In der Mitte befand sich der Stenographentisch. Der Bereich für die Abgeordneten wurde durch eine Brüstung vom Zuhörerraum abgetrennt. Ein Teil dieser Sitzplätze war für „Distinguierte, mit Eintrittskarten gedachte Gäste reserviert".

Der Salzburger Landtag bestand aus 25 frei gewählten Abgeordneten und dem Fürsterzbischof von Salzburg als Virilist. Die Abgeordneten wurden in einem kombinierten Kurien- und Zensuswahlrecht gewählt. Die Kurie des Großgrundbesitzes stellte fünf, die Stadt Salzburg drei und die Handels- und Gewerbekammer zwei Abgeordnete. Aus den Städten und Märkten wurden insgesamt zehn und aus den Landgemeinden wurden acht Vertreter in den Landtag entsandt. Die Landtagssitzungen wurden vom Landeshauptmann beziehungsweise seinem Stellvertreter geleitet, beide wurden vom Kaiser ernannt. Erster Landeshauptmann war Josef Ritter von Weiß und sein Stellvertreter Heinrich Ritter von Mertens.

Die erste Sitzung des Landtages am 6. April 1861 galt vordringlich der feierlichen Konstituierung und der Ausarbeitung einer Huldigungsadresse an den Kaiser. Bis zum 12. April trat der Landtag zu fünf weiteren Plenarsitzungen zusammen. Hauptarbeit des Landtages waren die Genehmigung der Landtagswahlen sowie die Klärung zahlreicher formaler Detailfragen. Mit der Wahl eines Landesausschusses (Landesregierung), der in den Zeiten, an denen der Landtag nicht versammelt war, die Verwaltung führte, wurde die Grundlage für eine geordnete Verwaltung und einen funktionierenden parlamentarischen Betrieb geschaffen. Ebenso gewählt wurden die Mitglieder des Reichsrates in Wien. Intensiv diskutiert wurde die Huldigungsadresse an den Kaiser, die am 8. April 1861 verabschiedet wurde. Große politische Entscheidungen vermisst man in der 1. Session des Salzburger Landtages. Der Landtag sollte erst am 8. Jänner 1863, also fast zwei Jahre nach seiner Konstituierung, wieder einberufen werden.

Erste Sitzung

des

Salzburgischen Landtages

am 6. April 1861.

Die erste Landtags-Sitzung wurde am 6. April, Vormittags halb 11 Uhr, nach beendetem solennen, im Dome vom hochw. Herrn Fürsterzbischofe v. Tarnóczy abgehaltenen Gottesdienste, im landständischen Saale des Neugebäudes bei voller Oeffentlichkeit in feierlicher Weise eröffnet.

Aus den Debatten des Salzburger Landtages

Landeshauptmann Joseph Ritter von Weiß: Meine Herren Abgeordneten! Se. k. k. Apost. Majestät unser allergnädigster Kaiser und Herr haben mich mit der Leitung der Landtagssitzungen des Herzogthums Salzburg zu beauftragen geruht, und indem ich Sie meine Herren in dieser Kronlands-Hauptstadt herzlich willkommen heiße, erlaube ich mir einige Worte an Sie als die Vertreter des ganzen Kronlandes zu richten.

Durch mehr als ein Jahrtausend bestand das Erzstift Salzburg als selbstständiges Land und zugleich als Bestandteil des heil. Römischen Reiches deutscher Nation.

Glücklich unter der weisen Regierung seiner Fürsten, der Pfleger der Künste und Wissenschaften, geachtet von außen, nie wankend in der Treue gegen Kaiser und Reich, theilte es die Schicksale des größten und ältesten Reiches der Christenheit, bis es mit demselben den Stürmen der Zeit erlag.

Wo Ihr Auge sich hinwendet, begegnet es den zahlreichen monumentalen Erinnerungen einer glücklichen Vergangenheit.

Leider reiht sich hieran die traurige Periode 20-jähriger Kriegsdrangsale.

In wenig mehr als 10 Jahren wechselte das Land 5 Mal seinen Landesherrn, bis es vor nahezu 50 Jahren unter Österreich's Scepter zurückkehrte und da endlich Ruhe und Segen wieder fand.

Ich glaube zu diesem Ausspruche umso mehr berechtigt zu sein, wenn ich hinweise auf den Zustand des Landes vor diesem Zeitpunkte.

Die Bevölkerung dieser schönen Stadt war unter die Hälfte seiner vormaligen Bewohnerzahl herabgesunken, Handel und Gewerbe lagen die volle(n) 20-jährige Kriegsereignisse gänzlich darnieder, und selbst die Kirche vermißte ihren einheimischen Oberhirten.

Blicken Sie nun auf Ihre Stadt und deren Umgebung, auf den Zustand aller Verkehrsmittel, auf die Fortschritte der Industrie und Landeskultur und ihre Nebenzweige, so werden Sie einen unverkennbaren Aufschwung freudig begrüßen, und wenn der Erfolg hinter manchen Wünschen zurückblieb, so erwägen

Sie, daß die obwaltenden Verhältnisse nicht selten mächtiger sind, als der Wille der Menschen.

Mit seltener Liebe und Treue hängt der Salzburger an seinem engeren Vaterlande, und er hat Ursache es zu lieben.

Darum standen zwei Wünsche der Bewohner stets in vorderster Reihe: der Wunsch nach Selbstständigkeit und eigener Wahrnehmung der Angelegenheiten des Landes.

Beide Wünsche sind nun gewährt und der Regierung unseres allergnädigsten Kaisers und Herrn war es vorbehalten, diese Wünsche zu erfüllen.

Seit mehr als 10 Jahren besteht mit einer kaum nennenswerthen Unterbrechung Salzburg als selbstständiges Kronland mit eigener Verwaltung.

Das kaiserliche Diplom vom 20. Oktober 1860, und das allerhöchste Patent vom 26. Februar 1861, verkünden die allerhöchsten Bestimmungen über die Vertretung dieses Kronlandes in dem gemeinsamen Reichs-Rathe und die diesem Kronlande verliehene Landesordnung und die einschlägigen Diplome werden Ihnen im Laufe dieser Session zur Hinterlegung in das Landes-Archiv übergeben werden.

Mehr als zwei Menschenalter sind vergangen, seit in diesen Räumen die vormaligen Stände Salzburg's, deren Gedächtnistafeln diesen Saal schmücken, getagt haben.

Diese Vertretung den damaligen Bedürfnissen genügend, war nicht mehr geeignet, die jetzigen Interessen des Landes zu wahren, darum lassen Sie uns die Verleihung der neuen Landes-Ordnung, welche allen Interessen billige Rechnung trägt, mit Freude begrüßen, und mit aufrichtigem Danke für den kaiserlichen Geber derselben entgegennehmen.

Lassen Sie uns dieses theure Pfand des kaiserlichen Vertrauens als ein heiliges Gut bewahren, dasselbe gebührend pflegen und ausbilden, und seien Sie überzeugt, daß gerechte, in den Bedürfnissen der Zeit gegründete, und auf gesetzlichem Wege zur Geltung gebrachte Wünsche auch die gebührende Würdigung finden werden, und bedürfte es eines Beweises wie wenig die Regierung gerechten Wünschen sich verschließt, so brauche ich Sie nur auf das verbesserte Landesstatut zu verweisen.

Die Verleihung dieser neuen Landesordnung ist ein Ausfluß des Vertrauens unseres kaiserlichen Herrn; lassen Sie uns dieses Vertrauen mit gleichem Vertrauen erwiedern, und glauben Sie mir wir dürfen dem kaiserlichen Worte und den guten Absichten seiner Regierung auch unser Vertrauen schenken, darum wollen wir dieselbe auch mit Kräften unterstützen.

Ist voraussichtlich diese erste Versammlung der Landes-Vertretung auch nur von kurzer Dauer, so stehen Ihnen doch wichtige Maßnahmen bevor.

Sie haben die Vertreter des Landes in den Reichsrath zu wählen, den bleibenden Ausschuß zu bestellen und über jene Hilfsorgane zu berathen, welche zur Besorgung der nach der Landesordnung Ihrer eigenen Wahrnehmung vorbehaltenen Angelegenheiten unerläßlich sind, und welche Institute im Laufe der Zeit gänzlich untergingen.

Meine Herren, eine trübe Zeit zieht an uns vorüber, eine unglückschwangere Wolke lastet über dem politischen Horizont unseres Gesammtvaterlandes; umgeben von äußeren Feinden, im Inneren bedroht durch selbstsüchtige Trennungsgelüste, steht Österreich, wie schon so oft in der Geschichte, allein da, gestützt auf sein gutes Recht und angewiesen auf die Treue seines Volkes.

Lassen Sie uns, meine Herren, darum uns schaaren um den Thron unseres Monarchen; nie wankend in unserer Treue gleich den Riesenbergen unseres schönen Landes, das Banner der Gesammt-Monarchie hoch tragend, Hand in Hand mit den übrigen Völkerstämmen des Reiches, und im treuem unauflöslichen Bunde mit unseren deutschen Brüdern, denen wir durch Abstammung und eine mehr als tausendjährige Geschichte angehören – wollen wir im Bewußtsein unserer gerechten Sache jeder Gefahr von Außen und Innen mit ungebrochenem Muthe entgegensehen und wir werden, dessen bin ich überzeugt, auch den endlichen Sieg erringen. (Bravo)

Nur Einigkeit macht stark, nur mit vereinten Kräften werden wir das gewünschte Ziel erreichen ... Durchdrungen von der Wichtigkeit unserer Aufgabe, das Wohl des Landes zu wahren und erfüllt von der Hingebung für unseren allergnädigsten Kaiser und Herrn lassen Sie uns nunmehr zur Lösung dieser Aufgabe schreiten und ich erkläre hiermit den ersten Landtag des Herzogthumes Salzburg für eröffnet.

Fürsterzbischof Dr. Maximilian von Tarnóczy: Ich hoffe der Zustimmung aller Herren Abgeordneten unseres Landtages sicher und gewiß sein zu dürfen, wenn ich die ergreifenden Worte unseres hochgeehrten Landeshauptmannes mit der Versicherung erwidere, daß die Berufung auf unseren Patriotismus, die Berufung an unser Vertrauen auf den allergnädigsten Monarchen, auf unsere Treue und auf unsere Dankbarkeit, namentlich für das unschätzbare Geschenk der eigenen Landesvertretung den lautesten Wiederhall in unseren Herzen gefunden.

Durchdrungen von der Wichtigkeit unserer Aufgabe und unserer großen Verantwortlichkeit gegenüber dem ganzen Lande, werden wir alle Sorgfalt darauf verwenden, das wahre wohlverstandene Beste des Landes, die Grundlage und Bedingungen, auf denen dasselbe ruht, nach allen Seiten hin kennen zu lernen und wahrzunehmen, und den erkannten Bedürfnissen, den gegründeten und gerechten Wünschen der Bevölkerung hier einen geeigneten und entsprechenden Ausdruck zu geben, um zur Verwirklichung derselben nach Maßgabe der zustehenden Wirksamkeit thätig zu sein. Möge der Segen Gottes unsere Bemühung jederzeit begleiten.

Ich bin aber auch ebenso überzeugt, daß ich nur dem Sinne des hohen Landtages entspreche, wenn ich mir den Vorschlag erlaube, vor dem Beginne unserer landschaftlichen Wirksamkeit eine uns hoch verbindende Pflicht zu erfüllen, und Sr. k. k. apost. Majestät unserem allergnädigsten Kaiser und Herrn auch für die so ersehnte Wiederherstellung der politisch-administrativen Selbstständigkeit des Herzogthumes Salzburg den tiefgefühltesten Dank des Landes zu Füßen zu legen und Demselben dafür zum Voraus schon durch ein dreifaches begeistertes Hoch zu danken. Se. k. k. apost. Majestät unser allergnädigster Kaiser und Herr Franz Joseph I., er lebe Hoch, Hoch, Hoch! ...

Abg. Mathias Gschnitzer: Ich würde mir erlauben einen Antrag zu stellen, welcher eigentlich nur eine Erweiterung des bereits mit Akklamation aufgenommenen Antrages Sr. Exzellenz des Herrn Fürsterzbischofes ist. Ich glaube nämlich, daß wir uns nicht darauf beschränken sollen, hier in unserer Mitte, bloß hier im Saale unseren Dank dem erlauchten Monarchen auszusprechen, der dem Lande seine Selbstständigkeit, der dem Reiche eine Verfassung gegeben hat, und ich glaube, daß wir diesen Dank des weiteren ihm bezeugen sollen, durch eine Adresse, in welcher der Landtag des Herzogthumes Salzburg dem Kaiser Dank sage, für die verliehene Gerechtsame, für die freien Institutionen, die in den Grundgesetzen vom 26. Febr. enthalten sind, und für die Möglichkeit noch freieren Entwicklung derselben. Ferners, daß wir dem Kaiser sagen, wie wir zu seinem gegenwärtigen Ministerium alles Vertrauen hegen, wie wir darauf rechnen, daß dasselbe die Constitution zur Wahrheit mache. Eine solche Adresse würde ich den Landtag einladen, an Se. Majestät abgehen zu lassen ...

Abg. Dr. Franz Peitler: Ich erlaube mir den Antrag des Herrn Vorredners zu unterstützen. Das Land Salzburg hatte auch unter der erzbischöflichen Regierung seine Stände, jedoch war der Bauernstand, worauf der Hauptpfeiler der Macht beruht, damals noch nicht vertreten. Unsere gegenwärtige Landesverfassung vom 26. Februar unterscheidet sich daher sehr vortheilhaft von der früheren ständischen Verfassung dadurch, daß gegenwärtig auch Abgeordnete des Bauernstandes hier in unserer Mitte sich befinden. Ich glaube daher im Namen der Männer des Pfluges, den Antrag des sehr geehrten Herrn Vorredners unterstützen zu müssen.

Abg. Dr. Josef Lasser Ritter von Zollheim: Der Herr Landeshauptmann und der geehrte Landtag möge mich entschuldigen, wenn meine persönliche Stellung mich verpflichtet, auch in dieser Angelegenheit das Wort zu ergreifen. Ich bin mir sehr wohl bewußt, daß ich nur in der Eigenschaft als Landtags-Abgeordneter des Herzogthums Salzburg in ihrer Mitte zu sein, die Ehre habe. Allein, der gegenwärtige Antrag ruft mir in das Gedächtnis, daß ich auch mit einer anderen Eigenschaft bekleidet bin. Der gegenwärtige Antrag theilt sich in zwei Hauptrichtungen. Die erste Richtung ist der Ausdruck des ehrerbiethigsten Dankes an Se. Majestät für die verliehene Reichsverfassung, für die wiederhergestellte Landesverfassung. Daran knüpft sich aber zugleich auch der Ausdruck des Vertrauens an das gegenwärtige Ministerium, dessen Mitglied zu sein ich durch die allerhöchste Gnade Sr. Majestät berufen bin.

Es würde mich bei Abstimmung über diesen Antrag beirren, wenn ich mir nicht erlaubt hätte, vorläufig mich dahin zu äußern, daß ich bei der Abstimmung selbstverständlich von meiner Eigenschaft als Rath der Krone abstrahire. Wenn ich mich für die Unterstützung des Antrages erhebe, so begreift es sich, daß ich nur als Landtags-Abgeordneter dem Votum des Vertrauens für das Ministerium beitreten kann, und dabei vergessen muß, das ich selbst Mitglied desselben bin.

Nachdem ich nun auf diese Weise auseinandergesetzt habe, wie ich Sie bitten muß mein zustimmendes Votum zu diesem Antrage aufzufassen, so gestatten Sie mir auch einige Worte selbst darüber beizufügen.

Ich fürchte nicht in Widerspruch mit mir selbst zu gerathen, wenn ich nachdem ich gerade bemerkt habe, daß ich vergessen muß, Mitglied des Ministeriums zu sein, doch auch gleich wieder mich in die Rolle eines Ministers zurückversetze und Ihnen sage, daß das Ministerium sich dankbar geehrt und sich ermuthigt finden wird, durch den Ausdruck des Vertrauens, den wir von Ihnen gewärtigen. Glauben Sie mir meine Herren, das jetzige Ministerium bedarf des Ausdruckes des Vertrauens, es gehört ein höherer Grad persönlichen Muthes, ein höherer Grad von Gottesvertrauen dazu, um in den jetzigen sturm- und drangvollen Zeiten, wo von allen Seiten auf das Staatsschiff eingestürmt wird, den Muth nicht zu verlieren, den Glauben an eine bessere Zukunft nicht aufzugeben.

Die Männer, die durch das Vertrauen Sr. Majestät berufen sind in solcher Zeit am Ruder des Staatsschiffes zu stehen, bedürfen der Zustimmung des Volkes.

Was ist ein Ministerium? ein Häuflein weniger Männer; was ist es, was vermag es, wenn es nicht gleichzeitig getragen ist von dem Vertrauen des Monarchen und gleichzeitig unterstützt von dem Vertrauen des Volkes?

Das Banner, das wir vor ihnen tragen, das würde in den Staub sinken, wenn nicht dieses gegenseitige Vertrauen bestände. Folgt uns aber, folgt unserem Banner auch die Zustimmung und das Vertrauen des Landes und der Völker unseres großen Gesammtvaterlandes; dann glauben Sie mir, wird das jetzige Ministerium Mannes genug sein, dieses Banner aufrecht zu tragen und die politischen Glaubenswahrheiten, die auf demselben eingezeichnet sind, nach allen Richtungen zu wahren und zu vertreten. (Lautes Bravo von allen Seiten.)...

Die Gnade Sr. Majestät hat die Landesverfassung des alten Herzogthums Salzburg wieder hergestellt. Es ist aber ein neuer Geist, der bei dieser Wiederherstellung geweht hat, es ist der Geist der neuen Zeit, der Geist der Gleichberechtigung gegenüber den Privilegien der Vergangenheit.

Meine Herren! dieser Geist hat weggeweht aus unserer Mitte, ich will nur eines anführen, die Prälatenbank und die Ritterbank. Sie sind nur mehr sichtbar auf den Gedenktafeln, die an der Wand hängen. Es ist immerhin ein berechtigtes Gefühl, keine tadelnswerthe Empfindung, wenn ich sage, ich bilde mir was darauf ein einer Familie anzugehören, die seit Jahrhunderten auf diesen Gedenktafeln eingezeichnet ist, und wo man durch Jahrhunderte dem Namen der Familie mit der Geschichte des Landes verknüpft fand.

Dessen ungeachtet erkläre ich und glaube, wenn sämmtliche Ritterschafts-Angehörige des Herzogthumes Salzburg bei mir ständen, so würde Niemand mir wiedersprechen, ich erkläre, daß es Keinem von uns beifallen wird, den Eintritt in diese Versammlung auf Grund alter Privilegien anzusprechen, wir folgen dem Geiste der Neuzeit, wir huldigen dem Prinzip der Gleichberechtigung. (Bravo)

Es ist ein Stolz von mir, es ist ein Stolz von mir, ich wiederhole es, hier in Ihrer Mitte zu sitzen, (Beifall) nicht als Angehöriger einer alten Ritterfamilie des Landes, wenn ich auch gesagt habe, daß mich dies Bewußtsein erhebt, es ist ein Stolz von mir, daß gegenwärtig die Wahl des Landes mich in Ihre Mitte berufen hat.

Ich erlaubte mir nur dieses mit einer Art von Selbstgefühl Ihnen klar auszusprechen, damit Sie auch in dieser Richtung die Auffassung von meiner Seite begreifen und zugleich aus dieser Darlegung entnehmen, welche große Verschiedenheit obwaltet zwischen der Landschaft vor dem Jahre 6 und der Landschaft seit dem Jahre 60. Doch was ist aber die Wiederherstellung der Landesverfassung des kleinen Herzogthumes Salzburg gegen das große Geschenk Sr. Majestät gegen den konstitutionellen Grundbau des Gesammtstaates. Das ist ein Akt, des Dankes und des Vertrauens werth. Se. Majestät hat unter dem Banner der Reichsverfassung alle Länder und Völker seines Reiches um sich geschaart, Se. Majestät hat das wichtigste Recht, das angestammte Recht der Krone mit seinen Völkern getheilt, Se. Majestät haben das Gesetzgebungsrecht getheilt mit dem Reichsrathe in allen Reichsgesetzen und mit den Landtagen in allen Landesgesetzen. Se. Majestät haben bei den wichtigsten Fragen des Reiches, bei den Fragen über Gut und Blut, die Mitwirkung ihrer Völker zur Theilnahme an der Berathung, zur Theilnahme an der Entscheidung berufen.

Das sind die Elemente einer Constitution, und mit den damit verknüpften Einrichtungen haben Se. Majestät, wie ich wiederhole, den konstitutionellen

Grundbau des Gesammtreiches gegeben. Es ist dies ein Akt gewesen, der höchsten politischen Nothwendigkeit, zugleich aber auch ein Akt der freien Selbstbestimmung, ein Akt der Gnade der Krone. Diese beiden Gesichtspunkte dürfen wir nicht vergessen, wenn wir im Namen des Herzogthumes Salzburg durch die gewählten Vertreter desselben den Dank dafür vor die Stufen des allerh. Thrones bringen ... (Anhaltender stürmischer Beifall)

Hanns Haas

Politische Kultur und Parteienentwicklung im Land Salzburg 1861 bis 1918

Politische Parteien zur Organisierung des Wählerwillens bildeten von Anfang an essentielle Bestandteile des konstitutionellen Lebens. Entsprechend dem engen Kreis der Partizipationsberechtigten bestimmten anfänglich Honoratioren die politische Szene. Ihren Wählern präsentierten sich die Kandidaten durch Unterstützung von Personengruppen und Vereinen. Erst im Parlament formierten sie sich entsprechend ihrer politischen Einstellung zu Parteien. Eine lockere Verbindung über das Parlament heraus ergab sich durch „Parteitage" der programmatisch gleich orientierten Vereine unter Beteiligung von Mandataren. Mit der Ausweitung des Elektorats auf breitere Schichten und allgemein mit Intensivierung des politischen Lebens erhöhte sich der Integrationsgrad von Parteien zu dauerhaften Organisationen mit Programmen, Zeitungen, Vorfeldorganisationen und einer relativ sicheren Anhänger- und Wählerschaft durch formelle Mitgliedschaft und informelle Bindung. Ihre über Jahrzehnte dauerhafte Basis erreichten die Parteien durch eine organisatorische Durchdringung sozialer Milieus.

Programmatisch entwickelte sich das Parteiensystem entlang der großen Konfliktlinien („cleavages") des Modernisierungszeitalters und den daraus entstehenden divergenten Interessen. Im Folgenden wird am Salzburger Beispiel die Formierungskraft der zentralen politikrelevanten Konfliktkonstellationen des 19. Jahrhunderts behandelt, wie: Staat – Bürger, Stadt – Land, Staat/resp. Laizismus – Kirche, Zentrum – Peripherie/resp. Ethnie/Nation, Besitz – Bildung, Industrie – Gewerbe und Besitz – Arbeit sowie zuletzt im Fin de siècle das Spannungsverhältnis zwischen Zivilisation/Fortschritt – Natur. Den Zeitthemen widmeten sich die Erklärungsmuster wie Liberalismus, Konservativismus, Deutschnationalismus, Sozialdemokratie. Wer diese Themen programmatisch besetzte, dominierte die regionale politische Kultur im Sinne einer festen Verankerung eines Deutungsangebotes.

Zeitschnitt I: Staat – Bürger: Die liberale Ära 1861 bis 1870

In der politischen Kultur Salzburgs der frühen konstitutionellen Phase war für die politisch noch nicht ausdifferenzierte gemäßigt-liberale Elite die Konfliktlinie Staat – Bürger zentral. Staatsbürgerliche Freiheit und Freiheit der Kirche von staatlicher Bevormundung waren die beiden politischen Hauptthemen dieser Ära. Nach einem Jahrzehnt verordneter politischer Abstinenz seit der gescheiterten Revolution von 1848/49 war endlich die bürgerliche Mitbestimmung verfassungsmäßig garantiert und hatte das Kronland Salzburg 1860 wieder eine eigene Landesregierung erhalten. Im Zentrum-Peripherie-Bezug orientierte sich die regionale politische Öffentlichkeit an einem habsburgisch staatstreuen „deutschen" Nationalbewusstsein. Dieser Grundkonsens bildete im Kronland Salzburg das Ferment einer bis Ende der 1860er-Jahre die politische Öffentlichkeit und den Landtag dominierenden gemäßigt-liberalen Grundströmung unter Einschluss von Besitz, Bildung und Klerus. Der 1861 und 1867 gewählte Landtag war entsprechend dazu noch nicht in Fraktionen oder Parteien untergliedert. Dennoch zeigen sich Unterschiede im politischen Organisierungsgrad von Stadt und Land. Die liberal-bürgerliche Kultur hat sich vornehmlich im Wirtschafts- und Bildungsbürgertum (Freiberufler, Beamte und Lehrer) von Salzburg und Hallein entwickelt. Organisationsform des liberalen Aufschwungs war der „Bildungsverein" für alle wichtigen gesellschaftlichen, sozialkaritativen, kulturellen und politischen Anliegen wie Turnen, Gesang, Landeskunde, Kunst, Gewerbeinteressen, Alpinismus, Stenographie. Das kleinere Gewerbebürgertum hielt sich allerdings vom anstrengenden Bildungselan des Vereinswesens fern. Als politischer Verein erzog der 1868 in der Landeshauptstadt Salzburg gebildete „Liberale Verein" die Bürger durch sein dichtes Programm zu wohlinformierten Staatsbürgern. Anhand konkreter Fragestellungen erlernten seine Mitglieder die Umgangsformen der politischen Öffentlichkeit. Die anfangs sogar im Zwei-Wochen-Rhythmus abgehaltenen Vereinsversammlungen waren in Ablauf und Organisation der parlamentarischen Körperschaft nachgebildet. Jedes Mitglied musste einer im Verein gebildeten Sektion, beispielsweise für Politisches, Finanzen, Kultus und Unterricht sowie Volkswirtschaft, angehören. Mit seinen Petitionen und Eingaben an den Landtag, beispielsweise den Entwurf eines regionalen Eisenbahnnetzes, beteiligte sich der Verein indirekt an der politischen Willensbildung. Unter der Schirmherrschaft des Liberalen Vereins bildete sich 1868 ein Arbeiterbildungsverein, der auch den Unterschichten sozialen Aufstieg durch fleißiges Lernen versprach. Der Arbeiterbildungsverein entglitt dem Liberalismus allerdings schon 1870 in Richtung einer hauptsächlich von Handwerksgesellen gebildeten sozialdemokratisch organisierten Arbeiterbewegung.

Stadt: Die Landtagswahl 1861 wurde vom städtischen Patriziat entschieden. Sie nominierten die meisten Kandidaten und setzten sie mit Hilfe des von ihnen wirtschaftlich abhängigen Kleinbürgertums durch. In der zweiten Hälfte der Sechzigerjahre etablierte sich das schon skizzierte Modell der liberalen politischen Kultur. Jetzt spielten Vereine und Personengruppen die entscheidende Rolle im Wahlgeschehen. Seit 1868 war die „Aufstellung gesinnungstüchtiger Kandidaten" für die Vertretungskörper vor allem Aufgabe des Liberalen Vereines, wobei nach dem Hearing eine Vereinsversammlung über die tatsächliche Nominierung abstimmte. Flugblätter und Presse, allen voran das 1872 gegründete „Salzburger Volksblatt", warben für den Kandidaten. Seit 1873 koordinierte ein landesweites Zentralkomitee die Kandidatennominierung für Landtag und Reichsrat. In der Märkte-Kurie war stets die Absprache zwischen den zu Wahlverbänden zusammengeschlossenen Markt- und Industriegemeinden erforderlich. Beispielsweise wählten die Flachgauer Märkte Neumarkt, Seekirchen, Straßwalchen und Oberndorf zusammen einen Landtagsabgeordneten. Im Regelfall mussten die Anwärter zur Kandidatur überredet werden. Es galt als besonders schick, wenn sie ihr Programm erst nach erfolgter Wahl der kommunalen Öffentlichkeit präsentierten. Generell war es üblich, dass die Mandatare am Ende der parlamentarischen Sitzungsperioden in Versammlungen dem Wahlvolk Rede und Antwort standen.

Die soziale Reichweite des Liberalen Vereines war mit 190 Mitgliedern im Jahr 1872/73 recht eng. Seinen Schwerpunkt hatte der Verein stets in der Landeshauptstadt, wo er gleichermaßen gehobenes Wirtschaftsbürgertum, Gewerbeinhaber und Intelligenz zu seinen Mitgliedern zählte. Das Land erreichte er nur durch gelegentliche Wanderversammlungen. 1880 rekrutierte der Verein zwar bereits mehr als ein Drittel seiner Mitglieder außerhalb der Landeshauptstadt, jedoch beinahe ausschließlich in Hallein und in den Märkten Radstadt, Saalfelden, St. Johann im Pongau, Werfen und St. Michael im Lungau und nur 23 Mitglieder in den Landgemeinden.

Land: Das Land verschloss sich vorerst der liberalen politischen Kultur. Sowohl in der großbäuerlich dominierten Großgrundbesitzer-Kurie wie in den Landgemeinden gaben weiterhin die traditionellen Eliten innerhalb ihrer Beziehungsnetze den Ton an. In der Gemeindestube und bei den Landtagswahlen dominierte das „Zwischenmilieu" der Märkte und Zentralorte, wie Postwirte, Bräuer, Krämer und Wundärzte, und zwar in Abgrenzung von bildungsbürgerlichen Elementen der Advokaten, Notare, Lehrer und Beamten sowie des Klerus. Dieser Einfluss des „Zwischenmilieus" resultierte aus seiner ganz eigentümlichen sozialen Position zwischen Land und Stadt, bäuerlich und bürgerlich, Besitz und Bildung, lokaler Verankerung und überregionaler Verbindungen sowie aus seiner Vermittlungsfunktion zwischen Flachland und Gebirge im Austausch von Getreide gegen Vieh sowie aus den Serviceleistungen im Transitland Salzburg. Angehörige dieses „Zwischenmilieus" saßen als Repräsentanten des Großgrundbesitzes und der Landgemeinden im ersten Landtag von 1861. Die zwar wahlberechtigten, aber vom „Zwischenmilieu" abhängigen Bauern blieben vorerst stumm; kein Bauer gehörte dem Landtag an.

Liberal eingestellt war vorerst auch der Klerus. Mit seinem Anliegen, Glaube und Frömmigkeit durch Beteiligung an der bürgerlichen Öffentlichkeit mehrheitsfähig zu machen, beteiligte sich der „Vereinskatholizismus" am öffentlichen Diskurs. Diese liberal-katholische Linie war nicht nur von der kirchlichen Hierarchie (durch die Erzbischöfe Friedrich Fürst Schwarzenberg und Maximilian Joseph von Tarnoczy) vorgegeben, sondern auch im Klerus tief verwurzelt. Im längeren Zeitrahmen betrachtet, handelte es sich um eine Nachwirkung der katholischen Aufklärung unter Erzbischof Hieronymus Colloredo bis über die Mitte des 19. Jahrhunderts. Anders als in vielen populärwissenschaftlichen Arbeiten zu lesen, war Salzburg aus seiner Tradition als geistliches Fürstentum kein katholisch-konservatives Land. In Oberösterreich herrschte eine ähnliche Ausgangsposition, doch wurde der Konsens zunehmend von der konservativen Linie des Linzer Bischofs Franz Joseph Rudigier unterlaufen. Der Tiroler Klerus hingegen verharrte im „Schmollwinkel der Moderne". Die vom Brixener Priesterseminar ausgehende konservativ-katholische Bindung des Klerus wirkte jedoch über den Tiroler Anteil der Erzdiözese Salzburg bis hinein in den Pinzgau.

Zeitschnitt II: Staat/Laizismus – Kirche: Der „Kulturkampf" 1868 bis 1874/78

Im „Kulturkampf" der Siebzigerjahre war die Konfliktlinie Staat/Laizismus-Kirche in allen österreichischen Alpenländern prägend. Auch in Salzburg zergliederte sich die Parteienlandschaft in Liberale und Katholisch-Konservative. Inhaltlich ging es um die Kompetenzteilung zwischen Staat und Kirche in Bezug auf Ehe,

Schule, Armenpflege und die „äußeren Rechtsverhältnisse" der Kirchen. Schrittweise wurde das Konkordat von 1855 unterhöhlt und schließlich aufgehoben, welches Ehe und Schule der kirchlichen Kontrolle unterworfen hatte. Die Maigesetze von 1868 beließen es zwar bei der kirchlichen Eheschließung und beim Verbot der Scheidung für kirchlich geschlossene Ehen, doch für jene Fälle, in denen die Kirche die Ehe „aus Gründen, die in den Staatsgrundgesetzen nicht enthalten waren", verweigerte, wurde die „Notzivilehe" vor der politischen Behörde ermöglicht. Ein wichtiges liberales Anliegen war das Reichsvolksschulgesetz von 1869, indem es die Schule der kirchlichen Kontrollgewalt entzog, dabei aber den Grundsatz der „religiös-sittlichen" Erziehung wahrte. Eine politisch mobilisierende Wirkung übten die italienischen und deutschen Nationalstaatskriege aus, indem sie die Habsburgermonarchie von der Regelung der deutschen Frage ausschlossen und ihr die reichen italienischen Gebiete Lombardei und Venetien entzogen. Im katholischen Milieu wirkte nicht minder politisierend die Solidarität mit Papst Pius IX. in seinem vergeblichen Ringen um die Erhaltung des Kirchenstaates. Eine innerkirchliche Frontverhärtung brachte das Erste Vatikanische Konzil 1870 mit dem umstrittenen Dogma der Unfehlbarkeit des Papstes in kirchlichen Lehrfragen. Wirtschaftspolitisch markierte der Börsenkrach von 1873 eine Abkehr von den Grundsätzen des uneingeschränkten freien Wettbewerbs. In diesen innerkirchlichen Richtungskämpfen ist auch der Salzburger katholische Klerus zum katholisch-konservativen Lager übergewechselt. Die neue Orientierung erhielten vor allem die Kapläne von den Priesterseminaren. Die kämpferische Linie vertrat der 1870 gebildete „Katholisch-politische Volksverein", der sich – im Gegensatz zum liberalen Entwicklungsmodell für die ganze Gesellschaft – auf jene sozialen Segmente konzentrierte, die dem Fortschrittsglauben die Gefolgschaft verweigerten und die kulturelle Leitfunktion der Kirche anerkannten. In Bezug auf die staatsrechtlichen Fragen orientierten sich die Konservativen an einem dynastietreuen, habsburgischen Patriotismus und einem föderalisierten Staat, die Liberalen hingegen weiterhin an einer gesamtdeutschen kulturellen Zusammengehörigkeit und am Bekenntnis zur „Vorherrschaft der Deutschen" in einem zentralistisch regierten österreichischen Staat. Für die „soziale Frage" der Arbeiterschaft und der Besitzlosen in Stadt und Land hatten beiden Honoratiorenparteien keine brauchbaren Konzepte, sondern nur die liberale Illusion eines Aufstiegs durch Bildung respektive den katholisch-konservativen Trost auf Belohnung in einem besseren Jenseits.

Stadt: Der Kulturkampf bewirkte die Segmentierung der Salzburger Parteienlandschaft auf städtische Liberale und ländliche Katholisch-Konservative (Stadt-Land-Konflikt). Der (Deutsch-)Liberalismus wurde auf sein urbanes Feld von Salzburg, Hallein, Radstadt und Märkte zurückgedrängt. Den politischen Ton bestimmte weiterhin die Allianz von Besitz und Bildung. Abgesehen von einer rudimentären „Gewerbebewegung" (Salzburger Gewerbeverein 1875) hat sich in Salzburg keine kleinbürgerlich-demokratische Richtung wie etwa die „Demokraten" in Wien (Engelbert Pernerstorfer, Viktor Adler, Georg Ritter von Schönerer in seiner Frühzeit) organisiert. Doch das Leitbild einer bürgerlichen Gesellschaft mittlerer Unternehmer und gut positionierter Intelligenz verblasste infolge des Börsenkrachs von 1873. Zugleich gefährdete die nationale Emanzipation der nichtdeutschen Nationen die Dominanz der Deutschen im österreichischen Reichsteil. In dieser Situation verlor der Liberale Verein trotz Mutation zum

Deutschen Verein 1885 seine Attraktivität. Die politisch-konservative Richtung entwickelte in dem als feindlich empfundenen städtischen Umfeld förmliche Rückzugsorte um die Pfarren und die Netzwerke des bekenntnistreuen Vereinswesens.

Land: Der politische Katholizismus verbündete die klerikalen Kulturkampfthemen mit den Modernisierungsängsten der – vom Liberalismus nicht erfassten – politisch partizipationsberechtigten Bauern. Der Brückenschlag gelang im quellenmäßig gut dokumentierten Landtagswahlkampf 1870. Die umworbenen bäuerlichen Wähler identifizierten sich beispielweise mit der verlangten Rekonfessionalisierung der Volksschule und der Förderung katholischer Privatschulen; der Klerus mit der Verkürzung der Schulpflichtdauer, mit Steuererleichterungen für die Landwirtschaft und dem Ausbau des ländlichen Straßenwesens. Einer breiten ländlichen Öffentlichkeit vermittelte der katholisch-politische Volksverein die Kulturkampfanliegen durch Massenversammlungen und „Riesenpetitionen" an den Landtag. Mit mehr oder minder drastischen Formulierungen unterstützten die Priester von der Kanzel herab die konservativ-katholischen kulturpolitischen Anliegen. Glaubensvereine und Standesbündnisse für Frauen, Jungfrauen, Männer und Burschen schützten die katholisch-konservative Grundmoral auch unter politisch nicht Berechtigten gegen die Anfeindungen der Moderne und erbrachten damit eine wichtige Vorleistung für die Lagerbildung. Nur das Landbürgertum (Lehrerschaft, Ärzte, Rechtsanwälte) und das agrarisch-urbane „Zwischenmilieu" der Großbauern, Wirte usf. widersetzten sich der Integration ins politisch-katholische Lager. Die Stimmen des „Zwischenmilieus" sicherten dem Liberalismus die Mehrheit in der Kurie des Großgrundbesitzes und damit bei den Landtagswahlen 1870 und 1871. Doch schon in den Wahlen 1878 und 1884 gewann die katholisch-politische Bewegung die Kurie des Großgrundbesitzes und damit die Mehrheit im Salzburger Landtag. Die Bereichsgliederung: katholisches Land – liberale Stadt galt zeitgenössisch in allen Alpenländern; doch in Tirol und Vorarlberg gab es auch in den Städten ansehnliche konservative Minderheiten, im Falle von Brixen sogar die Mehrheit, welche dem politischen Katholizismus durchgehend die Landtagsmehrheit verschafften.

Zeitschnitt III. Zentrum – Peripherie/Nation. Ausdifferenzierung der Honoratiorenparteien 1878 bis 1900

Im ausgehenden 19. Jahrhundert untergliederte der – vom altösterreichischen Nationalitätenkampf entlehnte – deutsche Ethnozentrismus die städtischen Honoratiorenparteien in Liberale und Deutschnationale, die ländlichen in Katholisch-Konservative und Deutsch-Katholische. Die nationale Sinndeutung suchte nach Antworten auf die Krisen der industriellen Entwicklung. Ein politisches Dauerthema lieferte die vom Börsenkrach 1873 bis in die Neunzigerjahre andauernde wirtschaftliche Depression. Für beinahe zwei Jahrzehnte stockte die städtische Bautätigkeit. Alle noch so geringen Modernisierungsschritte, wie die Errichtung der Tramway-Linien, gefährdeten die Existenz der herkömmlichen Wirtschaftszweige, in diesem Falle der Lohnkutscher. Die Eisenbahn machte die Dienstleitungen für den alpinen Transitverkehr – für Wirte, Sattler, Wagner, Säumer – überflüssig. Die industrielle Massenproduktion ging zu Lasten des Erzeugungsgewerbes. Die allgemeine schwache Konsumkraft wirkte sich negativ auf den alpinen Viehexport aus. Nur zaghaft kompensierte der Tourismus den wirtschaftlichen Marasmus. Nicht minder problematisch war die Lage der jungen, nach einem anstrengenden Universitätsstudium nur unzureichend beschäftigten Intelligenz. Eine wichtige Vorgabe erhielt das politische Leben sogar des einsprachig deutschen Kronlandes Salzburg von den Turbulenzen der nationalen Konflikte vor allem in den böhmischen Ländern. Ergänzt man den zivilisatorischen Entwicklungsschritt der beinahe hundertprozentigen Alphabetisierung der erwachsenen Bevölkerung und die schrittweise Demokratisierung des Wahlrechts, wenn auch vorerst nur auf Reichsratsebene („Fünfgulden-Männer" 1882), so ergibt sich ein ganzes Set an Mobilisierungsfaktoren für die politische Kultur.

Stadt: Konflikt Deutschnationalismus – Liberalismus resp. Mittleres Bürgertum – Kleinbürgertum

Die Untergliederung der städtischen politischen Kultur nahm ihren Ausgang von einigen wenigen jungen Akademikern unter Leitung des Advokaten Julius Sylvester. Sie brachten vom Wiener Studium den ethnozentrischen Deutschnationalismus und den rassistisch unterlegten Antisemitismus in die Alpenstädte und die deutschböhmische Provinz. Ihr Idol bildete Georg Ritter von Schönerer, der mit seinem Deutschnationalen Verein in Wien breiten Anhang erzielte. Schönerers Adepten erreichten auch in Salzburg in gut inszenierten Wahlversammlungen die Gefolgschaft des kleinen Bürgertums. Bisher im Schatten der liberalen Politik fand das modernisierungsängstliche Gewerbe nun seine Heimat im Xenophobismus. Frenetischen Beifall zollten 400 Gewerbetreibende dem deutschnationalen Karl Iro für die suggestive Deutung ihrer ökonomischen Misere als eine Folge jüdischer Machenschaften (25. August 1891). Am fernen ostösterreichischen Beispiel demonstrierte Iro die Verdrängung des Handwerkes durch das „jüdische" Fabrikwesen. Berichte über die nationale Emanzipation von Slawen und Romanen in den zweisprachigen Kronländern schürten die Ängste vor nationaler Überfremdung. Für diese nationale Deutung ihrer verminderten Karrierechancen waren Lehrerschaft und Freiberufler besonders empfänglich. Gegen solch suggestive Erklärungen und Heilsversprechen war der liberale Fortschrittsgedanke der oberen besitzbürgerlichen Schichten und der arrivierten Intelligenz auf lange Sicht machtlos. Vergeblich mahnte das Salzburger Volksblatt vor einer antisemitischen Ideologie, die die niedrigsten Instinkte unter allen Schichten anstachelte. Zwar blieben die deutschnationalen Vereinsgründungen, auch wegen harter behördlicher Kontrolle, eine Randerscheinung in der städtischen Öffentlichkeit, ihrer mit großer Energie betriebenen Agitation gelang es schließlich, den Antisemitismus zuerst unter der jüngeren Beamtenschaft und schließlich auch unter den Kleingewerbetreibenden salonfähig zu machen. Ein Verein nach dem anderen wechselte zum Antisemitismus; als erstes übernahm der renommierte Salzburger Turn-Verein 1887 den Arierparagraphen; formell und informell folgten beinahe alle übrigen liberalen Vereine. Die zumeist älteren Mitglieder des Turnvereins gründeten 1892 den „Männer-Turnverein in Salzburg", der noch durch zehn Jahre dem Liberalismus treu blieb, ehe auch er den Arierparagraphen annahm. In einem solchen antisemitischen Umfeld hat die kleine jüdische Diaspora Salzburgs dennoch 1901 eine würdige Synagoge errichtet und 1911 eine Israelitische Kultusgemeinde gebildet.

Der Liberalismus ist an seiner sozialen Exklusivität gescheitert. Es ist ihm nicht gelungen, die Konzeption eines rationalen Interessensausgleichs den sozialen Mittel- und Unterschichten zu vermitteln. Die Erneuerung der politischen Kultur ging von den Deutschnationalen aus. Sie lösten die Stadtpolitik aus den engen Zirkeln der Vereine und Wahlkonventikel. Zu ihren „freie[n] und für jedermann zugängliche[n] Wählerversammlungen" waren alle Interessierten, auch nicht wahlberechtigte „halbwüchsige Leute" wie Turner, Hoch- und Mittelschüler, Handelsgehilfen und Lehrlinge zugelassen, die mit „nationalem Indianergeheul" die deutschnationalen Gemeinderatskandidaten unterstützten. Bisher nur aus der Unterhaltungsindustrie bekannte Plakatträger verkündeten bereits am nächsten Tag im euphorischen Ton das Resultat der Wählerversammlung. Sogar „amerikanische Reklamemittel" kamen zur Anwendung, etwa ein Leinwandstreifen über den Salzachfluss mit dem Schriftzug „Wählet Dr. Sylvester". Den Sturz der liberalen Stadtmehrheit erreichten die Deutschnationalen jedoch nur durch ein Bündnis mit den sonst im urbanen Umfeld politisch recht bedeutungslosen katholischen Klerikalen. Um sie zu gewinnen, versprach Sylvester sogar die Unterstützung einer katholischen Universitätsgründung in Salzburg. Tatsächlich haben die Deutschnationalen und Klerikalen unter der Parteibezeichnung „Vereinigte Christen" in den Gemeindeergänzungswahlen der Landeshauptstadt der Jahre 1893 bis 1895 die liberale Vorherrschaft nach 33 Jahren gestürzt. Doch die Genugtuung währte nicht lange. Die Konventikel kehrten zurück. Seit 1896 beherrschte der unpolitische „Bürgerklub" den Gemeinderat, indem er die Fäden der Mandatsnominierung hinter der politischen Bühne zog.

Land: Konflikt Katholisch-Konservative – Deutschkonservative („Mittelpartei"), resp. Klerus – ländliches Zwischenmilieu

Das im Kulturkampf vom politischen Katholizismus marginalisierte besitzbäuerliche Element und das vom Liberalismus nur locker integrierte ländliche „Zwischenmilieu" organisierte sich erstmals vereinsmäßig 1883 im „Salzburgischen Bauernverein". Dem Verein durften nur Grundbesitzer angehören; Advokaten, Beamte, Adel und Geistlichkeit waren nicht zugelassen. Regionale Wortführer waren „halb studierte" Bauern sowie grundbesitzende Müller und Wirte. Seinen Schwerpunkt hatte der Verein unter den marktorientierten Flachgauer Bauern und im Mitterpinzgau um Lofer, wo die ungelöste Frage der Servitutsrechte in den bayerischen Saalforsten schwelte. Bezugsfigur war wie im städtischen kleinbürgerlichen Vorbild Georg Ritter von Schönerer, der mit gut besuchten „Wanderversammlungen" für den Verein warb. Die Mittelpartei interpretierte die großen Konfliktlinien (cleavages) neu, indem sie die liberalen Kulturkampfthemen, wie die Förderung der Volksschule und die Kritik am politisierenden Klerus, mit bäuerlichen Sonderinteressen, wie strenge Handhabung der Dienstbotenordnung und agrarfreundliche Steuerpolitik, kombinierte. Ideologisch orientierte sich die Bewegung am rassistisch unterlegten Antisemitismus und an den Interessen der Deutschen im Nationalitätenkampf. Diese „deutsche Bauernbewegung" konnte die katholisch-politische Bewegung rasch durch die Bildung eines konservativen „Agrarvereins für das Herzogthum Salzburg“ unter der Führung des Juristen Georg Lienbacher neutralisieren. Mit Hilfe des katholischen Bauernvereins erreichten die Katholisch-Konservativen 1884 die Landtagsmehrheit.

Doch die Parteienverhältnisse waren im Fluss. Die katholische Position schien kaum stabilisiert, da drohte ihr Gefahr aus den eigenen Reihen. Die neue politische Richtung ging von Georg Lienbacher aus, bisher ein rede- und schreibgewandter Konservativer, der nun in Ablehnung des slawenfreundlichen Kurses der Regierung Eduard Taaffe die Ingredienzien der Parteibildung unter der Trias Katholizismus, Liberalismus und Deutschtum neu mischte. Es war jetzt der Zentrum-Peripherie-Konflikt in der habsburgisch-österreichischen Variante des Nationalitätenkampfes, der die Parteilandschaft neu strukturierte. Lienbachers „Mittelpartei“ stimmte seit 1887 in Kulturkampffragen (etwa Subventionierung katholischer Privatschulen) mit den Katholisch-Konservativen, in Wirtschaftsfragen je nachdem mit den Liberalen (Steuererleichterungen für städtische Neubauten) oder mit den Konservativen (Verminderung der Hausklassensteuer – Überwindung des Stadt-Land-Konflikts) und in nationalen Belangen (böhmische Sprachenfrage, Teilung der Prager Universität in eine deutsche und tschechische Anstalt 1882) mit den Deutschnationalen gegen die österreichpatriotischen Katholisch-Konservativen. Als Organisation repräsentierte die „Mittelpartei“ die klassische Formation einer Parteienbildung von oben her, aus der Mitte des Parlaments. Mit gut aufgemachten Broschüren und Streitschriften propagierte Lienbacher seine Anliegen. Als Sprachrohr diente seiner Bewegung der 1890 bis 1896 herausgegebene „Halleiner Volksfreund“. Seine Anhängerschaft erreichte Lienbacher wie der städtische Deutschnationalismus anfangs durch Unterwanderung bestehender liberaler Vereine, vor allem seit 1888 als gewählter Präsident der halb offiziösen Salzburger Landwirtschaftsgesellschaft, die er aus der Agonie zu einem florierenden Verein erweckte. Sodann beerbte er die nach Schönerers Abgang aus der Tagespolitik führerlose „deutsche“ Bauernbewegung, die sich unter Lienbachers Ägide 1892 in den „Verein für Recht und Wohlfahrt des Bauernstandes“ verwandelte. Nach Lienbachers Tod 1896 überlebte seine Fraktion als Minderheitengruppe in den Wahlkurien des Großgrundbesitzes und der Landgemeinden. Die „Deutsch-Konservativen“ brachen gemeinsam mit den Liberalen in den zwei Landtagsperioden 1890 bis 1896 und 1902 bis 1909 die katholisch-konservative Mehrheit. 1909 eroberte der Katholische Bauernbund die Großgrundbesitzer-Kurie.

Zeitschnitt IV: Fin de Siècle – Ausdifferenzierung der städtischen Parteienlandschaft – ländliche katholische Massenpartei (Christlichsoziale)

Die „Zweite Gründerzeit“ des Fin de Siècle veränderte nachhaltig die wirtschaftlichen und sozialen Verhältnisse bis in die alpine Peripherie. Salzburgs Wirtschaft boomte bis knapp vor den Ersten Weltkrieg, die urbane Zone dehnte sich um die Landeshauptstadt in die Vororte aus, die Landwirtschaft fand guten Absatz in einem prosperierenden Umfeld. Die räumliche und soziale Mobilität erfuhr eine weitere Steigerung. Augenfälliges Zeichen der Veränderung ist der Rückgang der in der Land- und Forstwirtschaft Beschäftigten von 62,9 Prozent (1868) auf 43,1

Prozent (1910). Standespolitische, berufsbezogene und geschlechtsspezifische Anliegen gliederten die Gesellschaft, soziale Sicherheitssysteme minderten die Risiken der Lebensführung. Ein Salzburger Verein verteidigte die Standesinteressen der Hebammen gegenüber den Ärzten; ein „Salzburger Frauenerwerbs-Verein" widmete sich der berufsbezogenen Ausbildung von unverheirateten Frauen. Zur Ausdifferenzierung sozialer Anliegen gesellte sich ein waches Interesse für kulturelle Fragen. Die Sinndiskurse erfassten nunmehr unter antagonistischen Gesichtspunkten Grundfragen der zivilisatorischen Entwicklung, der Erziehung, des Bildungswesens, bis hin zu religiösen und laizistischen Angeboten. Was die Politik betrifft, so ist den Christlichsozialen und Sozialdemokraten die Bündelung dieser Anliegen und Initiativen unter Führung der grundlegend veränderten politischer Ausschüsse (= Parteien) gelungen. Diese verwandelten sich aus Honoratiorenparteien, respektive Splittergruppen in Massenbewegungen mit dauerhaften Organisationen, Parteiblättern, fixer Mitgliedschaft und gut integrierten Vorfeldorganisationen. Das dritte „deutsche" Lager hingegen fand keinen gemeinsamen politischen Nenner ihrer Klientel von Interessensgruppierungen und Vereinen.

Stadt: Die Ausdifferenzierung der sozialen Interessen von Besitz (großes und kleines Bürgertum), Bildung (Beamte, Freie Berufe) und diversen Übergangsgruppierungen zwischen Bürgertum und Proletariat („Privatbeamte", kleine Angestellte, Handlungsgehilfen, Eisenbahner usf.), die Anliegen einzelner Berufe, segmentierte die „deutschbürgerliche" Landschaft noch kleinteiliger als bisher in Vereine, Klubs und Meinungsrichtungen. Zum urbanen Bereich sind außerdem wie bisher die bürgerlichen Segmente der Städte Hallein und Radstadt sowie die Märkte und das Landbürgertum zu rechnen. Dabei lassen sich grob die drei Ordnungskriterien „bürgerlich", „fortschrittlich" und „deutsch" separieren. „Bürgerlich" war das Lager im Verteilungskampf wirtschaftlicher Chancen und sozialer Positionen. Kontrahentin war vor allem die Sozialdemokratie mit ihrer Forderung nach angemessener Verteilung des gesellschaftlich produzierten Arbeitsertrags und als Mitbewerber bei Wahlen. „Fortschrittlich" war das Lager aus Gegnerschaft zum „Klerikalismus" in den Varianten der Kirchen- und Religionsgegnerschaft oder alternativer numinoser Welterklärung (Freidenker usf.). Zu den kulturpolitischen Forderungen zählte beispielsweise die Ablehnung einer katholischen Universitätsgründung. Im Zweiten Kulturkampf sagte sich sogar eine freilich nur bescheidene Minderheit „Los von Rom". „Deutsch" war das Lager in Bezug auf die Position des Deutschtums in „Cisleithanien", wie der österreichische Reichsteil genannt wurde, bzw. gegenüber dem Reichsteil Ungarn. Je nach dem Stellenwert des „nationalen Hochgedankens" im Ideologiehaushalt gab es „Deutsche, Deutschere und Deutscheste". Phasenweise beherrschte die deutsche Richtung die ganze bürgerliche Politik. Die Solidarität mit den böhmischen und mährischen Deutschen in der Ablehnung der Sprachenverordnungen des Ministerpräsidenten Graf Kasimir Badeni beherrschte in der „Novemberrevolution" 1897 tagelang das ganze städtische Leben. Eine ähnliche Konstellation ergab sich 1898 anlässlich der Erneuerung des ungarischen „Ausgleichs". Bei einem solchen extremen Deutschnationalismus verharrten jedoch nur unbedeutende Randgruppen wie die Schönerianischen Alldeutschen und die Deutschradikalen der Richtung Karl Hermann Wolf, die in mehr oder minder versteckter Form sogar einen Anschluss der deutschen Provinzen Altösterreichs an das Deutsche Reich anvisierten. Die Mehrheit der Deutschbürgerlichen kombinierte jedoch problemlos ihre staatsloyale österreichische Haltung mit einem gefühlsbetonten Deutschtum. Nationalpolitisch orientierte Spendenvereine, allen voran der Deutsche Schulverein zur Unterstützung deutscher Anliegen an der ethnischen Peripherie der böhmischen und adriatischen Länder, wirkten bis in das katholische Lager hinein. Obwohl in politischen Vereinen nicht zugelassen, waren Frauen in diese kulturellen Initiativen, beispielsweise im Deutschen Schulverein, aktiv eingebunden. Doch sowohl die deutschbürgerliche wie die christlichsoziale Bewegung kultivierten ein überliefertes Bild von der Frau als Hüterin von Haus und Herd. Die deutschbürgerliche Ideologie betonte zudem die generative Rolle der Frau für Bestand und Wachstum des eigenen Volkes. Der Antisemitismus und das deutsche Bekenntnis dienten dem sonst in Gruppierungen aufgegliederten „deutschen" Ideologiespektrum als Deckideologie. Das „Salzburger Volksblatt" widersetzte sich bis in den Weltkrieg dem Antisemitismus.

Entlang dieser Orientierungen formten sich durch Schwerpunktbildung die denkbar locker und zumeist nur temporär bei Wahlen verknüpften „Parteien". Statutengemäß politische Vereine bestanden nur wenige und mit geringer Breitenwirkung. Da gab es immer noch den seinerzeit Liberalen, seit der Statutenänderung 1885 „Deutschen Verein"; dann den 1892 von den Deutschnationalen gegründeten „Salzburgischen Volksverein" zur „Wahrung des deutschen Stammesbewusstseins, [...] Förderung und Belebung des politischen Interesses und rege[r] Beteiligung in allen öffentlichen, gemeinnützigen und wirtschaftlichen Angelegenheiten". Doch beide Vereine erwachten regelmäßig nur bei politischen Wahlen zu kurzem Leben. Die schon erwähnten Schönerianischen und deutschradikalen Vereine waren kaum mehr als Tischgesellschaften. Das eigentliche Wahlgeschehen organisierten ohnehin spontan gebildete Wahlvereine oder informelle „Wahlbesprechungen" mit oder ohne Beteiligung der Kandidaten, 1907 sogar eine „Allgemeine Wählerversammlung einzelner Landtagsfraktionen" [sic!], gelegentlich auch Versammlungen des „Salzburgischen Volksvereins". Sogar förmliche Vorwahlen waren nicht selten. Dabei entwickelten sich für jede Partizipationsebene spezielle Rituale. In der Stadt Salzburg beherrschte den ersten Wahlkörper der „Höchstbesteuerten" das wirtschaftliche Patriziat; im zweiten drängten sich die stärker ideologisierten „deutschen" freisinnigen Gruppen und im dritten das kleine Bürgertum, die Lehrer und kleinen Beamten. Eine wesentliche Rolle bei der Kandidatennominierung spielte der 1895 gebildete „Salzburger Bürgerklub", eine „Freie Vereinigung der Bürger-, Handels- und Gewerbetreibenden" mit knapp 300 Mitgliedern, die teils mit eigenen Kandidaten antrat, teils aus den ideologisch orientierten Gruppen gemäßigte, an der Wirtschaftsförderung interessierte Kandidaten unterstützte, unter ihnen auch christlichsoziale; 1914 wurde der Bürgerklub verdächtigt, demnächst sogar einen sozialdemokratischen Kandidaten auf seine Liste zu setzen. Die politische Kultur des dritten Lagers verharrte immer noch in den Bahnen und Formen der Honoratiorendemokratie. Das „Salzburger Volksblatt" ließ alle diese Gruppierungen zu Wort kommen. „Mit Fraktiönchen" konnte man jedoch „im demokratischen Zeitalter" nicht mehr Politik machen. Das „Salzburger Volksblatt" wusste 1907 keinen anderen Ausweg als die Rückkehr zum klassischen Honoratiorensystem. „Persönlichkeiten, die kindische Fraktionspolitik verschmähen", sollten die fehlende Partei ersetzen. Erst 1909 einigen sich die wahlwerbenden Gruppen zum Zusammenwirken in einem „Deutschfreiheitlichen Volksbund für das Land Salzburg" mit Sprechabenden, Vorträgen und 1912 sogar einem Volksbundsekretariat. Der Volksbund hatte zwar seinen Schwerpunkt in der Stadt, umschloss aber auch die ländlichen Deutschkonservativen, womit er einer schon seit dem Liberalismus durchgehenden politischen Linie entsprach (partielle Überwindung des Stadt-Land-Gegensatzes). Für den Reichsrat kandidierten Abgeordnete der 1896 als Parlamentsfraktion gegründeten „Deutschen Volkspartei" – die Parteienbildung kehrte gewissermaßen zu ihrem parlamentarischen Ursprung zurück. Ihre vorstädtische Wählerschaft erreichte ihr Kandidat 1907 mit Unterstützung der deutschnationalen Arbeiterbewegung.

Land: Der Katholizismus hat im beginnenden 20. Jahrhundert das immer noch vorwiegend agrarische Land zum politischen Milieu verfestigt. Eine wesentliche Vorleistung erbrachte die bekenntnisstarke Glaubenspflege. Mai-Andachten und 40-Stunden-Gebet, farbenprächtige historistische Kirchenausstattung samt Lourdes-Grotten, Massenwallfahrten und Volksmissionen verliehen dem kirchlichen Leben neue Impulse. Kirchliche Caritas, Unterstützungsvereine für Dienstboten sorgten sich um das leibliche Wohl der Bedürftigen; Standesbündnisse für Jungfrauen, Frauen und Männer um eine christliche Lebensführung. Dem 1908 gegründeten „Katholischen Frauenbund für Salzburg" gehörten folgende Gruppierungen an: Kleinkinderbewahranstalten, Arbeiterinnenvereine, der Mütterverein, der Paramentenverein sowie das „Werk des hl. Philipp Neri", das „arme Arbeitermädchen" an Sonntagnachmittagen in Schneidern und Weißnähen unterrichtete, „um sie von sündhaften Vergnügungen wegzubringen". In den politischen Bereich hinein wirkten ein freilich recht mitgliederschwacher „Katholischer Schulverein", die „Leo-Gesellschaft" zur Förderung von Wissenschaft und Kunst und der „Pius-Verein" zur Unterstützung des katholischen Pressewesens. Einen wesentlichen Impuls für Sozialarbeit vermittelte die päpstliche Sozialenzyklika „Rerum Novarum" 1891 mit ihrer Forderung nach Gleichgewicht zwischen Kapital und Lohnarbeit. In ihrem Sinne wirkten die sogenannten „unpolitischen Arbeitervereine" überall dort, wo die Sozialdemokratie Fuß fasste, beispielsweise in Salzburg, Maxglan, Hallein, Golling und in den Bergbauorten wie Mühlbach am Hochkönig. Sie erfassten jedoch nur schmale Segmente der ländlichen Arbeiterschaft wie Holzarbeiter, zeitweise Knappen in Saline und Bergbau und Bauarbeiter. Dieses rechtzeitige Eingehen auf die „soziale Frage" hat vor allem auch die lagerinterne christlichsoziale Konkurrenz ferngehalten, die mit ihren Vereinen erst nach 1900 Fuß fassen konnte.

Die sukzessive Demokratisierung des Wahlrechts seit den 1890er-Jahren verlangte eine politische Mobilisierung aller sozialen Schichten in Stadt und Land. Dieser Schritt von der katholisch-konservativen Honoratiorenpartei zur christlichsozialen Massenpartei vollzog sich in Salzburg, anders als etwa in Wien und in Tirol, kontinuierlich und ohne organisatorische Aufspaltung. Nicht zu unterschätzen ist die vermittelnde Rolle der lagerspezifischen Presse „Salzburger Chronik". Entscheidend aber war die rechtzeitige Verwandlung des „Katholisch-politischen Volksvereins", einer typischen Honoratiorenvereinigung, im Juli 1906 in den volksnahen „Katholischen Bauernbund" unter der Präsidentschaft des Thalgauer Bauern Franz Schoosleitner. Binnen eines Jahres erreichte der Verein über 10.000 Mitglieder in 155 vereinsmäßig organisierten Salzburger

Gemeinden, während der „Katholisch-politische Volksverein" zuletzt nur 1.500 Mitglieder in 78 Gemeinden zählte. Mit seinem Netz an Vertrauensmännern, auf Pfarrebene gewählten Bauernräten und „Plauderstunden" erfasste der Verein eine breite Anhängerschaft. Zur Generalversammlung im Salzburger Kurhaus kamen 1913 stolze 900 Teilnehmer. Problemlos gewann er die Themenführerschaft in ländlichen, nicht bloß bäuerlichen Anliegen wie Steuerfragen, Darlehen, Entschuldung, Altersversorgung für Dienstboten; in Kombination mit kulturpolitischen Anliegen in Schule und Religionsunterricht. Freilich fehlte auch im Bauernverein wie in der ganzen christlichsozialen Bewegung nicht ein religiös unterlegter Antisemitismus. Der Bauernbund erfasste das ganze ländliche Spektrum von großen und kleinen Bauern, Dienstboten, Gewerbetreibenden, mehreren Hundert Marktbewohnern sowie vereinzelt Knappen und Arbeitern. Seine Leitung lag in Laienhänden, anders als bisher im Volksverein mit seiner geistlichen Führerschaft. Für die Stadt Salzburg und die Umlandgemeinden wurde 1909 der „Patriotische Verein" gegründet, der sich noch im selben Jahr in „Christlichsozialer Verein" umbenannte. Als dritte Säule der Bewegung entstand schon 1900 der „Katholisch-politische Arbeiterverein für das Kronland Salzburg", der sich in Lohnkämpfen auch gegen prononciert katholische Unternehmer für Arbeiterinteressen einsetzte. 1907 formierte sich die „Christlichsoziale Partei" aus gleichberechtigten Vollzugsausschüssen des Bauernbundes und des Patriotischen Vereins, der zugleich die christlichsozialen Arbeiter umfasste. Erst im Dezember 1918 kam die „Katholische Frauenorganisation" dazu. In Salzburg standen städtische Konservative bzw. Christlichsoziale aber immer im Schatten der mächtigen ländlichen katholischen Bewegung, ein Gegenmodell zu Ostösterreich, wo die Wiener christlichsoziale kleinbürgerliche Bewegung Karl Luegers das agrarische Niederösterreich missionierte. Damit blieb die Bereichsgliederung in Stadt – Land auch im Zeitalter der Massenbewegungen konstant. In den Landtagswahlen von 1909 konnten die Christlichsozialen sämtliche Mandate der Landgemeinden und des Großgrundbesitzes sowie die 4. Kurie der Landgemeinden und damit die Landtagsmehrheit erobern.

Kapital und Arbeit: Die Sozialdemokratie

Die Sozialdemokratie als dritte große Richtung neben Liberalen resp. Deutschnationalen und Konservativen, später Christlichsozialen, orientierte sich am Grundkonflikt Kapitel – Arbeit. Ihre Anfänge reichen in die 1860er-Jahre zurück. Am 15. März 1868 genehmigte die Landesregierung die Statuten des „Salzburger Arbeiter-Bildungsvereins". Dem Verein gehörten als „wirkliche Mitglieder" nur „gewerbliche Hilfsarbeiter" an. Seit einer Statutenänderung 1870 konnte „jeder unbescholtene Arbeiter" Mitglied werden. Der Verein teilte die zeittypische liberale Bildungsidee. Lernen, Sparen und Mäßigkeit sollten den „Arbeiterstand in geistiger, sittlicher, körperlicher und materieller Beziehung" heben. Im Arbeiterbildungsverein waren auch Frauen aktiv, wenn auch vermutlich nicht als förmliche Mitglieder. Anfangs Teil des liberalen Vereinsspektrums, lösten sich die Arbeitervereine in den frühen Siebzigerjahren aus der liberalen Patronanz und bekannten sich zur Sozialdemokratie mit ihrer Forderung nach „Staatshilfe" für die Gründung von Erwerbsgenossenschaften und nach dem „allgemeinen

Wahlrecht". Die behördliche Auflösung der Fachvereine im Jahre 1874 bewirkte in Salzburg wie in ganz Österreich eine Radikalisierung der ins Abseits gedrängten Bewegung. Die Spaltung der Bewegung in „Gemäßigte" und „Radikale" wurde am Hainfelder Parteitag 1889 unter der Regie Viktor Adlers überwunden. Auch in Salzburg behauptete sich ab Mitte der 1890er-Jahre die „reformistische" Richtung, welche unter Beibehaltung einer sozialistischen Utopie hier und jetzt für bessere Löhne, Sozialgesetzgebung und kommunale Leistungen kämpfte.

In den 1890er-Jahren überschritt die Sozialdemokratische Partei die Grenzen des städtischen Handwerks. 1894 gab es Arbeiterbildungsvereine in Salzburg, Hallein, Bischofshofen, Dienten, Saalfelden und kurzfristig in Thalgau mit zusammen 492 Mitgliedern; dazu einen Arbeiter-Sängerbund mit 51 Mitgliedern und 452 gewerkschaftlich Organisierten. Die Partei hatte am Land generell keinen leichten Stand. Bürgermeister, Unternehmer und Pfarrer erschwerten, wo es ging, ihre Entfaltung. Der politische Mobilisierungsschub beschleunigte die Integration der Sozialdemokraten zur Partei. 1899 entstand eine Landesparteiorganisation, 1901 bildeten sich Orts- und Bezirksorganisationen. Gewerkschaftliche Fachvereine, Krankenkassen, Arbeiterinnenvereine, Konsumvereine, Arbeiterschulen, Alpenvereine etc. entstanden als Vorfeldorganisationen. Die Zahl der Parteimitglieder stieg von 1.400 (1904) auf 3.007 (1913). Speziellen sozialpolitischen Frauenanliegen widmete sich der Arbeiterinnen-Frauenverein. In dieser Entwicklungsphase gewann die Partei auch die Berg- und Salinenarbeiter, die Arbeiter und Arbeiterinnen der Industriebetriebe sowie die „kleinen Leute" in den Städten und Zentralorten, die sich bei entsprechender Dichte zu „proletarischen" Gegenwelten in einzelnen Stadtvierteln und in der industriellen Diaspora formierten. Die Eisenbahner wurden unter behördlichem Druck von der Sozialdemokratie ferngehalten. Die landwirtschaftlichen Arbeiter waren unerreichbar. Die Wahlerfolge hielten sich in engen Grenzen. Im Mehrheitswahlrecht konnte die Partei auf Reichsratsebene kein Mandat erringen.

Die große Stunde kam für die Sozialdemokratie mit der Wahlrechtsbewegung. Am 28. November 1905 mobilisierte sie in Salzburg 10.000 Teilnehmer für eine Demonstration für das allgemeine, geheime, gleiche und direkte Wahlrecht. Nur die christlichsoziale Arbeiterbewegung unterstützte von Anfang an die Wahlbewegung, während die Katholisch-Konservativen und Deutschnationalen halbherzig erst im letzten Augenblick auf den Zug aufsprangen. Die Regierung gab nach und das Wahlrecht zum Abgeordnetenhaus wurde 1906 demokratisiert, allerdings unter Ausschluss der Frauen, die erst in republikanischer Ära das Wahlrecht erhielten.

Nun begann ein zähes Ringen um das Landtagswahlrecht. Die Wahlrechtsreform 1909 brachte jedoch nur einen mäßigen Gewinn, indem sie den nach Steuerleistung abgestuften Landtagskurien eine vierte „allgemeine" Kurie hinzufügte, allerdings mit unterschiedlicher Zugangsberechtigung, denn in den Städten waren zur 4. Kurie alle sonst in keiner Privilegienkurie berechtigten männlichen Staatsbürger zugelassen. In den Landgemeinden hingegen durften alle Männer in der 4. Kurie wählen, auch jene, die schon als Steuerzahler wahlberechtigt waren. Dem sozialdemokratischen Parteisekretär Robert Preußler war es ein Anliegen, damals noch als Zuschauer der Landtagsverhandlungen, „der klerikalen Partei für die Entrechtung der Landarbeiter unsere tiefste Verachtung auszudrücken".

Mit der Wahlrechtsreform wurde auch die Mandatszahl von bisher 28 auf 39 Mandate erhöht, wobei auf die 4. Kurie lediglich sechs Mandate entfielen. Bei den Landtagswahlen im Mai 1909 gelang es den Sozialdemokraten, zwei städtische Mandate in der sogenannten „Bettelkurie" zu erlangen. Robert Preußler wurde mit 53,7 Prozent der abgegebenen Stimmen im Wahlkreis Gnigl, Maxglan, Bad Gastein gewählt. Knapper ging die Wahl in der Stadt Salzburg für den Gewerkschafts-Landesvertrauensmann Josef Proksch aus, der mit 50,8 Prozent der Stimmen ein Mandat erlangte.

Im Landtag blieben die beiden sozialdemokratischen Abgeordneten relativ isoliert, weil sie auch aufgrund der Geschäftsordnung kein parlamentarisches Initiativrecht besaßen. Die Einbringung von Anfragen bedurfte der Unterstützung von insgesamt sieben Abgeordneten, Anträge sogar zehn Unterschriften. Selbst die Abgabe eines Minderheitsberichtes setzte vier Unterschriften voraus. Unter diesen rechtlichen Rahmenbedingungen waren die beiden Sozialdemokraten auf das Entgegenkommen der anderen Parteien im Landtag angewiesen. Wenngleich der Einzug der Sozialdemokraten in den Salzburger Landtag im Jahre 1909 der Ausgangspunkt für die Veränderung der Parteienlandschaft in Salzburg war, blieb dies für die parlamentarische Arbeit von nachgeordneter Bedeutung.

Auswahlbibliographie

Bauer, Ingrid: „Tschikweiber haum's uns g'nennt ..." Frauenleben und Frauenarbeit an der „Peripherie": Die Halleiner Zigarrenfabriksarbeiterinnen 1869 bis 1940. Eine historische Fallstudie auf der Basis lebensgeschichtlicher Interviews, Wien 1988

Dopsch, Heinz/Hoffmann, Robert: Geschichte der Stadt Salzburg, Salzburg – München 1996

Fellner, Günter: Judenfreundlichkeit, Judenfeindlichkeit. Spielarten in einem Fremdenverkehrsland. In: Kriechbaumer, Robert (Hg.): Der Geschmack der Vergänglichkeit. Jüdische Sommerfrische in Salzburg, Wien – Köln – Weimar 2002 (Schriftenreihe des Forschungsinstitutes für politisch-historische Studien der Dr.-Wilfried-Haslauer-Bibliothek, Band 14), S. 59–126

Gnilsen, Harald: Ecclesia militans Salisburgensis. Kulturkampf in Salzburg 1848–1914, Salzburg 1972 (Veröffentlichungen des Historischen Instituts der Universität Salzburg 2)

Haas, Hanns/Hellmuth, Thomas: Der Salzburger Landtag. In: Die Habsburgermonarchie 1848–1918, Band 7, 2. Teilband, Wien 2000, S. 1769–1820

Ders.: Politische, kulturelle und wirtschaftliche Gruppierungen in Westösterreich (Oberösterreich, Salzburg, Tirol, Vorarlberg). In: Die Habsburgermonarchie 1848–1918, Band 8, 1. Teilband, Wien 2006, S. 227–395

Ders.: Salzburg in der Habsburgermonarchie. In: Dopsch, Heinz/Spatzenegger, Hans (Hg.): Geschichte Salzburgs. Stadt und Land, Bd. II: Neuzeit und Zeitgeschichte, 2. Teil, Salzburg 1988, S. 661–1022

Hanisch, Ernst: Ambivalenzen der Modernisierung. Die Formierung der politischen Lager in den Alpenländern. In: Rumpler, Helmuth (Hg.): Innere Staatsbildung und gesellschaftliche Modernisierung in Österreich und Deutschland

1867/71 bis 1914. Historikergespräch Österreich–Bundesrepublik Deutschland 1989, Wien 1991, S. 176–185
Hanisch, Ernst/Fleischer, Ulrike: Im Schatten berühmter Zeiten. Salzburg in den Jahren Georg Trakls 1887–1914, Salzburg 1986
Hellmuth, Thomas/Windtner, Elisabeth: Liberalismus und Sozialdemokratie. Ein Beitrag zur frühen Salzburger Arbeiterbewegung (1868–1874). In: Haas, Hanns (Hg.): Salzburg zur Gründerzeit. Vereinswesen und politische Partizipation im liberalen Zeitalter, Salzburg 1994 (Salzburg Archiv 17), S. 243–282
Kaut, Josef: Der steinige Weg. Geschichte der sozialistischen Arbeiterbewegung im Lande Salzburg, Salzburg 1982
Köfner, Gottfried: Hunger, Not und Korruption. Der Übergang Österreichs von der Monarchie zur Republik am Beispiel Salzburgs. Eine sozial- und wirtschaftswissenschaftliche Studie, Salzburg 1980
Lipset, Martin Seymour/Rokkan, Stein: Cleavage structures. An introduction. In: Lipset, Martin Seymour/Rokkan, Stein (Hg.): Party systems and voter alignments. Cross national perspectives, New York 1967, S. 1–64
Nadel, Stan: Ein Führer durch das jüdische Salzburg, Salzburg 2005
Steinkellner, Friedrich: Georg Lienbacher. Salzburger Abgeordneter zwischen Konservatismus, Liberalismus und Nationalismus 1870–1896, Salzburg 1984 (Veröffentlichungen des Internationalen Forschungszentrums für Grundfragen der Wissenschaften 17)

Wer kommt dort vom Libertenhaus
Mit Glanz in vollem Wichs heraus,
Sieht in der Welt sich staunend um
Und fragt nach dem Präsidium?
Das ist des Hauses Präsident,
Den jedermann mit Achtung nennt,
Weil er nicht mit dem Sauhieb ficht,
Den Gegner nicht von hinten sticht.

Wenn er im Haus den Vorsitz führt,
Kriegt jedermann, was ihm gebührt,
Er hört nach allen Seiten schlecht
Und macht's d'rum allen Seiten recht.
Wenn er was nicht entscheiden kann,
So fragt er halt bei Kupka an,
Der ist zu diesem Zwecke da —
Das Näh're sehe man bei Ka.

In Politik zählt der Sylvester
Schon viele Dutzende Semester
Und sitzt in allen Sätteln fest —
Vorausgesetzt, daß man ihn läßt.
In Fragen deutscher Minderheiten
Gehört er zu den Ganzgescheiten,
Doch auch in höchster Politik
Versucht er sich mit viel Geschick.
Er bleibt nicht zaghaft auf dem Land,
Drückt sich nicht ängstlich an die Wand,
Wagt sich auf's Mittelmeerproblem
Und find't die Lösung ganz bequem.

Doch will Europa nicht wie er,
Dann sauft er seinen Humpen leer,
Sieht in der Welt sich staunend um:
„Wo ist denn das Präsidium?"

Ein wenig dösig und behäbig,
Die Eleganz ein bißchen schäbig,
So ganz auf Biederkeit frisiert
Und mit Gediegenheit verziert.
Dabei ein kluger Diplomat
Politisch wie als Advokat.
Nicht zu zelotisch, nicht zu lau,
Nicht gänzlich schwarz, bloß mohrengrau,
Gefällig, wenn's ihm nichts verschlägt,
Energisch, wenn's Expensen trägt,
Mit jedem Worte auf der Lauer,
Gesamteindruck: G'studierter Bauer.

Freiherr v. Fuchs ist gut erzogen
Und der Regierung stets gewogen.
War einst des Hauses Präsident;
Vermitteln ist sein Element —
Vermittelnd schürt er alle Brände
Und wäscht in Unschuld seine Hände.
Konservativ bis in die Puppen,
Schnittlauch auf alle Klostersuppen;
Betrauet redlich und gewandt
Den vollen Sack der „toten Hand",
Und ist auch selber reich geworden
Als Rechtsvertreter frommer Orden.

Da lernt' er rechnen mit Millionen
Und klug den eignen Heller schonen.
Drum ist's ein guter Witz gewesen,
Ihn fürs Präsidium zu erlesen
Der Kommission, die kontrolliert,
Wie unser Schuldenstand floriert.

Viktor Freiherr v. Fuchs
Advokat

Dr. Julius Sylvester
Advokat, Präsident des Abgeordnetenhauses

Lothar Höbelt

Zwei Präsidenten als Vertreter Salzburgs im Reichsrat

Der Erste Weltkrieg brach aus, als der Reichsrat wieder einmal wegen Obstruktion vertagt worden war. Die Landtage, vor allem der friedliche Salzburger Landtag, waren davon zunächst einmal nicht betroffen. Allerdings war der böhmische Landtag schon seit Jahren nicht mehr arbeitsfähig. Manche Kronländer, wie z. B. die Bukowina oder Görz und Gradisca, waren über längere Strecken von feindlichen Truppen besetzt. In den frontnahen Gebieten war das Kriegsrecht verkündet worden. Der Landtag von Istrien wurde 1916 überhaupt aufgelöst, weil man seiner italienischen Mehrheit misstraute. Unter diesen Umständen wurden auch die Landtage, die weder politisches Ungemach versprachen noch militärisches Ungemach durchmachen mussten, nicht wieder einberufen. Der „Kriegsabsolutismus" erhielt damit eine besondere, zentralistische Note, an der sich auch nichts änderte, als Kaiser Karl im Frühjahr 1917 beschloss, den Reichsrat wieder zusammentreten zu lassen.

Als Interessensvertreter waren die Länder deshalb in erster Linie auf ihre Reichsratsabgeordneten angewiesen, 1917/18 in ihrer Eigenschaft als Parlamentarier, vorher schon als Persönlichkeiten, die dazu berufen waren, bei den Wiener Zentralstellen vorstellig zu werden, zu „intervenieren" und zu „antichambrieren". Gerade das kleine Kronland Salzburg war in dieser Beziehung „gut bestückt". Denn zwei – der insgesamt sieben – Salzburger Abgeordneten zählten zu den prominentesten Mitgliedern des Hauses: Julius Sylvester (1854–1944) und Viktor von Fuchs (1840–1921). Sylvester war von 1911 bis 1914 sogar (Erster) Präsident des Abgeordnetenhauses gewesen, Fuchs hatte dieses Amt schon um die Jahrhundertwende bekleidet. Ab 1917 war Sylvester dann eine Zeitlang Obmann der Fraktion der Deutschen Nationalpartei, die fast alle deutschfreiheitlichen Abgeordneten auf dem Gebiet der späteren Republik Österreich umfasste. Der christlichsoziale Parlamentsklub wurde nach dem Tode Luegers und der Niederlage bei den Wahlen 1911 abwechselnd von einem der Ländervertreter geführt. 1916/17 war die Reihe an Viktor von Fuchs, dem man auch gute Beziehungen zum ermordeten Thronfolger Franz Ferdinand nachsagte. Erst 1918 übernahmen dann auf beiden Seiten Oberösterreicher die Führung: Der Linzer Bürgermeister Franz Dinghofer bei der Nationalpartei, Prälat Johann Nepomuk Hauser bei den Christlichsozialen.

Sylvester und Fuchs waren dabei beide keine gebürtigen Salzburger, sondern Wiener. Beide waren Rechtsanwälte („Hof- und Gerichtsadvokaten"). Beide zählten zum Kernbereich ihrer politischen Lager: Sylvester war als Angehöriger der Burschenschaft „Libertas" in den 1880er-Jahren ein Anhänger Schönerers gewesen. (Noch als Präsident focht er gerne Mensuren!) Viktor von Fuchs war mit einer Enkelin von Joseph Görres verheiratet, dem Gründer der „Historisch-Politischen Blätter" und einem der Vorkämpfer des politischen Katholizismus im Deutschland. Seine Kinder heirateten in Familien prominenter Tiroler Konservativer (Giovanelli und Kathrein). Während Fuchs schon in den 1870er-Jahren in den Salzburger Landtag gewählt wurde, aber beruflich mit seiner Kanzlei in

Wien blieb, führte Sylvester ab 1884 seine eigene Kanzlei in Salzburg und wurde zum Gründervater der Salzburger Deutschnationalen („Salzburger Volksverein" 1892). Beide erwiesen sich immer wieder als schlagkräftige „Lobbyisten" für Salzburger Interessen: Fuchs wurde z. B. seine Vermittlung beim Ankauf des Bades Gastein durch den kaiserlichen Familienfonds hoch angerechnet, Sylvester sein massives Eintreten für den Bau der Tauernbahn.

Im 20. Jahrhundert galten beide dann schon als verbindliche Charaktere, die auf Ausgleich setzten. Sylvester verdankte diesem Ruf seine Wahl zum Präsidenten. Der polnische Karikaturist Casimir von Sichulski lobte seine Fairness: „Das ist des Hauses Präsident, / Den jedermann mit Achtung nennt, /Weil er nicht mit dem Sauhieb ficht,/ Den Gegner nicht von hinten sticht." Über Fuchs aber reimte er: „Dabei ein kluger Diplomat/ Politisch wie als Advokat./ Nicht zu zelotisch, nicht zu lau,/ Nicht gänzlich schwarz, bloß mohrengrau."

1816 ◎ 1916

Zum Gedenken

der am 1. Mai 1816 erfolgten Einverleibung des Herzogtumes Salzburg in die Länder der habsburgischen Krone veranstaltet Land und Stadt Salzburg eine

Jahrhundert-Feier

mit folgender Festordnung:

Sonntag, 30. April 1916: 11 Uhr vormittags: **Festsitzung des Gemeinderates der Landeshauptstadt Salzburg** im Sitzungssaale des Rathauses. ½8 Uhr abends: **Festkonzert im großen Saale des Mozarthauses.** Aufführung des Oratoriums: „Das Lied von der Glocke“ von Max Bruch durch die „Salzburger Liedertafel“ unter Mitwirkung des Damensingvereines „Hummel“. 8 Uhr abends: **Militärischer Zapfenstreich.**

Montag, 1. Mai 1916: **Militärischer Weckruf.** 9 Uhr vormittags: **Festgottesdienst** im Dom. ½11 Uhr vormittags: **Festsitzung** im Landtagssitzungssaale des Landhauses. ½8 Uhr abends: **Festvorstellung im Stadt-Theater** unter Mitwirkung des Konservatoriums **Mozarteum**: 1. Ouvertüre zu **Euryanthe** von C. M. v. Weber. 2. **Die Stimme des Jahrhunderts,** Festspiel in einem Aufzuge von Franz Wolfram Scherer, melodramatische Musik von August Brunetti-Pisano. 3. Musik aus **„Rosamunde“** von Franz Schubert: a) Zwischenakt, b) Hirtenmelodien, c) Ballettmusik. 4. **Schäfer und Schäferin,** Singspiel in einem Akt von W. A. Mozart, aufgeführt vom **Konservatorium Mozarteum Salzburg.**

Dienstag, den 2. Mai 1916: **Wiederholung der Festvorstellung im Salzburger Stadt-Theater.**

Der Reinertrag des Festkonzertes und der beiden Festvorstellungen wird Kriegsfürsorgezwecken zugewendet.

Der Landeshauptmann des Herzogtumes Salzburg:
A. Winkler.

Der Bürgermeister der Landeshauptstadt Salzburg:
M. Ott.

Richard Voithofer

100 Jahre Salzburg bei Österreich

Die Jubiläumsfeierlichkeiten mitten im Krieg

Am 1. Mai 1816 wurde Salzburg Teil des österreichischen Kaisertums. Nach der Auflösung des geistlichen Fürstentums 1803 wurde Salzburg zum Spielball der europäischen Mächte und nach Belieben dem einen oder anderen Staat zugeschrieben. Mit dem Vertrag von München wurde zwischen Bayern und Österreich vereinbart, dass Salzburg nunmehr endgültig zu Österreich gehören sollte. Von der einstigen Pracht Salzburgs war jedoch nicht mehr viel vorhanden. Das ehemalige geistliche Zentrum wurde auf einem Nebengleis geparkt und als fünfter Kreis an Oberösterreich angegliedert. Es sollte bis 1850 dauern, bis Salzburg wieder den Rang eines eigenständigen Kronlandes erhielt und 1861 mit allen anderen österreichischen Kronländern mit einer eigenen Verfassung in Form einer Landesordnung samt einer gewählten Landesvertretung bedacht wurde.

Am 1. Mai 1916 jährte sich die Angliederung Salzburgs an Österreich zum hundertsten Male und die politischen Repräsentanten von Stadt und Land Salzburg zeigten sich trotz des seit fast zwei Jahren wütenden Krieges entschlossen, dieses Jubiläum würdig zu begehen und zu einer Huldigungsfeier für den Monarchen und die Monarchie zu machen. Am 27. April wurde eine Salzburger Delegation aus den politischen Spitzen des Landes unter der Leitung von Landeshauptmann Alois Winkler für eine volle Stunde vom Kaiser in Schönbrunn empfangen. Landeshauptmann Winkler dankte als Leiter der Delegation dem Kaiser:

„Euere Kaiserliche und Königliche Majestät! Allergnädigster Kaiser und Herr! Treue Anhänglichkeit, Liebe und tiefste Ehrfurcht haben im Volke des Landes Salzburg das innigste Verlangen wachgerufen, bei der Jahrhundert-Jubiläumsfeier der Zugehörigkeit des Herzogtumes Salzburg zu Österreich die Gefühle der Dankbarkeit für die geheiligte Person Euerer Majestät und das Kaiserhaus an den Stufen des erhabenen Thrones niederlegen zu dürfen.

In väterlicher Liebe und Güte haben Euere Majestät diesem Wunsch des Landes Salzburg zu erfüllen geruht und den unter meiner Führung erschienenen Vertretern, welche den verschiedensten Ständen und Lebensberufen angehören, die Gnade gewährt, vor Euerer Majestät erscheinen zu dürfen.

Die Festesstimmung vermehrt noch der erhebende Gedanke, daß Euere Majestät mehr als zwei Drittel des abgelaufenen Jahrhunderts die Geschicke unserer engeren Heimat mit liebevollster Milde und Weisheit geführt und dergestalt das Aufblühen des Landes mächtig und nachhaltig gefördert haben. Wenn auch die Freude des heutigen Tages durch den schweren Ernst der Zeit gedämpft ist, so ist es für uns Salzburger doch so trostreich und erfüllt uns mit gerechtem Stolze, daß die Söhne des Landes die beschworenen Pflichten, wie in früherer Zeit, so auch jetzt treu und gewissenhaft erfüllen und mustergiltig mit den anderen Heeresgruppen die siegreichen Fahnen begeistert im Feindesland tragen und stets bereit sind, Blut und Leben für den allgeliebten Kaiser und das teuere Vaterland hinzugeben.

Festprogramm für die Jubiläumsfeierlichkeiten (Foto: Salzburger Wacht, 28. April 1916)

Huldigungsdelegation des Kronlandes Salzburg am 27. April 1916 in Schönbrunn (Foto: Salzburg Museum)

Wir aber im Hinterlande stehen heute als Abordnung vor unserem allergnädigsten Herrn und geloben hiemit feierlich, daß auch wir trotz aller Beschwerden des Krieges durchhalten und daheim eine Stütze des kämpfenden Heeres sein wollen, bis ein ganzer Sieg und ein ehrenvoller dauernder Friede uns beschieden sein wird.

In unwandelbarer Treue und tiefgefühltester und ehrerbietigster Anhänglichkeit sei mir noch im Namen aller hier Erschienenen die alleruntertänigste Bitte gestattet, daß Euere Majestät wie bisher auch in Zukunft die Gnaden haben, dem Lande Salzburg das huldvollste Wohlwollen und wahrhaft väterliche Liebe zu bewahren. Gott der Herr erhalte, schütze und segne Euere Kaiserliche und Königliche Majestät und das ganze Kaiserliche Haus."

Der Landtag des Herzogtumes Salzburg in der letzten Wahlperiode.

Abg. Alois Fürschnaller · L.-A. Dan Etter Domchorvikar · L.-A. Jul. Haagn kaiserl. Rat · R.-Abg. Doktor Viktor Freiherr von Fuchs · Se Exz. Fürsterzbischof Doktor Balth. Kaltner · Exz. Ld.-Hptm. Alois Winkler · L.-Hptm.-Stellv. Franz Schoosleitner · L.-Hptm.-Stellv. Dr. Stölzel · L.-A. Dr. Alois Rottensteiner · kaiserl. Rat Abg. Rudolf Biebl · Abg. Jg. Eder · Abg. und Altbürgermeister Franz Berger

Abg. Ignaz Schatzberger · Abg. Anton Zaunmayer † · Abg. Franz Mitmesser · Abg. u. Bürgermeister Josef Lettmayer · Abgeordneter Joh. Stainer · Abg. u. Bürgermeister Joh. Brandl · Abgeordneter u. Präsident Joh. Lackner · Abg. Alois Hölzl · Abg. Gregor Langreiter · Abg. M'ch. Neureiter, Dechant · Abg. Dr. Franz Hofer k. k. Professor · Abg. und Altbürgermeister Eligius Scheibl

3. Reihe: Abg. Leonhard Steinwender · Abg. Johann Huber · Abg. Josef Rainer · Abg. Andrä Friembichler · Abg. Jak. Miglbauer · Abg. Johann Riedl · Abg. Jakob Huber · Abg. Robert Preußler

Der Salzburger Landtag am 1. Mai 1916 anlässlich der Festsitzung im Chiemseehof (Foto: Salzburger Chronik, 22. Oktober 1916)

Nicht minder überschwänglich waren die Worte von Kaiser Franz Joseph I.: „Gerne nehme Ich die Huldigung der Abgesandten Meines getreuen Herzogtumes Salzburg entgegen, die in einem für die Geschichte dieses Landes bedeutungsvollen Zeitpunkte vor Mir erschienen sind, um aufs neue Ihrer oft bewährten Anhänglichkeit an Mich und Mein Haus Ausdruck zu geben. Hundert Jahre sind verflossen, seit Salzburg, reich an stolzen geschichtlichen Erinnerungen, gleich begnadet durch seltene Gaben der Natur wie durch hervorragende Schöpfungen der Kunst, dauernd als kostbarer Bestandteil in Österreichs Krone einverleibt wurde.

Wie es seither stets brüderlich Freud und Leid mit meinen übrigen Ländern geteilt hat, an Hingebung und Treue mit ihnen wetteifernd, so haben sich Salzburgs tapfere Söhne auch in diesen schicksalsschweren Tagen durch ruhmreiche, unvergängliche Heldentaten, die wiederholt zum Erfolge bedeutsamer Kämpfe beitrugen, den Anspruch auf Meine besondere Anerkennung und auf den innigen Dank des Vaterlandes erworben.

Mag auch der Ernst der Zeit gebieten, von einer äußerlich prunkvollen Feier des heutigen Gedenktages abzusehen, die Taten Meiner braven Salzburger werden lauter als es das Wort vermag, auch noch kommenden Geschlechtern verkünden, wie tief der Gedanke der Zugehörigkeit zum mächtigen Ganzen des Reiches in allen Herzen begründet ist.

Wollen Sie Meinen wärmsten Dank für Ihre eindrucksvolle Huldigung entgegennehmen und sich Meines väterlichen Wohlwollens für Ihr schönes, Mir so teures Land versichert halten, dem Ich auch fernerhin Meine unablässige Fürsorge zuwenden will, auf daß es, wenn mit Gottes Hilfe der ehrenvolle Friede errungen ist, der Segnungen einer mächtig aufstrebenden Entwicklung wieder in vollem Maße teilhaftig werde."

Der Huldigungsdelegation wurde im Anschluss des offiziellen Empfangs noch die Möglichkeit eingeräumt, mit dem Kaiser persönlich zu sprechen. Der Kaiser verabschiedete die Salzburger mit den Worten: „Gott segne Sie Alle!"

Der 1. Mai 1916 sollte ein Festtag für alle Salzburgerinnen und Salzburger werden. Die Schulkinder erhielten frei, ebenso die städtischen Angestellten. Bereits am Vortag hatte der Gemeinderat der Stadt Salzburg eine Festsitzung abgehalten. Die Festgäste versammelten sich nach dem durch Fürsterzbischof Dr. Balthasar Kaltner im Salzburger Dom zelebrierten Festgottesdienst im Landtagssitzungssaal, der zur Jahrhundertfeier reich geschmückt war. Auf der Regierungsbank nahmen Ministerpräsident Karl Graf Stürgkh, der Minister des Inneren Konrad Prinz Hohenlohe-Schillingsfürst und Unterrichtsminister Dr. Max von Hussarek Platz. Neben der gesamten Landesregierung waren auch Reichsratsabgeordnete, Bürgermeister Max Ott oder Handelskammerpräsident Rudolf Biebl anwesend. Ebenso eingeladen waren die ehemaligen Landtagsabgeordneten sowie Prominenz aus Kirche, Verwaltung und Militär.

Landeshauptmann Alois Winkler begrüßte die erschienenen Festgäste und ging in seiner Rede auf die Geschichte Salzburgs in den vergangenen 100 Jahren ein. Er legte einen umfangreichen Tätigkeitsbericht des Landtages vor und strich dabei die positive Entwicklung heraus. Seine Rede schloss er mit Worten des Dankes des ganzen Landes Salzburg an die österreichische Verwaltung für „alle Wohltaten", womit sie in den „verflossenen 100 Jahren die Angelegenheiten des Landes gefördert, unterstützt und zum Aufblühen gebracht hat." Auch Ministerpräsident Graf Stürgkh fand in seiner Rede viele lobende Worte für Salzburg, zeigte sich beeindruckt von der wunderschönen Natur des Landes und auch vom Heldenmut der Salzburger Soldaten an der Front. Nach dem Festakt im Chiemseehof erfolgte ein kurzer Besuch im Mozarteum und ein von Landespräsident Dr. Felix Schmitt-Gasteiger gegebenes Mittagessen mit 68 geladenen Gästen. Am Abend besuchten die Minister noch eine Festvorstellung im Stadttheater und kehrten spät in der Nacht mit einem Sonderzug nach Wien zurück.

Zum Abschluss der Feierlichkeiten richteten Landeshauptmann Winkler und Bürgermeister Ott ein Huldigungstelegramm an den Kaiser: „Dankerfüllt von dem tiefen, unvergeßlichen, hochbeglückenden Eindrucke des Allergnädigsten Empfanges der Huldigungsdeputation durch Seine k. u. k. Apostolische Majestät, den erhabenen Kaiser und Herrn wagen Land und Stadt Salzburg, ebenso wie der erste untertänigste Huldigungsgruß dem erlauchten, allgeliebten Herrscher und gütigsten Landesvater galt, auch am Ausklange der Jahrhundertfeier der Zugehörigkeit des Herzogtumes Salzburg zur herrlichen Kaiserkrone Österreichs aus vollem Herzen ihrem geliebten Kaiser zuzujubeln mit dem getreuesten Rufe: Gott erhalte, Gott beschütze, unsern Kaiser und sein Reich!"

Distanziert zu den Jubiläumsfeierlichkeiten zeigten sich die Salzburger Sozialdemokraten. Landesparteivorsitzender Robert Preußler nahm an der Huldigungsfahrt nach Wien nicht teil und war auch bei den Feierlichkeiten in Salzburg nur kurz anwesend. Auch die Berichterstattung in der Salzburger Wacht, der Parteizeitung der Salzburger Sozialdemokraten, war sehr zurückhaltend und beschränkte sich auf die reinen Fakten. Überschwänglicher Jubel oder große

Die politische Spitze des Kronlandes mit den Festgästen aus Wien. Landeshauptmann Alois Winkler (Mitte) mit Ministerpräsident Karl Graf Stürgkh (rechts) und Innenminister Konrad Prinz Hohenlohe-Schillingsfürst (links) (Foto: Archiv der Erzdiözese Salzburg)

Begeisterung waren nicht zu erkennen. Ganz im Gegenteil. Die Rückschau auf die vergangenen 100 Jahre war durchaus kritisch. Salzburg sei nicht mehr jenes ideale Land, in welchem die Naturschönheit und die Fruchtbarkeit und Ergiebigkeit seiner Scholle wetteiferte und alle Vorbedingungen für eine rasch pulsierende Weiterentwicklung gegeben seien. Durch die Abtrennung zahlreicher Gebiete sei Salzburg derart amputiert worden und habe seine landwirtschaftlichen Ernährungsfelder verloren. Auch die Saline, die Wasserkraft und den Wald habe der Staat in Beschlag genommen und damit jede industrielle Entwicklung unterbunden. Salzburgs Lebensqualität würde ungemein gewinnen, wenn es wenigstens mit dem Innviertel, seiner heutigen Nährquelle, verbunden wäre, weshalb der Kommentator auch eine Zusammenlegung des Flachgaus mit dem Innviertel verlangte. Auch die Wiedererrichtung der Salzburger Universität war eine Forderung der Salzburger Sozialdemokraten, denn „sein hervorragendster Reichtum, das Wasser, wird dem Lande eine bessere Zukunft sichern, wenn das ganze Wirtschaftsleben Salzburgs dem rückständigen Zunftgeiste, der heute noch allenthalben unser wirtschaftliches Leben beherrscht, durch strenge Wissenschaftlichkeit und moderne Technik, entrückt wird“. Das Blatt verlangte, dass der Landeshauptmann und der Bürgermeister dem Ministerpräsidenten „die wahren Bedürfnisse des Landes vor Augen führen“ sollten. „Soll dies erreicht werden, muß der Zunftgeist und die Versteinerung unseres geistigen und wirtschaftlichen Lebens verschwinden. Mit dieser Erkenntnis bereichert wird das Kronland Salzburg einer besseren Zukunft entgegengehen und doch Österreich wird dabei viel gewinnen“.

Wenig Begeisterung zeigte der Herausgeber des Salzburger Volksblattes, Hans Glaser, der in seinem Tagebuch zum 1. Mai 1916 festhielt: „Gestern und heute Jahrhundertfeier. Im Landtagssaale sprach Ministerpräsident Graf Stürgkh, eigentlich ein sehr sympathischer Herr. Ihm zur Rechten saß Konrad zu Hohenlohe, der ‚rote Prinz', zur Linken Unterrichtsminister v. Hussarek, eine etwas komisch wirkende Figur. Landeshauptmann Winkler sprach weitschweifig, schlecht und in einer Mundart, daß es oft Mühe kostete, ihn zu verstehen ... Abends Festvorstellung im Stadttheater. Ein schreckliches Festspiel von Franz Scherer ‚Die Stimme des Jahrhunderts' und die Mozartsche Oper ‚Bastien und Bastienne'". Zu einem versöhnlichen Schluss kam Hans Glaser im Zusammenhang mit geschäftlichen Belangen, sodass er seinen Eintrag positiv beendete: „Also für uns und für Salzburg der Beginn eines neuen Jahrhunderts. Möge es nicht allzu viel der Sorgen und des Ungemachs bringen, vor allem aber den baldigen Frieden!"

Die gesamten Feierlichkeiten zur 100-jährigen Zugehörigkeit Salzburgs zu Österreich waren von einem enormen Pathos getragen, das zum Teil realitätsverklärend und realitätsfern erscheint. Anstelle von Selbstbewusstsein und Stolz auf die eigenen Leistungen wurde untertäniger Dank und selbst eine für die damalige Zeit überzogene Unterwürfigkeit gegenüber dem Kaiser in salbungsvollen Worten vermittelt.

Die provisorische Landesversammlung trat am 7. November 1918 zu ihrer ersten Vollsitzung im Landtagssitzungssaal zusammen (Foto: Salzburger Landtag)

Richard Voithofer

Das Salzburger Landesparlament 1918

Schweres Erbe und Neubeginn

Als der Salzburger Landtag am 20. Oktober 1913 die 4. Session der 10. Wahlperiode beendete, konnte niemand ahnen, dass es die letzte Sitzung des Landesparlaments in der Monarchie war. Alle Versuche, eine Einberufung des Landtages zu erreichen, waren ohne Erfolg, sodass die Gesetzgebungsperiode am 15. September 1915 endete und der Landtag nicht mehr existierte. Die politische Macht lag nun ausschließlich in den Händen des Landesausschusses (vergleichbar mit der Landesregierung) beziehungsweise des Landespräsidenten, dem als obersten Beamten die Behörden der Reichsverwaltung unterstanden. Das parlamentarisch-politische Leben war im Laufe des Krieges praktisch zum Erliegen gekommen. Erst mit der Einberufung des Reichsrates am 30. Mai 1917 kam wieder Bewegung in den Stillstand und Salzburg war im Abgeordnetenhaus mit sechs Abgeordneten (Abg. Krennwallner war 1914 verstorben) vertreten.

Eine Wiedereinberufung der Landtage stand nicht zur Diskussion, sodass es bis zum 7. November 1918 dauern sollte, bis mit der aus 38 Mitgliedern bestehenden provisorischen Landesversammlung im Landtagssitzungssaal wieder eine Volksvertretung zusammentreten konnte. Die Welt hat sich seit 1913 jedoch tiefgreifend verändert. Der Erste Weltkrieg war nach mehr als vier Jahren gerade beendet worden, die Monarchie in Auflösung begriffen und die Gründung des neuen Staates Deutschösterreich in Vorbereitung. Die Schaffung einer neuen politischen Ordnung war eine der primären Aufgaben in diesen Tagen des Umbruchs. Die politischen Parteien in Salzburg verständigten sich nach langwierigen und auch kontroversiellen Verhandlungen auf eine Landesversammlung aus 38 Mitgliedern, deren Zusammensetzung auf Grundlage des Ergebnisses der Reichsratswahl 1911 erfolgen sollte. Dies führte zu einer gravierenden Änderung der bisherigen Machtverhältnisse. Im alten Landtag der Monarchie verfügten die Sozialdemokraten lediglich über zwei Mandatare, nun über neun Sitze. Die Christlichsozialen kamen auf 19 und die Deutschfreiheitlichen auf zehn Mandate. Für die Deutschfreiheitlichen bedeutete dies einen Verlust von fünf Sitzen, während sich der Verlust von zwei Sitzen der Christlichsozialen in Grenzen hielt.

Am 7. November 1918 trat die provisorische Landesversammlung unter dem Vorsitz ihres Alterspräsidenten Max Ott zur ersten Vollsitzung zusammen. Die erste Sitzung stand im Zeichen der neuen politischen Realitäten. Die Landesversammlung beschloss eine provisorische Verfassung, in der das ehemalige Kronland Salzburg unter dem neuen Namen „Land Salzburg" als eigenberechtigte Provinz seinen Beitritt zum Staat Deutschösterreich erklärte und gleichzeitig die Nationalversammlung in Wien als seine oberste Gewalt anerkannte. Das Land Salzburg übernahm als Rechtsnachfolger der „alten staatlichen und autonomen Verwaltung alle bisher geltenden Rechte und Pflichten".

Die Landesverwaltung wurde von dem aus 14 Mitgliedern des Landtages bestehenden Landesrat ausgeübt. Die Trennung zwischen landesfürstlicher und autonomer Verwaltung war aufgehoben. Der Landesrat bestand aus den drei

Präsidenten, drei Präsidenten-Stellvertretern, acht weiteren Mitgliedern (Landesräten) und vier Ersatzmännern. Die Landesversammlung wählte den Christlichsozialen Alois Winkler, den Deutschfreiheitlichen Max Ott und den Sozialdemokraten Robert Preußler zu ihren Präsidenten. Zu Präsidenten-Stellvertretern wurden Josef Breitenfelder und Johann Lackner sowie von den Deutschfreiheitlichen Ing. Karl Irresberger gewählt. Weitere Mitglieder des Landesrates waren Bartholomäus Angelberger, Daniel Etter, Alois Hölzl, Dr. Franz Rehrl und Wilhelm Schernthanner (alle christlichsozial), die Deutschfreiheitlichen Dr. Arthur Stölzel und Hans Wagner sowie der Sozialdemokrat Josef Witternigg.

„Die verrostete Hofratsmaschine, auf deren jämmerlichen Betrieb Österreich bisher angewiesen war, ist zum alten Eisen geworfen worden", so das Salzburger Volksblatt am 4. November 1918, als bekannt wurde, dass Salzburg bald eine eigene Landesversammlung und eine neue Regierung erhalten sollte. In personeller Hinsicht erfolgte tatsächlich eine Erneuerung. Nur mehr 12 der 38 Mitglieder der Landesversammlung gehörten schon in der Monarchie dem Landtag an, sodass 26 Abgeordnete neu in das Landesparlament einzogen. Ältester Abgeordneter war der über 80-jährige Alois Winkler. Dem gegenüber stand Hans Wagner mit 27 Jahren als Abgeordneter der Deutschen Arbeiterpartei. Das Durchschnittsalter der Landesversammlung hatte sich im Vergleich zum Landtag von 1909 um etwas mehr als zwei Jahre auf 48,3 Jahre verringert. Ausgebaut wurde die Dominanz der Abgeordneten aus der Stadt Salzburg, die 63 Prozent der Mitglieder stellten. Mit den Sozialdemokraten betraten neue Berufsgruppen wie Bundesbahnbedienstete sowie Arbeiter und Angestellte die politische Bühne, sodass der Anteil der öffentlich Bediensteten von knapp drei Prozent im Jahr 1909 auf über 18 Prozent anstieg. Gleiches gilt für die Arbeiter und Angestellten, die ihren Anteil an den Abgeordneten mehr als verdoppelten. Die Unternehmer, die im Landtag von 1909 noch 16 Abgeordnete oder 41 Prozent stellten, waren nun nur mit sechs Abgeordneten oder rund 16 Prozent vertreten.

In anderen Bereichen blieb man noch den Traditionen der Monarchie verhaftet und scheute sich vor allzu radikalen Brüchen. So war die Landesverfassung in der Grundkonzeption der alten Landesordnung nachgebildet und die Landesversammlung war sowohl Gesetzgebungs- als auch Verwaltungsorgan. Bei der Bezeichnung der Funktionen legte man anfangs großen Wert darauf, Erinnerungen an die Monarchie zu vermeiden. Doch zwei Tage nach Ausrufung der Republik musste Salzburg auf Grund eines Beschlusses der Wiener Nationalversammlung den ungeliebten Titel „Landeshauptmann" wieder einführen. Diese Reminiszenz an die Monarchie führte zu heftigen Debatten in der Landesversammlung, die aber ohne weitere Wirkung blieben.

Aufgabe der provisorischen Landesversammlung war es, die dringlichen Probleme des Alltags zu lösen und die Vorbereitungen für die anstehenden Landtagswahlen zu treffen. Für große politische Perspektiven blieb wenig Zeit, zumal die Landesversammlung nur eine Übergangslösung darstellte, der die Legitimation durch die Bevölkerung fehlte, und der enge Zeitkorridor die Klärung grundsätzlicher Fragen dem neuen Landtag übereignete. Zwei Debatten sollen im Anhang dennoch auszugsweise dargestellt werden, weil sie eine politische Standortbestimmung darstellen. Gerade die erste Sitzung der Landesversammlung am 7. November 1918 war geprägt von grundsätzlichen Erklärungen. Die Sitzung am 13. November 1918 stand ganz im Mittelpunkt der Ausrufung der Republik, aber auch des Anschlusses an das Deutsche Reich.

Aus den Debatten des Salzburger Landtages

Auszug aus dem Protokoll der 1. Vollsitzung der provisorischen Landesversammlung am 7. November 1918

Präsident Max Ott (DF): Meine sehr geehrten Herren! Sie haben soeben durch die Abgabe Ihrer Stimmzettel das Präsidium einstimmig gewählt. Gestatten Sie deshalb, daß ich in meinem Namen Ihnen aufs herzlichste danke. Nehmen Sie die Versicherungen entgegen, daß ich meine ganze Kraft in den Dienst des neuen Nationalrates stellen werde, damit wir über die äußerst schwierige Zeit, in der wir stehen, hinwegkommen. Ich werde mich besonders dafür einsetzen, daß Ruhe und Ordnung in Stadt und Land Salzburg aufrechterhalten werde, daß entsprechende Vorsorge für die Versorgung der Bevölkerung in der Ernährungsfrage durchgeführt werden und daß die Übergangswirtschaft in die Wege geleitet wird. Mehr, meine Herren, kann ich Ihnen vorläufig nicht versprechen.

Denn diese drei Hauptaufgaben allein erfordern sehr viel Arbeitszeit, Geduld und Verständnis. Und ich bin überzeugt, daß wir im Vereine mit dem neu gebildeten Volksrate diese Schwierigkeiten überwinden werden.

Ich möchte auch noch einige Worte vom politischen Standpunkte aus an die Herren richten. Ich erkläre hier offen und frei, daß ich ein Demokrat geworden bin.

Ich spreche es auch ganz offen aus, daß ich früher ein konservativer, patriotischer Bürger gewesen. Allein die Verhältnisse des Krieges während dieser vier Jahre, wo mir so reichlich Gelegenheit geboten war, in das Getriebe der alten Staatsregierung Einsicht zu nehmen, sowie auch in die Militärverhältnisse, haben mich während dieser Zeit eines besseren belehrt. Man hat gesehen, daß der alte Staat Österreich in seiner Verfassung und Verwaltung bis auf die Knochen schlecht geworden ist.

Man hat täglich neue Unsinnigkeiten erleben müssen, von denen man keinen Begriff hatte. Ich habe deshalb auch schon seit mehreren Jahren aus meiner Gesinnung und meiner Anschauung in Bezug auf die Staatsverwaltung nirgends ein Hehl gemacht.

Diese Verhältnisse haben es nunmehr mit sich gebracht, daß ein neuer Staat auf neuer Grundlage begründet werden mußte, wo auch wir nunmehr berufen sind mitzuarbeiten. Und seien Sie überzeugt, daß sich hiezu alles tun werde, was in meinen Kräften steht.

Ich möchte nun Sie, meine hoch verehrten Herren Landesräte, aufs herzlichste bitten, bleiben wir harmonisch beisammen, vermeiden wir jede Parteipolitik, vermeiden wir gegenseitig jede Reibungsfläche, dann wird uns auch ein Erfolg beschieden sein, zum Wohl unseres Landes und zum Heil Deutschösterreichs. Das ist meine Erklärung.

Präsident Robert Preußler (SDAP): Meine sehr verehrten Herren Landesräte! Es ist wohl notwendig, in einem so feierlichen, geschichtlichen Augenblicke, in welchem auch in diesen Räumen, eine alte Geschichte versinkt und eine neue Epoche für uns alle angebrochen ist, das Wort zu ergreifen. So lange die Geschichte in unserer Erinnerung zurückgreift, hat es nie für ein Volk solche Bedrängnisse und Gefahren gegeben, von welchen wir gegenwärtig umgeben sind.

Nach einem Krieg von viereinhalb Jahren ist ein alter Staat, der das nationale, politische und wirtschaftliche Unrecht in sich verkörperte, der insbesondere dem deutschen Volke, die allertiefsten Wunden geschlagen hat, in der Geschichte ruhmlos versunken.

Der Repräsentant dieses Staates hat beim Abschied noch einen Akt gesetzt, welcher gerade das deutsche Volk in Österreich am meisten geschmerzt hat, (Rufe: Richtig!) und welcher einen Undank ohnegleichen darstellt für die große Treue, die insbesonders die bürgerlichen Klassen dem Hause Habsburg Jahrzehnte lang dargebracht haben!

Die Folge dieses Zusammenbruches der bürgerlichen Ideologie ist, daß Deutschösterreich ein freier Staat werden wird, der in seiner Reinheit von keinem Staate der übrigen Völker der ehemaligen österreichischen-ungarischen Monarchie übertroffen wird. Wenn wir uns erholen sollen von diesem Schlage, aus diesem Erwachen eines alten Irrtums, müssen wir uns mit dem großen reichsdeutschen Volke zusammen an Haupt und Gliedern zu erneuern suchen. Ohne diese Erneuerung und ohne vollständigen Bruch mit dem alten Überlieferten und Überlebten, sowie als irrtümlich Erkannten ist eine Auferstehung aus dieser unerhörten Gefahr und Bedrängnis unsrer Zeit nicht möglich!

So sehr wir uns auf den Frieden gefreut, ist doch das letzte Friedensangebot einer Regierung, die nicht mehr zu Recht bestand, so beschämend und demütigend, daß daraus ein Waffenstillstand geworden, der uns in den tiefsten Tiefen unseres Lebens und unserer Existenz bedroht. (Beifall!)

Dieser Waffenstillstand, wir verkünden es als freies demokratisches Volk – dieser Waffenstillstand atmet nicht den Geist der Wilsonschen vierzehn Punkte, sondern ist die nackte Brutalität und entsetzlichste Gewalttat (Rufe: Sehr richtig!) Unser Volk, das am Kriege unschuldig ist und daß sich seiner Machthaber entledigt hat, ist jetzt einer neuen kriegerischen Invasion ausgesetzt. Entweder wir haben die deutschen Truppen im Lande (Rufe: „Wir haben sie schon") oder wir haben den Feind in demselben. Wir mußten vom völkerrechtlichen Standpunkte aus gestern gegen den Einmarsch der deutschen Truppen Protest erheben. Weil wir durch diesen von mir charakterisierten Waffenstillstand, zur Neutralität verpflichtet sind, die wir nicht verletzen dürfen, ohne das Leben und das Schicksal des deutschen Volkes aufs Spiel zu setzen! Wir mußten also protestieren! Wir haben von diesem Proteste auch an die Entente-Regierungen berichtet. Wie wir aber protestierten, gegen den Einmarsch der deutschen Truppen, so legen wir auch Protest ein nach dem heiligsten Rechte unseres Volkes gegen jeden Versuch der Vergewaltigung, der von Seite der Entente-Völker, gegen uns ausgeübt werden soll.

Uns droht die Invasion des Feindes. Wenn Deutschland an den besetzten Grenzen zurückgeschlagen wird, wird das deutsche Alpenland, auch unser Salzburg, der Verwüstung in der entsetzlichsten Weise ausgesetzt sein. Uns droht im Inneren selber der Feind, der zu Plünderungen und Raub schreitet. Uns droht der Hunger der aufgelösten Armee, uns droht der Durchmarsch der ehemaligen österr.-ung. Soldaten anderer Nationen, uns droht die Gefahr, aller Lebensmittel entblößt zu werden und zu der furchtbaren Krankheit, der spanischen Grippe, noch Hunger und Verderben für Weib und Kind auf den Hals zu bekommen. In dieser ungeheueren, erschütternden Gefahr, haben wir, die Männer des Landes uns zusammengeschlossen, zu einem demokratischen Bund, um uns eine neue Verfassung für das Land zu geben.

Wir wollen innerhalb dieser Verfassung, die gemeinsame Arbeit beginnen, zum Besten unseres Landes. Bauern, Bürger und Arbeiter, sollen in dieser Zeit allergrößter Gefahr zusammentreten, in brüderlicher Eintracht um alles Böse fernzuhalten, aber auch ohne Feigheit, die wir auf das tiefste verachten müssen, den kommenden Dingen entgegenzutreten, als aufrechtstehende Männer. Keine der Parteien, die in diesem Landhause vertreten sind, wird auch nur einen fußbreit von ihrem Programm opfern und zu opfern brauchen. Wir werden unserer Überzeugung treu bleiben und wenn ich diese Bemerkung mache so erkläre ich, daß wir Sozialdemokraten erklärte Republikaner sind, (Beifall! Rufe: Es lebe die Republik) und daß wir einen deutschösterreichischen Freistaat anstreben. Ich hoffe, daß die übrige Bevölkerung in ihrer Mehrheit sich unseren Bestrebungen anschließen wird, weil wir nicht das Geld und die Neigung dazu haben, eine kostspielige andere Staatsform zu erhalten. (Bravo!) Wir, das deutsche Volk, hat Jahrzehnte hindurch fremden Interessen gedient, wir werden in Zukunft nur unseren eigenen Interessen dienen und auf uns selbst bedacht sein und uns auf uns selbst zurückziehen, dabei aber eines eingedenk sein, daß wir als ein innerlich gefestigtes, freies Volk, unverletzbar und unverwundbar nach außen sind und in Friede und Freundschaft mit der ganzen Welt leben können.

Wir werden als Deutschösterreicher uns zunächst, das verkünden auch wir, mit dem Schicksal des großen deutschen Volkes vereinigen. Wir werden wahrscheinlich ein Bundesstaat Deutschlands werden. Wir werden aber dabei nicht vergessen, die Anknüpfungspunkte zu finden und eine freundnachbarliche Stellung zu den übrigen Völkern, zum italienischen, slawischen und zu anderen Völkern einzunehmen und mit ihnen solche wirtschaftliche Vereinbarungen zu treffen, daß die deutsch-österreich. Industrie ihr Wirtschaftsgebiet nicht verliert, sondern dasselbe erweitern kann. Wir werden auch in Bezug auf die wirtschaftlichen Interessen unseres Landes das durchzuführen haben, was der Verfassungsausschuß in schlichten Worten im letzten Kapitel dieses Verfassungs-Entwurfes niedergelegt hat. Wir müssen unsere Grenzen regulieren, die inneren Bodenschätze sichern, wir müssen ein Volk der Wirtschaft, ein Volk des Erfindungsgeistes, ein Volk der Arbeit werden! Wir dürfen uns nicht mehr von Regen und Sonnenschein allein abhängig machen. Wir müssen ein Volk werden, welches innerlich lebensfähig ist, welches keinen Teil, keinen Zweig an sich hat, der verdorrt.

Arbeit, Produktion und Handel müssen in gleicher Weise zusammenwirken und lebensfähig sein, damit es möglich wird, die wirtschaftliche Entwicklung so zu gestalten, daß wir jedem eine bessere Zukunft verbürgen können.

Das ist unser Ziel und ich schließe mit dem Ausruf: Es lebe der deutschösterreichische Staat, es lebe das deutsche Volk in Salzburg, seine Verfassung und seine freie Versammlung! (Lebhafter Beifall und Rufe: „Es lebe die Republik!“)

Präsident Alois Winkler (CSP): Hochgeehrte Versammlung! Ich habe meine Zustimmung zur Wahl des Präsidenten nicht gern gegeben und habe mich nur auf Wunsch unserer Partei endlich herbeigelassen, das Wort „Ja“ auszusprechen, und zwar deswegen, weil ich mir der großen Aufgabe und Verantwortung sehr wohl bewußt bin. Ich bin zu lange in der Verwaltung hier im Lande gestanden, als daß ich nicht wüßte, welche Aufgaben herantreten und besonders jetzt, nachdem auch die Geschäfte der Landesregierung übernommen werden sollen, noch umsomehr, als größere Aufgaben durchzuführen und dieselben zum Wohle des Landes zu entscheiden sein werden.

Meine Herren! Ich will mich nicht in einer langen Rede ergehen. Mein Programm ist sehr einfach und kurz. Meiner Überzeugung nach ist der Nationalrat berufen in erster Linie für die Ernährung des Volkes zu sorgen, das ist seine erste Aufgabe, wenn für die Ernährung gesorgt ist, wird auch mehr Ruhe eintreten und sich auch die Nerven mehr beruhigen, in den einzelnen Personen und dann ist es aber auch notwendig, daß für die Ruhe der Bevölkerung gesorgt wird, damit endlich Diebstahl und Raub und Totschlag vermieden werden können. Das glaube ich, ist auch eine sehr schwere Aufgabe, die durchgeführt werden muß, und zwar sehr bald.

Diese Aufgaben können nur dadurch gründlich durchgeführt werden, wenn alles gut überlegt, wenn ordentlich zugegriffen und mit Energie an die Tat geschritten wird. Das, meine Herren, ist mein ganz kurzes Programm für die jetzige Zeit und ich kann Sie versichern, das Präsidium wird genug Arbeit haben mit den anderen Landesräten, daß es nur diese Punkte so schnell als möglich durchführt.

Alle anderen Punkte werden später zur Verhandlung kommen! Der Herr Vorredner hat die Verfassung angeschnitten; ich erkläre hiermit, daß wir bloß provisorisch hier sind und daß wir von unserer Partei, das der künftigen Landesversammlung nach den Wahlen überlassen.

Aber eines erkläre ich im Namen der ganzen Partei, daß wir friedlich, kräftig und ohne irgend welchen Unterschied der Partei arbeiten werden, damit das Land Salzburg blühe und gedeihe, zum Wohle der ganzen Bevölkerung von Salzburg.

Auszug aus dem Protokoll der 2. Vollsitzung der provisorischen Landesversammlung

Daniel Etter (CSP): ... Unser Kaiser hat abgedankt. Wir sind frei, das Volk hat das Wort zur Selbstbestimmung. Wir als prov. Vertreter der christlichsozialen Partei erklären hiermit offen und rückhaltlos, die neue Staatsform, die unseren christlichen und staatspolitischen Grundsätzen in keiner Weise widerspricht, unbedingt anzuerkennen und diesem neuen Staate ebenso treu und uneigennützig zu dienen, wie wir bisher dem alten Kaiserstaate gedient haben. Den Zusammenschluß des gesamten Deutschen Volkes in einer staatlichen Vereinigung, bisher bereits in treuer Waffenbrüderschaft vorbereitet, wird von uns gebilligt und begrüßt.

Anton Hueber (DF): ... Zum ersten Male in diesem, unseren ehrwürdigen Landtagssaale, im Zeichen der deutschösterreichischen Republik und der heißersehnten Vereinigung mit der Gesamtheit des deutschen Volkes versammelt, entbieten wir unserem lieben Salzburgervolke treudeutschen Gruß ... In voller Freiheit treten wir in den neuen Abschnitt der Geschichte; frei nach außen, frei nach oben, frei im Inneren wollen wir einen freien demokratisch republikanischen

Volksstaat aufrichten, der vollkommen losgelöst sein soll von alt überkommenen Vorrechten, die in der Zeit der Volkshoheit nicht mehr bestehen. Nur uns selbst verantwortlich, aber in um so festerer und strengerer Selbstzucht wollen wir unser neues Haus an alter lieber Stätte errichten ... Aus vollem Herzen begrüßen wir den Anschluß an die allgemeine deutsche Republik. Heil unserem Salzburg! Heil Deutschösterreich! Heil dem gesamten Alldeutschland!

Robert Preußler (SDAP): ... Die Sozialdemokraten Salzburgs begrüßen daher mit großer Freude den einstimmigen Beschluß des Staatsrates, der Deutschösterreich als Republik und den Anschluß an die Groß-Deutsche Republik erklärt hat. Die Politik der alten habsburgischen Hausmacht hat den Krieg und den Haß der Welt gegen das deutsche Volk mithervorgerufen, teilweise sogar verschuldet, ebenso wie die Hausmacht der Hohenzollern, die auf der Entrechtung des eigenen Volkes und auf einem Gewaltsystem nach außen aufgebaut war ... Durchdrungen von der Überzeugung, daß ein viereinhalbjähriger Krieg, unser Volk reifer gemacht hat, blicken wir der Zukunft in der Gewißheit entgegen, dass die heiligen Ziele des Sozialismus im neuen Freistaat Deutschösterreich und in der Groß-Deutschen Republik ihre Verwirklichung finden werden. Es lebe die freie soziale Republik! Es lebe die Sozialdemokratie!

Anton Hueber (DF): Die gemeinsame Erklärung lautet (liest): Die Nationalversammlung in Wien hat in ihrer vorgestrigen denkwürdigen Sitzung in dem grundsätzlichen Ausbau unseres neuen Staatswesen(s) einen weiteren Grundstein gesetzt. Freigemacht von den alten dynastischen Anhängen hat die Nationalversammlung der künftigen Verfassung die frische Form gegeben, welche jedem Volksgenossen die volle Freiheit der Mitarbeit an Verfassung und Verwaltung sichert. Nach Westen, zu unseren bisher von uns getrennten Stammesgenossen, haben wir endlich unseren Weg gefunden. Wir begrüßen diese Entscheidungen der Wiener Nationalversammlung und schließen uns aus vollstem Herzen an.

Plakate für die Volksbefragung am 29. Mai 1921
(Fotos: Salzburger Landesarchiv)

Robert Kriechbaumer

29. Mai 1921 – Volksbefragung über den Anschluss

Der Staatsbildungsprozess der Ersten Republik erfolgte nicht nur auf der – machtpolitisch weitgehend ohnmächtigen – Zentralebene der Provisorischen Nationalversammlung am 21. Oktober 1918, sondern auch auf jener – machtpolitisch erheblich bedeutenderen – der Länder. Diese tagten in einer Art „Ausschusslandtag" am 22. Oktober 1918 im Niederösterreichischen Landhaus und erklärten, am Aufbau des neuen Staates mitzuwirken. Dabei betonten die Länder allerdings, dass die bisherige Doppelstruktur von gesamtstaatlicher Verwaltung durch die Statthalter bzw. Landespräsidenten und autonomer Landesverwaltung durch die Landtage und Landesausschüsse aufgehoben und durch eine einheitliche autonome Landesverwaltung, bestehend aus dem Landtag, dem Landesausschuss (Landesregierung) und dem Landeshauptmann als Vorsitzenden des Landesausschusses abgelöst worden sei. Die Länder traten, vom Vollzugsausschuss der Provisorischen Nationalversammlung am 25. Oktober bestätigt, als nunmehr selbständige historische Subjekte auf, die den Beitritt zum Staat Deutschösterreich aus freien Stücken vollzogen, wobei allerdings der neue Staat durch seine historischen Länder, zu denen neben Niederösterreich, Oberösterreich, der Steiermark, Kärnten, Tirol, Salzburg und Vorarlberg auch Deutschböhmen, Deutschmähren und Deutschschlesien zählten, definiert wurde. Durch den Wegfall der historischen Zentralinstanzen und die Übernahme des staatlichen Verwaltungsapparates in die Landesverwaltung wurden die Länder zu zentralen politischen Handlungsträgern und (regionalen) Nationen. Dieses neue Selbstverständnis manifestierte sich vor allem in drei Bereichen: 1. einer durch die ökonomische Not bedingten gegenseitigen Abschottung, die 1919 zu einem weitgehenden Zusammenbruch einer gesamtstaatlichen Ernährungsverwaltung führte; 2. in der Position der Länder in der Verfassungsdebatte, in der sie nicht nur stark föderalistische Ansichten vertraten, sondern die Verabschiedung der Verfassung durch die einzelnen Landtage oder eine Art „Generallandtag" forderten und 3. in den Anschlussabstimmungen in Vorarlberg 1919, Tirol und Salzburg 1921.

Trotz des im Vertrag von St. Germain enthaltenen Anschlussverbots hatten die Landtage der drei Länder 1919 unter Hinweis auf die sich ständig verschlechternde ökonomische Lage und das in den 14 Punkten des amerikanischen Präsidenten Wilson enthaltene Selbstbestimmungsrecht der Völker entsprechende Beschlüsse gefasst, die 1920 neuerlich aufgegriffen wurden. Neben der ökonomischen Begründung wurden dabei vor allem zwei Argumente ins Treffen geführt: die Länder waren dem Staat Deutschösterreich unter bestimmten Bedingungen – der Inklusion der wirtschaftlich hoch entwickelten Gebiete von Deutschböhmen, Deutschmähren und Deutschschlesien – beigetreten. Die Siegermächte hätten jedoch mit dem Vertrag von St. Germain einen Kleinstaat geschaffen, der nicht lebensfähig sei. Die Folge sei eine fortschreitende Verelendung, aus der nur der Anschluss an ein größeres Wirtschaftsgebiet einen Ausweg biete. Und die Länder seien mit dem Zerfall der Habsburgermonarchie wiederum in ihre historischen Positionen als selbständige völkerrechtliche Subjekte gefallen, wes-

Nr. 22. Wien, Sonntag, 29. Mai 1921. XXVI. Jahrgang.

Bezugsbedingungen: für Deutschösterreich und Ungarn in der Landeswährung vierteljährig K 72·—, einzelne Nummern K 6·—. Für die Tschecho-Slowakei vierteljährig č. s. K 24·—, einzelne Nummern č. s. K 2·— Für Jugoslawien vierteljährig SHS K 48·— einzelne Nummern SHS K 4·—. Für Polen vierteljährig poln. Mk 72·—, einzelne Nummern poln. Mk. 6·—. Für Deutschland vierteljährig Mk. 18·—. Für Italien vierteljährig Lire 9·—. Für Rumänien vierteljährig Lei 24·—. Für das sonstige Ausland vierteljährig Francs 7·50. Inseratenannahme durch alle Annoncenbureaus. Redaktion und Administration III. Rüdengasse 11. Telephone: 4199, 9540, 9767. Einzelne Nummern K 6·—. Unverlangte Einsendungen werden nicht zurückgeschickt und wird für dieselben keinerlei Haftung übernommen.

Anschlußbewegung in den österreichischen Alpenländern.

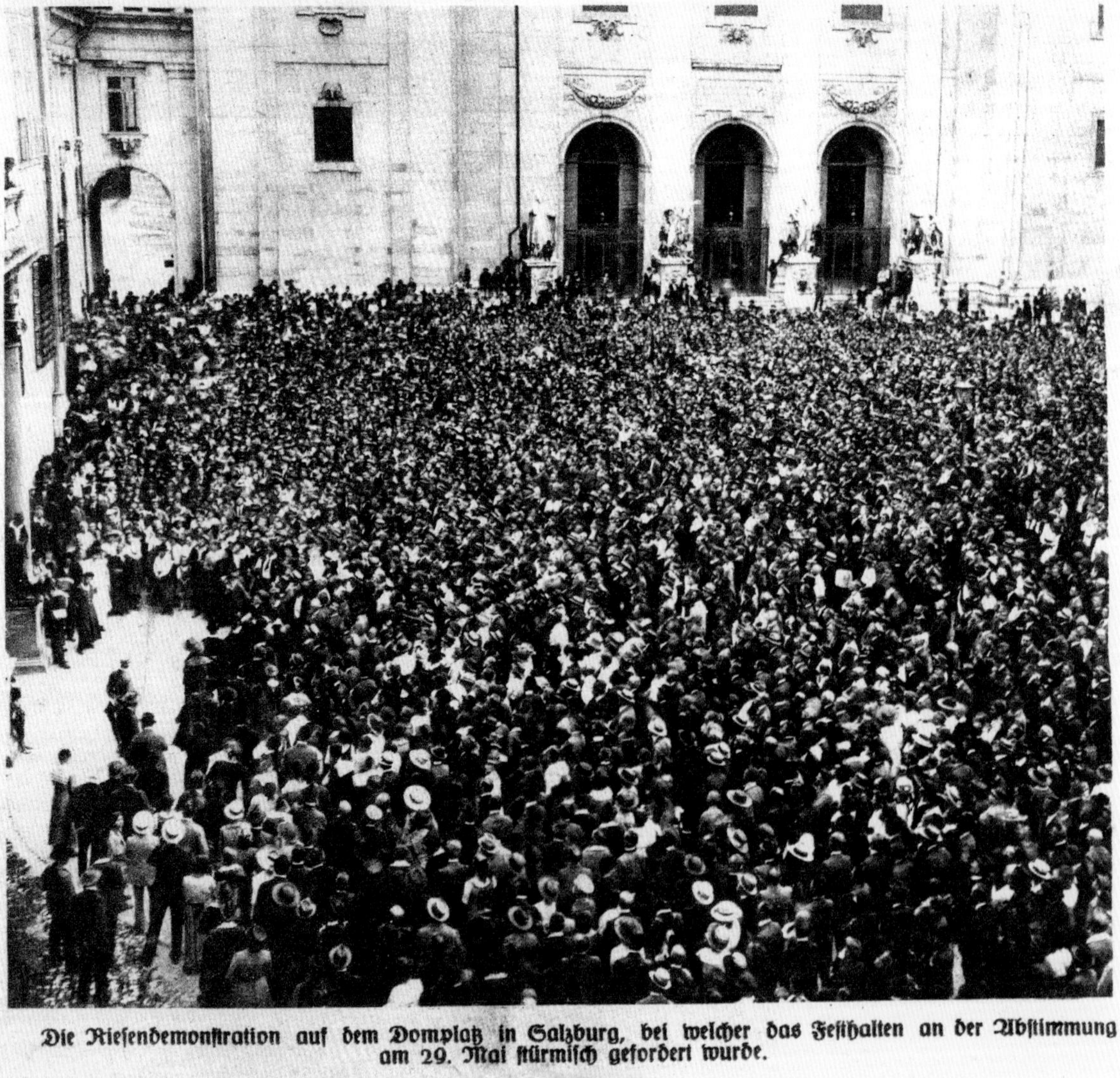

Die Riesendemonstration auf dem Domplatz in Salzburg, bei welcher das Festhalten an der Abstimmung am 29. Mai stürmisch gefordert wurde.

halb sie zu einer regionalen Außenpolitik berechtigt seien. Der Friedensvertrag von St. Germain habe zwar in Artikel 88 ein Anschlussverbot ausgesprochen, dieses jedoch mit dem Hinweis relativiert, dass der Völkerbund eine Revision der Bestimmung vornehmen könne.

Die Argumentation der Anschlussbefürworter in den Ländern griffen auf diese Gemengelage von Argumenten – von der wirtschaftlichen Notwendigkeit über eine Demonstration des Volkswillens entsprechend dem Selbstbestimmungsrecht der Völker bis zur völkerrechtlichen Berechtigung – zurück. Diese Argumentation kollidierte jedoch mit dem politischen Willen der Siegermächte, die einen durch einen Anschluss erfolgenden Gebiets- und Bevölkerungszuwachs des Deutschen Reiches ablehnten, und mit den Bemühungen der Regierungen Renner und Mayr, die sich verzweifelt um Auslandskredite und Hilfslieferungen bemühten, um das Überleben des Gesamtstaates zu ermöglichen. Die Westalliierten, vor allem Frankreich und Großbritannien, ließen den Ballhausplatz unmissverständlich wissen, dass die Anschlussbewegungen in den Ländern die so notwendige Hilfe verhinderten. Die Bundesregierungen befanden sich in einem unlösbar scheinenden Dilemma, da die jeweiligen Landesregierungen, vor allem auf Grund des Drucks aus der Bevölkerung und der Landtagsparteien, unbeirrt Anschlussabstimmungen forcierten.

Zu Jahresbeginn 1920 begründete der christlichsoziale Salzburger Abgeordnete Johann Hasenauer unter Hinweis auf die ohne greifbares Ergebnis erfolgte Reise Karl Renners nach Paris im Dezember 1919 die Bestrebungen der drei westlichen Bundesländer um Volksabstimmungen über einen Anschluss an das Deutsche Reich mit der Bemerkung, die Länder seien keineswegs staatspolitisch verantwortungslos und provinzielle Toren. Österreich befinde sich in der Rolle des Esau, der, als er hungrig war, um ein Linsengericht auf sein Erstgeburtsrecht verzichtete. Das Betteln um Lebensmittellieferungen gegen einen Verzicht auf den Anschluss sei keine Lösung des Problems, weshalb der Salzburger Landtag mit den Stimmen aller Parteien beschlossen habe, wenigstens ein einheitliches Wirtschaftsgebiet mit Bayern anzustreben und sich von Wien zu lösen. „Denn dem Hungrigen ist damit nicht gedient, dass man einen anderen Hungrigen mit ihm zusammenhängt." Hasenauer nahm mit seiner Erklärung Bezug auf einen Beschluss des Salzburger Landtages vom 16. Dezember 1919, der an die Landesregierung mit der Aufforderung erging, diesen der Staatskanzlei in Wien zu übermitteln. Im April 1920 reiste eine Delegation, bestehend aus den beiden Landeshauptmann-Stellvertretern Franz Rehrl und Robert Preußler sowie dem Abgeordneten Max Ott, nach Wien, um durch persönliche Intervention vor allem bei Vertretern der Entente die Salzburger Beweggründe zu erläutern. Die Entente-Repräsentanten weigerten sich jedoch, die Salzburger Delegation zu empfangen, sodass es lediglich zu einer kurzen Kontaktaufnahme mit der britischen Hilfsmission kam. In einer Anfragebeantwortung erklärte Landeshauptmann Oskar Meyer am 9. Juni, seine Regierung werde alles daran setzen, „um die begründete Forderung des Landes nach einem Anschluß an Bayern", der von allen im Landtag vertretenen Parteien „als die Rettung aus den nachgerade unerträglichen Nöten der Gegenwart" betrachtet werde, herbeizuführen. Drei Monate später erklärte Franz Rehrl in einem Interview mit dem „Amsterdamer Allgemeinen Handelsblatt" die Motive der Salzburger Anschlussbewegung mit dem Hinweis auf ökonomische Notwendigkeiten, zu denen noch der Umstand hinzukomme, „dass die Salzburger und Oberbayern zu einem und demselben Volksstamme gehören."

Die anhaltenden ökonomischen und finanziellen Probleme schienen die Meinung von der Nicht-Lebensfähigkeit des von den Siegermächten geschaffenen Kleinstaates zu bestätigen, um dessen Überleben sich Bundeskanzler Michael Mayr im Frühjahr 1921 verzweifelt bemühte. Gegen den Widerstand des Bundeskanzlers, der aus Tirol kam, erfolgte am 24. April 1921 eine Volksabstimmung in Tirol, die zwar von den Parteien nur als Demonstration des Volkswillens bezeichnet wurde (die Frage lautete lediglich, ob der Anschluss an das Deutsche Reich gewünscht sei), jedoch mit einem positiven Votum von rund 98 Prozent heftige Reaktionen vor allem in Frankreich auslöste. Aus Paris ließ man Bundeskanzler Mayr wissen, dass die Verhinderung jeder weiteren Volksabstimmung Vorbedingung für jede weitere Hilfe der Entente sei. Der Druck der Entente und der Bundesregierung auf den Salzburger Landtag erhöhte sich erheblich, hatte man doch bereits für den 29. Mai eine Anschluss-Volksabstimmung beschlossen. Bundeskanzler Mayr war sich dessen bewusst, dass er dies nicht mehr verhindern konnte, war jedoch um einen Kompromiss bemüht, der seine Bemühungen um Finanzhilfe nicht gefährdete. In intensiven Verhandlungen mit der Salzburger Landesregierung am 14. Mai gelang es ihm, diese zu einer Intervention beim Verwaltungs- und Verfassungsausschuss des Landtages zu bewegen, um mit Hinweis auf die zu erwartenden internationalen Reaktionen die für 29. Mai geplante Abstimmung lediglich als Volksbefragung der politischen Parteien und nicht der Landesregierung zu erklären. Erleichtert schrieb Bundeskanzler Mayr an die österreichischen Gesandten in Rom, Paris und London, bei der Salzburger Abstimmung handle es sich um eine reine Privatsache der politischen Parteien. Die Bundesregierung werde aus dem Ergebnis keinerlei Konsequenzen ziehen und dieses auch nicht an den Völkerbund weiterleiten. Die Stimmungslage der Bevölkerung manifestierte sich am 29. Mai mit 98.986 Ja-Stimmen, denen lediglich 889 Nein-Stimmen und 386 ungültige Stimmen gegenüberstanden.

Aus den Debatten des Salzburger Landtages

Auszug aus dem Protokoll der Sitzung der provisorischen Landesversammlung am 14. Februar 1919

Abg. Dr. Franz Rehrl (CSP): Zu Punkt 6 (des Gesetzes über die Einberufung und die Aufgaben des konstituierenden Landtages – „Die Gelöbnisformel lautet: Ich gelobe, für den selbständigen Bestand und das Wohl des Landes Salzburg jederzeit einzutreten, die Gesetze zu beachten und meine Pflichten als Landtagsabgeordneter gewissenhaft zu erfüllen") ist zu bemerken, daß der Verfassungsausschuß und auch die Landesversammlung den Standpunkt vertritt, daß nach den Neuwahlen das Land Salzburg durch seinen Landtag darüber zu entscheiden haben wird, in welcher Weise in Hinkunft der Zusammenschluß mit einem anderen Staat erfolgen wird. Wir müssen immer als obersten Leitstern vor Augen haben, daß das Land Salzburg, in welche Verbindung es immer eingehe, seine selbständige Stellung in Hinkunft erhält. ... (...)

Abg. Josef Witternigg (SDAP): Hohes Haus! Wir haben Ihnen einen Dringlichkeitsantrag unterbreitet, worin wir einen Gruß an die neugewählte Volksvertretung in Deutschland übermitteln. Wir wollen als Deutsche im Lande Salzburg in der geschichtlichen Stunde unserer Freude Ausdruck geben, daß wir zur Urheimat, zum deutschen Volke, zurückkehren. Wir wollen einmütig bekunden, daß wir sind ein deutsches, einheitliches Volk. Wir wollen bekunden, was unsere Urväter schon gefordert und wofür sie gekämpft haben, daß wir zu Deutschland, zum deutschen Volk gehören. In unserem Antrag, den wir als Sozialdemokraten im Vereine mit den Deutschfreiheitlichen Ihnen unterbreiten, geben wir unserer Freude Ausdruck, daß diese geschichtliche Zeit gekommen ist, wo wir zurückkehren zu unserem deutschen Volk.

Der Antrag lautet:

Das deutsche Volk hat seine neue Volksvertretung gewählt und die Erwählten des Deutschen Reichstages sind in Weimar zur konstituierenden Nationalversammlung zusammengetreten, um die Grundlagen festzulegen, auf welcher sich fortan das Leben des freigewordenen deutschen Volkes gestalten und vollziehen soll. Die Bereitschaft der Deutschösterreicher, wieder in ihre alte deutsche Heimat zurückzukehren, dem Deutschen Reiche anzugehören, hat in den Herzen der Volksvertreter zu Weimar begeisterten Widerhall gefunden, weshalb auch die Vertreter des Landes Salzburg nochmals ihren Willen zum Ausdruck bringen, für alle ferneren Zeiten Angehörige des Deutschen Reiches zu sein, und den Wunsch auszusprechen, daß dieses Ziel, das alle deutschen Herzen erfüllt, sich recht bald verwirklichen möge!

Dieses Empfinden haben wir. In dieser geschichtlichen Stunde haben unsere Stammesbrüder in Kärnten, Steiermark und Tirol ebenfalls zum Ausdruck gebracht, daß sie zu Deutschland gehören. Auch wir als engste Nachbarn des Deutschen Reiches fühlen uns verpflichtet, unseren Gruß der neuen, freigewählten Nationalversammlung in Weimar zu unterbreiten. (...)

Abg. Dr. Franz Rehrl (CSP): Der Verfassungsausschuß hat sich über den Dringlichkeitsantrag des Herrn Witternigg und Genossen und mit dem gleichzeitigen Antrag der freiheitlichen Partei der Salzburger Landesversammlung befaßt und äußert sich wie folgt:

Es ist selbstverständlich, daß die Salzburger provisorische Landesversammlung als Vertreterin des deutschen Landes Salzburg voll und ganz, mit Herz und Sinn bei der Nationalversammlung in Weimar weilt. Hat doch diese Nationalversammlung die Aufgabe, Deutschland, das nach dem unglücklichen Kriege so ungeheuren Schaden genommen hat und so geschwächt daraus hervorgegangen ist, zu neuer Blüte hervorzuheben. Es soll dieser Nationalversammlung auch die Aufgabe zukommen, sämtliche deutschen Stammesbrüder in einem Staate zu vereinen.

Es ist niemand hier im Hause, der diese Vereinigung nicht von ganzem Herzen wünschen würde. Ich glaube im Namen aller Einzelnen sprechen zu dürfen, daß es die Sehnsucht eines jeden ist, mit den Deutschen, von denen wir so lange getrennt waren, zusammen zu sein und mit ihnen einen großen, mächtigen, deutschen Staat zu bilden. Jedoch wurden einzelne Bedenken in der Richtung zur Äußerung gebracht, daß es vielleicht manchmal nicht das klügste ist, momentan eine solche Sache zu machen und zu übereilen, ... weil hiebei nicht nur wir selber, sondern auch Deutschland Schaden nehmen könnte. Auch stehen viele in diesem Hause auf dem Standpunkte, daß der Anschluß eben eine derartig wichtige Sache ist, daß darüber jeder Stammesbruder selber mitreden soll, und zwar direkt, indem er seine Stimme abgibt. Die christlichsoziale Partei hat sich daher im Verfassungsausschuß auf den Standpunkt gestellt, daß wir deutschen Stammesbrüder auch in diesem Begrüßungstelegramm sagen, daß wir dem Volke selber in feierlicher Volksabstimmung den Anschluß überlassen. ...

Landeshauptmann-Stellvertreter Robert Preußler (SDAP): ... Der Antrag mag vielleicht bei oberflächlicher Betrachtung als eine leere Sympathiekundgebung erscheinen ... Es ist nur die Bekräftigung des Willens, ein Beschluß, der zwar in Bezug auf das staatsrechtliche Verhältnis in Zukunft noch nicht in den einzelnen Details zur Wirklichkeit werden, der aber gar nicht genug betont werden kann in dieser Zeit, wo sich gewisse kapitalistische Kreise der Entente darüber hermachen, den Traum zu träumen, das deutsche Volk in unerhörtester Weise zu unterdrücken ... Ich verweise diesbezüglich auf die brutal bestialische Sprache des Vertreters der amerikanischen Milliardäre, Taft, der vor wenigen Tagen erklärt hat, daß man dem deutschen Volk mit einer Keule eines auf den Kopf gegeben hat, und daß man, wenn es ... noch aufmucken sollte, die Keule aufs neue nehmen und damit aufs neue auf den Kopf des deutschen Volkes loshauen werde. Vor aller Welt erklären wir, daß das eine feige Sprache ist, eine niederträchtige Sprache gegen ein Volk, das sich gegen eine achtfache Übermacht in einer Weise gewehrt hat, wie sie die Geschichte kein zweites Mal aufzuweisen hat. ... Wir leugnen nicht die Schuld der österreichisch-ungarischen Machthaber ... Wir leugnen auch nicht die Schuld bei den deutschen Machthabern. Aber diese Machthaber gehören der Geschichte an ... Das aber, was die englischen Imperialisten seit Jahrhunderten getan haben, und was sie auch in diesem Weltkrieg, den ihre Schuld mit herbeigeführt hat, erstrebten, das hassen wir deutsche Sozialdemokraten auf den Tod, und wir werden nicht früher ruhen, nachdem der Imperialismus Mitteleuropas überwunden ist, bis auch der Imperialismus

Amerikas, Frankreichs, Englands und Italiens überwunden ist, wir werden nicht ruhen, daß diese operettenhafte Kaste, die auf dem Welttheater mit der Gewalt gegen ein freies, schönes, herrliches Volk spielt, dieses Spiel nicht zu Ende führen kann. Deshalb haben wir diesen Antrag eingebracht. ...

Abg. Dr. Arthur Stölzel (DF): ... Wir Deutsche in Österreich und im Deutschen Reiche haben auch während des Krieges immer und stets das volle Bewußtsein gehabt, daß wir uns gegen eine Übermacht von Feinden wehren müssen, welche Übermacht künstlich von Seiten der Feinde geschaffen worden ist, damit man das deutsche Volk ... niederwerfen und niederhalten kann.

Die Schulfrage lehnen wir ab; die Schuld trifft die Feinde, welche durch Jahre hindurch das großartige Spinnennetz gewoben haben, um das deutsche Volk einzukreisen, und welche dann zum Kriege gedrängt haben. Und wenn es zum Kriege vielleicht ein oder zwei Jahre früher gekommen ist, so hat das deutsche Volk nichts anderes getan, auch unter den früheren Regierungen, als sich Bahn brechen zu wollen, wie der Hirsch, der von allen Seiten von den feindlichen Jägern umstellt wird. Wenn wir heute diese Kundgebung begrüßen, ... dann gehen wir nur von dem Gedanken aus: So wie das deutsche Volk während des Krieges zusammengehalten hat, so soll das deutsche Volk auch weiterhin zusammenhalten und so wird, das gebe Gott, auch der Anschlag der Feinde nicht gelingen und das deutsche Volk zu einer glücklichen Zukunft geführt werden.

Abg. Johann Hasenauer (CSP): ... Im Namen meiner Partei erlaube ich mir, kurz Folgendes zu bemerken. ... ich betone, daß unsere Partei diejenige ist, die es von Herzen freuen muß, wenn endlich einmal jenes himmelschreiende Unrecht, welches im Jahre 1866 von den preußischen Politikern an 9 Millionen Deutschen begangen wurde, gut gemacht wird. Und gerade diese Anschauung ... wollen wir damit bekunden, daß wir eben diesen Dringlichkeitsantrag und diesen Gruß an Großdeutschland nach Weimar hinaus vorbehaltlos und ganz unsere Zustimmung geben.

Auszug aus dem Protokoll der Landtagssitzung am 16. Dezember 1919

Abg. Dr. Franz Rehrl (CSP): Hohes Haus! Die christlichsoziale Partei und der deutschfreiheitliche Klub des Landtages haben heute einen Dringlichkeitsantrag eingebracht, betreffend den Anschluß des Landes Salzburg an das bayerische Wirtschaftsgebiet. ... Dieser Antrag hat folgenden Wortlaut: ...

Die Brüder und Schwestern rüsten sich zur Heimkehr ins große Vaterhaus. Der erste Schritt soll heute vom Salzburger Landtag unternommen werden und in dem Augenblicke, in dem wir darangehen, den wirtschaftlichen Zusammenschluß mit dem Bayernlande uns als politisches Ziel zu stecken, in dem Augenblicke treten vor unsere Augen die vergangenen Jahre, in denen Salzburg reich und angesehen innerhalb des großen deutschen Volkes, insbesonders eng verbunden mit dem Bayernlande, von dem es ja seinen Ausgang genommen hat, gelebt hat und wenn wir heute durch die Straßen Salzburgs gehen, die herrlichen Bauten aus der Vergangenheit sehen, wenn wir die Wohltaten der humanitären und sozialen Fürsorgeanstalten, die in jener großen Zeit Salzburgs geschaffen worden sind, empfangen, wenn wir uns erinnern, wie Salzburg von den Wogen des Krieges umbrandet durch Jahrhunderte hindurch ein Hort des Friedens gewesen ist, so erfaßt uns alle die Sehnsucht, daß es wieder so werden möge. Wir alle wissen, daß das drakonische Machtgebot des Siegers den politischen Anschluß derzeit noch hindert. Da wir alle wissen, daß uns unsere geographische Lage und unsere wirtschaftlichen Beziehungen nach dem Norden weisen, da wir wissen, daß beim größten Opfermut innerhalb des durch den Siegerwillen zu einem Torso gemachten österreichischen Staatsgebietes, ein Leben für alle nicht möglich ist, so wollen wir wenigstens wirtschaftlich jenen Zustand anstreben, der uns vor dem Untergange rette und uns gleichzeitig eine bessere Zukunft verspricht. Wir wollen diesen Zustand umso mehr anstreben, als wir hoffen, daß hiedurch klar und deutlich den Siegern bewiesen wird, wie allein unserem Staate geholfen werden kann und wie furchtbar ungerecht und unmöglich das Urteil des Friedensvertrages ist. Wir glauben zuversichtlich, daß der Schritt, den wir unternehmen, dazu beitragen kann, den Stein ins Rollen zu bringen, der wie eine Lawine vorwärts stürmend, jene Fesseln sprengt, die dem gesamten Österreich das Tor ins Vaterhaus versperren. Was wir heute unternehmen, es soll kein Verrat an unseren Leidensgenossen in Österreich sein, es soll kein Hochverrat am Staate Österreich sein, sondern eine befreiende Tat für alle aus der Hölle, in die wir gesperrt sind. (...)

Abg. Anton Christoph (DF): ... Unsere Feinde hätten die Verpflichtung, in dieser schweren Zeit, wo wir hart um unsere Existenz ringen, von uns wenigstens den Hunger abzuhalten und dafür zu sorgen, daß das Gebilde, welche sie ... gegen unseren Willen künstlich geschaffen haben, auch lebensfähig ist, nachdem es sich selbst nicht erhalten kann; wir sehen aber, daß alle bezüglichen Bitten und Canossagänge ... vergeblich waren.

Unser Volk muß sich daher in dieser schweren Zeit auf sich selbst besinnen und Anschluß dort suchen, wohin es die Natur und Abstammung weisen. ... (...)

Abg. Johann Hasenauer (CSP): ... Es ist früher betont worden, daß die Vorarlberger dadurch, daß sie den Entschluß gefaßt haben, sich von Deutschösterreich loszutrennen, in gewisser Beziehung einen Hochverrat begangen haben. Nach meiner Ansicht soll man heute mit diesem Worte sehr vorsichtig sein, nachdem man damals, als man uns zusammengekettet und das neue Staatsgebilde geschaffen hat, auch nicht einen Menschen im Lande gefragt hat, ob man damit einverstanden ist oder nicht. Die Dinge haben sich unterdessen entwickelt und jedes Land hat gesehen, daß es in dieser Verbindung, die da hergestellt worden ist, einfach nicht lebensfähig ist und daß wir ein Verbrechen an unserem eigenen Lande und an dem Volke, das dieses Land bewohnt, begehen würden, wenn wir stillschweigen würden, uns deshalb gehen die Länder der Reihe nach her, um zu dieser schwierigen Lebensfrage Stellung zu nehmen.

Wir haben ein Land, das außerordentlich schön und ebenso arm ist wie schön. Früher, vor 108 Jahren, war dieses Land ebenso reich wie es schön gewesen ist und daß nur die Schönheit geblieben ist, daran sind wir nicht schuld und unsere Vorfahren, sondern daran ist schuld die unselige Politik und der unglückliche Kuhhandel, der mit dem schönen, aber armen Land damals getrieben worden ist; ... wenn wir heute die Stunden benützen können, um den ersten Schritt zu machen, das wieder gutzumachen, was seinerzeit an diesem Land verbrochen worden ist, glaube ich, daß wir uns glücklich schätzen können, daß wir in dieser Lage sind. ... (...)

Abg. Anton Christoph (DF): (Liest) Laut des Berichtes A der Landesregierung hat die Bundesregierung die Durchführung der vom Salzburger Landtage beschlossenen Volksabstimmung über die Frage des Anschlusses Österreichs an Deutschland aus innen- und außenpolitischen Gründen verfassungsrechtlich als unzulässig erklärt. (...)

Nachträglich ist von der Bundesregierung nachfolgende Mitteilung an die Landesregierung Salzburg gelangt: „Der französische Gesandte Herr Lefevre-Pontalis hat heute über Auftrag seiner Regierung nachstehende offizielle Erklärung abgegeben: Falls die österreichische Regierung nicht imstande sein sollte, die gegenwärtigen, auf den Anschluß an das Deutsche Reich hinzielenden Umtriebe wirkungslos zu machen, würde die französische Regierung die Hilfsaktion für Österreich einstellen und die Reparationskommission würde in ihren Befugnissen vollständig wiederhergestellt werden.

Der italienische Gesandte und der englische Geschäftsträger in Wien sollen sich dieser Erklärung des französischen gesandten angeschlossen haben. Trotz dieses Einspruches der Bundesregierung und des französischen Gesandten sind der Verfassungs- und Verwaltungsausschuß und Anschlußausschuß nicht in der Lage, von dem grundsätzlichen Beschlusse des Salzburger Landtages vom 11. März 1921, Nr. 364/L.T. 1921, abzugehen. Dieselben nehmen nach wie vor aus den in dem zitierten Landtagsbeschluß samt Bericht dargestellten Gründen für das Land Salzburg und dessen Bewohner das denselben verfassungsmäßig und nach natürlichen Grundsätzen zustehende Recht in Anspruch, eine Abstimmung im Lande Salzburg darüber einzuleiten und durchzuführen, ob vom Lande der Anschluß an Deutschland gewünscht wird ... Insbesondere wird darauf verwiesen, daß Artikel 88 des Friedensvertrages von St. Germain nichts darüber enthält, daß eine derartige Fragestellung oder Abstimmung untersagt ist. Diese Abstimmung soll vorerst die Grundlage dafür schaffen, daß gemäß dem zitierten Artikel des Friedensvertrages an den Völkerbund um Zustimmung zur Abänderung der staatsrechtlichen Verhältnisse Österreichs bzw. des Landes Salzburg zu einem Nachbarstaat herangetreten werden kann.

Eine zu diesem Zwecke unternommene Abstimmung liegt daher im Rahmen des Friedensvertrages und ist allein geeignet, volle Klarheit über das Verhalten der Bevölkerung zu einer Lebensfrage zu schaffen. ...

Insbesondere muß aber auch Verwahrung dagegen eingelegt werden, daß (auf) eine derartige Meinungsäußerung des Volkes oder Abstimmung ... die Einstellung jeder Hilfsaktion für Österreich seitens Frankreichs und seiner Alliierten angedroht wird.

Demgegenüber muß immer wieder festgestellt werden, daß die elementare Bewegung für den Anschluß lediglich aus dem Lebensinteresse des in höchster wirtschaftlicher Not befindlichen Volkes entstanden ist, welches angesichts der bisher zwar wiederholt in Aussicht gestellten, aber nicht zugehaltenen oder eingetroffenen Hilfeleistung der Entente in dem Anschlusse an Deutschland den einzigen und letzten Ausweg aus jahrelanger Not zu werktätiger Arbeit und zum Wiederaufbaue des arg darniederliegenden staatlichen und wirtschaftlichen Lebens erblickt (...)

Auszug aus dem Protokoll der Landtagssitzung am 18. Mai 1921

Abg. Anton Christoph (DF): (Liest) … Der Verfassungs- und Verwaltungsausschuß mußte … anerkennen, daß die Landesregierung, welche auch bundesstaatliche Funktionen auszuüben hat, in diesem Belange der Bundesregierung als oberster Behörde untersteht und an deren Weisungen gebunden ist, nicht in der Lage ist, angesichts der Vorstellung der Bundesregierung die vom Salzburger Landtage beschlossene Volksbefragung ohne Hemmungen durchzuführen, weshalb zur Vermeidung von vielleicht nicht gewollten, aber trotzdem unausweichlichen Komplikationen, die geeignet wären, die Volksbefragung in ihrer Durchführung und ihrem Ergebnisse zu gefährden, die im Landtag vertretenen Parteien nunmehr selbst die weitere Durchführung der Volksbefragung am 29. Mai 1921 übernehmen …

Robert Kriechbaumer

1926 – Die finanzielle Rettung der Festspiele und die Schaffung des Fonds zur Förderung des Salzburger Fremdenverkehrs

In ihren ohnedies turbulenten ersten Spielzeiten befanden sich die Salzburger Festspiele im Jahr 1926 in einer lebensbedrohlichen finanziellen Krise. Der unerwartet überwältigende Erfolg der Aufführung des „Jedermann" vor dem Dom weckte bei vielen Mitgliedern der Salzburger Festspielhaus-Gemeinde hohe Erwartungen in die zukünftige Rentabilität der Festspiele. An Stelle reich sprudelnder Einnahmen und damit einer gesicherten Basis waren jedoch die folgenden Jahre von permanenten wirtschaftlichen Problemen geprägt, die die großen Ambitionen der Festspielhaus-Gemeinde völlig zu zerstören drohten.

Den Gründungsmitgliedern sowie der Leitung der Festspielhaus-Gemeinde war bewusst, dass Festspiele in Salzburg aus witterungsbedingten Gründen nicht nur im Freien stattfinden konnten, sondern überdachter Spielstätten, vor allem eines Festspielhauses, bedurften. Dabei war man sich bewusst, dass die Realisierung eines solch ambitionierten Projekts nicht durch Stadt und Land Salzburg alleine zu bewältigen war, sondern der maßgeblichen Unterstützung des Bundes bedurfte. Am 21. August 1920 erfolgte die 3. ordentliche Generalversammlung der Salzburger Festspielhaus-Gemeinde im Großen Saal des Mozarteums in Anwesenheit der führenden Politiker von Stadt und Land Salzburg sowie des Präsidenten des Staatsdirektoriums Karl Seitz. Die Auspizien für das ambitionierte Vorhaben eines Festspielhausbaus schienen günstig, denn der Bund sagte eine erste Förderung von 100.000 Kronen zu und stellte für den zu errichtenden Baufonds eine erste Tranche von 3 bis 4 Millionen Kronen in Aussicht, während Stadt und Land jeweils 50.000 Kronen zusagten. Höhepunkt war die Präsentation des Festspielhausprojekts von Hans Poelzig, eines an den babylonischen Turm erinnernden kegelförmigen Monumentalbaus, in Hellbrunn. Das Projekt umfasste zwei Häuser, ein großes mit einem Fassungsvermögen von 2.500 Plätzen, und ein kleineres für die Spiel- und Kammeroper. In den folgenden beiden Jahren sollte Poelzig noch zwei modifizierte Varianten entwerfen und 1922 präsentierte die Architektengruppe Deininger-Flesch-Knoll ihr nach außen einfacher wirkendes Projekt eines großen und kleinen Hauses am Südende des Hellbrunner Parks.

Zu diesem Zeitpunkt befanden sich die Festspiele in erheblichen Schwierigkeiten, die nach einem hoffnungsvollen Start deren frühzeitiges Ende drohen ließen. Die existenzgefährdenden Schwierigkeiten waren sowohl künstlerischer wie finanzieller Natur. Persönliche Animositäten und Rivalitäten zwischen den beteiligten Künstlern führten zu Beleidigungen und die in Zukunft immer wiederkehrenden Spannungen zwischen Wien und Salzburg äußerten sich im Vorwurf des Provinzialismus einerseits und der unangebrachten Bevormundung durch die Metropole andererseits. Gravierend erwiesen sich die stets vorhandenen finanziellen Probleme, die die geplante Durchführung der Festspiele gefährdeten. So musste ein für 1921 geplantes Gastspiel der Wiener Staatsoper wegen der Weigerung des Finanzministeriums, eine Ausfallshaftung zu übernehmen, entfallen und Burgtheaterdirektor Anton Wildgans weigerte sich, Reinhardt die Jedermann-Kostüme zu leihen. Die Festspiele kochten daher 1921 auf Sparflamme und erst 1922 gelang die intendierte Zusammenarbeit mit der Wiener Staatsoper, die vier Mozart-Opern im Stadttheater zur Aufführung brachte.

In diesem Jahr wurden die Schatten der Wirtschaftskrise und der galoppierenden Inflation übermächtig. Die Durchführung der Festspiele, so eine Forderung aller Parteien an die Salzburger Landesregierung, sollte nur dann erfolgen, wenn entsprechende Lebensmittel zur Verfügung gestellt und die eingenommenen Devisen zum Ankauf für Lebensmittel verwendet würden. Erst die Zustimmung des Bundes zu diesen Maßnahmen ermöglichte die Durchführung der Festspiele. Angesichts der dramatischen Entwicklung der Finanzen der öffentlichen Haushalte sowie der letztlich nicht erfolgenden maßgeblichen Beteiligung ausländischer, vor allem US-amerikanischer Sponsoren rückte eine Realisierung des Festspielhausprojekts in weite Ferne. Wollte man die Idee am Leben erhalten, musste man mit Zwischenlösungen improvisieren. Als erster Schritt bot sich das Ende 1922 vorgestellte Projekt des Architekten und Landeskonservators Eduard Hütter an, das eine Adaption der Winterreitschule in der Hofstallgasse für Theateraufführungen vorsah. Doch auch diese notwendige Minimalvariante war gefährdet, als es im März 1923 der Salzburger Landtag ablehnte, die Mittel für die Adaptierungsarbeiten der Winterreitschule bereitzustellen. Dies war umso erstaunlicher, als die Stadt Salzburg das Vorhaben mit einer Subventionszusage unterstützte. Die Krise der Festspiele erreichte in den Jahren 1923/24 ihren Höhepunkt, als, begleitet von Rücktritten und heftigen Differenzen zwischen der Wiener und der Salzburger Festspielhaus-Gemeinde 1923, lediglich eine Aufführung von Molieres „Der eingebildete Kranke" unter der Regie Reinhardts stattfand und 1924 die Festspiele überhaupt abgesagt wurden.

Die Krise diente jedoch auch als Katharsis. Im November 1924 erfolgte eine Statutenänderung des Festspielhaus-Vereins, der ab nun nicht mehr aus zwei Vereinen in Wien und Salzburg bestand, sondern nur mehr aus dem Salzburger Verein mit Vizebürgermeister Richard Hildmann als Präsidenten. Zweck des Vereins war die Errichtung eines Festspielhauses und die nicht auf Gewinn gerichtete Veranstaltung von Festspielen. Als historischer Wendepunkt sollte sich die Übernahme des Protektorats durch Landeshauptmann Franz Rehrl erweisen. Rehrl, seit 1922 Landeshauptmann, wurde zur bestimmenden politischen Figur der Festspiele, deren kulturelle und ökonomische Bedeutung er für Salzburg erkannt hatte und in denen er einen zentralen Bestandteil der von ihm intendierten Positionierung Salzburgs als Kultur- und Touristenland sah. In der Neupositionierung der Festspiele hatte er in Erwin Kerber einen kongenialen Mitstreiter, der die sensiblen künstlerischen Belange übernahm und dem eine Bindung der Wiener Staatsoper und der Wiener Philharmoniker an Salzburg ab dem Jahr 1925 gelang. Der Neubeginn der Festspiele erforderte jedoch auch eine zusätzliche Spielstätte, die in der Winterreitschule gefunden wurde, deren Umbau nach Plänen von Alfred Roller und Eduard Hütter in einen Theater- und Festsaal im März 1925 begonnen wurde und nach nur vier Monaten den Festspielen als neue Spielstätte zur Verfügung stand. Die notwendigen Mittel hatte man über Rehrls Vermittlung von einigen deutschen und österreichischen Banken erhalten.

So sehr die Festspiele des Jahres 1925 ein Erfolg waren, so sehr zogen nach deren Ende neuerlich Gewitterwolken auf, als mehrere Zeitungen von deren drohendem Bankrott berichteten. Grund: Eduard Hütter hatte für den Umbau der Winterreitschule das Baubudget um das Vierfache überschritten. Das entstandene Defizit und dessen Bedeckung wurden zum Politikum, in dem Rehrl zur dominierenden Persönlichkeit wurde. Am 9. Jänner 1926 berief er eine Enquete ein, um einen Weg aus der Krise zu finden und die Festspielhaus-Gemeinde, deren Präsidentschaft nunmehr Heinrich Puthon übernahm, vor dem drohenden Zusammenbruch zu retten. Am 30. März hatte er einen Sanierungsplan finalisiert, der die Steuerzahler nicht belastete und den er am 7. April dem Salzburger Landtag zur Beschlussfassung vorlegte. Von besonderer Bedeutung war, dass Rehrl nicht nur durch Garantien von Stadt und Land Salzburg sowie mit einem Bundeskredit in der Höhe von 3 Millionen Dollar aus der Völkerbundanleihe die finanzielle Malaise beseitigte, sondern auch die Mittel für den als notwendig erachteten neuerlichen Umbau der Winterreitschule durch Clemens Holzmeister zur Verfügung stellte. Holzmeister sollte nicht nur die Mängel des ersten Umbaus beheben, sondern durch die Beiziehung bedeutender Künstler wie Anton Faistauer eine künstlerische Neugestaltung des Festspielhauses vornehmen. Bereits am 7. August stand das neue Festspielhaus für die feierliche Eröffnung der Festspiele zur Verfügung und erlebte mit dem wegen Schlechtwetter verlegten „Jedermann“ seine Eröffnungsvorstellung.

Von nicht minderer Bedeutung war eine zweite Initiative Rehrls zur finanziellen Stimulierung des Fremdenverkehrs und der touristischen Infrastruktur im Allgemeinen sowie der Sicherung der Festspiele im Besonderen. Unternehmen mit einem jährlichen Mindestgewinn von 10.000 S wurden zu einer Beitragsleistung für einen Fonds zur Förderung des Fremdenverkehrs verpflichtet, der mit Zustimmung der Landesregierung auch Darlehen bei der Salzburger Hypothekenbank aufnehmen konnte. Am 7. Dezember 1926 beschloss der Salzburger Landtag das Gesetz über die Bildung eines Fonds zur Förderung des Fremdenverkehrs im Lande Salzburg, das mit 1. Jänner 1927 in Kraft trat und bis heute eine der zentralen Säulen der Salzburger Fremdenverkehrspolitik und -wirtschaft bildet.

Aus den Debatten des Salzburger Landtages

Auszug aus dem Bericht des Finanzausschusses über den Bericht der Salzburger Landesregierung über die Gesetzesvorlage wegen Übernahme der Landesgarantie für ein Dollaranlehen der Salzburger Kredit- und Wechselbank am 7. April 1926

Das Problem der Sanierung der Salzburger Festspielhausgemeinde erfordert eine rasche Entscheidung. Die verschiedenen Versuche, die bisher in der Sache unternommen worden sind, haben nicht den gewünschten Erfolg einer Einigung aller maßgebenden Faktoren auf eine bestimmte Lösung gezeitigt. Der Landeshauptmann hat in jüngster Zeit spontan einen Sanierungsplan ins Auge gefaßt, der eine Ordnung der brennenden Frage in einer für die Stadt Salzburg und die Interessenten überaus günstigen Weise ermöglicht.

Gemäß diesem Plane soll der Salzburger Kredit- und Wechselbank, die an die Festspielgemeinde aus dem Titel des Festspielhausbaues eine Forderung von 1,200.000 S zu stellen hat, ein kurzfristiger, mit höchstens 8 von Hundert verzinslicher Kredit in der Höhe von 3,000.000 Dollar unter der Solidarhaftung des bayerischen Hypotheken- und Wechselbank, des Landes und der Stadt Salzburg als Bürge und Zahler derart vermittelt werden, daß die Haftung sich praktisch über 2 Millionen Dollar nicht erhebt und stufenweise um 500.000 Dollar ansteigt und sinkt, bis sie schließlich am 1. Juli 1928 gänzlich erlischt.

Dagegen hat die genannte Bank auf eine Rückzahlung ihrer erwähnten Forderung von 1,200.000 S zu verzichten und der Stadtgemeinde Salzburg über deren Verlangen ein bis 1. Juli 1928 rückzahlbares, mit 6 von Hundert verzinsliches Darlehen von 600.000 S zu gewähren.

Die Einzelheiten des Sanierungsplanes sind folgende:
Der derzeitige Schuldenstand der Festspielhausgemeinde beträgt:
1,200.000 S an die Salzburger Kredit- und Wechselbank,
300.000 S an den Bankenverband und
470.000 S an die am bisherigen Bau des Festspielhauses beteiligten Gewerbetreibenden.

Für die bauliche Vollendung des Festspielhauses sind 500.000 S noch erforderlich. Dadurch soll auch der Plan der Errichtung von Stadtsälen verwirklicht werden.

Nach dem Projekt des Landeshauptmannes würden 1,200.000 S als Schuld an die Salzburger Kredit- und Wechselbank durch Verzicht dieser Bank getilgt erscheinen. Bezüglich der Forderung des Bankenverbandes von 300.000 S wäre der Verzicht dieses Verbandes anzustreben. Sollte er nicht gelingen, würde die Erstreckung der Schuldrückzahlung zu erwirken sein und hätte der im nachfolgenden bezeichnete Amortisationsplan einzutreten.

Für die restlichen 970.000 S würde das Darlehen der Salzburger Kredit- und Wechselbank im Betrage von 1,000.000 S heranzuziehen sein. Die Heranziehung hätte in folgender Weise zu geschehen: Die Stadt Salzburg übernimmt die bauliche Vollendung und Ausgestaltung des Festspielhauses und stellt den durch die Kammer für Handel, Gewerbe und Industrie vertretenen Interessentenkreisen den Betrag von 400.000 S zur Abdeckung der Forderungen der Gewerbetreibenden zur Verfügung. Von diesem Betrag haben die Interessentenkreise 200.000 S aus eigenen Mitteln zurückzuzahlen. Falls mit dem Betrag von 400.000 S die Forderungen der Gewerbetreibenden nicht voll befriedigt werden sollten, übernimmt die Stadtgemeinde Salzburg aus dem verbleibenden Rest des Darlehenerlöses die Abdeckung dieser noch ausstehenden Forderungen. Der schließliche Rest aus dem Erlöse wird, soweit er nicht für Bauzwecke benötigt wird, zur Rückzahlung der von den Interessenten zur eigenen Rückzahlung nicht übernommenen 200.000 S verwendet.

Zur Amortisation des 1,000.000 S-Darlehens haben beizutragen:

1. die Interessenten im Betrage von 200.000 S,
2. die Stadtgemeinde für den Restbetrag.

Sie wird hinsichtlich des von der Stadtgemeinde unmittelbar zu tilgenden Teiles des Darlehens dadurch bewirkt, daß Subventionen des Bundes, Reinerträgnisse der Festspiele, Spenden, der Ertrag von Lotterien, Erlöse aus der Saalmiete, ein Erträgnis aus der Kartensteuer herangezogen werden. … (…)

Abg. Michael Neureiter (CSP): … haben wir uns nach reiflicher Überlegung entschieden, für die Vorlage zu stimmen. Das erste Motiv, das uns bewogen hat, leichter dafür zu stimmen, war das, daß kein Heller Steuergelder des Landes, kein Kreuzer, wie man sich ausdrückt aus dem Landesfonde für die Sache hier gegeben wird. …

Ein zweites, was das allerwichtigste war, ist, daß nach eingehender Prüfung keine Gefahr besteht, nach unserer Überzeugung, daß die Landesgarantie je einmal in Anspruch genommen werden könnte. … (…)

Abg. Karl Emminger (SDAP): … Wenn wir Sozialdemokraten zur Festspielfrage öffentlich Stellung nehmen, so sind wir das den Arbeitern und unteren Volksschichten ganz besonders schuldig. Wenn die Festspielangelegenheit unter der Arbeiterschaft beraten und besprochen wird, dann stellen sich unsere Klassengenossen immer vor, die Festspiele werden immer so sein, wie sie in ihrer ersten Art aufgeführt wurden: mystische Spiele, die in sagenhafte Zeiten zurückreichen und mit der Gegenwart nichts zu tun haben und die aufgeführt werden, um den besitzenden Klassen aus aller Herren Länder die Möglichkeit zu geben, hier etwas zu sehen, was anderwärts nicht geboten wird. Ein Teil der Klassengenossen steht auf dem Standpunkte, daß wenn so viele schwerreiche Fremde ins Land und in die Stadt kommen, die Gefahr entsteht, daß die Lebensmöglichkeit der unteren Volksschichten statt gehoben, in manchen Belangen verschlechtert wird. Es hat eine Zeit gegeben, die Zeit der Not an Lebensmitteln, wo dies faktisch der Fall war.

Unsere Volksschichten und Klassengenossen haben die allergrößte Freude nicht daran, wenn, wie im Vorjahre, in Doppelreihen die Autos auffahren, sie sehen den Gegensatz in der heutigen Gesellschaftsordnung, hier den Überfluß bei Menschen, die nicht wissen, wie sie ihr Einkommen loswerden können und auf der anderen Seite die größte Not und den größten Druck dieser Wirtschaftsordnung auf die Arbeiterklasse. (…) …

Auch unsere Partei hat längere Zeit über diese Frage beraten und unser erstes Wort in dieser Frage war: Die ganzen bürgerlichen Parteien in- und außerhalb der Gemeinde und des Landes, die ganze öffentliche Meinung muß eines Sinnes sein: nämlich die Festspiele sind notwendig, der Fremdenverkehr ist notwendig und ein Opfer ist notwendig ... Wir sagen, wenn alle übrigen einig sind, werden wir Sozialdemokraten sicherlich alles tun, wir werden in dieser Frage nicht hinderlich im Wege stehen. Wir waren nicht kleinlich, wir haben keinen politischen Vorteil gewonnen, aber wir haben eingesehen, daß neben dem, was ich zuerst schilderte, es noch andere Seiten gibt, die die Frage der Festspiele in einem anderen Licht erscheinen lassen. ... (...)

Wir stehen auf dem Standpunkt, es wäre besser gewesen, wenn man in dieser Frage einen Weg betreten hätte, der von vornherein für die ganze öffentliche Meinung die Sicherheit gegeben hätte, daß ganz Österreich mit uns sympathisiert. Wir haben drei Enqueten abgehalten und unzählige Sitzungen und in der letzten Sitzung ist der Herr Landeshauptmann gekommen und hat erklärt, jetzt habe ichs, das kostet gar nichts. Er hat eine Enquete zusammengerufen, er hat seinen Plan vorgetragen, alle Kreise der Bevölkerung haben das gehört, daß es nichts kostet. Alles war voller Freude und beinahe hieß es: Heiliger Dr. Rehrl, wir beten Dich an, das hast Du glänzend gemacht!

Wir Sozialdemokraten haben gleich gesagt, das ist ein sonderbares Osterei, wir werden es uns ansehen ... Ein anderer Weg ... wäre praktischer gewesen ... wenn wir uns hier die entsprechende Sympathie ganz Österreichs erworben hätten, wäre es gut gewesen ... und es wäre möglich, durch die Sympathie ganz Österreichs diese Reform durchzuführen. (...) ...

Landeshauptmann Dr. Franz Rehrl (CSP): ... Man hat mir gesagt, einen anderen Weg hätte ich gehen sollen; ich habe aber keinen anderen Weg gesehen. Es wurde auch gesagt, wir hätten Österreich dazu bringen sollen, mit Salzburg, der Perle Österreichs, zu sympathisieren, und begeistert einzutreten dafür, daß man in diesem schönen Salzburg Festspiele schafft. Wer, meine sehr verehrten Herren, kennt nicht die Kleinlichkeit der Menschen, die Eifersucht, den Dorfgeist, der bei uns so groß ist? Ich habe auch einen anderen Weg gegangen und auch andere Herren! Ich verweise auf die Protokolle der Enquete, wo ich mitgeteilt habe, daß der Bund eine Milliarde zur Verfügung stellt; man hat verlangt, daß ich erkläre, daß der Bund das auf mehrere Jahre macht; ich habe daraufhin erklärt, daß ich nicht die Macht habe, das zu erreichen; vielleicht haben sie die Nationalräte und wenn die Nationalräte aller Parteien zusammenstehen, muß es eine Leichtigkeit sein, die Sache zu machen. Da haben die Nationalräte der verschiedenen Parteien erklärt: „Ausgeschlossen!" das bringen wir nicht zusammen, da sind die Steirer dagegen und die Tiroler und die Wiener, das können wir nicht durchsetzen. Also mit der Sympathie war nicht viel zu holen. Es ist auch in diesem Falle so wie überhaupt immer: es läßt sich schwer etwas machen, wenn man die Sache in Österreich auf regulärem Weg angeht. Bei uns in Österreich kann nicht ein Akt auf dem regulären Weg erledigt werden, jetzt erst eine solche Sache! Die ganze Erfahrung hat uns gezeigt, und ich bin der letzte, der sich scheut, die Wahrheit zu sagen, und zwar öffentlich! ...

Man hat mir vorgeworfen, daß ich nicht mit den einzelnen Parteien Fühlung genommen habe, sondern allen auf einmal meinen Plan vorgetragen habe.

Meine Herren, wäre ich zu den einzelnen Parteien gegangen, dann hätte man gesagt, er treibt einen Kuhhandel, er hat es schon ausgemacht; jetzt habe ich es allen gleichzeitig gesagt, und das ist auch nicht recht. Einen anderen Weg habe ich nicht gefunden. Diesen Plan mußte ich schnell mitteilen, denn ich hatte nur mehr 24 Stunden Zeit, denn nach 24 Stunden wären die Vertreter der Gläubiger mit der Klage gekommen. (...) ...

Auszug aus dem Bericht der Salzburger Landesregierung über die Bildung eines Fondes zur Förderung des Fremdenverkehrs im Lande Salzburg am 7. Dezember 1926

Die Bestrebungen im Lande Salzburg, den Fremdenverkehr zu beleben und zu erhalten, haben zu Einrichtungen und Unternehmungen geführt, die in das Land ganz bedeutende Geldsummen bringen.

Es wird notwendig sein, noch weitere Einrichtungen und Unternehmungen in verschiedenen Teilen des Landes zur Förderung des Fremdenverkehrs zu schaffen.

Die gesicherte Weiterführung, dann die Ausgestaltung und Erhaltung dieser Einrichtungen und Unternehmungen bedarf bestimmter Geldmittel, die, soweit sie nicht aus den eigenen Einkünften der Einrichtungen und Unternehmungen gedeckt sind, zunächst von den hauptsächlichsten Interessenten am Fremdenverkehr aufzubringen wären. Es sei hier gleich betont, daß eine Gebarung dieser Fremdenverkehrsinstitute vorausgesetzt wird, die, ohne kleinlich zu sein, doch strenge von kaufmännischen Grundsätzen geleitet ist.

Aus diesen in der gesamten Öffentlichkeit des Landes gebilligten Gedanken heraus entstand der folgende Gesetzentwurf, der die Bildung eines Fondes zur Förderung des Fremdenverkehrs im Lande Salzburg vorsieht, und die Erwerbsunternehmungen im Lande, denen aus den Fremdenverkehrseinrichtungen wesentliche Vorteile zugutekommen, zur Beisteuer heranzieht.

Gemäß der im Entwurfe vorgeschlagenen Konstruktion des Fondes mit eng umschriebenem Verwendungszwecke, soll eine Art Interessengemeinschaft der in Betracht kommenden Erwerbsunternehmungen geschaffen und diesen auf die Verwendung ein Mitbestimmungs- und Kontrollrecht eingeräumt werden. Da die aus den Interessentenbeiträgen gewonnenen Mittel dem Landeshaushalte nicht zugeführt werden dürfen, ist im Gesetze auch nicht von einer Steuer oder Abgabe die Rede, sondern ausschließlich von (Interessenten-)Beiträgen.

Dadurch, dass die Beitragspflicht auf bestimmte Arten von Erwerbsunternehmungen beschränkt bleibt und auch hier ein Mindestreinertrag von 10.000 Schilling die untere Grenze bleibt, soll im Zusammenhange mit der Bestimmung, daß das Budget des Fondes der Genehmigung der Landesregierung unterliegt, gesorgt werden, daß keine unerträgliche Belastung der Beitragspflicht eintritt.

Robert Kriechbaumer

Die Großglockner Hochalpenstraße

Der Bau der Großglockner Hochalpenstraße erfolgte, begleitet von zahlreichen finanziellen und politischen Turbulenzen, in wirtschaftlich schwierigen Zeiten und war das Ergebnis der unermüdlichen Bemühungen zweier Persönlichkeiten: des Salzburger Landeshauptmanns Franz Rehrl als politischer Mentor und des aus Wien stammenden Bauingenieurs Franz Wallack als nicht nur genialer Planer, sondern auch idealer Öffentlichkeitsarbeiter. Obwohl die Initiative zum Bau ursprünglich von Kärnten ausging und die Finanzierung schließlich fast ausschließlich durch den Bund erfolgte, gelang es Rehrl, die Errichtung der Straße zu einem spezifisch landespolitischen Salzburger Projekt von überregionaler Bedeutung und Ausstrahlung zu wandeln, für dessen Realisierung er in Wallack als Planer und unermüdlichem Propagandisten eine ideale personelle Ergänzung fand.

Wallack trat nach dem Abschluss seines Studiums an der Technischen Hochschule in Wien in den Dienst der Kärntner Landesregierung, in deren Baudienst er u. a. im Kraftwerks-, Straßen- und Seilbahnbau tätig war. Im Auftrag des Ausschusses zur Erbauung der Großglockner Hochalpenstraße in Klagenfurt begann er Pläne für eine Nutzung der Großglocknerhauptstraße Heiligenblut-Glocknerhaus des Deutschen und Österreichischen Alpenvereins zu erarbeiten. Dieser Auftrag erfolgte auch vor dem Hintergrund des Zerfalls der Habsburgermonarchie, durch den Österreich die Gebirgs-Paradestraßen der Monarchie, die Stilfserjoch- und die Dolomitenstraße, an Italien verloren hatte. Nun sollte mit der Glocknerstraße ein Gegenstück als Ersatz für diesen Verlust geschaffen werden, mit dem man sich eine touristische Attraktion in Zeiten der zunehmenden Motorisierung sowie eine kurze Nord-Süd-Verbindung sowie die daraus resultierenden ökonomischen Vorteile versprach. Im Herbst 1924 lag die erste Projektstudie vor, die zwar bereits eine Straßenbreite von 5 Metern vorsah, sich jedoch in der Trassenführung noch an die Glocknerhausstraße nach Ferleiten hielt. So sehr dieses Projekt in Klagenfurt auf Zustimmung stieß, so schwierig gestaltete sich dessen Finanzierung, da die notwendige Bundesbeteiligung ausblieb. Trotz der Schwierigkeiten der Finanzierung unternahm Wallack im Sommer 1925 im Auftrag des Glocknerstraßen-Ausschusses eine mehrwöchige Studienreise durch die Alpen, bei der er 36 Alpenstraßen und 14 Bergbahnen besichtigte. Die dabei gemachten Erfahrungen flossen in seine 1925 erstellte umfangreichere Studie ein, die auch bereits die Errichtung von Hotels entlang der Strecke vorsah. Wallack sah die Straße nicht nur als architektonisches und technisches Juwel, sondern auch als Anziehungspunkt für den von ihm definierten „fashionable tourist", d. h. den mit dem Auto reisenden, der, anders als der Bergsteiger, nicht in Hütten, sondern in Hotels übernachtete. Wenngleich Wallack mit zahlreichen Artikeln und Vorträgen für sein Projekt warb, so fehlte eine tragfähige Finanzierung, weshalb der Glocknerstraßen-Ausschuss beschloss, das Projekt nicht mehr weiter zu verfolgen.

Die harte Arbeit an der Großglocknerstraße 1931/32 (Fotos: Großglockner Hochalpenstraßen AG)

Bereits im Herbst 1925 hatte der Regierungsrat der Salzburger Landesregierung, Hans Rittinger, eine Denkschrift verfasst, in der er auf die Vergeblichkeit der Finanzierungsbemühungen auf privater Basis ebenso hinwies wie auf die Annahme Wallacks, dass die Mauteinnahmen den aufgenommenen Kredit abzahlen könnten. Diese würden höchstens den Erhalt der Straße finanzieren können, weshalb eine Gesellschaft aus dem Bund und den Bundesländern Salzburg und Kärnten gebildet werden sollte, die eine notwendige Anleihe zur Realisierung des Projekts aufnehmen könnte. Rittinger sollte mit seiner Analyse recht behalten. Es bedurfte nur einer politischen Persönlichkeit, die diesen Ansatz konsequent verfolgte. Diese tauchte in der Person des Salzburger Landeshauptmanns Franz Rehrl auf, der sich ab 1927 des Projekts im Rahmen seiner landespolitischen Entwicklungsstrategie annahm. Einer Realisierung standen allerdings zunächst die bundespolitischen Rahmenbedingungen entgegen, da die Regierung Seipel in Verfolgung der mit der Genfer Anleihe verbundenen Auflagen einer staatlichen Unternehmensbeteiligung ablehnend gegenüber stand. Rehrl verfolgte daher das Ziel über einen Umweg. Er betrachtete die Elektrifizierung des Landes nicht nur als zentrale infrastrukturelle Maßnahme, sondern auch als möglichen Devisenbringer. Bereits bei der Errichtung des Fuscher Bärenwerks hatte sich die 1919 gegründete SAFE um eine Auslandsmitfinanzierung bemühen müssen und diese durch den Einstieg der „Schweizer Aluminium Aktiengesellschaft" erreicht. Nun plante Rehrl 1929 nach einem ähnlichen Muster die Errichtung eines – allerdings heftig umstrittenen – großen Tauernkraftwerks mit Hilfe der AEG Berlin. Mit der Errichtung des Tauernkraftwerks verfolgte Rehrl auch jene der Großglockner Hochalpenstraße, da sich die AEG mit einem entsprechenden Anteil an einer Aktiengesellschaft beteiligen sollte.

Die Realisierung des Projekts sollte 1930 aus zwei voneinander unabhängigen Entwicklungen gelingen: die AEG erklärte ihre Bereitschaft zu einer entsprechenden Beteiligung an einer Aktiengesellschaft, sodass man seitens des Landes Salzburg dem Bund eine von diesem stets geforderte entsprechende private finanzielle Beteiligung offerieren konnte. Auf Bundesebene war Ignaz Seipel als Bundeskanzler 1929 zurückgetreten und ihm folgte nach einem kurzen Intermezzo durch Ernst Streeruwitz Johannes Schober. Der Schwarze Freitag der New Yorker Börse am 25. Oktober 1929 und die damit ausgelöste Weltwirtschaftskrise ließ das System der Reparationszahlungen illusorisch werden, weshalb die Westmächte auf der 2. Haager Konferenz auf ihre Reparationsforderungen gegenüber Österreich verzichteten. Die nach wie vor aufrechten Reparationsforderungen waren die Ursache, dass sich internationale Banken mit Krediten an Österreich zurückhielten. Nunmehr waren sie bereit, Österreich einen Kredit in der Höhe von S 395 Mio. zu gewähren, der der Bundesregierung die Möglichkeit zu wirtschaftspolitischen Gegenmaßnahmen zur sich bemerkbar machenden Krise bot. Am 14. März 1930 erklärte die Regierung Schober, im Rahmen der als notwendig erachteten Gegenmaßnahmen den Bau der Großglockner Hochalpenstraße, der Packstraße und den Ausbau der Tiroler Wasserkräfte zu einem erheblichen Teil mitzufinanzieren.

Rehrl zog zur Realisierung seiner Projekte alle Register der Beeinflussung des politischen Lobbyings und der öffentlichen Meinung. Drei Tage vor der Bekanntgabe der Bundesregierung ließ er sich im Salzburger Landtag fragen, was er gegen die steigende Arbeitslosigkeit zu tun gedenke. Seine Antwort lautete, mit deutlichem Dank an Finanzminister Otto Juch, der Bau der Großglockner Hochalpenstraße. Am 30. August erfolgten die ersten Sprengungen und damit der

Beginn der Bauarbeiten und am 19. Februar 1931 erfolgte in Wien die Gründung der GROHAG, deren Hauptaktionär der Bund mit 60 Prozent des Aktienkapitals wurde, während 33 Prozent von der AEG gezeichnet wurden. Der Rest verteilte sich auf die Länder Salzburg und Kärnten sowie auf Baufirmen.

Rehrl schien am Ziel. Doch plötzlich erfolgte eine existentielle Gefährdung des Projekts. Die AEG hatte sich unter der Bedingung, dass der Bau des geplanten Tauernkraftwerks als begünstigter Bau – d. h. dass Enteignungen ohne Einspruchsmöglichkeiten der Betroffenen durchgeführt werden können – erklärt werde, zur finanziellen Beteiligung an der GROHAG bereit erklärt. Dies war jedoch 1931 nicht erfolgt und die AEG sah ihre Bedingungen einer Beteiligung nicht erfüllt, weshalb sie sich zurückzog. Zudem war nicht nur das gesamte Baukapital aufgebraucht, sondern die GROHAG hatte Wechselschulden in der Höhe von S 2,8 Mio. bei den beteiligten Baufirmen testiert. Im Frühjahr ergab sich damit für den Bund eine Zwangslage, da er verpflichtet war, das Aktienkapital der AEG in der Höhe von S 3,3 Mio. zu übernehmen und durch einen weiteren Bundeszuschuss die Fortführung der Bauarbeiten zu ermöglichen, sollte der 1930 begonnene Bau nicht ein Torso bleiben. Landeshauptmann Rehrl kam in eine politisch schwierige Situation, da am 24. April Landtagswahlen stattfanden und eine befürchtete Skandalisierung der Ereignisse seine Wahlchancen erheblich zu beeinträchtigen drohte. Dies sollte schließlich nicht geschehen und in einem Schulterschluss mit der Salzburger Sozialdemokratie gelang es Rehrl, die Fortführung der Bauarbeiten auf den begonnenen Teilstrecken zu erreichen. Dann sollten allerdings die Bauarbeiten eingestellt, die GROHAG aufgelöst und die Straße den Landesstraßenverwaltungen von Salzburg und Kärnten übergeben werden. Dieser Beschluss basierte auf der verzweifelten Finanzlage des Bundes, die zu weiteren Sparmaßnahmen zwang. So betrug das gesamte Straßenbaubudget des Jahres 1932 anstatt S 42,8 Mio. nur mehr S 19,7 Mio., von denen allein für die Großglockner Hochalpenstraße S 6 Mio. benötigt wurden.

Rehrls Bemühungen, durch Auslandsinvestitionen eine Finalisierung des ursprünglichen Bauvorhabens zu erreichen, scheiterten an den ökonomischen Realitäten, die keine Verzinsung des investierten Kapitals ermöglichten. Dass der Bau doch noch zu Ende geführt werden konnte, lag in der bundespolitischen Entwicklung des Jahres 1933. Durch die sogenannte „Selbstausschaltung" des Parlaments am 4. März und den anschließenden schleichenden Übergang zum autoritären Regime des Ständestaates war die Regierung Dollfuß entschlossen, durch ein umfangreiches Arbeitsbeschaffungsprogramm der steigenden Arbeitslosenzahl entgegenzuwirken. In diesem nahm die Großglockner Hochalpenstraße – auch als Prestigeobjekt – eine zentrale Rolle ein. Das Kapital der GROHAG wurde auf S 26 Mio. erhöht, womit der Bund 97 Prozent des Aktienkapitals hielt. Die Vollendung des Baus und seine feierliche Eröffnung 1935 sollte Dollfuß, für den die Großglockner-Hochalpenstraße auch ein Zeichen des österreichischen Selbstbehauptungswillens gegenüber dem Nationalsozialismus war, durch seinen Tod beim Juliputsch 1934 der illegalen NSDAP nicht mehr erleben. Jenseits dieser historischen Konnotation lag und liegt der Zweck dieser Straße in ihr selbst, in ihrem Charakter als einmalige Aussichtsstraße in einem hochalpinen Raum, wie ihr Historiograph Georg Rigele bemerkte.

Erstbefahrung der Scheitelstrecke über die halbfertige Straße am 22. September 1934 durch Landeshauptmann Franz Rehrl und Franz Wallack als Beifahrer auf einem umgebauten Steyr 100 und Tourismusfolder Großglockner Hochalpenstraße 1934 (Fotos: Großglockner Hochalpenstraßen AG)

Aus den Debatten des Salzburger Landtages

Auszug aus dem Protokoll der Landtagssitzung am 11. März 1930

Landeshauptmann Dr. Franz Rehrl (CSP): Hohes Haus! Es wurde heute eine Anfrage eingebracht betreffend die Bekämpfung der Arbeitslosigkeit, und zwar von Herrn Abg. Engl und Genossen. Dieselbe besagt (liest): „Die Arbeitslosigkeit hat in unserem Lande eine katastrophale Auswirkung erlangt. Salzburg selbst hat gegen 10.000 Arbeitslose, eine Ziffer, die bisher nie erreicht wurde. ... Wir wissen genau, daß unser Land keine bedeutende Industrie aufweist. Wir wissen auch, daß die finanziellen Mittel, die dem Lande zur Verfügung stehen, eingeschränkt sind. Aber die schwere Arbeitslosigkeit heischt gebieterisch nach Maßnahmen. ... Was gedenkt die Landesregierung außer den bisher getroffenen Maßnahmen noch zu tun, um die Arbeitslosigkeit in unserem Lande zu mindern?“

Hohes Haus! Ich bin bereit, diese Interpellationsbeantwortung gleich vorzunehmen und ich habe heute Gelegenheit, dem hohen Hause eine sehr wichtige und interessante Mitteilung zu machen. Im Jahre 1927 hat die Landesregierung unter Zahl 226 einen Bericht erstattet, betreffend die Erbauung der Großglockner Hochalpenstraße und hat im Landtage folgende Anträge gestellt:

„Der Landtag wolle beschließen:

1. Die überragende Bedeutung des Projektes der Großglockner Hochalpenstraße für das Wirtschaftsleben ganz Österreichs wird anerkannt;

2. das Land Salzburg ist bereit, für den Fall des Zustandekommens des Projektes eine entsprechende Ausgestaltung der nördlichen Zubringerstraße von Bruck bis Ferleiten in der Weise zu übernehmen, daß diese Straße den erhöhten Anforderungen infolge des Durchzugsverkehrs auf der Großglockner Hochalpenstraße entspreche. ...

3. für den Zinsen- und Tilgungsdienst des Bauaufwandes ist eine Straßenmaut an der Großglockner Hochalpenstraße einzuheben ...

4. die Landesregierung wird beauftragt, die Finanzierung des Projektes mit allem Nachdrucke zu verfolgen ...“

Dieser Bericht der Landesregierung hat keine formelle Erledigung durch das Haus gefunden, da man überzeugt war, daß diese große Sache in der nächsten Zeit nicht durchführbar sei. Nichtsdestoweniger haben aber wir in der Landesregierung die Sache weiter verfolgt, und haben daher keinen Grund gehabt, besonders darauf zu dringen, daß diese Anträge im Landtag erledigt werden. Wir haben die Sache weiter verfolgt in der Richtung, daß dieser Straßenbau im Zusammenhang mit dem großen Tauernkraftwerke gebracht werden soll. So stand die Sache bis in den Spätherbst des vorigen Jahres hinein. Von dort an begannen die Bestrebungen, die Großglockner Hochalpenstraße schon vor Inangriffnahme des Tauernwerkes zu bauen und diese Verhandlungen ... haben so weit geführt, daß entsprechend dem Antrag, den ich seinerzeit im Jahre 1927 die Ehre hatte zu stellen, nunmehr auch in der Form und in der Konstruktion die Sache geplant ist, erst die Zubringerstraße von Bruck bis Bad Fusch beziehungsweise Ferleiten als unbemauerte Landesstraße zu lassen, die Strecke im Süden über den Ifelsberg ebenfalls als unbemauerte Tiroler Landesstraße zu lassen und die Tiroler Landesregierung hat zugestimmt, daß sie damit einverstanden ist, wenn die Gerlosstraße gebaut wird. Diese Bedingung wird erfüllt werden und es ist nicht zu befürchten, daß diesbezüglich Schwierigkeiten entstehen könnten bezüglich der Zubringerstraße nach Heiligenblut. Durch diese Konstruktion war es möglich, die Baustrecke auf ein zirka 40 Kilometer langes Stück einzuschränken; außerdem ... wird die Straße gebaut werden durch eine Aktiengesellschaft. Die Gaisbergstraße hat den Nachweis erbracht, daß es möglich ist, Straßen zu bauen und die Finanzierung durch Einnahmen auf die Straße selbst durchzuführen. Und so hat der Herr Finanzminister Juch sich auch dieser Meinung angeschlossen ... Die Verhandlungen, die ich mit der Bundesregierung in der Sache zu führen hatte, waren von freundschaftlichem Geiste getragen, vom Geiste des Wohlwollens beseelt und bei gegenseitigem guten Willen kann der Erfolg nicht ausbleiben. Es wird eine Aktiengesellschaft geschaffen, und zwar zur Hälfte Stammaktien und zur Hälfte Prioritätsaktien und 55 Prozent dieser Aktien übernimmt der Bund; außerdem werden Aktien übernommen werden von jenen Unternehmungen, welche den Autobusbetrieb auf dieser Straße zur Durchführung bringen werden; es werden ferner Kreise Aktien zeichnen, die an der wirtschaftlichen Hebung besonders interessiert sind, es werden Banken sein und es wird noch ein anderer Interessentenkreis, über den ich heute noch nicht sprechen kann, den Rest der Aktien aufbringen. Das Aktienkapital wird so hoch bemessen sein, daß es sicher ausreicht, um die Straße zu vollenden. (...) Was die Bauzeit betrifft, so möchten wir wünschen, daß die Straße in zwei Jahren fertig gestellt wird. ... Sicher ist, daß in drei Jahren der Bau vollendet werden kann. Wir werden uns bemühen, vier Baustellen zu errichten, um so den Bau entsprechend zu forcieren und schon jetzt eine starke Verminderung der Arbeitslosigkeit herbeizuführen. Alle Parteien in diesem Hause sind wohl darüber einig, daß es sich darum wird handeln müssen, vorerst die Arbeitslosen des Landes zu beschäftigen ...

Wenn Sie mir nun gestatten, einiges über die Bedeutung dieser Straße zu sagen, so ist es wohl nicht notwendig darauf hinzuweisen, daß die Fremdenverkehrsförderung, die durch diese Straße erfolgen wird, für unser Land von ungeheurer Bedeutung ist, das in der Hauptsache ja vom Fremdenverkehr lebt. ...

Wie die Straße technisch geführt wird, ist ... schon vielfach bekannt. Es ist das Wallack'sche Projekt, ... (...)

Ich glaube daher, ... wenn ich heute an den Landtag herantrete, daß er die überragende Bedeutung des Projektes der Großglockner Hochalpenstraße anerkennt, und daß das Land Salzburg mittun will, die Straße zu schaffen, ... daß kein Widerspruch im Hause erhoben, sondern daß mit einer gewissen Freude dieser Sache zugestimmt wird. (...)

Landeshauptmann-Stellvertreter Robert Preußler (SDAP): ... Wir haben jetzt noch ungefähr 10.000 Arbeitslose in dem kleinen Land und um der Arbeitslosigkeit beizukommen, sind schon seit Monaten die Gewerkschaften bei Bundeskanzler Schober Sturm gelaufen und auch in der gegenwärtig tagenden Wirtschaftskonferenz ist die Frage ins Rollen gekommen, 50 Millionen Schilling als Investitionskredit zur Bekämpfung der Arbeitslosigkeit herzunehmen. Unser Herr Landeshauptmann war dabei einer der Ersten, die aus dem 50-Millionen-

Kredit schöpfen können. Wir schließen uns vollständig seinen Anträgen an, diese Gelegenheit zu ergreifen und endlich auch im Lande Salzburg der Arbeitslosigkeit Herr zu werden.

Wir wünschen auch und haben immer hervorgehoben, daß bei Durchführung des Projektes die Arbeitslosen im Lande Salzburg zunächst Berücksichtigung finden sollen, denn was brauchen wir in die Ferne schweifen, wenn das Elend bei uns so groß ist. ... Wir werden nicht das Elend bei uns bestehen lassen und uns fremde Arbeiter aufhalsen ...

Und nun erhalten wir vom Bund aus dieser Summe, wenn die Sache 12,000.000 Schilling kostet, ungefähr 6 Millionen. Wenn wir noch die anderen Beträge ... in Betracht ziehen, so fällt auf uns nur ein Anerkennungspreis und wir mußten uns hineindrängen, denn wir können nicht diese Aktien allein in andere Hände lassen. Wir müssen einen gewissen Einfluß haben auf die Dinge und dieser Einfluß wird nur dann gewahrt, wenn das Land erklärt, es wird in gewissem Sinne als Mitaktionär beteiligt sein. ... Es ist ein erfreulicher Tag, den wir heute mit diesem Beschluß erleben ... (...)

Susanne Rolinek

„Im Namen unseres Führers Hitler"

Der Einzug der NSDAP in den Landtag im Jahr 1932

Die Ergebnisse der Salzburger Landtagswahl am 24. April 1932, welche die letzten demokratisch legitimierten Wahlen der Ersten Republik waren, veränderten die lokale politische Landschaft völlig. Bereits der Wahlkampf gab einen Vorgeschmack auf zukünftige Zeiten in Salzburg. Christlichsoziale und sozialdemokratische Parteiveranstaltungen konnten nur mehr unter Polizeischutz stattfinden. Die NSDAP startete ihrerseits einen wahren Propagandafeldzug und setzte dabei nicht nur auf Wahlversammlungen, sondern auch auf die Präsenz meist junger Nationalsozialisten (großteils Männer) auf den Straßen, die „Heil Hitler!" schrien, Raufereien provozierten und Hakenkreuze auf Gehsteige und Gebäude schmierten. Christlichsoziale und Sozialdemokraten versuchten während des Wahlkampfs, auf ihre konsensorientierte stabile Landespolitik hinzuweisen und sich von der instabilen und konfliktreichen Bundespolitik abzugrenzen, was allerdings nicht den erhofften Erfolg für beide Parteien brachte. Die Christlichsozialen verloren landesweit an Stimmen und kamen nur mehr auf knapp 38 Prozent, die Sozialdemokraten erreichten nur mehr knapp 26 Prozent. Die Großdeutschen verschwanden in der Bedeutungslosigkeit, während die NSDAP hingegen auf knapp 21 Prozent zulegte. In einzelnen Gemeinden wie Bad Gastein, Zell am See oder St. Johann erreichte die NSDAP zwischen 25 und 30 Prozent, im Lungauer Ort Tweng sogar 66 Prozent der Stimmen. Bereits bei den Salzburger Gemeinderatswahlen im März 1931 hatte die Partei einen bedeutenden Stimmenzuwachs erreicht und entwickelte sich zur Massenpartei. Die NSDAP konnte auch bei der Landtagswahl 1932 die Stimmen der Protestwählerinnen und -wähler bestmöglich kanalisieren und warb zugleich offensiv mit den Wahlerfolgen in Deutschland; hier war die NSDAP bei den Reichstagswahlen 1930 zur zweitstärksten Partei aufgestiegen.

Der Aufstieg der NSDAP in Salzburg

Der Aufstieg der Nationalsozialisten in Salzburg kam nicht gänzlich unerwartet. Bereits in der zweiten Hälfte des 19. Jahrhunderts waren die Stadt und einzelne Regionen am Land Zentren von Deutschnationalismus und Antisemitismus gewesen. Deutschnationale Vereine wie Turnvereine, alpine Vereine sowie Arbeiter- und Gewerbevereine hatten großen Einfluss. Im Jahr 1920 fand in Salzburg ein Parteitag der nationalsozialistischen Parteien Österreichs, Deutschlands, der Tschechoslowakei und Polens statt, die sich zur „Deutschen Nationalsozialistischen Partei" zusammenschlossen. 1921 übernahm Adolf Hitler die Münchner Partei und erhob den alleinigen Führungsanspruch, was zu Streitigkeiten innerhalb der Bewegung führte, weshalb er die „Nationalsozialistische Arbeiterpartei – Hitlerbewegung" gründete, die nun ihm direkt unterstellt war. Bei den Salzburger Arbeiterkammerwahlen im Jahr 1926 erreichte der NS-nahe „Deutsche Handels- und Industrieangestelltenverband" bereits mehr als 56 Prozent. Besonders aktive Nationalsozialisten und Nationalsozialistinnen gab es zudem bei der Baufirma Wagner in der Stadt Salzburg, der Eisengroßhandlung Roittner und Steiner, bei Gehmacher, Wüstenrot, Albus, der Ischlerbahn, der Bayernbank, der Arbeiter-Unfallversicherung, der Baufirma Schweinberger, der Polizeidirektion, der Stadtgemeinde Salzburg, beim Steueramt, den Solvaywerken in Hallein, der Konkordiahütte in Tenneck, beim Schotterwerk Tagger in Golling und der Lungauer Wildbachverbauung.

Die Weltwirtschaftskrise, die ab dem Jahr 1930 auf Österreich übergriff, führte zu einer Krise im Baugewerbe, in der Industrie sowie in Handwerks- und Fremdenverkehrsbetrieben und einem starken Preisverfall in der Landwirtschaft, folglich zu einer hohen Arbeitslosigkeit und zur Verarmung weiter Teile der Bevölkerung. Der Zusammenbruch der Creditanstalt im Mai 1931 zwang die Bundesregierung zu zusätzlichen Einsparungen im öffentlichen Bereich und zur Aufnahme von Krediten im Ausland, um gemeinsam mit der Nationalbank und dem Bankhaus Rothschild die Schulden der Creditanstalt zu übernehmen und damit weitere Krisen verhindern zu können. Diese Krisensituation nutzten die österreichische und die Salzburger NSDAP für ihre antidemokratische und antisemitische Propaganda.

Armut und Unzufriedenheit bereiteten den Nährboden für den Aufstieg des Nationalsozialismus in Salzburg und anderen Bundesländern, wenn sie auch nicht die einzigen Faktoren waren – vielmehr verstärkte eine Mischung aus Demokratiefeindlichkeit, ausgeprägtem Deutschnationalismus, Antisemitismus und Fremdenfeindlichkeit sowie radikalem Antimarxismus die Entwicklung. Auch medial erhielt die NSDAP in Salzburg Unterstützung; so verbreiteten unter anderem die vom sogenannten „Antisemitenbund" gegründete und von 1923 bis 1932 in Salzburg herausgegebene Zeitschrift „Der eiserne Besen" oder die regionale NS-Wochenschrift „Alpenwacht" Hitlers Ideologie.

In dieser Situation übernahm im Jahr 1931 im Auftrag Adolf Hitlers der aus Deutschland stammende Theo Habicht die österreichische NSDAP und brachte sie „auf Kurs". In Salzburg arbeiteten Karl Scharizer (auch Scharitzer geschrieben) und Herbert Parson eng mit Habicht zusammen, der Hitlers Weisungen direkt an Scharizer und Parson weitergab. Die Salzburger Ortsgruppe der NSDAP-Hitlerbewegung war in dieser Zeit noch im sogenannten „Westgau" mit Tirol und Vorarlberg organisiert, erst 1932 entstand eine eigene Gauorganisation der NSDAP unter der Leitung von Scharizer.

Politische Ziele der NSDAP

Als wesentliche Ziele sah die nationalsozialistische Bewegung in Österreich und in Salzburg – wie Max Peisser als NS-Klubobmann im Landtag ausführte – die Beseitigung der parlamentarischen Demokratie und des „herrschenden Systems", des „jüdischen Einflusses" und des Marxismus sowie den Anschluss Österreichs an Deutschland, ein Ende der Reparationszahlungen (die letztlich nicht bezahlt werden mussten) und vor allem den Aufbau eines autoritären Führerstaates für „deutsche Volksgenossen", an dessen Spitze Hitler stehen sollte. Auch abseits der NSDAP lehnte ein nicht zu unterschätzender Teil der österreichischen Bevölkerung und der politischen Eliten in den 1920er- und 1930er-Jahren die parlamentarische Demokratie und die damit verbundenen Mehrheitsentscheidungen ab. Auch Landeshauptmann-Stellvertreter Michael Neureiter forderte in der Landtagssitzung am 22. Dezember 1932 einen Umbau des Staates nach den Weisungen des Papstes Pius XI., die einer parlamentarischen Demokratie widersprachen: „... und deshalb sind auch wir für Änderungen, auch im heutigen System. Wir wollen daraus kein Geheimnis machen, wenn wir sagen, was heute ist, dauert nicht ewig; so dumm sind wir nicht. Wir haben alle vier Jahreszeiten, das ist früher so gewesen und ist auch heute so; wir haben seit dem Jahre 1919 glaube ich, das heutige Wahlrecht und im Großen und Ganzen die heutigen Formen, aber dass dieser Zustand ewig dauern wird, das zu glauben, soll man mir nicht zumuten. Wir wollen uns nur auf gesetzlichem Wege betätigen, damit wir auch zu besseren Zuständen kommen, denn niemand sagt, der Papst wird behaupten, dass die heutige Gesellschaftsordnung nach Gottesordnung geregelt ist." Die NSDAP setzte bei der Durchsetzung ihrer Ziele auf eine radikale und aggressive Vorgehensweise, was zu einem Bruch der bisherigen politischen Zusammenarbeit der Parteien in Salzburg und gleichzeitig zum massiven Bedeutungsverlust der Großdeutschen und anderer deutschnationaler Parteien führte, da diese als überaltert und „systemkonform" galten. Rückblickend gesehen unterschätzten die demokratischen politischen Kräfte auf Bundes- und Landesebene die nationalsozialistische Gefahr. Allerdings wies gerade die sozialdemokratische Partei immer wieder auf die demokratiefeindlichen und gewaltbereiten Tendenzen der NSDAP hin und kritisierten die Christlichsozialen den Antikatholizismus der NS-Bewegung.

Provokation, Aggression und Störung des Landtagsbetriebs durch die NS-Mandatare

Für die christlichsozialen und sozialdemokratischen Politiker und Politikerinnen im Salzburger Landtag (die Großdeutschen hatten den Einzug in den Landtag nicht mehr geschafft) brachte der Einzug der sechs nationalsozialistischen Abgeordneten am 19. Mai 1932 ins Landesparlament eine massive Veränderung des politischen Klimas und das Ende der Konsensdemokratie von Christlichsozialen und Sozialdemokraten. Im Gegensatz zur Bundesregierung, die häufig wechselnde Regierungskoalitionen und vorzeitige Neuwahlen zu verzeichnen hatte, waren die Salzburger Verhältnisse in Landesregierung und Landtag trotz unterschiedlicher ideologischer Ausrichtung rund zehn Jahre lang konsensorientiert, stabil und konstruktiv gewesen. Damit war nun Schluss. Wie der nationalsozialistische Klubobmann Max Peisser in der ersten Sitzung des Landtags am 19. Mai 1932 ausführte, ging es den Nationalsozialisten nicht um sachliche Arbeit, sondern um Kampf: „Landtag von Salzburg! ‚Hitler' war das erste Wort, welches wir in diesen Hallen gesprochen haben, und ‚Kampf' soll das zweite sein." Von der ersten Sitzung am 19. Mai 1932 an lähmten die Nationalsozialisten mit einer Fülle an Anträgen, Anfragen und Auslieferungsbegehren den Landtagsbetrieb und störten bzw. verhinderten die konstruktive Arbeit der anderen Parteien. Viele dieser Anträge und Anfragen der Nationalsozialisten bezogen sich jedoch einerseits auf die Bundespolitik sowie Bundesgesetze und hatten nichts mit den Kompetenzen des Salzburger Landtags zu tun, andererseits lagen die Anlassfälle zum Teil weit zurück, wurden aber von der NSDAP weiterhin populistisch ausgeschlachtet, um höchstmögliche Aufmerksamkeit zu erreichen. Die Mehrheit der zehn Auslieferungsbegehren gegen Landtagsabgeordnete wurde auf Initiative der Nationalsozialisten gestellt, ein Begehren richtete sich sogar gegen Landeshauptmann Franz Rehrl.

Die hohe Zahl an Auslieferungsbegehren kann als Symptom einer aggressiveren Stimmung und Radikalisierung bei politischen Auseinandersetzungen gesehen werden, was sich auch bei den Landtagssitzungen zeigte, die sehr turbulent verliefen. Es kam zu Provokationen (auch von Anwesenden auf den Zuschauergalerien), Schreiduellen, Tumulten und sogar zu Schlägereien. Die Sozialdemokraten fühlten sich von den Provokationen der Nationalsozialisten am meisten betroffen und reagierten ihrerseits mit Beschimpfungen und Angriffen. Die Christlichsozialen versuchten zunächst die Provokationen und Anschuldigungen sowie die radikale Demokratiefeindlichkeit der Nationalsozialisten weitgehend zu ignorieren, was die Zusammenarbeit allerdings keineswegs verbesserte.

Schon bei der Eröffnungssitzung des Landtags am 19. Mai fiel die aggressive Vorgehensweise der sechs nationalsozialistischen Abgeordneten und ihre Ablehnung der parlamentarischen Demokratie auf. Max Peisser (auch Peißer geschrieben), Leopold Schaschko, Franz Koweindl, Alois Reichl, Otto Vogl und Erich Wagner zogen in Uniform sowie mit Hakenkreuz in den Landtag ein und riefen als Begrüßung „Heil Hitler!". Während sich die zwölf christlichsozialen Mandatare und acht sozialdemokratischen Mandatare (davon eine Frau) „zur Demokratie auf den Grundlagen der Verfassung" bekannten, erwähnten die Nationalsozialisten das Wort „Demokratie" in ihrer Eingangserklärung mit keinem Wort und protestierten gegen den Vorschlag, den Christlichsozialen Josef Hauthaler zum Landtagspräsidenten zu wählen, mit folgender Begründung: „Die Nationalsozialisten stehen nicht auf dem Boden des Parlamentarismus und können daher die parlamentarischen Gebräuche desselben für sich nicht als bindend erachten." Der sozialdemokratische Abgeordnete Karl Emminger versuchte bei der Wahl der Stellvertreter des Landtagspräsidenten auf Artikel 17 der Landesverfassung aufmerksam zu machen, indem nur jene Stellvertreter des Landtagspräsidenten werden könnten, die sich zur „Demokratie auf den Grundlagen der Verfassung" bekennen würden: „Meine Herren, wenn ein Verfassungsgesetz nicht ein Fetzen Papier sein soll, dann muss die Partei, aus deren Mitte der Präsident oder die Stellvertreter entnommen werden, sich mit der Demokratie einverstanden erklären, das heißt, sie müssen auf dem Boden der Demokratie stehen. Die Herren von der äußersten Rechten haben nun die Erklärung abgegeben, dass sie keine Demokraten sind. Sie erwarten sich das Heil von Hitler. Wir stehen als Hüter der bestehenden Verfassung hier, und wenn das nicht ein Fetzen Papier sein soll, so muss die Erklärung verlangt werden von allen demokratischen Parteien des Landes." Emminger war der Meinung, die Nationalsozialisten könnten daher keinesfalls den zweiten Stellvertreter stellen. Er folgte damit den Empfehlungen der Bundespartei, Protest gegen die Bestellung von Nationalsozialisten in Funktionen der Landesregierungen einzulegen, da sich diese nicht zu einer demokratischen Verfassung bekannten. Der nationalsozialistische Klubobmann Max Peisser lehnte den Einwand der sozialdemokratischen Fraktion ab: „Ich muss es ablehnen, mich mit dem Sprecher der Herren Sozialdemokraten in eine verfassungsrechtliche Debatte verwickeln zu lassen, wenn Sie uns absprechen, die Stelle als Landtagsvizepräsident besetzen zu können." Die Christlichsozialen folgten der schlüssigen Argumentation Emmingers nicht und ignorierten in diesem Zusammenhang die Ablehnung der parlamentarischen Demokratie durch die Nationalsozialisten. Somit wurden der Sozialdemokrat Anton Neumayr, Bürgermeister in Hallein, und der Nationalsozialist Franz Koweindl aus Rauris zu Stellvertretern des Landtagspräsidenten berufen.

Die Wahl des Landeshauptmanns als Herausforderung

Die Wahl zum Landeshauptmann verlief erst im dritten Anlauf erfolgreich. Keiner der Kandidaten – es waren dies Franz Rehrl für die Christlichsozialen, Robert Preußler für die Sozialdemokraten und Max Peisser für die Nationalsozialisten – errang im ersten Anlauf die erforderliche Mehrheit. Eine zum Zweck einer neuerlichen Abstimmung wenige Tage später einberufene zweite Landtagssitzung wurde wiederum unterbrochen. Erst am 27. Mai 1932 stimmten schließlich auch die Sozialdemokraten für Franz Rehrl und ermöglichten damit seine Bestellung zum Landeshauptmann. Die sozialdemokratische Fraktion berief sich in diesem Zusammenhang auf die Erklärung aller Parteien bei der Eröffnungssitzung des Landtags: „Um die in der Erklärung aller Parteien des Landtages in der ersten Sitzung am 19. Mai feierlich zugesagte geordneten Mitwirkung an der Vollziehung des Landes zu ermöglichen und den Landtag arbeitsfähig zu machen, wird die sozialdemokratische Fraktion des Salzburger Landtages nach Durchführung zweier ergebnisloser Wahlgänge zur Wahl des Landeshauptmannes für den Kandidaten der stärksten Partei stimmen." In diesem Rahmen forderten sie allerdings vom Land unter anderem mehr Unterstützung für Arbeitslose und Ausgesteuerte, eine objektivere Vergabe von Beamten- und Lehrerstellen sowie eine Reform des Schulaufsichtsgesetzes. Landeshauptmann-Stellvertreter wurden der Christlichsoziale Michael Neureiter und der Sozialdemokrat Robert Preußler; Landesräte der Sozialdemokrat Karl Emminger und der Nationalsozialist Franz Ropper. Bei der Ernennung des dritten Bundesrates (die ersten beiden Bundesräte standen den Christlichsozialen und den Sozialdemokraten zu) kam es zu heftigen Auseinandersetzungen, da diese auf einer Losentscheidung beruhte, die zugunsten der Christlichsozialen ausging. Die Nationalsozialisten riefen daraufhin den Verfassungsgerichtshof an, der einige Monate später entschied, dass der dritte Bundesrat den Nationalsozialisten zustand. Daraufhin übernahm NS-Gauleiter Karl Scharizer diese Funktion.

Doch zurück zur Landtagssitzung am 27. Mai. Landeshauptmann Rehrl rief nach seiner Wahl zur Zusammenarbeit trotz Parteiunterschieden auf: „Denken Sie stets daran, dass wir Salzburger strengstens alles vermeiden müssen, was geeignet ist, das Ansehen unserer gesetzgebenden Körperschaft irgendwie zu beeinträchtigen und dass wir nie und nimmer die Hand dazu bieten dürfen, die Landtage als für uns wichtigste Körperschaften in Missachtung zu bringen." Rehrl zeigte sich auch besorgt über die Auswirkungen der Weltwirtschaftskrise und betonte die Bedeutung der Arbeitsbeschaffung in allen Bereichen sowie die Notwendigkeit zur Unterstützung der Bauern. Zudem sollte der Ausbau der Großglockner-Straße vorangetrieben werden, da das Projekt „Tauernkraftwerke" nicht verwirklicht werden konnte. NS-Klubobmann Max Peisser stellte daraufhin im Landtag klar, dass es der NSDAP nicht darum ginge, konsensorientierte Politik zu betreiben oder die parlamentarische Demokratie zu unterstützen, sondern kündigte im Namen „unseres Führers Hitler" den Kampf im Landtag gegen das „System", also die parlamentarische Demokratie und die Mehrheitsentscheidungen, an. Er stellte den Führergedanken sowie den Anschluss an Deutschland, die „deutsche Volksgemeinschaft" und den Bauernstand als Grundlage dieser Volksgemeinschaft -– wobei Juden aus der Volksgemeinschaft „auszuscheiden" wären, wie er betonte – sowie den Kampf gegen den „Marxismus" („Unser Volk aber kann nur leben, wenn der Marxismus vernichtet wird") in den Vordergrund. Peisser hatte bereits in der Landtagssitzung am 19. Mai 1932 dem Landtag (und auch dem Parlament) ganz offen mit der Zerstörung gedroht: „Wir wollen auf gesetzlichem Weg mit der Mehrheit, denn das ist der gesetzliche Weg, dorthin kommen, wo wir anzuschaffen haben, und dann hat auch für jene Mehrheit das Stündlein geschlagen." Direkt an die Abgeordneten des Landtags gewandt meinte er: „Unser Recht aber ist es, diese Macht zu zerstören und Sie zu vernichten."

Die Wahl der Ausschüsse brachte für die Christlichsozialen den Vorsitz bei drei Ausschüssen (Schulausschuss, Landwirtschaftsausschuss und Disziplinarausschuss), für die Sozialdemokraten den Vorsitz bei einem Ausschuss (Finanz-, Verfassungs- und Verwaltungsausschuss) und für die Nationalsozialisten ebenfalls den Vorsitz bei einem Ausschuss (Gewerbe, Verkehr und soziale Verwaltung). Die Nationalsozialisten wollten zwar mitbestimmen, taten sich aber schwer mit ihrer neuen Rolle und wiesen immer wieder darauf hin, für bestimmte Entscheidungen im Landtag keine Verantwortung zu übernehmen, während sie im Gegenzug versuchten, ihre Vorteile als Mitglieder des Landtags und damit einhergehende Informationen für eigene Zwecke oder ihre Parteifreunde zu nutzen.

Eine neue Bundesregierung und die Reaktionen im Landtag

In der Zwischenzeit hatte in Wien der christlichsoziale Bundeskanzler Engelbert Dollfuß am 20. Mai 1932 eine Bundesregierung aus Christlichsozialen, Landbund und Heimatblock gebildet. Dollfuß holte in seine Regierung Vertreter der Heimwehr, die sich ganz offen gegen Demokratie und Parlament, aber für Ständestaat und Faschismus ausgesprochen hatten. Die Situation auf Bundesebene war nicht geeignet, das Vertrauen der Salzburger Bevölkerung in das demokratische System zu stärken, was die Nationalsozialisten für ihre Zwecke nutzten und im Salzburger Landtag sofortige Neuwahlen des Nationalrats verlangten, in der Hoffnung, einen neuerlichen Stimmenzuwachs zu erreichen und damit andere Machtverhältnisse zu schaffen. Max Peisser stellte in der Landtagssitzung am 3. Juni 1932 klar: „... die Hitlerbewegung wird nicht Ruhe geben, bevor nicht in Österreich der Volkswille durchgeführt ist, und dieser Nationalrat zum Teufel geht". Auch NS-Mandatar Erich Wagner wandte sich in der Sitzung am 3. Juni an die Sozialdemokraten im Landtag mit folgenden Worten: „Das sage ich jetzt nicht, Ihre Regierung besteht aus Lumpen und unehrlichen Menschen. Gehen Sie hin, wo Sie wollen, nach Norden oder nach Süden, überall hat man keine Achtung vor der Regierung..." Weiters forderte er: „Wir beantragen die Abtretung der Regierung im Namen der Arbeiterschaft und des Führers Adolf Hitler." Als Schuldige dafür, dass „die ganze deutsche Kultur" ruiniert sei, sah Wagner die Sozialdemokraten und ihren „Marxismus".

Die Sozialdemokraten hatten sich zunächst ebenfalls für Neuwahlen ausgesprochen, aber aus ganz anderen Gründen: Bei der Nationalratswahl 1930 hatten die Sozialdemokraten nämlich 41,1 Prozent der Stimmen erreicht und waren damit stimmenstärkste Partei vor den Christlichsozialen, die gemeinsam mit einem Teil der Heimwehr angetreten waren (der andere Teil hatte sich unter Bundesführer Ernst Rüdiger von Starhemberg unter dem Namen „Heimatblock" zu einer eigenen Kandidatur entschlossen) und 35,7 Prozent erlangt hatten. Die NSDAP-Hitlerbewegung hatte nur 3 Prozent der Stimmen erreicht, die Einheitsliste von Großdeutschen und anderen deutschnationalen Parteien 11,6 Prozent. Ungeachtet des Wahlergebnisses der Sozialdemokraten beauftragte Bundespräsident Miklas den Christlichsozialen Otto Ender mit der Regierungsbildung; eine Beteiligung der Sozialdemokraten an der Bundesregierung kam nicht zustande. Dieser Umstand führte dazu, dass die Sozialdemokraten zwar die meisten Mandatare im Nationalrat stellten, aber nicht an der Regierung beteiligt waren. Der sozialdemokratische Landtagsabgeordnete Robert Preußler stellte in der Landtagssitzung am 3. Juni 1932 fest, dass die Sozialdemokraten bereits einen „Antrag betreffend die Auflösung des Nationalrates" gestellt hatten mit „der Begründung, dass der Nationalrat nicht mehr die Vertretung des österreichischen Volkes sei ...". Trotz dieser Situation nahmen die Salzburger Sozialdemokraten allerdings nun Abstand von ihrer Forderung nach Neuwahlen und unterstützten den Antrag der Nationalsozialisten im Landtag nicht mehr.

Zuspitzung des politischen Kampfes im Landtag

In den folgenden Monaten bzw. den folgenden Sitzungen des Landtags spitzten sich die Auseinandersetzungen zu. Während sich Christlichsoziale und Sozialdemokraten trotz unterschiedlicher ideologischer Ausrichtung bemühten, die Arbeit im Landtag voranzubringen sowie die wirtschaftlichen und sozialen Belange der Bevölkerung zu verbessern, betrieben die Nationalsozialisten Verhinderungspolitik und Propaganda. Bei einer Anfrage in Bezug auf ein angebliches Redeverbot für Adolf Hitler in Salzburg bzw. Österreich – was jedoch nicht der Realität entsprach, wie Landeshauptmann-Stellvertreter Michael Neureiter in der Landtagssitzung am 3. Juni 1932 detailliert ausführte – präsentierten sich die Nationalsozialisten als Märtyrer, die zu Unrecht verfolgt würden. Zudem versuchten die Nationalsozialisten, einen Keil zwischen Schwarz und Rot zu treiben. NS-Abgeordnete warfen Christlichsozialen und Sozialdemokraten wiederholt vor, eine „Bettgemeinschaft" einzugehen, was Landeshauptmann-Stellvertreter Neureiter in der Landtagssitzung am 22. Dezember 1932 richtigzustellen versuchte: „Ich habe schon hervorgehoben, von den Sozialdemokraten trennt uns so viel an Weltanschauung, an wirtschaftlicher Anschauung, an gesellschaftlicher und politischer Anschauung, und besonders das trennt uns, dass nach ihrer Gesellschaftsauffassung der Staat alles ist und dann das Individuum kommt, zwischen ihnen aber ist nichts. Auch von den Nationalsozialisten trennt uns vieles, auch zum Teil in der religiösen Anschauung."

Die NSDAP im Landtag scheute sich nicht, gegen einzelne sozialdemokratische Mandatare – vor allem Anton Neumayr, Robert Preußler und Karl Emminger – zu hetzen sowie Angriffe gegen sozialdemokratisch geführte Gemeinden zu starten und die Auflösung dieser Gemeindevertretungen wegen angeblicher Misswirtschaft zu fordern. Preußler stellte in der Landtagssitzung am 29. November 1932 daraufhin treffend fest: „Es ist eine nationalsozialistische Methode geworden, Ortsgemeinden und ihre Funktionäre besonders unter die Lupe zu nehmen und anzugreifen, wenn die Gemeinden von Sozialdemokraten verwaltet werden." Gegenüber den Christlichsozialen, die eine „Wiederverchristlichung" der Gesellschaft gefordert hatten, verstärkte die NSDAP wiederum ihren antiklerikalen Kurs. Besonders im Fokus standen hier der Priester, christlichsoziale Klubobmann und Landeshauptmann-Stellvertreter Michael Neureiter sowie Landeshauptmann Franz Rehrl. Der NS-Abgeordnete Otto Vogl warf Neureiter in der Landtagssitzung am 29. November 1932 unter anderem vor, während des Ersten Weltkriegs nicht „das gleiche für Heimat und Vaterland geleistet zu haben", da er nicht an der Front, sondern als Priester in der Heimat gewesen war und nur sein Gehalt „eingeschoben" hätte. Er sprach daher Neureiter das Recht ab, die NSDAP zu kritisieren. Wenn es ihren Zwecken und im Besonderen antisemitischen Attacken diente, beriefen sich die NS-Abgeordneten allerdings auf die Wichtigkeit der christlichen Werte. So beschuldigte der NS-Abgeordnete Erich Wagner ebenfalls in der Landtagssitzung am 29. November die Christlichsozialen und Landeshauptmann Rehrl in Bezug auf die Salzburger Festspiele, sie würden zulassen, dass „in den heiligsten christlichen Kirchen jüdische Fratzen Theater spielen".

Das Verhalten von Christlichsozialen und Sozialdemokraten im Umgang mit NS-Mandataren

Um den Nationalsozialisten nicht die Monopolstellung bei gewissen Themen zu überlassen, versuchten sowohl Sozialdemokraten ebenso wie Christlichsoziale, bestimmte nationalsozialistische – auch antisemitische oder antidemokratische – Argumente zu übernehmen. So erklärte der sozialdemokratische Landeshauptmann-Stellvertreter Robert Preußler, auch kein „Freund der Juden" zu sein – obwohl gerade die Sozialdemokraten von der NSDAP gleichzeitig als „Judenknechte" und „Bolschewiken" (NS-Bezeichnung für Marxisten, verbunden mit einem antisemitischen Begleitton) beschimpft wurden. Preußler betonte wiederholt, dass sich die Salzburger Sozialdemokraten eindeutig gegen den sogenannten „Bolschewismus" und für die parlamentarische Demokratie ausgesprochen hätten. Der Christlichsoziale Michael Neureiter wiederum versuchte, Gemeinsamkeiten mit den Nationalsozialisten im Kampf gegen den „Bolschewismus" zu finden und dieses Thema nicht allein der NSDAP zu überlassen. In der Landtagssitzung am 29. November 1932 legte er dar, nicht die Nationalsozialisten seien das einzige Bollwerk gegen den „Bolschewismus", sondern die „christliche Kultur und die christliche Gesinnung". Bereits in der Landtagssitzung am 19. Mai 1932 hatte sich Neureiter zur deutschen Volksgemeinschaft (wenn er auch die Wichtigkeit von Österreich betonte) bekannt und vom „Ostmarkstamm" gesprochen. Zudem hatte Neureiter in dieser Landtagssitzung festgestellt: „In vielen Dingen, die als Programm von der rechten Seite vorgetragen worden sind, habe ich keinen Grund, zu widersprechen."

Gerade in Bezug auf die Not der Arbeitslosen, der Kleingewerbetreibenden und Gebirgsbauern versuchte die NSDAP öffentlich zu punkten und verlangte weitreichende Maßnahmen, die jedoch keineswegs umsetzbar waren. So forderten die NS-Mandatare in einem Antrag, Zwangsveräußerungen von bäuerlichen Grundbesitzen und Vermögen von Kleingewerbetreibenden sowie jegliche Zinsforderungen diesbezüglich zu verbieten. Die Sozialdemokraten und Christlichsozialen wollten zwar Maßnahmen gegen die Not der Bauern und Kleingewerbetreibenden, sahen aber die Gefahr, Ungerechtigkeiten im Vergleich mit anderen in Not Geratenen zu schaffen, die in einer ähnlich angespannten wirtschaftlichen Lage waren. Die sozialdemokratische Fraktion versuchte, in der Frage der Arbeitslosen und vor allem der sogenannten „Ausgesteuerten" (jene, die nach dem Ende der Arbeitslosenunterstützung keinerlei Unterstützung mehr erhielten) das Land Salzburg – und die Gemeinden – stärker in die Pflicht zu nehmen und mehr Leistung für die „Ausgesteuerten" zu erbringen. Die Nationalsozialisten unterstützten diesen Antrag gegen die Stimmen der Christlichsozialen und nutzten die Debatte im Landtag für antisemitische Angriffe und Kritik an der Bundesregierung. Bei anderer Gelegenheit unterstützten die NS-Abgeordneten wiederum den Antrag der christlichsozialen Fraktion, einen Teil des Arbeitslosengeldes in Naturalien (und zwar in Form von Käse und Milch) auszugeben, um damit einen fixen Absatzmarkt für heimische Produkte zu sichern. Die Sozialdemokraten protestierten gegen diese Zwangsmaßnahmen für Arbeitslose, die damit nicht mehr frei über ihren Unterstützungsbetrag verfügen konnten. Die wechselnde Unterstützung der NSDAP für die eine oder andere Partei – also entweder Sozialdemokraten oder Christlichsoziale – stiftete zusätzlich Unruhe im Landtag.

Am 6. Dezember 1932 erklärte der christlichsoziale Landtagsklub nach einer langen Zeit des Tolerierens und Ignorierens der nationalsozialistischen Hetze gegen den Landtag und die Großparteien, in Zukunft gegen persönliche Beleidigungen und Verleumdungen vorzugehen: „In der Sitzung des Salzburger Landtags vom 29. November 1932 wurden vom gegenwärtigen Fraktionsführer der Nationalsozialistischen Deutschen Arbeiterpartei gegen unseren hochverdienten Klubobmann Msgr. Neureiter gänzlich unangebrachte, gehässige, der offenkundigen Wahrheit völlig widersprechende persönliche Beleidigungen erhoben. Der Christlichsoziale Landtagsklub stellt hiermit in einer ausdrücklichen Erklärung fest, dass das Vorgehen des Fraktionsführers der Nationalsozialistischen Deutschen Arbeiterpartei, das zudem geeignet ist, das Ansehen des Landtages als gesetzgebende Körperschaft auf das tiefste zu schädigen, aufs schärfste verurteilt." Adolf Hochleitner kündigte als stellvertretender Klubobmann im Namen der christlichsozialen Fraktion im Landtag zudem an, „im Falle der Wiederholung solcher Schmähungen" dagegen vorzugehen. Zeitgleich legte der NS-Abgeordnete und Fraktionsführer Max Peisser sein Mandat zurück; er bezog sich in einer schriftlichen Erklärung auf die „Zuspitzung des politischen Kampfes", die nicht mit seiner Tätigkeit als Richter vereinbar wäre, da sich daraus „Gewissenskonflikte zu den Pflichten als Richter" ergeben würden. Peisser, der ursprünglich aus dem katholischen Cartellverband kam, wandte sich in den nächsten Jahren der Heimwehr zu. Karl Starkel wurde anstelle Peissers neuer Mandatar und Klubobmann im Landtag.

Am 22. Dezember 1932 gingen die Wogen im Landtag noch einmal hoch. Die Nationalsozialisten starteten antisemitische Angriffe auf Christlichsoziale sowie Sozialdemokraten in Landesregierung und Landtag und warfen ihnen vor, in Bezug auf den stillgelegten Bürmooser Glasbetrieb und die dortigen Arbeiterwohnhäuser unseriöse Geschäfte mit Juden gemacht zu haben. In diesem Zusammenhang beschimpfte der nationalsozialistische Landtagsklub die Regierung und das „System" als „Dreckgasse" und die Sozialdemokraten als „Arbeiterverräter" sowie „Arbeiterbeschimpfer", welche eine marxistische Diktatur herbeiführen wollen würden.

Der sozialdemokratische Abgeordnete Emminger bezeichnete die Nationalsozialisten daraufhin als „politische Haderlumpen". Hintergrund dieser Auseinandersetzung war die enorme Verarmung der Bevölkerung in der Region Bürmoos-Lamprechtshausen, die durch die Schließung der Glasfabrik und den dadurch erfolgten Niedergang des Torfabbaus bedingt war. Bereits 1926 war die Glasfabrik, die als sozialer Vorzeigebetrieb im Umgang mit den Arbeitern und Arbeiterinnen galt, in Konkurs gegangen. Landeshauptmann Franz Rehrl und die Landesregierung (darunter der Sozialdemokrat Karl Emminger) unterstützten Gespräche mit Unternehmern zur Weiterführung des Betriebs. Schließlich übernahm die Fabrikantenfamilie Stiassny 1927 vom Vorbesitzer Hermann Glaser die Glasfabrik und erhielt eine finanzielle Unterstützung vom Land Salzburg, schloss den Betrieb jedoch bereits 1929 wieder und delogierte zugleich Familien aus den zum Betrieb gehörenden Arbeiterwohnheimen. Die finanzielle Unterstützung zahlte Stiassny an das Land zurück. Durch eine Klausel im Vertrag mit Stiassny konnte in Bürmoos von anderer Seite keine Glaserzeugung weitergeführt werden, was auch den Sozialdemokraten missfiel. Zunächst planten die Landesregierung und ehemalige Arbeiter, den Betrieb wiedereinzurichten, aber die Weltwirtschaftskrise machte einen Strich durch diese Rechnung. Das Gebiet um Bürmoos und Lamprechtshausen galt folglich Anfang der 1930er-Jahre als das „Armenhaus" Salzburgs, rund 80 bis 90 Prozent der Erwachsenen waren arbeitslos, die Familien lebten in bitterster Armut. Der sozialdemokratische Klubobmann Karl Emminger wehrte sich gegen die Angriffe der Nationalsozialisten im Landtag: „Ich musste hier sprechen und die ganze Öffentlichkeit soll es hören und die Arbeiterschaft in Bürmoos soll es wissen, dass wir ihre treuen Berater und ihre Freunde sind. Die ganze Bevölkerung soll es wissen, dass die Landesregierung fast über ihre Kräfte hinausgegangen ist und getan hat, was sie tun konnte ..."

Die NSDAP instrumentalisierte diese Situation für ihre antisemitische Propaganda gegen Glaser und Stiassny sowie andere Unternehmer und hetzte gegen die Landesregierung für ihren angeblichen „Verrat an der Arbeiterschaft". Sowohl christlichsoziale als auch sozialdemokratische Landtagsabgeordnete wiesen diese Kritik zurück und zählten zahlreiche Maßnahmen auf, die zur Unterstützung der in Not Geratenen getroffen worden waren. Der christlichsoziale Abgeordnete Karl Engl wandte sich gegen die „Pressehetze" und die „Versammlungshetze" der Nationalsozialisten in diesem Zusammenhang und forderte vor allem die Nationalsozialisten im Landtag auf, diese Inszenierung zu beenden: „Die Not der Bürmooser Glasarbeiter ist sicher allen bekannt und ich glaube, wir werden dieser Not nicht steuern, wenn wir heute hier eine Debatte abführen, die der Würde des Landtages und der Würde einer Volksvertretung keineswegs entspricht. (…) Und wenn dann Gerüchte herumgehen, so möchte ich sagen, dass diese Gerüchte absichtlich und planmäßig in die Bevölkerung hinausgetragen wurden zum Zweck einer bewussten Hetze." Der NS-Abgeordnete Franz Koweindl gab zwar zu, dass die Landesregierung viel unternommen hatte, „aber deswegen ist noch nicht gesagt, dass wir nicht das Recht haben, unseren Antrag einzubringen". Koweindl argumentierte wiederholt mit dem sachlichen Hintergrund der Debatte im Landtag, was den sozialdemokratischen Klubobmann Karl Emminger zu folgender Aussage an die nationalsozialistische Fraktion im Landtag veranlasste: „Da muss man staunen über die Purzelbaumtechnik der Leute. In der Zeitung hetzen Sie, gebrauchen Schimpfwörter, in Lamprechtshausen in einer Versammlung hat man mich Arbeiterverräter genannt, in der Zeitung und auf Plakaten ist es gestanden, und hier wird das richtig gestellt. Ja, da haben Sie ein Dutzend Leute da draußen, die Sie gedrillt haben als Zuhörer. Dann sagen Sie, wir sind im Landtag die Lamperln und wollen sachlich sein. Ihr seid in den Landtag und in das Parlament eingezogen, um den Landtag und das Parlament zu zerschlagen. Ihr wollt doch die Diktatur …"

Im weiteren Verlauf der Landtagssitzung und im Zuge der Budgetdebatte – vom Landesfinanzreferenten und christlichsozialen Abgeordneten Neureiter als „Notbudget" bezeichnet – sowie der neuerlichen Angriffe der NS-Abgeordneten gegen das „System" entstanden schließlich tätliche Tumulte, sowohl auf der Zuschauergalerie als auch unter den Abgeordneten. Ein Journalist der NS-Presse und NS-Bundesrat Karl Scharizer hatten sich in die Landtagsdebatte zum Budget von den Zuschauerrängen aus eingemischt und die Abgeordneten offensichtlich ganz bewusst provoziert, bis nationalsozialistische und sozialdemokratische Abgeordnete aufeinander losgingen. Wie die sozialdemokratische Tageszeitung „Salzburger Wacht" am nächsten Tag unter der Überschrift „Nazi-Skandal im Salzburger Landtag" berichtete, konnte durch „christlichsoziale Zeugen" festgestellt werden, dass die Nationalsozialisten die Schlägerei begonnen hatten: „Auf der Galerie hatte schon die längste Zeit Bundesrat Scharizer die Leute aufgehetzt und gestänkert. Als ein Galeriebesucher Baumgartner nach Nazi-Manier ‚Blöder Hund' zurief, reagierten die sozialdemokratischen Galeriebesucher gegen diese freche Beleidigung unseres Referenten mit Zwischenrufen. Daraufhin stürzte der Nazi-Abg. Reichl, wie einwandfrei durch christlichsoziale Zeugen festgestellt werden kann, auf die Galerie zu und fing an, auf die Leute dreinzuschlagen. Landesrat Emminger nahm ihn beim Arm und versuchte, ihn zurückzuhalten. Darauf begann Reichl auf Emminger und Neumayr, der dem Genossen Emminger beigesprungen war, loszuschlagen. Bei der Abwehr des banditenmäßigen tätlichen Angriffs wurde Reichl niedergeworfen und schlug sich an einem Tisch ein Loch in die Stirne. Es entstand ein ungeheurer Tumult und die Polizei musste die Räumung der Galerie vornehmen. Unsere Parteigenossen verließen mit dröhnenden Freiheit-Rufen den Saal. Es ist einwandfrei durch Zeugen festgestellt, dass die Nazi, vor allem der famose Gauleiter Scharizer, die Provokateure waren und dass sie die Rauferei und Schlägerei begonnen haben. So sieht die ‚sachliche Arbeit' dieser Rowdies aus!" Die christlichsoziale Tageszeitung „Salzburger Chronik" berichtete am 23. Dezember über diesen Tumult als reine Angelegenheit zwischen Nationalsozialisten und Sozialdemokraten, welche durch gegenseitige Beschimpfungen entstanden wäre, wobei die beiden Parteien nach Meinung der „Salzburger Chronik" allerdings sonst viele Gemeinsamkeiten hätten und politisch zusammenarbeiten würden. Die Landtagssitzung am 22. Dezember 1932 wurde schließlich kurzzeitig unterbrochen, als die Abgeordneten der NSDAP erklärten, den Landtag nicht mehr betreten zu wollen und den Saal verließen. Der Landtagspräsident forderte Ruhe ein und nahm wenig später die Sitzung wieder auf. In Abwesenheit der nationalsozialistischen Abgeordneten nahmen die Christlichsozialen und Sozialdemokraten den Landesvoranschlag zum Budget an.

Der sozialdemokratische Abgeordnete Preußler prophezeite in dieser letzten Landtagssitzung des Jahres 1932 sowohl den Nationalsozialisten als auch der Heimwehr ein „Aussterben". Diese Prophezeiung sollte allerdings nicht in Erfüllung gehen, wie sich in den folgenden Monaten und Jahren zeigte.

Susanne Rolinek

„Außerordentliche Zeiten, außerordentliche Maßnahmen“

Ständediktatur, Bürgerkrieg und NS-Terror

Landeshauptmann Franz Rehrl nahm in der Landtagssitzung am 30. Juni 1933 mit diesen Worten über außerordentliche Zeiten und außerordentliche Maßnahmen zur Verordnung über das Ruhen der Mandate der NSDAP in Landtag, Gemeinden und allen anderen Vertretungskörperschaften sowie öffentlichen Ämtern Stellung. Darüber hinaus war Staats-, Landes- und Gemeindebediensteten sowie Inhabern öffentlicher Ämter nun auch die Mitgliedschaft bei dieser Partei verboten. Diesem Landesverfassungsgesetz ging ein Verbot der NSDAP durch die Bundesregierung am 19. Juni 1933 als Reaktion auf ein nationalsozialistisches Attentat mit mehreren Verletzten und einem Toten in Niederösterreich voran.

Das Ende der parlamentarischen Demokratie und die Positionen der Parteien

Nach der Machtübernahme der Nationalsozialisten in Deutschland Ende Jänner 1933 hatten NS-Propaganda und gewaltsame Auseinandersetzungen in Österreich ungekannte Formen angenommen. Gleichzeitig entwickelte sich die Regierung unter dem christlichsozialen Bundeskanzler Engelbert Dollfuß in eine autoritäre und totalitäre Richtung. Dollfuß hatte am 4. März 1933 den Rücktritt aller drei Nationalratspräsidenten in Bezug auf die Diskussion zu Sparmaßnahmen bei Eisenbahnern dazu genutzt, das Parlament auszuschalten und wenige Tage später anhand einer Notverordnung – dem aus dem Ersten Weltkrieg stammenden kriegswirtschaftlichen Ermächtigungsgesetz – eine autoritäre Regierung durchzusetzen. Zudem verhinderte er, dass die Mitglieder des Nationalrates wenige Tage später wieder das Parlamentsgebäude betreten und eine Sitzung abhalten konnten. Diese Machtübernahme von Dollfuß läutete das Ende der parlamentarischen Demokratie und den Beginn der austrofaschistischen Diktatur, des Ständestaats, ein. Die Landtage in den Bundesländern blieben vorerst weiter bestehen. Bundesweite Einschränkungen der Pressefreiheit sowie das Verbot von Versammlungen (7. März 1933), das Verbot von Streiks und Demonstrationen (21. April 1933) sowie das Verbot des sozialdemokratischen Wehrverbands „Republikanischer Schutzbund“ (31. März 1933) und der Kommunistischen Partei (26. Mai 1933) folgten. Der klerikal-faschistische, antidemokratische bzw. deutschnational dominierte sowie betont antimarxistisch eingestellte Wehrverband „Heimwehr“ durfte indessen weiterhin ungehindert Aufmärsche und Versammlungen durchführen bzw. wurde von Dollfuß gefördert und zunehmend in die Regierung eingebunden sowie zur „Sicherung der öffentlichen Ordnung“ herangezogen.

In den Monaten zwischen der Ausschaltung des Parlaments im März 1933 und dem Verbot der NSDAP im Juni 1933 kam es im Salzburger Landtag wiederholt zu

Diskussionen in Bezug auf das Demokratieverständnis der Parteien, den Kurs der Dollfuß-Regierung, die Einschränkungen der Rechte und der Freiheit von Bürgerinnen und Bürgern, die Zukunft Österreichs und des Landes Salzburg und den Umgang mit Arbeitslosen und „Ausgesteuerten". Bereits in der Sitzung am 10. März 1933 (deren ursprünglicher Termin der 14. März 1933 gewesen wäre, die aber aufgrund der politischen Lage auf Antrag der Sozialdemokraten vorverlegt wurde) traten die grundlegenden Meinungs- und Auffassungsunterschiede in Bezug auf die parlamentarische Demokratie und die Zukunft von Österreich bzw. Salzburg zutage, die sich in den folgenden Monaten noch vertiefen sollten. Der seit 1919 bestehende demokratische und politische Grundkonsens zwischen Christlichsozialen und Sozialdemokraten im Salzburger Landtag schien durch die Radikalisierung und Totalisierung auf Bundesebene massiv gefährdet. Landeshauptmann Rehrl berief sich auf den formalen Standpunkt, da er „beamtetes Organ der Bundesregierung" sei und „den Standpunkt der Bundesregierung zu vertreten" habe. Er sah keinen Bruch der Demokratie, sondern argumentierte, dass das „Parlament sich selbst ausgeschaltet" hätte und das kriegswirtschaftliche Ermächtigungsgesetz gültig sei. Zudem gäbe es seiner Information nach Verhandlungen, ob der Nationalrat eventuell wieder zusammentreten könne.

Weder Landeshauptmann Rehrl noch Landeshauptmann-Stellvertreter Michael Neureiter sahen Freiheitsbeschränkungen und Versammlungsverbote sowie die Ausschaltung des Parlaments in der gegenwärtigen Situation als bedenklich an und hegten durchaus Sympathien damit, anhand des autoritären Kurses „für kurze Zeit Ruhe" zu bekommen. Neureiter machte klar, sich keinen Antrag in Bezug auf die Beseitigung der Notverordnungen und die Wiederaufnahme des parlamentarischen Betriebs aufzwingen lassen bzw. für diesen stimmen zu wollen. Er warf den Sozialdemokraten vor, einseitig gegen den christlichsozialen Bundeskanzler vorzugehen, die Sozialdemokraten aber umgekehrt in einer derartigen Situation sicherlich einen sozialdemokratischen Bundeskanzler ohne Probleme unterstützt hätten. Der sozialdemokratische Landeshauptmann-Stellvertreter Robert Preußler sprach sich klar gegen die Anwendung des aus dem Jahr 1917 stammenden kriegswirtschaftlichen Ermächtigungsgesetzes und gegen die Verletzung der demokratischen Verfassung Österreichs aus. Er kritisierte das Versammlungsverbot und berief sich auf die verfassungsmäßige Freiheit; in diesem Sinne forderte er die Christlichsozialen und Landeshauptmann Franz Rehrl auf, durch „Freiheit und Einsicht" gegen die gegenwärtige Not ankämpfen und sich gegen Notverordnungen sowie für eine Wiederaufnahme des parlamentarischen Betriebs im Nationalrat auszusprechen. Zudem erinnerte Preußler die Christlichsozialen daran, dass mit Heimwehrleuten (auch „Hahnenschwänzler" genannt) „Staatsstreichler" in der Bundesregierung sitzen würden und hoffte in diesem Sinne wohl auf die Unterstützung Rehrls, dessen Misstrauen gegenüber der Heimwehr bekannt war.

Die Nationalsozialisten instrumentalisierten die Debatte im Landtag für ihre Zwecke. Sie präsentierten den anderen Abgeordneten die eigentlichen Feinde Österreichs: Tschechen und Juden. Der nationalsozialistische Abgeordnete Erich Wagner hetzte gegen diese Personen, die seiner Meinung nach als Fremde hereingekommen waren und anderen die Arbeit wegnehmen würden – aus diesem Grund gäbe es so viele Arbeitslose. Er empfahl den Christlichsozialen, „mit starker Hand Juden aus Salzburg" zu schmeißen (z. B. Max Reinhardt). Was

Versammlungsverbote und Zensur anbelangte, hatten die Nationalsozialisten ebenfalls Vorschläge: „...wir wollen Gesetze gegen die Zeitungen, aber nicht gegen die deutschen Zeitungen, sondern gegen die jüdischen und die tschechischen Zeitungen, die im Inlande gedruckt werden und existieren." Zudem forderten die nationalsozialistischen Mandatare die Todesstrafe „für Volksverräter, für Vaterlandsverräter, für Börsenschieber und Börsenmakler".

Die Christlichsozialen stimmten gegen den Antrag der sozialdemokratischen Landtagsfraktion, die Notverordnungen zu verurteilen und von Bundeskanzler Dollfuß die Wiedereinberufung des Nationalrats zu fordern. Die Nationalsozialisten stimmten aufgrund ihrer Abneigung gegen die Heimwehr für den Antrag der Sozialdemokraten. Robert Preußler und Anton Neumayr wehrten sich daraufhin gegen die Vorwürfe des christlichsozialen Abgeordneten Karl Engl, die Sozialdemokraten würden gemeinsame Sache mit Nationalsozialisten machen, da es in Bezug auf den Antrag grundverschiedene Motive bei den Sozialdemokraten und bei den Nationalsozialisten geben würde; Letztere hätten ganz andere Ziele, und zwar mit Gewalt die deutschen Verhältnisse auch nach Österreich zu bringen. Die Sozialdemokraten bekräftigten hingegen noch einmal, gegen Waffen und Terror sowie gegen Einschränkungen der Freiheit, die höchstes Gut sei, einzutreten.

Die Hetze der NSDAP

Bei der Landtagssitzung am 12. Mai 1933 berichtete Landeshauptmann Rehrl über Zwischenfälle und tätliche Auseinandersetzungen mit nationalsozialistischen Provokateuren und Demonstranten anlässlich des christlichsozialen Parteitags vom 5. bis 7. Mai in Salzburg. Dabei gab es auch zahlreiche Verletzte. Der Parteitag wurde durch Sicherheitskräfte und Militär geschützt, allerdings kam es am Sonntag, den 7. Mai, zu einer weitestgehenden Absperrung der Salzburger Innenstadt, ohne dass die Stadtregierung von den Behörden informiert gewesen wäre, was wiederum die Sozialdemokraten erzürnte. Auf Proteste der nationalsozialistischen Mandatare, die sich in ihrer Versammlungsfreiheit eingeschränkt sahen, reagierte Rehrl insofern, als er diese erinnerte, dass die Hitler-Geburtstagsfeier der Salzburger SA im Festspielhaus im April 1933 ebenfalls von Sicherheitskräften geschützt worden war. Der nationalsozialistische Klubobmann Karl Starkel sprach sich hingegen für „unseren Führer Hitler" und seine Methoden in Deutschland aus, wo der Staat nun solche, „die nicht sauber waren" und „Bonzen" (damit bezog er sich vor allem auf sozialdemokratische Funktionäre) entfernt hätte. Gleichzeitig warf er den Sozialdemokraten vor, den Christlichsozialen „aus der Hand zu fressen".

Der sozialdemokratische Klubobmann Karl Emminger verurteilte daraufhin die Hetze von Nationalsozialisten und Heimwehr: „Ihr mit dem Hakenkreuz und sie mit den Hahnenschwänzen! Alle wollen sie nichts anderes, als vernichten, was sich frei regt, mit den Methoden der Gewalt. Und weil die christlichsoziale Partei sich mit den Sozialdemokraten, die heute als Gottseibeiuns gelten, nicht zu verbünden vermag ..." Er wies die Nationalsozialisten auf die Verbrechen in Deutschland hin, die seit der Machtübernahme Hitlers verübt wurden, und stellte klar: „Meine Aufgabe ist es, hier zu sagen: Gewalt nicht von der Mitte, nicht von rechts, nicht von links, aber auch nicht von äußerst rechts!" Zudem prangerte Emminger die permanente antimarxistische Hetze der Nationalsozialisten und der Heimwehr an und wies darauf hin, dass die Salzburger Sozialdemokratie nach dem Ersten Weltkrieg ein Übergreifen der kommunistischen bayrischen Räteregierung verhindert hatte ebenso wie eine gewaltsame Übernahme der Macht, da „sie strenge auf dem Boden der Demokratie" stand: „In Zeiten, wo es ein leichtes gewesen wäre, mit Gewaltmitteln die Verfassung dieses Staates anders zu gestalten, hat unsere Partei mitgeholfen, Österreich und auch dem Salzburger Lande eine demokratische Verfassung zu geben." Emminger forderte Landeshauptmann Rehrl neuerlich auf, im Namen des Salzburger Landtags bei der Bundesregierung die Einberufung des Nationalrats zu fordern, denn das Salzburger Volk sollte nur nach den Gesetzen des Nationalrats und von nach der Verfassung zuständigen Stellen regiert werden, da „einseitig insbesondere von einer Minderheit verübte Gewalt zum Ruine dieses Staates und unseres Volkes" führen würde. Landeshauptmann Rehrl richtete sich in der weiteren Debatte gegen die Demagogie der Nationalsozialisten, die auch permanent seine Reden stören würden. Er bezeichnete die österreichischen Verhältnisse trotz Freiheitseinschränkungen als Paradies gegenüber den deutschen: „Das ist doch die goldene Freiheit des Paradieses gegen das, was Ihre Leute in Deutschland machen." Diese Aussage Rehrls führte zu Zwischenrufen und Tumulten auf Seiten der nationalsozialistischen Mandatare, worauf Landtagspräsident Josef Hauthaler zur Ordnung rufen musste. Rehrl kommentierte diese Situation mit den Worten: „Der Geist der Arbeit ist verscheucht worden aus dem Landtag."

Die Sozialdemokraten als Gegner von Faschismus und Diktatur

Die Gründung der Vaterländischen Front am 20./21. Mai 1933, die für Bundeskanzler Dollfuß als Sammelorganisation aller „Vaterlandstreuen" dienen sollte und als Regierungsorganisation nach und nach eine Monopolstellung erhielt, aber nie einen hohen freiwilligen Mobilisierungsgrad erreichte, alarmierte die Salzburger Sozialdemokraten. In der Landtagssitzung am 23. Mai 1933 stellte die sozialdemokratische Fraktion eine Anfrage betreffend der „verfassungswidrigen Fortsetzung der Notverordnungen durch die Bundesregierung", welche nicht nur die Bevölkerung beunruhigen, sondern auch den Fremdenverkehr stören würde; auch sei aus der aktuellen Rede des Bundeskanzlers hervorgegangen, dass er gegen die Wiederaufnahme der Arbeit des Nationalrats sei. Zudem gebe es Gerüchte über die Abschaffung des Nationalrats und der Landtage, meinten die Sozialdemokraten und fragten: „Ist der Landeshauptmann bereit, den Bundespräsidenten darauf aufmerksam zu machen, dass die Bevölkerung Österreichs keine Heimwehrverfassung will, welche das Parlament zertrümmert, die Landesautonomie zerstört und Österreich in das faschistische Chaos hineintreiben will?" Landeshauptmann Rehrl versuchte den Spagat zwischen seiner Treue zu Bundeskanzler Dollfuß sowie dessen autoritärer politischer Marschrichtung und seinem auf die lokalen politischen Verhältnisse in Salzburg bezogenen konsensorientierten Verhalten. Rehrl war kein Freund des Faschismus und der Heimwehr. In der Landtagssitzung am 28. November 1933 teilte Rehrl mit, dass er diese Anfrage an Bundespräsident Miklas und Bundeskanzler Dollfuß weitergeleitet hatte. Darüber hinaus wies in dieser Landtagssitzung die sozialdemokratische Fraktion in Bezug auf eine Waffensuche bei Arbeitern in Privatwohnungen und in öffentlichen Gebäuden in Hallein – sogar im städtischen Armenhaus – durch Bezirksrichter Jenwein mit militärischer Unterstützung darauf hin, dass es wohl nicht angehen könne, „dass ein als eifriger Hitler-Agitator in politischen Versammlungen tätiger Bezirksrichter solch eine Waffensuche leitet ...". Die sozialdemokratische Fraktion bat Rehrl um die Intervention in diesem Fall, da unberechtigterweise Waffen beschlagnahmt wurden, die unter anderem dem Scheiben-Schießen dienten.

Die sogenannte „1.000-Mark-Sperre" und das Verbot der NSDAP

Zeitgleich mit der Zuspitzung der politischen Situation verschlechterte sich die finanzielle Lage des Landes Salzburg drastisch. Das Land konnte die Gehälter seiner Beamten und Angestellten nur mehr in Raten auszahlen, manche Gemeinden standen u. a. aufgrund geringer Einnahmen sowie enormer Kosten für die Versorgung von Arbeitslosen und Armen vor dem Bankrott. Die Salzburger Landesregierung und der Landtag beschlossen die Aufnahme eines Überbrückungskredits und Abgabenerhöhungen auf bestimmte Dienstleistungen und Produkte (z. B. auf Fleisch und Brot), was die Nationalsozialisten zur Hetze gegen die angeblich nicht christliche Ader der Christlichsozialen und die nicht soziale Ader der Sozialdemokraten benutzten. Die sogenannte „1.000-Mark-Sperre", welche das Deutsche Reich am 27. Mai 1933 verhängte und welche am 1. Juni 1933 in Kraft trat, tat ihr Übriges. Deutsche, die nach Österreich einreisen wollten, mussten 1.000 Mark zahlen. Österreichische Nationalsozialisten hatten schon länger von Adolf Hitler gefordert, weitere wirtschaftliche Verschärfungen gegenüber Österreich zu veranlassen. Wie Landeshauptmann-Stellvertreter Michael Neureiter in der Landtagssitzung am 28. November 1933 feststellte, waren es durchaus die österreichischen Nationalsozialisten, welche einen harten Boykott propagierten: „Es ist nicht wahr – das wissen alle – dass etwa die österreichische Bundesregierung die Schuld hat, dass die sogenannte Tausend-Mark-Sperre verfügt wurde, sondern, das ist geschehen über Einfluss der österreichischen Nationalsozialisten, man wollte auf diese Weise einen Druck ausüben und dadurch ist das unschuldige Land Salzburg im Besonderen geschädigt worden." Mit der „1.000-Mark-Sperre" sollte die durch die Weltwirtschaftskrise gezeichnete Wirtschaft in Österreich weiter geschwächt und der Staat destabilisiert werden, um den Weg für eine NS-Herrschaft freizumachen. Sie war die Reaktion auf die Ausweisung des reichsdeutschen Ministers Hans Frank, der im Zuge seiner Propagandareise durch Österreich am 15. Mai 1933 in Salzburg von rund 600 Nationalsozialisten bejubelt worden war.

Salzburg und Tirol waren besonders von der „1.000-Mark-Sperre" betroffen; die Situation war dramatisch. In Salzburg brach der Tourismus um rund 70 Prozent ein, die Arbeitslosigkeit im Tourismussektor und damit zusammenhängenden Sparten stieg rapide an. Landeshauptmann Franz Rehrl meinte in der Landtagssitzung am 28. November 1933 rückblickend: „Die Feinde Österreichs wussten, dass in den mittleren und westlichen Bundesländern Österreichs der Anteil der reichsdeutschen Gäste an der Gesamtfrequenz durchschnittlich 70

Prozent beträgt. Durch die gewaltsame Fernhaltung dieser 70 Prozent sollten wir vernichtet werden, da mit den restlichen 30 Prozent des Fremdenverkehrs die wirtschaftliche Existenz der Alpenländer nicht aufrechtzuerhalten wäre." Nur durch Sympathien anderer Nationen und internationale Werbung u. a. in den USA, Tschechien, der Slowakei, Ungarn, den Niederlanden oder den skandinavischen Ländern schaffte es Salzburg, so Rehrl, schließlich rund 70 Prozent der Tourismusfrequenz von 1932 zu erreichen. Schon zuvor war der Tourismus in Salzburg durch die permanent präsente NS-Propaganda wie Streuen von Flugzetteln, Werfen von Papierböllern, Schmierereien und Aufmärsche zurückgegangen.

Knapp drei Wochen nach Verhängung der „1.000-Mark-Sperre" erfolgte das Verbot der NSDAP in Österreich, was den Salzburger Landtag zur Verabschiedung eines Landesverfassungsgesetzes veranlasste, welches in der Sitzung am 30. Juni 1933 mit den Stimmen der Christlichsozialen und Sozialdemokraten beschlossen wurde. Landeshauptmann Franz Rehrl wies in dieser Landtagssitzung darauf hin, dass es kein Freudentag sei, wenn der Salzburger Landtag, der auf dem Boden der Demokratie stehe, ein derartiges Gesetz beschließen müsse – selbst wenn diese gewählten nationalsozialistischen Volksvertreter gegen die Demokratie waren: „Es liegt uns ferne, deshalb Rache üben zu wollen und daher habe ich von Anfang an, als diese Frage auftauchte, den Standpunkt vertreten; diese außerordentliche Maßnahme, die diese außerordentliche Zeit erfordert, auch sie muss im Rahmen der bestehenden Gesetze sich halten, und zwar deshalb, damit der Glaube an Recht und Gerechtigkeit nicht erschüttert wird, wenngleich sehr viel in dieser Richtung getan wurde, den Glauben an Gesetz und Recht zu untergraben." Das beschlossene Landesverfassungsgesetz bedeutete keinen Mandatsverlust für die Nationalsozialisten, sondern nur das Ruhen der Mandate. Rehrl gab seiner Hoffnung Ausdruck, dass dadurch eine Befriedung von Salzburg, Österreich und dem deutschen Nachbarland herbeigeführt werden könne.

Der nationalsozialistische Klubobmann Karl Starkel protestierte im Namen der NSDAP-Mandatare „und der rund 25.000 Salzburger Wähler" gegen die Verfolgung „Unschuldiger". „Terrorakte und Verbrechen" einzelner seien zu verurteilen, wenn auch „einzelne solcher Taten ausgelöst wurden durch die ungerechte Verfolgung unserer Bewegung", meinte der NS-Mandatar. „Ich glaube, es wird noch eine Gerechtigkeit geben und wir werden unseren Weg, der gesetzmäßig durch unseren Führer vorgezeichnet ist, trotz aller Verfolgungen weiter gehen und wir wissen, dass endlich wieder Recht und Sonne in unserem Heimatlande leuchten wird ...", führte Starkel weiter aus. Der sozialdemokratische Klubobmann Karl Emminger nahm im Namen der Sozialdemokraten folgendermaßen Stellung: „Die sozialdemokratische Partei ist gegen jede Art Gewaltherrschaft und Diktatur. Wir sind aus Überzeugung grundsätzliche Feinde jeder Ausnahmsverfügung und der Meinung, dass Ideen nicht mit Gewaltmaßnahmen unterdrückt werden können. Wenn wir trotz dieser grundsätzlichen Einstellung für dieses vorliegende Gesetz stimmen, dann nur mit Rücksicht auf die außergewöhnlichen Verhältnisse in Österreich und in Mitteleuropa überhaupt". Durch „rohe Gewaltherrschaft und den schändlichen Terror hat die Hitlerregierung in Deutschland es so weit gebracht, dass das Volk im Reiche selbst aller Freiheiten beraubt" sei, meinte Emminger. Er kritisierte, dass die Nationalsozialisten versuchen würden, Österreich mit wirtschaftlichem Boykott, Reisebeschränkungen und Mitteln des Terrors und des Mordens zu bezwingen, gleichzuschalten und

Andersdenkende ins KZ zu bringen oder zu foltern: „Was heute in Deutschland geschieht, Ausrottung aller anders als naziartig Denkenden soll morgen mit Gewalt in Österreich sein." Gleichzeitig warnte Emminger davor, weiter in Richtung Diktatur zu gehen. Den nach dem Ersten Weltkrieg von den Sozialdemokraten – und allen anderen Parteien – unterstützten Anschlussgedanken an Deutschland sah Emminger nun mit Hitler und den Nationalsozialisten als unmöglich an.

Landeshauptmann-Stellvertreter Michael Neureiter verwies ebenfalls darauf, dass die Nationalsozialisten in Österreich alle Freiheiten fordern würden, während in Deutschland Andersdenkende eingesperrt würden. Neureiter vermisste Proteste der NSDAP in Österreich gegen die Ausschaltung vieler Parteien in Deutschland: „Wenn man dagegen protestiert, dass Wählern ihre Vertreter genommen werden, dann muss man doch in der eigenen Richtung, wenn man konsequent sein will, nach gleichem Standpunkt und gleichem Rechte verurteilen, wenn Millionen von Wählern ihrer Vertretung beraubt werden und diese Vertreter nicht bloß an ihrer Tätigkeit gehindert, sondern zum Teil eingesperrt und in Schutzhaft genommen werden." Trotzdem nahm Neureiter Adolf Hitler in Schutz und meinte, Hitler könne nicht alles verantworten, was SA und SS machen würden. Zudem sei „Großdeutschland" ein großdeutsches Volk „mit freien Stämmen". Der nationalsozialistische Landesrat Franz Ropper stellte sich gegen das Ruhen der Mandate, da es gegen Verfassung und Demokratie verstoße. Er griff die Sozialdemokraten an, die ebenfalls für die Regierungsvorlage stimmten: „Wir haben gar keine Lust mehr, unter derartigen Verhältnissen einem Vertretungskörper anzugehören, wo die Vertretung des deutschen Volkes von Österreich überhaupt keine Stütze mehr findet." Ropper verglich das Landesverfassungsgesetz mit einem Terrorakt: „Man greift zu Terrorakten, weil man die Bewegung fürchtet und das, was heute hier geschieht, ist nichts anderes als die letzte Erscheinungsform eines Existenzkampfes eines bankrotten Systems. Die Bewegung aber ist so tief im Volke verwurzelt, dass der Tag kommen wird, wo wir doch heimkehren in das Reich unseres Führers Adolf Hitler. Heil!" Nach dieser Erklärung verließen Ropper und alle nationalsozialistischen Mandatare bis auf Leopold Schaschko den Landtag.

Der „Krieg" der illegalen Nationalsozialisten und weitere Verbote politischer Betätigung

Gab es bereits vor dem Verbot der NSDAP in Österreich terroristische Akte und bewaffnete Auseinandersetzungen, in denen Nationalsozialisten involviert waren, wie z. B. im September 1932 in Hallein oder im Oktober 1932 in Lamprechtshausen, so verstärkte sich zwischen Juni 1933 und Juli 1934 der NS-Terror dramatisch. Alleine im Jänner 1934 zählten die Behörden 68 Attentate mit sogenannten Papierböllern in Stadt und Land Salzburg. Die Salzburger Gauleitung mit Karl Scharizer und Herbert Parson war nach dem Verbot der NSDAP nach Freilassing geflüchtet und führte nun von dort Propaganda- und Terroraktionen durch. Auch viele andere nun illegale Nationalsozialisten flüchteten ins Deutsche Reich und schlossen sich der neu gegründeten „Österreichische Legion" an. Dort erhielten die österreichischen Nationalsozialisten eine militärische Ausbildung. Das Schmuggeln von Propagandamaterial und Sprengstoff über Dürrnberg/Hallein, Bad Reichenhall/Großgmain, Berchtesgaden/Funtensee/Saalfelden, Laufen/Oberndorf und von Freilassing nach Salzburg gehörte zu den Aufgaben der österreichischen Nationalsozialisten diesseits und jenseits der Grenze. Weitere Tätigkeiten bestanden im Abbrennen von Höhenfeuern, im Abwurf von Flugblättern, im Abspielen von NS-Liedern oder Hetzreden gegen Österreich und die Salzburger Landesregierung mit großen Lautsprechern im Grenzgebiet, im Anbringen von NS-Fahnen auf gut sichtbaren Bauwerken oder Berghütten, in willkürlichen Verhaftungen und Misshandlungen oder Schikanieren von Österreicherinnen und Österreichern an den Grenzübergängen sowie im Durchführen von gewalttätigen Überfällen auf österreichische Grenzposten und politische Gegner in Stadt und Land Salzburg. Das Werfen von Papierböllern und Bomben verursachte nicht nur hohe Sachschäden, sondern forderte auch Verletzte und Tote. Politisches Ziel dieser nationalsozialistischen Terrorakte war nicht nur die Schwächung des Fremdenverkehrs und das Schüren von Angst in der Bevölkerung, sondern auch die Schwächung Österreichs und damit einhergehend die Kapitulation der Bundesregierung.

In der Landtagssitzung am 28. November 1933 dankte Landeshauptmann Franz Rehrl im Namen der „staatstreuen und vaterländisch gesinnten Bevölkerung des Bundeslandes Salzburg" Gott dafür, dass das Schussattentat eines Nationalsozialisten am 3. Oktober Dollfuß nicht getötet hatte. Rehrl bat in der Landtagssitzung alle Anwesenden und „die gesamte Bevölkerung des Bundeslandes Salzburg, daß sich jeder auf seinem Platze ganz in den Dienst des Neuaufbaues Österreichs stellt, um so mitzuwirken, sich und seinen Mitbürgern eine bessere und schönere Zukunft zu erringen". Dass Bundeskanzler Engelbert Dollfuß bereits im September 1933 ein Ende der Parteienherrschaft und einen totalitären Staat propagiert sowie die Errichtung von sogenannten „Anhaltelagern" für politische Häftlinge und die Wiedereinführung der Todesstrafe auf standrechtlicher Grundlage am 10. November 1933 angeordnet hatte, thematisierte Rehrl nicht. Er sah in der „autoritativen Regierung" und der Rolle von Dollfuß als „Person, der man zu folgen hat", etwas „Gesundes", vor allem auch deswegen, da nun die jahrelange sozialdemokratische Bevormundung aus Wien beendet sei. Der sozialdemokratische Abgeordnete Emminger wollte eine Debatte zu den Ausführungen Rehrls eröffnen, doch die Christlichsozialen lehnten ab. Schließlich durfte Landeshauptmann-Stellvertreter Robert Preußler, der sich auf die Geschäftsordnung des Landtags berief, eine Erklärung abgeben. Preußler kam im Namen der Sozialdemokraten erneut auf die Ausschaltung des Parlaments und der Parteien, die Freiheits-, Versammlungs-, Presse und Redebeschränkungen sowie die Auflösung des Republikanischen Schutzbunds zu sprechen: „Die Unabhängigkeit Österreichs ist von uns tatsächlich verteidigt worden unter den größten Enttäuschungen, die wir in Bezug auf unsere Behandlung erlebt haben und wir stehen heute noch mit allen Staatsbürgern auf dem Standpunkt, dass wir die Unabhängigkeit und die Freiheit Österreichs gegen jedermann verteidigen wollen." In diesem Zusammenhang kritisierte er die „Staatspartei", also die Christlichsoziale Partei, dass sie nicht mehr mit anderen Parteien zusammenarbeiten und die Verfassung nicht mehr beachten würde. „Wir sind heute noch gewillt, mit der Mehrheit dieses Landes brüderlich zusammenzuarbeiten, so wie wir das ein Jahrzehnt hindurch getan haben und wir rufen dem Herrn Dr. Dollfuß zu, für Salzburg besteht gar kein Grund zu einer Befürchtung. Denn wir in Salzburg haben nie gegenseitige Konflikte ausgelöst. Wir haben im Gegenteil trotz unserer verschiedenen Überzeugungen immer gemeinsam zusammengearbeitet und wollen das auch in Zukunft tun. Aber eine Zusammenarbeit ist nur möglich vom Standpunkte der geltenden Verfassung aus, die wir von rechts und links durch unseren Eid bekräftigt haben, sie ist nur möglich, wenn wir auf dem Boden der geltenden Gesetzgebung Österreichs stehen bleiben." Rehrl bemerkte, dass der Streit darum gehen würde, „in welcher Form die Repräsentation des Volkes erreicht wird" und man unterschiedlicher Meinung sein könne und konterte Preußler in Bezug auf Versammlungsfreiheit, Pressefreiheit usw.: „Ich bin aber der Meinung, dass in diesen außerordentlichen Zeiten bei den täglichen Bedrohungen diese Einschränkung der Versammlungsfreiheit notwendig war, und ich glaube, Sie sind selbst auch der Meinung." Die Sozialdemokraten entgegneten, dass offensichtlich die Heimwehrführer sehr wohl weiterhin Rede- und Versammlungsfreiheit hätten.

In den Sitzungen am 12. und 19. Dezember 1933 sowie 19. Jänner 1934 wurden weitere Gesetze gegen parteipolitische Betätigungen erlassen. Am 12. Dezember verabschiedete der Landtag mit den Stimmen der Christlichsozialen das Gesetz über das Ruhen der Mandate der kommunistischen Partei im Land und in den Gemeinden sowie anderen Vertretungskörperschaften und öffentlichen Ämtern. In Salzburg betraf dieses Gesetz nur die kommunistischen Gemeinderäte in Hallein und Lend. Die Sozialdemokraten im Landtag sprachen sich zwar für einen politischen Kampf gegen die Kommunisten aus, jedoch nicht für deren Verbot, da diese im Gegensatz zu den Nationalsozialisten keine Terrorakte verüben würden. Einem Auslieferungsantrag des Gerichts gegen Preußler und Emminger, die anlässlich der Maifeier 1933 im Festspielhaus Reden gehalten hatten, wurde hingegen nicht zugestimmt. In der Sitzung am 19. Dezember wurde ein Antrag über die Ahndung von politischer Tätigkeit von Gemeindeangestellten und Sprengelärzten, welche sich „gegen die staatliche Ordnung oder die Unabhängigkeit des Staates" richten würde, angenommen. Am 10. Jänner 1934 wurde in der Landtagssitzung eine weitere Verordnung über die politische Tätigkeit von Lehrerinnen und Lehrern an Volks- und Hauptschulen sowie vergleichbaren Schulen, welche sich „gegen die staatliche Ordnung oder die Unabhängigkeit des Staates" richten würde, verabschiedet.

Der 12. Februar 1934 und die Auswirkungen auf die Salzburger Sozialdemokratie

Die wirtschaftliche Lage Salzburgs blieb weiter angespannt, Rehrl ging in der Landtagssitzung ausführlich auf Bauprojekte wie den Weiterbau der Großglockner Hochalpenstraße und andere Baumaßnahmen sowie den „freiwilligen Arbeitsdienst" ein, welche die Wirtschaft ankurbeln sollten. Der Druck auf Salzburg durch die Bundesregierung und die Heimwehr nahm indessen kontinuierlich zu. Am 8. Februar 1934 forderten Angehörige der Heimwehr und der Vaterländischen Front Landeshauptmann Franz Rehrl auf, Landesregierung und Bezirkshauptmannschaften sowie „belastete" Gemeinden unter Kontrolle des Heimatschutzes sowie der Vaterländischen Front zu bringen – das sollte in Form von „Beiräten" geschehen – sowie die Säuberung von Ämtern und Schulen von „Staatsfeinden" und die völlige Beseitigung der „Parteiwirtschaft" zu veranlassen. Rehrl schien von dieser Forderung nicht überzeugt. In der sozialdemokratischen Basis brodelte es, viele verstanden nicht, warum die sozialdemokratische Führung sich ohne offene Gegenwehr eine Diktatur aufzwingen ließ. Die Sozialdemokraten versuchten weiterhin einen Konsens mit den Christlichsozialen, um eine gemeinsame Linie gegen die Nationalsozialisten zu finden. Nur vier Tage später brach der Aufstand des bereits illegalen Republikanischen Schutzbunds in Österreich aus, als Schutzbündler in Linz eine Waffensuche der Polizei in der Zentrale der Sozialdemokratischen Partei verweigerten und zu schießen begannen. Schon zuvor hatten sie der sozialdemokratischen Bundesparteileitung angekündigt, die Waffensuchen, Schikanen und Verhaftungen von Sozialdemokraten im Auftrag der Dollfuß-Regierung nicht mehr widerstandslos hinzunehmen. Die Bundesparteileitung forderte jedoch weiter einen Gewaltverzicht. Während in anderen Regionen Österreichs ein Bürgerkrieg ausbrach, der hunderte Tote forderte, blieb es in Salzburg relativ ruhig. Es gab zwar Streiks in der Halleiner Tabakfabrik, in der Zellulosefabrik und in der Brauerei Kaltenhausen sowie eine Arbeitsniederlegung der Eisenbahner und kleinere Sabotageakte auf Bahngleise oder Oberleitungsmasten und Schlägereien zwischen Mitgliedern der Heimwehr und Sozialdemokraten sowie Demonstrationen von Arbeitern und Arbeiterinnen in Mühlbach am Hochkönig, welche gegen die Verhaftung sozialdemokratischer Funktionäre protestierten, ein Aufstand brach jedoch nirgends los. Die führenden Salzburger Sozialdemokraten wollten keine Gewalt. Landtagsvizepräsident Anton Neumayr als langjähriger sozialdemokratischer Bürgermeister von Hallein sowie Landtagsabgeordneter Stanislaus Pacher als Bürgermeister von Mühlbach beruhigten die aufgebrachten Arbeiter und Arbeiterinnen und machten ihnen klar, dass Gewalt nicht der richtige Weg sei. Dennoch wurde ein Großteil der sozialdemokratischen Funktionäre sofort verhaftet. Tiroler Heimwehren kamen indessen nach Salzburg und verwüsteten in Stadt und Land sozialdemokratische Vereinsheime und Einrichtungen. Die Sozialdemokratische Partei wurde noch am 12. Februar verboten, ihr Eigentum beschlagnahmt, mit 16. Februar erloschen alle sozialdemokratischen Mandate im Nationalrat, Landtag und allen anderen Vertretungskörpern. Neun Sozialdemokraten wurden bundesweit zur Todesstrafe verurteilt und gehängt.

In Salzburg intervenierten Landeshauptmann Franz Rehrl und Erzbischof Ignaz Rieder für die ihnen bekannten verhafteten sozialdemokratischen Funktionäre. Monate nach dem Aufstand bat der bereits aus der Haft entlassene ehemalige sozialdemokratische Landeshauptmann-Stellvertreter Robert Preußler in einem Brief an Erzbischof Ignaz Rieder neuerlich um Unterstützung für die anderen noch Inhaftierten und bezog sich auf einen Aufruf von Kardinal Innitzer an alle Katholiken Österreichs, Verfolgung und Feindseligkeiten einzustellen und den Neuaufbau zu beginnen. Preußler erinnerte Rieder an seine Konsensbereitschaft als ehemaliger Landtagsabgeordneter. „Ich rufe Eure Eminenz zum Zeugen auf, dass ich seit dem Elend des Kriegszusammenbruches und seit der Neuordnung in den letzten 15 Jahren immer mit den Katholiken Salzburgs diesen Geist der Versöhnlichkeit aufrechterhalten und bei aller Wahrung meiner demokratischen Einstellung mich immer mit meinen politischen Gegnern friedlich und schiedlich zu gemeinsamer Arbeit im Dienste des Volkes beteiligt habe. Aus diesem Grund heraus ist auch das Land Salzburg von blutigen Zusammenstößen mit der staatlichen Macht glücklicherweise verschont geblieben. Trotz dieser Tatsache befinden sich fast alle unserer Vertrauensmänner in Haft und die getroffenen Verfügungen haben ihre Familie fast jeder Existenzgrundlage beraubt, wie dies vielfach auch den Katholiken im deutschen Reich widerfahren ist. (...) Mein letzter Schritt in der Öffentlichkeit soll nun der sein, Eure Eminenz zu ersuchen, der Bundesregierung die Einstellung des Verfahrens gegen die in Salzburg noch in Haft befindlichen Arbeiter und ihrer Vertrauensmänner nahe zu legen, damit jene Atmosphäre der Befriedung und Beruhigung eintritt, die wir so notwendig brauchen und welche in Kundgebungen an die Katholiken angestrebt wird."

Versuchten sich Rehrl und Rieder für die verhafteten Sozialdemokraten einzusetzen, hielt der großdeutsche Bürgermeister der Stadt Salzburg, Max Ott, hingegen bereits am 26. März 1934 im Gemeinderat eine hetzerische und verleumderische Rede gegen die Sozialdemokraten, die ihn noch wenige Jahre zuvor zum Bürgermeister gewählt hatten: „Der 12. Februar dieses Jahres wird der traurigste Tag in der Geschichte Deutschösterreichs bleiben. Dem vaterländisch eingestellten Teile Österreichs war es ja längst kein Geheimnis mehr, dass ein nicht unbeträchtlicher Teil der Volksgenossen, durch gewissenlose, volksfremde Führer verhetzt, auf den günstigen Augenblick wartete, um mit brutaler Gewalt die Macht im Staate an sich zu reißen. Auch war es ein offenes Geheimnis, dass diese Verräter am schwer geprüften Vaterlande eine ungeheure Zahl von Waffen aller Art versteckt hielten, um damit gegen die legale Staatsgewalt in einem ihnen geeigneten Zeitpunkt losschlagen zu können. Und doch hat es niemand glauben wollen, dass der Zeitpunkt so nahe sei, wo trotz der furchtbaren wirtschaftlichen Nöte, in die wir ohne unser Verschulden geraten sind, diese verbrecherischen Elemente zum letzten, brudermörderischen Kampf das Zeichen geben würden. So ist uns auch das Furchtbarste nicht erspart geblieben, der Kampf um Sein oder Nichtsein gegen jene Volksgenossen, welche in wahnwitziger Verblendung – die Frucht jahrzehntelanger teuflischer und systematischer Verhetzung – nunmehr zum letzten Schlage ausholten, um Österreich in die Arme des Bolschewismus zu führen und damit das Endziel zu verwirklichen, auf das ihr ganzes Sinnen und Trachten seit je gerichtet war. (...) Osterreich ist nunmehr frei, zum ersten Mal frei von jenen inneren Feinden, die seinem Wiederaufbau so sehr im Wege gestanden sind." Welche Freiheit und welchen Wiederaufbau der großdeutsche Politiker meinte, wurde nicht ganz klar.

Der NS-Putsch im Juli 1934 und die Salzburger Putschisten

Die Nationalsozialisten versuchten durch Terror- und Propagandaaktionen, Österreich zunehmend zu destabilisieren. Am 25. Juli 1934 putschten die bereits seit dem Verbot von Juni 1933 illegal agierenden Nationalsozialisten und Mitglieder der SS, um die Macht in Österreich zu übernehmen und die Bundesregierung abzusetzen. Sie besetzten das Bundeskanzleramt sowie die Rundfunkanstalt in Wien und gaben im Radio die Meldung durch, dass Bundeskanzler Engelbert Dollfuß abgesetzt und ein nationalsozialistischer Bundeskanzler eingesetzt worden wäre. Beim Sturm auf das Bundeskanzleramt wurde Dollfuß getötet. Insgesamt forderte der Putsch mehr als 200 Tote. Der Putschversuch wurde nach einigen Tagen von Militär und Heimwehrkräften niedergeschlagen. Auch in Salzburg gab es Kampfhandlungen und 16 Tote; gekämpft wurde in Lamprechtshausen, in Lieferung, in Seekirchen, Seeham, Mattsee, Krispl und in Mandling an der

Grenze zur Steiermark. In anderen Teilen Salzburgs blieb es weitgehend ruhig. Die heftigsten Kämpfe fanden in Lamprechtshausen statt, hier stürmten am 27. Juli 1934 – also erst zwei Tage nach Beginn des Putsches in Wien – SA-Männer den Gendarmerieposten sowie die Post, kappten die Telefonleitungen, nahmen Geiseln und verschanzten sich im Gasthof Stadler. Die Putschisten hofften auf die Österreichische Legion im Deutschen Reich und die Unterstützung der ehemaligen Salzburger Gauleitung in Freilassing mit Karl Scharizer sowie Herbert Parson. Außerdem dachten sie, dass eine in der Nähe befindliche Bundesheereinheit zu den Nationalsozialisten überlaufen würde. Als jedoch am 28. Juli keine weitere nationalsozialistische Unterstützung eintraf, sondern Bundesheer, Gendarmerie und Heimwehr anrückten, kam es zu heftigen Gefechten, in deren Folge mehrere Menschen auf beiden Seiten getötet wurden. Die Putschisten wurden verhaftet, keiner von ihnen wurde jedoch in Salzburg zum Tod verurteilt.

Was den Unterschied zwischen nationalsozialistischer Gewalt und sozialdemokratischer Gewalt in Salzburg betraf, bestand er vor allem darin, dass die Sozialdemokraten sich u. a. zwar mit Gewalt gegen Verhaftungen zur Wehr setzten oder Raufereien mit der Heimwehr provozierten, aber klar gegen Diktatur und Faschismus und für Demokratie auftraten, die Nationalsozialisten hingegen durch ihren radikalen systematischen Terror bzw. ihren „Krieg“ gegen Österreich und die österreichische Regierung eine nationalsozialistische Diktatur errichten wollten, bewusst Morde begingen oder bei Sprengstoffattentaten Tote in Kauf nahmen. Sühnemaßnahmen für illegale Nationalsozialisten, die z. B. in sogenannten „Putzkolonnen“ Hakenkreuzschmierereien entfernen mussten oder deren Vermögen verfiel, wenn sie in das Deutsche Reich flüchteten, brachten ebenso wenig wie drakonische Haftstrafen oder sogar Todesstrafen für nationalsozialistische Betätigung.

Als am 22. November 1934 der erste vom neuen Bundeskanzler Kurt Schuschnigg legitimierte Landtag auf ständischer Grundlage zusammentrat, erinnerte Landeshauptmann Franz Rehrl an den ermordeten Bundeskanzler Dollfuß, „unseren Führer aus allen diesen Wirrsalen“, der „dieses Führertum als Blutzeuge des christlichen Hochgedankens mit seinem Leben besiegelte.“ Gleichzeitig erinnerte er aber auch an die fünfzehnjährige konsensuale Zusammenarbeit der Parteien im Landtag, „trotzdem zwei Weltanschauungen gegenüberstanden, die einander ausschlossen“. Es sei damals gelungen, „zum Wohle des Salzburger Landes jene mittlere Linie zu finden, die das jeweils Bestmögliche geschaffen hat …“.

Gemeinsame Auswahlbibliographie zu beiden Beiträgen von Susanne Rolinek

Botz, Gerhard: Gewalt in der Politik. Attentate, Zusammenstöße, Putschversuche, Unruhen in Österreich 1918 bis 1938, 2. Auflage, München 1983

Botz, Gerhard: Der „Christliche Ständestaat“. Weder System noch Faschismus, sondern berufsständisch verbrämte „halb-faschistisch“-autoritäre Diktatur im Wandel. In: Dreidemy, Lucile (Hg.): Bananen, Cola, Zeitgeschichte. Oliver Rathkolb und das lange 20. Jahrhundert, Wien – Köln – Weimar 2015, S. 202–245

Dachs, Herbert et al. (Hg.): Radikale Phrase, Wahlbündnisse und Kontinuitäten. Landtagswahlkämpfe in Österreichs Bundesländern 1919 bis 1932, Wien – Köln – Weimar 2017

Dokumentationsarchiv des Österreichischen Widerstandes (Hg.), Widerstand und Verfolgung in Salzburg 1934–1945, 2 Bände, Bearbeitet von Christa Mitterrutzner und Gerhard Unger, Wien 1992

Dohle, Oskar: Bomben, Böller, Propaganda. Der Aufstieg der NSDAP in Salzburg 1918–1938. In: Kramml, Peter F./Hanisch, Ernst (Hg.): Hoffnungen und Verzweiflung in der Stadt Salzburg 1938/39. Vorgeschichte/Fakten/Folgen, Salzburg 2010 (Die Stadt Salzburg im Nationalsozialismus, Band 1), S. 74–123

Dohle, Oskar: Unruhige Grenze – unruhige Nachbarn. Salzburg und Bayern 1918–1938 vor dem Hintergrund des Aufstiegs der NSDAP. In: Koller, Fritz und Rumschöttel, Hermann (Hg.): Vom Salzachkreis zur EuRegio, München – Salzburg 2006, S. 257–286

Dopsch, Heinz /Spatzenegger, Hans: Geschichte Salzburgs, Band II/4, Salzburg 1991

Floimair, Roland/Ardelt, Rudolf (Hg.): Von der Monarchie bis zum Anschluss. Ein Lesebuch zur Geschichte Salzburgs, Salzburg 1993

Hanisch, Ernst: Der lange Schatten des Staates. Österreichische Gesellschaftsgeschichte im 20. Jahrhundert, Wien 1994

Hoffmann, Robert: Im Zeichen von Festspielgründung, allgemeinem Wahlrecht und Wirtschaftskrise. Die Stadt Salzburg in der Zwischenkriegszeit. In: Kramml, Peter F./Hanisch, Ernst (Hg.): Hoffnungen und Verzweiflung in der Stadt Salzburg 1938/39. Vorgeschichte/Fakten/Folgen, Salzburg 2010 (Die Stadt Salzburg im Nationalsozialismus, Band 1), S. 32–73

Hofinger, Johannes: Nationalsozialismus in Salzburg. Opfer. Täter. Gegner, Wien – Innsbruck – Bozen 2016 (Nationalsozialismus in den österreichischen Bundesländern, Band 5; Schriftenreihe des Archivs der Stadt Salzburg, Band 44)

Kriechbaumer, Robert: Ein Vaterländisches Bilderbuch. Propaganda, Selbstinszenierung und Ästhetik der Vaterländischen Front 1933–1938, Wien – Köln – Weimar 2002 (Schriftenreihe des Forschungsinstitutes für politisch-historische Studien der Dr.-Wilfried-Haslauer-Bibliothek, Salzburg, Band 17)

Schausberger, Franz: Alle an den Galgen! Der politische „Takeoff" der „Hitlerbewegung" bei den Salzburger Gemeindewahlen 1931, Wien – Köln – Weimar 2005

Schausberger, Franz: Ins Parlament, um es zu zerstören. Das parlamentarische Agi(ti)eren der Nationalsozialisten in den Landtagen von Wien, Niederösterreich, Salzburg und Vorarlberg nach den Landtagswahlen 1932, 2. Auflage, Wien – Köln – Weimar 2012

Stock, Hubert: „... nach Vorschlägen der Vaterländischen Front". Die Umsetzung des christlichen Ständestaates auf Landesebene, am Beispiel Salzburg, Wien 2010 (Schriftenreihe des Forschungsinstitutes für politisch-historische Studien der Dr.-Wilfried-Haslauer-Bibliothek, Band 39)

Voithofer, Richard: „Drum schließt Euch frisch an Deutschland an ...". Die Geschichte der Großdeutschen Volkspartei in Salzburg 1920–1936, Wien – Köln – Weimar 2000 (Schriftenreihe des Forschungsinstitutes für politisch-historische Studien der Dr.-Wilfried-Haslauer-Bibliothek, Band 9)

Aus den Debatten des Salzburger Landtages

Auszug aus dem Protokoll der Landtagssitzung am 10. März 1933

Aus dem Dringlichkeitsantrag der SDAP betreffend die Notverordnung der Regierung:

„Die heutige wirtschaftliche Not unseres Volkes würde erfordern, daß alle Volkskreise für eine gewisse Zeit den politischen Kampf ausschalten und in gemeinsamer Arbeit jene Mittel anwenden, die notwendig wären, um Arbeit zu schaffen. Es wird beantragt: Der Landtag legt gegen die Erlassung der Notverordnung schärfste Verwahrung ein. Der Landeshauptmann und die Regierung werden aufgefordert, der Bundesregierung in nicht mißzuverstehender Deutlichkeit klar zu machen, daß die Bevölkerung des Landes Salzburg demokratisch ist und nach den vom Nationalrat beschlossenen Gesetzen und nur nach diesen regiert werden will. Der Salzburger Landtag verlangt, daß die Bundesregierung sofort energische Verhandlungen für die Flottmachung des Nationalrates unternimmt oder, falls dies unmöglich erscheint, Neuwahlen mit kürzester Frist ausschreibt."

Abg. Karl Emminger (SDAP): (...) wir können uns vorstellen, was kommen könnte, und sagen es in aller Ruhe in dieser ernsten Stunde, wenn eine Regierung, die trotz alledem hervorgegangen ist aus der Demokratie, wenn eine solche Regierung den Boden der Demokratie verlassen würde, dann fordern wir sie auf, dessen eingedenk zu sein, was da kommen müßte! ... Wir sehen harte Zeiten vor uns und sehen, daß ein Volk in Mitteleuropa lebend mit einer so hohen Kultur nur durch die Freiheit den Weg nach aufwärts finden kann und nicht in Knechtschaft. ... Wir führen unseren Kampf in vollster Ruhe und in vollster Konsequenz dessen, was kommen muß, aber ich sage noch einmal ganz offen, die Arbeiterschaft Österreichs wird frei bleiben und kein Herr und keine Macht kann so stark sein, daß sie uns die Freiheit nehmen kann, am wenigsten mit Gewalt.

Auszug aus dem Protokoll der Landtagssitzung am 12. Mai 1933

Abg. Karl Emminger (SDAP) verliest eine Erklärung der Salzburger Sozialdemokratischen Partei vom 1. Mai 1933:

„Die sozialdemokratische Fraktion im Salzburger Landtag und mit ihr die gesamte sozialdemokratisch und freigewerkschaftlich organisierte Arbeiterschaft und Angestelltenschaft stehen nach wie vor aus vollster Überzeugung auf dem Standpunkte, ein Kulturvolk wie das österreichische kann nur durch den Willen der Mehrheit dieses Volkes, das heißt auf demokratische Weise regiert werden.

In der schwersten Zeit, wie sie je von einem Volke erlebt wurde, in der Zeit nach dem Kriege, ... hat die österreichische Sozialdemokratie und mit ihr die Arbeiterschaft bewiesen, daß sie strenge auf dem Boden der Demokratie steht.

In Zeiten, wo es ein leichtes gewesen wäre, mit Gewaltmitteln die Verfassung des Staates anders zu gestalten, hat unsere Partei mitgeholfen, Österreich und auch dem Salzburger Lande eine demokratische Verfassung zu geben. (...)

Es entstehen, wie überall, so auch in diesem Staate wirtschaftliche, finanzielle Schwierigkeiten aller Art. Nicht mit Vernunft und durch gemeinsames Zusammenwirken wollen verschiedene Parteien unser Volk retten, sondern roheste Gewalt, gewaltsame Vernichtung des Gegners ist ihr Ziel.

Die österreichische Bundesregierung hat, angeregt durch Beispiele von außen, seit einigen Monaten durch Notverordnungen und andere Maßnahmen die Arbeiterklasse und die Sozialdemokratische Partei niederzuhalten versucht.

Der 1. Mai, den die Arbeiterklasse in Österreich seit 13 Jahren in Disziplin feiert, hat die Regierung völlig einseitig fast völlig unmöglich zu machen versucht. Militär, Polizei und Gendarmerie wurden aufgeboten, der ganze Machtapparat wurde einseitig gegen die demokratisch und republikanisch gesinnte Arbeiterschaft mobilisiert. ...

Die sozialdemokratische Fraktion im Salzburger Landtag ist überzeugt, und die Geschichte gibt hierzu die verschiedensten Beispiele, daß mit Gewaltmaßnahmen ein Kulturvolk nie dauernd niedergehalten werden kann. (...)

Die sozialdemokratische Fraktion fordert daher den Landeshauptmann auf, sowohl dem Bundespräsidenten als auch der Bundesregierung auf kürzestem Wege mitzuteilen:

1. Das Salzburger Volk will nur nach verfassungsmäßig geltenden Gesetzen und nur nach Gesetzen, die vom Nationalrat und den nach der Verfassung zuständigen Stellen beschlossen und genehmigt sind, regiert werden.

2. Der Landeshauptmann wird aufgefordert, der Bundesregierung weiterhin die dringliche Forderung des Salzburger Landtages mitzuteilen, daß der Nationalrat ehestbaldigst einberufen werde und mit Rücksicht auf die schwierigen Verhältnisse unseres Staates ehebaldigst zu normaler verfassungsmäßiger Verwaltung zurückkehren wird."

Auszug aus dem Protokoll der Landtagssitzung am 11. Jänner 1934

Landeshauptmann Stellvertreter Robert Preußler (SDAP): Die ganze Bevölkerung ist Zeuge, ... daß die Notlage in diesem Winter überall größer ist, als je ein einem Winter. Das muß einmal hier in diesem Platze festgestellt werden, denn draußen hat man keine Gelegenheit, den Mund aufzutun, sonst wird man eingesperrt. ... die Ursache dieses Zustandes liegt in der steigenden Unruhe und Unsicherheit, wie sie von oben seit dem Monat März propagiert worden ist. Damals hieß es in feierlichen Kundgebungen: Es ist eine Hetze über das Land gekommen, die wir nicht aushalten, es muß Ruhe und Befriedung eintreten. Die Folge war eine Knebelung der Presse, eine Knebelung der Vereinsversammlungen, eine Knebelung auf allen Linien, also ein System der Beruhigung. Die bürgerliche und bäuerliche Bevölkerung hat in der ersten Zeit geglaubt, daß eine Beruhigung eintreten werde, aber anstatt der Beruhigung sehen wir das Gegenteil. Wir sehen, daß die Methode der Unterdrückung absolut nicht zum Ziel führt, die Sozialdemokraten und die Bauern und Bürger halten sich ruhig, das ist wahr, aber wenn man glaubt, den Nationalsozialismus dadurch unterdrücken zu können, so zeigen die Böllerschüsse, daß das ein Trugschluß ist. Ich sage der Regierung Dollfuß, täglich vermehren sich die Anhänger des Nationalsozialisten und in der Bevölkerung herrscht Verzweiflung über diesen hoffnungslosen Zustand des Verordnungswesens: Aufhebung des Gerichtshofes (Verfassungsgerichtshof), gesetzliche Einschränkungen, Nachahmung des Faschismus, eines schleichenden unehrlichen Faschismus, der aus jeder einzelnen Verordnung spricht; diese Nachahmung verschlimmert die Situation ins Aschgraue und wird zur Katastrophe führen, wenn die Bevölkerung sich nicht endlich dagegen wehrt.

(...) Gegen die nationalsozialistische Reaktion gibt es ein Rezept, das ist das Rezept, mit der übrigen Bevölkerung Österreichs sich zu befrieden, das heißt, all diejenigen, die für die Erhaltung der Unabhängigkeit Österreichs sind, nicht mehr zu provozieren und nicht mehr niederzutreten, sondern frei zu lassen, ihnen jene gesetzlich garantierte Freiheit zu geben, auf die sie als Staatsbürger ein Anrecht haben; darin liegt das Moment, wodurch man die nationalsozialistische Reaktion beseitigen kann. Da drüben über der Grenze hat man das Beispiel, das sich seit Monaten schauernd unseren Blicken zeigt: eine furchtbare Unterdrückung des deutschen Wesens. Über Auftrag Dollfuß' hat erst vorgestern ein Herr einen Vortrag gehalten, der sehr gut war und in dem er den Nationalsozialismus und die deutschen Zustände charakterisiert hat. Wort für Wort dieses Mannes unterschreibe ich. Es ist undeutsch, ein ganzes Volk der Dichter und Denker in solch schweinischer Art zu behandeln, wie es drüber der Grenze geschieht und kein Österreicher wird sich danach sehnen, sich jemals einer derartigen Schweinerei anschließen zu können. (...) Wir haben eine nationalsozialistische Reaktion, die auf andere Weise gar nicht zu bekämpfen ist; nicht durch Polizei, durch Standrecht, durch Henker kann man diesen Irrsinn ausmerzen, sondern nur dadurch, daß die Regierung sagt, gehen wir mit dem Staatsvolk zusammen und machen wir gemeinsame Sache. (...)

Es wird ein Kampf geführt gegen die Sozialdemokratische Partei und gegen die sozialdemokratische Arbeiterschaft. Weisen Sie uns nach, welche Ungesetzlichkeit wir begangen haben seit März und doch wird das Staatsvolk von gestern täglich und stündlich getreten und niedergetrampelt in ordinärster Weise. (...)

... wir müssen aus diesem Zustand herauskommen. Was soll nun sein? Am 12. Jänner, also morgen, soll die Heimwehr zusammentreten zu einer Palastrevolution gegen Dollfuß. Man will der Regierung Dollfuß das Messer an die Kehle setzen und verlangt entweder den Totalitätsstaat oder die Regierung muß weg. Ich bin einmal angeklagt worden, weil ich die Regierung eine Ku-Klux-Klaner-Regierung genannt habe; was das ist, möchte ich Ihnen mit einigen Strichen auseinandersetzen. Die Ku-Klux-Klaner lebten in der Zeit der Sklavenbefreiung in den Südstaaten Nordamerikas; sie haben den Präsidenten Lincoln ermordet, und zwar deshalb, weil er die Sklaverei der Schwarzen abschaffen wollte; sie sind eingebrochen in die Nordstaaten Amerikas, haben Leute überwältigt und gefangengenommen, niedergeschlagen und getötet, alles das haben die Heimwehrleute auch gemacht! Ich erinnere nur an den Heimwehrputsch in Steiermark und in Oberösterreich und auch teilweise in Salzburg, ich erinnere an verschiedene Tote, die schon eine stattliche Reihe darstellen und die schon vorgekommen sind, wie die Heimwehr noch nicht in der Regierung saß; das ist ein Rechtszustand einer freien demokratischen Republik mit einer freien Verfassung!

(...) in den ... Ländern ist die überwiegende Mehrheit der Bevölkerung für die Aufrechterhaltung der heutigen Verfassung und der Demokratie. Die Regierung und die Heimwehr haben kein Recht auf irgend eine willkürliche Änderung der Verfassung. Woher nehmen sie ein solches Recht? Wenn sie es aber trotzdem tun gegen Recht und Gesetz auf dem Wege der Verordnung, dann, meine Herren, Gnade ihnen Gott! Dann beneide ich sie nicht um ihre Zukunft ... Die Regierung hat das Volk nicht hinter sich und deswegen hat die Regierung auch kein Recht, das Volk mit Verordnungen und Unterdrückungen zugrunde zu richten, sondern die Regierung muß im Gegenteil von jedem wirklichen Österreicher, von jedem Menschen, der sein Vaterland wirklich liebt, aufgefordert werden, anders zu handeln als sie heute handelt. Der Kampf gegen die Nationalsozialisten kann erfolgreich nur geführt werden auf gemeinsamer Linie .... Eine Vernichtung irgendeiner Partei, die immer wieder aufs neue angedroht wird, und von der Heimwehr verlangt wird, nämlich der Sozialdemokratischen Partei, würde die Vernichtung der Demokratie überhaupt bedeuten und zugleich die Vernichtung aller anderen Parteien, auch der Christlichsozialen Partei.

Vertreter der Kirche Dr. Johannes **Filzer**, Weihbischof, Salzburg Vertreter des Schul- und Volksbildungswesens Dr. Otto **Haustein**, Professor, Salzburg Vertreter des Erziehungswesens Rosa **Weiser**, Spenglermeistersgattin, Salzburg Vertreter der Kunst und Musik Dr. Bernhard **Paumgartner**, Direktor des Mozarteums, Salzburg Vertreter der Land- und Forstwirtschaft Bartholomäus **Fersterer**, Kühmaierbauer, Saalfelden am Steinernen Meer Isidor **Grießner**, Landarbeiter, Fusch an der Großglocknerstraße Adolf **Hochleitner**, Bezirksoberförster, Golling an der Salzach Franz **Hofer**, Gutsmeier, Plainfeld Matthias **Hutter**, Hinterweglehenbauer, Pfarrwerfen Johann **Mayrhofer**, Kasparbauernsohn, Radstadt Ing. Karl **Nölscher**, Forstdirektor, Werfen Michael **Sagmeister**, Lenzbauer, Lessach Josef Ziller, **Hauslbauer**, Salzburg-Aigen	Vertreter des Gewerbes Friedrich **Gugg**, Gastwirt, Straßwalchen Rupert **Kastner**, Stadtbaumeister, Salzburg Johann **Kaufmann**, Schriftsetzer, Salzburg Vertreter der Industrie und des Bergbaues Josef **Radauer**, Fabrikarbeiter, Hallein Hans **Stadler**, Sägewerksbesitzer, St. Johann im Pongau Ludwig **Stepski-Doliwa**, Oberst i. R., Salzburg Engelbert Triflinger, Fabrikbeamter, Lend Vertreter des Geld-, Kredit- und Versicherungswesens Alfred **Bayr**, Bankbeamter, Salzburg Vertreter der freien Berufe Dr. Walter **Haupolter**, Rechtsanwalt, Salzburg Vertreter des öffentlichen Dienstes Erich **Aschauer-Lichtenthurn**, Finanzbeamter, St. Johann im Pongau Vertreter des Handels und des Verkehrs Alois **Dick** d.J., Kaufmann, Saalfelden am Steinernen Meer Franz **Hell**, Arbeiterkammersekretär, Salzburg Josef **Knosp**, Bundesbahnbeamter, Salzburg-Gnigl

Der Salzburger Landtag am 22. November 1934

Lothar Höbelt

Der ständische Landtag 1934–1938

Als Alternative zur parlamentarischen Demokratie hatte in der Zwischenkriegszeit die schillernde Idee der „berufsständischen Ordnung" Konjunktur. Einer ihrer Propheten war der Wiener Professor Othmar Spann, der seine Vorstellungen schon 1920 in einem Buch über den „Wahren Staat" veröffentlicht hatte.

Spanns Lehre war von einem kuriosen Paradoxon geprägt: Sein „wahrer" Staat sollte autoritär geführt werden – dabei aber Kompetenzen abgeben. Nur mehr die Hoheitsverwaltung (Militär-, Außenpolitik und innere Sicherheit) sollten dem Staat überlassen bleiben, alle wirtschaftlichen Fragen von den „Berufsständen" in Selbstverwaltung erledigt werden. Die Berufsstände waren nicht zuletzt gedacht zur Überwindung des „Klassenkampfes": Arbeitgeber und Arbeitnehmer sollten im Interesse ihres „Berufsstandes" einträchtig zusammenarbeiten. Doch ließ sich die Bevölkerung überhaupt fein säuberlich in Berufsstände einteilen? Ließ sich eine „organische" Entwicklung von oben her befehlen? Würde die Regierung tatsächlich bereit sein, der Selbstverwaltung der Berufsstände genügend Spielraum einzuräumen? Wie würden die diversen Berufsstände ihre unterschiedlichen Interessen unter einen Hut bringen? Fragen über Fragen. Daraus ließ sich in der Praxis kein brauchbares Rezept ableiten.

Diese Erkenntnis wurde spätestens dann deutlich, als die Regierung Dollfuß 1934 daran ging, Österreich tatsächlich in einen „christlichen Ständestaat" zu verwandeln. Spann war mit dieser Umsetzung auch keineswegs glücklich und bezeichnete die Einführung der neuen Verfassung als Fastnachtsscherz. Die Parlamente sollten durch ständische Gremien ersetzt, die Abgeordneten von den Berufsständen entsandt werden. Doch auf Wahlen wollte es die Regierung nicht ankommen lassen. Denn nur bei den Bauern konnte der Ständestaat auf verlässliche Mehrheiten rechnen, überall sonst bestand die Gefahr, dass Vertreter der Opposition von links oder rechts gewählt würden. Außerdem hatten sich die diversen „Stände" ja noch gar nicht wirklich konstituiert. Die Abgeordneten wurden daher im Herbst 1934 zunächst einmal provisorisch von der Regierung ernannt – das galt für die diversen Räte auf Bundesebene (Wirtschaftsrat, Länderrat, Kulturrat, Staatsrat), aber auch für die neu eingerichteten „ständischen" Landtage.

Dem ständischen Prinzip sollte damit Rechnung getragen werden, dass die Abgeordneten auf die Berufsgruppen aufgeteilt wurden, innerhalb der Berufsgruppen wiederum auf Unternehmer und Mitarbeiter, teilweise noch einmal differenziert in leitende Angestellte, Arbeiter und mithelfende Familienangehörige (z. B. in der Landwirtschaft). Dazu kam eine regionale Komponente: So sollten innerhalb der Salzburger Bauernschaft beispielsweise alle Gaue mit mindestens einem Abgeordneten vertreten sein. Doch wer sollte die Abgeordneten vorschlagen? Dazu boten sich die bestehenden Interessensvertretungen an, die erst schrittweise in Berufsstände umgewandelt wurden, wie etwa der Bauernbund, die Sektionen des Hauptverbands der Industrie oder auch die nach der Auflösung der sozialdemokratischen Konkurrenz neugeschaffene Einheitsgewerkschaft des Regimes.

Doch schon beim Blick auf die „Einheitsgewerkschaft" wird deutlich: Der Ständestaat hatte sich zwar eine Einheitspartei zugelegt, die „Vaterländische Front". Doch hinter dieser Fassade verbarg sich eine Koalition von Parteien, auch wenn es offiziell gar keine Parteien mehr geben sollte – nämlich eine Koalition von Christlichsozialen und Heimatblock (Heimwehren). Im Interesse der Harmonie innerhalb des Regierungslagers wurde deshalb bei der Ernennung von Mitgliedern in die Bundesgremien peinlich genau auf den „Proporz" zwischen den beiden Gruppen geachtet. Bei den Bauern gab es mehr „Schwarze", bei der Industrie mehr „Hahnenschwanzler". Doch per Saldo ergab sich ein wohl austarierter Gleichstand. Ein Vertreter der abgeschafften Parteien vermerkte in seinem Tagebuch boshaft: „Früher – in der verpönten Zeit der Parteiendemokratie – nannte man das Packeln." Daneben gab es dann noch Spurenelemente von Randgruppen, für die auch ein paar Sitze abfielen: Für die Angehörigen des „nationalen Lagers", die mit der Regierung gingen, wurde der eine oder andere Beamte berufen (z. B. der spätere Minister Edmund von Glaise-Horstenau als Direktor des Kriegsarchivs); für die Legitimisten fand man zwei Plätze im Kulturrat – verkleidet als „Elternvertreter".

In Salzburg gingen die Uhren ein wenig anders. Zwar bekam die Heimwehr auch in Salzburg einen Landeshauptmann-Stellvertreter zugestanden, in der Person ihres Landesleiters, des Gasteiner Kurarztes Alois Wagenbichler. Doch im Landtag konnte von einem Proporz bei weitem nicht die Rede sein. Ausgerechnet das ständische Prinzip, das die Heimwehren auf ihre Fahnen geschrieben hatten, wirkte sich in der Praxis gegen ihre Interessen aus. Denn die Verteilung der Mandate richtete sich im Großen und Ganzen nach der Berufsstatistik: Bei der stärksten Gruppe unter den Berufsständen, der Landwirtschaft, mit neun von 26 Sitzen, verfügte die Salzburger Heimwehr – zum Unterschied von anderen Ländern, wo allein ihr aristokratischer Flügel einen gewissen Rückhalt garantierte – über keinen nennenswerten Anhang. Nur bei der Industrie, die vier Sitze erhielt, oder bei den freien Berufen kamen einzelne ihrer Sympathisanten zum Zuge.

An dieser Entwicklung war allerdings auch die besondere Schwäche der Salzburger Heimwehr schuld. Der langjährige Führer der Salzburger Heimwehr und Klubobmann des Heimatblocks im Wiener Parlament, Franz Hueber (1894–1981), Notar in Mattsee, 1930 kurzfristig auch als Justizminister im Amt, hatte sich 1932 von Starhemberg getrennt. Hueber war zwar der Schwager Hermann Görings, schloss sich damals aber nicht der NSDAP an und gründete auch keine nationale Fraktion innerhalb des Heimatschutzes, wie es z. B. die Steirer taten, sondern legte sein Mandat nieder und zog sich aus der aktiven Politik zurück. Es war sein Rücktritt, der Dollfuß 1932 bei den Abstimmungen über Lausanne im Nationalrat das Überleben ermöglichte! Huebers Nachfolger Wagenbichler aber vermochte dem mächtigen christlichsozialen Landeshauptmann Franz Rehrl nicht Paroli zu bieten. Die Heimwehren hatten bei den Diskussionen über die neue Verfassung immer zentralistische Positionen verfochten. Umso mehr musste ihr Ungeschick und Missgeschick dem Parade-Föderalisten Rehrl zur Freude gereichen.

Wie sah der Salzburger Landtag nach der neuen Verfassung bei seiner Konstituierung am 22. November 1934 aus?

Ein Vergleich mit der Zusammensetzung des Landtages im Jahre 1932 ist angesichts der geänderten politischen Situation nur bedingt zulässig, doch lassen sich einige statistische Eckdaten herausarbeiten. Der Landtag von 1934 zeichnete sich durch eine – wenngleich nicht besonders deutliche – Verjüngung um fast vier Jahre auf ein Durchschnittsalter von 44 Jahren aus. Der jüngste Abgeordnete Johann Kaufmann war etwas über 28 Jahre alt, während der älteste Abgeordnete mit fast 61 Jahren Weihbischof Johannes Filzer war. Frauen waren im ständischen Landtag ebenso unterrepräsentiert wie im Landtag von 1932. Beide Landtage brachten es bei ihrer Konstituierung gerade einmal auf eine weibliche Abgeordnete, was einem Anteil von 3,8 Prozent entspricht. Im Landtag von 1934 verteilten sich die Abgeordneten nach Wirtschaftssektoren betrachtet einigermaßen gleichmäßig, wobei der tertiäre Sektor mit 38,5 Prozent noch in der Überhand blieb. Im Vergleich zu 1932 bedeutete dies eine deutliche Schwächung, weil der Anteil des tertiären Sektors damals noch bei fast 60 Prozent lag. Nutznießer waren der primäre und der sekundäre Sektor, die 1934 mit rund 31 Prozent vertreten waren. Hinsichtlich der regionalen Vertretung blieb die Stadt Salzburg mit 46 Prozent klar an der Spitze. Der Flachgau hatte empfindliche Einbußen hinzunehmen und die Zahl seiner Abgeordneten wurde zugunsten des Tennengaus und des Pongaus halbiert.

Die erste Sitzung des Landtages am 22. November 1934 war symptomatisch für die Wertigkeit der gesetzgebenden Körperschaft. Bevor der Landtag seine Wahlen durchführen konnte, gab Landeshauptmann Franz Rehrl in der fast vierstündigen Sitzung eine umfassende Erklärung in programmatischer und politischer Hinsicht ab, die zentraler Tagesordnungspunkt war (siehe Anhang). Erst dann konnte der Landtag mit Josef Knosp seinen Präsidenten wählen und die Zusammensetzung der Ausschüsse vornehmen. Dieses Schattendasein des Landtages setzte sich in den kommenden Jahren bis zu seinem Ende im März 1938 fort, denn dem Landtag kam lediglich eine Umsetzungskompetenz zu, auch wenn Landeshauptmann Rehrl betonte, dass dieser Landtag kein „Scheingebilde“ sei.

Auswahlbibliographie

Stock, Hubert: „... nach Vorschlägen der Vaterländischen Front“. Die Umsetzung des christlichen Ständestaates auf Landesebene, am Beispiel Salzburg, Wien 2010 (Schriftenreihe des Forschungsinstitutes für politisch-historische Studien der Dr.-Wilfried-Haslauer-Bibliothek, Band 39)

Aus den Debatten des Salzburger Landtages

Auszug aus dem Protokoll der Landtagssitzung am 22. November 1934

Landeshauptmann Dr. Rehrl: Nun gestatten Sie mir einige Bemerkungen zur Verfassungsfrage. Sie, meine sehr verehrten Damen und Herren, sollen in Ihrer Gesamtheit ein Spiegelbild des Salzburger Volkes und die Vertreter seiner Interessen sein und sollen der Landesregierung kontrollierend und beratend zur Seite stehen. Für alle jene natürlich, die sich eine Vertretung des Volkes nur in der Form der Zuteilung einer bestimmten Anzahl von Sitzen im mechanischen Verhältnisse zu einer gewissen Anzahl von Abstimmenden denken können, wird dieser Landtag als keine Vertretung erscheinen. Wer aber weiß, daß dieser Landtag nur dazu dient, einen Übergang zu bilden zwischen dem bisherigen Zustande, in welchem die Regierung allein gesetzgebend und verwaltend tätig war, und dem Zustande, in welchem die Stände autonom, jeder für sich seine Vertreter hiehersenden werden, kann nicht behaupten, daß dieser Landtag etwa nur ein Scheingebilde sei, da er bereits jetzt seine Rechte ausüben kann, die der von den Ständen in Hinkunft gewählte Landtag haben wird ... Die Entwicklung, die zu den heutigen verfassungsmäßigen Zuständen führte, war keineswegs willkürlich herbeigeführt, sondern absolut zwangsläufig. Sie liegt auf dem Wege einer Umformung des Denkens der gesamten zivilisierten Menschheit, wie wir es in fast allen anderen Staaten und nunmehr auch in Frankreich in mehr oder weniger stürmischen Formen sich durchringen sehen. Sie ist im unaufhaltsamen Vordringen und beileibe noch lange nicht an ihrem Endpunkte angelangt. Und wenn Herr Vizekanzler Fürst Starhemberg in Zell am See gesagt hat, daß ich zu jenen Politikern gehöre, die den Zeiger der Zeit nicht zurückzudrehen versuchen, bestätige ich das vollauf. Nicht zurück, sondern den Zeiger vorzudrehen und mitzukämpfen, um die Entwicklung in jene Bahnen zu lenken, die dem Charakter und den kulturellen Traditionen unseres Volkes entsprechen und unserem Volke ein Haus zu schaffen, ebenbürtig denen der anderen Völker... Nicht in der blinden Nachahmung von Einrichtungen, die sich anderswo mehr oder weniger bewährt haben, kann die Aufgabe der Staatsleitung liegen, sondern Eigenes, Bodenständiges zu schaffen, das Widerhall im Herzen des Volkes finden kann... Und wenn es im alten Landtag möglich war, trotzdem zwei Weltanschauungen einander gegenüberstanden, die einander ausschlossen, zum Wohle des Salzburger Landes jene mittlere Linie zu finden, die das jeweils Bestmögliche geschaffen hat, so bin ich überzeugt, daß es in Hinkunft nicht anders sein kann. Ich würde nicht schön handeln, wenn ich nunmehr diese Stunde vorübergehen ließe, ohne festzustellen, daß der alte Landtag durch fünfzehn Jahre hindurch seine Pflicht getan hat und ich sage daher von dieser Stelle allen, die mit mir mitgearbeitet haben, mögen sie rechts oder links gestanden sein, und die mir ermöglicht haben, Werke und Einrichtungen zu schaffen, die heute anerkannt werden, meinen Dank. Und wenn es gelungen ist, in diesen fünfzehn Jahren

Salzburg in die Welt bekannt zu machen und seinem Namen neuen Glanz zu verleihen, so glaube ich, muß auch der heftigste Gegner des sogenannten Parteienstaates und des alten Systems zugeben, daß auch in dieser Zeit Schönes und Großes geleistet wurde ... Mein Wunsch ist, daß der Aufbau der Stände sich organisch und nicht langsam entwickle, damit sich ehestens das Volk durch freie Willensäußerung an Gesetzgebung und Verwaltung beteiligen kann. Ich wünsche, daß die Stände sich von unten auf organisieren und den Nachweis erbringen, was sie selber zu leisten imstande sind und nur das, was sie nicht leisten können, an die oberen Organe abgeben; daß der Ständestaat auf diese Weise lebendig wachse und nicht eine durch trockene schablonenhafte Verordnung erfolgte Zusammenfassung von Personen geschaffen wird, der wirklich organisches Leben nicht innewohnt ... Wir als Alpenvolk lehnen die Totalität ab, wir wünschen eine Totalität nur in dem Sinne, daß alle sich eins fühlen, die das neue Österreich auf christlicher, deutscher und sozial gerechter Grundlage aufbauen wollen, im übrigen aber, als freie Menschen, verantwortlich vor sich selbst, vor ihrem Gewissen und vor ihrem Schöpfer, geben Gott was Gottes ist und dem Staate, was des Staates ist. Darin beruht das wahre Wesen des autoritären Kurses im Geiste unserer Verfassung, die nichts gemein hat mit Totalität, wie sie der Nationalsozialismus darstellt, welch letztere unserem Bewußtsein von christlicher Staatsführung voll widerspricht ...

Der Landeshauptmann in Salzburg

Salzburg, am 25.März 1938

Zahl: 1457-Präs-1938

Gegenstand: Liquidierung des Salzburger Landtages und der Landtagskanzlei.

An Herrn

wirkl.Hofrat Dr.Franz W a l l e n t i n

in S a l z b u r g .

Mit der Kundmachung des Reichsstatthalters in Österreich, Nr.8 des Gesetzblattes für das Land Österreich vom 21.III.1938, wurde die durch den Führer und Reichskanzler angeordnete Einführung des "Gesetzes über den Neuaufbau des Reichs vom 30.I.1934 (RGBL.I S.75)" in Österreich verlautbart; Artikel 1 dieses Gesetzes lautet:

"Die Volksvertretungen der Länder werden aufgehoben."

Damit ist nicht nur den Vertretungskörpern des ehemaligen Bundesstaates Österreich, d.i. des nunmehrigen "Landes Österreich", sondern auch denjenigen der bisherigen einzelnen Länder Österreichs die rechtliche Bestandsgrundlage entzogen.

Herr Hofrat werden daher eingeladen, bis 30.April 1938 die bisher von Ihnen geführten Landtagsangelegenheiten im allgemeinen und die Landtagskanzlei zu liquidieren und sodann hierüber abschliessend zu berichten.

H e i l H i t l e r !

Der Gauleiter und Landeshauptmann :

[Unterschrift]

Richard Voithofer

... Damit hat der Landtag praktisch aufgehört zu bestehen ...

Das Ende des Salzburger Landtages 1938

So endete die lapidare Meldung in der Salzburger Zeitung am 24. März 1938, in der über die Abberufung der Mitglieder des Salzburger Landtages durch Gauleiter und Landeshauptmann Ing. Anton Wintersteiger berichtet wurde. Eine Institution, die Salzburg seit 1861 wesentlich mitgestaltete, war Geschichte. Vier Zeilen war der Bericht den neuen Machthabern gerade einmal wert. Nach dem Einmarsch deutscher Truppen in Österreich am 12. März 1938 und dem Anschluss an das Deutsche Reich wurde in Österreich Zug um Zug deutsches Recht eingeführt und das alte System schrittweise beseitigt. Die neuen Machthaber nutzten die ständische Landes- und Bundesverfassung dazu, eine Scheinrechtsstaatlichkeit zu vermitteln. Die Ernennung von Ing. Wintersteiger zum Landeshauptmann in den Abendstunden des 12. März 1938 durch den neuen Bundeskanzler Dr. Arthur Seyß-Inquart erfolgte auf Grundlage der Bundesverfassung. Die Abberufung des Landtages durch den Landeshauptmann gründete sich auf § 29 des Verfassungsübergangsgesetzes 1934. Offiziell endete die Gesetzgebungskompetenz des Landtages bereits mit 17. März 1938 durch den Zweiten Führererlass über die Einführung deutscher Reichsgesetze in Österreich (Gesetzblatt für das Land Österreich Nr. 8/1938), mit dem die sinngemäße Anwendung des Gesetzes vom 30. Jänner 1934 über den Neuaufbau des Reiches angeordnet wurde, wodurch die bisherigen Volksvertretungen der Länder aufgelöst wurden. Landeshauptmann und Gauleiter Ing. Wintersteiger wies am 25. März 1938 den vormaligen Landtagsdirektor Hofrat Dr. Franz Wallentin an, den Landtag und die Landtagskanzlei zu liquidieren. Obwohl der Landtag aufgelöst war, blieb das Gesetzgebungsrecht noch formal bei diesem. Erst die Verordnung über das Gesetzgebungsrecht im Lande Österreich (Gesetzblatt für das Land Österreich Nr. 111/1938) übertrug das Recht der Gesetzgebung mit 3. Mai 1938 an die Landeshauptmänner. Damit waren Verwaltung und Gesetzgebung in Salzburg in der Hand von Landeshauptmann Ing. Wintersteiger und sollten am 22. Mai 1938 auf seinen Nachfolger Dr. Friedrich Rainer übergehen.

Der Salzburger Landtag stand dem Anschluss und seiner daraus resultierenden Auflösung hilflos gegenüber. Dies auch deshalb, weil die ständische Verfassung des Jahres 1934 den Landtag zu einem Vollzugsorgan der Landesregierung degradiert hatte, dem lediglich die Kompetenz der formellen Sanktionierung der faktischen Vorgaben zukam. Politische Eigenständigkeit oder gar Weitblick muss man vermissen. Nicht anders ist die Resolution des Salzburger Landtages vom 18. Februar 1938 im Zusammenhang mit den Ergebnissen des Berchtesgadener Abkommens zwischen dem deutschen Reichskanzler Adolf Hitler und dem österreichischen Bundeskanzler Dr. Kurt Schuschnigg zu erklären: „Der Salzburger Landtag würdigte in seiner heutigen Sitzung die unvergleichlichen Verdienste, die sich Herr Bundeskanzler neuerdings um die Freiheit und Unab-

Linke Seite:
Weisung von Landeshauptmann Ing. Wintersteiger vom 25. März 1938 zur Liquidation des Salzburger Landtages (Foto: Salzburger Landesarchiv)

hängigkeit Österreichs erworben haben, und bringt hiemit gleichzeitig seinen aufrichtigen Dank für Ihr unerschrockenes und mutiges Eintreten für die Interessen des Vaterlandes zum Ausdrucke. Der Landtag erneuert im Bewusstsein der Bedeutung der letzten Ereignisse sein Gelöbnis unwandelbarer Treue und Gefolgschaft. Knosp, Landtagspräsident", so der Landtag in seiner Dankdepesche an den österreichischen Bundeskanzler. Das Berchtesgadener Abkommen, in dessen Folge der Einfluss der NSDAP in der Bundesregierung noch stärker als bisher geworden war, war jedoch der Anfang vom Ende, das schließlich schneller als erwartet kommen sollte. Das offizielle Ende für den Salzburger Landtag kam am 17. März 1938 und es sollte bis zum 12. Dezember 1945 dauern, bis wieder eine freigewählte Volksvertretung in Salzburg zusammentreten konnte.

Mit ihrer Amtsenthebung waren die ehemaligen Mitglieder des Salzburger Landtages auch Ziel der politischen Verfolgung. Neben Landeshauptmann Dr. Franz Rehrl, der im Zentrum der politischen Agitation stand, und anderen Spitzenrepräsentanten des Ständestaates waren auch „ganz einfache" Abgeordnete davon betroffen. Allein sechs der 26 Abgeordneten zum Landtag waren von Schutzhaft, Anzeigen oder Strafverfahren betroffen.

Der neue Chiemseehof

Bereits 1938 wurden Pläne über den Umbau – insbesondere die bauliche Erweiterung – des Chiemseehofs entworfen. Geplant war die Aufstockung um ein viertes Obergeschoss. Zur Umsetzung kamen diese Pläne nur zum Teil. Ein Projekt war die Umgestaltung des alten Landtagssitzungssaales. Mit den Arbeiten wurde der aus Salzburg stammende Architekt Hermann Kahler beauftragt, der im Deutschen Reich Karriere bei der Planung der Reichsparteitage in Nürnberg gemacht hatte. Am 11. Februar 1939 waren die Bauarbeiten abgeschlossen und der Saal mit einer Tagung der Kreis- und Gauamtsleiter seiner Bestimmung übergeben. „Der Sitzungssaal der Salzburger Gauleitung bekundet durch einfache ruhige Linienführung schon rein äußerlich Ernst und Würde. Sechs große radförmige schmiedeeiserne Lüster hängen an naturfarbenen Hanfseilen und tragen je sechs handgeschmiedete Hoheitsadler und sechs tulpenförmige Lampen aus Rauchglas. Die Stirnwand des Saales schmückt ein großer Gobelin in Rot und Gold mit den Hoheitszeichen. Die Längswände tragen Fahnen mit den Emblemen von SA, SS, HJ, DAF, Reichsarbeitsdienst und Reichsnährstand. Bildnisse des Führers und seines Stellvertreters Rudolf Heß schmücken die Seitenwände ... Über den Türen mahnen Aussprüche des Führers an den Geist, der in diesen Räumen nunmehr herrschen soll. Auch der Tatsache, dass der Führer selbst einst in diesem Saale gesprochen hat, ist gedacht. Alles in allem ein würdiger Raum für politische Veranstaltungen in kleinerem Rahmen", berichtete das Salzburger Volksblatt am 13. Februar und 17. März 1939. Insgesamt bot der neue Festsaal der Gauleitung Platz für rund 200 Personen. Wenngleich es überschwängliches Lob für den neuen Festsaal gab, war Gauleiter Dr. Rainer noch nicht ganz zufrieden. Im Mai 1939 ordnete er persönlich den Ankauf einer Führer-Büste zum Preis von 150,– Reichsmark an, die im Festsaal aufgestellt wurde.

Der Sitzungssaal wurde in der Folge insbesondere für Parteiveranstaltungen häufig genutzt. Deshalb wurde 1939 sogar ein Mietvertrag mit der NSDAP

Der Sitzungssaal der Gauleitung der NSDAP Salzburg im Jahre 1939 (Foto: Salzburger Landeszeitung, 17. März 1939)

Amtseinführung der neuen Gauräte am 16. Dezember 1940 im Festsaal der Gauleitung Salzburg (vormals Sitzungssaal des Salzburger Landtages) im Chiemseehof (Foto: Archiv der Stadt Salzburg, Franz Krieger)

Salzburg über die Nutzung des Chiemseehofs für Parteizwecke abgeschlossen. Der Chiemseehof blieb bis Ende 1940 das Zentrum der politischen Macht in Salzburg. Reichsstatthalter und Gauleiter Dr. Friedrich Rainer erschien der Chiemseehof, den er verächtlich als „Rehrl-Bude" abqualifizierte, trotz aller Adaptierungen als zu bescheiden und übersiedelte in die Alte Residenz. Im Chiemseehof wurden Zug um Zug Dienststellen der NSDAP oder der Reichsstatthalterei untergebracht. Deshalb wurden auch Überlegungen angestellt, den Chiemseehof bombensicher auszubauen und einen direkten unterirdischen Zugang zum Luftschutzkeller unter dem Krankenhaus der Barmherzigen Brüder zu schaffen.

Trotz seiner zentralen Lage in der Salzburger Altstadt blieb der Chiemseehof von Bombentreffern verschont. So konnten die politischen Parteien sofort mit Kriegsende wieder ihre Arbeit aufnehmen. Auch der Sitzungssaal wurde nach Beseitigung der NS-Insignien für Veranstaltungen genutzt. Landtagssitzungen konnten noch nicht abgehalten werden, weshalb der Landtag bis Sommer 1946 in den Ständesaal des Neugebäudes der Salzburger Residenz ausweichen musste. Am 17. Dezember 1948 konnte nach mehrmonatigen Umbauarbeiten die erste Landtagssitzung nach dem Umbau wieder im Chiemseehof abgehalten werden, wo der Landtag bis heute seinen Sitz hat.

HEADQUARTERS
MILITARY GOVERNMENT
LAND SALZBURG

ORDER OF APPOINTMENT

WHEREAS, the GOVERNMENTS of the UNITED STATES of AMERICA, the KINGDOM of GREAT BRITAIN and NORTHERN IRELAND and the UNION of the SOVIET SOCIALIST REPUBLICS have in the Moscow DECLARATION of 1 November 1943 agreed that AUSTRIA shall be liberated from German domination and that AUSTRIA shall be re-established as a free and independent nation, And,

WHEREAS, pending the establishment of a GOVERNMENT GROUP COMMISSION for AUSTRIA by the GOVERNMENTS of the UNITED STATES of AMERICA, the KINGDOM of GREAT BRITAIN and NORTHERN IRELAND, the UNION of SOVIET SOCIALIST REPUBLICS and the PROVISIONAL GOVERNMENT of the FRENCH REPUBLIC, And,

WHEREAS, the necessity is paramount for accomplishing the desired objective for the re-establishment of a free and independent AUSTRIA at the earliest possible moment, Now,

THEREFORE, I, RUSSEL V. D. JANZAN, LIEUTENANT COLONEL, UNITED STATES ARMY, SENIOR MILITARY GOVERNMENT OFFICER of LAND SALZBURG, by virtue of the power and the authority vested in me, and reposing special trust and confidence in the integrity, ability and discretion of you,

DR. ADOLF v. SCHEMEL

do hereby, temporarily constitute and appoint you

ACTING LANDESHAUPTMANN OF LAND SALZBURG

You are, therefore, carefully and diligently to discharge the duties of the office to which you are appointed by doing and performing all duties imposed upon you, consistent with the broad principles and policies of the UNITED NATIONS regarding AUSTRIA, and, I strictly order and require all Civil Officers under your jurisdiction to observe and obey such orders and directions which, from time to time, they may receive from you in the performance of their duties.

Dated: 10th of June, 1945

MILITARY GOVERNMENT OFFICIAL 1. SALZBURG

Russel V. D. Janzan

RUSSEL V. D. JANZAN
LIEUTENANT COLONEL, CAVALRY

Robert Kriechbaumer

1945 – Bruch und Rückbruch

Beim Zusammenbruch der nationalsozialistischen Herrschaft hatten in Salzburg die verschiedenen Widerstandsgruppen keine Rolle gespielt. Nunmehr traten sie in den Vordergrund und versuchten, einen bestimmenden Einfluss auf die politische Entwicklung des Landes zu nehmen, indem sie sich gegenüber der amerikanischen Besatzungsmacht als die Repräsentanten des neuen Österreich darstellten und auf ihren antifaschistischen Charakter hinwiesen. Sie signalisierten, ähnlich den Bestrebungen der 05 in Wien im April 1945 gegenüber den Sowjets, eine Variante des Bruchs im Sinne eines nicht mit den Bürden der Vergangenheit belasteten Neubeginns. Die Widerstandsbewegung kollidierte jedoch mit ihrem Anspruch sowohl in Wien wie in Salzburg mit jenem der sich wiederum konstituierenden traditionellen Lagerparteien, die darin eine unwillkommene Konkurrenz erblickten. Ähnlich wie in Wien erfolgte auch in Salzburg innerhalb kürzester Zeit die politische Entmachtung der Widerstandsbewegung durch die Parteien in Form einer weitgehenden personellen Auszehrung sowie durch das parallel erfolgende Angebot an die amerikanische Besatzungsmacht, die notwendigen Verwaltungsagenden mit erfahrenen Persönlichkeiten des politischen Lebens vor 1938 durchzuführen. Die Eliten von ÖVP und SPÖ offerierten beides, Rückbruch und Bruch. Rückbruch insofern, als ihr politisch-administratives Offert eine Rückkehr zum politischen System der Ersten Republik beinhaltete. Bruch insofern, als darin sowohl die Überwindung der NS-Ära wie auch der konsensuale Wille zu Wiederaufbau und koalitionärer Zusammenarbeit demonstriert wurde.

Ende April/Anfang Mai 1945 hatten zahlreiche Kontakte der Parteieliten der Zwischenkriegszeit über die notwendig werdende Neugestaltung Salzburgs nach dem unmittelbar bevorstehenden Kriegsende stattgefunden, die am 3. Mai zur Einigung über eine koalitionäre Regierungsbildung führten. Adolf Schemel, ehemaliger Landeshauptmann-Stellvertreter unter Franz Rehrl, sollte Landeshauptmann, Anton Neumayr, in der Ersten Republik Bürgermeister von Hallein, Landeshauptmann-Stellvertreter werden. Sowohl Christlichsoziale wie Sozialdemokraten gingen von der Etablierung eines Zweiparteiensystems aus, da das Dritte Lager durch seine Involvierung in den Nationalsozialismus für den erhofften Wiederaufbau diskreditiert war. Zum großen Erstaunen der beiden Parteien drängte allerdings die amerikanische Besatzungsmacht auf die Bildung einer Provisorischen Konzentrationsregierung unter Einschluss der Kommunisten. Damit etablierte sich die KPÖ, wenn auch nur für kurze Zeit, als Konkurrenz von links für die SPÖ.

Der Bruch des Jahres 1945 im Sinne eines Neuaufbaus des Landes jenseits der mentalen Belastungen der Vergangenheit erfolgte weitgehend als Elitenkonsens, ohne die nach wie vor weitgehend fragmentierte Basis von ÖVP und SPÖ zu erreichen. Beide Parteien und auch die KPÖ rekonstruierten ihre Milieus und deren spezifische Lebenswelten als dicht gewobenes Netz von sozialen Begegnungen und Bindungen mit ihren sinnstiftenden Implikationen. Die Lager der Zwischenkriegszeit rekonstruierten sich parallel zur Rekonstruktion des politi-

Linke Seite:
Die US-Militärregierung ernennt
Dr. Adolf Schemel zum Landeshauptmann
(Foto: Salzburger Landesarchiv)

schen Systems. Dieses sollte durch das sich verschärfende Klima des Kalten Krieges und auf Grund des Ergebnisses der ersten Landtagswahl am 25. November 1945 insofern eine Änderung erfahren, als die KPÖ auf eine politische Restgröße reduziert wurde und mit einem Landtagsmandat aus der Landesregierung ausschied.

Aus den Debatten des Salzburger Landtages

Auszug aus dem Protokoll der Landtagssitzung am 12. Dezember 1945

Landeshauptmann-Stellvertreter Anton Neumayr (SPÖ) eröffnet die Sitzung als Alterspräsident. ...

Hohes Haus!

Als Ältester des am 25. November gewählten Landtages obliegt mir die angenehme Pflicht, Sie heute im alten, historischen Landtagssitzungssaale begrüßen zu können.

Ich begrüße hier insbesondere auch die Herren Vertreter der amerikanischen Regierung und danke ihnen namens der Salzburger Bevölkerung, daß sie uns vom schrecklichen Nazismus befreit haben. Danken wollen wir auch allen jenen österreichischen Offizieren der Polizei und der Freiheitskämpferbewegung, die mitgearbeitet haben, um diese Stadt vor der Zerstörung in letzter Stunde zu retten.

Ich kann Ihnen weiters noch die freudige Mitteilung machen, daß sich die Parteien vorgestern, gestern und heute zusammengefunden haben zu Besprechungen, die eine volle Einigung brachten, weiters, daß alle Wahlhandlungen einstimmig vorgenommen werden. Wir alle sind beseelt von dem Gedanken, daß der Landtag zum Wohle des Volkes und zum Wohle gemeinsamer Arbeit, nicht aber zu Fehde und Kampf, sondern nur zu wirksamer Aufbauarbeit zusammengetreten ist, nach dieser an und für sich schon schweren Zeit der Zerstörung. ... (...)

Präsident Franz Hell (ÖVP): (...) In einer für unser Volk und unsere Heimat schicksalhaften Stunde tritt mit heutigem Tage der nach demokratischen Grundsätzen frei gewählte Landtag nach 11-jähriger Unterbrechung seine verfassungsmäßigen Rechte wieder an. Noch nie in der Geschichte unseres Landes hat eine Landesgesetzgebung und Verwaltung des Landes ein so trauriges Erbe anzutreten gehabt, als dies in dieser Stunde der Fall ist. Viele Orte, darunter das Kleinod unseres Landes, unsere Landeshauptstadt – einst ein Schönheits- und Kulturzentrum Europas, ja auf der Welt – bluten aus tausend Wunden, die ihr der vom Nationalsozialismus heraufbeschworene Krieg geschlagen hat. Das Land ist ausgeplündert, von Flüchtlingen übersät, das Wirtschaftsleben liegt vielfach noch in Agonie, die Ernährung unseres Volkes kann nur dank der Militärregierung gesichert werden. Die so notwendigen wirtschaftlichen Beziehungen der einzelnen Bundesländer untereinander sind durch die Demarkationslinien gehemmt. Unser Land entbehrt des natürlichen Hinterlandes, das es für eine dauernde wirtschaftliche Gesundung braucht und viele andere Erscheinungen hemmen noch das begonnene Aufbauwerk. ...

Am 25. November haben sich unsere Wähler für eine wirkliche demokratische, loyale und kameradschaftliche Zusammenarbeit, die frei sein soll von persönlichen Gehässigkeiten, Zank und Hader, ausgesprochen. Nur in gemeinsamer

Zusammenarbeit können wir unser Schicksal wenden, die Not überwinden und unserer Heimat wieder die Aussicht auf glücklichere Tage eröffnen.

Mögen auch manchmal die Meinungen auseinandergehen und Gegensätze auftreten, so bitte ich doch diese Gegensätze nach gesundem anständigem parlamentarischem Gebrauch auszutragen und im wahrhaft demokratischen Geist zu lösen. Über dem Wohl der Parteien muß das Volkswohl stehen. ... (...)

Auszug aus dem Bericht der provisorischen Landesregierung vom 28. Jänner 1946 (SLP, Nr. 1, 1. Session, 1. GP)

Am 3. Mai, als der Zusammenbruch der Naziherrschaft in Salzburg unmittelbar bevorstand, traten die Gefertigten als Vertreter der beiden großen Parteien des Landes zum ersten Mal zusammen, um über die Konstituierung einer einheimischen Regierung im Lande zu beraten. Am 5. Mai, einen Tag nach dem Einmarsch der amerikanischen Truppen, versuchten wir mit dem amerikanischen Kommandanten, der im Rathaus seinen Amtssitz gewählt und als Bürgermeister Ing. Hildmann, als Leiter der Polizei Dr. Daspelgruber bestellt hatte, in Verbindung zu kommen.

Dies gelang zunächst nicht, daher wurde schriftlich ersucht, einen Tag für eine Vorsprache zu bestimmen.

Dessen ungeachtet bezogen wir Amtsräume im Chiemseehof und beriefen am 8. Mai die zu Leitern der Amtsabteilungen ausersehnen Beamten, an ihrer Spitze den zum Landesamtsdirektor bestimmten Hofrat Dr. Stemberger und forderten sie auf, dafür zu sorgen, daß die untragbaren Nazibeamten aus den Ämtern entfernt und diese so organisiert werden, daß sie von der Militärregierung als brauchbares Instrument für die Verwaltung des Landes anerkannt und verwendet werden können.

Inzwischen waren wir in Versammlungen von Vertrauenspersonen der Parteien zu deren Leitung berufen und ermächtigt worden, für die Parteien bei Wiedererrichtung einer demokratischen Verwaltung im Lande tätig zu sein.

Die Sekretariate der drei demokratischen Parteien wurden provisorisch im Chiemseehof untergebracht, doch wurde ihre Tätigkeit durch das am 13. Mai von amerikanischer Seite erlassene Verbot, öffentlich hervorzutreten, alsbald gehemmt, ein Zustand, der bis zur Anerkennung der demokratischen Parteien Österreichs im September 1945 andauerte.

Außer uns waren auch andere Kreise bestrebt, sich als Landesregierung zu konstituieren; so wollte ein 20er Komitee den in der Widerstandsbewegung genannten Lipp als Landeshauptmann einsetzen und ihm Vertreter auch der alten Parteien als Regierungsmitglieder beigeben, ein anderer den Rechtsanwalt Dr. Singer, der aber selbst aus Gesundheitsgründen ablehnte. Von uns wurden jedoch solche Kombinationen abgelehnt.

Amerikanischerseits wurden durch verschiedene Mittelpersonen noch mancherlei Fragen über Personen und Parteien gestellt, worauf der Gouverneur Oberst Russel V. D. Janzan am 23. Mai die von den zwei Parteien vorgeschlagenen Regierungsmitglieder zu sich berief und entsprechend den Anträgen Dr. Schemel als Landeshauptmann, Ob.-Reg.-Rat Neumayr als Landeshauptmann-Stellvertreter und Hofrat Stemberger als Landesamtsdirektor ernannte, die Ernennung von Landesräten dagegen ablehnte. Wohl aber wurden die als Landesräte in Aussicht genommenen Herren Hasenauer, Groß, Meißnitzer und Peyerl als Leiter von Amtsabteilungen der Landesregierung bestellt und außer ihnen noch Dr. Hanifle, Dr. v. Watteck, Dr. Heinz und Dipl. Arch. Mayr.

Nachdem in mehreren Konferenzen die Geschäftseinteilung der Landesregierung und der übrigen Landesbehörden den Amerikanern erklärt und ihren Wünschen angepaßt worden war, kamen der Kontakt und die ersprießliche Zusammenarbeit mit den Abteilungen der amerikanischen Militärregierung rasch in Gang. ...

Neue Amtsleiter mußten mit verringertem und infolge des Ausscheidens der untragbaren Elemente auch vielfach nicht eingearbeitetem Personal den Amtsbetrieb in geänderter Form wieder in Gang bringen. Der Umfang der hierdurch bedingten Schwierigkeiten ergibt sich aus den folgenden Zahlen. Bis Ende Juli erfolgten 664 Entlassungen (143 Beamte, 161 Angestellte und 5 Arbeiter als Nazi, 39 als Reichsdeutsche, dann noch 296 Angestellte und 20 Arbeiter als überzählig), bis Ende Oktober, wo die Abbauaktion im großen und ganzen abgeschlossen war, betrug die Zahl der Entlassungen 955 (211 Beamte, 222 Angestellte, 11 Arbeiter als Nazi, 46 als Reichsdeutsche, ferner 411 Angestellte und 54 Arbeiter als überzählig). Dazu kamen sachliche Schwierigkeiten; keine Gesetze und Verordnungen der früheren Zeit, da das meiste davon vernichtet worden war, verlorene oder verschleppte Akten, besetzte und dem Zutritt entzogene Amtsräume, kein Postverkehr, keine telefonische Verbindung weder nach auswärts noch im Hause. Trotzdem gelang es, den Amtsbetrieb wieder in Gang zu bringen ... (...)

Ernst Hanisch

Der Umgang mit dem Nationalsozialismus

In Österreich gab es 1945 keine großangelegten Racheorgien gegen Nationalsozialisten und Kollaborateure wie in anderen Ländern. Die Entnazifizierung verlief über bürokratische und justizielle Maßnahmen. Das Grundproblem war ein Interessenskonflikt zwischen Entnazifizierung und Wiederaufbau; zwischen der Bestrafung der Nationalsozialisten und der Notwendigkeit, tüchtige Fachkräfte zu finden, Unternehmer, Facharbeiter, Lehrer, Richter, Ärzte usw., Berufe, die einen hohen Anteil von Nationalsozialisten hatten. Ein weiteres Problem war, dass sich kaum ein Nationalsozialist für die Verbrechen der NS-Herrschaft verantwortlich fühlte, weder für die Großverbrechen in den von Deutschland besetzten Gebieten, noch für die Verbrechen im Lande: Arisierungen, Euthanasie, Sterilisation, Behandlung der Zwangsarbeiter und Kriegsgefangenen usw. Ein weiteres Problem war, zwischen hochaktiven Nationalsozialisten und „Mitläufern" zu unterscheiden, letztlich ging es auch um die Integration der Nationalsozialisten in eine demokratische Gesellschaft, ohne dass der NS-Geist weiterleben würde oder ein großer Anteil von Menschen in die Isolation gedrängt werde. Von heute her gesehen nahm die Debatte über den Nationalsozialismus zwar Bezug auf die Konzentrationslager, aber kaum auf die Vernichtung der Juden und Roma im Osten (Holocaust). Ebenso blieb die Frage nach der „Gerechtigkeit" offen.

Von 1945 bis 1948 galt eine strenge Entnazifizierung als Gebot der Stunde. In Salzburg wurden gleich drei Registrierungen der Nationalsozialisten vorgeschrieben, eine von der Landesregierung, eine von der US-Militärregierung, eine von der Bundesregierung. Die komplizierten Fragestellungen und die Verschleierung der ehemaligen Nationalsozialisten führten nur zu Teilergebnissen. Rigoros wurde der öffentliche Dienst gesäubert, über 5.000 Personen wurden bis 1948 zunächst entlassen. Hohe NS-Funktionäre, SS-Angehörige, hochrangige Offiziere wurden im Camp Marcus W. Orr (Lager Glasenbach) interniert, kein KZ, wie behauptet wurde, aber auch kein Umerziehungslager, sondern eine gemeinschaftsbildende Anstalt für die Rekonstruktion des deutschnationalen Lagers in der Zweiten Republik. In der Bevölkerung wiederum geriet die Entnazifizierung bereits 1947 in Verruf, und nach der Amnestie der Minderbelasteten warben die politischen Parteien um die Stimmen der Ehemaligen; aber auch die katholische Kirche bemühte sich von Anfang an um eine milde Behandlung der ehemaligen Nationalsozialisten. Das Stichwort, das von allen Seiten der Gesellschaft ausgerufen wurde, lautete: Versöhnung.

In der ersten Sitzung des neugewählten Landtages am 12. Dezember 1945 hielt Landeshauptmann DI Albert Hochleitner (ÖVP) eine programmatische Rede. Schuld für das Elend des Landes sei eine „kleine Clique von Verantwortungslosen und Verbrechern". Gleichzeitig erinnerte er an jene Volksgenossen (sic!), welche die Verbrechen der Nationalsozialisten erkannten, in die Kerker und Konzentrationslager geworfen und zu Tod gemartert wurden. Ihnen gelte Ehrfurcht und Bewunderung. Am 28. Jänner 1946 definierte der Landeshauptmann das wichtigste Problem der Zukunft, nämlich „die endgültige Liquidierung (sic!) des nationalsozialistischen Geistes". Auch in Salzburg habe es eine beachtliche Anzahl von Nationalsozialisten gegeben, die müssen zu Verantwortung gezogen werden, nicht aus „Rache und Verfolgungswut", sondern aus „Sauberkeit und Gerechtigkeit". Jedoch nicht alle Parteimitglieder dürfen gleichbehandelt werden, jeder Einzelfall müsse geprüft werden (eine schier unmögliche Arbeit). Hochleitner nannte einige Motive für den Eintritt in die NSDAP: Auswirkung der Propaganda, Charakterschwäche, Existenzsorgen, Zwang – nicht jeder Parteigenosse habe den „Geist des Nationalsozialismus" aufgenommen. Landeshauptmann-Stellvertreter Anton Neumayr (SPÖ) schlug am 28. Jänner 1946 in die gleiche Kerbe. Kleine Parteimitglieder sollten etwas für den Wiederaufbau zahlen, dann entregistriert werden, aber Verbrecher, Denunzianten und Funktionäre dürften auf keine Milde rechnen. Bereits am Ende des Jahres 1946 forderte Neumayr, selbst eine Zeit in Dachau interniert, einen Abschluss der Entnazifizierung: „Wir sind Menschen und wollen Menschen bleiben und wir wollen nicht neu Märtyrer erzeugen."

Der Mangel an Lehrkräften, der keinen geregelten Unterricht erlaubte, weil viele Lehrer als Nationalsozialisten entlassen worden waren, war eine ständige Klage im Landtag. Ähnliche Probleme gab es an den Bezirksgerichten, die meisten mussten geschlossen werden. Auch in der Wirtschaft, 631 Personen wurden entlassen, kam es zu Engpässen, die den Wiederaufbau bremsten. Der Landtag musste auf die Stimmung der Bevölkerung Rücksicht nehmen. Zeitungen und Gespräche machten die Politiker für die Folgen des Krieges und die schlechte ökonomische Lage verantwortlich. Dabei werde aber „Ursache und Wirkung" verwechselt, wie Landeshauptmann-Stellvertreter Franz Peyerl (SPÖ) am 3. April 1947 feststellte.

Die Zusammenarbeit der drei Parteien im Landtag, die ständig geäußerte Parole, die auch im Wesentlichen eingehalten wurde, geriet Ende 1948 in Bedrängnis. Die Rehabilitierung des größten Teiles der Nationalsozialisten schuf eine neue politische Situation. Die Frage war: sollte man eine vierte Partei zulassen oder nicht? Die SPÖ war dafür, weil es das bürgerliche Lager spalten würde, die ÖVP aus denselben Gründen dagegen. (Landtagsdebatte am 17. Dezember 1948) Der Landtag nach der Wahl am 9. Oktober 1949 hatte ein anderes Gesicht. Die KPÖ war nicht mehr im Landtag vertreten, dafür fünf Mandatare der WdU, eine Sammlung von Unzufriedenen mit dem politischen System und ehemaligen Nationalsozialisten. Nun änderte sich der politische Diskurs. Es begann das große Schweigen über den Nationalsozialismus im Landtag der 1950er-Jahre. Paradoxerweise brach nur die WdU/FPÖ dieses Schweigen in einer charakteristischen Weise. Nicht mehr der reale Nationalsozialismus und seine Verbrechen war das Thema, sondern die Entnazifizierung nach 1945. Die Argumente der WdU: die NS-Gesetze der Republik seien schon deshalb ein Unrecht, weil sie sich auf Tatbestände bezogen, die damals Recht waren, diese Gesetze seien aus einer Rachegesinnung und einer „Hasspsychose" entstanden und hätten zwei Sorten von Staatsbürgern geschaffen, womit das demokratische Prinzip der Gleichheit verletzt worden sei. Die meisten Nationalsozialisten seien „anständige Menschen" gewesen. So argumentierte der Scharfmacher der WdU, der Abgeordnete Manfred Krüttner, in der NS-Zeit stellvertretender Landesplaner, 1957 wieder Landesbeamter. Krüttner brachte in der Landtagssitzung am 27. Februar 1952 wohl die Mentalität der Mehrheit der Bevölkerung auf den Punkt: die NS-Zeit, „das sind Dinge, die wir vergessen wollen". Als er aber bei einer anderen Sitzung die NS-Verfolgten angriff, platzte Anton Neumayr der Kragen: „Wir hätten Ihnen gewünscht, dass Sie in Dachau gewesen wären, dann redeten Sie nicht so blöd."

Dieses Schweigen wurde in den 1960er- und 1970er-Jahren teilweise gebrochen, als die 68er-Generation mit spektakulären Aktionen die Öffentlichkeit aufregte, aber erst in den 1980er-Jahren änderten sich die Sensibilitäten allgemein in der Bevölkerung. Die meisten Nationalsozialisten waren in der Pension oder gestorben. Eine neue Erinnerungskultur, mit teilweise religiösen Zügen, definierte den „Antifaschismus" als eine der Grundlagen der Zweiten Republik.

Auswahlbibliographie

Dohle, Oskar: „Allen voran möchte ich das Problem der endgültigen Liquidierung des nationalsozialistischen Geistes stellen". Entnazifizierung im Bundesland Salzburg. In: Schuster, Walter/Weber, Wolfgang (Hg.): Entnazifizierung im regionalen Bereich, Linz 2004, S. 117–156

Pinwinkler, Alexander/Weidenholzer, Thomas (Hg.): Schweigen und erinnern. Das Problem Nationalsozialismus nach 1945, Salzburg 2016 (Die Stadt Salzburg im Nationalsozialismus 7)

Voithofer, Richard: Politische Eliten in Salzburg. Ein biografisches Handbuch 1918 bis zur Gegenwart, Wien – Köln – Weimar 2007 (Schriftenreihe des Forschungsinstitutes für politisch-historische Studien der Dr.-Wilfried-Haslauer-Bibliothek, Band 32)

Aus den Debatten des Salzburger Landtages

Auszug aus dem Protokoll der Landtagssitzung am 12. Dezember 1945

Landtagspräsident Franz Hell (ÖVP): Viele Orte, darunter das Kleinod unseres Landes, unsere Landeshauptstadt – einst ein Schönheits- und Kulturzentrum Europas, ja auf der Welt – bluten aus tausend Wunden, die ihr der vom Nationalsozialismus heraufbeschworene Krieg geschlagen hat. Das Land ist ausgeplündert, von Flüchtlingen übersät, das Wirtschaftsleben liegt vielfach noch in Agonie, die Ernährung unseres Volkes kann nur dank der Hilfe der Militärregierung gesichert werden. Die so notwendigen wirtschaftlichen Beziehungen der einzelnen Bundesländer untereinander sind durch die Demarkationslinien gehemmt. Unser Land entbehrt des natürlichen Hinterlandes, das es für eine dauernde wirtschaftliche Genesung braucht und viele andere Erscheinungen hemmen noch das begonnene Aufbauwerk. Die Not unserer Tage und die noch kommenden harten Zeiten können nur überwunden werden, wenn wir alle zusammen, das ganze Salzburger Volk und mit ihm das Volk Österreichs am Wiederaufbau unserer Heimat mit allen Kräften mitarbeiten. …

Landeshauptmann DI Albert Hochleitner (ÖVP): Größte Bitternis muß aber jeden einzelnen überkommen, wenn man bedenkt, daß die derzeitigen Verhältnisse durch eine kleine Clique von Verantwortungslosen und Verbrechern hervorgerufen wurden. Unsere Bitternis steigert sich aber zu Haß und Verachtung gegen alle Verantwortlichen der vergangenen Zeit, wenn wir uns erinnern, daß Tausende unserer Volksgenossen, die das Verbrecherische des nationalsozialistischen Regimes erkannten und in Wort und Tat sich dagegen auflehnten, in die Kerker geworfen, in die Konzentrationslager getrieben und dort unmenschlichen Drangsalierungen unterworfen und vielfach in schamlosester Weise zu Tode gemartert wurden. Ihrer aller sei in dieser Stunde gedacht und in Ehrfurcht und Bewunderung neigen wir uns vor ihrer Gesinnungstreue und ihrem Opfermut.

Möge aus dem Erlebten in uns allen die aufrichtige Gesinnung entstanden sein, fürderhin nicht gegeneinander, sondern miteinander zu leben und zu streben, um in gemeinsamer Arbeit die Nöte der Vergangenheit und Gegenwart ehestens zu überwinden. Bei so viel Unglück und Leid ist nicht Zeit für Mißgunst und Hader. Ich nehme vielmehr mit Zuversicht an, daß uns die Vergangenheit zu einer unzertrennbaren Gemeinschaft zusammengeführt hat, die allein im Stande ist, die Schwierigkeiten des Augenblicks zu überwinden. Ich bitte Sie daher alle, jede kleinliche Zwietracht zu vermeiden und mit uns mit allen Kräften am Wiederaufbau unseres geliebten Heimatlandes und damit am Wiederaufbau von Österreich zu arbeiten.

Landeshauptmann DI Albert Hochleitner (ÖVP): ... An dem Tage, an dem der Salzburger Landtag zum ersten Mal zu einer beratenden Sitzung zusammentritt, halte ich es für angebracht, daß wir dem Landtage jene Probleme aufzeigen, an die wir in der nächsten Zukunft heranzugehen haben, um jene Aufgaben zu erfüllen, die für die Sicherung einer besseren Zukunft uns notwendig erscheinen. Allem voran möchte ich das Problem der endgültigen Liquidierung des nationalsozialistischen Geistes stellen. Wir wissen und haben es am eigenen Leibe verspürt, welch unbeschreibliches Unglück der Nationalsozialismus über unser Land und über die ganze Welt gebracht hat. Es wäre daher unverständlich, wenn unsererseits nicht alles unternommen würde, diesen unheilvollen Geist aus unserem Volke auszurotten. Wir müssen mit größtem Bedauern feststellen, daß es auch im Lande Salzburg eine nicht unbeträchtliche Anzahl von Menschen gegeben hat, die dieser Idee verfallen waren und aus ihr heraus verschiedentliche Taten gesetzt haben, die zum Unglücke, ja sogar zum Tode einzelner und zum Verderben unseres Landes geworden sind. Es wäre daher ungerecht und unverständlich, wenn diese Menschen nicht zur Verantwortung mit allen ihren Folgen gezogen würden. Ein Vorübergehen an diesem Problem wäre nicht nur unverantwortlich gegenüber dem Lande im allgemeinen, es wäre auch ungerechtfertigt, gegenüber allen jenen Personen, die durch das nationalsozialistische System schwersten Schaden, wenn nicht gar den Tod erlitten haben. Bei Erledigung dieser Aufgabe leitet uns nicht Rachsucht und blinder Verfolgungswille, sondern das Gefühl der Sauberkeit und Gerechtigkeit, zu der wir in diesem Augenblicke sittlich verpflichtet sind. Wir wissen sehr genau, daß es unter den sogenannten Nationalsozialisten auch sehr viele Menschen gegeben hat, die teils aus Charakterschwäche, teils aus Sorge um ihre Existenz und teilweise sogar unter Zwang um die Aufnahme in die Partei angesucht haben, ohne jemals den Geist des Nationalsozialismus in sich aufgenommen zu haben. Wir sind darüber im klaren, daß es nicht wenige unter uns geben mag, die der nationalsozialistischen Propaganda vorübergehend erlegen sind, in dem Augenblicke aber, als sie den wahren Geist und das wahre Gesicht dieser Richtung nach der Machtergreifung in Österreich kennengelernt haben, von diesen Ideen abgerückt sind und in der weiteren Folge sogar zu erbitterten Gegnern dieses Systems wurden. Wir würden daher einen schweren Fehler begehen, wenn wir alle diejenigen, die jemals aus irgendeinem Grund der Partei angehört haben, einer gleichen Beurteilung unterwerfen würden. Ich stehe vielmehr auf dem Standpunkt, daß jeder einzelne Fall gewissenhaft geprüft und beurteilt werden muß, und daß jede Schematisierung bei Erledigung dieser Frage zu Ungerechtigkeiten führen würde, womit wir der endgültigen Befriedung unseres Landes nur einen schlechten Dienst erweisen würden. Es mag sein, daß dieses System mehr Zeit in Anspruch nehmen wird, ich bin jedoch der Ansicht, daß es in dieser Frage besser ist, Zeit als Gerechtigkeit zu opfern ...

Abg. Anton Neumayr (SPÖ): ... Wir haben jetzt noch über das Verbotsgesetz zu sprechen. Es herrscht eine Unruhe in der gesamten Bevölkerung, Furcht bei alten Leuten; sie können nicht mehr schlafen. Anständige Beamte, Lehrpersonen, Mittelschulprofessoren und Direktoren, Leute, die nicht stark belastet sind, sind zu mir gekommen und sagten mir mit Tränen in den Augen: „Jetzt bekomme ich den letzten Hieb. Jetzt soll ich als alter Mann mein Vaterland verlassen und in meinem geliebten Österreich nicht mehr wohnen dürfen, obwohl ich nicht belastet bin". Diese Beunruhigung muß aufhören. Staat und Land und Gemeinde haben das größte Interesse, daß die Entnazifizierung und die Entregistrierung der einzelnen Nazi auf gerechter Basis stattfindet. Der Herr Landeshauptmann hat hier vollständig unseren Standpunkt vertreten. Die individuelle Behandlung muß Grundsatz der Parteien sein; nur die fähigsten und gerechten Leute dürfen in die Entregistrierungskommission kommen, damit die Entregistrierung objektiv durchgeführt wird. Wir stehen auf dem Standpunkt; Religion, Konfessionen dürfen hier nicht berücksichtigt werden, denn die Religion, die Weltanschauung ist Sache jedes einzelnen. Er hat diese seine Anschauung nur vor sich allein zu verantworten. Es darf bei der Beurteilung keine Rolle spielen, ob er römisch-katholisch, evangelisch, jüdisch, gottgläubig oder konfessionslos ist. Das kann keine Richtlinie sein, oder will man mir weismachen, daß diejenigen, die damals gleich gottgläubig wurden und dann sofort zur Kirche zurückkehrten, die besten sind? Nein, ich sage, daß diejenigen, die länger brauchen zu Überlegung und dann aus Überzeugung irgendeine Wahl treffen, wahrscheinlich bessere Charaktere sind und ich erkläre daher, es soll der Charakter des einzelnen überprüft werden, ob er in seinem ganzen Auftreten gezeigt hat, daß er sich vollständig vom Faschismus losgesagt hat. Dafür wollen wir Gewähr haben. Das verlangen wir. Wir begrüßen es, daß der Nationalrat am 23. Jänner 1946 ein Gesetz in Kraft gesetzt hat, das die Möglichkeit zur individuellen Behandlung jedes Falles gibt und schematische Verurteilung, wie die Festsetzung der Illegalen mit den Mitgliedsnummern 6–6.6 Mill. zugunsten der Schuldfrage fallen läßt. Wie viele wurden zurückdatiert und als illegal bezeichnet, obwohl sie gar nicht illegal gewesen sind. In dem Gesetz heißt es: „Illegal ist, wer zwischen dem 1. Juli 1933 und 13. März 1938 nach Vollendung des 18. Lebensjahr Mitglied gewesen ist", also es ist nicht mehr die Rede von 6,600.000. Denn wir in Salzburg wissen nur zu gut, daß einzelne Geschäftsleute, Beamte, Angestellte, Lehrer und Arbeiter auf 1. Mai 1938 zurückdatiert wurden und jetzt als illegale Nazi gelten. Sie sollten unser Land verlassen, obwohl sie 40 oder 50 Jahre hier gearbeitet haben. Dies wäre eine Ungerechtigkeit, die wir nicht verantworten könnten. Bedenken wir, daß wir selbst alle Illegale waren, Illegale revolutionäre Sozialisten (RSÖ) – unsere Bewegung. Und wodurch sind wir es geworden? Weil wir am 12. Februar 1934 in die Kerker geworfen, von den Stellen gejagt und brotlos geworden sind. Das Band der Illegalität der revolutionären Sozialisten Österreichs wurde desto inniger, je größer der faschistische Druck, die Ungerechtigkeit wurde. Beweisen wir als echte Demokraten, daß wir gerecht sein wollen. Die Verbrechen, die Denunzianten, die uns in die KZ-Lager gebracht haben oder die sich besondere Vorteile errungen haben, sollen schwer bestraft werden. Ich bin jedoch dafür, daß die Pa. und Pg., die sonst unbelastet sind, nur je nach der kleinen Belastung mit einer zu bestimmenden Beitragsleistung in Form eines angemessenen Perzentsatzes ihres Einkommens zum Wiederaufbau herangezogen und gleichzeitig nach Möglichkeit entregistriert werden. Viele unbelastete Nazis sagen, man hätte dann wenigstens das Gefühl, man habe etwas gutgemacht. Sie wollen für ihre Mitgliedschaft etwas gutgemachen und Österreich dann treu dienen. Auf diese Weise wird es zu einer Befriedigung kommen. Das Gesetz sieht alles vor, es sieht auch vor, wenn einer wirklich illegal gewesen ist und sich von den Nazis rechtzeitig losgesagt hat, daß die Staatsregierung bzw. der Kabinettsrat in besonders würdigen Fällen dies noch überprüft und dann darüber urteilt. In den Ländern ist die Entregistrierung in die Hand des

Landeshauptmannes und der Landesregierung gegeben, die für eine rasche und gerechte Beurteilung aller Nazis Gewähr bietet. Freilich Verbrecher, Denunzianten und besondere Funktionäre haben keine Milde zu erhoffen ...

Auszug aus dem Protokoll der Landtagssitzung am 12. Dezember 1946

Abg. Anton Neumayr (SPÖ): ... Was das Gebiet der Entnazifizierung betrifft, so habe ich gerade als Bürgermeister Gelegenheit, wahrzunehmen, wie notwendig die Beschleunigung des Abschlusses der Entnazifizierung ist. Ein Weihnachtsgeschenk würde damit manchem armen Teufel präsentiert werden. Manche Pensionisten, schon über 70 Jahre alt, sind zu mir gekommen, zitternd an der Hand, lebensüberdrüssig, die eine Aufforderung des Finanzamtes vorwiesen: „Sie haben seit 1. Juni 1945 monatlich den Pensionsbezug von so und so viel bekommen, das macht S 6.700,–. Diesen Betrag haben Sie zurückzuzahlen. Sie waren ein Nazi und deshalb wird Ihre Pension ab 1. Jänner eingestellt." Das war nicht einer, das sind viele gewesen, die zu mir kamen, und das waren nicht etwa solche, bei denen man nachweisen könnte, daß sie unentwegte Nazis gewesen sind, sondern das sind Leute, das sind Männer, die auf Grund ihrer eingezahlten Pensionsbeträge seinerzeit die Pension zugesprochen bekamen, und es ist meiner Ansicht nach mehr als unanständig, wenn man denkt: „So, bis 60 und 65 Jahre hast Du rackern und ein treuer Beamter sein dürfen und jetzt vor Weihnachten geben wir Dir einen Stoß, auf Grund dessen Dir nichts anderes übrig bleibt, als den Strick zu nehmen und Dich aufzuhängen." Diese Art ist nicht die Art eines Österreichers und hier muß ich erklären, daß dies in der Form, wie es von Seiten des Finanzamtes geschieht, unter keinen Umständen weiter geschehen kann.

Ich habe den Mut, zu sagen, daß die Entnazifizierung dadurch verzögert wurde, daß der Alliierte Rat so lange Zeit zu dem vom Nationalrat beschlossenen Gesetz nicht Stellung nahm. Jetzt haben wir in der Presse gelesen, daß über 200 Abänderungsanträge gestellt worden sein sollen. Ich kann natürlich nicht sagen, ob das auf Richtigkeit beruht. 200 Abänderungsanträge – und viel zu weich sind wir. Wir sind nicht weich, aber wir sind Menschen und wollen Menschen bleiben und wir wollen nicht neue Märtyrer erziehen. Das ist unser Standpunkt und deswegen sind wir so gewissenhaft und wir erklären, wenn man sagt, Sonderkommissionen sollen wir gründen: wir haben sie gegründet. Bei der Überprüfung der Beamten und Lehrer war es leichter, weil die betreffenden Vorgesetzten sagen konnten „Ich kenne den 20 Jahre" und wir mußten es trotzdem bei der Schule erleben, daß verschiedene Lehrer, die überhaupt keine Nazis waren, heute noch nicht angestellt werden dürfen, weil irgendwelche Bedenken von weiß Gott welcher Seite kommen. Wir können beobachten, daß die eine oder andere Lehrperson mit Zustimmung der Militärregierung angestellt und fünf Tage darauf wieder entlassen wird. Ich sage, lieber einen Menschen gleich zum Tode verurteilen, als ihn durch dauernde Nadelstiche zur Verzweiflung bringen. Diese Art können wir nicht gutheißen.

Und nun haben wir die besondere Aufgabe, das Gewerbe und die Wirtschaft zu entnazifizieren. Wir hatten in der letzten Sitzung 36 Anträge. Wir nehmen zu den Antrag Stellung, schauen uns die Berichte an und da hört man das merkwürdigste: „Macht den Eindruck eines alten Kämpfers", oder: „Aus seinem ganzen Gebaren ist zu schließen, daß er ein Illegaler war", oder: „Er hat die Nummer unter 6,600.000 und es ist anzunehmen, daß er illegal war". Ich stehe auf dem Standpunkt – und ich habe das offen zum Ausdruck gebracht –, daß ich die Entnazifizierung nicht ohne Kontrolle durchführe, und ich habe einen Vertreter der ÖVP, einen Vertreter meiner Partei und einen Vertreter der KPÖ, und da lesen wir uns die Beurteilungen und Begründungen genau durch und lassen uns selbstverständlich von dem Grundsatz leiten, wie schon der Herr Landeshauptmann ausgeführt hat, daß nachgewiesen werden muß, daß er illegal war; und da genügt mir nicht irgendeine Nummer; da genügt mir auch nicht, wenn man sagt, daß er von 1932 bis 1933 Nazi gewesen ist, sondern da genügt mir nur, wenn nachgewiesen ist, daß er von Juli 1933 bis März 1938 auch Nazi gewesen ist, oder nachgewiesen ist, daß er finanziell die Partei unterstützt hat, denn es geht nicht an, wie so einzelne Sadisten, ich möchte sagen „Polizeisadisten" – ohne dabei die Polizei beleidigen zu wollen – erklären: „Du bist illegal, wie behauptet wird; sonst hast Du zu beweisen, daß Du es nicht bist!" Wenn jemand einen Zuckerhut stiehlt, so kann ich nicht sagen: „Du hast den Zuckerhut gestohlen. Beweise, daß du es nicht getan hast!" Nein, der Betreffende, der behauptet, muß das nachweisen und zwar endgültig hat er das zu beweisen, und wenn er behauptet, dieser habe schon früher einen Zuckerhut gehabt, so ist nicht nachgewiesen, daß dies der abgängige Zuckerhut ist; dann kann ich den Betreffenden auch nicht verurteilen. So gerecht wollen wir auch in dieser Sache vorgehen. Wenn sich die Nationalsozialisten auch Ungerechtigkeiten, Erbärmlichkeiten und alles Mögliche zuschulden kommen ließen, so wollen wir beweisen, daß wir als echte Demokraten genauestens auf Herz und Nieren prüfen wollen, ob die Beschuldigungen gegen den Einzelnen tatsächlich der Wahrheit entsprechen …

Auszug aus dem Protokoll der Landtagssitzung am 24. Oktober 1951

Abg. Manfred Krüttner (VdU): Hohes Haus. Der § 60 des Kriegsopferversorgungsgesetzes lautet: „Von den Versorgungsleistungen nach diesem Bundesgesetz sind Personen ausgeschlossen, die nach dem Verbotsgesetz 1947 in seiner jeweiligen Fassung sühnepflichtig sind." Es ist dieser § 60 jener famose Paragraph, der heute noch den belasteten ehemaligen Nationalsozialisten den Bezug einer Invalidenrente verwehrt. Dieses Gesetz ist zu einer Zeit entstanden, wo Urteile gefällt wurden, wo Gesetze erlassen wurden, die schon wenige Jahre später als juridisch falsch und vor allem als politisch wahnsinnig zu bezeichnen waren. Hohes Haus! Wir sind zwar nicht dazu da, die Wahlversprechungen der anderen in die Wirklichkeit umzusetzen, sind aber doch der Meinung, daß hier so schnell als möglich Abhilfe geschaffen werden muß. Es ist mir und meiner Fraktion unbegreiflich, wie Menschen trotz der Lehre aus der Vergangenheit und zwar aus der nächsten Vergangenheit eine gesetzliche Verankerung des Rachegedankens vornehmen konnten und dabei noch erwarten, daß dann ein wirklich befriedigender innerer Aufbau in Österreich vorgenommen werden kann. Ich darf Sie da an einige Sprichwörter erinnern. Zum Beispiel: „Edel sei der Mensch, hilfreich und gut", und ich darf Sie daran erinnern, daß auch in der christlichen Lehre und Ethik der Gedanke der Verzeihung gegenüber den ehemaligen Feinden verankert ist. Oder daß man Böses nicht mit Bösem vergelten solle. Wir wollen uns diese Gedanken vor Augen führen, dann werden wir auch den richtigen Weg finden, hier die Gesetze entsprechend zu novellieren. Wir haben nichts davon, Hohes Haus, wenn Fürsterzbischof Dr. Rohracher mit seinem sozialen Friedenswerk auch in diesen Fällen hilfreich eingreift und vielleicht die ärgste Not lindern kann. Wir haben nichts davon, wenn von der Kanzel in der Kirche Liebe, Verzeihung und Versöhnung gepredigt wird, wenn man dann draußen das Gegenteil gemacht hat und auch heute scheinbar noch nicht bereit ist, es zu ändern. Hohes Haus! Ich persönlich betrachte dies als Pharisäertum schlimmster Sorte und ich bin der Meinung, daß wir so schnell als möglich und mit allen Mitteln, die uns zur Verfügung stehen, hier eine Änderung erreichen sollen [...].

Fragen Sie die Leute, was sie über diesen Paragraphen denken, Sie werden viel härtere Dinge zu hören bekommen, viel viel härtere, denn er ist eine Schweinerei, ganz vulgär ausgedrückt und ich muß mich daher modifizieren und feststellen, daß einzelne Abgeordnete scheinbar meine Meinung drüber nicht teilen. Der Bevölkerung überlasse ich es, selbst sich ein Bild über diesen Absatz und Paragraphen zu machen. Ich persönlich betrachte diesen Paragraphen nach wie vor als Schweinerei, weil er den Ärmsten unseres Volkes, unsere Kriegsversehrten, einem Teil unserer Kriegsversehrten, unabdingbare Rechte wegnimmt, die er in jedem anderen Staat bekommen hätte. Und unter Bezugnahme auf unseren seinerzeitigen Antrag, auf eine Stelle sagte ebenderselbe Abgeordnete dann folgendes: (Ich lese zunächst die Stelle unseres Antrages vor.) „Diese Menschen haben genug gelitten und wären in jedem anderen Staat der Hilfe und Betreuung nicht nur ihrer Mitbürger, sondern auch des Staates als berufene Repräsentantin ihrer Heimat, für die sie in den Krieg zogen, gewiß." Und hierzu sagte ebenderselbe Abgeordnete er bezweifle es, daß diese Menschen damals für ihre österreichische Heimat ihre Gesundheit geopfert haben. Hohes Haus! Wenn solche Meinungen heute noch dort vertreten werden, dann wundert es uns wirklich nicht, wenn wir auf eine Mauer der Ablehnung gestoßen sind, dann wundert uns das nämlich wirklich nicht und dann müssen wir feststellen, daß zwischen Wahlversammlungen und dem offiziellen Gesicht des einen oder anderen Abgeordneten oder der einen oder anderen Partei und ihrem wirklichen Gesicht ein himmelweiter Unterschied ist. Und ich empfehle diesem Abgeordneten nur, diese Worte, die er da gebraucht hat, in der nächsten Wahlversammlung zu gebrauchen. Ich werde ihn jedenfalls, wenn ich ihn einmal erreiche, an diese Worte erinnern, ...

Abg. Anton Kimml (SPÖ): ... Nun vielleicht noch einige persönliche Bemerkungen zu der Darstellung des Herrn Abgeordneten Krüttner. Er bezeichnet ein Gesetz als politisch wahnsinnig und gebrauche den von ihm aus einer verflossenen Ära entlehnten Ausdruck der „Schweinerei" auch heute in der ihm innewohnenden schnarrenden Art so gerne. Bitte, wenn er es persönlich gerne so hat, müssen wir absolut zurückweisen, daß man ein Gesetzeswerk der höchstens Volksvertretung und wäre es nur eine Teilbestimmung, als Schweinerei bezeichnet. Und jetzt, Herr Abgeordneter Krüttner, will ich Ihnen aber noch eines dazu sagen. So wie Sie hier auftreten und erklären: Na sprecht mit den Soldaten und sie werden Euch ihre Meinung sagen! Tun sie doch nicht so, als ob alle Soldaten, die mit dem persönlichen Einsatz ihrer ganzen Kraft draußen standen, als ob alle Soldaten zu jenen fielen, die durch den § 60 betroffen werden. Reden Sie mit den Soldaten, tun Sie aber ein Übriges und reden Sie auch mit den hunderttausenden von Menschen, die in irgendeiner Form durch diese dreimal verfluchte Einrichtung der KZ's in Berührung gekommen sind ...

Robert Kriechbaumer

Der Chiemseehof 1945/46 als politischer Inszenierungsort

Die ersten Parteitage von ÖVP und SPÖ

Kurz vor Kriegsende war in zahlreichen Kontakten zwischen Vertretern der politischen Eliten der Ersten Republik und des Ständestaates das Einverständnis über die Bildung einer großkoalitionären Regierung erzielt worden. Die Bildung einer Provisorischen Landesregierung wurde begleitet von der mit einigen Irritationen und Verunsicherungen verbundenen Gründung der ÖVP und der erheblich problemloseren Wiederbegründung von SPÖ und KPÖ. Im Anschluss daran erfolgte die Rekonstruktion der traditionellen politischen Lager und ihrer nach wie vor fragmentierten Milieus und Lebenswelten. Im Gegensatz zur Permanenz der Fragmentierung der Basis konstituierte sich angesichts der politischen und ökonomischen Notwendigkeiten ein Elitenkonsens, der den Wiederaufbau und die Erlangung der Unabhängigkeit auf seine Fahnen schrieb. Die Brüchigkeit der neuen politischen Harmonie sollte sich allerdings im Wahlkampf des Jahres 1945 erweisen, in dem nicht nur die ideologischen Gegensätze deutlich akzentuiert wurden, sondern sich auch die Geschichtsmächtigkeit der Schatten der Vergangenheit, vor allem des Februars 1934 und des Ständestaates, erweisen sollte. Vor allem SPÖ und KPÖ öffneten die Truhen der politisch umstrittenen Vergangenheit und kramten in deren Fundus, indem sie die ÖVP und deren Spitzenrepräsentanten als Austrofaschisten bezeichneten, denen, ähnlich wie den Nationalsozialisten, das aktive und passive Wahlrecht entzogen werden und die auch aus der öffentlichen Verwaltung und anderen Funktionen ferngehalten oder entfernt werden müssten. Für die ÖVP sollte es sich besonders als erschwerend erweisen, dass ihr ein erheblicher Teil der US-Administration mit großem Misstrauen begegnete. Für zahlreiche emigrierte und nunmehr im Rahmen der US-Armee nach Österreich zurückgekehrte ehemalige linke und linksliberale Österreicher war der Ständestaat nichts anderes als eine österreichische Variante des Faschismus und die ÖVP – trotz ihrer Selbstdefinition als neue Integrationspartei – eine modifizierte Form der ehemaligen Vaterländischen Front und ihre Spitzenrepräsentanten ehemalige Austrofaschisten. Gerhard Schmidt berichtete in seinem 1971 erschienen Buch „Patrioten, Pläne und Parteien" unter dem Datum 25. Mai 1945: „Noch immer verweigern die Amerikaner Gustav Adolf Canaval ein Presse-Permit. Canaval erfährt, dass die Amerikaner – der im Gebäude der Landes-Hypothekenanstalt amtierende Presseoffizier heißt van Erden – eigenartige Informationen erhalten hätten. Nach den aus linken Quellen stammenden Informationen (es handelt sich um 1938 in die USA emigrierte Sozialdemokraten) wäre Canaval als ‚Austrofaschist' einzustufen und von jeder Pressearbeit fernzuhalten. Canaval protestiert gegen diese Einstufung und erfährt, dass van Erden in dieser Angelegenheit genaue Anweisungen erhalten hätte."

Die ÖVP bekannte sich einerseits durchaus zu ihrer Geschichte unter Einschluss der Christlichsozialen Partei, des Ständestaates und der Ideologie der

Linke Seite:
Impressionen vom SPÖ-Landesparteitag 1948 im Sitzungssaal des Salzburger Landtages (Foto: Archiv der Stadt Salzburg, Karl-Steinocher-Fonds)

Katholischen Soziallehre, betonte jedoch im Gegenzug auch, dass die nunmehr so verunglimpften „Vaterländischen“ die Einzigen gewesen seien, die zwischen 1934 und 1938, als sich die internationale Staatenwelt mit Hitler arrangierte, gegen den Nationalsozialismus gekämpft hätten und auch dessen bevorzugte Opfer geworden seien. Die zweite Argumentationslinie beinhaltete, basierend auf dem Erlebnis der Konzentrationslager, die Betonung des Bekenntnisses zu Österreich und – als Lehre aus der leidvollen Vergangenheit – zur politischen Zusammenarbeit. In diesem Sinne hatte Alt-Landeshauptmann Franz Rehrl nach seiner triumphalen Rückkehr im Festspielhaus am 15. August erklärt, zwischen Links und Rechts müsse Einigkeit herrschen, um die Entwicklung der Demokratie zu gewährleisten. Eine Wiederholung der Februarereignisse des Jahres 1934 dürfe es nicht mehr geben. Die dritte Argumentation wies auf das ideologisch-programmatische Selbstverständnis der Partei hin, das sie als neue Partei jenseits der alten Klassenparteien ausweise.

Trotz aller Argumente präferierte die US-Administration die These vom Austrofaschismus und war geneigt, zahlreiche Kandidaten der ÖVP von der Wahl auszuschließen. Als die US-Administration den Versuch unternahm, Bauernbundführer und ehemalige christlichsoziale Bürgermeister von den Wählerlisten zu streichen, reagierte die Salzburger ÖVP erbost und drohte damit, ihre Teilnahme an der bevorstehenden Nationalratswahl abzusagen. Angesichts dieser massiven Drohung agierte die US-Administration im Vorfeld der Nationalratswahl zurückhaltender, wenngleich die ÖVP nach wie vor keineswegs deren Sympathien genoss. Die im November 1945 kurz auftauchenden Schatten der Vergangenheit wurden wenig später durch die dunkleren und universelleren des Kalten Krieges abgelöst, die nicht nur eine Haltungsänderung der US-Administration gegenüber der ÖVP bewirkten, sondern auch einen antikommunistischen Elitenkonsens zwischen ÖVP und SPÖ konstituierten, der die Schatten der Vergangenheit allmählich verblassen ließ, ohne sie freilich zum Verschwinden zu bringen.

Im Gegensatz zur ÖVP erfreute sich die SPÖ im Jahr 1945 durch sozialistisch gesinnte, meist aus Emigrantenkreisen stammende Offiziere des deutlichen Wohlwollens der US-Militäradministration.

Ihre organisatorische Rekonstruktion setzte knapp vor Kriegsende ein, wobei, abgesehen von ideologischen Positionen, von Anfang an ein deutlicher Unterschied zur Gründung der ÖVP bestand. Die Gründung der SPÖ am 14. April 1945 in Wien verstand sich nicht als Neugründung, sondern als Wiederbegründung der Sozialdemokratie der Zwischenkriegszeit durch die Vereinigung der in der Illegalität entstandenen Richtungen der alten Sozialdemokratie und der Revolutionären Sozialisten. Und die Partei knüpfte in ihrer Organisationsstruktur an jene der Ersten Republik an: zentralistisch einheitlicher Aufbau, Parteiorganisation inkl. Vorfeldorganisationen, Gewerkschaft und Konsum. Diesem Muster folgten auch die Landesorganisationen der Partei.

Die Entwicklung der Partei in der unmittelbaren Nachkriegszeit wurde auf Grund räumlicher Notwendigkeiten – das Arbeiterheim in der Paris-Lodron-Straße stand erst 1946 wieder zur Verfügung – vom Chiemseehof aus gesteuert, in dem sich die Parteizentrale befand, am 12. Mai die Gründung der Stadtparteiorganisation und am 16. Juni auch jene des Landesparteivorstandes stattfanden.

Landesparteitag der Salzburger SPÖ im Juni 1946 (Foto: Archiv der Stadt Salzburg, Steinocher-Fonds)

Und hier erfolgten auch 1945 die Gespräche mit der KPÖ über die Bildung einer Arbeitsgemeinschaft.

Die KPÖ hatte im April 1945 die SPÖ wissen lassen, dass sie keineswegs an der Schaffung einer Einheitspartei interessiert sei, sondern an einer Einheitsfront, d. h. einer engen politischen Kooperation. Wenngleich dies von der Mehrheit des Parteivorstandes unter Parteiobmann Adolf Schärf abgelehnt wurde, so plädierte die Parteilinke um Zentralsekretär Erwin Scharf für ein solches Vorgehen. Auch in Salzburg bot die SPÖ der KPÖ entsprechende Gespräche an, bei denen Rücksichten auf den in den Industrieorten starken linken Parteiflügel und die in breiten Kreisen der Parteimitglieder vorhandenen Sympathien für die KPÖ eine Rolle gespielt haben dürften. Dass die Parteilinke, die für eine Aktionseinheit mit der KPÖ plädierte, in der Salzburger SPÖ relativ stark war, wird aus dem Umstand deutlich, dass auf dem Bundesparteitag der SPÖ im Oktober 1947 in Wien vier Salzburger Delegierte – Konrad Hölzl, Franz Illig, Rupert Rindler und Karl Steinocher – die von Erwin Scharf eingebrachte sogenannte „Resolution der 44", benannt nach der Anzahl ihrer Unterzeichner, unterstützten, die das Ende der Koalition mit der ÖVP und eine stärkere Zusammenarbeit mit der KPÖ forderte. Hölzl, Illig und Rindler waren Mitglieder der SPÖ-Landtagsfraktion, Steinocher Landesobmann der Sozialistischen Jugend. Die KPÖ erfreute sich unmittelbar nach Kriegsende zudem auf Grund des ihr von der US-Militäradministration zunächst noch zugeschrieben antifaschistischen Charakters deren Förderung und Unterstützung.

Als am 1. und 2. Juni 1946 der 1. Landesparteitag der Salzburger SPÖ stattfand, hatte sich die Situation allerdings grundlegend geändert. Das Ergebnis der Landtagswahl am 25. November 1945 hatte der ÖVP eine absolute Mehrheit beschert und die KPÖ als politische Restgröße ausgewiesen. Der ausbrechende Kalte Krieg brachte nicht nur eine grundlegende Änderung der Politik der US-Militäradministration, sondern konstruierte auch – nicht zuletzt auf Grund der Ereignisse in Ost- und Südosteuropa – einen antikommunistischen Konsens zwischen ÖVP und SPÖ. Die SPÖ präsentierte sich in ihrem Selbstverständnis auf ihrem ersten Landesparteitag als linke Volkspartei mit dem Bestreben, neue Wählerschichten zu erschließen und damit, trotz aller organisatorischer und finanzieller Probleme, als politische Alternative zur ÖVP. Dieser Anspruch spiegelte sich auch in der Zusammensetzung der Landtagsfraktion wider, die keineswegs dem Bild einer klassischen Arbeiterpartei entsprach. Unter den SPÖ-Abgeordneten befanden sich lediglich ein Arbeiter, ebenso ein Landwirt, ein Gewerbetreibender und eine Hausfrau, hingegen fünf Vertreter des öffentlichen Dienstes.

Dokumente

Auszug aus dem Protokoll des ersten Landesparteitages der ÖVP am 27. Oktober 1945

(…) Tätigkeitsbericht der Landesleitung (Landesobmann Hermann Rainer und Landessekretär August Trummer): Sofort nach dem Einmarsch der amerikanischen Truppen in Salzburg am 4. Mai 1945 haben sich bewährte Männer aus den Reihen der ehemaligen christlichsozialen Partei und der Widerstandsbewegung in den Räumen des Landesgerichtes von Salzburg zusammengefunden, um die Möglichkeit der Schaffung einer Partei zu besprechen.

Es wurde damals beschlossen, die ehemalige christlichsoziale Partei wieder zu errichten. Am 6. Mai 1945 fand im Wienersaal des Mozarteums mit 120 Vertrauenspersonen die Gründungsversammlung der christlichsozialen Partei statt. Der derzeitige Landeshauptmann, Hofrat Dr. Schemel, wurde als provisorischer Obmann bestellt. Man kam bald, sehr bald, zur Einsicht, dass ein Wiederaufleben der ehemaligen christlichsozialen Partei in ihrer alten Form unter gar keinen Umständen der neuen Zeit entspricht. Es wurde daher am 15. Mai 1945 im Rahmen einer Exekutivausschußsitzung beschlossen, die christlichsoziale Partei umzuwandeln und ihr den Namen „Österreichische Volkspartei" zu geben. … Bei der Umbenennung der christlichsozialen Partei in Österreichische Volkspartei wurde auch die Neubestellung eines Landesparteiobmannes vorgenommen, da Landeshauptmann Dr. Schemel infolge seiner Bestellung zum Landeshauptmann nicht in der Lage war, die Stelle eines Parteiobmannes weiter zu bekleiden. Es wurde aus einem breiten Kreis von Vertrauenspersonen der derzeitige Landesparteiobmann Hermann Rainer einstimmig gewählt. Ebenso wurde mit einstimmigem Beschluß des Exekutivausschusses dem Obmann Herr August Trummer als Landessekretär zugeteilt. Unter unglaublichen Schwierigkeiten durch das Verbot der Parteien bedingt, begann die mühsame Klein- und Aufbauarbeit der Österreichischen Volkspartei im Lande Salzburg. … Nach der Zulassung der demokratischen Parteien setzte ein regelrechter Versammlungssturm ein; es wurden alle Ortsgruppen zum großen Teil bereits durch eine Versammlung betreut. Der Erfolg dieser schwierigen und harten Arbeit ist heute ein Mitgliederstand von rund 10.000 Mitgliedern. (…) Hart und zielbewußt, aber unentwegt und fest entschlossen, haben wir die Arbeit für die Entwicklung der Österreichischen Volkspartei begonnen und fortgeführt. Manche große Schwierigkeit galt es zu überwinden, noch viel größere Schwierigkeiten stehen sicherlich bevor. Ganz besonders groß waren die Schwierigkeiten, die wir oft mit der amerikanischen Militärregierung zu überwinden hatten … Namentlich hinsichtlich des Naziproblems, der Rückführung unserer Kriegsgefangenen und der Säuberung der Wirtschaft war es oft sehr schwer, bei den Amerikanern das notwendige Verständnis zu finden. (…)

Ein schwieriges Problem ist neu dazugekommen. Durch wahrscheinlichen Einfluß emigrierter Sozialisten in Amerika wurde am 6. Juni 1945 von General Eisenhower ein Befehl herausgegeben, daß sämtliche prominente Führer des ehemaligen Heimatschutzes und der Ostmärkischen Sturmscharen aus öffentlichen Ämtern und Betrieben entlassen werden können. Diese Verfügung wurde inzwischen dadurch verschärft, daß es nunmehr heißt, entlassen werden müssen. Zirka 50 Entlassungen wurden auf Grund dieser Verfügung ausschließlich im Lande Salzburg bereits vorgenommen. ... Die Österreichische Volkspartei des Landes Salzburg hat sich gegen diese Auslegung der Verfügung General Eisenhowers entschieden zur Wehr gesetzt und dringend Abhilfe gefordert. Sie hat in einer Sitzung erklärt, daß, wenn die Entlassung in dieser ungerechten Weise fortgesetzt und unbelastete Mitglieder dieser Formationen von diesem Erlasse betroffen werden, die Österreichische Volkspartei des Landes Salzburg nicht in der Lage wäre, die Verantwortung weiter zu tragen; sie müßte in Erwägung ziehen, ob sie unter diesen Umständen überhaupt an einer Wahl teilnimmt oder nicht, weil die Gefahr besteht, daß sie nicht einmal Kandidaten aufstellen könnte. Inzwischen hat sich die amerikanische Militärregierung genauestens informiert und der größte Teil der Betroffenen ist wieder in den Dienst gestellt worden. ... (...)

Auszug aus dem Bericht des „Demokratischen Volksblattes" über den ersten Landesparteitag der SPÖ am 1. und 2. Juni 1946

Der Landesparteitag gedachte in stummer Trauer der fünfundzwanzig Genossen und Genossinnen, die unter dem Faschismus im KZ die Treue zum Sozialismus mit dem Leben besiegelten. Er gedachte auch des Bezirksjugendführers von Hallein, der dem grünweißen Faschismus zum Opfer fiel. Doch nicht allein der Opfer in den KZs, auch jener, die im Kriege an den Fronten und unter dem Bombenhagel in der Heimat zugrunde gehen mußten, galt das stille Gedenken.

Gen. Peyerl sprach dann zum Wiederaufbau der Partei und berichtete, daß es im Lande Salzburg nur mehr fünf Gemeinden gibt, in denen keine Sozialistische Organisation besteht. Gen. Peyerl dankte all jenen Funktionären – ganz besonders dem Genossen Rauscher –, die aus allen Kräften dazu beitrugen, die Partei nach dem Zusammenbruch im Mai 1945 so schnell wie möglich wieder aufzurichten. „Es gilt all jene Waffen zu schmieden und Wege festzulegen, damit wir unser Ziel erreichen und unser Ziel heißt: Sozialismus. Viktor Adler prägte einst die Worte: ‚Wähler gewinnen ist gut, Sozialisten erziehen ist besser!' Und so wollen wir über alle heute noch bestehenden Demarkationslinien hinweg ein einiger Block von Sozialisten sein, die dafür kämpfen, daß die Zweite Republik zum sozialen, demokratischen freien Österreich und dann zum sozialistischen Österreich werde." (...)

Landesparteisekretär Genosse Tauschitz berichtete ergänzend zum vorliegenden Tätigkeitsbericht über die Arbeit der Partei ...: „Trotz schwierigster Bedingungen ist es gelungen, die Partei stark und fest verankert in allen Schichten des Volkes aufzurichten und es ist heute Tatsache, daß nach kaum einem Jahr die Partei im Lande Salzburg stärker ist als je zuvor. Dies zeigte sich auch bei den Nationalratswahlen im November des vergangenen Jahres, als 21.000

Menschen mehr für unsere Idee stimmten als im Jahr 1932." (...) Genossin Maria Emhart überbrachte die Wünsche der Landesfrauenkonferenz und sprach von der Liebe und dem Vertrauen, mit dem die Frauen für unsere Sache arbeiten. Es ist auch auf dem Gebiete der Frauenbewegung ein großer Aufschwung festzustellen. „Wir brauchen die Frau als Mutter, als Erzieherin unserer Kinder!" Die Rednerin betonte, wie sehr die heutige Jugend nach der Fehlerziehung des Nationalsozialismus umzuerziehen ist und für uns zu gewinnen. Erschütternd war der Bericht, den Genossin Emhart über die Ernährungslage brachte. Ärztliche Untersuchungen haben festgestellt, daß 80 Prozent der Kinder untergewichtig sind. Österreich hat den niedrigsten Kalorienwert von ganz Europa. Kinder von 1 bis 3 Jahren sind verhältnismäßig etwas besser genährt als die von 3 bis 6 Jahren. Es müßten daher die Lebensmittelrationen abgeändert werden, denn je älter die Kinder werden, desto mehr untergewichtig sind sie. „Wir Sozialisten wissen, daß die Frau in die Politik gehört. Denn in dieser Gesellschaftsordnung müssen die Frauen dafür kämpfen, daß für ihre Arbeit gerechter Lohn bezahlt wird, und so stehen sie an der Seite der Männer im Kampfe um das Selbstbestimmungsrecht, um die Aufhebung der Demarkationslinien und gemeinsam wollen wir das Ziel, den Sozialismus, erringen, der auch den Frauen die Freiheit bringt." (...)

Genossin Proft (Wien) griff die für Salzburg geprägte Bezeichnung „Goldener Westen" auf und bestätigte, daß diese Auffassung für den Wiener und Niederösterreicher, der nach Salzburg kommt, tatsächlich zutreffe. Dies sei nicht im schlechten Sinne gedacht und auch nicht nur auf die Ernährungsverhältnisse bezogen, sondern der Gesamteindruck im Verhältnis zu Wien geordneten Lebens hat diesen Begriff geprägt. Der Aufbau Salzburgs sei gegenüber dem in Wien sehr weit fortgeschritten. Dabei ist zu bedenken, mit welch unfaßbaren Schwierigkeiten Wien, gerade im Bezug auf den Wiederaufbau zu kämpfen hat. (...) ...

Darauf hielt Genosse Dr. Schärf eine Ansprache, in der er u. a. sagte: „Wir haben jetzt den ersten sozialistischen Landesparteitag seit der Wiedererrichtung der Partei und seit der Befreiung Österreichs. Es ist wohl Anlaß gegeben, sich die Tage nach der sogenannten Befreiung im Vorjahre in Erinnerung zu rufen, an die Hoffnungen zu denken, die wir damals gehegt haben und uns Rechenschaft zu geben, in wieweit unsere Erwartungen in Erfüllung gegangen sind. Eines ist im Vorjahre erfüllt worden: Der Staat Österreich wurde wieder aufgerichtet. In der nationalsozialistischen Zeit ist ja der Staat ausgetilgt gewesen und in Wien war sogar die Landesverwaltung vollständig zertrümmert und reichsdeutsche Beamte waren mit der Führung unserer Angelegenheiten betraut. Was aber wir und das ganze Volk sonst noch erhofft haben, davon ist vieles unerfüllt geblieben. Wer hätte vor einem Jahr gedacht, daß der Wiederaufbau der Häuser, des Verkehrswesens, der Wiederaufbau unserer Wirtschaft im Juni 1946 noch so weit zurückstehen würde?

Wer von uns hätte gedacht, daß im Juni 1946 noch Armeen in unserem Lande stehen würden, von einer Größe, wie sie seit der Habsburgermonarchie nicht dagewesen sind, Armeen, deren Größe wir gar nicht kennen dürfen und deren Größe wir nur gelegentlich aus ausländischen Blättern erfahren.

Wer von uns hätte sich vorgestellt, daß wir neben der österreichischen Regierung vier Militärregierungen und in Wien eine Überregierung haben werden, der das Parlament die Gesetze vorlegen muß? Schon diese Fragen zeigen die wichtigsten Ursachen, warum sich unser Staat nicht erholen kann. Die ungeheure Militärlast wirkt sich nicht nur darin aus, daß die Soldaten bei uns sind, sondern es werden viele Erwerbszweige lahmgelegt, weil die Räume als Quartiere von der Besatzungsarmee in Anspruch genommen werden.

Und wir haben Gebiete in Österreich, wo die Besatzungsarmeen ihren Nahrungsbedarf aus dem Lande ziehen. Wir haben aber außerdem 300.000 bis 400.000 verschleppte Personen bei uns, die zwar nicht von uns verschleppt worden sind, die aber von uns zu Verpflegssätzen erhalten werden müssen, die für die österreichische Bevölkerung niemals erreicht werden können. (...)

Die vier Großmächte haben in Potsdam ein Abkommen getroffen, wie sie Deutschland behandeln werden. Dieses Abkommen betrifft aber auch die deutschen Guthaben im Ausland und den deutschen Besitz in Österreich. Alles österreichische Staatseigentum von einst ist in der Zeit des Nationalsozialismus deutsches Reichseigentum geworden. Die Nazi haben in Österreich alles an sich gerissen und es ist praktisch so, daß jeder größere Industriebetrieb im Laufe der Naziherrschaft deutsches Eigentum geworden ist.

Wenn es bei den Potsdamer Abkommen bliebe, dann würde kaum eines der größeren Unternehmen in Österreich uns gehören und darüber, ob die Werke in Österreich fortbestehen sollen oder stillgelegt werden, würden nicht Österreicher entscheiden, sondern ausländische Eigentümer. ...

Es handelt sich um die Zukunft und das Leben unseres Volkes. Es handelt sich um eine Lebensfrage. Die Geltendmachung dieser Lebensfrage galt als sehr gefährlich. Die Regierung Figl und die Volkspartei sind sehr ängstlich und im Auslande weiß man, daß die Volkspartei die alte christlichsoziale Partei ist, die den Faschismus im Lande begründet hat. Die Bekämpfung der Potsdamer Beschlüsse hat sich vorerst darauf beschränkt, daß die Regierung Figl Memoranden in die Welt geschickt hat. Wir Sozialisten haben erkannt, daß, wenn es nicht gelänge, bis zu dem Zeitpunkt, da die großen Entscheidungen fallen, die Welt von Österreichs Recht zu überzeugen, es zu Verträgen kommen würde, die ein Unheil für unser Land wären und deren Folgen nicht wieder gutgemacht werden könnten.

Unsere Partei hat sich somit entschlossen, im Interesse des Landes alles zu tun, um das Unglück abzuwenden. Unsere Partei hat alles getan, um die ganze Welt von der Lage in Österreich zu unterrichten. (...)

Unsere Partei hat ein Aufbauprogramm vorgelegt. Es wurden die großen Fragen der Außenpolitik vorangestellt und daran jene Forderungen geknüpft, die im Innern die Zukunft des Landes sichern sollen. In dem Aufbauprogramm wird vor allem die Verstaatlichung gefordert. Es gibt heute in Österreich kaum ein großes Unternehmen, das ohne staatliche Hilfe weitergeführt werden könnte.

Soll der Staat wieder einmal Geld hergeben, damit Privatunternehmer ihre Betriebe sanieren? Unser Verstaatlichungsantrag wird nun im Nationalrat verhandelt werden. Die Volkspartei hat einen Antrag gestellt, der viel weniger weit geht. Aber es muß mindestens das erfüllt werden, was die Regierung Figl in ihrer Erklärung vom 19. Dezember 1945 versprochen hat.

Ihr Parteitag fällt in eine Zeit, in der wir mitten im Kampf um die großen Entscheidungen stehen. Gehen Sie hinaus in Ihre Organisationen und sprechen Sie von dem, was unser aller Lebensfragen sind."

Die Salzburger Delegation bei der ersten gesamtösterreichischen Länderkonferenz am 24. und 25. September 1945 im Niederösterreichischen Landhaus in Wien: V. r. n. l.: Landeshauptmann Adolf Schemel, Karl Wimberger, Staatskanzler Karl Renner, Landeshauptmann-Stellvertreter Franz Peyerl, Bürgermeister Anton Neumayr (Foto: Salzburger Landesarchiv)

Robert Kriechbaumer

Entscheidung für Österreich

Die Länderkonferenzen der ÖVP im Chiemseehof 1945

Die Gründung der ÖVP am 17. April 1945 im Schottenstift in Wien war aus zwei Gründen ein politisch isolierter Akt: sie basierte auf der Tätigkeit des christlichsozialen Widerstands in Ostösterreich und erfolgte zu einem Zeitpunkt, als im Westen und Süden Österreichs noch gekämpft wurde und daher keine Verbindungen zu den westlichen und südlichen Bundesländern bestanden. Die nach längeren Verhandlungen erfolgte Bildung der Provisorischen Regierung Renner am 27. April und deren Anerkennung durch die sowjetische Besatzungsmacht erregte sowohl bei den Westalliierten wie auch bei den in den westlichen und südlichen Bundesländern dominierenden ehemaligen christlichsozialen Parteieliten und Widerstandskämpfern Misstrauen, da sie durch die weitgehende Gleichberechtigung der KPÖ eine Zwei-Drittel-Mehrheit der politischen Linken präsentierte. Die KPÖ war in ihr erheblich über- und die ÖVP erheblich unterrepräsentiert und konnte von SPÖ und KPÖ ständig majorisiert werden. Als zunächst auf Ostösterreich beschränkte politische Neuschöpfung verfolgte sie daher, jenseits der täglichen Krisenbewältigung in der Provisorischen Regierung, ein zweifaches politisches Ziel:

1. Sie musste sich als österreichweite Partei etablieren und die westlichen und südlichen Bundesländer nicht nur von ihrer Gründung, ihrer den Anspruch einer Volkspartei entsprechenden bündischen Organisationsstruktur und ihrer Programmatik informieren, sondern die in der Zwischenkriegszeit traditionell starken christlichsozialen Landesparteien zum Beitritt bewegen.

2. Sie musste eine Änderung der Zusammensetzung der Provisorischen Regierung Renner durch ein Zurückdrängen des kommunistischen Einflusses und die Aufnahme von Politikern aus den westlichen und südlichen Bundesländern erreichen, um sich aus ihrer minoritären Position zu befreien.

Die Realisierung dieser beiden Ziele war jedoch mit einer Reihe von Schwierigkeiten, die es zu überwinden galt, verbunden. Die Alliierten hatten ihre jeweiligen militärischen Zonen, die noch keineswegs den vereinbarten Besatzungszonen entsprachen, weitgehend hermetisch abgeriegelt, sodass ein Überqueren der innerösterreichischen Zonengrenzen kaum möglich war. Bereits am 15. Mai 1945 unternahm Julius Raab einen ersten Versuch, in die amerikanische Zone zu gelangen, scheiterte jedoch am Einschreiten der sowjetischen Besatzungsmacht vor der Enns. In der ÖVP entschloss man sich deshalb zu einer unkonventionellen Lösung in Form eines illegalen Grenzübertritts. Zu diesem Zweck benötigte man allerdings einen jungen und sportlichen Übermittler, der zudem über eine abenteuerlustige oder -bereite Ader verfügen musste. Diesen fand man in dem Aktivisten der Widerstandsbewegung 05 Herbert Braunsteiner. Felix Hurdes, der Generalsekretär der Partei, begab sich mit dem jungen Abenteurer zu Kardinal Theodor Innitzer, der ihm ein Empfehlungsschreiben an die Bischöfe in den westlichen und südlichen Bundesländern übergab, in dem diese gebeten wurden, dem Überbringer die notwendigen politischen Kontakte in den jeweiligen Landeshauptstädten zu ermöglichen. Braunsteiner durchschwamm am 17. Mai die Enns und wurde in Linz von Bischof Joseph Fliesser an Heinrich Gleissner und von Bischof Paulus Rusch in Innsbruck an Karl Gruber vermittelt. Lediglich der Salzburger Erzbischof Andreas Rohracher zeigte sich äußerst reserviert und lehnte eine politische Empfehlung ab, die schließlich von dem in Salzburg lebenden ehemaligen Villacher Bürgermeister Möbius in die Wege geleitet wurde.

Wenngleich Braunsteiner nicht mehr nach Kärnten und in die Steiermark gelangte, so wurde seine abenteuerliche Reise in den Westen zu einem der bestimmenden Momente der Gründungsgeschichte der Zweiten Republik. Die in der unmittelbaren Nachkriegszeit in Unkenntnis der Entwicklung in Wien in den westlichen und südlichen Bundesländern unter den verschiedenen Namen gegründeten Parteien traten der ÖVP bei, die sich damit als bundesweite Partei zu etablieren vermochte. Wenngleich sich die ÖVP nunmehr als Bundespartei konstituierte, so hatte die Parteiführung in Wien vor allem mit zwei Problemen zu kämpfen:

1. Im Westen und Süden begegnete man der Führung der Partei in Wien mit einem gewissen Misstrauen, da sie ausschließlich aus Ostösterreichern bestand und man ihr eine zu geringe Standfestigkeit gegenüber der Linken, vor allem der KPÖ, attestierte. Die Wahrnehmung der politischen Realitäten und der sich daraus ergebenden Zwänge differierte zwischen der sowjetischen und den westlichen Besatzungszonen. Dessen war sich auch die Führung der ÖVP in Wien bewusst, die daher bestrebt war, diese Vorbehalte durch eine persönliche Kontaktaufnahme und eine Schilderung der Situation im sowjetisch besetzten Ostösterreich so rasch wie möglich aus der Welt zu schaffen.

2. Auch die Führung der ÖVP in Wien war, ebenso wie die politischen Eliten in West- und Südösterreich, an einer Änderung der Zusammensetzung der Provisorischen Regierung Renner interessiert, um die tatsächlichen politischen Kräfteverhältnisse wiederum ins Lot zu bringen. Dies war jedoch nur durch zwei Entwicklungen möglich, die es nunmehr mit aller Energie zu verfolgen galt: die Erweiterung der Provisorischen Regierung Renner durch die Aufnahme von Politikern aus den westlichen und südlichen Bundesländern und die möglichst baldige Durchführung freier Wahlen. In beiden Punkten traf sie sich mit den Exponenten der westlichen und südlichen Bundesländer.

Als zweiter innerösterreichischer Spieler fungierte Karl Renner. Der Staatskanzler hatte in den Verhandlungen zur Bildung der Provisorischen Regierung nur widerstrebend dem Druck der KPÖ nachgegeben und diese mit den geforderten Staatssekretariaten für Inneres und Unterricht betraut, im Gegenzug als Mittel der Neutralisierung des dadurch gegebenen überproportionalen Einflusses der KPÖ den extremen Proporz in Form der von den jeweils anderen beiden Parteien gestellten Unterstaatssekretäre ins Leben gerufen. Im Zeitalter des beginnenden Kalten Krieges war Renner mit dem Misstrauen der Westalliierten konfrontiert, die ihn, wenn auch unzutreffend, als devoten Erfüllungsgehilfen der Sowjets betrachteten und die Provisorische Regierung nicht anerkannten. Renner war sich dessen bewusst und verfolgte mit Blick auf die Schaffung des Gesamtstaates, den er in einem Brief an Stalin als „Zweite Republik" bezeichnete, konsequent eine Strategie, die sich mit den Intentionen der ÖVP traf. Da die Bildung der Provisorischen Regierung unter den gegebenen Bedingungen als eine rein ostösterreichische mit entsprechenden politischen Gewichtungen, die das Misstrauen der westlichen und südlichen Bundesländer sowie der Westmächte hervorriefen, erfolgte, konnte nur eine gesamtösterreichische Länderkonferenz eine Änderung der politischen Gewichtungen und damit auch eine Anerkennung einer erweiterten Regierung durch die Westmächte erfolgen.

Der Chiemseehof als zweites Gravitationsfeld

In diesem komplexen politischen Spannungsfeld wurde der Chiemseehof in Salzburg zum zweiten Gravitationsfeld der noch in den Geburtswehen liegenden Zweiten Republik. Denn im Chiemseehof erfolgten zwischen dem 23. Juni und dem 23. September 1945 vier Länderkonferenzen der ÖVP, die im historischen Urteil die Funktion von Weichenstellungen ausübten. Bei der ersten Konferenz am 23. Juni reisten mit Leopold Figl, Julius Raab und Lois Weinberger die Spitzen der Wiener Parteiführung an, um das nach wie vor bestehende Misstrauen gegen die Parteiführung zu zerstreuen. Dabei wurden die Vertreter Tirols und Salzburgs ihre wichtigsten Gesprächspartner, die auch nach dieser Konferenz nach wie vor gewisse Vorbehalte äußerten. Dabei profilierte sich der junge Tiroler Landeshauptmann Karl Gruber, massiv unterstützt vom Salzburger Landeshauptmann Adolf Schemel, als Sprecher der westlichen und südlichen Bundesländer. Ein Ergebnis dieser Konferenz war die Errichtung eines „Generalsekretariats West“, mit dessen Leitung der Salzburger Landesparteisekretär August Trummer betraut wurde und dessen Aufgabe vor allem in der Koordination der westlichen und südlichen Landesorganisationen gegenüber der Bundespartei und vor allem der Provisorischen Regierung bestand. Am 23. Juni wurde zudem die Abhaltung einer Folgekonferenz am 29. Juli beschlossen, zu deren Vorbereitung Gruber und Schemel am 8. Juli im Chiemseehof zusammenkamen, da beide Länder den Kern der Länderfront bei den folgenden Ereignissen bildeten. Der Konferenz am 29. Juli kommt insofern entscheidende Bedeutung zu, als in dieser nicht nur die programmatischen Positionen der ÖVP definiert wurden, sondern vor allem eine klare und folgenschwere Definition der Positionen der westlichen und südlichen Bundesländer gegenüber der provisorischen Regierung erfolgte.

Die folgende Länderkonferenz am 19. August stand unter dem Zeichen wachsender politischer Spannungen. Ob Karl Gruber die mögliche Bildung eines westösterreichischen Staates mit der Hauptstadt Salzburg im Falle eines Fortbestehens der politischen Differenzen in Erwägung gezogen hat, ist auf Grund der Quellenlage nicht genau eruierbar. Die Position der westlichen und südlichen Landesorganisationen gegenüber der Provisorischen Regierung Renner versteifte sich am 19. August in Salzburg und Gruber erklärte in einem Interview in der „Weltwoche“ am 24. August, man fordere eine aus freien Wahlen hervorgegangene neue Regierung und die Westalliierten wären gut beraten, wenn sie diese Auffassung der westlichen und südlichen Bundesländer bei der Frage der Anerkennung der Regierung Renner berücksichtigen würden. Diese Erklärung korrespondierte mit den Bemühungen Renners um die Einberufung einer Gesamtösterreichischen Länderkonferenz nach dem Muster des Entstehens der Ersten Republik. Nur in dieser sah er die Chance, sein eigentliches politisches Ziel, die Schaffung der Zweiten Republik, zu erreichen. Diesem Ziel kam er am

11. September einen großen Schritt näher, als die USA nach der ersten Sitzung des Alliierten Rates der Einberufung einer solchen Konferenz am 24. September zustimmten. Zur Vorbereitung dieser Konferenz trafen sich die westlichen und südlichen Landesorganisationen der ÖVP am 23. September im Chiemseehof zu ihrer vierten Konferenz, in der sie unter Rückgriff auf Beschlüsse vom 29. Juli ihre Position und ihren Forderungskatalog definierten. Sollte dieser nicht erfüllt werden, stand als äußerste Option die Bildung eines westösterreichischen Staates mit der Hauptstadt Salzburg und dem Regierungssitz Chiemseehof im Raum. Karl Gruber fungierte bei der gesamtösterreichischen Länderkonferenz vom 24. bis 26. September im niederösterreichischen Landhaus als Sprecher der westlichen und südlichen Landesorganisationen der ÖVP, wobei er mit Teilen des in Salzburg beschlossenen Forderungsprogramms – Eliminierung der beiden kommunistischen Staatssekretäre Ernst Fischer und Franz Honner, vor allem aber des Letzteren als Verantwortlichen für das Innenministerium – auf den entschiedenen Widerstand der KPÖ stieß, die sich der Unterstützung der Sowjets gewiss war. Nach äußerst kontroversiell geführten Diskussionen in der Politischen Kommission, die beinahe zur Abreise der Vertreter der westlichen und südlichen Landesorganisationen geführt hätte, wurde schließlich auf Vorschlag des Linzer Bürgermeisters Ernst Koref ein Kompromiss gefunden, mit dem der Großteil der in Salzburg definierten Forderungen erfüllt wurde. Von letztlich entscheidender Bedeutung für die Zukunft der Zweiten Republik sollte sich die Zustimmung der KPÖ zu gesamtösterreichischen Wahlen bereits am 25. November 1945 erweisen. Erst auf Grund des nunmehr gefundenen Kompromisses erfolgte die Anerkennung der Provisorischen Regierung Renner durch die Westmächte. Der 26. September 1945 kann damit durchaus zu Recht als die eigentliche Geburtsstunde der Zweiten Republik bezeichnet werden. Ein erheblicher Teil der Vorbereitung erfolgte im Chiemseehof.

Dokumente

Auszug aus dem Antrag der Bundesländerkonferenz der ÖVP im Chiemseehof am 19. Juli 1945

Sämtliche Bundesländer, einschließlich Wien, haben sich am 29. Juli 1945 zu einer gemeinsamen Bundesländerkonferenz zusammengefunden. Sie haben in ernsten eingehenden Beratungen zu den Problemen des Wiederaufbaues eines freien unabhängigen demokratischen Staates Österreich Stellung genommen und folgende Resolution einstimmig beschlossen:

1. Die Delegierten der Bundesländer fordern die sofortige Anerkennung der Österreichischen Volkspartei sowie darüber hinaus auch die Anerkennung der Sozialdemokratischen und der Kommunistischen Partei als die drei demokratischen Parteien, die in Hinkunft über das Schicksal des Staates Österreich in den gesetzgebenden Körperschaften zu entscheiden haben.

Die Delegierten halten es für überflüssig, eine vierte oder fünfte Partei zuzulassen, weil der Rahmen der Österreichischen Volkspartei für alle rechtsstehenden Kreise auf Grund ihres freien und demokratischen Parteiprogramms genügend Raum und Entwicklungsmöglichkeit bietet.

2. Die Delegierten der Österreichischen Bundesländer fordern die sofortige Umbildung der derzeitigen österreichischen Staatsregierung nach dem Willen des österreichischen Volkes und der tatsächlichen Stärke der drei demokratischen Parteien. Die Delegierten der Österreichischen Bundesländer lehnen die Zusammensetzung der jetzigen Staatsregierung einstimmig ab.

3. Die Konferenz fordert nach Umbildung der Bundesregierung die sofortige zentrale Verwaltung des gesamten Staatsgebietes durch die Staatsregierung in Wien, wobei den Bundesländern größte Autonomie zuzuerkennen ist. … (…)

9. Die Delegierten fordern die gerechte und rasche Bestrafung aller nationalsozialistischen Kriegsverbrecher und solcher Nazis, die sich in irgendeiner Form in der Vergangenheit mitschuldig gemacht haben. Sie fordern die restlose Säuberung nicht nur der öffentlichen Ämter, sondern vor allem auch der Privatwirtschaft, von staatsfeindlichen Nazi-Elementen, betonen aber ausdrücklich, daß es den verantwortlichen Männern Österreichs überlassen bleiben muß, Nationalsozialisten, die sich mit keiner Schuld belastet haben, wieder in die Gemeinschaft der Österreicher zurückzuführen. … (…)

Auszug aus den Beschlüssen der ÖVP-Länderkonferenz im Chiemseehof am 23. September 1945

(…) 2. Die Österreichische Volkspartei bekennt sich zum *bundesstaatlichen Aufbau Österreichs* und verlangt aus diesem Grunde die Wiederherstellung der Bundesverfassung vom Jahre 1929/30. …

4. Die Österreichische Volkspartei fordert *eheste Neuwahlen*. …

5. Die Österreichische Volkspartei fordert schließlich, daß in der neuen Regierung auch die bisher nicht vertretenen *Bundesländer* eine *entsprechende Vertretung* erhalten.

Auszug aus den Resolutionen der gesamtösterreichischen Länderkonferenz am 26 September 1945

Resolution Nr. 1:

Bezüglich der Umbildung der Regierung werden folgende Vorschläge erstattet:

I. Schaffung eines Unterstaatssekretariats für Äußeres in der Staatskanzlei. Besetzung durch die ÖVP.

II. Schaffung eines Staatsamtes für Vermögenssicherung. Besetzung durch die ÖVP.

III. Im Staatsamt für Inneres wird eine Kommission unter dem Vorsitz eines neuen Unterstaatssekretärs (der ÖVP) gebildet, der angehören: 2 Vertreter der ÖVP, 2 Vertreter der SPÖ, 1 Vertreter der KPÖ. Die Beschlüsse dieser Kommission sind einhellig zu fassen. Bei Nichteinhelligkeit wird die Entscheidung des Politischen Kabinettsrates eingeholt.

Die Kommission hat die gesamten Wahlagenden (Vorbereitung und Durchführung) zu erledigen. …

Resolution Nr. 2:

Der Politische Ausschuß hat beschlossen, die Staatsregierung aufzufordern, noch in diesem Jahr Neuwahlen in den Nationalrat und die Landtage vorzubereiten und die erforderliche Zustimmung der Interalliierten Kommission einzuholen.

Als Wahltermin wird der 25. November in Aussicht genommen. … (…)

Allgemeine Resolution Nr. 4:

(…) Die Länderkonferenz bekennt sich zum bundesstaatlichen Aufbau Österreichs und verlangt deshalb die sofortige Wiederherstellung der österreichischen Bundesverfassung vom Jahre 1929. …

Die Länderkonferenz beschließt, die österreichische Staatsregierung zu beauftragen, die Durchführung sofortiger allgemeiner, freier, direkter und geheimer Wahlen vorzubereiten.

Wolfgang Wintersteller

Der Fall Hochleitner

Der Landeshauptmann als Opfer?

Ende November/Anfang Dezember 1947 erschütterte die überraschende Demission des 1945 vom Salzburger Landtag gewählten Landeshauptmanns Dipl.-Ing. Albert Hochleitner (ÖVP) die Öffentlichkeit des Landes Salzburg. Die Schlagzeilen der Zeitungen reichten, je nach parteipolitischem Hintergrund, von verhaltener Überraschung bis zu empörtem Aufschrei: „Die Landeshauptmannkrise" (Salzburger Nachrichten) oder „Salzburger-Einbürgerungs-Skandal" (Salzburger Tagblatt, KPÖ).

Während in Salzburg zu diesem Zeitpunkt Fassungslosigkeit herrschte, hatte sich in den Wochen davor auf Wiener Boden und in der ÖVP zwischen Bundes- und Landesebene offensichtlich schon einiges abgespielt. In verschiedenen Wiener Zeitungen wurde Landeshauptmann Hochleitner beschuldigt, dem in der Schweiz tätigen Geschäftsmann Friedrich Bohnenberger auf unkorrekte Weise die österreichische Staatsbürgerschaft verliehen zu haben. Hochleitner habe zur Beschleunigung des Verfahrens eine Summe von 6.000 Schweizer Franken und eine kostbare Perlenkette erhalten. Bohnenberger wurde in einer Zeitung als reichsdeutscher Nationalsozialist bezeichnet, der vor einem Wiener Gericht wegen Denunziation, Arisierung und Registrierschwindel angeklagt war. Der Wiener Staatsanwalt Dr. Pastrovich hatte jedoch dieses Verfahren gegen Bohnenberger niedergeschlagen. Bohnenberger hatte den Staatsanwalt mit Lebensmittel- und Carepaketen bestochen, was dessen Dienstenthebung und Pensionierung zur Folge hatte. Der Nationalratsabgeordnete der KPÖ, Ernst Fischer, zeigte Pastrovich außerdem wegen Missbrauches der Amtsgewalt an; im Zuge dieses Verfahrens stellte sich heraus, dass Bohnenberger in Salzburg die österreichische Staatsbürgerschaft verliehen worden war.

In Reaktion auf diese Vorfälle und auf die Vorwürfe gegen Hochleitner erklärte Bundeskanzler und ÖVP-Bundesparteiobmann DI Leopold Figl parteiintern den Salzburger Landeshauptmann für untragbar und forderte dessen Rücktritt. Wochenlang bedrängte man von Wien aus den Salzburger Landtag, Hochleitner zum Rücktritt zu veranlassen. Am 29. November erreichte die innerparteiliche Auseinandersetzung, von der schon einiges über die Parteigrenzen hinausgesickert war, einen ersten Höhepunkt, als Bundeskanzler Figl in einer Rede während einer Veranstaltung in Braunau die Hochleitner unterstellten Verfehlungen erwähnte. Am gleichen Tag, eine halbe Stunde vor Mitternacht, rief der Bundeskanzler den Salzburger Landeshauptmann an und forderte ultimativ dessen Demission. Noch in der Nacht bestellte Hochleitner den Landtagspräsidenten Franz Hell in sein Haus, um ihm mitzuteilen, dass er die Forderung Figls erfüllen wolle. Die Folgen dieses Überraschungsschlages waren vorauszusehen: In den Gremien der Salzburger Landespartei kam es am nächsten Tag zu heftigen Diskussionen und schärfster Kritik am Bundesparteiobmann. Obwohl die Salzburger ÖVP von Hochleitners Integrität überzeugt war, wurde schließlich seine Demission zähneknirschend zur Kenntnis genommen. Als Landtagspräsident war Hell (ÖVP) besonders empört über die Behandlung des Landes Salzburg und nahm nur zögernd von seinem eigenen Rücktritt Abstand.

Figls in aller Öffentlichkeit ausgesprochene Anschuldigung und die Rücktrittsforderung hatten Hochleitner und seine Frau schwer getroffen, die einen Nervenzusammenbruch erlitt. Hochleitner reichte tief betroffen und beleidigt, ohne den Landtag und die Landesregierung zu benachrichtigen, beim Landtagspräsidenten den Rücktritt ein. Im Bewusstsein seiner Unschuld ersuchte er jedoch den Landtag, die Vorgänge eingehend aufzuklären.

Auch das Innenministerium unter Oskar Helmer (SPÖ) trat auf den Plan und brachte verschiedene Einwände gegen die Verleihung der Staatsbürgerschaft an Bohnenberger vor: Es sei zwar richtig, dass eine Verleihung der Staatsbürgerschaft Landessache sei, es sei jedoch die Zustimmung der Bundesregierung bzw. des Innenministers notwendig, wenn der Ansuchende weniger als zehn Jahre ununterbrochen in Österreich gewohnt habe. Bohnenberger habe diese Voraussetzungen nicht erfüllt und habe trotzdem mehrmals beim Magistrat in Wien um die Verleihung der österreichischen Staatsbürgerschaft angesucht. Wegen dieser Ungereimtheiten verlangte das Innenministerium, dass der Staatsbürgerschaftsakt von Salzburg aus dem Ministerium vorgelegt werde. Im Schreiben des Innenministeriums wurde außerdem gedroht, dass gegen die Schuldtragenden nach erfolgter Untersuchung ohne Ansehung der Person „unnachsichtlich" eingeschritten werde.

Das Amt der Salzburger Landesregierung entgegnete, dass Bohnenberger am 14. November 1946 die Staatsbürgerschaft gemäß § 5 Abs. 4 des Staatsbürgerschaftsgesetzes erhalten habe, nachdem er einen zehnjährigen Aufenthalt in Österreich nachgewiesen und die Polizeidirektion Salzburg mitgeteilt habe, dass er politisch unbelastet sei. Nach kritischen Äußerungen der SPÖ, dass die Causa Bohnenberger der Landesregierung nie vorgelegt worden sei, teilte das Amt mit, dass in besonders schwierigen Fällen in Hinkunft nicht allein von Amts wegen, sondern auch von der Landesregierung entschieden werden solle.

Besonders gefordert war in diesen Tagen jene Institution, von der Hochleitner 1945 zum Landeshauptmann gewählt worden war und die er in einem Schreiben vom 30. November 1947 um die Annahme seiner Demission ersuchte, nämlich der Salzburger Landtag. Kaum jemals davor und danach berührte eine Causa so sehr das Selbstverständnis des Landtags als obersten politischen Gremiums des Landes. Man durfte auf die ersten Debattenbeiträge als Reaktion auf Hochleitners Schritt gespannt sein. Am 4. Dezember 1947 verlas Präsident Hell das Schreiben Hochleitners vom 30. November, in dem dieser die gegen ihn gerichtete Pressehetze beklagte und zur Vermeidung staatspolitischer Konsequenzen seine Demission anbot; außerdem ersuchte er den Landtag um die Untersuchung der Sachlage. Landeshauptmann-Stellvertreter Franz Peyerl (SPÖ) lehnte es im Namen seiner Partei ab, dass nur aufgrund von Anschuldigungen gegen Hochleitner vorgegangen würde; er verlangte, dass alle den Fall betreffenden Unterlagen, auch die aus Wien, dem Verfassungs- und Verwaltungsausschuss des Landtages vorgelegt würden, damit dieser sich in einer beschleunigten und gründlichen Untersuchung ein objektives Urteil bilden könne. Kritisch merkte er allerdings an, dass Staatsbürgerschaftsverleihungen, die „kleine Leute" betreffen, schleppend behandelt würden, während Leute mit Verbindungen bevorzugt würden. Der Abgeordnete Dr. Adalbert Müller (ÖVP) würdigte die Amtsführung Hochleitners als überaus korrekt und strich vor allem dessen von allen Seiten anerkannte Konzilianz heraus. Müller deutete an, dass vielleicht gerade Hochleitners Güte in der strittigen Staatsbürgerschaftsangelegenheit „größer war als die nötige Sorgfalt". Mit Nachdruck wies er darauf hin, dass ein Teil der Presse unter dem Deckmantel der Pressefreiheit massivste Anschuldigungen verbreitet habe, was vor einer sorgfältigen Untersuchung des Falles zurückzuweisen sei. Im Namen der ÖVP-Fraktion insistierte Müller darauf, dass der Salzburger Landtag unter allen Umständen den Fall Hochleitner allein prüfen werde.

Nach dieser Sitzung mit der offiziellen Bekanntgabe der Demission hatte sich der Verfassungs- und Verwaltungsausschuss des Landtages mit dem Fall zu beschäftigen. Es wurde ein eigener Unterausschuss eingerichtet, dem Vertreter der verschiedenen Parteien angehörten: drei ÖVP-Abgeordnete (Karl Wimmer, Dr. Andreas Viehauser, Dr. Adalbert Müller) und zwei SPÖ-Abgeordnete (Franz Peyerl, Josef Weißkind); die Sitzungen fanden im Beisein von Landtagspräsident Franz Hell (ÖVP) und dem einzigen KPÖ-Mandatar im Landtag, Franz Strasser, statt. Um den Willen zur Objektivität zu unterstreichen, wurde als juristischer Experte Landesgerichtspräsident Dr. Anton Hammerer unter Beiziehung von Univ.-Prof. Dr. Theodor Rittler um ein Gutachten ersucht, das aufgrund von Zeugeneinvernahmen und des Aktenmaterials erstellt werden sollte.

Das Gutachten erbrachte folgende Sachlage: Der ehemalige Geschäftsführer von Bohnenberger in Zürich, Metz, behauptete, dass er Hochleitner 6.500 Schweizer Franken ausbezahlt habe. Frau Bohnenberger hätte dies als Belohnung für die Einbürgerung ihres Mannes als ausreichend bezeichnet, da sie überdies Frau Hochleitner eine echte Perlenkette geschenkt habe. Bei der Einvernahme von Frau Bohnenberger stellte diese jedoch in Abrede, derartige Äußerungen gemacht zu haben, und gab überdies an, Metz wegen vermuteter Unterschlagungen zur Rede gestellt zu haben. Das Gutachten kam zu dem Schluss, dass dem Salzburger Landeshauptmann keinerlei Vergehen – weder jenes der Geschenkannahme noch jenes des Devisenvergehens – vorgeworfen werden könne, er somit völlig unschuldig sei. In die Beweiswürdigung ließ das Gutachten wichtige Hintergrundinformationen zur Person Metz einfließen: Dieser hatte offensichtlich ein großes Interesse, dass Bohnenberger die österreichische Staatsbürgerschaft wieder aberkannt wurde, weil diese Bohnenberger die Möglichkeit eröffnet hätte, seine von der schweizerischen Verrechnungsstelle gesperrten Vermögenswerte restlos in Devisen freizubekommen, was Metz aus eigennützigen Gründen verhindern wollte. Gegen Metz lief zudem ein Strafverfahren wegen Veruntreuung zum Schaden von Bohnenberger im Gesamtbetrag von 500.000 Schweizer Franken, in dem Metz bereits einen widerrechtlichen Entzug von 110.000 Schweizer Franken zugegeben hatte.

In der Landtagssitzung vom 29. April 1948 wurde der Untersuchungsbericht des Ausschusses verlesen, der zu der Überzeugung gekommen war, dass keinerlei Anlass zur Anklageerhebung gegen den Altlandeshauptmann Hochleitner gegeben sei. Der Untersuchungsbericht wurde nach einer Stellungnahme aller Landtagsfraktionen einstimmig angenommen.

Schausberger, Franz: Von Hochleitner zu Klaus. Die Salzburger ÖVP von 1945 bis 1949. In: Schausberger, Franz (Hg.): Im Dienste Salzburgs. Zur Geschichte der Salzburger ÖVP, Salzburg 1985, S. 101–183

Aus den Debatten des Salzburger Landtages

Auszug aus dem Bericht des Verfassungs- und Verwaltungsausschusses in Angelegenheit der Untersuchung gegen Altlandeshauptmann Ing. Hochleitner (SLP, Nr. 57, 3. Session, 1. GP)

Über Antrag der Abgeordneten Freundlinger, Dr. Müller, Dr. Viehauser, Peyerl, Neumayr und Genossen betreffend die Demission des Altlandeshauptmannes Ing. Hochleitner hat der Salzburger Landtag beschlossen, dem Ersuchen des Altlandeshauptmannes Hochleitner nach entsprechender Untersuchung der Staatsbürgerschaftsangelegenheit Bohnenberger stattzugeben und die Angelegenheit dem Verfassungs- und Verwaltungsausschuß zuzuweisen. Der Verfassungs- und Verwaltungsausschuß hat einen Unterausschuß, bestehend aus Landtagsabgeordneten Dr. Müller als Vorsitzenden, Landtagsabgeordneten Weißkind als Berichterstatter und den Landtagsabgeordneten Landeshauptmann-Stellvertreter Peyerl, Dr. Viehauser und Wimmer eingesetzt. Der Unterausschuß hat die Angelegenheit Hochleitner in einer Reihe von Sitzungen im Beisein des Landtagspräsidenten Hell und des Landtagsabgeordneten Strasser eingehend erhoben und geprüft. Nach wiederholter eingehender Erörterung der Sachlage und gründlicher Überprüfung der gegen Altlandeshauptmann Ing. Hochleitner erhobenen Vorwürfe und des gesamten dem Unterausschuß vorliegenden Materials ist dieser zu der Überzeugung gekommen, daß

1. Altlandeshauptmann Hochleitner bei der Verleihung der Staatsbürgerschaft an Bohnenberger im guten Glauben, daß die gesetzlichen Bedingungen für die Verleihung gegeben seien, gehandelt hat.

2. Falls das zuständige Bundesministerium der Meinung ist, daß bei der Verleihung der Staatsbürgerschaft an Bohnenberger eine Rechtswidrigkeit vorliegt, wird es nach Artikel 131 B-VG die Beschwerde beim Verwaltungsgerichtshof einzubringen haben.

3. Altlandeshauptmann Hochleitner wurde in der Öffentlichkeit im Zusammenhang mit der Staatsbürgerschaftsverleihung an Bohnenberger der Geschenkannahme in Amtssachen und Verletzung devisenrechtlicher Vorschriften beschuldigt. Über Ersuchen des Unterausschusses hat der Präsident des Landesgerichtes Salzburg als juristischer Experte in Anwesenheit des Unterausschusses die zur Klarstellung des hier maßgebenden Sachverhaltes notwendigen Zeugen einvernommen. (...)

Auf Grund des Gutachtens des Experten Landesgerichtspräsident Dr. Hammerer und des Strafrechtslehrers der Universität, Prof. Dr. Rittler, ist der Unterausschuß zu der Überzeugung gelangt, daß ein Anlaß zur Erhebung einer Anklage gegen Altlandeshauptmann Hochleitner an den Verfassungsgerichtshof nach Artikel 142 und 143 B-VG und Artikel 39 L-VG wegen durch seine Amtstätigkeit erfolgter schuldhafter Rechtsverletzungen oder strafgerichtlich zu verfolgender, mit der Amtstätigkeit Hochleitners in Verbindung stehenden Handlungen nicht vorliegt. ...

Auszug aus dem Protokoll der Landtagssitzung am 29. April 1948

Präsident Franz Hell (ÖVP): Hohes Haus! Mit dem vorliegenden Bericht gelangt eine Angelegenheit zum Abschluß, die nicht nur die Abgeordneten dieses Hohen Hauses, sondern weit darüber hinaus die Bevölkerung unseres Landes, unseres Bundes, ja auch das Ausland beschäftigt hat. Als wir in den ersten Dezembertagen des Vorjahres von den Ereignissen überrascht worden sind, standen wir alle fassungslos diesen Dingen gegenüber, weil wir alle zusammen, die wir die Persönlichkeit des Herrn Altlandeshauptmannes gekannt haben, nicht glauben konnten, daß er sich in seiner Amtstätigkeit in irgendeiner Form gegen die gesetzlichen Bestimmungen hätte verstoßen können. Wir alle haben unseren Altlandeshauptmann als einen anständigen Charakter, der in jahrzehntelanger treuer Arbeit unserem Lande, unserem Vaterlande gedient hat, kennen gelernt und wir konnten nicht glauben, daß er sich Handlungen zu Schulden kommen ließ, die im Zusammenhang mit der Staatsbürgerschaftsverleihung an Bohnenberger in der Öffentlichkeit behauptet worden sind. Der Unterausschuß des Verfassungsausschusses hat in wirklich ausführlicher und eingehender Beratung diesen gesamten Fragenkomplex untersucht, beraten und hat wirklich in objektiver Weise zu allen aufgeworfenen Fragen und Behauptungen Stellung genommen. Wir können mit Befriedigung feststellen, daß sich der höchste Funktionär des Landes gerade in diesem Zusammenhang in jeder Weise korrekt benommen hat, und daß in der Frage der Staatsbürgerschaftsverleihung jene Voraussetzungen gegeben waren, die notwendig sind, so daß die rechtliche Grundlage für die Verleihung gegeben war. ...

Im Zusammenhang mit der Staatsbürgerschaftsverleihung sind ... in der Öffentlichkeit Behauptungen aufgestellt worden, daß es sich hier um eine zweifelhafte Person in politischer Hinsicht handelt, daß hier einem Ariseur und einem prominenten Nazi die Staatsbürgerschaft verliehen worden ist. Auch hier konnte festgestellt werden, daß diese Behauptungen nicht den Tatsachen entsprechen und daß durch ordnungsgemäße Feststellung des Gerichtsverfahrens diese Behauptungen als nicht stichhaltig bezeichnet worden sind und ihren Niederschlag darin gefunden haben, daß die diesbezüglichen gerichtlichen Untersuchungen mangels des Tatbestandes jedes Beweises eingestellt werden mußten, ... Dazu kommt, daß der Herr Altlandeshauptmann gerade aus der persönlichen Kenntnisnahme der Person Bohnenbergers und seinen wiederholten Auseinandersetzungen und Besprechungen aus eigener Wahrnehmung feststellen konnte, daß es sich hier um einen wirklichen Kämpfer gegen die nationalsozialistische Ideologie gehandelt hat, der zweifellos unter Einsatz seiner ganzen Person für die Idee, für unsere Idee, eingetreten ist. (...)

Und nun, Hohes Haus, warum ist es denn überhaupt zu einer solchen Auseinandersetzung gekommen und was sind die wahren Hintergründe, die dazu geführt haben, daß der Salzburger Landtag sich damit befassen mußte? Die wahren Hintergründe sind darin gelegen, daß sich hier zwei Geschäftsleute, und zwar Geschäftsleute, die, glaube ich, nicht immer nach den Grundsätzen des ehrbaren Kaufmannes gehandelt haben, diese Gegensätze ausgetragen und damit auch unseren Altlandeshauptmann in eine Situation hineingezogen haben, die nur dadurch zu verstehen ist, daß man die Persönlichkeit des Altlandeshauptmannes und seine uns allen bekannte Güte ausnutzen wollte. (...)

Abg. Franz Strasser (KPÖ): Hohes Haus! Sehr verehrte Damen und Herren Abgeordnete! Ich hatte ursprünglich nicht die Absicht, so ausführlich über diese Affäre zu sprechen, aber angeregt durch die Ausführungen des Präsidenten Hell, sehe ich mich doch veranlaßt, über Dinge, die sich innerhalb dieser Sache abgespielt haben, einiges feststellen zu müssen. Meiner Ansicht nach – und ich glaube, ich stehe nicht allein – kann es nicht angehen, um die eine oder andere Person, die in dieser Sache eine Rolle gespielt hat, herumzustreiten, wo schließlich jeder nur versucht hat, dem anderen den fetten Brocken aus den Händen zu reißen, denn das war, wie auch der Herr Präsident Hell erklärt hat, die tiefere Ursache zu dieser schmutzigen Affäre. Man versucht jetzt, diesem Bohnenberger einen Glorienschein des Widerstandskämpfers zu verleihen; da sträubt sich doch alles ... Wer war Herr Bohnenberger und wer war Herr Metz? Ich glaube, daß Herr Bohnenberger und Herr Metz gute Geschäftsleute waren und es stets verstanden haben, die jeweilige politische Konjunktur zu ihren persönlichen Gunsten auszunützen. Nun, durch die Veränderungen, die in der politischen Welt eingetreten sind, haben sich auch die Interessen der beiden verschoben. ... eines muß doch klar gesagt werden: Wenn zwischen der Frage Freiheitskämpfer und ehemaliger Nazi keine Differenzierung gefunden werden kann, dann muß man sagen, daß alle diejenigen, die im Freiheitskampf Österreichs gestanden sind, ja dumm waren.

Aus all diesen Dingen, die im Untersuchungsausschuß abgerollt sind wie ein programmmäßiger Film, aus all diesen Materialien, die uns vorgestellt worden sind, hat man nicht herausfinden können, daß Bohnenberger wirklich ein Freiheitskämpfer ist, eines hat man nur herausfinden können, daß er Gelegenheit hatte, sich Vorteile zu verschaffen und daß er ein tüchtiger Geschäftsmann ist, der seine geschäftlichen Angelegenheiten von den jeweils herrschenden politischen Verhältnissen abhängig macht. Er hat auch in der Zeit des Nationalsozialismus in Österreich seine Geschäfte gemacht. (...)

Wenn ich der Sprache meines Herzens nachgehe, dann möchte ich sagen, daß unser Altlandeshauptmann sozusagen sich zwischen zwei Mühlsteinen befand und daß er mehr oder weniger der korrekt Getäuschte ist. Hoch anrechnen muß man ihm, daß er jetzt noch, nachdem man ihm von Braunau aus den politischen Dolchstoß gegeben hat, seinen Freund Bohnenberger verteidigt und ich glaube, das berechtigt mich auch zu sagen, daß Ing. Hochleitner wirklich der Mann ist, für den ihn jeder betrachtet hat und betrachten muß, ein korrekter und sauberer Mensch. Wenn ihm hier etwas passiert ist, dann ist es ihm nicht aus Berechnung passiert. ...

Abg. Anton Neumayr (SPÖ): Im Namen der Sozialistischen Partei möchte ich zur ganzen Angelegenheit auch Stellung nehmen. Aus den Ausführungen des Herrn Landtagspräsidenten ist klar hervorgegangen, daß eigentlich von Anfang an auch der ÖVP in Salzburg ein großer Fehler unterlaufen ist. Der Herr Landtagspräsident hat ausgeführt, es sei Sache des Landtages, darüber zu entscheiden, ob der Landeshauptmann zu demissionieren habe, ob irgendeine Beschuldigung mit Recht erhoben werden kann oder nicht. Aber nun haben Sie sich durch die Rede des Herrn Bundeskanzlers Figl in Braunau bluffen lassen. Es genügt ja, wenn der Herr Bundeskanzler sagt – der übrigens schon manches gesagt hat –, der muß weg; dann muß er weg, auch um Mitternacht. So hat die ÖVP in Salzburg geglaubt und auf Grund dieser Äußerung, auf Grund dieser Deklarierung – sie hätte sich zwar denken können, Braunau ist der Boden, wo schon so viele Deklarierungen gemacht worden sind, aber es ist der unglücklichste Boden – muß man das so hinnehmen, man hat daher zu handeln und der Herr Landeshauptmann hat zu verschwinden. Ich muß im Namen unserer Partei sagen, daß wir uns künftighin eine derartige Stellungnahme der Landesregierung bzw. des Landtagspräsidiums nicht mehr vorstellen können, sondern wir sind der Meinung der Worte des Herrn Landtagspräsidenten – leider ist das etwas zu spät heraufgedämmert –, daß es Landessache ist, über solche Fälle zu entscheiden. Man muß einem Funktionär wie dem Herrn Bundeskanzler schon ganz offen sagen und jederzeit wiederholen: Solche Streiche dürfen künftighin nicht mehr gemacht werden. Er hat einen Streich gegen Ihre eigene Partei gemacht und manchmal hat man es so dargestellt, als ob wir die Gegner des Herrn Altlandeshauptmannes Hochleitner wären. Ich muß hier ausdrücklich erklären, wir haben von jeher jede Achtung vor Altlandeshauptmann Hochleitner gehabt und wir haben von der ersten Stunde an nicht daran geglaubt, daß er sich irgendwelche Vergehen zuschulden kommen ließ. (...)

Robert Kriechbaumer

Der Fall Bertolt Brecht

Eine Salzburger Erregung

Am 2. Oktober 1951 erschien in den „Salzburger Nachrichten" ein von Gustav A. Canaval unter dem Titel „Wir verschliefen Bert Brecht" erfasster Artikel, in dem der Chefredakteur über die bekannt gewordene Verleihung der österreichischen Staatsbürgerschaft an Bertolt Brecht und dessen Frau Helene Weigel im Jahr 1950 zu Felde zog. Brecht, der nun nach Salzburg blicke, wo er eingebrochen sei wie der „Edelmarder in den ... kulturellen Hühnerstall und wohin er passe wie „der Dieselmaschinist ins Oratorium", gehöre zum „verspäteten Landsturm des kommunistischen Avantgardistentums", weshalb man die Frage stellen müsse, wie es zu dieser Verleihung der Staatsbürgerschaft gekommen sei. Dabei stelle sich heraus, dass die Initiative für diesen „Kultura-Skandal" von Salzburg ausgegangen sei.

Zehn Tage später informierte das „Linzer Volksblatt" seine Leser ebenfalls über diesen Sachverhalt und stellte fest, dass dies sehr verdächtig sei, dürfte es sich doch bei dem Dichter um einen gefährlichen kommunistischen Agenten handeln. Und am 13. Oktober bemerkte die „Neue Front" die Zeitung des VdU, die Einbürgerung Brechts zeuge davon, wie durch Übereifer einzelner intellektueller Sozialisten und die Unwissenheit und kulturelle Schwäche der ÖVP das Land kommunistisch unterminiert werde. Österreich und vor allem Salzburg hatte seinen Skandal, der politisch erhebliche Wellen schlug, die auch vor dem Salzburger Landtag nicht Halt machten.

Welche Vorgänge bildeten die Ursache dieser Erregung? Die wichtigsten Fakten in Kurzform: Nach ihrer Ausreise aus den USA trafen Bertolt Brecht und seine Frau Helene Weigel im Frühjahr 1948 in der Schweiz ein, wo sie jedoch, die Staatenlosen, ebenso wie in den USA, nicht willkommen waren und nur eine beschränkte Aufenthaltserlaubnis erhielten. Angesichts der sich verschärfenden Ost-West-Konfrontation in Deutschland sowie seiner nur beschränkten Aufenthaltsmöglichkeit in der Schweiz wurde sich Brecht zunehmend dessen bewusst, dass seine Intention, als gesamtdeutscher Dichter in allen Besatzungszonen wirken zu können, zunehmend in Gefahr geriet. Da bot sich ihm zufällig ein Ausweg an. In Zürich war Brecht mit seinem Jugendfreund Caspar Neher, der auch als Bühnenbildner bei den Salzburger Festspielen wirkte, zusammengetroffen. Neher vermittelte ein Treffen mit dem Direktoriumsmitglied Gottfried von Einem, der sich um eine Modernisierung der Salzburger Festspiele bemühte und in Brecht einen idealen Mitstreiter wähnte, der vor allem im Bereich des Theaters nicht nur als Autor, sondern auch als Regisseur die erhofften neuen Impulse setzen konnte. Die Kontakte vertieften sich und Brecht begann an einem speziellen Festspielstück, dem „Salzburger Totentanz", zu arbeiten und sah in einem Wohnsitz in Salzburg sowie einer österreichischen Staatsbürgerschaft die Chance, seine Intention, trotz der zunehmenden Spannungen zwischen Ost und West als gesamtdeutscher Dichter verwirklichen zu können. So sehr dies wahrscheinlich bis Herbst 1948 seine Intention war, so änderte sich dies während seines Besuchs in Ost-Berlin unter dem massiven Einfluss von Helene Weigel, die, umschmeichelt von der ostdeutschen Politprominenz, die Zusicherung erhielt, im Schiffbauerdammtheater ein spezielles Ensemble zusammenstellen und die von ihr und Brecht vertretene Theaterphilosophie praktizieren zu können. Zu diesem Zweck mussten aber Brecht und Weigel nach Ost-Berlin übersiedeln. Brecht, der in Ost-Berlin hofiert wurde und damit jene Anerkennung erhielt, die er so lange vermisst hatte, dürfte sich gegen Jahresende 1948 im von der Blockade drangsalierten Berlin für diese Option entschieden haben. Da er jedoch nach wie vor den Plan verfolgte, in Ost und West aufgeführt zu werden, sollte seine Option für Ost-Berlin durch einen österreichischen Reisepass etwas neutralisiert werden. Aus diesem Grund ließ er seine Salzburger Unterstützer bewusst im Unklaren, erklärte weiterhin, sich in Salzburg niederlassen zu wollen, eine Bedingung für den Pass, und verfolgte zielstrebig den Amtsweg, der 1949 seinen Lauf nahm.

Der Magistrat Salzburg, obwohl für die Verleihung der Staatsbürgerschaft nicht zuständig, leitete am 8. Juli 1949 mit einer positiven Stellungnahme der Kulturabteilung das Ansuchen an das Amt der Salzburger Landesregierung weiter, wobei besonders der zu erwartende Gewinn für das kulturelle Leben Salzburgs betont wurde. Das Amt der Salzburger Landesregierung gab den Akt, ebenfalls mit einer positiven Stellungnahme, an das Unterrichtsministerium weiter. Gleichzeitig wandte sich Brecht mit einem Schreiben an Unterrichtsminister Hurdes, in dem er ihm versicherte, in Zukunft vor allem in Österreich arbeiten zu wollen. Der positive Aktenlauf wurde jedoch plötzlich unterbrochen, als die Tageszeitung „Die Presse" meldete, Brecht werde die Leitung des „Deutschen Theaters" in Ost-Berlin übernehmen. Unterrichtsminister Hurdes retournierte daher den Akt an das Amt der Salzburger Landesregierung mit der Aufforderung, die Frage zu klären, ob Brecht tatsächlich die Leitung des Deutschen Theaters übernommen habe und in Ost-Berlin zu wohnen gedenke. Brecht antwortete am 20. Oktober, er sei keineswegs der Leiter des Deutschen Theaters in Ost-Berlin, sondern habe dort nur seine Stücke inszeniert. Am liebsten würde er nach wie vor seinen Wohnsitz in Salzburg nehmen und schreibe zudem bereits an einem Stück für die Festspiele. Brecht verschwieg in diesem Brief, dass im Frühjahr 1949 die SED die Gründung eines neuen Ensembles in Ost-Berlin beschlossen und Helene Weigel mit dessen Leitung beauftragt hatte. Brecht selber fungierte als Erster Spielleiter. Auf Grund des Briefes Brechts vom 20. November 1949 wurde vier Tage später der gesamte Akt dem Unterrichtsministerium neuerlich vorgelegt, das am 17. Februar 1950 das Staatsinteresse bestätigte. Am 28. März schloss sich der Ministerrat dieser Auffassung an, sodass Bertolt Brecht und Helene Weigel im Oktober die Staatsbürgerurkunden in München offiziell übergeben wurden.

Aufgrund des Artikels Canavals erfolgte am 24. Oktober 1951 eine Anfrage der SPÖ-Abgeordneten Hans Pexa, Ernst Hallinger, Maria Emhart und Franz Illig bezüglich der Staatsbürgerschaftsverleihung an Brecht und Weigel, die von Landeshauptmann Josef Klaus in der Sitzung des Landtages am 21. November beantwortet wurde. Es entbehrte nicht einer gewissen Ironie, dass Klaus das Vorgehen des Amtes der Salzburger Landesregierung verteidigen musste, obwohl er es innerlich missbilligte. Das Ansuchen Brechts war genau zur Zeit des Wechsels im Amt des Landeshauptmanns von Josef Rehrl zu ihm erfolgt, weshalb er mit diesem Fall gar nicht befasst war. Als Landeshauptmann stellte er sich im Landtag vor die Beamtenschaft, als Vorsitzender des Kuratoriums der Festspiele hingegen war er gewillt, Gottfried von Einem, in dem er die Ursache der Kalamitäten sah, zur Verantwortung zu ziehen. Am 31. Oktober 1951 stand daher die Causa Brecht auf der Tagesordnung der Kuratoriumssitzung, die nach einer heftigen Auseinandersetzung des Landeshauptmanns mit Gottfried von Einem mit dessen Ausscheiden aus dem Direktorium endete.

Aus den Debatten des Salzburger Landtages

Anfrage der Abgeordneten Pexa, Hallinger, Emhart und Genossen an die Landesregierung wegen der Staatsbürgerschaftsverleihung an Berthold (muss heißen: Bertolt, Anm. d. Verf.) Brecht (SLP, Landtagssitzung am 24. Oktober 1951)

„Verschiedene Salzburger Tageszeitungen haben die Verleihung der Staatsbürgerschaft an den angeblich staatenlosen Schriftsteller Berthold Brecht kritisiert, dessen Gesuch seinerzeit ohne triftige Begründung vom Amte der Salzburger Landesregierung mit dem Antrag auf positive Erledigung nach Wien vorgelegt wurde.

Zum besseren Verständnis dieser Angelegenheit muß vorerst festgehalten werden, daß die die Behandlung von Staatsbürgerschaftsansuchen *einstimmige* Beschlüsse des Landtages und der Landesregierung vorliegen, die für das Amt der Landesregierung und alle damit befaßten Beamten bindend sind.

In der Sitzung vom 16. April 1947 hat der Salzburger Landtag über Antrag der Abgeordneten Illig, Rindler und Genossen einen Bericht des Verfassungs- und Verwaltungsausschusses *einstimmig* genehmigt, wonach bei der Verleihung der Staatsbürgerschaft „nicht die soziale Stellung oder die gesellschaftliche Verbindung des Bewerbers entscheidend sein könne, sondern einzig und allein die Zweckmäßigkeit oder ganz besondere Umstände, die für die Zuerkennung der Staatsbürgerschaft ins Gewicht fallen."

Nach dem Bekanntwerden der Staatsbürgerschaftsaffäre Bohnenberger, die zur Demission des damaligen Landeshauptmannes führte, hat Landeshauptmann-Stellvertreter Peyerl in der Sitzung der Landesregierung vom 1.12.1947 beantragt, daß in Hinkunft alle strittigen und zweifelhaften Fälle von Staatsbürgerschaftsansuchen durch kollegiale Beschlußfassung behandelt werden sollen. Diese Forderung wurde vom Abg. Peyerl auch anläßlich einer Debatte im Salzburger Landtag am 4.12.1947 wiederholt. Bereits am 5.12.1947 faßte die Landesregierung den einstimmigen Beschluß, Grenzfälle von Staatsbürgerschaftsansuchen einer kollegialen Beratung zuzuführen. In der Folge wurden für diese Kommission nachstehende Mitglieder bestellt: die beiden Landeshauptmann-Stellvertreter und der jeweilige Landesamtsdirektor. Seit Ende 1947 amtiert diese Kommission und wurden ihr bestimmungsgemäß Grenzfälle und strittige Gesuche zur Beschlußfassung vorgelegt.

Entgegen den obenerwähnten Beschlüssen des Landtages und der Landesregierung kam das Staatsbürgerschaftsansuchen des Herrn Berthold Brecht nicht vor die genannte Kommission, obwohl es sich hierbei zweifellos um einen Grenzfall handelte, der nicht vom Amt allein erledigt werden durfte. Der Akt wurde auch, ohne die Stellungnahme des sachmäßig zuständigen Landeskulturreferates einzuholen, am 6. März 1950 mit einem positiven Antrag an das Bundesministerium für Inneres weitergegeben.

Bei der Vorbereitung des Ansuchens wurde am 30.8.1949 vom Bundesministerium für Unterricht noch festgestellt, daß im Falle Berthold Brecht die Tätigkeit eines Ausländers im Auslande das Staatsinteresse wohl kaum begründen könne. Entgegen dieser Ansicht hat der Bundesminister für Unterricht am 17.2.1950 die Staatsinteressenbescheinigung ausgestellt und hierbei darauf verwiesen, daß die Einbürgerung Brechts unbestreitbar einen Gewinn für das österreichische Kulturleben bedeute. Sonderbarerweise wird in dieser Staatsinteressenbescheinigung noch weiters gesagt, daß Brecht Salzburg zu seinem ordentlichen Wohnsitz erwählt habe, obwohl bekannt war, daß dieser nur kurzweilig in Salzburg sich aufhielt und dann wieder ins Ausland abreiste.

Es wird auch behauptet, daß seit Längerem Bemühungen im Gange seien, Brecht zum Leiter der Salzburger Festspiele zu bestellen. Leider ist aber offiziell nicht bekannt geworden, welcher Personenkreis sich hierum bemüht.

Eindeutig steht fest, daß der Staatsbürgerschaftsfall Berthold Brecht vor der obengenannten Kommission hätte behandelt werden müssen, da es sich um einen ständig im Ausland lebenden und viel umstrittenen Schriftsteller handelt.

Die gefertigten Abgeordneten stellen daher an die Landesregierung folgende Anfragen:

1. Wer hat den Landesamtsdirektor beauftragt, den Fall Brecht entgegen dem Beschluß der Landesregierung vom 5.12.1947 nicht vor die hierzu bestellte Kommission zu bringen, sondern, mit einem positiven Antrag versehen, direkt dem zuständigen Ministerium vorzulegen?

2. Sind der Landesregierung Umstände bekannt geworden, die darauf hinweisen, daß bestimmte Kreise oder Persönlichkeiten sich an der Einbürgerung interessiert gezeigt haben?

3. Ist dem Landesamtsdirektor und dem für die Bearbeitung des Aktes verantwortlichen Beamten nicht aufgefallen, daß bei Nichtvorlage des Aktes Brecht an die zuständige Kommission gegen einen Beschluß der Landesregierung gehandelt wird, was einen Verstoß gegen die Amtspflicht bedeutet? …

6. Ist die Landesregierung bereit, dem Landtag eine genaue Darstellung des Sachverhaltes zu geben und gedenkt sie eine Disziplinaruntersuchung einzuleiten? …

Auszug aus dem Protokoll der Landtagssitzung am 21. November 1951

Landeshauptmann Dr. Josef Klaus (ÖVP): … Vorweg soll in Beantwortung von Punkt 6 dieser Anfrage die gewünschte genaue Darstellung des Sachverhaltes gegeben werden. Berthold Brecht hat sein Ansuchen um Verleihung der Staatsbürgerschaft beim Magistrat der Stadt Salzburg am 24.5.1949 eingebracht. Gleichzeitig hat er sich an den Herrn Bundesminister Hurdes in einem persönlichen Ansuchen um Verleihung der Staatsbürgerschaft gewendet. Das Bundesministerium für Unterricht hat eine Abschrift dieses Ansuchens dem Amte der Landesregierung übermittelt und darauf hingewiesen, daß der Gesuchsteller, falls er weniger als 4 Jahre seinen ordentlichen Wohnsitz in Österreich hat, beim Bundesministerium für Unterricht um Bescheinigung des Staatsinteresses anzusuchen hat. Dieser Fall war gegeben, da der Gesuchsteller einen vierjährigen Aufenthalt oder Wohnsitz in Österreich nicht nachweisen konnte.

Mit Bericht vom 8.7.1949 beantragte der Magistrat der Stadt Salzburg „Stattgebung des Ansuchens, da die Verleihung der österreichischen Staatsbürgerschaft einen Gewinn für das kulturelle Leben Österreichs darstellen würde und insbesondere die Stadt Salzburg als ständiger Wohnsitz Brechts aus seiner Tätigkeit Nutzen haben würde." Bei dieser Aktenlage hat auch die Abteilung II des Amtes der Landesregierung das Ansuchen unterstützt. Der Akt wurde am 1.8.1949 dem Bundesministerium für Unterricht „zur allfälligen Ausstellung einer Staatsinteresse-Bescheinigung befürwortend vorgelegt." Das Bundesministerium für Unterricht hat am 30.8.1949 den Akt mit dem Bemerken rückübermittelt, zunächst aufzuklären, ob die Nachricht, daß Brecht in der jetzt beginnenden Spielzeit die Leitung des „Deutschen Theaters" in Berlin übernimmt und sohin überhaupt in Zukunft die Theater der sowjetrussischen Zone Berlins betrauen wird, richtig ist (das Bundesministerium für Unterricht verwies anschließend noch auf einen Artikel in der Presse „Bert Brecht als Theaterleiter im Sowjetsektor Berlins" vom 6.8.1949). Nach diesbezüglichem Vorhalt hat Bert Brecht am 20.10.1949 anher mitgeteilt: „Ich hoffe, daß der Akt jetzt vollständig und die Behandlung durch die törichte Pressenotiz keine weitere Verzögerung erfährt. Natürlich bin ich nicht Leiter des Deutschen Theaters, noch in irgendeiner anderen Funktion irgendwo angestellt. Das Gerücht ist vermutlich dadurch entstanden, daß ich bei Theatern, die meine Stücke aufführen und meinen Stil pflegen, regielich mitarbeite und im Augenblick mein Stück ‚Herr Puntila und sein Knecht' im Haus des Deutschen Theaters aufgeführt wird. Nach wie vor würde ich meinen ständigen Wohnsitz am liebsten in Salzburg wählen und mir einen Wirkungskreis in Österreich schaffen. Gegenwärtig arbeite ich an einem Festspiel für Salzburg." Dem Bundesministerium für Unterricht wurde am 24. November 1949 der gesamte Akt mit dem Schreiben des Gesuchstellers und einem Bericht der Polizeidirektion vom 17.11. ohne Kommentar wieder vorgelegt. Das Bundesministerium für Unterricht bestätigte am 17.2.1950 das Staatsinteresse.

Am 6.3.1950 wurde der Gesamtakt dem Bundesministerium für Inneres vorgelegt, wobei die Begründung dem Wortlaut der Staatsinteressenbescheinigung entnommen wurde. Der Ministerrat hat am 28.3.1950 das Staatsinteresse an der Verleihung bestätigt. Die Verleihungsurkunde wurde am 12. April 1950 ausgefertigt und über das Bundeskanzleramt – Auswärtige Angelegenheiten – zugestellt. ...

Zu Punkt 1 und 3: Der Landesamtsdirektor hat seinerzeit keinen wie immer gearteten mündlichen oder schriftlichen Auftrag erhalten, den Staatsbürgerschaftsakt Brecht mit einem positiven Antrag direkt dem zuständigen Ministerium vorzulegen. Er hat vielmehr bei Erledigung dieses Aktes wie stets unter genauer Beachtung der für die Bearbeitung von Staatsbürgerschaftsansuchen auch außerhalb der gesetzlichen Bestimmungen ergangenen Richtlinien des Landtages bzw. der Landesregierung ... auch im vorliegenden Falle beachtet. ... (...)

Zu Punkt 2: Es ist der Landesregierung bekannt und auch aktenkundig, daß der Komponist Gottfried von Einem Interesse an der Einbürgerung von Bert Brecht gezeigt hat. Von irgendeinem Interesse anderer Personen, sowohl in Salzburg als auch in Wien, ist der Landesregierung nichts bekannt. ...

Zu Punkt 5 bis 7: Aus dem vorangeführten Sachverhalt und den Darstellungen zu den anderen Punkten der Anfrage ergibt sich, daß eine Verletzung einer Bestimmung des Staatsbürgerschaftsgesetzes oder des angeführten Landtagsbeschlusses nicht vorliegt. ... Obwohl ... die formalen Voraussetzungen sämtliche als positiv geklärt angesehen werden mußten, wären allerdings doch noch gewiß andere Umstände bei der Entscheidung mit zu berücksichtigen gewesen. So z. B. der Umstand, daß der Staatsbürgerschaftswerber niemals in besonderer Bindung zu Österreich gestanden ist oder hier länger ansässig war. Ebenso auch die Tatsache, daß aus der ersten Stellungnahme des Bundesministeriums für Unterricht zu entnehmen war, daß das Bundesministerium sich eher von dem Staatsbürgerschaftsansuchen distanzierte ... Leider zeigt sich zumeist erst im Nachhinein, ob dieser oder jener Fall besser unter die Grenzfälle hätte gezählt werden sollen oder nicht. Sicherlich kann aber keinem der bearbeitenden Beamten wegen der Entscheidung in dieser Ermessensfrage eine Mißachtung dieses Regierungsbeschlusses zum Vorwurf gemacht werden, welche Anlaß für die Einleitung eines Disziplinarverfahrens gegen die Betreffenden sein könnte. ...

Abg. Hans-Friedrich Freyborn (VdU): Hohes Haus! Wir haben einen ausführlichen Bericht des Herrn Landeshauptmannes über die Affäre Brecht bekommen. Ich muß aber doch feststellen, daß dabei einiges nicht ganz vollständig dargestellt wurde. Es ist z. B. üblich ..., daß die Sicherheitsdirektion über die politische Seite einer Einbürgerung gefragt wird. Ich habe mich vergebens bemüht festzustellen, ob eine derartige Anfrage erfolgt ist. Vielmehr habe ich festgestellt, daß die Anfrage nicht erfolgt ist. ... wenn es sich um einen Herrn Bert Brecht handelt, über dessen großartige Liste von dekadenten, kulturschänderischen Veröffentlichungen ... wir uns erst kürzlich in verschiedenen Blättern überzeugen konnten und was vor allem das Kulturreferat der Landesregierung wissen mußte, wird keine politische Beurteilung eingeholt. Und es entsteht die Blamage, daß wir hier in Salzburg einen Mann, der eindeutig und absolut nicht unser Freund ist, als lieben Bürger und Mitbürger begrüßen ... Darüber hinaus möchte ich auch noch feststellen, daß es nicht richtig ist, daß ausschließlich Herr Einem es war, der diese Sache betrieben hat ... Es ist bekannt, daß es Ministerialrat Dr. Hilbert war, der dem Minister für Unterricht mehrfach zugeredet hat, bis dieser endlich die Staatsbürgerschaftsurkunde unterschrieben hat. ...

Landeshauptmann-Stellvertreter Franz Peyerl (SPÖ): ... Es ist interessant, daß Herr Bert Brecht im Jahre 1949 14 Tage in Salzburg geweilt hat. Damit hat er einen Wohnsitznachweis in Salzburg erhalten und infolgedessen wurde sein Gesuch in Salzburg in Behandlung genommen. Wenn man aber derartige Staatsbürgerschaftsansuchen nicht nur rein formalistisch behandeln würde, dann hätte man darauf kommen müssen, daß der Herr Bert Brecht weder zu Österreich noch zu Salzburg irgendeine Verbindung hat und man hätte aus diesen Umständen folgern können, daß man diesen Fall ganz genau und gewissenhaft zu untersuchen habe, bevor man einen Antrag stellt. Im Anfang wurde vom Bundesministerium für Unterricht ein ganz klarer und eindeutiger Standpunkt eingenommen. Das Unterrichtsministerium hat erklärt, ein Staatsinteresse könne dadurch nicht begründet werden, daß ein im Ausland lebender Ausländer eben die Staatsbürgerschaft erwerben will. Aber trotzdem scheint es, daß nicht nur ein Freund, sondern wahrscheinlich mehrere Freunde für den Herrn Brecht tätig gewesen sind, über die man nun den Mantel der christlichen Nächstenliebe breitet, um sie der Öffentlichkeit nicht preiszugeben. ... Ich muß noch auf eines hinweisen, was meiner Meinung nach unter Beweis stellt, daß der Mann Verbindungen hatte und daß er es sich vielleicht doch gerichtet hat. Die Staatsbürgerschaftsurkunde ist am 28. März 1950 nach Salzburg gekommen und bereits am 12. April, also kurz gesagt innerhalb von acht Tagen, hat Herr Brecht die Staatsbürgerschaftsurkunde in Händen gehabt. Ich glaube nicht, ... daß andere gewöhnlich sterbliche Staatsbürgerschaftswerber in einer derart kurzen Zeit eine Staatsbürgerschaftsurkunde zugestellt erhalten ... Wo ist denn der große Unbekannte, der dafür gesorgt hat, daß die Urkunde in einer so schnellen und kurzen Zeitspanne zugestellt worden ist?

Lothar Höbelt

Der Verband der Unabhängigen (VdU)

Das System der drei traditionellen politischen Lager wurde nach 1945 kurz von einem Drei-Parteien-System abgelöst, das ganz anderen Kriterien folgte, mit den Kommunisten als dritter zugelassener Partei und ohne Vertretung der nationalfreiheitlichen Strömungen. Freilich: Die beiden Großparteien bemühten sich um Fachkräfte und Akademiker aus den Reihen des „Dritten Lagers". Auch der Makel einer Mitgliedschaft bei der NSDAP konnte durch den Beitritt zur ÖVP oder SPÖ am leichtesten wettgemacht werden. Die ÖVP versuchte außerdem über Wirtschafts- und Bauernbund bürgerliche Wähler an sich zu binden, ohne Rücksicht auf den weltanschaulichen Hintergrund. So lautete der offizielle Untertitel der ÖVP anfangs sogar: Christlichsoziale und Landbund.

Gerade aus den Reihen des ehemaligen Landbundes gab es freilich schon seit 1947 Bestrebungen, wieder eine eigene Partei des „Dritten Lagers" ins Leben zu rufen, inzwischen eben eine „vierte Partei". Diese Initiative ging vom Alt-Vizekanzler Karl Hartleb und dem Landbund-Gründer Leopold Stocker in Graz aus. Der ÖVP-Bauernbund empfand diese drohende Spaltung des Landvolkes naturgemäß als Gefährdung des eigenen Reviers. Es war der Bauernbund-Direktor Ferdinand Graf als Staatssekretär im Innenministerium, der Stocker und Hartleb einen Strich durch die Rechnung machte. Ihm wurde das Zitat nachgesagt: „Wer eine ‚vierte Partei' gründet, den laß ich einsperren." Dahinter stand auch die Überlegung, im Zeichen der Konfrontation mit dem Kommunismus könnten sich die Bürgerlichen keine solchen Sondertouren leisten. Mit einer Spaltung der Mitte-Rechts-Wählerschaft würde man bloß den Sowjets Vorschub leisten.

Doch in Salzburg saß ein Mann, der, von ganz ähnlichen Voraussetzungen ausgehend, zu ganz anderen Schlussfolgerungen kam. Herbert Alois Kraus (1911–2008) hatte sich als unabhängiger Journalist mit der Wochenzeitung „Berichte und Informationen" einen Namen gemacht – und verfügte über gute Beziehungen zu den Amerikanern, die in Salzburg ihr Hauptquartier aufgeschlagen hatten. Er ging davon aus, die ÖVP würde ihre Mehrheit auf alle Fälle verlieren; deshalb müsse man eine zweite bürgerliche Partei als Ventil für Unzufriedene schaffen, um eine Links-Mehrheit zu verhindern. Kraus wurde später oft nachgesagt, er wolle innerhalb des „nationalen Lagers" den liberalen Kräften wiederum die Oberhand verschaffen. Doch Kraus war kein Ideologe, sondern ein Pragmatiker. Er war auch nicht – wie viele Liberale – voller Ingrimm gegen die „Klerikalen", sondern ein guter Katholik. (Seine Schwester, die im VdU aktiv war, hatte sogar in die Familie eines Jesuitengenerals eingeheiratet.) Das Projekt, das er verfolgte, war ursprünglich ein noch viel ehrgeizigeres als die Wiederbelebung des „Dritten Lagers": Er wollte eine breitgefächerte Reformbewegung ins Leben rufen, die von den parteilosen Betriebsräten bis zu den Monarchisten reichte.

Kraus lud im Vorfeld der Parteigründung diverse prominente Persönlichkeiten zur Mitarbeit ein und stellte den neuen „Verband der Unabhängigen" (VdU) dann am 4. Februar 1949 auf einer Pressekonferenz im Salzburger Café Bazar der Öffentlichkeit vor. Er baute insbesondere auch auf die unabhängige Presse. Sein engster Mitarbeiter Viktor Reimann kam von den „Salzburger Nachrichten" (SN).

Der Herausgeber der SN, Gustav Canaval, begleitete die Neugründung anfangs mit Sympathie, schwenkte dann aber noch vor den Wahlen auf eine gegnerische Linie ein: Die Zeit sei noch nicht reif für den VdU; seine Führer aber seien „Schnittläuche auf allen Suppen". Die SPÖ-Vizekanzler Adolf Schärf und Innenminister Oskar Helmer versprachen sich vom VdU eine Schwächung der ÖVP und unterstützten Kraus und seine Leute mehr oder weniger diskret. Die amerikanische Besatzungsmacht verfolgte keine völlig einheitliche Linie: Hochkommissar Geoffrey Keyes war ursprünglich gegen die Zulassung neuer Parteien, der CIC (Counterintelligence Corps), die amerikanische „Abwehr", unterstützte Kraus und den VdU.

Ganz vermochte Kraus dem Schema der Lager-Parteien freilich nicht zu entkommen: Seine Anhänger rekrutierten sich keineswegs ausschließlich, aber doch in erster Linie aus den Kreisen, die sich schon in der Ersten Republik für die diversen Gruppierungen des nationalen Lagers engagiert hatten: Neben einem Teil der Landbündler (vor allem in Kärnten) wählte rund ein Drittel der „Ehemaligen", die auf Grund der Entnazifizierungs-Gesetze als Bürger zweiter Klasse galten, inzwischen aber wieder wahlberechtigt waren, den VdU. Im Hintergrund genoss Kraus auch die Unterstützung von großen Teilen der Industrie, die im Westen Österreichs in der Zwischenkriegszeit meist im Lager der Großdeutschen Volkspartei gestanden war. Die programmatischen Forderungen des VdU waren auf diese Zielgruppen zugeschnitten: Abschaffung der Benachteiligungen für ehemalige NSDAP-Mitglieder, Befreiung der Wirtschaft von den Relikten der „Bewirtschaftung", „unbeschränkter persönlicher Aufstieg durch Leistung". Im Landtag sollte der VdU dann auch besonders für die Interessen des Fremdenverkehrs eintreten (und gegen die Bevorzugung der Landwirtschaft, die am wenigsten unter dem Krieg gelitten habe). Außenpolitisch war die Orientierung am „Anschluss" durch ein Bekenntnis zur europäischen Einigung und ein „abendländisches Gemeinschaftsgefühl" ersetzt worden.

Die alte Beamtenklientel der Großdeutschen fiel im Zeichen des „Proporzes" der Regierungsparteien als Wählerreservoir fast völlig aus. Bei den Arbeitern erzielte der VdU anfangs überraschende Erfolge, so errang er z. B. die Mehrheit bei den Betriebsräten auf der Großbaustelle in Kaprun und die Mehrheit in der Angestelltensektion der Salzburger Arbeiterkammer. (Hier war mit Thomas Neuwirth ein alter Gewerkschafter der Zwischenkriegszeit mit von der Partie.) Doch diese Erfolge waren auf die Dauer nicht zu halten. Die SPÖ war erbost über den Einbruch in ihr angestammtes „Revier". Ihr augenzwinkerndes Einverständnis während des Wahlkampfes verwandelte sich über Nacht in schärfste Gegnerschaft. Die Kontroversen über ihr Vorgehen bei den Betriebsratswahlen in Kaprun wurden im Juli 1950 auch auf der Bühne des Landtags ausgefochten. SPÖ-Landeshauptmann-Stellvertreter Franz Peyerl sprach vom VdU als „einer Filiale der ÖVP". Tatsächlich hatte Kraus auf eine Zusammenarbeit mit der ÖVP gehofft. Doch die beiden Regierungsparteien schlossen einen flächendeckenden Koalitionspakt, der auch auf die Länder und auf alle Gemeinden über 10.000 Einwohner ausgedehnt wurde.

Der VdU war keine Partei mit ausgeprägten bürokratischen Strukturen und Vorfeldorganisationen (er kam im ganzen Land Salzburg auf kaum 1.000 Mitglieder!), sondern eine lockere Bewegung, die in dieser Beziehung manche Ähnlichkeit mit der Haider-FPÖ aufweist, vielfach spontan und mitreißend, aber auch instabil und krisenanfällig. Kraus war gut vernetzt und setzte sich für seine Leute ein: So ging z. B. die Wiederzulassung des nationalen Vereinsspektrums maßgeblich auf seine Bemühungen zurück. Aber er war kein Volkstribun und keine Integrationsfigur. In den oberen Rängen des VdU herrschte ein ständiges Kommen und Gehen. Es gab zwar keine „Buberl-Partie" um Kraus, dafür sprachen seine Kritiker unter Bezug auf seine aristokratischen Kontakte und das Schlösschen, in dem er sein Hauptquartier aufgeschlagen hatte, gern abfällig von der „Fronburg-Decadence". Intrigen der bezahlten Sekretäre waren gewählten Funktionären (wie dem alten Schlachtross Hartleb) ein Dorn im Auge. Es war auch nicht ganz ausgeschlossen, dass die Nachrichtendienste der Besatzungsmächte – nicht bloß der Amerikaner – vorsorglich ihre Leute im VdU platziert hatten.

Der VdU war ganz eindeutig eine Partei des Westens. In Salzburg sprach Josef Klaus vom „veni, vidi, vici" des VdU. Im Osten, in der „Russenzone", war vielfach nicht einmal das Verteilen der Stimmzettel möglich (denn amtliche Stimmzettel wurden erst später eingeführt!). Die Zeitungen mit ihrem Naheverhältnis zu den Regierungsparteien schwiegen den Mitbewerber vielfach tot. Großveranstaltungen mit mehreren Tausend Teilnehmern, wie sie im Westen an der Tagesordnung waren, ließen sich in der russischen Besatzungszone nicht durchführen. Bundesweit errang der VdU im Oktober 1949 dann 11,7 Prozent, im Westen jedoch 18,6 Prozent. Salzburg lag da punktgenau im Trend. Nationalratswahlen und Landtagswahlen wurden am selben Tag abgehalten. Die Ergebnisse unterschieden sich kaum. Der VdU zog mit fünf von 26 Mandaten in den Salzburger Landtag ein (ÖVP 12, SPÖ 9) und stellte mit dem Fliegeroffizier Major Florian Groll auch einen Landesrat, der freilich kein besonders einflussreiches Ressort zugesprochen erhielt: „Man hat uns Bagatellen angeboten."

Groll präsentierte seinen Klub im Landtag als „Vortrupp einer großen zukünftigen österreichischen Mittelpartei, die jeden Radikalismus an den Rand des Geschehens verweist". Die VdU-Abgeordneten im Landtag waren eine sozial gut durchmischte Riege: Alois Ruhdorfer, ein Gastwirt aus Radstadt, Franz Buchinger (Sozialsprecher aus Zell am See), Manfred Krüttner, der für Groll nachrückte, und zwei freiberufliche Akademiker aus der Stadt (der Rechtsanwalt Hans-Friedrich Freyborn und der Architekt Karl Mayr).

Anfangs war das Klima gegenüber den Neulingen noch von frostiger Ablehnung gekennzeichnet. Bei der Wahl Grolls zum Landesrat enthielten sich die beiden anderen Fraktionen der Stimme. Auffallend ist hingegen, dass selbst der politische Gegner während der Besatzungszeit offenbar kein besonderes Interesse daran zeigte, die „Faschismus-Keule" gegen Groll in Stellung zu bringen. Als ihm zwei amerikanische Journalisten 1952 vorwarfen, er habe sich höchst enthusiastisch über Hitler geäußert, stellte sich der Verfassungs- und Verwaltungsausschuss des Landtages einstimmig hinter den Kollegen und dementierte auch umgehend alle Gerüchte, die US-Besatzungsbehörden hätten Interesse an dem Fall gezeitigt. Das Grundanliegen der innenpolitischen „Befriedung" und der Reintegration der „Ehemaligen" wurde auch von ÖVP und SPÖ geteilt. Man verwahrte sich nur gegen Versuche des VdU, aus diesem Thema politisches Kapital zu schlagen, wusste aber auch da zwischen sachlichen und polemischen Zugängen zu unterscheiden. Freyborn z. B. konzedierte ein Redner der SPÖ: „Ich will Ihnen kein Kompliment machen, die Art, wie Sie die Dinge dargestellt haben, die hat Eindruck erweckt, aber sie unterscheidet sich Gott sei Dank von der Art des Abgeordneten Krüttner."

Relativ bald machte sich innerhalb des VdU ein kurioser Zwiespalt bemerkbar. Die Partei war eine Salzburger Gründung; Kraus residierte in der Fronburg (und übersiedelte erst 1952 nach Wien); doch der Salzburger Landesverband des VdU entwickelte sich bald zur Speerspitze der innerparteilichen Opposition gegen Kraus. Auch das „Salzburger Volksblatt", die Traditionszeitung des nationalliberalen Lagers, die ab Juni 1950 im Kiesel-Verlag wieder erschien, machte sich zum Sprachrohr der Kraus-Kritiker. Die beiden Salzburger Gründer des VdU hatten mit der Bundespolitik genug zu tun. Viktor Reimann gab die Führung des Salzburger VdU deshalb schon 1950 an den Rechtsanwalt Gustav Zeillinger ab, der erst kurz vor der Wahl über einen Klienten zum VdU gestoßen war. Neben Zeillinger waren es vor allem die beiden Klubobmänner im Landtag und in der Stadt Salzburg, Hans-Friedrich Freyborn und Sepp Weilhartner, die als Gegenpol zu Kraus auftraten. Im Sommer 1950 wurden alle drei schon einmal ausgeschlossen (dann aber wieder in Gnaden aufgenommen).

Hinter den Querelen standen neben den unvermeidlichen persönlichen Rivalitäten auch unterschiedliche politische Konzepte und Strategien. Diese Differenzen wurden beim Präsidentschaftswahlkampf des Jahres 1951 deutlich. Der VdU schickte mit dem Innsbrucker Arzt Burghard Breitner einen unabhängigen Kandidaten ins Rennen (der lange vor Brigitte Bardot mit dem Kürzel BB vermarktet wurde). BB trat selbst im Wahlkampf nicht auf, sondern überließ die Werbetätigkeit diversen Personenkomitees aus Prominenten, Adeligen und Akademikern. Im Lande Salzburg, wo auch Canaval und die „Salzburger Nachrichten" auf BB setzten, erreichte er nicht weniger als 36 Prozent. Die Stichwahl fand dennoch zwischen den Kandidaten von Rot und Schwarz, dem Wiener Bürgermeister General Theodor Körner v. Siegringen und dem oberösterreichischen Landeshauptmann Heinrich Gleissner statt. Im VdU konnte man sich auf keine Wahlempfehlung einigen. Kraus gab dennoch in einem Interview mit der „Salzburger Nachrichten" die Parole aus: „Ich wähle Gleissner." Diese Erklärung wurde dem Obmann als Disziplinlosigkeit ausgelegt – und überzeugte die Anhänger nicht. Körner gewann die Stichwahl. Als Kraus im Dezember 1951 ein letztes Mal an der Spitze des Verbandes wiedergewählt wurde, verließen die Salzburger aus Protest den Bundeskongress.

Dabei setzte sich Salzburg bei den Wahlen 1953 mit 19 Prozent (und einem leichten Zugewinn) an die Spitze aller Länder. Die „Aktion für politische Erneuerung", eine Abspaltung von der ÖVP, kandidierte diesmal zusammen mit dem VdU. Auf Bundesebene stieß mit Willfried Gredler als ehemaligem Generalsekretär der Wiener ÖVP ein vielversprechendes politisches Talent dazu, im Land mit Graf Kunata Kottulinsky der Obmann der Sektion Industrie in der Salzburger Handelskammer, der ein Nationalrats-Mandat nur ganz knapp verfehlte. Insgesamt endete das Wahljahr freilich mit einer Enttäuschung: Der VdU hatte in seinen Hochburgen im Westen – bis auf Salzburg – zum Teil massive Verluste hinnehmen müssen. Auch die Aussicht auf eine Regierungsbeteiligung hatte sich zerschlagen. Bundeskanzler Julius Raab wollte den VdU 1953 zwar als Juniorpartner in die Große Koalition einbauen, scheiterte aber am Veto der SPÖ. Vizekanzler Adolf Schärf befand, die Große Koalition der Besatzungszeit gleiche zwar einer Zwangsehe, aber das bedeute noch lange nicht, dass man seine Konkubine in den gemeinsamen Haushalt mitbringen dürfe.

Allerdings hatten die Großparteien das flächendeckende Verbot von Koalitionen mit dem VdU 1953 nicht mehr erneuert. Die Weichen waren gestellt für schwarz-blaue Bündnisse in den Gemeinden, wie sie z. B. in Innsbruck zustande kamen. Doch in Salzburg gingen die Uhren anders: Die ÖVP weigerte sich, einen Kandidaten ins Rennen um den Bürgermeisterposten zu schicken, der auch dem VdU genehm war; die VdU-Fraktion ermöglichte deshalb die Wiederwahl des SPÖ-Bürgermeisters, eine heimliche Koalition, die beim nächsten Mal bereits ganz offen ausgeschildert wurde. Das offenere Klima zeigte auch nach der Landtagswahl von 1954 seine Auswirkungen. Diesmal hatte der VdU deutliche Verluste zu verzeichnen, die ihn – bei nur mehr vier von jetzt 32 Mandaten – vielleicht sogar den Landesrat hätten kosten können. Doch in Verhandlungen nach beiden Richtungen setzte Zeillinger eine Vergrößerung der Landesregierung durch. Die Wahlen ins Präsidium und in die Landesregierung erfolgten jetzt – zum Unterschied von 1949 – schon alle einstimmig. Der Landesrat wurde für ein Vierteljahrhundert mit Walter Leitner besetzt, der sich zu einer populären Figur entwickelte und in den 1960er -Jahren mit 18 Prozent als Spitzenkandidat der FPÖ an die Glanzzeiten des VdU anknüpfte – zu einer Zeit, als die FPÖ im Bund nicht viel mehr als fünf Prozent einfuhr.

Der VdU überlebte die Niederlage vom Herbst 1954 nämlich nicht lange. Vielleicht war es auch das beginnende Wirtschaftswunder, das die oppositionelle Stimmung dämpfte; der Raab-Kamitz-Kurs – mit Kraus-Freund Josef Böck-Greissau als Handelsminister und dem alten Landbündler Franz Thoma als Landwirtschaftsminister – war für VdU-Anhänger zweifellos attraktiv. Jedenfalls brachen die internen Streitigkeiten mit erneuter Vehemenz auf. Die westlichen Länder gingen auf Distanz zur Bundesführung in Wien. Ein Teil der Dissidenten schloss sich Anton Reinthaller an, dem „Anschlussminister" im Kabinett Arthur Seyß-Inquart 1938, dem allerdings von allen Seiten persönliche Ehrenhaftigkeit attestiert wurde. Julius Raab höchstpersönlich forderte Reinthaller zu einer Rückkehr in die Politik auf, auch die Industrie unterstützte seine „Freiheitspartei".

Salzburg kam beim Übergang vom VdU zur FPÖ eine besondere Rolle zu. Zeillinger hatte immer zu den Kritikern der Bundesführung gehört. Aber er wollte die Geschlossenheit der Landespartei bewahren. Er ließ Reinthaller wissen, er werde die Salzburger nur ganz oder gar nicht bekommen. Mit dieser Strategie hatte er schließlich auch Erfolg: Der Wechsel vom VdU zur FPÖ ging in Salzburg im Zeichen der Kontinuität, ohne größere Verwerfungen über die Bühne: Es gab keine Machtübernahme von außen. Die drei maßgeblichen Persönlichkeiten, allesamt Angehörige der Kriegsgeneration: Gustav Zeillinger (1917–1997) als Nationalrat, Walter Leitner (1915–2002) als Landesrat (und Verbindungsmann zur ÖVP), Sepp Weilhartner (1917–1995) als Vizebürgermeister von „rot-blau" in der Stadt Salzburg, hatten ihre Laufbahn alle schon zur Zeit des VdU begonnen – und blieben bis in die 1970er-Jahre im Amt. Salzburg aber blieb das Musterland der FPÖ, das ab 1959 regelmäßig das beste Ergebnis aller Bundesländer lieferte. Erst unter Jörg Haider war dann alles anders: Diesmal lag das Zentrum der Bewegung in Kärnten.

Aus den Debatten des Salzburger Landtages

Auszug aus dem Protokoll der Landtagssitzung am 1. Dezember 1949

Landesrat Florian Groll (WdU): Hohes Haus! Meine sehr verehrten Herren Abgeordneten! Als Klubobmann der Landtagsfraktion der Unabhängigen habe ich die Ehre, eine kurze Erklärung hier abzugeben. Ich habe aus den Erklärungen der beiden Vorredner mit Vergnügen entnommen, daß sie sich in wesentlichen Punkten mit dem Inhalt unseres Programmes decken. Was wir dazu tun können, davon können Sie überzeugt sein, daß wir in keiner Weise diesen Ausführungen entgegentreten sondern sie nur unterstreichen können. Wenn ich Ihnen aber heute trotzdem erklären muß, daß nach den vorhergehenden Absprachen mit den beiden anderen Parteien uns unbedingt das Bewußtsein aufgestiegen ist, daß speziell die ÖVP sich des eindeutigen Ausganges des Wahlergebnisses nicht bewußt wurde und daß sie nach wie vor bestrebt ist, alle wichtigen Ressorts auf sich zu vereinigen. Wir mußten in die Opposition treten aber in eine konstruktive Opposition, denn Sie werden verstehen, daß wir zwangsläufig die Konsequenzen ziehen müssen. Wir werden mit allen Kräften überall dort mitarbeiten, wo es eindeutig um das Wohl unseres schönen Landes geht wir werden aber immer trachten, daß die Allgemeininteressen stets über die Parteiinteressen gestellt werden.

Gestatten Sie mir noch, im Zusammenhang mit der Sitzordnung eine Erklärung abzugeben und unsere Partei zu charakterisieren. Man hat uns, wahrscheinlich zentralen Weisungen zufolge, auf die äußerste Rechte gesetzt und sich damit eine Ansicht angeschlossen, die besonders eine Partei vertritt, die nicht mehr in diesem Hause anwesend ist. Gegen diese Ansicht werden und müssen wir immer Protest einlegen an sich wäre es ja gleich. Wichtig ist nur, wo ihre Absichten und Gesinnungen hinzielen. Denn ich will folgendes feststellen: Der Österreicher ist seinem inneren tiefsten Wesen nach stets ein Ausgleich in der und vermittelnder Faktor gewesen und hat diese staatspolitische Begabung durch Jahrhunderte beispielhaft unter Beweis gestellt. Erst als man ihm diese Vermittlerrolle gewaltsam aus den Händen schlug, gelang es artfremden Ideen und Tendenzen, über die Grenzen unseres Vaterlandes einzusickern und es geschah durch die Dezennien hindurch, daß links- und rechtsradikale Tendenzen unser Land in Mitleidenschaft gezogen haben. Das führte so weit, daß in den letzten Auswirkungen das Volk bis an den Rand des Abgrundes geführt wurde. Nun beginnt der Österreicher wieder, sich auf sich selbst in steigendem Maße zu besinnen und er lehnt nach wie vor jeden Extremismus ab so sehen wir heute, daß wir in typisch österreichisches Bild herauskristallisieren können um das sehen, daß gerade wir als Vertreter dieser Richtung gewählt wurden, wie wir es stets unterstrichen haben. Der Österreicher sehnt sich heraus aus diesem Radikalismus, weil er gesehen hat, daß das nur auf seine Kosten geht und in ein Elend hineinführt. Wäre diese Richtung nicht da, dann säßen auch wir heute nicht hier und wir sind sogar der Meinung, daß wir der Vortrupp einer großen zukünftigen österreichischen Mittelpartei sind, die jeden Radikalismus an den Rand des Geschehens verweist. Auf die äußerste Rechte wurden wir placiert. Das Votum unserer Wähler aber weist uns auf dem Platz zwischen Ihnen. Ich stelle abschließend fest, daß wir eine Partei der Mitte sind im besten österreichischen Sinne und daß wir alles daransetzen werden, unsere schwer geprüfte Heimat gemeinsam mit den anderen Parteien einer besseren Zukunft entgegenzuführen.

Bericht des Verfassungs- und Verwaltungsausschusses in der Angelegenheit Zeitungsberichte über Äußerungen des Landesrates Florian Groll im Salzburger Presseclub am 23. Juli 1952 (SLP, Nr. 28, 4. Session, 2. GP)

Mit dem Inhalt des in der Salzburger Presse und der gesamten österr. Öffentlichkeit bereits lebhaft diskutierten Gespräches, das Landesrat Florian Groll am 23. Juli 1952 in den Klubräumen des Salzburger Presseklubs mit zwei Gästen dieses Klubs geführt hat, befaßte sich der Verfassungs- und Verwaltungsausschuß des Salzburger Landtages in mehreren Sitzungen. Der Ausschuß stellte hiebei fest:

Der Salzburger Landtag muß von jedem Mitglied der Landesregierung, welche gemäß der Landesverfassung vor Antritt seines Amtes angelobt worden ist, verlangen, daß es sich in allen Lebenslagen und Handlungen zur freien, selbständigen und demokratischen Republik Österreich bekennt. Diese selbstverständliche Verpflichtung muß als unabdingbar gelten.

Nach eingehender Beratung und Einholung aller verfügbaren Unterlagen kommt der eingangs genannte Ausschuß stimmeneinhellig zu folgendem Ergebnis:

1. Bei dem von Landesrat Groll geführten Gespräch handelt es sich um ein Privatgespräch zwischen drei Personen.

2. Hinsichtlich der in Rede stehenden Äußerungen des Landesrates Groll geht aus den bei der Bundespolizeidirektion Salzburg durchgeführten Einvernahmen hervor, das den Aussagen des Landesrates Groll die Aussagen seiner beiden Gesprächspartner entgegenstehen. Um daher eher zu einer Klärung des tatsächlichen Gesprächsinhaltes zu kommen, führte der Verfassungs- und Verwaltungsausschuß eine Gegenüberstellung aller drei Gesprächsteilnehmer durch. Da jedoch alle Beteiligten bei ihren vor der Polizei gemachten Angaben blieben, trat trotz dieser Gegenüberstellung keine Änderung der Situation ein. Fest steht, daß Äußerungen des Landesrates Groll in diesem Zusammenhang mißverständlich aufgefaßt wurden und das Gespräch so geführt wurde, daß es zu Mißdeutungen Anlaß geben konnte.

3. Landesrat Groll hat weiters erklärt, daß er insbesondere die Worte: „Ich war, bin und bleibe Nationalsozialist. Für mich gibt es nur einen Mann, den man jetzt noch verkennt, aber in 10 Jahren wird man seine einmalige Größe erkennen: Adolf Hitler. Ich bin den Worten dieses Mannes gefolgt, zu dem ich mich bekenne. Es gab keinen anderen Weg für mich ... und ich entschloß mich Politiker zu werden ...“ nicht gebraucht habe. Landesrat Groll hat gegenüber dem Verfassungs- und Verwaltungsausschuß eine hinreichende Erklärung abgegeben, aus der hervorgeht, daß es sich zu einer freien, unabhängigen und demokratischen

Republik Österreich bekenne und jeden Wiederaufleben nationalsozialistischen Gedankengutes und Personenkult entgegentreten werde.

4. Entgegen anderslautender Meldungen sind dem Ausschuß keine Umstände bekannt geworden, wonach der amerikanische kommandierende General Hays oder der Vertreter des amerik. Hochkommissars Mr. Espy diese Angelegenheit beeinflußt hätten. Vielmehr wurde von amerikanischer Seite unverzüglich erklärt, daß es sich hier um eine ausschließlich österreichische Angelegenheit handle und eine Einbringung amerikanischer Stellen daher nicht beabsichtigt sei.

Der Verfassungs- und Verwaltungsausschuß stellt aufgrund dieses Untersuchungsergebnisses stimmeneinhellig den

Antrag,

der Salzburger Landtag wolle beschließen:

Dieser Bericht wird vorläufig zur Kenntnis genommen. Nach Abschluß der Voruntersuchung vor dem Volksgerichtshof wird dem Landtag ein abschließender Bericht zugeleitet.

US-Amerikanische Schulausspeisungen, wie hier in Tamsweg, halfen gegen den Hunger, 1947 (Foto: Salzburg Museum, Ferdinand Ertl)

Christian Flandera

Der Salzburger Landtag und die US-Besatzungsmacht 1945 bis 1955

Von großer Dankbarkeit für Hilfe in schwerer Not bis zur Bitte an die Besatzungsmächte, Österreich lieber heute als morgen zu verlassen, reichte das Spektrum der Diskussionen im Salzburger Landtag. Nur wenige Monate nach der Befreiung Salzburgs bzw. Österreichs von den Nationalsozialisten wurde im November 1945 nicht nur ein neuer Nationalrat, sondern auch ein neuer Landtag gewählt.

Zur ersten Landtagssitzung im Dezember 1945 entsandten die amerikanischen Besatzungsmächte unter anderem den US-Gouverneur von Salzburg, Lieutenant Colonel Russell V. D. Janzan. Und das, was er hörte, dürfte ihn wohl erfreut haben, denn gleich zu Beginn dankte der Alterspräsident des Landtags, Anton Neumayr von der SPÖ, mit den Worten: „Ich begrüße hier insbesondere auch die Herren Vertreter der amerikanischen Regierung und danke Ihnen namens der Salzburger Bevölkerung, dass sie uns vom schrecklichen Nazismus befreit haben." Und der neugewählte ÖVP-Landtagspräsident Franz Hell (1899–1963) bekräftigte, dass „die Ernährung unseres Volkes (...) nur dank der Hilfe der Militärregierung gesichert werden" kann. Dem wollte dann ÖVP-Landeshauptmann DI Albert Hochleitner in nichts nachstehen, wenn er meinte: „Ich möchte (...) den Alliierten und insbesondere den amerikanischen Streitkräften dafür danken, daß sie uns aus Not und Tod befreit, dass sie dem Land die Freiheit wiedergegeben und dass sie in so großzügiger Weise mitgeholfen haben, Hunger von unserer Bevölkerung abzuwenden. Wir verbinden unseren Dank mit der Bitte, dass sie unserem Land auch in Hinkunft ihre Fürsorge zu Teil werden lassen." Tatsächlich war die Ernährungssituation in Salzburg im Jahr 1945 nur dank US-Hilfe noch relativ gut, doch diese verschlechterte sich Mitte 1946 drastisch. Erst Ende 1947 besserte sich die Situation wieder.

Dank und Ehrung

Im Landtag waren sich auch in der Folgezeit alle einig: Ohne die Hilfe aus den USA wären wohl viele Menschen in Salzburg und Österreich verhungert. Schon bald wurde die Dankbarkeit über die amerikanischen Lebensmittellieferungen durch Alltagssorgen überschattet. Trotzdem bedankte sich die Salzburger Landesregierung mit einer Ehrenurkunde beim US-Hochkommissar und Oberbefehlshaber der US-Truppen in Österreich, General Mark W. Clark. Anlässlich der Abstimmung über diese Auszeichnung im Landtag am 21. Februar 1946 dankte Landeshauptmann Hochleitner nochmals den Amerikanern nicht nur für die diversen Lebensmittelspenden und Wohltätigkeitsaktionen, sondern auch für die Wiederbelebung der Salzburger Festspiele. Landeshauptmann Hochleitner dankte aber auch für die Befreiung von „jahrelanger Knechtschaft" und erinnerte daran, dass das Land Salzburg die erste von der US-Militärregierung anerkannte Landesregierung hatte. Anton Neumayr überschlug sich geradezu in seiner Euphorie, wenn er mit den Worten dankte: „Du bist unser Gönner, unser Freund vom ersten Tage der

Der Salzburger Landtag,
nach der Befreiung unseres Landes durch
die Amerikanischen Truppen im Mai 1945
wieder verfassungsmäßig und frei gewählt,
hat in seiner Sitzung vom 21. Februar 1946
einstimmig beschlossen
General Mark W. Clark
in Würdigung seines wohlwollenden
Wirkens für das Land Salzburg
den wärmsten und aufrichtigsten Dank
auszusprechen und hat die Landesregierung
beauftragt, ihn

Die Landesregierung beantragt 1946 für den „Freund und Gönner des Landes Salzburg“, US-General Mark W. Clark, die Ausstellung einer Dankesurkunde (Entwurf der Urkunde) (Foto: Salzburg Museum, Wilhelm Kaufmann)

Amerikaner in Salzburg gewesen.“ Und er erhoffte sich durch die Auszeichnung einen positiven Effekt für den Tourismus, denn „wenn General Clark in Amerika verbreiten wird, wie schön er das Land gefunden hat, wie ergreifend die Festspiele waren (…) dann glaube ich, dass vielleicht Amerikaner unser Festspielhaus besuchen werden und wir sie als Gäste begrüßen können.“

Und auch der Zweite Landtagspräsident, Josef Ausweger, ließ es sich nicht nehmen, dem General für „sein aufopferndes Wirken“ zu danken. Und auch er stellte die herausragende Rolle Clarks bei der Bewältigung der Ernährungslage in den Mittelpunkt seiner Dankesworte.

Wehrmachtsfahrzeuge und inhaftierte Nationalsozialisten

Die brennendsten Themen der nächsten Monate waren die Vorgehensweise gegen die inhaftierten Nationalsozialisten sowie das sperrige Thema der ehemaligen Wehrmachtsfahrzeuge im Land Salzburg. Nach Kriegsende waren im

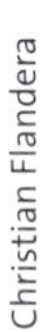

ganzen Land Salzburg Unmengen an Fahrzeugen der deutschen Wehrmacht vorhanden, die es entweder zu nutzen oder zu entsorgen galt. Eine Nutzung der Fahrzeuge wäre die erste Wahl gewesen, gab es doch Ende 1945 in Salzburg nur mehr rund 932 fahrbereite Kraftfahrzeuge, 39 Omnibusse und 810 Lastkraftwagen. Und in dieser bedrückenden Situation sollen sich alleine im Land Salzburg rund 6.000 Fahrzeuge der deutschen Wehrmacht auf 25 verschiedenen Plätzen befunden haben. Und diese Fahrzeuge waren nicht nur begehrt, sondern auch dringend notwendig! Dementsprechend groß war die Freude, als die Amerikaner im Juli 1945 dem Ernährungsamt Salzburg 100 ehemalige Wehrmachtsfahrzeuge zur Verfügung stellten.

Doch viel zu spät, nämlich erst im Dezember 1945, hätten sich die Amerikaner dazu durchgerungen – so wurde in einer Landtagsdebatte im Frühjahr 1946 beklagt –, der Landesregierung die Kompetenzen zur Bergung der ehemaligen Wehrmachtsfahrzeuge zu übertragen. Und die Zeit drängte, da die Fahrzeuge teilweise einfach auf Feldern abgestellt waren und so die Aussaat im Frühjahr behinderten. Vielfach war es jedoch zu spät, denn aus manchen Fahrzeugen waren bereits Wracks geworden. Die Fahrzeuge waren, wie es Landeshauptmann Hochleitner nannte, von der Bevölkerung „ausgebeindelt" worden und das Land konnte nur mehr den Schrott entsorgen. Der Landeshauptmann fand deutliche Worte, wenn er meinte, dass an diesem Verlust nicht die Landesregierung die Schuld trage, „sondern Schuld war die Tatsache, dass die amerikanische Militärregierung uns die Wagen nicht zur ordnungsmäßigen Verwaltung übergeben und auch ihrerseits nichts unternommen hat, um die Wagen zu bergen und zu verwerten". Bis zum Jahreswechsel 1946/47 befasste sich der Landtag immer wieder mit dieser Thematik, denn die Fahrzeuge wurden zwar inzwischen vermietet, doch die Salzburger – so die Landtagsabgeordneten – stießen sich entweder an der Höhe der Miete oder wollten die Fahrzeuge gleich kaufen, doch die alliierten Besitzer – nicht alleine die Amerikaner – wollten vorerst nicht verkaufen. Die kritisierte Miethöhe legte übrigens die Landesregierung und nicht die Alliierten fest. Am Ende waren jedoch alle glücklich, denn im Jahr 1948 gab es im Land Salzburg bereits wieder 11.433 Fahrzeuge – rund die Hälfte davon waren vergebene Beutefahrzeuge der deutschen Wehrmacht. Und anlässlich der Festsitzung „10 Jahre Salzburger Landtag" Ende 1955 konnte im Landtag zufrieden festgestellt werden, dass die „rund 5.000 Kraftfahrzeuge aus dem Beutebestand der amerikanischen Besatzungsmacht" das Rückgrat der Motorisierung Salzburgs nach dem Zweiten Weltkrieg gebildet hatten.

In den ersten Monaten des freien Salzburger Landtags befasste sich dieser auch immer wieder mit der Frage eines Arbeitseinsatzes inhaftierter Nationalsozialisten. Diese waren u. a. im Camp Marcus W. Orr („Lager Glasenbach") an der Alpenstraße inhaftiert. Landtagspräsident Hell forderte im Frühjahr 1946 von der Landesregierung, dass diese mit den Amerikanern eine Arbeitspflicht für die inhaftierten Nationalsozialisten vereinbaren solle, damit Letztere beim Wiederaufbau eingesetzt werden könnten. Doch die US-Besatzungsmacht stand diesem Ansinnen ablehnend gegenüber und so musste Landeshauptmann Hochleitner im Juli 1946 ernüchtert feststellen, dass „im Lande Salzburg trotz der Überbevölkerung durch Flüchtlinge und DP ein drückender Mangel an Arbeitskräften in der Landwirtschaft und im Baugewerbe" herrschen würde. Unter der englischen Abkürzung „DP", die für „Displaced Persons" stand – übersetzt

„versetzte Personen" –, verstand man damals entweder NS-Opfer nicht-alliierter Staaten („Feindstaaten") oder geflüchtete sowie verschleppte Personen der alliierten Staaten.

Der ablehnenden Haltung der Amerikaner in Hinblick auf die inhaftierten Nationalsozialisten würden – so der Landeshauptmann in seinen Ausführungen – „politische und polizeiliche Erwägungen der Militärregierung" zu Grunde liegen. Noch ein Jahr später beklagte sich Salzburgs Bürgermeister Neumayr am Ende einer Rede mit der Bemerkung: „Und nun noch einige Worte an die Alliierten", dass man sich im Lager Marcus W. Orr noch immer um die falschen Personen kümmern würde. Unbelastete würden immer noch eingesperrt sein und bei bekannten Nationalsozialisten würde man sogar seitens der Lagerverwaltung intervenieren.

Wohnungsnot

Die Nachkriegszeit in Salzburg stellte die Bevölkerung und die Behörden, neben der Ernährungssituation, vor weitere große Herausforderungen. Durch die Luftangriffe auf die Stadt Salzburg waren alleine hier 46 Prozent der Häuser beschädigt, davon 423 Gebäude total zerstört und rund 26.000 Menschen obdachlos geworden. Verschärft wurde diese Situation noch durch zwei zusätzliche Faktoren: Im Land Salzburg befanden sich im August 1945 rund 250.000 Einheimische und 100.000 Fremde. Viele Einheimische und Flüchtlinge bzw. Ausländer hausten in Kasernen, Lagern, Baracken oder gar nur Splittergräben.

Flüchtlinge wurden im Land bereits seit 1941 beherbergt, deren Zahl stieg jedoch im letzten Kriegsjahr stark an, ehe Anfang 1945 der Zustrom zur Invasion wurde. Und die Anzahl der Flüchtlinge ging nur langsam zurück. Es war eine bunte Schar an Menschen, die in diesen Jahren anwesend waren: Da gab es Menschen aus Niederösterreich und Wien, die vor der Roten Armee geflohen waren, aus ihren Siedlungsgebieten vertriebene Volksdeutsche, vor Bombenangriffen geflohene Deutsche oder bereits „Ausgebombte" sowie Russen, Polen, Ukrainer, Jugoslawen, ehemalige KZ-Häftlinge, Staatenlose usw. Und die Anzahl sollte noch längerer Zeit auf diesem hohen Niveau verweilen, denn im Oktober 1948 wurde im Landtag über immer noch mehr als 51.000 nichtösterreichische Staatsbürger im Land Salzburg, wovon nur knapp mehr als die Hälfte deutschsprachig war, berichtet.

Neben den Bombenschäden und Flüchtlingen verknappte auch die US-Besatzungsmacht den verfügbaren Wohnraum, da seit der Befreiung hunderte Wohnungen und Gebäude in Stadt und Land für deren Zwecke beschlagnahmt waren. Mit rund 700 Wohnungen in der Stadt Salzburg beanspruchte die US-Armee allerdings nur 4 Prozent des verfügbaren Wohnraums für sich.

Die Wohnungsnot wurde zum Dauerthema im Landtag, da die Neubauleistung den Bedarf nicht decken konnte und so die beschlagnahmten Wohnungen doppelt schwer wogen. Im Juli 1946 war der Grundtenor der Debatte noch verständnisvoll und man diagnostizierte, dass die Besatzungssoldaten viele Wohnungen beschlagnahmt hätten, um darin zu wohnen „weil die Besatzungstruppen irgendwo untergebracht werden müssen". Parallel zur Neubaudebatte, deren Finanzierung bzw. dem Baustoffmangel kam das Thema der US-Beschlag-

Das Café Tomaselli am Alten Markt wurde von den Amerikanern als „Forty Second Street Cafe" geführt, 1945–1955 (Foto: Archiv der Stadt Salzburg, Fotosammlung Anny Madner)

nahmungen in den folgenden Monaten und Jahren immer wieder aufs Tapet. Dabei drehten sich die Debatten weniger um die Tatsache der Beschlagnahmungen als um die – wenn man den Abgeordneten glauben kann – heillos überforderten Salzburger Behörden, die mit der Auszahlung der Entschädigungszahlungen für die Wohnungs- und Gebäudeeigentümer seit Ende 1946 betraut und im Verzug waren. Naturgemäß anders sah dies die Landesregierung, die als Ursache für die Verzögerungen die hohen Forderungen und den damit verbundenen Arbeitsaufwand angab.

Eine weitere Facette der Situation beschrieb ÖVP-Abgeordneter Karl Wimmer, der insbesondere die Situation im Gasteinertal als kritisch bezeichnete, da dort noch immer sehr viele Hotels dem Fremdenverkehr durch die Beschlagnahmungen entzogen seien. Und auch drei Jahre später, im Jahr 1950, kritisierte Wimmer, dass in Zell am See immer noch zahlreiche Hotels, Cafés und Garagen von den Amerikanern belegt seien – erst 1953 trat hier eine Besserung ein. ÖVP-Landeshauptmann Dr. Josef Klaus folgte zwar Wimmers Wunsch und verhandelt mit den Amerikanern erneut über die Rückgabe, musste jedoch im Juli 1950 den versammelten Abgeordneten berichten, dass sich General Geoffrey T. Keyes nicht überzeugen hatte lassen. Landeshauptmann Klaus erreichte lediglich ein Versprechen, dass bei Wegfall des US-Bedarfs die Liegenschaften rasch zurückgestellt werden sollten.

Das Thema „Wohnraum" blieb ein Dauerbrenner, wohnten doch auch 1953 noch fast 11.000 Menschen in rund 1.300 Baracken. Die politische Diskussion um die beschlagnahmten Wohnungen und Häuser nahm ab 1949 eine überraschende Wende: Nunmehr wurden die Beschlagnahmungen im Landtag vermehrt thematisiert und kritisiert. Doch das Interessante war: Nicht die Amerikaner, die die Gebäude nutzten, standen im Fadenkreuz der Kritik, sondern die österreichischen Behörden, denen man einmal schlechte Verhandlungsführung vorwarf und ein anderes Mal unterstellte, mehr von den Amerikanern zu verlangen, als sie dann an die österreichischen Besitzer weitergaben. Kam diese Kritik noch anfangs von der ÖVP, so wurde sie bald zum Steckenpferd der „Wahlpartei der Unabhängigen“ (WdU). In regelmäßigen Abständen wurde nun der Republik vorgeworfen, sich hier ein Körberlgeld zu verdienen.

Flüchtlinge und Kriminalität

Und noch ein Thema brannte den Abgeordneten in diesen Jahren unter den Nägeln. Es ging dabei um die Flüchtlingskriminalität im Land Salzburg. Die Lage schien tatsächlich prekär: Die Bundessicherheitsdirektion für Salzburg bestätigte Anfang 1946 in einer Antwort an den Landtag, dass „bei den strafbaren Tatbeständen Mord, Mordversuch bzw. öffentliche Gewalttätigkeit siebenmal mehr Ausländern, beim strafbaren Tatbestand Plünderung dreimal mehr Ausländern als Österreichern die Täterschaft nachgewiesen werden konnte.“

Zwar hatte bereits im Juni 1946 eine Delegation, bestehend aus dem Landeshauptmann, dem Landtagspräsidenten und Gewerkschaftsvertretern, beim Gouverneur der US-Militärregierung um Abhilfe ersucht. Doch ein Erfolg sei ausgeblieben, klagten jedenfalls die SPÖ-Abgeordneten im Salzburger Landtag im Winter 1946. Landeshauptmann Hochleitner brachte es in einer Rede vor den Abgeordneten auf den Punkt: „Wir Österreicher sind im Allgemeinen ein gastliches Land, verlangen aber, dass sich die Gäste in unsere Ordnung und in unseren Arbeitsprozess eingliedern.“ Und auch wenn die US-Militärregierung, wie der Landeshauptmann beteuerte, bereits mehrfach ersucht worden sei, die „Ausländer so rasch wie möglich außer Landes zu bringen“, so zog sich dieses Projekt über Jahre hinweg. Drastischer formulierte Landtagspräsident Hell die Situation, der nicht nur auf die Schwierigkeit der Ernährung der Ausländer hinwies, sondern meinte: „Wir sehen gerade, dass ein großer Teil dem Gastlande gegenüber in keiner Weise seine Pflicht erfüllt und dass es gerade gewisse Ausländer sind (...) die eine Unsicherheit im Lande Salzburg hervorrufen (...). Gerade aus diesem Grunde müssen wir darauf bestehen, dass hier eine Säuberung durchgeführt wird, und müssen wir die Alliierten bitten, uns von dieser Last zu befreien.“

Beim Thema „Ausländer“ war man sich im Landtag einig, denn die SPÖ forderte „energische Maßnahmen gegen die durch die DPs hervorgerufene allgemeine Unsicherheit“ und selbst der einzige kommunistische Abgeordnete im Salzburger Landtag, KPÖ-Landesparteiobmann Franz Strasser, ersuchte die Alliierten, Österreich so rasch wie möglich von der Last der DPs zu befreien und meinte wörtlich: „Es soll allen diesen Menschen gut gehen; meinetwegen sollen ihnen die Amerikaner ein Paradies schaffen, aber sie sollen ja nicht mehr nach Österreich kommen.“

Doch um die Jahreswende 1946/47 konnte Landeshauptmann Hochleitner den Landtagsabgeordneten freudig berichten: „In besonders dankenswerter Weise hat sich die amerikanische Militärregierung über Anregung der österreichischen Sicherheitsbehörden bereit erklärt, die staatliche Exekutive bei der Durchführung von Razzien, besonders in den Abend- und Nachtstunden, zu unterstützen. Ich kann mit großer Befriedigung und besonderem Dank an die amerikanische Militärregierung feststellen, dass die Zusammenarbeit mit der österreichischen Exekutive bereits erfolgreiche Ergebnisse aufgezeigt hat (...).“ An dieser Stelle sollte allerdings erwähnt werden, dass die österreichischen Sicherheitsbehörden von Anfang an – wenn auch mit wechselnder Intensität –

Der erste große Schleichhandelsprozess vor einem US-Militärgericht erregte großes Medieninteresse, 1946 (Foto: Archiv der Stadt Salzburg, Fotosammlung Anny Madner)

von der amerikanischen Militärpolizei unterstützt wurden. Wenige Monate später thematisierte der ÖVP-Landtagsabgeordnete Franz Freundlinger das Thema der inneren Sicherheit erneut und sprach davon, dass, obwohl Polizei, Gendarmerie und US-Militärpolizei bemüht seien, die Lage noch nicht unter Kontrolle sei. Um der Kriminalität endlich Herr zu werden, was Freundlingers Ansicht nach der Exekutive alleine nicht gelingen werde, forderte er einmal mehr, dass „die wirklich einwandfreie Zivilbevölkerung mit Waffenpässen versorgt" werden sollte. Und um dieses Ansinnen zu ermöglichen, sollte die Landesregierung an die US-Militärregierung herantreten, um die Ausgabe der, seiner Ansicht nach, so notwendigen Waffenpässe zu erreichen.

Das Resümee der Bundespolizeidirektion über eine Aktion gegen den Schleichhandel gegen Ende des Jahres 1947 war denn auch, dass von 217 beanstandeten Personen 101 aus dem Ausland stammten. Während sich also die Polizeiberichte jener Zeit mit den Inhalten der Diskussionen deckten und einen hohen Anteil an Ausländer- bzw. Flüchtlingskriminalität bestätigten, zeigt die Justizstatistik ein anderes Bild: Im Jahr 1947 betrug der Ausländeranteil an den Verurteilungen im Land Salzburg 15,5 Prozent. Im Vergleich dazu standen 2010 in Österreich 31,4 Prozent verurteilte ausländische Staatsbürger 37,2 Prozent fremden Tatverdächtigen im Land Salzburg gegenüber. Die Aufklärungsquote lag übrigens z. B. im April 1949 bei fast 80 Prozent. Dieser Zahlenvergleich soll nicht nur das Ausmaß der damals beklagten Ausländerkriminalität ein wenig relativen, sondern auch zeigen, dass – mangels detaillierten Statistiken – davon ausgegangen werden kann, dass auch die tatverdächtigen Ausländer im Zeitraum 1945 bis 1955 wohl kaum mehr als 20 Prozent aller Tatverdächtigen ausgemacht haben können. Wie sich generell zeigt, dass in jenem Zeitraum Kapitalverbrechen und Prostitution der österreichischen Bevölkerung vorbehalten waren, während Diebstahl, Raub und Schleichhandel eher von Ausländern begangen wurde. Da es sich dabei aber, in einer Zeit des großen Mangels, beim Diebesgut oft um Lebensmittel handelte und somit der Diebstahl lebensbedrohlich werden konnte, wird die Empörung verständlicher.

Marshallplan-Hilfe

Es besteht kein Zweifel, dass Österreich in jener Zeit ohne ausländische Hilfe nicht überlebensfähig gewesen wäre. Von Kriegsende bis Mitte 1947 wurden im Rahmen der GARIOA-Hilfe (Government Aid and Relief in Occupied Areas) und später der US-Kongresshilfe Waren- und Dienstleistungen im Wert von rund 390 Millionen Dollar nach Österreich bzw. Salzburg geliefert. Flankierend dazu existierte ab April 1946 noch die UNRRA-Hilfe (United Nations Relief and Rehabilitation Administration), die Lebensmittellieferungen umfasste. Ab 1. Juli 1948 wurden im Laufe von fünf Jahren weitere 962 Millionen US-Dollar durch den Marshallplan (ERP: European Recovery Program) nach Österreich gepumpt – bis 1957 sollten 1,7 Mrd. S dieser Summe nach Salzburg fließen.

Die Wortmeldungen zum Marshallplan im Salzburger Landtag spiegelten die Haltungen der Parteien auf Bundesebene wider: Während die ÖVP den Plan vorbehaltlos begrüßte, war man auf SPÖ-Seite anfangs noch hin und her gerissen, was man davon halten sollte. Klar gegen die US-Hilfe waren die Kommunisten, da auch die Sowjetunion diese Hilfe ablehnte. Die zögerliche Wortmeldung von SPÖ-Landesparteivorsitzender Franz Peyerl, der meinte, dass die SPÖ den Marshall-Plan, „falls er keine politischen Bedingungen enthält", begrüßen würde, „weil er bis zur Stunde der einzige konkrete und konstruktive Plan zu einem Wiederaufbau Europas ist", zeigt dieses Dilemma der SPÖ sehr gut. Peyerl meinte weiter: „Wir sind vielmehr der Meinung, dass, wenn es nicht gelingt, einen besseren Gegenvorschlag zu finden, Österreich in seiner verzweifelten Lage ja gar keine andere Möglichkeit hat, um seine Wirtschaft wieder in Gang zu setzen, als zuzugreifen und diese Hilfe in Anspruch zu nehmen." Abgeordneter Strasser hingegen war voll auf KPÖ-Parteilinie und kritisierte den Marshall-Plan auf allen Linien. Er meinte, er sei kein „Marshallrekrut" und es sei „der größte Witz der Weltgeschichte" wenn man glauben würde, Österreich könne seine Industrieprodukte an den Westen verkaufen: „Keineswegs wird Österreich imstande sein, seine Erzeugnisse in die von den westlichen Importeuren beherrschten Wirtschaftsräume absetzen zu können." Die zu diesem Zeitpunkt noch nicht ausgegorene Positionierung der SPÖ zeigte sich bei der Wortspende von Bürgermeister Neumayr, der meinte: „Deswegen begrüßen wir den Marshallplan, denn hätten wir den Marshallplan nicht, dann könnten wir in diesem Jahr unseren Magen auf den Nagel hängen und damit wäre nichts gedient. (...) Wir wissen recht gut, dass drei Viertel der Summen des Marshallplanes veressen werden in Österreich." Es wäre „daher ein Verbrechen, wenn wir erklären würden, wir sind mit dem Marshallplan nicht einverstanden".

Doch die Stimmung ändert sich in den folgenden Jahren, und abgesehen vom KPÖ-Obmann Strasser, der die ERP-Mittel auch später noch für ein „propagandistisches Manöver" hielt, das Österreich zur Marionette des Auslands machen würde, dankten nahezu alle Abgeordneten den Vereinigten Staaten für die Lebensmittellieferungen oder die „großartigen Kredite". Als einziger innerösterreichischer Kritikpunkt verblieb, dass – wie auch Neumayr schon angemerkt hatte – zu viel Geld aus dem Marshallplan anstatt für den Wiederaufbau der Industrie für den Ankauf von Lebensmitteln verwendet werden musste, da die heimische Landwirtschaft noch immer zu wenig produzierte. Doch um dies zu verbessern, wurden beträchtliche Marshallplanmittel für die Modernisierung der österreichischen Landwirtschaft aufgewandt. Erst durch die ERP-Mittel konnten die Salzburger Landwirtschaft ausreichend mechanisiert, die Gehöfte elektrifiziert und die ländliche Fortbildung professionalisiert werden. Bis 1957 flossen so 107 Mio. S an Unterstützungen in die Salzburger Land- und Forstwirtschaft und mit über 2.000 Traktoren wies Salzburg danach die höchste Dichte Österreichs auf. Eine wesentliche Ursache der Freude über die amerikanische Finanzhilfe für die Landwirtschaft dürfte allerdings auch dem Umstand geschuldet sein, dass die Landwirtschaft – im Gegensatz zur übrigen Wirtschaft – zwei Drittel der Mittel als nichtrückzahlbare Subventionen und nur ein Drittel als niedrigverzinste Darlehen erhielt. Und so ist das Loblied des Bauern und ÖVP-Abgeordneten Martin Saller verständlich, der meinte: „Es wäre nur zu wünschen, wenn wir möglichst viele Jahre die befruchtende Wirkung der ERP-Mittel für die ganze Volkswirtschaft noch zur Verfügung hätten."

Der Fall Kaserne Wals-Siezenheim

Kein Ruhmesblatt für den Landtag und die Landesregierung war die Standortsuche für eine neue Kaserne der US-Armee in Salzburg. Mitte April 1951 wurde bekannt, dass sich die Amerikaner, vor dem Hintergrund des voll entfachten Kalten Kriegs und des Koreakriegs, in dem die Kommunisten auf dem Vormarsch waren, auf einen längeren Aufenthalt in Salzburg einrichten wollten. Zur Diskussion für die neue „Militärstadt" standen Flächen in Anif und Wals-Siezenheim. Nachdem die US-Militärs den Salzburger Gegenvorschlag – ein Überschwemmungsgebiet bei der Saalachmündung – abgelehnt hatten, sahen sich weder der Landtag noch die Landesregierung in der Lage, eine Entscheidung zwischen den beiden in Betracht kommenden Kasernenstandorten in Wals-Siezenheim bzw. in Anif zu treffen. Auch wenn niemand den Plan zum Kasernenneubau an sich in Frage stellte, so wurde ein Bericht des Landeshauptmanns im Landtag zur umstrittenen Standortsuche nicht einmal diskutiert! Das Abschieben der Verantwortung durch die Salzburger Politik löste vom Bundeskanzler DI Leopold Figl abwärts, gelinde gesagt, Verwunderung aus. Letztendlich entschieden sich die Amerikaner aus strategisch-ökonomischen Gründen für den Standort Wals. Erste Ende Juni 1951 – rund einen Monat nach Baubeginn – wachte man im Salzburger Landtag endlich auf und forderte eine angemessene Entschädigung der Siezenheimer und Walser Bauern sowie die Einbeziehung der Landesregierung in die Entschädigungsverhandlungen.

Alltagssorgen

Aber es gab nicht nur die vermeintlich großen Themen mit der Besatzungsmacht zu lösen, sondern auch viele kleinere Problembereiche: Diese reichten von der Regelung des kleinen Grenzverkehrs über das Deutsche Ecke bei Lofer – denn erst 1953 fiel die Visumpflicht für Österreicher in Deutschland – bis hin zum Dank an die Amerikaner, die durch die Bereitstellung von Sportartikeln, Sportbekleidung, Benzin, Zeltmaterial und anderes mehr die Jugendarbeit der Landesregierung unterstützten.

Aber auch die Tatsache, dass die Amerikaner ihre Kartenkontingente für die Salzburger Festspiele entweder verfallen ließen oder viel zu spät zurückgaben, sodass die Karten nicht mehr auf den Markt gebracht werden konnten, sorgte für die eine oder andere Diskussion im Landtag. Denn, so der Vorwurf, durch dieses Verhalten der Besatzungsmacht hätten schon manche Vorstellungen vor halbleerem Haus stattgefunden.

Und schließlich machten sich die Abgeordneten Sorgen um das Programm des amerikanischen Senders Rot-Weiß-Rot. Insbesondere die SPÖ beschwerte sich 1950 darüber, „dass bei der Programmgestaltung (...) auf die Stimmungswelt der arbeitenden Bevölkerung, in keiner Weise Rücksicht genommen wird. (...) bestimmte Musikproduktionen von einer beträchtlichen Zahl der Hörer abgelehnt werden und dass bestimmte Sendungen selbst bei toleranter Einstellung schärfste Kritik auslösen, weil sie mit den allgemeinen Prinzipien der Jugenderziehung nicht in Einklang gebracht werden können." Der dringende Appell der Abgeordneten an die USA war, den Sender möglichst rasch an Österreich zu übergeben. Und Ende 1951 stieß WdU-Abgeordneten Franz Buchinger während der Budgetdebatte „bei aller Würdigung der Besatzungsmacht" sauer auf, dass sich der Radiohörer „immer wieder nur Belehrungen gefallen lassen muss über die demokratischen Einrichtungen jenseits des Ozeans."

Wie die Amerikaner seit einer 1948 in Salzburg durchgeführten Meinungsumfrage wussten, klagte ein Teil der Hörer, dass im Sender Rot-Weiß-Rot Jazz und „negroide Tanzmusik" gespielt werde. Doch alles Klagen im Salzburger Landtag nützte nichts, die Amerikaner übergaben den Sender erst kurz vor dem Ende der Besatzungszeit, war er doch der erfolgreichste Radiosender Österreichs.

Staatsvertrag und ein versöhnliches Ende

Die lange Zeit erfolglosen Staatsvertragsverhandlungen färbten ebenfalls immer wieder auf die Themen und Sitzungen des Salzburger Landtags ab. So wurde bei den Budgetberatungen im April 1947 über Weltpolitik diskutiert, da Landeshauptmann-Stellvertreter Franz Peyerl ohne einen Erfolg bei den Staatsvertragsverhandlungen in Moskau dem Wiederaufbau Österreichs keine Chance einräumte. Peyerl war der Ansicht, dass nur dann, wenn Österreich „über seine Wirtschaftsaufgaben voll und frei verfügen" könne, der Wiederaufbau erfolgreich sein werde. Und in derselben Debatte forderte der inzwischen zum Bürgermeister der Landeshauptstadt aufgestiegene Abgeordnete Anton Neumayr Schloss Kleßheim von den Amerikanern zurück, denn „(...) Kleßheim war Besitz des Landes Salzburg und das Land soll daher wieder voll und ganz in den Besitz

Im Gebäude des heutigen Landesschulrats (Mozartplatz 8–10) befand sich von 1945 bis 1955 das Hauptquartier der US Forces in Austria. In der „Fahnenkammer" unter dem Dach verewigten sich im Laufe der Jahrzehnte viele Personen. Einige der Graffitis sind zweifelsfrei amerikanischer Herkunft. So haben sich die Soldaten Ron(ald) Bolza aus Allentown (Pennsylvania) und Mazzeli aus der Bronx in New York unter anderem mit diesem Graffiti verewigt „Bolza + Mazzeli pulled last flag 29 Sept 55". Ein gewisser O. J. Humberson aus dem kleinen Dorf Friendsville (Maryland) hielt am 2. Juni 1955 fest: „5 months to go". Nur Name und Anschrift hinterließ der 23-jährige Gordon Grussing aus Clara City (Minnesota) im März 1955. (Fotos: Salzburg Museum, Kilian Bochnig)

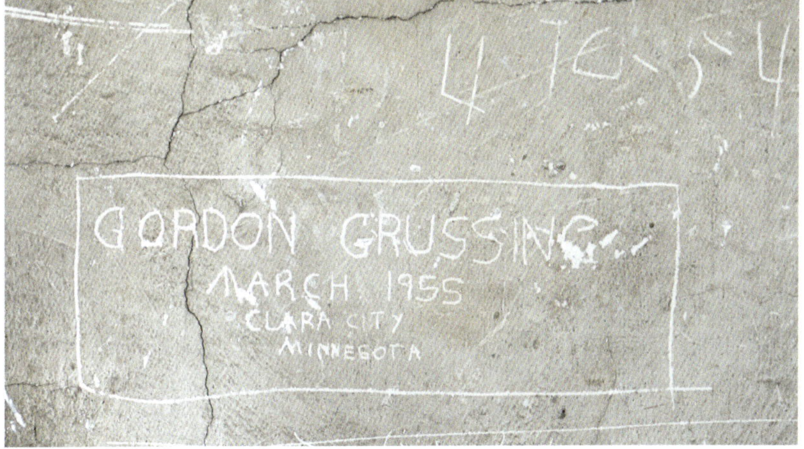

dieses Schlosses, dieses geraubten Schlosses kommen. Dieser Standpunkt muss auch rechtzeitig der Amerikanischen Regierung kundgemacht werden, damit wir nicht dieses Schloss etwa nur gnadenweise bekommen". Und im Oktober dieses Jahres schlug Landtagspräsident Hell in dieselbe Kerbe, wenn er meinte, „dass wir uns die Befreiung unserer Heimat und ihre Auswirkungen anders vorgestellt haben". Er beklagte in der Folge nicht nur die hohen Besatzungskosten, sondern betonte den Wunsch nach der Freiheit Österreichs und dass wir „die Lenkung und Gestaltung des Schicksals unserer Heimat" viel besser könnten als jene, „die sehr weit aus dem Westen oder Osten zu uns" gekommen sind. Mit seiner Kritik an den Besatzungskosten wusste sich Landtagspräsident Hell nicht alleine, denn Landeshauptmann-Stellvertreter Peyerl nutzte jede sich bietende Gelegenheit, um dem Landtag Kriegs- und Besatzungskosten vorzurechnen. Dennoch war sein Optimismus ungebrochen, denn im April 1948 träumte er davon, dass dem „österreichischen Volk in den nächsten Monaten" die Freiheit beschieden sein werde. Aber er appellierte an die Abgeordneten, die Bevölkerung zu beruhigen, da derzeit das Gerücht umgehe, „die amerikanische Besatzungsmacht habe vor, größere Wohnblocks und größere Wohnobjekte in Anspruch zu nehmen. (...) Wir wissen, dass sehr viel Unsinn und Blödsinn verzapft wird". Doch alle Appelle im Landtag an „die Großen der Welt" nützten nichts, die Verhandlungen um die Unabhängigkeit zogen sich noch jahrelang hin.

Im Juni 1955 war die Freude im Landtag schließlich groß, dass es endlich einen Staatsvertrag gab und der Tag des Abzugs des letzten Soldaten in greifbare Nähe gerückt war. In Salzburg betrachtete man dies mit einem lachenden und einem weinenden Auge, denn Landtagspräsident Franz Hell wies darauf hin, dass es nun nicht nur galt, einen Ersatz für die durch die Amerikaner erzeugte Hochkonjunktur zu sorgen, sondern dass hinkünftig in vielen Wirtschaftsbereichen das Wort „Dienen" groß und das Wort „Verdienen" klein geschrieben werden müsse. Und abschließend: „Meinen besonderen Dank möchte ich aber auch der amerikanischen Besatzung und dem amerikanischen Volke aussprechen für die unschätzbare Hilfe, die sie uns in der größten Notzeit unseres Landes in so großzügiger Art geleistet haben."

Auswahlbibliographie

Dohle, Oskar/Eigelsberger, Peter: Camp Marcus W. Orr. „Glasenbach" als Internierungslager nach 1945, Linz – Salzburg 2011

Hanisch, Ernst: Nationalsozialistische Herrschaft in der Provinz. Salzburg im Dritten Reich, Salzburg 1983

Huber, Wolfgang (Hg.): Landeshauptmann Klaus und der Wiederaufbau Salzburgs, Salzburg 1980

Kriechbaumer, Robert (Hg.): Neues aus dem Westen. Aus den streng vertraulichen Berichten der Sicherheitsdirektion und der Bundespolizeidirektion Salzburg an das Innenministerium 1945 bis 1955, Wien – Köln – Weimar 2016

Marx, Erich (Hg.): Befreit und Besetzt. Stadt Salzburg 1945–1955, Salzburg – München 1996

Mähr, Wilfried: Der Marshallplan in Österreich, Graz 1989

Salzburg 1945–1955. Zerstörung und Wiederaufbau, Salzburg 1995

Wagnleitner, Reinhold: Coca-Colonisation und Kalter Krieg. Die Kulturmission der USA in Österreich nach dem Zweiten Weltkrieg, Salzburg 1989

Höhe und Tiefen: 1948 Mirabell Service Club, ein von GIs gern besuchter Club, im Gebäude der Kammerspiele in der Schwarzstraße. 1955 Ausrangiertes Inventar des ehemaligen Mirabell Service Clubs im Camp Roeder. (Fotos: Salzburger Landesarchiv)

Robert Kriechbaumer

Der Staatsvertrag oder von der Ambivalenz der Befindlichkeiten

Von der überraschenden Wende in der sowjetischen Haltung gegenüber einem Staatsvertrag war noch nicht die Rede, als vor dem Hintergrund der bisherigen Verhandlungen und deren Ergebnissen die Auffassungsunterschiede zwischen den westlichen und östlichen Bundesländern sowie der Bundesregierung deutlich wurden. Vor allem in Salzburg vertrat man die Meinung, dass die Verhandlungsergebnisse der Jahre 1947 bis 1949 vor allem sowjetische Vorstellungen realisiert haben und auf Grund ihrer politischen und ökonomischen Implikationen nicht zu akzeptieren seien. Würde ein Staatsvertrag auf der Basis dieser Verhandlungsergebnisse geschlossen, wäre Österreich auf den Status eines besseren sowjetischen Satellitenstaates degradiert. Dabei wandte man sich vor allem gegen das mit drückenden ökonomischen Folgen verbundene Verhandlungsergebnis des Jahres 1949, das die österreichische Bundesregierung, massiv unterstützt von den östlichen Bundesländern, mit dem Argument rechtfertigte, ein Staatsvertrag sei besser als gar keiner, da er das drückende Besatzungsregime beenden würde.

In Westösterreich wurden die „Salzburger Nachrichten" zum Sprachrohr der Bedenkenträger. Zur Jahreswende 1954/55 wurde in mehreren Artikeln darauf hingewiesen, dass Österreich bei der Realisierung der politischen Bestimmungen des Vertragsentwurfs des Jahres 1949, den die Bundesregierung zu akzeptieren bereit war, nur über eine beschränkte Souveränität verfügen und sich in einem halbkolonialen Status befinden würde. Es sei durchaus verständlich, dass man vor allem im unter der sowjetischen Besatzung leidenden Ostösterreich und in breiten Regierungskreisen bereit sei, auch einen Vertrag mit drückenden Bedingungen zu akzeptieren, doch dürfe dabei nicht die Selbständigkeit und Freiheit des Landes aufgegeben werden. Dies sei jedoch im Fall der Realisierung der bisherigen Ergebnisse der Fall. Gustav A. Canaval wandte sich gegen die im Osten Österreichs sich sammelnde Gruppe der „Blindunterzeichner", die aus einer Palette von liberal-sozialistischen über avantgardistische Katholiken bis hin zu einem Großteil der Bundesregierung reiche. In Salzburg forderte man eine völlige Neuverhandlung des Staatsvertrages, wobei man auf die Ablehnung der Regierungsspitze stieß, die aus realpolitischen Gründen auf substanzielle Modifikationen des bisherigen Vertragstextes setzte. In Wien bemerkte man hinter vorgehaltener Hand, in Salzburg, dem Inbegriff des „Goldenen Westens", rede man sich leicht, erfolgte doch dort bereits das Wirtschaftswunder und der Durchbruch zur Konsumgesellschaft und ließ sich mit den angenehmen ökonomischen Nebeneffekten der amerikanischen Besatzungsmacht gut leben. Tatsächlich belebte die USFA die regionale Wirtschaft in erheblichem Ausmaß und wirkte damit als Konjunkturmotor. Zu Jahresbeginn 1955 wechselten die USFA-Angehörigen und deren Familienmitglieder 360.486 Dollar in 9 Mio. S um, 2 Mio. mehr als im Vergleichszeitraum des Vorjahres.

Angesichts der ökonomischen Bedeutung der amerikanischen Besatzungsmacht lösten die Staatsvertragsverhandlungen in Moskau im April 1955 einer-

US-Panzer werden im August 1955 auf Schienen verladen (Foto: Salzburger Landesarchiv)
US-General William Arnold mit seiner Familie kurz vor seiner Abreise am Salzburger Bahnhof (Foto: Salzburger Landesarchiv)

seits Hoffnungen, jedoch andererseits auch Besorgnis aus. So bemerkten die „Salzburger Nachrichten" Ende April 1955, dass bei Abschluss des Staatsvertrages die wirtschaftliche Struktur des Landes grundlegende Änderungen erfahren würde. Es liege nahe, dass man im Osten Österreichs auch hohe ökonomische und finanzielle Erwartungen an den Abschluss eines Staatsvertrages setze, während über das wirtschaftliche Schicksal Alpenösterreichs, das im Wiener Jargon noch immer als „Provinz" bezeichnet werde, kein Gedanke verschwendet werde. Salzburg sei aber nicht mehr Provinz, sondern zu einem geistigen und wirtschaftlichen Zentrum geworden, dessen Zukunft es nunmehr angesichts der Folgen des Abzugs der amerikanischen Besatzungsmacht zu sichern gelte.

Anfang Mai 1955 stellte ein vertrauliches Gutachten der Salzburger Wirtschaftskammer für die Landesregierung fest, dass der Abschluss des Staatsvertrages und der mit diesem verbundene Abzug der amerikanischen Besatzungsmacht einen Einkommens- und Umsatzrückgang von 680 Mio. S pro Jahr nach sich ziehen werde. Gemessen am lokalen Sozialprodukt von 4,5 Mrd. S bedeute dies eine Kaufkraftverminderung von mindestens 15 Prozent. In der Stadt Salzburg, in St. Johann und Saalfelden werde es zu Betriebsstilllegungen und einer steigenden Arbeitslosigkeit kommen. 75 Prozent der Salzburger Espressos fürchteten den Bankrott. Lediglich im Bereich des Wohnungsmarktes wurden positive Auswirkungen erwartet. Der VdU schätzte, dass 25 Prozent der Bevölkerung der Landeshauptstadt vom Abzug der USFA betroffen seien und ein Trend zur Abwanderung von Teilen der Bevölkerung und der Industrie in die östlichen Bundesländer stattfinden werde. Diese Befürchtung teilten alle Parteien, weshalb man sich hektisch bemühte, Gegenstrategien zu entwickeln.

Die ÖVP forderte als Ausgleich für den Abzug der amerikanischen Besatzungsmacht eine starke Garnison des neuen Bundesheeres ohne Beeinträchtigung des frei werdenden Wohnraums, der ausschließlich der Zivilbevölkerung zugutekommen sollte, den Neubau des Festspielhauses, die Verfolgung des Universitätsgedankens und ein umfassendes Infrastrukturprogramm. Zudem müsse man der nach wie vor dringenden Beseitigung des Barackenelends besonderes Augenmerk zuwenden. Die SPÖ forderte die verstärkte Ansiedlung von Fertigungsbetrieben vor allem aus dem Bereich der Verstaatlichten Industrie und deren systematischen Ausbau, um die frei werdenden Arbeitskräfte beschäftigen zu können. Zudem sollte durch öffentliche Investitionen die Bautätigkeit vor allem im Bereich des sozialen Wohnbaus angekurbelt werden.

Am 21. Mai 1955 feierten die amerikanischen Streitkräfte im Camp Roeder zum letzten Mal den „Tag der Streitkräfte" im Rahmen eines „Tages der offenen Tür", der sich eines regen Besuchs der Salzburger Bevölkerung erfreute. Die Befindlichkeit der Salzburger war freilich, in deutlichem Gegensatz zu jener der Ostösterreicher, eine durchaus ambivalente. Noch vor kurzem hatten die amerikanischen Streitkräfte Walser Bauern für die vorübergehende Beschlagnahme von 402 Hektar Land für die geplante Errichtung eines Schießplatzes mit der fürstlichen Summe von 1,2 Mio. S entschädigt. Dies alles schien nun in Zukunft nicht mehr möglich. In die Freude über die wiedergewonnene Freiheit mischten sich in Salzburg auch erhebliche Sorgen.

Aus den Debatten des Salzburger Landtages

Auszug aus dem Protokoll der Landtagssitzung am 1. Juni 1955

Landtagspräsident Franz Hell (ÖVP): ... Hohes Haus! Die heutige Landtagssitzung ist die erste nach der Unterzeichnung des Staatsvertrages durch die Außenminister der vier Großmächte und unseres Außenministers Dr. h. c. Leopold Figl. Damit ist nach zehnjährigem hartem Ringen und schmerzlichem Warten unserem Vaterlande endlich die lange versprochene Freiheit und Unabhängigkeit zurückgegeben worden. In wenigen Monaten werden die Besatzungssoldaten unser Land verlassen und wir werden wieder frei und unabhängig unser eigenes Schicksal in die Hand nehmen können. Ich weiß mich mit allen Mitgliedern des Salzburger Landtages einig und eines Sinnes, wenn ich zu Beginn der heutigen Sitzung dieses geschichtlichen Ereignisses von weltpolitischer Bedeutung gedenke und namens des Salzburger Landtages allen Mitgliedern der Bundesregierung aber auch den vier Großmächten für ihre Mitwirkung bei dem Zustandekommen des Staatsvertrages den herzlichsten Dank des Landes Salzburg zum Ausdruck bringe. Unsere Bundesregierung, besonders aber unser Außenminister und seine Mitarbeiter, haben mit unbesiegbarer Zähigkeit und Geduld den Zeitpunkt vorbereitet, der Österreich die Freiheit wiedergegeben hat.

Ich weiß mich mit Ihnen, meine verehrten Abgeordneten zum Salzburger Landtag, auch eines Sinnes, wenn ich in dieser Stunde ganz besonders unserer Brüder und Schwestern im Osten unseres Vaterlandes gedenke, die am längsten und härtesten unter der Besetzung zu leiden hatten. Welch ungeheure Belastung die allen rechtlichen Empfindungen widersprechende Besetzung Österreichs dem österreichischen Volk auferlegt hat, kann derzeit in seiner vollen Höhe noch nicht erfaßt werden. In einer parlamentarischen Anfrage hat Bundeskanzler Ing. Julius Raab im Juni v. J. mitgeteilt, daß die Besatzungsschäden mit Ende 1953, ohne die Verluste der Länder, Gemeinden und Privatpersonen zu berücksichtigen, mit 16,71 Mrd. S geschätzt werden. Hievon entfallen allein 4,65 Mrd. S auf entgangene Steuern und Zölle.

Wenn wir uns, Hohes Haus, diese weit über die ausgeführte Ziffer hinausgehende Belastung unseres Volkes vor Augen führen und uns erinnern, daß es vor 10 Jahren in unserem gesamten Vaterlande ausgesehen hat, dann können wir nur mit vollem Herzen dankbar sein für die Stunde, die uns die Befreiung gebracht hat. Wenn uns durch den Staatsvertrag rund 400 USIA-Betriebe zurückgegeben werden, in denen 55.000 Arbeiter und Angestellte beschäftigt sind und unter denen sich die wertvollsten Produktionsbetriebe befinden, die Österreich überhaupt besitzt, dann bin ich überzeugt, daß wir die Lasten, die der Staatsvertrag mit sich bringt, ohne Senkung des Lebensstandards unserer Bevölkerung übernehmen können.

Hohes Haus! Für das Land Salzburg werden sich nach Abzug der amerikanischen Truppen besondere wirtschaftliche Erscheinungen bemerkbar machen, die für kein anderes Bundesland zutreffen. Das amerikanische Element hat durch seine wirtschaftlichen Maßnahmen zu einer Belebung und Hochkonjunktur der Wirtschaft in unserem Lande beigetragen, für die nun der Ausgleich gefunden werden muß. Es sei in diesem Zusammenhange festgestellt, daß durch diese wirtschaftlichen Erscheinungen nicht nur das Land, sondern auch der Bund durch die erhöhten Steuern und Abgaben Anteil an dieser wirtschaftlichen Konjunktur hatten. Nur dieser Konjunktur war es zu verdanken, daß das Land Salzburg seinem großen Bevölkerungszuwachs Arbeit und Brot schaffen und damit den sozialen Frieden erhalten konnte. Es wird, um diesen Ausfall auszugleichen, notwendig sein, daß nicht nur die Verwaltung des Landes, des Bundes, sondern auch die gesamte Bevölkerung mithilft, durch Erschließung neuer Erwerbsquellen und Ausbau der bestehenden, den Ausfall wettzumachen. ... Verschiedene Betriebe unseres Landes werden sich nun daran gewöhnen müssen, daß es nicht möglich sein wird, Vermögenswerte in kurzer Zeit zu erwerben, zu deren Erwerb in normalen Zeiten mehrere Generationen hart arbeiten mußten. Wir alle, besonders verschiedene Betriebszweige, die durch die Besatzung große Gewinne erzielten, werden uns in der Richtung umstellen müssen, daß in Hinkunft im Interesse einer gesunden Weiterentwicklung und Aufrechterhaltung einer gesunden Wirtschaft und des sozialen Friedens „Dienen" groß und „Verdienen" klein geschrieben werden muß. ... (...)

Hohes Haus! Nützen wir mit unserer Salzburger Bevölkerung die gewonnene Freiheit im Geiste echter demokratischer Gesinnung und Toleranz aus! Die Geschichte der Ersten Republik, die Märtyrer der Diktatur in den letzten Jahrzehnten, die 100.000 toten Söhne, Frauen und Kinder, die Kriegskrüppel unserer Heimat sollen uns immerdar Mahnung sein für unsere Verpflichtung und Verantwortung, die wir für eine glückliche Entwicklung unserer Heimat zu tragen haben. Wenn wir nach Ratifizierung des Staatsvertrages im Geiste wahrer Volksgemeinschaft und sozialer Gerechtigkeit an die uns nunmehr gestellten Aufgaben herangehen, werden wir unseren Nachkommen eine glücklichere und schönere Heimat übergeben können, als wir, die wir durch zwei Kriege und Diktatur so Furchtbares erleben mußten, sie hatten.

Es lebe unser geliebtes Heimatland Salzburg in einem freien, von wahrer Demokratie erfüllten und echter Volksgemeinschaft getragenen Rechtsstaat Österreich!

Auszug aus dem Antrag der Abgeordneten Bäck, Kaut, Brunauer und Genossen wegen ehester Zuteilung der durch die Besatzungsmacht freigegebenen Wohnungen an die Wohnungssuchenden (SLP, Landtagssitzung am 28. September 1955, S. 2f)

Durch den im Gange befindlichen Abzug der Besatzungsmacht sind freigewordene Wohnungen an die österreichischen Stellen bereits zurückgegeben worden oder steht deren Zurückgabe unmittelbar bevor. Mit Rücksicht auf die allgemeine Wohnungsnot, die sich besonders erschwerend in der Stadt Salzburg auswirkt, haben Vertreter der Landesregierung und des Stadtmagistrates mit den zuständigen Bundesstellen Verhandlungen geführt, die daraufhin abzielten, Wohnungen für die Stadt und das Land zugewiesen zu erhalten. Bei der am 11. August 1955 im Finanzministerium stattfindenden Aussprache ist es der

Salzburger Delegation trotz ernsthafter Bemühungen nicht gelungen, Wohnungen zur Vergebung durch Stadt und Land zu erreichen. Der Landesverwaltung wurden bei dieser Besprechung 10 Wohnungen für Landesbedienstete zugesprochen und außerdem in Aussicht gestellt, daß die Stadtgemeinde Salzburg und das Land beim Freiwerden der Häuser in der General Keyes-Siedlung wegen Zuteilung einzelner Gebäude in Betracht gezogen würden.

Für alle übrigen freigewordenen oder freiwerdenden Wohnungen behielt sich der Bund das Verfügungs- und Zuweisungsrecht vor und ist dieses an die Finanzlandesdirektion übertragen worden, die ihrerseits diese Wohnungen an die Bundesangestellten vergeben wird. Ein Teil dieser jetzt dem Bunde gehörenden Wohnungen soll für die Unterbringung von Angehörigen des aufzustellenden Bundesheeres (Offiziere, Beamte u. a.) Verwendung finden.

Diese Entscheidung der zuständigen Bundesstellen hat unter den Wohnungssuchenden ein Unbehagen ausgelöst, weil viele von ihnen der Ansicht waren, daß sie beim Freiwerden der bisher von der Besatzungsmacht benützten Häuser endlich Wohnungen bekommen würden.

Die unterzeichneten Abgeordneten stellen daher den

Antrag,

der Salzburger Landtag wolle beschließen:

1. Die Landesregierung wird aufgefordert, neuerlich bei den in Frage kommenden Bundesstellen zu intervenieren, damit sowohl die Stadt Salzburg als auch das Land bei der Zuteilung von freiwerdenden Wohnungen besonders berücksichtigt werden.

2. Die Landesregierung wird ersucht, die Gemeinden des Landes bei ihren Vorhaben wegen Verwertung freiwerdender Objekte für dringliche, kommunale Zwecke bei den Bundesstellen bestens zu unterstützen.

3. Die Landesregierung wird aufgefordert, Verhandlungen mit der Bundesregierung dahingehend zu führen, daß Teile des Camp Roeder im Interesse der Wirtschaft unseres Landes einer geeigneten Verwendung zugeführt werden.

4. Die Landesregierung wird gebeten, mit der Finanzlandesdirektion in Verbindung zu treten und diese dringend zu ersuchen, die für die Bundesbediensteten reservierten Wohnungen möglichst bald zu vergeben und dabei auf die bekannten dringenden und berücksichtigungswürdigen Fälle, die von Stadt und Land bekanntgegeben wurden, Bedacht zu nehmen. …

Auszug aus dem Protokoll der Landtagssitzung am 27. Oktober 1955

Landtagspräsident Franz Hell (ÖVP): Hohes Haus!

… Bevor ich in die Tagesordnung eingehe, obliegt es mir heute eines historischen Tages zu gedenken. Am 25. Oktober hat der letzte Besatzungssoldat unsere Heimat, die Republik Österreich, verlassen. Damit ist unser Vaterland nach 17jähriger Unfreiheit eines besetzten Landes ein freies und unabhängiges Land geworden. Wir wollen uns dieses Anlasses als Salzburger Landtag dankbarst erinnern; wir sollen uns aber in dieser Stunde, in der der Salzburger Landtag erstmalig als frei gewählter und wirklich freier Landtag zusammentritt, auch daran erinnern und uns die Verpflichtung auferlegen, daß wir unsere Arbeit nach den Grundsätzen voller demokratischer Freiheit und Unabhängigkeit leisten werden. Wer die

Tage nach 1945 erlebt hat, weiß besonders die Bedeutung, in einem freien Lande wirken und arbeiten zu können, zu schätzen. Wer weiß, welche Erniedrigungen jene Männer zu erdulden hatten, die daran gegangen sind, nach diesem furchtbaren Zusammenbruch für Heimat und Vaterland die Wiederaufbauarbeit zu beginnen, der weiß auch, was diese Männer gelitten haben. Unser Dank gilt besonders – ich erinnere nur an einige Namen – dem ehemaligen Landeshauptmann Dr. Schemel, dem ehemaligen Landeshauptmann-Stellvertreter Neumayr, den Landesräten Hasenauer, Peyerl und Groß, die damals unverdrossen an den Wiederaufbau unserer Heimat gemeinsam mit unseren Arbeitern, Bauern und Bürgern geschritten sind, sie waren diejenigen, die mit allen Kräften mitgeholfen haben, die Wunden zu heilen, die ein unseliges Regime hinterlassen hat.

(…) Wir können abschließend nach diesen 10 Jahren Besatzungszeit feststellen, daß es nicht nur in unserem Heimatlande Salzburg, sondern in der gesamten Republik Österreich möglich gewesen ist, durch das einträchtige Zusammenwirken aller, der Regierung sowohl als auch des Volkes, die Verhältnisse zu bessern und die größten Wunden zu heilen, die die Vergangenheit unserem Lande geschlagen hat. Wir haben auch, Hohes Haus, in dieser Zeit gelernt, daß wir zusammenstehen müssen und daß demokratischer Geist, Toleranz und gegenseitiges Verstehen die Voraussetzungen für den Erfolg sind. Wir haben während dieser Zeit der 1. Republik gesehen, wohin Unduldsamkeit führt. Gerade deshalb soll der Tag, an dem wir endlich frei geworden sind, Anlaß sein, daß wir im Geiste der Freiheit auch in Zukunft als freies Volk im freien Lande zusammenhalten wollen. Wir wollen aufrichtig dafür arbeiten, daß demokratische Gesinnung, Toleranz und Liebe zum Vaterland vorherrschen. (…)

Auszug aus dem Antrag der Abg. Aichinger, Krüttner und Genossen betreffend Wiedereinführung der ehemaligen Bundeshymne nach der Melodie von Joseph Haydn und im Text von Ottokar Kernstock (SLP, Landtagssitzung am 24. November 1955)

Wie erinnerlich wurde im April 1946 ein Preisausschreiben „Österreichische Volkshymne" durchgeführt und nachdem Kernstocks Worte und Haydns unsterbliche Melodie damals aus politischen Gründen nicht tragbar schienen, als neue Bundeshymne Mozarts Bundeslied mit der textlichen Fassung von Paula von Preradovic bestimmt. Es war eine Notlösung, die bis heute eine Notlösung geblieben ist. Ein Widerhall in der Bevölkerung war und ist nicht bemerkbar. Es häufen sich deshalb die Fälle, daß bei Kundgebungen, Feierstunden usw. die alte Bundeshymne gesungen wird, sodaß die Unsicherheit bezüglich dieses Problems in der Bevölkerung immer größer wird und eine Situation geschaffen wurde, die unserer Republik ansehensmäßig nur schaden kann.

Insbesondere sei auch auf die in zahlreichen Versammlungen gebrauchten Worte des ÖVP-Nationalratsabgeordneten Univ. Prof. Dr. Gschnitzer verwiesen, daß mit Abschluß des Staatsvertrages der geeignete Zeitpunkt gekommen wäre, die alte Bundeshymne in Österreich wieder einzuführen.

Bei der Einweihung des ÖJB-Heimes in Salzburg bei der Schlußkundgebung des Landesparteitages der ÖVP ebenfalls in Salzburg wurde die alte Hymne gesungen. Bei einer ÖVP-Kundgebung in Judenburg war die Begeisterung über das

Absingen der alten Hymne so groß, daß diese spontan ein zweites Mal gesungen wurde.

Am 28. Jänner 1956 wird die alte Haydn-Melodie ihren 160. Geburtstag feiern. Dies wäre ein geeigneter Anlaß, diese allgemein bekannte Melodie wieder zur offiziellen Bundeshymne zu machen.

Die unterzeichneten Abgeordneten stellen daher den

Antrag,

der Salzburger Landtag wolle beschließen:

1. Der Herr Landeshauptmann wird beauftragt, im Namen der Landesregierung Salzburg der Bundesregierung den Wunsch der Salzburger Bevölkerung nach Wiedereinführung der alten Haydn-Hymne mit dem Text von Ottokar Kernstock als Bundeshymne zu übermitteln. …

Christoph Brandhuber

Der Landtag und die Wiedergründung der Universität Salzburg

Schon kurz nach der Schließung der Salzburger Benediktineruniversität durch die bayerische Übergangsregierung im Jahr 1810 begann eine Reihe von Versuchen, die Universität wiederzugründen. Doch sollten über 150 Jahre vergehen, bis dieses ehrgeizige Ziel endlich erreicht werden konnte.

Eine Überraschung für den Landeshauptmann

Sämtliche Versuche zur Wiedergründung der Universität waren daran gescheitert, dass man sich nicht darüber einigen konnte, ob die Hohe Schule kirchlich oder staatlich geführt werden sollte. Auf Initiative des Moraltheologen Stefan Rehrl wurde ab 1957 der Ausweg in einer doppelten Lösung gesucht: Einerseits sollte ein kirchlich zu initiierendes Internationales Forschungszentrum für Grundfragen der Wissenschaften, andererseits eine staatliche Vierfakultäten-Universität errichtet werden. Erzbischof Andreas Rohracher konnte für diesen Plan gewonnen werden und ließ Landeshauptmann Josef Klaus davon in Kenntnis setzen: „Diese Nachricht überraschte Landeshauptmann Klaus so sehr, daß er nach dem mündlichen Vortrag von Professor Rehrl eine schriftliche Bestätigung durch den Erzbischof erbat. Sie wurde ihm am nächsten Tage zugesandt." Vor dem Hintergrund der Raumknappheit an den österreichischen Hochschulen kam nun rasch Bewegung in die Angelegenheit. Ein „Proponentenkomitee" zur Wiedergründung der Universität Salzburg wurde ins Leben gerufen, dem neben Erzbischof und Landeshauptmann der Bürgermeister von Salzburg, der Präsident des Mozarteums und der Dekan der Theologischen Fakultät angehörten.

Hans Lechner – der „politische Motor der Universität Salzburg"

Nach dem Wechsel von Klaus in die Bundesregierung als Finanzminister verfolgte sein Nachfolger, Landeshauptmann Hans Lechner, die Wiedergründungspläne tatkräftig weiter. Als am 15. Mai 1961 „100 Jahre selbständiges Land Salzburg" gefeiert wurde, bot sich für Lechner gleich die erste Gelegenheit, die Wiedergründung der Universität medienwirksam zu fordern: Zur Vorbereitung der Jubiläumsfeier habe er die Landtagsprotokolle durchgesehen und festgestellt, „die Universität wäre das einzige große Projekt, das seit 1861 einer Verwirklichung harre." Vor Journalisten betonte Lechner daher, noch im Sommer „dem Unterrichtsministerium konkrete Vorschläge zur Verwirklichung des Salzburger Universitätsgedankens übergeben" zu wollen. Freilich durfte er in Wien mit der tatkräftigen Unterstützung seines unmittelbaren Amtsvorgängers rechnen, der als Finanzminister „die Anfangsfinanzierung der Universität nachdrücklich betreiben konnte." Das Proponentenkomitee richtete also am 20. Juni 1961 das Ersuchen an das Unterrichtsministerium, die Bundesregierung möge die Errichtung einer Philosophischen Fakultät gewähren und diese mit der bestehenden Theologischen Fakultät zur wiedergegründeten Universität Salzburg vereinen. In seinem Bericht vor dem Salzburger Landtag brachte Lechner seine Gedanken auf den Punkt: Zwar habe sich Salzburg bereits als Festspielstadt etabliert, dennoch „hebe eine Universität das Gesamtniveau einer Stadt, ja eines ganzen Landes." Er verwies auf die steigende Hörerzahl an der Theologischen Fakultät und auf den notwendigen Ausbau der Universitäten in ganz Österreich.

Der lange Weg zur Einigung

Der Landeshauptmann sah dringend Handlungsbedarf, weil sich Linz um eine Sozialhochschule bemühte. Gegenüber dem Bund wurde Lechner daher nicht müde, die günstige Ausgangslage in Salzburg zu betonen, die ihm Unterrichtsminister Heinrich Drimmel bald bestätigte: „Ich bemerke aber, daß zum Unterschiede von Linz in Salzburg die materiellen Voraussetzungen nicht erst geschaffen werden müssen; als Bestandteil der künftigen Universität Salzburg sind die Katholische Fakultät und die Bundesstaatliche Studienbibliothek bereits vorhanden." Trotz der günstigen Ausgangslage forderte der Bund verständlicherweise Unterstützung seitens des Landes, über die sich die Parteien zunächst nicht einigen konnten: „Die SPÖ stellte fest, die Universitätsgründung sei ausschließlich Bundessache und dafür seien keinerlei Landesmittel vorhanden; die FPÖ dagegen betonte, dass sie prinzipiell zur Schaffung der Universität stehe, jedoch eine Teillösung ablehne." Der Konflikt, der medial ausgetragen wurde, drohte die Wiedergründung erneut zum Scheitern zu bringen. Eberhard Zwink, Leiter der Lokalredaktion der Salzburger Nachrichten, kommentierte: „Den im Salzburger Landtag vertretenen Parteien und ihren Abgeordneten ist die besonders wichtige Möglichkeit geboten, ein eindeutiges und nicht von Parteidifferenzen überschattetes Bekenntnis zum Salzburger Universitätsgedanken und für die Wiedererrichtung der Universität abzugeben. [...] Die Parteien und ihre Abgeordneten mögen bedenken, dass Salzburg heute die zweitwichtigste Stadt Österreichs und neben Wien das bedeutendste Kulturzentrum unseres Staates ist. Zur vollen Blüte fehlte bisher die Universität, von der uns jetzt, nützt man die Chance, nur mehr ein Schritt trennt."

Dass sich die drei Parteien schließlich doch einigten, ist das Verdienst des Dekans der Theologischen Fakultät, Dr. Carl Holböck, „der in vielen Aussprachen Mißverständnisse und irrige Ansichten aus dem Weg räumen konnte." Den Entschluss zur Wiedergründung hielt Landeshauptmann Lechner in einer Rede vor dem Landtag für „einen der entscheidendsten Beschlüsse, die das Hohe Haus seit 1945 wahrscheinlich zu fassen gehabt hat."

Schwierigkeiten mit dem Bund

Nach der Einigung auf Landesebene folgten schwierige Verhandlungen mit dem Bund. Schon zuvor hatte der Unterrichtsminister immer wieder erklärt: „Ich kann nicht ein Milliardenprojekt für Salzburg beginnen, wenn mir die Millionen für die bestehenden Hochschulen fehlen." Am 27. November 1961 kam es zu einer dramatischen Szene im Foyer des Vogelsangheimes in der Tivoligasse in Wien, worüber Lechner 1984 ausführlich berichtete: „Ich versuchte dem Minister die Salzburger Sicht des Problems von allen Seiten her nahezubringen und die Tatsache zu erläutern, dass die Wiedererrichtung der Universität moralisch, rechtlich und praktisch anders gesehen werden müßte, als dies bei der von Salzburg ebenfalls begrüßten Linzer Hochschule der Fall sei. Ich teilte Dr. Drimmel in der Folge mit, daß ich erwarten könnte, daß gerade er, aber auch die gesamte Bundesregierung, diesen Tatsachen Rechnung trage und ich fügte hinzu, daß wenn dies nicht der Fall wäre, ich [...] mein Amt als Landeshauptmann zur Verfügung stellen würde." Die Rücktrittsdrohung verfehlte ihre Wirkung nicht und bald darauf wurde ein ministerieller Gesetzesentwurf ausgearbeitet. Freilich mussten erst eine Reihe von Gutachten eingeholt werden, sehr positiv äußerten sich etwa die Akademie Mozarteum und das Gremium der Primarärzte der Landeskrankenanstalten. Zögerlicher zeigte sich hingegen die Rektorenkonferenz, welche – letztlich vergeblich – vorschlug, das Promotionsrecht „erst nach Ablauf einer entsprechenden mehrjährigen Erprobungszeit" zu gewähren. Auf der Grundlage der positiven Gutachten beschloss der Nationalrat schließlich in einer Novelle zum Hochschulorganisationsgesetz vom 5. Juli 1962 die Wiedergründung der Universität Salzburg. Ende des Jahres hob Lechner im Landtag noch einmal die schwierigen Verhandlungen mit dem Bund hervor: „Ich möchte sagen, diese letzten Minuten oder halben Stunde und Minuten vor dem entsprechenden Ministerrat, wo die Entscheidung gefallen ist, die waren ausgesprochen dramatisch. Telefongespräche, die hin- und hergegangen sind, und wo es fast ausgesehen hat, daß wegen kleinster Formulierungsunterschiede und Formulierungswünsche das Gesetz, das große Salzburger Anliegen nicht Wirklichkeit werden könnte."

Der Landeshauptmann machte sich keine Illusionen darüber, dass nach diesem Verhandlungserfolg weitere Anstrengungen notwendig sein würden: „Jede Phase werden wir uns erkämpfen müssen." Denn die Universität sollte nicht lange ein „Torso" bleiben, sondern zügig zur „Volluniversität" ausgebaut werden. Lechner rechnete damit, dass die Mithilfe des Landes in vielen Bereichen notwendig sein werde und führte als Beispiele die Unterbringung der Professoren und die Raumbeschaffung an.

Die junge Universität

Man begann zunächst mit dem Aufbau einer Philosophischen Fakultät, Juridische und Medizinische Fakultät sollten zu einem späteren Zeitpunkt folgen. Die ersten Professoren der Philosophischen Fakultät wurden am 10. Januar 1964 im Arbeitszimmer des Landeshauptmanns vereidigt: „In der Hand der nun eingesetzten Professoren liege es", sagte Lechner bei dem feierlichen Akt, „die Philosophische Fakultät der wiedererstandenen altehrwürdigen Salzburger Universität zur modernen Hochschule zu entwickeln und ihr jenes Gesicht zu geben, das Salzburg sowie seiner geistigen und künstlerischen Substanz zukomme." Unmittelbar danach fasste der Salzburger Landtag am 11. März 1964 den Beschluss, „beim Bund die Angliederung einer rechts- und staatswissenschaftlichen Fakultät und einer medizinischen Fakultät an die Universität Salzburg zu

Inauguration der Universität Salzburg am 14. November 1964 (Foto: Universitätsarchiv Salzburg)

fordern." Inzwischen konnte mit dem Sommersemester 1964 der Lehrbetrieb an der Philosophischen Fakultät aufgenommen werden, die feierliche Inauguration der Universität Salzburg erfolgte am 14. November 1964.

Wenige Monate später wurde über die ersten Erfolge im Landtag berichtet: 524 Hörer hatten sich inskribiert, neben acht theologischen Lehrkanzeln bestanden nun 19 philosophische. Überdies hatten 17 Assistenten und 21 Lehrbeauftragte ihren Dienst aufgenommen.

Rasch versuchte man seitens der Landesregierung den Raumerfordernissen Rechnung zu tragen: In der Weiserstraße fand beispielsweise die Rechts- und Staatswissenschaftliche Fakultät ihre Unterkunft, in der Haydnstraße das kleine Institut für Leibeserziehung, in der Zillnerstraße die romanistischen Lehrkanzeln, in der Imbergstraße das Institut für Anglistik. Die Musikwissenschaft kam durch die Hilfe des Mozarteums im vierten Stock von Mozarts Geburtshaus unter. Zufrieden resümierte Lechner im Landtag: „Ich glaube, ebenso kann es niemand verborgen bleiben, welch bedeutsamen wirtschaftlichen, aber auch kulturellen und geistigen Fortschritt es bedeutet, daß wir diese Salzburger Universität erhalten haben."

Promotion in „Tracht" (Foto: Das Bundesland Salzburg 1945–1970)

Vergebliches Ringen um die Medizinische Fakultät

In den folgenden Jahren beschäftigte besonders die bis heute nicht verwirklichte Medizinische Fakultät den Landtag. Die Frage der Medizinischen Fakultät hing eng mit der Finanzierung der gesamten Universität zusammen. Der Landtag beschloss nämlich, seine Mittel für die Universität nicht zu zersplittern, sondern ausschließlich für die Medizinische Fakultät einzusetzen. Die erforderlichen Bauten sollten nach Möglichkeit in der Nähe der Landeskrankenanstalten errichtet, der Betrieb 1980 aufgenommen werden. Bei der Besetzung der Lehrkanzeln wollte man die bereits am Landeskrankenhaus wirkenden Primare berücksichtigen. Dadurch waren aber Schwierigkeiten in Hinblick auf die Berufungsfragen vorhersehbar, weil „das Tätigkeitsgebiet eines vom Land bestellten Primararztes im Landeskrankenhaus sich mit dem eines vom Bund zu bestellenden Lehramtsinhabers teilweise decken, teilweise überschneiden wird." Noch 1967 formulierte Lechner, dass die Errichtung der Medizinischen Fakultät im „Vordergrund unserer Bemühungen" stünde. Seine Pläne brachten aber die vom Bund in Auftrag gegebenen Gutachten ins Stocken, die einen Mehrbedarf an Ärzten in Zweifel zogen und Salzburg in der Reihenfolge des Ausbaus nachreihten.

Universitätsbauten

Das Proponentenkomitee beschloss am 28. Januar 1963 die Einsetzung eines Arbeitsausschusses, der sich mit organisatorischen Fragen zur Wiedergründung der Universität Salzburg zu beschäftigen hatte. Dazu zählte die Frage nach der Unterbringung von Universität, Professoren und Studenten. Das „Alte Studiengebäude" sollte nach dem Auszug des Akademischen Gymnasiums adaptiert, der Wallistrakt der Residenz zweckmäßig umgebaut, die Villa Kast am Mirabellplatz angemietet und ein Studentenheim in der Wolf-Dietrich-Straße eingerichtet werden. Bereits im Jahr darauf fasste man für die Neubauten der Universität die Gebiete zwischen Alpenstraße und Hellbrunner Allee sowie rund um das Altersheim im Nonntal ins Auge. Alle Planungen galten nun diesen nicht unumstrittenen „Neubauvorhaben und vor allem der Sicherung bzw. dem Erwerb der hiefür notwendigen Grundstücke." Doch weil wegen der Gemeinderatswahl 1967 keine Partei die Gegner des Projektes vergrämen wollte, wurden die Pläne zunächst nicht weiterverfolgt. Dies führte zu einer Verstimmung mit dem Bund, worüber Lechner im Landtag klagte: „Man nimmt uns also nicht ganz ernst mit unserem Wunsch, dass wir die Universität ernsthaft wollen." Der Landeshauptmann unterließ daher keine Gelegenheit, die Bedeutung von universitären Bauprojekten zu unterstreichen: „vor allem denke ich auch an die Bauwirtschaft, die in den nächsten Jahren Aufträge brauchen wird wie einen Bissen Brot. Wenn wir hier die Möglichkeit haben, zusätzliche Bundesmittel in außerordentlich großer Höhe hereinzubringen, dann ist das ein Weg, den wir nicht das erste Mal gegangen sind. Dies galt auch für die Glocknerstraße." Im Jahr darauf konnte Lechner den gewünschten Verhandlungserfolg erreichen. Im Tätigkeitsbericht des Landeshauptmanns für das Jahr 1968 hieß es: „Nachdem endlich zwischen Bund, Land und Stadt im vergangenen Jahr eine Entscheidung über die Wahl der Gründe für die Situierung der erforderlichen Neubauten der Universität im Bereich des Schlosses Freisaal erzielt werden konnte, wurden die Verhandlungen hinsichtlich der bezüglichen Grundankäufe bzw. Grundtausch mit allem Nachdruck vorangetrieben und sind Land und Stadt übereingekommen, sich zu gleichen Teilen an einem für die Finanzierung dieser Grundbeschaffung zu bildenden Fonds zu beteiligen."

Resümee

Im Salzburger Landtag war es vor allem Landeshauptmann Hans Lechner, der zunächst die Wiedergründung und dann den Ausbau der Universität Salzburg unermüdlich verfolgt und vorangetrieben hat. Er blieb auch nach seiner Amtszeit der Universität verbunden und nahm Anteil an ihrem Aufschwung. Als er vom Fenster seines Arbeitszimmers im Landesarchiv „den rasanten Bau der Gebäude der Naturwissenschaftlichen Fakultät von Tag zu Tag" verfolgte, betrachtete er sein Werk und dessen Zukunft mit großer Zufriedenheit: „[...] wenn man die Vorlesungsverzeichnisse unserer Universität von Jahr zu Jahr verfolgt, sich die immer größere Zahl von Lehrveranstaltungen, von Wissenschaftlern, die hier arbeiten, die vielen Studenten vor Augen führt, dann bin ich sehr bewegt über den Schwung und Elan, und über den Geist, mit dem dieses durch eineinhalb Jahrhunderte so schwer umkämpfte Werk der Wiedergründung unserer Universität nun weitergeführt wird."

Aus den Debatten des Salzburger Landtages

Auszug aus dem Protokoll der Landtagssitzung am 12. Dezember 1961

Landeshauptmann DDr. Hans Lechner: [...] Demokratie besteht im Argumentenaustausch und nicht im Feststehen auf irgendeinem Beschluß, der für ewige Zeiten und für alle unabänderlich sein soll. Ich fürchte wirklich, daß wir sehr bald anstehen, wenn jede Partei mit einem Beschluß herantritt und sagt, das ist für uns endgültig. Ich werde konkrete Anregungen, in welcher Form das Weitere vor sich gehen könnte, noch machen. Ich glaube, es müßte möglich sein, daß wir die trennende Mauer, die uns umgibt und die, noch einmal – ich werde es begründen – auf Mißverständnissen, auf Mißdeutungen, vielleicht auf Ungeschicklichkeiten usw. beruht, durchstoßen und uns der hohen Verantwortung bewußt werden, vor der wir stehen. Es ist hier eine einmalige Chance, eine nochmalige Chance, die sich Salzburg bietet, auszunützen. Ein Nachholen eines Versäumnisses, das wir in dieser Richtung jetzt begehen würden, wäre in absehbarer Zeit, glaube ich, nicht möglich. Wenn ich ‚Einmaligkeit' sage und es will, so möchte ich nur kurz erwähnen, es haben einzelne Redner ja schon davon gesprochen, daß im Durchschnitt der letzten Jahre Jahr für Jahr 4.000 Hörer mehr auf die Universität kommen, 4.000 mehr Zugang, als Hörer abgehen. Davon sind ca. 3.500 Inländer und 500 Ausländer, die da nachkommen und die Universitäten stärker füllen, als sie bisher schon gefüllt waren. Es ist ganz klar, daß da neue Lehrkanzeln entstehen müssen, wenn wir uns in Österreich nicht auf einen Zivilisationsstand dritter Güte herunterbegeben wollen. Lehrkanzeln müssen gebildet werden, das ist genauso wichtig wie Mittelschulenausbau, und das ist genauso wichtig wie Haupt- und Volksschulen- und Berufsschulenausbau. Ich glaube, es kann keine Lieblingskinder in der Erziehung geben, sondern die Erziehung und Ausbildung können nur in einer Gesamtheit gesehen werden. Aufbauen vom Kindergarten bis auf die Hochschule hinauf. Jede Meinung, daß man eines der Stücke willkürlich herausziehen könnte, glaube ich, würde uns von unseren großen Aufgaben, die uns gestellt sind, eher entfernen, als uns ihnen näher bringen. Es ist daher die Frage, wo müssen diese Lehrkanzeln entstehen? Und die Bundesregierung macht jetzt die Planung, wie es geschehen soll. Es wird daher jetzt zu entscheiden sein, ob diese neuen Lehrkanzeln angehängt werden an die bestehenden Universitäten in Wien, in Graz, in Innsbruck, oder ob sie in Salzburg oder ob sie vielleicht in einer anderen Stadt errichtet werden. Das ist die konkrete Entscheidung, vor der der Bund jetzt steht.

Nun zum Thema Philosophische Fakultät. Ich möchte hier die Hochschulstatistik, über die ja verschiedene Herren genau im Bilde sind, ich habe das Buch bei ihnen gesehen, zitieren und sagen, daß die Philosophische Fakultät seit 1956, seit dem Schuljahr 1956/57 die größte Steigerung bei den Hörern aufweist: 69 Prozent mehr Philosophiestudenten gibt es in dieser Zeit bei den Männern und 116 Prozent mehr bei den Frauen. Keine andere Fakultät kann prozentuell einen ähnlichen Zuwachs an Hörern verzeichnen. Entgegen den anderen Auffassungen ist in der Hochschulstatistik festgestellt worden, daß die Philosophie sowohl bei den männlichen als auch bei den weiblichen Hörern als die entwicklungsstärkste Studienrichtung anzusehen ist, wörtlich entnommen. Nun aber weiter. 42 Prozent aller Philosophiestudenten haben diejenigen Studienfächer belegt und studieren sie, die in der ersten Stufe einer Salzburger Universität, der Salzburger Philosophischen Fakultät, gelehrt werden sollen. Also 42 Prozent der Philosophiestudenten (aus dem österreichischen Durchschnitt) könnten hier diese Fächer studieren, die sie belegt haben. Ein entscheidender Gesichtspunkt, der, glaube ich hier noch nicht zur Geltung gekommen ist, ist der daß für Salzburg die Situation insofern noch ganz anders ist, nämlich durch das Bestehen der Akademie Mozarteum. Der Herr Präsident der Akademie Mozarteum hat vor wenigen Tagen erklärt, daß er mit dem Ausbau der Akademie auf musikalischem und künstlerischem Gebiete vor dem Abschluß steht. Daß ein weiterer Ausbau nur durch wissenschaftliche Musikpflege, die wissenschaftlichen Sparten möglich ist, durch die Ausbildung der Musikerzieher. Diese Musikerzieher können aber nur dann in Salzburg ihre Ausbildung machen und werden nur dann für das Mozarteum irgendwie in Frage kommen, wenn sie hier gleichzeitig auch die Nebenfächer, in denen sie nach der Studienordnung ausgebildet und geprüft werden müssen, studieren können. Das geht nur, wenn an Ort und Stelle in Salzburg die Möglichkeit dazu besteht, Kunsterziehung, Geschichte, Geographie und verschiedene andere Nebenfächer, die zur Musikerziehung gehören, zu studieren. Jetzt ist es im Augenblick so, daß sie zuerst in Salzburg Musik studieren und dann in einer anderen Universität die übrigen Fächer nachstudieren müssen, was natürlich zeitlich und finanziell eine große Belastung ist und was einem weiteren Aufsteigen, einer Ausweitung der Akademie Mozarteum entscheidend entgegenwirken würde. Und weiters darf ich noch auf einige Irrtümer im Zusammenhang mit dem Wort ‚Geisteswissenschaftliche Fakultät' hinweisen. Ich habe ersehen, daß irgendwie eine Feindseligkeit gegen den Begriff ‚geisteswissenschaftlich' besteht, daß man sich vorstellt, daß da nur reine Philosophie und womöglich weltanschauliche Philosophie gelehrt werden soll. Das entspricht aber nicht den Tatsachen, natürlich, reine Philosophie gehört dazu und muß von jedem Philosophiestudenten, auch von dem, der Naturwissenschaften belegt hat, studiert werden. Aber es sind sonst ganz praktische Gegenstände, vor allem sind es die Sprachen, die hier gelehrt werden, Romanistik, die Slavistik, die Germanistik, die klassischen Sprachen, die Anglistik, aber auch z. B. die Pädagogik und Psychologie. Diese und noch andere Fächer werden zusammengefaßt in den Sammelbegriff Geisteswissenschaft. Das darf aber nicht verwechselt werden mit der reinen Philosophie, also mit der reinen Systemlehre über den Aufbau und das, was man Wahrheit nennt und die Erkenntnisse darüber. Und außerdem möchte ich sagen: all diese Dinge sind ja nicht fest, sie sind durchaus in einem Stadium, wo alles noch im Flusse ist, geändert werden kann. Ich glaube, Sie sind in Ihren Meinungen irregegangen, wenn Sie meinen, es ist bereits ein festes, unabänderliches Schema, das Sie und andere vor vollendete Tatsachen stellt. Nein, darüber, was zuerst kommen soll, was später kommen soll, über all das kann verhandelt und gesprochen werden, unter Gesichtspunkten, die aber natürlich auch den österreichischen Bedürfnissen entsprechen müssen.

Josef Sampl

Visionen – Diskussionen – Ergebnisse

Die Bildungspolitik in der Ära Lechner im Salzburger Landtag

Das Schulland Salzburg

Welch eine beeindruckende Bilanz – ein Blick in die Schulstatistik über die ersten 25 Jahre nach Beendigung des Zweiten Weltkrieges macht deutlich, welch unglaubliche Leistung in diesem Zeitraum im Salzburger Schulwesen erbracht worden ist. Von 1952 bis 1977 wurden 156 neue Schulen und Bildungsinstitutionen gegründet: 20 Volksschulen, 47 Hauptschulen, 20 Sonderschulen, 14 Polytechnische Schulen, sieben Berufsschulen, 19 Allgemeinbildende höhere Schulen, 25 Berufsbildende mittlere und höhere Schulen, eine Pädagogische Akademie, ein Pädagogisches und berufspädagogisches Institut und ein Religionspädagogisches Institut.

Ab 1945 bis in die frühen 1950er-Jahre galt es vorerst, „die Kriegsschäden zu überwinden und die gebombten, besetzten oder anderweitig in Verwendung genommenen Schulen (Lazarette) wieder instand zu setzen“ (Laireiter, S. 12), um dann, wesentlich mitbestimmt und mitgetragen vom Salzburger Landtag, eine neue Bildungs- und Schulstruktur zu schaffen, die sich bis heute nur marginal verändert hat. Die späten 1950er- und 1960er-Jahre waren im Bundesland Salzburg durch eine Bautätigkeit im Bereich des Bildungswesens gekennzeichnet, die in der Geschichte dieses Bundeslandes einmalig ist.

In den Jahren von 1961 bis 1977, also in dem Zeitabschnitt, den dieser Artikel behandelt, stieg z. B. die Anzahl der Schulklassen um 1.574 Klassen (Schneider, S. 413 ff.). Um diesen Anstieg zu bewältigen, bedurfte es gewaltiger Anstrengungen. Diese Entwicklung war nur möglich, da in der Landespolitik – vor allem in der ersten Zeit – über die hohe Priorität von Bildung und Ausbildung zwischen allen Parteien Konsens herrschte. Landtag und Landesregierung trieben im Wesentlichen im Gleichklang den Aufbau des Bildungswesens voran. So würdigte in der Landtagssitzung vom 14. Juli 1961 anlässlich des Landeshauptmannwechsels von Dr. Josef Klaus zu Dipl.-Ing. DDr. Hans Lechner – beide Landeshauptmänner waren in ihrer Amtszeit für die Bildung ressortzuständig – Landtagspräsident Franz Hell die großen Verdienste von Landeshauptmann Dr. Klaus, indem er meinte: „... ein besonderes Anliegen war Ihnen der Ausbau des Salzburger Schulwesens. In keiner Periode wurden so viele neue Schulen im Lande Salzburg errichtet, als dies in Ihrer Amtszeit der Fall war.“ Landeshauptmann Dr. Lechner bekennt sich in dieser Sitzung zur Priorität der Bildung und zum Regierungsprogramm der Regierung Klaus vom 29. Juli 1959 und führt dazu u. a. aus: „Manches aus dem Regierungsprogramm ist bereits erfüllt, vieles in der Zwischenzeit initiiert. Neue Gedanken, Notwendigkeiten und Möglichkeiten wie z. B. der Ausbau weiterer Mittelschulen, die Errichtung einer staatlichen Teiluniversität u. a. werden zu prüfen und zu betreiben sein.“ (SLP, Landtagssitzung am 14. Juli 1961, S. 469 und 478)

In vielen Äußerungen von Landeshauptmann Lechner im Landtag und anhand seines konkreten politischen Handelns wird deutlich, wie wichtig ihm Bildung war. Und wenn Lechner in der Landtagssitzung vom 19. Juni 1964 zu Beginn der 5. Gesetzgebungsperiode bei der Vorstellung seines ersten Regierungsprogrammes an erster Stelle sagt: „Wir erkennen dabei zuerst die entscheidende Bedeutung von sittlicher Erziehung, Bildung und Ausbildung für die Zukunft unseres Landes an" (SLP, Landtagssitzung am 19. Juni 1964, S. 20), so können wir heute feststellen, dass ihm dies eine persönliche und politische Handlungsmaxime war. Aber nicht nur die ÖVP bekräftigte im Landtag immer wieder ihre positive Einstellung zum Thema Schule. Auch die beiden anderen im Landtag vertretenen Parteien taten dies und wiesen häufig auf die Bedeutung dieses Themenkomplexes hin. So meinte zum Beispiel der FPÖ-Abgeordnete Krüttner in der Budgetdebatte am 13. Dezember 1962 „die Gruppe 2, das Schulwesen [ist] vielleicht in nächster Zeit eine der bedeutsamsten Gruppen überhaupt. Hier in dieser Gruppe werden die Mittel festgelegt, die der Erziehung und Bildung unserer Jugend dienen, für die Bildung also jener Menschen, die einst diesen Staat repräsentieren werden. Es ist selbstverständlich, dass wir besonders verantwortungsvoll handeln müssen". Ähnlich positiv äußerte sich der sozialistische Landeshauptmann-Stellvertreter Peyerl, der meinte: „Ich glaube daher, dass es wirklich ein Herzensanliegen des Landtages sein muss, bei Beratungen über eventuelle Zuschüsse des Landes für Pflichtschulbauten alles zu unternehmen und damit dem Schulbauprogramm im Lande Salzburg wieder einen guten Auftrieb zu geben". (SLP, Landtagssitzung am 13. Dezember 1961, S. 142 und 161) Das gemeinsame Bekenntnis zur Schule und das Bemühen um Konsens waren sicher eines der Geheimnisse, die Salzburg im Bereich Bildung an die Spitze der österreichischen Bundesländer führte.

Neben den politischen Verantwortungsträgern hatten allerdings auch Beamte der Landesregierung und des Landesschulrates einen großen Anteil am Auf- und Ausbau des Salzburger Schulwesens. Hier war es vor allem Landesschulinspektor Hofrat Dr. Matthias Laireiter, der 1963 als Amtsführender Präsident des Landesschulrates auch zum ersten hauptberuflichen Bildungspolitiker des Bundeslandes wurde. Laireiter, 1910 als zwölftes von sechzehn Kindern einer Bergbauernfamilie geboren, besuchte das erzbischöfliche Gymnasium Borromäum, war Volksschullehrer, studierte Philosophie, Pädagogik, Geschichte und Geographie und war nach 1945 an der Lehrerbildungsanstalt Professor für Pädagogik und ab April 1950 Landesschulinspektor für Pflichtschulen und Höhere Schulen. In dieser Funktion entfachte der überzeugende Redner und begeisterte Pädagoge ein wahres Feuerwerk an Aktivitäten, die sich nicht nur in Schulbauprogrammen erschöpften, sondern auch die methodisch-didaktischen und schulorganisatorischen Bereiche umfassten. Hofrat Dr. Laireiter hatte eine besondere Begabung, die vor allem in den 1950er- und frühen 1960er-Jahren zum Tragen kam. Er konnte nämlich meist die Funktionsträger aller politischen Parteien von seinen Reformen und Vorhaben überzeugen. Dazu kam, dass ihn die Landeshauptleute Klaus und Lechner sehr schätzten. Landeshauptmann Dr. Lechner formulierte seine Wertschätzung z. B. anlässlich der Eröffnung des Neubaus des Akademischen Gymnasiums am 21. Mai 1976: „Es ist bekannt, dass Salzburg, ein unschätzbarer Verdienst unseres Amtsführenden Präsidenten, des Landesschulrates Hofrat Dr. Mathias Laireiter, schon frühzeitig auf die Entwicklung der allgemein- und berufsbildenden Höheren und Mittleren Schulen sein Augenmerk gerichtet hat. Wir waren und sind nach Wien an der Spitze der Bundesländer!" (Lechner 1976, S. 3) Laireiter, der von 1950 bis 1963 als Beamter an der

Spitze des Landesschulrates für Salzburg stand, konnte in diesen Jahren nicht nur die Bürgermeister der verschiedenen Gemeinden – auf die dadurch große finanzielle Verpflichtungen zukamen – für viele Neugründungen und Neu- und Erweiterungsbauten begeistern, sondern sein Wort hatte auch bei allen Landtagsparteien Gewicht. Man griff besonders bis zum Ende der 1960er-Jahre immer wieder auf seine Expertise zurück. Laireiter, der sich mit pädagogischen Reformvorschlägen österreichweit zu Wort meldete, beeinflusste mit seiner Arbeit auch die innere Schulreform der Republik. Die Entwicklung des Salzburger Schulwesens und seine pädagogischen Innovationen wurden – Laireiter war auch ein begabter Öffentlichkeitsarbeiter – in zwei großen Landesschulausstellungen 1952 und 1962 dokumentiert. Die jeweiligen Unterrichtsminister und jede Menge Prominenz waren anwesend. Salzburg war eines der innovativsten Bundesländer. So wurde die Entwicklung des Polytechnischen Lehrgangs wesentlich von Salzburg getragen und die Landespolitik unterstützte innovative Unikatschulen wie das Musische Gymnasium oder das private Werkschulheim Felbertal. Letzteres sogar – wie Abg. Krüttner erfreut feststellte – mit einem besonders hohen Betrag. „Die Finanzierung dieses modernen Schulbaues mit allen Zubauten ist nun gesichert. Das Land wird in mehreren Jahresraten einen Betrag von 2 Mio. S zur Verfügung stellen." (SLP, Landtagssitzung am 14. Dezember 1961, S. 64) Derart großzügige finanzielle Beiträge waren durchaus nicht selbstverständlich. So problematisierte Finanzreferent und Landeshauptmann-Stellvertreter Haslinger in der Budgetdebatte 1970 die hohen freiwilligen Leistungen des Landes, die „sich in der Zeit von 1967–1971 – ohne zweckgebundene Landesmittel – auf insgesamt 283 Mio. S und auf über 26 Mio. S an unverzinslichen Darlehen" beliefen. (SLP, Landtagssitzung am 16. Dezember 1970, S. 152)

Das Schulgesetzwerk von 1962

In Österreich gelang es trotz intensiver Bemühungen der Regierungsparteien nach 1945 nicht, sich auf neue Schulgesetze zu einigen. Zu groß waren die ideologischen Gegensätze in den pädagogischen Bereichen. Die SPÖ vertrat vehement die Schulreform des sozialdemokratischen Politikers und Pädagogen Otto Glöckel, der als Unterstaatssekretär im Amt für Inneres und Unterricht – vergleichbar mit der Funktion eines heutigen Unterrichtsministers – von 1918 bis 1920 eine gemeinsame Schule der 10- bis 14-Jährigen (Gesamtschule) entwickelt hatte. Die ÖVP setzte auf das maßgeblich von Ministerialrat und Sektionschef im Unterrichtsministerium Dr. Ludwig Lang 1947 entwickelte Konzept der „Landschulerneuerung", das der Erziehungsphilosophie von John Dewey und den Ideen der Reformpädagogen Peter Petersen (Jenaplan), Helen Parkhurst (Daltonplan) und William H. Kilpatrick (Projektmethode) verpflichtet war. Die Landschulbewegung versuchte, „die Aspekte einer ‚Heimatschule' und einer ‚Leistungsschule' mit innovativer Didaktik (Gruppenunterricht, Individualisierung, soziales Lernen, Epochalunterricht, Auflösung der starren Jahrgangsklassen u.a.m.) zu verbinden". (Thonhauser, S. 557) Das Bundesland Salzburg hatte an der Entwicklung dieses Konzeptes großen Anteil. Unter anderen waren bei der ersten österreichischen Landschultagung 1947 in Wien aus Salzburg Hofrat Dr. Franz Hörburger, ein namhafter Pädagoge, Verfasser von pädagogischen Standardwerken sowie Vorgänger von Dr. Laireiter als Landesschulinspektor, Dr. Laireiter und Regierungsrat Josef Weyrich vertreten. Das Konzept der Landschulerneuerung wurde in Schulversuchen besonders in Salzburg erprobt und in weiten Teilen im Regelunterricht umgesetzt. Salzburg wurde im Schulbereich zum innovativsten Bundesland. Rasch stellte es sich heraus, dass die Volksschuloberstufe dem neuen Bildungsanspruch nicht mehr gerecht werden konnte und so kam es zu einer bisher beispiellosen Neugründung von einer Vielzahl von Hauptschulen.

Landschulbewegung contra Gesamtschule – damit setzte sich nun Schulstreit der Ersten Republik nach 1945 fort, die Gespräche der beiden Regierungsparteien blieben ohne Erfolg und wurden in den späten 50er-Jahren mangels Erfolgsaussicht gänzlich eingestellt. Erst im Herbst 1960 entschlossen sich die beiden Koalitionspartner, die zum Teil noch auf dem Reichsvolksschulgesetz 1869 beruhenden Gesetze abermals zu verhandeln. Unter dem Vorsitz von Unterrichtsminister Dr. Heinrich Drimmel wurde in schwierigen, intensiven und langwierigen Verhandlungen das Schulgesetzwerk 1962, ein geschlossenes System von Gesetzen, welches das gesamte österreichische Bildungswesen – mit Ausnahme der Universitäten und landwirtschaftlichen Schulen – regelte, beschlossen. (Schnell, S. 101) Die bereits bestehende Regelung, dass der Bund die Grundsatzgesetzgebung wahrnimmt und die Länder dazu Ausführungsgesetze beschließen, blieb bestehen. Hinsichtlich des Dienstrechtes der Lehrer (Lehrerdienstrechts-Kompetenzgesetz) und der Angelegenheiten der äußeren Organisation der Pflichtschulen (Schulerhaltungs-Kompetenzgesetz) wurden im Wesentlichen die bisherigen Rechtslagen übernommen.

Die Einführung eines 9. Pflichtschuljahres, die zweizügige Form der Hauptschule und die Neustrukturierung des Landes Landtage nun auseinanderzusetzen hatten. Der Landesschulrat bestand aus dem Präsidenten, dem Kollegium und dem Amt des Landesschulrates. Der Landeshauptmann war weiterhin Präsident des Landesschulrates. Es war daher erforderlich, einen Amtsführenden Präsidenten vorzusehen, der den Präsidenten in allen Angelegenheiten, außer jenen, die dieser sich vorbehält, vertritt. Der Amtsführende Präsident war nun der Repräsentant des Landesschulrates, ein mit behördlichen Aufgaben betrautes Organ, Vorsitzender des Kollegiums und Leiter des Amtes des Landesschulrates. Ein wichtiges Anliegen der Minderheitenfraktion (SPÖ) im Nationalrat war die Einführung eines Vizepräsidenten. Dieser war nicht Stellvertreter des Amtsführenden Präsidenten, hatte aber das Recht zur Akteneinsicht und zur Beratung des Präsidenten. Eine Stelle, die dem Proporz geschuldet war und die 2014 in Salzburg vom Landtag abgeschafft wurde.

Für das Kollegium des Landesschulrates wurden die Mitglieder mit beschließender Stimme nach dem Stärkeverhältnis der im Landtag vertretenen Parteien von diesen ernannt. Dabei war auf eine festgelegte Aufteilung in Lehrer/innen- und Elternvertreter/innen und „Sonstige" Rücksicht zu nehmen. Mitglieder mit beratender Stimme waren die Vertreter/innen der gesetzlich anerkannten Kirchen, die gesetzlichen Interessensvertretungen und die Schulaufsicht. Eine Struktur, die bis zur Abschaffung der Kollegien im Jahr 2017 erhalten blieb. Zu diesem Bundesgesetz mussten nun nähere Bestimmungen durch die Ausführungsgesetze der Länder geregelt werden.

Im Dezember 1962 monierte Landeshauptmann-Stellvertreter Peyerl die Unterlagen. „Im Sommer dieses Jahres hat der Nationalrat, wie uns bekannt ist, die neuen Schulgesetze beschlossen. Die Bundesländer müssen die erforderlichen Ausführungsgesetze innerhalb eines Jahres durch den Landtag beschließen lassen. Die sozialistische Fraktion erwartet, dass die Entwurfsunterlagen ehestens dem Landtag zugeleitet werden." In seiner Erwiderung sagte Landeshauptmann Dr. Lechner, dass wir „bereits im Februar eine Regierungsvorlage dem Hohen Haus zuweisen werden. Und ich glaube, dass wir dann eines der ersten Bundesländer sein werden ...". (SLP, Landtagssitzung am 13. Dezember 1962, S. 142 und 196)

Und so war es. Als der Landtag am 3. April 1963 als erstes von einer Reihe legistischer Maßnahmen das Salzburger Schulaufsicht-Ausführungsgesetz beschloss, wurde das sogar von der FPÖ, die im Nationalrat gegen die Schulgesetze 1962 gestimmt hatte, positiv vermerkt. Der freiheitliche Abgeordnete Krüttner meinte dazu: „Trotz zweifacher Auffassung, die im Wiener Parlament geherrscht hat, war es im Salzburger Landtag möglich, die Differenzen zu bereinigen und wir stehen heute, und ich glaube, das soll man anerkennen, vor der Tatsache, dass Salzburg das erste Bundesland ist, in dem das Landes- Ausführungsgesetz, noch dazu stimmeneinhellig beschlossen werden kann. Ich glaube, dass sich damit der Landtag ein gutes Zeugnis vor der Öffentlichkeit gibt." Die positive und fast amikale Debatte war wesentlich der guten Vorbereitung geschuldet. Dies macht u. a. die Wortmeldung der Berichterstatterin Abg. Martha Weiser deutlich: „Der Erstellung dieses Gesetzes sind außergewöhnlich lange und grundsätzliche Vorbereitungen vorangegangen, denen Vertreter aller drei Fraktionen, die im Landtag vertreten sind, beigewohnt haben, unter Zuziehung von vielen Schulfachleuten." Der Sprecher der sozialistischen Fraktion Abg. Pexa formulierte zum vorliegenden Gesetz u. a.: „Im § 1 erfolgt die Festsetzung der Anzahl der Mitglieder des Landesschulrates gleich der Anzahl der Mitglieder des Landtages. Das erscheint mir besonders gut und verhindert politischen Streit." Und sein Kollege von der ÖVP, Abg. Schmidinger, meint Ähnliches, wenn er sagt, seine Partei erwarte sich, dass die neue Behörde „nicht zu einer Verpolitisierung des Schulwesens führt, sondern so, wie es bei der Entstehung des Gesetzes der Fall war, zu einer offenen ehrlichen Aussprache und zu einer Zusammenarbeit zum Wohle der schulbesuchenden Kinder, aber auch zum Wohle des gesamten Schulwesens". (SLP, Landtagssitzung am 3. April 1962, S. 621, 623 f. und 630) Hoffnungen und Erwartungen, die sich leider nicht oder nur sehr eingeschränkt erfüllten.

Das zweite grundlegende Gesetz aus dem Schulgesetzwerk 1962, das Salzburger Schulorganisationsausführungsgesetz, wurde am 3. Juli 1963 beschlossen. Es regelt die äußere Organisation der öffentlichen Volks-, Haupt- und Sonderschulen und der Polytechnischen Lehrgänge. Neben den Schülerzahlen u. v. a. m. wurde – einem langjährigen Wunsch des Landtages entsprechend und um dem Lehrermangel zu begegnen – verbindlich im § 17 bei Schulbauten eine Leiterwohnung vorgeschrieben und die Kannbestimmung für Lehrerzimmer in eine Sollbestimmung umgewandelt. Abg. Martha Weiser betonte dazu, dass der Landtag wiederholt auf die Wohnungsmisere und die beschämenden Missstände, welcher die Lehrerschaft am Land ausgesetzt sei, hingewiesen habe und obwohl diese so wichtige Aufgaben habe, „muss der junge Lehrer, die junge Lehrerin hausieren gehen von Haus zu Haus, bis ein Untermietzimmer aufgetrieben wird. (...) Einige Schulen sind schon mit gutem Beispiel vorangegangen. Ich denke an die sehr netten und schönen Zimmer in der Schule in Zederhaus". (SLP, Landtagssitzung am 3. Juli 1963, S. 733) Allzu rasch dürfte das Wohnraumbeschaffungsprogramm jedoch nicht gewirkt haben. Denn in der Sitzung vom 14. Dezember 1966 beklagte z. B. der Pinzgauer Abgeordnete Hufler, dass sein Bezirk mit 322 Klassen und 10.144 Schülern einen Fehlbestand von 40 Prozent an Lehrpersonen habe. Dies führe dazu, dass es 75 Klassen mit über 40 und 15 Klassen mit über 50 (!) Schülerinnen und Schülern gebe und die Lehrerschaft unverantwortlich viele Mehrdienstleistungen erbringen müsse. Allgemein wurde im Landtag wiederholt dazu festgestellt, dass der Lehrermangel in den Landbezirken neben den Raumproblemen die Chancengerechtigkeit im Bundesland stark beeinträchtige.

Für mehr Chancengerechtigkeit – die Schulbauprogramme des Landes

Das Bemühen um mehr Chancengerechtigkeit kennzeichnet die Schulpolitik des Landtages von 1961 bis 1977. Vordringlich war, das starke Bildungsgefälle zwischen Stadt und Land zu vermindern. Im Schuljahr 1946/47 gab es im Bundesland Salzburg nur 21 Hauptschulen, drei Berufsbildende höhere Schulen und fünf Allgemeinbildende höhere Schulen. Mit Ausnahme des privaten Missionsgymnasiums St. Rupert in Bischofshofen waren alle Allgemeinbildenden und Berufsbildenden höheren Schulen in der Stadt Salzburg. Und wenn auch Landeshauptmann Dr. Lechner in der Sitzung des Salzburger Landtages am 13. Dezember 1962 bereits feststellen konnte: „Wir können aber auch glücklich sein, dass wir, wenn es auch zum Teil private Mittelschulen bzw. eine Bundeserziehungsanstalt ist, dass wir das einzige Land sind, ich glaube nur in Vorarlberg ist es ähnlich, dass in jedem Bezirk zumindestens eine Mittelschule ist", herrschte im Landtag Einigkeit darüber, dass man sich mit allen Mitteln um mehr Chancengerechtigkeit bemühen müsse. In zum Teil emotionalen Wortmeldungen wurde dies im Landtag wiederholt diskutiert. So z. B. von Abg. Martha Weiser von der ÖVP, wenn sie berichtet: „Es ist eine ernst zu nehmende Klage der Bergbäuerinnen, dass der Schulweg die Kinder leistungsmäßig überfordert. Sie haben eine bis eineinhalb Stunden Weg zurückzulegen (...) Es kommt vor, dass die Kinder vollkommen durchnäßt heimkommen, dass sie durchfroren sind, dass sie sich buchstäblich weinend zu ihren Schulaufgaben setzen, dass sie am nächsten Tag aber schon um 6 Uhr früh aufstehen müssen ...". Wesentlich nüchterner formulierte einige Jahre später die Abg. Annemarie Dengg (ÖVP) in der Landtagssitzung vom 15. Dezember 1971, wenn sie meinte, „ich möchte Chancengleichheit so verstanden wissen, dass allen Menschen, ihren persönlichen Fähigkeiten entsprechend, die bestmögliche Ausbildung angeboten wird". Und Abg. Robert Janschitz präzisierte dies für die SPÖ-Fraktion, indem er feststellte: „Wir, sehr geehrte Frau Abg. Dengg, verstehen in der Chancengleichheit den Abbau der regionalen wie der sozialen Bildungsschranken." (SLP, Landtagssitzung am 13. Dezember 1962, S. 160, 165, 188, 197)

In erster Linie wurde nun vom Landtag versucht, unter der vom amtsführenden Präsidenten. Laireiter geprägten Devise „Die Schule kommt zum Kind" die Zahl der Schulen, vor allem der Hauptschulen, aber auch der mittleren und höheren Schulen zu erhöhen. Auch der Anstieg der Geburtenrate erforderte einen massiven Ausbau der Schulraumkapazitäten. Ein Blick in die Geburtenstatistik belegt dies. So gab es im Jahre 1961 z. B. 49.136 Sechs- bis Vierzehnjährige, 1971 bereits 63.207 und 1977 waren es schon 68.967. In diesem Zeitraum wurden neben der Pädagogischen Akademie und dem Pädagogischen Institut sieben Gymnasien – davon nur eines in der Stadt Salzburg –, 18 Berufsbildende mittlere und höhere Schulen, 34 Hauptschulen, drei Polytechnische Schulen, fünf Sonderschulen und zwei Berufsschulen neu gegründet. Im Pflichtschulbereich wurden mit den Erweiterungsbauten Raum für 947 – also fast tausend – Klassen neu geschaffen. (Schneider, S. 309) Diese Leistungen verlangten große finanzielle Anstrengungen. Bereits in der Landtagssitzung vom 14. Dezember 1961 wurde ein 36,5 Mio. S umfassendes Berufsschulprogramm einhellig beschlossen. In der Sitzung vom 13. Dezember 1962 brachte die SPÖ einen Antrag der Abg. Peyerl, Pexa, Schorn, Illig und Genossen betreffend die direkte Hilfe des Landes bei Errichtung von Pflichtschulbauten ein, der ebenfalls einhellig beschlossen wurde.

In seiner Budgetrede für das Jahr 1964 stellte der Finanzreferent und Landeshauptmann-Stellvertreter Haslinger fest: „Im außerordentlichen Landesvorschlag ist ferner erstmalig ein Ausgabenbetrag von 6 Mio. S für eine direkte Hilfe des Landes bei Pflichtschulbauten präliminiert worden (...). Die Ausgaben für das Schulwesen haben daher im außerordentlichen Landesvorschlag von 9,450.000 S auf 17,500.000 S oder um 85,1 % zugenommen." Diese exorbitante Steigerung enthielt auch freiwillige Leistungen des Landes an Bundesschulen, der Großteil kam allerdings den Pflichtschulbauten zugute. Die Maßnahme war der erste Schritt des sogenannten „Lechner-Planes" zur Schaffung des notwendigen Schulraumes. Dieser Plan war notwendig geworden, da bis 1967 ein Mindestbedarf von 474 Klassen angenommen werden musste, die Mittel des Gemeindeausgleichsfonds (GAF) aber nur für 154 ausreichten. Der Landeshauptmann schlug vor, in den nächsten vier Jahren jeweils 20 Mio. S – also insgesamt 80 – den Gemeinden für Schulbauten zur Verfügung zu stellen, um die 320 fehlenden Klassen errichten zu können. Bis zum Jahre 1967 solle das Land den Zinsendienst übernehmen und die Darlehen tilgungsfrei stellen. Ab 1968 war vorgesehen, Tilgung und den Zinsendienst aus den Schulbauanteilen des Gemeindeausgleichsfonds zu begleichen. Abg. Schmidinger führte dazu in der Sitzung am 17. Dezember 1963 aus: „Mit dieser Lösung, die der Salzburger Landtag in den Ausschüssen beschlossen hat und hoffentlich auch heute beschließen wird, ist das Bundesland Salzburg das erste Bundesland, das einen gangbaren Weg zur Finanzierung der räumlichen Probleme auf dem Pflichtschulsektor am Lande gefunden hat. Ich glaube, dass der Salzburger Landtag auf diese Lösung stolz sein kann." (SLP, Landtagssitzung am 17. Dezember 1963, S. 118, 178) Bis 1977 beschloss der Landtag insgesamt vier Schulbauprogramme für den Pflichtschulbereich, die einen überlegten und systematischen Ausbau des Schulwesens ermöglichten. Damit erhielt das Bundesland Salzburg eine Schulstruktur, die sich im Wesentlichen bis heute so erhalten hat.

Die ideologischen und bildungspolitischen Auseinandersetzungen

Die Zunahme der bildungspolitischen Auseinandersetzungen ab der Mitte der 1960er-Jahre hat zwei Hauptgründe: Zum einen gab es in Österreich ab 1966 im Bund keine große Koalition mehr und die jeweilige große Oppositionspartei versuchte auch über ihre Landesparteien Oppositionspolitik zu machen. Zum anderen wurden durch das Schulgesetzwerk von 1962 die bildungspolitischen Auseinandersetzungen im Salzburger Landtag verdichtet. Die Erwartung, dass die Errichtung einer kollegialen Schulbehörde nach den Ergebnissen der Landtagswahl zur Versachlichung und Entpolitisierung der pädagogischen Diskussion führen würde, verkehrte sich in der Praxis ins Gegenteil. Mit dem Amtsführenden Präsidenten und Vizepräsidenten waren in dem bisher monokratisch von Beamten geführten Landesschulrat zwei hauptberufliche Politiker in der Behörde tätig. Als solche waren sie – meist per Statut – auch in diversen Parteigremien Mitglied. Außerdem nominierten die Landtagsfraktionen als Kollegiumsmitglieder mit beschließender Stimme in erster Linie aktive Politiker/innen oder Funktionäre der (politischen) Lehrervereine, die dadurch eine deutliche Aufwertung erfuhren. So waren z. B. ein Nationalrat, ein Landesrat und sieben Landtagsabgeordnete als Lehrer/innen- oder Elternvertreter/innen im ersten Kollegium des Landesschulrates. Die politischen Parteien waren daher über Bildungsthemen besser informiert und auch intensiver damit befasst. In den Kollegien kam es oft zu heftigen Auseinandersetzungen, die sich häufig im Landtag fortsetzten. Auch die Doppelfunktion des Amtsführenden Präsidenten – einerseits als Behördenleiter einer Bundesbehörde und so dem Unterrichtsminister weisungsgebunden und andererseits als Vorsitzender des Kollegiums und Vertreter des Landeshauptmannes diesem verpflichtet – war in der 55-jährigen Geschichte der kollegialen Schulbehörde nicht immer unproblematisch. Mit dem Bildungsreformgesetz 2017 vom 15. September 2017 wurden aber die Kollegien des Landesschulrates abgeschafft. Das Konstrukt einer Bildungsdirektion soll nun die Erwartungen, die man 1962 an die Kollegien stellte, erfüllen.

Während sich in den frühen 1960er-Jahren die Landtagsanfragen öfters auf konkrete Vorfälle bezogen, deren Bedeutung eine Behandlung im Landtag eigentlich nur eingeschränkt rechtfertigten – so z. B. stellten die Abg. Gruber, Illig, Steinocher und Genossen 1961 eine Anfrage (SLP, Landtagssitzung am 11. Juli 1962, S. 755) an den Landeshauptmann, warum eine Schülerin nicht in die Lehrerinnenbildungsanstalt aufgenommen worden war – kam es in der Folgezeit zu grundsätzlichen und lebhaften Debatten. Um die ständigen Auseinandersetzungen im Schulbereich zu minimieren, richteten nun die Parteien mit einem Entschließungsantrag des Nationalrates im Rahmen der 3. SCHOG Novelle 1969 eine Schulreformkommission zur Weiterentwicklung des Schulwesens ein. Ihr gehörten je vier Abgeordnete der ÖVP und der SPÖ und ein Abgeordneter der FPÖ als Vertreter des Unterrichtsausschusses des Parlaments an. Als Vertreter/innen der Lehrerschaft waren die Spitzen der Standesvertretung im Ausschuss, des Weiteren die Präsidenten der Landesschulräte, die Elternvertreter/innen der größten (politischen) Elternverbände und die Universitätsprofessorinnen und -professoren für Pädagogik. Die Beschlüsse der Kommission hatten Empfehlungscharakter und waren (bei Einstimmigkeit) de facto für Unterrichtsminister und Parlament bindend.

Dass damit die kontroversen Diskussionen nicht zwingend weniger wurden, zeigt eine intensive Debatte im Landtag über die Aufnahmeprüfung in die Mittelschule, die später in Allgemeinbildende Höhere Schule (AHS) umbenannt wurde. Die Abschaffung der Aufnahmeprüfung – vorerst im Erlasswege – durch den neuen SPÖ-Unterrichtsminister Leopold Gratz erregte die Gemüter. Die ÖVP stellte daher in der Landtagssitzung vom 16. Dezember 1970 an den Landeshauptmann eine Anfrage „betreffend der Situation an den Höheren Schulen und Hauptschulen nach Wegfall der Aufnahmeprüfung in die Höheren Schulen". (S. 125) Darin stellten sie fest, dass für eine solche Maßnahme nicht genug Kapazität in der AHS bestehe und dass – die im Erlass vorgeschlagene – Führung von AHS-Klassen an Hauptschulen „auf jeden Fall einen wesentlichen Schritt in Richtung einer Einführung der Gesamtschule auf kaltem Wege" bedeute. In seiner Anfragebeantwortung in der Landtagssitzung am 3. Februar 1971 kritisierte der Landeshauptmann besonders drei Punkte: Zum Ersten seien die notwendigen Rahmenbedingungen für eine Abschaffung der Aufnahmeprüfung auf Grund der fehlenden Räume nicht vorhanden. Zweitens, der inzwischen ausgesandte Gesetzesentwurf stimme nicht mit den Empfehlungen der Schulreformkommission überein und drittens, das künftige für die Schülerbeschreibung vorgesehene Formblatt mache im Gegensatz zum gegenwärtigen keinen Unterschied zwischen der Eignung für eine AHS oder für den ersten Klassenzug der Hauptschule. Der Landeshauptmann erläuterte, dass die Schulreformkommission die Abschaffung der Aufnahmeprüfung in die AHS im Juni 1970 zwar beschlossen habe, aber keinesfalls ersatzlos, sondern es solle „die Lehrerkonferenz der Volksschule entweder die Empfehlung zum Besuch der allgemeinbildenden höheren Schule oder des ersten Klassenzuges der Hauptschule aussprechen. Dabei sollten bei der Lehrerbeurteilung im Laufe des vierten Schuljahres auch standardisierte Tests mitberücksichtigt werden". Das Unterrichtsministerium habe nun allerdings einen Gesetzesentwurf ausgearbeitet, der „keineswegs mit der Reformkommission übereinstimmt. Das Ungewöhnliche daran ist nun, dass die zur Durchführung der Aufnahme in die höheren Schulen ergangenen Erlässe letzter Zeit sich bereits nach diesem Entwurf richten". Abg. Dr. Helmut Schreiner verstärkte im Anschluss an den Landeshauptmann dessen Kritik, indem er diese vertiefte und weiter ausführte. Besonders scharf kritisierte Dr. Schreiner die Vorgangsweise des Ministers, es gehe ihm um „das Einzigartige an dem Verfahren, das der Herr Bundesminister für Unterricht hier eingeschlagen hat. Meine Damen und Herren! Diese Vorgangsweise, ich werde sie jetzt skizzieren, ist Gegenstand heftigster Kritik (...), dass auf dem Erlaßwege bereits heute materialiter eine Schulorganisationsform geschaffen wird, die zu schaffen kompetenzmäßig dem Bundesgesetzgeber zusteht". In der weiteren Debatte kritisiert auch die FPÖ, dass immer wieder pädagogische Reformen beschlossen werden, für die in der Praxis die Voraussetzungen fehlen. Außerdem werde „das Schulwesen in einer Art reformiert, dass sich kaum mehr eine Lehrkraft wirklich auskennt". Wenige Wochen später empfahl das Kollegium des Landesschulrates mit ÖVP-FPÖ-Mehrheit, dass nur Schüler/innen mit einem Sehr gut oder Gut in ein Gymnasium aufgenommen werden, während sich die SPÖ für eine ersatzlose Streichung der Aufnahmeprüfung aussprach. (SLP, Landtagssitzung am 3. Februar 1971, S. 493, 495, 499)

In der darauffolgenden Sitzung des Landtages am 3. März nützte der SPÖ-Abgeordnete Janschitz einen Antrag der ÖVP zum Schulwesen im Bundesland Salzburg, in dem wegen der chaotischen Bildungspolitik der Bundesregierung, die das Elternrecht gefährde, eine Enquete gefordert wurde, für einen Frontalangriff gegen die ÖVP. Janschitz stellte seit 1962 permanente Diskussionen und Auseinandersetzungen um das Schul- und Bildungswesen fest, diese „haben aber in den letzten Wochen und Monaten einen Höhepunkt erreicht". Grund dafür sei der Gesetzesentwurf zur 4. SCHOG-Novelle. „Neben den Problemen (...) der Gesamtschule und der Schulversuche war es vor allem das Kapitel ‚Aufnahmeprüfungen', das die Gemüter so sehr erhitze, dass die Diskussion auf weite Strecken weniger mit sachlichen als mit emotionellen Argumenten geführt wurde." (S. 537) Daher möchte er klarstellen: „In der 5. Vollsitzung [der Schulreformkommission] am 9. Juni 1970 wurde folgende Empfehlung auch mit den Stimmen der Salzburger Vertreter zum Beschluß erhoben. Der Beschluß lautet: ‚die bisherige Aufnahmeprüfung in die AHS soll – erstmals für die Aufnahme für das Schuljahr 1971/72 – entfallen. An ihre Stelle soll die Lehrerkonferenz die Empfehlung zum Besuch der Allgemeinbildenden höheren Schule oder des ersten Klassenzuges der Hauptschule aussprechen, wenn auf Grund der Leistungen des Schülers und seines Gesamtbildes ein guter Gesamterfolg gegeben ist'." (S. 539) Janschitz betonte, dass daher auch die Beantwortung der ÖVP-Anfrage durch den Landeshauptmann in der 6. Sitzung des Landtages grob unrichtig gewesen sei. Weiters hielt er fest: „Der Herr Landeshauptmann hat in seiner Anfragebeantwortung unter anderem festgestellt: Erstens, dass der Entwurf der Schulorganisationsgesetznovelle keineswegs mit der Empfehlung der Reformkommission übereinstimmt. Als Mitglied des Landesschulrates konnte ich mich (...) davon überzeugen, dass ihre Feststellung, sehr geehrter Herr Landeshauptmann, unrichtig ist. Zweitens haben Sie, sehr geehrter Herr Landeshauptmann, dargelegt, dass die Lehrerkonferenz der Volksschule e n t w e d e r die Empfehlungen zum Besuch der allgemeinbildenden höheren Schule o d e r des 1. Klassenzuges aussprechen soll. Diese Darlegung ist unrichtig. In den Empfehlungen der Reformkommission heißt es ausdrücklich: ‚Die Lehrerkommission soll die Empfehlungen der allgemeinbildenden höheren Schule o d e r des 1. Klassenzuges aussprechen.' Durch die Verwechslung des verbindenden Bindewortes ‚oder' mit dem entgegenstellenden Binderwort ‚entweder oder' wurde der Sinn der Empfehlung in das Gegenteil verkehrt. Drittens haben Sie behauptet, sehr geehrter Herr Landeshauptmann, dass das künftige Formblatt für Schülerbeschreibungen sich von dem bisher im Gebrauch stehenden Formblatt dadurch wesentlich unterscheide, dass es keine Beurteilungsunterschiede für die Eignung zum Besuch der allgemeinbildenden höheren Schule, des 1. oder 2. Klassenzuges der Hauptschule bzw. der Volksschul-Oberstufe enthalte. Ich habe mir als Mitglied des Kollegiums des Landesschulrates das Beurteilungsformular geben lassen, ich habe es heute hier mitgebracht und musste mit Verwunderung feststellen, dass auch das bisher im Gebrauch stehende Formular keine Beurteilungsunterschiede vorsah." (S. 540) Mit dieser Replik auf die Anfragebeantwortung hatte Janschitz durch die nicht widerlegbare Faktenlage den Landeshauptmann bloßgestellt. Im Anschluss führte Janschitz weiter aus, dass er „wohltuend" bemerkt habe, dass die ÖVP eine „ich will nicht sagen Kehrtwendung", aber doch eine Meinungsänderung durch diesen Beschluss der Schulreformkommission vollzogen habe. „Nach dem Bibelwort ‚Wer suchet der findet' hat der Herr Amtsführende Präsident des Landesschulrates Hofrat Dr. Laireiter, vor dieser vielzitierten Sitzung der Schulreformkommission in seiner Fraktion nach Kampfgefährten Ausschau gehalten. Wir können heute sagen, das Bibelwort ist in diesem Fall nicht in Erfüllung gegangen." (S. 542) Diese süffisante Bemerkung verstärkt die Vermutung, dass der Entwurf für die grob fehlerhafte Anfragebeantwortung aus dem Landesschulrat stammte. Für dessen Präsident war zu dieser Zeit der Wechsel vom beamteten zum politischen Behördenleiter bereits zusehends mit Schwierigkeiten verbunden. Dementsprechend fiel die darauf folgende Verteidigung des Landeshauptmannes durch die ÖVP-Abgeordneten wenig überzeugend aus. So sprach Abg. Schmidinger davon, dass „diesem Wörtchen ‚oder' ganz verschiedene Auslegungen zugeteilt werden und selbst sehr gelehrige Mitglieder der Schulreformkommission über die Bedeutung des Wörtchens ‚oder' im seinerzeitig einstimmig gefaßten Beschluß zu streiten beginnen" (S. 544), und sein Kollege Abg. Schreiner argumentierte ähnlich. Der eigentliche Tagesordnungspunkt dieser Sitzung, der Antrag der ÖVP, eine Schulenquete zur Klärung der vielen offenen Fragen zu veranstalten, wurde dann einstimmig beschlossen. Im Dezember 1971 lud der Landeshauptmann in Umsetzung dieses Beschlusses zur „Salzburger Schulenquete zur Schulsituation und Schulreform im Lande Salzburg" ein. Dort wurde eine umfangreiche Dokumentation des Landesschulrates zum Ist-Stand des Schulwesens in Salzburg und mögliche Weiterentwicklungen desselben diskutiert.

Vorher kam es aber noch in der Landtagssitzung am 16. Juni 1971 abermals zu einer heftigen Kontroverse. Landeshauptmann Lechner war von seinen Parteifreunden in der Sitzung am 31. März 1971 gefragt worden, ob denn die Bevölkerung „ausreichend über die seit langem in Gang befindliche Schulreform" informiert sei, denn „die diesbezüglichen Fachdiskussionen können leider nicht den Anspruch erheben, im Verständnis und Bewusstsein der Öffentlichkeit verankert zu sein". (S. 521) Wenn nicht, sei „der tragende Grundsatz des Elternrechtes" in Gefahr. Dieser Gefahr könnten die Träger der Erwachsenenbildung entgegenwirken. In seiner Anfragebeantwortung am 16. Juni 1971 berichtete Lechner von den verschiedenen Erwachsenenbildungseinrichtungen, deren Bemühen es aber auszubauen gelte. In der Replik namens der SPÖ-Fraktion auf die wenig brisanten Ausführungen des Landeshauptmannes griff Abg. Janschitz die ÖVP und den Landeshauptmann scharf und teilweise polemisch an: „Sie, meine sehr geehrten Herren Abgeordnete von der Österreichischen Volkspartei, wissen genau wie wir, dass sich an den österreichischen Schulen seit dem Jahre 1962 im Grunde bisher noch nichts geändert hat. Die 4. Novelle zum Schulorganisationsgesetz ist dank Ihrer überschäumenden Reformfreude zu einer Mininovelle zusammengeschrumpft." Über die Schulversuche – so Janschitz –, die erst im Herbst anlaufen werden, ließe sich jetzt noch keine konkreten Angaben machen. Es sei der Sache aber sicherlich nicht dienlich, „wenn ein Beamter, weil er seinen konservativen Schatten nicht überspringen kann, bei einer Tagung des Salzburger Bildungswerkes die Beschlüsse und Auffassungen der Reformkommission in Frage stellt und sich zu Äußerungen versteigt, dass das Recht auf Bildung und Chancengleichheit Schlagworte seien. (...) Man müßte meinen, dass in Anbetracht der Initiativen der Bundesregierung solche Äußerungen eines Schulfachmannes unmöglich wären. Wenn man aber, meine sehr geehrten Damen und Herren, täglich erfahren muss, dass der Herr Amtsführende Präsident Hofrat Dr. Laireiter, sich in den Arbeitskreisen erklärter Schulreformgegner betätigt, so ist auch die Haltung jenes Beamten verständlich." Er glaube, so Janschitz weiter, dass durch die ÖVP-Anfrage dem Landeshauptmann die Möglichkeit geboten werden solle, „den Einsatz und die Tätigkeit von Schulreformgegnern zu tarnen". Es sei der Öffentlichkeit in Salzburg nicht verborgen geblieben, dass „durch Ihre Schützenhilfe, Herr Landeshauptmann, Salzburg zu einem Mekka der Schulreformgegner geworden ist". (S. 668) Der Landeshauptmann möge nun veranlassen, dass auch „sozialistische Schulfachmänner zu Wort kommen und eingesetzt werden. Wir wollen nämlich damit verhindern, dass Salzburg bei der gegenwärtigen Schulreform jene Rolle übernimmt, die seinerzeit bei der Beschlussfassung des Reichsvolksschulgesetzes anno 1869 der Tiroler Landtag spielte. Der Tiroler Landtag änderte nämlich damals das fortschrittliche Schulgesetzwerk, das unter dem damaligen liberalen Minister für Kultus und Unterricht, Freiherr Leopold von Hasner zustande kam, einfach eigenmächtig ab. Dafür wurde der Tiroler Landtag aufgelöst. Und das wollen wir auf jedem Fall im Jahre 1971 hier in Salzburg verhindern". (S. 670) Dieser Debattenbeitrag der SPÖ mit dem hypertrophen Vergleich provozierte eine Reihe von heftigen Wortmeldungen seitens der ÖVP. Die Antwort des Landeshauptmannes fiel relativ gelassen aus. Er verwies u. a. darauf, „dass bei der letzten Besprechung mit den zuständigen Sektionschefs im Unterrichtsministerium mit voller Deutlichkeit festgestellt wurde, dass Salzburg im Bildungsgeschehen an die zehn Jahre voraus ist gegenüber dem Durchschnitt von Österreich. Das können Sie als Zufall bezeichnen, das können Sie aber auch als Beweis für eine ständig geplante Zielpolitik in dieser Zeit betrachten. Ich glaube, wir haben die Chancengleichheit als allererste zu verwirklichen gesucht. Nicht durch Worte, nicht durch Erklärungen, nicht durch Wahlversammlungen und Reden dort, sondern indem wir es getan haben". (S. 676)

In den folgenden Jahren beschäftigte sich der Landtag immer wieder mit dem Thema Schulversuche, hinter dem eigentlich eine Auseinandersetzung mit den Fragen der Schulorganisation, genauer mit dem Vorschlag der SPÖ, die Gesamtschule einzuführen, stand. Besonders intensiv war die Debatte in der 7. Gesetzgebungsperiode. Anlässlich einer Anfragebeantwortung von Landesrat Dr. Katschthaler, der das Schul- und Bildungsressort bei seinem Eintritt in die Landesregierung von Landeshauptmann Dr. Hans Lechner übernommen hatte, zum Thema Schulversuche in der Landtagssitzung am 20. Oktober 1976 gab es eine hitzige bildungspolitische Debatte mit acht Wortmeldungen von Seiten der Abgeordneten und einer Wortmeldung von Landeshauptmann Dr. Lechner. (S. 35 ff.) In dieser Diskussion wurde, da Landesrat Dr. Katschthaler auch die Funktion des Amtsführenden Präsidenten des Landesschulrates innehatte, deutlich, wie sehr die bildungspolitischen Auseinandersetzungen im Kollegium des Landesschulrats auch den Streit im Landtag befeuerten. Katschthaler, ein entschiedener Gegner der Gesamtschule, kritisierte in der Folge die Schulversuche in der Sitzung des Landtages vom 13. Dezember 1977 in einer für ihn ungewöhnlich scharfen Form: „So wandelt hier die integrierte Gesamtschule (...) wahrscheinlich in Richtung einer undifferenzierten Einheitsschule Glöckel'scher Prägung. Damit kehren wir um 50 Jahre zurück und stoßen nicht hinein in die Zukunft." Zu der von der SPÖ kritisierten Tatsache, dass man den mit der ÖVP gemeinsam beschlossenen Schulversuchen grundsätzlich ablehnend oder skeptisch gegenüberstehe, meinte Katschthaler: „Wenn Schulversuche nicht modellgerecht durchgeführt werden, wenn es bei Schulversuchen an wissenschaftlicher Begleitung fehlt oder mangelt, wenn es massive parteipolitisch motivierte, unterschiedliche Behandlung von einzelnen Schulversuchen, wenn es gewisse gibt, wenn gewisse Schulversuche zu Alibihandlungen werden, (...) dann wollen Sie doch bitte verstehen, dass man skeptisch werden muss." Für ihn – so Katschthaler weiter – sei Schule nicht die „Speerspitze für ordnungspolitische Veränderungen" oder ein „Tummelplatz für Systemveränderer", sondern ein Ort der Persönlichkeitsentfaltung und Lebensvorbereitung. Seine Kritik relativierend bemerkt Katschthaler etwas später: „Die Ziele der Gesamtschulbefürworter sind ehrenhaft, das möchte ich betonen. Ich meine aber, dass sich diese Ziele in den herkömmlichen Strukturen wunderbar verwirklichen lassen". (SLP, Landtagssitzung am 13. Dezember 1977, S. 204, 207, 209)

Und vielleicht ist es diese Grundüberzeugung, dass Hans Katschthaler als Bildungssprecher der Österreichischen Volkspartei gemeinsam mit Hermann

Schnell von der SPÖ wesentlich dazu beigetragen konnte, dass am 30. Juni 1982 die 7. Schulorganisationsgesetzesnovelle beschlossen wurde. Sie brachte eine Weiterentwicklung der Schule der 10- bis 14-Jährigen und die Übernahme wesentlicher Elemente aus den Schulversuchen.

Fragen der Schulorganisation beschäftigten und beschäftigen die Bildungspolitik nach wie vor intensiv. Ob das Thema den Aufwand an Zeit und Energie rechtfertigt, erscheint im Lichte der heutigen Bildungsforschung fragwürdig. Stellt doch u. a. 2008 die sogenannte „Hattie-Studie" von John Hattie, die nach den wesentlichen Parametern für gelingendes Lernen fragt, dies zur Diskussion. Aus 800 Metaanalysen erstellte er mit dem Handwerkzeug des Statistikers eine Megaanalyse, in die mehr als 50.000 Einzeluntersuchungen mit 250 Millionen beteiligten Schülern eingeflossen sind. Am Ende hatte Hattie eine Art Bestenliste der wirkungsvollsten pädagogischen Programme und der einflussreichsten Faktoren, die Lernen gelingen lassen. Der Lehrer, die Lehrerin sind laut Hattie der entscheidende Faktor für erfolgreiches Lernen. „Wir diskutieren leidenschaftlich über die äußeren Strukturen von Schule und Unterricht", kritisiert Hattie. „Sie rangieren aber ganz unten in der Tabelle und sind, was das Lernen angeht, unwichtig." (Spiewak, 2013)

Auswahlbibliographie

Christlicher Landeslehrerverein Salzburg (Hg.): Anwalt des Kindes. Festschrift für Matthias Laireiter, Salzburg 1978

Dachs, Herbert (Hg.): Das politische, soziale und wirtschaftliche System im Bundesland Salzburg. Festschrift zum Jubiläum „40 Jahre Salzburger Landtag in der Zweiten Republik", Salzburg 1985 (Schriftenreihe des Landespressebüros, Salzburg Dokumentationen Nr. 87)

Laireiter, Matthias: Lebendige Schule am Werk, Salzburg 1963 (Veröffentlichungen des Pädagogischen Instituts 16)

Lechner, Hans: Der ideale Standort. In: Haslauer, Wilfried: Akademisches Gymnasium Salzburg. Eröffnung am 21. Mai 1976. Festrede, Salzburg 1976 (Schriftenreihe des Landespressebüros, Salzburg Dokumentationen Nr. 12), S. 3–5

Scheipl, Josef/Seel, Helmut: Die Entwicklung des österreichischen Schulwesens in der Zweiten Republik 1945–1987, Graz 1988

Schneider, Kurt: Der Einfluss raumbezogener Schulpolitik auf der Entwicklung des Schulwesens im Bundesland Salzburg ab 1962, phil. Diss., Salzburg 1982

Schnell, Hermann: Bildungspolitik in der zweiten Republik, Wien – Zürich 1993

Steidl, Josef: Persönliche Erinnerungen an einen Neuerer. In: Salzburg. Geschichte & Politik (Mitteilungen der Dr.-Hans-Lechner-Forschungsgesellschaft, 20. Jahrgang, Heft 1–2), Salzburg 2010, S. 41–57

Spiewak, Martin: Hattie-Studie, www.zeit.de/2013/02/Paedagogik-John-Hattie-Visible-Learning (Zugriff: 20. Februar 2018)

Thonhauser, Josef: Die Entwicklungen im Bildungsbereich. In: Hanisch, Ernst/Kriechbaumer, Robert (Hg.): Geschichte der österreichischen Bundesländer seit 1945. Salzburg. Zwischen Globalisierung und Goldhaube, Wien 1997, S. 554–610

Zwink, Eberhard (Hg.): Die Ära Lechner. Das Land Salzburg in den sechziger und siebziger Jahren, Salzburg 1988 (Schriftenreihe des Landespressebüros, Sonderpublikationen Nr. 71)

SWAROVSKI
SWAROVSKI

Axel Wagner

Die jahrzehntelangen Bemühungen um die Erhaltung und den Schutz der Salzburger Altstadt

Als im Jahr 1860 die Aufhebung des Statutes der Stadt Salzburg als „Festung" erfolgte, begann in unserer Landeshauptstadt ein neues Zeitalter; alles Beengende sollte abgeworfen und der „modernen" Zeit die Tore im wahrsten Sinn des Wortes geöffnet werden. Stadterweiterung war die Devise und erste Zeichen dieser Entwicklung waren der Abbruch des Lederer- und des Mirabelltores, galten doch gerade die Stadttore als Symbole der Beengtheit und der Fortschrittsfeindlichkeit. In dieser Zeit des Aufbruches erkannte der Salzburger Gemeinderat, Realschullehrer und Maler Josef Mayburger die Gefahr, dass in dem herrschenden Überschwang, sich von allem „Alten" zu trennen, auch jenes wertvolle Kulturgut, das sozusagen das „Gesicht" unserer Altstadt ausmacht, dem Demolierungsdrang zum Opfer fallen könnte. Auf Anregung Mayburgers fand sich daher im Jahr 1862 eine Reihe von Salzburger Bürgern, einschließlich des damaligen Bürgermeisters Dr. Heinrich Ritter von Mertens, zusammen, um sich im „Stadtverschönerungsverein" einer gedeihlichen Weiterentwicklung der Stadt zu widmen, aber auch gleichzeitig um die Bewahrung des typischen Aussehens der Salzburger Altstadt bemüht zu sein. In den folgenden Jahrzehnten wurde sorgsamer mit der alten Bausubstanz umgegangen, auch war der wirtschaftliche Druck nach Um- oder Neubauten gering. Der Beschluss des Gemeinderates zum Abbruch des inneren Linzertores (Sebastianstor) im Jahr 1894 führte zu massiven, aber erfolglosen Bürgerprotesten!

Im November 1926 wandte sich der Stadtverschönerungsverein – ab 1935 Stadtverein benannt – mit dem dramatischen Aufruf „An alle Freunde von Salzburgs baulichen und landschaftlichen Schönheiten!" an die Öffentlichkeit. Nach den Notzeiten des Ersten Weltkriegs, Inflation und Arbeitslosigkeit wurde auf die notwendige Betrachtung der Altstadt, heute würden wir sagen als „Gesamtkunstwerk" hingewiesen. Die folgenden Jahre waren aber von wirtschaftlicher Depression, politischen Unruhen, Kriegswirtschaft und Zerstörungen in den Bombardements des Zweiten Weltkrieges geprägt, von Altstadterhaltung wurde da kaum gesprochen. Die späten 1940er- und die 1950er-Jahre waren vorrangig dem Wiederaufbau zerstörter Wirtschaftsbetriebe, der Instandsetzung der Infrastruktur und der Wohnraumbeschaffung gewidmet. Interessant ist aber, dass die Stadtverwaltung im Jahr 1946 als Vorgabe für den Wiederaufbau bombenzerstörter Häuser im Kaiviertel festlegte, „das ehemalige Bild" zu erhalten. In der Folge kam es aber immer wieder zu heftigen Kontroversen über das Aussehen von wiederaufgebauten Häusern wie z. B. Mozarts Wohnhaus. Im Zug des Baubooms, der der Wiederaufbauphase etwa ab Mitte der 1950er-Jahre folgte, nahmen jene kritischen Stimmen immer mehr zu, die den Verlust des typischen Bildes der Altstadt befürchteten.

Der Salzburger Landtag befasste sich am 26. Juni 1957 mit „Bausünden" in der Stadt Salzburg. Anlass war der Neubau des Hotels Europa an der Rainerstraße; an der Debatte beteiligten sich neun Abgeordnete mit zum Teil sehr langen Wortmeldungen. Zu Beginn stand die Frage im Raum, wer denn dafür verantwortlich

Linke Seite:
Impressionen aus der alten und neuen Altstadt (Fotos: Land Salzburg, Salzburger Landtag, Salzburger Landesarchiv, Marcus Hanke)

sei. Der Gemeinderat hatte nämlich eine Höhe des Neubaus von 14 Geschossen genehmigt, gebaut wurden aber letztlich 17! Die Debatte bewegte sich dann in Richtung, was denn überhaupt eine Bausünde sei und wer denn dies feststellen sollte. Einig war man sich aber darüber, dass das Hotel wohl eine Bausünde sei, die das Stadtbild störe. Uneinig war man aber darüber, ob eine geänderte Stadtbauordnung dies hätte verhindern können, gäbe es doch zum Teil sehr unterschiedliche Auffassungen vor allem in Gestaltungsfragen. Auch sich mit dem Verlauf der Zeit ändernde Ansichten zur Qualität von Bauten gäbe es seit langem, wie auch wirtschaftliche Komponenten wesentlich die Bauvorhaben beeinflussen. Die Debatte wurde mit dem Antrag beendet, die Landesregierung möge unverzüglich eine Novelle zur Stadtbauordnung vorlegen, durch die weitere grobe Bausünden im Stadtbild von Salzburg unmöglich gemacht werden. Eine Umsetzung dieses Antrages ist nicht bekannt, was nicht verwundert, weil der Begriff „Bausünde" schwerlich objektiv fassbar ist.

Im Jahr 1960 hielt es der Stadtverein für dringend notwendig, sich wieder intensiv der Erhaltung der Altstadt zu widmen. So wurde in Zusammenarbeit mit der Volkshochschule im März und April eine Vortragsreihe mit dem Titel „Erhaltung und Pflege von Salzburgs Altstadt – Begründung und Kritik" veranstaltet. Fünf Vortragende widmeten sich dem Thema, und zwar der Direktor des Landesarchivs Herbert Klein aus der Sicht des Historikers, Landeskonservator Theodor Hoppe vom Standpunkt des Denkmalpflegers, Alfred Diener vom Standpunkt des Architekten, Professor Alois Schmiedbauer als Kunstschaffender und Verleger Erich Grießenböck als Wirtschaftstreibender. In seinen einleitenden Worten betonte der Direktor der Volkshochschule, Mallmann, „dass von Tag zu Tag immer wieder ein Teil Altsalzburgs verschwindet. Weniger der Zahn der Zeit als das Gebiss aus Unverständnis gegenüber der Altstadt und Kurzsichtigkeit bei vermeintlichem Profit nagen an unserem kulturellen und kommerziellen Gemeinkapital Altsalzburg".

Hoppe stellte u. a. fest, dass es unerlässlich ist, den Fahrverkehr aus der Altstadt hinauszubringen. Zur Lösung der Parkplatzfrage erschien ihm ein großzügiger Ausbau der Luftschutzstollen im Mönchsberg vorstellbar. Weiter meinte Dr. Hoppe, dass die einzigartige Altstadt in ihrer Gesamtheit, also als „Gesamtkunstwerk", gepflegt werden müsse, über dessen auch kleinstes Detail eifersüchtig zu wachen sei und dass dafür mehr als bisher Opfer erbracht werden müssten. Die Erhaltung der Altstadt sei auch eine Notwendigkeit für den Fremdenverkehr.

Hervorragend waren die Erklärungen von Architekt Alfred Diener, wie er die Einbettung der Altstadt in die umgebende Landschaft und den Einfluss der jeweiligen Gesellschaftsform auf die Gestaltung städtischer Räume beschreibt. Diener folgerte, dass für die Erhaltung des Stadtbildes und seiner Randgebiete vier Punkte notwendig seien: Straffe Formulierung der Grundsätze für das Bauen in der Bauordnung, Einschaltung des „Fachbeirates für Baufragen", Novellierung des Denkmalschutzgesetzes und Weckung des Interesses der Jugend für den Wert „Kulturgut Altstadt".

Alois Schmiedbauer, damals Präsident des Stadtvereins, Kunsterzieher und selbst bedeutender Kunstfotograf, beschrieb das „seltsam gesetzhafte Ordnungsprinzip" der Altstadt, nämlich den Gegensatz von Fürstenstadt und Bürgerstadt. Verleger Dr. Erich Grießenböck beleuchtete die Bedeutung der Altstadt für die gesamte Salzburger Wirtschaft und stellte für die Sparte Fremdenverkehr fest, dass nur „die Altstadt jahreszeitenfest wirbt!" Daraus folgerte er die Notwendigkeit, Baumaßnahmen immer aus der Mitverantwortung für das Ganze („Gesamtkunstwerk") zu sehen; weiter hielt er die Schaffung einer Fußgängerzone in der Altstadt und die Nutzung der Stadtberge für Parkgaragen für höchst dringlich. Landeskonservator Theodor Hoppe forderte in der Fachzeitschrift „Der Aufbau" im Jahr 1961 notwendige Ergänzungen des Originalbestandes so vorzunehmen, dass diese die geschlossene Gesamtwirkung des Kunstwerkes wiederherstellen. Er prangerte auch die Bedrohung einzelner Altstadthäuser durch die Spekulation an, nämlich planmäßig Objekte zu demolieren und an ihre Stelle ertragreichere Miethäuser zu setzen. Weiter meinte er, eine „richtige" Altstadtsanierung erfordere ein Zusammenwirken von Stadt und Land Salzburg unter Mithilfe des Bundes, da nur so dieses schwierige finanzielle, rechtliche und organisatorische Problem in Angriff genommen werden kann. Alois Schmiedbauer schrieb im Jahr 1964 in der Zeitschrift „Bastei" die geradezu als visionär zu bezeichnenden Sätze: „Es gilt daher, will man das Altstadtbild Salzburgs erhalten, mehr zu beachten, als das Aussehen der Fassaden der Gebäude, was sicherlich hiebei nicht gering eingeschätzt werden darf, denn es sind bei uns auch Baumassen und Bauhöhen aus anderen Gesichtspunkten zu sehen, als nur jenen der Ästhetik und der äußerlichen Gestaltung. Es gilt, unsere Altstadt vor allem als ‚Ganzes' zu erfassen, als eine in ihrem Wesen einheitliche Ausprägung von Geist und Form anzuerkennen, wenn wir über Wert oder Unwert ihrer Erhaltung diskutieren wollen!"

Im Jahr 1965 erhielten die Bemühungen um die Altstadterhaltung einen großen Auftrieb. Zu Jahresanfang berichtete Landeskonservator Dr. Hoppe in einem längeren Rundfunkvortrag über die Ergebnisse des zweiten internationalen Kongresses für Denkmalpflege in Venedig. Die für Salzburg bedeutenden Folgerungen beschrieb er so: „Der zu sanierende Altstadtteil muss in enger Verbindung mit dem Leben der ganzen Stadt stehen, und die Sanierung muss einen Bestandteil der gesamtstädtischen sozialen und wirtschaftlichen Planung bilden. Es handelt sich nämlich nicht darum, für den Gebrauch von Touristen museale Stadtansichten zu schaffen, sondern Altstadtviertel wiederzubeleben und zwar als Wohngebiet und, im Rahmen der Eigenart der betreffenden Altstadtquartiere, als Sitz des Handwerks und des Handels, des Gastgewerbes und kultureller Institutionen." Letztendlich forderte er ein Altstadtsanierungsgesetz für Salzburg!

Als eine der ersten Maßnahmen berief Bürgermeister Alfred Bäck den Fachbeirat für Stadtplanung und Baugestaltung nach mehrjähriger Pause wieder ein; diesem gehörten Vertreter des Stadtvereins, der Ingenieur- und Architektenkammer und des Ingenieur- und Architektenvereins an. Dieser Beirat könnte aus heutiger Sicht annähernd mit der Sachverständigenkommission für Altstadterhaltung bzw. dem Gestaltungsbeirat verglichen werden. In einem nächsten Schritt lud Bürgermeister Bäck zu einer Studienfahrt nach Regensburg ein, da auch die dortige Altstadt ähnlich gefährdet war wie jene Salzburgs. Unter fachkundiger Führung konnte ein sehr informativer Einblick in die Altstadtsanierung Regensburgs gewonnen werden.

Am 12. Juni 1965 fand dann eine große Enquete über Fragen der Altstadterhaltung und Altstadtsanierung statt, die gemeinsam von der Landesregierung unter der Führung von Landeshauptmann Hans Lechner und dem Stadtratskollegium unter dem Vorsitz von Bürgermeister Alfred Bäck veranstaltet worden ist. Rund 60 Teilnehmer aus allen einschlägigen Behörden und Ämtern unterstrichen die Bedeutung dieser Veranstaltung für Stadt und Land Salzburg. Als Ergebnis konnte festgehalten werden, dass man einerseits die rechtlichen Rahmenbedingungen verbessern müsse und andererseits die Schaffung eines Altstadtsanierungsfonds dringlich erscheine. Bürgermeister Bäck betonte, dass „Salzburg seine historische Bausubstanz bewahren muss!" Überdies legte das Bundesdenkmalamt in Salzburg bereits damals Vorschläge für die Schaffung eines „Altstadtgebietes" in der Linken und Rechten Altstadt vor. Land und Stadt bekannten sich einmütig zur Notwendigkeit, bereits im kommenden Budget Beträge für die Altstadtsanierung unterzubringen.

Weitere kräftige Unterstützung für eine geregelte Altstadterhaltung brachte das Erscheinen der Schrift „Die demolierte Schönheit" von Hans Sedlmayr im Sommer 1965. Sedlmayr war im Herbst 1964 als Ordinarius für Kunstgeschichte an die wiederbegründete Universität Salzburg berufen worden, erkannte rasch die anstehenden Probleme und stellte bereits zu Ostern 1965 seine aufrüttelnde Schrift fertig. Darin forderte Sedlmayr auch ein totales Demolierungsverbot für wertvolle und gefährdete Zonen. Der Verlauf der nächsten Monate war von Initiativen der verschiedensten Art geprägt; so verlangte etwa der damalige Direktor der Wirtschaftskammer, Wilfried Haslauer, dass „vor Erlassung baupolizeilicher Bescheide, die Altstadthäuser betreffen, eine Sachverständigenkommission einzuschalten ist". Am 30. November 1965 bekannte sich der Stadtsenat neuerlich zur Notwendigkeit, das Stadtbild zu erhalten und vor Verschandelung und Bausünden zu bewahren.

Am 11. Dezember 1965 fanden dann eingehende Gespräche zwischen Stadt und Land über den Entwurf eines Altstadterhaltungsgesetzes statt, wonach ein Schutzgebiet ausgewiesen und eine Sachverständigenkommission geschaffen werden sollten. Am 14. Dezember 1965 richtete der Landtagsabgeordnete Alois Zillner an den damaligen Landeshauptmann Hans Lechner die Anfrage, „welche Vorstellung die Landesregierung hinsichtlich eines gesetzlich festzulegenden Demolierungsverbotes zur Erhaltung kunsthistorischer Stadtteile habe". Lechner verwies auf das in Ausarbeitung befindliche Salzburger Altstadtsanierungsgesetz, das Demolierungsverbote enthalten werde.

Die Bemühungen fanden ihre Fortsetzung im Jahr 1966; so schrieb der Galerist Friedrich Welz in der „Bastei" einen längeren Beitrag mit dem Titel „Muss Salzburgs Altstadt dem Fortschritt geopfert werden?" Er beklagte den Verlust des Kulturbewusstseins der Bürger und eine maßlose Hypertrophie des kommerziellen Denkens und dass wohl auch Institutionen wie die Festspiele, das Mozarteum und andere kulturelle Einrichtungen den Schwund des Fremdenverkehrs nach fortschreitender Zerstörung der Altstadt nicht aufzuhalten vermögen. Die Erhaltung der Altstadt sei ein kulturpolitisches Gebot erster Ordnung. Welz regte auch an, sich Gedanken um die künftige Nutzung der großen Stadtpaläste zu machen, denn hier die Ämter zu belassen sei wohl nicht sinnvoll, besser wäre es wohl, hier Kulturinstitute unterzubringen. Dieser Vorschlag wurde Jahrzehnte später mit dem Großprojekt „Altstadtuniversität" realisiert. Weiter forderte auch Welz die Einrichtung einer „Fußgängerstadt" und die Schaffung von Parkgaragen in den Stadtbergen.

Die jahrelangen Bemühungen um einen Altstadtschutz wurden mit dem Einbringen des Entwurfes für ein Salzburger Altstadterhaltungsgesetz im Verfassungs- und Verwaltungs- sowie Finanz- und Gewerbeausschuss des Landtages am 12. April 1967 fortgesetzt. Am 10. Mai 1967 fand eine eingehende Beratung darüber statt; Landeshauptmann Hans Lechner und die Abgeordneten Wilfried Haslauer sen., Josef Weiser, Walter Stockinger, Alois Zillner und Vizepräsident Hans Pexa behandelten in der Debatte den gesamten Problemkreis „Altstadt" aus den verschiedensten Perspektiven sehr umfassend. Der Gesetzesantrag wurde dann einstimmig angenommen! Damit konnte das neue Altstadterhaltungsgesetz als Erstes dieser Art in Österreich am 1. September 1967 in Kraft treten.

Da in dieser ersten Fassung des Gesetzes nur das Äußere der Gebäude unter Schutz gestellt worden war, zeigte sich bald, dass der Zerstörung wertvollen Baubestandes kein wirklich wirksamer Widerstand entgegengesetzt werden konnte. Die Demolierung etwa des alten Borromäums samt der von Georg Pezolt geplanten Karl-Borromäus-Kirche 1973/74 und des Hauses Platzl 5 bewirkte im Jahr 1980 eine Ausweitung des Schutzgedankens auf das Innere der Häuser in der Schutzzone. Zuvor war es in einer Reihe kleinerer Novellen in den Jahren 1971, 1973 und 1975 zur Einarbeitung von Erfahrungen aus der Arbeit mit dem Altstadterhaltungsgesetz gekommen. Auch die Novelle des Jahres 1987 ist aus diesem Blickwinkel zu sehen, da im Interesse einer rascheren Arbeitsweise die Sachverständigenkommission von acht auf fünf Mitglieder verkleinert worden ist. Im Jahr 1995 wurden zusätzlich gründerzeitliche Stadträume z. B. in der Neustadt unter Schutz gestellt. Das Altstadterhaltungsgesetz mit seinen wichtigen Instrumentarien, Sachverständigenkommission und Fonds, war auch die wesentlichste Voraussetzung für die Aufnahme der Altstadt von Salzburg in die Liste des Weltkulturerbes der UNESCO im Jahr 1996.

Aus den Debatten des Salzburger Landtages

Auszug aus dem Protokoll der Landtagssitzung am 10. Mai 1967

Landeshauptmann DDr. Hans Lechner (ÖVP): Hohes Haus! Ich glaube, es ist wirklich ein wichtiger Punkt für die Zukunft Salzburgs, der jetzt in Beratung steht. Wichtig vor allem für die Landeshauptstadt; bei der überragenden Bedeutung, die diese Landeshauptstadt für das ganze Land hat, für unseren ganzen Landesbereich. Seit einigen Jahren erst sind wir so mit aller Deutlichkeit und Eindringlichkeit darauf gestoßen worden, die Altstadterhaltung und damit zusammenhängend auch der Altstadtsanierung besondere Bedeutung beizumessen. Die Anlässe dafür waren, daß einige entstellende Bauten in Salzburg entstanden sind. Vielleicht ist es ein Glücksfall, daß wir somit durch diese paar negativen Fälle zur Handlung veranlaßt und gezwungen wurden. Bei diesen Baufällen ist aber auch der Bauzustand dieser Althäuser in der Stadt als ein vielfach sehr schlechter offenbar geworden. Und schließlich sind dann in der Folge, als wir in die Behandlung der Materie eingegangen sind, die ganzen wichtigen finanziellen, rechtlichen und organisatorischen Probleme akut geworden. Ich glaube, daß wir verpflichtet sind als Salzburg, gleichgültig, ob wir in der Stadt, ob wir am Land wohnen, dieses herrliche Bild der Altstadt für die künftige Generation zu erhalten. Darüber hat ja nie Zweifel bestanden. Und wenn wir wissen, daß diese Stadt Salzburg immer wieder gerade wegen ihres inneren Bereiches als eine der schönsten Städte der Welt bezeichnet wird, dann ist es ja nur eine Bestätigung von dem, was wir täglich sehen. Nun gibt es ja schon eine gesetzliche Einrichtung, die an sich dazu bestimmt ist, historisch wertvolle Teile zu erhalten. Das ist das Denkmalschutzgesetz, das in die Kompetenz des Bundes fällt. Dieses stammt aber auch aus einer Zeit, in der man viel mehr das Augenmerk auf die Einzelheit verwendet hat, auf das einzelne Bauwerk, auf das einzelne Haus und viel weniger auf die Zusammenhänge, auf ein Gesamtbild, das sich ergibt. Dieses Denkmalschutzgesetz ist daher nicht ausreichend, um dieses Salzburg als Gesamtkunstwerk zu erhalten. … Für diese Erhaltung des Altstadtbildes hat es bisher eigentlich keine rechtlich befriedigende Regelung gegeben. … bei den Bausünden der Stadt (ist) immer wieder auf die finanzielle Konsequenz und die wirtschaftlichen Folgen hingewiesen worden. Die Häuser sind natürlich zum Teil, soweit sie Miethäuser sind, oft von sehr geringem Erträgnis und vor allem die Instandsetzungen, so wie wir sie wollen, in diesem erhaltenden Sinn, sind eben unterblieben.

Das Stockwerkseigentum hat die Sache besonders kompliziert gemacht. Bei diesen Maßnahmen waren wir einmütig der Meinung, daß dieses Altstadtbild erhalten werden muß und dieses Anliegen im Gesamtinteresse liegt und daß daher auch eine Berechtigung besteht, daß wir hier eine Eigentumsbeschränkung, eine Beschränkung im freien Verfügungsrecht der Besitzenden, in Kauf nehmen müssen. Es stand aber auch fest, daß nicht der einzelne Hausbesitzer allein die finanzielle Last dieser Maßnahmen, die im öffentlichen Interesse erfolgt sind, tragen kann. ... Es sind sowohl für die Eigentümer des Hauses als auch für die Mieter dieser Häuser, die in diese Aktion einbezogen sind, wesentliche Verbesserungen im Zuge dieser parlamentarischen Behandlungen hier erfolgt. Als ganzes aber müssen wir immer wieder betonen, daß es nur ein Teil ist, nämlich der erste Teil, der sozusagen einen Stopp der eingesetzten Zerstörung bedeutet. ... es ist auch das noch nicht gelöst, was wir als gleich wichtig ansehen: die wohnungsmäßige Sanierung des hinter den Fassaden befindlichen Baukörpers. Das wird eine große Aufgabe sein, die wir, glaube ich, auch konzentriert in einem Programm werden lösen müssen. (...)

Abg. Dr. Wilfried Haslauer (ÖVP): Hohes Haus, meine sehr verehrten Damen und Herren! Aus den Erklärungen des Herrn Landeshauptmannes und aus den einführenden Darstellungen des Herrn Berichterstatters ist schon hervorgegangen, daß der Landtag mit der Beschlußfassung des vorliegenden Altstadterhaltungsgesetzes einen überaus bedeutsamen Akt beschließt, der in seiner Wichtigkeit weit über die üblichen legislativen Maßnahmen, die ein Landtag bei der beschränkten Gesetzgebungshoheit zu treffen hat, hinausgeht. Wir wissen allerdings, daß dieses Gesetz nur einen allerdings wirksamen Beitrag zur Lösung des vielschichtigen und daher auch viele Maßnahmen erfordernden Problems der Altstadt bedeutet. Es ist, glaube ich, am Platze, daran zu erinnern, daß das Problem der Altstadt, wie es in besonderer Dichte für die Landeshauptstadt auftritt, wie es aber auch in den anderen Städten und Märkten unseres Landes immer bedeutsamer wird, sich für die Stadt Salzburg in einem vierfachen Anliegen darstellt. Es geht dabei erstens um die bautechnische Sanierung der rund 400 bis 500 Häuser, die in der Regel aus dem 16. und 17. Jahrhundert stammen. Es geht zweitens in kultureller Hinsicht vor allem darum, den Originalbestand und damit das Altstadtbild in seiner äußeren Erscheinung zu erhalten. Und es muß drittens unsere Sorge sein, auch die wirtschaftliche Funktion der Altstadt für die Zukunft zu sichern und damit im Zusammenhang auch viertens den leider Gottes in den letzten Jahren aus verständlichen Gründen zu verzeichnenden Prozeß der Abwanderung aus der Altstadt abzustoppen und Maßnahmen zur Wiederbesiedlung der Altstadt einzuleiten.

Unter diesen Gesichtspunkten kann natürlich der heute vorliegende Gesetzentwurf nur einen Beitrag bedeuten. Aber die Beratungen in den zuständigen Ausschüssen waren noch nicht abgeschlossen ..., als schon in bestimmten Presseerzeugnissen eine Kritik über den Gesetzesinhalt entfacht wurde, der vor allem darauf hinausgelaufen ist, daß sich das Gesetz auf eine „Fassadenkosmetik" beschränkt und nichts dagegen tut, daß die Ratten hinter den Fassaden weiter ihr fröhliches Treiben vollbringen. Solche Kritiken ... übersehen, daß wir immer wieder betont haben, daß dieser Gesetzentwurf nur ein Beitrag zur Lösung des Problems sein kann und daß zweitens mit Landesgesetzen, ja überhaupt mit gesetzlichen Maßnahmen allein, das vielschichtige Problem der Altstadterhaltung nicht gelöst werden kann. (...)

Abg. Dkfm. Walter Stockinger (SPÖ): ... Bei der langwierigen Beratung des vorliegenden Salzburger Altstadterhaltungsgesetzes hat sich folgendes Grundsätzliche gezeigt und das soll hier hervorgehoben werden: Daß Erhaltung, wenn sie wirkungsvoll und auf Dauer ausgerichtet sein soll, nicht nur eine bautechnische und eine denkmalpflegerische Angelegenheit, sondern, wie der Abg. Haslauer sehr beredt gesagt hat, eine Frage der Organisation, der Finanzierung, der Revitalisierung ist. ... Für Salzburg wird es zweckmäßig sein, zuerst eine Bestandsaufnahme zu machen, eine Objekt- und Rauminventur, um einen Überblick über die Substanz, die zu erhalten ist, über Nutzungskapazität, über die Möglichkeiten der Nutzungsverbesserungen zu bekommen. Welche Angaben liegen bisher darüber vor? In dem Gebiete, auf das das Altstadterhaltungsgesetz zur Anwendung gelangen wird, befinden sich: 953 Häuser mit einer Wohnbevölkerung von rund 10.000 Personen, davon etwa 1.000 Kinder. Es sind insgesamt 2.800 Haushaltungen und davon 1.961 Mehrpersonenhaushalte und 848 Einpersonenhaushalte. Bezüglich der Erhaltungswürdigkeit der Häuser liegen vorläufige Angaben vor: es sind 310 Häuser nicht besonders erhaltenswürdig und es werden 643 Häuser als erhaltenswürdig angesehen. Aber erst nach einer genauen Bestandsaufnahme kann man die Maßnahmen, die die Bezeichnung „Altstadtsanierung" tragen, angeben und es wird notwendig sein, ein Konzept zu erarbeiten. ... Man wird dabei die Nutzungsfähigkeit und Nutzungsmöglichkeit, Finanzierungsprobleme, Substanzfragen und dergleichen erfassen können und auf die Dauer, auf Generationen hinaus, wie es schon gesagt wurde, die Salzburger Altstadt erhalten können. Es wird nun Aufgabe der Stadtverwaltung, aber nicht nur in Salzburg, sondern genauso in Hallein, in Radstadt, in Zell am See und in anderen Märkten und Orten des Landes Salzburg sein – wo überall erhaltenswürdige Häuser sind – das alles statistisch, verwaltungstechnisch zu erfassen und dann festzustellen, was man machen kann.

Abg. Alois Zillner (FPÖ): Hohes Haus, meine sehr geehrten Damen und Herren! Alle mit dieser schwierigen Materie befaßten Abgeordneten und Experten waren sich von vornherein bewußt, daß das nur ein Anfang sein kann, daß dieses Altstadterhaltungsgesetz kein Allheilmittel sein kann. Aber es ist ein Anfang gemacht worden. Es waren sich alle ebenso darüber im Klaren, es muß etwas geschehen im Sinne Salzburgs. Wir alle wissen, daß Salzburg eine riesige Tradition aufzuweisen hat, eine uralte Tradition, möchte ich sagen. ... Wenn man heute das pulsierende Leben von Salzburg betrachtet, den wirtschaftlichen Aufschwung, die herrliche Lage, die gepflegten Kulturen rund um Salzburg, seine Gastlichkeit bis zu den weltbekannten Festspielen, so ist uns das wirklich Verpflichtung und aus all diesen Gedanken heraus müssen wir uns sagen, es muß etwas geschaffen werden, etwas getan werden in gesetzlicher Hinsicht, um dieses Bild, um diese Altstadt von Salzburg zu erhalten. ...

Abg. Hans Pexa (SPÖ): Hohes Haus, verehrte Abgeordnete zum Salzburger Landtag! Wir haben, wie bisher bereits des Öfteren in diesem Hause, ein Gesetz geschaffen, das einmalig-erstmalig in Österreich eine Materie behandelt, die sicherlich nicht sehr leicht ist, die vor allen Dingen, so glauben wir und das war unsere Meinung während der Verhandlungen, weitere Schritte erfordert. Mittel erfordert in einem Ausmaß, wie sie wahrscheinlich von Stadt und Land allein nicht aufgebracht werden können. ... Die sozialistische Landtagsfraktion hat im Zusammenhang mit den Beratungen dieses Gesetzes immer wieder darauf verwiesen, daß dieses Gesetz nicht allein für die Stadt Salzburg bleiben kann, sondern auch für die übrigen Orte unseres Landes eine ähnliche Gesetzesvorlage möglichst bald kommen muß. Ich möchte daher, nachdem davon auch gesprochen wurde, die Forderung nach diesem Gesetz hier erheben. ...

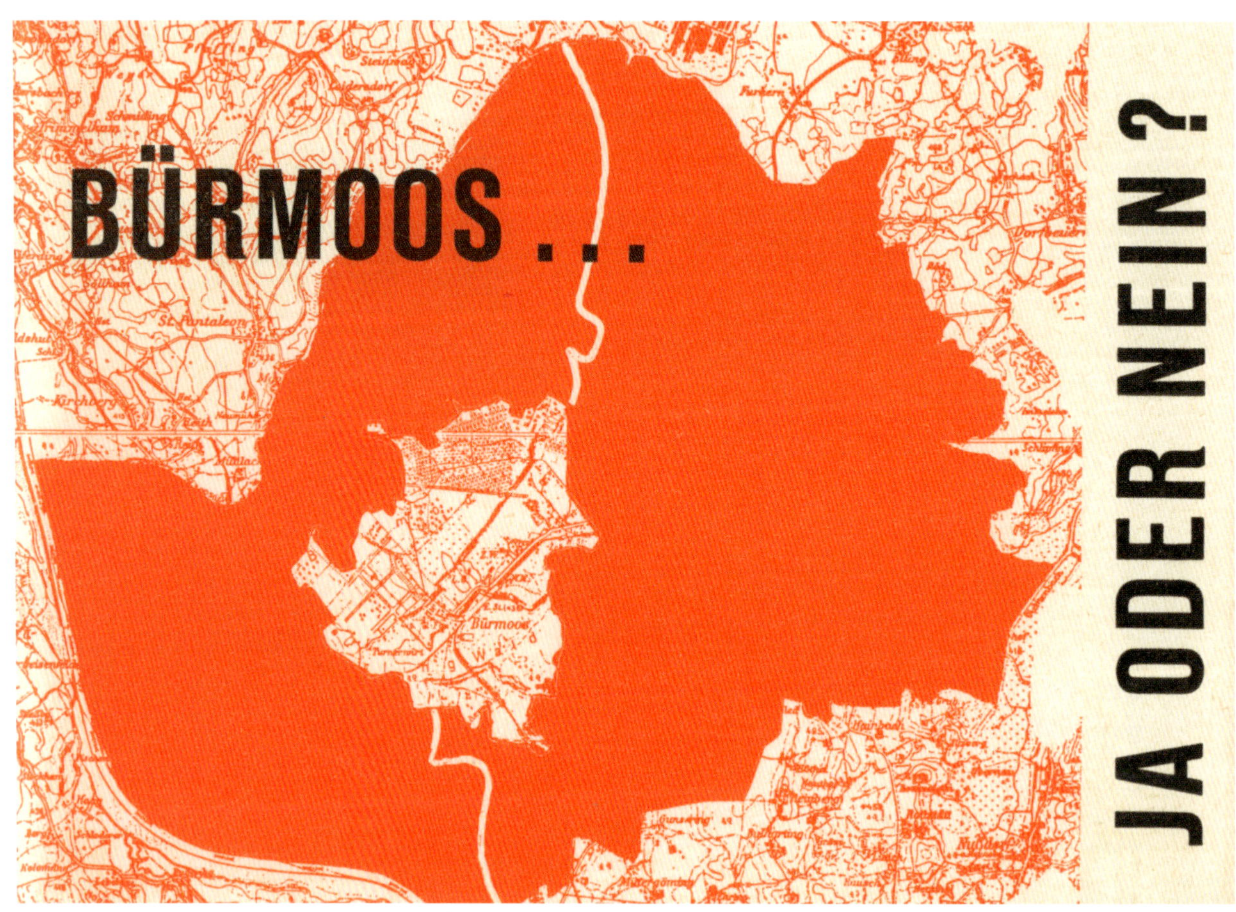

SPÖ-Broschüre für die Volksbefragung 1967
(Foto: Alois Fuchs, Bürmoos)

Robert Kriechbaumer

10. Mai 1967

Bürmoos oder die Trübung des „Salzburger Klimas"

Landeshauptmann Hans Lechner war überzeugt, dass der Konsens der Parteieliten die Basis des sprichwörtlich gewordenen „Salzburger Klimas" sei. Er war davon überzeugt, dass das Wohl des Landes nur durch die Zusammenarbeit der politischen Lager erreicht werden könne und sich die Ereignisse des Jahres 1934 nie mehr wiederholen dürften. Lechners 16-jährige Regierungszeit war geprägt von dieser Auffassung, wenngleich ihm das Verhalten und auch Taktieren seines sozialistischen Gegenübers Karl Steinocher oftmals in – nach außen nie gezeigte – Rage brachte. Die ruhige See der Salzburger Landespolitik erfuhr 1967 eine plötzliche Trübung, die sich schließlich in einen Sturm verwandeln sollte.

Am 29. Juni 1967 verabschiedeten ÖVP und FPÖ im Landtag einen Entschließungsantrag, mit dem die Landesregierung ersucht wurde zu prüfen, unter welchen Voraussetzungen die Schaffung einer eigenen Gemeinde Bürmoos möglich wäre. Die Landesregierung sollte so bald wie möglich dem Landtag berichten und im Fall einer positiven Erledigung einen entsprechenden Gesetzesantrag einbringen. Die Landesregierung legte einen positiven Prüfungsbericht vor, mit dem sich der Verfassungs- und Verwaltungs-, der Finanz-, der Landwirtschafts- und der Gewerbeausschuss des Landtages in einer gemeinsamen Sitzung am 1. März 1967 beschäftigten. Die Mehrheit kam dabei zu dem Ergebnis, dass mit Wirksamkeit vom 1. Juli 1967 eine eigene Gemeinde Bürmoos im Rahmen der Pfarr- und Schulsprengelgrenzen geschaffen werden sollte. Zur Schaffung der neuen Gemeinde sollte die Bevölkerung von Lamprechtshausen und St. Georgen gehört werden. Die SPÖ konnte sich dieser Meinung allerdings nicht anschließen und wies in einem Minderheitenbericht darauf hin, dass die Schaffung einer neuen Gemeinde Bürmoos aus wirtschaftlichen Gründen nicht sinnvoll sei und damit ein Weg beschritten werde, der in anderen Ländern längst problematisiert sei, wo man durch Gemeindezusammenlegungen größere Wirtschaftskörperschaften schaffe.

Die Frage der Bildung einer eigenen Gemeinde Bürmoos aus Teilen der Gemeinden Lamprechtshausen und St. Georgen beschäftigte die Salzburger Landespolitik seit den frühen 1950er-Jahren, als Landesplanung, Wirtschaftsexperten und Raumplanung zu der Empfehlung gekommen waren, dass angesichts der großen Wanderbewegungen in die beiden Gemeinden die Bildung einer eigenen Gemeinde Bürmoos sinnvoll wäre. In einer 1953 durchgeführten Abstimmung hatten sich 1.634 Personen für und 698 Personen gegen die Bildung einer Gemeinde Bürmoos ausgesprochen. Es sollte allerdings bis 1966 dauern, um diese Frage neuerlich im Landtag zu behandeln. Durch die starken Zuwanderungsgewinne hatten sich in den Gemeinden Lamprechtshausen und St. Georgen die politischen Konstellationen zuungunsten der ÖVP verändert. In Lamprechtshausen war zwischen 1949 und 1964 ihr Anteil bei Gemeindevertretungswahlen von 45,2 auf 37,1 Prozent gesunken, während die SPÖ von 36,4

9. Mai 1967: Von der SPÖ organisierte Demonstration gegen die Errichtung einer eigenen Gemeinde Bürmoos im Chiemseehof (Foto: Salzburger Landesarchiv)

auf 43,7 Prozent anstieg. Die ÖVP vermochte den Bürgermeister nur dank der Unterstützung der FPÖ, die hier mit 15 bis 23 Prozent sehr stark vertreten war, behaupten. Bei einer linearen Fortsetzung dieses Trends war mit dem Verlust der Bürgermeisterfunktion an die SPÖ zu rechnen, die diese in St. Georgen bereits 1964 übernommen hatte.

Die Bildung einer eigenen Gemeinde Bürmoos hatte daher ein durchaus politisches Motiv, wobei ÖVP und FPÖ eine Reihe durchaus plausibler Gründe ins Feld führen konnten. So war das Gebiet von Bürmoos durch die bestehenden Gemeindegrenzen mehrfach zerschnitten, das Siedlungsgebiet unorganisch gewachsen und verursachte erhebliche Aufschließungskosten, die durch die Schaffung einer eigenen Gemeinde erheblich reduziert werden konnten. Nach den Berechnungen des Jahres 1967 hätte eine Gemeinde Bürmoos rund 2.500 Einwohner umfasst, St. Georgen ca. 1.500 und Lamprechtshausen ca. 1.600. Die politischen Motive der SPÖ, die sie in der Diskussion allerdings hinter dem Argument der ökonomischen Sinnhaftigkeit von größeren Gemeinden verbarg, waren in der durchaus realistischen Aussicht gegeben, in einer Großgemeinde Lamprechtshausen/St. Georgen die Mehrheit zu erringen und damit den Bürgermeister zu stellen.

Am 8. März 1967 kam es im Salzburger Landtag zu einer äußerst erregten und kontroversiellen Debatte zwischen ÖVP und FPÖ einerseits und SPÖ andererseits über den Antrag, dem Landtag termingerecht eine Regierungsvorlage über die Bildung einer eigenen Gemeinde Bürmoos zuzuleiten, um diese mit 1. Juli 1967 rechtskräftig zu errichten. Die Landesregierung entsprach dem mit den Stimmen von ÖVP und FPÖ angenommenen Antrag und leitete zudem eine Befragung in den drei in Frage kommenden Gemeinden ein, die eine Mehrheit in zwei der drei Gemeindegebiete für die Errichtung einer eigenen Gemeinde Bürmoos brachte, wobei sich allerdings eine absolute Mehrheit von 1.941 Nein-Stimmen gegen 1.535 Ja-Stimmen ergab. ÖVP und FPÖ beschlossen daher, dem Landtag die Annahme der Gesetzesvorlage für die Errichtung einer eigenen Gemeinde Bürmoos zu empfehlen. Die SPÖ organisierte daraufhin am 9. Mai eine Demonstration im Chiemseehof, an deren Spitze sich Landtagsvizepräsident Hans Pexa, Landeshauptmann-Stellvertreter Karl Steinocher und SPÖ-Klubobmann Robert Janschitz befanden. Landeshauptmann Lechner wurde eine Resolution übergeben, in der die Position der SPÖ mit Blick auf die Sitzung des Landtages am folgenden Tag zusammengefasst war.

Am 10. Mai 1967 erfolgte eine von zahlreichen Emotionen und verbalen Entgleisungen geprägte Landtagssitzung, in der die SPÖ die Schatten der Vergangenheit heraufbeschwor und in Anspielung auf das gemeinsame Vorgehen von ÖVP und FPÖ in dieser Causa von einer „Einheitsfront" sprach, die „an die Praktiken der Konservativen in den schlimmsten Zeiten der Ersten Republik" erinnere. Sollten ÖVP und FPÖ das Gesetz beschließen, bedeute dies das Ende der zwei Jahrzehnte gedeihlichen Zusammenarbeit und des „Salzburger Klimas". Die Wogen der Erregung gingen hoch, doch am Ende des Tages beschlossen ÖVP und FPÖ die gesetzliche Regelung, die die Schaffung einer eigenen Gemeinde Bürmoos regelte.

Am 8. Oktober 1967 fanden in den drei Gemeinden Lamprechtshausen, St. Georgen und Bürmoos Gemeindevertretungswahlen statt, die die erwarteten Ergebnisse brachten. Die ÖVP erreichte in Lamprechtshausen eine deutliche relative und in St. Georgen eine absolute Mehrheit, während die SPÖ in Bürmoos mit rund 85 Prozent ein Ergebnis von beinahe volksdemokratischem Ausmaß erreichte. Im Herbst dieses Jahres beruhigte sich die politische Großwetterlage und das „Salzburger Klima" wurde wiederum zur dominierenden politischen Wetterfront.

Aus den Debatten des Salzburger Landtages

Auszug aus dem Protokoll der Landtagssitzung am 10. Mai 1967

Abg. Robert Janschitz (SPÖ): … Diese Gesetzesvorlage, die im Verfassungs- und Verwaltungsausschuß die Zustimmung der konservativen Mehrheit … erhielt, wird, falls es doch zu einer Beschlußfassung kommen sollte, nun hier im Hause ebenfalls von der vereinigten Rechten verabschiedet werden. Es wird demnach ein Gesetz sein, das durch einen Mehrheitsbeschluß dieses Hauses zustande gekommen ist. Dabei drängt sich die Frage auf, wie viele Gesetze dieses Haus seit 1945 mit einfacher Mehrheit beschlossen hat. Es liegt leider keine Statistik vor. Ich habe mir aber sagen lassen, daß dazu beide Hände genügen würden, um diese Gesetze aufzählen zu können. Ich bin der Meinung, daß Mehrheitsbeschlüsse durchaus den demokratischen Spielregeln und Gepflogenheiten entsprechen. Man war im Salzburger Landtag jedoch bis vor etwa einem Jahr bemüht, durch Verhandlungen eine Formel zu finden, die eine stimmeneinhellige Annahme der Gesetzesvorlagen möglich machte. Diese Verhandlungen waren getragen von einer echten demokratischen Gesinnung und von einem ehrlichen, aufrechten Wollen, der Bevölkerung dieses Landes zu dienen. Von einer solchen Einstellung … war von Seiten der konservativen Mehrheit dieses Hauses bei der Behandlung dieses Gesetzes nichts zu bemerken. Im Gegenteil! Die konservative Mehrheit dieses Hauses setzt vielmehr mit dieser Gesetzesvorlage ihre Handstreichpolitik oder auch ihre Politik unter dem Motto „Wir sind die Mehreren" weiter fort. Die Art und Weise, wie die Herrn Abgeordneten … der schwarz-blauen Einheitsfront dieses Hauses dieses Gesetz verhandeln, erinnert an die Praktiken der Konservativen in den schlimmsten Zeiten der 1. Republik. … Man entscheidet mit einer Kaltblütigkeit sondergleichen gegen die Mehrheit der von diesem Gesetz betroffenen Bevölkerung. … Sollten Sie … dieses Gesetz … beschließen, so setzen sie damit den Schlußpunkt hinter eine durch zwei Dezennien währende gedeihliche Zusammenarbeit in diesem Hause. … (…)

Abg. Hans Schmidinger (ÖVP): … Kollege Janschitz, so ist es ja nicht … Die ursprüngliche Ausgangsbasis war die Einladung zu Gesprächen. Diese Einladung wurde allerdings … dreimal abgelehnt. … Die Ausgangsbasis für diese Einladungen war nicht vielleicht das Wollen der ÖVP oder das Wollen der SPÖ hier in diesem Hause, sondern die Ausgangsbasis für die Einbringung des späteren Zwei-Parteien-Antrages, der nur deswegen zustande kam, weil es nicht möglich war, zu einem Drei-Parteien-Antrag zu kommen, geht zurück auf Forderungen und Verlangen aus dem Gebiet der Gemeinden St. Georgen und Lamprechtshausen. Und ich darf verweisen, daß die ganze Frage zur Bildung einer eigenen Gemeinde Bürmoos bzw. die Änderung der Grenzen in diesem Gebiet nicht zurückgeht auf ein Verlangen der ÖVP oder auf ein Verlangen der FPÖ hier in diesem Hause, sondern darauf, daß die Bevölkerung von Bürmoos eine Änderung des Gebietes, eine Grenzänderung, im Jahre 1951 verlangte. Und ich darf darauf verweisen, … es geht darauf zurück, das im Jahre 1960 die Gemeindevertretung von

St. Georgen, alle Fraktionen, einstimmig die Bildung einer eigenen Gemeinde Bürmoos verlangte und daß es im Jahre 1963 zu einem Abkommen zwischen der ÖVP und der SPÖ bzw. den örtlichen Vertretern der SPÖ in Bürmoos gekommen ist, welches die Schaffung einer eigenen Gemeinde Bürmoos vorgesehen hat. Ich darf darauf verweisen, daß am 4. April 1963 die Vertreter von Bürmoos, also Vertreter der betroffenen Bevölkerung, die Bildung einer eigenen Gemeinde Bürmoos in einem Abkommen verlangt haben. ... Warum wurde trotzdem damals von der SPÖ höheren Orts dieses Wollen der betroffenen Bevölkerung, der Vertreter der betroffenen Bevölkerung, abgelehnt? Nicht zur Kenntnis genommen? Kollege Janschitz, war das demokratischer, wenn man also dieses Verlangen der gewählten Vertreter ... damals nicht zur Kenntnis genommen hat und wenn man damals zugestandenerweise alles getan hat, um diesen Wunsch der betroffenen Bevölkerung nicht zur Kenntnis zu nehmen ... Ich habe bis heute ... von Kollegen, die damals unterschrieben haben, keine konkrete Antwort erhalten, ... warum man seinerzeit die Bildung einer eigenen Gemeinde Bürmoos verlangte und warum man heute an der Spitze einer Gegenaktion steht und genau das Gegenteil verlangt ... (...)

Abg. Manfred Krüttner (FPÖ): ... So lange ich in diesem Hause tätig bin, haben die Gespräche um eine Grenzbereinigung im Raum Bürmoos-Lamprechtshausen niemals aufgehört. Sie sind wohl auf einige Zeit unterbrochen gewesen, sie wurden manchmal mehr oder weniger leidenschaftlich geführt, aber das Problem besteht seit dem Jahre 1953. ... Im Laufe der letzten 17 Jahre wurden 13 Varianten von den örtlichen Vertretern und den Vertretern des Salzburger Landtages immer an Ort und Stelle genauestens in ihren wirtschaftlichen und in ihren grenzmäßigen Auswirkungen besprochen, an Ort und Stelle auch begangen und so viele gut gemeinte Ratschläge auch gegeben wurden und gemacht wurden, eine einvernehmliche, von allen drei Fraktionen im Salzburger Landtag gebilligte Lösung wurde all die Jahre nicht gefunden. Also, wenn man nach 17jähriger Verhandlungsdauer noch sagt oder darzustellen versucht, daß der Salzburger Landtag übereilt gehandelt und gehudelt hätte, dann möchte ich fragen, wie lange man noch an diesem Problem arbeiten soll, um zu Ergebnissen zu kommen. (...)

Und nun wird immer wieder ... davon gesprochen, daß das Problem Bürmoos auch ein parteipolitisches Problem sei. Wenn wir ehrlich sind, müssen wir logischerweise zugeben, daß es auch ein parteipolitisches Problem ist, natürlich spielen diese Dinge mit hinein. Na, ich kann mir vorstellen, das liegt doch drin, daß die ÖVP nicht mit den möglichen zwei neuen Bürgermeistern geliebäugelt hat und diese sieht, das kann man auch der ÖVP nicht verdenken. Ja, aber meine Damen und Herren Sozialisten, auch bei ihnen stehen parteipolitische Probleme mit im Vordergrund der Betrachtung. Sie haben nämlich die eigene Gemeinde Bürmoos mit Unterschrift von hier sitzenden Mandataren so lange gefordert, als die politischen Verhältnisse etwas weniger günstig für sie waren. ... Ich muß ehrlich sagen, am wenigsten von diesen parteipolitischen Überlegungen sind wir betroffen, weil wir in diesem Raum niemals einen Bürgermeister stellen werden und unser Einfluß sich auf ein beachtliches Mitspracherecht beschränkt, aber den entscheidenden Einfluß werden wir auf Grund der Wahlergebnisse da draußen wahrscheinlich nicht ausüben können. Wir haben also parteipolitisch das geringste Interesse und alle unsere Überlegungen ... waren lediglich darauf ausgerichtet, in diesem Raum auf lange Sicht wieder Ruhe und entsprechende Arbeitsmöglichkeiten zu schaffen. ... (...)

Landeshauptmann DI DDr. Hans Lechner (ÖVP): Hohes Haus! Ich darf Ihnen berichten, ... daß gestern nach dem Demonstrationszug eine Abordnung bei mir vorgesprochen hat und mit in eindrucksvoller und durchaus disziplinierter Weise ... die Anliegen der Bürmooser Bevölkerung nahe gebracht hat ... Bei dieser Aussprache ist allerdings, so wie jetzt, auch wiederholt der Vorwurf des undemokratischen Verhaltens gefallen. Ich glaube, wir sollten doch im Interesse gerade dieser Demokratie mit solchen Vorwürfen sparsam sein und sie im Einzelnen überlegen. ... Ich möchte ... wiederholen, daß nach der gegebenen Verfassungs- und Rechtslage der Landtag allein für die Entscheidung zuständig ist und daß dieser Landtag seinerzeit die Gemeindeordnung beschlossen hat, der betroffenen Bevölkerung ein Mitwirkungsrecht durch eine Volksbefragung einzuräumen, nicht aber das Entscheidungsrecht. ... Ich glaube, daß niemand im Hohen Hause einer Vorlage die Zustimmung geben könnte und geben würde, wenn eine echte Schädigung eines Teiles der Bevölkerung und des Landes damit verbunden wäre. Ich glaube aber noch einmal betonen zu müssen, daß, zumindest seit ich in der Regierung bin, der Wunsch nicht von den Zentralen gekommen ist, sondern von draußen. Die außerhalb des Siedlungsgebietes Bürmoos liegenden Bevölkerungsteile wollten eben ihre anders gearteten Interessen selbstverantwortlich wahrnehmen. Und diese Tatsache, daß die damals Vorsprechenden die Bevölkerung, die sie repräsentierten, richtig verstanden haben, ist durch diese Abstimmung auch an sich bestätigt worden. Ich glaube daher, daß es in unserer Zeit ... unrichtig ist, auseinanderstrebende Teile gewaltsam auf Dauer zusammen zu halten, weil es unvermeidlich ist, daß sich einmal die eine und einmal die andere Gruppe in ihren Rechten verletzt fühlt. Ich glaube, daß es doch richtiger ist, statt dieses Majorisierens in einer Gemeinde ein kameradschaftliches Nebeneinander von Gemeinden zu schaffen. ... (...)

Landeshauptmann-Stellvertreter Karl Steinocher (SPÖ): ... Ich müßte jetzt die Frage stellen, sagen wir, wir würden in Südtirol das Glück haben, daß das Volk dort selbst die Entscheidung treffen kann. Wären Sie der Meinung, daß dann die Mailänder und die Römer und meinetwegen die Sizilianer mitzuentscheiden haben, was die Südtiroler wollen? Verehrte Damen und Herren, ich bin überzeugt, daß Sie der Meinung wären, daß darüber nur die Südtiroler zu entscheiden haben. ... Nur in der Frage Bürmoos kommen Sie zu der Meinung, daß die Minderheit entscheiden kann, wie die Mehrheit handelt. Denn, verehrte Damen und Herren, die Entscheidung, Sie können die Zahlen drehen wie Sie wollen, spricht gegen die Lösung, die Sie hier treffen. Das Gesamtgebiet hat mit 56 Prozent sich dagegen ausgesprochen. ... (...)

Abg. Dr. Wilfried Haslauer (ÖVP): (...) Der Vergleich mit Südtirol, Herr Landeshauptmann-Stellvertreter, entschuldigen Sie, der hinkt nicht einmal, es fehlt überhaupt jede Vergleichsgrundlage. Ich zögere überhaupt, diesen Vergleich fortzuspinnen, aber wenn man schon dabei bleibt, dann müßte man eher sagen, das Gegenteil von Ihrer Annahme ist der Fall. Die Südtiroler würden sehr gerne eine eigene autonome Ordnung, wie sie ein kommunales Gebiet für die Gemeinde Bürmoos bedeutet, wünschen. Also, gerade das Gegenteil von dem, was Sie sagten, ist der Fall. Es ist leider so ... (Zwischenruf LHStv. Steinocher: In seiner Gesamtheit! Zwischenruf Abg. Rettenbacher: Du drehst es ja um!) Aber,

Herr Landeshauptmann, es ist die Atmosphäre in diesem Saale wieder besser geworden und wir nehmen Ihnen daher diesen schwachen Vergleich nicht übel. Es war auch für Sie nicht das entscheidende Argument, das räume ich ein. (Zwischenruf LHStv. Steinocher: Das war ein Purzelbaum!) Nein, das war kein Purzelbaum, im Gegenteil, nach dem Salto, den Sie gemacht haben, Herr Landeshauptmann-Stellvertreter, habe ich die Sache nur wieder ins rechte Lot gerückt. ... (...)

Sie haben immer erklärt, Herr Landeshauptmann-Stellvertreter, daß Bürmoos zu den kleinsten Gemeinden zählen wird. Wenn es 3.500 Gemeinden in Österreich unter einer Einwohnerzahl von 2.000 Menschen gibt, dann gehört zweifelsohne die künftige Gemeinde Bürmoos zu den 500 größten Gemeinden. (Zwischenruf Abg. Brandauer: Es gibt so viele kleine Leute und Du irritierst Dich doch, daß Du nicht größer bist!) Herr Bürgermeister Brandauer, Dir unterläuft ein Fehler! Du verwechselst die Größe der Gestalt mit dem Ausmaß des Gehirns. ... Da bin ich lieber klein an Gestalt und nicht so dumm wie ein Stieglochse!"

Die Mega-Baustelle für das Große Festspielhaus in der Salzburger Altstadt 1957/58 (Fotos: Salzburger Landesarchiv)

Robert Kriechbaumer

Das Große Festspielhaus

Erst ab dem Jahr 1938 hatten die Salzburger Festspiele in Form des 1937/38 von Clemens Holzmeister vorgenommenen Umbaus ein eigenes Haus besessen, das ihren Ansprüchen entsprach. Die Adaptierung des fürsterzbischöflichen Marstalls durch Eduard Hütter 1925 und der durch Clemens Holzmeister bereits im folgenden Jahr vorgenommene Umbau bildeten nur Notlösungen. Erst der auf Drängen Arturo Toscaninis und auf Initiative des damaligen Landeshauptmanns Franz Rehrl von Holzmeister 1937/38 vorgenommene Um- und teilweise Neubau stellte den Festspielen ein den damaligen Bedürfnissen entsprechendes Haus zur Verfügung, das jedoch 1938/39 im Auftrag der Nationalsozialisten durch den deutschen Bühnenbildner Benno von Arendt durch die Verwendung von Gips und Stuck in Rot und Gold dem Geschmack der Führung des Dritten Reiches angepasst wurde. Holzmeister charakterisierte nach 1945 den neuerlichen Umbau als Kinosaal und forderte die Wiederherstellung des ursprünglichen Zustands.

Holzmeisters Anliegen stieß in Salzburg auf positive Resonanz, bedeutete sie doch eine symbolische Entnazifizierung mit relativ geringen Kosten. Doch die Pläne des Architekten zielten bereits weiter. Im türkischen Exil hatte er zusammen mit Carl Bert einen Idealentwurf für ein modernes Theater entwickelt, das mit einem großen Fassungsvermögen das Guckkastensystem durchbrach und durch Modulationsfähigkeit die Aufführung von der Großen Oper bis zu kleinen und intimen Barockopern ermöglichen sollte. Die Idee eines Großen Hauses war nicht neu. Bereits 1920 war in Hellbrunn die Grundsteinlegung für ein solches Großes Haus erfolgt, das jedoch aus finanziellen Gründen nie realisiert wurde. Die Adaptierung des Marstalls war zunächst nur als Übergangslösung gedacht. Nach der Überwindung der Nachkriegsnot und mit dem beginnenden Wirtschaftswunder wurde die Frage eines neuen Großen Hauses vor allem aus finanziellen Gründen wiederum aktuell. Die Attraktivität der Festspiele und der jährlich deutlich zunehmende Besucherzustrom führten dazu, dass die negativen Kartenantworten jährlich beträchtlich zunahmen und damit den Festspielen beträchtliche Einnahmen entgingen. Die von den Subventionsgebern geforderte Wirtschaftlichkeit der Festspiele war nur dann gegeben, wenn man sowohl die Zahl der Vorstellungen wie auch die pro Aufführung zur Verfügung stehenden Kartenkontingente deutlich erhöhen konnte.

Zu Beginn der 1950er-Jahre tauchte in Salzburg das Projekt einer Musikolympiade auf. Bei dieser jährlich im Mai/Juni stattfindenden Veranstaltung sollten die verschiedenen Nationen die Gelegenheit erhalten, ihr zeitgenössisches Schaffen durch eigene Kräfte einer internationalen Fachwelt zu präsentieren. Das Konzept der Musikolympiade war nicht als Konkurrenz, sondern als Ergänzung zu den Festspielen gedacht und fiel in Salzburg auf fruchtbaren Boden. Stadt und Land Salzburg gaben positive Stellungnahmen ab, wobei bei den Beratungen jedoch darauf hingewiesen wurde, dass die Realisierung eines solchen Projekts ein entsprechendes Haus mit einem Fassungsvermögen von mindestens 2.000 Plätzen erforderlich mache. Clemens Holzmeister wurde aufgefordert, eine Studie für ein solches Großes Haus, das auch den Festspielen zur Verfügung stehen sollte, zu erarbeiten. Die von ihm vorgelegte Studie situierte das Festspielhaus auf dem Rosenhügel am Ende des Mirabellgartens.

Die Pläne für eine Musikolympiade verschwanden jedoch bereits 1952, da seitens des Bundes negative Stellungnahmen erfolgten. Ohne eine entsprechende finanzielle Beteiligung des Bundes war jedoch an eine Realisierung des Projekts nicht zu denken. Clemens Holzmeister verfolgte jedoch die Idee eines Großen Festspielhauses weiter, wobei er einen faszinierenden Plan entwickelte: die Situierung des von ihm entwickelten Idealtheaters mit einem Fassungsvermögen von rund 2.400 Plätzen in der Hofstallgasse. Dies erforderte die Absiedlung des Hauses der Natur und die Abgrabung eines erheblichen Teils des Mönchbergfelsens. Mit diesem neuen großen Haus einschließlich der notwendigen technischen Neuerungen und Nebenräume sollten die Festspiele über eine dem neuesten Stand der Technik entsprechende Spielstätte verfügen, die in einem weiteren Schritt durch ein kleines Haus speziell für die Aufführung von Mozart-Opern ergänzt werden sollte.

Holzmeisters Plan wurde von Landeshauptmann Josef Klaus massiv unterstützt, der, ähnlich wie Franz Rehrl in der Zwischenkriegszeit, mit Zähigkeit das Projekt verfolgte und schließlich auch zu realisieren vermochte. Dabei lehnte er sich an die Methoden und Strategien Rehrls an, indem er in einem ersten Schritt im Oktober 1953 ein aus allen Parteien sowie Fachleuten zusammengesetztes Beratungs- und Finanzierungskomitee ins Leben rief, das zu einem positiven Ergebnis kam, wobei jedoch der damalige Stadtrat und spätere Bürgermeister Alfred Bäck in seiner grundsätzlich positiven Stellungnahme den drohenden Konflikt ansprach, indem er bemerkte, das Projekt sollte so lange nicht weiter verfolgt werden, als die Wohnungsnot noch nicht beseitigt sei. Klaus ließ sich jedoch von diesem Einwand nicht beirren und verfolgte in zahlreichen Gesprächen mit dem Bund dessen Bereitschaft zu einer entsprechenden finanziellen Beteiligung. Diese war insofern gerechtfertigt, als der Bund durch die zu erwartenden Mehreinnahmen erheblich profitierte. Für den Salzburger Landeshauptmann spitzte sich die Situation im Frühjahr 1955 dramatisch zu. Im April erklärte ihm Staatssekretär Fritz Bock, Salzburg müsse bezüglich des Festspielhausbaus eine rasche Entscheidung treffen, da angesichts des bevorstehenden Abschluss des Staatsvertrages die finanziellen Mittel für die Übernahme der USIA-Betriebe in Ostösterreich benötigt werden. In Salzburg hatte Klaus jedoch mit dem hinhaltenden Widerstand von SPÖ und dem VdU/FPÖ zu kämpfen. Der VdU agierte gegen den Bau des Großen Festspielhauses mit dem wirksamen Argument, dass das Geld für die Beseitigung der Wohnungsnot aufgewendet werden sollte. Erst wenn die das Bild der Landeshauptstadt nach wie vor mitprägenden Baracken beseitigt seien, könne man über dieses Thema reden. Die SPÖ sprach sich zwar prinzipiell für den Bau des Großen Festspielhauses aus, geriet jedoch durch das offensive Agieren des VdU beim eigenen Klientel in die Defensive. Ihre Zustimmung konnte sie nur dann geben, wenn sie im Gegenzug auf eine Erhöhung der Mittel für das Barackenbeseitigungsprogramm verweisen konnte. Hier setzte Klaus an. Er wusste, dass die notwendige Bundesbeteiligung zu einem späteren Zeitpunkt schwer bis unmöglich zu erreichen war, weshalb er das vorhandene Zeitfenster nutzen musste. Um der SPÖ die Zustimmung zu ermöglichen, entschloss er sich zu einer deutlichen Erhöhung der Mittel für den sozialen Wohnbau, sodass die SPÖ auf einen sozialpolitischen Erfolg verweisen konnte. In einer

Das Große Festspielhaus 1960 (Foto: Salzburger Landesarchiv)

für die Entwicklung Salzburgs und der Festspiele historischen Sitzung des Salzburger Landtags am 22. Dezember 1955 stimmte die SPÖ im Gegenzug zu einer Erhöhung der Wohnbaumittel dem Bau des Großen Festspielhauses zu, dessen feierliche Eröffnung 1960 erfolgen sollte.

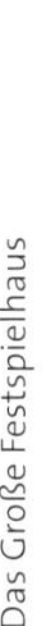

Aus den Debatten des Salzburger Landtages

Anfrage der Abg. Mayr, Freyborn, Krüttner und Genossen betreffend den Bau eines neuen Festspielhauses (SLP, Landtagssitzung am 27. September 1950)

Es ist den gefertigten Abgeordneten zur Kenntnis gekommen, daß Prof. Holzmeister von Unterrichtsminister Hurdes beauftragt ist, ein Projekt für die Errichtung eines neuen Festspielhauses mit 2.800 Sitzplätzen zu erstellen. Bund, Stadt und Land hätten hiefür die Kosten zu tragen.
Die unterfertigten Abgeordneten stellen deshalb an den Herrn Landeshauptmann die

Anfrage:

Trifft diese Nachricht zu und wurde tatsächlich Prof. Holzmeister vom Unterrichtsminister dieser Auftrag erteilt? Wer bezahlt diese Planung? Wurde mit Land und Stadt diesbezüglich ein Einvernehmen hergestellt? Ist ein solcher Auftrag nicht dazu angetan, unter Umgehung der zuständigen Körperschaften für Stadt und Land schwerwiegende Entscheidungen zu treffen? … (…)

Auszug aus dem Protokoll der Landtagssitzung am 23. Oktober 1950

Landeshauptmann Dr. Josef Klaus (ÖVP): In Beantwortung der in der Sitzung des Salzburger Landtages vom 27. 9. l. J. von den Herren Abgeordneten Mayr, Freyborn, Krüttner und Genossen an mich gestellten Anfrage betreffend den Bau eines neuen Festspielhauses beehre ich mich Folgendes mitzuteilen.

Mir ist bis jetzt nichts darüber bekannt geworden, daß Herr Professor Holzmeister vom Herrn Bundesminister für Unterricht beauftragt worden ist, ein Projekt für die Errichtung eines neuen Festspielhauses in Salzburg zu erstellen. Aus diesem Grunde hatte ich bisher auch noch keinen Anlaß, mich irgendwie mit der Angelegenheit zu befassen und dieselbe der Landesregierung zur Beschlußfassung vorzulegen; ich bin daher gegenwärtig nicht in der Lage, über ein angebliches Projekt oder über eine Stellungnahme der Landesregierung Mitteilung zu machen. …

Abg. Karl Mayr (VdU): Aus der Interpellationsbeantwortung des Herrn Landeshauptmannes geht nicht hervor, daß beim Herrn Bundesminister Hurdes persönlich eine Auskunft eingeholt worden wäre. Ich bin aber in der Lage, der Landesregierung und dem Hohen Hause einige Aktennotizen zu bringen. (Liest vor:)

„Besuch Prof. Holzmeister beim Minister Hurdes am 25. 9. 1950. Der Bundesminister hat sich für die Abhaltung der Musikolympiade in Salzburg ausgesprochen und hat sehr lobend die Erfolge der Genfer Musik-Wettbewerbe hervorgehoben, bei welchen er in diesem Jahre persönlich anwesend war. Er ersuchte

Linke Seite:
Die Hofstallgasse im Wandel: 1910 und 1960
(Fotos: Salzburger Landesarchiv)

Prof. Holzmeister, die Möglichkeit für den Bau eines großen Musikhauses, das gemeinsam den Festspielen und der Musikolympiade dienen soll, zu studieren." ..

„Aktennotiz des Herrn Bundesministers Dr. Kolb vom 25. 9. 1950 Besuch Prof. Holzmeister, Arch. Tritthart und Herr Orsich.

Bei der heutigen Aussprache im Unterrichtsministerium hat sich Herr Bundesminister Dr. Hurdes für den Bau eines neuen Festspielhauses ausgesprochen. Herr Prof. Holzmeister hat dafür eine Skizze ausgearbeitet, der nun zwecke Verfolgung der Angelegenheit ein Vorprojekt folgt. ..." (...)

Hohes Haus! Sie ersehen daraus, daß die Frage der Neuerrichtung des Festspielhauses doch über einen gewissen Rahmen hinausgewachsen ist und wir davon bisher nicht Kenntnis besitzen. Eines Tages wird es wieder so weit sein, daß das Ministerium beschließt, Mittel für das neue Gebäude auszuwerfen, ohne daß die Mitglieder des Landtages und des Gemeinderates gefragt werden. Meine Fraktion kann daher die Interpellationsbeantwortung des Herrn Landeshauptmannes nicht zur Kenntnis nehmen ...

Abg. Anton Neumayr (SPÖ): ... Wir haben ausdrücklich gesagt über Wunsch des Herrn Landeshauptmannes: Wir erbauen kein neues Festspielhaus, auch kein Musikolympiahaus, sondern ein Musikhaus der Mozartstadt Salzburg. Und dies war der Wunsch des Herrn Landeshauptmannes, der von mir wärmstens unterstützt wurde und in meiner Rede bei der symbolischen Grundsteinlegung am Rosenhügel auf Wunsch der Landesregierung vorgebracht worden ist. Wir wollen ein Musikhaus erbauen und das brauchen wir notwendig und zwar nicht bloß das Land und die Stadtgemeinde, sondern auch der Bund, denn die Defizite der Festspiele sind nur darauf zurückzuführen, daß der Fassungsraum ein zu geringer ist. Wenn daher Prof. Holzmeister einen Plan vorlegt, daß ein Gebäude gebaut werden soll mit einem Fassungsraum von 3.000 bis 3.400 Besuchern, so ist das meines Erachtens ganz richtig, denn ich habe verschiedene Fachleute gefragt, die vertreten denselben Standpunkt. ... (...)

Auszug aus der Anfrage der Abg. Krüttner, Aichinger, Groll an den Herrn Landeshauptmann betreffend Neubau des Festspielhauses in Salzburg am 11. Mai 1955

In der Presse wurde vor kurzem die Mitteilung gemacht, daß der Neubau eines Festspielhauses in Salzburg mit einem Kostenaufwand von rund 110 Mio. Schilling in Wien eine mehr oder weniger fest beschlossene Tatsache sei.

Zum Zeitpunkt des Erscheinens dieser Pressemeldung waren weder die Landesregierung noch der Landtag über derartige Besprechungen informiert. Der Salzburger Landtag hat anläßlich der Budgetverhandlungen für das Jahr 1955 die Erstellung eines Investitionsprogrammes beschlossen. Gerade zum gegenwärtigen Zeitpunkt ist es notwendig, jedes Projekt genauestens zu studieren.

Es erscheint daher zweckmäßig, daß sowohl der Landtag als auch die Landesregierung rechtzeitig über solche Verhandlungen informiert und nicht erst vor mehr oder weniger vollendete Tatsachen gestellt werden.

Die unterzeichneten Abgeordneten stellen daher an den Herrn Landeshauptmann die

Anfrage:

1. Sind derartige Verhandlungen mit dem Ziele, in Salzburg ein neues Festspielhaus zu bauen, geführt worden?

2. Wenn ja, wird der Herr Landeshauptmann ersucht, einen Bericht über diese Besprechungen zu geben.

3. Müssen Land und Stadt bzw. andere im Lande Salzburg befindliche Körperschaften einen Beitrag zu den Baukosten leisten?

Auszug aus dem Protokoll der Landtagssitzung am 28. September 1955

Landeshauptmann Dr. Josef Klaus (ÖVP): In Beantwortung der an mich in der Landtagssitzung vom 11. Mai 1955 gerichteten Anfrage der Abgeordneten Aichinger, Groll und Krüttner betreffend den Neubau des Festspielhauses in Salzburg erlaube ich mir, dem Hohen Haus Folgendes zu berichten. Der Plan über die Errichtung eines neuen Festspielhauses in Salzburg wurde bereits wiederholt nicht nur in der Tagespresse, sondern auch im Salzburger Landtag informativ erörtert. So wurde dem Hohen Hause sowohl anläßlich der Beratung des Landesvoranschlages 1954 als auch anläßlich des Tätigkeitsberichtes 1954 hierüber berichtet. Es ist auch richtig, daß meinerseits diesbezüglich im ständigen Einvernehmen mit den zuständigen Regierungsmitgliedern Verhandlungen mit dem Ziele eingeleitet wurden, die Errichtung eines neuen Festspielhauses zu ermöglichen. Bereits im Herbst 1953 hat sich über meine Veranlassung ein Komitee mit diesem Plan befaßt, welchem maßgebliche Vertreter des öffentlichen Lebens und der Presse zugezogen wurden. Dieses Komitee hat die Errichtung eines neuen Festspielhauses nach dem Vorentwurf von Prof. Clemens Holzmeister grundsätzlich empfohlen, doch wurde zum damaligen Zeitpunkt von einer weiteren Verfolgung des Planes insoweit Abstand genommen, als die bezüglichen Finanzierungsmöglichkeiten ungünstig beurteilt werden mußten. Aus diesem Grunde ist es auch damals gar nicht zu einer beschlussmäßigen Behandlung, sei es in der Landesregierung oder im Landtag, gekommen. Die Verhandlungen wurden jedoch insbesondere mit dem Bundesministerium für Finanzen sowie mit dem Bundesministerium für Handel und Wiederaufbau intensiv fortgesetzt. Erst gegen Ende des vergangenen Jahres haben sich die Aussichten für eine Finanzierungsmöglichkeit in Form einer Anleihe verbessert, sodaß der ursprüngliche Plan wiederaufgenommen werden konnte. Eine Umfrage im März d. J. bei den ausländischen Festspielkartenverkaufsstellen hat einwandfrei erwiesen, daß unbedingt ein erhöhter Bedarf an Festspielkarten gegeben ist, der unter den gegenwärtigen Verhältnissen keineswegs hinreichend befriedigt werden kann. Es war vor allem das Handelsministerium, das nach Abschluß des Wiederaufbaues der Staatsoper zu der Frage der Errichtung eines neuen Festspielhauses einen positiven Standpunkt zu diesem Projekt einnahm. Auch seitens des Finanzministeriums liegen diesbezüglich positive Äußerungen vor.

Über die Notwendigkeit eines Neubaues dürfte wohl von keiner Seite ein Zweifel bestehen, umso mehr als nach Abzug der Besatzung der Salzburger Fremdenverkehr unbedingt neuer Impulse bedarf. Aus den diesbezüglichen Besprechungen zum Gegenstand hat sich klar ergeben, daß für den künftigen

Standort eines neuen Festspielhauses sowohl aus städtebaulichen, künstlerischen und nicht zuletzt auch organisatorischen und verwaltungstechnischen Gründen nur die Errichtung des neuen Hauses im Raum des bestehenden Hofstallgebäudes in Frage kommt, wie es Prof. Holzmeister in seinem Vorprojekt entworfen hat. Die bei einer derartigen Lösung bedingte anderweitige Unterbringung des Hauses der Natur könnte allenfalls entweder in einem Neubau oder auch im Ursulinenkloster in Erwägung gezogen werden. Daß das Land, die Stadtgemeinde Salzburg und der Fremdenverkehrsförderungsfonds als Subventionsträger des Festspielfonds zu einer Beitragsleistung an den Baukosten herangezogen werden müßten, ist wohl selbstverständlich, zumal der Neubau in erster Linie im Interesse Salzburgs liegt. Die finanziellen Leistungen, die hiebei anfallen würden, bewegen sich jedoch meines Erachtens auf der Grundlage der vorangeführten Bedingungen in vertretbaren Grenzen.

Ich bitte das Hohe Haus, von diesen meinen Ausführungen Kenntnis nehmen zu wollen.

Abg. Manfred Krüttner (VdU): (…) Die Salzburger Landesregierung macht eigentlich jetzt das, was am Anfang der ganzen Frage um den Neubau eines Festspielhauses hätte getan werden müssen, nämlich die Unterrichtung der zuständigen Landesstellen, ob ein solcher Neubau des Festspielhauses in vielfacher Hinsicht für uns erträglich und notwendig ist. (…)

Ferner, Herr Landeshauptmann, glauben wir, daß im gegenwärtigen Augenblick eine Festlegung auf den Neubau eines Festspielhauses auch rein taktisch recht unglücklich wäre, denn gerade in diesem Augenblick fühlen sich Tausende von Wohnungsuchenden um ihre große Hoffnung, aus den freiwerdenden Wohnungen der Amerikaner etwas zu bekommen, betrogen, und ich glaube nicht, daß Sie in der Lage sind, diesen Leuten in den Barackenlagern draußen begreiflich zu machen, daß es möglich ist, 110 Mio. S von Wien für den Neubau eines Kulturinstitutes, so bedeutend und wichtig es sein mag, zu bekommen, daß es aber nicht möglich sei, umgekehrt auf dem Sektor des Wohnungsbaues zusätzliche Mittel nach Salzburg zu bekommen. Jetzt erst werden diese Fragen in der Landesregierung behandelt, und man wird sich ein klares Bild über die wirtschaftliche und künstlerische Notwendigkeit machen können. Außerdem legen wir Wert darauf, daß ein größerer Kreis von Architekten im Rahmen eines öffentlichen Wettbewerbes mit der Problemstellung befaßt wird.

Abg. Josef Kaut (SPÖ): Hohes Haus! Es liegt bisher ein einziges Projekt für ein neues Festspielhaus in Salzburg vor, das Projekt Clemens Holzmeister. Es ist bekannt, daß die Meinungen über dieses Projekt stark auseinandergehen. Es war bisher kein großes Interesse zu spüren, daß auch andere herangezogen werden sollten, um Projekte auszuarbeiten, die in einen Vergleich mit dem Projekt von Clemens Holzmeister gestellt werden könnten. Es wird die Frage des Umbaues des alten Festspielhauses erörtert. Wir haben bis heute keine Klarheit, was der Umbau des alten Festspielhauses kosten würde, in welcher Richtung er sich vollziehen soll. Es ist nicht geklärt, was mit der Felsenreitschule geschehen soll, die im gegenwärtigen Zustand nicht mehr lange benützt werden kann. Es ist schließlich nicht geklärt, in welchem Verhältnis der Neubau des Festspielhauses, die Größe des Zuschauerraumes, die Größe der Bühne zu einem künftigen Programm der Salzburger Festspiele stehen soll. Es ist letzten Endes nicht geklärt, welche Zuschüsse der öffentlichen Hand ein Programm der Festspiele erfordern würde, das sich auf zwei Häuser erstreckt, das dementsprechend erweitert werden müßte, das wahrscheinlich zu einer Durchführung ein zweites, international anerkanntes Orchester neben den Wiener Philharmonikern erfordern würde. Das sind nur einige Fragen, die unserer Meinung nach nicht geklärt sind. (...)

Wir sind der Meinung, daß die Frage des Festspielhauses einer gründlichen Prüfung nach allen Seiten bedarf und daß auch die Budgetberatungen über den Landeshaushalt 1956 uns erst die Gewißheit geben werden, wie die Lage des Landes sein wird und ob wir derartige große Verpflichtungen auf viele Jahre eingehen können, wobei die Bedeutung der Salzburger Festspiele und die Bedeutung eines neuen Festspielhauses keineswegs verkleinert werden sollen. Wir glauben aber, daß erst nach Prüfung dieser Fragen und im Zusammenhang mit einer Übersicht über die Finanzen des Landes über ein neues Festspielhaus entschieden werden kann.

Auszug aus dem Protokoll der Landtagssitzung am 22. Dezember 1955

Abg. Franz Peyerl (SPÖ): (...) Der Neubau des Festspielhauses steht seit mehr als einem Jahr zur öffentlichen Diskussion. ... Von der SPÖ wurde am 4. Juni 1955 durch die Presse eine Notiz verlautbart, die später durch eine Entschließung der sozialistischen Landtagsfraktion ergänzt wurde. In allen diesen Notizen und Verlautbarungen wurde Klarheit über die Kostenfrage, die Sicherung des Neubaues des Hauses der Natur und ein Wettbewerb unter den Architekten und Künstlern verlangt. Der sozialistischen Fraktion ging es aber vor allem darum, die das Land betreffenden Lasten genau zu kennen und unter keinen Umständen Blankovollmacht für den Bau des Festspielhauses zu geben. Über Verlangen unserer Fraktion kam es dann zu einer neuerlichen Aussprache mit dem Herrn Finanzminister, bei der eine genaue Fixierung der auf das Land entfallenden Kosten erzielt wurde. ... Bei den Abschlußverhandlungen mit der ÖVP hat unsere Fraktion verlangt, daß in dem Schreiben an den Herrn Finanzminister festgehalten werde, daß die vom Handelsministerium getroffene Entscheidung, das Projekt Holzmeister zur Ausführung zu bringen, nicht den in Salzburg geäußerten Ansichten entspricht, daher müsse das genannte Ministerium auch die volle Verantwortung für die architektonische, künstlerische und technische Gestaltung des Baues übernehmen. ... Für die sozialistische Fraktion war und ist der Wohnungsbau nicht nur eine volkswirtschaftliche und soziale Notwendigkeit, sondern auch eine wirkliche Herzenssache. Deshalb haben wir bei den bisherigen Beratungen den Standpunkt vertreten, der Bau von Wohnungen und der Bau des Festspielhauses dürfen nicht getrennt behandelt werden. ... Wir freuen uns deshalb über den Erfolg unserer Arbeit. Unser Antrag, 2 Mio. Schilling zusätzlich für die Beseitigung des Barackenelends aufzuwenden, wurde angenommen. Darüber hinaus haben wir erreicht ..., daß im Finanzausschuß mit den Stimmen der ÖVP und der SPÖ beschlossen wurde, in den kommenden Jahren nicht nur den Landeswohnbauförderungsfonds regelmäßig zu dotieren, sondern auch in Hinkunft einen zusätzlichen Betrag in der Höhe der jährlichen Aufwendung für den Festspielhausbau zur Beseitigung des Barackenelends und ähnlicher dringender sozialer Aufgaben des Wohnungsbaues zu verwenden. ... (...)

Abg. Manfred Krüttner (VdU): (...) Die Wohnungsnot in Salzburg hat sich in der Zwischenzeit nicht gemildert. Im Gegenteil, gerade in den letzten Wochen konnte eine Steigerung der Elendsfälle von 800 auf 1.000 festgestellt werden. Allein in der Stadt Salzburg müssen im Jänner und Februar an die 200 Delogierungsfälle erledigt werden. (...) Ich habe hier einen Brief des Herrn Finanzministers vom 30. November, in dem das Ergebnis der Wiener Besprechungen zusammengefaßt ist. In diesem Brief ist kein Wort davon zu finden, daß der Herr Finanzminister sich bereit erklärt, zusätzliche Wohnbaumittel nach Salzburg zu geben. Die Gesamtkosten für das Festspielhaus ... sind enorm hoch ... Ebenso nach einer Mitteilung des Finanzministers in seinem Brief vom 30. November belaufen sich die Gesamtkosten der Anleihe bei 25-jähriger Laufzeit ... auf fast 225 Millionen Schilling. ... unsere Partei, die Freiheitliche Partei Österreichs, hat ... den Beschluß gefaßt, daß zuerst und zwar bevor wir eine Zustimmung zum Festspielhausneubau geben, eine wirksame zusätzliche Hilfe für die Salzburger Wohnungssuchenden gewährleistet sein muß.

Robert Kriechbaumer

Die Debatten um die Festspiele am Beispiel der Kontroverse Wilfried Haslauer sen. versus Herbert Moritz 1971

Die Salzburger Festspiele waren in regelmäßigen Abständen Gegenstand mehr oder weniger kontroversiell geführter Debatten im Landtag. Auf jede dieser Debatten einzugehen und sie wenn auch nur in Ausschnitten wiederzugeben, würde den Umfang dieses Buches sprengen. In der Gesamtbetrachtung der Debatten nimmt allerdings jene vom 15. Dezember 1971 auf Grund der inhaltlichen und rhetorischen Brillanz der beiden Hauptredner und Kontrahenten, des damaligen Kammeramtsdirektors und ÖVP-Landtagsabgeordneten Wilfried Haslauer sen. und des damaligen Landesrats Herbert Moritz, eine Sonderstellung ein.

Unmittelbarer Anlass der Debatte war eine Kritik von Moritz an den Festspielen. Der SPÖ-Landesrat hatte die Festspiele als ein festliches Theater für die Creme der europäischen Gesellschaft bezeichnet. Sie seien elitär und konservativ, lediglich eine Angelegenheit ausländischer zahlungskräftiger Gäste, während die Salzburger nur Zuschauer seien, der Moderne und dem Experiment abgeneigt und letztlich kulturpolitisch verstaubt. Diese Entwicklung werde zwar von den Vertretern des Salzburger Fremdenverkehrs mit Händereiben quittiert, doch werde dies längst nicht mehr so widerspruchslos hingenommen wie noch vor wenigen Jahren. Die Erklärung von Moritz löste eine kulturpolitische Kontroverse aus, in der sich auch der eher konsensual orientierte Landeshauptmann Hans Lechner in seiner turnusmäßigen Radiorede am 4. April 1971 zu Wort meldete und vor einem völlig unangebrachten Klassenkampf um die Salzburger Festspiele warnte. Man sollte sich von dem immer wieder gebrauchten Klischee verabschieden, jeder kulturinteressierte Salzburger sei ein armer Schlucker, der sich die Aufführungen nicht leisten könne, und jeder ausländische Besucher Millionär. Man brauche sich keineswegs zu schämen, dass die Festspiele weltweit Anerkennung fänden. Tatsächliche oder vermeintliche Mängel sollten jedoch nicht dazu benutzt werden, die Festspiele in eine letztlich von kaum jemandem frequentierte Experimentalbühne umzuwandeln oder sie von ihrer Gründungsidee zu entfernen. Man solle sich von letztlich selbstzerstörerischen Tönen, auch wenn diese bei manchen populär sein mögen, hüten.

Den Höhepunkt der nun einsetzenden politischen Kontroverse bildete die Debatte im Salzburger Landtag am 15. Dezember 1971, in der es zu einem intellektuellen Schlagabtausch zwischen Wilfried Haslauer und Herbert Moritz kam.

Aus den Debatten des Salzburger Landtages

Auszug aus dem Protokoll der Landtagssitzung am 15. Dezember 1971 (S. 212–220 und 239–242)

Abg. Dr. Wilfried Haslauer (ÖVP): ... Wilhelm Röpke hat ... in seiner Abhandlung von der inneren Bedrohung der westlichen Kultur die Kräfte dargelegt, die von uns selbst her, von der gesellschaftlichen Entwicklung her drohen, unsere kulturelle Entwicklung zu zersetzen und zu gefährden. Und zwar nennt er zwei große negative Kräfteströme, nämlich einen falschen Kulturpessimismus und einen falschen Kulturoptimismus.

Einen bemerkenswerten Beitrag zu diesem Thema der inneren Bedrohung der westlichen Kultur hat der Herr Landesrat Dr. Moritz geleistet. In einem ausführlichen Artikel aus dem Jahre 1969 im „Demokratischen Volksblatt" beschäftigt er sich unter der Überschrift „Die entfremdete Kultur" gerade mit diesen Problemen, allerdings von einem ganz anderen Gesichtspunkt her. Schon der Ausgangspunkt seiner diesbezüglichen Darstellungen verdient besondere Beachtung. Er geht nämlich von der von Karl Marx in seinem historischen Materialismus entwickelten Überbautheorie aus, indem er betont, daß dieses gedankliche Schema der Beziehungen zwischen ökonomischen Grundlagen und dem Überbau an vielschichtigen Formen geistiger, gesellschaftlicher, materieller Art auch heute noch von Wert sind, vor allem zur Erkenntnis der großen Diskrepanz zwischen der gesellschaftlichen und der kulturellen Entwicklung. Es ist Sache des Herrn Landesrates, seine weltanschaulichen Grundpositionen zur Beurteilung der kulturellen Situation darzulegen. Und er ist sich dabei sicherlich bewußt, daß er gerade in der Fixierung dieser seiner Grundposition natürlich Widerspruch erregen muß.

In einigen Teilen seiner Ausführungen verdient er dagegen die vollinhaltliche Zustimmung auch unserer Seite. Etwa, wenn er ... warnt vor einer allzu einseitigen Ausrichtung auf ein naturwissenschaftlich-technisches Bildungsideal. Ich bin ganz mit ihm einer Meinung, daß die größte Gefahr für unsere weitere gesellschaftliche und kulturelle Entwicklung gerade darin liegt, daß wir allzu sehr in der gegenwärtigen ökonomischen Situation zu einer technizistischen, ökonomistischen Lebensauffassung hinneigen, die immer mehr zu einem Umsturz der echten Rangordnung der Werte führt, mit einer Überwertung allen Ökonomischen. Aber ... unverständlich ist mir dagegen, wenn der Herr Landesrat Dr. Moritz ausgerechnet die Salzburger Festspiele als das typische Beispiel für die Entfremdung in kultureller und gesellschaftlicher Entwicklung hinstellt. ... Herr Landesrat Dr. Moritz sagt in diesem Artikel u. a. wörtlich: „Ein Beispiel für die wachsende Diskrepanz, für die Entfremdung zwischen Kultur und Gesellschaft sind ... die Salzburger Festspiele." Er begründet seine Meinung mit der Entwicklung der Festspiele und führt dann weiter wörtlich aus: „In der harten Realität der Ökonomie haben sich die Dinge freilich anders entwickelt. Aus dem demokratischen Massentheater wurde ein Theater für die Creme der zahlungskräftigen europäischen und überseeischen Gesellschaft, zu deren Attributen es einfach gehört, im Sommer in Salzburg gewesen zu sein. Das soll durchaus kein Pauschalurteil über das Festspielpublikum sein. Viel Geld zu haben, schließt ja echtes Kunstverständnis nicht aus, aber je mehr die ‚gute Gesellschaft' mit dem all ihren eigenen Glanz in den Vordergrund der Festspiele rückt, umso mehr wuchs die Distanz zu den Salzburgern, die sich heute in die Rolle von Zaungästen gedrängt sehen." Ein Jahr später kommt Herr Landesrat Dr. Moritz noch einmal auf dieses Thema zurück. In den „Berichten und Informationen" vom 17. Juli des vergangenen Jahres unter dem Titel „Chancen und Risken des Straßentheaters" nimmt er abermals auf die Festspiele Bezug, Und ich darf wieder wörtlich zitieren: „In der harten Realität ... der Ökonomie haben sich die Dinge freilich anders entwickelt. Aus dem demokratischen Massentheater für das Volk ist ein festliches Theater für die Creme der zahlungskräftigen europäischen Gesellschaft geworden. Eine Tatsache, die von den Nutznießern des Fremdenverkehrs noch heute mit zufriedenem Händereiben quittiert, in der Gesamtheit aber längst nicht mehr so unwidersprochen hingenommen wird, wie noch vor wenigen Jahren." Diese Ausführungen, Herr Landesrat, veranlassen mich zu einer dreifachen Feststellung. Erstens: Ich halte es, gelinde gesagt, für unvereinbar mit den Ihnen in der Regierung übertragenen Funktionen, daß Sie als das für die Kultur zuständige Landesregierungsmitglied die Salzburger Festspiele in ihrer Struktur und in ihrer Funktion in aller Öffentlichkeit diskreditieren. Und ich halte es zweitens Ihrer, gestatten Sie mir diese Ausdrucksweise, geradezu unwürdig, daß ausgerechnet Sie mit primitiven Appellen an den gruppenegoistischen Neid mit, ich möchte sagen „Gott sei Dank" ansonsten überwundenen klassenkämpferischen Chargon die Festspiele deklassieren, als seien sie ein Tummelplatz der Reichen, der Privilegierten, der Adabeis und der Snobs. Und ich sehe es drittens, Herr Landesrat, im totalen Widerspruch zu Ihrer eigenen fachkundigen Einsicht in die materiellen Grundlagen der Festspiele und auch in ihre wirtschaftlichen Auswirkungen, daß Sie die im Fremdenverkehr Tätigen als die Parasiten diffamieren. Ihr eigener Vorgänger im Amte hat mit einer an Deutlichkeit nicht zu überbietenden Offenheit Ihre eigenen Auffassungen widerlegt. Eine Abhandlung, die in der gleichen Zeitschrift, in den „Berichten und Informationen", ein Jahr später erschienen ist, liest sich geradezu wie eine formelle Entgegnung auf die Ausführungen, die Sie ein Jahr früher gemacht haben. Ihr Amtsvorgänger, der heutige Präsident der Salzburger Festspiele, ... hat in einem Artikel unter der Überschrift „Salzburger Festspiele – heute und morgen" vom 30. Juli d. J. zu Ihrer These von den Salzburger Festspielen ... u. a. Folgendes ausgeführt: „Die endlosen Diskussionen um das Theater und seine Formen, die miserablen Stücke usw. haben zu einer Unsicherheit im Publikum geführt." Und jetzt heißt es: „Aber der Zustrom zu den großen Festspielen in Europa, bei denen die Kunstfreunde Aufführungen hoher Qualität erwarten, wurde durch diese Krise der ständigen Bühnen eher gefördert." Und auf Ihren Vorwand, die Festspiele seien ein Fest der Satten und Reichen, Snobs und Privilegierten, führt auch Herr Landesrat Kaut in diesem Artikel Bemerkenswertes aus. Er sagt dazu: „Es darf auch nie vergessen werden, daß das Publikum mit den nicht geringen Eintrittsgeldern die Festspiele trägt. Es gehört zu den Wundern in der Theaterwelt, daß die Salzburger Festspiele in den letzten fünf Jahren zwischen 54 und 59,9 % der Kosten eingespielt haben und, wenn man die Aufwendungen für Investitionen abzieht, sogar zwischen

66 und 70,6 %." ... wir leben gegenwärtig ... in einer Zeit der Phrasen. Wir reden vom „mündigen Bürger", vom „mündigen Katholiken", vom „reifen Bürger". Wir berauschen uns an Begriffen: wir „demokratisieren" die Gesellschaft, wir „demokratisieren" die Schule, wir „demokratisieren" die Schüler, wir „demokratisieren" die Lehrer, wir „demokratisieren" die Familie, wir „demokratisieren" die Eltern und die Kinder. Wir „demokratisieren" die Demokratie. ... Wir „demokratisieren" gegenwärtig alles, was „kreucht und fleucht". Man unterstelle mir nicht Demokratiefeindlichkeit ... Ich bin nur ganz persönlich dagegen, daß man allzu oft und allzu bedenkenlos den „Demokratiebegriff" verwendet, zu den unterschiedlichsten Zwecken und zur Tarnung verschiedenster Motive. Wir sollten eher mit dem Begriff von der Demokratie sparsamer umgehen und ihn nur so verwenden, wie es seinem tatsächlichen Inhalt entspricht.

Aber, meine Damen und Herren, ein geradezu signifikantes Beispiel für den allzu oft bedenkenlosen Gebrauch des Demokratiebegriffes bietet die Fehde, die sich zwischen dem Herrn Landesrat Dr. Moritz und dem ehemaligen Landesrat Kaut abspielt. Herr Landesrat Dr. Moritz beruft sich nämlich in seinem Artikel über die kulturelle Entfremdung darauf, daß die Salzburger Festspiele schon längst kein „demokratisches" Massentheater mehr sind, obwohl sie das ja eigentlich nach ihrer Struktur und Funktion her nie waren. Und der Herr Landesrat Kaut beruft sich in seiner Erwiderung zu diesen Ausführungen des Herrn Landesrates Dr. Moritz ebenso auf das Demokratieprinzip. Er sagt nämlich wörtlich: „Soll diese demokratische Abstimmung des Publikums nicht gelten, sondern nur das laute Geschrei einer verschwindenden Minderheit?" Ich nehme nicht an, Herr Landesrat, daß mit der Formulierung „lautes Geschrei" bzw. „verschwindende Minderheit" Sie gemeint waren. ... (...)

Ich erinnere Sie an einen Ausspruch des früheren Präsidenten der Salzburger Festspiele, Hofrat Paumgartner, ... daß erst aus diesem Zusammenwirken von Zeit, Ort, Landschaft, Atmosphäre und hohem künstlerischen Niveau das wahre Salzburger Gesicht der Festspiele zu erkennen ist. Und ich bitte Sie, Herr Landesrat, daß gerade Sie in Ihrer Funktion sich zu diesem Salzburger Antlitz der Festspiele bekennen. Und ich bitte Sie zweitens, daß Sie sich den Satz zu eigen machen, den der von mir eingangs erwähnte Wilhelm Röpke seiner Abhandlung von der inneren Bedrohung der westlichen Kultur voranstellte, in dem er sagt: „Aber eine solche Kulturkritik kann unter Umständen selber zu einer Kulturbedrohung führen, und zwar zu einer der allerernstesten, dann nämlich, wenn sie das Vertrauen in die ungebrochene Kraft unserer Kultur angreift und möglicherweise zerstört, wenn sie zu Pessimismus und Fatalismus führt und den eigentlichen Krankheitsprozeß nur noch verschlimmert, nämlich den der geistig moralischen Zersetzung und Auflösung, nämlich den der Boden- und Wurzellosigkeit." Ich glaube, wir haben alle Anlaß, uns diesen Satz zu merken und gerade darum unsere kultur- und gesellschaftspolitische Position zu bestimmen. ...(...)

Landesrat Dr. Herbert Moritz (SPÖ): ... Wie Sie wissen, habe ich jetzt Gelegenheit, die 22. Budgetdebatte des Salzburger Landtages in ununterbrochener Reihenfolge mitzuerleben, allerdings in verschiedenen Funktionen. Und ein Höhepunkt dieser langen Beobachtungszeit war ganz zweifellos die heutige Rede des Herrn Abg. Dr. Haslauer, ein rhetorischer Höhepunkt, und ich stehe nicht an, dies hier festzustellen, obwohl er dabei mit den Zitaten etwas frei umgegangen ist und mich auch sonst nicht immer geschont hat. Ich freue mich darüber, daß der neue Festspielpräsident den ungeteilten Beifall des Herrn Abg. Dr. Haslauer findet, und ich bin ihm nicht böse, wenn er mir dieses Wohlwollen nicht zuteil werden läßt. Ich bin sicher, sehr verehrter Herr Kollege, daß Sie mir dieses Wohlgefallen vielleicht nach unserer gemeinsamen Pensionierung nicht versagen werden. (…)

Der Herr Abg. Dr. Haslauer hat mir hier vorgeworfen, die Festspiele zu diskreditieren. Wenn er damit meint, daß ich mich wehre, die Festspiele ausschließlich unter einem Fremdenverkehrsaspekt zu sehen, stimme ich ihm dabei zu. Ich habe als Kulturreferent festgestellt, daß die Festspiele in ihrer nun fünf Jahrzehnte währenden Entwicklung einen anderen Weg eingeschlagen haben, als er ursprünglich ihren Gründern vorschwebte. Hofmannsthal sprach von dem Theater, das herausgeht aus beengten Räumen auf die großen Plätze, und das er hier nicht für ein Theaterpublikum, sondern für seine Landsleute machte. Er war darüber sehr beglückt. Die Entwicklung ist anders verlaufen, wie wir wissen, und ich stehe nicht an, jeden Besucher der Festspiele herzlich willkommen zu heißen. Aber wir sollten bei einer Betrachtung der Festspiele auch jener gedenken, die zu diesen Festspielen nicht immer Zugang haben, aber doch ganz wesentlich, mehr noch als die Besucher, dazu beitragen, daß diese Festspiele überhaupt stattfinden. Rund 340 Schilling müssen wir heute für jede Festspielkarte zuwenden und mehr als 200 Schilling davon kommen aus Salzburg. Und ich glaube mich mit Ihnen einig in der Auffassung, daß wir den berechtigten Wünschen der Salzburger nach mehr und unmittelbarerem Zutritt zu den Festspielen auch Rechnung tragen sollen, als sie heuer im Landtag wieder einen Antrag stellten, daß die Studenten, die Jugend mehr bei der Beteilung berücksichtigt werden sollten. … ich glaube, daß diese gewisse gesellschaftliche Isolierung der Festspiele, die von vornherein beabsichtigte Eingrenzung auf ein gewisses zahlungskräftiges Publikum auch schwerwiegende künstlerische Konsequenzen hat. Die Abschließung von gesellschaftlichen Entwicklungen führt zweifellos auch zu einer gewissen künstlerischen Erstarrung, ganz im Allgemeinen, nicht nur bei den Festspielen. Ich meine aber, daß Kritik an diesen Entwicklungen nicht unbedingt „Zersetzung“ ist, sondern daß sie der Liebe und der Sorge um diese Festspiele entspringt. Wenn mich etwas an der Rede des Herrn Abg. Dr. Haslauer wirklich gestört hat, war es überhaupt der Umstand, daß er zu sehr in Zitaten und in eigenen Formulierungen von der „Zersetzung der Gesellschaft durch wurzellose Intellektuelle“ gesprochen hat. Ich glaube, wir wissen aus der Geschichte, daß gerade solche Äußerungen in fataler Nähe von Scheiterhaufen gefallen sind, auf denen Bücher und andere Kulturgüter verbrannt worden sind. … Die Feststellungen, die ich in etwas kritischer Form, wie ich zugebe, zu den Festspielen in den vergangenen Jahren getroffen habe, sind, glaube ich, berechtigt gewesen. Und es sind erfreulicherweise auch Anzeichen für eine gewisse Anpassung und Erneuerung erkennbar. Ich habe es seinerzeit sehr bedauert, daß man von der Praxis der Uraufführungen abgegangen war. Nun, wir entnehmen dem Programm des nächsten Jahres, daß 1972 hier wiederum eine Uraufführung stattfindet, und zwar eines Autors, eines Wahlsalzburgers, Thomas Bernhard, der heute zu den bedeutendsten Dramatikererscheinungen im deutschsprachigen Raum zählt. Auch wenn diese Aufführung sicher nicht die gleiche Publikumswirksamkeit erzielen wird, wie sie einer großen Opernaufführung etwa unter der Leitung von Herbert von Karajan von vornherein beschieden ist. Aber ich meine, daß eine so große Einrichtung wie die Festspiele einfach das Gewicht des Prestiges in die Waagschale werfen muß, um den wertvollen Neuerungen im Kulturleben den Weg zu bahnen. Für vielversprechend halte ich auch die bevorstehende Berufung von Giorgio Strehler zum künstlerischen Berater der Festspiele. ...

Ich glaube, Sie stimmen mit mir überein, daß wir Salzburger Festspiele und nicht Festspiele in Salzburg wollen. Ein gewichtiges und sicher nicht leicht zu lösendes Problem wird eine vermehrte Beteiligung der Salzburger Bevölkerung an den Darbietungen der Festspiele sein. Man sollte, glaube ich, es nicht überwerten und daraus Gegensätze konstruieren, wenn die Festspiele neue Vorschläge, die von außen an sie herangetragen werden, nicht sofort akzeptieren. Wichtig ist, daß die Dinge diskutiert werden und sich dadurch doch Lösungen auf längere Sicht abzeichnen. ... (...)

Robert Kriechbaumer

Die Auflösung der Gemeindevertretung von St. Michael 1975

Eine politische Erregung und ein Urteil des Verfassungsgerichtshofes

Die Gemeindevertretungswahlen am 20. Oktober 1974 hatten in der Lungauer Gemeinde St. Michael bei deutlichen Gewinnen der ÖVP einen weitgehend prozentmäßigen Gleichstand von SPÖ und ÖVP gebracht, wenngleich die SPÖ mit acht Mandaten noch knapp vor der ÖVP mit sieben rangierte. Die FPÖ erreichte vier Mandate. Im Zuge der Parteienverhandlungen zur Bildung einer neuen Gemeindevertretung wurde am 3. November zwischen ÖVP und FPÖ eine Vereinbarung getroffen, in der die FPÖ-Gemeindevertreter rechtsverbindlich erklärten, den Spitzenkandidaten der ÖVP, den Landtagsabgeordneten Franz Sampl, bei der konstituierenden Sitzung der Gemeindevertretung zum Bürgermeister zu wählen. Im Gegenzug sollte der der FPÖ angehörende zweite Bürgermeister-Stellvertreter Richard Hochreiner eine Reihe zusätzlicher Agenden übertragen erhalten.

Diese Vereinbarung wurde jedoch zur Überraschung der ÖVP von der FPÖ nicht eingehalten. Bei der konstituierenden Sitzung der Gemeindevertretung am 30. November wählten drei FPÖ-Vertreter zusammen mit den SPÖ-Vertretern Richard Hochreiner zum Bürgermeister und den der SPÖ angehörenden Benedikt Schaiter zum ersten Vizebürgermeister. Obwohl ÖVP-Listenführer Sampl erklärte, die ÖVP nehme diese Entscheidung zur Kenntnis und werde, trotz ihrer Enttäuschung, in der Gemeinde mitarbeiten, stieß dies bei der örtlichen ÖVP-Parteileitung unter Johann Brandstätter auf Ablehnung. Die ÖVP-Ortsparteileitung forderte mit dem Hinweis auf ein offensichtlich abgekartetes Spiel, das Treu und Glauben verletzt habe, eine härtere Gangart. Am 11. Dezember traten alle ÖVP-Gemeindevertreter und deren Ersatzleute mit der Begründung zurück, dass der Bruch der Vereinbarung vom 3. November in Zukunft eine gedeihliche Zusammenarbeit in der Gemeinde nicht mehr gewährleiste. Damit bestand die Gemeindevertretung von St. Michael nur mehr aus 12 statt der gesetzlich bestimmten 19 Mitglieder.

Am 2. Jänner 1975 stellte ÖVP-Ortsparteiobmann Brandstätter an die Gemeindeaufsicht des Amtes der Salzburger Landesregierung den Antrag auf Auflösung der Gemeindevertretung und die Ausschreibung von Neuwahlen nach § 72 der Salzburger Gemeindeordnung 1965. Der für die Gemeindeaufsicht zuständige SPÖ-Landeshauptmann-Stellvertreter Karl Steinocher antwortete am 10. Jänner ablehnend mit der Begründung, dass die Auflösung einer Gemeindevertretung den schwerwiegendsten Eingriff in die Gemeindeautonomie darstelle und nur in äußersten Notfällen, wie einer dauernden Beschlussunfähigkeit der Gemeindevertretung, gerechtfertigt sei. Diese sei aber im Fall St. Michael nicht gegeben. Zudem sei es nicht Aufgabe der Aufsichtsbehörde, die Einhaltung von Parteienübereinkommen zu überwachen. Trotz dieser negativen Stellungnahme entschied die absolute Mehrheit der ÖVP in der Landesregierung, der Beschwerde stattzugeben und beschloss am 10. Februar 1975 die Auflösung der Gemeindevertretung von St. Michael gemäß § 72 Abs. 1 der Salzburger Gemeindeordnung 1965. Die rechtliche Begründung lieferte die Landesamtsdirektion mit dem Hinweis, dass die Zahl von lediglich 12 Gemeindevertretern nicht nur der Salzburger Gemeindewahlordnung widerspreche, sondern auch Artikel 1 der Bundesverfassung, in der das für die gesamte öffentliche Verwaltung geltende Prinzip festgelegt sei, dass die Gemeindevertretung für die gesamte Dauer der Amtsperiode den Wählerwillen repräsentieren müsse. Dies sei jedoch durch den Auszug der sieben ÖVP-Gemeindevertreter nicht mehr der Fall. In der Begründung wurde u. a. angeführt, dass die Verletzung einer grundlegenden Vereinbarung, durch wen auch immer, ein schwerwiegender Vertrauensbruch und eine Verletzung des Prinzips von Treu und Glauben sei, wodurch die Voraussetzungen für eine geordnete Arbeit der Gemeindevertretung nicht mehr gegeben seien. Daher müsse die Auflösung und die Ausschreibung von Neuwahlen verfügt werden.

Die Wogen der politischen Erregung gingen hoch und führten am 26. Februar 1975 zu einer von Emotionen geprägten Debatte im Salzburger Landtag. In einer neuerlichen Landtagsdebatte am 19. März legten SPÖ und FPÖ Anträge betreffend die Aufhebung des Bescheides der Landesregierung zur Auflösung der Gemeindevertretung von St. Michael vor. Doch die Standpunkte der Parteien waren nicht mehr vermittelbar, weshalb sich SPÖ und FPÖ zu einem außergewöhnlichen Schritt entschlossen, indem sie eine Klage beim Verfassungsgerichtshof einbrachten. Am 18. Juni 1975 kam der Verfassungsgerichtshof zu dem Erkenntnis, dass die Auflösung der Gemeindevertretung von St. Michael rechtens sei und damit keine verfassungsmäßig garantierten Rechte verletzt wurden. In seinem rein rechtspositivistischen Erkenntnis kam das Höchstgericht zu dem Schluss, dass durch das Ausscheiden der sieben ÖVP-Vertreter die Gemeindevertretung nur mehr über 12 Mitglieder statt der nach § 22 Abs. 1 Gemeindeordnung notwendigen 13 (zwei Drittel von 19) verfüge und eine Erreichung der notwendigen Zweidrittelmehrheit in absehbarer Zeit nicht gewährleistet sei. Damit sei die Beschlussunfähigkeit eine dauernde. Das Unterschreiten der notwendigen Zweidrittelmehrheit sei zwar für eine Übergangsphase statthaft, jedoch nicht auf Dauer. Daraus folgere, dass ein Drittel der Gemeindevertreter die Auflösung der Gemeindevertretung herbeiführen könne. Die aufsichtsbehördliche Auflösung der Gemeindevertretung von St. Michael sei daher rechtmäßig erfolgt.

Das Urteil des Verfassungsgerichtshofes glättete die vorübergehend hochgehenden Wogen der politischen Erregung. Am 21. Juli beschloss die Salzburger Landesregierung einstimmig, am 21. September in St. Michael eine Neuwahl der Gemeindevertretung durchzuführen, deren Ergebnis mit besonderer Spannung erwartet wurde. Bei der Neuwahl ging die SPÖ als deutlicher Sieger hervor. Wenngleich auch sie prozentmäßig geringe Einbußen hinnehmen musste, so konnte sie ihre acht Mandate halten. Die ÖVP musste hingegen durch die Kandidatur einer Heimatliste deutliche Stimmenverluste und den Verlust eines Mandats hinnehmen, während die FPÖ leichte Stimmengewinne verzeichnete.

Aus den Debatten des Salzburger Landtages

Auszug aus dem Protokoll der Landtagssitzungen am 26. Februar und 19. März 1975

Abg. Dr. Hellfried Schuller (FPÖ): ... Die Gemeindevertretung St. Michael, die frei gewählt wurde, hat am 30. November 1974 in einer demokratischen und geheimen Wahl mit zehn Stimmen Mehrheit, also mit der absoluten Mehrheit, den freiheitlichen Gemeindevertreter Richard Hochrainer zum Bürgermeister gewählt. Obwohl die ÖVP-Fraktion durch ihren Sprecher, den Herrn Landtagsabgeordneten Sampl, noch in der konstituierenden Sitzung verlauten ließ, daß sie diese demokratische Entscheidung zur Kenntnis nimmt und daß sie in der kommenden Amtsperiode mitarbeiten werde, haben sämtliche ÖVP-Gemeindevertreter ohne weiteren Anlaß ihr Mandat freiwillig zurückgelegt. Am 10. Februar 1975 erfolgte die Auflösung der Gemeindevertretung St. Michael, obwohl unseres Erachtens sehr eindeutig feststand, daß die Gemeindevertretung so wie der Bürgermeister ihre Arbeits- und Beschlußfähigkeit unter Beweis gestellt hatten. Es war dies unserer Auffassung nach ein Akt der parteipolitischen Willkür ... Damit ist eine Rechtsunsicherheit nicht nur in St. Michael entstanden, sondern darüber hinaus im ganzen Lande Salzburg, und bei Beibehaltung des Bescheides würden sich zweifellos Beispielsfolgen für ganz Österreich ergeben. ... (...)

Landeshauptmann DI DDr. Hans Lechner (ÖVP): ... Ich habe die Auflösung der Gemeindevertretung St. Michael ... vor der Regierungssitzung, in der die Entscheidung fiel, natürlich auch mit LHStv. Steinocher und Landesrat Leitner besprochen. In diesen Gesprächen ergab sich, daß das Verhalten beider Teile im Streitfall als nicht befriedigend bezeichnet wurde. ... In den notwendigen Konsequenzen, die die Landesregierung als Aufsichtsbehörde daraus aber zu ziehen hat, ergab sich in den Gesprächen wie dann auch in der Regierungssitzung allerdings keine Übereinstimmung zwischen den Regierungsmitgliedern der ÖVP einerseits und jenen der FPÖ und SPÖ andererseits. Im Kollegium der Landesregierung wurde am 10. Februar rund zweieinhalb Stunden in ruhiger und sachlicher Weise darüber diskutiert und schließlich über meinen Antrag in demokratischer Weise abgestimmt. Für den von mir vorgebrachten Antrag auf Auflösung der Gemeindevertretung St. Michael wurde ein Mehrheitsbeschluß gefaßt.

Mein Antrag ... stützte sich in seiner rechtlichen Substanz auf die Auffassung der Landesamtsdirektion ... Während die tägliche Zusammenarbeit mit meinen Regierungskollegen auch in der Folge sachlich und korrekt blieb, ... war ich recht verwundert, daß in der Folge von Funktionären und Mandataren der FPÖ und der SPÖ eine schon in ihrer Ausdrucksweise maßlose und systematisch vor allem gegen mich als Antragsteller in dieser Sache geführte Kampagne ausbrach. Vom Machtmißbrauch – das klingt ja fast so ähnlich wie Amtsmißbrauch – und von Verfassungsbruch und Willkürentscheidungen war dabei zu hören. ... (...)

Abg. Dr. Hellfried Schuller (FPÖ): ... Es kann ... eindeutig festgestellt werden, Herr Landeshauptmann, daß die Gemeindevertreter der ÖVP freiwillig und ohne jeglichen Zwang auf das ihnen von der Bevölkerung anvertraute Mandat verzichtet haben und aufgrund dieses Verzichtes versuchen Sie nun, in Ihrem Bescheid einen Auflösungsgrund zu erblicken; Sie sagen, daß die gesetzliche Anzahl an Gemeindevertretern nicht gegeben sei und daß dies auch schon Grund zur Auflösung einer Gemeindevertretung wäre. ... wenn das wirklich so wäre und wenn Sie wirklich recht bekommen würden, Herr Landeshauptmann, dann würde das für ganz Österreich schwerwiegende Folgen haben. Dann könnte nämlich in ganz Österreich in jeder Gemeinde eine Minderheitenfraktion einen Auflösungsbescheid durch die Landesregierung erwirken. ...

Selbst wenn man annimmt, ... daß tatsächlich ... auf Grund des Verschuldens der freiheitlichen Gemeindevertreter in St. Michael der Vertrag zwischen FPÖ und ÖVP gebrochen worden sei, so berechtigt das Sie noch lange nicht, Herr Landeshauptmann, eine Gesetzesverletzung zu begehen. Und der § 72 der Salzburger Gemeindeordnung sieht sehr eindeutig vor, daß nur als äußerstes staatliches Aufsichtsmittel eine Gemeindevertretung dann aufgelöst werden kann, wenn sie voraussichtlich dauernd arbeits- und beschlußunfähig ist. Herr Landeshauptmann, diese Feststellung haben Sie nicht einmal getroffen in Ihrem Bescheid, sondern Sie haben in Ihrem Bescheid lediglich davon gesprochen, daß die Voraussetzungen für eine geordnete Arbeit nicht mehr gegeben seien. (...)

Die Landtagswahlen 1974 haben das politische Klima wohl sehr stark verändert, denn anders kann man sich die Vorgangsweise der absoluten Mehrheit der ÖVP-Fraktion in der Landesregierung nicht vorstellen. Ohne ein Gespräch mit den anderen Regierungsmitgliedern zu führen, hat der Herr Landeshauptmann am Freitag vor dem 30. November in einer Pressekonferenz erstmals der Öffentlichkeit bekanntgegeben, daß die Gemeindevertretung St. Michael aufgelöst wird. ... diese Vorgangsweise ist für Salzburger Verhältnisse ungewöhnlich, Sie ist nicht anders zu erklären als damit, daß eben die absolute Mehrheit mit aller Macht ausgenützt wird. ... Ich weiß nicht, Herr Landeshauptmann, wer Sie beraten hat. Aber, Herr Landeshauptmann, gut waren Sie damit zweifellos nicht beraten. Und wenn wer das Auseinanderbrechen des guten Salzburger politischen Klimas auf dem Gewissen hat, dann die ÖVP mit ihrer absoluten Mehrheit in der Landesregierung. ... (...)

Abg. Alois Zillner (FPÖ): ... Soll alles das, was jahrelang hier in sauberer, ehrlicher Arbeit zwischen den Fraktionen aufgebaut worden ist, durch einen solchen Akt vergiftet werden? Und ich glaube, die FPÖ ist richtig beraten, daß sie immer wieder antritt und absolute Mehrheiten zu brechen versucht. Es gelingt uns nicht immer, das wissen wir, aber scheinbar verleitet Macht zu Mißbrauch. Das hat Ihr Landeshauptmann Dr. Lechner, den ich persönlich schätze und achte, diesmal unter Beweis gestellt ...

Abg. Dr. Helmut Schreiner (ÖVP): ... Sie haben mit keinem Wort zur Kernfrage des ganzen Problems Stellung genommen, nämlich zur Frage der Erfüllung des § 6 der Gemeindewahlordnung. Daß nämlich dort drinnen steht, daß die Gemeinde St. Michael 19 Mandate zu besetzen hat. Das, Herr LHStv. Steinocher, werden Sie zu erklären haben hier, denn hier liegt nämlich die Verletzung eines Gesetzes vor. Und Sie als Vertreter der Gemeindeaufsichtsbehörde haben hier festgestellt, daß keine Gesetzesverletzung vorgelegen ist. ... zum Herrn Dr. Schuller, ... darf ich dem Herrn Abg. Dr. Schuller das Angebot machen, wenn dann seine Ausführungen schriftlich vorliegen, ihm einen Druckkostenzuschuß zu geben, damit Sie dann den Herren des Verfassungsgerichtshofes diese glanzvollen Ausführungen geben können. (...)

Nun, meine sehr geehrten Damen und Herren, die Gemeindeautonomie ist in ihren Grundsätzen in unserer Bundesverfassung geregelt. Mit den gleichen Worten und unmittelbar im Zusammenhang mit der Gemeindeautonomie wird von der Bundesverfassung bereits die Gemeindeaufsicht festgelegt. Wenn daher von der Aufsicht Gebrauch gemacht wird, dann kann von vornherein noch nicht gesprochen werden, daß es sich um Eingriffe oder eine Schädigung ... der Autonomie handle. Das kann erst das Ergebnis einer allfälligen Beurteilung eines konkreten Falles sein. Von vornherein kann also niemand behaupten, daß Autonomie durch Aufsichtsrecht eingeschränkt wird. Und dieses Aufsichtsrecht wird wahrgenommen vonseiten des Landes durch die Landesregierung, deren Vorsitzender der Landeshauptmann ist. Dieses Aufsichtsrecht ... auszuüben, das kann sich nicht nur darauf beschränken, daß man darin irgendwie ein Privileg sieht, von dem man Gebrauch macht, wenn es nicht irgendwie brisant ist, wenn es nicht politisch gefährlich wird. Aufsichtsrecht zu haben bedeutet auch Aufsichtspflicht insoferne, daß man die Finger nicht unbedingt immer wieder dann aus dem Spiel zieht, wenn es ein bißchen brisant oder gefährlich wird, daß man sagt, mit verschränkten Händen schauen wir zu. Wer das tut, ... der so seine Tätigkeit der Aufsichtsbehörde versteht, von dem kann man sagen, der hat sich selbst in die zweite Reihe der politischen Verantwortung gestellt, Herr Landeshauptmann-Stellvertreter Steinocher. (...)

Abg. Dr. Hellfried Schuller (FPÖ): ... Herr Landeshauptmann! Das Damoklesschwert des Verfassungsgerichtshofes hängt sehr schwer über Ihrem Haupte. Sie und die ÖVP-Regierungsmitglieder ... haben noch die Möglichkeit, dieses Schwert herunterzunehmen, ohne daß es größeren Schaden anrichtet. Machen Sie doch Gebrauch davon!

1984: Die Salzburger Landesregierung ohne FPÖ
(Foto: Salzburger Landesarchiv)

Franz Fallend

1984 – Ein markanter Bruch in der „Proporzregierung“

Das Jahr 1984 bedeutete für die Salzburger Landespolitik einen markanten Bruch: Mit 50,2 Prozent der Stimmen und 19 von 36 Mandaten gewann die ÖVP erstmals seit 1945 die absolute Mehrheit im Landtag, während die FPÖ mit 8,7 Prozent der Stimmen und vier Mandaten ihr historisch schwächstes Ergebnis einfuhr und ihren Sitz in der Landesregierung aufgeben musste.

Bis dahin hatten in Salzburg relativ ausgeglichene politische Verhältnisse geherrscht. Die ÖVP war aus allen Landtagswahlen nach Kriegsende als relativ stärkste Partei hervorgegangen. Das Land galt laut politischer Farbenlehre als „schwarz“, also von der ÖVP dominiert, die auch stets den Landeshauptmann gestellt hatte. Mit Ausnahme der Gesetzgebungsperiode 1945–1949, als das „Dritte Lager“ noch keine politische Vertretung besaß, hatte die ÖVP jedoch nie eine absolute Mehrheit an Stimmen oder Mandaten erzielt.

Zudem räumte das bis 1998 in der Landesverfassung verankerte Modell der „Proporzregierung“ allen größeren Landtagsparteien einen Anspruch auf proportionale, ihrer Mandatsstärke entsprechende Zuteilung von Ressorts in der Landesregierung ein. Als Folge davon regierten in Salzburg von 1949 bis 1984 regelmäßig Koalitionen aller drei Landtagsparteien – ÖVP, SPÖ und FPÖ (bis 1955 war anstelle der FPÖ deren Vorgängerpartei, der Verband der Unabhängigen, VdU, in die Landesregierung eingebunden). Politischen Alleingängen der ÖVP war damit weitgehend ein Riegel vorgeschoben.

Die ausgeglichenen Mehrheitsverhältnisse sowie die Proporzregierung trugen dazu bei, dass sich zwischen den beteiligten politischen Parteien ein besonderes, an Konsens und Machtteilung orientiertes „Salzburger Klima“ entwickelte. Davon profitierte speziell die FPÖ als drittstärkste Kraft, die oftmals als „Zünglein an der Waage“ fungierte und um deren Gunst ÖVP und SPÖ beständig warben. Das Bemühen um Konsens führte langfristig zu einer Aufweichung politischer Gegensätze und förderte die politische Stabilität.

All das schienen die Landtagswahlen 1984 in Frage zu stellen: Nach dem für sie enttäuschenden Ergebnis bei den Wahlen 1979 verspürte die ÖVP im Wahljahr 1984 Aufwind. Laut repräsentativen Bevölkerungsumfragen wurde ihr in den meisten Politikbereichen die höchste Problemlösungskompetenz aller Parteien zugemessen. Der ÖVP-Landesparteiobmann und amtierende Landeshauptmann Dr. Wilfried Haslauer sen. (1977–1989) wurde in einer Umfrage von 55 Prozent der Befragten als Landeshauptmann präferiert (seinen größten Herausforderer, den SPÖ-Vorsitzenden und Landeshauptmann-Stellvertreter Dr. Herbert Moritz, präferierten hingegen nur 20 Prozent). Auch der ÖVP-Strategie, sich als Opposition gegen die wenig populäre SPÖ-FPÖ-Bundesregierung in Wien zu positionieren, hatte die SPÖ wenig entgegenzusetzen. Grundsätzlich betonten beide Parteien aber die gute bisherige Zusammenarbeit und den Wunsch, diese fortzusetzen.

Die FPÖ litt unter der geringen Popularität der SPÖ-FPÖ-Bundesregierung auch bei den eigenen AnhängerInnen. Zudem minderte der interne Richtungsstreit, der ein knappes Jahr vor der Wahl zur Ablöse ihres eher kompromissorien-

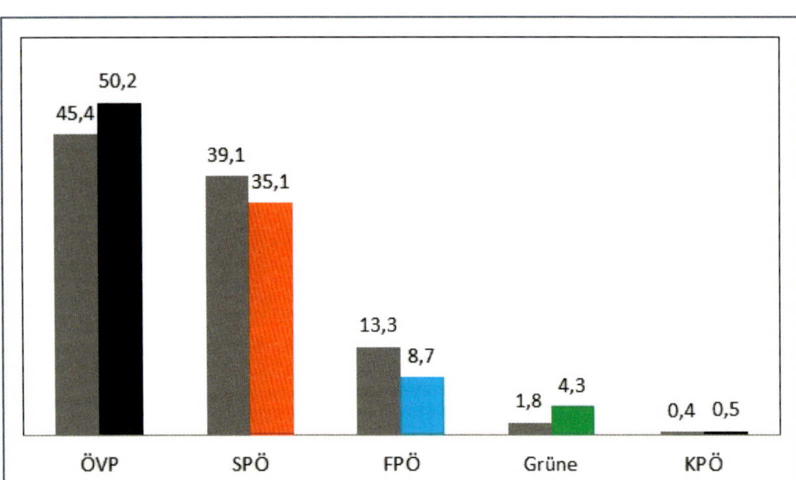

Landtagswahlen 1979–1984 im Vergleich. Die farbige Säule kennzeichnet das Wahlergebnis 1984 der jeweiligen Partei, die graue Säule das Wahlergebnis 1979.

tierten Landesrats geführt hatte, die Wahlchancen der Partei. Die Zeit der Grünen war hingegen noch nicht gekommen: Zwar stellte die 1977 in den Gemeinderat der Stadt Salzburg eingezogene Bürgerliste seit 1982 den ersten grün-alternativen Stadtrat Österreichs (Johannes Voggenhuber). Die zwischen bürgerlichen und links-alternativen VertreterInnen öffentlich ausgetragenen Scharmützel um aussichtsreiche Listenplätze riefen jedoch kritische Medienberichte über die als Grün-Alternative Bürgerliste (GABL) kandidierende Partei hervor.

Das Wahlergebnis brachte deutliche Verschiebungen (siehe Abbildung): Während die ÖVP ihren Stimmenanteil um 4,8 Prozentpunkte erhöhen konnte, mussten SPÖ (–4,0 Prozentpunkte) und FPÖ (–4,6 Prozentpunkte) empfindliche Verluste hinnehmen. Die ÖVP kam damit auf 19 Mandate (+2), die SPÖ auf 13 (–1) und die FPÖ auf 4 (–1). Grüne und KPÖ scheiterten am für einen Landtagseinzug nötigen Grundmandat in einem der Wahlbezirke. In der Landesregierung verfügte die ÖVP mit vier Sitzen (gegenüber dreien der SPÖ) wie zuletzt in der Periode 1974–1979 wieder über eine Mehrheit.

Trotz des klaren Wahlsiegs hielt sich der Machtzuwachs der ÖVP jedoch in Grenzen. Dem „Salzburger Klima" entsprechend, wurde die FPÖ – obwohl sie infolge ihrer Stimmenverluste aus der Regierung ausscheiden musste – an den Parteienverhandlungen zur Regierungsbildung beteiligt. Darüber hinaus wurde für die kommende Periode ein „Landespolitischer Arbeitsausschuss" eingesetzt, der sich aus Mitgliedern der Landesregierung und des Landtagspräsidiums sowie den Klubobleuten zusammensetzte, sodass für die weitere Einbindung der FPÖ gesorgt war. Bemerkenswert war auch, dass die FPÖ – obwohl jetzt in Opposition – dem Regierungsprogramm von ÖVP und SPÖ zustimmte und in der folgenden Gesetzgebungsperiode 97 Prozent der von ÖVP und SPÖ in den Landtag eingebrachten Regierungsvorlagen unterstützte.

Unter Berufung auf die gewonnene Mehrheit in Landtag und Landesregierung pochte die ÖVP in den Parteienverhandlungen freilich auf eine Ausweitung ihrer Ressortzuständigkeiten. Durch die weitgehende Übernahme der bisher FPÖ-geführten Ressorts, insbesondere des Fremdenverkehrs, gelang ihr dies auch. Gegen ihren Wunsch, auch die Sozialhilfe zu übernehmen, leistete die SPÖ jedoch erfolgreich Widerstand; sie wurde also nicht, wie anfangs befürchtet, „abgeräumt". Wie bereits zuvor praktiziert, blieb es auch dabei, dass in wich-

Mit mehr als 50 Prozent der Stimmen ließ Landeshauptmann Wilfried Haslauer sen. seine Konkurrenz weit hinter sich (Foto: Salzburger Landesarchiv)

tigen Angelegenheiten (z. B. bei Raumordnungs- und Naturschutzbescheiden) Regierungsbeschlüsse nur erfolgten, nachdem zwischen beiden Regierungsparteien ein Einvernehmen hergestellt worden war.

In der Landesregierung wurde weitgehend harmonisch gearbeitet. 99,7 Prozent der Regierungsbeschlüsse in der Periode 1984–1989 fielen einstimmig. Die hervorgehobene Position der AbteilungsleiterInnen im Amt der Landesregierung, die in den Regierungssitzungen die Vorlagen ihrer Ressorts vorzustellen hatten und denen generell ein sachorientierter, den jeweiligen politischen ReferentInnen gegenüber loyaler Zugang bescheinigt wurde, trug zum positiven Arbeitsklima bei.

Auch der Wechsel an der SPÖ-Spitze wirkte konfliktmindernd: 1984 wurde Landeshauptmann-Stellvertreter Dr. Herbert Moritz als Unterrichtsminister in die Bundesregierung berufen, auf ihn folgte Wolfgang Radlegger, mit dem sich Landeshauptmann Dr. Wilfried Haslauer sen. weit besser verstand. Die beiden Spitzenpolitiker, die von manchen BeobachterInnen als „siamesische Zwillinge" tituliert wurden, waren sich bei der Besetzung von Führungspositionen in der Landesverwaltung meist einig, respektierten die jeweiligen politischen Interessenlagen und schätzten die beidseitige Handschlagqualität – was nicht bedeutete, dass sie gelegentliche verbale Kraftakte auf den nachgeordneten Parteirängen verhindern konnten. Landeshauptmann Dr. Wilfried Haslauer sen. nutzte seine durch den Wahlerfolg gewachsene Machtposition eher gegenüber seiner eigenen Partei, indem er z. B. gegen den Widerstand des ÖVP-Wirtschaftsbundes den Journalisten Dr. Arno Gasteiger zum Finanz- und Wirtschaftslandesrat machte.

An der untergeordneten Stellung des Landtags im politischen System Salzburgs änderte sich in der Gesetzgebungsperiode 1984–1989 wenig: Wie üblich, gingen Gesetzesbeschlüsse zum überwiegenden Teil auf Regierungsvorlagen zurück, die den Landtag in hohem Maße (zu 51 Prozent) unverändert passierten. Einzig bei der Wahrnehmung der parlamentarischen Kontrollfunktion zeigten sich Veränderungen: Hatte die nunmehrige Oppositionspartei FPÖ 1979–1984 noch 72 schriftliche Anfragen an Regierungsmitglieder gerichtet, so stieg diese

Zahl zwischen 1984 und 1989 auf 111 an – und auch die SPÖ entdeckte dieses Instrument für sich und stellte nunmehr 110 schriftliche Anfragen (statt zuvor nur 61). Insgesamt war jedoch der Bruch, den die Landtagswahlen 1984 mit sich brachten, weniger markant, als es das Wahlergebnis erwarten ließ.

Auswahlbibliographie

Aigner, Dagmar/Wolfgruber, Elisabeth: Der Salzburger Landtag in der Zeit von Landeshauptmann Wilfried Haslauer. In: Dachs, Herbert/Floimair, Roland/Hanisch, Ernst/Schausberger, Franz (Hg.): Die Ära Haslauer. Salzburg in den siebziger und achtziger Jahren, Wien – Köln – Weimar 2001, S. 185–226

Dachs, Herbert: Die Salzburger Parteienarena 1975–1989. In: Dachs, Herbert/Floimair, Roland/Hanisch, Ernst/Schausberger, Franz (Hg.): Die Ära Haslauer. Salzburg in den siebziger und achtziger Jahren, Wien – Köln – Weimar 2001, S. 53–144

Fallend, Franz: Von der realen Macht des „Landesfürsten". Machtstrukturen und Entscheidungsfindungsprozesse in der Salzburger Landesregierung und Landesverwaltung während der Amtszeit von Landeshauptmann Wilfried Haslauer (1977–1989). In: Dachs, Herbert/Floimair, Roland/Hanisch, Ernst/Schausberger, Franz (Hg.): Die Ära Haslauer. Salzburg in den siebziger und achtziger Jahren, Wien – Köln – Weimar 2001, S. 145–183

Raimund Ribitsch

Eine neue Bildungslandschaft für Salzburg – Die Fachhochschule

Die 1980er- und 1990er-Jahre waren entscheidend für die Salzburger Technologiepolitik. In diesen rund 15 Jahren setzte das Land für den Wissenschafts- und Wirtschaftsstandort entscheidende Impulse. So wurde ab 1987 in Salzburg-Itzling das Techno-Z als eines der ersten Gründer- und Technologiezentren in Europa realisiert. Landeshauptmann Dr. Wilfried Haslauer sen. eröffnete am 28. Juni 1988 die erste Bauetappe, es folgte der weitere Ausbau am Standort und neue Techno-Z in Bischofshofen und Pfarrwerfen, Saalfelden und Zell am See, in Mariapfarr sowie in Freilassing und in Braunau.

Neben den Technologie-Standorten zum gezielten Ausbau des Hochtechnologiebereichs investierte das Land kräftig sowohl in die tertiäre Ausbildung als auch in die Forschung und Entwicklung. Das Studium der Computerwissenschaften der Universität Salzburg wurde eingerichtet, ebenso die ersten Fachhochschul-Studiengänge und die Landesforschungsgesellschaft am Techno-Z. Parallel engagierte sich der Verein Holztechnikum Kuchl mit dem Fachverband der Holzindustrie sehr früh, in Kuchl eine „Fachhochschule für Holztechnik" als Erweiterung zur HTL zu errichten.

Dieser Beitrag beleuchtet die Rolle des Salzburger Landtags im Umgang mit dem Fachhochschulwesen, einem Hochschulsektor, der erst seit 1993 zu existieren begann und anders als Universitäten funktioniert. Privatrechtlich organisiert entwickelte es sich aus der Nachfrage der Wirtschaft nach qualifizierten Arbeits- und Führungskräften. Seine nachhaltige Entwicklung war anfangs nicht abschätzbar. Ausdrücklich erwähnt sei, dass das Land Salzburg die Entwicklung der Fachhochschul-Studiengänge von Anfang an aktiv unterstützte, förderte und mitfinanzierte.

Seit 1992 hat sich der Salzburger Landtag mehr als 30 Mal mit Fachhochschul-Themen befasst, mit Studiengängen (Holz, Telekommunikationstechnik, Tourismus, MultiMediaArt, Informationswirtschaft und -management, Soziale Arbeit, Digitales Fernsehen & interaktive Dienste, Pflege), mit dem – beschlossenen, aber dann doch nicht realisierten – Trägerverein, mit dem Ringen um den Standort Puch-Urstein, der Wertigkeit des Bachelor-Abschlusses im Landesdienst und mit der Finanzierung, bis hin zu einer Enquete im Dezember 2004 mit dem Schwerpunktthema „Holz". Auch hat er sich mehrmals für die regelmäßige Valorisierung der Bundesförderungen und die Bundesfinanzierung des Studiengangs „Gesundheits- und Krankenpflege" verwendet, dessen Umsetzung durch die Bundesstellen noch aussteht.

Techno-Z und Holztechnikum – die Anfänge der Fachhochschule

Sektionschef Sigurd Höllinger, einer *der* Mitinitiatoren des österreichischen Fachhochschulwesens, beschreibt in seinem 1992 erschienen Buch „Universität ohne Heiligenschein" die Eckpunkte für den künftigen FH-Bereich als neues, zweites Angebot im Tertiärsektor: „nicht Universität, nicht Schule", „Priorität der Lehre", „stärkere Strukturen, eine intensivere Betreuung und mehr reale Verantwortlichkeit der Lehrenden für die Lehre", „Praxisbezug und stärkerer Regionalbezug", „problemorientierte Forschungsaufgaben im Gegensatz zur Disziplinenorientierung der Universitäten."

Der Funke wurde 1990 im Regierungsprogramm der österreichischen Bundesregierung geschlagen – nämlich das Hochschulsystem an EU-Standards anzugleichen und um eine berufsorientierte Ausbildung zu ergänzen. Gestartet wurde 1992 in Vorarlberg mit einem Studienversuch, und auch in Salzburg gab es erste konkrete Überlegungen. Am 13. Mai 1992 befasste sich der Salzburger Landtag mit dem Antrag der „Errichtung einer Fachhochschule für Holztechnik in Kuchl", gestellt von allen vier Landtagsparteien durch die Abgeordneten Dr. Franz Schausberger, Ricky Veichtlbauer, Dr. Johann Buchner und Dr. Christian Burtscher. „Die Landesregierung wird ersucht, Verhandlungen mit dem Bund und dem Verein Holztechnikum (HTK) aufzunehmen und sich nachdrücklich für die Einrichtung einer Fachhochschule, Studiengang Holztechnik einzusetzen."

Auf Bundesebene nahmen die Dinge ihren Lauf, als Dr. Erhard Busek, der damalige Bildungs- und Wissenschaftsminister, das Fachhochschul-Studiengesetz initiierte, welches 1993 in Kraft trat. 1994 wurden die ersten neun FH-Studiengänge u. a. in Dornbirn und Wiener Neustadt genehmigt, die zwei ersten Studiengänge in Salzburg ein Jahr später.

Bereits in den frühen 1990er-Jahren wurden die ersten Konzepte für eine „anwendungsbezogene Hochschulausbildung" auf Initiative der Wirtschaft u. a. zu IT, Holz, Multimedia, Tourismus erstellt. Die Schwerpunkte waren im angewandten technischen Bereich, da dies von der Universität Salzburg nicht angeboten wurde. Die „fruchtbaren Böden" dazu waren einerseits das seit Mitte der 1980er-Jahre bestehende Techno-Z als erstes Technologiezentrum Österreichs und andererseits das Holztechnikum Kuchl, *dem* Ausbildungszentrum der österreichischen Holzwirtschaft und Holzindustrie.

Diese beiden Standorte sind ein „Role Model" für die These, dass neue Initiativen dann besonders hohe Aussicht auf Erfolg haben, wenn ähnliche Einrichtungen (= Bildung) oder Bedarfsträger (= Unternehmen) bereits vorhanden sind. Damit sind gleich zu Anfang personelle Synergien herstellbar, Infrastruktur kann mehrfach genutzt werden und die künftigen Abnehmer definieren in einer sehr frühen Phase den konkreten Bedarf, erforderliche Kompetenzen und stehen für u. a. Praktika zur Verfügung.

So erklärte Landeshauptmann-Stellvertreter Dr. Arno Gasteiger in seiner Anfragebeantwortung am 21. September 1994: „Als Kristallisationspunkt der regionalen Technologiepolitik, insbesondere zur Förderung von High-Tech-Jungunternehmen und zur Intensivierung der Kooperation zwischen Wissenschaft und Wirtschaft, wurde im Jahr 1987 begonnen, das Salzburger Technologie-Zentrum mit Schwerpunkt Computer- und Kommunikationstechnik in der Landeshauptstadt zu errichten. Es folgten die nächsten Schritte ... 1990 in Bischofshofen mit dem Schwerpunkt umweltbezogener Hochtechnologie, 1992 in Zell/See für Sport-, Freizeit und Fremdenverkehrstechnologie sowie grenzüberschreitend 1993 in Freilassing für Computer- und Kommunikationstechnik. Als wichtigen Schritt der Salzburger Industriepolitik für die Technologieinfrastruktur ... ist die

Die erste Heimat im Techno-Z bis 2005 in Salzburg-Itzling (Foto: Fachhochschule Salzburg)

Forcierung eines qualifizierten Nachwuchses im Bereich der Computer- und Softwaretechnologie anzusehen, wo im Techno-Z die räumlichen und technischen Voraussetzungen für 500 Studenten und acht Universitätsinstitute für eine zeitgemäße Ausbildung und praxisorientierten Studienbetrieb der Studienrichtung Computerwissenschaften geschaffen wurden." Das Land werde sich „...intensiv bei der Weiterentwicklung eines zukunftsorientierten Bildungsangebots, insbesondere zur Einrichtung von FH-Studiengängen für Telekommunikation, für Holzwirtschaft und für Tourismus engagieren".

Der erste Studiengang „Holztechnik & Holzwirtschaft" in Kuchl musste sich gegen heftigsten Widerstand der HTL Mödling und der jungen FH Wiener Neustadt durchsetzen. Die Kuchler gewannen letztlich das Rennen und nahmen den FH-Betrieb mit 30 Studierenden im Oktober 1995 in den Räumen der HTL für Betriebstechnik auf. Ebenfalls im Herbst 1995 startete in den Räumen des Techno-Z in Salzburg-Itzling der Studiengang „Telekommunikationstechnik und -systeme".

Im Rahmen einer Wirtschafts- und Arbeitsmarktoffensive beantragte die ÖVP im Landtag am 4. August 1996 unter dem Titel „Zukunft Salzburg" den FH-Ausbau um „MultiMediaArt" und „Kommunikation und Betriebswirtschaft" sowie dessen finanzielle Unterstützung durch das Land Salzburg. 1998 folgten „Informationswirtschaft und -management" und 1999 die berufsbegleitenden Zweige von Telekommunikationstechnik und von Informationswirtschaft.

Land und Wirtschaftskammer Salzburg – das Ringen um die zukunftsfähigste Trägerschaft

Landeshauptmann Dr. Franz Schausberger forderte in seiner Regierungserklärung vom 27. April 1999 unter anderem die „Zusammenfassung der in Salzburg eingerichteten und künftigen Fachhochschullehrgänge bzw. Fachhochschulen unter einem gemeinsamen Dach" und erklärte am 2. Dezember 1999, dass „im

Unterzeichnung des Gesellschaftervertrags zur Gründung einer gemeinsamen Fachhochschule Salzburg von Wirtschaftskammer und Arbeiterkammer am 13. Jänner 2005 (Foto: Fachhochschule Salzburg)
Sitzend v. l. n. r.: FH-Rektor Dr. Erhard Busek, WKS-Präsident Julius Schmalz, Landeshauptfrau Mag.[a] Gabi Burgstaller, AK-Präsident Siegfried Pichler; stehend v. l. n. r: FH-Geschäftsführer Mag. Raimund Ribitsch, WKS-Direktor und FH-AR-Vorsitzender Dr. Wolfgang Gmachl, AK-Direktor Mag. Gerhard Schmidt, Univ.-Prof. Dr. Reinhold Popp

Oktober 1999 dazu der ‚Verein zur Unterstützung, Einrichtung und Erhaltung von Fachhochschulstudiengängen in Salzburg' (Fachhochschul-Trägerverein) gegründet wurde". Abg. Gudrun Mosler-Törnström führt am 15. Dezember 1999 in ihrem Bericht aus, dass „die Fachhochschulen derzeit in einer Übergangslösung von der Wirtschaftskammer geführt und in naher Zukunft unter ein Dach des FH-Trägervereins gestellt werden müssen, da nur so die Studiengänge an landes- und wirtschaftspolitischen Zielen orientiert werden können. Vereinsmitglieder sind Land, Wirtschaftskammer und Arbeiterkammer". Die Stadt Salzburg trat dem Verein nicht bei, dessen Gründung Mosler-Törnström am 9. Februar 2000 als „unerlässlich" bezeichnete.

Dieser Anspruch war insofern begründet, als in den Anfangsjahren nicht weniger als vier Proponenten bzw. Träger im Rennen waren: der Techno-Z Research Verein (nachfolgend Techno-Z FH Fachhochschulgesellschaft), die Tourismusschulen, der Verein Holztechnikum Kuchl und die Arbeiterkammer.

Aus der „Übergangslösung" wurde eine dauerhafte. Nach zähem, aber fruchtbarem Ringen wurde gemeinsam eine Struktur gefunden, die sich für die weitere Entwicklung der FH Salzburg als äußerst positiv und zukunftsweisend herausstellen sollte. Die Wirtschaftskammer blieb (vorerst – bis zur Beteiligung der AK-Salzburg) Alleingesellschafterin, jedoch wurde zur Wahrung der Landesinteressen ein „Beirat für Fachhochschulentwicklung" eingerichtet. Den Vorsitz führt der Landeshauptmann bzw. die Landeshauptfrau und der Beirat entscheidet über alle Studiengänge, die vom Land mitfinanziert werden. Das Ergebnis stellt Landeshauptmann-Stellvertreter Wolfgang Eisl am 30. Mai 2001 dem Landtag vor. Das Ziel der Zusammenführung aller FH-Erhalter unter einem Dach wurde Anfang 2005 erreicht. Seit 13. Jänner 2005 tragen Wirtschaftskammer und Arbeiterkammer jeweils zur Hälfte die Fachhochschule Salzburg GmbH. Bereits zwei Jahre zuvor hatte der Verein Holztechnikum Kuchl seine beiden Studiengänge an die FH GmbH übertragen.

Campus Urstein mit Studierendenheim (Foto: Wirtschaftskammer Salzburg)

Standortkonsolidierung „FH auf's Land?“ Die Diskussionen der Standortverlegung nach Puch-Urstein

Die FH Gebäude in Salzburg-Itzling waren 1998 fertig gestellt, jedoch bereits 2000 machte sich erheblicher Platzmangel bemerkbar und man suchte nach Entwicklungsmöglichkeiten bzw. Alternativen. Beim damaligen Aufsichtsratsvorsitzenden der FH Salzburg, WK-Direktor Dr. Wolfgang Gmachl, traf das Angebot für einen neuen Bauteil im Techno-Z ein, Projektideen aus anderen Teilen der Stadt, aus Anif, Elsbethen und Hallein sowie ein Angebot der Industriellen KR Hans Asamer und Ing. Dietmar Aluta für einen neuen FH-Standort in Puch-Urstein. Dir. Dr. Wolfgang Gmachl beauftragte daraufhin eine Arbeitsgruppe, die Angebote zu evaluieren und Rahmenbedingungen für einen erfolgreichen FH-Standort zu erarbeiten.

In der Plenarsitzung des Landtags am 30. Mai 2001 wurde erwähnt, dass Bürgermeister Dr. Heinz Schaden und Landeshauptmann Dr. Franz Schausberger die Entscheidung der Wirtschaftskammer, die FH von Salzburg nach Puch übersiedeln zu wollen, in dieser Form nicht akzeptieren. Laut Bürgermeister Dr. Heinz Schaden stünde genug Grund zum Ausbau des Techno-Z zur Verfügung. Dem Arbeitsausschuss der Regierung wurde das Projekt vorgestellt und von der Wirtschaftskammer bzw. dem Projektbetreiber zugesichert, die offenen Fragen zu klären, sodass es „nach Abwägung aller Vor- und Nachteile letztlich zu einer Standortentscheidung kommen werde“. Monate intensiver Diskussionen über Standorte und Kosten, die möglichen Auswirkungen auf das Techno-Z, die Projektkosten und über eine Mitfinanzierung durch das Land Salzburg folgten.

Am 11. Dezember 2002 schließlich stellte Landeshauptmann Dr. Franz Schausberger in seiner Anfragebeantwortung (Dringliche Anfrage der FPÖ zur finanziellen Unterstützung der Errichtung der FH in Puch bei Hallein) fest, „dass die Landesregierung nach einer sehr intensiven, eingehenden und auch kritischen Diskussion und Beurteilung das Projekt Urstein letztendlich als zukunftsweisend anerkennt“. Das Land gewährte keinen Baukostenzuschuss, aber die Finanzierung von Ausstattung und Inneneinrichtung. Die Grundsteinlegung für den Campus Urstein erfolgte am 4. Oktober 2003. Im Sommer 2005 nahm die FH in

Campus Kuchl (Foto: Fachhochschule Salzburg)

Urstein den Betrieb auf. Nach Adaptierung der frei gewordenen Flächen zog das BFI im Techno-Z ein.

In den Budgetsitzungen 2007 und 2009 befasst sich der Landtag mit dem Ausbau der Standorte Kuchl und Urstein, da Studiengänge und Studierendenzahlen stetig wuchsen.

Die Entwicklung von Studiengängen, Studierenden und AbsolventInnen					
	1995	2000	2005	2010	2017
Studiengänge	2	4	9	21	28
Studierende	91	703	1.605	2.222	2.863
AbsolventInnen	0	226	1.135	3.597	8.268

FHS und SALK – die Gesundheitswissenschaften kommen

Ab 2006 wurde das nächste Kapitel geschrieben. Zuvor hatte der Gesetzgeber die Grundlage geschaffen, um den fünf MTD-Akademien und der Hebammenakademie eine Höherqualifizierung zu ermöglichen. Die bisherigen Akademien wurden in FH Bachelor-Studiengänge übergeführt. Damit sind auch weiterführende Master- und anschließende Doktoratsstudien möglich. Salzburg stellte seine Ausbildungen 2006 und 2007 um und wurde zusammen mit der Steiermark und Wien Vorreiter in Österreich.

Als Nächstes folgte die Diplom-Pflegeausbildung, die im Auftrag von Landeshauptfrau Mag.[a] Gabi Burgstaller als Gesundheitswissenschaftlicher Studiengang „kostenneutral" in die FH übergeführt wurde und 2009 die ersten 40 Studierenden aufnahm. Ausbildungspartner der Fachhochschule Salzburg (FHS)

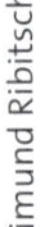

sind in allen sieben gesundheitswissenschaftlichen Studiengängen die Salzburger Landeskliniken (SALK), die die Akademien bisher selbst geführt haben. Die SALK stellen die bisherigen finanziellen Mittel nun für die FH-Studiengänge zur Verfügung.

Die Zukunft der Ausbildung für Pflegeberufe beschäftigte den Landtag seit 2009 regelmäßig. Am 8. Juni 2009 war es die Anfrage an die Landeshauptfrau, wie viele der von Landesrätin Erika Scharer angekündigten 100 Stiftungsplätze installiert würden und wie der Bedarf eingeschätzt werde. Am 17. Dezember 2014 erfolgte die Feststellung im dringlichen Antrag der ÖVP (Klubobfrau Abg. Mag.[a] Gerlinde Rogatsch und Abg. Mag.[a] Daniela Gutschi), dass die Diplom-Pflegeausbildung künftig nur noch an Fachhochschulen erfolgen solle sowie die Anfrage zur Umsetzung der Pflegepersonalprognose 2020. Schließlich stellte Landeshauptmann-Stellvertreter Dr. Christian Stöckl am 9. November 2016 auf Anfrage von Abg. Wiedermann fest, „dass wir an der Fachhochschule Salzburg zu gegebener Zeit dann auch entsprechende zusätzliche Klassen anbieten werden und die FH bereits Gewehr bei Fuß stehe".

Die Pflegeausbildung wird den Landtag und die Landesregierung wohl auch in Zukunft beschäftigen. Zum einen stellt die Pflegepersonalprognose in den nächsten Jahren einen stark steigenden Bedarf nach qualifizierten Fachkräften in Aussicht. Zum anderen geht die gehobene Pflegeausbildung spätestens bis 2024 ganz in den FH-Sektor über. Aufgrund dessen sieht die FH Salzburg im Studiengang „Gesundheits- und Krankenpflege" in den nächsten Jahren die stärksten Steigerungsraten an Studierenden.

Entwicklung und Zukunft – ein Ausblick

Dass sich die Fachhochschule Salzburg „als ergänzendes Angebot zur und in Partnerschaft mit der Universität gut entwickelt" habe, wurde im Finanzüberwachungsausschuss am 24. Februar 2010 bestätigt. Der Bericht des Rechnungshofes zum Fachhochschulwesen stellt u. a. fest, dass der FH-Sektor „zur Verbesserung der Durchlässigkeit des Bildungswesens in sozialer Hinsicht beigetragen hat" und empfahl u. a. „die Verbesserung der Zusammenarbeit zwischen Fachhochschulen und Universitäten, um den Zugang von FH-Absolventen zum universitären Doktoratsstudium zu erleichtern." Dieser Empfehlung wurde entsprochen, 2012 startete der erste gemeinsame Masterstudiengang „Applied Image & Signal Processing", betrieben von Universität und Fachhochschule.

Für die Fachhochschule wie für alle anderen öffentlich finanzierten und getragenen Einrichtungen ist ein klares Bekenntnis der Politik von entscheidender Bedeutung. Dies wurde in den verschiedenen Regierungserklärungen und zuletzt im Landtagsbeschluss am 3. Februar 2016 (hier mit Ausnahme der SPÖ) festgehalten. Allein das Bekenntnis wäre zu wenig; klar formulierte Erwartungen, Ziele und Ansprüche zur weiteren Profilbildung Salzburgs sind erforderlich. Dies gilt in gleichem Maß für die Fachhochschule Salzburg und soll das Verhältnis zur Landespolitik bestimmen.

Wie bereits im Antrag vom 15. März 2010 an die Bundesregierung formuliert, müssen in Zukunft die Länder rechtzeitig in die Erstellung der FH-Entwicklungs- und Finanzierungspläne des Bundes eingebunden sein. Ebenso sollen die Länder auf die langfristige finanzielle Stabilität „ihrer“ Fachhochschulen achten. Die Umsetzung des Antrags durch die Bundesregierung auf „regelmäßige Anpassung der Bundesbeiträge an den Verbraucherpreisindex“ würde dieses Ziel erreichen, harrt aber nach wie vor der Beschlussfassung. Ein Umstand, der sich angesichts der bildungspolitischen Ziele und Notwendigkeiten ändern muss!

Studentenleben am Campus Urstein 2017 (Foto: Fachhochschule Salzburg)

Der gemeinsame Erfolg wird von regelmäßigen inhaltlichen Abstimmungen und Schwerpunktsetzung abhängen, aber auch vom finanziellen Bekenntnis des Landes zum Ausbau und zur Weiterentwicklung der Fachhochschule. Es gilt, den Technologiestandort, den Medienstandort und den Gesundheitsstandort Salzburg weiterzuentwickeln. Neue Studienangebote, Forschung und Entwicklung sind wichtige Bestandteile einer aktiven Standortpolitik. Salzburgs Größenverhältnis von 6 bis 7 Prozent sollte auch im FH-Sektor zumindest gewahrt und eine starke Stimme in Wien beibehalten werden.

Die mittlerweile mehr als 8.200 erfolgreichen Absolventinnen und Absolventen in Vollbeschäftigung, der Wirtschaftsfaktor FH Salzburg mit einem gesamtwirtschaftlichen Effekt von € 67 Mio. p.a. und die jährlich rund 90 Forschungs-, Entwicklungs- und Transferprojekte belegen eindrücklich die Innovationskraft und Relevanz der Hochschule. Und sie belegen, dass sich der finanzielle und ideelle Einsatz Salzburgs lohnt.

Auswahlbibliographie

Bericht des Rechnungshofes, „Fachhochschulwesen", GZ 001.505/258-53-1/10, Reihe Salzburg 2010/1, Wien 2010

Dirninger, Christian/Schmidjell, Richard: Wirtschaftsbezogene Modernisierungsstrategien, Strukturpolitik – Betriebsansiedlung – Technologieförderung im Bundesland Salzburg von 1958 bis 1998, Wien – Köln – Weimar 1998

Höllinger, Sigurd: Universität ohne Heiligenschein, Wien 1992

Schausberger, Franz: Krise und Neuordnung der Technologiepolitik am Ende der neunziger Jahre. In: Kriechbaumer, Robert/Schausberger, Franz (Hg.): Fast eine Insel der Seligen – Handlungsspielräume regionaler Finanz- und Wirtschaftspolitik am Ende des 20 Jahrhunderts am Beispiel Salzburgs, Wien – Köln – Weimar 2002, S. 97–109

Axel Wagner

Das Baukonzept für die Altstadtuniversität – Bericht eines Augenzeugen

Nach der Wiedererrichtung der Salzburger Universität mit Beschluss des Nationalrates vom 6. Juli 1962 wurde auch die Erstellung eines Baukonzeptes notwendig. Der Salzburger Galerist Friedrich Welz hatte im Zug der Bemühungen des Stadtvereins um eine wirksame Altstadterhaltung in einem Artikel in der Zeitschrift „Bastei" im Jahr 1966 angeregt, die in Stadtpalästen untergebrachten Bundesdienststellen, Bundespolizeidirektion und Finanzlandesdirektion, durch „Kulturinstitute" zu ersetzen. Bei genauerer Planung stellte sich bald heraus, dass nicht alle Universitätsinstitute in öffentlichen Gebäuden in der Altstadt untergebracht werden können. Die Folge war eine Reihe von Studien für verschiedene Standorte wie zwischen Alpenstraße und Hellbrunner Allee, im Bereich des Krauthügels in Nonntal bis hin zum Wettbewerb für eine sogenannte „Campus-Universität" im Raum Freisaal. Der Bund forderte vom Land Salzburg eine Beteiligung an den Kosten zur Grundbeschaffung; der Salzburger Landtag genehmigte am 9. Juli 1969 einen diesbezüglichen Betrag in Höhe von 60 Mio. S für den Grunderwerb im Raum Freisaal. Am 15. April 1970 wurde ein weiterer Betrag von 13 Mio. S für die Beschaffung von Ersatzgrundstücken für die Errichtung der neuen Bundespolizeidirektion an der Alpenstraße genehmigt. Der baukünstlerische Wettbewerb wurde im Frühjahr 1973 mit der Verleihung des ersten Preises an die Architekten Heinz Ekhart, Stefan Hübner, Georg Ladstätter und Heinz Marschalek und des zweiten Preises an Wilhelm Holzbauer beendet. Beide Preisträger zusammen erhielten den Auftrag für die weitere Planung, wobei auch ein Landes- und Universitätssportzentrum in das Areal in Freisaal einbezogen werden sollte. Nach der Vorstellung des weiter ausgearbeiteten Projektes im Jahr 1975 wurde zunehmend Kritik an dieser Planung laut und führte letztendlich auch zu einer Unterschriftensammlung unter der Bevölkerung, bei der sich über 15.000 Salzburger gegen dieses Projekt aussprachen. Mit dieser Aktion machte sich die neue Grünbewegung unter den damaligen Wortführern, dem Schauspieler Herbert Fux und dem Bäckermeister Richard Hörl, in Salzburg bemerkbar.

Im Jahr 1978 wurde vom Salzburger Architekten Otto Prossinger in Zusammenarbeit mit Martin Windisch ein neues Konzept für eine Altstadtuniversität vorgestellt, das vorsah, die Fakultät für Geisteswissenschaft mit Ausnahme der Sprachwissenschaften, die juridische und die theologische Fakultät sowie zentrale Einrichtungen in Bundesgebäuden in der Altstadt unterzubringen und die Naturwissenschaftliche Fakultät in Freisaal neu zu errichten. Der Standort der Theologischen Fakultät und der Universitätsbibliothek im sogenannten Alten Studiengebäude an der Hofstallgasse bzw. Universitätsplatz war unbestritten, zumal auch Umbau- und Adaptierungsarbeiten nahezu beendet waren. Das neue Konzept sah nun vor, die Universität im Toskanatrakt der Residenz, damals Standort der Bundespolizeidirektion, in den Kapitelhäusern in der Kapitelgasse, damals Standort der Finanzlandesdirektion und einiger nachgeordneter Dienststellen, und im Gebäude der Höheren Technischen Bundeslehranstalt am

Rudolfskai unterzubringen. Es war in der Folge entsprechend der Bundesverfassung die Aufgabe des Landeshauptmannes als Träger der Auftragsverwaltung des Bundes und damit der Bundesgebäudeverwaltung I in der Landesbaudirektion, ein Gesamtkonzept zu entwickeln, das folgende Zielsetzungen enthielt:

- Errichtung einer neuen HTBLA auf den vom Bund erworbenen Grundstücken an der Moosstraße
- Errichtung einer neuen Bundespolizeidirektion auf im Besitz des Bundes befindlichen Grundstücken an der Alpenstraße
- Errichtung einer neuen Finanzlandesdirektion auf den sogenannten Mayr-Melnhof-Gründen in Parsch und
- Errichtung der Naturwissenschaftlichen Fakultät auf einer stark reduzierten Fläche in Freisaal

In weiterer Folge sollten dann die von den Bundesdienststellen geräumten Objekte in der Altstadt für die Zwecke der Universität umgebaut bzw. adaptiert werden. Die Kosten für dieses wahrscheinlich bis dahin größte hochbauliche Konzept im Land Salzburg wurden mit rund 3 Mrd. S veranschlagt.

Nach der Landtagswahl 1979 wurde dieses Konzept zum zentralen Anliegen der neuen Salzburger Landesregierung, die im Mai 1979 ihr Amt antrat. Landeshauptmann Dr. Wilfried Haslauer sen. und der für den Hochbau zuständige neue Landesrat Wolfgang Radlegger betrieben diese Salzburger Zielsetzung mit großem Engagement. Die Schicksalsstunde für dieses enorm ambitionierte Projekt schlug am 4. Oktober 1979: Eine Salzburger Delegation unter der Führung von Landeshauptmann Haslauer und Landesrat Radlegger unter Teilnahme von Rektor Wolfgang Beilner, des Leiters der Finanzabteilung des Amtes der Landesregierung Johann Schernthanner und des Verfassers, stellten bei einer Vorsprache beim damaligen Bundeskanzler Bruno Kreisky, in Anwesenheit aller zuständigen Minister, dieses große Salzburger Hochbauvorhaben vor. Im Sitzungssaal des Ministerrates am Ballhausplatz in Wien wurde ein sehr konstruktives und eingehendes Gespräch unter Leitung von Bundeskanzler Bruno Kreisky mit Finanzminister Hannes Androsch, Wissenschaftsministerin Hertha Firnberg, Unterrichtsminister Fred Sinowatz, Innenminister Erwin Lanc und Bautenminister Josef Moser geführt. Zu Anfang des Gespräches war bei weitem nicht mit einer Zustimmung des Bundes zu diesem kostspieligen Vorhaben zu rechnen. Es bedurfte eindringlicher Appelle von Landeshauptmann Haslauer und Landesrat Radlegger, die vehement von Ministerin Firnberg unterstützt wurden, um die Bundesregierung zur Zustimmung zu bewegen. Letztlich genehmigte der Ministerrat am 8. Juli 1980 das gesamte Konzept für die Universitäts- und Ersatzbauten.

Nach dieser Zustimmung des Bundes wurden umgehend weitere Planungsschritte begonnen; kompliziert wurden diese noch dadurch, dass nunmehr die Stadtgemeinde Salzburg einen anderen Standort für den Neubau der HTBLA verlangte und von dem mit Bund und Land abgesprochenen ursprünglichen Standort, Rosittengründe an der Moosstraße, abrückte. Nach schwierigen Verhandlungen konnte ein neues Grundstück im Raum Salzburg-Itzling vom Bund für diese Zwecke erworben werden, die Gründe an der Moosstraße wurden in der Folge der Wohnnutzung zugeführt. Eine weitere Schwierigkeit bestand darin, dass die Projekte sowohl für die Naturwissenschaftliche Fakultät als auch für die Bundespolizeidirektion neu erstellt werden mussten, weil beide Wettbewerbsprojekte auf massive Ablehnung in der Öffentlichkeit stießen. Letztendlich kann man sagen, dass keines der Wettbewerbsprojekte für die sogenannten „Ersatzbauten" zur Ausführung gelangte, sondern größtenteils neue Projekte realisiert wurden. Lediglich das Wettbewerbsprojekt für die Finanzlandesdirektion samt nachgeordneten Dienststellen wurde, allerdings auch erst nach Reduzierung der ursprünglichen Baumassen, umgesetzt.

Am 2. Juli 1980 richtete der Salzburger Landtag an Landeshauptmann Dr. Haslauer sen. die Anfrage, „welche Maßnahmen getroffen werden können, dass ein wesentlicher Anteil des Wirtschaftserfolges im Land Salzburg verbleibt." Haslauer verwies in der Beantwortung darauf, dass alle Vergaben auf Basis der ÖNORM A 2050 erfolgen müssen und sich an den Ausschreibungen alle geeigneten Unternehmungen, allenfalls auch in Arbeitsgemeinschaften, beteiligen können. Am 8. Oktober 1980 appellierte der Landtag an die geplante Universitätsbauträgergesellschaft, auch in ihrem Bereich für eine begleitende Kontrolle der Bauabläufe Sorge zu tragen. Auch die Anfrage des Landtages vom 17. Februar 1982 an den damaligen für den Hochbau zuständigen Landesrat Wolfgang Radlegger bezog sich auf die Beteiligung Salzburger Firmen an Ausschreibungen für die Universitäts- und Ersatzbauten, wobei auch hier wieder in der Beantwortung auf die gültigen Vergabenormen des Bundes verwiesen worden ist.

Von Anfang an war klar, dass das überaus große Bauvolumen nicht aus dem normalen Haushaltsprogramm für den Bundeshochbau finanziert werden kann, wenn die Zielsetzung einer 10 bis 12 Jahre dauernden Realisierungsphase eingehalten werden sollte. Es wurde daher eine Bauträgergesellschaft ins Leben gerufen, in der vier Vertragspartner, Land Salzburg, Stadtgemeinde Salzburg, Immorent und Raiffeisenrent, vertreten waren. Die Finanzierung erfolgte unter wesentlicher Beteiligung von Salzburger Sparkasse, Hypobank und Raiffeisenbank. Die Gründungsversammlung dieser sogenannten „Salzburger Bauträgergesellschaft", SABAG, fand am 18. März 1981 statt. Der Verfasser war Mitglied des Aufsichtsrates, zuletzt auch dessen Vorsitzender; vermerkt sei noch, dass sämtliche Aufsichtsräte ihre Funktion ehrenhalber wahrgenommen haben.

In der Folge wurde dann mit der Errichtung der „Ersatzbauten" begonnen: Unter der Federführung der Landesbaudirektion wurde der Neubau der HTBLA in Itzling nach Plänen der seinerzeitigen Wettbewerbssieger, Hermann Liebl und Rudolf Scheiber, in Angriff genommen. Die SABAG hingegen begann mit den Neubauten der Naturwissenschaftlichen Fakultät in Freisaal nach den Plänen der Architekten Heinz Ekhart, Wilhelm Holzbauer, Stefan Hübner, Georg Ladstätter und Heinz Marschalek, und der Bundespolizeidirektion an der Alpenstraße nach den Plänen der Architekten Erich Fally und Rudolf Scheiber. Etwas zeitversetzt wurden auch der Neubau der Finanzlandesdirektion in Parsch nach den Plänen des Architekten Heinz Neumann und der Umbau der alten Gewerbeschule am Rudolfskai als Institutshaus für die Gesellschaftswissenschaften nach den Plänen von Architekt Otto Prossinger und Martin Windisch in die Wege geleitet.

Am 17. Mai 1988 richtete der Landtag an den nunmehrigen Landeshauptmann-Stellvertreter Wolfgang Radlegger die Anfrage nach dem Zeit- und Finanzierungsplan für die „City-Universität"; Radlegger beantwortete die Anfrage am 31. Mai 1988, wobei die angegebenen Daten mit den tatsächlichen nach Fer-

Heute ist der Toskanatrakt ein Ort der Wissenschaft und der Ausbildung junger Menschen. Wenige Jahrzehnte zuvor wurden die alten Höfe als Parkplätze verwendet (Fotos: Salzburger Landesarchiv und Salzburger Landtag)

tigstellung der Baumaßnahmen im Wesentlichen übereinstimmten. Am 6. Juli 1988 erfolgte eine neuerliche Anfrage des Landtages an Ressortchef Radlegger, in der die Anfragebeantwortung vom 31. Mai in Frage gestellt worden ist. Wolfgang Radlegger erläuterte neuerlich, diesmal überaus detailliert, die Planungs- und Realisierungsparameter und betonte, dass bei der in Gang befindlichen Gesamtkonzeption ein Programm innerhalb eines knappen Dezenniums realisiert wird, über das vorher zweieinhalb Jahrzehnte diskutiert wurde.

Zusammenfassend ergibt sich für die bisher genannten Bauten folgende Übersicht der Fertigstellungstermine und der jeweiligen Gesamtkosten: Bundespolizeidirektion an der Alpenstraße, eröffnet am 4. Juli 1985, Kosten: S 666 Mio.; HTBLA in Itzling, eröffnet am 4. Oktober 1985, Kosten: S 333 Mio.; Naturwissenschaftliche Fakultät in Freisaal, eröffnet am 3. Oktober 1986, Kosten: S 1.838 Mio.; Finanzlandesdirektion in Parsch, eröffnet am 7. Oktober 1987, Kosten: S 551 Mio. und das Institutsgebäude am Rudolfskai, eröffnet am 22. November 1989, Kosten: S 280 Mio. Zusammengerechnet ergaben sich also für diese fünf großen Bauvorhaben Kosten für den Bund von S 3.668 Mio., wobei in dieser Summe keine Grundstücks- und Finanzierungskosten, hingegen aber die Planungsaufwände und die Umsatzsteuer enthalten sind. Nach Erfüllung des Gründungszweckes der SABAG haben Stadt und Land Salzburg im Juni 1992 ihre Anteile an der Gesellschaft an Raiffeisenrent und Immorent abgegeben.

Bevor wir uns nun den Bauvorhaben in der Altstadt zuwenden, sei an dieser Stelle festgehalten, dass außerhalb des gegenständlichen Baukonzeptes für den schrittweisen Um- und Ausbau des Studiengebäudes für Zwecke der Universitätsbibliothek und der Theologischen Fakultät sowie für die Aula und den Furtwänglergarten in den Jahren 1974 bis 1982 rund 150 Mio. S aufgewendet wurden.

Als im Jahr 1978 bekannt wurde, dass die Postverwaltung bis zum Jahr 1985 weite Teile der von ihr genützter Räumlichkeiten im Residenz-Neugebäude freimachen wird, wurde mit Umbauplanungen zum Zweck der Unterbringung des Institutes für Kunstgeschichte der Universität und der Quästur begonnen.

Die nach Plänen von Architekt Franz Fonatsch 1985/1987 durchgeführten Arbeiten wurden mit der Übergabe der Räumlichkeiten an die Universität im Oktober 1987 beendet; die Kosten beliefen sich auf S 40 Mio. Im Zeitraum 1997/98 wurde die im gleichen Gebäudetrakt liegende und bis dahin als Wählamt (!) der

Innenhof in der Kapitelgasse 4–6: Einst ein unansehnlicher Hinterhof, heute Teil der Universitätsverwaltung (Fotos: Land Salzburg und Salzburger Landtag)

Post genutzte Max-Gandolph-Bibliothek, ein kunsthistorisches Juwel aus dem 17. Jahrhundert, mit einem finanziellen Aufwand von S 5 Mio. restauriert.

Nach Auszug der Dienststellen der Bundespolizeidirektion aus dem Toskanatrakt der Residenz wurde im Oktober 1985 mit den archäologischen Grabungen, vor allem im ersten Hof, in dem ein großer Bücherspeicher eingebaut werden sollte, begonnen. Diese Bodenaufschlüsse brachten bis zu ihrem Abschluss im Spätsommer 1986 zum Teil sensationelle Funde an Keramik und Glas. Am 2. Juli 1986 fand die erste baubehördliche Verhandlung statt und am 17. November gleichen Jahres wurde mit dem Bau des unterirdischen dreigeschossigen Bücherspeichers der Juridischen Fakultät begonnen. Den Umbauplänen für den Toskanatrakt lag ein umfangreiches kunsthistorisches bzw. denkmalschützerisches Konzept zugrunde und es konnten daher viele Bausünden vergangener Jahrzehnte nicht nur behoben, sondern auch die wahre Bedeutung dieses Palastes wieder hervorgebracht werden. Es fanden umfangreiche Restaurierungen von Stuckdecken, Fresken, Fenstern und Türen und die Wiederherstellung der sogenannten „Sala terrena" im Zwischentrakt zwischen beiden Höfen statt. Diese sich über zwei Geschosse erstreckende Halle stellt mit den freigelegten Säulen und den prächtigen Fresken an den Gewölben ein Prunkstück aus der Renaissancezeit dar! Ebenso wurde die nördlich der Alpen wohl einzigartige Landkartengalerie mit sehr großem Aufwand restauriert, da diese ein Kulturdokument von eminenter Bedeutung darstellt. Diese Seccomalereien – konzipiert unter Erzbischof Wolf Dietrich von Raitenau (1587–1612), vollendet unter dessen Nachfolger Markus Sittikus von Hohenems – präsentieren ein kartografisches Panorama europäischer Länder und Städte. Auf den Dachböden des Toskanatraktes wurden die Einzelteile von 27 Kachelöfen, von Barock bis Empire, gefunden; alle Einzelteile wurden restauriert und die kompletten Öfen in den ursprünglichen Räumen wieder aufgestellt.

Im Zusammenwirken der planenden Architekten Gerhard Garstenauer und Otto Prossinger bzw. Martin Windisch mit der Altstadterhaltungskommission, der städtischen Baubehörde, dem Landeskonservatorat des Bundesdenkmalamtes und der Bundesgebäudeverwaltung in der Landesbaudirektion ist es gelungen, die neue Nutzung durch die Institute der Juridischen Fakultät auf die vorhandene Bausubstanz abzustimmen und so unter Bedachtnahme auf die kunsthistorische Bedeutung des Gebäudes ein Optimum an Revitalisierung zu erreichen. Am 20. Mai 1992 erfolgte die offizielle Übergabe von der Landesbaudirektion an die Universität, womit der Studienbetrieb im Wintersemester 1992/93 aufgenommen werden konnte. Die Gesamtkosten für die Adaptierung des Toskanatraktes beliefen sich auf S 414 Mio.

Mit dem Auszug der Dienststellen der Finanzlandesdirektion aus den drei Kapitelhäusern im Kaiviertel, nämlich aus dem Firmian-Salm-Haus (Kapitelgasse 5–7), dem eigentlichen Kapitelhaus (Kapitelgasse 4) und dem Palais Liechtenstein (Kaigasse 12) zum Jahresende 1987 konnten auch hier die Arbeiten für die erforderliche Generalsanierung und Adaptierung für die Zwecke der Universität begonnen werden. Hier war die Planungsgruppe der Architekten Franz Fonatsch, Reiner Kaschl und Otto Prossinger mit Martin Windisch verdienstvoll tätig. Es wurde unter anderem im Hof des Kapitelhauses ein unterirdischer Hörsaal für 250 Personen eingebaut und die Fassaden wegen ihres schlechten Zustandes bereits 1988 instandgesetzt. Als im Jahr 1990 im Zug des Umbaus des Firmian-Salm-Hauses ein ehemaliger Kapitelsaal aus dem 16. Jahrhundert entdeckt worden war, führte dies naturgemäß zu einer teilweisen Änderung der ursprünglichen Planung. Nach Fertigstellung der Baumaßnahmen im Jahr 1993 wurde das Firmian-Salm-Haus an die Juridische Fakultät übergeben, in die beiden anderen Objekte zogen 1994 die zentralen Dienste der Universität ein. Die offizielle Übergabe der drei Kapitelhäuser erfolgte am 11. Mai 1995; die Kosten beliefen sich auf S 263 Mio. Ergänzt wurde im Jahr 1996/97 das Bauprogramm im Kaiviertel durch eine von Architekt Fritz Lorenz geplante Adaptierung des Hauses Kaigasse 17, Höglwörther Hof, für das Institut für Kirchenrecht, das Forschungsinstitut für Organisationspsychologie und die Forschungsstelle für Rechtspsychologie und einige kleinere Einrichtungen der Universität, wobei dafür rund S 29 Mio. aufgewendet wurden. Abgerundet wurde das Gesamtkonzept für die Altstadtuniversität mit den Umbauarbeiten des Objektes Residenzplatz 1, Alte Residenz, nach Plänen von Architekt Franz Fonatsch für das Institut für Altertumswissenschaften in der Zeit 1995/97 mit Kosten von S 60 Mio.

Damit wurde ein wohl einzigartiges Werk für die Salzburger Universität vollendet, das zu einer bedeutenden Aufwertung der Altstadt als geistiges Zentrum führte, wie dies wohl auch in der Vergangenheit zur Hochblüte des Erzstiftes Salzburg der Fall gewesen ist. Die große Bedeutung des gesamten Konzeptes „Altstadtuniversität“ in wirtschaftlicher Hinsicht für das Land Salzburg wird durch die Gesamtsumme der vom Bund in einem Zeitraum von weniger als zwei Jahrzehnten aufgewendeten finanziellen Mittel für die Baukosten in Höhe von S 4.629 Mio. unterstrichen, rechnet man die Finanzierungskosten dazu, ergibt sich ein Betrag von etwas über S 7 Mrd.

Aus den Debatten des Salzburger Landtages

Auszug aus der Anfrage der Abg. Dipl.-Vw. Hofer, Dr. Buchner, Eisl und Winkler an Herrn Landeshauptmann-Stellvertreter Radlegger betreffend die Altstadtuniversität (SLP, Nr. 310, 4. Session, 9. GP)

In der Mitte der siebziger Jahre wurde in Anknüpfung an den ursprünglichen Plan der „City-Universität" die Idee der „Altstadtuniversität" wieder aufgegriffen. Neben vielen infrastrukturellen Maßnahmen für die Universität selbst erwartete man sich vor allem auch die Belebung der Altstadt. Im Jahre 1977 wurde der Plan, die Unterbringung von Teilen der Salzburger Universität ... vom Wissenschaftsministerium angenommen. Als Standorte wurden die Höhere Technische Lehranstalt, die Kapitelhäuser in der Kai- und Kapitelgasse und der Toskanatrakt ins Auge gefaßt. Nach der Aussiedlung der Finanzlandesdirektion, der Polizeidirektion und der HTL aus der Altstadt stehen diese Häuser nunmehr leer und der Verwirklichung der Altstadtuniversität stünde jetzt nichts mehr im Wege. Dazu wurde vor etlichen Jahren ein Zeitplan für die Baumaßnahmen erstellt. Über die fristgerechte Verwirklichung des weiteren Ausbaues der Altstadtuniversität besteht in der Öffentlichkeit Unklarheit.

Daher stellen die unterzeichneten Abgeordneten an Herrn Landeshauptmann-Stellvertreter Radlegger die

Anfrage:

1. Welcher Zeitplan bestand für welche Baumaßnahmen zur Verwirklichung der Altstadtuniversität?
2. Wie schaut es mit der Verwirklichung dieses Zeitplanes aus?
3. Ist die Finanzierung der Bauvorhaben gesichert?

Auszug aus der Beantwortung der Anfrage der Abg. Dipl.-Vw. Hofer, Dr. Buchner, Eisl und Winkler an Herrn Landeshauptmann-Stellvertreter Radlegger betreffend die Altstadtuniversität (SLP, Nr. 339, 4. Session, 9. GP)

... 1. Der Zeitplan für die Realisierung der Baumaßnahmen für die Altstadtuniversität wurde in einer Pressekonferenz am 4. November 1985 im Zusammenhang mit dem Umbau der Höheren Technischen Bundeslehranstalt dargestellt. An erster Stelle darf ich darauf verweisen, daß diese Termine unter anderem auch von der Fertigstellung der Ersatzbauten abhängig waren. Die Öffentlichkeit wurde von mir auch über die Medien anläßlich der Eröffnungsfeierlichkeiten und vor allem auch in den umfangreichen Baudokumentationen der Schriftenreihe des Landespressebüros informiert. Im Besonderen wurde darauf Bedacht genommen, daß sowohl die alte Gewerbeschule als auch der Toskanatrakt nur kurze Zeit leer standen. Wobei ich erwähnen möchte, daß auch dieser Zeitraum von der Bundesgebäudeverwaltung für die erforderlichen Voruntersuchungen des Bodens, der Geschoßdecken und für die archäologischen Grabungen genutzt wurde. Nach der Übersiedlung der Finanzbehörden in den Neubau der Finanzlandesdirektion Ende 1987 konnte auch in den Kapitelhäusern mit den notwendigen Voruntersuchungen begonnen werden.

2. Zur Realisierung des Zeitplanes finden laufend Koordinierungsgespräche mit den Vertretern des Bauherrn, der Universitätsdirektion und den Vorständen der einzelnen Institute statt. Zu den einzelnen Terminen erlaube ich mir, folgende Übersicht zu geben:

Umbau der Höheren Technischen Bundeslehranstalt:

Die bauliche Fertigstellung und Übergabe durch die Salzburger Bauträgergesellschaft an die Bundesgebäudeverwaltung ist für Herbst 1988 vorgesehen. Die Einrichtung des Gebäudes soll im Sommer 1989 abgeschlossen werden. Die Aufnahme des Studienbetriebes ist für das Wintersemester 1989/1990 geplant.

Umbau Toskanatrakt:

Die bauliche Fertigstellung soll abschnittsweise bis Ende 1991 erfolgen. Die Einrichtung der Institute ist in der Zeit von 1990 bis 1991 geplant. Der Studienbetrieb soll im Wintersemester 1991/1992 aufgenommen werden.

Kapitelhäuser:

Zurzeit sind die Finanzierungsverhandlungen beim Bund anhängig. Die Fassadensanierung ist im Herbst 1988 geplant. Der Umbau selbst soll 1989 beginnen. Die Fertigstellung des Bauvorhabens soll objektweise in der Zeit von 1991 bis 1992 und die Möblierung 1992 erfolgen. Der Studienbetrieb könnte dann im Wintersemester 1992/1993 aufgenommen werden.

3. Zur Finanzierung der Bauvorhaben kann gesagt werden, daß der Umbau der Höheren Technischen Bundeslehranstalt finanziell gesichert ist. Die Baumaßnahmen im Bereich des Toskanatraktes wurden auf S 310 Mio. geschätzt. Dieser Betrag wurde beim Bundesministerium für wirtschaftliche Angelegenheiten angemeldet und beantragt. Eine Genehmigung steht derzeit noch aus. S 250 Mio. sind jedoch gesichert und werden durch das ASFINAG-Gesetz finanziert. Die Kosten für die Umbaumaßnahmen bei den Kapitelhäusern wurden von der Architektengemeinschaft mit S 210 Mio. geschätzt. Diese Summe ist im Neubauprogramm des Bundes ausgewiesen. Dazu erlaube ich mir noch festzuhalten, daß über Einladung des Herrn Landeshauptmannes am 22. April 1988 mit den Vertretern des Bundes und des Landes Finanzierungsverhandlungen geführt und die weitere Vorgangsweise festgelegt wurde. Ein Finanzierungsmodus soll bis Oktober 1988 erarbeitet werden.

Wolfgang Wintersteller

Die Saline Hallein

Ein traditioneller Leitbetrieb im Fokus des Salzburger Landtages

Das über Jahrhunderte erfolgreiche Halleiner Salzwesen, das für das Fürsterzbistum Salzburg eine wesentliche Einkommensquelle bedeutet hatte, musste seit dem 17. Jahrhundert immer mehr mit Absatzproblemen kämpfen und geriet in der ersten Hälfte des 19. Jahrhunderts in eine ernsthafte Existenzkrise. Nach den Turbulenzen der Napoleonischen Kriege und dem mehrmaligen Herrschaftswechsel in Salzburg zwischen 1803 und 1816 waren die politischen Rahmenbedingungen denkbar ungünstig; überdies sah sich das Salz aus Hallein in der Habsburgermonarchie übermächtigen Konkurrenten gegenüber, die zum überwiegenden Teil ihre Produktionsanlagen modernisiert hatten. Etliche Reisende schildern die Salinenstadt in dieser Zeit als unleidlichen Ort, dessen Bewohner im Elend leben. Wenigstens die Streitigkeiten mit Bayern konnten durch einen vorbildlich ausgestalteten zwischenstaatlichen Vertrag, die Salinenkonvention von 1829, beigelegt werden.

Eine Verbesserung der wirtschaftlichen Situation versprach man sich von einer neuen Saline, die zwischen 1852 und 1864 auf der Pernerinsel errichtet wurde. Allerdings verursachten die mit dem Neubau zusammenhängenden Rationalisierungsmaßnahmen bei der Salzproduktion die Entlassung von Arbeitskräften; die finanzielle Absicherung der verbleibenden Beschäftigten war prekär. 1863 richtete die Stadtgemeinde Hallein an den 1861 erstmals zusammengetretenen Salzburger Landtag die Bitte „um Erwirkung von Aufbesserungen der Provisionen und Gnadengaben für die k. k. Forst- und Salinenarbeiter in Hallein". Kurz und bündig stellte man im Landtag fest, dass dieses Ansinnen eigentlich die Salinenverwaltung betreffe und man nur die k. k. Landesbehörde um Unterstützung der Petition ersuchen wolle.

Ein wichtiges Kapitel des technologischen Fortschritts bei der Salzproduktion bedeutete die Umstellung der Beheizung der Sudpfannen seit 1870 von Holz- auf Kohlebefeuerung, wodurch die Halleiner Triftanlage, der sogenannte Griesrechen, zusehends an Bedeutung einbüßte und die dortigen Arbeitsplätze gefährdet waren. In einem Bericht an den Salzburger Landtag wurde ausführlich dargestellt, dass die Verwendung von Kohle langfristig die Salzburger Wälder schone und mit dem Ausbau der Eisenbahnstrecken Kohle leicht an den Bestimmungsort gebracht werden könne. Man müsse jedoch verlangen, dass die Gestehungskosten von Kohle sich deutlich senken. In einem Landtagsbeschluss wurde festgehalten, dass „zum Salzsude bei der Saline in Hallein sofort anstatt des Holzes ausschließlich Mineral-Kohle verwendet werde". Andererseits fürchtete man um den Weiterbestand der Triftanlage, weshalb 1882 der Abgeordnete Georg Lienbacher einen Antrag an den Landtag stellte, in dem gefordert wurde, vor der Schließung des Rechens die sozialen und wirtschaftlichen Folgen zu bedenken, da ja „die Zukunft der gegenwärtigen Rechenarbeiter" ungewiss sei und die Armenkasse Halleins belastet werden könnte. In einem Bericht des Verwal-

Die Zentralsaline auf der Pernerinsel in den 1950er-Jahren (Foto: Keltenmuseum Hallein)

tungsausschusses wurde sogar angedeutet, dass wieder Holz anstelle von Kohle verheizt werden sollte.

1884 beschäftigte sich ein Antrag an den Landtag schon wieder mit der Rechenproblematik und enthielt andere Argumente, die Trift auf der Salzach zu belassen: „Es ist weiter erhoben worden, dass die Holztrift im Lande nicht entbehrt und auch durch die nur einen Theile des Landes durchziehende Eisenbahn nicht ersetzt werden kann, da ja dieselbe nur die Hauptthäler durchzieht, dagegen die oft meilenweit sich erstreckenden Seitenthäler gar nicht erreicht." Im gleichen Jahr wurde in einem Bericht an den Landtag angekündigt, dass sich der Zimmermeister Josef Schöndorfer, Pächter der Fasselsäge am Griesrechen, erbötig gemacht habe, den Halleiner Griesrechen mit sämtlichen Objekten „auf 10 Jahre in eigener Regie zu übernehmen, sämtliche Gebäude, Wasser- und Brückenbauten auf eigene Kosten in gutem Zustande zu erhalten …, ferners würde der Offerent gestatten, dass das hohe Aerar zu jeder Zeit gebührenfrei triften könne". Als Gegenleistung verlangte Schöndorfer die pachtfreie Überlassung der Rechenobjekte und der Grundparzellen im Rechenbereich sowie eine jährliche Subvention von 3.000 Gulden. Mit Befriedigung wurde schließlich zur Kenntnis genommen, dass mit Schöndorfer ein Pachtvertrag auf fünf Jahre abgeschlossen werden konnte. 1892 erreichte eine Petition den Landtag, in der Josef Schöndorfer ausführte, dass er bei der Reparatur der Rechenanlage unvorhergesehen große Kosten übernehmen musste und nun darum bitte, „dass mir der erwachsene Schaden im Gnadenwege rückvergütet werde". Der Landtag beschloss, dass die Petition des „Retter(s) des Halleiner Griesrechens … dem hohen k. k. Ministerium von Seite des hohen Landtages wärmstens empfohlen werden soll". 1901 musste sich der Landtag mit einem Antrag beschäftigen, in dem die Stadtgemeinde Hallein die Wiederinbetriebnahme des 1899 bei einem Hochwasser schwer beschädigten Almrechens forderte, weil sich seit 1900 in der Stadt ein extremer Brennholzmangel bemerkbar mache.

Mit dem Hinweis, dass viele Österreicher wegen des Fehlens eines inländischen Angebots ausländische Kurorte besuchen, wurde 1909 der Antrag eingebracht, auf dem Dürrnberg in nächster Nähe der Solegewinnung eine staatliche Solenkur- und Badeanstalt einzurichten, um „durch Erbauung dieser Solenkuranstalt einen neuen, namhaften Fremdenzuzug für die Zukunft zu sichern". Im Zusammenhang mit diesem Projekt wurden im Landtag weitergehende Ideen vorgestellt: „Herstellung eines mit elektrischer Kraft zu betreibenden Personen- und Lastenaufzuges auf die Mittelterrasse des Dürrnbergs, im Anschlusse daran eine elektrische Kleinbahn, beginnend vom Bahnhofvorplatze in Hallein bis zum Beginne des Aufzuges, dann noch eine Fortsetzung des Aufzuges bis zur Bergwerkseinfahrt auf dem Dürnberg". Es wurde in dem Bericht des Landesausschusses erwartet, dass das Eisenbahnministerium bis zum Frühjahr 1912 sich mit diesen Plänen auseinandersetzen werde; außerdem arbeite der Fachlehrer der k. k. gewerblichen Fachschule in Hallein, Rudolf Jandschura, dem ein längerer Urlaub eingeräumt werden sollte, ein Projekt für den Kurhotelbau aus und werde damit ebenfalls im Frühjahr fertig. Ein Jahr später wurde dem Landtag ein Bericht vorgelegt, der ernüchternde Feststellungen enthielt: Der Fachlehrer hatte keinen erbetenen längeren Urlaub erhalten und daher das Projekt nicht ausarbeiten können; vor dem Bau eines Kurhotels müsste die Errichtung eines Personen- und Lastenaufzugs auf den Dürrnberg sichergestellt sein; vor allem aber seien „die Verhandlungen zur Finanzierung des Unternehmens jedenfalls verfrüht, zumal auch die gegenwärtige höchst ungünstige Gesamtwirtschaftslage des Staates und Landes der Sache jetzt ohnehin nicht förderlich sein würde".

Verschiedene Artikel der Salinenkonvention von 1829 wurden 1910 als bedrückend empfunden, etwa wenn über Servitutsholz aus den Bayern überantworteten Wäldern von den dort wohnhaften Bauern nicht frei verfügt werden durfte. Daher sollte der Landtag danach trachten, „dass die Verhandlungen der k. k. Regierung mit der kgl. bayr. Regierung mit tunlichster Beschleunigung einem gedeihlichen und befriedigenden Abschlusse zugeführt werden".

Die durch die Genfer Anleihe Österreich auferlegten Sparmaßnahmen kamen auch im Salzburger Landtag zur Sprache. Als 1925 der Plan der Bundesregierung bekannt wurde, die Salinen Österreichs in einen selbstständigen Wirtschaftskörper zu überführen, lösten verschiedene Vorhaben große Bestürzung aus: Abbau eines Teils der alpenländischen Salinen, weiterer Abbau von Salinenarbeitern und Angestellten sowie Kürzung der sozialen Errungenschaften der verbleibenden Beschäftigten. Der Landtag beschloss ein energisches Eintreten gegen diese Pläne.

Die Sorge um die Erhaltung des Halleiner Salzbetriebes führte 1929 zu einer Anfrage aller drei politischen Parteien an Landeshauptmann Dr. Franz Rehrl. Die Halleiner Bevölkerung war beunruhigt, weil das Gerücht verbreitet wurde, dass bei einer im Auftrage der Generaldirektion der Salinen im kleinen Kreis abgehaltenen Feier anlässlich des 100-jährigen Bestandes der Salinenkonvention Bemerkungen hinsichtlich einer Änderung des Bergbetriebes bzw. einer Einschränkung des Sudbetriebes gefallen seien. Landeshauptmann Rehrl forderte darauf von der Generaldirektion entsprechende Auskünfte, die er in einer umfangreichen Interpellationsbeantwortung vortrug. Bemerkenswert waren die Reaktionen auf die Ausführungen Rehrls von zwei Interpellanten, die trotz unterschiedlicher ideologischer Einstellung ihren Respekt gegenüber Rehrls Engagement ausdrückten. Landtagspräsident Anton Neumayr (SDAP) machte zwar Rehrl darauf aufmerksam, dass man den Versprechungen der Generaldirektion nicht immer vertrauen könnte, meinte aber: „Ich danke dem Herrn Landeshauptmann für seine Bemühungen, aber ich wollte das ausgeführt haben, weil der Herr Generaldirektor seinerzeit auch mich immer zu beschwichtigen wusste." Landtagsabgeordneter Nikolaus Schlam (DNSAP) verwies auf die von dem Geologen Dr. Seidl vermuteten ertragreichen Kali-Lager auf dem Dürrnberg und bekannte sich schließlich zur Notwendigkeit, das Halleiner Salz zu günstigem Preis ins Ausland zu verkaufen. Landeshauptmann Rehrl, der bei seinen Aktionen durchaus erfolgreich sei, möge sich, falls die Angaben über reiche Kali-Vorkommen den Tatsachen entsprechen, dafür einsetzen, „ein wunderbares Projekt in die Welt zu setzen, das bedeutend nicht nur für Hallein, sondern für das ganze Land und für ganz Österreich eine Aufstiegsmöglichkeit geben würde, von der wir jetzt noch keine Ahnung haben."

In den 1970er-Jahren wurde der Bestand des Bergbaus auf dem Dürrnberg und der Saline in Hallein wiederum ernsthaft in Frage gestellt und entsprechend häufig setzte sich eine Reihe von Abgeordneten für die Aufrechterhaltung der beiden Betriebszweige ein. In mehreren Sitzungen wurde übrigens mit einem weit verbreiteten historischen Irrtum für den Weiterbestand argumentiert; dass nämlich die Stadt und das Land Salzburg ihren Namen vom Dürrnberger Salzvorkommen herleiten würden. Richtig ist vielmehr, dass die Bezeichnung „salzpurc" bereits im 8. Jahrhundert im Zusammenhang mit der erzbischöflichen Salzproduktion in Reichenhall aufscheint. Aber viel wichtiger als dieses historische Detail war die Erörterung der Frage, was man zur Rettung des Halleiner Salzwesens tun könnte.

Am 19. März 1975 stellten mehrere Abgeordnete an den Landtag den Antrag, dass die Salzburger Landesregierung alle gebotenen Mittel ausschöpfen möge, um den Bergbau- und Salinenbetrieb in Hallein auf Dauer zu sichern. Die Abgeordneten waren alarmiert von den bekannt gewordenen Plänen der Generaldirektion der Österreichischen Salinenverwaltung, in denen man schwerwiegende Gefahren für das Halleiner Salzwesen erkannte. Das Unternehmenskonzept der Salinenverwaltung sah vor, dass die Bergbaubetriebe in Altaussee, Hallstatt und Bad Ischl ausgebaut, der Berg- und Hüttenbetrieb in Hallein aber auf eine Fremdenverkehrseinrichtung reduziert werden sollte. Besonders beklagten die Abgeordneten den geplanten Bau der Zentralsaline in Ebensee und forderten, dass dieses Projekt so lange zurückgestellt werde, bis im Salzburger Raum Probebohrungen durchgeführt würden. Der Vorschlag einer Vorfinanzierung dieser Bohrungen wurde vom Finanzministerium und der Salinenverwaltung ignoriert. Einen Monat später wurde in einem Bericht des Wirtschaftsausschusses des Landtages vorgeschlagen, das Unternehmenskonzept so abzuändern, dass auch in Hallein Kochsalz erzeugt werden könne, um die Rentabilität der durch die Produktion von Industriesalz benachteiligten Halleiner Saline zu heben. Ein Preisvergleich wurde als schlagender Beleg für diesen Vorschlag angeführt: „Der

Abgabepreis je Tonne Kochsalz liegt zur Zeit bei 1.200 S und jener von Industriesalz bei 260 S plus Mehrwertsteuer. Die Produktionskosten für Industriesalz liegen jedoch bei 670 S je Tonne."

In der Sitzung am 19. Mai 1976 wurden in dringlichen Anfragen gleich zwei in ihrer Existenz bedrohte Bergbaubetriebe eingehend diskutiert: die Aufrechterhaltung des Kupferbergbaues Mitterberg in der Gemeinde Mühlbach und der Weiterbestand des Salzbergbaues auf dem Dürrnberg und der Saline Hallein. DI Anton Bonimaier, Klubobmann der ÖVP, wies darauf hin, dass es sich bei beiden Problemfällen um Bereiche handle, die jenseits der Parteipolitik ausschließlich unter landespolitischen Gesichtspunkten behandelt werden müssten. Salzburg sei im System des Finanzausgleichs ein Nettozahler und akzeptiere dies auch. Es sei aber nicht einzusehen, dass die Bundesregierung die Hilfe für Mitterberg und Hallein, zwei für das Land Salzburg wichtige Rohstoffbetriebe, verweigere. „Wenn die Aussage gemacht wird von der derzeitigen Bundesregierung, dass sie eine Bundesregierung für alle Österreicher und für alle Bundesländer ist, dann darf ich für meine Fraktion feststellen, dass wir diese Aussage daran prüfen werden, ob die Bundesregierung bereit ist, alles zu tun, um den Bestand des Mitterberger Kupferbergbaues und der Saline Hallein sicherzustellen!" Landeshauptmann-Stellvertreter Dr. Wilfried Haslauer sen. musste in seinem Bericht an den Landtag feststellen, dass die Generaldirektion der Salinenverwaltung jegliche Garantie für den Weiterbestand der Saline ablehnte und gleichzeitig die feste Entschlossenheit ausdrückte, das Großprojekt Ebensee in Angriff zu nehmen.

In der Sitzung des Landtages am 19. Mai 1976 thematisierte Sepp Oberkirchner, Klubvorsitzender der SPÖ, die Möglichkeit der Gründung einer Gesellschaft unter maßgeblicher Beteiligung des Landes Salzburg, der Gemeinde Hallein, der Interessensvertretungen und des Bundes, die den Monopolbetrieb übernehmen könnte. Die ÖVP habe bereits am 29. März 1974 einen Plan erwähnt, dass im Fall einer Schließung der Saline Hallein das Land Salzburg deren Führung übernehmen könnte. Dies wäre durchaus möglich, erwiderte Landeshauptmann-Stellvertreter Haslauer, allerdings nur unter der Voraussetzung, dass die Generaldirektion der Salinenverwaltung bereit wäre, einen Teil des historischen Monopols an eine private Gesellschaft, an der sich allerdings auch die öffentliche Hand beteilige, zu übertragen. Dies sei aber derzeit nicht der Fall. Eine Änderung der Rahmenbedingungen wäre nur durch eine entsprechende Gesetzesänderung möglich. Sollte diese gelingen, wäre das Land Salzburg bereit, den Plan der Errichtung einer eigenen Gesellschaft weiter zu verfolgen.

Die Überlegungen Haslauers zu einer Gesellschaft für die Übernahme des Halleiner Salzwesens tauchen in modifizierter Form im Jahr 1989 wieder auf. Nachdem der Salzburger Landtag mit Beschluss vom 15. Februar 1989 mit aller Entschiedenheit eine Stilllegung von Bergbau und Saline Hallein abgelehnt hatte und die Landesregierung ersucht worden war, alle Bemühungen um die Aufrechterhaltung des Bergbau- und Hüttenbetriebes der Saline Hallein sowie die Bestrebungen um Umstrukturierung der Produktion tatkräftigst zu unterstützen, verdichteten sich die Gerüchte, dass von der Generaldirektion der Salinen AG das Ende des Salzbergbaues betrieben werde. Es wurde auch vermerkt, dass nur mehr drei von zwölf Abbaustätten in Betrieb waren; der Betriebsleiter des Salzbergwerkes bestätigte gegenüber der Öffentlichkeit, dass es eine Weisung der Salinen-Generaldirektion gebe, kein weiteres Wasser mehr zur Solegewinnung in die verbliebenen Abbaustätten einzuleiten.

Die FPÖ richtete am 24. Mai 1989 eine Dringliche Anfrage an die Landesregierung, um zu erfahren, welche konkreten Schritte diese zur Erhaltung der Saline und des Bergbaus unternommen habe bzw. zu unternehmen gedenke und ob den Wiener Zentralstellen unmissverständlich mitgeteilt werde, ein aufgelassenes Salzbergwerk Dürrnberg keinesfalls als Sondermülldeponie für radioaktive Abfälle zu verwenden, wie von manchen befürchtet wurde. Belegschaftsmitglieder der Saline Hallein meldeten sich im Büro von Landeshauptmann Dr. Hans Katschthaler, um gegen die befürchtete Stilllegung des Bergbaus zu protestieren. Der Landeshauptmann sandte daraufhin einen Brief an Finanzminister Dkfm. Ferdinand Lacina, in dem er seine Bestürzung über die beabsichtigte Einstellung der Soleproduktion am Dürrnberg zum Ausdruck brachte und auf die wirtschafts- und sozialpolitischen Folgen aufmerksam machte.

Der Brief des Salzburger Landeshauptmanns kreuzte sich mit einem Angebot des Finanzministers, das den Verkauf der Saline Hallein an eine noch zu gründende Landesgesellschaft, die Erteilung einer monopolartigen Bewilligung zur Erzeugung von 5.000 Jahrestonnen Grobsalz und die Übernahme aller derzeit im Salzbergbau und der Saline tätigen Mitarbeiter durch die Landesgesellschaft enthielt.

Sofort nach Erhalt des Briefes verfasste der Landeshauptmann ein Schreiben an den Finanzminister, in dem er sich zu Verhandlungen über dessen Angebot bereit erklärte, aber zunächst Entscheidungsgrundlagen wie Kaufpreis oder jährlicher Personalaufwand einforderte. Gleichzeitig verlangte er die unverzügliche Wiederaufnahme der Soleproduktion, damit man nicht „über Sterbendes … verhandeln" müsse. In der folgenden Debatte vertrat der Abgeordnete Josef Pichler (SPÖ) die Auffassung, „dass nicht die Steuergelder der Salzburger Bevölkerung dazu verwendet werden dürfen, um den Berg zu erhalten, sondern die Salinen-AG, die durch Jahrzehnte und Jahrhunderte Profite – und das in besonders großer Höhe, Milliardenrücklagen, S 200 Mio. Gewinn im vergangenen Jahr – aus Hallein erwirtschaftet hat, dazu verpflichtet ist. Dies spricht dafür, dass die Salinen-AG und der Bund als Betreiber hier verpflichtet sind, diese Stätte zu erhalten und weiterzuführen und wir hier nicht Steuergelder aus Salzburg verwenden sollen". Gegen eine Stilllegung der Halleiner Salzbetriebe führte Pichler außerdem ins Treffen, dass der Salinenkonventionsvertrag nach dem Zusperren weiterhin gültig sei und damit Bayern weiterhin seine Eigentums- und Nutzungsrechte an den Saalforsten im Pinzgau beanspruchen könnte. Er verwies auch auf die Erhaltungskosten, die auch bei einem stillgelegten Bergwerk anfallen würden, um das sogenannte Selbstwasser unter der Bergoberfläche gefahrlos abzuleiten.

Weder die heftigen Debatten im Salzburger Landtag noch verschiedene Aktionen im Halleiner Raum (Sammlung von ca. 15.000 Unterschriften „Für den Weiterbestand", Gesprächsrunden mit führenden Persönlichkeiten aus Politik und Salinenverwaltung) konnten die Betriebseinstellung verhindern, die am 31. Juli 1989 offiziell vollzogen wurde und Trauerkundgebungen der Belegschaft auslöste.

Von 1975 bis 1989 hatten sich die Landesregierungen und Landtage dieses Zeitraums bemüht, die Erhaltung des Halleiner Bergbau- und Salinenbetriebes

Das Ende der Soleproduktion – ein trauriger Moment (Foto: Johann Schatteiner)

mit weitgehender Übereinstimmung über die Parteigrenzen hinweg als landespolitisches Problem erster Ordnung zu betrachten. Alle Vorschläge und Interventionen waren erfolglos. Die Salinen-AG als Großkonzern, der sich auf die beginnende europäische Wirtschaftsintegration und die Anforderungen einer deutlich spürbaren Globalisierung vorbereitete, wollte aber auf die geschichtliche und identitätsstiftende Bedeutung des Betriebes im Salzburger Raum keine Rücksicht nehmen. Die schon in den Landtagsdiskussionen mehrfach befürchtete Eröffnung der Großsaline in Ebensee im Jahre 1979 war ein Signal, dass die Generaldirektion der Österreichischen Salinen AG im Rahmen eines betrieblichen Konzentrationsprozesses ausschließlich dort Salz produzieren und auf die traditionellen Abbaugebiete Hall in Tirol (1967 stillgelegt) oder Hallein keine Rücksicht nehmen wollte.

Die Schließung von Bergwerk und Saline im Jahre 1989 bedeutete zunächst für viele Bewohner Halleins eine regelrechte Identitätskrise, die aber in der Zwischenzeit weitgehend überwunden wurde, weil Hallein als Zentralort des Tennengaus neue Impulse aus dem Dienstleistungsbereich und außerdem als Kulturstandort erhielt. Wenngleich der Plan einer Schausaline bis heute nicht realisiert wurde, so wird der Bewahrung der kulturhistorischen Bedeutung der Salzgewinnung von der Stadt Hallein und dem Land Salzburg nach wie vor viel Aufmerksamkeit geschenkt. Die touristische Attraktion des Schaubergwerks auf dem Dürrnberg, die Ausrichtung der Landesausstellung „SALZ" in Hallein im Jahre 1994 oder die gelungene Außenrenovierung der Saline und die Nachnutzung von deren Räumlichkeiten durch die Salzburger Festspiele sowie andere Veranstaltungen seien als Beispiele angeführt.

3. Mai 1989: Wachablöse im Landtag: oben der neue Landeshauptmann (Hans Katschthaler) auf der Regierungsbank, unten der alte (Wilfried Haslauer sen.) auf einem Zuschauerplatz (Fotos: Salzburger Landesarchiv)

Michael Mair

1989 – Ein „Salzburger Klima“-Wandel und wie ihn ein U-Ausschuss beschleunigt

1989 war ein Jahr des Klimawandels in der Salzburger Landespolitik. Damit ist nicht gemeint, dass dieses „Salzburger Klima“, ein Codewort für den Konsenswillen der Eliten, gekippt wäre – was sich veränderte, war die Atmosphäre zwischen Regierenden und Regierten: sie wurde entschieden frostiger und in jenem Jahr wurde das deutlich messbar. Die Folgeschäden bis 1990 eingerechnet, hatten danach ein Landeshauptmann, ein Landeshauptmann-Stellvertreter (beide Parteivorsitzende) und der Bürgermeister der Landeshauptstadt ihre Ämter aufgegeben; dazwischen lagen eine Landtagswahl, der WEB-Skandal und der Untersuchungsausschuss des Landtags dazu.

Die Landtagswahlen oder: die Zukunft hat schon begonnen

Bis ein halbes Jahr vor den Landtagswahlen 1989 war die Welt für die Großparteien (sie verdienten damals diesen Namen) noch in Ordnung: die ÖVP hing in den Umfragen zwar etwas durch, aber beim historischen Ergebnis von 1984 (mit der ersten absoluten Stimmen- und Mandats-Mehrheit seit den Wahlen 1945) waren die Sterne auch besonders günstig gestanden: die Salzburger VP-Wahlkämpfer plakatierten damals Warnungen vor einer angeblich drohenden rotblauen Mehrheit, wie sie in Wien regierte. Dieser „Außenfeind“ war 1989 nicht mehr zur Verfügung, die Volkspartei stand inzwischen als Mitglied einer großen Koalition im Bund selber wieder im Feuer. Verlassen konnte sich die regionale VP hingegen auf ihren Vorsprung in der Landeshauptmann-Frage – der seit zwölf Jahren regierende Wilfried Haslauer (sen.) hielt den jungen neuen Spitzenkandidaten der SPÖ, Wolfgang Radlegger, klar auf Abstand (weniger politisch, als in den Umfragen). Auf leichte Erholung, gemessen am Desaster von 1984 mit einem der schlechtesten Resultate seit 1945, durfte der Juniorpartner aber hoffen.

Jedoch wurde die Konkurrenz bei den Verteilungskämpfen um die Stimmen größer und vor allem auch aggressiver. Die Grünen, noch unter dem Label „Bürgerliste Salzburg-Land“, hatten auch der Regierung ökologische Themen aufgezwungen, unter anderem mit der schon in der Landeshauptstadt bewährten Methode der Kampf-Inserate („Ausbaustopp für den Flughafen“, gegen den „größten Umweltverschmutzer“ Hallein-Papier). Gemessen an ihrem Potential war ihre Ankunft im Landesparlament schon lange überfällig. Noch weit bedrohlicher für die Revierherrscher allerdings war ein „Stimmenräuber“, der mit bis dato ungekannter Angriffslust in ihr Gehege eindrang. 1986 hatte Jörg Haider die Macht in der FPÖ übernommen – es war das Jahr, in dem z. B. auch die „Noricum“-Affäre um Waffengeschäfte einer VOEST-Tochter Fahrt aufnahm und nun die Munition lieferte für Kampagnen gegen „korrupte Altparteien“ und die wirklichen oder angeblichen Privilegien ihrer Funktionäre.

Die Einschläge kamen auch in Salzburg immer näher. Nach Steuerhinterziehung bei SP-Funktionären konnte Parteichef Radlegger noch in die Gegenoffensive gehen, mitsamt Selbstanzeigen und Transparenz-Versprechen. Die Folgen des Lucona-Skandals, einem Versicherungsbetrug rund um ein versenktes Schiff, waren allerdings nicht mehr aufzufangen, spätestens nachdem Leopold Gratz, Nationalratspräsident und Freund des Drahtziehers Udo Proksch, und Karl Blecha, Innenminister, ihren Rücktritt einreichen mussten; Blecha übrigens auch, weil er die Lucona-Recherchen der Salzburger Sicherheitsbehörden torpediert hatte. Seit Herbst hatte ein Untersuchungsausschuss des Nationalrats ermittelt, die Treffer-Wirkung ließ sich hier schon studieren.

Der Donner übertönte schließlich den laufenden Landtags-Wahlkampf. Das zunächst noch so milde Klima schlug um, was auch die Salzburger ÖVP nicht verschonte: Dreiviertel der Befragten in Salzburg zeigten sich im Jänner 1989 von den „Enthüllungen und Skandalen ... peinlich berührt"; fast 90 Prozent unterschrieben das Pauschalurteil „letzten Endes haben alle Parteien Dreck am Stecken" – bestraft wurden aber die Regierenden:

Ergebnis der Landtagswahl in Salzburg am 12. März 1989			
	Prozente	Mandate	Regierung
ÖVP	44,0 (–6,2)	16 (–3)	4 (+/–0)
SPÖ	31,2 (–3,9)	12 (–1)	2 (–1)
FPÖ	16,4 (+7,7)	6 (+2)	1 (+1)
Bürgerliste Land	6,2 (+1,9)	2 (+2)	0 (+/–0)

Das heißt übersetzt: die ÖVP war die absolute Mehrheit im Landtag los, behielt aber jene in der Regierung; die SPÖ hatte ihr Resultat von 1984 nochmals unterboten; die FPÖ die damals abhanden gekommene Landesrats-Position zurückgeholt und die Bürgerliste Salzburg-Land die Qualifikation für den Landtag geschafft, als erste grüne Liste („Grüne" führte sie damals übrigens nur als Zusatz im Namen). Erstmals in der Nachkriegszeit hatte sich damit eine vierte Partei im Landtag etabliert.

Wer weitere Generaltrends der Zukunft besichtigen wollte, musste damals nur die Wahl-Analysen aus der Landeshauptstadt studieren: allein hier fehlten ÖVP und SPÖ im Vergleich zu 1984 10.000 Stimmen, den größten Teil davon hatten ihnen die Freiheitlichen entrissen, den kleineren die Grünen – oder die WählerInnen verweigerten sich überhaupt: die Beteiligung fiel erstmals unter 70 Prozent, in der Stadt Salzburg war die größte „Partei" jene der Nicht-Wähler, damals in Österreich ein völlig neues Phänomen. Salzburg war mit solchen Werten das Barometer des politischen Klimawechsels in der Republik.

Journalisten erklärten das mit dem „Gefühl der Ohnmacht gegenüber den Regierenden" und „fehlendem Kontakt zu den Menschen"; der Landeshauptmann hatte schon am Tag nach den Wahlen öffentlich seinen Rücktritt bekannt gegeben und in seiner letzten Rundfunkrede bestätigt: „Es besteht kein Vertrauen mehr in die Politik und in den Politiker in Österreich." Haslauer gab sich freilich nicht jener Selbstbezichtigung der Spitzenfunktionäre hin, wie sie später fast rituell werden sollte; er deutete mit dem Finger auf die BürgerInnen selbst: „Die materielle Wohlstandsentwicklung ist für die Menschen zu einer solchen Selbstverständlichkeit geworden, dass sie es gar nicht mehr zu schätzen wissen ... nicht um ihre Existenz bangen zu müssen ... in dem Maße, in dem der Wohlstand steigt, lassen die Menschen ihren irrationalen Gefühlen freien Lauf. Ich

„Den Nebel im sogenannten Salzburger Klima lichten" – Christian Burtscher, einer der ersten beiden grünen Abgeordneten im Landtag (Foto: Salzburger Landesarchiv)

sehe die Gefahr, dass ... radikale, emotionale Bewegungen skrupellos ... versuchen, primitive Instinkte der Menschen zu mobilisieren."

Bei allen Verdiensten des politischen Systems befiel allerdings unterdessen auch die SPÖ-Führung das Gefühl, es mit dem Konsens etwas zu weit getrieben zu haben. Radlegger kündigte rasch mehr Distanz zum künftigen Landeshauptmann Hans Katschthaler an, Haslauer war er nach Beschreibung von Zeitzeugen in einer Art Ziehsohn-Verhältnis verbunden gewesen. Am Ende dieser harmonischen Beziehung hatte der SPÖ-Chef schlicht nur noch zwei statt drei Regierungssitzen zu besetzen; seine Entscheidung gegen einen leutseligen Sozial-Landesrat provozierte gar Demonstrationen – je weniger zu verteilen war, desto schärfer wurden die Konflikte.

Anfang Mai, als der neue Landtag erstmals zusammentrat, war auch dort die politische Zimmertemperatur gesunken – es war keine gemeinsame Regierungserklärung zustande gekommen, eine Premiere in der zweiten Republik. Katschthaler, die neue Nummer eins, wollte aber – gegen den Willen von Teilen der Partei – Zeichen gegenüber der neuen Bewegung setzen: den Grünen wurden im Landtag Rechte über die alte Geschäftsordnung hinaus zugestanden; weite Strecken seiner Antritts-Rede investierte der Christlich-Soziale in ökologische Themen.

Aus den Debatten des Salzburger Landtages

Auszug aus dem Protokoll der Landtagssitzung am 3. Mai 1989

Landtagspräsident Dr. Helmut Schreiner (ÖVP): Entscheidend für die Arbeit im Landtag wird der Stil sein, in dem diese erfolgt. Der Kern des sogenannten Salzburger Klimas besteht in der Bereitschaft, seine Standpunkte offen und mitunter auch hart zu formulieren, also den Konflikt und die öffentliche Auseinandersetzung keinesfalls zu scheuen. Gleichzeitig muß aber stets die Bereitschaft erkennbar sein, Kompromisse einzugehen, die von der Sache her vertretbar sind. Die Gewährleistung eines solchen Klimas auch weiterhin wird ein wichtiges Ziel der Handhabung der Geschäftsordnung sein. Eine erfolgreiche Arbeit im Landtag setzt voraus, daß alle beteiligten Gruppen die für die Auseinandersetzung und für die Zusammenarbeit notwendigen Instrumente und Möglichkeiten vorfinden. Es ist deshalb der Wille aller Landtagsparteien, in diese Richtung die Geschäftsordnung des Landtages alsbald anzupassen. Mit einem Antragsrecht, das nunmehr unabhängig von der Stärke der Landtagsparteien ist, wird – erstmals in Österreich – ein Instrument geschaffen, das es jeder Landtagspartei, unabhängig von ihrer Größe, ermöglicht, zu jedem Gegenstand der Landespolitik ihre Vorstellungen nicht nur öffentlich zu artikulieren, sondern auch den formellen parlamentarischen Willensbildungsprozeß einbringen zu können ... Dadurch, daß der Salzburger Landtag jeder Landtagspartei, wiederum unabhängig von ihrer Stärke, das Fragerecht einräumt, ist – jedenfalls von der Geschäftsordnung her – die wichtigste Voraussetzung für eine faire Auseinandersetzung im Landtag geschaffen.

Landeshauptmann Dr. Hans Katschthaler (ÖVP): Der Salzburger Landtag bietet heute ein anderes Bild. Erstmals gelang es einer vierten Partei, der Bürgerliste, zwei Sitze zu erreichen. Die Bürgerliste erhält im Landtag alle Möglichkeiten für die Teilhabe am parlamentarischen Prozeß bis zur Grenze des demokratisch Legitimierten. Die Qualität unserer politischen Kultur zeigt sich nicht zuletzt in der großzügigen Behandlung politischer Minderheiten ... Für die Landesregierung ist die Bewältigung der Umweltprobleme vorrangige Aufgabe ... Es sind vor allem junge Menschen und viele Frauen, welche die Gefahr für unser Leben spüren. Natur- und Umweltschutz galten vor nicht allzu langer Zeit noch als alternative Werte. Heute gehören sie zum weithin anerkannten Wert- und Normbereich. Wir verstehen heute den Eigenwert der Natur, wir bekennen uns dazu, daß die „Orientierung des Habens" durch eine „Orientierung des Seins" abgelöst wurde ... Konkrete Aufgaben im Land Salzburg erfordern die Durchführung eines Umweltintensivprogrammes der Salzburger Landesregierung, das zügig zu erstellen und konsequent zu verwirklichen ist: die Abfallbeseitigung, das Waldsterben, die Bodenbelastung, der Flughafen, die Hallein Papier AG, die Salzachauen, die Firma Kaindl ... Für die Transitrouten wird ein Aktionskonzept ... ausgearbeitet... Salzburgs Landespolitiker brauchen keine Privilegien, die von den Mitbürgern zurecht als unakzeptabel angesehen werden ... Politiker sind leistungsgerecht zu entlohnen, ihre Vermögen sind offenzulegen, wie dies bei den Regierungsmitgliedern bereits gegenüber dem Rechnungshof geschieht.

Landeshauptmann-Stellvertreter Wolfgang Radlegger (SPÖ): Erstmals seit dem Bestehen der Zweiten Republik hat der soeben gewählte Salzburger Landeshauptmann keine gemeinsame Regierungserklärung, sondern eine Antrittsrede gehalten. Diese Tatsache hat schon im Vorhinein so manches an Aufmerksamkeit auf sich gezogen und Anlaß zu Spekulationen gegeben. Sollte das etwa der Beginn vom Ende der bisherigen Gemeinsamkeit in der Landespolitik sein? Geht damit ein politisches Klima verloren, das doch unbestreitbar viel zur positiven Entwicklung des Landes beigetragen hat? Nichts von alledem, denke ich. Aber es könnte doch ein unübersehbares Zeichen sein, daß damit eine Ära zu Ende geht, nämlich jene eines selbstverständlichen Anspruchs. Dieser wurde zwar noch einmal durch eine rasche und vorhersehbare Hofübergabe gerettet. Die Zeit der politischen Erbhöfe ist trotzdem abgelaufen – nicht nur in Salzburg. ... Manches deutet darauf hin, daß die Integrationskraft der Parteien, zumindest der großen, politisch gestaltenden, im Abnehmen begriffen ist. Sie nimmt ab, weil mehr Menschen ein generelles Mißtrauen gegenüber Machtgruppierungen, Institutionen und Apparaten empfinden. Der Vertrauensverlust muß schmerzen, aber er kommt nicht von ungefähr. Tatsächlich laufen alle Parteien immer wieder Gefahr, sich zu verselbständigen, zu verfestigen, die notwendige Offenheit und Durchlässigkeit zu verlieren, die sie brauchen, um ihrer Vermittlerrolle zwischen Staat und Bürgern gerecht zu werden. Sinkende Wahlbeteiligung, vor allem bei jüngeren Menschen und ein ansteigendes Protestpotential beweisen es ... Die Politik der Zukunft braucht mündige Bürger, und das nicht nur an Wahlsonntagen, sondern fortwährend. Wir müssen ihnen dazu Möglichkeiten eröffnen, sie einbinden, aber nicht vereinnahmen. Das plebiszitäre Element unserer Demokratie, in der Theorie hoch gelobt, in der Praxis noch zu wenig angewandt, sollte solche Möglichkeiten eröffnen. Zum andern müssen die Parteien selbst ihre Aufgabe wieder neu definieren und wahrnehmen. Sie haben eine staatsdienende und staatstragende Funktion, sie sollten sich aber nicht als der Staat fühlen – schon gar nicht als Staat im Staate. Ihre Aufgabe ist es, zwischen dem Staatsganzen und dem Bürger zu vermitteln (also Politik!), aber nicht die einer Vermittlungsagentur. In dieser Selbstbescheidung und Selbstdefinition liegt ihre Chance, die zum Teil verlorene Glaubwürdigkeit wieder zu erlangen.

Landesrat Volker Winkler (FPÖ): Das Salzburger Klima früheren Zuschnitts ... ist unter den veränderten Bedingungen in der überlieferten Form sicher nicht mehr nachzubilden oder gar heraufzubeschwören. Zu dominierend sind heute Fragen wie etwa die Umweltbelastungen des Transitverkehrs und insgesamt die Auswirkungen der modernen Gesellschaft auf unsere natürlichen Ressourcen ... Man nimmt diese Fakten zur Kenntnis, sieht aber auch nach wie vor, oder jetzt erst recht, die vorhandene Verpflichtung, gemeinsam an der Beseitigung für dieses Land und seiner Bürger zu arbeiten. Unter diesem Übertitel kann es nicht der Wunsch sein, vom althergebrachten Salzburger Klima auch in Zukunft zu reden ... am Beginn, und das möchte ich hier, in diesem Hohen Hause, doch noch einmal bekräftigen, unseres Freiheitlichen Programmes steht der Satz: Freiheit gilt uns als höchster Wert ... diese Freiheit nützen wir zumindest nicht exzessiv, um mit spektakulären Auftritten, medienorientierten Alibihandlungen und Aktionen fehlende Kleinarbeit durch Politshows zu ersetzen oder Dinge zu tun, die zwar recht interessant sind, aber wenig Hintergrund haben, praktisch eine Gauklerei auf der politischen Bühne zu vollführen. Dazu werden wird uns auch in Zukunft nicht hergeben, sondern wir gehen den härteren, aber mittelfristig, wie uns scheint, erfolgreicheren Weg, politische Sacharbeit, manchmal auch unbedankt, zu leisten.

Abg. Dr. Christian Burtscher (Bürgerliste): Es wird unsere Aufgabe sein, von dieser Regierung die Beseitigung oder Reduzierung von Altlasten zu fordern, die zum Teil schon allzu lange der Lösung bedürfen, worunter Anrainer zum Teil in unzumutbarer Weise leiden. Ich nenne den Salzburger Flughafen, die Firmen Kaindl und PWA, den Salzburgring. Es wird in allen Belangen unser Ziel sein, der Demokratie eine Gasse zu öffnen, diesen Landtag und diese Landesregierung der Bevölkerung näherzubringen, sodaß das, was hier geschieht und entschieden wird, auch verstanden und allenfalls akzeptiert werden kann. Leider haben auch in dieser Hinsicht alle anderen Fraktionen in den Vorgesprächen keine Bereitschaft zur Öffnung gezeigt. Ich nehme das positive Beispiel der ÖVP aus, die ermöglicht hat, daß uns das Antragsrecht im Landtag eingeräumt worden ist in Änderung der bestehenden Geschäftsordnung. Aber im Großen und Ganzen haben die anderen Fraktionen keine Bereitschaft zur Öffnung gezeigt, wie zum Beispiel für die Öffnung der Landtagsausschüsse und die uneingeschränkte Akteneinsicht, die ein unbedingtes Erfordernis ist für die Kontrolle durch Landtagsabgeordnete. Es wurde rundweg abgelehnt. Ich war gestern, im letzten Gespräch, bedrückt darüber, daß man der einzigen Oppositionspartei in diesem Landtag nicht die Mindestmöglichkeiten für entsprechende Arbeiten einräumt ... Ich komme zum Schluß: Mit einer Anmerkung zu einem Begriff, der pathetisch in den vergangenen Jahren oft verwendet worden ist: die politische Kultur. Dasjenige – und das wollen wir uns zu Gute halten -, was in Salzburg darunter gemeinhin verstanden wird, ist nicht unsere Auffassung. Wir erleben die Landespolitik bislang als eine, die notwendige Entscheidungen aufgeschoben, deutlich vorhandene Konflikte unerträglich lange geleugnet, die Öffentlichkeit ausgeschlossen hat und in viel zu großem Maße auf den Vorteil der Handelnden bzw. ihnen nahestehender Gruppen bedacht war. Nunmehr als gewählte Vertreter an der Salzburger Landespolitik beteiligt, werden wir versuchen, diesen allzu Vieles verschleiernden Nebel im sogenannten Salzburger Klima zu lichten. Wir werden eine sachlich harte, die wahren Interessenlagen offenlegende, den, soweit wir ihnen gerecht werden, heute gegebenen Erfordernissen entsprechende, die Öffentlichkeit mit einbeziehende Politik betreiben. Politische Kompromisse unter Einbeziehung der Grünen sind möglich. Für Scheinlösungen und Alibihandlungen stehen wir nicht zur Verfügung.

Klubobmann Dr. Franz Schausberger (ÖVP): Wir von der ÖVP nehmen diese Art Politik zu machen zur Kenntnis und sind darauf eingestellt. Ich stelle aber folgendes klar: Wenn Sie, Herr Dr. Burtscher, einer Zeitung gegenüber erklären, daß Sie sich nicht in das ‚Salzburger Klima' einbinden lassen, weil Sie nicht bereit sind, Politik vor allem als Verteilung von Macht und Posten zu begreifen, so widerspricht dies allen Tatsachen. Mehr als die Hälfte der Beratungszeit wurde der inhaltlichen Diskussion gewidmet, erst dann – in relativ kurzer Zeit – wurden die Ressortzuständigkeiten aufgeteilt. Es ist richtig, daß nicht alle Ihre Vorstellungen von den anderen Parteien akzeptiert wurden, so wie auch jede andere Partei Abstriche von ihren Forderungen machen mußte. Daraufhin haben Sie die Beleidigten gespielt und sind ausgezogen. Das ist Ihre Sache. Aber bitte nehmen Sie von uns klar zur Kenntnis: Sie vertreten sechs Prozent der Wähler und können nicht erwarten, 100 Prozent Ihrer Vorstellungen durchzusetzen.

Der Untersuchungsausschuss oder: das „Salzburger Klima" und seine Sumpfblüten

Die Grünen sollten allerdings bald eine Rolle spielen, die größer war als ihr Mandatsstand. Denn im Sommer dieses denkwürdigen Jahres wurde auch Salzburg von einem Skandal erfasst: die Finanzaffäre rund um die WEB-Bautreuhand-IMMAG-Gruppe übertraf nicht nur alle bisherigen im Land, sondern wuchs sich zur bis dahin größten in der Zweiten Republik aus. Das Unternehmen hatte Hausanteilsscheine vertrieben, mit extremen Gewinnversprechen, konnte diese aber nicht mehr erfüllen. Die Salzburger Arbeiterkammer vermutete schweren Betrug und Untreue, sie zeigte Manager und Eigentümer bei der Staatsanwaltschaft an. Eine Milliarde Schilling (mehr als 70 Mio. €) an Anlegergeldern waren verschwunden. Bernd Schiedek, Schlüsselfigur der Unternehmensgruppe, wurde schon am nächsten Tag inhaftiert. Er war damals Mehrheitseigentümer der WEB – einer gemeinnützigen Wohnbaugesellschaft, die zwar zu der privaten Unternehmensgruppe gehörte, jedoch dem sozialen Wohnbau verpflichtet war, reichlich Wohnbauförderung (sprich Steuermittel) bezog und der Aufsicht des Landes unterlag. Genau hier war die politische Mine des Falles vergraben. Nur zwei weitere Tage später rief eine Zeitung nach einem Untersuchungsausschuss; Hans Katschthaler, neuer Landeshauptmann und auch als künftiger ÖVP-Obmann nominiert, unterstützte das nicht nur, sondern forderte im Interview ausdrücklich „öffentliche" Sitzungen – Ausgrabungsarbeiten vor den Augen des Publikums, das war die Parole der Stunde, ihr konnten sich auch Führer von Regierungsparteien nicht mehr widersetzen. Noch Anfang Juli wurde der Untersuchungsausschuss per Vier-Parteien-Antrag installiert; mit gleich vielen (jeweils zwei) Abgeordneten für jede Fraktion und einem Obmann der Opposition: dem Grünen Christian Burtscher.

Der Landtag, in den Augen der Öffentlichkeit sonst (zu) oft Kulisse für Claqueure, sollte sich in eine Bühne der Aufklärung verwandeln. Das Risiko schien dabei zunächst eher bei der ÖVP zu liegen. Die WEB-Gruppe wurde ihrem „Reich" zugerechnet, was nicht hieß, dass nicht auch enge private Verbindungen über die Lager hinweg entstehen konnten – es herrschte ja das „Salzburger Klima". In dieser Atmosphäre konnte auch ausgerechnet der Vorsitzende der Sozialisten zum ersten politischen „Opfer" des Skandals werden: Parteichef Wolfgang Radlegger hatte sich die WEB-Größe Bernd Schiedek als Trauzeugen ausgesucht, in einer Zeit, in der dem Politiker die Wohnbau-Aufsicht unterstand. Im August musste Radlegger im Ausschuss aussagen; er bestand diese Probe noch, jene um die Macht jedoch nicht mehr: im Rücken Heckenschützen aus den eigenen Reihen und vor sich einen Misstrauens-Antrag im Landtag erklärte er seinen Rückzug. Die Freundschaft zu dem Skandal-Manager sei für seine Partei zur Last geworden, argumentierte Radlegger. Es war ein Lehrstück für die politische Kultur in diesem durchaus sehr österreichischen Bundesland: Rücktrittsgrund war ein falscher Freund und nicht etwa ein schwerer Fehler bei der Amtsführung (der zu diesem Zeitpunkt gar nicht nachgewiesen war). Dabei ermittelte der Ausschuss in den folgenden Wochen genug Indizien, die politische Entscheidungen im Nachhinein zumindest schwer in Frage stellten. Ans Licht kam: „Liquide Mittel im Ausmaß von vielen 100 Millionen Schilling" waren von der gemeinnützigen WEB an andere Firmen der Unternehmensgruppe geflossen, was „in schwerwiegender Weise gegen gemeinnützigkeitsrechtliche Bestimmungen" verstieß (das konnte in seinem Bericht 1980 nicht einmal der Revisionsverband ignorieren, über den sich die Branche selber kontrollierte); Forderungen, die „Gemeinnützige" vom Rest der Unternehmensgruppe abzutrennen und die ihr zustehenden Gelder einzutreiben, wurden nicht erfüllt; die Verflechtung hatte sich sogar noch ausgeweitet – das wusste zu Beginn der 80er-Jahre auch die Wohnbauaufsicht des Landes: „Die WEB war ein Alptraum" sagte der zuständige Spitzenbeamte aus. 1984 fiel die politische Entscheidung (zwischen Haslauer und Radlegger abgesprochen), die bekanntermaßen seit Jahren wankende Wohnbaugesellschaft zu „sanieren". Salzburger Banken setzten ihre Forderungen an die Unternehmensgruppe aus (was als „Moratorium" in das Vokabular des Skandals einging). Haftungen der „Gemeinnützigen" für das „Imperium" oder seine Proponenten bestanden jedoch auch Jahre danach noch weiter, in Höhe von mehreren hundert Millionen Schilling.

Die WEB, solchermaßen belastet, ging zu Boden, im Herbst 1989 musste die Insolvenz eröffnet werden. Der Sanierungsplan war also letztlich „gescheitert", dieser Befund von Bürgerliste und FPÖ in ihrem Abschluss-Bericht war nicht nur Polemik. Aber war dafür jemand politisch haftbar zu machen? Die damaligen Regierungsspitzen antworteten im Ausschuss in der Art politischer Patriarchen (fürsorglicher, versteht sich): die WEB aus dem System zu verstoßen, das hätte unweigerlich zum „Konkurs ... und damit zum Schaden für hunderte Wohnungseigentümer" geführt. Vor allem die Regierungs-Fraktion ÖVP war außerdem glücklich, politisch den Super-GAU vermieden zu haben: der Nachweis von Parteienfinanzierung in großem Stil war nicht gelungen, wie auch der grüne Ausschuss-Vorsitzende konzedieren musste.

Ergebnislos blieb die nachträgliche Aufklärungs-Arbeit aber keineswegs. Sie hob den Vorhang zumindest ein Stück, gewährte so einen Blick auf die Hinterbühne und enthüllte, wie selbstverständlich die Akteure dort nach eigenen Regeln spielten: Der Hauptprüfer der Wohnbau-Gesellschaft war gleichzeitig ihr Berater; Aufträge und Anordnungen des Landes wurden nicht erfüllt, „aufsichtsbehördliche Maßnahmen ... aber weder ... vorgeschlagen noch ernsthaft erwogen" (Zitat aus der SP-Stellungnahme), schon gar nicht wurde die Gemeinnützigkeit entzogen. Das Schwert des Rechts blieb stets in der Scheide, wenn das Kartell der Macht am Tisch saß – und um ein solches handelte es sich wohl: der leitende Beamte hatte im Ausschuss Absprachen zwischen ÖVP und SPÖ über die Verteilung der Fördergelder eingeräumt; nach Aufsichtsrats-Protokollen war der WEB sogar innerhalb des VP-Kontingents ein Anteil garantiert (drei Achtel). Bewiesen sei nichts, wandte zwar die SP-Fraktion (mit dem Rechtswissenschaftler Klaus Firlei) ein, aber: „Da große Wohnbauunternehmen der ÖVP und der SPÖ nahestehen, ergab sich daraus eine Aufteilung, die in gewisser Weise vorhersehbar war und eine gewisse Konstanz aufwies, sodass man dabei auch missverständlich von Quoten und Kontingenten sprechen kann." Eleganter ist die Realität vermutlich nie umschrieben worden. Überhaupt ließen sich die Sitten nicht präziser darstellen als gerade in den kennerischen Stellungnahmen der Regierungsfraktionen: „Es ist nicht vorwerfbar, dass LR Radlegger versucht hat, Probleme in Form von Verhandlungen mit der Unternehmensleitung, auch unter Einbeziehung des Managements der Bautreuhand, zu lösen ... Die Herstellung eines informellen Einvernehmens über die Sanierung mit LH Dr. Haslauer war ein Akt, der ... auch im Salzburger Klima als üblich bewertet werden kann" (SPÖ) und: „Es handelt sich also um einen Synergismus von Charme und Beziehungen, um die Koinzidenz von Kontaktfähigkeit und juristischer Spitzfindigkeit. Dazu kamen Systemmängel, unzureichendes Durchgreifen und übermäßige Rücksichtnahme." (ÖVP)

Und die politische Verantwortung? Die lag für FPÖ und Bürgerliste bei Radlegger, dem später zuständigen Landesrat Othmar Raus (ebenfalls SPÖ), aber auch dem „in die Entscheidungen eingebundenen Dr. Haslauer". Doch vor allem die SPÖ widersprach der Idee einer Mitschuld durch die Regierung besonders feurig: Der WEB-Skandal sei „nicht als politischer, sondern als ein Wirtschaftsskandal anzusehen ... der Geldgier und Streben nach unermesslichem Reichtum zur Ursache hat". Warum hatte dem gerade eine sozialistische Ressortführung nicht Einhalt geboten? Weil „es sich bei den auf Seite der WEB maßgeblichen Personen bis vor kurzem um ‚ehrenwerte und angesehene Bürger der Salzburger Gesellschaft' gehandelt hat, von denen Dr. Schiedek noch dazu den Ruhm eines erfolgreichen Sanierers, Managers und Machers hatte. Es wäre ... eine politisch eher riskante Mutprobe erforderlich gewesen ... in einer früheren Phase eindeutige Schritte gegen die WEB zu setzen". Es folgt ein Eingeständnis, das wahrlich auf eine Zeitenwende schließen ließ: „Die Politik war gegenüber der WEB immer in einer ohnmächtigen Situation ... aufgrund der rechtlichen und faktischen Umstände war es nie möglich ... das Gesetz des Handelns ... an sich zu reißen."

Da wurde nun, als die Peinlichkeiten immer offensichtlicher wurden, plötzlich die „Ohnmacht" der Landespolitik als Erklärung bemüht – nachdem deren Herrscher über Jahrzehnte hinweg, bis mindestens Mitte der 80er, stets das genaue Gegenteil darstellen wollten: nämlich, dass sie höchstpersönlich für Arbeit, Wohnen und wirtschaftlichen Fortschritt verantwortlich seien. Für Folgeschäden aus dem Wirken der WEB aber sei man nicht zuständig, ließ nun Othmar Raus wissen, seit 1984 Ressortchef über die Wohnbau-Aufsicht: „Was haben wir damit zu tun, wenn es eine Firma namens IMMAG gibt, die uns bis vor wenigen Tagen vorgekommen ist wie eine Feigenkaffee-Fabrik?" So kann man den Abschied von der Allmacht der Politik auch formulieren. Die BürgerInnen hatten den Glauben daran zu dieser Zeit aber ohnehin schon verloren:

> „Was hamma kontrolliert
> und herumrevisioniert,
> wir sitzen doch alle im selben Boot,
> die Millionen sind enteilt oder
> haben sich gespenstisch selber umverteilt...",

spottete der Satiriker Walter Müller im Regionalfernsehen und gab damit die Stimmung in jenem Sommer wieder; auch als er zu Bildern eines Karussells auf dem Ruperti-Kirtag reimte:

> „Drum hoit's euch einfach an,
> denkt's euch, alles wird getan,
> wir sitzen doch alle im selben Boot,
> die Herren werden uns schon retten
> und zur Vorsicht Vater unser beten..."

Dem Wirken der Eliten war offensichtlich nur noch mit Ironie zu begegnen. Der politische Tausch-Handel der Nachkriegszeit zwischen Regierenden und Regierten – ihr garantiert uns Sicherheit, dafür akzeptieren wir unsere Abhängigkeit – er hatte seine Geschäftsbasis verloren.

Die Zahl der geschädigten Anleger sollte schließlich 25.000 erreichen. Dass ihnen ein Untersuchungsausschuss ihr Geld nicht zurückbringen konnte – wie dies manche Opfer sich von den Abgeordneten wünschten – konnte jedoch dem Landesparlament tatsächlich nicht zum Vorwurf gemacht werden: Schadenersatz-Klagen waren, wie dies später auch geschah, an die hauptbeteiligte Bank zu richten; die strafrechtliche Arbeit mitsamt gar nicht milden Urteilen gegen einige Manager erledigten die Gerichte.

Was aber war dann die Leistung des Landtags-Gremiums? Auf jeden Fall zwang es Bankdirektoren und Beamte, Politiker und Parteichefs, Machthaber und Mitläufer dazu, öffentlich Rede und Antwort zu stehen, ja, sich zu rechtfertigen – und das unter verschärften Bedingungen. Dafür war eigens ein Verfassungsartikel strenger gefasst worden: es galt die Strafprozessordnung, damit drohte Zeugen bei Falsch-Aussage ein Verfahren, den Medien wurde wie erwähnt „Zutritt gewährt". Als Schwäche erwies sich, dass der Obmann auch die Einvernahmen leitete, dafür wurde bei späteren Untersuchungsausschüssen ein Richter herangezogen.

Dass Vorgeladene bzw. deren Vertreter dann über „Inquisition" und ein „Tribunal" klagten, mochte aber auch als Indiz dafür dienen, wie indigniert sie über diese neue Atmosphäre waren – in der lag plötzlich nicht mehr Kooperation, sondern Konfrontation in der Luft. Manch Würdenträger stand, wie der Radfahrer zu sagen pflegt, plötzlich ziemlich im Wind. Man konnte dem mit Herablassung begegnen, wie sie Journalisten bei Hans Zyla empfanden, Mitbegründer des WEB-Reichs, einst Landtagspräsident und Stadtpartei-Chef der ÖVP. Der damals 70-jährige – weißer Schnauzbart, Stock, Sakko über dunklem Polohemd – wäre bei jedem Casting für die Rolle des regionalen Paten in einem Heimatfilm der Favorit gewesen; er bestand bei der Befragung aber darauf, nur „Repräsentativfunktionen" ausgefüllt zu haben:

Frage: „Um z. B. im politischen Bereich eine entsprechende Darstellung der Gemeinnützigen zu erreichen?"

Hans Zyla: „Im politischen Bereich, wo es notwendig schien, da und dort zu intervenieren. Was man darunter zu verstehen hat, brauche ich ja nicht zu definieren, das wissen Sie, nicht?"

Frage: „Und auch zum Beispiel die Wohnbauförderungsmittel zu sichern?"

Hans Zyla: „Auch da natürlich zu intervenieren, selbstverständlich auch das!"

Das Thema wurde vertieft, als der frühere Landeshauptmann Wilfried Haslauer im Ausschuss zur Wahrheitsfindung beitrug:

Frage: „Was wissen Sie vom Verdacht, dass Wohnbaumittel nach politischen Prinzipien aufgeteilt wurden?"

Wilfried Haslauer: „Bei keiner Parteienverhandlung hat es jemals Absprachen gegeben. Ich schließe aber nicht aus, dass es einen Orientierungsrahmen gegeben hat."

Das war für Eingeweihte keine Neuigkeit und für „gelernte Österreicher" keine Überraschung, stand aber nun immerhin im Protokoll. Das eigentlich Besondere war die Szene selbst und dass es zu ihr kommen konnte. Haslauer, mit

Ein Stück „geronnene Zeitgeschichte“ in einem Foto: Der frühere Landeshauptmann Wilfried Haslauer sen. wird als Zeuge vor den WEB-Untersuchungsausschuss geladen (Foto: Walter Schweinöster)

Anzug und Krawatte, der Seitenscheitel exakt, sah sich dem Ausschuss-Obmann Christian Burtscher gegenüber, mit Sakko (immerhin), offenem Hemdkragen und Vollbart. Der „letzte Landesfürst“ (siehe die Fachliteratur) schätzte solchen Aufzug ungefähr genauso so sehr wie den politischen Stil der Grün-Alternativen – jetzt wurde er von deren Anführer befragt, der eine Art „politischen Untersuchungsrichter“ geben durfte. Es war einer jener Momente, in denen ein Stück Zeitgeschichte in einem einzigen Bild gerinnen scheint.

Der einzige Rücktritt, der direkt durch eine Aussage im Ausschuss provoziert wurde, jener des Salzburger Bürgermeisters Josef Reschen (SPÖ), war hingegen nur ein Kollateralschaden der wochenlangen Stellungskämpfe. „Mit der WEB hatte das nichts zu tun“, stellt der Vorsitzende Burtscher klar, „das war eine provinzielle Intrige“. Reschen hatte bei der Befragung Geschäftsbeziehungen zum „Imperium“ verschwiegen, worauf ihm der Chefredakteur einer Salzburger Zeitung die Titelzeile „Herr Bürgermeister, treten Sie ab“ entgegenschleuderte. Der SPÖ war es damit gelungen, nicht nur ein, sondern zwei „Gesichter“ zu verlieren, in einer Affäre, in der zunächst eigentlich die Ehre der ÖVP auf dem Spiel stand.

Der Skandal „beerdigte“ jedoch nicht nur Karrieren, er gebar auch neue. Eine Arbeiterkammer-Mitarbeiterin namens Gabi Burgstaller debütierte damals im Landtag als Beraterin der SPÖ-Fraktion. Später, obwohl inzwischen zur Klubvorsitzenden und zum Regierungsmitglied aufgerückt, wurde sie von ihrer Partei als „Nicht-Politikerin“ beworben – mit „den Politikern“ war kein Staat oder besser gesagt, kein Wahlkampf mehr zu machen. Das Vertrauen war weiter erodiert, in einem Klima-Wandel, der in diesem sehr speziellen Jahr 1989 auch in der Landespolitik so heftig ausgebrochen war wie nie zuvor.

Auch die Rücktrittsbilanz des WEB-Gewitters lässt sich eher mit emotioneller Aufladung als mit rationaler politischer Meteorologie erklären: ein Spitzenpolitiker (Haslauer) trat aus Stolz zurück, ein anderer (Radlegger) wegen einer Freundschaft, der dritte (Reschen) wegen seines Verhältnisses zur Wahrheit – aber keiner, auch kein Mitglied der Landesregierung, wegen politischen Versagens (ob das angemessen gewesen wäre, ist hier nicht zu beurteilen).

Für einen Untersuchungsausschuss darf aber ohnehin nicht als Erfolgskriterium gelten, wie viele Würdenträger er unter sich begräbt – die Messlatte ist, wie viele Erkenntnisse er zu Tage fördert. Gemessen daran, gehörten diese Wochen zu den besseren Momenten des Salzburger Landesparlaments.

Die Fraktionen verabschiedeten am Ende zwar gemeinsame Schlussfolgerungen, sie blieben aber in der Kernfrage, jener der politischen Verantwortung, wenig überraschend uneins. Die Ausschuss-Mitglieder emanzipierten sich nicht von den jeweiligen Rollenkonzepten ihrer Parteien; das wäre wohl auch einfach zu viel verlangt gewesen. So legten die Abgeordneten von Bürgerliste und FPÖ eine Stellungnahme vor, jene der ÖVP und der SPÖ jeweils gesonderte.

Aus den Debatten des Salzburger Landtages

Auszug aus dem Protokoll der Landtagssitzung am 4. Juli 1990 (WEB-Abschluss-Debatte)

Abg. MMag. Michael Neureiter (ÖVP): Es war ein Wirtschaftsskandal, der allerdings in die Landespolitik hineinreicht ... der Ausschuß stand unter einem hohen Erwartungsdruck, den er nicht erfüllten konnte. Sein Leisten konnte nicht die Wiedergutmachung der entstandenen Schäden sein ... Ich sehe, daß die Behauptungen, die besonders im Vorjahr, im Sommer 1989, über die Medien gelaufen sind, sich inzwischen als Fata Morgana herausgestellt haben, als eine Schimäre ... Ich bitte zu sehen, daß politische Verantwortung sich hier natürlich über Jahre ergeben hat. Ich bitte aber auch zu akzeptieren und zu respektieren, daß politische Verantwortung dort enden muß, wo eine Zuständigkeit im Sinne einer Ressortverantwortung, einer Ministerverantwortung laut Bundesverfassung, endet.

Abg. Dipl-Vw. Margot Hofer (FPÖ): Versprechungen und die Verflechtung und Verfilzung mit den politischen Parteien ÖVP und SPÖ haben zum Megaskandal geführt. Ein riesiger volkswirtschaftlicher Schaden bleibt übrig. Wohnungswerber, Handwerker, sonstige Bauausführende und Planende und Anleger bleiben auf der Strecke ... Ich sage Ihnen eines, meine Damen und Herren, Ihre Argumentation geht ins Leere. Wenn es nämlich ein reiner Wirtschaftsskandal gewesen wäre, dann wäre dieser Wirtschaftsskandal spätestens 1984 zu Ende gewesen, er wäre geplatzt ... es steht auch außer Zweifel, daß das unglückselige politische Intervenieren der beiden Großparteien mitgeholfen hat ... Der Versuch der ÖVP und der SPÖ, eine Spezial-Reinwaschaktion für die Träger der politischen Verantwortung mit umweltschonenden Reinigungsmitteln durchzuführen, hat kein strahlendes Weiß gebracht. Die Flecken, meine Damen und Herren, sind geblieben!

Abg. Dr. Christian Burtscher (Bürgerliste): Nach eigener Aussage von Dr. Haslauer sollten das Moratorium und die sogenannte Sanierung die Mieter, Wohnungseigentümer und Wohnungswerber vor unermeßlichem Schaden bewahren, also der Schutz der kleinen Leute. In Wahrheit jedoch war es eine Aktion zugunsten des WEB-Bautreuhand-Imperiums und der interessierten Banken. Denn allen Beteiligten mußte klar sein und war klar, daß neue Geldmittel nur über den forcierten Verkauf von Papieren, von Wohnsparverträgen und Hausanteilsscheinen dem Unternehmen zuzuführen waren ... Dr. Raus hat die Anordnungen an die WEB selbst unterschrieben. Daß die Entflechtung von gemeinnützigem und frei finanziertem Bereich nie wirklich stattgefunden hat, hängt unmittelbar damit zusammen, daß die Kontrolle durch das Land Salzburg, durch die Landesregierung so mangelhaft war. In all diesen Zusammenhängen spielt die Parteipolitik, obwohl sie dort nichts und auch gar nichts zu suchen hätte, eine wesentliche, eine ausschlaggebende Rolle ... Deshalb fordern wir auf, daß es einen Neuanfang gibt im Bereich der Wohnbauaufsicht und einen totalen Rückzug der Parteien aus diesem Bereich.

Abg. Dr. Klaus Firlei (SPÖ): Die beiden kleinen Parteien haben den Ausschuß dazu benutzt, ein unkontrollierbares politisches Forum zu etablieren. Sie haben im Rückenwind von Stimmungen, im Sog der berechtigten Empörung über einen Skandal, der tatsächlich extremste Ausmaße angenommen hat, auf eine Öffentlichkeit bauend, die nicht in die Lage versetzt wurde, Differenzierungen und komplexere Zusammenhängen aufzuarbeiten, im Windschatten der Politikverdrossenheit ein fulminantes Power Play gegen sozialistische Politiker aufgezogen ... Was sich hier abgespielt hat, ist eine neue Komponente der Politik, von der ich fürchte, dass sie uns fortan begleiten wird ... Nichts interessiert so sehr wie Fehler, Schwächen, kriminelle Handlungen, Versagen, Schuld, Rücktritte ... Die politische Arena bewegt sich immer mehr weg von Rationalität und Problemlösung im Sinne eines harten Ringens um die Sache und wird immer mehr zu einem Markt, auf dem zwischen Wählern, Politikern und Medien emotional besetzte Produkte gehandelt werden. ... Der WEB-Skandal ist für uns ein Beispiel für eine beängstigende und zunehmende Kolonialisierung der Politik. Die Politik war in der Causa WEB gezwungen, als Magd und Nothelferin wirtschaftlicher Interessen zu dienen und das Schlimme daran ist, es gab keine vernünftige Alternative ... Die handelnden Personen auf der politischen Bühne haben sich dabei nichts zuschulden kommen lassen, jedenfalls nicht mehr als wir alle ... Seien wir daher alle zurückhaltend mit Schuldzuweisungen, arbeiten wir lieber an der Emanzipation der Politik, damit das öffentliche Wohl gegenüber Verletzungen von fundamentalen Rechten der Bürger, durch wen immer sie erfolgen, an Stärke gewinnt."

Es waren prophetische Worte, die der sozialistische Intellektuelle da in den Landtags-Saal rief. Doch den Elementen, die diesen politischen Sturm ausbrechen ließen, werden wir ein Vierteljahrhundert später nochmals begegnen: dem Mangel an Kontrolle durch die Politik, der Duldung riskanter Finanzpraktiken, dem Unwillen, den alten Kurs zu verwerfen – und sei es bei Strafe des Untergangs. Aber das ist eine andere Geschichte, von ihr wird später noch zu berichten sein.

Franz Fallend

Die schärfste Waffe des Landtags: Das Misstrauensvotum in Theorie und Praxis

In einem parlamentarischen System, wie es in Österreich auf Bundes- und Landesebene besteht, hat das Parlament – in Salzburg der Landtag – die theoretische Möglichkeit, die Regierung oder einzelne ihrer Mitglieder mittels eines sogenannten Misstrauensvotums zu stürzen. Weitgehend „theoretisch" ist diese Möglichkeit deshalb, weil dies in der Praxis so gut wie nie vorkommt. In einem parlamentarischen System herrscht zwischen Parlament und Regierung eine Gewaltenverschränkung. Diejenigen Parteien, die im Parlament bzw. im Landtag über eine Mehrheit verfügen, stellen die Regierung, und es ist nicht zu erwarten, dass deren Abgeordnete ihre eigene Regierung oder einzelne ihrer Mitglieder abwählen werden. In den Bundesländern mit Proporzregierung, in Salzburg also bis 1998, sitzen die Regierungsmitglieder noch fester im Sattel, weil laut Landesverfassungen ihre Wahl nur über Vorschlag der anspruchsberechtigten Parteien erfolgen kann, sodass eine Partei, deren Regierungsmitglied abgewählt würde, dieses auch von neuem vorschlagen könnte. Hinzu kommt, dass in Salzburg für ein erfolgreiches Misstrauensvotum gemäß Art. 42 des Landes-Verfassungsgesetzes 1921 bzw. 1945 nicht nur die Anwesenheit der Hälfte der Landtagsabgeordneten, sondern auch eine Mehrheit von zwei Dritteln der abgegebenen Stimmen erforderlich war. Erst mit dem Landes-Verfassungsgesetz 1999, das die Proporzregierung beseitigte, wurde das Zustimmungserfordernis im neuen Art. 39 auf die unbedingte Mehrheit der abgegebenen Stimmen gesenkt. Werden im Landtag trotzdem gelegentlich Misstrauensanträge gegen Regierungsmitglieder eingebracht und debattiert, so liegt das in der Regel weniger daran, dass sich die beantragenden Parteien realistische Erfolgschancen ausrechnen. Vielmehr geht es darum, die mediale Aufmerksamkeit auf eine Person oder ein Thema zu lenken. Wird der öffentliche Druck auf ein Regierungsmitglied zu groß, kann es auch vorkommen, dass es von sich aus zurücktritt, ohne dass es dazu eines formellen Misstrauensantrages oder -votums bedürfte.

Prominente Fälle von Misstrauensvoten und Rücktritten von PolitikerInnen

In Salzburg war es 1997 FPÖ-Landesrat Dr. Karl Schnell, der – als erstes Regierungsmitglied in der Geschichte – durch ein Misstrauensvotum sein Amt verlor. Bereits 1995 waren einige seiner MitarbeiterInnen in der sogenannten „Überstunden-Affäre" beschuldigt worden, falsche Rechnungen gelegt zu haben. Ein darauf von der Bürgerliste gestellter Misstrauensantrag wurde jedoch mit 22 Stimmen (ÖVP, FPÖ) gegen 13 Stimmen (SPÖ, Bürgerliste) abgelehnt. ÖVP-Klubobmann Dr. Franz Schausberger begründete damals das Abstimmungsverhalten seiner Fraktion damit, dass der Landtag mit diesem stärksten Instrument, das er gegenüber einem Regierungsmitglied habe, nicht leichtfertig umgehen solle.

Zwei Jahre später brachte die sogenannte „Datenklau-Affäre“ das Fass jedoch zum Überlaufen. Schnell hatte eine vertrauliche Liste mit SPÖ-Vorschlägen für freiwerdende Leitungspositionen des Amtes der Landesregierung im ORF-Regionalfernsehen öffentlich gemacht und den Vorwurf des „Postenschachers“ erhoben. MitarbeiterInnen seines Büros hatten eine Panne im Computernetzwerk des Amtes genutzt, durch die die auf einem Computer im Büro von SPÖ-Obmann und Landeshauptmann-Stellvertreter Gerhard Buchleitner gespeicherte Liste im ganzen Netz einsehbar war. Die SPÖ brachte daraufhin gegen Schnell im Landtag einen Misstrauensantrag ein, der am 24. Oktober 1997 mit 25 Stimmen (ÖVP, SPÖ) gegen 11 Stimmen (FPÖ, Bürgerliste) angenommen wurde. ÖVP und SPÖ begründeten die Abwahl Schnells damit, dass der erfolgte „Datenklau“ nur der letzte Mosaikstein in einer ständigen Politik der Bespitzelung und Verleumdung der Regierungspartner seitens der FPÖ gewesen sei. Schnell sei nicht lernbereit und bringe nicht das für eine erfolgreiche Regierungsarbeit nötige Mindestmaß an Bereitschaft zu konstruktiver Zusammenarbeit auf. Die Bürgerliste hingegen hielt den beiden Großparteien vor, dass sie bezüglich Postenschacher zu wenig Selbstkritik an den Tag legen und Schnell durch seine Abwahl zum politischen Märtyrer machen würden. Die FPÖ sah in der Abwahl Schnells nur den Versuch, einen lästigen Aufdecker und Kontrolleur mundtot machen zu wollen. Kurzzeitig drohte die FPÖ, Schnell einfach immer wieder zur Wahl als Landesrat vorzuschlagen. Da dies laut Verfassungsrechtlern dem „Geist“ der Verfassung widersprochen hätte und in einer Umfrage zwei Drittel der Landesbürgerinnen ein solches Vorgehen missbilligten, steckte die FPÖ aber schließlich zurück und nominierte die Dritte Landtagspräsidentin Dipl.-Vw. Margot Hofer zur Nachfolgerin.

Ebenfalls 1997 ereignete sich der Fall, dass ein Regierungsmitglied aufgrund öffentlichen Drucks – ohne vorheriges Misstrauensvotum – zurücktrat. Während in den Medien gerade viel über an Tierquälerei grenzende Fälle von Lebendtiertransporten zu lesen war, hatte ÖVP-Landesrat und Landwirt Rupert Wolfgruber in einem Interview erklärt, er „neige nicht der Ansicht zu, dass Tiere Bewusstsein haben“. Zudem meinte er, sie hätten „gewiß keine Angst vor dem Schlächter“. Die folgende mediale Empörung erreichte derartige Ausmaße, dass Wolfgruber sich außerstande sah, seine Regierungsfunktion weiter effektiv wahrnehmen zu können. Am 22. April 1997 stellte er sein Amt zur Verfügung.

Der letzte Fall eines Regierungsmitglieds, das aufgrund wachsenden öffentlichen Drucks seinen Hut nehmen musste, betraf den früheren Landesrat des Teams Stronach, Hans Mayr. Zuständig für das Wohnbauressort, geriet er ins Kreuzfeuer der Kritik, als aufgedeckt wurde, dass er von Baufirmen, die zum Teil von seinem Ressort Förderungen erhalten hatten, Spenden für seine neue Partei, die „Salzburger Bürgergemeinschaft“, entgegengenommen hatte. Ein erster Misstrauensantrag, der von der SPÖ, der Freien Partei Salzburg (Karl Schnell) und den Freien Wählern Salzburg (Helmut Naderer) unterstützt wurde, erzielte am 20. Dezember 2017 nicht die erforderliche Mehrheit – 14 Abgeordnete stimmten dafür, 19 dagegen. Als ihm aber wegen unzureichender Auskünfte über die Spenden auch seine Koalitionspartner ÖVP und Grüne die Unterstützung versagten, trat er, um einer Absetzung zuvorzukommen, mit 30. Jänner 2018 von seiner Funktion als Landesrat zurück.

Aus den Debatten des Salzburger Landtages

Auszug aus dem Protokoll der Landtagssitzung am 26. Februar 1997

Abg. Josef Fritzenwallner (FPÖ): ... Das Leid der Tiere führt zu Verdienst von einigen wenigen, führt zum Verdienst von einer großen Lobby. Das kleine Land Salzburg soll sich dagegen wehren, ... wir machen ein Tiertransportgesetz Straße, ein völlig untaugliches Instrument, und ich bedaure es, was ich heute gehört habe, ... dass es wieder nicht verschärft wurde und damit ... den Tieren endlich geholfen werden kann. Bedauerlich deswegen, weil die ÖVP offensichtlich immer noch unter dem Einflußbereich einer riesen Lobby steht, ... ganz egal, ob es bei Genversuchen, bei Genmanipulationen, bei Lebendtierexporten und dergleichen ist. ... Und es ist auch die geistige Haltung ... Ihres Landesrates, des Landesrates Wolfgruber. ... „Tiere haben kein Empfinden." Und das ist kennzeichnend für die Geisteshaltung dieser Lobby, die quer durch ganz Europa sich ein Reich aufgebaut hat. Und ich ersuche Sie wirklich, die Herren und Damen der ÖVP, endlich auch in Wien und in Brüssel bei den eigenen Leuten vorstellig zu werden, bei den eigenen Leuten Überzeugungsarbeit zu leisten, damit auch die ÖVP kapiert, worum es in dieser Frage geht und dass wir ein geschlossenes Auftreten haben, damit Sie sich nicht den Vorwurf irgendwann gefallen lassen müssen: „Fischler, Wolfgruber und Molterer sind Folterer!" ...

Auszug aus dem Protokoll der Landtagssitzung am 23. April 1997

Landtagspräsident Dr. Helmut Schreiner (ÖVP): ... Herr Landesrat Wolfgruber hat mir schriftlich mitgeteilt, dass er mit Ablauf des gestrigen Tages sein Mandat als Mitglied der Landesregierung zurücklegt. Ich habe ihn daraufhin mit diesem Datum und unter Ausspruch des Dankes seines Amtes enthoben. ... Da Landesrat Wolfgruber heute nicht mehr das Wort ergreifen kann, hat er mir einen Schriftsatz übersendet, den ich den Fraktionen zugehen habe lassen... Rupert Wolfgruber ist über eine medial verbreitete Äußerung gestolpert, die eine Welle von Empörung im Land ausgelöst hat. Jeder, der Rupert Wolfgruber auch nur einigermaßen kennt, ist sich sicher, dass er mit dem Satz „Tiere haben kein Bewusstsein" weder die Emotions- noch die Leidensfähigkeit von Tieren in Zweifel ziehen wollte oder dass er behaupten wollte, dass die Tiere als Teil der Schöpfung Respekt und Wohlwollen des Menschen nicht verdienten. Was er sagen wollte, war vielmehr nur, dass Tiere kein den Menschen gleiches Bewusstsein hätten.

Aber die Chance zur wirksamen Klarstellung hat er jedenfalls nicht erhalten, er hat daraus für sich den Schluß gezogen, dass eine gedeihliche Arbeit für die Bauern in der Öffentlichkeit kaum noch möglich ist. Deshalb hat er sein Amt zur Verfügung gestellt. Für diesen Schritt aus diesem Motiv verdient er unseren Respekt, den er gerade in diesen Tagen braucht. ...

Landesrat a. D. Rupert Wolfgruber (ÖVP, schriftliche Stellungnahme): ... Zur gegen mich geführten Kampagne: Meine Aussagen wurden in böswilliger, unfairer Absicht grob entstellt. Mir war es immer ein Anliegen, offen und ehrlich zu agieren, weil nur so Vertrauen in die Politik und Einsicht in das Notwendige wachsen kann. Diese Offenheit ist mir zum Verhängnis geworden. So gehe ich gedemütigt und öffentlich denunziert – aber ungebeugt, weil ich vor mir selbst bestehen kann. ...

Auszug aus dem Protokoll der Landtagssitzung am 22.–24. Oktober 1997

Klubvorsitzende Mag. Gabi Burgstaller (SPÖ): ... Der Mißtrauensantrag ist das schärfste Instrument, über das der Landtag in Wahrnehmung seiner Kontrollaufgaben gegenüber der Landesregierung verfügt. Die Sozialdemokratische Fraktion hat dieses Instrument in der Zweiten Republik noch nie von sich aus angewandt. Heute wird sie es zum ersten Mal tun. ...

Die Fülle der Aufgaben, vor denen unser Land steht, erfordert eine Landesregierung, die unbeschadet unterschiedlicher Auffassungen in der Sache von einem positiven und konstruktiven Klima getragen ist. ... Es gibt eine Grenze zwischen dem, was es bedeutet, auch im Konflikt mit den demokratischen Kräften nach politischen Lösungen zu suchen und dem, was es andererseits bedeutet, den Konflikt um seiner selbst Willen und ohne Rücksicht auf das Gemeinwohl zum eigentlichen, ja zum einzigen Gegenstand der Politik zu machen, so wie dies Herr Dr. Schnell an vielen Beispielen praktiziert hat. ...

Herr Kollege Schnell, der Zweck heiligt nicht alle Mittel. Wenn Sie die bisherige Personalpolitik in Frage stellen wollen, so ist das legitim. Wenn Sie unbefugt auf Daten zugreifen, diese Listen verwenden und die betroffenen Menschen desavouieren, so ist das unmoralisch.

Am 10. Mai 1995 hat die BL gegen Herrn Landesrat Schnell einen Mißtrauensantrag eingebracht. Schon damals war das Vertrauen in Herrn Landesrat Schnell tief erschüttert. Für die ÖVP damals nicht. Vielleicht hat sie in den zweieinhalb Jahren lernen müssen, dass Herr Landesrat Schnell nicht lernfähig ist, und stimmt heute zu.

Vertrauen oder Mißtrauen in ein Regierungsmitglied ist keine taktische, sondern vor allem eine politische und eine moralische Frage. Ich lade daher auch die ÖVP ein, sagen Sie Nein zu einem Regierungsmitglied, das sie nur beschimpft und lächerlich macht, das die anderen Regierungsmitglieder ständig der Lüge bezichtigt, das die Arbeit in der Regierung blockiert – gestern wieder bewiesen – und nicht bereit ist, politische Verantwortung zu tragen. Damals, 1995, wie heute geht es auch um das schlampige Verhältnis zwischen Ressortarbeit und Parteiarbeit. ...

Damals, 1995, wie heute geht es um die Dimension der Verunglimpfung der Politik. Damals war es die Gleichsetzung der Politik mit der Mafia, heute sind es Witze, die auf einem Niveau sind, das für keinen mehr erträglich ist. Statt Kritik in der Sache, Herr Landesrat, gibt es von Ihnen ständige Demütigungen der Regierungskollegen. Ich sage Ihnen, kein Unternehmen der Welt würde sich so ein

Vorstandsmitglied leisten. Und kein Aufsichtsrat, wenn wir uns als solcher im Landtag verstehen, läßt so ein Vorstandsmitglied weiter gewähren. …

Klubobmann Ing. Georg Griessner (ÖVP): … Ein Mißtrauensantrag ist nichts Alltägliches. Ein Mißtrauen auszusprechen oder nicht auszusprechen, erfordert eine fundierte, objektive Überlegung. Es muss begründet sein. Man kann sich grundsätzlich … im politischen Leben und in einer Demokratie den politischen Partner nicht aussuchen. Gerade nach unserer derzeit gültigen Landesverfassung steht den politischen Parteien entsprechend dem Wahlergebnis ein Sitz oder zwei Sitze in der Landesregierung zu oder nicht zu. Genauso müssen wir aber festhalten, dass es notwendig ist, dass in der Landesregierung ein Mindestmaß an Zusammenarbeit und an Partnerschaft vorhanden ist. …

Ich darf für die ÖVP-Fraktion festhalten, dass wir es auch nicht mehr aushalten, … dass alle Partner in der Regierung abqualifiziert werden. Wir sind der Meinung, dass es so wie im täglichen Leben ein Mindestmaß an Toleranz braucht, um eine Arbeit in der Regierung zum Wohle des Landes zu leisten, dass es eine Grenze gibt im Umgang mit dem politischen Partner, dass man ihm nicht alles abverlangen kann und dass es der politische Partner nicht aushalten kann, wenn man ihn beinahe tagtäglich als Lügner und Betrüger abqualifiziert, wenn man dem politischen Partner vorwirft in der Regierung, und der Herr Dr. Schnell macht das seit Jahren, dass ja den anderen die Sorgen der Bevölkerung schnuppe sind, sondern dass es nur um die parteipolitische Taktiererei geht. Wir müssen feststellen, … dass der Herr Dr. Schnell … ein System der Bespitzelung, ein System der Vernaderung, ein System der Verhöhnung, ein System der Unwahrheiten und ein System der Skandalisierung aufgebaut hat. … Als wir vor Jahren auch einen Mißtrauensantrag zu beraten hatten und wir uns seitens der ÖVP letztendlich dazu entschlossen hatten, diesem Mißtrauensantrag nicht beizutreten, was haben wir geerntet? Verhöhnung haben wir geerntet. … Mutlosigkeit wurde der ÖVP vorgeworfen, nicht darüber nachdenkend, dass wir uns vielleicht grundsätzlich mit dem Mißtrauensantrag auseinandergesetzt haben und wir damals glaubten, es wird sich bessern, auch der Herr Dr. Schnell wird die Grenze dessen finden, was im persönlichen Umgang unter Regierungskollegen, was im persönlichen Umgang mit den Politikerkollegen noch ertragbar ist.

Herr Dr. Schnell, und das ist bemerkenswert, hat eine Agitation entwickelt, … die menschenverachtend ist. Nicht diese Liste ist das Problem, aber die Namen der Menschen zu veröffentlichen, die da draufstehen, das muss man sich einmal vor Augen halten…, noch dazu als Arzt muss man … besser als jeder von uns wissen, was es bedeutet, Menschen an den Pranger zu stellen. …

Landesrat Dr. Robert Thaller (FPÖ): … Ein neues Kapitel der Landespolitik wird geschrieben. Die Überschrift lautet: „Wie die alten Parteien versuchen, den Stachel der Postenschacherei aus ihrem Fleisch herauszureißen und sich dabei erhebliche Verletzungen zufügen". … Herr Klubobmann Griessner, Sie sagen es ja ganz ehrlich, Sie „halten es halt einfach nicht mehr aus". Der Schnell paßt Ihnen nicht in Ihr Konzept der Postenschacherei, in Ihr Klima, in dessen Treibhaus die Sumpfblüten Ihrer Günstlingswirtschaft besser gedeihen ohne freiheitliche Kontrolle. Sie nennen es Spitzelei. … Wie wohl ist Ihnen denn dabei, meine Damen und Herren Abgeordneten? Die meisten schauen weg. … Ich sehe also in den Reihen der ÖVP schon den einen oder anderen, der eigentlich nicht mitmachen will dabei. … Die ÖVP ist vom Todestrieb getragen und sie wird auch die

Konzentrationsregierung abschaffen. Sie klammert sich wie eine Ertrinkende an die Sozialdemokratie. Wissen Sie denn nicht, dass ein Sturz des politischen Gegners, der von dem Vertrauen der Wähler getragen wird, ... immer vom Souverän beantwortet wird? ... Der Charakterschwäche wird die statistische Bedeutungslosigkeit folgen. ...

Klubobmann Dr. Christian Burtscher (BL): ... Gäbe es den Proporz in Salzburg nicht, dann gäbe es derartige Situationen, die insgesamt ein bedauerliches Bild der Politik ergeben, auch nicht. ... Es kann, wie immer die Abstimmung jetzt über diese Personalfrage ausgehen möge, aus heutiger Sicht nur eine Konsequenz geben...: Weg mit diesem Proporz, der der politischen Steinzeit angehört. Wir müssen die Tore aufmachen für eine demokratische Entwicklung, ... die dann auch wieder die Menschen einbezieht, die Menschen unabhängig ihrer Parteibuchzugehörigkeit, wie das bei diesen jüngsten Postenangelegenheiten so deutlich geworden ist...

Wenn ich mir dann ansehe, was noch in der Begründung der Sozialdemokratischen Partei in dieser Auseinandersetzung zwischen Herrn Buchleitner und Herrn Schnell zu lesen ist, dann finde ich leider unmittelbar nichts und was ich gesucht habe, das ist die Frage, wie bewährt sich Dr. Schnell in seiner Amtsführung oder wie bewährt er sich nicht. ...

Ich habe auch die Dinge auseinanderzunehmen versucht im Zusammenhang mit dieser Affäre Postenschacher und Proporz einerseits und die Datengeschichte andererseits. Ich habe von den Kollegen aller Parteien erwartet, dass ... auch deutliche Worte gesprochen werden im Zusammenhang mit dem Postenschacher. ... Die andere Sache allerdings habe ich gerade vom verantwortlichen Ressortchef nicht mit einem Maß an Selbstkritik auch versehen gesehen, also die Frage: Was hat denn das für einen Hintergrund, diese Parteilisten? ...

Wenn wir nun heute, und dieser Appell geht direkt an die Kollegen von ÖVP und SPÖ, wenn nun heute eine so hoch emotionalisierte Entscheidung getroffen wird, die ... viel zu wenig für mich an Sachkriterien anknüpft, dann heißt das, dass Sie ... mit dieser Entscheidung ... große Gefahr laufen, hier einen politischen Märtyrer zu etablieren, ... in der Vermittlung nach außen schaffen Sie eine solche Situation, die für Sie auch kaum mehr argumentierbar ist. ... Ich warne Sie und ersuche Sie gleichzeitig, dass Sie von diesem Unterfangen deswegen ablassen, diesen Antrag tunlichst nicht zur Abstimmung bringen werden. ...

Landesrat Dr. Karl Schnell (FPÖ): ... [W]as hätte ich tun sollen, als ich in Besitz dieser Unterlagen gekommen bin, die aufzeigen, dass die SPÖ und die ÖVP bis über das Jahr 2000, bis über die Wahl hinaus, wo der Bürger entscheiden soll, wer in dem Land mitbestimmen soll, sich die Posten ausschachern. Genau in Prozentangaben, wer was in diesem Land besitzt, welche Menschen mit welcher Hundemarke wem gehören ...? Zum Kollegen Buchleitner gehen, mir ein paar Posten aushandeln, wenn ich das Papier nicht an die Öffentlichkeit bringe? Dann ... wäre ich der Brave gewesen, dann hätte ich am Regierungssitz bleiben dürfen Ihrer Meinung nach, denn dann hätte ich in dieses System gepaßt.... Ich werde heute zu sprechen kommen und mir ist nicht bange, dass Sie mich abwählen, denn Ihre Wortmeldungen hätten Sie sich sparen können. Sie haben auch diese Abwahl bereits gestern ausgepackelt. ... Ich bin der absolute Aufdecker, der den demokratischen Grundkonsens stört. ... Ob Sie mich abwählen heute ... oder nicht, werde ich ... diesen Weg weitergehen. ...

Auszug aus dem Protokoll der Landtagssitzung am 20. Dezember 2017

Abg. Ing. Mag. Roland Meisl (SPÖ): … Wir haben gehört heute in der Früh, dass der Herr Landesrat (Hans Mayr; Anm. d. Verf.) Bürgschaften von Baufirmen übernommen hat oder Baufirmen für ihn bürgen. Wir haben heute gehört, und dieser Verdacht wiegt schwer, er hat auch Gelder genommen von Firmen, die Wohnbauförderungsmittel erhalten haben. Da bewegen wir uns ganz klar im Bereich der Korruption und … das macht es auch nicht besser, wenn ich es zurückzahle. … . Das ist Teil eins. Teil zwei ist aber, und das wiegt für uns noch viel, viel schwerer, seit Jahren zieht sich jetzt das Thema durch, dass wir immer nur Halbwahrheiten oder Unwahrheiten hören. Alle in diesem Raum wissen, dass wir immer schon sehr skeptisch dem Landesrat gegenüber waren. Wir haben im letzten Jahr erlebt mit dem ganzen Chaos rund um die Wohnbauförderung, wie er sogar hier im Landtag gesagt hat, das ist alles kein Problem. Wenige Tage später hat sich herausgestellt, was für ein Chaos in Wirklichkeit herrscht. Wir haben in den letzten Wochen wieder erlebt, dass immer wieder andere dafür angegriffen werden, angeschüttet werden für ein Handeln, das aber beim Herrn Landesrat liegt … Wir haben gehört, dass es keine Spenden gibt. Jetzt wissen wir, dass es Spenden gibt. Wir haben gehört, es braucht keinen Rechenschaftsbericht. Wir wissen, es braucht einen Rechenschaftsbericht. Das zieht sich eigentlich seit Jahren jetzt durch, dieses Verhalten … Das ist nicht nur für uns Sozialdemokraten inakzeptabel, sondern für uns ist es auch eine komplette Missachtung des Salzburger Landtages. …

Während „Rot" und „Schwarz" sich in Erwartung ihrer künftigen Regierungskoalition mit einem blauen Auge davonmachen, trauert „Blau" um die Abschaffung des Regierungsproporzes, die ihr auf absehbare Zeit eine Regierungsbeteiligung verwehren wird (Karikatur: Thomas Wizany)

Franz Fallend

Die Änderung der Landesverfassung 1998

Das Ende des Proporzsystems

Am 22. April 1998 verabschiedete der Salzburger Landtag die bedeutendste Änderung der Landesverfassung seit deren Inkrafttreten im Jahr 1921: Der sogenannte Regierungsproporz, der allen größeren Landtagsparteien im Verhältnis zu ihrer Stärke – daher die Bezeichnung „Proporz" – die Teilnahme an der Landesregierung garantiert hatte, wurde abgeschafft. Als Folge dieses Proporzes hatte sich die Landesregierung seit 1949 fast durchgehend aus den drei Parteien ÖVP, SPÖ und FPÖ zusammengesetzt. Ab der kommenden Landtagswahl 1999 sollte die Landesregierung mit Mehrheit vom Landtag gewählt, also aufgrund freier Absprache zwischen regierungswilligen Parteien gebildet werden. An die Stelle einer quasi erzwungenen „Konzentrationsregierung" fast aller Parteien mit eingeschränkter demokratischer Kontrolle und für die WählerInnen unklaren Verantwortlichkeiten sollte nunmehr eine klare Rollenverteilung zwischen Regierung und Opposition treten.

Der Regierungsproporz wurde in Salzburg in der Frühphase der Demokratie nach dem Ende des Ersten Weltkriegs eingeführt. Das 1920 verabschiedete Bundes-Verfassungsgesetz (B-VG) hatte den Ländern, d. h. den Landtagen, nur wenig Spielraum für die Ausgestaltung ihrer Landesverfassungen eingeräumt. Nach welchen Regeln die Wahl der Landesregierung durch den Landtag zu erfolgen hatte, durften sie jedoch selbst bestimmen. Am 16. Februar 1921 beschloss der Salzburger Landtag mit 27 gegen vier von christlich-sozialen Abgeordneten aus dem Pinzgau und dem Lungau abgegebenen Stimmen das Landes-Verfassungsgesetz (L-VG, LGBl. Nr. 44/1921), in dem die Wahl des Landeshauptmannes nach dem Mehrheitsprinzip und die Wahl der übrigen Mitglieder der Landesregierung nach dem Verhältnisprinzip („Proporz") verankert wurde. Die Christlich-Soziale Partei als stärkste Partei hätte eigentlich eine frei gebildete Mehrheits- bzw. Koalitionsregierung mit einem starken Landeshauptmann an der Spitze vorgezogen. Für die zweitstärkste Partei, die Sozialdemokratische Partei, bildete die Einführung der Proporzregierung jedoch eine *Conditio sine qua non* für ihre Zustimmung zur Landesverfassung.

Neben machtpolitischen Überlegungen der Parteien, die sich durch die Proporzregierung politischen Einfluss sichern wollten, spielten bei ihrer Einführung auch die integrativen Wirkungen des Systems eine Rolle. Die Überstimmung größerer Minderheitsgruppierungen sollte damit verhindert und deren Opposition gegen Staat und Regierung eingedämmt werden. Zudem erforderten der ökonomische Wiederaufbau aus den Trümmern des Krieges und die Errichtung einer stabilen Demokratie nach dem Untergang der Habsburgermonarchie eine große Kraftanstrengung – die Parteien sollten ihre Energien daher nicht im Kampf gegeneinander verausgaben, sondern im Rahmen einer gemeinsamen Regierung zum Wohle des Landes zusammenarbeiten.

Das System der Proporzregierung bestand in Salzburg die ganze Erste Republik hindurch. Nach dem Zwischenspiel der undemokratischen Regime des Austrofaschismus (1933/34–1938) und des Nationalsozialismus (1938–1945) und dem Ende des Zweiten Weltkriegs wurde es 1945 ohne Diskussion in den Rechtsbestand der Zweiten Republik übernommen und weiterhin praktiziert. Allerdings sollte man rechtlich nicht von „Zwangsproporz" sprechen, wie GegnerInnen des Systems es später häufig getan haben, um dessen undemokratischen Charakter zu brandmarken. Zwar konnte eine Partei, die die erforderliche Mandatsstärke erzielte, nicht gegen ihren Willen aus der Regierung geworfen werden. Allerdings hätte es Art. 36 Abs. 4 L-VG einer anspruchsberechtigten Partei auch erlaubt, auf die Übernahme der Regierungsgeschäfte zu verzichten – freilich ein wenig realistisches Szenario, das bis 1998 auch von keiner Partei genutzt wurde, war doch die Regierungsteilnahme für den Aufbau von Klientelbeziehungen und für den Zugang zu Informationen und Positionen gerade auch für die kleineren Parteien von nicht zu unterschätzender Bedeutung. Eine gewisse Aufweichung des Regierungsproporzes kann auch darin gesehen werden, dass es die Bundesverfassung freistellte, für Beschlüsse der Landesregierung Ein- oder Mehrstimmigkeit vorzusehen – in Salzburg entschied man sich für das Prinzip der Stimmenmehrheit, sodass auch Beschlüsse gegen einen widerspenstigen Regierungspartner möglich waren (oder zumindest angedroht werden konnten).

Lange Zeit nahm in Salzburg kaum jemand größeren Anstoß am System der Proporzregierung. Während der Ersten Republik wirkte es konfliktentschärfend, was insbesondere im Vergleich zu den heftigen Konflikten zwischen christlichsozialer Regierung und sozialdemokratischer Opposition auf der Wiener Bundesebene positiv anmutete. Nach 1945 bewältigten die Salzburger politischen Eliten mit Hilfe der Proporzregierung erfolgreich den ökonomischen Wiederaufbau und die Errichtung einer stabilen Demokratie. Aufmärsche und Kundgebungen wurden als Mittel der Politik obsolet, da Verhandeln in der Proporzregierung den Parteien höhere Durchsetzungschancen versprach als „die Straße". Negative Begleiterscheinungen, wie die Ausdehnung des proporzmäßigen Parteieneinflusses auf die öffentliche Verwaltung, Schulen, Wohnbaugenossenschaften oder Banken, wurden zwar gelegentlich in den Medien thematisiert, führten aber nicht zu entsprechenden Systemreformen.

Das sollte sich in den späten 1980er-Jahren ändern, als in wissenschaftlichen Analysen wie in den Medien immer öfter von Politik- und insbesondere Parteienverdrossenheit, rückläufiger Wahlbeteiligung, Wechsel- und ProtestwählerInnen die Rede war – Phänomene, als deren Ursachen ungelöste wirtschaftliche und gesellschaftliche Probleme, Korruptionsfälle, erstarrte Parteiapparate und politische Institutionen ausgemacht wurden. In Salzburg war es namentlich der Politikwissenschaftler und Universitätsprofessor Dr. Herbert Dachs, der das System der Proporzregierung mit Hinweis auf die gewandelte politische Kultur kritisch unter die Lupe nahm. Zwar bekräftigte er, dass der Regierungsproporz historisch – während der von Konflikten geprägten Ersten Republik und in der Wiederaufbauphase der Zweiten Republik – durchaus seine Verdienste gehabt habe. In der Zwischenzeit sei die Demokratie jedoch gefestigt, und wegen der Erosion der früheren politischen „Lager" sei heute mehr politischer Wettbewerb ohne Systemgefährdung möglich. Durch die mit der Proporzregierung verbundenen gegenseitigen Vetorechte würden Entscheidungsprozesse verlangsamt und notwendige Reformen blockiert. Das Doppelspiel der FPÖ, die seit ihrer vom Bundesparteivorsitzenden Dr. Jörg Haider (1986–2000) vorangetriebenen Neuausrichtung als rechtspopulistische Protestpartei trotz Regierungsbeteiligung Oppositionspolitik mache, würde der wünschenswerten klaren Trennung zwischen Regierung und Opposition widersprechen. Mehr Wettbewerb wäre auch nötig, um den Landtag wieder aufzuwerten, der zu einer Abstimmungsmaschinerie für die zwischen den Parteieliten ausverhandelten Kompromisse herabgesunken sei. Die BürgerInnen würden sich klarer profilierte Parteien, mehr Konkurrenz sowie Wahlen, die auch Veränderungen bringen, statt der Vereinnahmung der Parteien infolge Regierungsbeteiligung wünschen. Die Zunahme von WechselwählerInnen und BürgerInneninitiativen würde zeigen, dass die etablierten Parteien einen wachsenden Teil der Bevölkerung nicht mehr erreichen, und die Notwendigkeit der Abschaffung des Regierungsproporzes unterstreichen.

Die politische Diskussion kam nur langsam in Gang. Die ÖVP verteidigte die Proporzregierung lange mit dem Argument, dass die Zusammenarbeit aller maßgeblichen politischen Kräfte dem Land genützt habe. Als jedoch der seit 1992 amtierende Landesrat und FPÖ-Obmann Dr. Karl Schnell immer öfter von ihm zuerst mitgetragene Regierungsbeschlüsse hinterher in Frage stellte und die Parteien 1994 – wie schon 1989 – kein gemeinsames Regierungsprogramm zustande brachten, rückte die Partei davon ab. Für die SPÖ waren die Proporzregierung bzw. ihre eigene Beteiligung daran ein Garant dafür, dass keine Politik zulasten sozial Schwacher betrieben werden konnte. Wegen des konfrontativen Kurses des FPÖ-Regierungsmitglieds änderte die Partei schließlich ebenfalls ihre Meinung, verlangte aber als Ausgleich für die Beseitigung des Regierungsproporzes die Stärkung der Oppositions- und Kontrollrechte des Landtags und die Aufnahme einklagbarer sozialer Grundrechte in die Landesverfassung.

Auch die FPÖ passte ihre Position im Lauf der Jahre an: Noch 1994 hatte man im Landtagswahlkampf plakatiert: „Ihre Stimme gegen die Mafia! Mit Proporz und Packelei ist's nach dieser Wahl vorbei!" Nach der Wahl ließ Parteiobmann Dr. Karl Schnell dann plötzlich verlauten, dass gerade die Abschaffung des Proporzsystems der Packelei Tür und Tor öffnen würde, wenn nämlich seine Partei aus der Regierung geworfen werden sollte. Allein die Bürgerliste blieb ihrer ursprünglichen Position treu. Als einzige „echte" Oppositionspartei war sie am stärksten an einer Aufwertung des Landtags interessiert und hatte als erste den Umstieg zum System der Mehrheitsregierung gefordert.

Ende 1994 starteten nach einer Enquete-Kommission des Landtags ernsthaftere Gespräche zwischen den Parteien mit dem Ziel, den Regierungsproporz abzuschaffen. Wegen der Forderung der SPÖ, in der Landesverfassung auch das Einstimmigkeitsprinzip für Beschlüsse der Landesregierung festzulegen, waren die Verhandlungen im Verfassungs- und Verwaltungsausschuss des Landtages jedoch bald festgefahren. Die ÖVP sprach sich strikt dagegen aus, weil sie dadurch eine totale Blockade der Regierungspolitik befürchtete.

Dass es schließlich doch zur Abschaffung des Regierungsproporzes kam, ist demjenigen Politiker zu verdanken, der zuletzt am vehementesten für dessen Beibehaltung gekämpft hatte – nämlich FPÖ-Obmann und Landesrat Dr. Karl Schnell. Mitarbeiter seines Büros hatten sich Ende September 1997 über das

Computernetz des Amtes der Landesregierung Zugang zu einem vertraulichen Dokument aus dem Büro von SPÖ-Obmann und Landeshauptmann-Stellvertreter Gerhard Buchleitner verschafft, in dem SPÖ-Vorschläge für freiwerdende Leitungspositionen im Amt aufgelistet waren. Schnell hatte die Liste, verbunden mit dem Vorwurf des „Postenschachers", im ORF-Regionalfernsehen öffentlich gemacht. Die SPÖ kündigte wegen des „Datenklaus" umgehend einen Misstrauensantrag gegen den FPÖ-Landesrat an. Die ÖVP sagte ihre Unterstützung zu – falls die SPÖ ihrerseits bei der Abschaffung des Regierungsproporzes mitmachen würde. Am 24. Oktober 1997 wurde Dr. Karl Schnell daraufhin – als erstes Regierungsmitglied in der Geschichte – gegen die Stimmen von FPÖ und Bürgerliste vom Landtag abgesetzt.

Ein maßgeblicher Grund für die Abschaffung des Regierungsproporzes waren die zunehmenden Konflikte der ÖVP- und SPÖ-Regierungsmitglieder mit FPÖ-Obmann und Landesrat Dr. Karl Schnell, der schließlich vom Landtag mit den Stimmen der Abgeordneten der beiden großen Regierungsparteien seines Amtes enthoben wurde (Karikatur: Thomas Wizany)

Nach der Abwahl Dr. Karl Schnells einigten sich ÖVP und SPÖ auf einen Kompromiss in der Verfassungsreform: So wurde das Einstimmigkeitsprinzip für Regierungsbeschlüsse doch in die Landesverfassung aufgenommen. Dafür verzichtete die SPÖ auf ihre Forderung nach der Verankerung einklagbarer sozialer Grundrechte; stattdessen wurden zehn Aufgaben und Ziele staatlichen Handelns des Landes festgehalten (u. a. eine leistungsfähige Wirtschaft, die Erhaltung der bäuerlichen Landwirtschaft, angemessene Wohnverhältnisse und Gesundheitseinrichtungen, die Bewahrung der natürlichen Umwelt und ein menschenwürdiges Leben für alle). Die Kontrollrechte des Landtages wurden u. a. dadurch ausgebaut, dass alle Landtagsparteien ein Recht auf Akteneinsicht erhielten und ein Viertel der Abgeordneten einen Untersuchungsausschuss einsetzen konnte.

Am 24. April 1998 beschloss der Landtag einstimmig die neue Landesverfassung, wobei vier der acht FPÖ-Abgeordneten vor der Abstimmung den Saal verlassen hatten. Über die neue Verfassung fand am 21. Juni 1998 eine Volksabstimmung statt, an der sich 10,19 Prozent der stimmberechtigten LandesbürgerInnen beteiligten. 95,28 Prozent davon stimmten mit Ja.

Die großen Hoffnungen, dass die Umstellung auf das Mehrheitssystem zu einer Belebung der Salzburger Landespolitik in demokratiepolitischer Hinsicht führen würde, erfüllten sich jedoch nicht. Bei den ersten drei frei gebildeten Koalitionsregierungen (1999–2013) taten sich neuerlich die traditionellen Parteien ÖVP und SPÖ zusammen. 1999 wären zwar auch Kombinationen mit der FPÖ rein rechnerisch möglich gewesen, wegen der „Datenklau"-Affäre schied sie jedoch als Koalitionspartner aus. Die Grünen hingegen waren zahlenmäßig zu schwach, um als Mehrheitsbeschaffer dienen zu können. 2004 wäre sich hingegen eine Koalition SPÖ–Grüne, 2009 eine Koalition ÖVP–FPÖ ausgegangen. Dass es in beiden Fällen trotzdem wieder eine Koalition SPÖ–ÖVP wurde, ließ Unkenrufe laut werden, dass die beiden Parteien die Proporzregierung wohl vor allem deshalb abgeschafft hätten, um sich gegen „Eindringlinge" abzuschotten.

Auf starke Kritik stieß auch, dass der Landtag von den Regierungsparteien ab 1999 – noch stärker als zuvor – in ein Korsett eingeschnürt wurde. Während sich die Parteien ihre Mehrheiten für Beschlüsse in Landtag und Landesregierung im System des Regierungsproporzes erst suchen mussten, was bis zu einem gewissen Grad ein „freies Spiel der Kräfte" erlaubte, schloss das ÖVP-SPÖ-Regierungsabkommen von 1999 jegliche Initiativen der beiden Landtagsfraktionen ohne Zustimmung des Koalitionspartners aus. Ein „koalitionsfreier Raum", in dem sich jede der beiden Parteien um Mehrheiten mit den Oppositionsparteien bemühen hätte dürfen, war nicht vorgesehen. Stattdessen wurde ein „Arbeitsausschuss“ eingesetzt, dem neben den Regierungsmitgliedern die Klubobleute und die Klubgeschäftsführer angehörten. Dieser Ausschuss steuerte de facto die Landtagsarbeit. Damit verschlimmerte sich die ohnehin untergeordnete Position des Landtages gegenüber der Landesregierung weiter: Die Ausschusssitzungen verkamen großteils zu legitimierenden Veranstaltungen für bereits in der Regierung vorgeprägte Entscheidungen. Auch die raschere Verabschiedung des Budgets – vorher dauerten die Beratungen dazu bis zu sieben Tage, fortan reichte oft ein Tag – war aus Landtagssicht als zweischneidiger Erfolg zu werten.

Eine andere Koalition sollte es erst nach den Landtagswahlen 2013 geben, als die SPÖ infolge des im Jahr zuvor aufgebrochenen Finanzskandals eine dramatische Wahlniederlage einfuhr. Damit war der Weg geebnet für eine neue – in Salzburg in dieser Zusammensetzung bisher nicht praktizierte – Koalition aus ÖVP, Grünen und Team Stronach.

Auswahlbibliographie

Dachs, Herbert: Salzburgs Parteien – Zwischen Berg und Tal. Die Parteien-Arena Ende der 80er-Jahre bis 2004. In: Dachs, Herbert/Dirninger, Christian/Floimair, Roland (Hg.): Übergänge und Veränderungen. Salzburg vom Ende der 1980er Jahre bis ins neue Jahrtausend, Wien – Köln – Weimar 2013, S. 105–178.

Fallend, Franz: Vom „Zwangsproporz“ zum „freien Spiel der Kräfte“? Landesregierung, Landesverwaltung und Landtag in Salzburg 1989–2004. In: Dachs, Herbert/Dirninger, Christian/Floimair, Roland (Hg.): Übergänge und Veränderungen. Salzburg vom Ende der 1980er Jahre bis ins neue Jahrtausend, Wien – Köln – Weimar 2013, S. 57–104

Thaler, Walter: Gefesselte Riesen. Wechsel vom Proporz- zum Majorzsystem in Salzburg und Tirol, Wien 2006

Aus den Debatten des Salzburger Landtages

Auszug aus dem Protokoll der Landtagssitzung am 16. Februar 1921

Landesrat Anton Christoph (GD): Nach dieser Erörterung über die Gesetzgebung gehe ich über zu dem zweiten Kapitel, das besonders in seinem ersten Teile einem hartnäckigen Kampf der Parteien ausgesetzt war, es ist dies die Bildung der Landesregierung. ... Es wurde ... hier eine Einigung dahin erzielt, daß der Landeshauptmann, der in Zukunft die Spitze der Regierung bilden wird, nach dem Mehrheitswahlrecht gewählt wird, wodurch es möglich sein wird, den geeigneten Mann dort zu nehmen, wo er zu finden ist, also auch aus Kreisen, die nicht gerade der jeweils herrschenden größten Partei angehören. Bezüglich der Wahl der Landeshauptmannstellvertreter und der übrigen Landesräte wurde die Proportionswahl, nach dem Vorschlage der Sozialdemokraten, welchem sich die beiden anderen Parteien akkommodierten, in das Gesetz aufgenommen. ... Unannehmbar erscheint uns der ursprüngliche Antrag der sozialdemokratischen Partei, daß ein in die Landesregierung gewähltes Mitglied nicht verpflichtet ist, eine Geschäftsgruppe zu übernehmen. Dies war für uns deshalb unannehmbar, weil es ... nicht angeht, daß ein Landesrat sich in den weichen, gut bezahlten Sessel der Landesregierung setzt, dort auf Kosten des Landes privatisiert und wenn es ihm gerade gelegen erscheint, eventuell die Regierung sabotiert. ...

Abg. Johann Lackner (CSP): Die Verhandlungen haben gezeigt, daß die Vorlage zuerst in einer anderen Struktur erschienen ist, wie sie uns heute zur Beschlußfassung vorliegt. Deswegen werden Sie mir auch Recht geben, wenn ich behaupte, daß wir dort und da mit uns haben reden lassen und von den ersten Forderungen wesentliche Abstriche gemacht haben. ... Wenn sich jede Partei auf einen ganz exponierten Standpunkt stellt und nicht herumzukriegen ist, da werden die Gegensätze eher verschärft und eine ersprießliche Arbeit ist vollständig ausgeschlossen. Deswegen schließe ich mit der Bitte, auch in der weiteren Folge der Landtagsverhandlungen diese hier bewiesene Tugend zu beobachten und ... zu trachten, daß das gute Einvernehmen, das hier konstatiert worden ist..., auch weiterhin dem Landtage eigen sein möge.

Landeshauptmann-Stellvertreter Robert Preußler (SDAP): Selbstverständlich war es auch unser unbestrittenes Recht, die arbeitenden Volksklassen nicht preiszugeben..., weshalb wir die Forderung aufstellten, alles, was in der Revolutionsperiode gewonnen wurde, ... darf durch die neue Verfassung nicht verloren gehen. Großen Wert haben wir ferner gelegt auf eine Vertretung durch Volksbeauftragte in der Verwaltung, ohne über die tatsächlichen Machtverhältnisse hinauszugehen. ... Wir haben sofort die Forderung konzediert, daß im Falle eine Partei die Majorität hat, sie auch unumwunden Beherrscherin der Verhältnisse wird, ohne selbstverständlich den Einfluß der anderen Parteien preiszugeben. Denn dieser Einfluß darf nicht abhängig sein von dem Gutdünken irgend einer Partei. Das muß als eherner Grundpfeiler in die Verfassung eingesetzt werden. Deshalb standen und fielen wir mit dem Proporz. Wir haben den Proporz nicht gefordert, um uns jene weichen Stühle und fetten Stellen in der Regierung gewissermaßen für die Ewigkeit zu sichern, wie es der Herr Landesrat Christoph in so verführerischer Weise heute dargestellt hat.

Landeshauptmann-Stellvertreter Dr. Franz Rehrl (CSP): Die Hauptfrage war bei der sozialdemokratischen Partei wohl die Frage der Regierungsbildung und, wie Herr Landeshauptmann-Stellvertreter Preußler ausgeführt hat, war von allem Anfang an die Forderung nach dem Proporz eine conditio sine qua non; es ist auch in diesem Punkte eine Einigung zustande gekommen, allerdings in der Weise, daß nicht anerkannt werden konnte, daß ein Mitglied der Regierung nicht verpflichtet wäre, irgend ein Referat zu übernehmen, weil es uns als vollständig unmöglich erscheint, in der Regierung zu sitzen ..., keine Vorschläge zu machen, die Arbeit anderen zu überlassen, und nur zu kritisieren, was bekanntlich viel leichter als Arbeiten ist. ... Die Auffassung der Sozialdemokraten, daß sie glauben, in der Landesregierung vertreten sein zu *müssen* [Hervorhebung im Original], sowie in einer Verwaltungskörperschaft, habe ich immer zurückgewiesen und muß es auch heute tun; denn die Bundesverfassung hat die Länder als Gliedstaaten konstituiert, die Länder sind Parlamente geworden und die Landesregierungen sind keine Verwaltungsausschüsse wie die alten Landesausschüsse, sondern sie sind eben Regierungen und bekanntlich gibt es bei der Bildung der Regierung zwei Möglichkeiten: die eine ist die, daß sich die Regierung auf eine bestimmte Mehrheit im Hause stützt, die sich aus einer oder mehreren oder eventuell auch aus allen Parteien zusammensetzt; die zweite Möglichkeit ist, daß die Regierung auf Grund des Proporzes gebildet wird, wie wir es bereits einmal im Staate erlebt haben, allerdings dort nur als Ausnahmszustand (sic!) auf Grund eines eigenen Gesetzes. Wir haben durch ein (sic!) Kompromiß bis zu einem gewissen Grade diesen Ausnahmszustand in der Verfassung perpetuiert und ich möchte nur wünschen, daß dieser Ausnahmszustand sich so gut bewähren möge, daß keine Partei in späteren Jahren es bereuen möge, diesem Kompromiß zugestimmt zu haben.

Auszug aus dem Protokoll der Landtagssitzung am 22. April 1998

Landeshauptmann Dr. Franz Schausberger (ÖVP): Nachdem mit dieser Reformverfassung die grundlegendste Änderung unseres politischen Systems seit dem Jahre 1918 verbunden ist, wird wohl dieser 22. April 1998 eine ähnliche Bedeutung haben wie der sicher in weiten Kreisen in Vergessenheit geratene 16. Februar 1921, als nämlich jene Salzburger Landesverfassung vom Salzburger Landtag beschlossen wurde, die im Wesentlichen bis heute ihre Geltung hatte. ... Wir haben schon oft die wesentlichen Inhalte dieser neuen Landesverfassung hier dargestellt. Sie beruht auf drei Säulen... Zum Ersten auf der Abschaffung des Proporzsystems und damit auf der Schaffung der Möglichkeit einer echten Regierungsbildung. Es wird in Hinkunft eine klare Trennung geben von Regierung und Opposition und keine Partei muss sich in Hinkunft mehr dem nicht zu bewältigenden Spagat unterziehen, gleichzeitig opponieren und regieren zu müssen. Ich bin überzeugt, stärkeres Regieren und rascheres Entscheiden werden die Konsequenzen dieser modernen Verfassung sein. Die zweite Säule ist die Stärkung der politischen Minderheitenrechte im Salzburger Landtag. Das betrifft den Untersuchungsausschuss, das trifft andere Bereiche ... Und die dritte Säule ist die Aufnahme von Grundwerten und Staatszielen in die Landesverfassung. ...

Landeshauptmann-Stellvertreter Gerhard Buchleitner (SPÖ): Als die Salzburger Landesverfassung im Jahre 1945 aus der Taufe gehoben wurde, geschah das in einer Stunde, in der unser Land politisch, wirtschaftlich, aber auch geistig zerstört war. Allen politischen Parteien war ein Ziel gemeinsam, die Überwindung der nationalsozialistischen Schreckensherrschaft und der Wiederaufbau unseres Landes. Es war daher nur verständlich, dass sich alle Parteien zu einer engen Form der Zusammenarbeit entschlossen haben. Die tiefen Gräben der 1. Republik sollten zugeschüttet werden. ... Ein halbes Jahrhundert lang ist das Land Salzburg gut damit gefahren, alle Kräfte ab einer bestimmten Stärke in die Regierungsarbeit einzubinden. Salzburg hat einen rasanten wirtschaftlichen Aufschwung erlebt, der seinesgleichen unter den Bundesländern sucht. ... der wirtschaftliche Aufschwung hat aber auch mündige Bürgerinnen und Bürger hervorgebracht, die mehr Mitbestimmung in der Gestaltung unseres Landes eingefordert haben. Die Parteienlandschaft hat sich rasant geändert, Bürgerinitiativen haben mit großem Selbstbewusstsein ihre Interessen vertreten und tun das heute noch oft auch gegen die Haltung der regierenden politischen Parteien. ... Es ist daher kein Zufall, dass in den 80er Jahren der Geist der Zusammenarbeit zwischen den Parteien, das so oft strapazierte Salzburger Klima zunehmend in Verruf geraten ist. Immer mehr Bürgerinnen und Bürger erlebten den Zwang zur Einigkeit zwischen den politischen Kräften als Einheitspartei, die unter Ausschluss der Bürgerinnen und Bürger den Konsens suchte und zunehmend schwerfälliger wurde. ... Heute steht die wirtschaftliche Spitzenstellung unseres Bundeslandes immer mehr auf tönernen Füßen. Zahlreiche Firmenzusammenbrüche haben das Land erschüttert. Die Zahl der Arbeitslosen steigt sprunghaft an. ... Die Kluft zwischen arm und reich in unserem so reichen Bundesland wird immer größer und das eigentlich große Problem, die Bevölkerungsentwicklung mit einem zunehmend größer werdenden Teil der älteren Menschen, stellt uns vor gewaltige Herausforderungen in den nächsten 20 bis 30 Jahren. Das heißt also, die Proporzpolitik im Stil der 50er Jahre war und ist immer weniger in der Lage, Antworten auf die gesellschaftlichen Herausforderungen zu geben. ... Politische Parteien, die weder miteinander konnten noch miteinander wollten, wurden zu einem Team politischer Gegner zusammengespannt. Regierungsprogramme scheiterten regelmäßig an völlig auseinanderstrebenden politischen Vorstellungen und taktischen Überlegungen. Man konnte auf der Regierungsbank Opposition betreiben. Für die Bürgerinnen und Bürger blieb es oft unklar, wer für welche Entscheidungen verantwortlich war. Symbolisch dargestellt, alle saßen in einem Boot, aber die einen ruderten und die anderen ließen sich rudern oder ruderten in die entgegengesetzte Richtung. Ein klarer Kurs des Landes durch stürmische Zeiten war daher oft nicht mehr erkennbar. ...

Die SPÖ hat durchgesetzt, dass in der frei zusammengesetzten Landesregierung das Einstimmigkeitsprinzip gilt, der stärkere Koalitionspartner also niemals den Schwächeren überrollen kann. ... Die SPÖ hat aber auch durchgesetzt, dass die Verfassungsreform weit über eine Änderung des Regierungssystems hinausgeht. Salzburg soll die modernste Verfassung aller Bundesländer erhalten. Nirgendwo werden dann die Kontrollrechte des Parlaments und der Opposition so stark sein. ...

Klubobmann Dr. Christian Burtscher (BL): Das eminent Neue liegt darin, dass nunmehr klare Verhältnisse geschaffen werden. Klare Verhältnisse, die einerseits die Rolle einer Regierung definieren und andererseits mit verbesserten Instrumenten ausgestattet die Rolle des Parlamentes, die Rolle des regierenden Parlamentes. … In Hinkunft wird eine Regierung ein Programm abzuliefern haben. … Schauen Sie ein bisschen zurück nur ganz wenige Jahre und Monate. Wofür steht diese Regierung? … Was sind die Zielvorstellungen? Da werden Sie nicht sehr viel an Bedeutungsvollem und Klarem ausmachen. Das wird in Hinkunft nicht mehr oder nur mehr erschwert möglich sein, dass man so programmlos, so orientierungslos Landespolitik betreibt. Und auf der anderen Seite dieses Paket an verbesserten Instrumenten der Opposition. … Und da ist andererseits auch die hohe Anforderung an die Opposition, politische Gegenentwürfe zu vermitteln, zu präsentieren und darüber mit der Regierung in einen Wettstreit der Argumente zu treten. …

Wir beschließen heute die Rückkehr zum Politischen. Zumindest die mögliche Rückkehr zum Politischen im Land. …

Man kann nicht gleichzeitig eine Regierungspartei sein und sich … der relativen Mehrheitsfraktion anbiedern wollen und den Anspruch auf Opposition erheben. Das ist ein Widerspruch in sich, der in diesem neuen System nicht mehr lebbar sein wird. … Wir wollten die Freiheitliche Partei in diesem Zusammenhang in Verlegenheit bringen und es ist gelungen. Es ist bis dahin gelungen, dass nunmehr darüber zu diskutieren sein wird, … welche politischen Verbindungen, welche Koalitionen in diesem Land pro futuro denkbar und möglich sind. … Die Diskussion, wie sie gerade nun in den Nachbarländern … stattfindet, in Tirol, in Oberösterreich, in der Steiermark, zeigt, dass diese Form eine Dynamik hat, auch … im Bundesstaat. Dass einerseits durch diese Reform die Länder … aus ihrem politischen Schlaf erweckt werden, dass hier wieder über Demokratie diskutiert wird … und dass gleichzeitig auch der Stellenwert der Länder im Bundesstaat dadurch ein anderer werden kann. …

Abg. Dr. Klaus Firlei (SPÖ): Und dass die Verfassungsreform gekommen ist, das hat trotz aller Vorarbeiten, trotz aller intellektueller Arbeit, trotz allen Mutes und auch der Voraussicht einer kleinen Partei, trotz aller wissenschaftlicher Bemühungen letztlich ein nicht ganz zufälliger Zufall herbeigeführt. Ohne diesen Anschauungsunterricht über die Perversionen von Politik, die im Proporzsystem möglich sind, ohne diesen Anschauungsunterricht, den wir der FPÖ verdanken, die die Absurdität dieses Systems in der heutigen Zeit wirklich auf die Spitze getrieben hat, wäre vermutlich diese Reform jedenfalls zu diesem Zeitpunkt nicht gekommen. Das war aber kein Betriebsunfall, sonders das war systembedingt angelegt. … Mit dieser Reform … hat sich Salzburg an die Spitzenposition in der Verfassungspolitik der Länder gesetzt. … Wir haben den Proporz abgeschafft, wir haben die besten Minderheitenrechte aller österreichischen Bundesländer. … Wir haben in Salzburg … die stärkste Mitwirkung in EU-Angelegenheiten in einem Verfassungsgesetz. … Wir haben einen ausgezeichneten Landesrechnungshof und …, soweit ich weiß, sind wir nach wie vor das einzige Parlament in Österreich, in dem die Ausschüsse quasi öffentlich stattfinden. … Politik ist im Bundesland Salzburg dadurch spannender, offener, attraktiver geworden. Der Wähler hat erstmals echte Wahlmöglichkeiten.

Landesrätin Dipl.-Vw. Margot Hofer (FPÖ): 1945 hat sich die Bildung des proporzionalen (sic!) Systems bewährt und war es richtig... Aber nicht bewährt hat sich, was daraus von ÖVP und SPÖ gemacht wurde. ... Denn dieser sogenannte Proporz wurde dann mit Packelei und Parteibuchwirtschaft verwechselt... Und wenn wir heute dieses moderne Gesetz [beschließen; Anm. d. Verf.], das einen Schritt in Richtung Demokratiereform bedeutet, dann gebe ich zu, dass wir Freiheitliche sicherlich gerungen haben, welchen Weg wir einschlagen werden. ... Das wesentliche Motiv für die Freiheitlichen war die Stärkung des Landtages. Ich bin schon sehr lange in diesem Landtag und habe immer wieder miterleben müssen, wie kopflastig die Landesregierung ist und wie machtlos der Landtag manchmal gegenübergestanden ist. Es scheiterte oftmals an den finanziellen Motiven. Ich denke an die Einrichtung eines Legislativreferates. Ich denke weiters daran, wie lange hat es gebraucht, bis der Landesrechnungshof ... geschaffen wurde. ... Und ich denke auch an die Budgethoheit. Können Sie sich erinnern, ob irgendwann bei den Budgetberatungen ... einmal etwas abgeändert wurde? ... Wenn aber das heute zu beschließende Gesetz dazu benutzt werden sollte, dass die Machtpositionen zwischen ÖVP und SPÖ gefestigt werden sollen bzw. diese unbefriedigenden Situationen aufrecht erhalten bleiben sollen, dann wird es zu katastrophalen Auswirkungen in diesem Land führen. Denn dann würde nämlich der Proporz fröhliche Urständ feiern und dann, aber das wird die Zukunft weisen, müssten wir feststellen und wir werden das auch aufzeigen, dass es ein mieses taktisches Spiel war, aber wir hoffen doch, dass es dazu nicht kommen wird.

Robert Kriechbaumer

Die Neuordnung der Museumslandschaft

Der 1967 vollendete Wiederaufbau des 1944 durch Bombenangriffe zerstörten Museums Carolino Augusteum entsprach bald nicht mehr den räumlichen Anforderungen eines modernen Museums, da es nunmehr nicht nur ein städtisches, sondern ein Stadt-Land-Museum war. Ende Dezember 1984 beschloss daher das Kuratorium des Museums die Einsetzung eines Planungsausschusses, der neben einem wissenschaftlichen Gesamtplan für die Salzburger Museumsszene auch ein räumliches Entwicklungskonzept unter Einbeziehung des Stadtkino-Saals erarbeiten sollte. Der Planungsausschuss legte 1986 ein „Konzept für ein Gesamtmuseum" vor. Da im selben Jahr der Toskana-Trakt durch den Auszug der Bundespolizeidirektion für die Juridische Fakultät frei wurde, richteten sich die Blicke der Museumsplaner auch auf den Toskana-Trakt, stießen dabei jedoch auf den entschiedenen Widerstand nicht nur der Universität, sondern auch der Landespolitik. Gleichzeitig erfolgte durch den damaligen Finanz-Landesrat Arno Gasteiger ein interessanter Vorschlag. In einem Schreiben vom 8. August 1986 an Landeshauptmann Wilfried Haslauer sen. schlug er vor, große Teile des Amtsgebäudes in der Neuen Residenz, die für die Landesausstellung 1987 über Wolf Dietrich frei gemacht wurden, dem Museums Carolino Augusteum zur Verfügung zu stellen. Ein Jahr später teilte der Salzburger Bürgermeister Josef Reschen dem Salzburger Landeshauptmann mit, dass es Pläne gebe, die Ausstellungsräume des Museums Carolino Augusteum in den Mönchsberg zu verlegen. Man habe einen Architektenwettbewerb ausgeschrieben und Gustav Peichl als Vorsitzenden der Jury gewinnen können. Am 9. Mai 1989 entschied sich die Jury für das von Hans Hollein eingereichte Projekt, empfahl jedoch dessen Reduzierung und nochmalige Überarbeitung. Zudem sollte eine vergleichende Standortuntersuchung als Basis für ein zukünftiges Museumskonzept vorgenommen werden. Die landespolitischen Weichen wurden 1989 gestellt, als die Landesregierung den Beschluss über eine Situierung der Juridischen Fakultät im Toskana-Trakt fasste und in einem zwischen Stadt und Land akkordierten Vorgehen die Erstellung einer vergleichenden Standortuntersuchung beschlossen wurde. Zu diesem Zeitpunkt wurde die Realisierung des Museumsprojekts im Mönchsberg aus zwei Gründen immer unwahrscheinlicher: Das Museum im Berg erhielt zahlreiche negative Stellungnahmen und ÖVP-Vizebürgermeister Josef Dechant hatte in einem Schreiben an Landeshauptmann Hans Katschthaler seine finanziellen Bedenken zum Ausdruck gebracht. Das Projekt würde eine Milliarde Schilling kosten, für die Land und Stadt Salzburg aufkommen müssten, da mit einer Bundesbeteiligung nicht zu rechnen sei.

Angesichts dieser Entwicklung forcierte der Salzburger Museumsverein unter seinem neuen Präsidenten Karl Heinz Ritschel das Projekt Neue Residenz, wobei er auf das Konzept von Architekt Gerhard Garstenauer zurückgriff, der eine Situierung des Museums in der Alten und Neuen Residenz inklusive einer unterirdischen Verbindung der archäologischen Grabungsstätten entlang des Doms vorgeschlagen hatte. Zusammen mit Martin Windisch legte er nunmehr einen detaillierten Projektplan vor, dessen Kosten mit 158,5 Mio. S beziffert wur-

Linke Seite:
Architekt Hans Hollein erläutert in seinem Studio in Wien Landeshauptmann Hans Katschthaler und der Kuratorin für Moderne Kunst von Guggenheim-Europa, Carmen Jimenez, Konzept und Details seines Museums im Mönchsberg (Foto: Salzburger Landesarchiv)

den. Landeshauptmann Katschthaler reagierte positiv, bot sich doch damit die Möglichkeit einer politisch konsensualen Lösung und eines attraktiven Museumskomplexes anlässlich der 1996 bevorstehenden Tausendjahrfeier der Stadt Salzburg.

Im Oktober 1990 lag das von Wieland Schmid verfasste Museumskonzept vor, das indirekt eine Situierung der SMCA in der Neuen Residenz befürwortete. Nach einem Stadt-Land-Gespräch plädierten am 17. Jänner 1991 Bürgermeister Harald Lettner, Landesrat Othmar Raus und Landeshauptmann Hans Katschthaler für diese Lösung. Zu deren Realisierung bedurfte es jedoch der Zustimmung des Bundes, in dessen Besitz sich die Neue Residenz befand, und der Übersiedlung der betroffenen Verwaltungseinheiten in ein neues Verwaltungsgebäude. Schien somit eine Lösung gefunden, so hieß es wenig später zurück an den Start, als die Arbeitsgemeinschaft Garstenauer/Windisch/Fonatsch/Wondra und Museumsdirektor Albin Rohrmoser die Kostenschätzung in der Höhe von 430 Mio. S für das Gesamtprojekt präsentierten. Landesrat Raus ließ daraufhin wissen, dass für die Landesregierung anteilsmäßige Kosten in der Höhe von 230 Mio. S untragbar seien und nach einer Regierungssitzung erklärten Raus und Landeshauptmann-Stellvertreter Gasteiger, dass die Gesamtkosten des Projekts nicht 250 Mio. S überschreiten dürften. Am 7. Oktober betonte Landesrat Raus, dass man, sollte dieser Kostenrahmen nicht möglich sein, eben von dem Projekt Neue Residenz Abstand nehmen müsse. Zu den Kosten von 250 Mio. S seien nämlich noch die Kosten für die Übersiedlung der Dienststellen des Amtes der Salzburger Landesregierung in der Höhe von weiteren 250 bis 300 Mio. S zu veranschlagen. Und angesichts der schweren Niederlage der SPÖ bei den Gemeinderatswahlen verfiel der Landesrat und Stadtparteiobmann der SPÖ in die bereits klassische populistische Argumentationslinie, indem er bemerkte, ein Betrag von 500 bis 600 Mio. S sei besser für den Wohnungsbau, den Ausbau der Infrastruktur und der Krankenanstalten verwendbar. Und auch der neue ÖVP-Bürgermeister der Landeshauptstadt, Josef Dechant, ließ wissen, Salzburg benötige keine zentrale Lösung, sondern könne durchaus auf die erheblich billigere Variante dezentraler Museen ausweichen.

Katschthaler stand damit bei einem seiner zentralen politischen Anliegen mit dem Rücken zur Wand. Obgleich er die Unterstützung zahlreicher Initiativen hatte, verharrte Salzburg, wie so oft, in kulturpolitischem Stillstand. Eine Lockerung trat erst unter Katschthalers Nachfolger Franz Schausberger ein, der in mehreren Gesprächen hinter den Kulissen zur Jahreswende 1996/97 eine Grundsatzeinigung mit Dechant und Raus zustande brachte, die ein dezentrales Museumskonzept mit dem SMCA in der Neuen Residenz beinhaltete. Schausberger hatte für eine Lösung der leidigen Museumsfrage Klaus Albrecht Schröder als Museumsbeauftragten gewonnen, der im Herbst 1997 eine Machbarkeitsstudie vorlegte, die auf allgemeine politische Zustimmung stieß. Da die Gesamtkostenschätzung rund 311 Mio. S betrug, schien einer Realisierung nichts mehr im Wege zustehen. Die Salzburger Landesregierung fasste am 21. April 1998 den Beschluss, das Projekt mit einem Kostenrahmen von 300 Mio. S zu realisieren.

Der nunmehr ausgeschriebene Architektenwettbewerb verlief jedoch keineswegs nach Plan, da die meisten der 15 in das zweite Verfahren aufgenommenen Entwürfe nicht den Anforderungen entsprachen. Ein Rechtsgutachten empfahl der Salzburger Landesregierung die sofortige Aufhebung des laufenden Wett-

Das Salzburg Museum am Residenzplatz (Foto: Salzburg Museum, Peter Laub)

bewerbsverfahrens und die Durchführung eines Verhandlungsverfahrens. Die Landesregierung folgte dieser Empfehlung. Anfang April 2002 gingen die Architekten Reiner Kaschl und Heide Mühlfellner als Sieger hervor. Das Projekt SMCA in der Neuen Residenz wurde am 26. Jänner 2006 durch die feierliche Eröffnung abgeschlossen. Es war der Vorabend von Mozarts 250. Geburtstag.

Das aufgrund massiver Widerstände sowie der prekären finanziellen Situation von Stadt und Land Salzburg aus dem Entscheidungsprozess für die Situierung des SMCA eliminierte preisgekrönte Projekt Hans Holleins für ein Museum im Berg mobilisierte dessen Salzburger Befürworter, die darin eine Jahrhundertchance sahen, neben der Musik auch für die bildende Kunst ein internationaler Anziehungspunkt zu werden. 1989 ergriff der Salzburger Herzchirurg Felix Unger die Initiative und konnte den neuen Direktor des Guggenheim Museums New York, Thomas Krens, für das Hollein-Projekt begeistern. Krens ließ wissen, dass Salzburg mit dem Hollein Projekt als weiterer Standort des Guggenheim Museums in Frage komme. Diese Möglichkeit erhielt in Salzburg eine breite Unterstützung, war man doch allgemein der Meinung, die Mozartstadt müsse diese sich bietende Jahrhundertchance wahrnehmen. Dabei ließ jedoch das Guggenheim Museum wissen, dass Österreich für die Baukosten in der Höhe von 900 Mio. S sowie dessen laufende Instandhaltungskosten von 11 Mio. S aufkommen müsste. Den laufenden Betrieb würde die Guggenheim Stiftung zur Gänze übernehmen. Damit war die entscheidende Frage der Finanzierung angesprochen, die, so die übereinstimmende Meinung in Salzburg, nur bei einer Bundesbeteiligung von 80 Prozent, den Rest würden sich je zur Hälfte Land und Stadt teilen, gelöst werden konnte. Landeshauptmann Hans Katschthaler befürchtete im Fall einer Realisierung des Museums im Berg eine Gefährdung der geplanten Neuordnung der Museumslandschaft, die ohnedies die Finanzen des Landes stark beanspruchen werde und schlug daher im November 1990 eine Situierung des Guggenheim Museums im Schloss Kleßheim vor. Er stieß allerdings mit diesem Vorschlag in New York auf taube Ohren, wo man erklärte, das Museumsprojekt sei nur als Museum im Berg realisierbar.

Da sich der Bund in der entscheidenden Finanzierungsfrage in unverbindlichen Sympathiebekundungen erging, Stadt und Land jedoch eine 80-prozentige Bundesfinanzierung als Voraussetzung ihres Interesses betrachteten, stagnierte das Projekt bis April 1996, als der neue Landeshauptmann Franz Schausberger in einem ORF-Interview erklärte, er wolle das faszinierende Hollein-Projekt wieder zu neuem Leben erwecken. Da sich jedoch eine entsprechende Bundesbeteiligung nicht rasch realisieren ließ, rückte das Hollein-Projekt zunehmend in den Hintergrund. 1997 erklärte Thomas Krens bei einem Besuch in Salzburg unter Hinweis auf die bevorstehende Eröffnung des von Frank O. Gehry geplanten Museums in Bilbao, man könne und wolle in Österreich angesichts der vorhandenen Schwierigkeiten nicht weiter planen.

Die politischen Rahmenbedingungen setzten landespolitischen Initiativen im Rahmen der Neuordnung der Museumslandschaft enge Grenzen. Landeshauptmann Schausberger entschied sich daher für eine Politik der machbaren kleinen Schritte, ohne das Guggenheim-Projekt völlig aufzugeben. Klaus Albrecht Schröder hatte in seiner Museumsstudie die Errichtung eines Museums der Moderne am Berg an Stelle des Café Winkler vorgeschlagen, wobei bei dessen Errichtung die spätere Realisierung des Museums im Berg nicht ausgeschlossen sein sollte. Die Machbarkeit dieses Zwischenschritts veranlasste die Salzburger Landesregierung am 18. März 1997 zu einem positiven Grundsatzbeschluss für die Errichtung des Museums am Berg mit einem Kostenaufwand von 250 Mio. S, um die Bestände des aus allen Nähten platzenden Rupertinums aufzunehmen und darüber hinaus für repräsentative Ausstellungen ein entsprechendes Raumangebot zur Verfügung zu stellen. Das Interesse an dem international ausgeschriebenen Architektenwettbewerb war enorm. Von den insgesamt 520 Architekten, die die entsprechenden Unterlagen anforderten, setzten sich schließlich die Münchner Architekten Stefan Zwink, Stefan Hoff und Klaus Friedrich als Sieger durch. Die Realisierung des Projekts wurde durch den Umstand erleichtert, dass Landeshauptmann Schausberger im Jahr 2000 eine Mitfinanzierung des Bundes in der Höhe von 120 Mio. S gelang.

In diesem Moment erhielt die Diskussion in Salzburg durch einen Meinungsschwenk der Bürgerliste, vor allem von deren Stadtrat Johann Padutsch, eine überraschende Wende. Hatte sich die Bürgerliste bisher ablehnend zum Guggenheim-Projekt geäußert, so wandte sich Padutsch nunmehr in einem Brief an Krens mit der Bitte, die faszinierende Möglichkeit eines Museums im Berg nicht ad acta zu legen. Die Wogen der kulturpolitischen Diskussion in Salzburg gingen hoch, wobei die Befürworter des Museums im Berg weitgehend die zentrale Finanzierungsfrage ignorierten. Der Bund ließ nämlich unmissverständlich wissen, dass er zu einer notwendigen Finanzierung im Ausmaß von nunmehr rund eine Milliarde Schilling nicht bereit sei. Werde das Museum am Berg nicht rea-

Der neue Blickfang am Mönchsberg: Das Museum der Moderne (Foto: Museum der Moderne Salzburg, Marc Haader)

lisiert, werde man die Finanzierungszusage über 120 Mio. S zurückziehen. Landeshauptmann Schausberger erklärte daher im September 2000 in Richtung der Befürworter des Hollein-Projekts, man könne nicht ein fertiges Projekt, mit dem zu Jahresbeginn 2002 begonnen werde, einer auf Sand gebauten Diskussion opfern. Das Guggenheim Museum und das Museum am Berg seien keine Gegensätze, sondern es bestehe auf Grund der Planungen die Möglichkeit einer späteren Realisierung des Museums im Berg, sodass dann ein „Kunstzentrum Mönchsberg" entstehen könne. Man werde weiterhin mit dem Bund wegen einer möglichen Finanzierung verhandeln. Bei diesen Verhandlungen ließen jedoch Bundeskanzler Wolfgang Schüssel, Finanzminister Karl-Heinz Grasser und Bildungsministerin Elisabeth Gehrer unmissverständlich wissen, dass der Bund zu keinem weiteren finanziellen Engagement bei Salzburger Kulturbauten bereit sei.

Trotz aller in Salzburg anhaltenden politischen Querelen fand am 25. Oktober 2003 die Firstfeier für das Museum der Moderne am Mönchsberg statt und wurde am 23. Oktober 2004 mit einer Präsentation der zeitgenössischen Sammlung des Rupertinums unter dem Titel „Vision einer Sammlung" offiziell eröffnet.

Aus den Debatten des Salzburger Landtages

Bericht des Bildungs-, Schul-, Sport- und Kulturausschusses zum Antrag der Abg. Schwaighofer und Dr. Reiter (Nr. 178 der Beilagen) betreffend die Museumslandschaft in Salzburg (SLP, Nr. 248, 3. Session, 12. GP)

Der Bildungs-, Schul-, Sport- und Kulturausschuss hat sich in seiner Sitzung vom 18. Oktober 2000 in Anwesenheit von Landeshauptmann Dr. Schausberger und Landesrat Dr. Raus sowie der Experten DI Wagner (Abteilung 6), DI Leitner (Abteilung 6/17), HR Schernthanner (Abteilung 8) und Dr. Schröger (Abteilung 12/01) eingehend geschäftsordnungsgemäß mit dem zitierten Antrag befasst.

Seit einigen Wochen bestünde – so der Antragsteller Abg. Schwaighofer – in Salzburg wieder die Chance, doch noch ein Guggenheim-Museum zu bauen. Das seinerzeitige Scheitern dieses Projekts hätten alle maßgeblichen politischen Kräfte, die derzeit im Land und in der Stadt Salzburg tätig sind, mittlerweile auch öffentlich bedauert. Um eine Gesamtlösung sowohl in kulturpolitischer, architektonisch-städtebaulicher wie auch wirtschaftlicher Hinsicht nicht zu gefährden, sollten weitere, die Gesamtlösung präjudizierende Schritte vermieden werden.

Landeshauptmann Dr. Schausberger erläuterte eingangs in einem umfassenden Bericht, dass der Guggenheimchef Thomas Krens stets ein Befürworter des Hollein-Projekts als architektonisches Projekt gewesen sei. Zur Frage, ob im Mönchsberg ein Guggenheim-Museum errichtet werden solle oder könne, seien weitere subtilere Abklärungen nötig – so Krens in seinem Schreiben. Krens stellte auch klar, dass es kein ausschließliches Guggenheim-Museum geben werde, sondern eine Beteiligung mindestens eines weiteren großen österreichischen Museums anzustreben sei. Außerdem würden von Krens klare Beschlüsse und Bekenntnisse von Stadt, Land und Bund zu diesem Projekt vorausgesetzt werden. Eine Bundesbeteiligung sei zum derzeitigen Zeitpunkt mehr als in Frage zu stellen – so Landeshauptmann Dr. Schausberger. Dem gegenüber stünden klare Beschlüsse der Landesregierung und ein ausfinanziertes wie baureifes Projekt für ein Museum der Moderne am Mönchsberg, das auch konsequent umgesetzt werde.

Es sei dringend notwendig, dass die Sammlung des Rupertinums besser präsentiert werde, so Landeshauptmann Dr. Schausberger weiter. Zusätzlich solle die Möglichkeit für die Ausstellung von renommierten Privatsammlungen sowie von Präsentationen von attraktiven internationalen Wechselausstellungen geschaffen werden. Das Projekt des Museums auf dem Mönchsberg solle so verwirklicht werden, dass später auch eine Anbindung an ein eventuelles Guggenheim-Museum möglich sei. Landeshauptmann Dr. Schausberger sprach sich dafür aus, dass die Architekten des Museums auf dem Mönchsberg und Architekt Hollein gemeinsam überlegen sollten, wie ein großes Kulturzentrum auf dem Mönchsberg errichtet werden könne, sollte in ein paar Jahren das erforderliche

Geld für das Hollein-Projekt vorhanden sein. Das Museum auf dem Mönchsberg sei kein zweitrangiges, sondern ein sehr gutes Projekt, das einem zukünftigen großen Kunstzentrum am Mönchsberg nicht entgegenstehe.

Klubvorsitzender Abg. Mag. Thaler sagte, dass die Stadt Salzburg von dem Projekt eines Museums auf dem Berg profitiere und damit ein Schritt aus ihrer provinziellen Denkweise auf diesem Sektor herausmache. Im Gegensatz zum Hollein-Projekt sei die Finanzierung des Museums auf dem Mönchsberg gesichert. Weiters stellte Klubvorsitzender Mag. Thaler fest, dass das Guggenheim-Museum ... irgendeinmal Wirklichkeit werden müsse. Dies könne aber erst dann geschehen, wenn Salzburg sich dieses Projekt leisten könne; und dies aber nicht um jeden Preis.

Abg. Dr. Schöppl stellte für die FPÖ fest, dass das Guggenheim-Projekt nicht realistisch und finanzierbar sei. Die FPÖ stehe aber auch dem Projekt des Museums auf dem Mönchsberg grundsätzlich kritisch gegenüber und werde daher dem Antrag der Grünen zustimmen, da dieser Antrag einen „Projekt-Stopp" vorsehe. Dies komme den Intentionen der FPÖ nahe.

Abg. Mag. Neureiter signalisierte für die ÖVP, dass sie dem Antrag die Zustimmung nicht erteilen werde.

Nach eingehender Diskussion kamen die Ausschussmitglieder mit den Stimmen von ÖVP und SPÖ gegen die der FPÖ zur Auffassung, dem Landtag die Ablehnung dieses Antrages zu empfehlen. (...)

Der Bildungs-, Schul-, Sport- und Kulturausschuss stellt mit den Stimmen von ÖVP und SPÖ gegen die der FPÖ – sohin mehrstimmig – den

Antrag,

der Salzburger Landtag wolle beschließen:

Der Antrag wird abgelehnt. ...

Auszug aus dem Antrag der Abg. Schwaighofer und Dr. Reiter betreffend das „Hollein-Museum" (Museum im Berg) (SLP, Nr. 577, 4. Session, 12. GP)

Die Verwirklichung des Hollein-Projektes, also eines Museums im Berg, stellt für die kultur- und wirtschaftspolitische Zukunft Salzburgs eine einzigartige Chance dar, die nicht neuerlich verspielt werden darf.

Im Sommer 2000 wurde das Projekt „Guggenheim" über eine Initiative der Stadtpolitik wiederbelebt. Allerdings scheidet Guggenheim als alleiniger Betreiber aus, bekundet aber sein Interesse am gemeinsamen Betrieb des Hauses mit einem renommierten österreichischen Museum. Landeshauptmann Dr. Schausberger erteilte im November 2000 den Auftrag, die Machbarkeitsstudie aus dem Jahr 1990 zu aktualisieren. Die Kosten dafür teilten sich Stadt und Land Salzburg. Als Ergebnis wurde im Juni 2001 die zuvor bezweifelte geologische Machbarkeit inklusive eines für ein Museum notwendigen Innenraumklimas zweifelsfrei bestätigt. Die Kosten lagen mit S 1,06 Mrd. deutlich unter den vom Land befürchteten S 1,6 Mrd. Im September 2001 wurde von der Stadt Dr. Seipel, Direktor des Kunsthistorischen Museums in Wien, und Prof. Hollein in Abstimmung mit dem Land mit der Ausarbeitung eines Betreiberkonzeptes und eines darauf abgestimmten reduzierten architektonischen Konzeptes beauftragt. Anfang Februar 2002 wurde in einem Stadt-Land-Gespräch das Ergebnis präsentiert.

Das Projekt hat nichts von seiner Faszination und Einmaligkeit verloren. Im Gegenteil! Durch die deutliche Reduktion von Depot- und Ausstellungsflächen wird die architektonische Besonderheit und Qualität noch deutlicher. Ebenso beeindruckend ist die damit verbundene deutliche Reduktion der Errichtungskosten, die in einer begleitenden Kostenermittlung durch die Fa. IC-Consult auf nur mehr S 650 Mio. (rund € 4,7 Mio.) geschätzt wird. Weiters liegt ein ausführlicher Finanzierungsvorschlag für die Errichtungskosten seitens der französischen Großbank BNP PARIBAS in Zusammenarbeit mit der Salzburger Kreditwirtschaft vor. Kernpunkt dieses Angebots ist, dass die ersten Zahlungen seitens der öffentlichen Hand erst nach Eröffnung des Museums zu leisten sind, zu einem Zeitpunkt also, zu dem die steuerlichen Effekte der Errichtung und des Betriebs voll wirksam geworden sind.

Das Betreiberkonzept von Direktor Seipel geht von einer Betriebsführung durch die Kooperation Kunsthistorisches Museum Wien, Guggenheim New York und Eremitage St. Petersburg aus. Es soll ein offenes Haus für die die Gesamtheit der Bevölkerung und die Besucher der Stadt sein, in dem hoch attraktive wechselnde Ausstellungen internationaler Kunst- und Kulturgeschichte ebenso Platz haben wie Vorträge, Konzerte, Seminare und Events für die Jugend.

Bei der Besucherschätzung bleibt Seipel mit 300.000 bis 500.000 sehr vorsichtig, wenn man bedenkt, dass die Einrichtungen des Museums Carolino Augusteum schon über 300.000 Jahresbesucher aufweisen.

Trotzdem bleibt der Zuschussbedarf der öffentlichen Hand für den laufenden Betrieb von S 48 Mio. (rund € 3,5 Mio.) bei 300.000 Jahresbesuchern und von S 25 Mio. (rund € 1,8 Mio.) bei 500.000 Jahresbesuchern deutlich unter den direkten Steuereinnahmen nur aus dem reinen Museumsbetrieb (ohne Umwegrentabilität) von S 60 Mio. (rund € 4,4 Mio.), wobei der Großteil davon in die Bundeskassen fließt.

Die Stadt Salzburg hat die Chancen, die mit diesem für die kultur- und wirtschaftspolitische Zukunft Salzburgs derzeit wohl wichtigstem Projekt verbunden sind, erkannt und folgende Vorbedingungen erfüllt:

- Nachweis der geologischen Machbarkeit und der Herstellbarkeit des entsprechenden Innenraumklimas.
- Eine deutlich positive Kosten-/Nutzenabschätzung.
- Akzeptanz in der Stadtbevölkerung.
- Eine deutliche politische Mehrheit im Gemeinderat.
- Sicherstellung eines eigenen finanziellen Beitrages in Form einer für das „Hollein-Museum" zweckgebundenen Rücklage von rund € 18,7 Mio. seit dem Budgetjahr 2001.
- Die forstrechtliche Bewilligung.
- Die Änderung des räumlichen Entwicklungskonzeptes und der Grünlanddeklaration.
- Alle Beschlüsse zur Änderung des Flächenwidmungsplanes.

Darüber hinaus gibt es für das Projekt ein hohes Interesse und einige Aktivitäten aus Bevölkerung und Wirtschaft weit über die Landesgrenzen hinaus, ein eigenes Personenkomitee für ein „Hollein-Museum“ mit hunderten Mitgliedern, darunter bekannte Persönlichkeiten ebenso wie ein Querschnitt der Bevölkerung.

Das Land Salzburg hingegen hat seine Entscheidung vorerst wieder bis Mai 2002 verschoben und mit einer Überprüfung des Betreiberkonzeptes begründet.

Diese Überprüfung ist zweifellos notwendig! Ebenso wie die Detaillierung der Betreiberkonstruktion, die gesellschafts- und zivilrechtlichen Vereinbarungen, die Ausfinanzierung, die endgültige Form der Erschließung und Baustellenabwicklung usw. usf., kurz – wie alle Fragen, die bei einem Projekt dieser Dimension im Detail geklärt werden müssen. Allerdings können diese Fragen (z. B. Ausfinanzierung und Betriebsführung) nur bei einem klaren und eindeutigen Ja des Landes geklärt werden, weil der Bund mit Sicherheit nur bei einer geschlossenen Haltung Salzburgs in das Projekt einsteigt und zum anderen sind die bisherigen Analysen und Ergebnisse mehr als ausreichend, um zweifelsfrei die wirtschaftliche Sinnhaftigkeit und Chance zu erkennen, die mit diesem Projekt verbunden sind. Jedenfalls ist die Gefahr, dass diese enorme Chance für die Zukunft Salzburgs wieder verspielt wird, wenn nicht endlich ein klares Ja ausgesprochen wird und gemeinsam mit der Stadt offensiv mit dem Bund verhandelt wird, zunehmend dramatisch gegeben.

In diesem Zusammenhang stellen die unterzeichneten Abgeordneten den

Antrag,

der Salzburger Landtag wolle beschließen:

1. Der Landtag bekennt sich zur Errichtung des „Hollein-Museums“ (Museum im Berg).

2. Die Landesregierung wird ersucht,

2.1. bei der nächsten Sitzung einen Grundsatzbeschluss zur Errichtung des „Hollein-Museums“ herbeizuführen und

2.2. die grundsätzliche Bereitschaft zu bekunden, bis zu einem Drittel der Errichtungskosten zu übernehmen;

2.3. sich zu verpflichten, einen adäquaten Teil des Betriebsabgangs zu übernehmen;

2.4. unverzüglich mit Bund und Stadt Verhandlungen bezüglich eines Finanzierungskonzeptes für Errichtung und Betrieb aufzunehmen;

2.5. in Zusammenarbeit mit Stadt und Bund ein Betriebskonzept zu erarbeiten und vertraglich zu fixieren unter vorrangiger Beachtung der Vorschläge von Dr. Seipel betreffend die Kooperation Kunsthistorisches Museum Wien, Guggenheim New York und Eremitage St. Petersburg ...

Das Haus für Mozart wurde 2006 eingeweiht
(Foto: Karl Forster)

Robert Kriechbaumer

Ein Haus für Mozart

Landeshauptmann Josef Klaus war bei der Errichtung des Großen Festspielhauses nach Plänen von Clemens Holzmeister zur Überwindung des lokalen Widerstandes gezwungen, Konzessionen zu machen. So sehr das Große Haus als Spielstätte für die Große Oper und große Orchesterkonzerte geeignet war, so sehr war sowohl dem Festspieldirektorium wie auch der Politik bewusst, dass die Errichtung des Großen Hauses jene eines Kleinen Hauses als Spielstätte vor allem für die Opern Mozarts zur Folge haben musste. Präsident Bernhard Paumgartner forderte daher nach der Fertigstellung des Großen Hauses die Errichtung eines „Hauses für Mozart". Obwohl Holzmeister bereits Pläne für ein solches Haus skizziert hatte, war an eine neuerliche sofortige Betrauung Holzmeisters für den Bau eines Hauses für Mozart auf Grund des massiven politischen Widerstandes von SPÖ und FPÖ sowie der Salzburger Architekten nicht zu denken. Klaus war daher gezwungen, für die Errichtung eines Kleinen Festspielhauses einen beschränkten Wettbewerb unter Salzburger Architekten auszuschreiben, aus dem Hofmann und Engels als Sieger hervorgingen. Das 1963 eröffnete Kleine Haus fand jedoch nur eingeschränkte Zustimmung, weshalb vielfach ein Umbau des Kleinen Hauses für notwendig erachtet wurde. Holzmeister griff daher auf seine Vorstudien aus den späten 1950er-Jahren zurück und stellte 1978 einen ersten Entwurf für ein Haus für Mozart vor, der die begeisterte Zustimmung Herbert von Karajans fand. Zwischen 1980 und 1982 folgte ein modifizierter Entwurf. Die Planungen waren bereits relativ weit fortgeschritten, als Holzmeister im Jahr 1983 im 98. Lebensjahr starb. Die Projekte Holzmeisters sahen vor, dass im Vergleich zum bestehenden Kleinen Haus die Anzahl der Sitzplätze um 200 verringert worden wäre, was die gebotene Wirtschaftlichkeit beeinträchtigte. Sowohl Landeshauptmann Wilfried Haslauer sen. wie auch das Festspieldirektorium hielten jedoch am Plan eines Hauses für Mozart fest, mussten allerdings bei einem Neubau die Verringerung der Sitzplätze vermeiden. Das Festspieldirektorium lud daher 1985/86 drei Holzmeister-Schüler – Wilhelm Holzbauer, Hans Hollein und Friedrich Kurrent – zu einem begrenzten Wettbewerb ein, bei dem es ihnen bei Beibehaltung der bestehenden Zahl der Sitzplätze frei stand, Elemente der Holzmeister-Planung zu übernehmen. 1987 wurde keines der eingereichten Projekte in der vorliegenden Form von einer Jury unter Vorsitz von Roland Rainer für verwertbar erachtet. Die Jury fügte jedoch hinzu, dass sie das Projekt Holzbauers am ehesten für eine Weiterbearbeitung geeignet halte. Die Weiterverfolgung des Projekts fiel jedoch in den folgenden Jahren den lokalpolitischen Grabenkämpfen zum Opfer.

Bewegung in die erstarrte Situation kam 1995, als Gérard Mortier anlässlich des 75-Jahr-Jubiläums der Festspiele und mit Blick auf den 250. Geburtstag Mozarts im Jahr 2006 den Neubau eines Kleinen Festspielhauses in Hellbrunn nach dem Vorbild Glyndebournes vorschlug. 1996 wiederholte Mortier seinen Vorschlag und stieß damit auf das Interesse des neuen Landeshauptmanns Franz Schausberger, der die Realisierung des Vorhabens auf seine kulturpolitischen Fahnen schrieb. Er stieß dabei jedoch auf den entschiedenen Widerstand der

SPÖ, für die Kulturlandesrat Othmar Raus erklärte, ein Haus für Mozart auf der Grünen Wiese komme nicht in Frage. Es sei viel vernünftiger, das bestehende Kleine Festspielhaus in ein Haus für Mozart umzubauen. In der nunmehr ausbrechenden Debatte schien sich die Situation anlässlich der Errichtung des Großen Festspielhauses in den 1950er-Jahren zu wiederholen. SPÖ, FPÖ und Bürgerliste wurden nicht müde, auf die Dringlichkeit sozialpolitischer Maßnahmen hinzuweisen und damit die Initiative des neuen Landeshauptmanns zu torpedieren. Der in mehreren besorgten Pressekommentaren diagnostizierte neuerliche kulturpolitische Stillstand wurde Anfang 1998 beendet, als sich Mortier von seinem Vorschlag einer Situierung des Hauses für Mozart in Hellbrunn verabschiedete und auf den Festspielbezirk einschwenkte. Auch für das Problem der Erhaltung der Sitzplatzanzahl schien eine Lösung gefunden. In dem vom Direktorium ausgeschriebenen begrenzten Wettbewerb hatten Holzbauer und Hollein ein Einrücken der neuen Außenfront in den Max-Reinhardt-Platz vorgeschlagen. Diesem Vorschlag stand jedoch das Salzburger Altstadterhaltungsgesetz entgegen, weshalb eine andere Lösung gefunden werden musste. Mortier schlug in einem Gespräch mit Holzbauer die Vertiefung des Zuschauersaals vor, wodurch die Außenfront belassen werden konnte.

Das Direktorium der Festspiele stimmte dieser Lösung zu und Mortier schrieb am 23. Jänner 1998 an Holzbauer, dieser möge eine Weiterentwicklung seines Projekts aus dem Jahr 1987 auf der Basis einer Tieferlegung des Zuschauersaals erarbeiten. Seitens des Landes Salzburg erklärte Landeshauptmann Schausberger, das Land Salzburg werde die notwendigen Finanzierungsverhandlungen mit der Stadt Salzburg und dem Bund übernehmen. Zudem sollte geprüft werden, ob auf Grund des Beitritts Österreichs zur EU die Ausschreibung eines Architektenwettbewerbs notwendig sei. Eine Betrauung Holzbauers mit dem Projekt lag auf Grund der Vorgeschichte nahe, bedurfte jedoch der juristischen Absicherung. Obwohl zwei in Auftrag gegebene Rechtsgutachten die Auffassung vertraten, dass auf Grund der Projektarbeit 1985/86 sowie des damaligen Gutachterverfahrens ein Folgeauftrag für die Architektenleistung von Holzbauer folgerichtig sei und daher kein EU-weiter Architektenwettbewerb ausgeschrieben werden müsse, beeinspruchten Salzburger Architekten die Rechtsgutachten, wodurch die Vergabe ins Stocken geriet. Und noch zwei weitere Probleme tauchten auf, die es zu lösen galt. Für die Verhandlungen mit dem Bund benötigte Schausberger die uneingeschränkte oder zumindest breite landespolitische Rückendeckung, weshalb eine Einigung mit der zurückhaltend bis kritisch agierenden SPÖ gefunden werden musste. Die SPÖ argumentierte, dass man nicht nur die Hochkultur finanzieren wolle, sondern auch die zahlreichen Kulturinitiativen in Stadt und Land Salzburg. Schausberger gelang am 11. Mai 2000 eine Einigung mit der SPÖ. Stadt und Land Salzburg einigten sich auf ein Investitionsprogramm für Kulturstätten in der Höhe von 1,2 Mrd. S, wobei in diesem Betrag für die Jahre 2002 bis 2006 seitens der beiden Verhandlungspartner jeweils Beträge von 75 Mio. S für den Bau des Hauses für Mozart enthalten waren. Am 25. Jänner 2001 gelang Schausberger in persönlichen Verhandlungen mit Finanzminister Karl-Heinz Grasser eine Finanzierungszusage des Bundes in der Höhe von 130 Mio. S. Der raschen Realisierung des Projekts Haus für Mozart schien damit nichts mehr im Wege zu stehen.

Im Kuratorium der Festspiele erklärten jedoch der Salzburger Bürgermeister Heinz Schaden und der Vertreter des Finanzministeriums, Armin Gebhard Fehle, für sie komme nach Rücksprache mit Fachleuten des Bundes und des Landes eine freihändige Beauftragung Holzbauers nicht in Frage und forderten zwar keinen EU-weiten offenen Architektenwettbewerb, aber ein rechtlich einwandfreies zweistufiges Verfahren für die Nominierung eines geeigneten Generalunternehmers. Bei dem mit 24. August 2001 terminisierten Verfahren kamen fünf Büros – Holzbauer (Wien), Bétrix/Consolascio (Schweiz), Domenig/Eisenköck/Lorenz (Graz/Salzburg), Friedrich & Partner (Hamburg) sowie Hermann/Valentiny und Wimmer/Zaic (Wien/Salzburg) – in die engere Wahl. Am 21. September 2001 entschied sich zur allgemeinen Überraschung die Bewertungskommission für das Projekt Hermann/Valentiny und Wimmer/Zaic, während Holzbauers Entwurf an die zweite Stelle gereiht wurde. Holzbauer reagierte auf diese Entscheidung mit einer Stellungnahme, in der er darauf hinwies, dass das Siegerprojekt die Ausschreibebedingungen nicht erfülle und zudem die Entscheidung der Bewertungskommission nicht nach objektiv nachvollziehbaren Kriterien gefallen sei. In einem weiteren Schritt erhob er Einspruch beim Bundesvergabeamt, das in drei Entscheidungen dem Einspruch stattgab. Die Entscheidung des Bundesvergabeamtes hatte aufschiebende Wirkung, wodurch die geplante Fertigstellung bis zum Jahr 2006 in ernste Gefahr geriet. Dabei wiederholte sich eine Situation beim Bau des Großen Festspielhauses 1955, als Staatssekretär Fritz Bock Landeshauptmann Josef Klaus gegenüber erklärte, die Bundesmittel für den Bau des Großen Festspielhauses stünden nur in einem knappen Zeitfenster zur Verfügung und würden dann auf absehbare Zeit nicht mehr abgerufen werden können. Nunmehr erklärte Intendant Peter Ruzicka in einer Sitzung des Kuratoriums der Festspiele, er habe ein Gespräch mit Bundeskanzler Wolfgang Schüssel geführt, in dem ihm dieser unmissverständlich mitgeteilt habe, entweder gehe das Haus für Mozart 2006 in Betrieb oder nie mehr, da es dann für dieses Vorhaben keine Bundesmittel mehr gebe. Das Kuratorium war um eine Lösung bemüht und ordnete eine neuerliche Begutachtung der eingereichten Projekte durch die Bewertungskommission an, die jedoch nach einer neuerlichen Sitzung erklärte, sie könne auf Grund der nach wie ungeklärten rechtlichen Lage keine Entscheidung fällen.

In dieser äußerst schwierigen Situation war Krisenmanagement angesagt. Am 22. Mai 2002 fand auf Initiative von Landeshauptmann Schausberger ein Gespräch der beiden Erstgereihten Valentiny und Holzbauer unter der Vermittlung Ruzickas im Restaurant „Pan e Vin" mit dem Ziel statt, beide Projekte nach dem Motto „Von jedem das Beste" zusammenzuführen und damit die termingerechte Fertigstellung des Baus doch noch zu ermöglichen. Der erhoffte endgültige Durchbruch war damit jedoch noch nicht erzielt, da die Bewertungskommission in einer neuerlichen Sitzung am 28. August 2002 das Projekt der Architekten Bétrix/Consolascio vor das nunmehr vereinigte Projekt Holzbauer/Valentiny reihte. Durch diese überraschende Entwicklung lag der Ball wiederum beim Kuratorium, das zu einer raschen und definitiven Entscheidung kommen musste. In einer Sondersitzung am 13. September 2002 erklärte Präsidentin Helga Rabl-Stadler, das Direktorium sei beim Studium der Entscheidung der Bewertungskommission zu der Ansicht gelangt, dass die beiden Teams Kopf an Kopf liegen. Den gordischen Knoten durchschlug Landeshauptmann Schausberger, als er erklärte, das Kuratorium habe auf Grund des ausgeschriebenen Planungsverfahrens nicht über Projekte abzustimmen, sondern darüber, welchem Team es am ehesten zugetraut werden könne, den Umbau zu realisieren. Und dieses war nach messbaren Kriterien das Team Holzbauer/Valentiny, dem es, trotz aller noch folgenden Turbulenzen, gelang, den mit einem bescheidenen Kostenrahmen ausgestatteten Bau rechtzeitig zu vollenden.

Aus den Debatten des Salzburger Landtages

Auszug aus der Anfrage der Abg. Dr. Schöppl und Dr. Schnell an Herrn Landeshauptmann Dr. Schausberger betreffend den Umbau des Kleinen Festspielhauses vom 18. März 2002 (SLP, Nr. 594, 4. Session, 12. GP)

Der Umbau des Kleinen Festspielhauses ist nach jüngsten Medienberichten gefährdet. Aufgrund einer einstweiligen Verfügung des Bundesvergabeamtes wurde die Vergabe bis 15. April dieses Jahres gestoppt. Durch diese Maßnahme scheint die rechtzeitige Fertigstellung und Inbetriebnahme des „Hauses für Mozart" im Rahmen des Mozartjahres 2006 in Gefahr zu sein.

Die unterzeichneten Abgeordneten stellen in diesem Zusammenhang folgende

Anfrage:

1. Welche waren die maßgeblichen Entscheidungsgründe, dem Projekt der Architekten Valentiny, Wimmer und Zaic den Zuschlag zu erteilen?

2. Welche waren die maßgeblichen Entscheidungsgründe, dem Projekt Holzbauer nicht den Zuschlag zu erteilen?

3. Wie begründete Architekt Holzbauer seinen Einspruch gegen das Vergabeverfahren?

4. Wie begründete der Bundesvergabesenat seine Entscheidung, nunmehr das Verfahren zu stoppen?

5. Welche konkreten Auswirkungen ergeben sich aufgrund der Entscheidung des Bundesvergabesenates auf den Zeitpunkt der Fertigstellung des Bauvorhabens?

6. Wie hoch beziffern Sie den bisher entstandenen Schaden?

7. Mit welchen Mehrkosten muss aufgrund dieser Verzögerungen gerechnet werden?

8. Sehen Sie die Möglichkeit, den bisher entstandenen Zeitverzug wieder aufzuholen und welche sind dies im Konkreten?

9. Welche konkreten Szenarien wurden bzw. werden entwickelt, um bei einer weiteren Verzögerung den Umbau des Kleinen Festspielhauses einzustellen?

10. Ist der volle Spielbetrieb im Kleinen Festspielhaus auf die Dauer der Umbauarbeiten gesichert, wenn nein, in welchem Umfang kann das Haus bespielt werden? (Sofern der Spielbetrieb nicht im vollen Ausmaß möglich sein sollte, so wird um Bekanntgabe des daraus resultierenden Schadens ersucht.)

Auszug aus der Beantwortung der Anfrage der Abg. Dr. Schöppl und Dr. Schnell an Herrn Landeshauptmann Dr. Schausberger (Nr. 594 der Beilagen) betreffend den Umbau des Kleinen Festspielhauses vom 11. April 2002 (SLP, Nr. 721, 4. Session, 12. GP)

… Zu den Fragen 1, 2, 3 und 4: (…) Nachdem es sich um ein offenes Verfahren handelt und der Bescheid des Bundesvergabeamtes in Wien dem Salzburger Festspielfonds als Auftraggeber für das Verhandlungsverfahren zur Sache eines Generalplaners zum Umbau des Kleinen Festspielhauses für ein Haus für Mozart noch nicht zugestellt wurde, wird um spätere Beantwortung ersucht.

Zu Frage 5: (…) Der Aufschub der Zuschlagserteilung an den Gesamtplaner kann eine Verschiebung des Baubeginns nach sich ziehen, wobei durch Maßnahmen der Ausdehnung und Straffung der Bauarbeitszeiten und des Baumanagements versucht wird sicherzustellen, dass das Mozart Opern Haus fristgerecht zum Mozartjahr 2006 fertig gestellt werden kann. Eine längere Verzögerung kann dieses Ziel in Diskussion bringen.

Zu den Fragen 6 und 7: (…) Nachdem das Verfahren beim Bundesvergabeamt noch nicht abgeschlossen ist, können diese Fragen derzeit noch nicht beantwortet werden.

Zu den Fragen 8 und 9: (…) Siehe Beantwortung zu Frage 5. Derzeit könnten, da noch kein inhaltlicher Bescheid des Bundesvergabeamtes vorliegt, nur rein hypothetische Szenarien entwickelt werden. Es ist notwendig, den Bescheid des Bundesvergabeamtes abzuwarten, um die weiteren Vorgangsweisen festlegen zu können.

Zu Frage 10: (…) Eine Verzögerung etwa durch die Nichteinhaltung des Baubeginns September 2003 kann bedeuten, dass das Kleine Haus während des Umbaus für die Salzburger Festspiele im Sommer nicht zur Verfügung steht. Je nachdem, ob die Spielsaison 2004 oder 2005 ausfällt, kann sich für die Salzburger Festspiele ein Einnahmenentfall von mehreren Millionen Euro ergeben. Eine exakte Vorhersage ist erst nach Vorliegen des Bescheides des Bundesvergabeamtes und der damit einhergehenden Veranlassungen aus meiner derzeitigen Sicht möglich …

Auszug aus dem Protokoll der Landtagssitzung am 16. Oktober 2002

Abg. Dr. Andreas Schöppl (FPÖ): Sehr geehrter Herr Präsident! Hohes Haus! 2006 steht uns das Mozartjahr ins Haus, da der berühmteste Sohn des Landes seinen 250. Geburtstag haben wird. Eine seltene Gelegenheit, Stadt und Land international zu präsentieren. Eine einmalige Gelegenheit wohl für unsere Kulturmetropole und für den Fremdenverkehr. Es scheint uns allen nur logisch, das Kleine Festspielhaus zu diesem Zeitpunkt umzubauen, zu adaptieren und eine längst notwendige Renovierung durchzuführen. Ich glaube, wir sind uns alle einig, dass eine moderne Spielstätte für das Jahr 2006, für das Mozartjahr, dringend notwendig ist. Auch wir Freiheitliche halten den Umbau des Festspielhauses, eine moderne Bühne für 2006 für dringend geboten. Die Umsetzung allerdings, an der gibt es heftige Kritik zu üben. Sie ist fast das, was man als chaotisch bezeichnen könnte. Schmierentheater schreibt eine Fachzeitschrift und ich kann Sie beruhigen, es ist keine juristische, sondern eine der Architekten. Ich habe sie hier heute mitgebracht. Aber schauen wir uns doch einmal die Entwicklung an.

Zuerst sollte Holzbauer mit dem Umbau beauftragt werden. Dann erhält ein Architektenteam den Zuschlag. Dann kommt es zu einer Anfechtung des Vergabeverfahrens und es stellt sich heraus, die Vergabe war rechtswidrig. Wir Freiheitlichen, wir kommen ja unserer Oppositionsaufgabe nach, wir kontrollieren dieses Projekt mittlerweile schon mit der dritten Anfrage. Ich darf zitieren, warum es aufgehoben wurde, aus einer Anfragebeantwortung, und zwar „wegen der Nichteinhaltung der gebotenen Sorgfaltspflichten bei der Prüfung der Bewertung der Angebote hinsichtlich der voraussichtlichen Kosten der Durchführung des Bauvorhabens". Ich glaube, Kommentar überflüssig. Keine Kontrolle und man weiß nicht, was es kosten wird. Nachdem also aufgrund dieser doch eher chaotischen Umstände die Vergabe aufgehoben wurde, kam es zum nächsten Chaos. Gründung, Auflösung von neuen Planungsgesellschaften, bis dann jetzt offensichtlich ein Zuschlag erteilt wurde an eine Mischung dieser beiden Konsortien, nämlich Holzbauer und Architektenteam. Das Ergebnis: positiv ist sicherlich zu beurteilen, dass zumindest irgendetwas weitergeht für den Umbau des Festspielhauses, negativ ist allerdings sicherlich die gewählte Vorgangsweise.

Und Sorgen, Sorgen hat man sich zu machen für die Zukunft, denn der Start für dieses wichtige Unternehmen für 2006, für unser Mozartjahr, ist ja so wohl der denkbar schlechteste und es sind viele Fragen nach wie vor offengeblieben. …

Wie hoch der Schaden ist, der durch diese chaotische Vorgangsweise entstanden ist, das weiß bis heute niemand. (…)

Abg. Cyriak Schwaighofer (Grüne): Es ist eine traurige Veranstaltung rund um das Kleine Festspielhaus. … Das Ergebnis, werte Kolleginnen und Kollegen, ist eine internationale Blamage ersten Ranges. Der Andreas Schöppl hat es gesagt. Wenn man sich die Architekturzeitschriften anschaut, wenn man die Architekturpresse ein bisschen verfolgt, … dann ist das etwas, das über dem Mozartjahr wahrscheinlich noch hängen wird in ganz gewaltiger Art und Weise.

Das Land Salzburg, das muss man an diesem Beispiel wieder feststellen, hat wahrlich keine gute Hand in den letzten Jahren, wenn es darum geht, Großprojekte in Angriff zu nehmen und umzusetzen. Hier läuft etwas offensichtlich völlig verkehrt. Denken Sie zurück an das SMCA. Welche Probleme hat es hier offensichtlich bei der Ausschreibung bereits gegeben? Denken Sie an das Stadion. Wie weit entfernt sich das jetzige Projekt von dem Siegerprojekt, wo sich die Jury, die Fachjury, distanziert hat von dem, was dann realisiert wird. Denken Sie an das Museum im Berg. Denken Sie auch an die Diskussion um das Museum auf dem Berg.

Hier fehlt aus meiner Sicht offensichtlich das, nämlich den parteipolitischen Einfluss zurückzunehmen und die Experten wirklich auch entscheiden zu lassen. Es ist doch blamabel bis zum äußerten, wenn eine Bewertungskommission unter einem Schweizer Architekten zweimal denjenigen, der jetzt den Weg gefunden hat offensichtlich über eine andere Art, zweimal zurückreiht, dass dann über ein Gutachten eines Statikers, der sozusagen die Tauernautobahn und Tiefgaragen beurteilt hat, ein Rechtszustand hergestellt werden soll oder ein Zustand hergestellt werden soll, der festlegt, dass jetzt dieses Projekt realisiert werden soll, das offensichtlich von der Frau Rabl-Stadler, gut befreundet, wie wir wissen, mit dem Willi, favorisiert wird, und zwar ganz klar hat sie damit etwas zu tun, weil ja das Kuratorium die Entscheidung dem Direktorium übertragen hat und dieses hat sich ganz klar in der Form ausgesprochen. …

Jetzt wäre etwas anderes angesagt, nämlich, ich beziehe mich da nicht auf etwas, was ich so besonders gut wüsste und ich bin nicht der Experte, nehmen wir vielleicht einen her, den man als Doyen der Salzburger Architekten bezeichnen könnte, Gerhard Garstenauer, er hat sich mehrfach und vielfach in dieser Sache engagiert. Es sagt ganz klar, und er kennt mittlerweile die Ausschreibungsunterlagen, er sagt ganz klar, in dieser Sache gibt es, so wie es jetzt läuft, keine gute Lösung mehr. Das kann nur eine schlechte Lösung werden. … aber jetzt geht es um etwas anderes. Es geht darum, ob sich …, wie auch bei anderen Großprojekten, der Herr Landeshauptmann und ein, zwei andere durchsetzen müssen, entgegen vielen fachlichen Einsichten und Stellungnahmen, oder ob wir den Mut haben zu sagen, nein, zurück an den Start, und das ist mittlerweile eine breitere Meinung, zurück an den Start, einen ordentlichen Architektenwettbewerb, der international auch akzeptabel ist, und dann gibt es eben im Jahr 2006 nicht dieses Kleine Festspielhaus umgebaut.

Michael Nake

Aus der Not eine Tugend gemacht

Gründung und Aufbau der Paracelsus Medizinischen Privatuniversität

Seit den 60er-Jahren des vorigen Jahrhunderts gab es Bestrebungen des Landes Salzburg – auch angestoßen durch einzelne Vertreter aus dem Landesklinikum Salzburg – einen vierten Standort für die medizinische Ausbildung neben Wien, Graz und Innsbruck in der Stadt Salzburg zu errichten. Die Universitätsorganisationsvorschriften aus 1962 hatten eine solche Möglichkeit für die Universität Salzburg stets vorgesehen. Die verfassungsrechtlichen Kompetenzen für die tertiäre Bildung lagen und liegen ausschließlich beim Bund, weshalb der Landespolitik lediglich die Möglichkeit blieb, entsprechende Anregungen bzw. Forderungen an die Bundesregierung zu deponieren.

Hier ist der Beschluss des Salzburger Landtags aus dem Jahre 1964 anzuführen, die Bundesregierung zu ersuchen, die Angliederung einer rechts- und staatswissenschaftlichen und einer medizinischen Fakultät an die neue Universität Salzburg zu beschließen. Im Bericht des Verfassungs-, Verwaltungs- und Schulausschusses vom 11. März 1964 (SLP, Nr. 124, 5. Session, 4. GP) heißt es dazu: „Um nun den praktischen Aufbau auch dieser beiden Fakultäten sinnvoll zu gestalten und in den Gesamtplan einbauen zu können, bedarf es schon im jetzigen Zeitpunkt gewisser vorbereitender Schritte. Diese aber setzen wieder den rechtlichen Status einer Volluniversität voraus." Aus einer Anfragebeantwortung (SLP, Landtagssitzung am 29. Mai 1968, S. 658–664) geht klar hervor, dass die Landesregierung und der Salzburger Landtag ihre Bereitschaft bekundet hatten, hohe Beträge, nämlich mehr als S 300 Mio. in zehn Jahren als Unterstützung für die Etablierung einer medizinischen Fakultät zu investieren. Landeshauptmann Dr. Hans Lechner führte dazu aus: „Ich persönlich habe unter Bezug auf eine diesbezügliche mit dem Herrn Bundeskanzler im Februar dieses Jahres durchgeführte Aussprache in einem an den Herrn Bundesminister für Unterricht gerichteten Schreiben nochmals auf dieses dringende Anliegen Salzburgs hingewiesen und hiebei alle bisher hiezu mündlich wie schriftlich vorgetragenen Argumente erneut dargelegt. Ich habe des weiteren in diesem Schreiben darauf hingewiesen, dass dem Landtag vorgeschlagen würde, den gewaltigen Wert der auf das modernste ausgestalteten Landeskrankenanstalten für diesen Zweck kostenlos der Universität zur Verfügung zu stellen und darüber hinaus auch noch einen nach den allgemeinen Ausbaunotwendigkeiten berechneten Betrag von etwa S 300 Mio. oder etwas mehr für eine weitere Ausgestaltung im Laufe der nächsten zehn Jahre bereitzustellen. Dieser Betrag würde nach meinem Vorschlag unter Berücksichtigung der Krankenversorgung im Lande im Einvernehmen mit dem Bundesministerium für Unterricht zum Einsatz kommen. Der Bund würde dann etwa noch einen gleich hohen Betrag für reine universitäre Einrichtungen im Laufe von etwa zehn Jahren veranschlagen müssen. Für das Land ist es aber zwingend, sowohl in personeller wie auch in technischer

Hinsicht zu wissen, ob die Medizinische Fakultät in einer greifbaren, wenn auch noch nicht in einer zeitlichen genau fixierten Zukunft ihren Betrieb aufnehmen wird, da sich jede Ausbauetappe der Gesamtplanung einordnen muss."

Dieses Anliegen wurde auch stets von allen im Salzburger Landtag vertretenen Parteien unterstützt, so auch in jenem am 1. Juli 1970 beschlossenen Antrag bei der Novelle des Hochschulorganisationsgesetzes, einen neuen Anlauf zu unternehmen. Hiezu heißt es im Antrag erläuternd: Es waren sich „die Ausschüsse darüber einig, dass alles unternommen werden muss, um die Verwirklichung des langgehegten und zielstrebig verfolgten Wunsches nach Errichtung einer Medizinischen Fakultät an der Universität Salzburg zu ermöglichen" (SLP, Nr. 60, 1. Session, 6. GP). Die gleiche Intention wurde auch z. B. im Dringlichkeitsantrag vom 16. Februar 1994 sichtbar unterstrichen. Darin wurden bereits die guten Vorleistungen des Landes Salzburg, hier insbesondere die der Salzburger Landeskliniken, hervorgehoben. Auch wurden schon damals die großen Kapazitätsprobleme der Fakultäten in Wien, Graz und Innsbruck unterstrichen (SLP, Nr. 228, 6. Session, 10. GP). Ein weiterer einstimmig angenommener Antrag datiert aus dem Jahr 1995 (SLP, Nr. 645 und Nr. 686, 2. Session, 11. GP), in welchem auch ein Profil für die Medizinische Fakultät beschlossen wurde. Dieses Profil wies folgende Schwerpunkte auf: Ganzheitsmedizin, Ernährungsmedizin, Gerontologie, Präventivmedizin und medizinische Ethik.

Eine Umsetzung ist von Legislaturperiode zu Legislaturperiode wohl aus überwiegend finanziellen bzw. budgetären Gründen nicht erfolgt. Im Vertrauen auf diese immer wieder geäußerte Absicht, hat das Land Salzburg als Rechtsträger der Landeskliniken Salzburg die universitäre Ausrichtung stetig vorangetrieben:

Es wurden sämtliche Besetzungen so durchgeführt, dass das Ausschreibungskriterium der Habilitation für den Posten eines/einer Abteilungs- oder Institutsleiters/-leiterin erfüllt sein musste. Es wurde die Forschung maßgeblich unterstützt, indem in Teilbereichen der Landeskliniken Forschungslaboratorien eingerichtet wurden. Es wurde eine Forschungsgesellschaft errichtet und mit Mitteln ausgestattet, um kompetitiv Forschungsbemühungen vor allem an den Landeskliniken unterstützen zu können. So hatte sich ein Profil herausgebildet, das das grundsätzliche Potenzial zur Schaffung einer universitären Struktur für Medizin in sich barg.

Im Jahr 1999 setzten die Landesregierung und das Management der damaligen Holding der Salzburger Landeskliniken einen Meilenstein (in diesen Bemühungen), indem sie eine Institution gründeten, die als Vorläuferin einer Medizinischen Fakultät die Realisierung maßgeblich beschleunigen sollte. Am 18. Oktober 1999 wurde die „Medizinische Fakultät Salzburg – Privatstiftung" gegründet. Der Zweck dieser Stiftung war:

- Die Förderung aller Maßnahmen, die zur Errichtung, zum Betrieb und zur Erhaltung einer Medizinischen Fakultät im Land Salzburg beitragen.
- Die Durchführung und Abwicklung sowie die Förderung von medizinischen Forschungs- und Lehraufgaben. Die Forschungsergebnisse werden der Öffentlichkeit zugänglich gemacht.

Die Stifter waren das Land Salzburg mit einem Anteil am Stiftungskapital von knapp mehr als 50 Prozent sowie 50 Personen mit Leitungsverantwortung, vor allem aus dem Bereich der Landeskliniken, hier wieder vor allem Abteilungs- und Institutsleiter/innen. Die Rechtsform einer Privatstiftung wurde gewählt, um die Dauerhaftigkeit zu manifestieren, die Gemeinnützigkeit des Vorhabens zu unterstreichen, einen historischen Anschluss an die Stiftung des St.-Johanns-Spitals zu schaffen und um die Voraussetzungen für eine steuerliche Absetzbarkeit von späteren Spenden bzw. Zustiftungen zu erreichen. Diese Initiative verfehlte ihre Wirkung nicht, wenn auch zunächst in eine Richtung, die wohl durch die Gründung der Stiftung nicht beabsichtigt war.

Unter Zugzwang gesetzt, diese Bemühungen tatkräftig zu unterstützen, teilte die damals zuständige Ministerin für Wissenschaft und Forschung mit, dass definitiv die Gründung einer vierten Medizinischen Fakultät an öffentlichen Universitäten in Österreich nicht in Frage käme. Diese Aussage schaffte eine Klarheit, die nun einerseits dazu führen konnte, alle bisherigen Bemühungen als vergeblich anzusehen und sich weiterhin mit dem Status eines Zentralkrankenhauses zufrieden zu geben. Dieser Status des Zentralkrankenhauses nach den einschlägigen Krankenanstaltengesetzen bedeutet die Führung grundsätzlich aller medizinischen Fachdisziplinen – was medizinische Vollversorgung für die Region bedeutet. Die andere Alternative war, einen neuen Weg eigenständig oder in Kooperation mit anderen tertiären Bildungseinrichtungen, zu verfolgen.

In engem zeitlichen Zusammenhang zu dieser Entscheidung des Bundes wurde im Jahr 1999 das Bundesgesetz über die Akkreditierung von Bildungseinrichtungen als Privatuniversitäten (Universitätsakkreditierungsgesetz – UniAkkG, BGBl. I Nr. 168/1999) geschaffen. Durch dieses Bundesgesetz war es in Österreich erstmals möglich, dass andere Rechtssubjekte als die Republik Österreich Träger einer Universität wurden.

Dieses Universitätsakkreditierungsgesetz sieht als Voraussetzungen für die Akkreditierung unter anderem Folgendes vor (§ 2 UniAkkG):

- die Bildungseinrichtung muss eine juristische Person mit Sitz in Österreich sein,
- sie muss jedenfalls Studien oder Teile von solchen anbieten,
- sie muss in den wesentlichen Fächern ein dem internationalen Standard entsprechendes, wissenschaftlich oder künstlerisch ausgewiesenes Lehrpersonal aufweisen,
- sie muss die erforderliche Raum-, Personal- und Sachausstattung vorweisen können,
- die Studien müssen vergleichbar jenen des Universitätsstudiengesetzes sein.

Auf der Basis der Erfüllung dieser Voraussetzungen, zu denen auch noch die Sicherstellung der Finanzierung für die erste Akkreditierungsperiode (fünf Jahre) kommt, entfalten die dort verliehenen universitären Abschlüsse die gleiche Wirkung wie jene an einer öffentlichen österreichischen Universität.

Auf der Basis dieser rechtlichen Voraussetzung beschlossen der Vorstand der Stiftung und der Stiftungsrat die Gründung einer Privaten Medizinischen Universität ins Auge zu fassen, und es wurde gemeinsam mit den Salzburger

Landeskliniken ein Projekt „Private Medizinische Universität Salzburg" ins Leben gerufen. Beginnend mit dem Jahr 2001 wurde an den inhaltlichen und finanziellen Voraussetzungen für dieses Vorhaben gearbeitet. Im Zuge der Vorbereitung des Akkreditierungsansuchens war es notwendig, auch die finanzielle Machbarkeit des Vorhabens durch Garantien für die Finanzierung der ersten fünf Jahre darzustellen.

Es war ein 3-Säulen-Modell vorgesehen:

- Studiengebühren (anfangs € 8.000,– pro Jahr)
- Beiträge und Garantien von Sponsoren und
- eine Basisförderung durch das Land Salzburg für fünf Jahre ab 2003

Um Letzteres zu erreichen, wurden durch den Vorstand der Stiftung Gespräche mit den Landtagsfraktionen und den Mitgliedern der Salzburger Landesregierung geführt. Überwiegend wurde das Vorhaben unterstützt, wobei vor allem für die sozialdemokratische Fraktion die Schaffung eines Stipendientopfs in relevanter Höhe mit ausschlaggebend war. Insgesamt kann die Gründung der PMU als eine Initiative bezeichnet werden, die aus einem fruchtbaren Zusammenwirken zivilgesellschaftlicher Kräfte, der Landespolitik und der Ärzteschaft der Landeskliniken entstanden ist.

Im Frühjahr 2002 konnte das Ansuchen um Akkreditierung gestellt werden. Entsprechend mussten auch der Stiftungszweck geändert und die Stiftung unbenannt werden. Sie hieß ab März 2002 „Medizinische Schule Salzburg – Privatstiftung", denn die Führung des Titels Privatuniversität war mangels einer bis dorthin rechtmäßig erteilten Bewilligung noch nicht möglich.

Der Stiftungszweck wurde insofern erweitert, als alle Maßnahmen umfasst waren, die zur Errichtung, zum Betrieb und zur Erhaltung einer Medizinischen Fakultät oder anderer medizinischer und damit zusammenhängender Aus- und Fortbildungseinrichtungen, in welcher Rechtsform immer, sowohl in öffentlichrechtlicher als auch in privatrechtlicher Form, insbesondere auch als Privatuniversität nach den Bestimmungen des Akkreditierungsgesetzes, im Land Salzburg beitragen. Darüber hinaus wurde der Stiftungszweck auch mit der Durchführung und Abwicklung sowie der Förderung von medizinischen Forschungs- und Lehraufgaben etc. näher definiert.

Neben den grundlegenden inhaltlichen Arbeiten, insbesondere der Ausarbeitung eines Curriculums, welches das Studium der Humanmedizin in fünf Kalenderjahren ermöglicht (durch extreme Verkürzung der Ferienzeiten und Verdichtung des Unterrichts), konnten durch Verträge mit den Salzburger Landeskliniken und der Naturwissenschaftlichen Fakultät der Paris-Lodron-Universität Salzburg die wesentlichen personellen und infrastrukturellen Voraussetzungen geschaffen werden. Diese Verträge stellen durch leistungs- und marktgerechte Bezahlung sicher, dass das Finanzierungsverbot des Bundes für Privatuniversitäten eingehalten wird. Diese „Public Private Partnership"-Modelle ermöglichen die Nutzung erheblicher Synergien durch die Zusammenarbeit mit der Naturwissenschaftlichen Fakultät der Paris-Lodron-Universität Salzburg und durch die Zusammenarbeit mit dem späteren Universitätsklinikum – den Landeskliniken Salzburg. Die Voraussetzungen gemäß § 2 Akkreditierungsgesetz waren also durch die Schaffung des Kurses „Medizinische Basiswissenschaften", der von der Naturwissenschaftlichen Fakultät abgewickelt wird, und durch die Einbindung

Gründungsfeier der PMU am 30. Jänner 2003 in der Salzburger Residenz (im Bild von links nach rechts: Rektor Univ.-Prof. Dr. Herbert Resch, Dekan der Mayo Medical School, Anthony Windebank, Landeshauptmann Dr. Franz Schausberger (Foto: PMU/Franz Neumayr)

einer großen Zahl von ärztlichen Lehrenden und Forscher/innen der Salzburger Landesklinik gegeben.

Der Österreichische Akkreditierungsrat, eine weisungsfreie Behörde, erteilte mit Bescheid vom 7. November 2002 der Medizinischen Schule Salzburg – Privatstiftung das Recht zur Führung einer Privatuniversität mit den zwei Studiengängen Humanmedizin und PhD Molekulare Medizin.

Am 29. Juni 2005 wurde der Name der Privatstiftung neuerlich abgeändert. Die Stiftung wurde nunmehr „Paracelsus Medizinische Privatuniversität Salzburg – Privatstiftung" genannt. Der Stiftungszweck wurde nochmals konkretisiert und ist vorrangig auf die Förderung und Durchführung aller Maßnahmen, die zur Errichtung, zum Betrieb und zur Erhaltung der Paracelsus Medizinischen Privatuniversität mit Sitz in Salzburg beitragen bzw. notwendig und/oder zweckmäßig sind, ausgerichtet. Mit der ersten Promotionsfeier für die Absolvent/Innen des Diplomstudiengangs Humanmedizin wurde sichtbar, dass die Feuertaufe gut bestanden wurde.

In den Jahren seit 2004 betrafen die Beschlüsse des Salzburger Landtages die Paracelsus Medizinische Privatuniversität vor allem im Bereich des Salzburger Objektivierungsgesetzes. Darin wurden der Rektor und weitere Vertreter der PMU in die Vorschlagskommission zur Auswahl der Klinikleiter/innen berufen und unter anderem Gutachten der PMU zur Grundlage der Bestellungen gemacht. Regelhaft werden die ausgewählten Personen auch zu Universitätsprofessor/innen ernannt.

Die PMU hat sich die Entwicklung zu einer Universität für „Health Sciences" zum Ziel gesetzt. Dieser Zielsetzung entsprechend wurden neben dem Diplomstudium der Humanmedizin Studiengänge für Pflegewissenschaft (2007) und Pharmazie (2017) geschaffen. Weiters wurden insgesamt drei Doktoratsstudiengänge und mehrere Universitätslehrgänge mit Masterabschluss ins Leben gerufen. Aktuell verzeichnet die PMU über 1.400 Studierende (einschließlich Standort Nürnberg).

Die erste Promotion der PMU am 18. Juli 2008 (im Bild von links nach rechts: Vizerektor Univ.-Prof. Dr. Felix Sedlmayer, Ehrenrektor Univ.-Prof. Dr. Julian Frick, Rektor Univ.-Prof. Dr. Herbert Resch, Absolventin Dr.[in] med. univ. Helga Paula und Dekan für akademische Angelegenheiten Univ.-Prof. Dr. Michael Studnicka) (Foto: PMU/ Helge Kirchberger)

Die Forschung hat sich in den Jahren seit der Gründung stark weiterentwickelt. Im Jahr 2017 wurden zuletzt an allen Standorten 914 wissenschaftliche Publikationen (Anzahl im Jahr 2003: 238) mit einem Impactfaktor von 2.787 verzeichnet. Dies entspricht der klaren Absicht der Universität, neben ihrem klaren Profil in der Lehre, auf die Forschung in all ihren Ausprägungen großen Wert zu legen.

Auswahlbibliographie

Nake, Michael: Paracelsus Medizinische Privatuniversität – Privatstiftung. In: Eislsberg, Maximilian (Hg.): Stiftungsrecht, Jahrbuch 2008, Wien – Graz 2008, S. 493–499

Paracelsus Medizinische Privatuniversität Salzburg – Privatstiftung, Gemeinnützige Salzburger Landeskliniken Betriebsgesellschaft mbH (Hg.): Forschungsbericht 2015. http://www.pmu.ac.at/fileadmin/user_upload/files/Forschung/Forschungsbericht2015_PMU_SALK.pdf (Zugriff: 12.02.2018)

Paracelsus Medizinische Privatuniversität Salzburg – Privatstiftung (Hg.): Jahrbuch 2014/15 http://www.pmu.ac.at/fileadmin/user_upload/files/Pressebereich/Paracelsus_Jahrbuch_2014_15.pdf (Zugriff: 12.02.2018)

Paracelsus Medizinische Privatuniversität Salzburg – Privatstiftung (Hg.): Alumni. http://www.pmu.ac.at/alumni-magazin.html (Zugriff: 12.02.2018)

Paracelsus Medizinische Privatuniversität Salzburg – Privatstiftung (Hg.): Geistige Nahrung ist der Adel der Seele. 10 Jahre Paracelsus Medizinische Privatuniversität, Salzburg 2013

Reinhard Krammer † • Andreas Praher

Die Kontroversen um das neue Salzburger Stadion

Ein Stadion-Neubau ist, abgesehen vom sportlichen Aspekt, stets mit ökonomischen, ökologischen und ästhetischen Fragen verbunden, die im Vorfeld von den politischen Verantwortlichen zu klären sind. Diese Klärung läuft meist nicht friktionsfrei ab. Auch in Salzburg polarisierten die Planung und der Bau einer neuen Fußballarena von Anfang an große Teile der Öffentlichkeit.

Die 1933 gegründete Sportvereinigung „Austria Salzburg" hatte ihre Spiele in den ersten Jahren auf einem Sportplatz nahe der Lehener Brücke an der Schießstattstraße ausgetragen. Nach Kriegsende bezog sie im Jahr 1947 den neu errichteten Platz, die sogenannte Lehener Gstättn, an der Stelle, an der später auch das Stadion errichtet werden sollte. Die häufig einfach als „Lehener" bezeichnete Mannschaft der „Austria Salzburg" wurde wie auch das Stadion mit der Zeit ein Teil der Salzburger Identität. Schon deshalb war absehbar, dass eine Verlegung des Spielorts an einen anderen Standort bzw. der Bau eines neuen Stadions nicht ohne emotionale Turbulenzen abgewickelt werden konnte. Der Abschied vom Lehener Stadion fiel nicht nur den Austria-Salzburg-Fans schwer. Die emotionale Verbundenheit war einerseits durch die lange Tradition, die diese Sportstätte aufzuweisen hatte, und andererseits durch die Situierung in einem urban geprägten und dicht besiedelten Stadtteil begründet, dessen soziale Struktur eine Verbundenheit mit dem „kleinen Mann" unter Beweis gestellt hatte. Das Lehener Stadion lag zwar am Rande der Stadt, war vom Stadtzentrum aber zu Fuß oder mit öffentlichen Verkehrsmitteln einfach zu erreichen. Als reines Fußballstadion Ende der 1960er-Jahre konzipiert, reichten die Zuschauerränge bis zum Spielfeldrand, was eine räumliche Nähe zwischen ZuschauerInnen und Spielern herstellte und eine spezifisch intime Atmosphäre begünstigte.

Pläne für eine Multifunktionsarena nach Stuttgarter und Arnheimer Vorbild

Eine Sanierung des Lehener Stadions inklusive einer Ausweitung des Stehplatzsektors war seit Mitte der 1990er-Jahre immer wieder angedacht worden, wobei die sportlichen Erfolge der Austria das Bedürfnis, über ein modernes und größeres Stadion zu verfügen, verstärkten. Das Erreichen des Endspiels im UEFA-Cup und der Gewinn des österreichischen Meistertitels in der Saison 1993/94 lösten einen anhaltenden Massenandrang zu den Spielen der Austria aus, der die Kapazitäten des Lehener Stadions überstieg. Die Erwägung der Stadt Salzburg, das Stadion an Ort und Stelle zu erweitern und zu modernisieren, erwies sich mit den Vorstellungen des Internationalen und Österreichischen Fußballverbandes als unvereinbar. Dazu galt der bauliche Zustand insgesamt als sehr schlecht und nicht mehr der Norm entsprechend. Außerdem erschien eine Erhöhung der Zahl der Sitzplätze in Lehen schon aus Platzgründen als nicht aussichtsreich. Diese Umstände übten Druck auf die Landesregierung aus, die dann im Mai 1997 den Neubau eines Stadions an einem anderen Ort beschloss. Schon zuvor hatte

Die Salzburger Austria bei ihrem letzten Heimspiel im alten Lehener Stadion 2002 (Foto: Franz Neumayr)

Sportlandesrat Othmar Raus (SPÖ) im Jahr 1994 seine Zusage gegeben, die Umbaukosten zu einem Drittel aus Landesgeldern zu finanzieren. 1996 erneuerte Raus diese Zusage und bezifferte die anteilsmäßigen Kosten des Landes auf S 27 Mio. Der Standort in Lehen inmitten einer dicht besiedelten Wohngegend wurde schon aus verkehrstechnischen und räumlichen Gründen als ungeeignet angesehen. Hinzu kam ein europaweit erkennbarer Trend nach modernen Fußballarenen, der neben Salzburg auch in Graz und Innsbruck in einem Neubau mündete und gewisse Wunschvorstellungen vorantrieb.

Das Salzburger Projekt, dessen Unterstützung Landeshauptmann Franz Schausberger (ÖVP) von Beginn an zugesichert hatte, stellte nicht nur das Land vor große Herausforderungen. Dieses orientierte sich zunächst an die Vorbilder in Stuttgart und Arnheim. In beiden Städten wurde eine multifunktionale Arena errichtet, die abseits des Fußballs auch für andere Veranstaltungen genutzt werden konnte. Für die Errichtung einer solchen multifunktionalen Arena in Salzburg hätten Rücklagen gebildet werden sollen. Die Bewerbung des Landes Salzburg um die Ausrichtung der Olympischen Winterspiele 2006 und die Absicht, als Austragungsort im Rahmen der gemeinsamen Bewerbung Österreichs und Ungarns für die Fußball EM 2004 zu fungieren, spielten bei all diesen Überlegungen eine entscheidende Rolle. Ein Teil der Finanzierung für die 25.000 Zuschauer fassende Arena hätte aus dem Olympiabudget erfolgen sollen. Damit hätten „mit einem Schlag die jahrzehntelang schwelenden Probleme der Errichtung einer Mehrzweckhalle" gelöst werden können, heißt es in einem Protokoll zum Salzburger Landtag vom April 1997. Im Mai 1997 erfolgte schließlich mit

Stimmen von ÖVP, SPÖ und FPÖ gegen jene der Bürgerliste (Grünen) der Antrag auf Beschluss zur „Errichtung eines multifunktionellen Stadions im Salzburger Zentralraum". Gleichzeitig mit diesem Beschluss wurde die Landesregierung vom Finanzausschuss ersucht, mit Bund, Landeshauptstadt und der Gemeinde Wals-Siezenheim in Finanzierungsverhandlungen zu treten. Parallel dazu fand eine Inspektionsreise nach Arnheim statt, zu der Salzburger Journalisten eingeladen wurden.

Da vielen Kriterien Rechnung zu tragen war, gestaltete sich die Suche nach einem geeigneten Standort von Anfang an sehr schwierig. Die Erreichbarkeit des Stadions, die Flächenverfügbarkeit, die verkehrstechnische Erschließung, die Parkmöglichkeiten für die Besucher, die Möglichkeit der Anlage von Rad- und Fußwegen und die technische Erschließung mit Strom, Wasser und Kanalisation waren ebenso zu berücksichtigen wie etwaige Beeinträchtigungen schützenswerter Naturräume und mögliche Sozialkonflikte mit den AnrainerInnen. Letztendlich waren es vier Standorte, die als Option für das neue Stadion geeignet erschienen: das Gebiet von Kasern in Salzburg, die Sportanlage Liefering-Salzachsee, die Fläche zwischen dem Gewerbegebiet Wals-Siezenheim und der Westautobahn sowie ein Areal an der Alpenstraße südlich des bestehenden Gewerbegebiets.

Wals als Favorit in der Standortfrage

Wals empfahl sich schon wegen der vorliegenden Einverständniserklärung des Gemeinderates für die Errichtung einer so großen Sportanlage. Im Hinblick auf die Bewerbung Österreichs für die gemeinsame Fußball-EM 2004 mit Ungarn wurde der damalige Bürgermeister von Wals-Siezenheim, Ludwig Bieringer, aktiv und stellte ein Grundstück im Grünland auf Landschaftsschutzgebiet von ausreichender Größe für Stadion, Mehrzweckhalle sowie Parkplätze neben der Autobahn in Aussicht. Die multifunktionale Arena war im Frühjahr 1998 nach nicht gelösten Grundstücksfragen zwar politisch kein Thema mehr, die Stadionfrage blieb aber dennoch auf der Agenda der Salzburger Landesregierung und Wals der Favorit.

Als sich im Sommer 1998 „das mächtige Triumvirat aus dem einflussreichen Bürgermeister von Wals-Siezenheim, Ludwig Bieringer (Bauherr und Baubehörde), dem Salzburger Landeshauptmann Franz Schausberger (beide ÖVP) und dem Sportlandesrat Othmar Raus (SPÖ)" (Der Standard, 6. März 2003) für den Standort vor dem Baudenkmal Schloss Kleßheim entschied, waren allerdings einige wesentliche Fragen unbeantwortet. So waren vor allem die Erreichbarkeit des Stadions, die Flächenverfügbarkeit, die verkehrstechnische Erschließung, die Parkgelegenheiten für die Besucher, die Möglichkeit der Anlage von Rad- und Fußwegen und die technische Erschließung mit Strom, Wasser und Kanalisation zu berücksichtigen und ein konziser Plan, wie Beeinträchtigungen schützenswerter Naturräume zu vermeiden und mögliche Sozialkonflikte mit den AnrainerInnen zu verhindern seien, stand noch weitestgehend aus.

Die räumliche Nähe zum Schloss Kleßheim erwies sich als der meist kritisierte und heftigst diskutierte Punkt. Das Schloss – zwischen 1700 und 1709 von Johann Bernhard Fischer von Erlach, dem Architekten des Erzbischofs Johann

Ernst Graf Thun errichtet – war schon in den letzten Jahrzehnten des vergangenen Jahrhunderts durch die Anlage großer Gewerbegebiete arg in Bedrängnis geraten, nun befand sich – so sahen es viele SalzburgerInnen – auch das Landschaftsschutzgebiet im Vorfeld des Schlosses in Gefahr.

„Wir sind für einen Stadion-Neubau, doch nicht an diesem Standort. Die letzten Meinungsumfragen zum Stadion belegen, dass die Mehrzahl der Befragten den Neubau eines Stadions befürwortet, den derzeit festgelegten Standort jedoch ablehnt. Die Gründe für diese Standort-Ablehnung sind seit Jahren bekannt: Zerstörung der Kultur- und Naturlandschaft vor Kleßheim, Verlust der letzten ‚Grünen Lunge' (Landschaftsschutzgebiet) für die angrenzenden Stadtteile und Unlösbarkeit einer vernünftigen Verkehrslösung." (Salzburger Nachrichten, 16. August 2001)

Widerstand in der Bevölkerung und von der Opposition

Im September 1999 wurde die „Bürgerinitiative Taxham 1999 (BIT99)" gegründet, die sich als ordentlicher Verein die Erhaltung und Verbesserung der Lebensqualität in Taxham als Ziel setzte, aber schon anlässlich der ersten Sitzung feststellte, dass sie es als ihre eigentliche Aufgabe ansah, das Fußballstadion zu verhindern. Nach eigenen Angaben wurden zwischen 35.000 und 36.000 Unterschriften gegen den Stadionbau gesammelt. Für die in ihren Augen verfehlte Standortwahl wurde in erster Linie Landeshauptmann Franz Schausberger verantwortlich gemacht. Sein Vorgehen bezeichnete die Bürgerinitiative als „bürgerfeindlich", der Landschaftsschutz – so die StadiongegnerInnen – sei mit Füßen getreten und bei der Beschaffung der für das Stadion notwendigen Gründe seien die Grundbesitzer massivst unter Druck gesetzt worden. Es waren schwere Geschütze, die aufgefahren wurden. Journalisten aus dem benachbarten Bayern wurden eingeladen, nach Salzburg zu kommen und sich ein Bild von den „skandalösen Plänen" des Landeshauptmannes, dem man zudem Gesprächsverweigerung vorwarf, zu machen. (Die Süddeutsche Zeitung, 7. Oktober 1999).

Zwar scheiterte Salzburgs Kandidatur für die beiden internationalen Großveranstaltungen 2004 und 2006, aber als Österreich gemeinsam mit der Schweiz den Zuschlag für die Fußball- Europameisterschaft des Jahres 2008 erhielt, wurde Salzburg als einer der Austragungsorte bestimmt und der Stadion-Neubau blieb virulent.

Versuche, jene einzubinden, die vom Stadionbau in erster Linie betroffen waren, sind den verantwortlichen PolitikerInnen aber nicht gänzlich abzusprechen. Allerdings stand der Standort nicht mehr zur Disposition und die Einrichtung eines Bürgerbeirats verfolgte nur das Ziel, die Mitglieder umfassend zu informieren und sie aktiv in die Gestaltung wesentlicher Elemente des Stadionbaus einzubeziehen. Die Bürgerinitiative, die das als „pure Farce" bezeichnete, befand sich insofern in einem Dilemma, als sie prinzipiell gegen den vorgesehenen Standort des Stadions auftrat. Diese Fundamentalopposition machte es ihr unmöglich, in ernsthafte Verhandlungen über die Lösung der den Stadionbau begleitenden Probleme einzutreten. Als die Bürgerinitiative, der sich inzwischen auch der bekannte ehemalige Politiker der Grünen und Kämpfer für die Erhaltung der Salzburger Altstadt, Herbert Fux, angeschlossen hatte, sich an die Volksanwaltschaft und an Vizekanzlerin Susanne Riess-Passer (FPÖ) wandte, wurde ihren Anliegen zwar Gehör geschenkt, doch blieben konkrete Maßnahmen zur Unterstützung der Bürgerinitiative aus. Besonders die Vizekanzlerin hätte „wenig Verständnis für die Ängste und Wünsche der Delegation" aufgebracht. Die 15.000 Unterschriften gegen den Stadionstandort seien „von der Vizekanzlerin nur unwillig entgegengenommen" worden, so die Bürgerinitiative, die mittlerweile auch vom Wiener Baumeister Richard Lugner („Es ist wie die Zerstörung der Buddha-Statuen in Afghanistan") und von Günther Nenning („Lasst euch nicht einwickeln, die einzige Alternative ist, dass gar nichts gebaut wird") Unterstützung erhielt. (NEWS, 2. Mai 2001)

Von den politischen Parteien traten die Salzburger Grünen im Land und die Bürgerliste in der Stadt dezidiert gegen den Stadionbau auf. Ihre Argumente: Es entwerte das Barockschloss Kleßheim, es sei mit 800 Mio. S zu teuer und bringe eine enorme Verkehrsbelastung für die Anrainer. Auch andere prominente Stadtpolitiker standen dem Stadionbau in Kleßheim skeptisch bis ablehnend gegenüber: Bürgermeister Heinz Schaden (SPÖ) verlangte eine stärkere Einbindung der Taxhamer, Stadtrat Johann Padutsch (Bürgerliste) und Vizebürgermeister Siegfried Mitterdorfer (FPÖ) waren gegen den vorgesehenen Standort – so zu lesen in einer Broschüre der Stadiongegner, die jetzt vor allem die Salzburger Geschichts- und Kulturvereine für ihre Sache mobilisierten. Eine Deklaration „Kein Stadion vor dem Schloss Kleßheim" wurde verfasst und unterschrieben.

Im September 2000 organisierte die Bürgerinitiative einen Demonstrationszug, der die 500 Teilnehmer vom Schloss Mirabell zum Domplatz führte, wo prominente RednerInnen aus Politik und Wissenschaft ihre Argumente gegen den Stadionbau ausbreiteten. 2001 wurde auf dem künftigen Stadion-Areal in Wals-Siezenheim eine Pro-Stadion-Kundgebung veranstaltet. Unter den Demonstranten befand sich auch die Mannschaft des „SV Wüstenrot Salzburg". Zur gleichen Zeit versammelten sich StadiongegnerInnen zu einer Gegendemonstration. Beide Demonstrationen gingen friedlich und ohne Auseinandersetzung vonstatten, wie in einer Presseaussendung festgestellt wurde. Durchsetzen konnte ihre Haltung aber weiterhin keine der beiden Parteien. Der Ton wurde noch verschärft: „Die scheinheiligen Argumente von sogenannten Kulturschützern sind lächerlich", beschied Rudi Quehenberger in seiner Funktion als Präsident des neuen Vereins der Freunde des Stadions seinen GegnerInnen in einer Presseaussendung. Das Institut für Grundlagenforschung stellte 300 Salzburgerinnen und Salzburgern zwischen 14 und 60 Jahren die Frage: „Die Planung des neuen Fußballstadions in der Nähe des Schlosses Kleßheim ist weit fortgeschritten, das Stadion soll 2003 fertiggestellt sein. Sind Sie gegen oder für die Errichtung des neuen Stadions?" Zum neuen Stadion in Kleßheim bekannten sich laut Presseaussendung des Vereins der Freunde des neuen Stadions 60 Prozent der Befragten, dagegen waren 27 Prozent, 13 Prozent hatten dazu keine Meinung geäußert.

Als besonders langlebig erwies sich bei der Auflistung der Nachteile der Standortentscheidung das Argument der angeblichen Beschränkung auf den Individualverkehr und der Vernachlässigung der Anbindung des öffentlichen Verkehrs in das Stadtzentrum und zum Hauptbahnhof. Nicht der Neubau des Stadions an sich, sondern die Wahl des Standortes hatte also den Protest hervorgerufen, der von Architekturpublizisten (Friedrich Achleitner), vom Gestaltungsbeirat der Stadt Salzburg, von (kultur)historischen und landeskundlichen Gesellschaften und Vereinen bis zum Salzburger Landeskonservator und der UNESCO sowie 30.000 Unterschriften Salzburger BürgerInnen getragen wurde. Beim Erzbischof wurde interveniert, um den Denkmalpfleger der Erzdiözese, Prälat Johannes Neuhardt, „zu domestizieren". Maßregelungsversuche von Ministerin Elisabeth Gehrer (ÖVP) ereilten Landeskonservator Walter Schlegel, als er dem Landeshauptmann vorwarf, mit „Sturheit und Verbissenheit an diesem Projekt festzuhalten", und seinem Bedauern Ausdruck verlieh, dass das Denkmalschutzgesetz nicht zur Verhinderung der Standortwahl ausreiche.

Der Bau des Stadions am vorgesehenen Ort wurde dennoch von der Landesregierung einstimmig beschlossen. Am 11. Oktober 1999 begannen die ersten Baumaschinen mit den Aushubarbeiten, die allerdings vorübergehend durch die Blockade von etwa 30 Mitgliedern der Bürgerinitiative wieder eingestellt wurden. Widerstand zum Stadionbau regte sich nun aber auch vermehrt im Salzburger Landtag. Der Landtagsabgeordnete Cyriak Schwaighofer (Grüne) meinte in einer Sitzung Mitte Dezember 1999: „Die Finanzierung und damit die Realisierung des Stadions in Kleßheim ist mehr als ungewiss. Dazu kommt der Widerstand der Bevölkerung, Teilen der Stadt und die negative Meinung zahlreicher Experten, so auch z. B. des Gestaltungsbeirates der Stadt, was die kulturhistorischen Aspekte betrifft." Der FPÖ-Landtagsabgeordnete Friedrich Wiedermann schlug damals in dieselbe Kerbe und sprach im Zusammenhang mit dem Stadion von „Luftschlössern des Landes". Er kritisierte vor allem die Vorgangsweise, bei der jeder Gewerbebetrieb schon im Vorfeld Konkurs anmelden hätte müssen. Noch im Mai 1997 war Wiedermanns Parteikollege, FPÖ-Landtagsabgeordneter und Klubobmann Wolfgang Haider, anderer Meinung: „Wir Freiheitlichen stehen auch dazu [...] Ich hoffe, dass wir spätestens im Jahr 1999 mit dem Bau des neuen Stadions beginnen können. Ich bin überzeugt davon, dass ganz Salzburg seinen Nutzen davon ziehen wird." Damals ging es allerdings um die Bildung von Rücklagen für die Errichtung eines multifunktionellen Stadions, der auch SPÖ und ÖVP zustimmten. Der Standort Wals-Siezenheim war zu diesem Zeitpunkt noch nicht fixiert. Zwei Jahre später, 1999, sah die Sachlage anders aus.

Die BIT99 berichtete von angeblichen illegalen Machenschaften ihrer GegnerInnen: Missachtung gesetzlicher Vorschriften, Erteilen so mancher Bewilligung erst nach bereits erfolgter Ausführung, Beschädigung der Pkws der BIT-Aktivisten, Drohungen per Telefon u. v. m. Eine Jury, der im Übrigen kein Vertreter der BIT99 angehörte, entschied darüber, welches der 22 eingereichten Projekte als Sieger aus dem Architekturwettbewerb hervorgehen sollte. Einstimmig fiel der Entscheid auf den Entwurf des Düsseldorfer Architektenbüros Schuster, das Projekt des Wiener Architekten Albert Wimmer landete auf dem zweiten Platz. Die Grünen kritisierten das Fehlen des ursprünglich geplanten, das Stadion umfassenden Grünwalls als Täuschung der Bürger. Wie nicht anders zu erwarten, wurde die Ästhetik des Stadions ganz unterschiedlich bewertet: Mit der Fertigstellung des Stadions begann sich aber offensichtlich die veröffentlichte Meinung zu Gunsten des Stadions zu verändern: „Nun, was ist wirklich so schlimm daran? Im Gegensatz zum Stadion in Lehen steht die neue Arena nicht mitten in der Stadt, sondern nahe der Autobahn mit bester Verkehrsanbindung. Der Blick auf das Schloss Kleßheim ist keineswegs zerstört, vielmehr wird sogar der Park in die Freizeitaktivitäten für die Bürger miteinbezogen. Die Lkw-Transporte füh-

Das Stadion in Wals-Siezenheim Richtung Westen mit Schloss Kleßheim im Hintergrund (Foto: Franz Neumayr)

ren durch neue Straßen zum Großteil nicht mehr vor dem Schloss vorbei nach Siezenheim. Durch das Stadion wird auch der Tourismus angekurbelt."

Diese Sicht der „Salzburger Nachrichten" wurde nicht von allen geteilt. Insbesondere in den Leserbriefen wurde mit Kritik an der „Riesen-Holzkiste" mit dem „Riesenparkplatz" und mit „unzähligen hässlichen Lampenmasten" nicht gespart. In anderen Tageszeitungen hielt man die Kritik an der angeblich selbstherrlichen Handlungsweise der Politik und der Wehrlosigkeit der vom Bau des Stadions mittelbar und unmittelbar Betroffenen aufrecht. „Das Fußballstadion Kleßheim verweist auf verschiedene, die Stadtregion immer wieder (be)treffende Problemfelder, eine bei der Standortsuche überforderte Stadtpolitik, das entschiedene Vorgehen eines potenten Umland-Bürgermeisters (Bieringer) im Verein mit hohen Landespolitikern, eine umstrittene Ad-hoc-Entscheidung ohne Verankerung in der übergeordneten Entwicklungsperspektive der Stadtregion, einen rückgratlosen Landesumweltanwalt sowie fehlenden architektonischen Anspruch trotz eines internationalen Architekturwettbewerbs." (Der Standard, 6. März 2003) Der Standort habe dazu gezwungen, das Stadion möglichst zu verstecken. Bis zum Grundwasserspiegel habe man es eingegraben. So sei zwar die vorgegebene Maximalhöhe dadurch deutlich unterschritten worden, das architektonische Potenzial einer so großen Sportanlage sei demgemäß aber ignoriert worden. Durch massive Überarbeitungen des Siegerprojektes sei ein konventioneller Vierkanter mit schräg verkleideten Außenwänden entstanden. Die Jury distanzierte sich ebenfalls.

In dieser Situation war es für die für den Bau Verantwortlichen nicht unwesentlich, dass das „Internationale Olympische Komitee“ und die „Internationale Vereinigung der Sport- und Freizeiteinrichtungen“ dem Salzburger Stadion unter 93 Stadien aus 25 Ländern die Bronzemedaille zusprach und es als eines der funktionellsten Stadien, die in den letzten Jahren gebaut worden waren, würdigte. Gerade die Einbindung des Bauwerkes in die Umgebung des Schlosses Kleßheim wurde gelobt. (Der Standard, 6. März 2003)

Die Erweiterung

Ein Problem stellte sich den PolitikerInnen noch: Die Konzeption der Zahl der Sitzplätze. Die anfangs geplante Kapazität von 18.250 Zuschauern war für die Europameisterschaft 2008 zu gering. Der Ausweg wurde für den Fall einer erfolgreichen Bewerbung in einer Aufstockung des Stadions auf die von der UEFA vorgeschriebene Zahl von 30.300 Sitzplätzen gefunden. Der Geschäftsführer der SWS (Stadion Salzburg-Wals/Siezenheim-Planungs- und Errichtungsgesellschaft), Alfred Denk, kündigte am 23. April 2001 in einem Pressegespräch an, dass für die Dauer der Europameisterschaft eine Zusatztribüne aus verschraubten Stahlträgerelementen errichtet und die Dachkonstruktion um sechs Meter angehoben werden würde. Nach Beendigung der EM werde die Stahlträgerkonstruktion wieder abgebaut werden.

Im Mai 2006 wurden die Arbeiten zur Aufstockung begonnen. Das Stadiondach wurde hydraulisch um 10,5 Meter angehoben und dadurch Platz für zusätzliche Sitzreihen geschaffen. Den AnrainerInnen wurde der Rückbau nach der EM zugesagt. Der Ausbau sollte nur im Fall einer erfolgreichen Bewerbung um die Olympischen Winterspiele 2014 beibehalten werden. Die Olympischen Spiele wurden nicht an Salzburg vergeben, die Landesregierung verweigerte den Rückbau unter Berufung auf die Kosten von € 4,5 Mio. aber dennoch. Am 18. Februar 2009 wurde die Genehmigung zur unbeschränkten Nutzung des Oberranges zugestellt und der Rückbau der Arena in Wals-Siezenheim damit offiziell widerrufen.

Seit 2005 dient das 75-Millionen-Euro-Stadion dem Fußballverein „Red Bull Salzburg“ als Heimstätte. Der Oberrang ist bei den wenigsten Spielen besucht und bleibt meist geschlossen. Alternative Nutzungen oder die Austragung von Spielen anderer Salzburger Vereine sind kein Thema. Die also schon 1998 im Landtag geäußerte Kritik, dass eine solche „Sportarena Wals-Siezenheim“ nicht ausgelastet sein könnte, besitzt bis heute ihre Aktualität.

Aus den Debatten des Salzburger Landtages

Auszug aus dem Protokoll der Landtagssitzung am 28. Mai 1997 zum Bericht des Finanzausschusses (SLP, Nr. 462, 4. Session, 11. GP) betreffend die Bildung von Rücklagen für die Errichtung eines multifunktionellen Stadions

Klubobmann Wolfgang Haider (FPÖ): Wir Freiheitlichen stehen auch dazu. Wir glauben, dass der Umbau des Stadion Lehens, dass jeder Schilling, sagen wir es einmal so, der in diesen Umbau gesteckt wird, ein verlorener Schilling ist. Das Stadion Lehen ist vom Standort her nicht besonders gut geeignet für ein Fußballstadion. Das Stadion Lehen ist und bleibt ein veraltertes Stadion. Ist wesentlich zu klein für eine Mannschaft, wie es die Austria Salzburg ist. Wir sind deshalb auch vehement dafür eingetreten, hier ein neues multifunktionelles Stadion zu bauen. Ich glaube, dass das Stadion, wie es derzeit in Planung ist, wie es in Arnheim bereits realisiert wird, dass dieses Stadion allen Ansprüchen, die das Land Salzburg, die Stadt Salzburg, aber auch der Bund, auch Österreich an ein Stadion stellen kann, entspricht. Dieses Stadion ist ein Stadion, wo nicht nur Fußball, sondern wo man wirklich alle Sportarten betreiben kann, wo man alle kulturellen Veranstaltungen in dieser Größenordnung veranstalten kann. Und ich halte ein so multifunktionelles Stadion in Salzburg für den genau richtigen Standort innerhalb des vereinten Europas aber auch innerhalb Österreichs. Es gibt so ein Stadion derzeit nicht zwischen Wien und Zürich und es gibt keines zwischen Gelsenkirchen, wo demnächst eines gebaut wird in dieser Art, und Mailand. Und ich glaube, dass genügend Bevölkerung und genügend Einzugsgebiet vorhanden ist, um dieses Stadion auch dementsprechend nachnützen zu können. Ich bin überzeugt davon, dass gerade in den Wintermonaten hier eine Nachnutzung vorhanden sein wird. Es gibt in Europa fast keinen Ort, wo in den Wintermonaten Großveranstaltungen dieser Art in einer Halle durchgeführt werden können und ich bedanke mich auch bei den anderen Fraktionen, dass sie eine Zustimmung zu unserem damaligen Antrag gegeben haben. (...) Ich hoffe, dass wir spätestens im Jahr 1999 mit dem Bau des neuen Stadions beginnen können. Ich bin überzeugt davon, da ganz Salzburg seinen Nutzen davonziehen wird.

Abg. Dr. Matthias Meisl (BL): Die Errichtung eines multifunktionellen Stadions im Salzburger Zentralraum kann ja durchaus sinnvoll sein. Was zu kritisieren ist und was massiv zu kritisieren ist, die Vorbereitung dieser Entscheidung. Es gibt und es gab nur mangelhafte Entscheidungsgrundlagen für diese folgenschwere Grundsatzentscheidung. Es war verantwortungslos, wie der Landtagsausschuss kürzlich diesen Beschluss gefasst hat und gleichzeitig den Umbau des Stadions Lehens damit abgeschossen hat. Nach wie vor sind einige Punkte zu diesem multifunktionellen Stadion unklar. Ich beginne mit dem Bedarf. Das Vorbildstadion Arnheim hat einen dreimal größeren Einzugsbereich wie das geplante Stadion in Wals. Es ist nicht gewiss, ob die beiden Großveranstaltungen Fußball-

Europameisterschaft und Olympiade nach Salzburg kommen. Es gibt auch keine konkreten Angaben über die restliche Auslastung dieses Stadion. Bezüglich der Kosten gibt es die Zahl S 1,2 Mrd. Nach wie vor gibt es nur vage Zusagen, wie die finanziert werden sollen. Es gibt offiziell keine Angaben zu den Folgekosten. Aus den Medien ist zu entnehmen, dass die Betriebskosten täglich S 70.000,– sind. Es ist auch nicht klar, wie hoch der Betriebsabgang ist und wer diesen übernehmen soll. Ich empfinde es einen Alleingang des Salzburger Olympia-Komitees, ohne Einbindung der Stadt Salzburg und ohne Einbindung vom Fußballclub SV Casino. Die Stadt ist natürlich aufgebracht, dass gemachte Zusagen plötzlich nicht mehr halten. Ich denke, die Mitglieder des Olympia-Komitees haben in ihrer Olympia-Euphorie einiges zu berücksichtigen vergessen. Sie sind praktisch betriebsblind. [...] Diese Vorgangsweise ist eine planlose Vorgangsweise, eine konzeptlose Vorgangsweise und ist dilettantisch.

Klubobmann Wolfgang Haider (FPÖ): Du sprichst auch davon, und das hat mich besonders gestört von einer dilettantischen Vorgangsweise. Dilettantisch ist etwas, das unrealisierbar oder das unmöglich ist. Diese Vorgangsweise, die wir hier gewählt haben, die ist weder dilettantisch noch sonst etwas. (...) Wenn wir dilettantisch vorgehen würden, dann wären wir in einem halben Jahr oder wie lange haben wir jetzt gearbeitet, vier bis fünf Monaten, noch nicht so weit, wie wir heute sind. Dass wir sowohl vom Bund die Zusage haben für die Drittelbeteiligung, als auch, dass wir an einem Standort weiterprojektieren können, der von allen für besonders geeignet gehalten wird und dass die Austria Salzburg und nicht nur die Austria Salzburg ein neues Heim bekommt. Und nicht nur die Austria Salzburg, sondern dass man in Salzburg eine, ich sage einmal europaweit oder mitteleuropaweit.

Klubobmann Ing. Georg Griessner (ÖVP): Unsere Vorgangsweise ist keine planlose. Der Beschluss ist kein verantwortungsloser, sondern er ist ein grundsätzlicher Beschluss, zu dem sich eine große Mehrheit des Salzburger Landtages durchgerungen hat. [...] Die Idee eines neuen Stadions, eines größeren Stadions ist ja nicht neu, sondern wird seit beinahe Jahrzehnten schon vorgetragen und steht in der Diskussion. Nunmehr glaube ich, Kollege Meisl, waren wir gut beraten, die Bemühungen derer, die so ein multifunktionales Stadion errichten wollen, entsprechend zu unterstützen. Ein Signal zu senden, dass der Landtag dahinter steht und dass wir uns damit einverstanden erklären. Damit ist noch nicht gebaut. Damit ist noch nicht finanziert, selbstverständlich. Damit sind noch nicht allfällige Betriebskosten auf dem Tisch. Das hat zu erfolgen. Das ist uns auch klar. [...] Es wurde sehr eingehend darauf hingewiesen, wie wichtig ein so großes Stadion für diesen großen Ballungsraum Stadt Salzburg und Umland ist und auch der Herr Bürgermeister Bieringer hat ja in seiner Darstellung uns sehr klar vor Augen geführt, dass rund eine Million Menschen im Umkreis von so einem Stadion profitieren können. [...] Es wird keine Aktion ins Ungewisse geben, sondern es wird aufgrund genauer Zahlen, Fakten und Daten Entscheidungen geben. Und auf eines möchte ich noch hinweisen. Wir würden es sehr begrüßen, wenn im Rahmen der Finanzierung dieses neuen Stadions, sofern es dazu kommt, Private sich beteiligen.

Klubvorsitzende Mag. Gabi Burgstaller (SPÖ): Ich möchte mich nicht allzu sehr in den Fußballsport einmischen, sondern einiges Grundsätzliches anmerken. (...) Nachdem ich den Bericht zu den Ausschussberatungen gelesen habe, war mir allerdings klar, worum es dabei gegangen ist und auch richtigerweise gegangen ist. Nämlich um das allgemeine Prinzip der Politik Prioritäten zu setzen. Ich halte es für richtig und für wichtig in so einer Situation klar zu sagen, was man will. Und der Salzburger Landtag hat in dieser Phase unter den neuen Erkenntnissen in Anbetracht einer wahrscheinlich möglichen Bewerbung um die Olympischen Spiele und auch um die Europameisterschaften gesagt (Zwischenruf Abg. Dr. Burtscher: Wahrscheinlich mögliche Beteiligung!) Na ja! Man wird erst sehen, was die Stadt macht. Aber er hat gesagt ‚Wenn, dann wollen wir dieses multifunktionelle Stadion.' Wenn wir das nicht haben können, weil die Ergebnisse der Planungen und vor allem der Finanzierungsberatungen nicht so sind, dann erst soll Lehen errichtet werden. Ich frage Sie wirklich. Könnten wir das verantworten, dass mit dem Umbau des Lehener Stadions begonnen wird? Mit dem Umbau, da geht es nur um S 140 Mio.? Ist auch keine Kleinigkeit. Dass dort statt Stehplätzen Sitzplätze errichtet werden und nicht viel mehr. Können wir das verantworten? Wenn vielleicht ein paar Jahre später das alles abzureißen ist und wir ein neues Stadion bauen? Das können wir nicht verantworten.

Klubobmann Dr. Christian Burtscher (BL): Sehr geehrte Damen und Herren! Diese beiden Zusatzanträge, die Sie heute nachliefern, ich weiß ja, viele unter Ihnen denken sich, wie komme ich aus der Geschichte wieder raus, in die ich mich, wo mir einige einen Lochpass geschickt haben, den ich nie errennen kann. Der ist nie zum Erwischen. Der ist schon auf der Tor-Outlinie bevor man über die Mittellinie kommt. Aber. Bitte? [...] Nur für die Bürgerliste! Weil die nämlich immer der Zeit voraus ist. Wir ahnen den Lochpass schon und diskutieren entsprechend darüber dann auch. Also mit diesen beiden Zusatzanträgen kommt ja deutlich zum Ausdruck, dass sie von Wadenkrämpfen geplagt sind. So was passiert beim Fußballspielen [...] So was passiert offensichtlich auch auf dem Spielfeld der Politik. Und es passiert dann den Fußballern und Politikern, wenn man nicht entsprechend aufgewärmt hat. Sie haben diese Sache und das war die Quintessenz des Kollegen Meisl, Sie haben diese Sache ganz einfach nicht seriös vorbereitet. (...) Und der Kollege Haider hat, er ist phantastisch unterwegs, gleich mehrere Standorte zur Verfügung, nachdem der Landesrat Raus über fünf Jahre gesagt hat, wo sollen wir denn hin mit einem Stadionstandplatz. Der Kollege Haider sagt auf Wals Siezenheim sind wir mitnichten angewiesen. Wir können es uns aussuchen. Ich freue mich schon auf die Raumordnungsdebatte in 14 Tagen in diesem Haus. Vielleicht können wir dann die räumliche Entwicklungsplanung von Salzburg-Umgebung nach potentiellen Standorten für dieses neue Stadion führen. Herr Kollege Haider! Noch etwas im Zusammenhang mit den Wadenkrämpfen. Man bekommt die auch, wenn man zu lange Hau-ruck-Fußball spielt. Das ist nämlich höchst abträglich, wenn man diese wenig elegante unökonomische und auch vom anatomischen her nicht zuträgliche Fortbewegungsart hat.

Auszug aus dem Protokoll der Landtagssitzung am 27. Mai 1998 zur Beantwortung der Anfrage (SLP, Nr. 558, 5. Session, 11. GP) betreffend die seltsame Planung und Vorbereitung des Projektes „Sportarena Wals-Siezenheim"

Klubobmann Dr. Christian Burtscher (BL): Ich spreche als sportbegeisterter Mensch nicht mehr ganz so jugendlich, wie ich es gerne wäre und nicht mehr ganz so sportfähig und einsatzfähig, wie ich mir das wünschte, zu einem Thema, das derzeit in einer Weise diskutiert wird, wie ich mir Landespolitik nicht vorstelle. Die Diskussion um das Megastadion, das wir zum Gegenstand einer Landtagsanfrage gemacht haben, läuft in etwa so: Egal was es ist, egal was es kostet, egal welche Konsequenzen damit verbunden sind: Das klingt recht gut, das lässt sich als Aktion für Fußballfans und Jugendliche verkaufen, also machen wir es! Und ich bitte Sie, hier doch noch hinsichtlich der Konsequenzen einiges zu überlegen und darum komme ich auf die Anfrage zurück. (...) Diese Sache ist nicht so, dass das Spielsystem bereits steht. Dass die Akteure voll trainiert unterwegs sind, dass man hier eine Spielfläche hätte, die so geartet ist, dass man pfeilgrad auf's nächste Tor stürmen kann. Sondern hier hat man es bestenfalls mit einem politischen Krautacker zu tun, derzeit, und die Gefahr, dass man sich dabei wehtut, Herr Kollege Haider, einen Beinbruch holt oder eben ein Eigentor schießt, ist beträchtlich groß. Und die einzige Opposition im Land, die es mit der wirtschaftlichen Gebarung und der Kontrolle der Gebarung und der Entscheidungsvorbereitung und der Entscheidungsprüfung ernst nimmt, fordert Antworten auf diese Fragen, die wir nicht mit allgemeinen Floskeln ‚Wir sind dafür, weil das ist klass' für die Jugend', sondern auch mit knallharten Argumenten die Antworten auf diese Fragen darstellen. Und verkaufen Sie es bitte nicht, weil auch das in Hallein-Rif vorige Woche geschehen ist. Verkaufen Sie es bitte nicht als Jugendförderungsprojekt. Weil dort wird weder ein Jugendlicher als Fußballspieler irgendwie einlaufen noch zu aktiven Sport kommen.

Klubobmann Wolfgang Haider (FPÖ): Ich glaube, wir sind verpflichtet dazu, es wenigstens zu versuchen, ein Allzweckstadion zu schaffen, in dem wir nicht nur Fußball spielen können, sondern in dem wir auch Kulturevents, Musikevents und sonstiges veranstalten können. Denn das ist genau das, was in Salzburg fehlt. Ich weiß nicht, ob Sie bei den Backstreet Boys gewesen sind am Salzburgring. Ich habe eine Tochter, die ist in dem Alter, ich war dort. Es hat geregnet in Strömen und ... (Zwischenruf Landesrätin Hofer: Nicht auf die Tochter rausreden!) ... und was war, wir waren nicht unter Dach. Es waren, ich weiß nicht, 15.000 oder 18.000 Leute dort, aber für die Leute war es furchtbar, im Grunde genommen. Und wenn das ganze in einem schönen Stadion stattfinden könnte, hätte niemand was dagegen und ich glaube, das sind wir unserer Jugend schuldig, dass wir uns darüber Gedanken machen und jetzt möchte ich damit schließen, dass ich hoffe, dass wir bei den folgenden Anfragebeantwortungen etwas schneller sind, weil dann könnten wir eventuell noch heute das Länderspiel Österreich gegen Tunesien vor dem Fernseher zu Hause miterleben.

Auszug aus dem Protokoll der Landtagssitzung am 15. Dezember 1999 zur Beantwortung der mündlichen Anfrage des Abg. Schwaighofer an Landeshauptmann-Stellvertreter Dr. Gasteiger betreffend Maßnahmen des Landes zur Errichtung des Stadions Kleßheim

Landeshauptmann-Stellvertreter Dr. Arno Gasteiger (ÖVP): Was die Stadt betrifft, so wäre es für die Stadt langfristig ein gutes Geschäft, S 100 Mio. für den Stadionbau zu leisten und sich damit den Betriebsabgang des bestehenden Stadions zu ersparen und die Disponibilität der Fläche zu sichern. Die Stadt kann ja dann über diese Fläche verfügen und hier entsprechende Gestaltungen im Sinne des Stadtbildes, der Stadtplanung, vornehmen. Jetzt zu den konkreten Fragen: Das Land hat über die entsprechende Gesellschaft bisher rund S 70 Mio. für die Sicherung von Tauschflächen ausgegeben. Das sind Grundflächen, die nicht unmittelbar dem Stadionbau dienen, die aber notwendig sind, um Stadionflächen tauschen zu können. Diese Flächen haben nach meinen Informationen, die von der Geschäftsführung vorgelegt worden sind, einen entsprechenden Verkehrswert und wurden um diesen gekauft, so dass auch, wenn das Stadion nicht gebaut werden sollte, dieser Wert bestehen bleibt. Darüber hinaus wurden etwa S 5 Mio. im Architektenwettbewerb und in Öffentlichkeitsarbeitsmaßnahmen investiert. Die Grundflächen, auf denen das Stadion entstehen soll, sind mit Optionen gesichert, wobei diese Optionen mit 30. Juni 2000 auslaufen, wenn sie nicht verlängert werden.

Abg. Cyriak Schwaighofer (Grüne): Die Finanzierung und damit die Realisierung des Stadions in Kleßheim ist mehr als ungewiss. Dazu kommt der Widerstand der Bevölkerung, Teilen der Stadt und die negative Meinung zahlreicher Experten, so auch z. B. des Gestaltungsbeirates der Stadt, was die kulturhistorischen Aspekte betrifft. Da die Mittel seitens der Bundesregierung von Anfang an ungewiss waren, weil diese teilweise am Zuschlag der Fußball-Europameisterschaft in Österreich hingen, war die Verwirklichung des Stadions in Kleßheim immer schon mit einem großen Fragezeichen versehen. Demgegenüber stehen allerdings die bereits beträchtlichen Ausgaben für dieses Projekt.

Noch in der Rolle des Landeshauptmanns: der Kandidat der ÖVP, Franz Schausberger…

… und dann ein Bruch? Jedenfalls nimmt 2004 erstmals eine Frau – und eine in Rot – auf dem Sessel des Landesoberhaupts Platz (Fotos: Franz Neumayr)

Michael Mair

2004 – Der Bruch, der keiner war

Natürlich waren die Landtagswahlen 2004 ein Drama, und das vor allem für die Verlierer. ÖVP-Obmann Franz Schausberger trat an diesem Abend des 7. März mit feuchten Augen vor seine Anhänger. Doch nicht nur er, auch seine Partei hatte Trost bitter nötig. Die ÖVP musste den Thron des Landeshauptmanns räumen; den würde nun, einzigartig in der Landesgeschichte, die Kandidatin der SPÖ besteigen: Gabi Burgstaller, jung (noch nicht einmal 41), eine Frau, die mit der Gabe der Kommunikation gesegnet ist und das überdurchschnittlich. „Vielleicht", klagte der Geschlagene in seiner Rede vor den Funktionären, denen die Ratlosigkeit ins Gesicht geschrieben stand, „ist es einfach falsch, zu arbeiten, vielleicht ist es g'scheiter, man zieht herum und macht irgendeine Show". Das war eine sehr persönliche Sicht der Niederlage, aber völlig ohne Realitätsgehalt war sie nicht: 2004 in Salzburg, das war vor allem ein Triumph des politischen Marketings. Selten in diesem Bundesland und vermutlich in Österreich war es so konsequent umgesetzt worden, nie zuvor so entscheidend gewesen.

Die SPÖ hatte sich in dieser Disziplin einen Vorsprung erarbeitet. Nach dem Rettungsring hatte sie gegriffen, weil ihr das Wasser bis zum Hals stand: schon das Ergebnis 1994 war das schlechteste bei den Landtagswahlen der Nachkriegszeit gewesen, nach dem Fall auf Platz drei bei den Europawahlen zwei Jahre später drohte der Untergang als politische Kraft. Nach Gabi Burgstaller, seit 1999 Regierungsmitglied, griff die Parteiführung, weil ihre Sympathiewerte rapid in die Höhe geschossen waren. Sie wurde als Gesicht der neuen Salzburger Sozialdemokratie auserkoren – aber nicht etwa, weil sie die innerparteilich Mächtigste, sondern die mit den besten Aussichten auf dem Wählermarkt war. Die Regeln des Marktes zählten inzwischen mehr als jene der Partei. Folgerichtig hatte die SPÖ schon zuvor ihr Verhältnis zu Journalisten und Medien entspannt, wissend, dass inzwischen dort die Bühne für politische Inszenierungen stand. Der Landtag hatte diese Rolle längst verloren. Die VP-SP-Regierung, eine Koalition der Eifersüchtigen, hatte kein Interesse, dass die „Volksvertreter" eigene Schauplätze eröffneten; das Landesparlament war damit „seiner Funktion als öffentlich handelndes Entscheidungsorgan beraubt", wie Walter Thaler im Nachhinein eindrücklich bezeugte, damals Klubobmann und somit ein Mann, der es wissen musste.

Der Landtag war nicht die einzige Institution, die an Respekt einzubüßen schien. Der Boden war sozial und politisch für einen Wechsel bereitet. Die traditionellen Milieus – Bauern-„Stand", Arbeiter-„Klasse" – schrumpften; weniger lang als die Ehen hielten nur noch die Parteibindungen. Besonders politisch promiskuitiv verhielten sich WählerInnen aus den Städten plus Umland – und der Anteil dieser StimmbürgerInnen lag inzwischen bei weit mehr als der Hälfte.

Der Landeshauptmann verkörperte jedoch, auch nach dem Eindruck von Parteifreunden, ein eher traditionelles Amtsverständnis. Der direkt gewählte Bürgermeister und Gemeindebundpräsident Helmut Mödlhammer (ÖVP) fasste seine Mahnung im Wahlkampf in ein schönes Bild: „nicht mit den genagelten Schuhen werden wir die Wahl gewinnen, sondern wir müssen mit Turnschuhen rennen". Aber es handelte sich noch dazu um mehr als eine Stilfrage. Schausberger, ein Schüler des – von ihm so genannten – letzten „Landesfürsten" Wilfried Haslauer sen., stand auch für „gebaute Politik", und das sehr bewusst. Projekte wie ein neues Stadion oder das Museum auf dem Mönchsberg – deren Stärken und Schwächen an dieser Stelle nicht beurteilt werden – garantierten freilich keineswegs für Popularität. Es mag schon sein, dass die Große Koalition ihr Arbeitsprogramm „konsequent und erfolgreich" umsetzte, wie damals ein Politikwissenschaftler fand. Aber das traf nicht den Punkt, denn der war längst ein anderer: ein „Erfolg" der Regierung war eben nicht mehr unbedingt einer in den Augen der Bürgerschaft, oder zumindest einflussreichen Teilen von ihr. WählerInnen und politische Institutionen hatten sich mindestens streckenweise weit voneinander entfernt.

Der Landeshauptmann von seinerzeit bekannte später, er „würde sich heute mehr Zeit nehmen, um die Menschen mitzunehmen". Die Sozialdemokratie ging bereits damals ein paar große Schritte weiter: ihre Spitzenkandidatin war von vornherein nicht mit Konflikt-Ressorts belastet worden. Die Konsumentenschutz-Referentin der Regierung sollte eine Art „nützlicher Politik" präsentieren, etwa wenn sie kritisierte, dass es an Tankstellen „für die Benützung eines Selbstbedienungs-Staubsaugers unterschiedlich lange Gebrauchszeiten" gebe und man nicht wisse, „wie lange man für einen Euro staubsaugen" könne. Blüten von Aussendungs-Prosa wurden auf diese Weise immerhin produziert.

Offenen Streit suchten die Salzburger SPÖ-Mandatare in diesem Regiekonzept nur mit der Bundesregierung, einer schwarz-blauen Koalition. Unter deren Wirken (z. B. den Sperren von Polizeiposten, Postämtern und Gerichten) litten die hiesigen Freiheitlichen noch mehr als die lokale ÖVP. Die war auch durch ein Zerwürfnis zwischen Wirtschaftsbund und Parteiführung geschwächt; das war in der Volkspartei zwar fast konstruktionsbedingt, doch trug in diesem Fall die Teilorganisation im Streit um ein Einkaufszentrum ihre Attacken öffentlich vor – in Inseraten (auch hier spielte die Show also im wahrsten Sinn des Worts in den „Massen"-Medien und nicht in erster Linie im Regionalparlament). Dieser bekam das volle Scheinwerferlicht nur noch aus Anlass seiner Wahl ab, auch wenn de facto über Landeshauptmann oder -frau abgestimmt wurde. Formal geschah dies ja immer noch per „Landtagswahl". Deren Botschaft aus dem Landtags-Saal im Chiemseehof war dann tatsächlich nicht zu übersehen.

Ergebnis der Landtagswahl in Salzburg am 7. März 2004		
	Prozent	**Mandate**
SPÖ	45,4 (+13,1)	17 (+5)
ÖVP	37,0 (–0,9)	14 (–1)
FPÖ	8,7 (–10,9)	3 (–4)
Grüne	9,0 (+2,6)	2 (+/–0)

Die Gewinne der SPÖ waren bis zu diesem Zeitpunkt die größten dieser Art in der Geschichte der Zweiten Republik. Die Sozialdemokraten konnten sich vor allem bei den Freiheitlichen bedienen, die nicht nur die Regierungsbeteiligung im Bund, sondern auch das Hauen und Stechen rund um das Delegierten-Treffen von Knittelfeld mit dem schlechtesten Resultat in Salzburg seit 1949 bezahlten.

Und was folgte nun, nach dem Sturz der Volkspartei und dem Aufstieg der SPÖ zur Nummer eins – etwa ein Umbruch in der Salzburger Landespolitik? Das hieße die Konsequenzen überschätzen, wie man heute weiß. Die SPÖ hatte schon 1994 ein Bündnis mit der FPÖ zur Wahl eines roten Landeshauptmanns verweigert, weil es dadurch „die Salzburger Sozialdemokratie ... in der Mitte zerrissen hätte", wie damals SP-Vorsitzende noch dachten, in diesem Fall Gerhard Buchleitner. Zehn Jahre später hatte Gabi Burgstaller jeden Gedanken an eine rot-grüne Koalition in Salzburg als „verrückt" abgetan. Sie entschuldigte sich später für den Ausdruck, aber die Wortwahl verriet, dass der SPÖ-Spitze eine solche Vorstellung als fast pathologisch erschien. Rechnerisch war sie das gar nicht, bei zusammen 19 von 36 Mandaten. Aber eine bloße Landtags-Mehrheit war in den Augen dieser Akteure bei weitem nicht spielentscheidend für die Regierungsform – das mochte vielleicht dem Lehrbuch der Demokratie-Theorie entsprechen, nicht aber der politischen Praxis. Die gehorchte nach wie vor einem jahrzehntelang eingeübten Konsens-Brauchtum.

Burgstaller und ihre Partei hatten sich von vornherein zu einer großen Koalition bekannt und die bekamen sie auch; verhandelt wurde ausschließlich mit der ÖVP. Nachdem die Volkspartei ihre Tränen getrocknet und wieder klare Sicht gewonnen hatte, fand sie sich in der Regierung wieder – und durfte entdecken, dass sie zwar die Wahlen, aber keineswegs die ganze Macht verloren hatte. Personell beklagte sie zwar einige Scharmützel, doch an Schlüsselstellen blieben VP-nahe Spitzenbeamte im Amt. „Wir wollten", so formulierte es David Brenner, die Nummer zwei der SPÖ, „Politik neu definieren, nicht als Herrschaftsaufgabe". Sie wurde weiter stark als Marketing-Aufgabe betrachtet: „Die Leute nicht verschrecken, schauen, dass unsere Leute sympathisch ankommen und nicht mit irgendwelchen großen Themen anecken und Unruhe stiften", Walter Steidl, später Parteivorsitzender, damals Landtagsabgeordneter und Gewerkschafter, beschrieb das illusionslos. Ideologisch aufgeladene Projekte wie die Eröffnung einer Ambulanz für Schwangerschafts-Abbrüche im Landeskrankenhaus blieben die Ausnahme: „Soziale Gerechtigkeit, soziale Verteilungsgerechtigkeit usw., das hat sich nicht weiterentwickelt, im Wesentlichen ... dass man auf den großen Feldern einer Veränderung einen Richtungs-Wechsel macht, das gelingt einfach nicht." (Steidl) Die Regierungsparteien hatten vereinbart, sich nicht zu überstimmen, im Unterschied z. B. zur Steiermark, wo die Voves-SPÖ nach ihrem Sieg keine Schranken dieser Art akzeptierte. Dass in Salzburg das „Konkordanz-Modell der Großen Koalition prolongiert" wurde (Thaler), machte auch den Landtag nicht wirklich stärker. Er war nach Einschätzung politischer Schwergewichte schon mit der Verfassungsreform der 90er-Jahre „entmündigt" worden (Mödlhammer), nun galt weiter: Wenn ein Abgeordneter einen Antrag oder eine Anfrage zu Salzburger Themen lancierte, brauchte er die Genehmigung der eigenen Ressorts, aber nicht nur das – auch der Regierungs-„Partner" konnte ein Veto einlegen. Initiativen wurden erstickt, bevor sie überhaupt Luft bekamen.

Die Mehrheits-Fraktionen schlossen die Reihen dichtest und zugegeben: selbst in einer „idealen" Demokratie war Chancengleichheit zwischen Regierung und Opposition kaum aufrechtzuerhalten, bei einem Mandatsverhältnis von 31:5. Der Landtag blieb ein gefesselter Riese, der in regelmäßigen Abständen auf die Bühne geschoben wurde, um ein Parlament darzustellen.

Zwar wurde ihm mit Wirkung vom Mai 2008 etwas mehr Beweglichkeit in Form einer neuen Geschäftsordnung gewährt, mit der z. B. Untersuchungsausschüsse leichter eingesetzt werden konnten. Die Grünen konnte das damals nicht zufriedenstellen, auch wenn sie sogar vom politischen Gegner für ihren Fleiß gelobt wurden: „Mit Landtagsarbeit macht man es sicher nicht", resümierte die Abgeordnete Heidi Reiter das Verhältnis von Aufwand und Ertrag in dem demokratischen Gremium des Landes.

Könnte die Direktwahl die Distanz zwischen Bürgerschaft und politischer Institution verringern – wenn also die Stimme unmittelbar einer Person gilt und die dann eher dem Wähler als der Partei verpflichtet ist, wie das z. B. bei direkt gewählten Bürgermeistern gut zu beobachten ist? Ein Hauch davon wehte 2004 durch den Wahlkampf der ÖVP, deren Führung die besten Sammler von Vorzugsstimmen mit Landtagssitzen belohnen wollte. Aber realistisch betrachtet sollte auch dies weniger die Unabhängigkeit der Kandidaten stärken als ihre „Laufbereitschaft" für die Partei. Die wahre Ursache für die eher „liturgische" (Copyright: Walter Thaler) Funktion des Parlaments lag nach den Erfahrungen der Praktiker woanders, nämlich dass „der Landtag nicht lebendiger werden (wird), solange Du eine große Koalition hast. Wenn einer beiden Großen in Opposition ist, schaut das vielleicht ein bissel anders aus." (Steidl 2011)

Der Abgeordnete sollte mit seiner Ahnung Recht behalten. Letztlich war 2004 die Fortsetzung eines alten Modells mit einem neuen Gesicht, einem freundlicheren nämlich. Ein Regierungs-System hatte damit überlebt, ein vorletztes Mal. Es sollte noch einmal fast ein Jahrzehnt vergehen, bis es demontiert wurde – nach einer weit heftigeren Erschütterung.

Aus den Debatten des Salzburger Landtages

Auszug aus dem Protokoll der konstituierenden Landtagssitzung am 28. April 2004

Landeshauptfrau Mag. Gabi Burgstaller (SPÖ): Die Landtagswahl am 7. März 2004 hat eine historische Weichenstellung für unser Bundesland Salzburg herbeigeführt. Die dabei eindrucksvoll zum Ausdruck gebrachte Mobilität der Wählerschaft ist ein unüberhörbares Signal und zugleich ein klarer Auftrag zur Erneuerung. Der Wechsel an der Spitze des Landes spiegelt den fortschreitenden Wandel in der Gesellschaft wider. Es besiegelt aber auch das Ende des Lagerdenkens. Salzburg ist längst moderner und offener geworden, seine Bürgerinnen und Bürger haben das nun auch mit ihrem geänderten Wahlverhalten zum Ausdruck gebracht. Ein Auftrag zur Erneuerung bedeutet: Wir wollen nicht alles anders machen. Aber vieles wollen wir besser machen. An unserer Fähigkeit und an unserem Willen zu positiven Veränderungen werden wir gemessen. Handeln wir also im Sinne des großen Österreichers Karl Popper, der gemeint hat: „Ich glaube, dass unsere abendländische Zivilisation, trotz allem, was man mit vielem Recht an ihr aussetzen kann, die freieste, die gerechteste, die menschlichste, die beste ist, von der wir aus der Geschichte der Menschheit Kenntnis haben. Sie ist die beste, weil sie die verbesserungsfähigste ist." Ich darf hinzufügen: Was im Großen gilt, gilt natürlich auch im Land Salzburg. Ich möchte diesen Gedanken fortsetzen und mich auf die drängendsten Probleme und größten Sorgen der Salzburgerinnen und Salzburger beziehen: Steigende Arbeitslosigkeit und die Wettbewerbsfähigkeit unserer Wirtschaft. Auch dort lautet unser nicht ganz unbescheidenes, aber nur zu verständliches Ziel: Salzburg soll und wird die Nummer eins in Österreich werden! (...) Die neue Landesregierung stützt sich auf das Vertrauen einer breiten Mehrheit in diesem Land. Sie will Salzburg als dynamische und attraktive Zukunftsregion positionieren. Eine Region, die in ihrer gelungenen Kombination aus Wirtschaftsstandort, Bildungs- und Kulturgesellschaft, sozialer Wärme und gesellschaftlichem Engagement ihresgleichen sucht. Wir stehen für ein neues Regieren im Dienste einer modernen und offenen Gesellschaft und bekennen uns zur Nachhaltigkeit in allen Lebensbereichen. In diesem Land sollen alle ihre faire Chance bekommen. Der französische Begriff „Chance" bedeutet nichts anderes als Glück. „bonne chance" ist ein schönes Abschiedssignal, wenn man sich verabschiedet, „viel Glück". Was immer die Politik eines Landes zum Lebensglück seiner Bewohner beitragen kann: Wir sollen und wollen es nach Kräften leisten. Dafür stehe ich als Landeshauptfrau von Salzburg ein. (...)

Die Landesregierung bekennt sich zum prioritären Ziel der Wiedererringung der Vollbeschäftigung. Innerhalb der nächsten Jahre, jedenfalls aber im Laufe dieser Legislaturperiode, soll es uns gelingen, Vollbeschäftigung zu erreichen. Die Wirtschafts- und Arbeitsmarktpolitik des Landes wird auf dieses Ziel ausgerichtet. Die Regierungspartner werden darüber hinaus alles daran setzen, ein wirtschaftsfreundliches Klima in Politik und Öffentlichkeit und eine ausgewogene Struktur von Klein-, Mittel-, Groß- und Industriebetrieben zu schaffen und in konstruktiver Zusammenarbeit mit den Sozialpartnern die neue Struktur der Salzburger Wirtschaft gezielt anhand von vorhandenen und neuen Schwerpunkten weiter zu entwickeln.

Klubobmann Cyriak Schwaighofer (Grüne): Wir sind heute hier zusammengetreten, um die ersten Schritte für die künftige Arbeit des Parlaments zu setzen. Dieses Parlament hat unter anderem per Verfassung den Auftrag zu entscheiden, welche Personen ihm, diesem Parlament, vorstehen sollen und welche Personen die Beschlüsse eben dieses Parlaments exekutieren sollen, nämlich die Landesregierung bilden. Dieser Verfassungsauftrag ist aus unserer Sicht klar formuliert. Und dieser Verfassungsauftrag betrifft alle vier Parteien des Salzburger Landtages. Damit aber auch alle vier Parteien diesem Auftrag entsprechen können, braucht es deren Einbindung bei der Wahl der Präsidenten auf der einen Seite und zumindest rechtzeitige Information über die Ziele der neu zu wählenden Regierung auf der anderen Seite. (Es hat sich) gezeigt, dass dieser Geist, den wir meinen, unsere Verfassung, von der großen Mehrheit dieses Parlaments noch nicht so gesehen wird. Und eben aus diesem Grund konnten wir weder den vorgeschlagenen Präsidenten noch der Landesregierung unsere Zustimmung geben. Die Verhandlungen nach der Landtagswahl bringen Salzburg wieder eine große Koalition. Diesmal von SPÖ und ÖVP, die insgesamt mehr als 5/6 der Abgeordneten dieses Landtages stellen. Dieser Landtag, so formulierte es Georg Griessner bei der konstituierenden Sitzung des letzten Landtages 1999, „dieser Landtag ist das Forum der politischen Auseinandersetzung zwischen Regierung und Opposition." Bei einer solchen Auseinandersetzung, sehr geehrte Damen und Herren, sollte aber so etwas wie Waffengleichheit herrschen. Wenn eine Regierung Macht hinzugewinnt, braucht auch die „Kontrolle", die Opposition, mehr Macht, sonst gerät das System immer noch mehr aus dem Gleichgewicht. Wenn in der Regierung und in den Regierungsfraktionen noch die Meinung vorherrscht, dass mehr Macht für die Regierenden weniger Macht für die Kontrolle zur Folge haben muss, dann liegt hier ein fundamentaler Irrtum vor. Nachzulesen unter anderem beim verstorbenen Landtagspräsidenten Schreiner ... Laut Gesetz, ich zitiere: „finden vor der Wahl Parteienverhandlungen über die zu wählende Person statt". Unsere Präsidenten sind Präsidenten des gesamten Landtages. Sie sind unsere Repräsentanten nach außen. Wenn sie aber nicht nur Repräsentanten der Regierungsparteien sind, sondern aller vier im Landtag vertretenen Parteien sein sollten, dann müssen Parteienverhandlungen eben auch zwischen allen Parteien stattfinden. Diese klare gesetzliche Regelung wurde missachtet. Es gab keinerlei Parteienverhandlungen mit allen vier Parteien, um allenfalls auch im Sinne des hier schon angesprochenen neuen miteinander gemeinsame Vorschläge für die Präsidentenämter zu erreichen oder auch Vorschläge der anderen Parteien zur ausgewogenen Verteilung der Leitungsfunktionen zu beraten. Nein, vielmehr wurden die Posten unserer höchsten Repräsentanten zur Manövriermasse in den Regierungsverhandlungen, zu einem Teil des Austausches und Handelns um Ämter und Posten. Und dass wir die Wahl der Präsidenten nach dieser „Vogel, friss oder stirb"-Methode nicht mittragen können und wollen, ist wohl auch für Sie verständlich. ... Alles, was wir über die Absichten dieser Landesregierung bisher wussten und wissen, beschränkt sich auf Pressemeldungen und die gerade vorgetragene Regierungserklärung. ... Was

… schon feststellbar war und ist: Es fehlen zumindest in ihr fast völlig irgendwelche messbaren Ziele. Evaluierbare Angaben. Was will man konkret erreichen. Sie besteht in weiten Teilen … aus Absichtserklärungen, aus allgemeinen Zielvorgaben, denen man sich ganz schwer verschließen kann, die man auch schon schwer kommentieren kann und in ihrer allgemeinen Form auch schwer kritisieren kann und will! Was aber daraus nicht abzuleiten war … ist, dass eine Politik der ökologischen Nachhaltigkeit in Salzburg Einzug halten wird. Wir halten aber nach wie vor die Chancen Salzburgs, ein ökosoziales Vorzeigeland zu werden, für den einzig gangbaren und zukunftsweisenden Weg. … Nur eine ökologisch ausgerichtete, nachhaltig ausgerichtete Wirtschafts- und Lebensweise schafft aus unserer Sicht diese „doppelte Dividende", wie ich es nennen möchte, nämlich den Lebensraum zu erhalten und Arbeit zu schaffen.

Klubobmann Dr. Karl Schnell (FPÖ): Groß waren die Erwartungen nach dem 7. März 2004. Ein Neuanfang sollte es werden. Ein frischer Wind sollte in der Landespolitik wehen. Manche Hobbymeterologen wollten gar die Vorverlegung des Frühlings erkennen. Nichts von all dem ist eingetreten. Leider, sage ich dazu! Leider deshalb, weil die Salzburgerinnen und Salzburger zu Recht mehr erwartet haben. Weder ein frischer Wind weht über Salzburg noch hat der Frühling begonnen. Viel eher ist es ein laues Lüftchen. Es ist für Nachmittag bereits schlechtes Wetter angesagt! „Der Lokführer hat sich geändert, aber die Bremser sind die gleichen geblieben!" Nicht mehr und nicht weniger! Die Salzburgerinnen und Salzburger haben am 7. März 2004 diese politische Landschaft … vollkommen neu geordnet und den Parteien neue Aufgaben und Positionen zugeordnet. Die Salzburger Freiheitlichen werden in diesem Haus in der Opposition tätig sein. So hat das der Wähler bestimmt und so werden wir es auch hinnehmen … Den Auftrag, den uns der Wähler gegeben hat, werden wir aber mit allem Nachdruck und aller Konsequenz erfüllen. Dies schon deshalb, meine sehr verehrten Damen und Herren, weil das Land mehr Kontrolle denn je brauchen wird. 86 Prozent der Abgeordneten gehören den Regierungsfraktionen an. Nur 14 Prozent werden von der Opposition gestellt. Wie Sie in der Regierung mit dieser ungeheuren Machtfülle umgehen werden, wird die Nagelprobe für die neue Landesregierung sein … Wir nehmen zur Kenntnis, dass Sie die Opposition im Vorfeld der Konstituierung des Hohen Hauses eher weniger als mehr, wenn nicht gar nicht, eingebunden haben. Wir nehmen auch zur Kenntnis, dass die wesentlichsten Entscheidungen über das künftige Landesparlament ohne Einbindung der Freiheitlichen und der Grünen erfolgten. Gerne, sehr gerne, hätten wir die Signale der Regierungsparteien zur Kenntnis genommen, die auf eine Aufwertung des Landtages abgezielt hätten. Diese Signale hätten wir auch deshalb gerne vernommen, weil es seitens der neuen Landeshauptfrau entsprechende Ankündigungen in diese Richtung gegeben hat. Doch auch in dieser Frage ist der neue Wind nur ein laues Lüftchen.

Klubobfrau Mag. Gerlinde Rogatsch (ÖVP): Wir sind am 7. März 2004 nach diesem Ergebnis in hoher Verantwortung für Salzburg und in hoher Verantwortung für die Zukunft unseres Landes der Einladung der stärksten Partei, der Sozialdemokratischen Fraktion, zur Bildung einer Koalitionsregierung gefolgt und haben diese, so meine ich, nach harten Verhandlungen erfolgreich abgeschlossen. Das Programm trägt eine starke Handschrift der ÖVP und das ist auch gut so. Wir sind bereit, weiterhin Verantwortung für unser Land zu tragen und wir haben auch den klaren Willen und den Mut zum Gestalten. Wir wollen notwendige, richtige und wichtige Entscheidungen treffen in der Regierung und auch in unserer Fraktion. … Das gemeinsame Ziel der Regierung und unser erklärter Wille in dieser Periode ist es, die im nationalen und internationalen Vergleich hervorragende und in vielen Bereichen führende Position des Landes Salzburg vor allem in Wirtschaft, in Kultur, in sozialer Sicherheit, in Lebensqualität zu festigen und auch weiterhin auszubauen. Unser Land steht gut da. Deshalb, weil die von der ÖVP geführten Regierungen in der Vergangenheit stets dem Grundsatz der Nachhaltigkeit verpflichtet waren – und es wird unsere Aufgabe sein, in den nächsten Jahren darauf zu schauen, dass von diesem Kurs der Nachhaltigkeit auch in Zukunft nicht abgewichen wird. Politische Entscheidungen sind aus unserer Sicht dann gute Entscheidungen, wenn sie nicht nur für die jetzige Generation gut und richtig sind und Gültigkeit haben, sondern wenn sie auch für die kommenden Generationen gelten. Deshalb es für uns auch eine Grundbedingung in dieser Phase der Verhandlungen, auch weiterhin eine vorausschauende Finanzpolitik ohne neue Schulden als Grundprinzip unserer politischen Gestaltungsarbeit festzuschreiben und fortzusetzen. Wir wollen eine Politik für die kommenden Generationen machen und nicht auf Kosten der Kinder und Enkelkinder.

Michael Mair

2013 – Wieder ein Bruch, diesmal ein echter

Der Finanzskandal – oder: Verspieltes Kapital

Man könnte natürlich einfach sagen, dass alles an einem einzigen Tag begann, wenige Wochen vor einem Jahreswechsel. An diesem 6. Dezember 2012 legte David Brenner, Finanzreferent der Landesregierung und Kronprinz der Salzburger SPÖ, vor den Journalisten einen möglichen Schaden von mehr als 300 Mio. Euro aus „risikoreichen Finanzgeschäften" des Landes offen. Eine Spitzenbeamtin habe diese „eigenmächtig" betrieben. Brenner wollte sich als Ober-Aufklärer inszenieren, obwohl dies jedenfalls unter seine eigene Ressortverantwortung fiel – aber der Fall wurde ihm rasch aus der Hand genommen. Es war ein Untersuchungsausschuss, ein Instrument des Landtags, mit dem in den nächsten Monaten der Skandal freigelegt wurde – und damit ein Ausmaß an Verantwortungslosigkeit und Kontrollverlust in Politik und Verwaltung, das auch abgebrühte Beobachter für undenkbar gehalten hatten. Die „Sanierung" konnte nicht ohne politische Opfer abgehen; das kostete nicht nur einzelne Nachwuchs-Darsteller ihren Platz auf dem Laufsteg, sondern ganze Parteien die Regierungsbank. Es folgten Aufstieg und Fall politischer Bewegungen im Landtag, wie man sie für Salzburg „historisch" nennen durfte und es erhob sich daraus eine neue Koalition, für die dasselbe galt.

Vor allem die Dezember- und Jänner-Tage 2012/2013 gehörten zu den dramatischsten in der jüngeren Geschichte der Salzburger Landespolitik. Angesichts einer schwer angeschlagenen Landesregierung nahm dabei der Landtag jenen Raum in Beschlag, der ihm sonst oft nur demokratie-theoretisch zukam – den der Hauptbühne. Schon am 7. Dezember, einen Tag nach „Brenners Bekenntnis", forderte als Erste eine Landtagsabgeordnete seinen Kopf, die Grüne Astrid Rössler. Fünf Tage später wurde der Sitzungssaal im Chiemseehof zum Schauplatz eines Auftritts, bei dem sich die sozialdemokratische Landeshauptfrau Gabi Burgstaller, Tränen nur mühsam unterdrückend, „bei der Salzburger Bevölkerung" entschuldigte. Regierungs-Partner der SPÖ in einer schon zuvor eher lustlos geführten Vernunft-Ehe war die ÖVP; deren Obmann Wilfried Haslauer (jun.), ließ in derselben Diskussion wissen, die Antwort könnten nur Neuwahlen sein. Diese erzwang die Volkspartei schließlich auch.

Wiederum vom nächsten Tag an wurde in einem Ausschuss die „Obduktion" des Skandals vorbereitet. Noch in der Nacht zuvor hatte die Opposition klargestellt, dass schon bei der Suche nach Experten dafür der Landtag „das Sagen haben" und der Regierung die Hand führen müsse. Nur einen weiteren Tag später beugte sich der gerade einmal 41-jährige David Brenner (der seine landespolitische Karriere im Landtag begonnen hatte) dem öffentlichen Druck und kündigte an, aus dem Regierungsamt zu weichen.

Die Opposition bestätigte ihm „Anstand" (Karl Schnell, damals FPÖ), auch mit der Begründung, dass er „in einem Land ohne jegliche Rücktrittskultur" persönliche Konsequenzen gezogen habe (Rössler). Die Formulierung „Land ohne jegli-

Der Landtag als Bühne: der zurückgetretene Finanzreferent David Brenner, ein früherer Klubobmann, kehrt zurück – diesmal zur Einvernahme in den Untersuchungsausschuss (Foto: Franz Neumayr)

che Rücktrittskultur“ war zwar geschichtsvergessen – immerhin waren 1947 Landeshauptmann Albert Hochleitner auf Grund einer falschen Anschuldigung und 1989 während eines Untersuchungsausschusses unter grüner Führung bereits ein SPÖ-Vorsitzender zurückgetreten (Wolfgang Radlegger, in der WEB-Affäre). Ein Fortschritt in der politischen Kultur war aber nicht zu leugnen: Radlegger hatte sich wegen einer fatalen Freundschaft (zu einem WEB-Manager) verabschiedet; Politiker hätten sich aber bereits zurückzuziehen, „wenn ohne eigenes Verschulden, aber unter der politischen Zuständigkeit Dinge von derartiger Tragweite“ passierten, hatte inzwischen Brenners Vorgesetzte Gabi Burgstaller erkannt. Die Gesamtverantwortung für eine der „schlimmsten Wochen der letzten Jahrzehnte“ im Bundesland (Haslauer) übernahm die Regierungsspitze jedoch nicht. Der ÖVP-Obmann lastete sie Burgstaller an, die SPÖ-Vorsitzende wiederum wollte sie keineswegs schultern. Die Landeshauptfrau hatte in ihrer Rede im Landtag – wie beim zweiten Lesen klar wird – nicht etwa persönliche Fehler bereut, sondern das Bild, das damals bereits vorherrschte (sie bedauerte, Zitat, den „Eindruck, dass wir, die Regierung, dieses Land in die größten Turbulenzen gebracht hätten.“) Schon wahr – auch die Imageproduktion, sonst eine Stärke dieses Politik-Stils, war in diesem Fall Pannen-getrieben.

Die „Obduktion“ – endlich eine Rolle für den Landtag

So sollte ein Untersuchungs-Ausschuss die – zumindest politische – Aufklärung übernehmen; dem konnte sich keine Landtags-Partei verschließen. Als Auftrag wurde definiert, das „Finanzmanagement des Landes Salzburg seit 2001“ zu überprüfen – der Skandal hatte eine längere Vorgeschichte, das hatten zu diesem Zeitpunkt Journalisten-Recherchen bereits dokumentiert. Man schrieb den 23. Jänner; am selben Tag beschloss der Landtag auch seine vorzeitige Auflösung und Neuwahlen Anfang Mai. Haslauer und Burgstaller lieferten sich einen „Scheidungskrieg“ und verkündeten auch öffentlich, dass sie nicht mehr gemeinsam am Regierungstisch Platz nehmen würden – aber nicht nur das, auch

Die Gnade der Öffentlichkeit – die spätere Landeshauptmann-Stellvertreterin Astrid Rössler (Grüne) und Klubobmann Cyriak Schwaighofer im Untersuchungsausschuss des Landtags zum Finanzmanagement (Foto: Franz Neumayr)

die große Koalition als Betriebsform war nicht mehr außer Streit gestellt. Als eine Woche später, in der ersten Sitzung des U-Ausschusses, der/die Vorsitzende zu wählen war, wurden bereits neue und offenkundig nicht zufällige Bündnis-Fäden geknüpft: die SPÖ schlug sich auf die Seite der Freiheitlichen, die ÖVP auf jene der Grünen. Damit herrschte Gleichstand (jede Fraktion stellte im U-Ausschuss zwei Abgeordnete). Es entschied das Los – und dieses fiel auf Rössler, die Landessprecherin der Grünen. Das war für ihre Partei ein Glückslos im bevorstehenden Wahlkampf.

Denn der Untersuchungsausschuss genoss die Aufmerksamkeit der Öffentlichkeit – eine Gnade, die sich der Landtag nur in Sonderfällen sichern konnte. Die Beratungen waren zwar vertraulich, die Anhörungen der Zeugen und Sachverständigen jedoch offen auch für JournalistInnen. Sie konnten die Aussagen sofort ans große Publikum weiterliefern, vom Live-Ticker bis zu regelmäßigen TV-Einstiegen; das entsprach dem Rhythmus der Medien, der sich durch neue Technologien weiter beschleunigt hatte. Zudem musste die Vorsitzende nicht wie die „Inquisition" auftreten, wie noch einer ihrer Vorgänger als Grünen-Sprecher und U-Ausschuss-Obmann ein Vierteljahrhundert vorher: Christian Burtscher hatte in der Bautreuhand/WEB-Affäre die Einvernahmen noch selber geführt, was er heute für einen Nachteil hält und ihm damals den Vorwurf des „Tribunals" eintrug; Rössler konnte (oder wollte auch) ihre Rolle präsidialer anlegen, weil die Aufgaben nun aufgeteilt wurden – die Befragungen in den Untersuchungsausschüssen leiteten mittlerweile Richter.

Das machte es auch leichter, Erkenntnisse als solche zu behandeln. Die Parteienvertreter im U-Ausschuss lieferten Fraktions-Stellungnahmen, aber keinen gemeinsamen Bericht, was angesichts der Grabenkämpfe im parallel laufenden Wahlkampf nicht überraschend war. Richter Anton Wagner jedoch, entsandt vom Landesgericht als „Beweisaufnahme-Gericht", legte eine Zusammenfassung vor, in der er nicht nur Aussagen aneinanderreihte, sondern auch „übereinstimmende Beweisergebnisse" darstellte – solche also, die als unstrittig gelten konnten. Daraus, sowie aus dem Gutachten eines Sachverständigen und weiteren Dokumenten aus dem U-Ausschuss, stammen die folgenden Zitate – Befunde, über die nicht mehr „spekuliert" werden muss:

1. Das Finanzmanagement des Landes wurde im Jahr 2001 unter dem damaligen Ressortchef Landeshauptmann-Stellvertreter Wolfgang Eisl (ÖVP) in der Finanzabteilung installiert. Zuvor hatten Bundesrechnungshof und Bundesfinanzierungsagentur beklagt, dass „die Gemeinden und Länder zu wenig beweglich" seien".
2. „Bereits die erste, von Landeshauptmannstellvertreter a. D. Wolfgang Eisl ausgestellte Vollmacht vom 28.2.2002 hat … zum Abschluss einer Vielzahl von Wertpapier- und Derivatgeschäften ermächtigt, darunter auch börsliche und außerbörsliche Optionsgeschäfte auf Wertpapiere, Optionsgeschäfte auf Wertpapiere und sonstige Optionsgeschäfte, Finanz-Swaps, Forward Rate Agreements, Zinsbegrenzungsgeschäfte … sowie flexible Devisentermingeschäfte. Am 6.2.2003 wurde die Vollmacht dann durch Wolfgang Eisl auf den Abschluss ‚sonstiger strukturierter Derivate einschließlich exotischer Zinsderivate' ausgedehnt. Gerade mit diesem Zusatz wurde eine Art Generalklausel geschaffen", betonte der Richter und ergänzte: Die Vollmachten „wurden dann durch die Landeshauptmannstellvertreter a. D. Raus und Brenner (beide SPÖ, Anm. d. Verf.) 2005 und 2008 textlich gleichlautend bestätigt." Der Freibrief fürs „Exotische" wurde erst 2012 gestrichen.
3. Für Finanzgeschäfte wurden auch sozialen Zwecken vorbehaltene Quellen erschlossen, wie der Landes-Wohnbaufonds und der „VUF-Versorgungs- und Unterstützungsfonds des Landes", bestimmt für „Leistungen aus dem Titel der Altersversorgung".
4. Ab dem Haushalt 2005 wurden „zu erzielende Erträge aus dem Finanzmanagement" regelrecht eingeplant, wie die Leiterin des Budgetreferats, Monika Rathgeber, aussagte und der damalige Landesfinanzreferent Raus bestätigte.
5. Ab 2006 war die Landesregierung auch vom Landtag per Gesetz ermächtigt „… zur Erzielung von Zusatzerträgen abgeleitete Finanzgeschäfte durchzuführen … dies schließt die aktive Verwaltung des Vermögens für den Landeswohnbaufonds mit ein" (Landes-Haushaltsgesetz vom 14.12.2005)
6. 2007: Unter Raus wurden erstmals „Richtlinien für die Finanzgeschäfte" erlassen und es wurde ein Finanzbeirat eingesetzt, allerdings nur als „Beratungsgremium", nicht zur Kontrolle. Geschäfte mit derivativen Instrumenten ab … mehr als 20 Millionen €" sollten vom Abteilungsleiter bewilligt werden („Richtlinien" vom 4.7.2007). Dieser „Verantwortungsträger" jedoch beschied dem Ausschuss, „man könne von ihm nicht erwarten, dass er sich das Tagesgeschäft des Budgetreferats jeden Tag ansehe."
7. Am Ende dieses Jahres lastete auf dem Land jedenfalls ein „ausgewiesenes Risikopotenzial in Höhe von 178 Millionen €"; dies entsprach zehn Prozent der Budget-Einnahmen und war der höchste von den Prüfern gefundene Wert bei einer Gebietskörperschaft (Bundesrechnungshof, 2013). Die Risiken bestätigten sich 2008, dem Jahr der Finanzkrise: es wurden „88 Millionen € an Verlusten realisiert", („Ergebnisprotokoll des Finanzbeirats",18.2.2009).

Dennoch sollte bis Ende 2012 das Nominale für die Zins-Swaps (die Grundlage für die Zins-Berechnung) eine Höhe von 3,8 Milliarden € erreichen („ithuba Capital", Portfolio-Analyse im Auftrag des Landes 2013).

Im selben Jahr türmten sich allein „auf den vom Rechnungshof identifizierten rund 120 Fremdwährungskonten rund 9,5 Milliarden € Soll- bzw. Haben- Umsätze".

8. Wer hatte hier noch die Kontrolle oder präziser, die ‚control', die im Englischen im doppelten Wortsinn „Prüfen" und „Steuern" bedeutet? Der Finanzreferent (SPÖ) beteuerte, er habe ohnehin „Risikoreduzierungen und Reduzierung der Komplexität" als Auftrag verspürt; der Landeshauptmannstellvertreter (ÖVP) gab zu, von Finanzgeschäften im Prinzip gewusst zu haben, nur nicht vom „Volumen" und dem „ausufernden Risiko"; die Landeshauptfrau (SPÖ) schließlich lehnte „persönlich diese Geschäfte ab", musste sie aber „zur Kenntnis nehmen."
9. Und der Landtag? Recherche-Eifer ist aus den Reihen der Regierungsfraktionen nicht bekannt und schien auch nicht sehr beliebt zu sein. Zugegebenermaßen wurden den Abgeordneten manch korrekte Zahl vorenthalten, so zum Beispiel im Fall des Landes-Wohnbaufonds, „wo bei der Bilanzerstellung … in vielen wichtigen Punkte falsche und unübersichtliche Darstellungen der Finanzlage in den Rechnungsabschlüssen des Landes Salzburg, die jedes Jahr dem Landtag vorgelegt wurden, erfolgt sind." (PwC, „Prüfbericht zum Salzburger Landeswohnbaufonds", 2013).

Aktive Nachfragen sind von den Grünen überliefert. Der Bericht des Richters ist auch hier sehr eindeutig: „In den Beantwortungen … wurden nach heutigem Kenntnisstand jedenfalls objektiv unrichtige Angaben durch den Ressortverantwortlichen gemacht", so zum Beispiel im Juni 2012, als eine Landtags-Anfrage nach Währungsspekulationen „mit dem Hinweis verneint (wurde), das Land Salzburg tätige keine Spekulationsgeschäfte."

10. Dabei war damals intern schon bekannt, dass auf der Kommando-Brücke des Finanzmanagements schwerer Streit herrschte – aber nicht über solche Geldanlagen an sich, sondern nur über deren Form. Die eigentliche Steuerfrau ignorierte jedenfalls Anweisungen zum neuen Kurs: „Erste Auffälligkeiten … mit Monika Rathgeber gab es nach übereinstimmenden Beweisergebnissen bereits im Mai 2012", als die „Referatsleiterin" ein besonders komplexes Produkt verlängert hatte, „obwohl der Finanzbeirat empfohlen hatte, derartige Geschäfte nicht mehr zu tätigen", schließt der Richter aus den Einvernahmen.

Krisenmanagement stand an: Der Budget-Chefin wurde die Handlungsvollmacht entzogen; es dauerte aber bis zum Herbst, bis im Ressort ein Paket mit mehr als 250 Geschäften auf den Tisch kam, die „nicht gemeldet worden seien" – das später so genannte „Schattenportfolio". Laut einem Aktenvermerk aus der Abteilung wurde mit „Landeshauptmannstellvertreter David Brenner einvernehmlich entschieden, dass die meisten Fremdwährungsgeschäfte und ein großer Teil der übrigen Geschäfte … aufzulösen sind". Das wurde allerdings nun ohne „Abbau-Strategie“ angegangen, fand der vom U-Ausschuss beauftragte Sachverständige Meinhard Lukas heraus und es sei „kaum nachvollziehbar, warum die Abwicklung der Derivatgeschäfte in Angriff genommen wurde, ohne zuvor einen fundierten Statusbericht zu erstellen“, was in einen „Negativsaldo für das Land von etwa 50 Mio. €“ mündete (Lukas).

Es war nicht wenig, was der Ausschuss herausgefunden hatte. Schuldige ins Gefängnis zu werfen, wie das auch an „gehobenen“ Stammtischen verlangt wurde, war nicht Aufgabe des Parlaments, sondern allenfalls der Justiz. Doch wer wollte, konnte sich als BürgerIn wenige Wochen vor Neuwahlen ein gutes Bild machen vom Finanzmanagement, den Summen und Sitten dort und vom kühnen Wirken von Finanzverwaltung und Regierung mitten auf einem Minenfeld namens Finanzspekulation. Die Koalitions„partner“ kämpften längst auf je eigene Rechnung, sie bewarfen einander – man lebte ja in Trennung – mit Schuldzuweisungen. Die Stellungnahmen aus dem Regierungslager waren davon geradezu getränkt.

„Die politische Verantwortung haben die Landeshauptfrau Mag. Gabriele Burgstaller und ihre Finanz- und Wohnbaulandesräte zu tragen. In ihren Ressortverantwortungen sind nicht nur die immensen Verluste entstanden, sondern wurde Chaos aufgrund von völlig fehlenden Kontrollsystemen aufgedeckt … selbst unter der Annahme, dass Landeshauptfrau Burgstaller (entgegen der im Untersuchungsausschuss bekannt gewordenen Umstände) von den konkreten Entscheidungen nichts gewusst hätte, wäre ihr daher jedenfalls grob fahrlässiges Handeln als Regierungschefin vorzuwerfen, da sie ihre Kompetenzen nicht wahrgenommen hat“ – so ordnete es die ÖVP ein. In der Sache bestritten die Abgeordneten der Volkspartei vor allem, was sie die „Einzeltäter-Theorie“ der Sozialdemokraten nannten: „Für die politische Verantwortung, die der Ausschuss zu klären hat, ist ihr Verhalten alleine nicht entscheidend. Ebenso kann nicht bestätigt werden, dass Mag. Monika Rathgeber das Land bewusst hätte schädigen wollen.“

Genau die frühere Budget-Chefin stellte die SPÖ als eigentliche Herrin des ‚Schattenreichs‘ dar – und verwies darauf, dass das Arbeitsgericht ihre Entlassung inzwischen bestätigt hatte; ihr seien anzulasten „Unterschriftenfälschungen, unvollständige Meldungen an die Portfolioanalysten von RMS Frankfurt und weit über 300 nicht in der Buchhaltung dokumentierten Kontoeröffnungen, auf welche niemand, außer die ehemalige Leiterin des Budgetreferates, Zugriff und Einsicht hatte.“ Außerdem habe mit dem Rücktritt des Finanzreferenten ein SPÖ-Politiker seine „politische Verantwortung“ wahrgenommen, im Gegensatz zur Volkspartei: „Offensichtlich keine politische Verantwortung sieht hingegen der Regierungspartner ÖVP: So war diese zwar in der gesamten Historie der zweiten Republik immer in der Regierung vertreten, will aber nichts von der Finanzcausa gewusst haben. Das ist äußerst lebensfremd, wenn man dazu bedenkt, dass der Parteiobmann und Wirtschaftsreferent Dr. Haslauer … im Aufsichtsrat der Landeshypothekenbank … gesessen ist und die in die Affäre involvierten Abteilungsleiter allesamt eine politische Nähe zur ÖVP haben.“ Beide Regierungsfraktionen deuteten also mit dem Finger auf angebliche Alleinschuldige, die ÖVP auf Burgstaller & Co., die SPÖ auf einzelne Beamte.

Im Gegensatz dazu entdeckte die Opposition hinter dem angeblichen Versagen einzelner Methode. Der FPÖ enthüllte sich ein „Sittenbild der Salzburger Finanzpolitik": „Der Untersuchungsausschuss konnte trotz des hohen Zeitdrucks und der enormen Aktenmengen innerhalb weniger Wochen ein System der Überheblichkeit und Verantwortungslosigkeit sowie grober Fahrlässigkeit, erschreckender Gleichgültigkeit und mangelnder Kontrolle sowohl auf politischer als auch auf administrativer Ebene feststellen."

Auch für die Grünen zeichnete sich im Röntgen-Befund aus dem Untersuchungsausschuss

„das Bild eines tiefgreifenden Versagens auf sämtlichen Ebenen von Politik und Verwaltung (ab) ... Das völlige Fehlen angemessener Kontrollinstrumente muss als zentrales Element des letztlich totalen Systemversagens gewertet werden". Die „Anamnese" habe in diesem Fall dokumentiert: „Der Weg vom öffentlichen Haushalt zum Spielcasino war politisch gewollt, die Landesregierung nicht einfach Opfer einer ‚Einzeltäterin', sondern aufgrund von bewussten Entscheidungen und weitreichendem Kontrollversagen selbst Verursacherin und Täterin."

In dieser Stellungnahme der Vorsitz-Fraktion wird auch eingestanden, dass eine außerhalb des Sitzungszimmers oft gestellte Frage nicht beantwortet werden konnte, nämlich die nach dem „vollständigen Vermögensschaden". Es waren, entsprechend den Dienstgebräuchen in diesen Amtsstellen, Zahlungen für Geschäfte „mangels Belegen nicht mehr rückwirkend nachvollziehbar ..." und es existierte „in der Führung des Spekulationshaushalts keine Buchhaltung und keine Erfolgsrechnung".

Doch ist das überhaupt die richtige Frage? Wäre diese Art von Finanzmanagement einer öffentlichen Hand gerechtfertigt gewesen, politisch und moralisch, wenn das Ergebnis besser ausgefallen wäre? Ganz abgesehen davon, dass solche Resultate ohnehin von der Rechen-Methode, ja von „Berechnung", auch von politischer, in jedem Wortsinn abhängig zu sein scheinen ... Der Bericht der Grünen wird hier grundsätzlich: „Das Finanzressort des Landes hat ... öffentliche Gelder verwendet, um damit regelrecht einen Hedgefonds zu betreiben!"

Was aber wusste der Landtag über das rege Treiben auf den Finanzmärkten? Wenig, das konnten selbst die Regierungs-Fraktionen nicht verhehlen; auch sie trugen sich ein in diese „Liste des Unwissens":

„Es erfolgten falsche Informationen durch die Abteilung im Landtag, in der Regierung und innerhalb der Kontrollgremien." (SPÖ)

„Den Landtagsfraktionen wurde erklärt: ‚Das Land hat niemals gezockt und keinen Cent an Steuergeld verloren'" (ÖVP);

„Die Landesregierung hat den Landtag über Jahre hindurch nicht über das wahre Ausmaß der Spekulationen informiert" (FPÖ);

„88 Millionen Euro Zuschüsse aus Landesmitteln waren im Jahr 2008 notwendig, um die Spekulationsverluste des (ausgelagerten) Risiko-Portfolios aus dem Minus zu retten. Diese wichtige Information wurde dem Landtag – und damit der Öffentlichkeit – vorenthalten." (Grüne)

„Dem Landtag wurde selbst in der entscheidenden Budgetausschusssitzung am 28. November 2012 noch vorenthalten, dass der anwesenden Referatsleiterin seit Sommer die Handlungsvollmachten entzogen ... worden waren." (Grüne)

Die SPÖ rief allerdings – korrekt – in Erinnerung: „Der Salzburger Landtag hat mit der Kenntnisnahme der RH-Berichte und dem Beschluss zur Novellierung des Landeshaushaltsgesetzes (mit der ‚Ermächtigung' der Regierung, Anm. d.

Verf.) auch ein Stück Verantwortung zu tragen." Die Sozialdemokraten mahnten als Konsequenz an: „Künftig muss der Landtag hier wieder mehr Eigenverantwortlichkeit und Kontrollfunktion übernehmen." Diese Forderung zu einem Landesparlament mit Rückgrat erhoben die SPÖ-Abgeordneten übrigens noch bevor sie wussten, dass die Partei künftig selber die Oppositionsrolle übernehmen würde – und damit ziemlich auf einen aktiven Landtags-Klub angewiesen war.

Mit dem Untersuchungsausschuss hatte sich der Landtag dem Finanzskandal gestellt, bei dem das Land einen Schritt vor dem Abgrund stand – und die Abgeordneten hatten Aufklärungs-Arbeit geleistet, sicher keine vollständige, aber wertvolle. Das gelang zwar spät, aber doch; freilich erst, als die Regierung durch ihre eigene Schwäche plötzlich das Steuer aufgeben musste. Der Landtag demonstrierte dann seine Macht – bei einem Fall allerdings, der auch seine eigene Ohnmacht offengelegt hatte.

Etwas mehr Terrain für die Zukunft konnte er sich in diesen Wochen dann erkämpfen – wobei sich nichts daran änderte, dass die Regierung den Rückzug nicht freiwillig antrat: in den Beschluss über ein Spekulationsverbot und die künftig noch zugelassenen Finanzgeschäfte mussten die Abgeordneten ein Mitspracherecht nachträglich hineinreklamieren, nachdem es ihnen zunächst vorenthalten worden war. Ende April brachte der Untersuchungsausschuss einen gemeinsamen Antrag zu „Konsequenzen aus der Finanzaffäre" zustande, der der Regierung einen Reformauftrag für Finanzmanagement, Wohnbaufonds und interne Kontrolle verpasste. Das waren an sich Selbstverständlichkeiten; weniger selbstverständlich war, dass der Beschluss einstimmig gefasst wurde, von Koalitions- und Oppositionsfraktionen. Die Landeshauptfrau zollte Letzteren im Landtag Respekt, „dass sie in einer Zeit, als das Land durchgerüttelt wurde, wie schon seit Jahrzehnten nicht mehr, die Hand ausgestreckt haben". Parteien wie die Grünen hatten allerdings auch Grund, Verantwortungsbewusstsein zu offerieren – genau das wurde ihnen nach den Wahlen am Verhandlungstisch als Ausweis von Regierungsfähigkeit angerechnet.

Die Abschiedszeremonie

Doch zuvor war noch eine Abschieds-Zeremonie abzuwickeln; und wer wollte dem Titel „Bilanz einer gescheiterten Koalition" widersprechen, in der „Aktuellen Stunde" der Landtagssitzung vom 24. April 2013, der letzten dieser Periode – aber auch der vorläufig letzten eines Regierungssystems, das über Jahrzehnte festgemauert schien und nun binnen weniger Wochen zerbarst. Genau diesem versuchte der grüne Abgeordnete Cyriak Schwaighofer die Hauptverantwortung anzulasten: „Das war über weiteste Strecken eine Behinderungskoalition, die versucht hat, die Erfolge des anderen, wenn welche möglich gewesen wären, zu be- und verhindern, die vom ersten Tag der neuen Periode an einen Wahlkampf gestaltet hat in der Form, dass man eben nicht miteinander als Koalition gearbeitet hat, sondern gegeneinander. Und das kann, das kann nur in die Hosen gehen, wenn man so eine Konstruktion wählt ... Diese Form ist aus meiner Sicht endgültig gescheitert. Sie hat auch dezidiert abgewirtschaftet in dieser Form ..." Die Freiheitlichen legten noch einen drauf und es waren sie, die das System ausgeschaltet sahen: „Das große Problem aber ist, dass bei dieser ganzen Affäre auch die Demokratie außer Kraft gesetzt wurde … dass man die Kontrolle außer Kraft setzen kann, dass man Kontrollmechanismen wie die Opposition oder den Landesrechnungshof einfach außer Kraft setzen kann, indem man sie nicht informiert, belügt und das ist das große Problem, meine sehr geehrten Damen und Herren!" (Karl Schnell, Klubobmann, FPÖ)

Dass die Regierung jenseits davon auch etwas zustande gebracht habe, war unter dem langen Schatten von Finanzskandal und Kontrollversagen kaum noch zu vermitteln – auch wenn es die Regierungs-Chefin versuchte: „Ich komme zuerst zur Bilanz dessen, was Salzburg geleistet hat. Ich möchte nicht in einem Land leben, wo die Rettung einer Bank wichtiger ist als die Rettung von Unternehmen, wo tausende Arbeitnehmer dahinterstehen. Daher habe ich mir in dieser Regierungsperiode fest vorgenommen, alles daran zu setzen, dass bei uns jeder junge Mensch eine Perspektive bekommt. Und das haben wir auch erreicht. Wir sind, und darauf können wir auch einmal ein bisschen stolz sein, Europameister, was den Arbeitsmarkt betrifft. Wir sind nicht nur in Österreich die Besten mit den niedrigsten Arbeitslosenzahlen, sondern in ganz Europa." (Gabi Burgstaller, Landeshauptfrau, SPÖ)

Auf eine Leistungsbilanz wollte auch ÖVP-Chef Wilfried Haslauer nicht verzichten (er konnte seine Beteiligung an der Regierung schlecht leugnen), doch stellte er – hört, hört – Stil und Form bereits entschieden in Frage: „Es war also nicht alles schlecht und dieses Land besteht nicht nur aus der Finanzaffäre allein. Und mich interessiert die Vergangenheit weniger, muss ich ganz ehrlich sagen … Was mich interessiert ist Zukunft! … Jetzt meine Damen und Herren, ist die Zeit des Wahlkampfes. Alles hat seine Zeit. Die Zeit der Auseinandersetzung, die Zeit der Polarisierung, die Zeit des Aufzeigens von Unterschieden. Aber nach dem 5. Mai muss wieder ein neues Kapitel aufgeschlagen werden. Da muss die Zeit der Zusammenarbeit kommen, auch einer neuen politischen Kultur für unser Land." (Wilfried Haslauer, Landeshauptmann-Stellvertreter, ÖVP)

Ein neuer Skandal, aber alte Verhaltensmuster

„Neue politische Kultur" war ein gutes Stichwort – denn im Finanzskandal fanden sich tatsächlich alte Verhaltensmuster wieder. Die Affäre war kein Einzelfall, das bestätigt schon ein kurzer Blick in den Abschluss-Bericht zum „Olympia"-Untersuchungsausschuss, der ab November 2009 ein Jahr lang die „Geldflüsse … (bei) der Bewerbung Salzburgs für die Olympischen Winterspiele 2014" aufklären sollte.

Damals war, so die Grünen, „öffentlich zugesichert und vom Landtag beschlossen … eine ‚begleitende Kontrolle' als ständige Überwachung der sparsamen, zweckmäßigen und wirtschaftlichen Verwendung der Mittel … Tatsächlich fehlte es an einer internen Revision, eine solche war durch das Controlling-Organ auch nicht vorgesehen"; „eine Kontrolle im eigentlichen Sinn übte das Controlling-Organ nicht aus" (FPÖ); und selbst die Regierungspartei ÖVP gab zu:

„Die Konstruktion des Rechnungswesens in zwei Rechnungskreise … hat … die Nachvollziehbarkeit und Kontrolle der Gebarung der Bewerbungsgesellschaft nicht erleichtert. Für die Zukunft ist die Vermeidung solcher Konstruktionen anzuregen."

Das war der Vorsatz, gefasst im Herbst 2011, nach der Prüfung der Olympia-Bewerbung. Eineinhalb Jahre später musste sich die Regierung neuerlich „das völlige Fehlen angemessener Kontrollinstrumente" vorhalten lassen und dass sie „eine „Placebo-Kontrolle (installierte), auf die sie sich dann auch noch in geradezu sträflicher Fahrlässigkeit verließ" – das sind wieder Zitate aus dem Bericht eines U-Ausschusses, diesmal aber jenem zum Finanzmanagement.

Die Parallelen (Zitate aus den U-Ausschuss-Berichten)	
Olympia-Bewerbung	Finanzmanagement
Geldflüsse zu „privatem" Förderverein „umgelenkt"	Zumindest hunderte Millionen des Risiko-Portfolios außerhalb des Haushalts als Spielkapital betrieben
„Graubereich der Intransparenz"	

Das Oppositions-Resümee schließlich passte auf beide Fälle:
„einen erheblichen Teil des „Spielgeldes" nicht öffentlich diskutieren zu müssen, war politisch gewollt und im Sinne der gesamten Regierung" (zitiert nach dem U-Ausschuss-Bericht zum Finanzmanagement).

Neuwahlen – der lange Schatten des Skandals

Die Sache „Olympia", untersucht erst nach den Landtagswahlen 2009, hatte nicht das Potential, eine Regierung zu stürzen, der Finanzskandal schon. Das Vertrauen in die Spitzenrepräsentanten der Koalition z. B. war in Salzburg noch vor den Landtagswahlen 2009 höher als in anderen Bundesländern, doch es war nun dramatisch gesunken. Bei den Landtagswahlen am 5. Mai 2013 schritten die BürgerInnen zur Strafaktion: Sowohl die Sozialdemokraten als auch die ÖVP ereilte das schlechteste Ergebnis seit 1945; mehr noch: zusammengerechnet erreichten die beiden „Groß"-Parteien keine Zwei Drittel- und damit auch keine Verfassungs-Mehrheit mehr im Landtag. Die Grünen verdreifachten ihre Stimm-Anteile fast, sie nahmen den Freiheitlichen trotz deren Plus den Rang als drittstärkste Kraft ab.

Ergebnis der Landtagswahlen in Salzburg am 5. Mai 2013		
	Prozent	Mandate
SPÖ	23,8 (–15,6)	9 (–6)
ÖVP	29,0 (–7,5)	11 (–3)
FPÖ	17,0 (+4,0)	6 (+1)
Grüne	20,2 (+12,8)	7 (+5)
Team Stronach	8,3 (+8,3)	3 (+3)

Die Befragungen zu den Wahlmotiven bestätigten „Spekulationen mit Steuergeld verhindern" als wichtigstes; bei der Frage: „Wer hat sich bei der Aufklärung des Skandals am meisten angestrengt?" erreichten die Grünen mit 40 Prozent den besten Wert, und genau sie kapitalisierten dann den höchsten Stimmen-

Verspieltes Kapital – der Finanzskandal sorgte nicht nur für Spott, er erschütterte auch das Vertrauen in die Landespolitik. (Karikatur: Thomas Wizany)

Gewinn. Auch wollte nur eine Minderheit an die Rechtfertigung der SP-Führung glauben, „dass die Verantwortung bei den Beamten liege".

Warum aber konnte sich die ÖVP etwas besser halten als die SPÖ? Der Unterschied war, dass die Volkspartei ihre Stammwähler besser binden konnte, obwohl auch diese schwer verunsichert waren. Immerhin jeder zweite ÖVP-Wähler machte allein die SPÖ für den Finanzskandal verantwortlich; während die Sozialdemokraten von ihren Sympathisanten weit kritischer gesehen wurden. Viele Gabi-Burgstaller-Wähler von 2004 und auch noch 2009 boykottieren diesmal die Wahl; die erste sozialdemokratische Landeshauptfrau Salzburgs erklärte danach ihren Abschied aus der Politik.

Auf lange Sicht war freilich noch auffälliger, wie sehr die Welle des Misstrauens große Stücke der Loyalität gegenüber beiden einstigen „Groß"-Parteien weggerissen hatte. Um dies zu verdeutlichen, genügt es, die Stimm-Anteile von ÖVP und SPÖ nicht wie üblich an der Zahl der gültigen Stimmen, sondern an der Zahl der Wahlberechtigten zu messen – also an der Gesamtheit der (zur Wahl zugelassenen) Bürgerschaft.

Stimmanteile der „Groß"-Parteien in Salzburg (in Prozent der Wahlberechtigten)			
	ÖVP	SPÖ	ÖVP/SPÖ-Gesamt
LTW 2009	26,9	28,9	55,8
LTW 2013	19,8	16,3	36,1

Die Zahlen sind eindrucksvoll. Selbst 2009 – da war z. B. das ÖVP-Ergebnis im historischen Vergleich schon sehr schwach – konnten die Koalitionsparteien noch eine absolute Mehrheit der WahlbürgerInnen einsammeln, 2013 hatten sie insgesamt nur noch etwas mehr als ein Drittel hinter sich. Diese Verluste waren die schwersten einer großen Koalition bei Landes- und Bundeswahlen in der Geschichte der Zweiten Republik.

Die Landtags-Mehrheit – nie war sie so wertvoll wie heute

Jeder Gedanke, eine solche Regierung wiederzubeleben, konnte also vom Wahlvolk nur als Provokation aufgefasst werden; auch Funktionäre und Basis der ÖVP vermittelten ihrem Management unmissverständlich, in diesem Fall der Partei die Treue aufzukündigen. Noch in der Wahlnacht verstanden professionelle Akteure aber auch, dass es für jede Alternative drei Partner brauchen werde – was die Sache nicht einfacher machte. Das Vorrecht zur Regierungsbildung war zwar geklärt; auch wenn die ÖVP kein Champagner-Resultat eingefahren hatte, war sie nüchtern betrachtet zur Nummer eins aufgestiegen (bzw. dorthin zurückgekehrt). Aber die Mandats-Verhältnisse im Landtag brauchten nun plötzlich, was jahrzehntelang angesichts der schwarz-roten Übermacht unnötig gewesen war – ein genaueres Studium: mit der ohnehin nicht wirklich begeisterten Karl Schnell-FPÖ lag die Volkspartei unter dem Mehrheits-Limit; mit den Grünen genau an der Grenze – mit zusammen 18 von 36 Mandaten. Das brachte das „Team Stronach" ins Spiel; die neue Liste war nach dem Gründer, dem Industriellen Frank Stronach, benannt und hatte sich – so die Analyse von Wissenschaftlern – durch ein „Markt-radikales" Wirtschaftsprogramm hervorgetan. In Salzburg

2013, ein Jahr der Premieren – im Salzburger Landtag wurde z. B. die erste auf politischen Beschluss zustande gekommene Dreier-Koalition in einem österreichischen Bundesland präsentiert (Foto: Franz Neumayr)

wurde sie damals von Hans Mayr angeführt, einem Land-Bürgermeister mit dem Ehrgeiz für mehr; er war während des Finanzskandals aus der ÖVP ausgetreten und brachte nun drei Landtags-Mandate mit – das reichte Schwarz-Grün für eine Mehrheit. Schon etwas mehr als zwei Wochen nach den Wahlen beschloss das Führungsgremium der Volkspartei formal, Verhandlungen für eine Koalition mit den Grünen und dem Team Stronach aufzunehmen; noch am selben Abend stellte der Vorstand der Grünen die Weichen. Dem waren einige eher taktische Volten vorausgegangen; tatsächlich zu überwinden waren persönliche und politische Abneigungen der Grünen gegenüber der Stronach/Mayr-Gruppe. Schon Mitte Juni jedoch hatten sich die drei Parteien geeinigt, personell und programmatisch. Das Team Stronach als Partner wurde von den Grünen akzeptiert; diesen wiederum gestand die ÖVP drei Regierungssitze zu, gleich viele, wie sie selber besetzte. Die ÖVP führte ohnehin die Regierung; sie hatte sich nach der demütigenden Niederlage von 2004 die Position des Landeshauptmanns zurückgeholt und behielt sich zudem die Schlüssel-Ressorts „Personal" und „Finanzen" vor. Die Grünen konnten Trophäen wie die Ressorts „Soziales" und „Raumordnung" vorweisen; um die Zuständigkeit für den „Verkehr" bemühten sie sich nicht ernsthaft; diese blieb wie jene für den „Wohnbau" Hans Mayr.

Am 19. Juni 2013 wurde die neue Regierung im Landtag angelobt; ihre Mitglieder wurden mit einfacher Mehrheit gewählt, mit den 21 Stimmen von ÖVP, Grünen und Team Stronach, gegen die 15 von FPÖ und SPÖ – die Sozialdemokraten gehörten nun auch zur Opposition und konnten die Regierung nur noch aus der Warte des kritischen Zuschauers betrachten.

Damit sind wir bei der ersten von mehreren politischen Premieren angekommen, welche diese Landtagswahlen nach sich zogen – und bei denen diesmal tatsächlich mit Konventionen gebrochen wurden:

Die Sozialdemokraten verloren erstmals seit 1945, also nach fast sieben Jahrzehnten, ihren Anteil an der Regierungsmacht – auf die sie eine Art Gewohnheitsrecht gehabt hatten. Sie hatten der Landesregierung sogar noch weit länger angehört, nämlich schon von 1918 bis zu ihrer Ausschaltung 1934. Denn bereits in der Ersten Republik hatten die politischen Parteien in Salzburg „im Ge-

Rot raus, Grün rein, hieß es in der Landesregierung – im Landtag musste die SPÖ zum ersten Mal in Opposition gehen (Karikatur: Thomas Wizany)

gensatz zur Bundespolitik ... nicht Konflikt-, sondern Konsensdemokratie" praktiziert (der Historiker Ernst Hanisch). Aber das war nun Geschichte, im wahrsten Sinn des Worts, was am Beispiel zweier Landeshauptleute aus derselben Familie sichtbar wurde: Wilfried Haslauer sen. stand für gemeinsames Regieren, möglichst breit und am besten mit einem loyalen Vize wie SPÖ-Chef Wolfgang Radlegger – eine Generation später löste sein Sohn die Beziehung mit den Sozialdemokraten ohne viel Federlesen auf, nachdem er sie nur noch als politisches Eifersuchts-Dramolett erlebt hatte (wie übrigens Gabi Burgstaller auf der anderen Seite auch). Das schwarz-rote Konsensmodell – das zuerst unter ÖVP- und dann unter SPÖ-Führung zumindest formal noch gepflegt worden war – hatte spätestens mit dem Finanzskandal sein Kapital verspielt. Und vor allem: sich aus der historischen Zweckehe zu lösen, galt mittlerweile offensichtlich als Risiko, das man nicht nur eingehen konnte, sondern sogar musste. Sie wurde ersetzt durch eine neue Harmonielehre, praktiziert mit selbstgewählten Partnern.

2013 traf zum ersten Mal seit der Abschaffung des Regierungs-Proporzes die Oppositionsrolle eine (frühere) Großpartei – womit die Verfassungsreform von damals auch für eine solche plötzlich reale Konsequenzen hatte.

Und erstmals in einem österreichischen Bundesland bildete sich eine Dreier-Koalition durch politischen Beschluss; die Regierungssitze in Kärnten und Niederösterreich waren dem Team Stronach via Proporz zugefallen.

War all das auch ein Maß für die demokratiepolitische Reife des Landes, deren Wachstum gar? Der Übergang jedenfalls verlief alles in allem gesittet; bedenkt man, was anstand, etwa in den Worten von Rosemarie Blattl, der Altersvorsitzenden des Landtags: „Der 6. Dezember 2012 (der Tag, an dem der Finanzskandal seinen Lauf nahm; Anm. d. Verf.) hat unser Land verändert. Dieser 6. Dezember war der Beginn einer Zeitenwende und eines Paradigmenwechsels."

Die Debatte in der konstituierenden Sitzung wurde folgerichtig von zwei Themen beherrscht: zum einen „Politik und Stil der neuen Regierung“, zum andern die „künftige Rolle des Landesparlaments“. Die Rede-Ausschnitte sind hier inhaltlich geordnet wiedergegeben:

Aus den Debatten des Salzburger Landtages

Auszug aus dem Protokoll der Landtagssitzung am 19. Juni 2013. Regierungserklärung und die Reaktionen

Landeshauptmann Dr. Wilfried Haslauer (ÖVP): „Wir sind in diese Regierungsverhandlungen nicht als Gegner gegangen. Es war nicht das Motto sich durchzusetzen gegenüber den Gesprächspartnern, der Sieger zu sein, sondern Gemeinsamkeiten zu finden, und das ist gar nicht so leicht bei so unterschiedlichen politischen Gruppierungen. Und die Grundeinstellung in dieser Regierung ist, dass jeder von uns, jede Partei, aber auch jede Persönlichkeit Erfolg haben soll und wenn es der Erfolg der Regierungsmitglieder der anderen Parteien ist, dann ist es auch mein Erfolg, dann ist es nämlich der gesamte Erfolg dieser Landesregierung, und das ist ein wesentlicher Unterschied, dass wir nicht gegeneinander, sondern miteinander, und zwar aus reinem Herzen und freier Absicht miteinander dieses Land führen wollen."

Landeshauptmann-Stellvertreterin Dr. Astrid Rössler (Grüne): „Was sollen die Menschen nach fünf Jahren über diese Regierung und die Arbeit des Landtages gesagt haben? Ich wünsche mir sie sagen: ‚diese Regierung hat gut zusammengearbeitet und es hat dem Land gut getan'. Ich wünsche mir, dass sie sagen: ‚trotz Sparkurs ist es uns gelungen, dass es für sozial Schwächere Verbesserungen geben wird, Führungspositionen werden transparent und objektiv besetzt, der Naturpark Salzachauen ist in Umsetzung. Es ist gelungen, den Gesamtenergieverbrauch zu senken. Frauen in Aufsichtsräten sind selbstverständlich. Kindergartenpädagoginnen bekommen einen fairen Lohn und Bürgerinnenbeteiligung ist gesetzlich fix verankert'. Damit das gelingen kann trotz Sparprogramm und trotz sicher manch hitziger Diskussionen gilt hier: hart in der Sache, weich zur Person."

Landesrat Hans Mayr (damals „Team Stronach"): „Ich sehe in diesem Neustart für das Land Salzburg eine Art Masterplan für die Landesregierung, für den Landtag für die nächsten fünf Jahre. Ich möchte drei ganz wesentliche Punkte aus diesem Masterplan herausnehme. ... Das Erste ist der Kassasturz. Wir müssen wissen von der Regierung und im Landtag, wie steht es wirklich um die finanzielle Situation des Landes Salzburg. ... Der zweite große Punkt ist eine neue Kultur in der Landespolitik, dass wir wirklich versuchen miteinander, und da geht auch wirklich meine Bitte an alle Parteien, dass wir miteinander versuchen, Herausforderungen, Lösungen zu finden. ... Der dritte Punkt, der mir ganz wesentlich ist, ist die gelebte Demokratie, die ehrliche Einbindungen der Bürgerinnen und Bürger in die Politik, und da ist ein ganz zentraler Punkt die Entwicklung eines Salzburger Bürgerrates."

Klubvorsitzender Walter Steidl (SPÖ): „Einiges Neues liest sich natürlich auch so in etwa wie ein Brief an das Christkind und das, was dann noch übrigbleibt, das sind die vielen Masterpläne. ... Zunächst darf ich Ihnen, Herr Dr. Haslauer, zum Ergebnis der Parteienverhandlungen gratulieren. Ich stehe nicht an, es ist ein ausgezeichnetes Ergebnis für Sie und Ihre Volkspartei. Sie haben es nämlich geschafft, aus 29 Prozent der Zustimmung und Vertrauen durch die Bevölkerung 70 Prozent der Macht in dieser Regierung zu bekommen. ... Die Männer in dieser Regierung, meine sehr geehrten Damen und Herren, haben die dicke Brieftasche und bestimmen zu 96 Prozent oder 2,3 Milliarden die Politik in diesem Lande. Für die beiden Frauen verbleiben 3,8 Prozent der Macht oder 90 Millionen. Und die Vizechefin dieser Regierung, meine sehr geehrten Damen und Herren, sie begnügt sich mit Harmonie, sie begnügt sich mit 0,48 Prozent der Macht oder elf Millionen Euro. Dieses Ergebnis, meine sehr geehrten Damen und Herren, ist für viele in diesem Land, auch diejenigen, die am 5. Mai Grün gewählt haben, nicht nachvollziehbar, auch für uns nicht. Aber vielleicht kann man es so formulieren, wie es die Grüne Gemeinderätin der Stadt Salzburg zum Ausdruck gebracht hat: die Freude, regierungsbeteiligt zu sein, war eben größer."

Klubobmann Dr. Karl Schnell (FPÖ): „Wir werden uns bemühen, nicht nur Kritik anzubringen, sondern noch mehr hinter die Kulissen zu blicken, noch genauer zu lesen, ob das Budget stimmt und wir werden uns auch nicht mehr daranhalten oder daran glauben, wenn uns Regierungsmitglieder erklären nein, das stimmt alles nicht, es ist alles in bester Ordnung. Denn dieses Problem wurde eigentlich noch nie besprochen. Diese Spekulationsaffäre, die eigentlich Auslöser dieser ganzen Wahl war, nämlich dieses Geld, das wir jetzt so notwendig brauchen würden, denn die liegen mir am Herzen, nämlich die geschädigten, hochwassergeschädigten Familien, die ihre Mitglieder verloren haben, die Hab und Gut verloren haben, die kein Auto, kein Haus, kein Gewand mehr besitzen, die liegen mir am Herzen."

Der neue Landtag und seine Rolle

Landtagspräsidentin Dr. Brigitta Pallauf (ÖVP): „Unsere Arbeit im Landtag müssen wir dahingehend entwickeln, dass sie verständlich und nachvollziehbar, durchschaubar wird. Wir stehen dabei in einer Bringschuld. Als Landtag, als einzelne Abgeordnete haben wir uns zu fragen: Drücken wir uns klar und unmissverständlich aus? Können auch jene unsere Aussagen und Argumente nachvollziehen, die nicht täglich mit dem politischen Geschehen befasst sind? Nur wenn uns das gelingt, sind auch die Bürgerinnen und Bürger politisch handlungsfähig und bereit, ihren Beitrag für eine solidarische Gesellschaft zu leisten. Daher fragen wir uns: Wie steht es mit der Echtheit des Dialogs im Landtag selbst? Diese Bringschuld an Offenheit, an Information, an Aufklärung, werde ich als Landtagspräsidentin in Ihrer aller Namen und Ihrer aller Auftrag erfüllen."

Klubobmann Helmut Naderer (Team Stronach): „Jeder kennt Gesetze. Im Sinne der Transparenz werden die Gesetze auf ihre Lesbarkeit überarbeitet und auch in Zukunft nur in mehr in diesem Ausmaß hoffentlich beschlossen. Mir ist schon klar, da werde ich diverse Bedenken beim Legisten wecken, weil natürlich ein Raumordnungsgesetz oder ein Bautechnikgesetz nicht immer ganz leicht argumentiert oder geschrieben werden kann, aber wenn von uns der klare Auftrag kommt, die Gesetze lesbar zu machen, dann bin ich mir sicher, dass die Verwaltung diesem Auftrag nachkommt."

Klubobfrau Mag. Gerlinde Rogatsch (ÖVP): „Wir werden alles daransetzen, das Vertrauen in die Politik wieder zurück zu gewinnen. Das ist eine gemeinsame Kraftanstrengung von uns allen hier im Landtag und der gesamten Regierung und so, wie sich jeder Bürger darauf verlassen können muss, dass die Handwerker ordentlich arbeiten und korrekt abrechnen, bei Lebensmitteln drauf steht was drin ist, dass die Ärzte richtig behandeln und die Verwaltung unbestechlich ist, so muss auch in der Politik wieder Verlässlichkeit in den Vordergrund gestellt werden."

Klubobmann Cyriak Schwaighofer (Grüne): „Wir haben versucht, in unseren Regierungsverhandlungen einige Dinge, die mir ein besonderes Anliegen waren, auch zu verankern und sie sind verankert worden. Das ist zum Ersten die Wahl oder die Möglichkeit der Opposition, einen eigenen Präsidenten zu nominieren, eine Präsidentin zu nominieren, weil ich der Überzeugung bin, dass im Landtag die Gegenspieler die Regierung und die Opposition sind und es einfach wichtig ist, entscheidend wichtig ist, dass die Opposition eine Vertretung in den präsidialen Sitzungen und auch nach außen hat, dass sie der erste wichtige Teil dieses Landtages im Land Salzburg ist. Das Zweite, was mir wichtig war, was wir ebenfalls verankert haben in einer Form, die es bisher nicht gegeben hat: einen koalitionsfreien Raum, der weit über das hinausgeht, was bisher in den Regierungen vereinbart war, der nämlich genau diesem Landtag, Ihnen, Euch allen, uns allen den Spielraum gibt, hier in diesem Haus vieles zu diskutieren, was früher in der Regierung vorentschieden wurde, wo festgelegt wurde, wann und wo die Hand zu heben ist."

Landeshauptmann Dr. Wilfried Haslauer (ÖVP): „Die Größenverhältnisse haben sich geändert. Eine weitere Partei ist dazugekommen. Die Opposition ist mandatsmäßig sehr gestärkt. Das wird die Regierung, ob Sie es nun gerne hören oder nicht, meine Damen und Herren von der Opposition, zusammenschweißen, ich hoffe es zumindest. ... Wir haben eine Aufwertung des Landtages. Ich glaube es ist schon wichtig, dass die Dinge nicht einfach abgemacht werden, sondern hier diskutiert werden. Mir ist klar, das wird kontroversiell passieren, überhaupt keine Frage. Es ist auch Aufgabe des Landtages. Wir wollen ja kein Abnick-Gremium haben."

Klubobmann Walter Steidl (SPÖ): „Dr. Wilfried Haslauer hat seine Wunschregierung. Den Grünen und Stronach wurde der Wunsch zum Regieren erfüllt und jetzt liegt es an uns, meine sehr geehrten Damen und Herren, auch den Wunsch der starken Opposition zu erfüllen. Herr Dr. Haslauer, diesen Wunsch werden wir selbstbewusst und auch sehr konstruktiv erfüllen."

Klubobmann Dr. Karl Schnell (FPÖ): „Wir Freiheitlichen werden Euch überall unterstützen, wo wir eine Möglichkeit haben, wenn wir es für sinnvoll für dieses Land und für diese Leute erachten. Aber ich sage noch einmal. Es wird für mich kein Tabuthema geben. Ich liebe diese Heimat und ich werde Fehlentwicklungen auch weiterhin aufzeigen, ob es dem einen oder anderen passt oder nicht."

böhlau

Schriftenreihe des Forschungsinstitutes für politisch-historische Studien der Dr.-Wilfried-Haslauer-Bibliothek, Salzburg

Band 65

Robert Kriechbaumer · Richard Voithofer (Hg.)

POLITIK IM WANDEL

Der Salzburger Landtag im Chiemseehof
1868–2018

Band 2

BÖHLAU VERLAG WIEN KÖLN WEIMAR

Bibliografische Information der Deutschen Nationalbibliothek:
Die Deutsche Nationalbibliothek verzeichnet diese Publikation in der Deutschen Nationalbibliografie; detaillierte bibliografische Daten sind im Internet über http://dnb.d-nb.de abrufbar.

Umschlagabbildung: Hauptportal des Chiemseehofs vor 1919 und 2015 (Fotos: Archiv der Stadt Salzburg und Landes-Medienzentrum Salzburg)

Korrektorat: Matthias Stangel, Rommerskirchen
Einbandgestaltung: Michael Haderer, Wien
Satz: Michael Rauscher, Wien
Druck und Bindung: Finidr, Cesky Tesin
Gedruckt auf chlor- und säurefrei gebleichtem Papier
Printed in the EU

Vandenhoeck & Ruprecht Verlage | www.vandenhoeck-ruprecht-verlage.com

ISBN 978-3-205-20776-4

Inhaltsverzeichnis

Ausblicke

STRUKTUREN – KONTROVERSEN – EINBLICKE

Zwei Eindrücke aus der Anfangszeit des Wiederaufbaus in der Stadt Salzburg um 1950:

Oberes Bild: Demolierung der ehemaligen Münze in der Griesgasse 37. Rechts die Hoffassade des bombengeschädigten Hauses Gstättengasse 2, dahinter die Bürgerspitalkirche.

Unteres Bild: Einblick in ein Elendsquartier in der Lieferinger Au als Beispiel für die vielerorts prekären Wohnverhältnisse in der ersten Nachkriegszeit. (Fotos: Archiv der Stadt Salzburg)

Christian Dirninger

Wohnbau und Wohnbauförderung im Zeichen der „Verländerung“

Dringender Handlungsbedarf

Wohnbau und Wohnbauförderung war in den beiden ersten Jahrzehnten nach dem Ende des Zweiten Weltkrieges zweifelsohne eine vorrangige Herausforderung für die Landespolitik und damit auch ein zentrales Thema für die Verhandlungen und Entscheidungen im Landtag. Ungeachtet dessen, dass sich am Übergang in die 1950er-Jahre die allgemeine Wirtschaftslage im Vergleich zu den ersten Nachkriegsjahren spürbar gebessert hatte, ist das Wohnungsproblem weiterhin groß und akut geblieben. So wies die Volkszählung 1951 gegenüber jener von 1934 einen Anstieg der Wohnbevölkerung des Landes Salzburg um 33 Prozent auf rund 327.000 aus. Gemessen an der Differenz zwischen der Zahl der Haushaltungen und der Zahl der Wohnungen ermittelte eine Untersuchung des Österreichischen Instituts für Wirtschaftsforschung Mitte 1951 für das Bundesland Salzburg einen relativen Wohnungsfehlbestand von 18,44 Prozent, für die Stadt Salzburg sogar von 29,6 Prozent. Wie Landeshauptmann Josef Klaus in einem Schreiben an Sozialminister Karl Maisel ausführte, waren dies Spitzenwerte in Österreich. Dabei entfiel mehr als die Hälfte des Wohnungsfehlbestandes auf die Landeshauptstadt und der Pinzgau zählte zu jenen politischen Bezirken in Österreich, in welchen der Wohnungsfehlbestand mehr als 20 Prozent betrug. Dazu kam, dass ein nicht geringer Teil des bestehenden Wohnraumes aus Barackensiedlungen und Notquartieren und damit ein veritables Wohnungselend bestand. Eine 1953 vom Amt der Salzburger Landesregierung durchgeführte Erhebung ergab, dass zu dieser Zeit noch 3.775 Familien mit 7.442 Erwachsenen und 3.426 Kindern in 1.308 Wohnbaracken lebten.

In seiner Regierungserklärung vom 28. Jänner 1946 hatte Landeshauptmann Albert Hochleitner unter Zustimmung aller Landtagsfraktionen klargemacht, dass dem Wiederaufbau und der Errichtung von zusätzlichem neuem Wohnraum landespolitische Priorität zukommen müsse. Und er hatte betont, dass dabei die Schaffung entsprechender Finanzierungsmöglichkeiten auf Landesebene eine dringende unabdingbare Voraussetzung sei und dabei dem gemeinnützigen Wohnungsbau und dem Siedlungswesen vorrangige Bedeutung zukomme.

Eine wesentliche Rahmenbedingung in der unmittelbaren Nachkriegszeit war die Bewirtschaftung von Baumaterialien und die Zuteilung von Arbeitskräften. Hinsichtlich der in der Salzburger Bauwirtschaft allenthalben bestehenden Befürchtungen einer Benachteiligung durch die Wiener Zentralstellen forderte der Präsident der Salzburger Handelskammer, Josef Ausweger, in der Debatte über die Regierungserklärung den Landeshauptmann dringend auf, dafür zu sorgen, dass „eine falsche Zentralisierung der Materialbewirtschaftung und ... Zuteilung der Arbeitskräfte unmöglich gemacht wird.“ Von Seiten der SPÖ wurden u. a. zwei wesentliche Punkte thematisiert. Zum einen die notwendige Zurverfügungstellung von Baugründen für den Wohnbau außerhalb der Landeshauptstadt durch die Gemeinden. „Dadurch würden“, wie der Salzburger Bürgermeister Anton Neumayr ausführte, „Wohnungen entstehen, nicht bloß im Stadtgebiet, sondern auch draußen in den Bezirken und in den kleinsten Landgemeinden“. Zum anderen wurde eine leistbare Preisgestaltung eingemahnt, wozu man „den Preisüberwachungsstellen die nötigen Aufträge geben“ werde.

Dass die US-Besatzungsmacht, ungeachtet der Beschlagnahme von Wohnraum, von Beginn an ein wesentlicher Faktor im Wiederaufbau, gerade auch im Wohnbau war, betonte Landeshauptmann Albert Hochleitner in der Landtagssitzung vom 21. Februar 1946: „Ich muss auch erinnern, dass die Militärregierung uns in allen Dingen des Wiederaufbaues unterstützt hat und wenn wir heute feststellen können, dass ein guter Teil der durch die Bombeneinwirkungen zerstörten Wohnungen wiederhergestellt ist, dass in unserer Stadt und im ganzen Land wieder Ordnung besteht, so ist dies in erster Linie dem Wirken der Militärregierung und den leitenden Offizieren zu danken.“

Wohnbaugesetz 1946 – nicht in Kraft getreten

Angesichts der offensichtlichen Unzulänglichkeit der wohnbaupolitischen Maßnahmen des Bundes sowie im Bestreben, landespolitischen Handlungsspielraum im Wohnbau zu schaffen, brachte die Landesregierung am 29. Juli 1946 eine „Gesetzesvorlage über die Förderung des Wohnungsbaues im Lande Salzburg“ in den Landtag ein. Die unmittelbare Veranlassung für die Initiative des Landes hatte sich daraus ergeben, dass entsprechende Gesetzesbeschlüsse auf Bundesebene bisher nicht zustande gekommen waren und bei den von der Bundesregierung beschlossenen interimistischen Notmaßnahmen eine völlig unzureichende Dotierung Salzburgs zu erwarten war. In der Gesetzesvorlage der Landesregierung war die Aufnahme einer 30-jährigen Anleihe des Landes im Ausmaß von 40 Mio. S bei den heimischen Geldinstituten vorgesehen, wobei die Verzinsung und Amortisation durch einen Zuschlag zur Landesgebäudesteuer finanziert werden sollten. Die Förderungsleistung sollte in einmaligen, nicht rückzahlbaren Beihilfen zur Errichtung von Wohnraum bestehen.

Dass damit an die Wohnungspolitik der Zwischenkriegszeit angeknüpft wurde, betonte namens der sozialistischen Landtagsfraktion Bürgermeister Anton Neumayr, wobei er auch die Berücksichtigung der Förderung von Wohnungsmieten einforderte: „Wir Sozialisten begrüßen es warm, dass das Land Salzburg wieder wie vor 20 Jahren die Initiative bei der Wohnungsfrage ergriffen hat … Wenn zur Schaffung von Wohnungen 40 Millionen Schilling als Beihilfen zur Verfügung gestellt werden sollen, dann dürfen wir dabei nicht vergessen, dass wir vor allem auch unsere Fürsorge den Mietern angedeihen lassen müssen.“ Ein wichtiges Anliegen für die SPÖ war weiters die Einbeziehung des öffentlichen Wohnbaus in die mit dem Gesetz beabsichtigten Förderungsmaßnahmen. So betonte Landeshauptmann-Stellvertreter Franz Peyerl (SPÖ) in der Landtagssitzung vom 2. August 1946, „dass es sich bei der Beschlussfassung über dieses Gesetz nicht nur um eine Frage handeln kann, die den privaten Hausbesitz betrifft, sondern, dass dieses Gesetz mit seinen Wohltaten auch für die öffentlichen Wohnbauten in Betracht kommen muss“.

In dieser Sitzung erfolgte sodann auch der einstimmige Beschluss über das „Gesetz über die Förderung des Wohnungsbaues im Lande Salzburg". Allerdings konnte dieser Gesetzesbeschluss dann in der Folge aufgrund verfassungsrechtlicher Bedenken und eines damit begründeten Einspruches der Bundesregierung, die sich auf die Bundeskompetenz in Fragen des Wiederaufbaus berief, nicht in Kraft treten. Ein am 12. Dezember 1946 im Landtag gefasster Beharrungsbeschluss konnte dagegen nichts ausrichten, was unter den Abgeordneten teilweise zu heftiger Kritik am „Wasserkopf Wien" geführt hat. Ebenso blieb eine Eingabe des Landes beim Verfassungsgerichtshof erfolglos.

Salzburger Wohnbauförderungsfonds

Als dann 1948 mit dem Bundes-Wohn- und Siedlungsfonds und dem Wohnhaus-Wiederaufbaufonds die Wohnbauförderung des Bundes installiert war, war für die Salzburger Landespolitik klar, dass das nicht ausreichen würde und zusätzlich eine Wohnbauförderung auf Landesebene eingerichtet werden musste. Neben der quantitativen Dimension, also dem benötigen Finanzierungsvolumen, ging es dabei aber auch darum, ein unmittelbares landespolitisches Instrument für die Wohnungspolitik zu schaffen, um Wohnbau und Wohnbauförderung zu einem wesentlichen Teil über die Landespolitik steuern zu können. Daraus ergab sich die Initiative zur Errichtung des Salzburger Wohnbauförderungsfonds. In den dorthin führenden Verhandlungen des Landtages in den Jahren 1948 und 1949 war unter anderem die Frage des sozialen Wohnbaues immer wieder ein vorrangiges Thema. In diesem Zusammenhang ging es auch um die Einbeziehung der gemeinnützigen Wohnungs- und Siedlungsvereinigungen in das Förderungssystem des zu gründenden Salzburger Wohnbauförderungsfonds.

Der Antrag zu dessen Errichtung wurde dann am 1. Dezember 1949 von der ÖVP-Fraktion in den Landtag eingebracht. Man folgte damit dem Beispiel der anderen Bundesländer, wo derartige Landesfonds bereits eingerichtet worden waren. Die einstimmige Beschlussfassung erfolgte nach ausführlicher Debatte und einigen Abänderungen in der Landtagssitzung vom 23. Jänner 1950. Dieser als eigene Rechtspersönlichkeit installierte und auf die Förderung des Eigenheimbaues und des gemeinnützigen Wohnungsbaues ausgerichtete Fonds wurde zunächst aus dem Landeshaushalt dotiert und vergab in der Anfangsphase ausschließlich Darlehen mit einer Verzinsung von 3,5 Prozent jährlich, wobei in der Folge die weitere Förderungsfinanzierung vor allem aus den Darlehensrückflüssen zu erfolgen hatte. Die Entscheidung über Gewährung von Fondshilfen oblag der Landesregierung. Der Personenkreis, der Fondshilfe in Anspruch nehmen durfte, umfasste einzelne natürliche Personen als Eigentümer von Liegenschaften und gemeinnützige Wohnbau- und Siedlungsgesellschaften oder -genossenschaften, wobei die Landesregierung ermächtigt war, in Sonderfällen Ausnahmen zu genehmigen.

Mit der Errichtung des Fonds war Landeshauptmann Josef Klaus, wie er in der Landtagssitzung vom 26. April 1950 betonte, überzeugt, „den für die gegenwärtige Sachlage wirksamsten Weg gefunden zu haben, um zur Linderung der Wohnungsnot erfolgreich beizutragen". Darin, dass die Förderungstätigkeit des Fonds mit der Schwerpunktsetzung im Eigenheimbau in besonderer Weise auch den Wohnbau außerhalb der Landeshauptstadt begünstigte, sah er, wie er in einem Vortrag bei der Salzburger Industriellenvereinigung im April 1951 ausführte, ein probates Mittel zur Linderung der in den ländlichen Bezirken bestehenden Wohnungsnot. Mit der als Salzburger Wohnbauförderungsgesetz 1952 wiederverlautbarten Fassung (LGBl. Nr. 65/1952) und einer Novelle 1954 (LGBl. Nr. 14/1954) wurde die Förderung auf Annuitätenzuschüsse und die Refinanzierung auf die Möglichkeit zusätzlicher Darlehensaufnahmen erweitert, wovon in den folgenden Jahren auch mehrfach Gebrauch gemacht wurde.

Gab es in den Landtagsdebatten zwischen ÖVP und SPÖ z. T. unterschiedliche Ansichten darüber, von wem die Initiative ausgegangen sei, so war man sich aber darüber einig, dass die Kapazitäten des Fonds bei weitem nicht ausreichen konnten, das Wohnungsproblem in seiner Gesamtheit zufriedenstellend lösen zu können und dass dementsprechend eine effiziente Bundes-Wohnbauförderung dringend erforderlich sei. Und man war sich darüber einig, gegenüber dem Bund entsprechend Druck zu machen. Dies geschah in den folgenden Jahren immer wieder, wobei insbesondere auf einen größeren Einfluss und Gestaltungsspielraum des Landes im Rahmen einer als notwendig erachteten Reform der Bundes-Wohnbauförderung gedrängt wurde. Zu einer derartigen Reform ist es dann mit dem Wohnbauförderungsgesetz 1954 gekommen.

Wohnbaupolitische Themen in den frühen 1950er-Jahren

Neben den Vorstößen in Richtung einer Neugestaltung des Bundes-Wohnbauförderung, bei denen die Stärkung der Landeskompetenz ein vorrangiges Anliegen war, standen in den frühen 1950er-Jahren Wohnbaufragen immer wieder auf der Tagesordnung des Landtages.

Eines der dringlichen Themen war, dass die Eigentümer von durch die US-Besatzungsmacht beschlagnahmten Wohnungen von den mit dieser von der Bundesfinanzverwaltung vereinbarten Mieten nur einen geringen Teil erhielten, während der Großteil beim Bund vereinnahmt wurde. Dieses Problem wurde z. B. in der Landtagssitzung vom 12. Juni 1950 in einer Anfrage der ÖVP-Fraktion an Landeshauptmann Josef Klaus als in der „öffentlichen Meinung" als „unhaltbare Zustände" wahrgenommenes „an den Eigentümern begangenes Unrecht" thematisiert. Der Landeshauptmann wurde aufgefordert, in der Angelegenheit initiativ zu werden.

Ungeachtet dessen war die in den frühen 1950er-Jahren nach wie vor bestehende Beschlagnahmung von zahlreichen Wohnungen durch die Besatzungsmacht ein Problem, das die Wohnungsnot insbesondere im Zentralraum verschärfte. Angesichts dessen drängten die Abgeordneten auf die Freigabe dieser Wohnungen, so etwa in der Landtagssitzung vom 7. Februar 1952 mit einer dringenden Aufforderung an den Landeshauptmann, diesbezüglich bei den US-Behörden vorstellig zu werden. In einer darauf bezogenen Anfragebeantwortung berichtete Landeshauptmann Josef Klaus in der Sitzung vom 10. März 1952 über „zahllose schriftliche Eingaben sowohl an den Hochkommissar der Vereinigten Staaten, wie auch an den kommandierenden General". Allerdings sei ihm dort der bei der Besatzungsmacht gegebene große Wohnungsbedarf entgegengehalten, zugleich aber versichert worden, dass „alles getan werde, um wenigs-

Die Bauwirtschaft wird ab 1953 zum Motor des konjunkturellen Aufschwungs, hier ein Wohnbauprojekt in Lehen (Foto: Archiv der Stadt Salzburg)

tens einen Teil des derzeit noch in Anspruch genommenen zivilen Wohnraumes freizugeben, sobald ein entsprechender Ersatz an geeigneten Wohnungen gefunden werden kann." Mit der Errichtung des Camp Roeder in Wals-Siezenheim mit mehr als 400 und der Militärwohnanlage in Lehen (General-Keyes-Straße) mit ca. 270 qualitativ hochwertigen Wohnungen war dann in der Tat die Voraussetzung für die Freigabe beschlagnahmter Wohnungen gegeben. Zu einer spürbaren Entspannung auf dem Salzburger Wohnungsmarkt ist es allerdings erst durch den Abzug der amerikanischen Besatzungsmacht 1955 gekommen, indem, wie Robert Hoffmann feststellt, 906 teils beschlagnahmte, größtenteils aber für die Familien amerikanischer Militärangehöriger neuerbaute Wohnungen mit einem Schlag für den heimischen Bedarf frei wurden.

Ein Thema, das die Abgeordneten der FPÖ besonders interessierte, war die personelle Zusammensetzung des für die Vergabe von landeseigenen oder in Verwaltung des Landes stehenden Wohnungen zuständigen Wohnungsausschusses der Landesregierung. Dazu stellte Landeshauptmann Klaus am 4. April 1950 in Beantwortung einer entsprechenden Anfrage im Landtag fest, dass es eine „Vereinbarung unter den Mitgliedern der Landesregierung" gebe, dass derartige Entscheidungen von einem aus den Landeshauptmann-Stellvertretern Franz Peyerl (SPÖ) und Bartholomäus Hasenauer (ÖVP) bestehenden Regierungsausschuss bzw. bei Nichteinigung vom Landeshauptmann getroffen würden.

Für die SPÖ blieb der soziale Wohnbau ein vorrangiges Thema, wobei immer wieder auch Forderungen des Gewerkschaftsbundes einflossen. Vorrangige Punkte dabei waren die Mietzinsgestaltung, die Wohnraumbewirtschaftung sowie Maßnahmen zur Beschaffung von Baugründen für den sozialen Wohnbau. So wurde beispielsweise in der Landtagssitzung vom 26. April 1950 ein „Antrag der Abgeordneten Kimml, Hallinger, Emhart und Genossen betreffend Förderung des sozialen Wohnbaues" eingebracht. Darin wurde die Landesregierung aufgefordert, „ehestens die Frage zu prüfen, ob im Wege eines Landesgesetzes den Gemeinden die Ermächtigung erteilt werden kann, für offensichtlich übermäßigen oder nicht voll ausgenützten Wohnraum eine Abgabe einzuführen" sowie „dem Landtag innerhalb kürzester Frist den Entwurf eines Gesetzes vorzulegen, der den Gemeinden das Recht zur Grundbeschaffung für Wohn- und Siedlungszwecke gegen Entschädigung der bisherigen Eigentümer einräumt."

Wurde hier offenbar eine die Landespolitik bzw. den Landtag bis in die jüngste Zeit immer wieder beschäftigende Thematik berührt, so wurde zugleich die damals die Wohnungspolitik in besonderem Ausmaß beherrschende Frage von deren Föderalisierung virulent. Wie aus einem in einem in der Landtagssitzung vom 23. Oktober 1950 vorgelegten Bericht des Verfassungs- und Verwaltungs- und des Finanzausschusses hervorgeht, wurde die Einführung einer Abgabe für „offensichtlich übermäßige oder nicht ausgenützte Wohnräume" auf Landesebene vom Finanzministerium als verfassungswidrig und als Gefährdung der Interessen des Bundes qualifiziert. Begründet wurde dies v. a. damit, dass dies einen Eingriff in die im Finanzausgleichsgesetz festgelegte Zuständigkeit des Bundes bei der Regelung der Grundsteuer darstellen würde. Eine derartige „Einzelaktion des Landes Salzburg würde Beispielsfolgerungen zeitigen und so der bundeseinheitlichen Regelung den Boden abgraben." Auch gegen ein Recht für Gemeinden zur „Grundbeschaffung für Wohn- und Siedlungszwecke gegen Entschädigung der bisherigen Eigentümer" gab es von Seiten des Bundes „größte Bedenken gegen die verfassungsrechtliche Zulässigkeit eines solchen Gesetzes", wie Landeshauptmann Josef Klaus in Beantwortung einer SPÖ-Anfrage in der Sitzung vom 14. März 1951 ausführte. Somit waren entsprechende gesetzliche Maßnahmen auf Landesebene damals nicht möglich.

Ein Thema in den Verhandlungen des Landtages in diesen Jahren war immer wieder die über die Dotation durch das Land hinausgehende dringend benötigte finanzielle Ausstattung des Salzburger Wohnbauförderungsfonds durch Beiträge der Interessensverbände, insbesondere der Kammern sowie im Wege von Spenden- und Sammelaktionen. Die vom Landtag zu genehmigenden Übernahmen von Bürgschaften des Landes für Hypothekendarlehen von Antragstellern des Salzburger Wohnbauförderungsfonds konnten hier auch keine ausreichende Abhilfe schaffen, wie in einem Bericht des Finanzausschusses in der Landtagssitzung vom 23. Oktober 1950 dargelegt wurde.

Insgesamt wurde einmal mehr deutlich, dass der Landesfonds nur ein in seiner Dimension kleiner Teil der im Land benötigten Wohnbauförderung sein konnte und eine entsprechende effiziente Neugestaltung der Bundeswohnbauförderung unabdingbar war. Dies auch deshalb, weil wie aus mehreren Anträgen und Anfragen (z. B. „Antrag der Abgeordneten Peyerl, Kimml, Emhart und Genossen betreffend die Zuwendungen an das Land Salzburg aus dem Bundes-Wohn- und Siedlungsfonds" in der Landtagssitzung vom 24. Juli 1951) hervorgeht, die auf Salzburg entfallenden Zuteilungen aus dem Bundes-Wohn- und Siedlungsfonds und dem Wohnhauswiederaufbaufonds weit unter den beantragten Summen blieben. Das betraf insbesondere die zuteilungsreifen Anträge der Siedlungsgenossenschaften und gemeinnützigen Siedlungsgesellschaften, von denen viele unerledigt blieben.

In diesem Zusammenhang wurde auch die Forderung erhoben, im Sinne einer höheren Treffsicherheit und der Einsparung von Verwaltungskosten, die Verwaltung der Mittel der Bundesfonds auf die Länder zu übertragen. So hieß es etwa in einem von allen Fraktionen in der Landtagssitzung vom 20. November

Der für die Wohnbauförderung zuständige Landesrat Hermann Rainer präsentiert das Modell der Großwohnanlage Taxham (Foto: Archiv der Stadt Salzburg)

1950 einstimmig angenommenen Antrag der FPÖ-Fraktion: „Es erscheint deshalb zweckmäßig, wenn die für den Bundeswohn- und Siedlungsfonds vorgesehenen Mittel nicht zentral verwaltet, sondern direkt an die Landeswohn- und Siedlungsfonds aufgeteilt und überwiesen werden, da so ein an sich überflüssiger Verwaltungsaufwand eingespart und die eigentliche Steuerung der Baukredite in den einzelnen Ländern ohne Mehraufwand an Verwaltung sichergestellt werden kann."

Dementsprechend wurde die Landesregierung beauftragt, im Einvernehmen mit den anderen Bundesländern in Wien eine entsprechende Reform der Bundeswohnbauförderung „mit aller Energie zu betreiben." Im Rahmen dessen sollte, wie Landeshauptmann Josef Klaus in der Landtagssitzung vom 14. März 1951 ausführte, der für die Wohnbaufinanzierung unabdingbaren Förderung der Kapitalbildung, speziell der Sparförderung, besondere Bedeutung beigemessen werden.

Da die Förderungstätigkeit des Salzburger Wohnbauförderungsfonds hauptsächlich auf den Eigenheimbau ausgerichtet war, drängte die SPÖ in der Landtagssitzung vom 21. November 1951 mit einem entsprechenden Antrag darauf, im Zuge einer Novellierung des Gesetzes über den SWFF auf eine stärkere Gewichtung der Mietenförderung zu achten. Und zwar durch eine der Praxis beim Bundeswohn- und Siedlungsfonds nachgebildeten Begünstigung der gemeinnützigen Wohn- und Siedlungsvereinigungen in Form einer deutlichen Verlängerung der Tilgungsfristen bei an diese aus dem Fonds vergebenen Darlehen.

Generell spielten Siedlungsvereinigungen und Wohnbaugenossenschaften wie die „Salzburger Wohnsiedlungsgesellschaft" und die „Neue Heimat" eine wesentliche Rolle in der Wohnbaupolitik des Landes und damit auch in den entsprechenden Verhandlungen des Landtages. Einen speziellen Bereich mit einem wesentlichen Anteil am Flüchtlingswohnbau stellten Organisationen der Volksdeutschen bzw. Heimatvertriebenen wie die Genossenschaften „Heimat Österreich" und „Neusiedler" dar. Eine wesentliche Unterstützung für die volksdeutsche Siedlerbewegung bedeutete ein 1950 im Landtag gefasster Beschluss, wonach auch Heimatvertriebene ohne österreichische Staatsbürgerschaft Kredite für den Wohnungsbau beanspruchen konnten.

Eine grundsätzliche unabdingbare Voraussetzung für den insbesondere in der Landeshauptstadt und deren näherem Umland dringend erforderlichen Bau von Wohnsiedlungen war die Verfügbarkeit von Baugründen. Dies war in den frühen 1950er–Jahren mehrfach Thema in den Verhandlungen des Landtages und es wurden diesbezüglich auch konkrete Maßnahmen beschlossen. Eine davon waren einstimmige Beschlüsse zur „Widmung von Grundstücken des Landesgutes Taxham für Siedlungszwecke" in den Landtagssitzungen vom 18. November 1953, 17. Dezember 1953 und 5. März 1954. Im Zuge dessen wurde die Durchführung der Grundstücksabgabe nach einheitlichen Verbauungsrichtlinien, durch Verkauf oder durch Baurecht an den Salzburger Wohnbauförderungsfonds übertragen. In der Regierungsvorlage wurde deutlich gemacht, dass es auch darum ging, der bereits in Gang gekommenen Entstehung von Streusiedlungen entgegenzuwirken und die Bau- und Aufschließungskosten in einem leistbaren Rahmen zu halten. Der aus der Abgabe von Grundstücken aus diesem insgesamt 484.000 m² großen Areal zu erzielende Erlös wurde vorrangig zur Beschaffung von „landwirtschaftlichen Ersatzgründen" bestimmt. Angestrebt wurde bei der „Volkssiedlung“ Taxham, wie Landeshauptmann Josef Klaus in der Landtagssitzung vom 22. Dezember 1954 berichtete, eine Ausführung der auf diesem Areal zu errichtenden Wohnbauten „nach einheitlichen architektonischen und städtebaulichen Richtlinien.“ Für einen dazu auszuarbeitenden Generalverbauungsplan wurde ein Ideenwettbewerb ausgeschrieben und eine Jury eingesetzt, „welcher unter anderen auch die bedeutendsten Sachverständigen auf dem Gebiete des Städtebaues in Österreich angehörten.“ Den Zuschlag erhielt die Architektengruppe Ponholzer, Horvarth und Ulrich, deren Plan dann auch vom Gemeinderat der Stadt Salzburg genehmigt wurde.

Über das Projekt Taxham hinaus wurde der Salzburger Wohnbauförderungsfonds zur weiteren Verbesserung der Voraussetzungen für den Wohnbau im Land 1954 per Gesetzesbeschluss im Landtag generell zur Aufschließung und Bereitstellung von Grundstücken ermächtigt und dem Fonds die dafür nötigen Mittel aus dem Landesbudget zur Verfügung gestellt.

Das Wohnbauförderungsgesetz 1954

Einen wesentlichen Schritt zur Neuordnung der Wohnbauförderung auf Bundesebene stellte das 1954 im Nationalrat beschlossene Wohnbauförderungsgesetz dar. Auf eine derartige die Dotierung sowie die Durchführungskompetenzen der Bundesländer wesentlich steigernde bundesgesetzliche Maßnahme hatten die Landtage seit Längerem vehement gedrängt. So auch der Salzburger Landtag, zuletzt in einem „Antrag der Abgeordneten Hell, Rehrl, Haslinger und Genossen“ (ÖVP) in der Landtagssitzung vom 17. Dezember 1953. Darin wurde einmal mehr betont, dass das Land Salzburg „mit einem absoluten Fehlwohnungsbestand von 15.689 Wohnungen an der Spitze der Wohnungsnot in allen Bundesländern“ stand und die bisherige Zuteilung aus den Bundesfonds „bei der insbesonders in den westlichen Bundesländern und hier insbesondere in Salzburg bestehenden größten Wohnungsnot keineswegs gerecht ist“.

Zugleich wurde darauf hingewiesen, „dass der eigentliche Volkswohnungsbau im Sinne der Bundesverfassung Sache des Bundes und nicht der Bundesländer ist, die nicht in der Lage sind, aus eigenen Mitteln der Wohnungsnot Herr zu werden.“ Dementsprechend seien „die Bundesregierung und das Parlament neuerlich aufzufordern ..., unverzüglich ein allgemeines Wohnbauförderungsgesetz vorzulegen bzw. zu beschließen.“ Dieses sollte ermöglichen, „dass durch die Beistellung ausreichender Mittel des Bundes, der Länder und der Gemeinden, durch Heranziehung verfügbarer Kreditmittel von Banken, Sparkassen, Versicherungsinstituten, Baukredite in solchem Umfang zur Verfügung gestellt werden, damit die Wohnungsnot wenigstens in absehbarer Zeit zu einem großen Teil behoben werden kann“. Ebenso wurde gefordert, „dass bei Schaffung eines allgemeinen Wohnbauförderungsgesetzes auch die Novellierung des Mietengesetzes in der Richtung notwendig ist, um den Verfall des Althausbestandes zu verhindern, weil dadurch gleichzeitig die Erhaltung des Wohnraumes im Althausbesitz gewährleistet wird“. Im Sinne dessen wurde die Landesregierung beauftragt, „bei der Bundesregierung neuerlich mit allem Nachdruck die Erlassung eines heutigen Bedürfnissen entsprechenden Wohnbauförderungsgesetzes zu betreiben“. In dem in der Landtagssitzung vom 5. März 1954 vorgelegten Bericht des Verfassungs- und Verwaltungs- und des Gewerbeausschusses wurde die in den westlichen Bundesländern und hier wiederum insbesonders in Salzburg bestehende Dringlichkeit eines neuen Wohnbauförderungsgesetzes auch damit begründet, „daß rund ½ Million Menschen von den östlichen Bundesländern in die westlichen Bundesländer abgewandert sind und Salzburg auch hier wieder perzentuell an der Spitze der Bevölkerungszunahme steht". Dem würde die bisherige Zuteilung bei weitem nicht gerecht werden.

Das im Nationalrat beschlossene Wohnbauförderungsgesetz 1954 (BGBl. Nr. 153/1954) sah die Umwandlung eines Teiles der Besatzungssteuer in eine Wohnbausteuer und eine Wohnbauförderung in Form von direkten Darlehen, Annuitätszuschüssen und Bürgschaftsübernahmen vor. Die Leistungen des Bundes waren mit Beitragsleistungen der Länder und Gemeinden im Verhältnis 60 : 30 : 10 verbunden. Ferner war die Förderung an eine mindestens 20-jährige Grundsteuerbefreiung gebunden, die in Salzburg am 17. März 1955 im Landtag mit dem Wohnbauförderungs-Grundsteuerbefreiungsgesetz (LGBl. Nr. 22/1955) beschlossen wurde. Die Verteilung der Fördermittel auf die Länder wurde aus dem arithmetischen Mittel aus Wohnbevölkerung und Wohnungsfehlbestand errechnet. Dabei kam Salzburg mit seiner im Bundesländervergleich relativ geringen Bevölkerung und dem gegenüber sehr hohen Wohnungsbedarf mit einem Anteil von 6,24 Prozent eher schlecht weg. Wie Landeshauptmann Josef Klaus in der Landtagssitzung vom 22. Dezember 1954 ausführte, entsprach die „für das Land Salzburg vorgesehene Quote von 6,24 % keineswegs jener, die sich auf Grund statistischer Unterlagen ergeben und das notwendige Äquivalent zur Behebung der Wohnungsnot darstellen würde". Er habe sich „daher in einem neuerlichen Schreiben an das Bundeskanzleramt gewandt und die Erhöhung dieser Quote entsprechend dem tatsächlich gegebenen Wohnungsbedarf, welcher auch in Wien grundsätzlich nicht bestritten werden kann, auf 7,8 % beantragt". Erfolg hatte er damit allerdings nicht.

Heinrich Medicus verweist im Rückblick darauf, dass mit dem Wohnbauförderungsgesetz 1954 ein erster und bereits sehr weitreichender Schritt zur Verländerung der Wohnbauförderung gesetzt worden ist, da die Vollziehung, also die Zuteilung der Fördermittel bei den Bundesländern lag. Zudem hatten die Länder völlige Freiheit in der Wahl der Förderungsart (Landesdarlehen, Annuitätenzuschüsse, Bürgschaften bzw. eine Kombination daraus). Vorgegeben war allerdings ein Eigenmittelanteil von mindestens zehn Prozent der Baukosten sowie die Verzinsung (ein Prozent jährlich) und die Maximal-Laufzeit (70 bzw. 40 Jahre) der Landesdarlehen und das Höchstausmaß der Annuitätenzuschüsse.

Der unter diesen Rahmenbedingungen im Wohnbauförderungsgesetz 1954 vorgesehene, für die Prüfung der Förderungsanträge und die Verteilung der Fördermittel im Land zuständige Wohnbauförderungsbeirat wurde in der Landtagssitzung vom 22. Dezember 1954 mit einstimmigem Beschluss eingerichtet (LGBl. Nr. 1/1955) und am 17. Februar 1955 unter Vorsitz von Landesrat Hermann Rainer konstituiert. Der einstimmige Beschluss des Landtages über die ebenfalls im Wohnbauförderungsgesetz vorgesehene Haftungsübernahme des Landes für Wohnbaukredite erfolgte dann 20. Juli 1955. Die nach dem Gesetz erforderliche Beibringung von 10 Prozent der Gesamtbaukosten als Eigenmittel durch die Förderungswerber machte eine diesbezügliche Unterstützung kinderreicher Familien durch das Land notwendig. Eine solche wurde, einem in die Landtagssitzung vom

Wohnhausanlage in der Vogelweiderstraße um 1960 (Foto: Archiv der Stadt Salzburg)

29. November 1956 eingebrachten „Antrag der Abgeordneten Zyla, Rainer, Ungar, Heller und Genossen" (ÖVP) folgend, in Form der Widmung von Wohnbauförderungsmitteln für diesen Zweck am 20. Dezember 1956 im Landtag beschlossen.

Nach dem Inkrafttreten des Wohnbauförderungsgesetzes 1954 wurden die weitere Entwicklung der Wohnungspolitik im Land und damit auch die einschlägigen Beratungen und Beschlussfassungen im Landtag bis in die frühen 1960er-Jahre vor allem durch zwei Maßnahmenbereiche dominiert, die Erstellung und Umsetzung eines Wirtschaftsplanes zur Wohnbauförderung und die Barackenbeseitigung.

Wirtschaftsplan und Wohnbauförderung 1958

In der Landtagssitzung vom 24. April 1957 führte die vom Bundes-Rechnungshof von den Ländern geforderte Erstellung von Wirtschaftsplänen „zur zweckmäßigsten Verwertung der Wohnbauförderungsmittel" zu einer Aufforderung an die Landesregierung, die einem derartigen Plan „zugrundeliegenden Fragen im Rahmen einer Experten-Sondertagung einer eingehenden Erörterung und Prüfung zu unterziehen". Damit sollten „entsprechende Grundlagen für den Wirtschaftsplan der Wohnbauförderung, den die Landesregierung dem Landtag vorzulegen hat, gewonnen werden". Bereits in der Landtagssitzung vom 25. November 1957 befand sich „ein von der Expertenkonferenz ausgearbeiteter Wirtschaftsplan für die Wohnbauförderung" im Einlauf des Landtages und wurde dem Verfassungs- und Verwaltungsausschuss und dem Finanzausschuss „zur Berichterstattung und Antragstellung an das Haus" zugeleitet.

Wesentliche Punkte des dann in der Sitzung vom 2. April 1958 beschlossenen „Wirtschaftsplanes der Wohnbauförderung" waren: Eine „Konzentrierung der Wohnbauförderung tunlichst entsprechend der Statistik des Amtes der Landesregierung auf die Brennpunkte des Wohnungsfehlbestandes", eine Bindung der Förderung an einen Baubeginn „in angemessener Frist", eine „bevorzugte Behandlung von Ansuchen, welche der Barackenbeseitigung dienen" und „für Bauten, für deren Wohnungen die Gemeinden ein Vorschlags- oder Zuweisungsrecht haben".

Im Sinne der sozialen Treffsicherheit der Förderung wurde die Festlegung einer oberen Einkommensgrenze für Förderungswerber vorgesehen, „um Förderungsmittel den tatsächlich sozial berücksichtigungswürdigen Wohnungssuchenden zukommen zu lassen". In Verbindung damit wurde eine „Überprüfung der allgemeinen Lage und der Einkommensverhältnisse der Darlehensnehmer nach 5 Jahren" vorgesehen, „um begründetenfalls eine Revidierung des Stützungssatzes zu veranlassen". Zur Gewährleistung der „Erzielung des größtmöglichen Erfolges mit den für den Wohnungsbau zur Verfügung stehenden Mitteln" wurde empfohlen, „dass die gemeinnützigen Wohnbauunternehmungen in Form von Arbeitsgemeinschaften zusammenarbeiten". Ebenso empfohlen wurde eine Überprüfung der Grundstückspreise auf ihre Angemessenheit, „um gegebenenfalls Bauten mit erhöhten Grundpreisen von der Förderung auszuschließen. Dies deshalb, weil überhöhte Grundpreise auch zu überhöhten Mietzinsen führen können".

Barackenbeseitigung

Ein Zeichen dafür, dass sich die Wohnungssituation in Salzburg ab Mitte der 1950er-Jahre im Vergleich zum ersten Nachkriegsjahrzehnt langsam zu normalisieren begann, kann darin gesehen werden, dass die Beseitigung der vor allem im Zentralraum nach wie vor bestehenden Baracken und deren Ersatz durch zeitgemäße Wohnbauten ein vorrangiges Thema der Landespolitik und damit auch im Landtag wurde. Die für alle Landtagsfraktionen ab Mitte der 1950er-Jahre gleichermaßen maßgebliche Motivation zur zügigen Beendigung des Barackenelends wurde beispielsweise in einem „Antrag der Abgeordneten Peyerl, Bäck, Kimml und Genossen" (SPÖ) in der Landtagssitzung vom 23. Dezember 1955 zum Ausdruck gebracht: „Die kulturelle Mission unseres Landes ist gleichsam Verpflichtung, alles zu tun, um die Beseitigung des Barackenelends zu beschleunigen." Ausgehend von entsprechenden Initiativen im Landtag kam es, wie Robert Hoffmann anführt, am Ende des Jahrzehnts in zum Teil heftig geführten Parteienverhandlungen zwischen ÖVP und SPÖ (parallel zu den Verhandlungen über die Finanzierung des Neuen Festspielhauses) zu einem von der Landesregierung unter Federführung des damaligen Landesrates und nachmaligen (ab 1961) Landeshauptmannes Hans Lechner erstellten und auf fünf Jahre ausgelegten Barackenbeseitigungsprogramm. Die für dessen Umsetzung erforderlichen Maßnahmen, insbesondere was die Finanzierung betraf, waren dann immer wieder Gegenstand von Verhandlungen und Beschlüssen im Landtag.

Nachdem sich zunächst die Beschaffung der Mittel für einen „Barackenfonds" auf dem Geld- und Kreditmarkt als schwierig erwies, stießen die ÖVP- und SPÖ-Fraktion in der Landtagssitzung vom 29. November 1956 in entsprechenden Anträgen nach und forderten den Landeshauptmann nachdrücklich auf, alles zur Bereitstellung der benötigten Mittel zu unternehmen. Bereits in der folgenden Sitzung vom 20. Dezember 1956 konnte Landesrat Hermann Rainer (ÖVP) berichten, dass es möglich war, „für 47 Barackenfamilien die Darlehen [zu] bewilligen, weil es gelungen ist, mindestens 1 Mio. S von dem im außerordentlichen Budget vorgesehenen Betrag von 2 Mio. S flüssig zu machen".

Dass die unzureichende Dotierung Salzburgs in der Bundes-Wohnbauförderung, gerade auch im Zusammenhang mit der Barackenbeseitigung, ein Dau-

Baracke 37 des Lagers Alpenstraße, Mitte 1950er-Jahre (Foto: Archiv der Stadt Salzburg)

erthema im Landtag blieb, zeigt beispielsweise ein „Antrag der Abgeordneten Kimml, Brunauer, Peyerl und Genossen" (SPÖ) in der Landtagssitzung vom 26. Juni 1958, in dem die Landesregierung aufgefordert wurde, „sich bei der Bundesregierung dafür einzusetzen, dass die Verteilungsschlüssel für den Bundes- Wohn- und Siedlungsfonds, für die Wohnbauförderung 1954 und für den Wohnhauswiederaufbaufonds entsprechend der tatsächlichen Wohnungsnot geändert oder dem Land Salzburg zusätzliche Mittel für Baracken-Ersatzbauten und zur Schaffung entsprechenden Wohnraumes für Notstandsfälle zur Verfügung gestellt werden". Am 24. April 1957 wurde im Landtag die Auflage einer „Salzburger Wohnbauanleihe 1957" einstimmig beschlossen, deren Erlös „ausschließlich für Maßnahmen zur Beseitigung von Baracken und Notstandswohnungen sowie deren Ersatz durch Errichtung von Wohngebäuden zu verwenden" war.

Ab 1958 war dann die Erstellung und Umsetzung eines Barackenbeseitigungs- und Finanzierungsplanes das zentrale Thema. Damit in Zusammenhang bestand, wie Landesrat Hermann Rainer (ÖVP) in einer Anfragebeantwortung in der Landtagssitzung vom 29. Oktober 1958 berichtete, im Kuratorium des Landeswohnbauförderungsfonds Einigkeit darüber, dass die Wohnbauförderungsmittel „vorwiegend für Barackenersatzbauten verwendet" werden sollten.

Das im Sommer 1959 eingetretene, große Schäden verursachende Hochwasser veranlasste die Erstellung eines „Sofortprogrammes zur Barackenbeseitigung", das „den ganzen Fragenkomplex der Barackenbeseitigung einer Erledigung zuführt" (Landtagssitzung vom 30. September 1959). In einem diesbezüglichen „Antrag der Abgeordneten Ungar, Weiser, Schmidinger, Erber und Genossen" (ÖVP) wurde dazu ausgeführt, dass von den Hochwasserschäden vor allem „jene unserer Mitbürger betroffen [wurden], die leider heute noch immer in Baracken wohnen müssen". Und es wurde hinzugefügt: „Mit besonderer Deutlichkeit wurde uns vor Augen geführt, dass die Lage der an der Salzach gelegenen Baracken unhaltbar geworden ist. Aber auch die trostlose Lage in den anderen noch bestehenden Barackenlagern in Stadt und Land Salzburg wurde

Barackenlager Lexenfeld, um 1957 (Foto: Archiv der Stadt Salzburg)

neuerdings verschärft." In diesem Sinn wurde die Landesregierung vom Landtag beauftragt, im Zuge der Erstellung des Landesbudgets für 1960 einen „Barackenbeseitigungs- und Finanzierungsplan" auszuarbeiten und dem Landtag vorzulegen. Denn es müsse „alles unternommen werden … um innerhalb eines gewissen Zeitraumes die erforderlichen Ersatzbauten zur Beseitigung des Barackenelends in Stadt und Land Salzburg und zur Unterbringung jener Familien zu schaffen, die sich vielfach kinderreich, bezüglich ihrer Wohnverhältnisse in Notstand befinden".

Am 7. Februar 1961 berichtete Vizepräsident Anton Kimml (SPÖ) im Landtag hinsichtlich der Umsetzung des Baracken- und Finanzierungsplanes, „dass im Landeshaushalt 1960, in der Gruppe 6, unter einer bestimmten Haushaltsstelle Darlehen an Gemeinden und Barackenbewohner zur Beseitigung von Baracken in der Höhe von 4,5 Mio. S als Ausgabepost vorgesehen sind". Aus dem in der Landtagssitzung vom 16. Mai 1962 vorgelegten Bericht des Verfassungs- und Verwaltungsausschusses, des Finanzausschusses und des Wohlfahrtsausschusses geht ein zu diesem Zeitpunkt bereits weitgehender Fortschritt in der Umsetzung des Barackenbeseitigungsprogrammes hervor, wenn es dort heißt: „Zum Jahresende 1961 standen in der Verwaltung des Landes nur mehr 42 Wohnbaracken mit 400 Haushalten (einschließlich Alpenlager). In der Verwaltung der Stadtgemeinde Salzburg befanden sich noch 143 Objekte mit 562 Haushalten. Im Zuge der Lagerauflösung gelang es bisher, das Lager Parsch nahezu gänzlich aufzulösen, die Liquidierung des Lagers Hellbrunn durchzuführen, die Finanzierung des Lagers Bergheim zum Großteil zu sichern, mit der Verbauung des Laschenskylagers zu beginnen und auch im Barackenersatzbau für das Rosittenlager Fortschritte zu erzielen. Seitens des Amtes kann daher berechtigt angenommen werden, dass die bestehenden Baracken noch vor Ablauf des 5-Jahresplanes liquidiert sein werden." Diese Annahme hat sich in der Folge weitgehend bestätigt.

Andererseits waren mit der Barackenbeseitigung zu Beginn der 1960er-Jahre die Notlagen in den Wohnverhältnissen noch keineswegs zur Gänze bewältigt. Denn, so heißt es in einem ÖVP-Antrag in der Landtagssitzung vom 30. Oktober

1962: „Außer den Barackenbewohnern haben wir Tausende Familien, die keineswegs besser, sondern oft schlechter wohnen müssen als es die Barackenbewohner tun.“ Somit wurde beantragt und am 13. Dezember 1962 einstimmig beschlossen, dass „zur Beseitigung der Wohnungsnotstandsfälle ... nach Abschluss der Barackenbeseitigung die gleiche Aktion als Notstandsaktion fortgesetzt werden“ sollte. Das Barackenproblem jedenfalls konnte 1964, wie Wilfried Schaber anführt, als praktisch gelöst betrachtet werden. Robert Hoffmann spricht in diesem Zusammenhang von einem „durchschlagenden Erfolg“ bei der Beseitigung der „Barackenschande“. Symbolisch dafür stand die auf Basis eines von Finanzminister Josef Klaus, Landeshauptmann Hans Lechner und Bürgermeister Alfred Bäck ausgehandelten Sonderprogramms 1961/62 erfolgte Räumung des großen Barackenlagers an der Alpenstraße, dessen katastrophaler Zustand im Landtag mehrmals thematisiert worden war.

Nach Abschluss der Barackenbeseitigung bestand das Hauptanliegen der Wohnungspolitik des Landes, neben dem Bestreben, die von Bund und Land getragene Wohnbauförderung quantitativ zu erhöhen, darin, diese in Richtung einer leistungsfähigkeitsorientierten bzw. an der individuellen Bedürftigkeit ausgerichteten, also primär sozial gestaffelten Subjektförderung weiterzuentwickeln.

Wohnbauförderungsgesetz 1968

Ein substanzieller Schritt in Richtung Verländerung wurde mit dem in seinem Aufbau und den Förderungsbestimmungen im Großen und Ganzen dem Wohnbauförderungsgesetz 1954 nachgebildeten Bundes-Wohnbauförderungsgesetz 1968 (BGBl. Nr. 280/1967) vollzogen. Die grundlegende Neuerung bestand allerdings darin, dass mit dem neuen Gesetz die Einstellung der Förderungstätigkeit und spätere Auflösung der beiden Bundesfonds festgelegt und deren Finanzierungsquellen an die Länder übertragen wurden. Der dabei geltende bundesländerweise Aufteilungsschlüssel ergab für Salzburg zunächst einen Anteil von 5,27 Prozent, der in den 1970er-Jahren gemäß dem abgestuften Bevölkerungsschlüssel im Finanzausgleich auf 5,85 Prozent erhöht wurde. Mit diesem Gesetz wurden wesentlich neue und erweiterte Rahmenbedingungen für die Gestaltung der Wohnbauförderung auf Landesebene geschaffen. Dies betraf insbesondere die an die Länder übertragene Durchführungskompetenz, im Zuge derer das aus einer Kombination von öffentlichen Darlehen, Kapitalmarktdarlehen, Eigenmitteln, Annuitätenzuschüssen und Wohnbeihilfen (für Bezieher niedriger Einkommen, kinderreiche Familien u. a.) bestehende System der Wohnbauförderung auf Landesebene bedarfsorientiert gestaltet werden konnte. Wichtige Instrumente dabei waren u. a. Verordnungsermächtigungen für die Länder hinsichtlich der näheren Bestimmungen über die angemessenen Baukosten, die Eigenmittelersatzdarlehen und die Wohnbeihilfe. Mit der Novelle 1972 des Gesetzes wurden die Länder verpflichtet, für jeweils fünf Jahre zeitlich und räumlich gegliederte Wohnbauprogramme zu erstellen. Was die Wohnhaussanierung betraf, wurde mit dem Wohnungsverbesserungsgesetz des Bundes (BGBl. Nr. 426/1969), dessen Vollziehung Landessache war, eine entsprechende finanzielle Basis geschaffen und zwar in Form einer jährlichen Bundesleistung, welche von den Ländern

Das Lehener Hochhaus an der Siebenstädterstraße in Salzburg, 1960er-Jahre (Foto: Das Bundesland Salzburg 1945–1970)

durch einen 50-prozentigen Beitrag zu ergänzen war. Die Förderung bestand in Annuitätenzuschüssen, weiters in der Übernahme von Bürgschaften. Förderungsempfänger waren in erster Linie Eigenheimbesitzer sowie Mieter, aber auch Gemeinnützige Bauvereinigungen und Gemeinden.

Ein entscheidendes Kriterium für die konkrete Gestaltung der Wohnbauförderung in Salzburg war insbesondere die Weiterentwicklung der bereits im Rahmen des Wohnbauförderungsgesetzes 1954 etablierten Subjektförderung. Bundesweit und damit auch für die entsprechenden Bestimmungen im Wohnbauförderungsgesetz 1968 hatte Salzburg hier insofern eine Vorreiterrolle, indem hier gewissermaßen „praeter legem" entsprechende Maßnahmen gesetzt worden waren, die nunmehr im neuen gesetzlichen Rahmen mit einer individuell nach Familieneinkommen und Familienstand sowie angemessener Wohnungsgröße gestalteten Handhabung von Annuitätenzuschüssen und Wohnbeihilfen weiterentwickelt wurden.

Hinsichtlich der mit dem neuen bundesgesetzlichen Rahmen und dessen Vollziehung bzw. Umsetzung im Land zusammenhängenden Debatten und Beschlussfassungen im Landtag kann festgestellt werden, dass dabei im Großen und Ganzen weitgehend Konsens bzw. Kompromissfähigkeit zwischen den Fraktionen herrschte. Wichtig war den Abgeordneten, rechtzeitig und ausführlich über einschlägige Vorhaben und Maßnahmen der Landesregierung informiert zu werden, um ausreichend Gelegenheit zu deren Diskussion und gegebenenfalls Beschlussfassungen zu haben. So wurde in der Landtagssitzung vom 11. Oktober 1967 die Landesregierung, die für die Durchführung des mit 1. Jänner 1968 in Kraft tretenden neuen Wohnbauförderungsgesetzes „eine Reihe von Ausführungsbestimmungen" zu erlassen hatte, „die vorwiegend die Höhe der öffentlichen Förderung regeln sollen", in einem Antrag der ÖVP-Fraktion ersucht, „vor Beschlussfassung der Verordnungen der Landesregierung dem Landtag die Möglichkeit zur Stellungnahme zu geben." Das betraf auch die neue Zusammensetzung des seit dem Wohnbauförderungsgesetz 1954 bestehenden Wohnbauförderungsbeirates „zur Begutachtung der Begehren auf Gewährung einer Förderung nach dem Wohnbauförderungsgesetz 1968 und von Fragen der Wohnbauförderung, die von grundlegender Bedeutung sind". In Bezug darauf beschloss der Landtag dann in seiner Sitzung vom 14. Dezember 1967 einstimmig, dass die Mitglieder des Beirates „von den in der Landesregierung vertretenen politischen Parteien zu entsenden" sind.

Ein weiterer Punkt, der den Landtag befasste, war der Beschluss eines Gesetzes über eine 20-jährige Grundsteuerbefreiung „für die nach dem Wohnbauförderungsgesetz 1968 geförderten Bauausführungen". Diese war nach § 5 des Wohnbauförderungsgesetzes 1968 Voraussetzung für die Zuteilung entsprechender Mittel an das Land. Im Grunde war der Beschluss nur eine formale Anpassung an den neuen bundesgesetzlichen Rahmen, da eine derartige Grundsteuerbefreiung in Salzburg bereits seit dem Wohnbauförderungsgesetz 1954 bestand. Entsprechende einstimmige Beschlüsse dazu wurden in den Landtagssitzungen vom 13. März und 27. Juni 1968 gefasst.

Da seit Jahresbeginn 1968 „die neuen Wohnbaugesetze in Kraft" waren und mit diesen „eine wesentliche Änderung in der Handhabung der Wohnbauförderung" insofern gegeben war, als diese „nunmehr gänzlich in der Kompetenz des Landes liegt", wurde die Landesregierung in der Landtagssitzung vom 24. April 1968 mit einem Antrag der ÖVP-Fraktion ersucht, dem Landtag einen Bericht „über die bereits durchgeführten Maßnahmen im Rahmen der neuen Wohnbauförderung und über bereits erfolgte Zuteilungen" vorzulegen. Ebenso darüber, was weiter für das nächste Jahr „zur Bewältigung der Wohnungsnot im Lande Salzburg" vorgesehen ist. Diesem in der Landtagssitzung vom 29. Mai 1968 einstimmig gefassten Beschluss wurde in einer der nächsten Sitzungen im Rahmen des von Landeshauptmann Lechner erstatteten Tätigkeitsberichtes der Landesregierung entsprochen. Eine wesentliche Maßnahme war eine einem Antrag der SPÖ-Fraktion vom 27. Juni 1968 entsprechende und in der Landtagssitzung vom 10. Juli 1968 einstimmig beschlossene Erhöhung der Förderungsleistung des Salzburger Wohnbauförderungsfonds im Wege einer Erhöhung der Höchstförderungssumme pro m^2 Nutzfläche, womit eine Anpassung an die Wohnbauförderung 1968 gewährleistet war.

Als im Herbst 1969 nach dem neuen Wohnungsverbesserungsgesetz des Bundes auch die Althaussanierung in die Wohnbauförderung einbezogen wurde, wurde auf Antrag der ÖVP-Fraktion vom 22. Oktober 1969 die Landesregierung aufgefordert, entsprechende Voraussetzungen zu schaffen, „dass das Wohnungsverbesserungsgesetz auch im Bundesland Salzburg wirksam werden kann". Neben der Verbesserung der Wohnungssituation im Land wurde davon auch ein wesentlicher Impuls für die heimische Bauwirtschaft erwartet. Wie Landeshauptmann Lechner berichtete, wurde im Landesvoranschlag 1970 „zur Durchführung der Förderungsaktionen nach dem Wohnungsverbesserungsgesetz die notwendige finanzielle Vorsorge getroffen". 1978 wurde in Ergänzung der Möglichkeiten nach dem Wohnungsverbesserungsgesetz eine neue Aktion für Altwohnungen in Eigenheimen geschaffen.

Wohnbauförderungsgesetz 1984

Den nächsten wesentlichen Schritt in der Verländerung der Wohnbauförderung stellten, aufbauend auf den Wohnbauförderungsgesetzen 1954 und 1968, ab 1985 das Wohnbauförderungsgesetz 1984 (WFG 84) und das Wohnhaussanierungsgesetz (WSG) dar. Damit wurde den Forderungen der Bundesländer nach einer den unterschiedlichen regionalen Gegebenheiten entsprechenden noch größeren Gestaltungsfreiheit des Förderungssystems weitgehend Rechnung getragen. Mit den den Ländern eingeräumten Verordnungsermächtigungen erhielten diese zusätzliche Kompetenzen und einen größeren Spielraum bei der Festsetzung der neuen Vergaberichtlinien, was in der Folge allerdings dazu führte, dass sich die neuen Förderungsbestimmungen von Bundesland zu Bundesland stark unterschieden. Wie Heinrich Medicus rückblickend feststellt, hat Salzburg die durch dieses Gesetz eröffneten Möglichkeiten, im Gegensatz zu den meisten anderen Bundesländern, weitgehend ausgeschöpft, wobei der Schwerpunkt auf rückzahlbare Annuitätenzuschüsse gelegt wurde. Die Subjektförderung wurde im Rahmen der Gewährung der Wohnbeihilfe für alle Wohnformen, einer Neuregelung der Begünstigung von Jungfamilien, jährlicher Einkommensnachweise und Eigenmittelersatzdarlehen für Miet- und Eigentumswohnungen weiterentwickelt.

Im Landtag standen im Zusammenhang mit dem Wohnbauförderungsgesetz 1984 vor allem zwei Punkte auf der Tagesordnung. Erstens das Verhältnis von Wohnungseigentum und Wohnungsmiete bei der Förderung. Hier sah die ÖVP-Fraktion die Gefahr einer Schlechterstellung des Wohnungseigentums gegenüber der Wohnungsmiete. Im Sinne der Verhinderung einer derartigen Entwicklung stellte sie in der Landtagssitzung vom 24. Oktober 1984 einen Antrag, in dem die Landesregierung ersucht wurde, „nach Beratungen im Wohnbaubeirat dem Landtag ein Konzept vorzulegen, wie auf der Grundlage der neuen Bundeswohnbauförderung der geförderte Wohnbau im Land Salzburg ohne Schlechterstellung der Werber von Eigentumswohnungen gegenüber der bisherigen Lage erfolgen kann" und „auf welche Weise sozial Schwachen durch die individuelle Förderung der Weg zur Eigentumswohnung wirksam ermöglicht werden kann". Basierend auf einem Bericht des Verfassungs- und Verwaltungsausschusses wurde in der Landtagssitzung vom 27. Februar 1985 in einem einstimmigen Beschluss festgestellt: „Die Wohnbauförderung des Bundes bringt in einer Reihe von Punkten eine entscheidende Benachteiligung aller, die Wohnungseigentum dem Wohnen in Miete vorziehen. Dieser tendenziellen Verschiebung zum Mietwohnbau soll im Salzburger Land entgegengewirkt werden."

Ein zweiter Punkt waren Befürchtungen über Bestrebungen des Bundes, die Länderkompetenzen wieder einzuschränken und damit ein nicht unwesentlicher Aspekt der Praxis des Föderalismus. Konkreter Anlass für eine diesbezügliche Anfrage des ÖVP-Abgeordneten Dr. Helmut Schreiner in der Landtagssitzung vom 26. Februar 1986 an den zuständigen Landesrat Dr. Othmar Raus war die Kritik des Bundesministers für Bauten und Technik bei dem in Salzburg stattgefundenen „Österreichischen Bautag“ an einer großen Unterschiedlichkeit der Verordnungen der Länder bei der Durchführung der Bundeswohnbauförderung und seine daran geknüpfte Forderung nach „Vereinheitlichung“ und in Zusammenhang damit auch „mehr Zuständigkeit des Bundes im Bereich der Dorf- und Stadterneuerung“. Raus antwortete ambivalent. Durch die im Gesetz vorgesehene Ermächtigung der Länder sei es „bundesweit zu einer völligen Zersplitterung der einzelnen Förderungsmaßnahmen gekommen“, wodurch „auch die Überschaubarkeit für den einzelnen Wohnungswerber“ verloren gehe. Andererseits aber bezeichnete er „eine bundesweite Vereinheitlichung der Landesverordnungen zum Wohnbauförderungsgesetz 1984 aus meiner Sicht, als für den Bundeswohnbau in Salzburg zuständiges Regierungsmitglied, als Rückschritt“. Er sprach sich dafür aus, „dass angesichts der regional sehr differenzierten Anforderungen an den Sozial- oder geförderten Wohnbau die Länder den ihnen durch Ermächtigung übertragenen Spielraum weiterhin versuchen zu nützen, effizienter zu gestalten und eine weitere Zentralisierung ablehnen“. Dementsprechend werde es sowohl in den Konferenzen der Landesreferenten als auch gegenüber dem Bundesminister sein „stetes Bestreben sein, unsere regionaldifferenzierte Auffassung zum Tragen zu bringen“.

Die weitere Entwicklung in der Verländerung der Wohnbauförderung ging denn auch in diese Richtung. Denn mit dem mit 1. Jänner 1988 in Kraft getretenen Bundesverfassungsgesetz vom 13. Dezember 1987 (BGBl. Nr. 640) wurde die im Rahmen der Hoheitsverwaltung zu vollziehende Wohnbauförderung auch in der Gesetzgebung Landessache, allerdings mit einer zehnprozentigen Kürzung des bisherigen Bundeszuschusses. Für Salzburg unbefriedigend blieb dabei, wie Heinrich Medicus betont, weiterhin der bundesländerweise Aufteilungsschlüssel, da er die unterschiedliche Bevölkerungsentwicklung und den daraus resultierenden künftigen Wohnungsbedarf in den Ländern unzureichend berücksichtigte.

Wohnbauförderungsgesetz 2006

Dass die Länderkompetenz in der Wohnbauförderung nunmehr auch in deren Finanzierungssystem gegeben war, kam 2006 in besonderer Weise in dessen grundsätzlicher Veränderung durch die SPÖ-geführte Landesregierung zum Tragen. Und zwar insofern, als nunmehr Wohnungskauf, Hausbau und gemeinnützige Wohnbauträger anstatt rückzahlbaren Annuitätenzuschüssen zu Hypothekardarlehen von Banken und Bausparkassen zinsgünstige langfristige Darlehen aus einem eigens errichteten, über Kreditaufnahme dotierten, Wohnbaufonds des Landes zum Hauptinstrument der Wohnbauförderung wurden.

In der Landtagssitzung am 14. Dezember 2005, in der die Wohnbauförderungsgesetz-Novelle 2005 zur Abstimmung stand, begründete der ressortzuständige Landesrat Walter Blachfellner die Reform grundsätzlich damit, dass mit dem Wohnbaufonds bzw. den daraus vergebenen Darlehen längerfristig gesehen die Wohnbaugelder erhalten bleiben würden „und damit langfristig gesehen die finanzielle Basis der Wohnbauförderung des Landes für die nächste Generation gesichert“ wäre. An die Opposition gewandt führte er weiter aus: „Wir haben im Gegensatz zu anderen Bundesländern, die in vielen anderen

Bolaring-Siedlung in Salzburg-Taxham mit 344 Wohneinheiten und einer eigenen Infrastruktur wie Kinderbetreuungseinrichtungen, Ärztezentrum oder einem Seniorenwohnheim (Foto: Stadt Salzburg)

Bereichen von Ihnen sehr, sehr oft als Vorbild gefunden werden, die Wohnbaudarlehen nicht verkauft, sondern haben gemeinsam mit dem Koalitionspartner, mit der ÖVP, hier sehr, sehr lange und sehr, sehr intensiv verhandelt mit unseren Experten und bester Zusammenarbeit der Abteilungen 8 und 10 und haben ein System gefunden, wie wir die Wohnbaugelder sichern können ... Ein System, das sich nach 25 Jahren, spätestens 27 Jahren, selbst finanziert und nicht mehr abhängig ist davon, ob der Bund, so wie im vorigen Jahr beim Finanzausgleich, sagt, wir ziehen uns zurück, wir tun gar nichts oder wir tun weniger." Man habe sich auch mit den Banken geeinigt, sodass diese sich weiterhin bei der Beratung, Antragstellung und Abwicklung der neuen Form der Wohnbauförderung beteiligen. Der Landesrat resümierte, „dass uns mit dieser neuen Art der Finanzierung des Salzburger Wohnbaus ein großer Wurf gelungen ist".

Die Novelle wurde sodann mit den Stimmen von SPÖ, ÖVP, FPÖ gegen jene der Grünen beschlossen. Letztere begründeten ihre Ablehnung mit einer aus ihrer Sicht zu geringen Berücksichtigung der Umweltstandards, da, wie die Abgeordnete Heidi Reiter ausführte, „mit dieser Novelle in der Wohnbauförderung das Kioto-Ziel [sic] nicht erreicht werden kann ... Wir glauben, dass mit dieser Novelle eine große Chance für eine ökologische und vor allem energiepolitische Wende in diesem Land ungenützt verstreicht. Die Wohnbauförderung ist leider nach wie vor nicht an ökologische Mindeststandards geknüpft. Die Ökobilanz der Baustoffe spielt eine viel zu geringe Rolle nach wie vor und es können auch nach wie vor fossile Brennstoffe gefördert werden". Als zweiten Grund für die Ablehnung führte Reiter die mangelnde soziale Ausgewogenheit an: „Die neue Wohnbauförderung ist auch nicht so sozial, wie wir uns das wünschen würden. Wir bräuchten dringendst sehr viel mehr Mietwohnungen." Zudem wurden bei der Wohnungsmiete soziale Defizite darin gesehen, dass diese nur bei unbefristeten Mietverträgen gewährt wird, die für junge Menschen am freien Wohnungsmarkt oft schwer zu bekommen seien.

Nach der Landtagswahl 2013, aus der eine aus ÖVP, Grünen und Team Stronach bestehende Landesregierung hervorging, wurde das Wohnbauförderungssystem des Landes wieder zu einem vorrangigen Thema im Landtag. Im Zentrum stand dabei die unter Federführung des ressortzuständigen Landesrates Hans Mayr (TS) unter anderem mit einem „Wohnbau-Round-Table" mit fünf Arbeitsgruppen vorbereitete und 2014 als Gesetz beschlossene neuerliche grundlegende Veränderung des Finanzierungsmodells, weg von der Förderung durch Landesdarlehen und hin zu Zuschüssen zu Bankkrediten, wofür im Landeshaushalt jährlich € 140 Mio. vorgesehen wurden.

Das Thema fand auch großen Widerhall in der Öffentlichkeit und in den Medien. Stellvertretend sei aus einem die wesentlichen Punkte ansprechenden Artikel der „Salzburger Nachrichten" vom 23. Mai 2014 zitiert, wo es unter anderem hieß: „Das Land beerdigt den Wohnbaufonds. Die Salzburger müssen ihren Wohnbaukredit wieder bei der Bank aufnehmen. Ein Modell mit Vor- und Nachteilen. Bisher hat das Land quasi Bank gespielt und mit dem Wohnbaufonds seit 2006 Darlehen vergeben, die Genossenschaften und Private mit einem niedrigen Zinssatz an das Land zurückgezahlt haben. Jetzt muss wieder bei der Bank ein Kredit aufgenommen werden – so wie vor 2006. Das Land gewährt einen einmaligen Zuschuss. Der Vorteil: Für die Finanzierung seiner Wohnung oder seines Hauses muss man weniger Geld aufnehmen ... Was ist der Nachteil beim Zuschussmodell? Das Geld ist futsch. Das Land bekommt davon nichts mehr zu sehen. Und das Wohnbaubudget ist nicht mehr selbständig. Die 140 Millionen Euro müssen jährlich im Budget bereitgestellt werden. ... Was passiert mit den Rückflüssen, die es bisher durch die aushaftenden Darlehen gegeben hat? Durch die Rückzahlungen der Darlehen hat das Land derzeit 95 Millionen Euro jährlich zurückbekommen. Dieser Betrag wird nun dazu hergenommen, um die 900 Millionen Euro an Schulden abzudecken, die im Wohnbaufonds entstanden sind. Denn um Darlehen zu vergeben, musste das Land selbst Kredite aufnehmen und muss Schulden tilgen. ... Werden die aushaftenden Forderungen nun verkauft? Diese Frage will die Landesregierung noch vor dem Sommer klären."

Ein wesentlicher Angelpunkt der sich dabei in den Debatten im Landtag abzeichnenden Konfliktlinie war die grundsätzliche Kritik der Regierungsfraktionen am bisherigen Darlehensmodell, insbesondere an der Finanzierung des Wohnbaufonds mit endfälligen Krediten und den damit verbundenen Spekulationselementen sowie dem daraus resultierenden Anstieg des Schuldenstandes im Landesbudget. Dabei wurde auch explizit und implizit ein Zusammenhang mit dem im Dezember 2012 öffentlich gewordenen Spekulationsskandal in der Landesfinanzpolitik thematisiert.

Im Rahmen einer „Aktuellen Stunde" in der Landtagssitzung vom 30. April 2014 begründete der ÖVP-Abgeordnete Wolfgang Mayer die Notwendigkeit einer „Systemumstellung" in der Wohnbauförderung mit dem „Konstruktionsfehler" der Finanzierung des bisherigen Wohnbauförderungsfonds mit endfälligen Krediten mit spekulativen Elementen bei Tilgungsträger und Zinssicherungsgeschäften (Swaps) und schlussfolgerte: „Wir brauchen zukünftig ein System, das nicht auf Spekulation aufbaut, sondern das finanztechnisch auf gesunden Füßen steht." Und in der Landtagssitzung vom 4. Juni 2014 im Zuge der Be-

Neue Wohnhäuser am 2011 fertiggestellten Stadtwerk Lehen, dem ehemaligen Stadtwerke-Areal in Salzburg-Lehen (Foto: Stadt Salzburg)

antwortung einer dringlichen Anfrage der FPÖ betreffend die „Neugestaltung der Salzburger Wohnbauförderung" bekräftigte Mayer die Notwendigkeit der Neuaufstellung der Wohnbauförderung in Form des Zuschussmodells, da „das System der Wohnbauförderung alt mit dem Wohnbaufonds gescheitert ist und zwar fundamental gescheitert ist. Es fußte auf dem System der Spekulation. Es fußte auf einem System von unverantwortlicher Aufnahme endfälliger Kredite." Demgegenüber verteidigte die SPÖ das Darlehensmodell als nachhaltige langfristige Sicherung der Wohnbaugelder. Fehlentwicklungen wurden vor allem der mangelhaften Verwaltung in der ÖVP-geführten Finanzabteilung und Mängeln in der Kontrolle durch den Landesrechnungshof angelastet. Der SPÖ-Klubvorsitzende Walter Steidl in der Landtagssitzung am 30. April 2014: „Die Verwaltung des Wohnbaufonds in der Finanzabteilung war ein Totalversagen. Das gilt auch für die Kontrolle durch den Landesrechnungshof."

Ein in mehreren Landtagssitzungen zwischen Regierungsfraktionen und Opposition kontrovers diskutiertes Thema war die Frage eines Verkaufes der Wohnbaudarlehen. In diesem Zusammenhang gab es auch Anträge der Oppositionsparteien auf Durchführung einer Volksbefragung über einen Verkauf der Wohnbaudarlehen. SPÖ und FPÖ warfen der Regierung vor, damit „Familiensilber" zu „verscherbeln". Zudem stünden, wie dies der SPÖ-Klubvorsitzende Walter Steidl in der Landtagssitzung vom 30. April 2014 ausdrückte, damit nicht mehr „unter dem schützenden Schirm der öffentlichen Hand", sondern wären „künftig den Banken und den Finanzjongleuren ausgeliefert". Zugleich würde das Land „Einnahmen aus Zinszahlungen und aus Tilgungen verlieren". Und in der Landtagssitzung am 4. Juni 2014 spitzte Steidl seine Kritik gegenüber Landeshauptmann Wilfried Haslauer jun. zu: „Während wir auf Seite der Bürger um die Schatztruhe Wohnbaugeld kämpfen, bereitet Ihre Regierung, Herr Landeshauptmann, die größte Privatisierung von Steuergeldern in der Geschichte des Landes vor und das mit ausgewählten Banken, ganz im Stil des politischen Vorbildes von Ihnen, nämlich des Schwarzen Wendekanzlers Schüssel mit seinen politischen Glücksrittern Grasser und Strasser und der Ausgang ist je letztendlich auch bekannt ... Familiensilber mit so hoher Wertigkeit verscherbelt man nicht an Banken und Finanzinvestoren." Der „mächtige und letztlich allein bestimmende Teil der Regierung [ÖVP]" sei bestrebt, „wie kann die Regierung mit dem prall gefüllten Wohnbaufonds schnelle Kasse machen". Und es bestehe der Eindruck, „dass eigentlich der Verkauf der Wohnbaudarlehen beschlossene Sache ist". Und Steidl warf dem Landeshauptmann vor, dass die Entscheidung über eine Volksbefragung „aufgrund fadenscheiniger und mittlerweile durch ein Rechtsgutachten bestätigter Fehlinterpretationen des Salzburger Volksbefragungsgesetzes verzögert" werde. Der Klubobmann der FPÖ, Karl Schnell, fragte nach, ob es in der Landesregierung überhaupt „Einigkeit über die Strategie und Vorgangsweise" gäbe und ortete eine erhebliche Verunsicherung in der Bevölkerung in der Frage.

Dass die Position der Grünen mit ihrer grundsätzlich positiven Haltung gegenüber der direkten Demokratie und zugleich als Regierungspartner in dieser Frage nicht einfach war, zeigt sich in einer Wortmeldung des Grünen-Abgeordneten Scheinast in der Landtagssitzung vom 4. Juni 2014: „Der Wohnbaufonds ist grundsätzlich eine gute Idee", aber er war „intransparent organisiert" und die Kontrolle hat nicht funktioniert. Angesichts der „exorbitanten Verschuldung des Landes … wäre unser Standpunkt jetzt in Richtung tilgungsorientierter Teilveräußerung von Forderungen zu gehen". In der Tat machte es sich die Regierung in der Angelegenheit nicht leicht und kam nach mehreren Gutachten und eingehenden Beratungen zur Entscheidung, von einem Verkauf der Wohnbaudarlehen Abstand zu nehmen. Der ÖVP-Abgeordnete Wolfgang Mayer dazu im Landtag: „Nach eingehender Prüfung hat die Restskepsis überwogen und man hat sich entschieden, die Darlehen nicht zu verkaufen. Es ist legitim und lobenswert und anständig, dass die Opposition sich von Anfang an dagegen ausgesprochen hat. Das wird auch anerkennend zu Kenntnis genommen."

Die Kritik seitens der SPÖ richtete sich auch darauf, dass entgegen früheren Vorschlägen in den Round-Table-Diskussionen für einen Mix aus Darlehens-Modell und Einmalzuschuss-Modell nunmehr ganz auf das Zuschuss-Modell gesetzt werde. Damit treibe man, wie es der SPÖ-Abgeordnete Meisl in der Landtagssitzung vom 4. Juni 2014 ausdrückte, „die Damen und Herren MieterInnen oder zukünftigen EigentümerInnen ganz klar hin zu den Banken, weil es wird keine Finanzierung und keine Garantiefinanzierung mehr geben, sondern sie bewegen sich auf dem freien Finanzmarkt". Dafür, dass die Position der Grünen als Regierungspartner in dieser Frage nicht einfach gewesen sein dürfte, spricht beispielhaft der in dieser Landtagssitzung von Cyriak Schwaighofer unternommene Versuch die Zustimmung der Grünen zum neuen Wohnbauförderungsmodell zu rechtfertigen: „Das was vorliegt, ist das, was derzeit glaube ich, in der finanziellen Situation das ist, was machbar ist, was finanzierbar ist." Spätere Nachbesserungen und Adaptierungen seinen ja immer möglich. „Aber das momentane Zuschussmodell ist in der derzeitigen Situation wahrscheinlich das sinnvolle."

Die ausgearbeitete Regierungsvorlage zur neuen Wohnbauförderung kam am 17. Dezember 2014 in den Landtag, wurde dort dem Verfassungs- und Verwaltungsausschuss zugewiesen und wurde dann in der Landtagssitzung vom 4. Februar 2015 mit den Stimmen von ÖVP, Grünen und Team Stronach gegen jene der SPÖ und der FPÖ als Salzburger Wohnbauförderungsgesetz 2015 beschlossen.

Auswahlbibliographie

Dirninger, Christian: Grundzüge der Wirtschaftspolitik im Bundesland Salzburg in den sechziger und siebziger Jahren. In: Zwink, Eberhard (Hg.): Die Ära Lechner. Das Land Salzburg in den sechziger und siebziger Jahren, Salzburg 1988 (Schriftenreihe des Landespressebüros, Sonderpublikationen Nr. 71), S. 63–94

Hoffmann, Robert: Soziale Entwicklung. In: Huber, Wolfgang (Hg.): Landeshauptmann Klaus und der Wiederaufbau Salzburgs, Salzburg 1980, S. 89–128

Hoffmann, Robert: Salzburg in Salzburg. Zum Verhältnis von Stadt und Land Salzburg. In: Zwink, Eberhard (Hg.): Die Ära Lechner. Das Land Salzburg in den sechziger und siebziger Jahren, Salzburg 1988 (Schriftenreihe des Landespressebüros, Sonderpublikationen Nr. 71), S. 379–406

Medicus, Heinrich: 40 Jahre Wohnbauförderung in Land und Stadt Salzburg. In: Wohnen in Salzburg. Geschichte und Perspektiven Salzburg 1989 (Schriftenreihe des Archivs der Stadt Salzburg Nr. 1), S. 67–84

Schaber, Wilfried: Bauen und Baugesinnung nach dem Wiederaufbau. In: Zwink, Eberhard (Hg.): Die Ära Lechner. Das Land Salzburg in den sechziger und siebziger Jahren, Salzburg 1988 (Schriftenreihe des Landespressebüros, Sonderpublikationen Nr. 71), S. 509–526

Wysocki, Josef/Dirninger, Christian: Wirtschaft. In: Huber, Wolfgang (Hg.): Landeshauptmann Klaus und der Wiederaufbau Salzburgs, Salzburg 1980, S. 169–231

Aus den Debatten des Salzburger Landtages

Auszug aus der Regierungserklärung von Landeshauptmann DI Albert Hochleitner am 28. Jänner 1946

Landeshauptmann DI Albert Hochleitner (ÖVP): Eine weitere große Sorge der Regierung wird es sein, den Wiederaufbau der Betriebsstätten, der total und der teilbeschädigten Häuser in Angriff zu nehmen, um dadurch wieder Arbeitsplätze und Wohnungen zu schaffen. Ich weiß, daß neben Hunger, die psychische Haltung des Menschen nichts mehr zermürbt als unzulängliche oder unerträgliche Wohnverhältnisse. Mit größter Genugtuung darf ich feststellen, daß in Salzburg gerade auf diesem Gebiete verhältnismäßig viel geschehen ist, als sowohl die öffentliche Hand wie auch die Privatinitiative manches Haus wieder erstehen ließ und damit manchem Notstand abgeholfen wurde. Weit mehr hat aber noch in der Zukunft zu geschehen. Ich weiß auch, daß wir mit den verschiedensten Schwierigkeiten, wie Arbeitermangel, Mangel an Baumaterialien und anderes mehr zur Zeit zu rechnen haben. Gerade das muß uns aber Veranlassung sein, alles zu unternehmen, um diese Hindernisse so rasch als irgendwie möglich zu beseitigen. Um einen vollständigen Wiederaufbau unserer zerstörten Häuser zu bewerkstelligen, wird es notwendig sein, großangelegte Kreditoperationen in die Wege zu leiten. Es ist uns auch klar, daß die Hypothekenbelastungen der zerstörten Häuser ein ernsthaftes Hindernis in der Finanzierung darstellen. Die Landesregierung wird zu diesem Zweck einen Stab von Männern aus dem Bauwesen und Finanzsachverständigen damit betrauen, entsprechende Pläne und Vorschläge der Regierung vorzulegen. ... Eines steht jedoch fest, daß wir an die Lösung dieser Aufgaben sofort und mit aller Energie schreiten müssen. Neben der Wiederherstellung der zerstörten Bauten werden wir dem gemeinnützigen Wohnhausbau und dem Siedlungswesen, um eine endgültige Bereinigung der Wohnungsnot zu erreichen, eine besondere Aufmerksamkeit schenken.

Erklärung von Landeshauptmann DI Albert Hochleitner in der Landtagssitzung am 29. Jänner 1946

Landeshauptmann DI Albert Hochleitner (ÖVP): Die augenblickliche Situation im Lande Salzburg ist die, daß wir durch Kriegseinwirkungen eine große Anzahl von Wohnungen verloren haben. Die kleineren Schäden sind zum überwiegenden Teile bereits behoben. Die großen Schäden sind noch nicht behoben; zirka 600 Häuser sind vollkommen zerstört und liegen als Schutthalden auf dem Boden. Dazu kommt, daß eine Reihe von Wohnungen gerade in der Stadt und den Landgemeinden durch die Besatzungsbehörden beschlagnahmt wurden und beschlagnahmt werden mußten, weil die Besatzungstruppen irgendwo untergebracht werden müssen. Es ist auch gar nicht abzusehen, wann die Wohnungen zur privaten Benützung wieder zur Verfügung stehen. Dazu kommt, daß die Bevölkerungsziffer des Landes Salzburg gegenüber früher beinahe um 100.000 Personen höher ist. Wenn auch damit zu rechnen ist, daß ein großer Teil dieser Personen das Land wieder verlassen wird, so müssen wir mit der Möglichkeit und Wahrscheinlichkeit rechnen, daß immerhin ein beträchtlicher Teil dieser Menschen hier im Lande Salzburg verbleibt, weil sie sich in unser Wirtschaftsleben eingefügt haben und weil in anderen Gegenden Österreichs wieder durch Kriegsverhältnisse solche Wohnverhältnisse eingetreten sind, daß sie in ihre Heimat nicht mehr zurückkehren können. Dies sind Umstände, die uns auf das schwerste belasten. In Salzburg und auf dem Lande sind oft in Zwei- bis Drei-Zimmerwohnungen zwei bis drei Familien eingewiesen worden, wobei von vorneherein keine wie immer gearteten Vorkehrungen getroffen wurden, daß diese Familien miteinander leben können. Sie kommen tagsüber in Berührung und haben vielfach unangenehme Auseinandersetzungen. Die Wohnverhältnisse können für den einzelnen Menschen zur Unerträglichkeit werden. Sie werden besonders dann unerträglich, wenn diese Menschen frühmorgens das Haus verlassen um ihrer schweren Arbeit nachzugehen, und abends müde aus der Arbeit zurückkehren und auch in der Wohnung nicht Ruhe und Erholung finden können. Es ist daher nach meiner Meinung ein Gebot der Stunde, daß wir gerade auf diesem Gebiet so rasch als möglich einer Lösung zustreben. Und durch die Vorlage dieses Gesetzes wollte ich gerade diesen unmöglichen Zuständen in Salzburg so rasch als möglich ein Ende bereiten.

Erklärung von Landeshauptmann DI Albert Hochleitner in der Landtagssitzung am 29. Juli 1946

Landeshauptmann DI Albert Hochleitner (ÖVP): Es wurden uns von Seiten des Bundesministeriums für Soziale Verwaltung und Wiederaufbau zwei Gesetze, beziehungsweise Gesetzesvorlagen, vorgelegt; die erste Vorlage ist dann auch in Wien zur Beratung gekommen, hat aber nicht die Billigung der einzelnen Ländervertreter erhalten. Die zweite Vorlage hat das gleiche Schicksal erfahren, und nun ruht alles im Schoße der Ministerien, und ist bisher zu keiner Erledigung gekommen. Wir wissen auch nicht, wie das Schicksal dieser Gesetze in Zukunft sein wird. Wohl hat die Bundesregierung in ihrer letzten Sitzung eine Notmaßnahme getroffen, und zwar in der Form, daß das Finanzministerium eine Ausfallshaftung für eine Gesamtanleihe von 200 Millionen Schilling übernimmt. Wie ich schon gesagt habe und wie es auch in den Ausschüssen des Nationalrates und Bundesrates deutlich zum Ausdruck gekommen ist, handelt es sich bei diesem Gesetz um ein ausgesprochenes Provisorium. Und wenn wir Salzburger daran denken, daß unsere Wohnschäden nur 3,45 Prozent der Gesamtschäden Österreichs ausmachen, so können wir uns an den Fingern abzählen, wieviel auf das Land Salzburg bei einer derartigen Regelung abfällt, das heißt auf uns würde ein Betrag fallen, mit dem wir die Beseitigung der Wohnungsnot in Salzburg nicht bestreiten könnten.

Auszug aus der Anfrage der ÖVP-Fraktion an den Landesfinanzreferenten in der Landtagssitzung am 28. Oktober 1948

Die Wohnverhältnisse in Stadt und Land Salzburg haben durch die Kriegs- und Nachkriegsverhältnisse zu einer Entwicklung geführt, die nachgeradezu unerträgliche Ausmaße angenommen hat. So sind beispielsweise in der Stadt Salzburg allein 9.000 Wohnungssuchende vorgemerkt. Davon sind zwei Drittel gebürtige Salzburger und ein Drittel österreichische Staatsbürger, die auf Grund beruflicher Verpflichtungen sich in Salzburg aufhalten und dringend eine Wohnung benötigen. In einem Wohnraum sind in der Stadt Salzburg 2,5 Personen untergebracht. Es ist deshalb unmöglich, den benötigten Wohnraum allein der Privatinitiative und den öffentlichen Körperschaften zu überlassen, weil die zur Verfügung stehenden Mittel für die notwendige Wohnraumbeschaffung unzureichend sind. Es ist daher Aufgabe der Öffentlichkeit, den sozialen Wohnbau der gemeinnützigen Bauvereinigungen zur Erstellung von Kleinwohnungen für die minderbemittelten Bevölkerungsschichten zu fördern, um so einigermaßen die dringendste Wohnungsnot einzudämmen. Die gemeinnützigen Wohnungs- und Siedlungsvereinigungen im Lande Salzburg beabsichtigen im Einvernehmen mit den öffentlichen Körperschaften die Gründung eines Salzburger Wohnbauförderungsfonds, der vor allen Dingen niedrig verzinsliche Darlehen und Übernahme von Bürgschaften für den Kleinwohnhausbau gewähren bzw. übernehmen soll.

Auszug aus dem Protokoll der Landtagssitzung am 23. Jänner 1950 anlässlich der Beschlussfassung über die Errichtung des Salzburger Wohnbauförderungsfonds

Abg. Karl Glaser (ÖVP): Hohes Haus! Als einer der schrecklichsten und furchtbarsten Folgen des vergangenen Krieges sehen wir uns heute einer Wohnungsnot, einem Wohnungselend gegenüber, wofür es bisher in der Geschichte unseres Volkes kein Beispiel gibt ... Es haben daher die Abgeordneten der Österreichischen Volkspartei bereits in der konstituierenden Sitzung dieses Landtages einen Antrag mit einem diesbezüglichen Statutenentwurf eingebracht und es ist der Initiative und der Idee der der Österreichischen Volkspartei angehörenden Abgeordneten zu verdanken, daß heute dem Hohen Haus eine diesbezügliche Vorlage vorliegt, die nicht nur beraten, sondern hoffentlich auch verabschiedet werden kann.

Landeshauptmann-Stellvertreter Franz Peyerl (SPÖ): Sehr verehrte Abgeordnete! Die Folgen des wahnwitzigsten aller Kriege, des zweiten Weltkrieges, haben die öffentlichen Stellen vor oftmals schier unlösbare Aufgaben gestellt ... Ich möchte bei der Beratung des uns heute vorliegenden Gesetzes feststellen, daß die sozialistische Fraktion des Salzburger Landtages bereits im Jahre 1948 bei den Beratungen des Voranschlages und darüber hinaus bei der Besprechung dieser Frage auch in der Landesregierung darauf verwiesen hat, daß das Land Salzburg eines der wenigen Bundesländer ist, die überhaupt Beiträge auf diesem Gebiet noch nicht zur Verfügung gestellt haben. (...) Wir sind der Ansicht, daß der Bund, die Länder und die Gemeinden im Zusammenwirken dazu kommen müssen, ähnlich wie das bereits in der 1. Republik gewesen ist, ein Bundes-Wohnbauförderungsgesetz zu schaffen, das in großzügiger Weise daran geht, diese Frage einer guten und gründlichen Lösung zuzuführen. Es ist uns aber bei der Beratung dieses Gegenstandes auch selbstverständlich, daß auf dem Gebiete des Steuerwesens, auf dem Gebiete der Wirtschaft und der Finanzen überhaupt zuerst jene Voraussetzungen geschaffen werden müssen, die die Gebietskörperschaften, Bund, Länder und Gemeinden, in die Lage versetzen, ihren Beitrag zur Lösung dieser Frage aufzubringen. Ich möchte deshalb namens der sozialistischen Fraktion des Salzburger Landtages feststellen, daß dieses Gesetz nur ein ganz kleiner, bescheidener Notbeitrag des Landes ist, den guten Willen wenigstens unter Beweis zu stellen. Wir müssen alle positiven Kräfte dazu bringen, einer planmäßigen Lösung des Wohnbauproblems näherzutreten. Wenn der versammelte Landtag von diesem Willen beseelt ist, seinen Teil dazu beizutragen, dann glaube ich, daß er damit mithilft, um diesem brennenden Problem unserer Zeit, dieser sozialen Krankheit, irgendwie Herr zu werden.

Erklärung von Landeshauptmann Dr. Josef Klaus in der Landtagssitzung am 14. März 1951

Landeshauptmann Dr. Josef Klaus (ÖVP): Hohes Haus! Kein anderes Übel zehrt in gleicher Weise an der körperlichen und seelischen Substanz unseres Volkes als der trotz stärkster Bautätigkeit in den letzten Jahren noch immer gleich anhaltende Mangel an Wohnraum. Mit Bedauern muß darauf hingewiesen werden, daß die ersten Gesetzesbeschlüsse des Salzburger Landtages zur Förderung der Wohnbautätigkeit wegen der Einsprüche des Bundes und aus verfassungsmäßigen Gründen nicht in Kraft treten konnten und daß dadurch wertvolle Zeit, in der auch die Finanzierung noch leichter und wirkungsvoller hätte durchgeführt werden können verlorenging. Wohnungen bauen ist aber nach wie vor die wichtigste wirtschaftliche und soziale Ausgabe unserer Gegenwart. Erst die Errichtung des Landeswohnbauförderungsfonds im vergangenen Jahre fand die Zustimmung der Bundesstellen, sodaß vonseiten des Landes seit Mitte des vorigen Jahres endlich entsprechende Förderungsmaßnahmen für den Wohnungsbau einsetzen konnten. Der Bundeswohn- und Siedlungsfonds und der Wohnhauswiederaufbaufonds waren in den vergangenen Jahren vom Bunde bekanntlich so schlecht dotiert gewesen, daß das Land Salzburg, wie auch die anderen Bundesländer, obwohl verfassungsmäßig gar nicht in erster Linie dazu berufen, eigene Förderungsmaßnahmen ergreifen mußte. Der übergroßen Wohnungsnot kann überhaupt nur beigekommen werden, wenn alle Beteiligten, die an der Schaffung von Wohnraum interessiert sind oder interessiert sein müssen, zusammenhelfen; Bund und Länder, Gemeinden und Private, Kredit- und Sozialinstitute. Für die Finanzierung des Wohnbaues kann es keine allein richtige Lösung geben; alle Wege müssen nebeneinander und gleichzeitig gegangen werden. Es ist, meine sehr verehrten Abgeordneten, nicht die Frage, ob öffentliche oder private Mittel für den Wohnbau eingesetzt werden sollen, sondern beides nebeneinander ist vorerst in nahezu unbegrenztem Ausmaß notwendig. Jeder Mandatar, jeder Wohnungsamtsleiter, jeder Fachmann wird mir zustimmen: Bauen ist das einzige Rezept zur Bekämpfung der Wohnungsnot.

Anfrage der Abgeordneten Hell, Rehrl und Genossen (ÖVP) an den Landeshauptmann betreffend die Freigabe von beschlagnahmten Wohnungen durch die amerikanische Besatzungsmacht in der Landtagssitzung am 7. Februar 1952

Seit 1945 sind insbesondere in der Stadt Salzburg noch zahlreiche Privatwohnungen und Wohnhäuser durch die amerikanische Besatzungsmacht beschlagnahmt. Die Inhaber dieser Wohnungen mußten oft innerhalb weniger Stunden ihr Heim unter Zurücklassung ihrer gesamten Habe verlassen. Durch die in der Stadt Salzburg herrschende drückende Wohnungsnot war es bisher nicht möglich, die aus ihren Wohnungen evakuierten Familien menschenwürdig unterzubringen, Viele Familien müssen daher heute noch mit ihren Kindern in einem Raum leben, während die beschlagnahmten Wohnungen oft nur von einem Mitglied der Besatzungsmacht bewohnt werden. Die unterzeichneten Abgeordneten sind der Auffassung, daß auch die Mitglieder der Besatzungsmacht nicht mehr Wohnraum beanspruchen sollen als dies die übrige Bevölkerung tun kann. In Anbetracht der Fertigstellung der Wohnhausbauten in Wals-Siezenheim sind die unterzeichneten Abgeordneten der Auffassung, daß nunmehr der beschlagnahmte Wohnraum freigegeben werden könnte.

Auszug aus dem Protokoll der Landtagssitzung am 27. Februar 1952

Abg. Hans Pexa (SPÖ): Verehrte Abgeordnete! Es steht zweifellos fest, daß durch den Salzburger Wohnbaufonds vielen Bauwilligen die Möglichkeit gegeben wurde, sich ein Eigenheim zu schaffen und man kann aus einem Bericht des Wohnbaufonds, der Verwaltung des Wohnbaufonds, entnehmen, daß in Großteil dieser Bauwerber sich in den ländlichen Bezirken befindet, wo auf Grund der Möglichkeit, dort Grund, Baugrund, zu beschaffen, die gegebene Situation ist, sich ein Einfamilienhaus mit möglichst viel Eigenarbeit zu verschaffen … Es gibt aber besonders in den Städten viele Wohnungssuchende, viele die bedürftig nach Wohnungen sind, die aber auf Grund der Möglichkeit, sich Grund zu verschaffen, oder der Unmöglichkeit, sich Grund zu beschaffen, nicht daran denken können, sich ein Eigenheim zu bauen. Bei diesen nun, und um diesen irgendwie zu helfen, daß auch sie einen Anteil haben an den guten Dingen des Wohnbaufonds, hat die Sozialistische Fraktion den Antrag gestellt, für die Wohn- und Siedlungsgesellschaften das Wohnbaufondsgesetz so zu novellieren, daß der Fonds dem Bundes-Wohn- und Siedlungsfonds angeglichen wird.

Auszug der Regierungserklärung von Landeshauptmann Dr. Josef Klaus am 22 Dezember 1954

Landeshauptmann Dr. Josef Klaus (ÖVP): Die Freigabe von Wohnräumen durch die Besatzungsmacht, für die ich mich in unzähligen persönlichen Interventionen eingesetzt habe, soll bis zur Fertigstellung des Wohnbauprojektes der USFA im Camp Roeder etwa 100 Wohnungseinheiten umfassen, womit hoffentlich wenigstens die ärgsten der seit 1945 hiedurch bedingten Notstandsfälle bereinigt werden können. Dies wird wohl im betreffenden Einzelfall eine besondere Erleichterung für die Betroffenen darstellen, jedoch zur Befriedigung des allgemeinen Wohnungsbedarfes leider nur beschränkt beitragen. Bedauerlicherweise harrt die dringende Frage einer entsprechenden Entschädigung für derartige Wohnungsinanspruchnahmen bis zur Erlassung des neuen Besatzungsschädengesetzes noch immer einer endgültigen Entscheidung. Solange die derzeitige Praxis bei der Bemessung auf Vergütungen und Entschädigungen nach dem Reichsleistungsgesetz von den Finanzbehörden beibehalten wird, ist mit einer Bereinigung der schwebenden Streitfragen nicht zu rechnen. Entsprechend dem vom Landtag diesbezüglich gefaßten Beschluß zum Ende des vergangenen Jahres wurde auch eine entsprechende Eingabe an das Bundesministerium für Finanzen gerichtet, ohne daß jedoch hinsichtlich einer endgültigen gesetzlichen Regelung dieser unbedingt zu einer baldigen Lösung drängenden Frage eine Entscheidung gefallen wäre. Zu den diesbezüglichen Gesetzentwürfen wäre zu bemerken, daß nur ein Teil der Schäden vom Bunde übernommen werden dürfte, die Entscheidung über die Streitfragen im Wesentlichen aber den Gerichten übertragen werden soll.

Auszug aus dem Protokoll der Landtagssitzung am 20. Dezember 1956 (Budgetdebatte)

Landesrat Hermann Rainer (ÖVP): Hohes Haus, meine sehr geehrten Damen und Herren! Wir haben bereits im vorigen Jahr in der Budgetdebatte insbesondere über das Wohnbauförderungsgesetz 1954 eingehend debattiert und ich glaube, daß wir auch heuer zu diesem Problem, das uns alle sehr beschäftigt, einmal grundsätzlich Stellung nehmen müssen. Ich möchte aber, um zu diesem Problem keine Unklarheiten aufkommen zu lassen, eine Teilung vornehmen. Es wird nämlich nicht nur von den Wohnbauwerbern selbst, sondern auch leider von anderen Stellen immer eine gewisse Verwechslung vorgenommen, u. zw. insofern, daß man nicht unterscheidet zwischen dem Landeswohnbauförderungsfonds, der Wohnbauförderung 1954, dem Wohnhauswiederaufbaufonds und dem Bundeswohn- und Siedlungsfonds. Wir sind also in Österreich mit drei bzw. vier Fonds ausgestattet, von denen zwei in die Verwaltung des Landes gelegt sind. …

Ich kann heute mit Genugtuung feststellen, daß es gelungen ist, die Wohnbauförderung etwas aus dem politischen Klima herauszuheben, sodaß wir es in gemeinsamer Arbeit erreicht haben, daß wir in den nächsten Wochen unserer Wirtschaft immerhin einen Betrag von rund 17 Mio. S für den Wohnungsbau zur Verfügung stellen können. Dadurch, daß es einzelnen Genossenschaften, dem Amte der Landesregierung und schließlich auch meiner Person gelungen ist, Promessen für den Wohnungsbau aufzubringen, konnten wir den Genossenschaften und auch vielen Einzelwerbern wieder die notwendigen Kredite zur Verfügung stellen.

Nun komme ich zu einem weiteren Kapitel, das ist der Wohnhauswiederaufbaufonds und da gibt mir die heutige Budgetberatung im Landtag die Gelegenheit etwas zu sagen u. zw. habe ich vor dem Hohen Hause einen ganz energischen Protest dagegen zu erheben, daß von Wien aus Bestrebungen im Gange sind, den ohnehin geringen Prozentsatz, den wir beim Wohnhauswiederaufbaufonds haben, nämlich 2,58 % auf 0,5 % zu verringern. Ich habe bereits in der 51. Kuratoriumssitzung des Wohnhauswiederaufbaufonds im Namen des Landes Salzburg heftigsten Protest dagegen erhoben u. zw. aus dem Grund, weil wir im Lande Salzburg auf dem Sektor der Wiederherstellung des bombenzerstörten Wohnraums noch offene Anträge im Volumen von 60 Mio. S haben, die dringend erledigt werden müssen. Immerhin ist es uns gelungen, im Jahre 1956 vom Wohnhauswiederaufbaufonds rund 26 Mio. S zu bekommen. ... Wir müssen daher fordern, daß vom Staat in Bezug auf die Wohnungsbeihilfe bessere Gesetze geschaffen werden u. zw. insofern, daß den größeren Familien eine größere Wohnungsbeihilfe gewährt wir und diesen Familien damit durch einen entsprechenden Zuschuß bei der Tragung des Mietzinses geholfen wird. Nur so kann man den Familien helfen und nur so können wir an einen familiengerechten Wohnungsbau denken.

Auszug aus dem Antrag der Abgeordneten Kimml, Gruber, Brunauer und Genossen (SPÖ) in der Landtagssitzung am 30. Oktober 1957

Trotz aller Anstrengungen, insbesondere von Seite der Gemeinden sowie der gemeinnützigen Wohnbauunternehmungen, ist in Land und Stadt Salzburg immer noch ein Fehlbestand von etwa 16.000 Wohnungen gegeben, wovon 78 % des Fehlbestandes auf Salzburg Stadt und über 7 % auf den Bezirk St. Johann entfallen. Von den Wohnungsfehlbeständen beziehen sich rund 70 % in Salzburg Stadt und rund 13 % in St. Johann auf Barackenbewohner.

Die Beseitigung der Baracken- und Notstandsfälle wird auch in den nächsten Jahren auf größte Hindernisse stoßen, wenn es nicht gelingt, entsprechende Mittel unter günstigsten Bedingungen sicherzustellen. Die Bereitstellung von Bankkrediten zu den üblichen Konditionen führt nach dem übereinstimmenden Urteil von Fachleuten nicht zum Ziel, weil die Mehrzahl der Wohnungsinhaber der Notstands- und Barackenfälle über ein derart geringes Einkommen verfügt, daß eine Minimalhöhe des Mietzinses nicht überschritten werden darf.

Auszug aus dem Tätigkeitsbericht der Landesregierung für das Jahr 1957 in der Landtagssitzung am 26. Februar 1958

Landeshauptmann Dr. Josef Klaus (ÖVP): Wenn ich mich nunmehr in meinem Bericht dem Bauwesen bzw. der Bautätigkeit im vergangenen Jahr zuwenden darf, möchte ich in im Rahmen dieses Kapitels wiederum den Wohnungsbau an die Spitze stellen. Obzwar wie wiederholt dargelegt, das Bundesland Salzburg in seiner Wohnbautätigkeit an führender Stelle unter den übrigen Bundesländern steht, konnte die dringende Wohnungsnot noch immer nicht behoben werden. Allerdings darf die unvermindert große Zahl der vor allem in der Stadt gemeldeten Wohnungssuchenden nicht als eine Zahl der tatsächlich noch bestehenden Notstandsfälle angesehen werden. Sie ist vielmehr der an und für sich erfreuliche Beweis, daß die Verbesserung der allgemeinen Wirtschaftslage auch die Bedürfnisse nach besseren, aber vor allem größeren Wohnungen im Allgemeinen steigert. Nach Beurteilung der einschlägigen Sachverständigen müßte bei gleichbleibender Wohnbauintensität doch im Laufe der nächsten Jahre mit einer endgültigen Bereinigung der wirklichen Notstandsfälle gerechnet werden können. ... Im Rahmen der Großsiedlung Taxham wurden aus diesen Mitteln [Wohnbauförderung 1954] 232 Wohnungseinheiten gefördert. Neben der notwendigen Fortsetzung der Aufschließungsarbeiten wurden in Taxham im vergangenen Jahr 113 Wohnbauten teils im Rohbau, teils vollständig fertiggestellt, die sich in Einfamilienhäuser, Doppelwohnhäuser und Reihenhäuser aufgliedern. In diesen neuen sonnigen und gesunden Wohnungen haben im vergangenen Jahr bereits 62 Familien ein neues Heim gefunden, deren Größe die Forderungen einer zeitgemäßen Familienpolitik berücksichtigt. Weitere 53 Reihenhäuser bzw. Einfamilienhäuser sind im Bau begriffen. Es soll hier erwähnt werden, daß in Ausführung eines Beschlusses des Salzburger Landtages, wonach Grundspekulationen zu verhindern sind, ein Verkauf von Baugründen jeweils erst dann stattfindet, wenn die Absicht der Bauerrichtung durch den betreffenden Käufer hinreichend nachgewiesen erscheint.

Auszug aus dem Antrag der Abgeordneten Bäck, Steinocher, Brunauer und Genossen betreffend die Wohnverhältnisse im Barackenlager in der Alpenstraße (SLP, Nr. 94, 1. Session, 4. GP)

Bei mehreren Baracken, die in der Verwaltung des Landes stehen, sind die Dächer und Fußböden so schadhaft, daß Wasser eindringt. Vor allem aber sind die sanitären Verhältnisse besonders schlecht. In bestimmten Baracken ist weder eine Wasserleitung noch eine Klosettanlage vorhanden und die Bewohner, zum Teil Familien mit mehreren Kleinkindern, sind gezwungen, das Wasser von Brunnen zu holen, die ziemlich weit entfernt sind, was insbesondere im Winter eine große Erschwerung bedeutet. Diese Familien sind auch gezwungen, offene Klosettanlagen außerhalb der Baracken zu benützen. Auch die Zuführung von Kraftstrom, insbesondere zu den dichtbevölkerten Baracken wäre notwendig, um die Verwendung von Elektroherden zu ermöglichen. Unter diesen Umständen erscheint es dringend geboten, daß noch vor Einbruch der kalten Witterung, die zuständige Abteilung des Amtes der Salzburger Landesregierung Maßnahmen ergreift, um den gesundheitsgefährdenden Zuständen im Barackenlager Alpenstraße abzuhelfen.

Stefan Wally

Vom Armengesetz zur Mindestsicherung

Der Salzburger Landtag leistete in seiner Geschichte einen wichtigen Beitrag zur Entwicklung des Sozialsystems. Vor allem das sogenannte zweite soziale Netz wurde durch das Landesparlament gestaltet. Das Land Salzburg ist dabei Partner der Gemeinden, die lange Zeit die finanzielle Hauptlast dieses Sicherungsnetzes trugen. Weiters ist es Partner des Bundes, der vor allem durch die Gestaltung der Sozialversicherung den finanziellen Hauptteil des Sozialstaates bestimmt.

Die Debatten im Landtag dokumentieren die allgemeine Entwicklung des Sozialstaates. Beginnend mit dem für Bedürftige oft erniedrigenden Armenwesen über die Versuche, durch Landesgesetze Lücken im sozialen Netz zu schließen, die Einführung der Sozialhilfe in den 1970er-Jahren, die Debatten um einen angeblichen Missbrauch der Gelder und die Abgrenzung der Hilfen gegen „Fremde" bis hin zur Einführung der Bedarfsorientierten Mindestsicherung: Immer spiegeln die Themen des Salzburger Landtages die gesellschaftlichen Diskussionen wieder, welche soziale Verantwortung das Gemeinwesen übernehmen will.

Das Armen-Gesetz

Die ersten Jahre des Salzburger Landtages fielen in die Zeit der beginnenden Industrialisierung in Österreich. Mit der Umwälzung der Wirtschaftsweise änderten sich die Lebens- und Arbeitsbedingungen für viele Menschen. Auch Armut sah nun anders aus. Einige bekannte Herausforderungen nahmen eine andere Form an: Alterung bedeutet in Städten etwas anderes als in landwirtschaftlich geprägten Dörfern. Invalidität, Unfall und Krankheit trafen Arbeiterinnen und Arbeiter anders als Menschen, die in großen Familienverbänden lebten. Hunger hing nicht mehr zuvorderst von Krieg und Ernte ab, sondern auch von ökonomischen Konjunkturen.

Das Armenwesen in seiner Frühzeit hatte sich noch auf Wohltätigkeit sowie auf die Kontrolle und Disziplinierung der Armen gestützt. Angesichts der neuen Arbeitsverhältnisse, schubhaft auftretender Massenarbeitslosigkeit und einer massiven Landflucht, griffen die alten Konzepte nicht mehr. Die „soziale Frage" erwies sich mit dem Aufkommen der Arbeiterbewegung als gesellschaftliche Herausforderungen ersten Ranges. Um den Preis der Existenz der bestehenden Ordnung musste auf diese Frage eine Antwort gefunden werden. In vielen größeren Städten setzte man auf Infrastrukturpolitik, um die Arbeitslosigkeit zu begrenzen. Bauprojekte boten Arbeit und damit Brot. Die große Zahl der Armen blieb jedoch augenfällig.

Es waren zu diesem Zeitpunkt die Gemeinden, die sich um die Armen zu kümmern hatten. Das Reichsgemeindegesetz von 1862 und das Heimatgesetz des Jahres 1863 legten den Gemeinden die Pflicht auf, sich um die Armenversorgung zu kümmern. Im ausgehenden 19. Jahrhundert bemühte man sich dabei um völlig verarmte Alte, chronisch Kranke, Behinderte sowie um verwaiste und verlassene Kinder. Für arme erwerbsfähige Erwachsene fühlte man sich kaum zuständig.

Es war nicht die Armut an sich, die im Mittelpunkt der Diskussionen über das Armenrecht in den Salzburger Medien stand. Vielmehr waren es die mit der Versorgung der Armen zusammenhängenden Ausgaben und die rechtliche Unübersichtlichkeit, die Änderungen anstießen. Die Gemeinden beklagten die hohen Kosten und versuchten, finanzielle Hilfe von übergeordneten Stellen zu erlangen.

Grundsätzlich wurde die Armengesetzgebung als unvollständig angesehen. Neben dem Heimatgesetz gebe es „unzählige das Armenwesen betreffende Gesetze und Verordnungen, welche in den älteren, schwer zuzüglichen Justiz-, politischen und Normalien-Sammlungen, sowie in den neuen Reichs- und Landesgesetzblättern enthalten sind. Die Codification dieser Vorschriften erscheint, um die Anwendung derselben zu erleichtern, vorzüglich für die Gemeinden dringend notwendig", bemerkt das Salzburger Volksblatt in seinem Leitartikel am 16. September 1873. Im Salzburger Landtag arbeitete man zu diesem Zeitpunkt bereits seit Langem an einem Armen-Gesetz. Franz Peitler war der Berichterstatter für das Gesetz. Er gehörte seit 1861 dem neuen Landtag für das Herzogtum Salzburg an, betrieb schon seit 1865 die Schaffung des Armen-Gesetzes und war bis zu seinem Tod 1877 Abgeordneter.

Die Grundstruktur der Armenversorgung wollte man nicht in Frage zu stellen. Die Armenversorgung sollte subsidiarisch bleiben. Nur wenn sich eine Person selbst oder durch die Familie nicht erhalten kann, greife die Gemeinde ein. „Als arm ist jede Person anzusehen, welche wegen Mangels eigener Mittel und Kräfte oder in Folge eines besonderen Nothstandes den nothwendigen Lebensunterhalt für sich und ihre arbeitsunfähigen Angehörigen nicht zu verschaffen mag." (§ 1 des Armen-Gesetzes vom 30. Dezember 1874) Wer arbeiten kann, wird notfalls zwangsweise zur Arbeit verhalten. Weiters ist die Versorgung des Armen nicht als Geschenk zu sehen, sondern als Vorschuss, der zurückzuzahlen ist, wenn die Person wieder zu Einkommen gelangt. Die Art und Weise der Armenversorgung bestimmt innerhalb der bestehenden Gesetze die Gemeinde. Der oder die Arme kann keine bestimmte Art der Unterstützung verlangen. Vor allem am Land war dies sehr oft die „Einlegung". Dabei wurde der oder die Arme in privaten Häusern untergebracht und dort verpflegt. Im Gegenzug mussten sie sich an der Arbeit beteiligen.

Neben den Gemeinden als Hauptträger der Armenversorgung war in Salzburg ein Landesfonds eingerichtet worden. Dieser bestritt die Heil- und Verpflegskosten für Arme in diversen Kranken- und Pflegehäusern sowie für auswärtige Arme. Kontrovers war die Errichtung von Gemeinde-Krankenkassen. Diese sollten jenen Gemeindebürgerinnen und -bürgern, die Beiträge zahlten, den Zugang zu einer Krankenanstalt ermöglichen. Überlegt worden war die verpflichtende Einführung der Kassen. Schlussendlich wurde nur die Möglichkeit vorgesehen, diese einzuführen. Die letzte Debatte vor Beschluss des Gesetzes kreiste um die Frage, ob die attraktiven Krankenkassen nur zulässig sein sollen, wenn eine Krankenanstalt im Ort vorhanden sei. Das hätte die Einrichtung von Krankenanstalten fördern sollen. Dies wurde aber verworfen. Das Armengesetz wurde schließlich am 30. Dezember 1874 für das Herzogtum Salzburg wirksam.

Die katholische Tageszeitung „Salzburger Chronik" druckte das Gesetz in voller Länge ab. Aus diesem Anlass reflektierte die konfessionelle Zeitung über einen grundsätzlichen Wandel: „Das heidnische Altertum hatte keine wohltätigen Gesetze für Armenpflege. Doch durch die mosaische, weil von Gott offenbarte Gesetzgebung, war für Arme schon rücksichtsvoll und zweckmäßig gesorgt. Ganz vorzüglich aber führte das Christentum zur reichsten Entwicklung der Wohltätigkeit, indem durch die Lehren Jesu und der Apostel, durch die Schriften der Kirchenväter, durch die Concilien, Orden, Stiftungen, Bruderschaften und Vereine den Armen reichliche Quellen der Unterstützung eröffnet wurden. Es ist daher nur eine Frucht des modernen Zeitgeistes, dass durch die neuen Gesetze die Armenpflege dem Einfluß der Kirche fast ganz entzogen und den Gemeinden allein in die Hände gelegt wird." (Salzburger Chronik, 23. Februar 1875) Einige Wochen später heißt es aber: „Das Armengesetz hat zwar keinen christlichen Geist, hat aber denselben auch nicht gänzlich ausgeschlossen, wie dies bei den konfessionslosen Schulgesetzen der Fall ist. Wenn daher kath. Gemeindevertretungen in die Armenkommission den Seelsorger wählen und ihm gewissermaßen die Besorgung der Armenpflege im Bunde mit christlich gesinnten Armenvätern übergeben wollten, so würde ohne Zweifel der Geist ein christlicher sein, und auf den kommt Alles an." (Salzburger Chronik, 18. März 1875)

In Abgrenzung von der Armenfürsorge erfolgte vor allem unter der Regierung des k. k. Ministerpräsidenten Eduard Taaffe (1879–1893) die Entwicklung einer gesamtstaatlichen Sozialpolitik. Seit den 1880er-Jahren gab es ein erstes Sozialversicherungsgesetz. Es blieb aber beim Subsidiaritätsprinzip. Auf der Basis des Allgemeinen Bürgerlichen Gesetzbuches waren zuerst Familienmitglieder bzw. Ehepartner füreinander sorgepflichtig. Mit der Einführung der Unfall- und Krankenversicherung (1887 bzw. 1888) wurde ein weiterer wichtiger Schritt gesetzt.

Die den Gemeinden zugewiesene Armenhilfe führte immer wieder zur Kritik. In der Salzburger Presse wurde beispielsweise 1912 von einem verheirateten, qualifizierten Halleiner Arbeiter der Papierfabrik berichtet, der sechs Kinder zu erhalten hatte, und knapp 100 Kronen im Monat verdiente. Ihm wurde eine Unterstützung durch die Gemeinde verwehrt. Der damalige Halleiner Bürgermeister fügte seinem Schreiben hinzu: „Es wurde auch zur Kenntnis genommen, dass Sie vorläufig keine Aussicht auf Lohnaufbesserung haben, da ihre Aufführung zu wünschen übrig lasse." Die Hilfe bei Bedürftigkeit wurde mit Wohlverhalten in der Arbeit in Verbindung gebracht.

Veränderungen bis 1945

Während des Ersten Weltkrieges widmete sich die Monarchie den Familien der eingerückten Soldaten, denen man einen Unterhaltsbeitrag gewährte. Das Existenzminimum war dafür kein Bezugspunkt. Damit hatte erstmals das „Fürsorgeprinzip" das Axiom der „Bedürftigkeit" durchbrochen, schreibt der Sozialhistoriker Gerhard Melinz. Auch die Kinder- und Jugendfürsorge wurde während des Krieges ausgebaut, ab 1916 gab es Jugendämter. Notstände wurden im Krieg nicht als individuelle Verfehlungen gesehen, sondern als staatliche Angelegenheit.

Die demokratische Republik brachte in den Jahren 1918 bis 1920 Verbesserungen im ersten sozialen Netz und im Arbeitsrecht. Der 1887/88 eingeführte elfstündige Höchstarbeitstag wurde auf acht Stunden verkürzt, 1920 die

Arbeitslosenversicherung eingeführt. Das zweite soziale Netz sollte ebenfalls reformiert werden. Bis zum 30. September 1928 hatte man in der Verfassung dem Bund Zeit gegeben, eine Grundsatzgesetzgebung in Sachen „Armenwesen" zu erlassen. Da der Bund diese Frist aber verstreichen ließ, blieben die Armengesetze der Länder in Kraft. Damit blieb das Heimatrecht bestehen, Arme konnten weiterhin keine bestimmte Form der Unterstützung erwarten und das Subsidiaritätsprinzip blieb unangetastet. Die Verpflichtung der Gemeinden, die Armenhilfe zu schultern, führte zu einer sich öffnenden Schere in Zeiten der Wirtschaftskrise: Sinkende Steuereinnahmen standen einer wachsenden Anzahl von Bedürftigen gegenüber. Bedürftige zogen oft aus Städten zurück auf das Land, wo sie in Einlege reihum in Haushalten untergebracht wurden. In diesen Jahren der Wirtschaftskrise und mit dem Beginn des autoritären Ständestaates kam es zu Leistungseinschränkungen in der Sozialversicherung. Die Einschränkungen in den Versicherungen verlagerten die wachsende soziale Problematik erst recht auf die unterste Ebene der Sozialpolitik. Die Gemeinden reagierten darauf vor allem mit der Abweisung „fremdzuständiger Personen". In der Heimatgesetznovelle 1935 versuchte man die finanziellen Lasten unter den Gemeinden neu zu ordnen. Unterstützungen für „Fremdzuständige" wurden nur noch unter Vorlage eines „Fürsorgebuches" gewährt, welches von der Heimatgemeinde ausgestellt wurde, Programme wie der Freiwillige Arbeitsdienst und die „Aktion Winterhilfe" sollten Abhilfe schaffen. Viele Städte und Gemeinden griffen auf „Fürsorgearbeit" zurück, Unterstützte wurden etwa zu Straßenarbeiten herangezogen.

Mit dem Einmarsch der deutschen Truppen und der Angliederung Österreichs an das Deutsche Reich traten auch in Salzburg die deutschen Rechtsvorschriften in Kraft, die zu einem erheblichen Teil schon vor der Machtergreifung der Nationalsozialisten im Deutschen Reich in Kraft waren. Besonders wichtig war in diesem Zusammenhang das in Deutschland bestehende Pensionssystem für Arbeiter. Ein entsprechendes System in Österreich hat es bis 1938 nicht gegeben. Weitere deutsche Verordnungen über die Fürsorgepflicht und die Rechtsgrundsätze über Voraussetzung, Art und Weise der öffentlichen Fürsorge bedeuteten relevante Änderungen der Gesetzeslage in Österreich. Es kam zur Ablösung des Heimatprinzips durch das Aufenthaltsprinzip und zur Errichtung von Fürsorgeämtern in Gemeindeverbänden/Bezirken. Die Bezirksebene wurde dadurch zum wichtigsten Faktor der Fürsorge. Die Bezirksverbände ihrerseits waren in einem Landesfürsorgeverband zusammengefasst. Das Einlegewesen als Armenhilfe in den Gemeinden wurde verboten. Weiters wurde der Richtsatz eingeführt. Seine Höhe wurde vom Landeshauptmann in Bezug auf die regionalen Lebenshaltungskosten per Verordnung festgesetzt. Zusätzlich sorgte ein rüstungsinduziertes Ausgabenprogramm für sinkende Arbeitslosigkeit. Im Bereich des Arbeitsrechts kam es zu Restriktionen, beim Mutterschutz zu gesetzlichen Verbesserungen. Die Fürsorge wurde antisemitischen Prinzipien unterstellt, die rassistische Politik des NS-Systems betrieb die Vernichtung „unwerten Lebens". Die Kosten des arbeitsmarktwirksamen Rüstungsprogramms waren die andere Seite eines Eroberungskriegs, der in millionenfachem Tod und Zerstörung mündete. Millionenfache Zwangsarbeit ohne Einkommen und Rechte ersetzte reguläre Arbeitsplätze.

Reichsüberleitungsgesetz

Die Zweite Republik brachte vielfältige Verbesserungen im Bereich der Sozialversicherung, des Arbeitsrechts und der Familienunterstützungen. Die Verringerung der Wochenarbeitszeit illustriert die sozialpolitischen Erfolge der Zweiten Republik besonders anschaulich: 1959 wurde die Wochenarbeitszeit von 48 auf 45 Stunden, bis 1975 dann auf 40 Stunden reduziert. Die Sozialquote (Anteil der Sozialausgaben am Bruttoinlandsprodukt) betrug 1960 17,2 Prozent, 2015 lag sie bei 29,8 Prozent. Fortschritte wie diese ergaben sich aber langsam.

Für das zweite soziale Netz, das einstmalige Armenwesen, wurden nach der Befreiung Österreichs die nach 1938 eingeführten Strukturen des Fürsorgewesens im Reichsüberleitungsgesetz dem Behördenaufbau der Republik angepasst. Im Bericht des Verfassungs- und Verwaltungsausschusses des Salzburger Landtages wurde Wert darauf gelegt, das nationalsozialistische Gedankengut aus den Bestimmungen zu entfernen. Im Ausschuss wurde deswegen in den Gesetzestext eingefügt, dass die Überleitung „unter Berücksichtigung der seit dem 1. Mai 1945 eingetretenen verfassungs- und verwaltungsrechtlichen Änderungen“ erfolge. Im Bericht heißt es: „Diese Einschaltung bezieht sich in diesen Absätzen des Artikels I zunächst auf die Gesetzespräambeln, die von Erziehung zur deutschen Volksgemeinschaft, Rassenbewußtsein, Verwurzelung in Blut und Boden, Verpflichtung zur Verbundenheit mit Reich und Volk sprechen.“ Der Bericht wurde vom Obmann des Verfassungs- und Verwaltungsausschusses Adalbert Müller (ÖVP) und der Berichterstatterin Maria Emhart (SPÖ) vorgelegt. Das Gesetz wurde ohne Debatte in der Landtagssitzung einstimmig angenommen. Die Funktionen der Bezirksfürsorgeverbände gingen nun an die Bezirkshauptmannschaften über, die des Landesfürsorgeverbandes an den Landeshauptmann. Die Länder übernahmen 1948 die deutschen Vorschriften als vorläufiges Fürsorgerecht. Das Landesgesetz vom 17. November 1948 über die vorläufige Regelung des Fürsorgewesens und der Jugendfürsorge markierte damit die Grundlage für das Sozialwesen im Land Salzburg für die kommenden Jahrzehnte.

Lange kam es nur zu wenigen legistischen sozialpolitischen Aktivitäten im Land Salzburg. Eine gesetzliche Regelung gab es in den 1950er-Jahren in der „Blindenfürsorge“. Das entsprechende Landesgesetz wurde in den Jahren 1956/57 beraten und im Landtag beschlossen. Das Motiv hinter diesen Gesetzen war eine offensichtliche Ungleichbehandlung zwischen Kriegs- und Zivilblinden. Während erstere nach dem Kriegsopfergesetz eine Rente und bestimmte Sonderleistungen erhielten, bekamen die Zivilblinden ursprünglich nur eine Entschädigung für den durch ihre Blindheit bestehenden Mehraufwand. Eine Einbeziehung in die Fürsorge war vom Zivilblindenverband als stigmatisierend abgelehnt worden. So entstand ein eigenes Gesetz.

Das Sozialhilfegesetz

Erst 1971 standen die Zeichen auf Neuregelung der Fürsorge. Eine bundeseinheitliche Gesetzgebung wurde verworfen, stattdessen begannen die Bundesländer einander ähnliche Gesetze zu verabschieden. Statt von „Fürsorge“ sprach man nun von „Sozialhilfe“. Sämtliche Bundesländer beschlossen bis zum Jahr

1975 Landes-Sozialhilfegesetze. In Salzburg entstand das Salzburger Sozialhilfegesetz (LGBl. Nr. 19/1975). Grundsätzlich blieben die Prinzipien Subsidiarität, die individuelle Lage als Ausgangspunkt und die „Hilfe zur Selbsthilfe" aufrecht. Andererseits wurde auf bisher unberücksichtigte Problemlagen Rücksicht genommen. Das führte zu einem umfassenderen Leistungsspektrum. Auf drei Pfeilern wurde die Sozialhilfe gebaut: die „Hilfe zur Sicherung des Lebensbedarfs", die „Hilfe in besonderen Lebenslagen" und die neuen „Sozialen Dienste". Die „Hilfe zur Sicherung des Lebensbedarfs" begründete einen Rechtsanspruch auf den Lebensunterhalt der Pflege, der Krankenhilfe, der Hilfe werdender Mütter und Schwangerer und die Hilfe zur Erziehung und Erwerbstätigkeit. Diese Hilfe war weiterhin grundsätzlich subsidiär. Die „Hilfe in besonderen Lebenslagen" war eine „Kannleistung", mit der flexibel auf vorübergehende Situationen reagiert werden sollte. Die „Sozialen Dienste" umfassten die Hauskrankenpflege, Familienhilfe, Hilfe zur Weiterführung des Haushaltes, Beratungsdienste und anderes mehr. Das Land hatte diese Leistungen selbst oder in Vereinbarung mit anderen Rechtsträgern anzubieten. Geschaffen wurde weiters ein Sozialhilfebeirat. Dieser sollte sicherstellen, dass Entscheidungen im Konsens gefällt werden. Vor allem die Gemeinden, die weiterhin einen Großteil der Kosten zu tragen hatten, sicherten sich so ihren Einfluss.

Im Salzburger Landtag wurde das neue Gesetz von Abg. Maria Springle (SPÖ) vorgestellt. Sie betonte, dass mit diesem Gesetz „ein entscheidender Schritt zur Überwindung der Armenpflege und auch der öffentlichen Fürsorge, die noch immer mit dem Odium der diffamierenden Armenpflege belastet ist", getan werden solle. Sie zitierte die erste Bestimmung des Gesetzes, die lautete: „Die Sozialhilfe hat jenen Menschen die Führung eines menschenwürdigen Lebens zu ermöglichen, die dazu der Hilfe der Gemeinschaft bedürfen." Der zuständige Landesrat Herbert Moritz ergänzte: „Unsere Gesellschaft bekennt sich mit Recht zu den Prinzipien der Leistung und des Wettbewerbs. Umso größer aber ist ihre Verpflichtung, sich jener anzunehmen, die aus irgendwelchen Gründen mit eigenen Kräften in diesem Wettbewerb nicht bestehen könnten und unter die Räder kommen würden." Er vertrat die Auffassung, dass das Gesetz den Beginn einer neuen Ära in der Sozialpolitik bedeute.

Das Gesetz fand auch die weitgehende Zustimmung der anderen Abgeordneten. Die ÖVP habe ihre Vorstellungen in den Verhandlungen zur Geltung gebracht, stellte Abg. Walter Vogl fest. Das Gesetz werde die Grundlage für eine Sozialpolitik der menschlichen Nähe bilden. Die ÖVP habe auf das Prinzip der Subsidiarität gepocht. Einerseits soll dem Sozialhilfeempfänger ein gewisser Freiheitsraum erhalten bleiben, um ihn vor einem allmächtigen Staat zu schützen. Andererseits sollen auch die Leistungen auf der Basis dieses Gesetzes nicht zentral erbracht werden, sondern man werde „die Vielfalt von bestehenden Einrichtungen auf diesem Gebiete heranziehen". Kontroversen gab es im Vorfeld um die Höhe des Sozialhilfe-Richtsatzes. Dieser wurde schließlich mit 1.750 S festgesetzt. Landesrat Herbert Moritz hatte auf 1.800 S gedrängt, die Gemeinden unter Verweis auf ihre Finanzierungsverpflichtung auf einen geringeren Betrag. Widerspruch gegen eine bestimmte Bestimmung des Gesetzes (§ 40) gab es von freiheitlicher Seite: Abg. Hellfried Schuller forderte, dass Gemeinden je nach Anzahl der in ihrem Gebiet wohnhaften Sozialhilfebezieher mehr oder weniger stark zur Finanzierung herangezogen werden sollten. Wenn Bürgermeister um Sozialfälle in ihren Gemeinden wüssten und jeder zusätzliche Sozialfall der Gemeindekasse merklich höhere Kosten verursachen würde, gäbe es einen Anreiz für Bürgermeister, sich mehr um diese Personen zu bemühen. Grundsätzlich wurde die Position der FPÖ in den Verhandlungen von ihrem Vertreter so erklärt: „Der freiheitliche Landtagsklub hat sich bei der Behandlung des Sozialhilfegesetzes vor allem von der Grundhaltung leiten lassen, dass Sozialhilfemaßnahmen für unverschuldete Notlage gewährt werden sollen, nicht aber für arbeitsfähige, aber arbeitsunwillige Menschen. Und jede Gesellschaft hat solche Menschen und wird sie in Zukunft haben." Das Gesetz trat schließlich 1975 in Kraft.

Reformen der Sozialhilfe wurden nach 1980 immer wieder vor dem Hintergrund steigender Arbeitslosenzahlen und des parallel stärker werdenden Bedarfs an sozialer Unterstützung diskutiert. Die steigenden Fallzahlen in der Sozialhilfe führten zu finanziellen Mehrbelastungen der öffentlichen Hand. 1975 bezogen in Salzburg 4.110 Personen Sozialhilfe in Privathaushalten oder in Alten- und Pflegeheimen. 1985 waren es 7.740, im Jahr 2004 wurden 14.208 gezählt.

1982 beschloss der Salzburger Landtag einstimmig erste Einschränkungen der Hilfen, u. a. durfte Sozialhilfe nur mehr im Rahmen der kostengünstigsten Maßnahme gewährt werden. Debatten über missbräuchliche Verwendung der Sozialhilfe wurden immer bedeutsamer. Ab den 1990er-Jahren führte die Globalisierung zu neuen Fragestellungen, die den Zugang zur Sozialhilfe betrafen. Österreichs Beitritt zur Europäischen Union, der Beitritt ärmerer osteuropäischer Staaten in die EU und die steigende Zahl an Asylwerberinnen und Asylwerbern sorgten für die Thematisierung des Umgangs mit nichtösterreichischen Staatsbürgerinnen und Staatsbürgern. „Missbrauch in der Sozialhilfe nimmt ständig zu", das Sozialhilfegesetz werde sehr „lasch" gehandhabt, erklärte beispielsweise der freiheitliche Landtagsklubobmann Wolfgang Haider 1995. Im selben Jahr kam es zu einer Novelle des Sozialhilfegesetzes. Dabei wurde unter anderem der Rechtsanspruch für die nicht Österreichern gleichgestellten Ausländer eliminiert. „Entscheidungen werden in der Regel kurzfristig, emotionalisiert und unter dem Druck non-professioneller Akteure (Boulevardpresse) herbeigeführt", analysierte der Sozialrechtsexperte Nikolaus Dimmel von der Universität Salzburg.

Die Bedarfsorientierte Mindestsicherung

Die Idee einer sogenannten Bedarfsorientieren Mindestsicherung war 2006 im Regierungsprogramm der Österreichischen Bundesregierung für die 23. Gesetzgebungsperiode zu finden. Die Reform wurde in den folgenden Jahren von einer Arbeitsgruppe entwickelt, der zur wissenschaftlichen Beratung auch der Salzburger Univ.-Prof. Walter Pfeil angehörte. Die Ergebnisse bildeten die Basis für eine Vereinbarung des Bundes mit den Ländern und für das entsprechende Bundesgesetz, das am 1. Dezember 2010 in Kraft trat. Die wichtigsten Ziele waren die stärkere Harmonisierung der bisherigen Sozialhilfe, der Krankenversicherungsschutz der Bezieher der Mindestsicherung und eine stärkere Koppelung dieser Sozialleistungen an Anreize, Arbeit zu suchen und zu finden. Die neuen

Regelungen ersetzten Sozialhilfe-Bestimmungen in den Ländern. Auf der Basis des Kompromisses zwischen den Körperschaften mussten auch die Länder ihre Sozialhilfegesetze erneuern bzw. ersetzen. In Salzburg wurden die Bestimmungen am 1. September 2010 implementiert.

Das Salzburger Mindestsicherungsgesetz (LGBl. Nr. 63/2010) stellte jedenfalls eine markante Weiterentwicklung der Sozialpolitik in Salzburg dar. Im Kern soll das Gesetz einen Mindeststandard an materiellem Wohlstand sichern. Die „Richtsätze" der Sozialhilfe werden durch einen Mindeststandard ersetzt. Dieser wurde mit der Höhe der Ausgleichszulage festgelegt. 75 Prozent dieser Summe dienen dem Lebensunterhalt, 25 Prozent der Befriedigung des Wohnbedarfs. In Salzburg war aufgrund der hohen Preise am Wohnungsmarkt eine ergänzende Wohnbedarfshilfe vorgesehen. Die Länderregelungen wiesen einige Unterschiede auf; diese sollten den Besonderheiten der jeweiligen Region Rechnung tragen. Für Salzburg waren dies zum Beispiel großzügigere Bestimmungen zu anrechenbaren Einkünften. Grundsätzlich blieben die Zahlungen aus der Mindestsicherung subsidiär: für den Erhalt der Leistungen müssen vorerst die eigenen Mittel und die eigene Arbeitskraft eingesetzt werden – sofern dies möglich ist.

Im Salzburger Landtag war man sich der grundsätzlichen Bedeutung der Regelung bewusst. Im Bericht des Verfassungs- und Verwaltungsausschusses zum Mindestsicherungsgesetz heißt es: „Durch die Einführung der Bedarfsorientierten Mindestsicherung soll einerseits der Zugang zum letzten Netz der sozialen Sicherheit erleichtert und andererseits der zur Gewährung einer Bedarfsdeckung erforderliche Verwaltungsaufwand vermindert werden. Vor allem sollen die Bezieherinnen und Bezieher der Leistungen der Bedarfsorientierten Mindestsicherung durch die angestrebte Verschränkung mit dem Arbeitsmarktservice rascher und nachhaltiger (wieder) in das Erwerbsleben eingegliedert werden."

Die Debatte im Salzburger Landtag brachte die traditionellen Konfliktlinien zum Vorschein. Abg. Ingrid Riezler (SPÖ) musste zu Beginn auf die Sorge der Gemeinden reagieren, durch die Mindestsicherung verstärkt „zur Kasse gebeten" zu werden. Das müsse man beachten, das Gesetz sei aber „sehr wichtig". Die SPÖ betonte die Vorteile des Gesetzes, das im Ressort der Landesrätin Erika Scharer formuliert worden war. Auch Abg. Brigitta Pallauf (ÖVP) meinte, dass bei den Kosten ein „vernünftiger Mittelweg" gefunden worden sei. Für die ÖVP sei das Gesetz „ein positiver Schritt, der hilfsbedürftigen Menschen hilft und versucht, sie wieder ins Erwerbsleben einzugliedern". Als Eckpunkte der ÖVP-Auffassung zum Gesetz wurde betont, dass Hilfe nur so lange wie „unbedingt notwendig" gewährt werden solle, Arbeitswilligkeit eine wichtige Voraussetzung sein müsse und die Höhe der Mindestsicherung keine Anreize geben solle, die Annahme von Arbeit abzulehnen. Die Grünen betonten, dass das Gesetz Verbesserungen bringe, diese aber nicht weit genug gingen. Auch die Freiheitlichen lehnten das Gesetz ab. „Mit diesem Gesetz wird Armut in Salzburg nicht bekämpft, sondern nur verwaltet", sagte Abg. Friedrich Wiedermann, der auch vor einem „bösen Erwachen" hinsichtlich der zu erwartenden Kosten warnte. Beschlossen wurde das Gesetz schließlich am 7. Juni 2010 von der damaligen Koalition aus SPÖ und ÖVP. Freiheitliche und Grüne stimmten dagegen.

Finanzierungsschlüssel

Mit der Schaffung des Sozialhilfegesetzes in der Landtagssession 1974/75 wurde ein Verteilungsschlüssel für das Tragen der Kosten vereinbart. Dieser sah bei der Sicherung des Lebensbedarfs, der sogenannten „offenen Sozialhilfe“ vor, dass 80 Prozent der Kosten durch die Gemeinden zu tragen wären. Bereits 1978 wurde dieser Schlüssel auf 30:70 geändert.

Dramatisch war die Änderung des Finanzierungsschlüssels in der Sozialhilfe und der Kinder- und Jugendwohlfahrt, die 2005 beschlossen wurde. In Abkehr der langen Tradition der Finanzierung der Armenhilfe und später des zweiten sozialen Netzes vorrangig durch die Gemeinden, wurde der Finanzierungsschlüssel auf 50 Prozent Land und 50 Prozent Gemeinden geändert. Zum Zeitpunkt der Beschlussfassung waren die Kosten noch mit 65 zu 35 bei den Sozialhilfekosten und 60 zu 40 bei der Jugendwohlfahrt geteilt gewesen und hatten somit den Gemeinden den weitaus größeren Teil der Ausgaben übertragen. Der Beschluss von 2005 sah bis zum Jahr 2010 eine schrittweise Änderung der Kostentragung vor.

Wie schon bei der Einführung des Armen-Gesetzes 1874 war der Hinweis der Gemeinden von Bedeutung, die Kosten für die Sozialhilfe würden die Kommunen übermäßig belasten. „Das starke Ansteigen der Sozialausgaben in den letzten Jahren war für viele Gemeinden bereits schwer finanziell zu verkraften“, heißt es in den Erläuterungen zur Gesetzesänderung 2005. Jährliche Kostensteigerungen von rund sieben Prozent waren für die kommenden Jahre prognostiziert worden. Dem Land würden durch die Schlüsseländerung ab Jahr 2010 jährliche Mehrkosten in der Höhe von 11 Mio. Euro entstehen, so die Kalkulationen. Landesrat Erwin Buchinger (SPÖ) erklärte bei den Beratungen im Salzburger Landtag, dass mit der Novelle „ein großer Wurf“ gelungen sei. Er warnte aber vor der Annahme die Sozialkosten würden nun nicht mehr steigen. Das Land entlaste die Gemeinden zwar um 11 Mio. Euro pro Jahr, unbeschadet dessen werde es trotzdem einen Anstieg der Sozialkosten geben, weil einerseits die Fallzahlen größer und andererseits die Kosten speziell in der Altenbetreuung insgesamt weiter steigen werden. Die Abgeordneten von ÖVP, FPÖ und Grünen begrüßten die neue Kostenverteilung, setzen darüber hinaus aber verschiedenen Schwerpunkte. Abg. Theresia Fletschberger (ÖVP) sorgte sich um die allgemeine Kostenentwicklung und betonte, dass die Kostensätze für die sozialen Dienste nunmehr indexmäßig angepasst würden. Abg. Lukas Essl (FPÖ) forderte, alle Finanzströme zwischen Land und Gemeinden sollten neu geregelt werden, nicht nur jene im Sozialbereich. Abg. Cyriak Schwaighofer (Grüne) meinte, es gäbe zwar nun mehr Spielraum für die Gemeinden, fragte aber, welche Maßnahmen das Land zur Armutsbekämpfung setzen wolle.

Grundversorgung

Die Grundversorgung ist die vorübergehende Existenzsicherung für hilfs- und schutzbedürftige Fremde. Im Jahr 2007 wurde mit dem Salzburger Grundversorgungsgesetz die rechtliche Grundlage geschaffen (LGBl. Nr. 35/2007). Die Basis bildete eine Vereinbarung zwischen Bund und den Ländern aus dem Jahr 2004.

Diese wiederum war nach langen Verhandlungen nach den Erfahrungen mit der Flüchtlingskrise im Zusammenhang mit dem jugoslawischen Bürgerkrieg entstanden.

Das Salzburger Gesetz wurde nach 2007 mehrfach novelliert. Mit der Grundversorgung werden die Unterbringung, die Verpflegung, Bekleidung, Krankenversicherung, Leistungen für pflegebedürftige Personen, Schulbedarf für Schülerinnen und Schüler sowie Taschengeld für Personen in organisierten Unterkünften finanziert. Nur wer hilfs- und schutzbedürftig ist, erhält diese Hilfen. Schutzbedürftig sind Asylwerbende, subsidiär Schutzberechtigte und andere Fremde, die nicht abgeschoben werden können. Zum Zeitpunkt der Diskussionen im Landtag lagen die Zahlen über Asylanträge des Jahres 2005 vor. Damals waren 22.461 Asylanträge in Österreich gezählt worden, 2015 am Höhepunkt der Fluchtbewegung, unter anderem nach Europa, waren es 89.098.

Das Gesetz hatte im Jahr 2007 das Ziel, eine im Sozialwesen rechtliche Grundlage für diese Menschen zu schaffen. Im Sozialhilfegesetz wurde klargestellt, dass die Zielgruppe des Salzburger Grundversorgungsgesetzes künftig vom Anwendungsbereich des Sozialhilfegesetzes ausgeschlossen sei. Im Landtag wurde Kritik laut, dass die Hilfe für die Schutzbedürftigen sehr eingeschränkt sei. Abg. Schwaighofer (Grüne) erinnerte an Stellungnahmen aus dem Begutachtungsverfahren. Die Diakonie habe beispielsweise bedauert, der Entwurf sei weniger vom Gedanken einer lückenlosen Versorgung von Asylwerberinnen und Asylwerbern sowie nicht abschiebbaren Personen getragen als vom Gedanken einer möglichen Missbrauchsverhinderung. Auch Vorschläge zur Änderung des Entwurfes durch die Caritas seien unberücksichtigt geblieben. Für die SPÖ erklärte Abg. Ingrid Riezler, man habe abwägen müssen, was tatsächlich möglich sei, vor allem in Hinblick auf die Finanzierung. Wichtig seien ihr vor allem integrationsfördernde Maßnahmen, die eine schnelle und leichtere Integration am Arbeitsmarkt ermöglichen. Daher habe sich die Landesregierung für ein Maßnahmenpaket außerhalb des Gesetzes entschieden. Der Zweite Präsident des Landtages Michael Neureiter (ÖVP) bezeichnete die Grundversorgung als wichtigen Schritt in der Asylpolitik. Er sprach sich dafür aus, im Zusammenwirken von Land und beauftragten Einrichtungen weiter voneinander zu lernen. Abg. Essl (FPÖ) beklagte, die Behörden seien mit der Menge an Verfahren überfordert, um diese schnell und effizient zu bearbeiten. Das Gesetz wurde schließlich am 14. März 2007 mit den Stimmen von SPÖ und ÖVP beschlossen.

Das Behindertengesetz

Lange Zeit gab es in Österreich zwar eine Unterstützung für Kriegsinvaliden und Opfer von Arbeitsunfällen. Personen, die auf Grund individueller Notstände behindert waren, hatten jedoch keinen Anspruch auf Leistungen. Das Salzburger Behindertengesetz von 1981 (LGBl. Nr. 93/1981) sollte hier Abhilfe schaffen. Es sah die Hilfe zur sozialen Eingliederung, die Möglichkeit der Geschützten Arbeit, Beschäftigungstherapie und ein Pflegegeld vor. Im Salzburger Landtag war man stolz auf das Gesetz, das erste seiner Art in Österreich. Der zuständige Landesrat Josef Weißkind (SPÖ) meinte: „Der heute dem Hohen Haus vorliegende Gesetzesentwurf bedeutet sozialpolitisch nicht nur eine Vermehrung der produktiven

Kräfte in unserer Bevölkerung, sondern eine echte Lebenshilfe all denen gegenüber, die vor nicht langer Zeit als ‚Krüppel' der Familie und der Gemeinschaft zur Last fielen, ohne daß zur Behebung ihrer Behinderung ernstlich etwas geschah. ... Die nach diesem Gesetz vorgesehene Hilfe ist wesentlich umfassender als eine bloße ‚Krüppelfürsorge', die ebenso wie die seinerzeitlichen Armengesetze der Vergangenheit angehören muß. Aus diesem Grundwollen wird auch unter dem Begriff Rehabilitation, die im Mittelpunkt des vorliegenden Gesetzesentwurfes steht, die Aufgabe verstanden wissen, dem einzelnen Behinderten die Möglichkeit zu geben, seine körperlichen und geistigen Fähigkeiten soweit wie möglich wieder zu erlangen und den eigenen, aber auch den Willen seiner Familie zur Selbsthilfe zu wecken, um einen seiner Befähigung, das heißt seinem Leistungsrest entsprechenden Platz im beruflichen, wirtschaftlichen und gesellschaftlichen Leben ausfüllen zu können." Zustimmung kam auch von Abg. Martha Weiser (ÖVP). Sie betonte die „ebenso gewissenhaften und ausführlichen Parteienverhandlungen in einer Art Klausurarbeit". Dabei sei der ÖVP gelungen, „die Priorität der Familie des Behinderten als Erstbetroffene, aber auch als die Erstverantwortlichen" zu verankern. Weiters sei das Primat privater Einrichtungen und Anstalten gesichert worden. Der freiheitliche Abgeordnete Manfred Krüttner lobte das „Salzburger Klima", das einen einstimmigen Beschluss ermöglicht habe. Er hob hervor, dass Salzburg dieses Sozialgesetz schneller erarbeitet habe als Länder mit absoluten sozialistischen Mehrheiten. Das Gesetz wurde in der Folge einstimmig verabschiedet.

Das Gesetz wurde mehrfach novelliert. 2001 wurde etwa die „Hilfe zur Sozialen Betreuung" eingeführt und die Regeln für Einrichtungen in der Behindertenhilfe reformiert. 2016 wurde ein Inklusionsbeirat eingeführt und der „Focal Point" etabliert, eine Anlaufstelle zur Umsetzung der UN-Konvention für die Rechte von Menschen mit Behinderungen. Im Landtag wies der zuständige Landesrat Heinrich Schellhorn (Grüne) auf den grundsätzlichen Umstand hin, dass Verhandlungen in diesem Bereich sich sehr schwierig gestalteten: „Ohne Zustimmung der Kostenträger Städtebund und Gemeindeverband können keine gesetzlichen Änderungen im Sozialbereich durchgeführt werden."

Die grossen Linien

Seit mehr als 150 Jahren beteiligt sich der Salzburger Landtag an der Ausgestaltung des Sozialwesens. Vor allem das zweite Soziale Netz wurde von den Abgeordneten des Salzburger Landtags geknüpft. Dabei legte man den Weg vom Bittstellen zum Rechtsanspruch zurück, sicherte immer mehr Risiken ab und verbesserte die Leistungen. Gleichzeitig rangen die Gebietskörperschaften darum, wer dieses Netz zu finanzieren habe. Dabei übernahm das Land immer größere Anteile des insgesamt wachsenden finanziellen Bedarfs. Die vergangenen Jahrzehnte sahen gleichzeitig ein zunehmendes Bedürfnis, den Kreis der Anspruchsberechtigten zu begrenzen. In Zeiten langsam wachsender Reallöhne wurden Bezüge aus dieser sozialen Sicherung immer mehr aus der Perspektive vermeintlich fehlender „Arbeitswilligkeit" in Frage gestellt. Angesichts der wirtschaftlichen Globalisierung und damit verbundener Mobilität wurde die Frage der nationalen oder staatsbürgerlichen Präferenz bei der Gewährung von Hilfen ein großes Thema. Der Salzburger Landtag hatte sich diesen Herausforderungen immer gestellt und wird sich ihnen weiter stellen müssen.

Auswahlbibliographie

Dimmel, Nikolaus: Sozialhilfe unter Druck. In: Salzburger Jahrbuch für Politik 1995, S. 54–83

Krammer, Norbert: Sozial- und Gesundheitspolitik in Salzburg. In: Dachs, Herbert/Floimair, Roland/Hanisch, Ernst/Schausberger, Franz (Hg.): Die Ära Haslauer. Salzburg in den siebziger und achtziger Jahren, Wien – Köln – Weimar 2001, S. 387–428.

Land Salzburg: Sozialbericht 2016, Salzburg 2017

Melinz, Gerhard: Armutspolitik und Sozialversicherungsstaat. Entwicklungsmuster in Österreich (1860 bis zur Gegenwart). In: Österreich in Geschichte und Literatur mit Geographie 47 (2003), Heft 2b–3, S. 136–161

Melinz, Gerhard: Vom Almosen zum Richtsatz. Etappen österreichischer Armenfürsorge-/Sozialhilfe(politik) 1863 bis zur Gegenwart. In: Dimmel, Nikolaus/Schenk, Martin/Stelzer-Orthofer, Christine (Hg.): Handbuch Armut in Österreich, Wien 2009, S. 646–663

Moritz, Herbert: Ein Markstein der Landesgesetzgebung. In: Zwink, Eberhard (Hg.): Sozialhilfe im Land Salzburg (Salzburger Sozialhilfegesetz), Salzburg 1976 (Schriftenreihe des Landespressebüros, Salzburg Dokumentationen 6)

Pfeil, Walter: Österreichisches Sozialrecht, 10. Aufl., Wien 2014

Prascher, Kurt: Sozialhilfepolitik der österreichischen Bundesländer. In: Österreichische Zeitschrift für Politikwissenschaft 1997/1, S. 41–55

Reithofer, Hans: Sozialpolitik in Österreich. Probleme, Lösungen, Argumente, Wien 1995

Steinkellner, Friedrich: Wohlfahrts- und Gesundheitswesen in Salzburg 1960–1980. Politik für Arme und Schwache. In: Zwink, Eberhard (Hg.): Die Ära Lechner. Das Land Salzburg in den sechziger und siebziger Jahren, Salzburg 1988, S. 123–152

Tálos, Emmerich/Fink, Marcel: Der österreichische Wohlfahrtsstaat. Entwicklung und Herausforderungen. Tagungsbeitrag: International Seminar on Welfare State Systems. Developements and Changes, New Delhi, Manuskript, April 2001

Tálos, Emmerich: NS-Herrschaft in Österreich. Ein Handbuch, Wien 2000

Tálos, Emmerich: Vom Siegeszug zum Rückzug. Sozialstaat Österreich 1945–2005, Wien – Innsbruck 2005

Tálos, Emmerich: Das austrofaschistische Herrschaftssystem. Österreich 1933–1938, Wien 2013 (Politik und Zeitgeschichte 8)

Wally, Stefan: Die Sozial- und Gesundheitspolitik im Land Salzburg 1989 bis 2004. In: Dachs, Herbert/Dirninger, Christian/Floimair, Roland (Hg.): Übergänge und Veränderungen. Salzburg vom Ende der 1980er Jahre bis ins neue Jahrtausend, Wien – Köln – Weimar 2013, S. 501–552

Wandaller, Peter/Schoibl, Heinz: Sozialpolitik in Salzburg. Analyse, Struktur, Perspektiven, Salzburg 1987 (Schriftenreihe zur Salzburger Sozialpolitik)

Aus den Debatten des Salzburger Landtages

Auszug aus dem Protokoll der Landtagssitzung am 13. Dezember 1974

Abg. Dr. Walter Vogl (ÖVP): ... Wenn heute im Hohen Hause das Salzburger Sozialhilfegesetz behandelt wird, dann kann unsere Fraktion nur ihrer Genugtuung darüber Ausdruck verleihen, daß der mühevolle Weg der Vorbereitung dieses Gesetzes endlich abgeschlossen ist. Der ÖVP-Landtagsklub hat die Beschlußfassung über dieses Gesetz hier im Hause schon mehrmals urgiert und damit sein großes Interesse an dieser Materie zum Ausdruck gebracht. Die Österreichische Volkspartei hat sich darüber hinaus anläßlich der vergangenen Landtagswahl in ihrem Sozialprogramm für die rasche Verabschiedung des Sozialhilfegesetzes ausgesprochen. Unsere Partei fühlt sich stets den alten Mitbürgern und sozial Schwachen in besonderer, partnerschaftlicher Weise verpflichtet und glaubt, daß dieses Gesetz die Grundlage für eine Sozialpolitik in menschlicher Nähe bieten kann, wie sie von uns angestrebt wird. Dieses neue Gesetz soll die Bestimmungen über die öffentliche Fürsorge aufheben und die Leistungen der Sozialhilfe sollen die manchmal noch beschämend wirkende Armenpflege ersetzen. Da es immer Menschen geben wird, die, aus welchem Grunde immer, nicht imstande sein werden, aus eigener Kraft ihr Leben in einer menschenwürdigen Form zu bewältigen, müssen Wege gefunden werden, die ihnen die Integration in die Gesellschaft sichern. Dies soll unserer Meinung nach auch durch die Sozialhilfe geschehen. Wir hoffen, daß mit diesem Gesetz ein Instrument gefunden wurde, das es dem Lande ermöglicht, seine Sozialpolitik an mündigen und selbstverantwortlichen Menschen zu orientieren und dadurch dem sozial Schwachen materielle Sicherheit zu geben, ohne ihn zu entmündigen oder zum Almosenempfänger der Staatsgewalt zu degradieren ...

Abg. Dr. Hellfried Schuller (FPÖ): ... Der freiheitliche Landtagsklub hat sich bei der Behandlung des Sozialhilfegesetzes vor allem von der Grundhaltung leiten lassen, daß Sozialhilfemaßnahmen für unverschuldete Notlage gewährt werden sollen, nicht aber für arbeitsfähige, aber arbeitsunwillige Menschen. Und jede Gesellschaft hat solche Menschen und wird sie in Zukunft haben. Es ist zweifellos ein großer Tag für den Salzburger Landtag, wenn heute dieses Sozialhilfegesetz beschlossen werden kann. Der freiheitliche Landtagsklub begrüßt auch, daß die Rechtsvorschriften, die in der Bundesverfassung unter dem Titel „Armenrecht" zusammengefaßt sind, nun in diesem Gesetz zusammengefaßt werden und durchschaubarer gemacht werden. Wie bereits erwähnt worden ist, stammen ja die wesentlichsten Rechtsvorschriften, die diesem Gesetz zugrunde gelegen sind, aus dem Jahre 1924 und dem Jahre 1938 und hätten schon längst aufgehoben werden müssen. Aufgrund des Fehlens der Grundsatzgesetzgebung des Bundes sind sie aber nicht aufgehoben worden ... Der Bund hat zweifellos eine sehr zwielichtige Haltung eingenommen in dieser Angelegenheit. Einerseits wäre er zuständig gewesen, bereits seit dem Jahre 1945 eine Grundsatzregelung zu erlassen, andererseits wäre es auch seine moralische Pflicht gewesen, entsprechende finanzielle Mittel für dieses Armenwesen zur Verfügung zu stellen. Er allerdings hat seinen Kopf damit aus der Schlinge gezogen, daß er gesagt hat: Länder, Ihr könnt alles jetzt selber regeln, aber auch bezahlen.

Landesrat Dr. Herbert Moritz (SPÖ): ... Mit der Beschlußfassung des Sozialhilfegesetzes setzt der Salzburger Landtag eine bedeutungsvolle, ja denkwürdige legislative Tat. Mit diesem Gesetz wird nicht nur der sozialpolitische Rückstand aufgeholt, in den das Land aus verschiedenen Gründen in der letzten Zeit geraten ist, sondern es wird sich hier ein neuer fortschrittlicher Geist in der Sozialhilfe durchsetzen. Unsere Gesellschaft bekennt sich mit Recht zu den Prinzipien der Leistung und des Wettbewerbes. Umso größer aber ist ihre Verpflichtung, sich jener anzunehmen, die aus irgendwelchen Gründen mit eigenen Kräften in diesem Wettbewerb nicht bestehen könnten und unter die Räder kommen würden. Das Sozialhilfegesetz beseitigt die Diskriminierung des Armenwesens, es beendet aber auch Diskriminierung der Hilfesuchenden, die Fürsorge- und Armenrecht in Anspruch nehmen müssen. Das Sozialhilfegesetz gesteht allen Menschen ein Recht auf ein menschenwürdiges Leben zu, auch jenen, die dazu der Hilfe der Gemeinschaft bedürfen ...

Karl Mayr

Agrarpolitische Weichenstellungen für eine bäuerliche Landwirtschaft

Das Kronland Salzburg war überwiegend noch ein Agrarland, als es 1861 vom Kaiser eine Landesordnung erhielt. Salzburg bekam wieder einen eigenen Landtag und selbständige Landesbehörden. Nach dieser Landesordnung war der neugewählte Landtag unter anderem auch für die Landwirtschaft zuständig. In Salzburg waren 1868 62,9 Prozent aller Berufstätigen in der Landwirtschaft tätig. Dieser Anteil nahm kontinuierlich bis zum Jahre 1910 auf 43,6 Prozent ab. Damit lag die Agrarquote um zehn Prozent unter der von Österreich. Die Landwirtschaft war auf Selbstversorgung ausgerichtet. Möglichst viele Produkte wurden am Hof erzeugt, nur das Notwendigste wurde zugekauft. Vieh- und Milchwirtschaft waren die Haupterwerbszweige vor allem im Gebirge. Aber auch Getreide wurde bis in Höhen von 1.200 Metern angebaut, hauptsächlich Roggen und Hafer; im Flachland Weizen und Gerste; für den Hausbedarf auch Kartoffeln und Flachs. Rund 20 Prozent der landwirtschaftlichen Nutzfläche (insgesamt 345.500 Hektar = 48 Prozent der Kulturfläche, 52 Prozent waren Wald) waren Ackerland, 23 Prozent Wiesen und 57 Prozent Almen und Hutweiden. Die Intensität der Bewirtschaftung war gering; Futterpflanzenbau erfolgte nur im Rahmen der Dreifelderwirtschaft im Flachland, wo statt der Brache Klee angebaut wurde. Gedüngt wurde nur wenig und die Ernteerträge waren vor allem im Gebirge nieder. Etwa zwei Drittel des benötigen Getreides mussten eingeführt werden.

Wichtigste Erwerbsquelle für die Landwirtschaft war die Viehwirtschaft. Jeder Bauer hielt daher einen möglichst hohen Viehstand. Dies bedingte die Bewirtschaftung aller Nutzflächen, insbesondere im Gebirge auch der Almen und Bergmähder, sowie eine intensive Waldweide und die Nutzung des Waldes zur Streugewinnung. Aufgrund der bestehenden Bezugsrechte auf Holz, Äste, Streu und der Weiderechte für Rinder, Pferde, Schafe und Ziegen war der Wald für die Bauern existenziell. Der mit der Viehwirtschaft verbundene hohe Arbeitseinsatz war nur durch große Bauernfamilien, viele Dienstboten und Taglöhner bewältigbar.

Die Monarchie

Die Zeit nach der Bauernbefreiung

Durch die sogenannte Bauernbefreiung 1848 wurde das Untertänigkeitsverhältnis aufgehoben, die Bauern wurden freie Eigentümer ihrer Höfe und brauchten fortan keine Naturalabgaben und Robotdienste an Grundherren leisten. Die Grundentlastung erfolgte nach dem Patent vom 4. März 1849; die Ministerial-Verordnung vom 4. Oktober 1849 über die Durchführung der Grundentlastung im Kronland Salzburg gab die näheren Erläuterungen. Die Grundablöse wurde in Salzburg ohne größere Schwierigkeiten durch Grundentlastungs-Kommissionen durchgeführt und bis 1853 abgeschlossen. Die ermittelte Entschädigung für die aufgehobenen grund-, vogt- und zehentherrlichen Leistungen waren zu je einem Drittel vom Verpflichteten (Bauern), Berechtigten (Grundherrn) und vom Staat aufzubringen.

Als der neugewählte Landtag 1861 erstmals zusammentrat, hatten Salzburgs Bauern – dank der guten Wirtschaftslage aufgrund der seit Jahren gestiegenen Viehpreise – das auf sie entfallende Drittel der Entschädigungsleistung (1,115.844 Gulden) weitgehend getilgt. Während die Grundentlastung also zügig durchgeführt werden konnte, gestaltete sich die Ablöse bzw. Regulierung der vielfältigen Bezugsrechte der Bauern auf Bau-, Brenn- und Werkholz sowie auf Waldstreu und Waldweide schwierig. Waldweide und Streunutzung hatten aber verheerende Auswirkungen auf den Zustand der Wälder. Mit dieser „Forstfrage" hatte sich der neue Landtag gleich in den ersten Sitzungen und später über Jahre zu befassen.

Die Forstfrage

Bereits 1863 wurde der junge Landtag vom Landesausschuss mit zahlreichen Beschwerden zur Holztrift, zum Verbot der Waldweide in Schonungsflächen bzw. des Schneitelns zur Aststreugewinnung sowie Schikanen durch das Forstpersonal befasst. In Wirklichkeit war der Zustand der Wälder aufgrund übermäßiger Holzschlägerungen, intensiver Waldweide, Laub- und Aststreunutzung besorgniserregend. In einem Bericht an den Landtag wurde festgestellt, dass „viele bedeutende, kahl abgetriebene Flächen entstanden sind, auf denen ohne künstliche Aufforstung nur mehr Krüppelholz aufkommen wird". Im Landtag wurden deshalb eine eigene Waldordnung für Salzburg und der Einsatz von Waldhütern zur Sicherung einer nachhaltigen Bewirtschaftung der Wälder gefordert. Vor allem den künftigen Waldbesitzern müsste eine gute Waldgesinnung vermittelt werden, und hierzu seien die Schulen berufen. Deshalb wurde beschlossen, den Landesschulrat zu ersuchen, „die Volksschullehrer anzuweisen, die Schulkinder über die Wichtigkeit des Waldes und die nachteiligen Wirkungen der Waldverwüstung in geeigneter Weise zu belehren und die Landesregierung möge auf die Errichtung von Musterwaldwirtschaften in den Staatswaldungen hinwirken".

Ab 1870 wurden Schritte zur planmäßigen Bewirtschaftung der Salzburger Wälder gesetzt: die Landesregierung bestellte einen Forstinspektor und das k. k. Ackerbauministerium nahm 1873 eine Neuorganisation der Staatsforstverwaltung vor. Die Forst- und Domänen-Direktion Salzburg war für eine Fläche von 191.336 ha, davon 115.517 ha Wald zuständig. Gleichzeitig wurden die Staatsforste erstmals verpflichtet, „unter Wahrung der Nachhaltigkeit bestmögliche wirtschaftliche Erfolge zu erzielen", während bisher die Deckung des Holzbedarfs der Berg- und Hüttenwerke sowie der Salinen im Vordergrund stand. Diese Organisationsform überdauerte den Übergang zur Republik 1918; 1925 wurden die Staatsforste mittels Bundesgesetz aus der Bundesverwaltung ausgegliedert und ein eigener Wirtschaftskörper „Österreichische Bundesforste" geschaffen. 1997 wurden die ÖBF in eine AG umgewandelt.

Der Zustand der Wälder der 13 ausgeforsteten Pinzgauer Gemeinden und in St. Veit war besorgniserregend. Über Landtagsbeschluss wurde 1874 ein Fonds zur Verbesserung der Waldwirtschaft eingerichtet, der durch Zuschüsse des Ackerbauministeriums, des Landes sowie durch Beförsterungsbeiträge der Servitutsberechtigten finanziert wurde. Die Verwaltung wurde einem Forstverwalter und Förstern mit genauer Dienstinstruktion übertragen und der Aufsicht des Landesausschusses unterstellt. Allein bis 1882 wurden mit Staatshilfe über 5.700 ha Fläche aufgeforstet. Zur Aufsicht über die Bewirtschaftung der übrigen Gemeinde-, Genossenschafts- und Privatwälder waren von den Gemeinden ehrenamtliche Organe zu bestellen. In seinem Bericht an den Landesausschuss über 1874 beschreibt Landesforstinspektor Lippert die wirtschaftliche Bedeutung des Waldes für Salzburg, die Wohlfahrtswirkungen, den Waldzustand, die Nutzung, die Servitutsrechte und Eigentumsverhältnisse. Rund 40 Prozent der produktiven Fläche des Landes sind Wald (230.640 ha), davon 122.248 ha Staats-, 10.046 ha Gemeinde-, 87.836 ha Privat- und Genossenschaftswald; 10.510 ha gehören Bayern. Der Holzverbrauch war hoch, lag aber unter dem Einschlag; der Holzabsatz und die Preise waren gut, insbesondere seit dem Eisenbahnbau; hierfür wurde viel Holz gebraucht und der Holztransport für den Export erleichtert. Besonders erwähnt wird der stark reduzierte Holzbedarf der Saline Hallein; bereits 1872 forderte der Landtag vom Finanzministerium, die Befeuerung der Sudpfannen in Hallein auf Kohle umzustellen.

Ein Jahrzehnt später beschrieb Landesforstinspektor Volkmann den Zustand des Waldes schon differenziert. Die Wälder im Flachgau und der privaten Großwaldbesitz sind „in guten Zustand befindlich“, während im Gebirge, insbesondere im Lungau, zufolge übermäßiger Aststreu-Nutzung „Objekte einer rücksichtslosen Ausbeutung an Haupt- und Nebennutzung festzustellen“ sind. Im Staatswald „ist die hohe Belastung mit Servituten ein Hindernis für eine rationelle Bewirtschaftung“. Zu den Gemeindewäldern stellte er fest, dass „der Bezug restringiert ist und die Wälder auf besserem Weg sind“. Der vom Landtag verlangte Waldkataster vermittelte genauere Kenntnis über den Waldzustand. Der Bericht an den Landtag zur wiederholten Forderung nach einem „Salzburger Wälderschutz-Gesetz“ wurde im Landtag 1897 eingehend diskutiert und die „Forstfrage“ wie folgt beschrieben: „Die Forstzustände des Landes, welche in den früheren Jahrhunderten Gegenstand einer besonderen Obsorge der Landesfürsten gewesen waren, verschlimmerten sich bis zur Mitte des Jahrhunderts stets bedrohlicher und seit Bestehen des Landtages verging keine Session desselben, in welcher nicht die Forstfrage einen großen Teil seiner Tätigkeit in Anspruch genommen hätte.“ In den 1860er-Jahren war der Landtag hauptsächlich mit der Grundlastenablösung und Regulierung beschäftigt. Nach Festsetzung dieser Rechte „blieb und verstärkte sich der Kampf für den Wald und seine Erhaltung, ja er wurde immer ein dringlicheres Gebot, je mehr die Anforderungen an den Wald wuchsen, je mehr die Freiheit des Verkehrs begünstigt wurde und je mehr der Staat selbst durch Veräußerung großer Waldflächen sich die unmittelbare Einwirkung auf eine geordnete Waldwirtschaft entzog“. In der Landtagssitzung am 7. März 1899 wurde nach langer Vorberatung „in Erläuterung und Ergänzung des Reichsforstgesetzes 1852 das Gesetz mit Vorschriften zum Schutze der Wälder“ einstimmig beschlossen. Geregelt wurden Schlägerungen sowie Aufforstungen. Gleichzeitig wurde eine Neuorganisation und Aufstockung des Forstschutzdienstes verlangt. Nachdem Klagen über zu hohe Holzschlägerungen im bäuerlichen Kleinwald ohne nachherige Aufforstungen alljährlich zunahmen, verlangte der Landtag 1901 eine Durchführungs-Verordnung zum Wälderschutzgesetz und die strenge Handhabung der Forstschutzbestimmungen durch die

Bezirkshauptmannschaften. Die Wanderlehrer sollten aufklärend wirken hinsichtlich „Vermeidung schädlicher Holzfällungen und strenge Aufforstung sowie der Waldpflege". Der Landesausschuss wurde beauftragt, in allen Bezirken Forstgärten zur Produktion von Forstpflanzen einzurichten; die erforderlichen Mittel hierfür wurden genehmigt.

Die Rechtslage blieb über all die Jahre (ausgenommen der Zeit der Gültigkeit des Deutschen Reichsforstgesetzes) im Wesentlichen gleich; erst mit dem Forstgesetz des Bundes 1975, das auch die Eliminierung des Salzburger Wälderschutzgesetzes 1899 bewirkt hätte, verlangte der Landtag für Salzburg die gleichen Sonderbestimmungen im Forstgesetz 1975, wie sie für Tirol und Vorarlberg vorgesehen waren. In der Sitzung am 30. März 1977 hat der Landtag die vom Bundesgesetzgeber eingeräumte Möglichkeit, Ausführungsbestimmungen zum Forstgesetz 1975 beschließen zu können, wahrgenommen und engere Regelungen für die Waldteilung, für die Kampfzone des Waldes nähere Bestimmungen über Nutzungs- und Fällungsbewilligungen, die Erlassung von Weideverboten sowie bezüglich der Räumung der Wildbäche, Bestellung von Forstschutzorganen usw. im Sinne des „alten" Salzburger Wälderschutzgesetzes beschlossen. 1992 wurde noch ein Waldbrandbekämpfungsgesetz gemäß der Ermächtigung im Forstgesetz beschlossen. Diese Rechtslage ist nach wie vor Grundlage der Waldwirtschaft in Salzburg.

Die Liberalisierung des Agrarrechts

In Salzburg waren seit dem General-Mandat vom 2. Jänner 1783 die Grundzerstückelung und der Besitz von Zulehen verboten. Dennoch haben viele Bauerngüter – insbesondere seit der Protestantenvertreibung – Zulehen erworben. 1868 wurden 1.534 Höfe mit Zulehen – vor allem im Gebirge – erhoben. Die Zerschlagung dieser großen Bauerngüter war erklärtes Ziel der Befürworter der Liberalisierung des Boden- und Erbrechts in der Landesregierung. Ihrer Ansicht nach würden kleine und mittlere Bauernhöfe intensiver bewirtschaftet werden und es könnten auch mehr Menschen Arbeit in der Landwirtschaft finden. Der Großteil der Gemeinden (137 von 152) war gegen die Aufhebung des Verbots der Freiteilbarkeit von Höfen bzw. die Aufhebung der traditionellen Erbfolge (Bestiftungszwang) mit der Begründung, „dass die unbeschränkte Grundteilung zum Verfall der Wohlhabenheit des Bauernstandes und zur Entstehung bäuerlichen Proletariats führen würde, das der Armenversorgung der Gemeinden anheimfallen müsste". Die Befürworter hingegen argumentierten, dass „durch dieses Zerstückelungs-Verbot das wesentlichste Recht des Eigentümers, mit seinem Eigentum frei zu verfügen, sehr beschränkt werde". Für eine abgeschwächte Form trat die Landwirtschaftsgesellschaft ein; sie wollte die Teilbarkeit von der Lebensfähigkeit eines Hofes abhängig machen. Der Berichterstatter im Landtag, der Abg. Franz Peitler, war für die Teilbarkeit mit behördlicher Genehmigung. Diese dürfe nur erteilt werden, wenn nach der Teilung oder Teilverkauf ein Bauerngut übrig bleibt, das für den Unterhalt einer Familie ausreicht. Ein Bauerngut definierte er mit wenigstens zehn Joch Acker nebst einem Haus oder 15 Joch Wiesen oder 30 Alpsgräser. Im Ausschussbericht vom 22. September 1868 zur Regierungsvorlage eines „Gesetzes für das Herzogtum Salzburg betreffend die Freiheit des Verkehrs mit Grund und Boden" sahen sich die Mitglieder mehrheitlich gegen Peitler veranlasst, „nach reiflicher Überlegung in dieser so wichtigen das innerste Leben des Nährstandes berührenden für das Land so folgenreichen Frage für die Annahme des Gesetzes zu entscheiden". Sie negierten dadurch auch „den ausgesprochenen Widerwillen der Bevölkerung", nahmen die zu erwartenden negativen Auswirkungen hin, um „dadurch die wenig bildungsbereite Landbevölkerung an ein marktorientiertes Verhalten zu gewöhnen". Das Reichsgesetz über die Rechte und das Verfahren bei der Teilung von Liegenschaften lag bereits anfangs 1869 vor; damit war die Unterstellung des Bauernstandes unter das allgemeine Personen- und Sachenrecht zur Gänze vollzogen. In derselben Sitzung des Landtages wurde auch beschlossen, die k. k. Staatsregierung um Ausarbeitung rechtlicher Rahmenbedingungen für die Zusammenlegung von Grundstücken zu ersuchen, um eine rationellere Bewirtschaftung von Höfen mit Streubesitz zu erreichen. Es dauerte aber Jahre, bis mit dem Reichsgesetz vom 7. Juni 1883 die Grundlage vorlag, auf der 1892 im Landtag das Gesetz über die Zusammenlegung landwirtschaftlicher Grundstücke beschlossen werden konnte.

Angesichts der zunehmenden Hypothekarverschuldung wurde 1878 im Landtag ein Antrag auf Vorlage eines Wuchergesetzes für das Herzogtum Salzburg eingebracht, damit „ein Höchstbetrag gestatteter Zinsen und strenge Strafen auf wucherische Handlungen gesetzt werden". Damit wollte man den mit der Aufhebung der „Wuchergesetze" im Jahre 1868 verbundenen „wucherischen Auswirkungen" wirksam entgegentreten. Mit Reichsgesetz vom 20. Mai 1881 wurde diesem Begehren entsprochen. Nach dem Bericht von Landeshauptmann Carl Graf Chorinsky an die Landesregierung im Jänner 1882 waren die Auswirkungen der Liberalisierung des Bodenrechts in struktureller Hinsicht zwischen 1868 und 1882 gravierend, wenn auch nicht so arg wie befürchtet wurde. Gänzlich verschwunden waren 36 Höfe (1.284 Joch), 146 Höfe (8.478 Joch) wurden Zulehen, 66 Zulehen (1.895 Joch) wurden Höfe, 48 Höfe (988 Joch) und 137 Kleinhäusler (269 Joch) entstanden durch Grundkauf und 211 Höfe wurden unter ein Viertellehen verkleinert. Die Zerteilung und die neu entstandenen Kleinbetriebe betrafen hauptsächlich den Flachgau – hier gab es Nebenerwerbsmöglichkeiten – und Zulehen wechselten nur in den Gebirgsgauen den Besitzer. Verkäufe erfolgten meist nach Exekutionen wegen Überschuldung. Teilungen von Höfen im Zuge von Erbgängen waren hingegen nicht vorgekommen. Dies war auch der Grund, dass der Landtag keine Notwendigkeit gesehen hat, das Anerbenrecht gemäß reichsgesetzlicher Ermächtigung von 1889 in Salzburg einzuführen.

Verbesserung der wirtschaftlichen Rahmenbedingungen

Zu Verbesserungen im Bereich der Hauptbetriebszweige Vieh- und Milchwirtschaft versuchte der Landtag ab 1863 „wissenschaftlich gebildete Tierärzte in den Gebirgsgauen zur Hebung und Förderung der Tierzucht" mit finanzieller Hilfe anzusiedeln. Zum Schutz der heimischen Viehwirtschaft verlangte er in einer Petition von den zuständigen Ministerien Vorkehrungen gegen die Rinderpest durch den Import von ungarischem Steppenvieh; die Landesregierung wurde ersucht, eine Einfuhrsperre zu verhängen, „weil Salzburg ohnehin mehr Vieh produziert als es braucht."

Im Bericht des Landesausschusses 1881 an den Landtag über die Viehzucht-Verhältnisse im Lande Salzburg, der ersten Darstellung dieser Art, wurde hervorgehoben, dass „die Viehzucht als einflussreichste Erwerbsquelle des Landes im Niedergang begriffen ist, was auch die Verarmung der Bevölkerung zur Folge hat". Als Gründe wurden die Sperre der deutschen Reichsgrenze, die hohen Importzölle, die reduzierten Weidemöglichkeiten im Wald, die Einstellung des Streubezugs durch die Forstbehörden, Hemmungen des Handels durch Viehseuchen und Geldmangel der Bauern aufgrund gefallener Viehpreise angeführt. Die Viehzahlen hatten seit 1869 stark abgenommen: Rinder um 11 Prozent auf 149.435, Kühe um 13 Prozent auf 76.851, Schafe um 30 Prozent auf 58.258; lediglich der Pferdebestand blieb mit rund 11.100 gleich. Zwei Jahre später wurde dem Landtag berichtet, dass bei niedrigen Viehpreisen aus Geldnot die besten Tiere verkauft würden – mit fatalen Auswirkungen auf die Viehzucht. Zur Hebung der Tiergesundheit brachte der Abg. Dr. Johann Wegscheider 1872 den Antrag ein, auch im Flachgau, Pongau und Lungau die Ansiedlung von Tierärzten finanziell zu unterstützen. Als weitere Maßnahme zur Hebung der Viehzucht und Verbesserung der Milch- und Fleischproduktion wurde 1883 über Antrag von Abg. Georg Lienbacher ein Gesetzentwurf über die Haltung von Zuchtstieren vorgelegt. Es bedurfte mehrerer Überarbeitungen, bis 1896 das Stierhaltungsgesetz beschlossen wurde. In der Pferdezucht war die staatliche Hilfe besonders wirksam. Durchwegs standen um die 90 „ärarischen Hengste" in zwölf staatlichen und 25 privaten Deckstationen sowie lizenzierte Privat-Hengste zur Zucht im Einsatz; mit rund 5.000 Stuten wurde das Pinzgauer Pferd in Reinzucht gezüchtet. Auch in der Rinderzucht wurde konsequent an der Reinzucht des Pinzgauer Rindes festgehalten. Durch die Gewährung von Stierankaufsprämien, die Einführung von Zucht- und Herdebüchern und die Abhaltung von Rinderschauen mit Prämierungen wurden Maßnahmen zur Verbesserung der Viehzucht gesetzt. Der Wanderlehrer wurde angewiesen, speziell über Themen zur Verbesserung der Viehzucht, des Futterbaues, der Stallverbesserungen, der Düngerwirtschaft und der Milchverarbeitung zu referieren. Ab 1887 wurde auch die Umstellung von Mist- in Bodenställe mit getrennter Düngerstätte und Jauchegrube gefördert. In den jährlichen Berichten über die Viehwirtschaft wurden auch die Absatz- und Preisverhältnisse dargestellt. Diese hingen entscheidend vom Export nach Bayern (im Durchschnitt um die 12.000 Rinder pro Jahr aus Salzburg) bzw. von den Einfuhren aus Ungarn ab. Seit Bestehen der Eisenbahn wurden Viehtransporte einfacher, aber auch die wirtschaftliche Konkurrenz zunehmend verschärft. Deshalb richtete der Landtag im Anlassfall Petitionen an die k. k. Staatsregierung, sich für eine Senkung der Viehzölle im Grenzverkehr mit dem Deutschen Reich einzusetzen oder die Einfuhrsperre von Vieh aus Russland und Rumänien bestehen zu lassen. Auch die verbilligte Abgabe von Viehsalz durch die Salinen an die Viehhalter wurde vom k. k. Finanzministerium immer wieder gefordert. Gefordert wurden auch „Maßnahmen zur Einschränkung des Verkaufs von Höfen und Almen zu Jagdzwecken", weil dadurch landwirtschaftliche Flächen der Viehwirtschaft entzogen würden. Laut Erhebung wurden in den Gebirgsgauen durchwegs um die 20 Prozent der Almflächen für Jagdzwecke angekauft (z. B. im Hagengebirge zehn von 15 Almen). Die Erlassung eines Alpschutzgesetzes wurde bereits vor der Jahrhundertwende von Gemeinden und Abgeordneten gefordert, Entwürfe im Landtag diskutiert, doch erst 1906 beschlossen. Demnach waren „bestehende Alpen im alpswirtschaftlichen Charakter und Betriebe zu erhalten. Jede Entziehung aus dem alpswirtschaftlichen Betriebe oder eine

Umwandlung des Alpbodens oder Teile davon in eine andere Kulturgattung ... verboten". Die Almen wurden in einen Alpskataster eingetragen und ein Alpsinspektor bestellt. Eine Landes-Almkommission entschied über die Förderung von Weg- und Wasserversorgungsprojekten. Um Viehverluste zu vermeiden, wurde die Rauschbrand-Schutzimpfung vom Landesfonds bezuschusst. Die Einführung einer Viehversicherung wurde zwar diskutiert, aber keine Chance zur Realisierung gesehen. Zur Verbesserung der Schweinehaltung wurde im Raum Salzburg die Errichtung einer Schweinezuchtstation nach dem Muster in Oberösterreich gefördert; ebenso der Ankauf von Zuchtebern englischer Schweinerassen. Die Bestrebungen des Landtages durch geeignete Maßnahmen zur Verbesserung der wirtschaftlichen Lage der Bauern, insbesondere in den Haupterwerbszweigen Viehzucht und Milchwirtschaft, beizutragen, zeigten nur langsam bescheidene Erfolge. Darauf verwies der neubestellte Landestierzuchtinspektor Dr. Heinrich Gierth in seinem Viehwirtschaftsbericht 1885.

Mit Bildung gegen wirtschaftliche Not

Die erste Initiative der Landwirtschaftsgesellschaft zur Gründung einer Ackerbauschule in Salzburg wurde 1849 gesetzt, musste aber aus Kostengründen aufgegeben werden. Die Einführung eines landwirtschaftlichen Fortbildungsunterrichts „zur Hebung der Landeskultur, insbesondere unter dem Bauernstand" an Volksschulen im Lande in Form von Abendschulen, beginnend im Winterhalbjahr 1868, wurde unterstützt – auch von 13 Gemeinden. Weitere Bemühungen im Landtag blieben allerdings ohne Ergebnis. Als umsetzbar erwies sich hingegen der Vorschlag der Landwirtschaftsgesellschaft bzw. der Antrag des Abg. Georg Lienbacher, landwirtschaftliche Fortbildung über Wanderlehrer anzubieten. In gut besuchten Vorträgen und Kursen wurden neue grundlegende Kenntnisse in Viehzucht und Futterbau, Stallverbesserung, Ackerbau, Milchwirtschaft sowie Genossenschaftswesen vermittelt und trugen nicht unwesentlich zur Bildung des Standesbewusstseins der Bauern bei. Die Wanderlehrer (Gierth und Losert) wurden vom Landtag auch mit besonderen Aufgaben betraut wie z. B. zur Information vor Ort über die Vorteile von Raiffeisen-Darlehenskassen. Die Diskussion im Jahre 1888 zum Antrag des Abg. Georg Lienbacher auf „Errichtung einer niederen Ackerbauschule in Salzburg" kam zum Ergebnis, dass „angesichts hoher Kosten und zu erwartender geringer Schülerzahlen ... vorerst noch nicht an die Errichtung einer förmlichen Ackerbauschule, sondern an die Durchführung von Spezialkursen für Viehhaltung, Milchwirtschaft, Alpenwirtschaft und Futterproduktion geschritten werden soll". Diese Kurse sollte die Landwirtschaftsgesellschaft durchführen, das Land und das Ackerbauministerium stellten jährlich je 1.500 Gulden bereit. Für die Einrichtung der Schule wurde 1888 das Schulhof-Gut in Kleingmain von der Landwirtschaftsgesellschaft angekauft. Am 31. März 1891 wurde die Lehranstalt unter der Leitung von Dr. Heinrich Gierth eröffnet. Die angebotenen Kurse fanden regen Zuspruch. In fünf Jahren besuchten 122 Burschen und Mädchen die Kurse. Ab 1894 wurde der Lehrplan erweitert und damit der Übergang zur Winterschule vollzogen. 1901 wurde von steigenden Schülerzahlen (jährlich 20–23 Burschen) in der fünfmonatigen Winterschule berichtet; ebenso bei den zeitlich anschließenden Kursen über Haushaltung und Molkereiwesen für Mädchen. Für die angestrebte Erhöhung der Schülerzahlen erwies sich die Landwirtschaftsschule Kleingmain jedoch als ungeeignet. Zudem verlangte die Landwirtschaftsgesellschaft höhere Zuschüsse. Dies veranlasste den Landtag, nach einem geeigneteren Objekt Ausschau zu halten. Nach der Ausschreibung für einen Schulbetrieb standen insgesamt 46 Betriebe zur Auswahl, sieben wurden in die engere Wahl gezogen und die Kosten für Adaptierungen bzw. erforderliche Bauten ermittelt. Die Schule sollte als „zwei semestrige Winterschule, nebst einem Sommerkurse einer Haushaltungsschule mit einer vorläufigen Höchstfrequenz von rund 50 Schülern, bzw. 20 Schülerinnen mit Internat für dieselben, weiters einem mittleren bäuerlichen Ökonomie-Betrieb, einer Lehrmolkerei und kleiner Versuchsstation" geführt werden. In den Beratungen im Ausschuss einigte man sich „ungeachtet der Verschiedenheit des landwirtschaftlichen Betriebes im Flachlande und in den Gebirgsgauen sowie mit Rücksicht auf die Finanzkräfte des Landes auf die Errichtung nur einer Schule". Die Errichtung einer Landes-Landwirtschaftsschule wurde 1907 vom Landtag beschlossen, der Landesausschuss zum Ankauf einer Liegenschaft ermächtigt und die Finanzmittel bereitgestellt. Aus Anlass des 60-jährigen Regierungsjubiläums wird sie „Kaiser Franz Joseph Landes-Landwirtschaftsschule" genannt. Erst im April 1908 entschied man sich für das optimal gelegene Schloss Winkl in Oberalm, das um 65.000 Kronen angekauft wurde. Die Einweihung fand noch im selben Jahr statt, ebenso der Beginn des Schulbetriebs. 1910 konnte die Satelalm in St. Koloman mit 88 ha um 13.000 Kronen für die Schule erworben und ein Stipendienfonds für Schüler eingerichtet werden, der durch Beiträge des Landwirtschaftlichen Schulvereins, der Stadt Salzburg, der Landwirtschaftsgesellschaft und des Landes finanziert wurde. Mit Stipendien wurde der eher zögerlich anlaufende Schulbesuch gefördert.

Verschuldung – mit Darlehenskassen die Not überwinden

Im Jahresbericht über 1890 des Wanderlehrers Losert an den Landtag führte er als Erfolg „die Gründung eines Raiffeisen'schen Darlehensvereines in Taxenbach" an. Angesichts der wirtschaftlichen Schwierigkeiten, mit denen die heimische Landwirtschaft seit Jahren zu kämpfen hatte, waren die Wanderlehrer angewiesen worden, in ihren Vorträgen die Bauern neben landwirtschaftlichen Themen auch eingehend über die Darlehenskassen nach dem System Raiffeisen zu informieren. Salzburgs Bauern hatten sich in den Jahren der Agrarkrise zum Teil hoch verschuldet; diese Notlage führte zu Zwangsverkäufen und Exekutionen. Von 1868 bis 1892 gerieten 2.060 Höfe zur Zwangsversteigerung. Die hypothekarischen Schulden der Bauern in Salzburg waren – laut Bericht des Landesausschusses von 1901 – von 1888 auf 1897 um 8,8 Mio. Gulden auf insgesamt rund 20 Mio. Gulden gestiegen. Das entsprach dem halben Ertragswert aller Bauern im Lande. Die Ursachen hierfür waren Abfindungen bei Hofübernahmen, Erbenauszahlungen, Hochwasserschäden usw. Die vom Abg. Georg Lienbacher verlangte Gründung eines Landes Kreditinstituts, mit dessen Hilfe die hochverzinslichen und kurzfristigen Hypothekarkredite in niederverzinsliche und langfristige umgewandelt werden sollten, fand im Landtag nicht die entsprechende Unterstützung. Unterstützt wurde hingegen die Gründung von Raiffeisenkassen, indem jeder neuen Kassa ein unverzinsliches Darlehen von 50 Gulden gewährt wurde. Die rasche Zunahme der Raiffeisenkassen in Salzburg war aber weniger auf die Förderung, sondern darauf zurückzuführen, dass einerseits ein großer Bedarf danach bestand und andererseits die Bedingungen und Modalitäten der Kreditgewährung den Bedürfnissen der ländlichen Bevölkerung entsprachen. Innerhalb eines Jahrzehnts wurden in Salzburg 36 Spar- und Darlehenskassen geründet; 1910 bestanden bereits 53 Kassen. Diese hatten insgesamt 11,72 Mio. Kronen Einlagen; 8,13 Mio. Kronen wurden an Krediten für betriebliche Zwecke wie Zuchtviehankauf, Stallumbauten, Errichtung von Düngerstätten, ersten Mechanisierungen, Bodenmeliorationen, Almverbesserungen, etc. ausgegeben.

Dienstboten und Taglöhner

Die Bewirtschaftung der Bauernhöfe erforderte einen hohen Einsatz von Arbeitskräften. Auch große Bauernfamilien waren durchwegs auf Fremdarbeitskräfte angewiesen. Vor allem größere Betriebe im Gebirge mit Viehwirtschaft und Almen hatten eine größere Zahl von Dienstboten (im Gebirge etwa acht, Großbetriebe sogar 20 bis 25 Dienstboten; im Flachland drei und zur Erntearbeit zusätzlich Taglöhner). Dienstboten waren teuer (ein Knecht kostete den Bauern um 1860 durchschnittlich 130 bis 160 Gulden im Jahr, eine Magd rund 100 Gulden) und bei schlechten Viehpreisen gab es Probleme bei der Lohnzahlung, ebenso für die Dienstboten in Krankheitsfällen. Der Landtag nahm sich dieser sozialen Frage an und diskutierte 1865 einen Gesetz-Entwurf über die Einführung von Dienstboten Bruderladen, worin die Versorgung eines Dienstboten im Falle der Arbeitsunfähigkeit geregelt werden sollte. Die Beratungen scheiterten an der Frage freiwillige oder verpflichtende Teilnahme mit entsprechenden Beiträgen von Dienstboten und Bauern. Auch der 1873 vom Abg. Domdechant Dr. Mathias Lienbacher eingebrachte Antrag auf Bildung freiwilliger Dienstboten-Unterstützungsvereine für Krankheitsfälle auf Gemeindeebene fand nicht ausreichende Unterstützung. Erst 1883 wurde diese Frage wieder aufgegriffen und nach eingehender Beratung und Berücksichtigung der Einwände der Staatsregierung in Ergänzung der neuen Dienstboten-Ordnung 1877 ein Gesetz beschlossen, wonach in allen Gemeinden Krankenunterstützungskassen für Dienstboten und Taglöhner einzurichten waren. Aufgrund verzögerter Zustimmung durch die Staatsregierung traten dieses Gesetz sowie die Durchführungs-Verordnung erst mit Jahresbeginn 1887 in Kraft. Für den genannten Personenkreis bestand Beitragspflicht (Männer 3,– und Frauen 1,80 Gulden max. drei Prozent des Lohnes) und auch die Dienstgeber hatten Beiträge (ein Viertel des Lohnes) zu leisten. Im Erhebungszeitraum gab es im Lande insgesamt 18.384 männliche und 17.596 weibliche Arbeitskräfte in der Landwirtschaft sowie 2.270 männliche und 2.169 weibliche Taglöhner. Die Umsetzung dieser für die Dienstboten so wichtigen sozialen Absicherung in den Gemeinden bereitete keine Schwierigkeiten (ausgenommen vereinzelt die Beitragseinhebung), weil die Gemeinden im Bereich der Armenfürsorge entlastet wurden. Über die Gebarung war jährlich zu berichten. 1893 wurde die unentgeltliche Krankenversorgung auf 60 Tage verlängert. 1899 wurde mit einer Novellierung der Unterschied in der Beitragsleistung mit der Begründung aufgehoben, dass „die Löhne von Männern und Frauen nahezu gleich sind". 1901 wurden Taglöhner aus der Beitragspflicht herausgenommen, sie konnten freiwillig beitreten. Durch die abnehmende Zahl an Dienstboten verschlechterte sich die Finanzlage der Kassen, höhere Beiträge mussten beschlossen werden. 1919 wurde die Landesregierung per Dringlichkeitsantrag beauftragt, die „Frage der Umgestaltung oder der Überführung der Dienstbotenkrankenkasse in eine andere Krankenversicherung zu prüfen". Nach der bundesgesetzlichen Ermächtigung legte die Landesregierung den Entwurf eines Gesetzes betreffend die Aufhebung der Dienstboten-Krankenkassen vor, der vorsah, dass die in der Landwirtschaft Beschäftigten ab dem Zeitpunkt des Bestehens der Landwirtschafts-Krankenkasse in dieser versichert waren.

Die Erste Republik

Die Bewältigung der Ernährungsfrage war nach Kriegsende vordringlichste Aufgabe der Landesversammlung. Hierzu wurde am 18. November 1918 der Ernährungsausschuss gebildet, der „die gesamten Aufgaben für die Ernährung des Landes durchzuführen hat. Ihm obliegt einerseits die Aufbringung und Austeilung der eigenen Erzeugnisse des Landes, soweit sie nicht zum freien Handel zugelassen sind, und andererseits der Einkauf und Zuschub von auswärts". Der Ernährungsausschuss und die ihm zugeordneten Behörden und Einrichtungen waren dem Landesausschuss verantwortlich. Durch die Kriegsfolgen war die Ernährungslage äußerst kritisch und die Menschen hungerten. Die Getreideproduktion in Salzburg war 1919 auf rund 36 Prozent der Vorkriegszeit gefallen, die Viehaufbringung mit rund 4.000 Stück war halbiert; die Milchanlieferung erreichte knapp ein Viertel und die Kartoffelernte nicht einmal die Hälfte der Menge der Vorkriegszeit. Zur Bewältigung der Hungersnot wurden neben der Lebensmittelbewirtschaftung auch außergewöhnliche Maßnahmen angeordnet wie z. B. der Auftrag an die Forstverwaltungen, 80 Prozent des Wildbestandes zu erlegen, um die Fleischversorgung im Winter 1918/19 aufrecht zu erhalten. Die Stabilisierung der ökonomischen Verhältnisse wurde mit allen Mitteln angestrebt; Agrarreformen wurden laufend diskutiert und staatliche Förderprogramme gefordert, um die Produktivität und Produktion in der Landwirtschaft zu erhöhen. Ziel war die Bewirtschaftung aller nutzbaren Gründe, vor allem auch jener, die ab 1870 zu Jagd- oder Spekulationszwecken erworben worden waren. Die Landwirtschaftsgesellschaft wurde verhalten, vakante Güter anzukaufen und an Bauern weiterzugeben. Ein Erfolg wollte sich aber nicht einstellen, auch nicht nach dem Inkrafttreten des Wiederbesiedlungsgesetzes am 31. Mai 1919, das sogar Enteignungen durch die Agrarbehörden für solche Bauernhöfe und Anwesen ermöglicht hätte. Die Neufassung des Alpschutzgesetzes im Jahre 1919 bezweckte die Erhaltung und landwirtschaftliche Nutzung auch bisher nicht bewirtschafteter Almen und zielte damit auf die Erweiterung der Produktionsflächen zur Steigerung der Nahrungsmittelerzeugung ab. Auch das 1919 beschlossene Gesetz zur Förderung der Rinderzucht hatte die Steigerung der Milch- und Fleischproduktion durch bessere Zuchtstiere zum Ziel. Im Bereich der Pferdezucht wurde mit Änderung des Hengstkörungsgesetzes 1923 auch die Zucht mit Haflingerpferden erlaubt, in der Stadt Salzburg auch mit Warmblutpferden.

Aufgrund des Landtagsbeschlusses von 1921 legte die Landesregierung einen Gesetzentwurf über die Bildung einer Kammer für Land- und Forstwirtschaft vor. Ihr sollten Bauern und Dienstnehmer angehören. Über diese Frage konnte im Landtag keine Einigung erreicht werden. Nach jahrelangen Verhandlungen wurde im Jänner 1924 das Gesetz über den Landeskulturrat beschlossen. Dieser löste als gesetzliche Berufsvertretung der Land- und Forstwirtschaft mit Pflichtmitgliedschaft die seit 1848 bestehende Landwirtschaftsgesellschaft ab. Auch die Förderungsprogramme des Landes zur Steigerung der Produktion, zur Verbesserung der Qualität und der Produktivität, der Mechanisierung und verkehrsmäßigen Erschließung der Höfe wurden über den Landeskulturrat abgewickelt. Auch der weitere Ausbau des Genossenschaftswesens, vor allem im Bereich der Erzeugung, der Verarbeitung und Vermarktung landwirtschaftlicher Erzeugnisse (Viehzucht, Fleisch und Milch) wurde vom Land unterstützt. Dank guter Preise konnte die Landwirtschaft während einiger Jahre eine vergleichsweise günstige Entwicklung verzeichnen.

Der konjunkturelle Aufschwung währte aber nicht lange. Ab 1929 war die Krise auf den Agrarmärkten auch in Salzburg durch einen starken Preisverfall und Wettbewerb spürbar. In ihrem Antrag vom 21. März 1930 auf Schaffung eines Gesetzes zur Wiederbesiedlung aufgelassener Bauerngüter führen die Abg. Michael Neureiter, Johann Kirchner, Franz Bacher und Gen. als Begründung an, dass „die beklagenswerte Landflucht und Entsiedlung extrem gelegener Höfe wegen der Mühseligkeit der Bearbeitung wieder einsetzt“ und deshalb Vorkehrungen gegen Entsiedlung sowie Hilfe zur Wiederbesiedlung geschaffen werden muss. In den Beratungen zu diesem Antrag verlangt der Landwirtschaftsausschuss eine strenge Handhabung des Grundverkehrsgesetzes, eine Förderung über die Besitzfestigung und die Erschließung durch Güterwege. Die Notlage in der Landwirtschaft, speziell jene der Bergbauern, war ständiges Thema im Landtag. Die Viehmärkte waren zusammengebrochen (Billigimporte und Exportprobleme), die Preise für Rinder hatten sich ebenso wie die Holzpreise halbiert, Darlehen verteuert und die Grundsteuern waren hoch. Vor allem für die „Hörndlbauern“ in den Gebirgsgauen verschärfte sich die Lage. Anfang der 1930er-Jahre kam es bei etwa 80 Prozent der Höfe zu Exekutionen und Pfändungen; 906 Höfe gelangten zur Zwangsversteigerung, davon 766 in den Gebirgsgauen. Mit einem Bündel von Maßnahmen reagierte der Landwirtschaftsausschuss auf den Antrag der Abg. Johann Kirchner, Josef Hauthaler, Bartholomäus Fersterer und Gen. „betreffend Maßnahmen zur Linderung des Notstandes im Bauernstand“. Gefordert wurden eine Zinssenkung für Darlehen und Kredite, der restriktive Vollzug des Viehverkehrsgesetzes, des Gesetzes über Schutzzölle und Devisenbewirtschaftung, Reduzierung der Handelsspannen im Lebensmittelbereich und Kauf der Eisenbahnschwellen im Lande. Auch wenn sich die Lage im Viehsektor dank Viehverkehrsgesetz, der Futtermittel- und Mastaktionen und der Bergbauernhilfsaktion leicht besserte, blieb die Situation für die Landwirtschaft schwierig.

Bereits im Dezember 1918 wurde von der Landesversammlung der Antrag beschlossen, mittels ländlicher Fortbildungsschulen im Anschluss an die Volksschule die allgemeine Bildung und die berufliche Vorbildung der ländlichen Jugend zu verbessern. 1920 wurde der Gesetzentwurf beschlossen und bereits im Winterhalbjahr wurden 19 Fortbildungsschulen für Burschen im Lande geführt. Ein Jahr später kamen zwölf Schulen für Mädchen hinzu. Zehn Jahre später wurde das Gesetz in der Form novelliert, dass in ländlichen Gemeinden bäuerliche Fortbildungsschulen für Mädchen und in den anderen Gemeinden allgemeine Mädchen-Fortbildungsschulen eingerichtet wurden. Die Schulzeit betrug fünf Monate im Winterhalbjahr über drei Jahre bei vier bis sechs Unterrichtsstunden pro Woche.

1924 genehmigte der Landtag den Ankauf des Piffgutes in Bruck um 3.000 Mio. Kronen und stimmte der Errichtung einer Landwirtschaftsschule zu. Am 4. November 1924 wurde die Schule eröffnet und am nächsten Tag begann der Unterricht für die Unterklasse mit 38 Schülern. Zwei Jahre später wurde in der Landes-Landwirtschaftsschule Winklhof in Oberalm der Neubau für die Haushaltungsschule durchgeführt. Damit wurde auch Platz für notwendige Adaptierungen im Bereich der Burschenschule. Zur Errichtung einer Landwirtschaftsschule im Lungau, die 1928 von den Abg. Johann Rainer, Johann Kirchner, Josef Hauthaler und Gen. mit der Begründung beantragt worden war, „weil eine gute Berufsausbildung beste Voraussetzungen für die Bewältigung von Herausforderungen und Krisen schafft", kam es nicht.

Die Zweite Republik

Der Übergang zur Marktwirtschaft

Nach dem Ende des Zweiten Weltkrieges war die Landwirtschaft in der ersten Nachkriegszeit wieder gefordert, eine möglichst große Menge an Nahrungsmitteln aufzubringen. Es galt die heimische Bevölkerung sowie die sich zurückziehenden ehemaligen Soldaten und Flüchtlinge zu versorgen. In dieser schwierigen Lage musste die Aufbringung und Verteilung von Lebensmitteln staatlich organisiert werden. Ab 1950 hatten sich die Verhältnisse soweit normalisiert, dass die Lebensmittelbewirtschaftung gänzlich beendet werden konnte. Bevor es jedoch so weit kam, gab es auf Bundesebene heftige Kontroversen zwischen den einzelnen Interessensgruppierungen über die Schaffung der Marktordnungsgesetze für die drei wichtigsten landwirtschaftlichen Produktionsbereiche Getreide, Milch und Fleisch. Kernstück dieser Marktordnungen war ein Mengenregulativ sowie ein Preisstützungs- und Abschöpfungssystem zur Stabilisierung der Märkte und Preise. Diese Marktordnungen – oftmals den Erfordernissen angepasst – waren der Kernbereich der österreichischen Agrarpolitik bis zum Beitritt Österreichs zur Europäischen Union. Ab diesem Zeitpunkt gelten die EU-Marktordnungen. Auf Landesebene wurden in sinnhafter Ergänzung zu den auf Bundesebene gesetzten Rahmenbedingungen und Maßnahmen die kompetenzmäßigen Möglichkeiten in der Agrarpolitik bzw. in der Gesetzgebung vor allem im Bereich der landwirtschaftlichen Ausbildung, der Verbesserung der Infrastruktur, der Stärkung der Wettbewerbsfähigkeit der Betriebe und der Förderung des Absatzes landwirtschaftlicher Produkte (biologische Produktion, Qualitätssicherungs-Programme, Marketing), Förderungsprogramme zur Sicherung der Bewirtschaftung von Almen und Steilflächen usw. ergriffen. Bereits im Juni wurde das Landestierzuchtförderungsgesetz 1948 im Landtag beschlossen, das die bisherigen Gesetze der Hengst- und Stierkörung aufhob und eine nachhaltige Verbesserung der Tierzucht zum Ziel hatte. Das Gesetz galt für alle landwirtschaftlichen Nutztiere und verlangt Reinzucht innerhalb einer Rasse. Erstmals wurde auch die Zucht von Haflingerpferden zugelassen. Mit dem Rinderzuchtförderungsgesetz 1958 erhielt die Rinderzucht eine neue gesetzliche

Mit der Abwanderung von Arbeitskräften aus der Landwirtschaft hielt die Mechanisierung Einzug auf den Höfen. Der Vergleich in der Heuernte einst und jetzt dokumentiert diesen Strukturwandel sehr eindrucksvoll (Fotos: Landwirtschaftskammer Salzburg)

Basis; das Land wurde in Zucht- und Haltegebiete eingeteilt und in den Zuchtbetrieben durfte nur die Pinzgauer Rinderrasse gezüchtet werden. Das Salzburger Rinderzuchtgesetz 1970 ersetzte die bisherigen Rechtsgrundlagen und blieb beim Grundsatz der Rassenreinzucht, ermöglichte aber auch eine geordnete Kreuzungszucht zur Verbesserung bestimmter Leistungsmerkmale. Auch der Einsatz von Laienbesamern wurde gesetzlich geregelt. Mit dem Salzburger Tierzuchtgesetz 2009 wurde eine rechtliche Grundlage geschaffen, nach der auch die neuesten Methoden in der Tierzucht wie z. B. Embryotransfer ermöglicht und zum anderen Richtlinien und Entscheidungen des Gemeinschaftsrechts umgesetzt wurden. In der Beantwortung einer Anfrage der Abg. Franz Illig, Bruno Eder, Anton Neumayr und Gen. zum Thema Grundzusammenlegung durch den ressortzuständigen Landeshauptmann-Stellvertreter Bartholomäus Hasenauer im März 1954 wurden die ersten Maßnahmen genannt, die seitens des Landes gesetzt wurden, um der Landwirtschaft den Übergang zur Marktwirtschaft und den Strukturwandel zu erleichtern. Seit 1949 wurde die Zusammenlegung landwirtschaftlicher Grundstücke forciert, die Erschließung und Mechanisierung der Höfe verstärkt gefördert, um die maschinelle Bewirtschaftung zu ermöglichen bzw. die Abwanderung von Arbeitskräften auszugleichen. Auch heute noch werden Grundzusammenlegungen und Flurbereinigungen zur Verbesserung der Besitz- und Strukturverhältnisse landwirtschaftlicher Betriebe, aber auch zur Umsetzung öffentlicher Ziele wie Baulandmodelle, Ökologie- und Infrastrukturprojekte, Hochwasserschutz etc. durchgeführt. Speziell zur Erleichterung sowie zur rationelleren Bewirtschaftung von Bergbauernbetrieben beantragten 1954 die Abg. Bruno Eder, Franz Peyerl, Ernst Hallinger und Gen. die Einrichtung des Salzburger Landmaschinenfonds, über den die Anschaffung von land- und hauswirtschaftlichen Maschinen über niederverzinsliche Darlehen und Zuschüsse nahezu fünf Jahrzehnte lang gefördert wurde. 2003 wurde das Landmaschinenfonds-Gesetz mangels Bedarf bzw. neuer kofinanzierter Fördermöglichkeiten aufgehoben. Das Fondsvermögen wurde der „Landwirtschaftlichen Besitzfestigungsgenossenschaft Salzburg" übertragen, die verstärkt Maßnahmen zur bäuerlichen Besitzstrukturverbesserung umsetzen kann. Die erforderliche Technisierung und Mechanisierung in der Landwirtschaft zur Bewältigung des Strukturwandels, zur Erleichterung der Bewirtschaftung, der Realisierung rationeller Bewirtschaftungsmethoden oder der überbetrieblichen Zusammenarbeit wurde im Laufe der Jahre von Bund und Land, nach dem EU-Beitritt über gemeinsame Programme gefördert.

Schulische Ausbildung für künftige Herausforderungen

Im Jänner 1952 wurde die Haushaltungsschule Bruck fertiggestellt. Damit stand für die weibliche bäuerliche Jugend im Pinzgau eine lang geforderte Ausbildungsstätte zur Verfügung. Aber auch für den Lungau wurde nach Ankauf des Standllehens im Jahre 1952 eine Landwirtschaftsschule eingerichtet; einige Jahre später – 1955 – für den Flachgau in Kleßheim. Als Rechtsträger für das landwirtschaftliche Schulwesen sowie im Wissen um die Bedeutung einer fundierten Ausbildung für künftige Bauern wurden vom Land die erforderlichen Schulen errichtet, laufend ausgebaut und auf hohem Niveau erhalten. Über Antrag der Abg. Martin Saller, Rupert Wolfgruber sen., Peter Röck und Gen. im März 1955 wurde in Salzburg die Berufsschulpflicht in der Landwirtschaft im Sinne der Landwirtschaftlichen Berufsausbildungsordnung eingeführt. Mit dem Land- und Forstwirtschaftlichen Berufsschulgesetz wurden 1962 die Organisation und der Besuch der landwirtschaftlichen Berufsschule neu geregelt. Für Lehrlinge bestand Schulpflicht für die drei Jahre dauernde Ausbildung. Im Wintersemester jedes Jahrganges war mindestens ein Tag Unterricht pro Woche. Mit der Neufassung der Salzburger Land- und Forstwirtschaftlichen Berufsausbildungsordnung 1966 wurde die Berufsausbildung in der Land- und Forstwirtschaft neu geregelt (3 Jahre Lehrzeit mit Berufsschulpflicht, landwirtschaftlicher Facharbeiter, Meister je nach Sparte). Die bisherige Regelung aus 1954 wurde ersetzt. Die 1960er-Jahre waren für das landwirtschaftliche Schulwesen eine markante Zäsur. Ursächlich waren u. a. zurückgehende Schülerzahlen in den zweisemestrigen Winter-Fachschulen, Zunahme der Nebenerwerbsbauern und Einführung des 9. Pflichtschuljahres. Kritische Stimmen verlangten die Reduktion auf zwei Landwirtschaftsschulen. Der Landtag veranlasste 1967 eine Prüfung durch den Landeskontrollbeamten. Die Diskussion der Berichte im Landtag führte zur Erkenntnis, dass einerseits die landwirtschaftliche Schulausbildung auf eine zeitgemäße gesetzliche Basis zu stellen war und andererseits attraktive Angebote für die Ausbildung gefunden werden mussten. Die neue Rechtsgrundlage wurde mit dem Salzburger Landwirtschaftlichen Schulgesetz 1976 geschaffen. Die Erkenntnis, dass das 9. Schuljahr auch in einer Landwirtschaftsschule absolviert werden kann, führte im Schuljahr 1967/68 an der Fachschule Kleßheim zur Einführung des Schulversuchs einer einjährigen landwirtschaftlichen Fachschule.

Der Strukturwandel zum Nebenerwerb machte es notwendig, diesen Betriebsführern eine landwirtschaftliche Ausbildung anzubieten sowie sie für einen gewerblichen Lehrberuf vorzubereiten. In Zusammenarbeit mit allen schulbehördlichen und berufsständischen Stellen wurde 1971 der Schulversuch einer dreijährigen landwirtschaftlichen Fachschule eingeführt. Die Lehrpläne sahen eine Ausbildung in der Landwirtschaft sowie für einen Zweitberuf in der Holz- oder Metallverarbeitung vor. Die handwerkliche Ausbildung in den Lehrwerkstätten wurde umfangreicher, sodass nach dem Besuch ein Lehrjahr in der Ausbildung für Wagner, Tischler und Schlosser (ab 1978 auch für Landmaschinenmechaniker) anerkannt wurde. Mit dem Besuch von zwei Klassen dieser Fachschule wurde auch die landwirtschaftliche Berufsschulpflicht erfüllt. Ein zusätzliches Bildungsangebot zu den drei Fachrichtungen Land-, Haus- und Pferdewirtschaft bilden Module für die Bereiche Milchmanagement, Forstfacharbeiter sowie Reiten und Fahren im ländlichen Raum, wobei mit dem Abschluss eine entsprechende Berufsqualifizierung verbunden ist.

Auch die schulische Ausbildung der Mädchen im Bereich der Landwirtschaft erfuhr eine Entwicklung von der acht Monate dauernden Haushaltungsschule (Anfang der 1970er-Jahre) über eine zweijährige Schulform ab 1977/78 bis hin zur dreijährigen ländlichen Hauswirtschaftsschule ab dem Schuljahr 2002/03. Die Absolventinnen der dreijährigen Hauswirtschaftsschulen haben die Möglichkeit, die Lehrabschlussprüfung als Hotel- und Gastgewerbeassistentin, Köchin, Restaurantfachfrau oder Bürokauffrau abzuschließen. Durch diese Schulformen hat die landwirtschaftliche Berufsschule in Salzburg ihre Aufgabe verloren, nur für den Bereich Gartenbau besteht noch eine in Kleßheim. Mit der Einführung dieser Schulmodelle wurde ein in Österreich beispielhafter Weg in der landwirtschaftlichen Ausbildung beschritten. Anhaltend steigende Schülerzahlen erforderten ein immenses Schulbauprogramm, zeigen aber auch, dass die Ausbildungsformen als geeignet eingestuft werden, aktuellen und künftigen Herausforderungen und Entwicklungen in der Land- und Forstwirtschaft erfolgreich begegnen zu können.

Ländliche Verkehrserschliessung

Die verkehrsmäßige Erschließung von Bauernhöfen vor allem im Gebirge wurde seit Beginn der 1920er-Jahre mit Bundes- und Landesmittel gefördert. In Zeiten hoher Arbeitslosigkeit in den 1930er-Jahre erhielt die ländliche Verkehrserschließung auch Bedeutung in der Beschäftigungspolitik. Ab 1945 wurde der Güterwegebau forciert. Damals waren von den rund 13.000 Höfen in Salzburg

Die verkehrsmäßige Erschließung der Bergbauernhöfe war eine wichtige Voraussetzung für bauliche und betriebliche Verbesserungen auf den Höfen sowie für die Aufnahme eines Zu- und Nebenerwerbes zur wirtschaftlichen Absicherung. Damit wurde aber auch Erholungsraum für den Fremdenverkehr erschlossen. Die Erkenntnis, dass ein funktionsgerecht ausgebautes und instandgehaltenes Straßen- und Wegenetz auch Voraussetzung für eine florierende Wirtschaft im ländlichen Raum ist, hat bewirkt, dass der Güterwegebau im Lande Salzburg vor allem in der zweiten Hälfte des 20. Jahrhunderts stets ein Schwerpunkt in der Landwirtschaftsförderung war (Foto: Landwirtschaftskammer Salzburg)

noch 4.400 ohne funktionsgerechten Weganschluss. Durch Sonderprogramme wurde der Ausbau zwischen 1955 und 1977 besonders vorangetrieben und die jährliche Bauleistung auf rund 90 Kilometer gesteigert. Eine Änderung des Grundsatzgesetzes machte eine Überarbeitung der bisherigen Rechtsgrundlage aus 1955 erforderlich. Mit dem Salzburger Güter- und Seilwegegesetz 1970 war es möglich, Bringungsrechte auch im Wege von Übereinkommen zu regeln. In den Beratungen verwies der Abg. DI Dr. Ferdinand Kirchner als Berichterstatter darauf, dass eine gute Verkehrserschließung Voraussetzung für bauliche und betriebliche Verbesserungen am Bauernhof oder für einen Neben- oder Zuerwerb (z. B. Urlaub am Bauernhof) ist, eine bessere Marktanbindung bedeutet und dadurch der ländliche Raum für die Allgemeinheit und Gäste erschlossen wird. Der Neubau von Güterwegen, der Ausbau alter unzureichender Wege oder der Fahrbahnumbau sowie der Bau von Almwegen und Forststraßen war Jahrzehnte Schwerpunkt in der Landwirtschaftsförderung. Dennoch dauerte es fast bis zur Jahrtausendwende, bis alle Bergbauernhöfe zeitgemäß erschlossen waren. Mit fortschreitendem Ausbau des ländlichen Wegenetzes wurde das Problem der Erhaltung immer deutlicher. Speziell die Sanierung asphaltierter Fahrbahnen überforderte die einzelnen Weggenossenschaften. Bereits 1963 wurde unter Landeshauptmann-Stellvertreter Bartholomäus Hasenauer der Güterwegerhaltungsverband gegründet, der die Erhaltung des ländlichen Wegenetzes organisierte und rationell durchführte. Das Modell bewährte sich, aber der Umfang des Wegenetzes, die Kenntnis über den Benutzerkreis bzw. die Bedeutung funktionsgerecht erhaltener Straßen im ländlichen Raum für alle machten eine landesweite und finanziell abgesicherte Regelung immer erforderlicher. In einer vom Landtag im Dezember 1977 initiierten Enquete wurde u. a. berichtet, dass vom gesamten Straßennetz in Salzburg (insgesamt 6.813 Kilometer) 5.466 Kilometer ländliche Straßen sind. Kernfrage blieb die Finanzierung; der Bund hatte bislang alle Forderungen auf Beiträge zur Erhaltung abgelehnt. Schließlich gelang Landesrat DI Anton Bonimaier in langwierigen Verhandlungen unter Einbeziehung der Stadt Salzburg sowie mit Vertretern der Landtagsparteien eine Einigung; bereits am 8. Juli 1981 wurde das Gesetz über die Errichtung eines Fonds zur Erhaltung des ländlichen Straßennetzes (kurz FELS) einstimmig beschlossen, womit die Finanzierung der Wegerhaltung gesetzlich abgesichert wurde. Mit dieser – in Österreich bis heute einmaligen – Regelung wurde der finanzielle Aufwand der Erhaltung der ländlichen Straßen außerhalb geschlossener Ortschaften von diesem Fonds getragen und die Anrainer, die bereits für den Bau hohe Beiträge zu leisten hatten, werden von der kostenaufwendigen Erhaltung entlastet. Gespeist wird der Fonds zur Hälfte vom Land und je zu einem Viertel von den Gemeinden nach ihrer Einwohnerzahl und dem Gemeindeausgleichsfonds.

Salzburger Landwirtschaftsförderungsgesetz

Mit dem Salzburger Landwirtschaftsförderungsgesetz im Jahre 1974 hat sich das Land Salzburg verpflichtet, durch Förderungsmaßnahmen beizutragen, den Bestand und die Entwicklung einer leistungsfähigen Land- und Forstwirtschaft zu sichern. Weitere Ziele sind u. a. die Erhaltung und Verbesserung der natürlichen Lebensgrundlagen wie Boden, Wasser und Luft sowie die Erhaltung und Pflege der Kultur- und Erholungslandschaft im Interesse der Allgemeinheit sowie im sozialen Bereich die Betriebs- und Haushaltshilfe; seit der Novellierung 1988 auch der Bodenschutz, die Erhaltung und der Ausbau gesunder, artenreicher und standortgerechter Wälder, der Ausbau von Produktionsalternativen usw. Landesrat Rupert Wolfgruber sen. war es wichtig, dass alle Bereiche der Landwirtschaftsförderung des Landes auf eine gesetzliche Basis gestellt wurden. Mit Hilfe der Förderungs-Programme des Landes oder gemeinsamer mit dem Bund (später auch mit der EU) konnten Entwicklungen initiiert (Biolandbau) oder forciert (Viehauftrieb auf die Almen) oder ökologische Leistungen, die über den Preis des Produktes nicht gedeckt sind, angemessen abgegolten werden. Der im Dreijahresabstand vorzulegende Bericht über die wirtschaftliche und soziale Lage der Land- und Forstwirtschaft in Salzburg vermittelt ein reales Bild über die Entwicklung der Landwirtschaft, die Auswirkungen getroffener Maßnahmen oder Förderprogramme sowie über erforderliche Weichenstellungen für die Zukunft.

Ökologische Landwirtschaft – Biobauernboom

Der biologische Landbau durchlief auch in Salzburg die Entwicklung von einer Ausnahmeerscheinung bis hin zur Etablierung. Salzburg war ein Vorreiter dieser Bewegung. Die Ausgangslage für die sprunghafte Zunahme der Biolandwirtschaft in Salzburg war wegen der Einstellung der Bauernfamilien, der eher extensiven Bewirtschaftungsweisen, des hohen Grünlandanteils, des minimalen Einsatzes von Handelsdüngern und chemisch-synthetischen Betriebsmitteln, der erwarteten höheren Preise für die vorwiegend selbst vermarkteten Erzeugnisse usw. besser als in anderen Ländern. Zudem war der damalige Agrar-Landesrat Bertl Göttl ein überzeugter Förderer der Biobauern. Ein Umdenken in der Gesellschaft in Richtung erhöhtes Ernährungsbewusstsein, ökologische Zielsetzungen, artgerechte Tierhaltung und natürliche Produktionsmethoden waren dem Aufschwung ebenso förderlich wie die 1992 erstmals ausbezahlte Biobauernförderung. Auch im Landtag wurde diese Entwicklung in den 1990er-Jahren heftig diskutiert, insbesondere Absatzfragen. Außer Direktvermarktung gab es bis 1994 keine Absatzmöglichkeit, dann führten Handelsketten Biolebensmittel ein und Absatz und Preise verbesserten sich. Heute hat jede Handelskette ihre eigene Bio-Marke mit steigenden Umsätzen und höherem Preisniveau für die Konsumenten. Für die laufend zunehmende Zahl an Biobauern ergeben sich dank steigender Nachfrage nach Bioprodukten gute Absatzmöglichkeiten und bessere Preise. 1994 gab es in Salzburg 2.494 Biobauern; bis 2015 hat sich die Zahl mit steigender Tendenz auf 3.464 Biobetriebe erhöht; mit 41,9 Prozent hat Salzburg den höchsten Anteil an Biobetrieben.

Salzburger Bodenschutzgesetz

Die Bemühungen um den Schutz der Böden wurden mit dem Salzburger Bodenschutzgesetz im Jahre 2001 auf eine gesetzliche Basis gestellt. Die Erhaltung des natürlichen Bodens als Grundlage für die Produktion ausreichender und gesunder Lebensmittel und einer intakten Umwelt, die Sicherung und Wiederherstellung der Bodenfunktionen und Grundsätze der landwirtschaftlichen Bewirtschaftung sind wichtige Ziele des Gesetzes. Die EU-Klärschlamm-Richtlinie wurde gleichzeitig umgesetzt und durch die Klärschlamm-Bodenschutzverordnung 2002 wurde die Ausbringung von Klärschlamm auf allen Böden verboten. Im Rahmen eines Bodenschutzkonzeptes wurden ab 1986 systematisch Bodenproben gezogen und auf Schwermetalle untersucht, ein Bio-Indikatornetz aufgebaut, eine Bodenzustandsinventur vorgenommen und eine Bodenprobenbank angelegt.

Umweltbezogene Aktivitäten und ökologische Maßnahmen wurden im Landtag ab Beginn der 1980er-Jahre immer wieder diskutiert. Zum einen waren es die Auswirkungen des sogenannten Sauren Regens, wodurch die Umweltsensibilität erhöht und Maßnahmen gegen das Waldsterben verlangt und in Form eines 12-Punkte-Programms von Landesrat DI Friedrich Mayr-Melnhof vorgelegt wurden. Durch Verschärfung gesetzlicher Bestimmungen sollte der Ausstoß von Luftschadstoffen reduziert und mit waldbaulichen Maßnahmen wie Aufbau und Pflege naturnaher Mischwälder die Vitalität des Waldes gestärkt werden. Zum anderen wurde durch Förderaktionen versucht, positive Umwelteffekte herbeizuführen wie z. B. ökologische Wirtschaftsdüngertechnik. Durch die Förderung von ausreichendem Grubenraum viehhaltender Betriebe konnte eine optimale Ausbringung des Wirtschaftsdüngers während der Vegetationszeit erreicht werden, eine Maßnahme, die auch dem Grundwasserschutz dient.

Der Beitritt zur Europäischen Union

Die Verhandlungen für den Bereich Landwirtschaft wurden ab 1991 mit der Zielsetzung geführt, die Ziele und Grundsätze der österreichischen Agrarpolitik sowie deren Umsetzung sicherzustellen. Vor allem ging es um die Sicherung der flächendeckenden Bewirtschaftung, Schonung der natürlichen Lebensgrundlagen durch eine ökologisch orientierte Produktion, die Wahrung der Produktionsmöglichkeiten für Bauern und Verarbeitungsbetriebe, freien Zugang zu den Märkten der EU und Bewältigung des Beitritts. Das Verhandlungsergebnis, das vom Verhandlungsteam unter der Leitung von Botschafter Harald Kreid, Experten des Landwirtschaftsministeriums, der Landwirtschaftskammern sowie zwei Vertretern der Agrarressorts der Länder (DI Georg Zöhrer, Steiermark und Dr. Karl Mayr, Salzburg) erzielt wurde, berücksichtigte weitestgehend die Produktionsgegebenheiten und zusätzlich Entwicklungsmöglichkeiten im Viehbereich. Die sofortige Übernahme der EU-Marktordnung hatte für die heimische Landwirtschaft erhebliche Rohertragseinbußen zur Folge. Die ausverhandelten Rahmenbedingungen (z. B. degressive Ausgleichsprämien, neue Förderungen) ermöglichten weitgehend einen Ausgleich der Einkommenseinbußen sowie die Bewältigung weiterer Herausforderungen wie GATT, Wettbewerbsfähigkeit des Verarbeitungssektors sowie Abgeltung ökologischer Leistungen.

Das Land hatte der Bundesregierung seinen Standpunkt zum EU-Beitritt bereits im Juni 1992 sowie im November 1993 bekanntgegeben. Vor der Volksabstimmung über den Beitritt am 12. Juni 1994 wurde dem Landtag der „Bericht betreffend den Beitritt Österreichs zur Europäischen Union aus der Sicht des Landes Salzburg" vorgelegt. Dieser umfassende Bericht sowie ein dringlicher Antrag des Abg. Dr. Christian Burtscher auf Ablehnung des EU-Beitritts wurden am 25. Mai 1994 eingehend diskutiert. Landeshauptmann Dr. Hans Katschthaler argumentierte unter anderem wie folgt: „Die Fakten sprechen eine klare Sprache: Die Europäische Union ist eine Gemeinschaft des Friedens und der Freiheit, des Wohlstands und der Sicherheit, der ökologischen Verantwortung und der demokratischen Rechte und Grundfreiheiten und daran will Österreich teilhaben und mitgestalten." Der Bericht wurde in der Sondersitzung am 8. Juni 1994 mehrheitlich von ÖVP und SPÖ gegen FPÖ und Bürgerliste angenommen. Der Beitritt war für die heimische Landwirtschaft und Verarbeitungsbetriebe – insbesondere in den ersten Jahren – mit großen Herausforderungen und Anpassungen verbunden, der Beitritt konnte allerdings viel besser als allgemein erwartet bewältigt werden. Mittlerweile können viele Betriebe die Chancen des Gemeinsamen Marktes vorteilhaft nutzen.

Salzburger Nutztierschutzgesetz

Mit der Vorlage eines Gesetzentwurfes über den Schutz von Nutztieren im Mai 1996 wurde ein in den 1990er-Jahren – auch im Landtag – heftig diskutiertes Thema einer gesetzlichen Regelung zugeführt. Nach der Zielsetzung des Gesetzes geht es um die tiergerechte Pflege und Unterbringung landwirtschaftlicher Nutztiere sowie zu verhindern, dass Nutztieren durch Handlungen oder Unterlassungen ungerechtfertigt Schmerz, Leid oder Schäden zugefügt werden. Den vielfach extremen Positionen des Tierschutzes standen Wirtschaftlichkeits- und Wettbewerbsargumente der Nutztierhalter gegenüber. Der Abschluss eines Europäischen Übereinkommens zum Schutz von Tieren in landwirtschaftlicher Tierhaltung war in einem offenen Markt Voraussetzung, bevor einzelstaatliche Regelungen getroffen wurden. Innerhalb Österreichs wurde mit einer Art. 15a B-VG-Vereinbarung zwischen den Bundesländern eine Harmonisierung erreicht. Für die einzelnen Tiergattungen sind genaue Mindestanforderungen, Haltungsbestimmungen etc. geregelt. Die Käfighaltung für Hühner wurde verboten, die Kosten für Neu- und Umbauten gefördert. Die dadurch erreichten natürlichen Haltungsformen werden in der Bewerbung landwirtschaftlicher Erzeugnisse besonders hervorgehoben und bewirken auch bessere Preise und Absatzmöglichkeiten. Diese Faktoren bestimmen auch das Kaufverhalten der Konsumenten in einem immer höheren Ausmaß.

Salzburger Gentechnik-Vorsorgegesetz

Mit der Freisetzungs-Richtlinie hat die EU 2001 ein Regelwerk für den Einsatz von Gentechnik in der Landwirtschaft geschaffen und damit eindeutig ihren „Pro-Gentechnik-Kurs“ gezeigt. Die Diskussion darüber setzte aber sowohl in der Landwirtschaft als auch im Landtag schon Jahre vorher ein, nicht so kontrovers wie in Teilen Europas, sondern in Sorge um gravierende negative Auswirkungen auf Natur und Landwirtschaft. In Anfragen und Anträgen wurde die Landesregierung gedrängt, den Einsatz der Gentechnik in der Landwirtschaft in Salzburg zu verbieten. Nach Klärung der Kompetenzlage wurde der Entwurf für ein Salzburger Gentechnik-Vorsorgegesetz auf Basis der EU-Leitlinien zur Koexistenz ausgearbeitet und dem Landtag vorgelegt. Das seit 1. Oktober 2004 in Geltung stehende Landesgesetz – das erste diesbezügliche Regional-Gesetz in der EU – bindet den Anbau von GVO in der Landwirtschaft an ein (nicht gerade einfaches) behördliches Bewilligungsverfahren, sieht konkrete Auflagen und eine Schadenersatzregelung vor. Dieses Gesetz regelt die Koexistenz konventioneller, ökologischer und gentechnisch veränderter Kulturen; das Anbauverhalten der Salzburger Bauern erforderte bisher kein Verfahren.

Schlussbemerkungen

Die Landwirtschaft hatte in diesem langen Zeitraum unterschiedlichste Aufgaben, Probleme und Herausforderungen im Sinne ihrer ureigensten Funktion zu bewältigen und war dabei selbst einem tief greifenden Strukturwandel und Anpassungsprozess unterworfen. Von der Unterversorgung zur Überproduktion, von der Selbstversorgungs- zur reinen Marktwirtschaft und von der Handarbeit hin zur Vollmechanisierung spannt sich der Bogen der Entwicklung.

Zur Verdeutlichung seien nur einige Strukturdaten von Salzburg angeführt: der Anteil der land- und forstwirtschaftlichen Bevölkerung an der Gesamtbevölkerung lag 2011 bei 1,72 Prozent. Insgesamt waren 2013 auf den 9.514 Betrieben 24.567 Personen beschäftigt, die eine landwirtschaftliche Nutzfläche von 178.404 ha (davon 5.983 ha Acker) fast ausschließlich als Grünland bewirtschafteten. Auf 6.493 Betrieben wurden 164.074 Rinder, davon 57.774 Milchkühe, gehalten.

Aus den stenographischen Protokollen und Beilagen des Salzburger Landtages ist nicht nur die Entwicklung der Land- und Forstwirtschaft über diesen langen Zeitraum nachvollziehbar, sondern auch das ständige Bemühen zu sehen, durch gesetzliche Regelungen und Förderungen angestrebte Entwicklungen zu forcieren, zu verbessern oder Fehlentwicklungen zu verbieten. Dabei ist aber zu bemerken, dass die entscheidenden agrarpolitischen Weichenstellungen über die Markt-, Preis- und Einkommenspolitik auf Bundesebene getroffen wurden. Seit dem Beitritt zur EU werden die Agrarmarktordnungen und die Rahmenbedingungen in Brüssel mit den Mitgliedstaaten ausverhandelt und beschlossen. Auf Landesebene wurden in sinnhafter Ergänzung hierzu im Laufe der Jahre die kompetenzmäßigen Möglichkeiten der Agrarpolitik im Gesetzes- und Förderbereich verantwortungsbewusst wahrgenommen; dies in einem solchen Umfang, dass in dieser Abhandlung über die 150 Jahre Salzburger Landtag nur markante Weichenstellungen in Kurzform behandelt werden konnten.

Auswahlbibliographie

Ammerer, Gerhard: Vom Feudalverband zum Reichsnährstand. In: Vom Feudalverband zur Landwirtschaftskammer, Salzburg 1992 (Schriftenreihe des Landespressebüros, Salzburg Dokumentationen Nr. 106)

Haas, Hanns: Salzburg in der Habsburgermonarchie. In: Dopsch, Heinz/Spatzenegger, Hans: Geschichte Salzburgs, Band II/2, Salzburg 1988

Hanisch, Ernst: Die Politik und die Landwirtschaft. In: Bruckmüller/Hanisch/Sandgruber/Weigl: Geschichte der österreichischen Land- und Forstwirtschaft im 20. Jahrhundert, Band I, Wien 2002

Koller, Engelbert: Forstgeschichte des Landes Salzburg, Salzburg 1975

Mayr, Karl: Reformen der Agrarpolitik für eine bäuerliche Landwirtschaft. In: Dachs/Dirninger/Floimair: Übergänge und Veränderungen – Salzburg vom Ende der 1980er Jahre bis ins neue Jahrtausend, Wien 2013

Mayr, Karl: Markante agrarpolitische Weichenstellungen des Landes Salzburg. In: Standl, Josef A.: ... gib uns heute unser täglich Brot ... Bauern in Salzburg, Oberndorf 1998

Neumayr, Ursula J.: Unter schneebedeckten Bergen – Landwirtschaft im Pinzgau 1890 bis 1990. In: Bruckmüller/Hanisch/Sandgruber: Geschichte der österreichischen Land- und Forstwirtschaft im 20. Jahrhundert, Band II, Wien 2003

Sandgruber, Roman: Die Landwirtschaft in der Wirtschaft – Menschen, Maschinen, Märkte. In: Bruckmüller/Hanisch/Sandgruber/Weigl: Geschichte der österreichischen Land- und Forstwirtschaft im 20. Jahrhundert, Band I, Wien 2002

Sandgruber, Roman: Österreichische Agrarstatistik 1750–1918. In: Hoffmann/Matis/Mitterbauer: Materialien zur Wirtschafts- und Sozialgeschichte, Teil 2, Wien 1978

Scherer, Erika/Steinkogler, Franz: Halt' aus, Bauer. Die Entwicklung der Landwirtschaft in Salzburg, 2 Bände, Goldegg 2012 und 2014

Othmar Glaeser

Umweltpolitik: Ein Blick zurück – eine Herausforderung für die Zukunft

Sucht man nach dem Wort „Umweltschutz“ im Verzeichnis der vom Salzburger Landtag verabschiedeten Gesetzestexte, so wird man erst im Jahre 2005 fündig. Damals wurde das Umweltschutz- und Umweltinformationsgesetz erstmalig erlassen. Was hat also der Landtag mit einer Geschichte von über 150 Jahren im Bereich des Umweltschutzes überhaupt geleistet? War es ihm kein Anliegen?

Der Begriff „Umweltschutz“ auch im Sinne einer staatlichen Aufgabe stammt aus dem Anfang der 1970er-Jahre. Umweltschutz war und ist letztlich nicht eine konkret definierte Aufgabe. Und doch haben sich verschiedene Rechtsmaterien und gesetzgebende Organe auf Bundes- und Landesebene im engeren und weiteren Sinne mit dem Thema befasst. Treibende Kraft war dabei immer eine gesellschaftspolitische Herausforderung in einer wachsenden Industriegesellschaft. Es ging darum, Rahmenbedingungen für ein geordnetes Handeln für die Allgemeinbevölkerung sicherzustellen, ein geregeltes Miteinander zu schaffen oder auch die Zukunftsfähigkeit eines Landes zu gewährleisten.

Abfallentsorgung – nicht nur ein hygienisches Erfordernis

Mit steigendem Wohlstand in den Nachkriegsjahren wurde der Druck, eine Regelung für die Entsorgung von Abfällen zu erlassen, immer stärker. Die Zusammensetzung des Abfalls wurde differenzierter und die Menge des Abfalls stieg rapide an. Abfälle wurden in Gräben geworfen oder verschandelten Wälder und Landschaft. Lediglich die Stadtgemeinde Salzburg hatte seit 1954 eine Regelung in der Bauordnung für die Landeshauptstadt, die eine Ermächtigung zur Einrichtung einer geordneten Müllabfuhr vorsah. In allen anderen Gemeinden konnte die Müllabfuhr lediglich auf Grundlage der freiwilligen Teilnahme der Gemeindebewohner eingerichtet werden. In den erläuternden Bemerkungen zum ersten Müllabfuhrgesetz 1957 ist diesbezüglich bezeichnenderweise zu lesen: „Über die Notwendigkeit und Zweckmäßigkeit einer öffentlichen Müllabfuhr, besonders in dichter verbauten Gebieten, erübrigt sich gleicherweise wie hinsichtlich der Schaffung einer öffentlichen Wasserversorgungsanlage oder einer Kanalisierung jede weitere Begründung. Die Müllabfuhr ist eine jener Angelegenheiten, die im modernen Gemeinschaftsleben schon längst als eine Verpflichtung der öffentlichen Hand anerkannt ist und als Maßnahme des Gemeindesanitätsdienstes in den Wirkungsbereich der Gemeinde in ihrer Eigenschaft als öffentlich-rechtliche Gebietskörperschaft fällt. Aber nicht nur als Maßnahme des Gemeindesanitätsdienstes, sondern auch vom Standpunkt der Reinhaltung des Ortsbildes und damit auch vom Standpunkt des Fremdenverkehrs kommt einer solchen Maßnahme besondere Bedeutung zu.“

Es war also von nun an Aufgabe der Gemeinden, den Müll abzuholen und auch zu entsorgen. Es entstanden daraus eine Unzahl von Ablagerungsflächen, meist in aufgelassenen Schottergruben oder sonstigen Geländevertiefungen, die mit Müll aller Art – unabhängig ob aus Haushalten, Gewerbe oder auch aus dem Gesundheitswesen – verfüllt wurden. Es vergingen mehr als 15 Jahre, bis auch die ungeordnete Ablagerung ohne Vorbehandlung und Vorsortierung der Abfälle als nicht unerhebliche Gefahrenquelle für die Zukunft erkannt und angegangen wurde. Dazu bedurfte es einer organisatorischen Infrastruktur. 1971 wurde eine Arbeitsgruppe für den Umweltschutz eingerichtet und 1973 ein dreiköpfiges Arbeitsteam beim Amt der Landesregierung für den Vollzug des Umweltschutzes. Damit war auch erstmalig der Begriff „Umweltschutz" in der Geschäftseinteilung des Amtes der Salzburger Landesregierung verankert.

Von der reinen Ablagerung zur landesweit strukturierten Abfallentsorgung

Eine Vorbehandlung von Müll vor der Ablagerung erwies sich als notwendig. Ende der 70er- und Anfang der 80er-Jahre war die Abfallwirtschaft auf neue Beine zu stellen. Zwei zentrale Müll-Klärschlamm-Kompostierungsanlagen, in Bergheim die SAB Salzburger Abfallbeseitigungsgesellschaft sowie in Zell am See die ZEMKA Zentrale Müllklärschlammverwertungsanlage, wurden errichtet und versorgten im Wesentlichen den Salzburger Zentralraum bzw. „Innergebirg". Beide Anlagen verfolgten den Gedanken, den biologischen Anteil im Müll zu kompostieren und sogar zu einem Qualitätsprodukt zu entwickeln, das wieder dem Kreislauf im Sinne einer Kompostwirtschaft zugeführt werden sollte. Eine Vorstellung, die sich später als zu idealistisch herausstellte und eine deutliche Änderung erfahren musste. Beide Anlagen sind aber Meilensteinen und Vorzeigeprojekte in der Abfallwirtschaft Österreichs und auch heute in modernisierter Betriebsweise grundsätzlich zentrale Standbeine der Salzburger Abfallwirtschaft. Mit der Errichtung dieser Anlagen einher ging die Schließung der 140 alten Ablagerungsstätten und Deponien sowie deren Rekultivierung bzw. teilweise Sanierung. Der Müll wurde von da an über die zentralen Kompostieranlagen vorbehandelt und auf eine Hand voll zentrale Deponien in reaktionsärmerer Form abgelagert.

Die späten 80er-Jahre waren eine turbulente Zeit in der Abfallwirtschaft. Die neue bevorstehende Deponieverordnung des Bundes, die schließlich 1996 erlassen wurde, gab vor, dass nur noch vorbehandelte Abfälle mit geringem organischem Restanteil auf speziellen abgedichteten Deponien abgelagert werden durften. Auch in Salzburg drohte ein Müllnotstand und die Suche nach Deponien wurde durch Proteste von allen Seiten erschwert. Bekanntestes Beispiel war die Deponie Großarl, wo aufgrund des Widerstandes der Bevölkerung letztlich das Vorhaben abgebrochen wurde. Die Gesetzesnovelle des Salzburger Abfallgesetzes sah auch eine Möglichkeit vor, Deponiestandorte per Verordnung zu deklarieren und auszuweisen. Davon machte das Land Salzburg auch vorsorglich Gebrauch, wobei aber die Notwendigkeit zur Umsetzung dieser ausgewiesenen Deponiestandorte letztlich nicht notwendig war. Große Aufregung rief die Diskussion um eine Salzburger Müllverbrennungsanlage hervor. Der mögliche Standort Stegenwald erregte die Bevölkerung und Teile der Politik. Weitere Studien zum Thema sahen neben den technischen Voraussetzungen vor allem in der Wirtschaftlichkeit einer derartigen Anlage nur in einem gemeinsamen

Vorgehen der Salzburger Wirtschaft und der kommunalen Abfallwirtschaft eine Chance. Die Emotionalisierung dieses Themas durch drohende Schadstofffrachten und Schlagworte wie die Verseuchung der Muttermilch, aber auch die fehlende Bereitschaft der Salzburger Wirtschaft, klar zu einem Anlieferungsgebot an diese Anlage zu stehen, wodurch die Wirtschaftlichkeit der Anlage in Frage stand, führten letztlich dazu, ein langfristiges Kooperationsübereinkommen mit Oberösterreich als Partner für den Teil der Verbrennung einzugehen.

Abfallbewirtschaftung als neue Herausforderung

Die rechtlichen Herausforderungen wurden sukzessive verschärft und mit der Verfassungsgesetznovelle vom 29. November 1988 wurde die Kompetenz des Landes beschränkt und dem Bund die Kompetenz für gefährliche Abfälle sowie eine Bedarfskompetenz zugesprochen, um Regelungen im Sinne einer einheitlichen Vorgehensweise zu erlassen. Die Notwendigkeit, Müll in verschiedenste Fraktionen aufzuteilen und sachgerecht einer Entsorgung zuzuführen, war sowohl auf bundes- als auch landesrechtlicher Ebene gegeben. Die Sicherstellung der notwendigen Infrastruktur im Land war eine Herausforderung und für manche Anlagenbetreiber ein erhoffter lukrativer Wirtschaftsfaktor. Die Novellen zum Müllabfuhrgesetz fanden ihre Fortsetzung im Salzburger Abfallwirtschaftsgesetz. Der Aufbau einer landesweiten Abfallberatung und einer systematischen Öffentlichkeitsarbeit zur besseren Beratung und Information der Bürgerinnen und Bürger, die Errichtung von Recyclinghöfen für mehr als 100 Gemeinden, die Errichtung und Verdichtung der Sammelsysteme für Altglas und Papier sowie die Einführung der Biotonne zur Verarbeitung zu hochwertigem Kompost machte es möglich, dass mehr als 50 Prozent der Hausabfälle als sekundäre Rohstoffe wiederverwertet werden können. Aufgabe des Salzburger Abfallwirtschaftsgesetzes war und ist auch, die finanziellen Interessen der Gemeinden und der Bürger zu berücksichtigen. Die Abfallabfuhr als Pflichtaufgabe der Gemeinde stand und steht in Konkurrenz zum Interesse auch privater Abfallwirtschaftsbetriebe, spezifische Abfallfraktionen zu sammeln. Im Sinne der Kostenminimierung war und ist es notwendig, dass nicht nur die „lästigen Kleinaufträge“ den Gemeinden als Pflichtaufgabe verbleiben, sondern diese auch mit der gemeinsamen Sammlung der hausabfallähnlichen Stoffe aus Betrieben die Möglichkeit haben, Abfallwirtschaft auch für den Bürger in einem angemessenen Kostenrahmen abzuwickeln. Eine völlige Liberalisierung des abfallwirtschaftlichen Marktes wäre eine Abkehr von diesem für die kommunale Abfallwirtschaft so wichtigem Prinzip. Im Laufe der Jahre war mit fortschreitenden rechtlichen Rahmenbedingungen insbesondere durch die EU (Abfallrahmenrichtlinie) die Notwendigkeit gegeben, das Salzburger Abfallwirtschaftsgesetz fortzuschreiben. Die jüngste Novelle 2017 geht weiter in Richtung einer Vermeidungs-, Wiederverwendungs- und Verwertungswirtschaft und wurde im Dezember 2017 vom Landtag beschlossen.

Luftreinhaltung begann mit dem Thema „Saurer Regen“

So wie Abfälle Boden und Wasser verunreinigten, so war mit fortschreitender Industrialisierung, dem Anstieg des Autoverkehrs und der Verdichtung der Bebauung die Luftqualität ein gesellschaftspolitisches Thema, das es durch gesetzliche Vorgaben zu regeln galt. 1974 wurde vom Landtag das Gesetz über die Reinhaltung der Luft (Salzburger Luftreinhaltegesetz) beschlossen mit dem Ziel, die natürliche Zusammensetzung der Luft durch Rauch, Staub, Ruß, Gase und Gerüche nicht so zu verändern, dass das Wohlbefinden des Menschen merklich beeinträchtigt wird. Dieses Gesetz und die in der Folge erlassene Luftreinhalteverordnung des Landes Salzburg bildeten die Grundlage für den Aufbau des Salzburger Luft- und Temperaturmessnetzes, welches später mit den Bezeichnungen SALIS (Salzburger Luftgüte-Informationssystem) und TEMPIS (Temperatur-Informationssystem) österreichweit auch Vorbildwirkung erlangte. An verschiedenen Messpunkten wurde mit hoch modernen, teilweise automatischen und rund um die Uhr arbeitenden Messgeräten die Luftgüte überwacht. Gerade mit dem damals stark in Diskussion befindlichen Waldsterben war primär auch die Belastung der Luft mit Schwefeldioxid, welche sich vorwiegend durch die Verfeuerung von schwefelhaltigen Brennstoffen ergab, erster Angriffspunkt. Die Luftreinhalteverordnung schränkte daher den zulässigen Brennstoff insbesondere hinsichtlich seines Schwefelgehalts für Heizungsanlagen ein und regelte auch das Abbrennen und Verheizen von Abfällen und sonstigen Stoffen im Freien, welches immer mehr auch zu erheblichen Nachbarschaftsbeschwerden und eingenebelten Tälern führte.

Luftreinhaltung war aber nicht nur im Sinne von Verboten ein Anliegen, sondern wurde ebenso als Chance für eine touristische und wirtschaftliche Entwicklung im Land gesehen. Das Salzburger Kurorte- und Heilvorkommen-Gesetz gab den Gemeinden die Möglichkeit, sich unter Einhaltung strenger Luftschadstoffgrenzwerte als Luftkurort zu bewerben und zu qualifizieren. Ein Markenzeichen, das bis heute als Werbeträger dient.

Das Feindbild „Industrie“ wird vom Verkehr abgelöst

So wie in der Abfallwirtschaft schränkte auch im Bereich der Luftreinhaltung die Verfassungsgesetznovelle von 1988 den Kompetenzbereich des Landtages erheblich ein. Luftreinhaltung war nur mehr in den Belangen der Heizungsanlagen dem Land zugewiesen, wodurch durchaus auch Nachteile für das Land entstanden, da regionale Gegebenheiten für Verbrennungsverbote von biogenen Materialien im Freien in inversionsreichen Gebirgstälern nicht mehr ausreichend berücksichtigt werden konnten.

Die Themen der Luftreinhaltung im Bundesland Salzburg wechselten mit der Zeit. Waren rauchende Schornsteine in den Nachkriegsjahren ein Symbol einer florierenden und aufstrebenden Wirtschaft, so kritisch wurden Umweltbelastungen durch Industriebetriebe aber mit fortschreitendem Wohlstand gesehen. Die Halleiner Papier- und Zellstofffabrik war als Wirtschaftsfaktor gerade für den Raum Hallein von besonderer Bedeutung, ab 1980 allerdings auch für viele ein Beispiel dafür, dass Luft und Wasser in einem Übermaß beansprucht wurden. Alle Sanierungsmaßnahmen stellten eine Gradwanderung zwischen notwendigem Umweltschutz und einem wirtschaftlichen Weiterbestand des Betriebes dar. Die langen Smogperioden, die eine Überschreitung der Grenzwerte gerade im Jahr 1982 für den Halleiner Raum brachten, führten letztlich zur Verfahrensumstellung des Betriebes und zu innerbetrieblichen Verwertung der verbrauchten Kochsäure und dem Recycling der Aufschlusschemikalien. Einher ging damit auch ein erster Sanierungsschritt für die Abwasserbelastung der Salzach. Öffentlichkeitswirksame Aktionen etwa von Greenpeace erhöhten den Druck auf Politik und Behörde, auch den zweiten Sanierungsschritt der Reduktion der Abwasserbelastung mit problematischen Inhaltsstoffen aus der Bleiche forciert anzugehen. Die Diskussion um die notwendigen und sinnvollen Schritte, aber vor allem auch über den Zeitplan dieser Maßnahmensetzungen gipfelten auch in Demonstrationen insbesondere der Belegschaft bzw. Gewerkschaft, bei denen sich auch politische Mandatare des Landes für einen Weiterbestand des Betriebes auch unter Maßgabe eines zeitlich gemäßigten Vorgehens aussprachen. Das Ergebnis dieser aufwändigen und schwierigen Gradwanderung kann sich sehen lassen. Heute ist die Halleiner Zellstofffabrik ein Vorzeigebeispiel im Hinblick auf eine erfolgreiche Umweltsanierung. Beispiele dieser Art gibt es mehrere, sei es das Heizkraftwerk-Mitte oder die Sanierung der Firma Kaindl.

War also bis Mitte der 90er-Jahre die Industrie als Feindbild der Luftverschmutzung ausgemacht, so wurde durch den stets steigenden Autoverkehr und die laxe Umsetzung EU-rechtlicher Vorgaben zur Schadstoffminderung die Dominanz der Luftverschmutzung durch den Individualverkehr immer evidenter und zeigte sich auch markant im Luftgütemessnetz des Landes.

Luftreinhaltung und uneingeschränkte Freiheit im Verkehr sind unvereinbar

Mit der Eindämmung der Schwefeldioxidemissionen rückte die Diskussion um Ozon in den Vordergrund. Mit dem Ozongesetz des Bundes und den darin vorgegebenen Grenzwerten war klar, dass diese auch in Salzburg nicht eingehalten werden konnten. Die mediale Diskussion veranlasste den Salzburger Landtag, sich im April 1990 mit einer eigenen Enquete zum Thema Ozonbelastung zu befassen. Hauptverursacher für die Ozonbildung war der steigende Verkehr und damit einhergehenden erheblichen Belastungen durch Stickstoffoxide.

Die Verkehrsbelastung und die immer kritischer werdende Haltung der Bevölkerung spiegelten sich gerade am Beispiel der zweiten Tunnelröhren der Tauernautobahn wieder. 1988/89 waren die Jahre, als die Diskussion ihren ersten Höhepunkt erreichte und der Bau der zweiten Tunnelröhre aufgeschoben wurde. Behandelte der Landtag 1968 noch das Thema Tauernautobahn Salzburg–Villach in dem Sinne, dass bedingungslos die Inangriffnahme des Projektes Tauernautobahn Salzburg–Villach eingefordert wurde, so war 20 Jahre später das Thema mehrerer dringlicher Anfragen und Abhandlungen im Landtag die Umweltbelastung durch den erheblichen Verkehr, der schon 1988 auf 4,7 Millionen Fahrzeuge pro Jahr angestiegen war und eine deutliche Steigerung in den kommenden Jahren erwarten ließ. Im Juni 1989 unterstützte der Landtag im Rahmen einer Enquete das 17-Punkte-Umweltprogramm der Salzburger Landesregierung massiv. Nicht nur Luftschadstoffe, sondern auch insbesondere die erhebliche Steigerung der Lärmbelastung durch den Transitverkehr, vor allem im Lungau, waren die zentralen und emotional geführten Themenschwerpunkte. Das Ergebnis dieses Diskussionsprozesses und das Bekenntnis zur zweiten Tunnelröhre – allerdings nur unter ganz bestimmten Rahmenbedingungen – wird wohl österreichweit mit der völligen Einhausung langer Strecken im Bereich Zederhaus und massivsten Lärmschutzbauten entlang weiter Strecken der Tauernautobahn nicht mehr so einfach zu wiederholen sein.

Der Verkehr und die daraus resultierenden Umweltbelastungen begleiten bis heute Bundes- und Landespolitik. Mit dem Kompetenzübergang ins Bundesrecht 1988 hat der Bund in der Folge auch das Immissionsschutzgesetz – Luft erlassen, welches vom jeweiligen Landeshauptmann und damit jedem Bundesland ein Maßnahmenprogramm zur Einhaltung der vorgegebenen Luftschadstoffgrenzwerte fordert.

Die Zwiespältigkeit in der Diskussion, aber auch in der politischen Willensbildung zeigte sich sehr klar, als 1990 die Diskussion um die Einführung eines Tempolimits von 80 auf Landstraßen und 100 auf Autobahnen im Bundesland Salzburg entbrannte. Im März 1990 bekannte sich die Landesregierung einstimmig dazu und beschloss, auch eine Volksbefragung durchzuführen. Trotz eines sehr massiven und positiven Einsatzes aller Regierungsmitglieder und politischen Gremien im Land in zahlreichen öffentlichen Diskussionsveranstaltungen ist sprichwörtlich in der letzten Sekunde durch eine nie da gewesene Emotionalisierung durch die Autoindustrie mit der Kampagne „80/100 nein danke" unter massivstem finanziellen Einsatz diese Abstimmung knapp gegen die Einführung eines Tempolimits ausgegangen. Markant ist dabei die Aussage im Ergebnisbericht der Werbeagentur, der anmerkt, dass durch sachliche Argumente dem Thema nicht mehr beizukommen war und daher eine Emotionalisierung unter Heranziehung aller (Anmerkung: moralisch und demokratiepolitisch mehr als fragwürdigen) Mittel notwendig war, um die Stimmungslage in der Bevölkerung zu kippen. Bis heute lässt diese Thematik die Salzburger Landespolitik und auch den Salzburger Landtag nicht zur Ruhe kommen. Mit dem Immissionsschutzgesetz – Luft und der Verpflichtung des Landes, Maßnahmen zur Hintanhaltung gesundheitlicher Auswirkungen zu setzen, wurde als effizienteste Maßnahme zur Reduktion der Luftschadstoffbelastung 2004/05 ein Tempolimit von 100 auf einem Teilabschnitt der Tauernautobahn eingeführt und unter dem massiven Druck, hier auch situationsbedingt zu agieren, dieses 2008 in ein flexibles Tempolimit 100 umgewandelt. Die Missachtung von EU-Vorgaben für Schadstoffgrenzwerte durch die Autoindustrie mit fragwürdigen Methoden bis hin zum Einsatz von betrügerischen Mitteln ließ die Schadstoffbelastung weiter auf höchstem Niveau und über Grenzwerten stagnieren. Die gesundheitspolitisch notwendige Einführung eines weiteren Tempolimits auf der Autobahn rund um Salzburg mit einem flexiblen Tempolimit von 80/100 zeigt die vielleicht nicht immer leichte Situation eines Salzburger Landtages auf: In mehreren Diskussionen wurde vehement über Sinn und Unsinn, über Verhältnismäßigkeit und Einschränkung der Freiheit in jeder Hinsicht auch kontroversiell diskutiert und versucht, durch Anträge aller Art und Beschlussvorschläge Festlegungen zu treffen. Wie mehrfach bei vergleichbaren Diskussionen über Vollzugsaufgaben von

Bundesrecht musste der Landtag aber auch zur Kenntnis nehmen, dass seine Zuständigkeit Grenzen hat.

Wasser – eine Erfolgsgeschichte im Land

Vorzeigbar sind die Erfolge im Bereich des Gewässerschutzes insgesamt. Der Ausbau der Kanalisation und die Errichtung und Verbesserung der kommunalen Kläranlagen, Maßnahmen zur Hintanhaltung der Düngung im Einzugsbereich unserer Seen und weitere betriebliche Abwasserreinigungsmaßnahmen haben dazu geführt, dass nicht nur die Salzach heute einen hohen Qualitätsstandard aufweist, sondern auch Salzburgs Seen weitgehend Trinkwasserqualität besitzen. Mit der Wasserrahmenrichtlinie 2003 war die Möglichkeit gegeben, ökologische Maßnahmen mitzufinanzieren und wurden Fischpässe oder morphologische Maßnahmen an Gewässern damit ermöglicht. Der Bedeutung eines gesunden und natürlichen Trinkwassers im Bundesland wurde im Jahre 2004 mit einem Landtagsauftrag Folge geleistet und der Dachverband der Salzburger Wasserversorger gegründet, womit über 600 Gemeinde- und Genossenschaftsanlagen unterstützt und damit auch die Kleinstrukturiertheit der Wasserversorgung aufrechterhalten werden konnte. Es war auch eine Trinkwasserverunreinigung im Halleiner Trinkwassereinzugsgebiet, die der Landespolitik klar machte, dass eine entsprechende Ausstattung des amtlichen Umweltschutzes im Land eine unbedingte Voraussetzung für eine qualitativ notwendige Umweltüberwachung ist. 1989 wurde nach langen Vorbereitungen vom Landtag der Auftrag an die Regierung erteilt, ein „chemotechnisch und hydrobiologisch nutzbares Labor nach dem neuesten Stand der Technik einzurichten und diesbezüglich auch die fachlich erforderlichen personellen Maßnahmen zu veranlassen". Diese Einrichtung, die unter dem Gesichtspunkt der Sparsamkeit auch eine Kooperation mit mehreren laboranalytischen Einrichtungen im Land hat, ist sicher österreichweit ein Vorbild, wie man mit wenig finanziellem Aufwand viel für die notwendige Umweltüberwachung leisten kann.

Sind wir am Ziel angelangt?

Umweltschutz lebt aber nicht vom amtlichen Tun oder auch dem gesetzlichen Gebot oder Verbot alleine. Voraussetzung für einen erfolgreichen Umweltschutz ist, dass die Zivilgesellschaft sich mit diesen Themen identifizieren kann, aktiv beiträgt und Vorbild auch für die nächste Generation darstellt. Unter diesem Gesichtspunkt hat 1982 der Landtag beschlossen, mit der Schaffung eines Natur- und Umweltschutzpreises jene Personen und Institutionen auszuzeichnen, die Außergewöhnliches geleistet haben. Eine Möglichkeit, jenen auch einen Dank zu sagen, die sich ehrenamtlich und unter Heranziehung ihrer eigenen Freizeit und Mittel für Umwelt und Natur engagieren.

Stand am Anfang die Frage, ob dem Landtag in seiner über 150-jährigen Tätigkeit überhaupt eine Rolle im Bereich des Umweltschutzes zukam, so zeigen die Beispiele, dass auch bei eingeschränkter Kompetenzlage durchaus die Unterstützung des Landtages in der politischen Willensbildung, im Herantragen der Themen auch an die zuständigen Stellen des Bundes und der EU, aber auch in der politischen Willensbildung der Regierung in ihrer Tätigkeit der mittelbaren Bundesverwaltung eine nicht unerhebliche Steuerungsrolle zukommt. Dies auch durch die Bereitstellung entsprechender finanzieller Mittel, um Umweltschutz auch durch Fördermaßnahmen einerseits, aber auch durch die Ausstattung des amtlichen Vollzugsapparates schlagkräftig zu unterstützen.

Die europäische Gesetzgebung wird dem Landtag gerade im Umweltbereich mit seinen grenzüberschreitenden Auswirkungen den möglichen Einfluss durch klare Zielvorgaben einschränken und ihm gleichzeitig die Chance geben, seine Rolle neu zu definieren. Ein gemeinsames Vorgehen bedarf der regionalen Wahrnehmung und Umsetzung großer Ziele. Ressourcenschonung wird ebenso wie etwa Energie- und Klimapolitik in Brüssel vorgegeben, zum Leben erweckt werden diese Vorgaben durch Tun auf Ebene der Staaten und hier durch Aktivitäten der regionalen und lokalen Institutionen, sei es auf freiwilliger Basis durch Bewusstseinsbildung, Förderung und Unterstützung oder durch Umsetzungsvorgaben auch auf landesrechtlicher Ebene.

Eberhard Stüber

Naturschutzpolitik – eine konfliktbeladene Herausforderung

Von der Gründung des Salzburger Landtages 1861 zum Ersten Weltkrieg

Adolf Ritter von Guttenberg (1839–1917) (Foto: Österreichischer Naturschutzbund/Reinhold Christian)

Trotz der Niederlage der Revolution des Jahres 1848 blieben als Ergebnis die formelle Gleichheit aller Bürger vor dem Gesetz, eine Landreform und die Aufhebung der Jagdberechtigung des Adels auf fremden Boden. Für den Schutz der Natur hatte dieser Umbruch Vor- und Nachteile. Denn durch die neuen Freiheiten und die verbesserten Verkehrsmöglichkeiten war es vielen Bürgern nun möglich, Naturbesonderheiten ihres Landes und vor allem das damals noch schwer zugängliche, gefahrvolle Alpengebiet kennenzulernen. Bergsteiger und Botaniker berichteten von großartigen Naturschauspielen und außergewöhnlichem Reichtum an Bergblumen und sie begeisterten immer mehr Menschen zum Wandern in der Natur.

1862 wurde bereits der Österreichische Alpenverein gegründet, 1869 folgte der Österr. Touristenklub und 1895 der „Touristenverein Die Naturfreunde". Auch wenn zunächst der Bergsport das Hauptziel dieser Vereine war, entwickelten sie sich im Laufe der Zeit zu Verteidigern der großen Naturwerte des Alpenraumes und zu starken Mahnern an die Politik. Im Mittelpunkt der Kritik stand damals die kritische Situation der stark abgeholzten Alpenwälder, die somit ihre wichtige Schutzfunktion für die menschlichen Siedlungen nur noch schlecht erfüllen konnten. Um die Waldsituation zu verbessern, erwarben sich zwei Salzburger, Adolf Ritter von Guttenberg (1839–1917) und August Prinzinger (1851–1918) größte Verdienste. Guttenberg war der Sohn eines Forstamtsleiters in Tamsweg. Nach mehreren Funktionen im Forstbereich erhielt er 1877 eine Professur für Forstwirtschaft an der Hochschule für Bodenkultur in Wien. Prinzinger war Rechtsanwalt und als Vertreter des Großgrundbesitzes von 1896 bis 1909 Abgeordneter im Salzburger Landtag und von 1907 bis 1909 auch Landeshauptmann-Stellvertreter. Beide kämpften für eine neue Waldgesinnung und die Erkenntnis, dass Wälder nicht nur Holzproduzenten sind, sondern auch eine vielfältige Aufgabe zur Erhaltung einer lebenswerten Umwelt für den Menschen erfüllen. Zusätzlich zu dieser Schutzfunktion der Wälder – Wasserrückhaltung, Sauerstoffproduktion und Erhaltung des Waldklimas – haben nach Meinung beider Waldaktivisten natürliche Wälder auch eine ästhetische, psychohygienische und psychosoziale Funktion. Beide Naturschutzpioniere forderten damals bereits die Erhaltung besonders schöner alter Baumgestalten und urwaldähnlicher Waldbereiche zur Freude und Erbauung der Waldwanderer. (Guttenberg, 1889 und Prinzinger, 1896)

Das 1852 erlassene kaiserliche Reichsforstgesetz wurde zum wichtigsten Gesetz zum Schutz der Wälder und letztlich auch unserer Kulturlandschaft. Als Rahmengesetz diente es als Grundlage für die Ausführungsgesetze der Länder. Beim Reichsforstgesetz ging es im Wesentlichen um die Walderhaltung, die Wieder-

Edelweiß (Leontopodium alpinum) (Foto: Roman Türk)

aufforstung und die eingeschränkte Nutzung auf erosionsgefährdeten Böden. Das notwendige Salzburger Landesforstgesetz trat nach langer Diskussion im Salzburger Landtag erst am 11. Dezember 1899 in Kraft. Weitere Beschlüsse des Salzburger Landtages im Bereich des Naturschutzes betrafen die Jagd. Nach Aufhebung der „Jagdgerechtigkeit auf fremdem Boden“ am 5. Oktober 1848 erlaubte das Jagdgesetz jedem Bürger auf eigenem Grund und Boden die Jagd auszuüben. Die Grundbesitzer haben von diesem Recht reichlich Gebrauch gemacht und ihre „Nahrungskonkurrenten“, vorwiegend Reh- und Rotwild sowie Greifvögel, rücksichtslos beseitigt, was bei den damaligen Kleinbauern im Gebirge durchaus verständlich war. Reh- und Rotwild sowie Greifvögel wurden damals in weiten Bereichen unseres Landes stark zurückgedrängt bzw. völlig ausgerottet. Am 7. März 1849 bestätigte der neue Kaiser Franz Joseph I. diese Regelung, legte aber, um die Wildbestände nicht gänzlich zu vernichten, eine Mindestreviergröße von 115 ha fest. In kleineren Revieren wurde die Jagd den betreffenden Gemeinden zugewiesen. Seit den 1880er-Jahren beschäftigte sich auch der Salzburger Landtag intensiv mit der Erstellung eines Salzburger Jagdgesetzes.

Der erste Schutz einer Pflanze durch den Salzburger Landtag war das „Edelweiß-Schutzgesetz“. Durch den Bergsteigerboom im 19. Jahrhundert wurde das Edelweiß (Leontopodium alpinum) die edelste und bekannteste Alpenpflanze. Den Bergbewohnern war diese Blume als Heilpflanze für Mensch und Tier unter dem Namen „Bauchwehbleamal“ längst bekannt. Da das meist Felsen bewohnende Edelweiß kaum verwelkt, konnte man diese Blume mit ihrem großen „Blütenschirm“ als Geschenk oder Andenken leicht mit nach Hause nehmen. Der hohe Bekanntheitsgrad beflügelte auch den Handel. So wurden allein in Innsbruck jährlich etwa 50.000 Edelweiß verkauft, und eine Firma in Wien hatte ca. drei Millionen Stück dieser Alpenpflanze auf Lager. (Straubinger 2009) Der starke Rückgang des Edelweiß in leichter erreichbaren Regionen hat den österreichischen Touristenklub bewogen, von den Bundesländern Schutzmaßnahmen einzufordern.

Der Salzburger Landtag war hier sogar Vorreiter und begann bereits am 15. Dezember 1885 mit der Diskussion über ein Edelweiß-Schutzgesetz. Abgeordneter

Matthias Neumayer, ein Pinzgauer Großgrundbesitzer, war Berichterstatter. Er begründete seinen Schutzantrag mit der Schönheit der Blume als Gottes Schöpfung und als Schutz des Kulturlandes vor Hochwasser und Vermurung. Besonders wichtig war ihm aber der soziale Grund. Er meinte, junge Burschen würden mit dem Sammeln dieser Blume für den Verkauf mehr Geld verdienen als in der Landwirtschaft und gingen daher gerade im Sommer als wichtige Arbeitskräfte verloren. Am 17. Februar 1886 trat schließlich ein gegenüber den Wünschen des österreichischen Touristenklubs völlig verwässertes Edelweißgesetz in Kraft, mit dem nur das Ausgraben und der Verkauf der Pflanze mit Wurzeln, nicht aber der Handel mit dem Edelweiß selbst untersagt wurde. Abg. Dr. Keil verwies in der Debatte darauf, dass auch andere Alpenpflanzen wie die Enziane – besonders der pannonische Enzian, nach Aussagen des Salzburger Botanikers und Arzt Anton Sauter sich stark im Rückgang befinden und dringenden Schutzes bedürften. Enziane hätten auch eine medizinische Bedeutung, sie würden aber in großer Zahl ausgegraben und ihre Wurzeln zum Schnapsbrennen verwendet. Diese Forderung fand im damaligen Landtag jedoch kein Gehör. Erst am 14. April 1915 – mitten im Ersten Weltkrieg – wurde ein Gesetz verabschiedet, wonach das Ausgraben des Edelweiß samt Wurzeln auch auf eigenem Grund und das Veräußern dieser Pflanze verboten wurde.

Ein erstes Gesetz zum Schutz von wildlebenden Tieren in diesem Zeitabschnitt war das „Gesetz betreffend den Schutz der für die Bodencultur nützlichen Thiere“ vom 18. Jänner 1872. Das Gesetz geht auf ein Gutachten der Österreichischen Forstakademie in Maria Brunn für die Beratungen der Landtage zu Beginn der 1860er-Jahre zurück. Man hat damit die wildlebenden Tiere in für den Menschen „nützliche und schädliche“ eingeteilt. Zu den „Nützlichen“ gehörten ca. 80 Vogelarten, weiters Igel, Fledermaus, beide Wiesel, Maulwurf, Natter, Eidechse und Kröte. Die sogenannten „Schädlinge“, zu denen unter den Vögeln vor allem die Greifvögel gehörten, hatten damit kein Recht auf Existenz. Die sogenannten nützlichen Vögel waren allerdings nur während der Brutzeit vom 1. Februar bis zum 31. August geschützt. In der übrigen Zeit durften sie mit Genehmigung des Grundbesitzers gefangen, getötet und auf den Märkten und in den Speisehäusern angeboten werden. Auch das Fangen und Töten der angeführten nützlichen Amphibien, Reptilien und Säugetiere war im Bereich von Häusern, Höfen, Gärten und bei kulturschädlicher Überhandnahme noch möglich. Trotz mancher Verbesserungen in den Folgejahren wurde diese Klassifizierung erst im Landesnaturschutzgesetz 1929 grundsätzlich geändert.

1909 wurde in München der „Verein Naturschutzpark e. V.“ mit dem Ziel gegründet, die Lüneburger Heide zu erhalten und in den Hohen Tauern einen „Alpenpark“ zu errichten. Die österreichischen Mitglieder dieses Vereins gründeten 1912 mit Adolf Ritter von Guttenberg an der Spitze einen Ableger „Österreichischer Verein Naturschutzpark“ mit Sitz in Wien. Auf Vermittlung von Abg. August Prinzinger kaufte dieser Verein 1913 und 1914 Gebiete im damals noch völlig naturbelassenen inneren Stubach- und Amertal, mit einer Gesamtgröße von 11 km^2. Das Fernziel dieses Vereins war damals schon ein „Nationalpark Hohe Tauern“. 1910 kam es in Salzburg noch zur Gründung vom für die Entwicklung des Naturschutzes in der Zwischenkriegszeit recht bedeutsamen „Verein für Heimatschutz“. Mitbegründer dieses Vereins waren u. a. die Abg. August Prinzinger, Leopold Scheibl und Arthur Stölzel. Es ging ihnen vor allem um die Erhaltung der großartigen landschaftlichen Schätze und der kulturellen Besonderheiten unseres Salzburger Landes. Sie forderten schon damals vom Landtag diesbezügliche Beschlüsse.

Vom Ersten Weltkrieg bis 1938

In den schwierigen Jahrzehnten nach dem Ersten Weltkrieg entstand eine neue Naturschutzbewegung mit verschiedenen Vereinen und Verbänden. Als bedeutendster Naturschutzverein mit starkem Einfluss auf die Naturschutzpolitik entstand 1924 der Österreichische Naturschutzbund. Vorläuferverein war der von Adolf von Guttenberg 1912 gegründete österr. Verein Naturschutzpark, der am 4. Februar 1924 in Österreichischen Naturschutzbund umbenannt wurde. Der erste Präsident dieses neuen Vereines war Günther Schlesinger, der seit 1917 die Fachstelle Naturschutz im Bundesdenkmalamt leitete. Er setzte sich mit großem Einsatz für die Schaffung der ersten Landesnaturschutzgesetze ein und versuchte, in den Bundesländern initiative Persönlichkeiten zu gewinnen. In Salzburg war dies Eduard Paul Tratz, der 1919 ein Vogelmuseum im Monatsschlösschen in Hellbrunn und 1924 das Haus der Natur in Salzburg gründete. Erste Initiativen für ein Naturschutzgesetz in Salzburg scheiterten zunächst am massiven Widerstand der Bauern als Grundbesitzer. Lediglich ein unbedeutendes Pflanzenschongebiet mit sechs Pflanzenarten im Hinterstubach- und Amertal 1921 und ein weiteres mit 14 Pflanzenarten im Bereich Göll, Hagengebirge, Hochkönig und Steinernes Meer im Jahr 1923 konnte zunächst verwirklicht werden. Selbst ein Gesetzesentwurf zum Schutze des Landschaftsbildes gegen Verunstaltung durch Reklame, den Abg. Prinzinger bereits 1906 eingebracht hatte, benötigte wegen der Proteste der Reklameindustrie 20 Jahre bis zu seinem Beschluss im Landtag. Abg. Julius Haagn, der 1925 diesen Entwurf im Landtag wieder urgierte, meinte, „er hoffe, dass dies nicht wieder ein Leichenbegängnis erster Klasse werde wie seinerzeit beim Abg. Prinzinger". Die Äußerung von Haagn beeindruckte offenbar die Abgeordneten, sodass dieses Gesetz 1926 beschlossen wurde.

Das erste Salzburger Naturschutzgesetz

Am 26. Mai 1929 trat schließlich nach langer und gründlicher Debatte in den Ausschüssen das von Dr. Karl Ledochowski-Thun erstellte und vom naturliebenden damaligen sozialdemokratischen Landeshauptmann-Stellvertreter Robert Preußler unterstützte „Erste Salzburger Landesnaturschutzgesetz" in Kraft. Bei der Generaldebatte am 26. Februar 1929 ging es im Wesentlichen um die Bestätigung, dass im Gesetz die besonderen Wünsche der Bauern berücksichtigt wurden. Die Debatte wird in Auszügen in Anhang wiedergegeben. Neu in diesem Gesetz war der Schutz von „Naturgebilden" (Naturdenkmäler) von besonderer Schönheit, Eigenart oder wissenschaftlichem Wert, vor allem, wenn sie der umgebenden Landschaft ein besonderes Gepräge verleihen (z. B. alte Baumgestalten, Wasserfälle, Seen, Klammen, interessante Felsgebilde u. a.). Damit wurde eine lange Diskussion zwischen Bund und Ländern, ob Naturdenkmäler wie die Kulturdenkmäler durch ein Bundesgesetz, oder durch ein Landesnaturschutzgesetz geschützt werden sollten, beendet. Da der Bund hier wenig Initiative zeigte, nahm Salzburg die Naturdenkmäler in sein neues Naturschutzgesetz auf und behielt schließlich auch Recht. Neu waren auch die sogenannten „Banngebiete“ (geschützte Naturbanngebiete). Dadurch konnten Gebietsflächen, die wegen ihrer hervorragenden landschaftlichen Bedeutung erhaltungswürdig sind, mit Zustimmung der Besitzer und Verfügungsberechtigten zu geschützten Naturbanngebieten erklärt werden. Es war dies eine Art Vorstufe späterer Landschaftsschutzgebiete. Eine Besonderheit dieses Gesetzes war auch ein vorsichtiger Ortsbildschutz. Wenn das Landschafts-, Orts- oder Stadtbild einer Gemeinde besonders erhaltenswert war, konnte nach dem Gesetz die Landesregierung, nach Zustimmung der Gemeinde, eine diesbezügliche Verordnung erlassen.

Neu war ebenso der Pflanzen- und Tierschutz mit aufgelisteten 37 Pflanzen- und vielen Tierarten. Dass dieses Gesetz schließlich zustande kam, verdanken wir den besonderen Bemühungen des Salzburger Hauses der Natur mit seiner Zoologisch-Botanischen Arbeitsgemeinschaft, dem Österreichischen Naturschutzbund und dem damaligen Verein für Heimatschutz in Salzburg. Auf Grund dieses Gesetzes wurden in den 1930er-Jahren bereits Verordnungen zum Schutz von Landschaften und Ortsbildern, z. B. Mönchsberg, Festungsberg und je 500 Meter um das Ufer des Fuschlsees, erlassen. Außerdem wurden 16 „Naturgebilde“ von besonderer Eigenart und Wert zu geschützten Naturgebilden erklärt, darunter die Kaiserbuche, die Dorflinde von Faistenau, die Plötz in Ebenau, das Langmoos im Lungau, der Felbertaler Hintersee und die Gletschermühle in Bad Gastein.

NS-Zeit 1938–1945

Nach dem Anschluss Österreichs an Deutschland galt ab dem 10. Februar 1939 auch im „Reichsgau Salzburg“ das Reichsnaturschutzgesetz von 1935, einschließlich einer Novelle von 1938. Dabei gilt es, zwischen der durchaus fortschrittlichen Konzeption seiner fachlichen Bestimmungen und der ideologischen Instrumentalisierung (insbesondere die Präambel) zu unterscheiden. Es wäre verfehlt, das Reichsnaturschutzgesetz als „Nazi-Gesetz“ abzustempeln, da einige Neuerungen, die in ihm enthalten sind, lange vor 1933 erarbeitet und propagiert wurden. (Straubinger 2009) Im Gegensatz zum Salzburger Landesnaturschutzgesetz von 1929 enthielt das Reichsnaturschutzgesetz auch Bestimmungen über einen „Lebensraumschutz“ in Form von Naturschutzgebieten oder ökologisch wertvollen Bereichen der Kulturlandschaft. Landschaftsbereiche, die von einem großen im Staatsbesitz stehenden Naturschutzgebiet umschlossen sind und zum Zwecke des Naturschutzes wichtig erscheinen, konnten nach dem Gesetz auch durch Grundtausch enteignet werden. Eine wesentliche Neuerung war im Gesetz die Verpflichtung von Reichs-, Staats- und Kommunalbehörden vor Genehmigung von Maßnahmen oder Planungen, die zu wesentlichen Veränderungen der freien Landschaft führen könnten, die zuständigen Naturschutzbehörden rechtzeitig zu beteiligen. Dies bedeutete eine wesentliche Mitsprache des Naturschutzes in der Landesplanung.

Die oberste Naturschutzbehörde war während der NS-Zeit beim Reichsforstministerium eingerichtet. Ab 1941 gab es dort unter der Leitung von Lutz Heck eine eigene Naturschutzabteilung, die sich auch mit der Planung von Nationalparks in Deutschland beschäftigte. Im Reichsgau Salzburg war für den Naturschutz der Gauleiter verantwortlich. Zum Gaubeauftragten für Naturschutz, der höheren Naturschutzbehörde, wurde Eduard Paul Tratz bestellt. Ledochowski-Thun verblieb auch während der NS-Zeit als leitender Beamter der höheren Naturschutzbehörde in Salzburg. Der Österreichische Naturschutzbund wurde am 30. Jänner 1939 aufgelöst und gemeinsam mit anderen Vereinen in die neue, von Günther Schlesinger geleitete „Donauländische Gesellschaft für Naturschutz und Naturkunde" eingegliedert. Die anfängliche Euphorie bei der höheren Naturschutzbehörde und den Naturschützern, die auf Grund des Reichsnaturgesetzes auf einen stärkeren Naturschutz hofften, wich allerdings bald der Enttäuschung, da nur wenige Vorhaben realisiert werden konnten.

Die Nachkriegszeit 1945–1957

Durch das starke Wirtschaftswachstum nach dem Zweiten Weltkrieg, die Umstrukturierungen der vielfältigen vorindustriellen Landwirtschaft in eine maschinengerechte Produktionslandwirtschaft, den beginnenden Tourismusboom und die Forderung der E-Wirtschaft nach Wasserkraftnutzung bis zum letzten Wildbach und Wasserfall hatte der Naturschutz zunächst keinen Stellenwert. Mit den neuen Großmaschinen war es auch möglich, ganze Landschaftsbereiche in kürzester Zeit zu verändern. 1952 gründete der Autor, Schüler des renommierten Innsbrucker Naturwissenschafters Helmut Gams, die Naturschutzjugend, um die Jugend durch Naturbeobachtung und das „Abenteuer in der Natur" für den Schutz der Natur zu begeistern. Am 7. Dezember 1955 stellte diese im Rahmen eines großen Festaktes, an dem fast die gesamte Landes- und Stadtregierung teilnahm, konkrete Naturschutzforderungen an die Landesregierung, wie ein eigenes Naturschutzreferat (bisher ein Anhängsel des Kulturreferats), ein neues Naturschutzgesetz, den Schutz der Krimmler Wasserfälle, der Salzachöfen und letztendlich die Erhaltung der einzigartigen Vogelbrutgebiete mit Brachvögeln und Kiebitzen an den Flachgauer Seen. Am 24. März 1963 gab es bereits eine Kundgebung der Naturschutzjugend im Salzburger Kongresshaus mit über 2.000 Jugendlichen für einen Nationalpark Hohe Tauern und die endgültige Erhaltung der Krimmler Wasserfälle. Eine wichtige Weichenstellung für den Naturschutz im Land Salzburg war die Schaffung einer eigenen Landesgruppe des Naturschutzbundes im Jahr 1960. Der Naturschutzbund wurde nach seiner Auflösung in der NS-Zeit 1948 wieder gegründet und dann föderalistisch in Landesgruppen umgebaut. Zwei Jahre nach der Kundgebung der Naturschutzjugend trat am 24. Juli 1957 das neue dringend notwendige Landesnaturschutzgesetz mit zeitgemäßen Verbesserungen gegenüber dem ersten Landesnaturschutzgesetz 1929 in Kraft. Neu in diesem Gesetz war der vom Naturschutzbund schon lange geforderte „Naturgebietsschutz". Danach konnten Gebiete mit völliger oder weitgehender Ursprünglichkeit (Urwald, Moore etc.) zu „Vollnaturschutzgebieten" und Gebiete mit seltenen Tier- und Pflanzenarten oder Naturdenkmälern zu „Teilnaturschutzgebieten" erklärt werden. Bei Nutzungsentgang war eine Entschädigung vorgesehen. Zur Sicherung eines Vollnaturschutzgebietes konnte die Landesregierung auch eine Enteignung mit entsprechender Entschä-

Naturdenkmal Salzachöfen in Golling
(Foto: Eberhard Stüber)

digung durchführen, wie sie auch im Reichsnaturschutzgesetz vorgesehen war. Neu war schließlich noch die Einrichtung eines Naturschutzbeirates als beratendes Gremium der Landesregierung. Mitglieder des Beirates waren Vertreter der Kammern, Interessensverbände, NGOs und Experten.

In den Folgejahren wurden neben der Übernahme von Landschaftsschutzgebieten aus der NS-Zeit, die zeitgemäß ergänzt wurden, eine ganze Reihe neuer, teilweise großflächiger Landschaftsschutzgebiete erlassen. Zu den größten gehören: die Landschaftsschutzgebiete „Wildgerlostal – Krimmler Achental – Ober- und Untersulzbachtal" und „Tennengebirge, Göll – Hagengebirge – Hochkönig – Steinernes Meer".

Die 1960er- und 1970er-Jahre. Beginn starker Bürgerproteste gegen die Zerstörung grossartiger Landschaftsbereiche

Die Bevölkerung wurde kritischer und selbstbewusster. Entscheidungen über die Köpfe der Bürger hinweg wurden nicht mehr akzeptiert, ganz besonders, wenn es um landschaftliche Schätze mit weitreichender Bedeutung geht. Naturschutzverbände, die diese Anliegen der Bürger unterstützten, hatten großen Zulauf wie die Bürgerbewegung in Lofer und St. Martin, die sich 1959 gegen die drohende Zerstörung ihrer Tallandschaft durch einen Stausee mit starken Spiegelschwankungen und beträchtlicher Schotterzufuhr formierte. Das Wasser des Stausees wäre in einem geplanten Kraftwerk in Reit abgearbeitet worden. Den

Landeshauptmann DDr. Hans Lechner umringt von Demonstranten gegen das Loferer Kraftwerk 1965 (Foto: Eberhard Stüber)

Höhepunkt bildete das Jahr 1965, als auf Grund eines einstimmigen Beschlusses der Salzburger Landesregierung über den Bau eines Kraftwerkes in Reit alle ÖVP-Mitglieder Lofers aus der Partei austraten.

Angesichts der bevorstehenden Nationalratswahl intervenierte Bundeskanzler Josef Klaus beim Verbund, der am 1. Februar 1966 der SAFE mitteilte, dass der Verbund über eine Überproduktion elektrischer Energie verfüge und Strom daher zu einem günstigeren Preis zur Verfügung stellen könne als die durch die Inbetriebnahme des Kraftwerkes Lofer-Reit der Fall wäre. Im Juli 1966 teilte Bundeskanzler Josef Klaus dem Loferer Bürgermeister Sepp Färbiger das endgültige Aus für den geplanten Kraftwerksbau mit.

Bereits 1899 waren zum ersten Mal Schutz- und Nutzungsinteressen um die Krimmler Wasserfälle aufeinandergeprallt. Eine Wiener Firma wollte in Krimml eine hydroelektrisch betriebene große Fabrik errichten. Das hierfür benötigte Wasser sollte beim Schönangerl in drei Druckrohren ausgeleitet werden. Abg. Alois Fürschnaller aus Bramberg richtete an die Landesregierung eine Anfrage mit der Befürchtung, dass durch diese Anlage die Naturschönheit des Wasserfalles zerstört und damit der beginnende Fremdenverkehr geschädigt werden würde. Ein Hintergedanke war allerdings, dass die Bauern dadurch für sie wichtige Arbeiter an die Industrie verlieren würden. Landespräsident Clemens Graf Saint-Julien-Wallsee meinte, die Industrie bringe Wohlstand und Reichtum, schaffe Arbeit und Geld. Die Fabrik mit dem Kraftwerk ließe sich mit den touristischen Interessen vereinbaren. Abg. Prinzinger forderte hingegen, durchaus erfolgreich, vom Landtag, dass jedes Projekt, das die Naturschönheit und die Großartigkeit des Wasserfalles beeinträchtigte, abgelehnt werden müsse. Der Landtag beschloss daher in seiner Sitzung am 20. April 1899 ein Gesetz betreffend den „Schutz hervorragender Naturschaustücke". Das Gesetz blieb jedoch beim Ackerbauministerium unerledigt.

1949/50 versuchte die TIWAG für ein geplantes Ausleitungsprojekt der Krimmler Ache die Erklärung zum bevorzugten Wasserbau zu erreichen. Dieses

Verleihung des Europadiploms an die Krimmler Wasserfälle 1967 (Foto: Eberhard Stüber)

Ersuchen erregte österreichweit einen Sturm der Entrüstung. Der Österreichische Naturschutzbund veranstaltete gemeinsam mit dem Alpenverein Protestkundgebungen und beim ersten Naturschutztag des Naturschutzbundes 1951 in Krimml sprachen sich dann die Oberpinzgauer Bürgermeister, die Landtagsabgeordneten und vor allem Landeshauptmann Josef Klaus einstimmig gegen dieses Projekt aus, das die TIWAG 1953 dann zurückzog. Daraufhin erklärte die Salzburger Landesregierung 1958 das Krimmler Achental einschließlich der Wasserfälle zum Landschaftsschutzgebiet und 1961 die Wasserfälle mit dem umliegenden Bereich zum Naturdenkmal.

Trotzdem war dieses Ringen um die Wasserfälle noch nicht zu Ende. Auch die Tauernkraftwerke liebäugelten noch mit einer geringfügigen Nutzung von 30 Prozent des Wassers. Es gab ein Ansuchen um ein Kleinkraftwerksprojekt beim Schönangerl, und Franz Wallack wollte als Touristenattraktion „die neue Gerlosstraße mit einer Schleife und einem Parkplatz am unteren Krimmler Wasserfall vorbeiziehen". Intensive Gespräche zwischen dem Autor als Vertreter des Naturschutzbundes und Landeshauptmann Hans Lechner führten schließlich dazu, dass auch dieses Projekt von der Landesregierung abgelehnt wurde. Mit der Verleihung des „Europäischen Naturschutzdiploms" 1967 und die Einbeziehung der Wasserfälle in den Nationalpark Hohe Tauern 1984 waren diese „bedeutendsten Wasserfälle Europas" endgültig gerettet.

Anfang der 1970er-Jahre kam es durch die geplante Verbauung der Grünflächen, die als „grüner Keil" an der Hellbrunner Allee und im Bereich von Freisaal am Südrand der Stadt Salzburg bis zum Festungsberg hineinreichen, zum Aufstand der Bürger unter der Initiative von Richard Hörl und Herbert Fux. Beide gründeten die „Salzburger Bürgerbewegung", die die geplante Zerstörung einer der prägendsten Salzburger Stadtlandschaften erfolgreich bekämpfte und in der Gründung der Bürgerliste als neuer politischer Partei ihren Niederschlag fand. 1970 proklamierte der Europarat in allen seinen Mitgliedsstaaten die Durchführung eines „Europäischen Naturschutzjahres". Ein österreichischer Beitrag, auf besonderen Wunsch des Naturschutzbundes, war eine erste Initiative für den Nationalpark Hohe Tauern, die 1971 durch die Vereinbarung von Heiligenblut zur Schaffung eines Nationalparks Hohe Tauern verwirklicht wurde.

1972 wurden auf Grund des Naturschutzgesetzes von 1957 die ersten Naturschutzgebiete an den Trumer Seen und den Egelseen bei Mattsee erlassen. Dann folgten die Naturschutzgebiete am Wallersee, Wolfgangsee, Fuschlsee und Zeller See. 1976 kamen noch das Naturschutzgebiet Hammerauer Moor im Vorfeld des Untersberges und das Winklmoos im Heutal bei Unken dazu. Im selben Jahr erfolgte die Eröffnung des Instituts für Ökologie des Hauses der Natur im Schloss Arenberg, dessen Aufbau der Autor dieses Beitrages 1973 begonnen hatte. Das Ziel dieses Institutes war, Initiativen für Natur- und Umweltschutz in Salzburg zu setzen und die Landesregierung durch Fachgutachten zu unterstützen. Der erste große Auftrag war eine „Studie über die umwelthygienisch-ökologische Situation der Stadt Salzburg", an der eine Reihe von Wissenschaftlern und technischer Fachkräfte mitgearbeitet haben. Die Ergebnisse mit dringendem Handlungsbedarf wurden am 18. Juni 1975 im Salzburger Kongresshaus der Stadtregierung und den Bürgern vorgestellt. Stadtregierung und Medien bezeichneten diese Studie als „Magna Charta Salisburgensis". (Stüber et al. 1975)

Naturschutzgesetz 1977 – Gesetz über den Schutz und die Pflege der Natur im Land Salzburg

Nach den Ereignissen der 1960er- und 1970er-Jahre war ein neues, den Zeiterfordernissen entsprechendes Naturschutzgesetz dringend notwendig. Entsprechend dem Titel hatte das Gesetz mit der „Pflege der Natur" eine neue Zielrichtung. Außerdem war die gesamte Natur von jedermann nach Maßgabe der Bestimmungen dieses Gesetzes zu schützen und zu pflegen. Land- und Gemeinden waren verpflichtet, die Interessen des Naturschutzes zu wahren. Diese Formulierung war zwar sehr allgemein, aber ein wichtiger Schritt nach vorne. Eine gelungene Lösung war die Einführung der „Geschützten Landschaftsteile" als Biotop- oder Lebensraumschutz. Dadurch konnten für die Erhaltung der Artenvielfalt sogenannte ökologische Zellen in der Landschaft wie Moore, Feuchtwiesen, Trockenrasen, Hecken, Baumgruppen wirkungsvoll und meist auch unproblematisch geschützt werden. Neu war auch die Kategorie der „Naturparke“. Es sind dies Gebiete, die für die Erholung oder für die Vermittlung von Wissen über die Natur von Bedeutung sind. Sie müssen bereits einen Schutzstatus haben und benötigen noch eine Aufwertung durch Pflege- und Gestaltungsmaßnahmen. Das Gesetz brachte weiters eine erste gesetzliche Grundlage für die Berg- und Naturwacht und die Einsetzung von „Naturschutzbeauftragten“ in den Bezirken. Der vom Juristen der Naturschutzabteilung Erik Loos konzipierte, im Naturschutzbeirat wie auch in den Landtagsausschüssen diskutierte Gesetzesentwurf, wurde in der Generaldebatte des Landtages am 30. März 1977 von allen Fraktionen durchwegs positiv aufgenommen. Die Debatte wird in Anhang in Auszügen wiedergegeben.

Die 1980er- und 1990er-Jahre. Hainburg, Waldsterben, die Grünen im Landtag

In den 1980er- und 1990er-Jahren gab es eine Reihe von Ereignissen, die die Politik veranlasste, Natur- und Umweltschutz sehr ernst zu nehmen und entsprechende Gesetze zu erlassen. Dazu gehören das Sichtbarwerden der Waldschäden und deren starke Ausbreitung sowie die Gefährdung unserer wertvollsten Lebensräume und ihrer Artenvielfalt, die österreichweit im Kampf gegen den Zugriff der E-Wirtschaft auf die Hainburger Au 1984/85 ihren auch medial vermittelten Höhepunkt erreichte und als eine der Geburtsstunden der „Grünen“ gilt. (Herbst et al. 1978; Embacher 1988; Wittmann 1989 und Wittmann & Strobl 1990)

Die Salzburger Landesregierung unter Landeshauptmann Wilfried Haslauer sen. reagierte auf die zunehmenden Bürgerproteste und installierte, zunächst auf dem Verordnungswege, eine „Landesanwaltschaft für Ökologie und Landschaftsschutz“ am Institut für Ökologie des Hauses der Natur, die unter Leitung des Autors dieses Beitrages stand. Nach Meinung der Landesregierung war der Autor durch seinen Einsatz für die Erhaltung der bedeutenden Naturwerte dieses Landes bekannt und hatte eine gute Gesprächsbasis sowohl zu den politisch Grünen wie auch zur Wirtschaft und zu den damaligen politischen Parteien. Der Landesregierung ging es um die Schaffung einer unabhängigen Einrichtung als Verteidiger unserer Umwelt und einer Anlaufstelle zwischen den Bürgern und der Politik. Der Autor dieses Beitrages bemühte sich, im Gespräch mit allen Beteiligten auch ohne gesetzliche Rückendeckung brauchbare Lösungen zu finden, um unnötige Eskalationen zur verhindern. Besonders schwierige Situationen waren u. a. die Aufstände gegen die zweiten Tunnelröhren der Tauernautobahn, die geplante Mülldeponie in einem aufgelassenen Steinbruch in Großarl und der Kampf gegen die atomare Wiederaufbereitungsanlage in Wackersdorf. Ab dem Jahr 1986 begannen die Diskussionen um ein Umweltanwaltschaftsgesetz im Landtag, bei denen es anfangs noch seitens der Landwirtschaft und Wirtschaft eine stark ablehnende Haltung gab. Letztlich konnte man sich doch auf ein brauchbares, im deutschen Sprachraum herzeigbares, Umweltanwaltschaftsgesetz einigen. Die Generaldebatte am 4. Februar 1987 wird in Anhang, in Auszügen, wiedergegeben.

Demonstration gegen das Kraftwerk Hainburg in der Stopfenreuther Au 1984/85 (Fotos: Eberhard Stüber)

Naturschutzgesetz 1993

Der Verfasser des Salzburger Naturschutzgesetzes 1993, Erik Loos, bezeichnete dieses zu Recht als „Quantensprung im Naturschutzrecht". (Loos 1993) Ein Kernstück dieser Novelle war der landesweite Schutz der ökologisch hochwertigen Lebensräume wie z. B. Moore, fließende Gewässer, stehende Gewässer in der Größe zwischen 20 und 2.000 m² und das „Alpine Ödland.". Weiters wurden Eingriffe in die Landschaft mit großen Bodenverwundungen, auch außerhalb von Schutzgebieten, bewilligungspflichtig, wie z. B. Wege, Lifte, Golfplätze u .a. Großer Wert wurde im Gesetz auch auf den „Partnerschaftlichen Vertragsnaturschutz" gelegt. Das Land sollte in Zukunft vermehrt mit den Grundbesitzern, die sich zum aktiven Naturschutz verpflichten, Verträge abschließen. Ein Meilenstein im Naturschutzrecht ist weiters die Naturschutzabgabe auf Gewinnung von Bodenschätzen, das sind vor allem Sande, Schotter, Steine. Eine wichtige Neuerung betraf die LUA. Sie erhielt das Beschwerderecht beim Verwaltungsgerichtshof. Dadurch konnte die LUA ihre Aufgabe voll erfüllen. Der 1995 erfolgte EU-Beitritt Österreich hatte positive Effekte für den Naturschutz zur Folge, denn Österreich verpflichtete sich, durch Übernahme der EU Gesetze an der Erhaltung des europäischen Naturerbes beizutragen. Durch die Life-Programme der EU zur Förderung von Umweltmaßnahmen und durch die Co-Finanzierung von ÖPUL (Österreichische Programm für umweltgerechte Landwirtschaft) konnten in Salzburg eine ganze Reihe von bedeutenden Naturschutzvorhaben verwirklicht werden. Mit dem Salzburger Naturschutzgesetz 1999 und der Novelle 2001 hat der Salzburger Landtag die Naturschutzforderungen der EU im Landesgesetz verankert.

Eine neuerliche Verbesserung bedeutete die Novelle zum Naturschutzgesetz 2016, die bei Bewahrung der Schutzziele vereinfachte und schnellere Verfahren, klare Begriffsbestimmungen, Bürgernähe und Vermeidung eines überflüssigen Verwaltungsaufwandes brachte. So wurde z. B. das „hochalpine Ödland" neu definiert, um unnötige Konflikte mit der Landwirtschaft zu vermeiden. Neu im Gesetz war die Aufnahme des UNESCO-Schutzgebietes „Biosphärenpark". Es ist dies eine Modellregion mit nachhaltiger Entwicklung in ökologischer, ökonomischer und sozialer Hinsicht. Eine Steuerungsgruppe ist für die Weiterentwicklung verantwortlich.

380 kV-Leitung (Foto: Eberhard Stüber)

Die 380 kV-Leitung durch das Land Salzburg. Eines der umstrittensten Projekte der letzten Jahrzehnte

Die Verbundtochter „Austrian Power Grid AG" plant seit dem Jahr 2000 den 380 kV-Ring durch Österreich mit einer 113 km langen Freileitung von Elixhausen nach Kaprun zu schließen. Seither haben sich drei Landesregierungen und drei Landtage mit diesem schwierigen und umstrittenen Projekt beschäftigt, ohne dass bis heute, Ende 2018, eine Entscheidung vorliegt.

Die projektierte Großleitung löste einen Sturm der Entrüstung unter den betroffenen 39 Gemeinden, quer durch die politischen Parteien, aus. Die Gegner befürchten eine schwere Beeinträchtigung des für den Tourismus und vor allem auch für die eigene Bevölkerung bedeutenden Erholungswertes ihrer Landschaft. Im Salzburger Landtag wurde mehrmals mit entsprechenden Gutachtern und Vertretern der Gemeinden über verschiedene Trassenvarianten der Leitung und die Möglichkeiten einer Verkabelung diskutiert, für die sich auch Landesrat Sepp Eisl besonders einsetzte. 2008 beschloss der Landtag dann im Rahmen des Landeselektrizitätsgesetzes die erforderlichen Mindestabstände der 380 kV-Leitung zum Bauland von 400 m und zu Wohnbauten im Grünland von 200 m. Inzwischen gibt es eine Reihe von Gutachten seitens des Betreibers und der Landesregierung. Ein Umweltverträglichkeitsgutachten der Firma Revital besagt, dass angesichts der schwerwiegenden Beeinträchtigungen in neun Landschaftsräumen und 23 Landschaftskammern der Behörde die Bewilligung dieses Vorhabens nicht empfohlen werden kann, außer über Ersatzmaßnahmen. Ein Gutachten von Richard Schmidjell, in dem schwerwiegende Auswirkungen auf den Tourismus festgestellt wurden, konnte wegen möglicher Befangenheit des damaligen Leiters der Naturschutzabteilung nicht berücksichtigt werden. Ein Ersatzgutachten von „Aigner und Quack – Deutschland" erbrachte dann eine gegenteilige Aussage. Die Betreiber der Austrian Power Grid AG beharrten jedoch aus technischen und Kostengründen auf einer Freileitung und reichten das Projekt 2012 zur UVP ein. Die öffentliche, mündliche Verhandlung fand wegen der 1.350 Einsprüche und 20 Bürgerinitiativen in der Salzburg Arena statt. Den Vorsitz führte die für das Naturschutzressort zuständige Landeshauptmann-

Stellvertreterin Dr. Astrid Rössler. Nach Ende der Einspruchsfrist teilte Astrid Rössler am 14. Dezember 2015 im Beisein von Landesrat Dr. Schwaiger der Öffentlichkeit den Genehmigungsbescheid für die 380 kV Hochspannungsleitung mit. Als Ersatzmaßnahmen werden für die beeinträchtigte Landschaft die Renaturierung der Weitwörther Au sowie Maßnahmen im Bereich der Taugl und des Ursprunger Moores vorgeschlagen. Außerdem werden bei der Errichtung der Großleitung zur Entlastung der Landschaft eine Reihe von 110 kV/220 kV-Leitungen abgebaut bzw. auf die Großleitung zugehängt. Die Gegner der Freileitung erhoben bereits Berufung gegen diesen Bescheid beim Bundesverwaltungsgericht als zuständige Berufungsinstanz. Ein Entscheid dieser zweiten Instanz ist bisher noch nicht erfolgt.

Mitwirkung des Salzburger Landtags an den Highlights des Naturschutzes ab dem Jahr 2000

Europaschutzgebiet Wenger Moor – das erste Life-Projekt in Salzburg

Das ca. 300 ha große Wenger Moor in den Gemeinden Köstendorf, Neumarkt am Wallersee und Seekirchen ist eines der wertvollsten Moorgebiete des Flachgaus. Seine Hochmoore, Niedermoore, Bruchwaldbereiche und Verlandungsgesellschaften am Ufer des Wallersees sind die Lebensräume vieler seltener und vom Aussterben bedrohter Tier- und Pflanzenarten.

1973 wurde der Moorkomplex zum Naturschutzgebiet erklärt. 1991 pachtete der Naturschutzbund auf Initiative von Hannes Augustin von der Bauernfamilie Simon und Maria Riedl, die ihre Landwirtschaft aufgaben, langfristig nordöstlich des Wallerbaches ca. 30 ha Intensivwiesen, um sie in Blumenwiesen rückzuverwandeln. Der Großteil dieser Wiesen wurde 1995 in das neue Natura-2000-Gebiet integriert. Leider gab es in dem Moorkomplex vor 1973 und auch nachher eine Reihe von Eingriffen wie Entwässerungskanäle, Begradigung des Eisbaches, Drainagen in den Feuchtwiesen und Fichtenaufforstungen, die den Lebensraum Moor belasteten. Durch das Life-Projekt, das während der Regierung von Landeshauptmann Franz Schausberger und durch die Initiative von Landesrat Sepp Eisl in den Jahren 1999 bis 2004 durchgeführt wurde, war es möglich, im Rahmen eines Vertragsnaturschutzes mit den Grundbesitzern den Eisbach zu renaturieren, 35 ha Hochmoor wieder zu vernässen, an den Bächen Pufferstreifen zu schaffen und Fichtenmonokulturen zu beseitigen.

Wiesenbrüterschutz im Lungau – ein Modell des partnerschaftlichen Naturschutzes

Der Initiator dieses außergewöhnlichen Projektes ist Volksschuldirektor a. D. Werner Kommik in St. Michael im Lungau. Er stellte fest, dass in den 1960er-Jahren in den Lungauer Tallandschaften die Wiesenbrüter wie Braunkehlchen, Feldlerche, Wachtel, Rebhuhn u. a. noch weit verbreitet waren, sich aber durch die Änderung der landschaftlichen Bewirtschaftungsweisen heute stark im Rückgang befinden. Eine Abhilfe könnte man durch einen Bewirtschaftungsverzicht vom 1. Mai bis 20. Juni, das Belassen von Wiesenrandstreifen von 1,5 m Breite und das Belassen von Zaunstempeln als Ansitzwarten schaffen. Kommik führte

Europaschutzgebiet Wenger Moor (Foto: Eberhard Stüber)

daher mit 130 Landwirten intensive Gespräche, ob sie gegen entsprechende Entschädigung bereit wären, auf ihren Talwiesen diese Maßnahmen mitzutragen. 2006 startete dann die Naturschutzabteilung ein Artenschutzprogramm, das vom Land Salzburg und der EU finanziert wird. Das erfolgreiche Projekt erstreckt sich auf 640 ha Wiesenflächen, die von ca. 100 Landwirten bewirtschaftet werden, und kostet pro Jahr € 400.000.

EU-Vogelschutzgebiet Weidmoos, ein Lebensraum aus zweiter Hand

Nach dem Ende des industriellen Torfabbaus im 200 ha großen Weidmoos in den Gemeinden Lamprechtshausen und St. Georgen im Jahr 2000 gab es dort eine Reihe von Nutzungsplänen, wie Mülldeponie, Gewerbegebiet, Golfplatz u. a. Dank der Initiative des Lamprechtshausener Bürgermeisters Grießner und seines Kollegen in St. Georgen, Fritz Amerhauser, sowie der tatkräftigen Unterstützung von Landesrat Sepp Eisl konnte aus einem devastierten Moor ein landschaftliches Kleinod mit großer Artenvielfalt, auch „Vogelparadies" genannt, mit Rundweg, Aussichtsturm und mehreren Infostellen geschaffen werden. Der neue Lebensraum aus zweiter Hand wurde am 21. Oktober 2007 eröffnet. Dazu wurden mit Mitteln aus den Ausgleichsmaßnahmen für das Stadion in Kleßheim 80 ha Fräsdorfflächen angekauft, Dämme für die Wasserrückhaltung angelegt und ca. 30 ha Wasser- und Feuchtflächen geschaffen. Besonderer Dank gebührt Bernhard Riehl von der Naturschutzabteilung und dem neu gegründeten „Torferneuerungsverein Weidmoos", die sich umsichtig um die Renaturierungsmaßnahmen gekümmert haben. Der Torfverein übernahm auch die ständige Betreuung.

Im Zuge des zweiten Salzburger LIFE-Projekts entstand im Weidmoos ein 130 ha großes Feuchtgebiet und „Vogelparadies“ aus Menschenhand (Foto: PoppHackner Photography)

Absage der geplanten Stollenbahn auf das Schareck – eine Tat für den Nationalpark

Der Kärntner Industrielle Hans Peter Haselsteiner stellte 2008 sein Projekt einer Stollenbahn auf das 3.122 m hohe Schareck vor, wodurch eine Verbindung zwischen Sportgastein und dem Schigebiet am Kärntner Wurtenkees hergestellt werden sollte. Er versprach als Gegenleistung für diese Genehmigung die Sanierung des Bad Gasteiner Ortszentrums mit 100 Mio. Euro. Dieses Angebot war zunächst für die damalige rot-schwarze Landesregierung und die Bad Gasteiner Gemeinde verlockend. Vom Österreichischen Naturschutzbund, den alpinen Vereinen und zahlreichen Nationalparkfreunden gab es heftige Proteste gegen dieses Projekt. Da die geplante Stollenbahn 2,8 km unter der Kernzone des Nationalparks verlaufen wäre, hätte die Nationalparkgrenze verändert werden müssen. Beispielfolgen waren zu befürchten. Die Bahn wäre auch durch den starken Rückgang des Wurtenkees wirtschaftlich problematisch gewesen. Während die ÖVP mit Landeshauptmann-Stellvertreter Wilfried Haslauer jun. die Bahn unbedingt durchsetzen wollte, entschied sich die SPÖ mit Landeshauptfrau Gabi Burgstaller an der Spitze nach reiflicher Überlegung gegen dieses Projekt und für den Nationalpark. Haselsteiner zog daraufhin das Projekt zurück und versicherte, dass er die Gemeinde Bad Gastein trotzdem unterstützen werde.

UNESCO – Biosphärenpark „Salzburger Lungau und Kärntner Nockberge“

Unter der Regierung von Gabi Burgstaller und durch besondere Initiative von Landeshauptmann-Stellvertreter Wilfried Haslauer jun. wurde von der UNESCO die Zustimmung zu diesem Biosphärenpark erreicht, der am 11. Juli 2012 in St. Michael im Lungau feierlich eröffnet wurde. Biosphärenparke sind von der UNESCO ausgezeichnete und anerkannte Modellregionen für nachhaltige Entwicklung in ökologischer, ökonomischer und sozialer Hinsicht. Der Biosphärenpark Lungau Nockberge ist unter den derzeitigen (2017) drei österreichischen Biosphärenparks mit 1.480 km^2 der größte.

Josef Holzer, Sprecher der Plattform Lebensader Mur (Foto: Wolfgang Weber)

Rettung der Mur gegen Ausleitung – eine Grosstat für den Lungau

Seit den 1970er-Jahren gab es immer wieder Pläne, die Mur zwischen Tamsweg und der Landesgrenze zur Steiermark energiewirtschaftlich zu nutzen. Deshalb wurde dieser Murabschnitt von der Politik trotz seiner landschaftlichen Schönheit nie unter Schutz gestellt, während die Mur ab der Landesgrenze ein Europaschutzgebiet ist. Am 28. November 2011 informierte die SAG die Gemeinde Ramingstein über ein Ausleitungskraftwerk der Mur in Kendlbruck. Demnach sollte bis zu 80 Prozent des Wassers der Mur von einer Weeranlage bei Tamsweg durch einen Triebwasserstollen zu einem Kraftwerk in Kendlbruck ausgeleitet werden. Kraftwerksgutachter meinten, dass die Mur dadurch nur schöner würde.

Am 13. Jänner 2012 informierte Bürgermeister Franz Winkler, SPÖ, in einer Bürgerversammlung die Bevölkerung von Ramingstein über das Ausleitungskraftwerk. Die Empörung der Bürger darüber war groß. Am 30. Jänner 2012 votierte die Gemeindevertretung von Ramingstein einstimmig gegen das vorgestellte Ausleitungsprojekt. Der für Energie zuständige Landeshauptmann-Stellvertreter David Brenner versicherte bei seinem Besuch in Ramingstein der Gemeinde, dass ohne Zustimmung der Gemeinde kein Kraftwerk gebaut werden würde. Die Bürger vertrauten diesen Versprechungen nicht und gründeten eine parteiunabhängige „Plattform Lebensader Mur" mit dem jungen Krameterhofbauern Josef Holzer an der Spitze, der sich bald über 9.000 Lungauer angeschlossen. Die Mur gehört zur Identität des Lungaus und ist prägend für Ramingstein. Die besonders abwechslungsreiche, sehr naturnahe Ausleitungsstrecke der Mur mit dem Kulturdenkmal Murtalbahn und dem neuen Radweg ist ein Markstein für den Tourismus und den neuen Biosphärenpark. Am 6. März 2012 wurden Vertreter der Plattform mit einer Petition gegen die Ausleitung der Mur im Salzburger Landtag empfangen. Eva Pagitsch versuchte als Sprecherin der Plattform mit sehr gefühlvollen Worten darzulegen, was die Mur für die Menschen, die dort leben, bedeutet. Sie ersuchte die Abgeordneten, die Bürger von Ramingstein in ihrem Bemühen gegen dieses Ausleitungskraftwerk zu unterstützen. Die Antwort der Sprecher von SPÖ, ÖVP und FPÖ war für die Delegierten der Plattform schockierend. Die Petition wurde rundweg abgelehnt. Nur von den Grünen gab es Unterstützung. Der drei Tage später erfolgte Beschluss des Petitionsausschusses des Salzburger Landtages, die SAG möge im UVP-Verfahren die ökologische Machbarkeit des Kraftwerkes nachweisen und vor einem Behördenverfahren einen Dialog mit der Bevölkerung der betroffenen Gemeinden suchen, entsprach keineswegs den Forderungen der Plattform Lebensader Mur. Der Widerstand gegen die Ausleitung wurde dadurch nur größer. In unzähligen Einzelgesprächen, Versammlungen und öffentlichen Diskussionen mit der E-Wirtschaft versuchten Vertreter der Plattform, allen voran Josef Holzer, den Argumenten der E-Wirtschaft fachlich fundiert zu entgegnen. Fachleute und Persönlichkeiten der Wissenschaft, Technik und Kultur aus ganz Österreich unterstützten die Plattform. Auch der Vorsitzende des Nationalkomitees der UNESCO für Biosphärenparks in Österreich, Georg Grabherr, kam aus Wien nach Ramingstein und meinte, dass ohne die Zustimmung der Bevölkerung auch in einer Entwicklungszone des Biosphärenparks eine solche Ausleitung nicht möglich sei. Ein Biosphärenpark kann auch wieder aberkannt werden, was für das Land Salzburg kein Renommee wäre. Am 17. Oktober 2012 kam die Wende. Landeshauptmann-Stellvertreter Wilfried Haslauer distanzierte sich mit seiner Regierungs- und Landtagsfraktion vom Ausleitungskraftwerk und meinte, gegen den Willen der Bevölkerung könne ein derartiges Projekt nicht durchgesetzt werden. Man solle erst einen Energiemasterplan für das ganze Land erstellen, der dann aufzeigt, wo noch hydroelektrische Nutzungen möglich und durchsetzbar seien. Auch eine UVP, die von der SPÖ urgiert wurde, habe ohne die Zustimmung der Gemeinde keinen Sinn. Während des Wahlkampfes für die Landtagswahl im April 2013 bekannten sich schließlich die Spitzenvertreter aller Parteien bei einer Diskussion in der Festhalle St. Michael dazu, dass es ohne Zustimmung der Bevölkerung von Ramingstein kein Kraftwerk an der Mur geben werde. Der Lungau hatte gewonnen. Im neuen Energiemasterplan der Landesregierung vom Dezember 2015 war das Murkraftwerk nicht mehr enthalten.

Naturpark Salzachauen – eine Kathedrale für die Zukunft

Die untere Salzach ist der letzte noch freie Voralpenfluss und damit ein zu bewahrendes europäisches Naturerbe. Auf der Salzburger Seite sind die flussbegleitenden Auen trotz verschiedener Veränderungen immer noch der artenreichste Lebensraum unseres Landes.

Der Naturschutzbund kämpft seit den 1960er-Jahren für die Erhaltung dieser Flusslandschaft vor den Toren der Stadt Salzburg. 1987 schloss er sich mit dem Bund Naturschutz in Bayern zu einer „Aktionsgemeinschaft Lebensraum Salzach" zusammen. Als Lösung gegen die Eintiefung der Salzach vertrat die Aktionsgemeinschaft immer die Aufweitung des Flusses, im Gegensatz zu einer Kraftwerkskette, die den Fluss und die Au endgültig zerstören würde.

Ein erster Schritt zu einer großen Zukunftslösung war die unter der Regierung von Gabi Burgstaller und unter besonderem Einsatz von Landesrat Sepp Eisl erfolgte Aufweitung der Salzach auf einer Strecke von drei Kilometer oberhalb von Oberndorf und der Bau einer in die Landschaft eingebundenen „Aufgelösten Solrampe". Das Projekt war durch einen Vertrag zwischen der Republik Österreich und dem Freistaat Bayern mit Hilfe der EU möglich. Das 2009 fertig gestellte „Vorzeigeprojekt" hat auch die angrenzende Au auf der Salzburger Seite verbessert.

Ein zweiter bedeutender Schritt war der Ankauf der knapp 130 ha großen Weitwörther Au im Jahr 2016 durch das Land Salzburg während der Regierung Wilfried Haslauer jun. und unter besonderer Initiative von Landeshauptmann-Stellvertreterin Astrid Rössler zur Errichtung eines Auennaturparkes. Übergeordnetes Ziel ist eine vorbildlich renaturierte und erlebbare Aulandschaft. Dieses Projekt soll in den nächsten Jahren auch auf die Antheringer Au ausgedehnt werden. Das gesamte Vorhaben, einschließlich einer möglichen zukünftigen Weiterentwicklung, wurde am 29. Oktober 2014 auf Wunsch der Salzburger Landesregierung vom Direktor des Hauses der Natur, Norbert Winding, mit einem von „Science Vision" erstellten Film dem Salzburger Landtag vorgestellt. Das Projekt fand große Zustimmung.

Die Weitwörther Au, Kerngebiet des LIFE-Projekts Salzachauen. Von 2015 bis 2020 wird hier, aufbauend auf dem Ankauf von knapp 130 ha, das Auenökosystem großflächig renaturiert (Foto: Land Salzburg, Klaus Leidorf)

Auswahlbibliographie

Embacher, Gernot: Rote Liste der Großschmetterlinge Salzburgs. Salzburg 1988 (Naturschutz-Beiträge Heft 7/1988)

Guttenberg, Ritter Adolf von: Die Pflege des Schönen in der Land- und Forstwirtschaft, Wien 1889

Herbst, Winfrid/Augustin, Hannes/Türk, Roman: Warum stirbt unser Wald? Informationsheft zur Sonderschau des Hauses der Natur (Eberhard Stüber mit Unterstützung durch den Lions Club Salzburg Hellbrunn), Salzburg 1987

Loos, Erik: Salzburger Naturschutzgesetz 1993, Salzburg 1993 (Schriftenreihe des Landespressebüros, Salzburg Dokumentationen Nr. 109)

Prinzinger, August: Wohin kommen wir? Ein Wort gegen die Vergeudung unseres Wälderschatzes (Volksfreund Nr. 38–47/1896)

Straubinger, Johannes: Sehnsucht Natur. Geburt einer Landschaft, Band 1, Norderstedt 2009

Stüber, Eberhard (Gesamtplanung): Studie über die Umwelthygienisch- ökologische Situation der Stadt Salzburg. Herausgeber Bundesministerium für Gesundheit und Umweltschutz, Salzburg 1975

Wittmann, Helmut: Rote Liste gefährdeter Farn- und Blütenpflanzen des Bundeslandes Salzburg, Salzburg 1989 (Naturschutz-Beiträge Heft 8/1989)

Wittmann, Helmut/Strobl, Walter: Gefährdete Biotoptypen und Pflanzengesellschaften im Land Salzburg. Ein erster Überblick, Salzburg 1990 (Naturschutz-Beiträge Heft 9/1990)

Aus den Debatten des Salzburger Landtages

Auszug aus dem Protokoll der Landtagssitzung am 26. Februar 1929 (Generaldebatte über das erste Salzburger Naturschutzgesetz)

Hauptsprecher war *Abg. Bartholomäus Fersterer (CSP)* als Vertreter der Bauern. Fersterer meinte, da das zur Beratung vorliegende Naturschutzgesetz auch manche Einschränkung im Eigentum und in der Ausübung der Landwirtschaft bringe, hätten die bäuerlichen Vertreter diesen Entwurf besonders gründlich diskutiert. „So verlangten wir bei der Planung von Schutzmaßnahmen ein Anhörungsrecht und bei Behinderung der landwirtschaftlichen Arbeit oder bei Eintreten eines Schadens für die Landwirtschaft die Zuerkennung einer entsprechenden Entschädigung. Wir haben auch erreicht, daß die geschützte Zirbe vom Besitzer für den allgemeinen Wirtschaftsgebrauch genutzt werden kann und die Schädlinge für unser Hühnervolk unter den Raubvögeln wie Bussard, Falke u. a. aus der Liste der geschützten Vögel gestrichen wurden. Weiters haben wir erreicht, daß Maulwürfe, wenn sie zu stark überhand nehmen und große Schäden anrichten, gefangen werden dürfen, die Giftschlangen aus der Liste der geschützten Tiere herausgenommen wurden und von den Fröschen nur der Laub- und Waldfrosch im Gesetz verblieben sind. Auch haben wir mit Befriedigung festgestellt, daß hinsichtlich des Schutzes der Pflanzen bei den sogenannten Enzianen, die für den bäuerlichen Schnapsbetrieb von besonderer Bedeutung sind, die Möglichkeit der Erzeugung von Enzianschnaps, von Stubachschnaps im Pinzgau aufrecht bleibt, denn was der Champagner für die Herren der Stadt ist, wenn sie übermütig sind, das ist der Enzianschnaps den Gebirgsbauern bei Plauschstunden am Sonntag Nachmittag, wenn sie sich über landwirtschaftliche Fragen aussprechen."

Abg. Josef Preis (CSP) fragt noch: „Vielleicht bin ich zu ungeschickt, daß ich die Sache richtig verstehe, es steht unter den Tieren, die geschützt werden sollen, die Spitzmaus und die Waldmaus." Preußler antwortet, daß die Spitzmaus bereits gestrichen worden sei.

Abg. Josef Hauthaler (CSP) richtete an das Hohe Haus die Bitte, dass die in Aussicht gestellte Bewilligung zur Vertilgung überhandnehmender Maulwürfe nicht allzu langsam erfolgen möge, da sonst die Schäden immer größer würden.

Im Schlusswort meinte der für den Naturschutz zuständige *Landeshauptmann-Stellvertreter Preußler (SDAP)*, „das Naturschutzgesetz ist zwischen den Forderungen der Naturschützer und den Vertretern der Volkwirtschaft ein Kompromiß geworden". Er bedauert, dass die bereits allseits bedrohten Greifvögel und die Kreuzotter nicht unter die geschützten Tiere aufgenommen wurden.

Auszug aus dem Protokoll der Landtagssitzung am 30. März 1977 (Generaldebatte über das Naturschutzgesetz)

Abg. Alois Zillner (FPÖ) meinte, „daß in sehr eingehenden Ausschußberatungen ein Gesetz zustande kam, das dem entspricht, was sich auch Naturschützer vorstellen. Ich habe mich nicht leicht getan, als Grundbesitzer allem zuzustimmen, aber ich glaube doch, daß das Gesetz brauchbar erscheint". An den für Naturschutz zuständigen Landesrat Hans Katschthaler (ÖVP) richtet Zillner das Ersuchen, den Grundbesitzern die bisher die Landschaft gepflegt haben, nicht unnötige Schikanen aufzuerlegen und jeden Eingriff in das Eigentum voll und ganz zu entschädigen. Zusammenfassend meint Zillner: „Wir geben dem Gesetz die Zustimmung nur mit der großen Bitte, dieses Gesetz so zu handhaben, daß es keine Härten gibt, weder hier noch dort."

Abg. DI Anton Bonimaier (ÖVP) bedauert die entstandene Konfliktsituation zwischen der Naturschutzbehörde und der bäuerlichen Bevölkerung. In einem derartigen Klima sei es kaum möglich, das Anliegen des Naturschutzes zu einem Anliegen der Öffentlichkeit zu machen und die notwendige Mitarbeit der Bauern zu gewinnen. Die Bauern hätten schließlich, angefangen von den Generationen, die das Land gerodet haben, im Laufe der Zeit das Antlitz unserer Kulturlandschaft geprägt. Erst durch die bewährte Ressortführung durch Landesrat Dr. Hans Katschthaler sei es in den letzten 3 Jahren durch mühevolle Kleinarbeit gelungen, gegenseitige Vorbehalte abzubauen und aus dem unversöhnlichen Gegeneinander wieder ein problemloses Nebeneinander herzustellen. Für die Zustimmung der ÖVP-Fraktion zum Gesetz waren drei Forderungen entscheidend. Der erste Wunsch war, daß die Entscheidungen für den Vollzug dieses Gesetzes näher beim Bürger abgewickelt werden und dadurch ein kurzer Fristenablauf erreicht werde. Die zweite Forderung war eine Neuformulierung des Entschädigungsanspruches mit einer wesentlichen Verbesserung zu Gunsten des Grundbesitzers. Und drittens werde die Aufnahme eines weiteren Vertreters der Landwirtschaft im Naturschutzbeirat erfüllt.

Abg. Dkfm. Walter Stockinger (SPÖ) hebt im Gesetz den Durchbruch zu einer starken Demokratisierung hervor. Er bezeichnet dies als besonderes Verdienst von Landeshauptmann-Stellvertreter Dr. Herbert Moritz (SPÖ), der vor Katschthaler als Ressortzuständiger an diesem Gesetz mitgearbeitet hatte. Stockinger bezeichnet dieses Naturschutzgesetz als eines der wichtigsten Landesgesetze, hinter dem die Sozialistische Partei zu hundert Prozent stehe. „Unsere Aufgabe war es daher, in den Ausschüssen diese Gesetzesvorlage der Regierung weitgehend zu verteidigen." Er lobt auch die gute Zusammenarbeit zwischen Naturschutz und der Raumordnung, besonders in der Vorsorge von Erholungs- und Freizeiträumen. In beiden Gesetzen gelang es, die aktive Landschaftspflege und die Landschaftsgestaltung gemäß ihrer Bedeutung in unserer Zeit in besonderer Weise zu verankern. Nach Meinung Stockingers sollte man die Gemeinden nicht nur bei der Ansiedlung neuer Betriebe, sondern auch bei der Sicherstellung von Erholungsflächen und beim Ankauf von Naturschutzgebieten finanziell unterstützen.

Als letzter Redner meldete sich *Dr. Hans Katschthaler* als damaliger Landesrat für Naturschutz zu Wort. Er ist überzeugt, dass dem Gesetzgeber im Überdenken der gesamten Umweltproblematik der richtige Ansatz für einen neuen Naturschutz als Teilbereiches eines umfassenden Lebensschutzes gelungen sei. In der im Gesetz verankerten allgemeinen Verpflichtung, dass die gesamte Natur von jedermann zu schützen und zu pflegen sei, liege der eigentliche Kern der neuen Bestimmungen.

Auszug aus dem Protokoll der Landtagssitzung am 4. Februar 1987 (Generaldebatte über das Landesumweltanwaltschaftsgesetz)

In der Generaldebatte bezeichnete der für den Naturschutz zuständige *Landeshauptmann-Stellvertreter Dr. Hans Katschthaler (ÖVP)* den Gesetzesentwurf als einen „Meilenstein in der Natur- und Umweltgesetzgebung" des Landes Salzburg. Es wurde dadurch eine Art Kammer für Natur- und Umweltschutz geschaffen. Die LUA ist weisungsfrei, hat in allen umweltrelevanten landesrechtlichen Verfahren Parteistellung, muss aber bei der Erfüllung ihrer Aufgaben auch auf andere, z. B. wirtschaftliche Interessen Bedacht nehmen. Diese Forderung im Gesetz war für die Zustimmung der Landwirtschaft und Wirtschaft Voraussetzung.

Abg. Dr. Hans Buchner (FPÖ) befürchtet durch das Gesetz eine zunehmende Bürokratisierung und Erschwernisse für die Wirtschaft. Konnte bisher Stüber von Umweltsünde zu Umweltsünde hetzen und mit der öffentlichen Meinung so manchen Brand löschen, ist er jetzt in eine enge Koppel gesperrt. In allen bundesgesetzlichen und wesentlichen Bereichen des Umweltschutzes habe er jedoch keine gesetzliche Kompetenz. Er könne weder gegen das Waldsterben, noch Luftschadstoffe oder Gewässerverschmutzung etwas unternehmen. Man kann daher nach Meinung Buchners nicht von einem Meilenstein sprechen. Trotzdem werde er dem Gesetz zustimmen.

Abg. Dr. Helmut Schreiner (ÖVP) bringt einen Vergleich des vorliegenden Gesetzesentwurfes mit den bisherigen LUA-Gesetzen anderer Bundesländer in Österreich und ähnlicher Gesetze der Bundesrepublik Deutschland und der Schweiz. Dabei stellt sich heraus, „daß unser Gesetz in Bezug auf seinen Beitrag zur Erhaltung einer hohen Umweltqualität eine Spitzenstellung einnimmt und durchaus als Meilenstein betrachtet werden kann. Wir müssen uns jetzt gemeinsam mit den anderen Bundesländern bemühen, im Bereich der einschlägigen Bundesgesetze Parteistellung zu erhalten." Schreiner weist auch darauf hin, dass bei der Gesetzeserstellung alle Interessenvertretungen miteingebunden waren und nach verschiedenen Korrekturen dem Gesetz auch zugestimmt haben.

Abg. Reinhold Wahlhütter (SPÖ) meint, dass die Erhaltung, Verbesserung und Wiederherstellung unserer natürlichen Lebensbereiche sowohl für die Menschen als auch für die Tiere und Pflanzen oberstes Anliegen sein müsse. Die sozialistische Fraktion hatte bereits 1986 im Hohen Haus einen Antrag für die Schaffung eines eigenen Umweltschutzgesetzes eingebracht mit den Forderungen einer Umweltanwaltschaft, der Festlegung ihrer Aufgaben und Befugnisse, ihrer Unabhängigkeit und ihrer Unterstützung der Landesbehörde.

„Diesen Forderungen werden im heutigen Gesetz entsprochen, daher können wir diesem Gesetz auch unsere Zustimmung geben."

Abg. Andreas Eisl (FPÖ) meint, er könne dem Gesetz nicht zustimmen, da ein Umweltanwalt auf Grund der Gesetzeslage die wirklich großen Probleme, wie das Waldsterben oder die Verschmutzung der Salzach nicht lösen könne.

Für *Landesrat Sepp Oberkirchner (SPÖ)* ist es sehr enttäuschend, dass die freiheitlichen Abgeordneten deshalb das neue Gesetz so kritisch beurteilen, da beim Waldsterben nichts weitergeht und bei großen Umweltverfahren nichts geändert wird. „Da fragt man sich, gaukeln die Freiheitlichen in völliger Unkenntnis unserer Kompetenzlage den Menschen draußen vor, wir würden ein schlechtes Gesetz machen. Das Gesetz, das wir heute beschließen werden, regelt nur Teilaspekte aus dem weiten Gebiet des Umweltschutzes. Ich bin überzeugt, dass der Bund bald mitziehen wird. Ich glaube auch des Weiteren, daß der Umweltanwalt Stüber, der bisher in diesem Land im Interesse der Umwelt auch ohne Parteistellung sehr gut agiert hat, in allen übrigen Bereichen, wo er Parteistellung weiterhin nicht haben wird, genauso wirksam wie bisher agieren wird können. Für dieses Gesetz wird dem Umweltanwalt keine Koppel angelegt. Trotz dieses LUA-Gesetzes müssen wir uns weiter um ein Landesgesetz für die Vollziehung von Bundesgesetzen bemühen, wie z. B. ein Müllvermeidungsgesetz, ein Waschmittelgesetz, ein Bodenschutzgesetz. Wir müssen in der Umweltpolitik zugunsten der Umwelt noch stärkere Normen schaffen."

Abg. Rudolf Eder (ÖVP) bezeichnet das Gesetz als einen realistischen Kompromiss zwischen den Forderungen des Naturschutzes und jenen der Wirtschaft. Das Gesetz wurde schließlich mit einer Gegenstimme angenommen.

Eberhard Stüber

Der lange Weg zum Nationalpark Hohe Tauern, der größten raumpolitischen Weichenstellung Österreichs

Die ersten Pioniere

Dr. August Prinzinger (1851–1918). Pionier für den Nationalpark Hohe Tauern (Foto: Nationalpark Hohe Tauern)

Den Salzburger Landtag muss es anlässlich des 150-jährigen Jubiläums mit Stolz erfüllen, dass einer der ersten Pioniere für den Nationalpark Hohe Tauern und die Erhaltung der Krimmler Wasserfälle der Landtagsabgeordnete Dr. August Prinzinger war. Er vermittelte dem österreichischen Ableger des deutschen „Vereins Naturschutzpark" 1913 und 1914 Gebiete im innersten Stubach- und Amertal in einer Größe von 11 km², die dieser Verein für die Errichtung eines „Alpenparks" ankaufte. Vorsitzender des österreichischen Vereins Naturschutzpark war der um den Schutz der Natur hochverdiente, aus Tamsweg stammende Adolf Ritter von Guttenberg.

Für Prinzinger war dieses Gebiet im Stubachtal mit dem Weißsee, dem Grünsee, dem urigen Wiegenwald, den Steilstufen, Schluchten und Wasserfällen, die großartigste und wildeste Naturlandschaft auf der Nordseite der Hohen Tauern. Sie sollte seiner Meinung nach das Herzstück eines zukünftigen Nationalparks werden. Die Meinungen zwischen Prinzinger und dem Verein Naturschutzpark in Bezug auf einen Nationalpark waren jedoch sehr unterschiedlich. Während Prinzinger eher zu einem „Wildnisgebiet" tendierte, in dem der Mensch ausgeschlossen bleiben sollte, wollte der Verein Naturschutzpark einen Alpenpark als Erholungsraum für Besucher zugänglich machen.

Nach diesem ersten Schwung für ein großes Schutzgebiet in den Hohen Tauern folgten mehrere Rückschläge. Der Erste Weltkrieg brachte den Zerfall der Donaumonarchie. Guttenberg verstarb 1917, Prinzinger 1918. Der Verein Naturschutzpark musste seine Gebiete wegen der totalen hydroelektrischen Nutzung des Stubachtales für die österreichische Bundesbahn und in der NS-Zeit auch für die deutsche Reichsbahn aufgeben. Er erwarb dafür 1940 im Ober- und Untersulzbachtal Gebiete in der Größe von 34 km². Es fehlten aber die dafür nötigen Persönlichkeiten für die Weiterentwicklung dieses Gebietes zu einem „Alpenpark". Der Verein nützte diese Gebiete schließlich wie jeder andere bäuerliche Grundbesitzer.

In der Zwischenkriegszeit, als es darum ging, Restösterreich lebensfähig zu erhalten, hatte der Naturschutz für den damaligen Salzburger Landeshauptmann Dr. Franz Rehrl (1922–1938) nur geringe Bedeutung. Er durfte jedenfalls der wirtschaftlichen Entwicklung nicht im Wege stehen. An einen Nationalpark war damals nicht zu denken. Auch bei der Errichtung der Großglockner Hochalpenstraße war Naturschutz für Rehrl und Wallack nur ein Störfaktor. Nachdem die Proteste des DOeAV gegen die Weiterführung der Glocknerstraße zur Franz-Josefs-Höhe ignoriert wurden, kam es 1935 bei Bekanntwerden der Straßenverlängerung von der Franz-Josefs-Höhe zur Gamsgrube einschließlich einer Seilbahn auf den Fuscherkarkopf zu den heftigsten Protesten, denen sich zahlreiche Ver-

Linke Seite:
Impressionen aus dem Nationalpark Hohe Tauern (Fotos: Nationalpark Hohe Tauern)

eine, wissenschaftliche Gesellschaften, Universitäten und Persönlichkeiten von Kultur und Wirtschaft anschlossen. Der Botaniker der Innsbrucker Universität Helmut Gams bezeichnete die „Gamsgrube“ mit den Triebsanddünen und den dort lebenden Pflanzen und Tieren als eines der bedeutendsten „Sanktuarien“ der Ostalpen und ein Herzstück eines zukünftigen Nationalparks. An der Spitze des Widerstandes gegen dieses landschaftszerstörerische Projekt standen neben Helmut Gams der Geologe und Erste Vorsitzende des DOeAV Raimund von Klebelsberg. Trotz dieses starken Widerstandes wollten Rehrl/Wallack das Straßen- und Seilbahnprojekt in kleinen Schritten durchziehen. 1936/37 wurde dann ein zwei Meter breiter Fahrweg von der Franz-Josefs-Höhe zum Wasserfallboden angelegt und dabei der betroffene Besitz des DOeAV enteignet. Dies war durch ein Enteignungsgesetz aus dem Ersten Weltkrieg noch möglich. Um den Bundeskanzler der damaligen Ständestaatsregierung für dieses Projekt zu gewinnen, wurde der Weg als „Bundeskanzler Schuschnigg-Weg“ eröffnet. Ende 1937 stand diesem Gesamtprojekt nichts mehr im Wege. Nur der Anschluss Österreichs an Deutschland 1938 führte dann zur Absage dieses Planes. Der Weg blieb jedoch als „Gamsgrubenweg“ für Fußgänger erhalten. Ohne den mutigen Einsatz obiger Pioniere und die dadurch erreichte Verzögerung des Straßen- und Seilbahnprojektes gäbe es dieses Herzstück des heutigen Nationalparks Hohe Tauern nicht mehr.

Jugend als Pioniere für die Österreichischen Nationalparks

Es ist sehr fraglich, ob es ohne den starken Einsatz der Jugend für die Schaffung der Österreichischen Nationalparke und die harten Forderungen an die Politik die 6 Österreichischen Nationalparke geben würde. Zur Erinnerung einige beachtenswerte Einsätze der Jugend für die Österreichischen Nationalparke: Am 24. März 1963 veranstaltete die Salzburger Naturschutzjugend unter der Leitung des Autors im Salzburger Kongresshaus eine Großkundgebung mit über 2.000 Jugendlichen für die Erhaltung der Krimmler Wasserfälle und die Schaffung eines Nationalparks Hohe Tauern. Am 27. März 1965 folgte gemeinsam mit dem Österreichischen Naturschutzbund eine weitere Kundgebung im Kongresshaus mit dem Thema „Nationalpark Hohe Tauern oder Kraftwerk Oberpinzgau“ mit dem Schweizer Wissenschaftler Adolf Ostertag und Bernd Lötsch. In Anwesenheit der gesamten Landesregierung und viel politischer Prominenz kam es unter starker Beteiligung der Jugend zu einer harten, wortgewaltigen, aber fachlich fundierten Auseinandersetzung zwischen den Kämpfern für einen Nationalpark Hohe Tauern und der E-Wirtschaft.

Am 13. September 1980 gelang es der Naturschutzjugend, Bundespräsident Rudolf Kirchschläger für die Eröffnung eines von der Jugend errichteten Lehrweges durch den „Rauriser Urwald“ zu gewinnen. Bundespräsident Kirchschläger entsprach damit dem Wunsch der Jugend, um für den umstrittenen Nationalpark Hohe Tauern ein Zeichen zu setzen, was in der Bevölkerung der Nationalparkregion große Beachtung fand. Nicht ganz gesetzeskonform verlief, nachdem Verhandlungen mit der Politik gescheitert waren, die Besetzung der Kraftwerksbaustelle im Bereich der „Großen Klause“ des Reichraminger Hintergebirges durch Studenten der Naturschutzjugend, die zugleich auch ein Nationalpark-

Bundespräsident Dr. Rudolf Kirchschläger setzte durch seine Eröffnung des von der Naturschutzjugend errichteten Lehrweges durch den Rauriser Urwald ein Zeichen für den damals noch umstrittenen Nationalpark Hohe Tauern (Foto: Eberhard Stüber)

projekt ausarbeiteten. Ohne diese Besetzung gäbe es heute keinen Nationalpark Kalkalpen in Oberösterreich. Von weitreichender Bedeutung für den österreichischen Natur- und Umweltschutz war jedoch die Besetzung der Kraftwerksbaustelle in der Stopfenreuther Au an der Donau bei Hainburg an der Jahreswende zwischen 1984/85. An dieser Demonstration beteiligten sich vorwiegend Jugendliche und junge Männer und Frauen aus ganz Österreich. Heute gibt es dort den Nationalpark Donauauen. „Der Widerstand von Hainburg“ war auch letztlich für die Absage des geplanten Osttiroler Großkraftwerkes und die Errichtung des Nationalparks Hohe Tauern – Tirol von entscheidender Bedeutung.

Die Politik wird aktiv – die Vereinbarung von Heiligenblut 1971

Anlässlich des ersten Österreichischen Naturschutztages des Naturschutzbundes in Krimml im Jahr 1951 äußerte sich Landeshauptmann Josef Klaus positiv für die Erhaltung der Krimmler Wasserfälle. Um seine Meinung zu einem Nationalpark Hohe Tauern befragt, meinte er jedoch, „es sei nicht möglich, einen Nationalpark durch ein Gesetz von vornherein zu diktieren, man müsse vor allem bei den unmittelbar Betroffenen die Idee wachsen lassen“. Er hat aus unserer heutigen Sicht Recht behalten.

Auf Drängen des Österreichischen Naturschutzbundes an Bund und Länder im europäischen Naturschutzjahr 1970 endlich eine Tat zu setzen, kam es in den Landesregierungen der drei betroffenen Bundesländer ab 1968 zu einer Bereitschaft über ein solches Projekt zu diskutieren und erste Pläne mit entsprechenden Rechtsgrundlagen zu entwickeln. In der Landtagssitzung am 13. Mai 1970 gab es von den Abg. Walter Rud und Manfred Krüttner (FPÖ) an den für Naturschutz zuständigen Landesrat Dr. Herbert Moritz eine Anfrage über den Stand der Nationalparkplanung, besonders über die rechtliche Verankerung als „Landes- oder Bundespark“ und die finanziellen und wirtschaftlichen Auswirkungen für das Land Salzburg. Die Debatte wird in Anhang in Auszügen wiedergegeben.

Vereinbarung von Heiligenblut für einen Nationalpark Hohe Tauern, 1971, Landeshauptmänner Hans Sima (Kärnten), Hans Lechner (Salzburg) Eduard Wallnöfer (Tirol) (Foto: Eberhard Stüber)

Am 21. Oktober 1971 erklärten die Landeshauptmänner Hans Sima (Kärnten), Hans Lechner (Salzburg) und Eduard Wallnöfer (Tirol) im Rahmen eines Festaktes in Heiligenblut dann schriftlich, einen Nationalpark Hohe Tauern errichten zu wollen. Von einem richtigen Nationalpark war man damals jedoch noch meilenweit entfernt, zu unterschiedlich waren die Vorstellungen von einem derartigen Schutzgebiet. Mit Mühe und Not beschloss man schließlich die Einsetzung eines neunköpfigen Nationalparkkomitees als weiteres Planungsorgan mit Vertretern der Länder, regionalen Gebietskörperschaften und lokaler Politik. Der Vorsitz wechselte in Rotation der drei Bundesländer. Die Nationalpark-Kommission war in den ersten Jahren völlig überfordert. Die ortsansässige Bevölkerung mit ihren Bürgermeistern lehnte zunächst den Nationalpark rundweg ab. Auch die Meinung der politischen Parteien war sehr unterschiedlich.

Nachdem in den ersten Jahren nach 1971 kaum etwas passierte, wurde die Kritik der Nationalparkbefürworter immer lauter. Am 10. Jänner 1975 kam es zu einem Treffen der für den Nationalpark zuständigen Ressort-Politiker der drei Bundesländer in Matrei in Osttirol. Bei diesem Treffen wurde Hugo Hansely, Kärnten, zum hauptamtlichen Leiter des Planungsstabes Nationalpark Hohe Tauern in der Nationalparkkommission bestellt. Um die Tiroler Interessen zu wahren, verlangte Wallnöfer als Sitz der Kommission Matrei in Osttirol und stellte den weisungsgebundenen Forstmann der Tiroler Landesregierung Anton Draxl im Rahmen einer lebenden Subvention als Assistent von Hansely zur Verfügung. 1979 übernahm Draxl vom pensionierten Hansely die Planungsleitung.

Aufstand gegen den Nationalpark im Oberpinzgau

Nach der Vereinbarung von Heiligenblut fehlte es nicht an selbsternannten „Nationalparkplanern", die mit Vorschlägen über die Köpfe der Bevölkerung hinweg darzustellen versuchten, wie ein solcher Nationalpark aussehen könnte. Für manche dieser „Nationalparkspezialisten“ war der 1914 gegründete Schweizer Nationalpark ein Vorbild, ein kleines „Wildnisgebiet“ in Staatsbesitz, in dem sich die Natur nach ihren eigenen Gesetzen entwickeln kann und der Mensch weitgehend ausgespart bleibt. Extreme Ökologen forderten, ohne das Gebiet zu kennen, auch in einem Nationalpark Hohe Tauern die Einstellung der Almwirtschaft und der Jagd. All dies war für die ortsansässige Bevölkerung eine Kampfansage gegen den Nationalpark, weshalb sich der Widerstand gegen die Nationalpark-Idee formierte. Man wolle nicht zu Tode geschützt und auch kein „Indianerreservat“ werden, waren nur einige der Parolen. Angst und Verunsicherung griffen um sich. In deren Folge kam es zur Gründung von Interessensgemeinschaften mit starken Persönlichkeiten an der Spitze, um sich bei der Landes- und Bundespolitik Gehör zu verschaffen und Rechte zu sichern. Am 11. Mai 1974 wurde in Zell am See die Interessensgemeinschaft der Nationalpark-Gemeinden gegründet. Ihr folgte am 11. Juni 1975 die „Schutzgemeinschaft der Grundbesitzer im geplanten Nationalpark Hohe Tauern“ mit Josef Vogelreiter (Sulzbachbauer) und Ferdinand Oberhollenzer (Tuxerbauer) in Krimml an der Spitze. Diese Schutzgemeinschaft wurde von der Kammer für Land- und Forstwirtschaft stark unterstützt, die auch als Geschäftsführer, den ausgezeichneten Verhandler Johann Staffl zur Verfügung stellte.

Mühsame Bewusstseinsbildung für den Nationalpark im Oberpinzgau

Am Beginn des Jahres 1975 ersuchte Landeshauptmann Hans Lechner den neuen, für den Naturschutz zuständigen Landesrat, Hans Katschthaler, sich um einen Gesetzesentwurf für den Nationalpark zu bemühen und die Zustimmung der ortsansässigen Bevölkerung zu erreichen. Es war dies damals eine fast unlösbare Aufgabe. Einerseits bestand ein starker politischer Druck, endlich auch in Österreich einen Nationalpark zustande zu bringen, andererseits gab es aber eine starke lokale Ablehnung. Katschthaler war in dieser Situation eine sehr geeignete Persönlichkeit, die, selbst aus einfachen Verhältnissen im Gebirge stammend, mit einer Eselsgeduld und mit großer Glaubwürdigkeit die Bewusstseinsbildung in der Nationalparkregion begann. Er bemühte sich in allen Gemeinden, in unzähligen Versammlungen und Einzelgesprächen mit Grundbesitzern, Jägern und Vertretern der Wirtschaft, vorgesehene Gesetzespassagen für den Nationalpark zu erläutern und den Menschen begreiflich zu machen, dass ein Nationalpark Hohe Tauern auch für sie, die in der Region leben, Zukunft bedeutet. Die Diskussionen waren oft stürmisch, beleidigend und an der Grenze des Erträglichen.

Katschthaler wurde bei seiner Mission durch den Autor als Vertreter des Naturschutzbundes und den Geschäftsführer Hannes Maringer unterstützt, die gleichfalls überzeugt waren, dass ein großer Nationalpark nur mit Zustimmung der dort lebenden Bevölkerung zustande kommen könne. Auch Anton Draxl entwickelte sich, entgegen den Wünschen von Landeshauptmann Eduard Wallnöfer, zu einem starken Befürworter des Nationalparks und hartem Kämpfer für die Erhaltung und Förderung der Almwirtschaft im Rahmen einer Kultur- oder Außenzone des Nationalparks. Nach den Landtagswahlen 1979 übernahm Landesrat Sepp Oberkirchner, SPÖ, die Nationalpark-Agenden und bemühte sich weiter um

Almwirtschaft mit Pinzgauer Rindern in der Nationalpark-Außenzone (Foto: Nationalpark Hohe Tauern)

die Zustimmung der Bevölkerung zum Nationalpark und um gute Verbindungen zu den jeweiligen Umweltministern der Bundesregierung. Es gelang ihm auch, den Gesetzesentwurf für den Nationalpark bis zum Jahr 1983 fertig zu stellen.

Grosskraftwerk Oberpinzgau oder Nationalpark

Als der Widerstand der Bevölkerung im Oberpinzgau abflaute und einvernehmliche Lösungen mit den betroffenen Grundbesitzern und Gemeinden in Sicht waren, aktivierte die E-Wirtschaft trotz eines negativen Regierungsbeschlusses vom 9. Juli 1970 im Jahr 1980 wieder das Großkraftwerk Oberpinzgau. Danach sollten alle Gletscherbäche vom Felbertal bis zum Obersulzbachtal in einen Speicher im Hollersbachtal beigeleitet werden. Der damalige Direktor Heimo Kandolf drohte dem Land sogar mit einer Säumnisbeschwerde, falls die Wasserrechtsverhandlungen nicht rechtzeitig durchgeführt würden. Außerdem versuchte er abermals mit Geldversprechungen für die Region durch das Kraftwerk, die Bevölkerung gegen den Nationalpark aufzuhetzen. Die Gemeinde Hollersbach begrüßte die neue Kraftwerksinitiative und meinte, ohne Großkraftwerk Oberpinzgau werde es keinen Nationalpark geben. (Kupper/Wöbse 2013) Im Februar 1981 reichten die Tauernkraftwerke beim Landwirtschaftsministerium das Ansuchen um Erklärung zum „Bevorzugten Wasserbau" des Kraftwerkes Oberpinzgau ein. Dazu kam noch, dass die SPÖ kurzfristig meinte, den Kraftwerksbau unterstützen zu müssen und beides, Großkraftwerk und Nationalpark, möglich wäre. Auf Grund der Ende 1981 einsetzenden starken medialen Kritik des Naturschutzbundes an der SPÖ distanzierte sich diese schließlich von den Kraftwerksplänen.

Konferenz der drei Landeshauptleute Wallnöfer, Haslauer und Wagner am 26. Juni 1982 in Heiligenblut: Landeshauptmann Dr. Haslauer sen. versuchte seinen Tiroler Amtskollegen Wallnöfer für den Nationalpark zu gewinnen (Foto: Eberhard Stüber)

Landeshauptmann Dr. Haslauer sen. entscheidet und setzt der Diskussion ein Ende

Landeshauptmann Wilfried Haslauer sen. geriet angesichts der hin und her wogenden Diskussion unter Zugzwang und entschloss sich zu einer eindeutigen Stellungnahme für den Nationalpark. Er wandte sich an die Tauernkraftwerke mit den Worten: „Ich verwahre mich gegen die Aufwiegelungsversuche des Vorstandes der Tauernkraftwerke, ich verwahre mich gegen sein Urteil und seine Kritik an unseren Nationalparkplänen. Auch der Vorstand der Tauernkraftwerke hat zur Kenntnis zu nehmen, dass er in Salzburg arbeitet, dass er unser Wasser in Angriff nehmen will, dass er sich daher unseren landespolitischen Zielsetzungen zu unterwerfen hat." Am 14. September 1981 erfolgte ein Regierungsbeschluss zur Schaffung eines Nationalparks Hohe Tauern im Land Salzburg ohne Großkraftwerk. Im Februar 1982 folgte dann ein Gipfelgespräch in Wien, und wenige Wochen später wurden bereits die Weichen für eine 500 km^2 große Kern- und ein 360 km^2 große Außenzone gestellt sowie ein Förderungsprogramm für die acht betroffenen Nationalparkgemeinden beschlossen. (Kupper/Wöbse 2013) Mit der E-Wirtschaft wurde ein zehnjähriges Moratorium (Nachdenkphase ohne Kraftwerkspläne) ausgehandelt. In dieser Zeit gab es auch Gespräche zwischen Katschthaler in Vertretung von Haslauer, der TKW und dem Autor dieses Beitrages als Vertreter des Naturschutzbundes. Es ging dabei der E-Wirtschaft als Ersatz für die Nutzung der Bäche in den Hohen Tauern die hydroelektrische Nutzung der mittleren Salzach ohne Salzachöfen zu gewähren.

Die raschen Entscheidungen Haslauers wurden durch die Zustimmung der Schutzgemeinschaft der Grundbesitzer im Nationalpark Hohe Tauern auf deren

Demonstration der Naturschutzjugend gegen Landeshauptmann Wallnöfer (Foto: Nationalpark Hohe Tauern)

Generalversammlung am 27. November 1981 begünstigt, gefolgt auch von einer ähnlichen Zustimmung seitens der gewerblichen und der Tourismuswirtschaft. Außerdem herrschte bereits Einigkeit für den Nationalpark bei den drei im Landtag vertretenen Parteien, sodass der gut vorbereitete und mit den Gemeinden und verschiedenen Gremien im Detail abgestimmte Gesetzesentwurf dem Salzburger Landtag zur Beschlussfassung vorgelegt werden konnte. Am 19. Oktober 1983 eröffnete Präsident Schmidinger im Landtag die Generaldebatte über das von der Landesregierung erstellte Gesetz für die Errichtung eines Nationalparks Hohe Tauern. In der Generaldebatte, die in Auszügen in Anhang wiedergegeben wird, gab es von allen Fraktionen große Zustimmung. Das Nationalparkgesetz wurde einstimmig beschlossen und mit 1. Jänner 1984 in Kraft gesetzt. Salzburg war damit das zweite Bundesland, das sich nach Kärnten (18. November 1981) für die Errichtung dieses einzigartigen Nationalparks entschieden hat. Die wesentlichsten Bestimmungen des Gesetzes sind:

- Ziel des Nationalparks ist, das Gebiet in seiner Schönheit und Ursprünglichkeit zu erhalten, die charakteristische Pflanzen- und Tierwelt und ihre Lebensräume zu bewahren und einem großen Kreis von Menschen ein eindrucksvolles Erlebnis zu ermöglichen.
- Der Nationalpark gliedert sich in eine Kernzone, in der der Schutz in ihrer Ganzheit im öffentlichen Interesse liegt, in eine Außenzone, in der die Erhaltung und Pflege der Kulturlandschaft vorrangig ist, und in Sonderschutzgebiete von besonderer ökologischer Bedeutung. Als Rechtspersönlichkeit wurde der Salzburger Nationalparkfonds geschaffen, mit einem Kuratorium und einem Fondsbeirat, in denen die Mitbestimmung der ortsansässigen Bevölkerung und ihrer Gremien sichergestellt wurde.

Beitritt Tirols als Dritter im Bunde. Zusammenarbeit zwischen dem Bund und den drei Ländern im Nationalparkrat.

Haupthindernis für die Zustimmung Tirols zum Nationalpark war das geplante riesige Großkraftwerk der Osttiroler Kraftwerksgesellschaft (Bund: 51 Prozent,

Land Tirol: 49 Prozent). Danach sollten alle Gletscherbäche Osttirols in einer Höhe von 1.800 m in einen Stausee im Kalser Dorfertal mit einer 220 m hohen Talsperre beigeleitet werden. Lange Zeit gab es in Osttirol keine starke Initiative gegen dieses Großkraftwerksprojekt. Erst durch den von Wolfgang Retter 1973 gegründeten „Verein zum Schutze der Erholungslandschaft Osttirols", in den Folgejahren durch den Alpenverein und die Naturfreunde und zuletzt durch den Aufstand der Kalser Bäuerinnen schwanden die Chancen der E-Wirtschaft zur Verwirklichung dieses Großkraftwerkes. Auch die Wirtschaftlichkeit dieses Großkraftwerkes ist in der langen Diskussionszeit fragwürdig geworden. Letztlich hatte auch die Bundesregierung, die vor einer Nationalratswahl stand, kein Interesse an einem zweiten „Hainburg der Alpen". Wirtschaftsminister Graf verkündete am 30. März 1989, dass das Speicherkraftwerk Osttirol keine Priorität mehr habe. Diese Aussage wurde am 28. Juni 1989 auch von der Bundesregierung unter Kanzler Vranitzky bestätigt.

Die Tiroler Landesregierung musste sich gezwungenermaßen für den Nationalpark aussprechen. Landesrat Ferdinand Eberle kümmerte sich daraufhin unter der Regierung von Landeshauptmann Alois Partl, dem Nachfolger Wallnöfers, um die Erstellung eines Nationalparkgesetzes, das am 9. Oktober 1991 vom Tiroler Landtag beschlossen wurde und am 21. Jänner 1992 in Kraft trat. Zwei Jahre später, am 3. März 1994 wurde, durch Initiative von Hans Katschthaler als Dachorgan der drei Bundesländer, ein Nationalparkrat geschaffen und mit dem Bund ein Staatsvertrag nach Art. 15a B-VG unterzeichnet. Der Bund beteiligt sich auch an den Kosten des Nationalparks, hat dadurch im Nationalparkrat Sitz und Stimme und kann auch nicht überstimmt werden. Als Bedingung für die Förderung der Nationalparkländer durch den Bund forderte dieser, dass sich die Bundesländer um die internationale Anerkennung durch die „IUCN – International Union for Conservation of Nature and natural ressources" bemühen. Die internationale Anerkennung wurde für Kärnten im Jahr 2001, für Salzburg und Tirol im Jahr 2006 erteilt.

Die Novelle zum Nationalparkgesetz 2015 und der Grundstücksankauf für den Nationalpark

Nach 30 Jahren wurde es notwendig, das Nationalparkgesetz aus dem Jahr 1984 den zeitgemäßen Erfordernissen anzupassen. Die Novelle wurde unter Federführung und Ressortverantwortung von Landeshauptmann-Stellvertreterin Astrid Rössler erstellt und am 15. Oktober 2014 im Landtagsausschuss ausführlich beraten. Nach Beschluss im Salzburger Landtag trat das Gesetz am 1. Jänner 2015 in Kraft. Neu im Gesetz ist die Anpassung an das neue EU-Recht, an neue Bestimmungen des Salzburger Naturschutzgesetzes 1993 und an Bestimmungen der IUCN. Neben kleineren Änderungen und Anpassungen gibt es im Gesetz auch Verwaltungsvereinfachungen. Während früher für die Kernzone die Landesregierung und für die Außenzone die Bezirkshauptmannschaften zuständig waren, ist nunmehr für beide Zonen die Landesregierung bzw. die Nationalparkverwaltung verantwortlich. 2016 verkaufte der deutsche Verein Naturschutzpark seine Besitzungen in den Hohen Tauern. Das Land Salzburg kaufte unter der Regierung von Landeshauptmann Wilfried Haslauer jun. und auf besondere

Untersulzbachgletscher mit Großvenediger 1995 (Foto: Eberhard Stüber)

Initiative von Landeshauptmann-Stellvertreterin Astrid Rössler davon ca. 3.500 ha für den Nationalpark Hohe Tauern. Das erworbene Gebiet liegt fast zur Gänze in der Kernzone bzw. im Bereich von Sonderschutzgebieten. Hier kann auf eigenem Grund ein echtes Schutzgebiet entstehen, wo sich die Natur nach ihren eigenen Gesetzen weiterentwickeln kann. Die Mittel für den Kauf stammen von Land, Bund und der EU.

Nationalpark Hohe Tauern – ein Park für Europa und ein Aushängeschild Österreichs

Mit einer Gesamtgröße von 1.809 km², davon 1.142 km² Kernzone und 598 km² Außenzone, ist er der größte Nationalpark der Alpen und einer der größten Europas. Der Großteil liegt im Bundesland Salzburg, mit einer Kernzone von 507 km² und einer Außenzone von 266 km², das sind 12 Prozent der Salzburger Landesfläche. Seit Jahren gibt es bereits in allen drei Bundesländern eine hohe Zustimmung der Bevölkerung zum Nationalpark. Nach einer repräsentativen Umfrage 1991 im Oberpinzgau bekannten sich bereits 90 Prozent zur Nationalparkidee. Der Erfolg des Nationalparks zeigt sich auch in den hohen Besucherzahlen der Nationalparkregionen (Bauch und Urban 2016). Im Land Salzburg gab es 2016 3,33 Mio. Besucherinnen und Besucher, davon 369.000 im Nationalpark-Zentrum in Mittersill und neun weiteren Informationszentren, 1,77 Mio. in den Nationalparktälern, 870.400 im Bereich der Großglockner Hochalpenstraße sowie 12.750

Nationalparkzentrum in Mittersill (Foto: Nationalpark Hohe Tauern)

bei Führungen. Dazu wurden 21.736 Schüler in Schulklassen bei verschiedenen Veranstaltungen betreut.

Die Highlights dieses Nationalparks sind in geologischer Hinsicht das „Tauernfenster", es ist das größte „Geologische Fenster" der Erde. Der Nationalpark hat weiters 266 Gipfel über 3.000 m Seehöhe, mit der höchsten Erhebung der Ostalpen, dem Großglockner in 3.798 m Seehöhe; weitere Highlights sind der außergewöhnliche Mineralreichtum durch die zahlreichen Zerrklüfte in den Hohen Tauern und die 342 Gletscher. Der flächengrößte und längste Gletscher der Hohen Tauern ist die Pasterze mit einer Gesamtfläche von 18,5 km^2 und einer Länge von ca. 8,4 km. Weitere Besonderheiten sind 279 Bäche, darunter 57 Gletscherbäche, 136 große Bergseen, 26 große Wasserfälle – darunter die Krimmler Fälle mit einer Fallhöhe von rund 400 m, zehn große Klammen, 17 bedeutende Moore und die hohe Artenvielfalt im gesamten Nationalpark sowie eine naturnahe Kulturlandschaft in der Außenzone.

Auswahlbibliographie

Bauch, Christine/Urban, Wolfgang: Tätigkeitsbericht 2016 des Salzburger Nationalparkfonds Hohe Tauern, Salzburg 2017

Kupper, Patrik/Wöbse, Anna-Katharina: Geschichte des Nationalparks Hohe Tauern, Innsbruck 2013

Aus den Debatten des Salzburger Landtages

Auszug aus dem Protokoll der Landtagssitzung am 13. Mai 1970 über eine Anfrage der Abg. Rud und Krüttner an Landesrat Dr. Moritz über den Stand der Nationalparkplanung

Landesrat Dr. Herbert Moritz (SPÖ) verweist in seiner ausführlichen Stellungnahme darauf, dass die bisher publik gewordenen privaten Nationalparkvorstellungen oder Projekte von Staatsanwalt Dr. Stoiber und Prof. Strzygowski, Prof. Ermacora und das für ihn an sich sehr gute Projekt des ÖNB alle einen Bundesnationalpark zum Ziel hätten. Auf Grund der in Österreich geltenden Verfassungslage sei die Einrichtung eines Nationalparks ein „Instrument des Naturschutzrechtes" und somit nur den Bundesländern möglich. Im Herbst 1967 beschlossen daher die beamteten Naturschutzreferenten der neun Bundesländer in Innsbruck, die Verwirklichung des Nationalparks Hohe Tauern als Beitrag zum Europäischen Naturschutzjahr den drei betroffenen Bundesländern zu empfehlen. Es folgten dann die Beschlüsse der Landesregierungen und im April 1970 war der Entwurf für die zu schließende Vereinbarung der drei Bundesländer nach Art. 107 des Bundesverfassungsgesetzes als „Länderprojekt" fertiggestellt. Es berücksichtigt die gegenwärtige Verfassungslage und wahrt in jeder Hinsicht die Gesetzgebungshoheit des Landtages. Bezüglich der Kosten für einen derartigen Nationalpark rechnet Moritz für das Land Salzburg pro Jahr einen Betrag von S 500.000,–. Demgegenüber kann man durch den Nationalpark mit Mehreinnahmen in der Fremdenverkehrswirtschaft rechnen, die dem Land Salzburg und der Nationalparkregion zu Gute kommen.

Landtagspräsident Josef Brandauer (SPÖ) erteilt dann *Abg. Ing. Walter Rud (FPÖ)* das Wort, der als langjähriger Alpenvereinsfunktionär die Idee eines Bundesnationalparks von Ermacora verteidigte. Da beim Bund eine Reihe von Rechtsmaterien und große Unternehmen angesiedelt sind, wie z. B. Wasserrecht, Bundesforste, Energieunternehmen, würde ein Bundespark dem Nationalpark Hohe Tauern viele Vorteile bringen. Der Rechts- und Staatswissenschafter Ermacora empfahl daher eine Volksbefragung für eine Bundeslösung. Als weiterer Abgeordneter meldet sich *Abg. Josef Hörl (ÖVP)* zu Wort. Er meint, dass die Pinzgauer stolz sein könnten, dass sie noch eine Landschaft haben, die nationalparkwürdig ist. Man sollte daher nicht vergessen, dass diese Gebiete erst durch die Bewirtschaftung und Beweidung so schön geworden sind, sonst wäre die Erosion bereits wesentlich stärker. Hörl möchte vor allem wissen, wie es mit der Entschädigung der Grundbesitzer im Nationalpark steht. Was man so herumhört, dürfe es im Nationalpark keinen Traktor geben, keinen Stacheldraht und in der Forstwirtschaft keine Motorsäge. Auch das sogenannte „Gröhlen" möglicherweise auch der „Juhu-Schrei" sei verboten, um die Natur nicht zu stören. Es sei daher dringend nötig, dass auch die Gebietskörperschaften und die Kammern gehört werden, damit nicht über dieses Gebiet ein Glassturz mit unzähligen Verbotstafeln gestellt werde.

Landesrat Dr. Herbert Moritz versicherte, dass alle betroffenen Kreise, Gemeinden und Gebietskörperschaften noch ausreichend Gelegenheit haben würden ihre Stellungnahmen abzugeben.

Auszug aus dem Protokoll der Landtagssitzung am 19. Oktober 1983 (Generaldebatte über das Gesetz zur Errichtung des Nationalparks Hohe Tauern)

Zu Beginn bedankt sich *Landeshauptmann Dr. Wilfried Haslauer sen. (ÖVP)* namens der Landesregierung nach einer 70-jährigen Periode des Bemühens um einen Nationalpark Hohe Tauern bei allen, die am Zustandekommen der heutigen Gesetzesvorlage mitgewirkt haben. Besonderer Dank gilt vor allem den Gemeinden, den betroffenen Grundbesitzern und der Nationalparkkommission. Unsere Aufgabe wird es nun sein, mit den beiden anderen Ländern Kärnten und Tirol über gleiche legislative Ziele zu verhandeln, damit der Aufbau dieses großen raumpolitischen Jahrhundertprojektes Nationalpark Hohe Tauern begonnen werden kann. Im Anschluss berichteten die Regierungsmitglieder *Sepp Oberkirchner, Dr. Hans Katschthaler, Dr. Herbert Moritz* und *Sepp Wiesner* ausführlich über ihren Beitrag für den zukünftigen Nationalpark. Als nächster Redner ergreift *Abg. Ing. Georg Griessner (ÖVP)* das Wort, der sich freut, dass endlich auch Landtagsabgeordnete ihre Meinung zum Gesetz äußern dürfen. Er meint zunächst, dass es ein Verdienst von Landesrat Katschthaler wäre, dass in der Nationalparkdiskussion wieder eine Gesprächs-Vertrauensbasis zustande gekommen sei und kritisiert die Tauernkraftwerke, die den Gemeinden, um ihr Projekt durchzusetzen, das „Blaue vom Himmel" versprachen, sodass es für manche Gemeinden schwierig war, sich gegen das Großkraftwerk Oberpinzgau auszusprechen. Kritik übt er auch an Landesrat Oberkirchner, der als damaliger Ressortzuständiger für den Nationalpark am 23. Juni 1981 laut Landeszeitung erklärte, dass „Nationalpark und Energiewirtschaft für die Nutzung des Oberpinzgaues durchaus vereinbar seien". Zur gleichen Zeit hat jedoch Landeshauptmann Haslauer dem Nationalparkanliegen deutlich den Vorrang gegenüber den Nutzungsinteressen eingeräumt. Von sozialistischer Seite wurden damals dem Landeshauptmann Torpedierung eines Kompromisses zwischen Energiewirtschaft und Nationalpark vorgeworfen. Vom Bund fordert Griessner die gleiche Dotierung des Nationalparkfonds wie durch das Land Salzburg und die Einbringung der im Nationalpark liegenden Besitzungen der Österreichischen Bundesforste als Sonderschutzgebiete. Beim nun beginnenden Aufbau des Nationalparks müssen vor allem die Menschen im Oberpinzgau und ihre wirtschaftlichen Lebensgrundlagen im Mittelpunkt aller Überlegungen stehen. Der Oberpinzgau braucht eine eigenständige Regionalentwicklung mit einer der Nationalparkregion angepassten Wirtschaftsstruktur einschließlich eines Sonderförderungsprogrammes.

Abg. Dr. Hellfried Schuller (FPÖ) meint, es betrübe ihn, dass dieses bedeutende Gesetzeswerk von einem „Vaterschaftsstreit" zwischen Volkspartei und den Sozialisten überschattet werde. „Wenn wir uns an das Jahr 1979 erinnern, dann war damals bei der neuen Ressortverteilung kein ,Griß' um eine Verantwortlichkeit für den Nationalpark, es sah eher nach einer ,Kindesweglegung' aus. Oberkirchner meinte damals„wenn ihn niemand will, dann muss ihn wohl ich nehmen“. Schuller befürchtet, dass es, wie man hört, bei der Grenzziehung zu einem westlichen und östlichen Nationalpark – getrennt durch das Felbertal – kommen könnte. Die Freiheitlichen bestehen jedoch auf einem einzigen Nationalpark, Felbertauernstraße und Pipeline könne man, wie die Glocknerstraße, ausnehmen. Die Freiheitlichen bedauern weiter, dass die SPÖ die Erhebung des Nationalparks oder wenigstens das Verbot der energiewirtschaftlichen Nutzung in den Verfassungsrang behindert hätte. Es wäre eine wichtige Sicherungsmaßnahme für die Zukunft gewesen. Als letzter Redner folgt *Abg. Josef Pichler (SPÖ)*. Er betont, dass der Löwenanteil des Verdienstes am Nationalpark Landesrat Sepp Oberkirchner zuzuerkennen sei. Er begründet weiter die Ablehnung des FPÖ-Antrages, das Nationalparkgesetz in den Verfassungsrang zu erheben, damit, dass man bisher weder mit den Gemeinden noch mit den Grundbesitzern und Interessensvertretern darüber gesprochen habe. Man würde dadurch seiner Meinung nach an Glaubwürdigkeit verlieren. Bei der Abstimmung kann *Landtagspräsident Hans Schmidinger (ÖVP)* schließlich die einstimmige Annahme des vorgelegten Nationalparkgesetzes feststellen.

Heinz Stockinger

Atompolitik im Salzburger Landtag – von Zwentendorf bis heute

Atompolitik ist weitestgehend in Bundeskompetenz. Solange in unserem Staat die industrielle Atomkraftnutzung angestrebt wurde, waren die Bundesländer noch stärker involviert und hatten sie daher auch mehr Mitsprache: Wenn es um den Standort für eines der vorgesehenen Kernkraftwerke – laut Bundesenergieplan 1976 sieben Reaktoren an österreichischen Flüssen bis etwa 2010 – oder um das spätere Atommülllager ging, konnte der Bund an den Ländern nicht „vorbei". Auch über das Miteigentum an Planungs- und Betreibergesellschaften waren die Bundesländer in die angehende Atomwirtschaft eingebunden.

Mit der endgültigen Aufgabe der atomaren Option nach dem Reaktorunfall in Tschernobyl 1986 reduzierte sich diese materielle Rolle der Bundesländer auf ein Minimum: etwa die Frage eines letztendlichen Standorts für – ohne Atomkraftwerke nunmehr „nur" schwach- und mittelradioaktiven – Atommüll, vorläufig aus Industrie, Forschung und Medizin in Seibersdorf gesammelt, kann noch die Landesinstanzen beschäftigen.

Und dennoch haben gerade seit dem „Aus" für die Atomenergieanwendung in Österreich im Gefolge von Tschernobyl die österreichischen Bundesländer eine erhebliche Rolle in der Atompolitik gespielt. Wobei es ab dann logischerweise in erster Linie um atomare Anlagen jenseits unserer Grenzen bzw. um internationale, um europäische Atompolitik ging und geht. In der Regel treten dabei die Landesregierungen deutlich stärker in Erscheinung als die Landtage. Man braucht dabei beispielsweise bloß den Briefwechsel und die öffentlichen Stellungnahmen zwischen der bayerischen und der Salzburger Landesregierung zur Wiederaufbereitungsanlage (WAA) Wackersdorf anzusehen, mit Ministerpräsident Franz Josef Strauß und Landeshauptmann Wilfried Haslauer sen. an vorderster Front. Dennoch haben die Landtage an allen wesentlichen Vorgängen um atomare Anlagen, Vorhaben, Entscheidungen und Regelungen mitgewirkt: „Ich bin fest überzeugt, daß durch eine deutliche Willensäußerung des Salzburger Landtages, der Volksvertretung, einiges bei der Meinungsbildung bewirkt werden könnte", sagte der damalige Klubobmann Dr. Hans Buchner (FPÖ) am Ende seines Plädoyers für einen dringlichen Antrag seiner Fraktion nach dem Tschernobyl-Super-GAU 1986, einerseits dem AKW Zwentendorf endgültig und überhaupt „der Kernkraftnutzung eine eindeutige Absage zu erteilen" und andererseits „Wackersdorf mit allen zu Gebote stehenden demokratischen friedlichen Mitteln" zu verhindern. Auch könne „durch ein eindeutiges Votum des Salzburger Landtages den Salzburger Verhandlern" in Sachen grenzüberschreitende Einflussnahme der Bundesregierung auf das WAA-Verfahren und in Sachen endgültige Abwicklung der Salzburger Beteiligung am AKW Zwentendorf „der Rücken gestärkt werden". (Dringlicher Antrag der Abg. Dr. Buchner u. a. betreffend die Haltung des Salzburger Landtages zur Nutzung der Kernenergie (NEIN zum Atomkraftwerk Zwentendorf, NEIN zur atomaren Wiederaufarbeitungsanlage Wackersdorf) (SLP, Nr. 339, 2. Session, 9. GP) Der Salzburger Landtag gehört in dieser atompolitischen Funktion jedenfalls zu den aktivsten regionalen Volksvertretungen in Österreich. Dies wird dem Umstand mit zu verdanken sein, dass im Bundesland seit den „Zwentendorf-Jahren“ ein ununterbrochenes organisiertes Antiatom-Engagement von Bürgerinnen und Bürgern stattfindet und seit Tschernobyl von Stadt und Land Salzburg auch finanziell gefördert wird.

Österreichs erstes, letztes und nie betriebenes AKW

„Die Vernunft siegte in Österreich, und dies zu einer Zeit, als die übrige Welt noch etwas verwundert auf uns Österreicher blickte.“ So Abg. Mag. Michael Neureiter (ÖVP) und Reinhard Herok, Obmann der Jungen ÖVP Salzburg und später ebenfalls Landtagsabgeordneter, in einem Brief an die Überparteiliche Plattform gegen die WAA Wackersdorf 1988 zum 10. Jahrestag der Volksabstimmung über das AKW Zwentendorf.

In der im Februar 1978 herausgegebenen „Information Nr. 1“ der 1970 unter der ÖVP-Alleinregierung gegründeten Gemeinschaftskraftwerk Tullnerfeld GmbH (GKT) hieß es: „Maßgebend für die Gründung der GKT war die Grundsatzvereinbarung zwischen der österreichischen Elektrizitätswirtschafts AG (Verbund) und den Landesgesellschaften vom 30. März 1967 zum weiteren Ausbau der Energieversorgung. Der in Hinkunft zunehmende Mangel an großen Laufkraftwerksprojekten soll durch den Bau von Kernkraftwerken kompensiert werden.“ Unter den sieben Landesgesellschaften, die neben dem 50-Prozent-Anteil des Verbundes die übrigen 50 Prozent an der GKT hielten, war die Salzburger Aktiengesellschaft für Energiewirtschaft (SAFE) mit 2,5 Prozent beteiligt.

„Auf jeden Fall in Betrieb“

Die Salzburger Landespolitik zeigt relativ früh eine gewisse Atomskepsis, trotz dem engen Naheverhältnis zwischen SAFE und Land. Der „schwarze“ technische SAFE-Direktor Josef Raß wie der „rote“ kaufmännische Direktor Hans Kettl waren eingefleischte Verfechter der Atomkraft und Zwentendorfs. Eine Woche vor der Volksabstimmung prophezeite Direktor Kettl in einer Podiumsdiskussion am 28. Oktober 1978 im Humboldt-Studentenheim: „Zwentendorf wird auf jeden Fall in Betrieb gehen.“

Im Vorfeld der Zwentendorf-Abstimmung spiegeln die Spitzen der Landesregierung in etwa die Tendenz ihrer Parteien, die damals noch eindeutig Land wie Bund dominierten: Landeshauptmann Wilfried Haslauer sen. (ÖVP) scheint mehr zum Nein zu neigen.

Seine Zweifel mochten insbesondere durch den „Weltbund zum Schutze des Lebens“ (WSL) geweckt worden sein, den er mindestens einmal empfing. Sein Stellvertreter Herbert Moritz (SPÖ) war trotz „Skepsis gegenüber der friedlichen Nutzung der Kernenergie“ (Interview mit der Zeitschrift „Umweltschutz“ 1978) „überzeugt, daß man auf Zwentendorf nicht verzichten“ könne. (Salzburger Nachrichten, 19. September 1978)

Eine Bewegung unzähliger kleiner Initiativen hat obsiegt gegen einen übermächtig scheinenden Komplex an Mitteln und Macht (Karikatur aus: Die Furche, 10. November 1978)

Nach dem Nein – vor neuer Volksabstimmung?

Der Salzburger Landtag kam in stärkerem Maß erst *nach* der Volksabstimmung ins Spiel. Abg. Walter Rud (FPÖ) verurteilte in einem Kommentar in den Salzburger Nachrichten vom 10. November 1978 unter dem Titel „Was nun mit Zwentendorf?“, dass die „Sozialisten und andere Befürworter“ denen, „die am 5. November mit Nein gestimmt haben“ nun „die Schuld […] geben, daß das 8-Milliarden-Schilling-Werk Zwentendorf erst einmal nutzlos dasteht“. Er fragte: „Ja, hat sich denn das niemand früher überlegt?“ Er hob auch hervor, dass die Freiheitlichen „1973 (als Zwentendorf von Volkspartei und Sozialisten schon beschlossen war – gegen unsere Stimmen […]) – im Nationalrat ein Energiekonzept eingebracht“ hatten, „das erste seiner Art“. Bald nach der Volksabstimmung setzten immer massivere Versuche ein, das Ergebnis vom 5. November 1978 rückgängig zu machen. Sie gipfelten im Volksbegehren, mit dem Industriellenvereinigung (IV), Gewerkschaftsbund (ÖGB) und weitere Kräfte 1980 ein neues Referendum anstrebten.

Landtage als „Hintertürl“?

Nun hatte die Volksabstimmung aber ein „Nein“ ergeben. Diesem Ergebnis war dieselbe Wertigkeit, dieselbe Endgültigkeit zuzugestehen, wie es bei „Ja“ der Fall gewesen wäre. Alles andere war zweierlei Maß, war Demokratie, „wie man's gerade braucht“. Dieses seichte Demokratieverständnis offenbarte sich auch im „Hintertürl“ der Zwentendorf-Betreiber, das mithilfe der Landtage für des Zwentendorf-Dornröschens Erweckung aufgestoßen werden sollte: Die Landtage der an der Gemeinschaftskraftwerk Tullnerfeld GmbH (GKT) beteiligten Bundesländer, also alle außer Wien und Burgenland, sollten ihre Landeshauptleute dazu auffordern, die Bundesregierung zu einer neuen Volksabstimmung zu drängen.

Mit den Stimmen der beiden Großparteien, gegen die FPÖ, hatten bis Frühjahr 1985 der Tiroler, der Kärntner und der Salzburger Landtag entsprechende Resolutionen bereits gefasst! Bemerkenswert war zum einen, dass es sich um

ÖVP-dominierte Landtage handelte. Vor allem aber trat darin eine gehörige Schizophrenie der beteiligten Abgeordneten zutage: Einstimmig verabschiedeten sie in Tirol und Salzburg nämlich bloße zwei Jahre zuvor Resolutionen gegen das AKW-Projekt Rosenheim-Marienberg (12. Jänner 1983; eine weitere am 25. Februar 1998, Streichung aus dem Bayerischen Standortsicherungsplan im Juli 1998). Sie wollten gar „mit allen verfügbaren demokratischen Mitteln das Atombauprogramm in Bayern verhindern". Dieselben Landespolitiker wollten also im Inland ein Atomkraftwerk auferwecken, bei welchem schon erreicht war, was sie bei Rosenheim-Marienberg noch erreichen wollten. Von der Fragwürdigkeit solchen Vorgehens abgesehen kann man sich unschwer ausmalen, dass Entschließungen – im „Idealfall" aller Landtage – für eine zweite Volksabstimmung über Zwentendorf einen erheblichen Druck nicht nur auf die Bundesregierung, sondern auch auf die Bundesleitungen von FPÖ und ÖVP ausgeübt hätten. Erst Tschernobyl beendete jegliche Manöver, die Industrienation Österreich doch noch als aktive Teilhaberin in das Nuklearzeitalter zu führen.

Tschernobyl und die Auseinandersetzung um die WAA Wackersdorf

„Wie im jüngsten Salzburger Gemeinderat gab es auch im gestrigen Landtag eine ‚Wackersdorf-Debatte', wobei beinharte Kritik gegen die bayrische Staatsregierung und gegen F. J. Strauß gerichtet wurde", berichtete das Salzburger Tagblatt am 3. Juli 1986. Es war eine „Kopfwäsche für F. Strauß" wegen des Einreiseverbots gegen österreichische Atomgegner. „Ein dringlicher FPÖ-Antrag, der einstimmig angenommen wurde, protestiert gegen die von Bayern über Österreicher verhängten Einreisebeschränkungen. ‚Hier wird eine Polizeistaatgesinnung an den Tag gelegt. Die Landesregierung sollte sich zur Wehr setzen'", forderte FPÖ-Klubobmann Hans Buchner. Klubobmann Helmut Schreiner (ÖVP) sprach von einer „beispiellosen und maßlosen Reaktion Bayerns."

Durch derartige Überreaktionen verschaffte die bayerische Regierung der inhaltlichen Kritik und Auseinandersetzung überhaupt erst allgemeine Wahrnehmung. Etwa für grundlegende Fakten und Argumente, wie sie kurz vor dem Einreiseverbot vom Zweiten Landtagspräsidenten Johann Pitzler (SPÖ) in der Salzburger Landeszeitung Nr. 17/1986 zusammengefasst worden waren: „[...] hat das zuständige Bayerische Staatsministerium am 27. September 1985 die erste Teilgenehmigung für die Wiederaufbereitungsanlage in Wackersdorf erteilt. Dadurch können nach einer etwa zweijährigen Bauzeit im Brennelemente-Eingangslager bis zu 1.500 Tonnen abgebrannte Uran- und MOX-Brennelemente jahrelang gelagert werden. Die SPÖ-Landtagsfraktion spricht sich daher nicht nur gegen die geplante Wiederaufbereitungsanlage, sondern auch gegen das bereits genehmigte Brennelemente-Eingangslager aus." (MOX = Misch-Oxid, enthält neben dem üblichen Uranoxid auch Plutoniumdioxid. Reines Plutonium ist nur in „Schnellen Brütern" einsetzbar ist, in der MOX-Mischung hingegen können die problematischen Plutoniumvorräte aus der Wiederaufbereitung auch in gängigen Druckwasserreaktoren verwertet werden.) ÖVP-Klubobmann Helmut Schreiner in der gleichen Ausgabe der Landeszeitung: „Bereits 1984, also lange bevor in der BRD die Entscheidung für Wackersdorf gefallen war, hat sich auf Initiative unseres Landeshauptmannes die Salzburger Landesregierung ge-

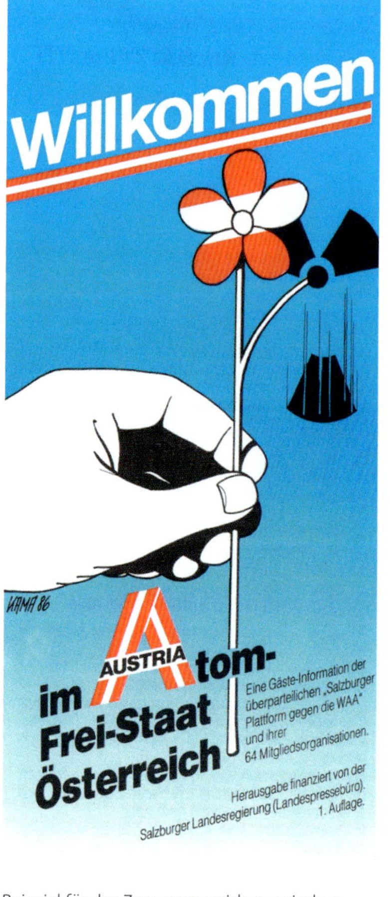

Beispiel für das Zusammenwirken zwischen Land und breiter Bürgerinitiative: Frontseite des von der Plattform gegen Wackersdorf 1986 gestalteten Falters an die Adresse insbesondere der deutschen Gäste, den die Landesregierung finanzierte

gen die Wiederaufbereitungsanlage in Wackersdorf ausgesprochen" – im Unterschied zur Bundesregierung, wie Schreiner kritisierte: „Vielleicht wären die berechtigten Proteste der Salzburger Bürger vom 1. Juni [1986] in Wackersdorf gar nicht notwendig geworden, wäre der damals zuständige Bundesminister [Kurt Steyrer] nicht untätig geblieben. Leider dürfen wir erst seit Tschernobyl hoffen, daß uns nun auch die zuständige Bundesregierung unterstützt. Als Grundlage für ein gemeinsames Vorgehen bietet sich ein umfangreicher Maßnahmenkatalog gegen atomare Gefährdungen an, den der Salzburger Landtag einstimmig beschlossen hat."

Dieser „Maßnahmenkatalog" ist aufgenommen in die „Chronologische Darstellung der Aktivitäten des Landes Salzburg gegen die geplante Wiederaufbereitungsanlage in Wackersdorf" (o. V., o. D., Auflistung 24.7.1984 bis 1.10.1987). Die erste dezidierte, nach außen getragene Äußerung eines politischen Gremiums in Salzburg gegen das Atomprojekt in der Oberpfalz war die einstimmige Resolution des Gemeinderates der Landeshauptstadt vom 29. Oktober 1985 gewesen. Nach dem Willen des Stadtparlaments ersuchte Bürgermeister Josef Reschen die Landesregierung, „bei der österreichischen Bundesregierung sowie bei der ARGE Alp, weiters bei der bayerisch-österreichischen Raumordnungskommission und sonstigen kompetenten Stellen, insbesondere jedenfalls bei der Bayerischen Staatsregierung dringlichst vorstellig zu werden, um mit allen verfügbaren demokratischen Mitteln und gebotenem Nachdruck das lebensbedrohende Atombauprogramm in Bayern verhindern zu helfen, […] insbesonders [sic!] die […] Wiederaufarbeitungsanlage Wackersdorf (Landkreis Schwandorf)." (Bürgermeister DI Reschen an Landeshauptmann Dr. Haslauer am 27. November 1985)

Noch vor dem Super-GAU von Tschernobyl fasste die Salzburger Landesregierung am 27. Jänner 1986 einen entsprechenden Beschluss. Dieser sah auch das Ersuchen an Bayern „um eine Risikoabwägung unter Einbeziehung völkerrechtlicher Aspekte" und um die „Offenlegung eines Katastrophenplanes" sowie an die Regierung in Wien um entsprechendes diplomatisches Einschreiten vor. Gemäß einem weiteren Beschluss der Landesregierung vom 8. April 1986 – drei Wochen vor Tschernobyl – sollte „das Bundesumweltamt […] sowohl zur Stellungnahme der Salzburger Landes[umwelt]anwaltschaft als auch zur Gegenstellungnahme Bayerns ein Gutachten" abgeben.

„Wer mitleidet, darf auch mitreden"

Nach dem Super-GAU in Tschernobyl, am 27. Mai 1986, nahm der Landtag „den Bericht der Landesregierung über […] Maßnahmen im Zusammenhang mit der Wiederaufbereitungsanlage in Wackersdorf mit der Maßgabe zur Kenntnis, dass das Ziel aller Bemühungen [deren] Verhinderung […] ist." Rasch gehen die Salzburger Volksvertreterinnen und -vertreter über diese Forderungen und Maßnahmen hinaus. In der „nach Tschernobyl" einzig logischen Konsequenz hebt der Salzburger Landtag das politische Handeln auf eine im österreichischen wie im internationalen Kontext neue Ebene: Die Bundesregierung möge sich dafür einsetzen, dass

„1. der Bau weiterer Kernkraftwerke im Gefährdungsbereich von Österreich verhindert wird;

2. die Errichtung von atomaren Wiederaufbereitungsanlagen einschließlich des Brennelementelagers, wie sie im Bereiche von Wackersdorf vorgesehen sind, endgültig verhindert wird;

3. für den Fall der Errichtung von Atomkraftwerken durch eine entsprechende Einflußnahme internationaler Organisationen, wie UNO, Europa-Rat etc., im Rahmen internationaler Verträge gesichert wird, dass den Anrainerstaaten ein Mitspracherecht bzw. eine Parteistellung einzuräumen ist, denn seit den Ereignissen in Tschernobyl dürfen derartige Baubeschlüsse keine alleinige nationale Angelegenheit mehr sein. Dies gilt insbesondere [...] auch für die atomare Wiederaufbereitungsanlage einschließlich des Brennelementeeingangslagers in Wackersdorf;

4. die Atomkraftwerke betreibenden Nachbarstaaten aufgefordert werden, eine genaue und umgehende Überprüfung des technischen Standards und der Sicherheitsvorkehrungen vorzunehmen und sich einer internationalen Kontrolle zu unterziehen;

5. auf andere Staaten Einfluß genommen wird, die Stillegung bestehender atomarer Anlagen schrittweise in Angriff zu nehmen;

6. die unverzügliche Offenlegung aller Alarm- und Katastrophenpläne hinsichtlich der Wiederaufarbeitungsanlage Wackersdorf verlangt wird."

Wohl nirgends sonst auf der Welt steht an so prominentem Platz ein Monument für einen siegreichen Kampf gegen ein atomares Prestigevorhaben von Staat und Industrie, wie es das „WAAhnsinns-DenkMal" am Rande des Mozartplatzes in Salzburgs Altstadt ist! (Foto: Salzburger Landtag)

Kurze Zeit später bekräftigte und ergänzte am 2. Juli 1986 eine Vereinbarung, die aus der Vorsprache einer vom Landeshauptmann angeführten Salzburger Politikerdelegation bei Bundeskanzler Franz Vranitzky hervorging, die Vorstellungen des Landtags. „Das Bundeskanzleramt und das Außenministerium wird [sic!] die völkerrechtliche Position Österreichs und die Frage einer Parteienstellung der Stadtgemeinde Salzburg oder physischer Personen im Verfahren für die Wiederaufarbeitungsanlage prüfen." In der Beteiligung einer ungeheuren Zahl Einzelner sowie verschiedenster Gruppierungen, Verbände, Körperschaften an der Einwendungsphase im WAA-Verfahren im Frühjahr 1988 sollte sich die Frucht dieser Bemühungen um eine gefährdungsgemäße Aktualisierung des Völkerrechts zeigen. „Wer mitleidet, darf auch mitreden" und „Tschernobyl hat die Grenzen zwischen den Staaten aufgehoben", hatte Oberösterreichs Landeshauptmann Josef Ratzenböck eine menschliche und juristische Selbstverständlichkeit wenige Wochen nach Tschernobyl (Oberösterreichische Nachrichten, 7. Juli 1986) auf den Punkt gebracht. Dieses Mitreden wurde mit den 100.000 Einwendungen aus Salzburg („die größte Bürgerinitiative, die Salzburg je erlebt hat", Landeshauptmann-Stellvertreter Wolfgang Radlegger, SPÖ) und 440.000 aus ganz Österreich – gleich viele wie aus der gesamten Bundesrepublik Deutschland – im WAA-Bewilligungsverfahren festgeschrieben. Es gipfelte im „Österreicher-Tag", an dem Salzburgerinnen und Salzburger, angeführt von Umweltlandesrat Sepp Oberkirchner (SPÖ), den Rechtsbeiständen von Stadt und Land Salzburg (Dr. Wolfgang Baumann u. a.) und von der Plattform gegen die WAA Wackersdorf, ihre schriftlichen Einwände beim Erörterungstermin im Sommer 1988 in Neunburg vorm Walde vor den bayerischen Behörden- und den WAA-Betreibervertretern ausführten.

Das offizielle „Aus" für die WAA Wackersdorf, von der deutschen Bundesregierung am 31. Mai 1989 verkündet, machte den Erfolg einer noch nie dagewesenen Bewegung nach vier Jahren dynamischer Steigerung, Beteiligung zahlloser Akteure und politischer Gemeinsamkeit vollkommen. Daran hatte auch der Salzburger Landtag beträchtlichen Anteil gehabt.

Landesfürsten unter sich (Karikatur aus: Salzburger Nachrichten, 19. Juni 1986)

Ein emanzipatorischer Prozess zwischen Staaten!

In einem Journal-Panorama des ORF am 25. November 1987 meinte der Österreich-Korrespondent der Süddeutschen Zeitung, Michael Frank, auf die Frage, ob die Zwistigkeiten um Maut, WAA Wackersdorf usw. sich negativ auf das Verhältnis der beiden Staaten auswirkten, sinngemäß: „Im Gegenteil. Ein Konflikt wie um Wackersdorf war mal notwendig. Damit Österreich von deutscher Seite ernst genommen wird. Bisher galt es den Deutschen ja als ‚Urlaubsstaat', ‚Operettenstaat', als Land der Jodler und der Weinseligkeit usw. Nie als wirklich selbständiger, autonomer Staat der europäischen Völkergemeinschaft, nicht als vollberechtigter eigener Staat, der seine eigenen Interessen hat und sie manchmal sogar hart vertreten kann. […]. Diese Reibungsflächen sind gesund. Damit die Deutschen ihre gegenüber Österreich leicht vereinnahmende Haltung abzulegen beginnen."

Atomanlagen und Energiepolitik der östlichen Nachbarn: Temelin und Mochovce, Urangruben und Atommülllager

Der Dachverband „Initiative Österreichischer Atomkraftwerksgegner (IÖAG)" hatte im Unterschied zur österreichischen Bundesregierung schon vor der Volksabstimmung 1978 wiederholt, aber von den Medien weitgehend ignoriert, gegen die Atomanlagen und -projekte in den noch kommunistischen Nachbarstaaten protestiert. Die Regierung, die Großparteien und die Sozialpartner waren damals hingegen auf den Einstieg in die industrielle Anwendung der Atomenergie fixiert, daher „störten" atomare Pläne in der Nachbarschaft keineswegs.

Zäher und weniger erfolgreich als gegen die WAA – warum?

Nach Tschernobyl und dem Zerbrechen des Ostblocks entstand in Österreich eine grundlegend andere Situation: Ablehnung der Atomkernspaltung allenthalben. In den Nachfolgestaaten der Sowjetunion hingegen hielten sich die Seilschaften aus zehntausenden Technikern, Wissenschaftlern, Beamten und Politikern, in denen überdies die in Bedrängnis geratenen westlichen Atombetreiber augenblicklich wertvolle künftige Verbündete erkannten. Die unmittelbar nach dem Umbruch von 1989/90 lebendige, aber dünne Schicht ökologisch und energiepolitisch aufgeschlossener Kräfte – vielfach Dissidenten unter dem alten Regime – wurde großteils bald wieder in den Hintergrund gedrängt. Das geschah nicht nur unter dem wohlwollenden Blick des alten Atom- und Kohle-Establishments im Westen, sondern wurde in der Europäischen Energie Charta (EEC) unter Beteiligung der USA und Kanadas 1991 in internationale Leitlinien gegossen: Trotz den horrenden Verlusten im Energiesystem der ehemaligen Ostblockstaaten wurden effiziente Energieverwendung sowie Erneuerbare Energien völlig stiefmütterlich bedacht. Wohl aber sorgte die EU mit EURATOM-Krediten und den Beistandsprogrammen PHARE und TACIS dafür, dass viele Atomanlagen Osteuropas nicht stillgelegt werden mussten, sondern die Atomnutzung fortgeschrieben wurde. (PHARE: *Poland and Hungary: Aid for Restructuring of the Economies*, dann ausgeweitet auf alle osteuropäischen EU-Beitrittskandidaten; TACIS: *Technical Assistance to the Commonwealth of Independent States*) Dieses internationale Umfeld war und ist es, weswegen sich Österreichs Zivilgesellschaft und Politik seit den 1990er-Jahren überhaupt derart zäh mit der gegen Reform gepanzerten Energiewirtschaft der diktaturgeprägten Staaten des ehemaligen Sowjetblocks herumschlagen müssen.

Der PLAGE-Aufkleber gegen bestehende AKWs mit UdSSR-Technologie wie Dukovany sowie gegen den Fertigbau der AKW-Projekte Temelin und Mochovce unmittelbar nach der Auflösung des Ostblocks (Foto: PLAGE)

Als erste Organisation drängte die Salzburger Plattform gegen die WAA Wackersdorf – dann bald Plattform gegen Atomgefahren (PLAGE) – nach dem „Aus“ für die WAA und nach dem Fall des Eisernen Vorhangs mit einer österreichweiten Unterschriftenkampagne 1989 die Bundesregierung dazu, den Fertigbau des ersten Temelin-Reaktors in der ČSFR nicht hinzunehmen und zugleich dem sich nun in die Demokratie hineintastenden Staat Knowhow und Mittel für den Umstieg von Atom und Kohle anzubieten.

Was in den nächsten eineinhalb Jahrzehnten folgte, war in seiner Ausdauer und Hartnäckigkeit sowie in einer dichten Mischung von juristischen und aktionistischen Ideen eine schier endlose Abfolge von immer neuen Anläufen gegen die Techno-Nomenklatura aus stalinistischer Zeit, die in Staats- und Parteiapparat – nun in der „Demokratie“ – nach den Jahren des Umbruchs wieder zunehmend im Sattel saß.

An diesem Marathon beteiligten sich Stadt und Land Salzburg, einschließlich des Salzburger Landtages. Die weitestgehende Einigkeit der Bewegung gegen die WAA Wackersdorf allerdings erfuhr damals gewisse Risse. Neben dem erwähnten atomlastigen stalinistischen Erbe, somit auch dem Ausbleiben echter Erfolge und der größeren Frustration in der Auseinandersetzung um Temelin & Co. dürfte die zunehmende zeitliche Entfernung vom Super-GAU in Tschernobyl am Abnehmen der Einigkeit im Landtag mitgewirkt haben. Und seit dem WAA-„Aus“ war ein Ereignis eingetreten, das die politische Landschaft Salzburgs veränderte: im Gefolge von Tschernobyl und Wackersdorf war die Bürgerliste

Nie dagewesene Aktionen wie das „Längste Transparent der Welt" entlang der Zufahrt zum AKW Temelin und die „Schadenersatzvoranmeldung gegen Temelin/Westinghouse" waren Einfälle der stellvertretenden PLAGE-Obfrau Maria Fellner. Sie wurden von ihr kampagnenmäßig so orchestriert, dass große Teile Österreichs sowie des ehemaligen „WAA-Landes" Bayern davon erfasst wurden. (Foto: PLAGE)

1989 in den Landtag eingezogen. Diesem „Eindringling" wollte das langjährige Dreigestirn aus ÖVP, SPÖ, FPÖ wohl so manchen atompolitischen Erfolg nicht gönnen, die polemische Abwehr von Anträgen der oppositionellen Bürgerliste war teilweise unverkennbar.

Diese Faktoren schlugen sich zeitweise auch im Verhältnis des Landtages zur PLAGE nieder. Das führte zum Beispiel im Juni 1990 aus „Betroffenheit über die Art, wie [der Bürgerlisten-Antrag auf] ‚Strafanzeige gegen Ministerialrat F.-W. Schmidt' in der gestrigen Sitzung des Landtagsausschusses abgehandelt wurde", zum vorübergehenden Rückzug des PLAGE-Vertreters als Auskunftsperson. Ministerialrat Fritz Werner Schmidt war PLAGE-Mitarbeitern aus der Zwentendorf-Zeit als einflussreicher Befürworter des atomaren Weges und Vertreter des Bundeskanzleramtes in der österreichischen Reaktorsicherheitskommission bekannt. Seine Zurückhaltung einer Temelin-kritischen Studie tschechoslowakischer Fachleute, die österreichischen Regierungsstellen schon 1983 zugespielt worden war, hatte zu kritischen bis empörten Reaktionen und Schlagzeilen geführt. Andererseits vereitelte die Bürgerliste im Frühjahr 1991 die Unterstützung Salzburgs für ein Ausbildungsprojekt für tschechoslowakische Energiesparberater, indem sie dieses entgegen einer Vereinbarung beim Atomgegner-Monatstreffen im Landtag einbrachte, bevor die PLAGE einen überparteilichen Informations- und Zustimmungsprozess mit allen Fraktionen und Landeshauptmann Hans Katschthaler einleiten konnte.

Die „Temelin-Politik" des Salzburger Landtages begann mit dem „Entschließungsantrag Temelin" der Abgeordneten Michael Neureiter (ÖVP) und Hans Buchner (FPÖ) – noch vor dem Umbruch in Osteuropa –, als der erste Reaktor bei Budweis in Bau war. Nach dem „geltenden Abkommen zwischen der ČSSR und Österreich [...] muss eine Information der österreichischen Behörden [über einen Atomunfall] spätestens dann erfolgen, wenn in der ČSSR Maßnahmen zum Schutz der Bevölkerung ergriffen werden". Dabei „gilt in der ČSSR ein Störfallgrenzwert von 25 rem, während in Österreich nur 167 millirem pro Jahr zugelassen sind [N. B. *vor* EU- und EURATOM-Beitritt]". Der Landeshauptmann wurde ersucht, „1. sich bei der Bundesregierung dafür einzusetzen, dass [...] eine Information Österreichs schon bei einem wesentlich niedrigeren Störfallgrenzwert vorgenommen wird; 2. eine gründliche Überprüfung der Auswirkungen des Atomkraftwerkes Temelin, insbesondere auch auf den Salzburger Raum" erreicht würde. Am 16. November 1988 wurde dieser Antrag einstimmig angenommen.

Auch hier: Bremser im Bund

„Österreichisches Außenamt kannte Fakten seit Mai 1989 – reagierte aber nicht", titelte die Arbeiterzeitung (AZ) am 20. Dezember 1989. „‚Beim Bau des Kraftwerks wurden Vorschriften und Gesetze nicht eingehalten'. So das vernichtende Urteil einer 1983 erstellten und bis jetzt geheim gehaltenen Studie. Dennoch wurde munter weitergebaut, und Österreich schaute zu, obwohl die Fakten seit längerer Zeit bekannt waren – im Außenamt." Der Vorstand des Instituts für Wärmetechnik und kernenergetische Anlagen der Universität Prag, Ing. Emil Malek, übergab die Studie „im Mai 1989 an die österreichische Botschaft in Prag. Doch weder die Botschaft noch das Außenministerium reagierten darauf." Greenpeace Österreich prangerte dies als „unheilige Allianz der Informationsunterdrückung zwischen dem alten ČSSR-Regime und Österreich" an.

Die Verantwortung auf österreichischer Seite lag aber letztlich im Bundeskanzleramt. Die Agenden unterstanden im BKA Ministerialrat Fritz Werner Schmidt, der auch Geschäftsführer der damals noch als Zwentendorf-Relikt existierenden österreichischen Reaktorsicherheitskommission (RSK) war. Vaclav Urbanek, Direktor der Abteilung für Kernkraftwerke im ČSSR-Energieministerium, betonte, „dass schon bisher in der tschechoslowakisch-österreichischen Informationskommission [mit RSK-Vertretern] kritische Themenbereiche hätten besprochen werden können. Wenn dies nicht geschehen sei, dann deshalb, weil die österreichischen Vertreter dies nicht verlangt hätten." (Salzburger Nachrichten, 23. Dezember 1989 und Kurier, 21. Dezember 1989)

Im neuen Staat Tschechien kam dann der Temelin-Ausbau und damit das ganze Atomprogramm in einer Phase ernsthaft ins Wanken: Das waren die Jahre um jene zentrale Abstimmung im tschechischen Ministerrat am 13. Mai 1999, die knapp – 11 zu 8 – für den Temelin-Weiterbau ausging. Der österreichischen Bundesregierung war, so die PLAGE in ihrer Presseaussendung dazu, „der schwere Vorwurf nicht zu ersparen, Tschechien offenbar kein beziffertes finanzielles

Hilfsangebot [für eine energiepolitische Umorientierung in Richtung Energieeffizienz und Erneuerbare Energien] gemacht zu haben. Ein solches Angebot, [...], hätte die Waage zugunsten des Baustopps ausschlagen lassen können." Dies hatten im Vorfeld jedenfalls auch einige ČZ-Minister zu verstehen gegeben.

Arbeitskreis der Länder-Atombeauftragten, „KOALA-Reg", Resolutionen

Dass es überhaupt zu dem Kopf-an-Kopf-Rennen zwischen Temelin-Befürwortern und -Skeptikern in Tschechien gekommen war, war einer regelrechten „Temelin-Offensive" mehrerer Bundesländer zu verdanken. Repräsentativ für die Fülle der Initiativen ist etwa der „Bundesländer-Arbeitskreis der Atombeauftragten", der erstmals Mitte 1999 in Linz zusammentrat. Michael Neureiter bezeichnet ihn in einer Aussendung vom 19. März 1999 „als einen Erfolg in unserem Salzburger Bemühen um eine ‚Koalition atomfreier Regionen' (KOALA-Reg)". Atombeauftragte, Abgeordnetendelegationen mehrerer Bundesländer in Verbindungsorganen und die Landtagspräsidentenkonferenz wirkten im Frühjahr 1999 an einer zentralen Resolution mit, in die „im Sinne des einstimmigen Beschlusses der Landtagspräsidentenkonferenz vom 10. Mai 1999 alle Landtage" eingebunden wurden.

Temelin-Baustopp „unabdingbare Voraussetzung" für tschechischen EU-Beitritt

Das hauptsächliche neue Element in der Resolution sowie weiteren Äußerungen der Landespolitik um die Jahrtausendwende ist die Verbindung der Temelin-Problematik und der Atomausbaupolitik weiterer Nachbarstaaten mit dem von Tschechien usw. angestrebten EU-Beitritt. Im Vorspann zu den konkreten Resolutionspunkten heißt es, dass der oben erwähnte 11:8-Ministerratsbeschluss vom 13. Mai 1999 zum Weiterbau Temelins „eine erhebliche Belastung für die tschechischen EU-Beitrittsbemühungen [ist]. Die genannten Vertreter der Landtage sehen daher den Baustopp von Temelin und ein Konzept für den Ausstieg als unabdingbare Voraussetzungen für einen EU-Beitritt der Tschechischen Republik. [...]."

Die Resolution spricht neben dem vorrangigen Thema Temelin auch Atomanlagen und -vorhaben in anderen Nachbarstaaten an: Da es „für den Verzicht auf den Bau, die Inbetriebnahme oder den Weiterbetrieb von grenznahen Atomkraftwerken [...] unabdingbar sein [wird], auch finanzielle Hilfen und Förderungen" anzubieten, sollte „die österreichische Bundesregierung bei den zuständigen Stellen der Europäischen Union dafür ein[...]treten, dass die Europäische Union mögliche Ausstiegskonzepte und Alternativlösungen, insbesondere in Form der Nutzung erneuerbarer Energieträger, unterstützt und fördert." Analoge Hilfe werde „von österreichischer Seite [...] notwendig sein. [...]." An die eigene (Länder-)Adresse und den Bund gerichtet, wird das Ziel bekräftigt, „bundesländerübergreifend die Aktivitäten der Landtage im Kampf gegen geplante oder in Bau befindliche grenznahe Atomkraftwerke [...] sowie gegen mit solchen Kraftwerken in unmittelbarem Zusammenhang stehende Anlagen zur Zwischen- und Endlagerung von atomarem Risiko- und Restmaterial zu intensivieren und den Informationsaustausch zwischen den Bundesländern in dieser Frage zu optimieren."

„Die vordringliche Aufgabe der zuständigen österreichischen Stellen" sei, die nachbarstaatlichen Regierungen dazu zu bringen, ihre Entscheidungen zu „Atomkraftwerken nicht ohne die Berücksichtigung von umfassenden objektiven Unterlagen", u. a. die „Kosten-Nutzen-Analyse" der „langfristigen volkswirtschaftlichen Auswirkungen", zu fällen. Die Kostenberechnungen Tschechiens, der Slowakei (AKWs Bohunice, Mochovce), Ungarns (Páks) oder Sloweniens (Krsko) lassen nämlich bis heute eine Vielzahl indirekter oder späterer Kosten außer Acht. Null-Varianten, d. h. Szenarien ohne die angestrebte(n) Atomanlage(n), hingegen mit Energieeffizienzmaßnahmen und Erneuerbare-Energien-Ausbau, wurden nie ernsthaft ausgearbeitet.

Ein Beschluss der Landesumweltreferenten, von dem Umweltlandesrat Othmar Raus (SPÖ) der PLAGE am 2. Juni 1999 berichtet, bringt die Verschränkung mit dem EU-Beitritt der Reformstaaten noch prägnanter auf den Punkt: „[...] soll aus oben genannten Gründen der endgültige Abbruch des Temelin-Projektes zu einer Bedingung für die Zustimmung Österreichs zum EU-Beitritt der Tschechischen Republik gemacht werden." Und „die Zustimmung zum EU-Beitritt [der Kandidatenländer] muss an konkrete Ausstiegskonzepte geknüpft werden, die Teil der Beitrittsverträge werden müssen."

Hätten die österreichischen Bundesregierungen eine derartige Linie konsequent vertreten, wäre wohl „alles anders gekommen": Fortschritte bei Erneuerbaren Energien und Energieeffizienz; weniger Atomanlagen in den angrenzenden ehemaligen Ostblockstaaten; nicht die heute erstarkte Phalanx zwischen den westeuropäischen Nuklear-Hardlinern Frankreich und Großbritannien einerseits und den ex-stalinistischen Višegrad-Staaten andererseits.

Illusionen hinsichtlich der Rolle der EU-Kommission

Damit landet man auch bei einem Dreh- und Angelpunkt der atompolitischen Vorgänge zwischen Österreich und den nördlich-östlichen Nachbarn: der Europäischen Kommission. Und bei einer großen Illusion, der sich die meisten österreichischen Verantwortlichen bezüglich deren Unparteilichkeit in Sachen Kernenergie hingegeben haben. Dabei konnte Österreichs Regierungspolitikern schon um die Jahrtausendwende nicht entgangen sein, wie sehr die Europäische Kommission pro-nuklear dominiert ist. Dass sie das auch bis heute geblieben ist, belegen unzählige Stellungnahmen und Entscheidungen aus der Kommission, vom *Indicative Nuclear Programme (PINC)* 2016, mit 40 geforderten neuen Atommeilern bis 2050, bis zur Genehmigung (2015) der krass wettbewerbsverzerrenden Staatshilfen für das ansonsten nie und nimmer in Angriff genommene AKW Hinkley Point C in Großbritannien.

Die Konstellation „Tschechien/Reformländer – Österreich – EU-Kommission" zeitigte 2003 das „Melker Abkommen". Ohnehin ein Kompromiss hinsichtlich bilateral festgelegter Sicherheitsverbesserungen, bestand die damalige ÖVP-FPÖ-Regierung unter Bundeskanzler Wolfgang Schüssel dann nicht einmal auf dessen Erfüllung. Ebensowenig folgende Regierungen, sodass das „Melker Abkommen“ bis heute unerfüllt bleibt und der oberösterreichische Umweltlandesrat Rudi Anschober (GRÜNE) am 23. November 2016 (!) „von der Bundesregierung mehr Engagement beim Durchsetzen der seit Jahren offenen Punkte des Melker Übereinkommens“ fordern konnte. Inzwischen sind die Fakten geschaffen, die Macht des Faktischen hat die österreichische Politik in Rückzugsgefechte gedrängt.

EURATOM – Atompolitik in Europa

Nein zur „Weish-Raschauer-Initiative“

1989 legten Univ.-Doz. Dr. Peter Weish, Biologe und Galionsfigur im Widerstand gegen das AKW Zwentendorf, und Verwaltungsjurist Univ.-Prof. Dr. Bernd Raschauer einen Entwurf für ein „Bundesverfassungsgesetz [...] zur Ächtung der militärischen und energetischen Nutzung der Kernenergie“ vor. Dieser erhielt die Unterstützung aller Atomgegnergruppen, von Umwelt- und Friedensorganisationen, aber auch zahlreicher Bundes-, Landes- und Kommunalpolitikerinnen und -politiker. Die Abgeordneten Hochreiter und Burtscher von der Bürgerliste-GRÜNE griffen am 6. Juni 1990 die Initiative auf.

Im § 2 hätte dieses Verfassungsgesetz festgelegt: „Die Republik wird keinen Bündnissen beitreten und keine Abkommen abschließen, die die Nutzung der Kernenergie für militärische Zwecke und für Zwecke der energetischen Nutzung fördern oder erleichtern.“ Der damalige ÖVP-Klubobmann und spätere Landeshauptmann Franz Schausberger begründete in einem Schreiben vom 16. Mai 1990 an die PLAGE die Ablehnung dieses Passus der „Weish-Raschauer-Initiative“ so: sie verhindere den Beitritt zu EURATOM, und das würde den Beitritt zur Europäischen Gemeinschaft (EG) verunmöglichen. So lehnten am 24. April 1991 nicht nur ÖVP und SPÖ, sondern auch die FPÖ den Bürgerliste-GRÜNE-Antrag ab.

Zumindest denkbar wäre auch hier gewesen, wie in der internationalen Affäre Wackersdorf, dass der Salzburger Landtag den Beitritt zum EURATOM-Vertrag, der weltweit das potenteste rechtliche und politische Instrument von Pro-Atom-Politik und Atomindustrie darstellt, zu problematisieren und weitere Länderparlamente zu ähnlicher Vorgangsweise anzuregen. Die Bundesregierung hätte dann in den Beitrittsverhandlungen mit der EU-Kommission mehr Zugeständnisse für eine „Atomfrei-Politik“ herauszuholen versuchen müssen, etwa die Zusage einer EURATOM-Revisionskonferenz innerhalb von zehn Jahren – wenige Jahre „nach Tschernobyl“ kein utopisches Ziel!

„...dass Österreich umgehend aus dem EURATOM-Vertrag austritt“

Es war eine kleine Sensation: Nicht nur unterstützte der Salzburger Landtag am 2. Oktober 2013 auf Antrag von ÖVP und GRÜNEN einstimmig die Global2000-Petition gegen die drohende „Subventionserlaubnis“ der EU-Kommission für Atomstrom, zunächst aus dem projektierten britischen AKW Hinkley Point C. Auf FPÖ-Initiative wurde von allen Fraktionen auch die Aufforderung an die Bundesregierung angenommen, zügig den Austritt Österreichs aus dem EURATOM-Vertrag einzuleiten. (Punkt 2 der Landtagsresolution; vgl. Landeskorrespondenz,

2. Oktober 2013) „Da ist ein neuer Mut ins Landesparlament eingezogen!", freute sich der Vorstand der Salzburger Plattform gegen Atomgefahren (PLAGE). Im März 2011, im Angesicht der Fukushima-Katastrophe, waren die Volksvertreter deutlich hinter einer weitreichenderen EURATOM-Resolution vom 23. Mai 2007 zurückgeblieben.

Dass der einzelstaatliche Austritt aus EURATOM rechtlich möglich ist, ist längst durch drei – unabhängig voneinander entstandene – Gutachten der Völker- bzw. Europarechtsprofessoren Bernhard Wegener (Universität Erlangen-Nürnberg), Manfred Rotter (Linz), Michael Geistlinger (Salzburg) erwiesen. Im Gegensatz zu diesen sind anderslautende Stellungnahmen von Rechtsexperten der Bundesregierung nie im vollen Wortlaut vorgestellt worden. Der Salzburger Landtag jedenfalls trat 2013 nun einhellig dafür ein, dass Österreich sich mit der Ankündigung des EURATOM-Austritts wenigstens die Verhandlungsmasse schafft, um endlich eine Reform des EURATOM-Vertrages aus 1957 auf die Tagesordnung zu bringen.

Entscheidend wird sein, wie der Europäische Gerichtshof über Österreichs Klage (2015) gegen die Kommissionsgenehmigung für die exorbitante Subventionierung des Stroms aus dem AKW Hinkley Point C urteilt. Wenn der EuGH Österreichs Klage abweist, entscheidet er nicht nur gegen die Grundsätze von Wirtschaftlichkeit und Wettbewerb: er würde damit überhaupt den Weg für einen massiven beihilfengestützten Atomausbau in mehreren Staaten der EU freimachen. Kommt es so weit, gewinnt die Willensäußerung des Salzburger Landtags von 2013 pro EURATOM-Austritt Österreichs wieder brennende Aktualität.

Landtag beschliesst Beitritt zur Allianz für europaweiten Atomausstieg

Einstimmig beschloss der Salzburger Landtag auf Initiative der GRÜNEN am Tschernobyl-Gedenktag 2017 den Beitritt des Landes zur „Allianz der Regionen für einen europaweiten Atomausstieg", 2016 auf Initiative des oberösterreichischen Landesrats Rudi Anschober in Brüssel gegründet. Schon Anfang der 2000er-Jahre war in Salzburg unter der Regierung Schausberger und mit Zustimmung des gesamten Landtags die „Koalition atomfreier Regionen" (KOALA-Reg) nach gründlicher Vorbereitung zwischen dem Büro des Landeshauptmanns und der PLAGE aus der Taufe gehoben worden. U. a. aufgrund unzureichenden Personals konnte sie nicht ausreichend forciert werden. Hauptziele der neuen Allianz sind: Verbot der Subventionierung der Atomenergie (vgl. oben AKW Hinkley Point C/EuGH-Klage Österreichs); keine Anerkennung der Atomenergie als Klimaschutztechnologie; Vorantreiben einer europaweiten Energiewende ohne Atomkraft.

Das Zusammenwirken zwischen den politischen Instanzen Salzburgs und den organisierten atomkritischen Bürgerinnen und Bürgern hat sich mit etwas Auf und Ab bis heute erhalten. Und sollte sich in Zukunft weiter als so fest erweisen, besonders auf einer politischen Ebene, die für Österreich, für Salzburg zu Zwentendorf- und Wackersdorf-Zeiten noch nahezu gegenstandslos war: in Sachen EURATOM. Zumal angesichts der Frage, ob in Europa in Zukunft weitere, neue atomare Gefahrenquellen entstehen oder nicht. Und dies hängt in hohem Maße davon ab, wie der Europäische Gerichtshof über Österreichs Klage gegen die Subventionserlaubnis der EU-Kommission für das britische AKW Hinkley Point C entscheidet: für oder gegen die eklatante Beugung des Wettbewerbsprinzips zugunsten der Atomwirtschaft, für oder gegen den Zubau von atomarer Gefährdung und das überdies auf Kosten der Steuerzahler und Stromkonsumenten. Österreichs Nachbarstaaten Tschechien, die Slowakei, Polen und Ungarn stehen für den Fall eines pro-atomaren Urteilsspruchs des EuGH bereits mit neuen Atomvorhaben in den Startlöchern. Zur Zementierung der atomaren Gefährdung käme die gewaltige Benachteiligung fortschrittlicherer, risikoärmerer Energiepolitik auf Basis erneuerbarer Energien und effizienten Energieeinsatzes. Von diesem EuGH-Urteil wird also der weitere Horizont der österreichischen Energiepolitik und Energiewirtschaft in Bund und Ländern weitgehend mitbestimmt sein.

Elke Kabel-Herzog

Kinderbetreuung im Land Salzburg

Von der Bewahranstalt zur Bildungseinrichtung

„Willst du für ein Jahr planen, säe Reis. Planst du für ein Jahrzehnt, pflanze Bäume. Planst du für ein Leben, erziehe einen Menschen.“ (Chinesisches Sprichwort)

Die Bildung und qualitätsvolle Betreuung von Kindern ist in der Gegenwart ein wesentliches Anliegen der pädagogischen Arbeit von Salzburger Kinderbetreuungseinrichtungen und unverzichtbar für die Vereinbarkeit von Beruf und Familie. Die Erziehungsarbeit der Eltern wird unterstützt und ergänzt. Von den Anfängen des Kindergartens (Bewahranstalt) bis zur Bildungseinrichtung musste ein weiter Weg zurückgelegt werden. Die Kinderbetreuung ist auch ein Spiegelbild gesellschaftlicher Veränderungen. Der gesellschaftliche Wandel, insbesondere die Stellung der Frau und deren Berufstätigkeit (inklusive Vereinbarkeitsthema), fließt stark in die Gesetzgebung ein. Auch aus den stenographischen Protokollen des Salzburger Landtages ist dies herauszulesen.

Die Anfänge der Kinderbetreuung im Land Salzburg finden sich Mitte des 19. Jahrhunderts. 1844 wurde der Kleinkinder-Bewahr-Verein gegründet. Die erste Bewahranstalt der Stadt Salzburg befand sich in der Steingasse (Mariä Annä), die zweite Bewahranstalt in der Bierjodlgasse. In Hallein wurde am 4. Jänner 1844 die Bewahranstalt der Schulschwestern eröffnet. Diese Bewahranstalten waren für arme Kinder eingerichtet – insbesondere von arbeitenden Müttern – und finanzierten sich über Spenden. Diese frühen Einrichtungen wurden vorwiegend von kirchlichen Orden geführt.

Ab 1872 war die Ausbildung in der „Schule für Kindergärtnerinnen“ unter der Leitung von Dr. Matthäus Hoerfarter in Kufstein möglich. In Salzburg wurde 1887 die Bildungsanstalt für Kindergärtnerinnen von den Vöcklabrucker Schulschwestern in der Schwarzstraße 35 eröffnet. So konnten erstmals fachlich ausgebildete Kindergärtnerinnen eingesetzt werden.

Ab 1870 stieg die Zahl der Bewahranstalten und Kindergärten an. Vom 22. Juni 1872 datiert eine Verordnung des Ministers für Cultus und Unterricht (RGBl. Nr. 108/182), womit Bestimmungen über Kindergärten und damit verwandte Anstalten erlassen werden. Hier wird zwischen Kindergärten und Kinderbewahranstalten unterschieden. Kindergärten hatten die Aufgabe, die häusliche Erziehung der Kinder im vorschulpflichtigen Alter zu unterstützen und zu ergänzen sowie die Kinder für den Volksschulunterricht vorzubereiten. Kinderbewahranstalten wiederum sollten die „Kinder der arbeitenden Klassen zur Beaufsichtigung und zweckmäßigen Beschäftigung aufnehmen, dieselben an Reinlichkeit, Ordnung und gute Sitte gewöhnen und ihnen Liebe zur Arbeit einflößen“. Zuständig waren die Schulbehörden. Hervorzuheben ist auch die Gruppengröße. Die Anzahl der einer beaufsichtigenden Person zuzuweisenden Kinder durfte höchstens 40 betragen – für unsere aktuellen Kindergärten unvorstellbar. Weiters gab es Warteanstalten oder Krippen (Crêche), welche aus humanitären

Rücksichten Kindern unter drei Jahren jene Pflege angedeihen ließen, die ihnen die Eltern nicht gewähren konnten. Diese waren lediglich den sanitätspolizeilichen Normen unterworfen.

Welche Dimensionen die Kinderbetreuung dieser Zeit umfasste, zeigt ein Blick in die Statistik. Im Jahr 1905 gab es landesweit 632 Kinder in den Kinderbewahranstalten. Im gleichen Jahr wurden 467 Kinder in den Kindergärten betreut. Dies entspricht einer geschätzten Betreuungsquote von etwa 10 Prozent.

Anfang des 20. Jahrhunderts erlebte die Kindergartenbewegung österreichweit einen Aufstieg. Die Anzahl der Kindergärten stieg und die Pädagogik wurde wichtiger und entwickelte sich (Fröbel, Montessori). Seit Februar 1926 gab es ein selbstständiges Salzburger Kindergarten-Referat unter dem Schutz der Katholischen Frauenorganisation.

Einen Einblick in die Betreuungsrealität gibt ein Subventionsansuchen aus dem Jahre 1927. Die Kinderkrippe im Salzburg-Mülln betreute zu diesem Zeitpunkt insgesamt 54 Kinder. Für jedes Kind war ein monatlicher Beitrag von S 30,– (heute rund € 105,–) zu leisten. Die Eltern der Kinder waren jedoch in den meisten Fällen „mittellos“, sodass entsprechende Rabatte gewährt werden mussten, die jedoch die Existenz der Einrichtung gefährdeten. Der Salzburger Landtag entschloss sich daher, die Anstalt, „welche nicht vermisst werden könnte, sondern gerade jetzt in der Zeit großer sozialer Not ein direktes Bedürfnis geworden ist“, mit einer Subvention von S 1.000,– zu unterstützen.

1938 erfolgte ein tiefgreifender Einschnitt: Nach dem 13. März 1938 wurden alle der Kirche nahestehenden Kindergärten durch einen Erlass Hitlers übernommen und von der NS-Volkswohlfahrt weitergeführt. Nach dem Zweiten Weltkrieg half der Caritasverband beim Aufbau der Kindergärten. Als erste Referentin fungierte Anni Strahlhofer, ihr folgten Auguste Weiß und Anni Kirchdorfer (Kindergarteninspektorin beim Landesschulrat).

Das Jahr 1945 war in vielen Bereichen Ausgangspunkt für einen Paradigmenwechsel und Trendwenden – nicht jedoch in der Kinderbetreuung. Kinderbetreuung blieb im Kern eine Aufgabe, die von privaten Institutionen wahrgenommen wurde. 1946 gab es im gesamten Land Salzburg 40 Kindergärten, von denen nur sieben Kindergärten von der öffentlichen Hand getragen wurden. Die Zahl der betreuten Kinder betrug in diesem Jahr 2.942.

Die besondere Dynamik des gesellschaftlichen Wandels und die Veränderung der Berufswelt führte zu einem nachhaltigen Anstieg nicht nur der Kinderbetreuungseinrichtungen, sondern auch der betreuten Kinder. 1963 verfügte Salzburg landesweit über 78 Kindergärten, die zu gleichen Teilen von privaten Trägern als auch von der öffentlichen Hand betrieben wurden. Dieser Trend setzte sich bis 1970 fort. In diesem Jahr wurden landesweit 6.260 Kinder in 96 Kindergärten betreut. Mit 51 Kindergärten der öffentlichen Hand kommt nun auch eine Trendwende zum Ausdruck und die Förderungsmaßnahmen von Kinderbetreuungseinrichtungen aus dem Gemeindeausgleichsfonds zeigen ihre Wirkung. Dass rund ein Viertel der betreuten Kinder berufstätige Mütter hatten, zeigt wiederum die Veränderungen in der Berufswelt.

Kinderbetreuung wird Landessache

Im Jahr 1962 kam es zu einer wesentlichen Verschiebung in der Kompetenz (Bundesverfassungsgesetz vom 18. Juli 1962, mit dem das Bundes-Verfassungsgesetz in der Fassung von 1929 hinsichtlich des Schulwesens abgeändert wird (BGBl. Nr. 215/1962). Art 14 Abs. 4 besagte, dass die Gesetzgebung und die Vollziehung im Kindergarten und Hortwesen Landessache seien. Die Übertragung der Kompetenz begründete der Bund damit, dass den Ländern die Möglichkeit eingeräumt werden solle, „auf diesem wichtigen Gebiet des Erziehungswesens die der Eigenart jedes Landes entsprechende selbstständige Gestaltung zu finden". Somit wurden die Länder für Kindergärten und Horte zuständig und der Salzburger Landtag sollte noch ausgiebig Gelegenheit haben, sich mit dieser facettenreichen Thematik zu beschäftigen. Im Jahr 1968 kam nach mehrjähriger Vorbereitung die Geburtsstunde des Salzburger Kindergartengesetzes. Das Gesetz, mit dem das Kindergartenwesen im Lande Salzburg geregelt wurde, trat mit 1. Oktober 1968 in Kraft. Bis zu diesem Zeitpunkt galt auf Grund des Übergangsgesetzes die Ministerialverordnung vom 22. Juni 1872. Das neue Gesetz löste auch im Landeshaushalt eine Ausgabendynamik aus, die bis heute anhält. 1966 waren für den Bereich der Schülerheime, Kindergärten und Horte rund S 1,29 Mio. veranschlagt. 1969 kam es zum in dem eklatanten Anstieg auf S 4,16 Mio. Dieser Anstieg setzte sich bis 1973 auf S 11,64 Mio. fort. Vordringlich wurden die Mittel in den Ausbau der Kinderbetreuung investiert.

Der Entwurf des Salzburger Kindergartengesetzes musste mehrfach abgeändert werden. Auch fand am 17. Mai 1966 eine Enquete statt, bei der die Gelegenheit bestand, eingehend die Probleme zu diskutieren. Am 31. Januar 1968 befassten sich die Ausschüsse mit dem Gesetzesentwurf, übertrugen jedoch die Weiterbehandlung einem Unterausschuss; dieser empfahl eine Reihe von Abänderungsvorschlägen, die übernommen wurden. So waren die Ausschüsse der Meinung, dass im Land Salzburg wohl für die Regelung des Kindergartenwesens ein Bedürfnis bestehe, aber noch nicht für eine Regelung des Hortwesens. Dieses Bedürfnis war sodann erst im Jahr 1976 gegeben. Eine wesentliche Abänderung stellt auch die Subventionierung der Gemeindekindergärten dar. Im ursprünglichen Entwurf waren nur für Privatkindergärten Subventionen vorgesehen. Die Subventionierung der Gemeindekindergärten durch das Land erfolgte nach harten Verhandlungen wegen der Finanzierung und stellt einen wichtigen Meilenstein für die öffentlichen Kindergärten dar. Denn damals wurden mehr Kinder in privaten Kindergärten betreut als in öffentlichen. Mit Stand 10. Oktober 1967 wurden in 44 öffentlichen Kindergärten 2.594 Kinder betreut, in 42 privaten Kindergärten, die zumeist von Pfarren oder der Caritas geführt wurden, 2.878 Kinder. Die Gruppengröße betrug gemäß § 8 des Salzburger Kinderbetreuungsgesetzes 1968 bis zu 35 Kinder. Diese wurden von einer Kindergärtnerin betreut, für je zwei Gruppen gab es zusätzlich eine Helferin. In der Landtags-Debatte kam bereits zum Ausdruck, dass der Kindergarten nicht mehr Notlösung und Aufbewahrungsanstalt, sondern ein echter Erziehungsfaktor ist. Auch die Frage der Elternbeiträge wurde angesprochen, sie lagen zwischen S 80,– und S 200,–, sowie eine Vereinheitlichung. Die Festsetzung oblag aber den Trägern. Mit diesem Gesetz leistete Salzburg eine österreichweite Pionierarbeit.

1976 erfolgte die erste Novelle des Salzburger Kindergartengesetzes. Erziehungs- und Bildungspläne mit allgemeinen Erziehungszielen etc. sollten endgültig vom Bewahrungskindergarten zum Bildungskindergarten führen. Die Gruppengröße wurde auf 30 Kinder verkleinert. Es wurden auch dienstrechtliche Bestimmungen geschaffen. Unter anderem wurde der Urlaub um die betriebsfreien Tage der Weihnachts- und Osterferien verlängert. Auch die Subventionen für die Gemeinden wurden erhöht. Erstmals diskutiert wurde 1976 auch der kostenfreie Besuch des Kindergartens. Die SPÖ sprach sich dafür aus, allen Kindern einen Betreuungsplatz anzubieten und dafür – ähnlich in der Schule – kein Entgelt zu verlangen. Die dadurch entstehenden Mehrkosten sollten den Gemeinden durch eine erhöhte Subvention des Landes abgegolten werden (SLP, Nr. 177, 1. Session, 7. GP). Auf Grund der Finanzlage wurde die Maximalforderung jedoch nicht umgesetzt, sondern der Landtag verständigte sich auf eine schrittweise Absenkung der Kindergartentarife. Eingeführt wurde ein Mindestbeitrag in der Höhe von S 300,– pro Monat, der auch Voraussetzung für die Erlangung einer Landesförderung war. Auch das Salzburger Hortgesetz wurde 1976 beschlossen. In der Landtags-Diskussion wurde betont, dass dem Hortwesen im Rahmen des Bildungssystems keine quantitative Bedeutung, jedoch eine beachtenswerte Rolle in der Lösung von familienergänzenden Betreuungsaufgaben für berufstätige Mütter zukommt. Festzuhalten ist, dass Horte im Land Salzburg nie in großer Zahl vorhanden waren. Die Gruppengröße betrug 25 Kinder mit einer Pädagogin und Förderungen wurden nicht vorgesehen.

Nach einer Mini-Novelle 1986 erfolgte im Jahr 1988 eine größere Novellierung, die auf die Kindergartenenquete vom 12. Dezember 1986 zurückging. So wurde die Gruppenzahl nach hartem Ringen auf 25 Kinder reduziert, was ein wichtiger Schritt war. Weiters wurde die Vorbereitungszeit und die Leiterzeit der Pädagoginnen geregelt, sowie die Mitwirkung der Eltern festgelegt – alles Maßnahmen zur Qualitätsverbesserung. 1991 wurde ein eigenes Entlohnungsschema für Kindergärtnerinnen geschaffen. Zuständige Kindergarteninspektorin war Gerlinde Slavetinsky.

Am 8. Juli 1992 wurde das Gesetz über familienergänzende Einrichtungen (Salzburger Tagesbetreuungsgesetz) nach langen Vorbereitungen beschlossen. Krabbelstuben, altersgemischte Gruppen und Tageseltern erhielten nunmehr einen gesetzlichen Rahmen. Die Diskussion im Landtag war umfangreich und sehr kontrovers, die unterschiedlichen Weltanschauungen der einzelnen Parteien traten offen zu Tage. Sie reichte von Tagesmutter versus Krabbelstube versus Betreuung durch Großeltern über Berufstätigkeit von Müttern versus Familie bis hin zur Verstaatlichung der Erziehung. ÖVP und FPÖ stimmten für das Salzburger Tagesbetreuungsgesetz, während SPÖ und die Bürgerliste dagegen waren. Trotz aller in der Landtagsdebatte vorgebrachten Kritik ist positiv hervorzuheben, dass der Bereich der Kleinkindbetreuung geregelt und ein Förderanspruch verankert wurde. 1993 wurden per Verordnung Rahmenbedingungen wie Kinderzahl, Elternbeiträge (Mindestbeitrag S 1.500,–), Räumlichkeiten und Ausbildungsanforderungen geregelt. Insbesondere die Entwicklung der Kleinkindbetreuung spiegelt die gesellschaftlichen Änderungen sehr gut wider. Vereinbarkeit von Beruf und Familie gewann in den kommenden Jahren immer mehr an Bedeutung, die institutionelle Betreuung auch für unter Dreijährige wurde langsam gesellschaftlich akzeptiert und eroberte einen festen Platz in der Bildungslandschaft.

1996 hielt die Integration im Regelkindergarten Einzug. Davor wurden schwerer beeinträchtige Kinder in heilpädagogischen Kindergärten betreut. Integrationsgruppen, die heute Standard sind, wurden ermöglicht und die Rahmenbedingungen fixiert. Neu waren die sogenannten mobilen Sonderkindergärtnerinnen. In der Tagesbetreuung wurden die Schulkindgruppen geschaffen und die Förderung erhöht. Das Thema Schulkindbetreuung ist für die Vereinbarkeit bis heute zentral, ist aber immer wieder eine wunderbare Spielwiese für ideologische Debatten, wie die Diskussionen um ganztägige Schulformen oder die Nachmittagsbetreuung in verschränkter Form zeigen. 1997 erfolgten dienst- und besoldungsrechtliche Verbesserungen für das Kindergartenpersonal. So erhielten z. B. teilbeschäftigte gruppenführende Pädagoginnen 5 Stunden Vorbereitungszeit (vollbeschäftigte Pädagoginnen erhielten 6 Stunden). In der Tagesbetreuung hingegen wurde 1999 eine Stunde Vorbereitungszeit verankert.

2002 wurden unter der ressortzuständigen Landesrätin Dr. Maria Haidinger die drei Gesetze (Kindergartengesetz, Hortgesetz, Tagesbetreuungsgesetz) zusammengeführt und am 20. März das Salzburger Kinderbetreuungsgesetz beschlossen. Die juristische Vorbereitung erfolgte durch die Verfasserin des Beitrages, pädagogische Inputs kamen von den Inspektorinnen Maria Berktold (Kindergarten) und Ulrike Müller (Tagesbetreuung). Ziel war es, die Finanzierung und Qualität zu sichern und es wurde eine Pro-Kopf-Förderung in der Tagesbetreuung eingeführt. Weiters sollte eine Verwaltungsvereinfachung erfolgen und der Bildungsauftrag nicht nur betont, sondern expressis verbis verankert werden. Eine inhaltliche Harmonisierung der drei Bereiche Kindergarten, Hort, Tagesbetreuung wurde jedoch nicht erzielt und sollte durch spätere Novellen fixiert werden. Daran wird heute – 16 Jahre später – noch gearbeitet!

Der Landtag als Motor der Reformen

Unterausschüsse des Landtages sind ein geeignetes Instrument, komplexe und weittragende Materien mit Experten ohne Zeitdruck zu diskutieren und umfassende Novellen einer Gesetzesmaterie vorzubereiten. Deshalb wurden im Vorfeld größerer Novellen im Kinderbetreuungsbereich, wie z. B. 1968, 1976 oder 1992, immer wieder Unterausschüsse eingerichtet. Dieser Tradition blieb das Salzburger Landtag treu. Bereits 2003 starteten Arbeitsgruppen unter der Leitung von Univ.-Prof. Dr. Klaus Firlei im Auftrag von Landesrätin Dr. Haidinger mit großem Elan, um die Kinderbetreuung im Land Salzburg zu verbessern.

Im Juni 2005 wurde abermals ein Unterausschuss einberufen, der bis Jahresende in mehreren Sitzungen die Novellierung des Kinderbetreuungsgesetzes vorbereitete und entsprechende Rahmenbedingungen setzte. Nach Abschluss der Unterausschuss-Beratungen und der Vorlage eines Endberichtes dauerte es jedoch bis zum 18. April 2007, dass das von Landesrätin Doraja Eberle vorlegte Salzburger Kinderbetreuungsgesetzes 2007 zum Beschluss erhoben wurde. Dieses Gesetz steht mit Abänderungen bis heute in Geltung. Mit dem neuen Kinderbetreuungsgesetz wurden deutliche Angebots- und Qualitätsverbesserungen in der Kinderbetreuung erzielt und der Versorgungsauftrag der Gemeinden fixiert, jedoch von einem Rechtsanspruch Abstand genommen. Ebenso musste Mittagessen angeboten werden. In alterserweiterten Gruppen, Horten und Schulkindgruppen wurde die Integration mit Sonderpädagoginnen verankert, eine Hortförderung geschaffen, die Kindergartenförderung erhöht, die alterserweiterte Kindergartengruppe (Schulkinder im Kindergarten) ermöglicht, zusätzliches Personal bei hohem Anteil nicht deutsch sprechender Kinder und verpflichtende pädagogische Konzepte verankert. Ein Kernstück war die schrittweise Reduzierung der Kindergartengruppe von 25 Kindern auf 22 Kinder. Bei Bedarf können auch heute noch Gruppen mit 25 Kindern geführt werden, müssen jedoch zwei Betreuungspersonen aufweisen. Das Land plante hierfür jährliche Mehrkosten von € 2,5 Mio. ein, auch die Gemeinden mussten ihren Beitrag leisten. Das Gesetz ist bis heute eine gute Grundlage zur Verbesserung der Kinderbetreuung, die Unterschiede der drei Bereiche bestehen jedoch weiter.

Eine wesentliche Rolle spielte der Landtag beim sogenannten Familienpaket. Die Landesregierung legte einen Entwurf zur Entlastung der Familien durch Förderung der Elternbeiträge vor. Eltern sollten ab Jänner 2009 einen Zuschuss von € 50,– für die Ganztagsbetreuung und € 25,– für eine Halbtagsbetreuung ihres Kindes erhalten. Insgesamt betrug das Fördervolumen € 2,52 Mio. pro Jahr. Auf Kritik stieß jedoch der Personenkreis, den das Gesetz umfasste. Förderungen wurden nur für Kinder im dritten Lebensjahr sowie für Kinder im Jahr vor dem Schulantritt gewährt. Bei den Ausschussberatungen brachte die FPÖ einen Zusatz-Antrag ein, wonach diese Förderung für alle Kinder gelten sollte, die in einer Einrichtung nach dem Kinderbetreuungsgesetz betreut würden. Die Koalition aus SPÖ und ÖVP lehnte jedoch den Antrag ab. Die ÖVP argumentierte mit der finanzpolitischen Unsicherheit, während die SPÖ darauf verwies, dass die Kinderbetreuung ohnehin bis 2014 unentgeltlich sein werde. Bei der endgültigen Beschlussfassung im November 2008 kam es dann zu einem Kompromiss. Nach einem abermaligen Antrag der FPÖ waren SPÖ und ÖVP bereit, der Forderung nach einer Gleichstellung aller Kinder mit 1. September 2009 Rechnung zu tragen. Die Ausweitung der Förderung war mit einem zusätzlichen finanziellen Aufwand von € 3,6 Mio. verbunden, von denen jedoch rund 9.600 Kinder profitierten.

Für das Kindergartenjahr 2013/14 wurden Zuschüsse in der Höhe von rund € 4,55 Mio. für fast 13.000 Kinder letztmals gewährt. Die angespannte Budgetsituation zwang jedoch die neue Landesregierung in diesem Bereich Einsparungen vorzunehmen und den Zuschuss mit 1. September 2014 jeweils um die Hälfte zu kürzen. Für die Opposition war das Vorhaben „unsozial und unausgegoren" (Abg. Steiner-Wieser) bzw. ging „zulasten einer breiten Bevölkerungsschicht" (Abg. Dr. Solarz). Die ressortzuständige Landesrätin Mag. Berthold meinte, dass die „Kürzung kein wünschenswerter, aber ein notwendiger Abschluss des ersten Regierungsjahres sei".

Mit September 2009 erfolgte österreichweit eine wichtige Neuerung, die auch in Salzburg umgesetzt wurde – das verpflichtende und kostenfreie Kindergartenjahr. Seit dem Schuljahr 2010/11 müssen alle Kinder im Jahr vor der Schulpflicht eine Kinderbetreuungseinrichtung besuchen, wobei der halbe Tag kostenfrei ist. Das zuvor dargestellte Familienpaket existiert seit 1. September 2009 hingegen für alle jüngeren Kinder. Ziel des verpflichtenden Kindergartenjahres war die bestmögliche vorschulische Förderung aller Kinder, insbesondere auch

Der Knoten in der Budget-Gießkanne (Karikatur: Thomas Wizany)

der Sprachförderung, unabhängig von ihrer Herkunft. Der Bund stellt hierfür finanzielle Mittel zur Verfügung. Zur Qualitätsverbesserung wurde ein österreichweit einheitlicher Bildungsrahmenplan entwickelt, der bis heute in Geltung ist – hier wirkte Inspektorin Monika Baumann für Salzburg intensiv mit.

Nach langen Jahren der Diskussion erfolgte ab 2016 eine besoldungsrechtliche Besserstellung der Kindergartenpädagoginnen in öffentlichen Kindergärten. Der Landtag beschloss am 16. Dezember 2015 das neue Gehaltsschema KD, das besonders für junge Pädagoginnen deutliche Verbesserungen mit sich brachte. Die Federführung für das neue Schema lag bei Dr. Peter Schernthaner (Referatsleiter 1/05), in bester Zusammenarbeit mit den Sozialpartnern. Im Gegenzug zur Gehaltsverbesserung wurden die Fördermittel erhöht, um die Gemeinden und privaten Kindergartenträger zu entlasten. Ebenfalls wurden Betriebstageseltern eingeführt. 2016 wurden zudem verpflichtende Beratungsgespräche für Eltern von Kindern im 5. Lebensjahr, die keinen Kindergarten besuchen, eingeführt – ein kleiner Schritt zur Ausweitung der Verpflichtung und des Gratiskindergartens?

Die Dynamik der Kinderbetreuung in Zahlen

Den gesellschaftlichen Wert der Kinderbetreuung zu bemessen, ist abhängig von den Wertungsparametern, die höchst unterschiedlich sein können. Einen Einblick in die Dynamik der Entwicklung geben jedoch die statistischen Fakten, wie etwa die sogenannte Betreuungsquote, die darüber Auskunft gibt, wie viele Kinder einer Altersgruppe das Angebot institutioneller Kinderbetreuung in Anspruch nehmen.

Betreuungsquoten in institutionellen Kinderbetreuungseinrichtungen in Salzburg					
	1980/81	1990/91	2000/01	2010/11	2016/17
Unter 3 Jahren	2,5	1,7	6,8	13,7	19,1
3 bis 6 Jahre	57,5	63,1	76,8	89,1	91,9

Beispielhaft zeigt sich bei den Kindergärten, welche Zuwächse in der Kinderbetreuung zu verzeichnen sind.

Kindergärten in Salzburg					
	1972/73	1982/83	1992/93	2002/03	2016/17
Einrichtungen	112	202	235	231	228
Kinder	7.960	10.544	12.492	13.597	13.702
Betreuungspersonal	462	840	1.240	1.679	2.196

Sind die Zuwächse im Bereich des Kindergartens schon beeindruckend, so zeigt sich bei neuen Betreuungsformen, wie etwa den Krabbelgruppen, eine noch stärkere Dynamik. 1974/75 gab es gerade einmal eine Einrichtung mit 13 betreuten Kindern. In den kommenden 20 Jahren verzeichnete man einen stetigen jedoch schwachen Aufwärtstrend, der 1994/9511 Einrichtungen mit 187 Kindern aufwies. Ab 1997/98 stieg die Zahl der Einrichtungen immer schneller und wies 2010/11 schon 83 Krabbelgruppen mit 1.230 Kindern auf. 2016/17 bestehen im Land Salzburg 131 Gruppen mit 1996 Kindern in Betreuung.

Der Ausbau der Kinderbetreuung führte auch zu einer neuen Schwerpunktsetzung im Landeshaushalt. 1995 hatten die Ausgaben für Kinderbetreuung einen Anteil von 0,8 Prozent am Gesamthaushalt. Bis 2011 stieg dieser Anteil auf 1,8 Prozent an.

Kinderbetreuung im Landesbudget (Gruppe 1/24 – Vorschulische Erziehung) in Mio. € (Ausgaben aus den Rechnungsabschlüssen, 2017 Voranschlag des Landes)								
1977	1984	1989	1994	1999	2004	2009	2014	2017
2,16	3,76	5,09	9,40	17,61	19,52	30,36	52,38	64,48

Innerhalb von 40 Jahren haben sich die Ausgaben des Landes für die Kinderbetreuung somit verdreißigfacht. Neben dem Ausbau der Kinderbetreuung und dem größeren Angebot an Betreuungsplätzen wurde insbesondere in die Qualität investiert, die mehr Flexibilität und eine Steigerung der Familienfreundlichkeit nach sich zog.

Wie sieht die Zukunft der Kinderbetreuung im Land Salzburg aus? Im Hinblick auf die gesellschaftliche Notwendigkeit auf Vereinbarkeit von Beruf und Familie erfolgt laufend ein Ausbau an Plätzen, insbesondere für Kinder unter drei Jahren. Auch die Öffnungszeiten werden erweitert und die Ferienschließzeiten verringert. Doch auch juristisch ist noch vieles zu tun. Im Jahr 2014/15 beschäftigte sich abermals ein Unterausschuss des Landtages mit den wesentlichen Aspekten der Kinderbetreuung. Ein Jahr lang befassten sich die Landtagsabgeordneten unter Beiziehung interner und externer Experten mit der Zukunft der Kinderbetreuung und legten einen umfangreichen Abschlussbericht vor. Seither wird an einem neuen Salzburger Kinderbetreuungsgesetz gearbeitet. Das geplante Inkrafttreten im Jahr 2018 erscheint jedoch fraglich.

Die Verwirklichung gleicht der Quadratur des Kreises: die Qualität soll verbessert, die Verwaltung vereinfacht, die Rahmenbedingungen für die Pädagoginnen verbessert, ein gerechtes Fördermodell geschaffen und die Elternbeiträge vermindert werden etc. – aber die Kosten sollen nicht steigen. Im Salzburger Landtag sind noch viele Diskussionen zu diesem spannenden Thema zu erwarten!

Aus den Debatten des Salzburger Landtages

Auszug aus dem Protokoll der Landtagssitzung am 10. Juli 1968

Abg. Manfred Krüttner (FPÖ): ... Wir wußten, daß Geldmittel des Landes erforderlich, so oder so, erforderlich sein werden. Wir sind an das Problem herangegangen von der Tatsache aus, daß in der heutigen Zeit mit ihrer Industrialisierung, mit der Berufstätigkeit beider Elternteile, Kindergärten einfach notwendig sind und damit eine moralische Aufgabe der öffentlichen Hand geworden sind. Den Eltern muß die Unterbringung der Kinder untertags erleichtert und ermöglicht werden ...

Vizepräsident Hans Pexa (SPÖ): ... Ich darf für meine Fraktion feststellen, daß für uns die Regelung eines Kindergartenwesens nur unter der Grundbedingung möglich gewesen ist, daß sowohl der öffentliche Kindergarten als auch der private Kindergarten mit den gleichen Voraussetzungen, mit den gleichen gesetzlichen Möglichkeiten an den Start gehen kann ...

Abg. Martha Weiser (ÖVP): ... Während früher der Kindergarten nur eine Notlösung war – wenn etwa die Mutter krank war oder zu viele Kinder zu betreuen hatte – und während es später immer mehr die Berufstätigkeit der Frau und Mutter war, die das Kind, auch noch gedacht als Aufbewahrungsanstalt, in den Kindergarten geführt hat, zeigt sich immer mehr, daß der Kindergarten zu einem echten Erziehungsfaktor des Kleinkindes wird und seine Anliegen weit über die einfache Bewahrung des Kindes hinausgehen. Das Kleinkind, das vorschulpflichtige Kind soll in allen seinen Anlagen gefördert werden ... Man möchte daher die Kindergärtnerinnen bitten, weiterhin alles zu unternehmen, um eine individuelle Betreuung der Kleinkinder anzustreben und sie zu bewahren vor einer Kollektiv-Betreuungsanstalt ... Unserer Ansicht nach hat Salzburg mit diesem Gesetz wieder einmal eine Pionierarbeit geleistet, ...

Auszug aus dem Protokoll der Landtagssitzung am 24. März 1976

Landesrat Dr. Hans Katschthaler (ÖVP): ... Erstes Ziel unserer Kindergartenpolitik bleibt weiterhin die Bereitstellung so vieler Halbtagskindergartenplätze wie möglich und so vieler Ganztagsplätze wie notwendig ...

Abg. Sepp Oberkirchner (SPÖ): ... In der Frage des kostenlosen Kindergartenbesuches haben wir lange darüber diskutiert, weil wir zwischen den einzelnen Fraktionen feststellen mußten, daß es wohl eine einheitliche Zielsetzung gibt, die wir alle zusammen anstreben, daß der Kindergartenbesuch in Zukunft frei vom Entgelt sein soll, das heißt, Eltern sollen keine Besuchsgebühr mehr zu bezahlen haben. Wir haben dann aber doch verlangt, daß man konkret diese Schritte bereits jetzt setzen möge. Wir wissen zwar, daß diese Besuchsgebühren ... jetzt einen Gesamtaufwand von jährlich etwa 20 Millionen Schilling betragen wird. Wir haben die Auffassung vertreten, daß es in fünf oder in zehn Jahren nicht leichter sein wird, auf diesen Betrag zu verzichten.

Abg. Dr. Hellfried Schuller (FPÖ): ... Salzburg war eigentlich immer vorbildlich, was das Kindergartenwesen anbelangt, es hat als erstes Bundesland ein wirklich gutes Kindergartengesetz geschaffen. ... Es ist unumstritten, daß sich alle im Landtag vertretenen Fraktionen dazu bekennen, daß als Endziel ein sogenannter Nulltarif angestrebt werden soll. Wir Freiheitlichen gehen allerdings von dem Grundsatz aus, daß zunächst einmal alles daran gesetzt werden soll, jedem Kind, das einen Kindergartenplatz braucht, diesen Platz zu sichern ...

Abg. Dr. Helmut Schreiner (ÖVP): ... möglichst für jedes Kind, für das ein Kindergartenplatz notwendig ist, soll ein solcher vorhanden sein; nun, das stehen wir vor der Alternative, die finanziellen Mittel schwergewichtig zunächst für den Nulltarif einzusetzen oder schwergewichtig für den Ausbau der Kindergartenplätze zu verwenden. Wir haben uns, da liegt der Unterschied zu Niederösterreich, schwergewichtig veranlaßt gesehen, die Mittel für den Ausbau der Kindergartenplätze einzusetzen.

Landesrat Dr. Hans Katschthaler (ÖVP): ... Die programmatischen Äußerungen von SPÖ und ÖVP zu schulischen Betreuungsmodellen unterscheiden sich gravierend lediglich in der Frage der Besuchsverpflichtung bzw. der Freiwilligkeit, wobei die Freiwilligkeit sich vielfach von selbst ergibt durch die enorm hohen Kosten einer Ganztagsschule ... In Zukunft wird es, ... der Vielschichtigkeit unserer Gesellschaft gemäß und unseren wirtschaftlichen Möglichkeiten entsprechend, ein Nebeneinander von Halbtagsschulen, Tagesheimschulen, Ganztagsschulen, Halb- und Vollinternaten sowie Internatsschulen geben müssen ...

Abg. Dr. Hellfried Schuller (FPÖ): ... Ich kann der Meinung unseres verehrten Landesfinanzreferenten Dr. Haslauer nicht beipflichten, daß die Kinderhortangelegenheit eine reine Privatsache ist und aus diesem Grunde schon kein verbindlicher Zuschuß vom Land gegeben werden kann. ...

Abg. Dr. Helmut Schreiner (ÖVP): ... was wollte man mit diesem Gesetz? Vorläufig wollte man nur eine gewisse Mindestordnung in diesen Bereich des Hortwesens bekommen ...

Abg. Sepp Oberkirchner (SPÖ): ... Ich traue mir offen und in aller Entschiedenheit zu behaupten, daß durch die Hingabe von Fördermitteln an alle jene Gemeinden, die bereits Horte betreiben, die Entwicklung im Hortwesen durchaus nicht gestoppt oder in falsche Bahnen gelenkt wird ...

Auszug aus dem Protokoll der Landtagssitzung am 6. Juli 1988

Abg. Dipl. Vw. Margot Hofer (FPÖ): ...Der Kindergarten soll die Familie nicht ersetzen. Ich bin der Meinung, daß er eine Ergänzung zur Familie bleiben soll und wir legen daher großen Wert auf die Mitwirkung der Eltern im Kindergartenbetrieb ...

Landeshauptmann-Stellvertreter Dr. Hans Katschthaler (ÖVP): ... Es ist dies ein wichtiger Schritt, ein Schritt, der die nächsten fünf Jahre bestimmen wird. Es ist das sicherlich nicht der letzte Schritt ...

Auszug aus dem Protokoll der Landtagssitzung am 8. Juli 1992

Abg. Iris Schludermann (FPÖ): ... „Der Frauenrat fordert eine Vertagung des endgültigen Beschlusses. Jetzt müssen als Experten auch einmal die Frauen und ihre Vertretungen angehört werden." Nun, ich muß also dazu sagen, im Landtag gehen wahrscheinlich die Uhren anders, ich bin auch eine Frau, zumindest hoffe ich, daß das von allen akzeptiert wird. ... Wenn hier steht, daß die Eltern nicht bestimmen dürfen, wo sie ihre Kinder hingeben, dann muß ich sagen, wenn zehn Eltern da sind, die ihre Kinder nicht zu Tagesbetreuungseinrichtungen geben oder zu Tageseltern geben wollen, dann wird man aufgrund dieses Beschlusses ja ohnehin eine Krabbelstube oder eine öffentliche Kinderbetreuungseinrichtung einrichten müssen. Die Möglichkeit hat der Bürgermeister. Aus! Schluß! Die hat er. Und solange es Tageseltern gibt, solange wird man diese bevorzugen.

Abg. Dr. Liane Pluntz (SPÖ): ... Die Kritik daran läßt sich auf einen kurzen Nenner bringen: Dieses Gesetz, oder besser gesagt, dieser Gesetzesentwurf, bevormundet die Erziehungsberechtigten, benachteiligt Frauen und Mütter, und verhindert den Ausbau von Betreuungseinrichtungen, das heißt Krabbelstuben für unsere Kleinsten in unserem Bundesland ... Uns Sozialdemokraten war die Vereinbarkeit zwischen Familie und Beruf immer schon ein wichtiges familienpolitisches Anliegen ... Und unabdinglich dazu gehört die Beschaffung eines bedarfs- und flächendeckenden Netzes an Kinderbetreuungseinrichtungen ... Es ist ja doch nicht anzunehmen, daß lediglich die pädagogische Überzeugung hier dem Gesetzesverfasser die Feder geführt hat. Nein! Tagesmütter sind halt für Gemeinden, das muß man auch offen aussprechen, einfach weitaus billiger.

Abg. Hedwig Wasserbauer (ÖVP): ... aufgrund geänderter Lebensumstände wird es immer notwendiger, gut organisierte familienergänzende Einrichtungen für Kinder im städtischen Bereich, aber auch in den größeren Landgemeinden der Bezirke zu schaffen. Im ländlichen Bereich ist es immer noch die Voll- oder Teilfamilie, die Angehörigen, Großeltern, und auch Nachbarn, die die Kinder bis zum Eintritt in den Kindergarten betreuen. ... aber die wichtigsten drei Jahre eines Kindes, soll das Kind bei einer Bezugsperson sein und das ist eben halt einmal die Mutter. Ich sehe schon ein, daß die Berufstätigkeit der Frauen wichtig ist, aber die Wertigkeit liegt bei uns in der ÖVP in der Familie und bei der Mutter zu Hause.

Landesrätin Dr. Gerheid Widrich (ÖVP): Ich gehe davon aus und auch das Ressort geht davon aus, daß es etwa zu einer Verdoppelung aller dieser Einrichtungen kommen wird. Es ist einfach nicht wahr, daß es ein gravierender Fehler ist, daß eine Bedarfsprüfung stattfindet im Bereich der Gemeinde. Wenn die öffentliche Hand Geld aufwendet, ist es legitim, daß der Bedarf festgestellt wird ... und daß es jedenfalls zu einem wesentlich verbesserten Angebot an die Eltern kommt, jetzt gibt es nämlich fast kein Angebot.

Auszug aus dem Bericht des Verfassungs- und Verwaltungsausschuss vom 30. November 1995 (SLP, Nr. 179, 2. Session, 11. GP)

Landeshauptmann Dr. Katschthaler machte am Beginn der Generaldebatte den Vorschlag, dass man von bewußten Ausnahmen (Reisegebühren und Zulagen für SonderkindergärtnerInnen) den dienst- und besoldungsrechtlichen Bereich, für den bereits Anträge angekündigt wurden, aus den heranstehenden Novellen herausnehmen sollte. Dafür werde durch den ressortzuständigen Landeshauptmann eine Arbeitsgruppe eingesetzt, der Vertreter der Amtsabteilung „Bildung und Gesellschaft", „Finanz- und Vermögensverwaltung" sowie „Gemeindeangelegenheiten", des Städtebundes und des Gemeindeverbandes, des „Frauenbüros" und der „Berufsvereinigungen der KindergärtnerInnen" angehören sollen. Diese Arbeitsgruppe sollte bis Mitte 1996 einen Vorschlag für dienst- und besoldungsrechtliche Neuregelungen für KindergärtnerInnen und HelferInnen ausarbeiten, damit diese spätestens Anfang 1997 in Kraft treten könnten. Dieser Vorschlag fand die Zustimmung der SPÖ, wenn damit ein gerechteres Gesamtsystem erreicht werde.

Auszug aus dem Protokoll der Landtagssitzung am 20. März 2002

Landesrätin Dr. Maria Haidinger (ÖVP): ... Ein wesentliches Ziel dieses Kinderbetreuungsgesetzes war es, die Förderrichtlinien, die Förderung umzustellen hin zu einer Förderung pro Kind, weg von einer gezielten Förderung der Einrichtung, was ganz persönlich für mich eine sehr transparente und gerechte Form des Fördermodells darstellt.

Abg. Hilde Ossberger (SPÖ): ... Einiges ist natürlich positiv an diesem Gesetz, das muss man natürlich sagen, der Bildungsauftrag für alle Institutionen. Und ich wünsche und hoffe mir, dass dann letztendlich dieses Vorurteil gegenüber den Tagesbetreuungseinrichtungen, dass das eher Aufbewahrungsstätten seien, dass das zu Ende ist, nämlich auch dort wird Bildungsauftrag erledigt, auch bei den Tageseltern. Es gibt auch hier dann eine Ausbildung für die Tageseltern, auch das ist ein positiver, Schulkindgruppen sind installiert worden. Und was vor allem positiv ist, dass die Möglichkeit des Offenhaltens in den Oster- und Weihnachtsferien gegeben ist, denn viele Mütter schaffen es nicht und haben nicht die Möglichkeit, so Urlaub zu nehmen wie die Kinder frei haben. Und das ist für mich auch positiv. Fehlen tut natürlich noch sehr viel ... nämlich die echte Harmonisierung, die eigentlich als Wunsch des Landtages vorgesehen war. Die Harmonisierung würde ja auch bedeuten, dass man einen einheitlichen Tarif festlegt und mehr Transparenz schafft.

Abg. Cyriak Schwaighofer (Grüne): ... Was war der Auslöser dieses Kinderbetreuungsgesetzes, dieses neuen? Es war ganz eindeutig und klar das Ziel Geld einzusparen oder zumindest nicht mehr Geld ausgeben zu müssen für die Kinderbetreuung im Land Salzburg ... dieses Kinderbetreuungsgesetz, das ist aus meiner Sicht kein geeignetes Instrument für eine bestmögliche Kinderbetreuung für Eltern und Kinder – und das wurde ja von allen im Ausschuss schon festgehalten – sondern es ist ein vom Sparzwang geleiteter Umbau einer Finanzierungsform, die meiner Meinung nach, ich habe es schon einmal gesagt, eine Art Bürgertäuschung darstellt, weil sie bei weitem nicht gerechter ist, sondern gerade im ländlichen Bereich, das sollen sich die Kollegen von der ÖVP auch gut merken, gerade im ländlichen Bereich das Gegenteil bewirkt ...

Abg. Theresia Fletschberger (ÖVP): ... Und jetzt zum Kinderbetreuungsgesetz. Um die Vorreiterrolle bei der Kinderbetreuung im Land Salzburg zu halten, die Finanzierung langfristig zu sichern, war es notwendig, eine Gesetzesnovellierung vorzunehmen. Dabei wurden das Tagesbetreuungsgesetz, das Kindergartengesetz und das Hortgesetz zu einem Kinderbetreuungsgesetz zusammengeführt. Seit Inkrafttreten des Salzburger Tagesbetreuungsgesetzes von 1993 – der Budgetansatz hat damals S 14 Mio. betragen – hat sich die Kinderbetreuung enorm entwickelt im Land Salzburg. Im Landeshaushalt von 2001 waren für die Tagesbetreuung S 110 Mio. und für die Betreuung im Kindergarten S 150 Mio. vorgesehen. Es ist wichtig, unsere Kinder bestmöglichst zu betreuen, für sie wieder mehr Zeit zu haben und ihnen Geborgenheit und ein frohes Kindsein zu ermöglichen und ihnen auch die nötige Freiheit dazu zu geben. Kinder müssen Zeit bekommen zum Kind sein und Eltern brauchen Unterstützung, um es zu schaffen. Familie muss wieder mehr lebbar sein. Ebenso muss Familie und Beruf miteinander vereinbar sein ...

Abg. Dr. Andreas Schöppl (FPÖ): ... Der Wunschzettel für die Kinderbetreuungseinrichtungen ist ein großer. Und jeder, Kollege Schwaighofer, jeder, der sich sachlich auseinandersetzt, weiß, dass nicht alle Wünsche erfüllbar sind. Ich glaube es wird niemanden in diesem Haus geben, der behauptet, dass alle Wünsche, die wir im Bereich der Kinderbetreuungseinrichtungen haben, in diesem Gesetz erfüllt sind. Das wäre aber, glaube ich, gar nicht möglich. Und denken wir nur daran, dass der Gesetzgeber hier einen Spagat zwischen zwei wesentlichen Interessen zu finden hat. Erstens so viele Betreuungseinrichtungen wie möglich im Land Salzburg zu schaffen und zweitens eine möglichst hohe Qualität zu sichern. Erstens möglichst viele Betreuungseinrichtungen, weil eben jedes Kind das Recht haben sollte auf eine Betreuung, jede Mutter die Möglichkeit haben sollte auf eine Kinderbetreuung Zugriff nehmen zu können. Und ich sage eines dazu, dieses Recht wohl auch den Vätern zusteht. Und auf der anderen Seite, Qualitätsstandard heißt so kleine Gruppengrößen wie möglich, möglichst hohe Ausbildung und möglichst hohe Standards in den Kinderbetreuungseinrichtungen. Das Gesetz muss ein Spagat sein zwischen diesen beiden Interessen, die denkunkmöglich beide voll nach einem Wunschzettel erfüllbar sind ...

Landeshauptmann-Stellvertreterin Mag. Gabi Burgstaller (SPÖ): ... Ich sage hier herinnen auch klipp und klar, dass ich mir als oberstes Ziel setze eine kontinuierliche Betreuung der Kinder, ein fixes verlässliches Angebot für die Eltern und nicht irgendwelche Zufälligkeiten. Ich bin also eine Vertreterin dessen, dass es eine öffentliche Aufgabe ist Kinderbetreuung anzubieten, und eigentlich nach einer Phase des privaten Engagements es irgendwann einmal eine Selbstverständlichkeit werden muss, dass Kinder entsprechend ihren Bedürfnissen, was die Qualität betrifft und was die Stunden und Öffnungszeiten betrifft, entsprechend den Bedürfnissen der Eltern ein Angebot bekommen. Das wäre eigentlich dann Sache der öffentlichen Hand ... Das Recht auf einen Betreuungsplatz hätten wir gerne durchgesetzt, Herr Kollege Schwaighofer. Wir setzen uns dieses Ziel weiter. Es wäre allerdings illusorisch gewesen, dass wir bei den schwierigen Verhandlungen um die Absicherung der Betreuungseinrichtungen auch ein Recht auf Betreuung durchsetzen, wenn wir es nicht einmal bei den Regierungsverhandlungen geschafft haben. Aber das bleibt unser Ziel und ich meine, wir sollten gemeinsam daran arbeiten, dass wir in wenigen Jahren alle verstanden haben, dass es sich dabei um eine notwendige Versorgung der öffentlichen Hand handeln muss ...

Auszug aus dem Protokoll der Landtagssitzung am 18. April 2007

Abg. Theresia Fletschberger (ÖVP): … Mit dem heute endgültig zu beschließenden Kinderbetreuungsgesetz setzt das Land Salzburg einen weiteren wesentlichen und großen Meilenstein in der Kinderbetreuung. Das Ziel, das sich Salzburg gesetzt hat, nämlich eine familienfreundliche Region zu werden, diesem Ziel sind wir wieder ein Stück näher gerückt. Landesrätin Doraja Eberle hat bei den Vorbereitungen dieses Gesetzes bewiesen, dass sie nicht nur eine Politikerin ist, der die Herzen der Menschen zufliegen, sondern sie kann hart und ausdauernd verhandeln, wenn es um unsere Kinder und um unsere Familien geht. Mit viel Ausdauer, unzähligen Gesprächen, Besuchen in den Gemeinden, Besuchen in den Betreuungseinrichtungen, ist es ihr gelungen, mit allen Betroffenen schließlich ein Gesetz vorzubereiten, mit dem alle gut leben können und auch gut arbeiten können, immer das Wohl des Kindes im Mittelpunkt …

Abg. Hilde Wanner (SPÖ): … Im Jahr 2007 beschließen wir nun eine Novelle, wo es auch um wesentliche Verbesserungen gehen wird. Auch, und das haben wir natürlich auch immer so wahrgenommen, wird es nicht alles geben, was wir uns alle vorstellen hätten können und was wir uns gewünscht hätten. Wir sind erstens einmal in einer Koalition, wir sind aber auch an die Finanzierbarkeit gebunden … Insgesamt aber, denke ich, geht es darum, wie wir im Land zum Thema Kinderbetreuung stehen und wie sehr wir uns des Themas annehmen. Weil verantwortlich für die Einrichtungen sind natürlich in erster Linie die Gemeinden und da geht es auch darum, dass es Gemeinden gibt, die dieses Thema ganz bewusst und sehr positiv angehen und dann gibt es Gemeinden, die das Ganze also ein bissel halbherzig angehen …

Abg. Lukas Essl (FPÖ): … „Das neue Kinderbetreuungsgesetz tut weh, aber wir sind sehr zäh." Das ist der Slogan der Berufsgruppe der Pädagoginnen für Kinderbetreuungseinrichtungen Salzburgs. Wir haben gehört „Meilenstein"… Fakt ist, wir bekommen ein neues Gesetz und zum Leidwesen der Opposition ist dieses Gesetz für uns nicht weitgreifend genug. Wir glauben, dass die Arbeitsbedingungen der Mitarbeiter, der Pädagoginnen, der Helfer, der Betreuer, sich weiter hinschleppen wird. Die Probleme werden größer werden.

Abg. Cyriak Schwaighofer (Grüne): … Das heißt, wir haben hier eine kleine Bewegung, bescheidene Verbesserungen, die möglichst als großer Erfolg verkauft werden sollen. Das ist aber kein großer Erfolg, liebe Kolleginnen und Kollegen. Und natürlich kann man sich jetzt zurücklehnen und sagen: die Gemeinden haben nicht gewollt, die Gemeinden sind schuld daran, aber es ist Landesgesetzgebung, es ist Aufgabe des Landes, es ist Aufgabe der Landesregierung, nach den Kriterien, die für eine bestmögliche Kinderbetreuung gelten.

Auszug aus dem Bericht des Verfassungs- und Verwaltungsausschuss vom 8. Juli 2009 (SLP, Nr. 195, 1. Session, 14. GP)

Für den SPÖ Landtagsklub weist Frau *Abg. Margit Pfatschbacher (SPÖ)* auf verschiedene Probleme hin. So spreche sich die SPÖ dafür aus, dass alle Fünfjährigen in den Kindergarten gehen sollen, weil dieser wie die Schule auch als Bildungseinrichtung angesehen werde. Ziel sei es, den Kindergarten gratis besuchen zu können. *Abg. Essl (FPÖ)* meint, dass es grundsätzlich die Rolle der Opposition sei, die Regierung zu kritisieren. In diesem Falle müsse man aber sehr positiv anmerken, dass die Regierungsvorlage sehr rasch in Umsetzung der 15a B-VG-Vereinbarung dem Landtag zugeleitet wurde; dies nach sehr mühsamen Verhandlungen auch mit den Gemeinden.

Auszug aus dem Bericht des Verfassungs- und Verwaltungsausschusses vom 2. Juli 2014 (SLP, Nr. 792, 2. Session, 15. GP)

Abg. Mag.ª Barbara Sieberth (Grüne): ... Im Hinblick auf die finanzielle Situation des Landes Salzburg wird die Höhe der Zuschüsse gemäß § 2a Abs. 2 mit Wirksamkeit ab dem Kindergartenjahr 2014/2015 um die Hälfte gekürzt, so dass die Höhe der Zuschüsse 25 Euro bzw. 12,50 Euro beträgt.

Abg. Dr.in Nicole Solarz (SPÖ) sagt, dass sich Kinderbetreuungseinrichtungen zunehmend zu Bildungseinrichtungen entwickeln. Die vorgesehenen Kürzungen gingen zulasten einer breiten Bevölkerungsschicht.

Abg. Marlies Steiner-Wieser (FPÖ) kritisiert, dass das Vorhaben unsozial und unausgegoren sei. Außerdem führe es zu einem hohen Verwaltungsaufwand.

Alois Grüner

Das Gesundheitssystem als gesellschaftlicher Gradmesser

Der Entwicklungsstand und die Verfügbarkeit der medizinischen Versorgung eines Landes lassen seinen schöpferischen Geist, seine Kraft zur praktischen Lösung von Problemen, aber auch seine Einstellung zu den Schwachen und Benachteiligten erkennen.

In Österreich steht die Entwicklung eines allgemeinen Gesundheitssystems in engem Zusammenhang mit der Errichtung eines Wohlfahrtsstaates in der österreichisch-ungarischen Monarchie. Einen wesentlichen Schritt hierzu eröffnete das im Jahre 1867 beschlossene Vereinsgesetz, das erstmals die Bildung von Kranken- und Invalidenunterstützungskassen ermöglichte. Im Erzherzogtum Salzburg nahm der Arbeiterunterstützungsverein im Jahre 1887 seine Arbeit auf.

Für den Landtag war zwar seit seiner Konstituierung, besonders jedoch ab der Verbesserung der sozialen Absicherung für breitere Bevölkerungsgruppen die Notwendigkeit der steigenden Mittelzuführung für die Gesundheitsversorgung, speziell für die Landesanstalten erkennbar; als budgetäre rote Linie wurde jedoch sowie für die anderen politischen Bereiche die Ausgeglichenheit des Landeshaushalts verteidigt. Die Einhaltung dieses Haushaltsprinzips wurde immer wieder mit Stolz herausgestellt. Eine gestalterische Bedarfsvorschau oder Strukturplanung für die Gesundheitsversorgung wurde jedoch, zumindest während der Monarchie, nicht in Erwägung gezogen.

Der vorliegende Beitrag kann nur schlaglichtartig die Rolle des Landtages im einschneidenden und für die Bevölkerung bedeutsamen Bereich der Gesundheitsversorgung beleuchten. Gerade die Finanzierungsstruktur ist für den Außenstehenden oft nicht nachvollziehbar. Ja selbst dem Landtag bereitete die Komplexität der Materie gelegentlich Probleme in der Zusammenschau, obwohl der Großteil der Berichte eine erstaunlich hohe Übersicht und Detailgenauigkeit aufwies. So fällt auf, dass sich der Landtag im Wesentlichen bis zum Ende der Monarchie überwiegend mit tagesaktuellen Themen, z. B. mit der Standortwahl für neue Einrichtungen und Abteilungen, aber auch mit Fragen der Personalausstattung sowie dienst- und besoldungsrechtlichen Einzelfragen der verschiedenen Berufsgruppen befasste. Erst mit der Ersten Republik beginnt die Verlagerung der Arbeitsaufgaben des Landtages von tagesaktuellen Detailthemen hin zur Gestaltung der politischen Rahmenbedingungen in Form von Landesgesetzen und sonstigen Beschlüssen.

Einflussgrössen auf den Versorgungsbedarf

Eine grundlegende Messgröße für den Umfang der Versorgungsstruktur stellt die Entwicklung der Wohnbevölkerung sowie ihre geografische Verteilung und Altersstruktur dar. Ausgehend von einer Bevölkerung des Herzogtums Salzburg im Jahre 1860 von 166.000 Personen, einer Zunahme auf 210.000 im Jahre 1910 und einer weiteren Steigerung auf 546.000 Einwohner im Jahr 2016 zeigt sich, dass schon allein dadurch der Bedarf an medizinischer Versorgung deutlich steigen musste. Dazu kam der medizinische Fortschritt mit der schrittweisen Verankerung neuer medizinischer Sonderfächer. Dementsprechend verdreifachte sich allein zwischen 1854 und 1902 die Bettenkapazität. Gleiches gilt für die Zahl der Patienten, die sich bis 1913 mehr als vervierfachte. Alleine diese Kennzahl macht deutlich, welche Schubkraft, aber auch welchen budgetären Konkurrenzdruck die Entwicklung der medizinischen Versorgung auf die Haushaltsgestaltung ausgeübt hat.

Jahr	Krankenanstalten	Betten	Patienten	Belegstage	Verweildauer
1854	6	337	2.229	70.648	31,7
1874	11	446	3.517	93.519	26,6
1886	13	547	3.512	114.871	32,7
1902	26	1.013	6.526	183.197	28,1
1913	25	837	9.920	220.920	22,3

1974 verfügte Salzburg bereits über 4.630 Akutbetten. Bis 1982 stieg die Kapazität auf 5.172, also um fast 12 Prozent an. Davon entfielen rund 46 Prozent auf Landesanstalten, 17,5 Prozent auf Gemeindespitäler, 12 Prozent auf Sozialversicherungsträger sowie 18 Prozent auf Ordenskrankenanstalten. Der Rest entfiel auf die Trägerschaft von privaten (Einzelpersonen) oder juristischen Personen, wie GmbH etc.

Jahr	Betten	Patienten	Belegstage	Verweildauer
1964	4.069	70.399	1.275.258	18,11
1974	4.630	91.692	1.451.558	15,13
1982	5.172	114.260	1.567.435	12,34
1990	5.140	142.110	1.440.829	10,15

Die Daten der Krankenanstaltenstatistik sind jedoch nur unter Berücksichtigung der im Betrachtungszeitraum von 150 Jahren mehrfach eingetretenen Änderungen, vor allem auch jener für die Krankenanstalten-Finanzierung zu verstehen. So gibt die Statistik bis 1995 für die Betten und Belegstage einen starken Trend nach oben wieder, während die Verweildauer immer mehr sinkt. Der Trend zur Akutbettenvermehrung wurde erst mit der Art. 15a B-VG-Vereinbarung über die Reform des Gesundheitswesens und der Krankenanstaltenfinanzierung ab 1997, durch den darin vereinbarten Akutbettenabbau und durch die Umsetzung der neuen Krankenhausvergütung (Wegfall des Anreizes zur Bettenbelegung, Einführung der diagnosebezogenen Leistungsvergütung) eingedämmt.

Jahr	Krankenanstalten	Betten	Patienten	Belegstage	Verweildauer
1996	32	5.250	115.781	969.181	8,4
2005	29	5.123	155.719	950.475	6,1
2013	33	5.103	175.318	885.986	5,1

Die Ära der k. k. Monarchie bis 1918

Von kirchlichen Initiativen zur Gesundheitsversorgung als öffentliche Aufgabe

Die Ursprünge einer organisierten Gesundheitsvorsorge im Erzbistum Salzburg reichen bis ins Mittelalter zurück und beruhen auf der Initiative von kirchlichen Organisationen. Im neu geschaffenen Kronland Salzburg fand der 1861 konstituierte Landtag eine kleingliedrige und heterogene Versorgungsstruktur vor. Die Landesanstalten wurden aus dem Landesfonds oder aus anderen dem Lande zugehörigen Stiftungen und Fonds finanziert und waren schon auf Grund des budgetären Gewichts häufig im Mittelpunkt der Beratungen.

Zentrale Krankenanstalt war und ist das 1695 aus einer mildtätigen Stiftung des Erzbischofs Johann Ernest Graf von Thun hervorgegangene St.-Johanns-Spital, das 1861 nur aus einer medizinischen und einer chirurgischen Abteilung mit insgesamt 224 Betten bestand. Die einsetzende Spezialisierung der ärztlichen Tätigkeit hatte zur Folge, dass gegen Ende des 19. Jahrhunderts neue Fachabteilungen entstanden, denen auch in baulicher Hinsicht Rechnung getragen werden musste. Bis etwa 1890 gestalteten sich die Planungen noch recht umständlich, jedoch konnten die Entscheidungsprozesse bis zur Jahrhundertwende wesentlich beschleunigt werden, sodass um 1900 eine strukturelle und bauliche Modernisierung stattfand, die aber auch die Beseitigung von Defiziten bei der Behindertenfürsorge (Humanitätsanstalten) umfasste. Über folgende Einrichtungen wurde bis zum Beginn des Ersten Weltkrieges im Landtag mehrfach beraten und entsprechende Beschlüsse gefasst:

Gebär- und Findelanstalt

Die Notwendigkeit einer „Gebär- und Findelanstalt" war aufgrund der wachsenden Sterblichkeit von Säuglingen und Wöchnerinnen in Salzburg erstmals im Jahre 1839 Anlass für Verhandlungen. Aus der Todesursachenstatistik ist ablesbar, dass Mitte des 19. Jahrhunderts mehr als ein Drittel der Lebendgeborenen das fünfte Lebensjahr nicht erreichte. 1863 befasste sich der Landtag erstmals mit dem Thema und gab den Auftrag zu weiteren Erhebungen für die Suche nach einem geeigneten Standort. 1886 brachte der neu bestellte Leiter der Hebammenschule, Prof. Dietrich Lumpe, einen neuerlichen Antrag mit der Begründung ein, dass eine gute Hebammenausbildung nur an einer Gebärklinik möglich und eine solche stationäre Entbindungsklinik für eine Stadt von der Größe Salzburgs dringend erforderlich sei. 34 Jahre nach der ersten Befassung und nach 18-maliger Beratung fasste der Landtag am 17. Februar 1897 den Beschluss für die Errichtung einer neuen Gebärklinik in Salzburg in unmittelbarer Nähe des St.-Johanns-Spitals, die 1899 eröffnet wurde. Am 10. Juli 1899 fand die erste Entbindung statt.

Erzherzogin Marie-Valerie Kinderspital und Epidemiespital

In Salzburg bildete sich im Jahre 1890 ein Komitee von adeligen Damen, die den rechtlich genehmigten „Kinderspital-Bau- und Erhaltungsverein" ins Leben riefen. Mit Sammelaktionen und Werbeaktivitäten sollten Strukturen der Kinderheilkunde geschaffen werden, die den speziellen Bedürfnissen der Kinder entsprachen. Vier Jahre später schloss der Verein einen Vertrag mit dem Land ab und erwarb das Recht, fünf Betten im Kinderspital zur unentgeltlichen Pflege zu belegen, das Kinderspital durch den Vereinsvorstand zu inspizieren, Vorschläge für die Verbesserung der Spitalspflege und -verpflegung einzubringen und schließlich mit eigenen Mitteln eine Vergrößerung und Ausgestaltung des Kinderspitals anzustreben. Von den Spenden in der Höhe von 92.000 Gulden wurden 89.000 Gulden für den Bau und die Einrichtung des Kinderspitals verwendet, das einen Monat nach der Gebärklinik am 1. August 1899 eröffnet wurde. Mit dem Marie-Valerie Kinderspitalverein wurde auch der sogenannte Elisabethpavillon als Infektionsstation mit 16 Betten für diphteriekranke Kinder errichtet, der 1976 abgerissen wurde.

Landesheil- und Irrenanstalt

Noch öfter stand die Erweiterung der „Irrenanstalt“ auf der Tagesordnung des Salzburger Landtages, nämlich zwanzigmal. Das erste Irrenhaus in Salzburg (1783) befand sich im hinteren Trakt des Bruderhauses und steckte bereits zu Beginn des 19. Jahrhunderts aufgrund der unhaltbaren räumlichen und hygienischen Zustände in einer Krise. Dennoch wurde vom Salzburger Landtag jede Initiative für einen neuen Standort aufgrund der finanziellen Konsequenzen vereitelt. Erst 1894 konnte Direktor Dr. Josef Schwaighofer nach der Besichtigung einer Reihe von fortschrittlichen Anstalten in Deutschland und Belgien ein beschlussreifes Vorhaben initiieren, das nicht nur vom Salzburger Landessanitätsrat, sondern auch vom Vorstand der Psychiatrie der Universität Wien, Prof. Wagner von Jauregg, befürwortet wurde. Nach einer Bauzeit von zweieinhalb Jahren wurde die neue Landesheilanstalt am 5. November 1898 eröffnet. Schon bald nach der Eröffnung stellte sich heraus, dass die neu errichtete Anstalt mit 206 Betten aus allen Nähten platzte. Nach der Verleihung des Öffentlichkeitsrechtes im Jahr 1906 wurden bis 1911 deshalb mehrere zusätzliche Neubauten errichtet, die anlässlich des 60-jährigen Regierungsjubiläums als Kaiser-Franz-Josefs-Pavillons feierlich eingeweiht wurden. Der Bettenstand wuchs so bis 1911 auf 438 Betten.

Landes-Taubstummenanstalt

Mit der Eigenständigkeit Salzburgs ab dem Jahre 1850 änderte sich das Entgegenkommen des Landes Oberösterreich bei der Aufnahme von taubstummen Personen im Taubstummeninstitut in Linz und es entstand zunehmend Druck auf die Salzburger Behörden, ein eigenes Taubstummen-Institut zu errichten, um die entstandene Versorgungslücke zu schließen. Anlässlich des bevorstehenden 50-jährigen Regierungsjubiläums von Kaiser Franz Joseph fasste der Salzburger Landtag am 15. Jänner 1895 den Beschluss, das O'Donnellsche Schloss in Lehen für die Unterbringung einer Landeserziehungsanstalt für blinde und taubstumme Kinder zu adaptieren, die 1898 eröffnet wurde. Da die meisten Zöglinge aus armen Familien stammten, die nichts für den Unterhalt ihrer Kinder beisteuern konnten, hatte die Salzburger Landes-Taubstummenanstalt in den ersten Jahrzehnten ihres Bestehens ständig mit finanziellen Problemen zu kämpfen. Für die Verpflegungskosten mussten nach dem damaligen Armengesetz je zur Hälfte die Heimatgemeinde der Kinder und das Land aufkommen.

Die „Landes-Idiotenanstalt“ Konradinum Eugendorf

Seit Beginn der Industrialisierung wurden geistig und körperlich schwerstbehinderte Kinder als hinderlich für die wirtschaftliche Entwicklung und als Störfaktor der Wohlstandstheorie disqualifiziert und die öffentliche Einstellung zu diesen Menschen kippte ins Negative. Demgegenüber vertrat der Salzburger Landtag eine Politik der Unterstützung der „Schwachsinnigen“, indem er für die Unterbringung dieser Kinder entsprechende Subventionen an Anstalten in anderen Ländern leistete. Der aus Südtirol stammende Seelsorger Konrad Seyde erwarb nach mehreren erfolglosen Versuchen, Betreuungsplätze für behinderte Kinder zu schaffen, um sie mit geeigneten Erziehungsmaßnahmen zu fördern, nach Beendigung seines Dienstes als Pfarrer in Thalgau ein Bauernhaus mit Nebengebäude in Eugendorf. Diese Liegenschaft überließ er unentgeltlich dem Land Salzburg zur Errichtung einer „Landes-Idiotenanstalt“ für geistig und körperlich Schwerstbehinderte, die nach dem Vornamen des Gründers den Namen „Konradinum“ tragen sollte.

Lungenheilstätte Grafenhof

Die schleichende Verbreitung der Volkskrankheit Tuberkulose erreichte gegen Ende des 19. Jahrhunderts besonders in den armutsgeprägten Vorstädten ihren Höhepunkt und drohte auch die ländlichen Gebiete zu erreichen. Die Bemühungen zur Eindämmung der Tuberkulose mündeten in der Errichtung von Lungenheilstätten zur Isolierung der Patienten. Im Jahre 1911 gründete Prälat Alois Winkler den „Volksverein zur Bekämpfung der Tuberkulose in Salzburg“. Zur Untermauerung des dringlichen Bedarfes und zur Verdeutlichung der brisanten Situation veröffentlichte der Verein aktuelle Bedarfszahlen. Von 1900 bis 1914 gingen 11,4 Prozent aller Todesfälle auf Tuberkulose zurück. Die Initiative von Prälat Winkler für die Errichtung einer Lungenheilstätte in Salzburg gestaltete sich rasch und erfolgreich. Als Standort entschied man sich für die windgeschützte und nebelfreie Sonnenterrasse in St. Veit-Grafenhof. Die Finanzierung erfolgte aus privaten Sammlungen, Spenden, Stiftungen, Geldern einer Versicherungsanstalt sowie aufgrund eines Landtagsbeschlusses anlässlich des 50-jährigen Priesterjubiläums von Prälat Winkler 1912. Im September 1912 begannen die Bauarbeiten, bereits am 20. Dezember 1913 wurde die Lungenheilstätte eröffnet.

Leprosenhaus

Das Leprosenhaus in Salzburg-Mülln geht auf das 1270 erstmals urkundlich erwähnte „Sundersiechenhaus“ zurück und entwickelte sich bis zur Mitte des 18. Jahrhunderts durch laufende Stiftungen zur Aufrechterhaltung der Absonderung der bresthaften Patienten zu einem florierenden Wirtschaftsbetrieb. Das Haus platzte allerdings gegen Ende des 18. Jahrhunderts aus allen Nähten und musste wiederholt grundsätzlich aufnahmeberechtigte Personen auf eine Warteliste vertrösten. Auch der Landtag befasste sich wiederholt mit Aufnahmeentscheidungen, zumal die Stadt Salzburg immer wieder auf das Einweisungsrecht pochte. Die Einrichtung wurde im 19. Jahrhundert in ein durch zwei Fonds finanziertes Leprosenhaus umgewandelt, das ab 1920 als Landespflegeanstalt in den Landeshaushalt eingegliedert wurde. Nach der Veräußerung an die Erzdiözese Salzburg wurde die Einrichtung mit 31. Dezember 2013 geschlossen.

Verteilung und Strukturen der Krankenanstalten:

Einen Einblick in die Struktur des Salzburger Krankenanstaltenwesens gibt eine statistische Übersicht aus dem Jahre 1912:

	Betten	Ärzte	Pflege	Patienten	Verpflegstage
St.-Johanns-Spital in Salzburg	380	16	74	5.881	127.129
Kaiser-Franz-Josef-Krankenhaus in Tamsweg	51	1	8	825	16.500
Bürgerspital in Mittersill	40	1	3	160	5.478
Schwarzenberg'sches Krankenhaus in Schwarzach/Pongau	40	1	5	404	13.032
Landgemeinde-Spital in Mittersill	35	1	1	28	2.177
Kaiser-Franz-Josef-Spital in St. Johann/Pongau	35	1	6	660	13.540
Gemeinde-Krankenhaus in Bad Gastein	29	1	2	219	2.152
Dienstboten-Spital in Hallein	25	4	3	130	2.700
St.-Anna-Spital in Gnigl	22	1	6	63	1.297
Bruderhaus in Saalfelden	22	3	2	277	4.998
Dienstboten-Spital in Abtenau	18	1	3	55	3.797
Sanatorium Dr. Schenk in Salzburg	15	1	2	95	1.296
Gemeindespital in Zell am See	15	1	1	238	3.482
Elise Lackner'sches Krankenhaus in Taxenbach	14	1	1	36	790
Kaiser-Franz-Josef-Spital in Neukirchen/Großvenediger	14	1	2	97	1.940
Josefsheim in Wagrain	10	1	2	16	216
Gemeinde-Krankenhaus in Oberndorf	10	1	3	28	672
Pflegehaus in Leogang	10	1	2	30	1.011
Gemeinde-Krankenhaus in Golling	9	1	2	127	1.369
Kaiser-Franz-Josef-Krankenhaus in Mauterndorf	9	1	1	103	1.469
Krankenhaus der Gewerkschaft Mitterberg in Mühlbach/Hochkönig	8	1	1	139	2.116
Franziskusheim in Maria Alm	8	1	3	73	2.240
Krankenabteilung der Pyrker-Stiftung in Bad Hofgastein	6	1	3	26	323
Gemeinde-Krankenhaus in Rauris	6	1	3	27	570
Spital der Gewerkschaft Mitterberg in Bischofshofen	5	1	1	50	943
Summe	836	45	140	9.787	211.237

Ganz deutlich zeigt sich die zentrale Funktion des St.-Johanns-Spitals in der Stadt Salzburg, das 45 Prozent der gesamten Bettenkapazität abdeckte und in dem 60 Prozent der Patienten versorgt wurden. Den übrigen Anstalten kam eine regionale Versorgungsaufgabe zu.

Gesundheitsversorgung kostet Geld

Salzburg verfügte gegen Ende der Monarchie über ein zwar regional weitverzweigtes, aber sehr kleingliedriges Gesundheitssystem. Einen Einblick über den Umfang der Kosten für die Krankenanstalten ermöglichen die Budgetzahlen. 1910 gab das Land Salzburg unter dem Titel „Wohltätigkeitsauslagen" im Wesentlichen für die Krankenanstalten 474.000 Kronen aus. 1895 hatte dieser Anteil am Gesamthaushalt noch drei Prozent betragen, um im Jahre 1903 auf neun Prozent anzusteigen. Bis 1910 pendelte sich dieser Wert auf acht Prozent der Gesamtausgaben ein und blieb bis zum Ende der Monarchie stabil.

Das Öffentlichkeitsrecht der Landesheilanstalt für Geistes- und Gemütskranke und deren Erweiterung in Salzburg-Maxglan brachte ab 1898 einen rapiden Anstieg der Patientinnen und Patienten. Im Jahre 1898 hatte man gerade einmal 5.337 Verpflegstage verzeichnet, im Jahr darauf waren es bereits 63.307. Zwischen 1899 und 1910 erhöhte sich diese Zahl auf 167.700 Verpflegstage. Auch in finanzieller Hinsicht stellte das Öffentlichkeitsrecht eine enorme Herausforderung für das Land dar, wie die Statistik des Jahres 1910 zeigt. 20 Prozent der Verpflegstage entfielen auf Selbstzahler, rund 14 Prozent erhielten eine sozial abgestufte Ermäßigung und 63 Prozent wurden auf Kosten des Landesfonds behandelt. Von den Gemeinden war die Armentaxe in der Höhe von 60 Heller pro Tag an das Land bzw. den Landesfonds zu refundieren. Der Anteil an den Gesamteinnahmen betrug allerdings nur 27 Prozent. Insgesamt verzeichnete die Anstalt im Jahre 1910 Einnahmen von 194.522 Kronen an Verpflegskosten. Dem standen Ausgaben in der Höhe von 475.271 Kronen gegenüber. 1910 leistete der Landesfonds einen Zuschuss in der Höhe von 197.097 Kronen zur Abdeckung des Betriebsabgangs und weitere 80.469 Kronen zur Bedeckung der außerordentlichen (investiven) Ausgaben. Die Situation im St.-Johanns-Spital stellte sich ähnlich dar. 1910 waren reale Einnahmen von rund 309.000 Kronen aus dem laufenden Betrieb zu verzeichnen, wobei rund 80 Prozent aus den Verpflegsgebühren stammten. Diesen Einnahmen standen wiederum Ausgaben in der Höhe von 438.300 Kronen gegenüber. Ähnlich wie in der Landesheilanstalt entfielen von den 118.760 Verpflegstagen 21.359 Verpflegstage oder rund 18 Prozent auf die über die Armentaxe abgerechneten Patienten. (SLP 1912, S. 63 ff. und S. 130 ff.)

Das Gesundheitswesen im Salzburger Landtag bis 1918

Bis 1918 beschränkte sich die Kompetenz des Salzburger Landtages für das Gesundheitswesen im Wesentlichen auf die Verantwortung für die Landesanstalten, darunter nicht nur Heil- und Krankenanstalten, sondern auch Einrichtungen des Fürsorgewesens. Wenngleich hier gesetzgeberische Maßnahmen nur bedingt erforderlich waren, so gehörte Gesundheit auch aus dem Titel des Wohlfahrts- und Armenwesens zu einem zentralen politischen Diskussionsbereich. Neben der Verbesserung und Erweiterung bestehender Anstalten, insbesondere des St.-Johanns-Spitals und der Landesheil- und Irrenanstalt, sowie der Schaffung und Finanzierung neuer Anstalten, standen Fragen neuer medizinischer Erkenntnisse und die sich daraus ergebenden gesundheits- und sozialpolitischen Erfordernisse im Mittelpunkt.

Kampf um die Aufrechterhaltung der ärztlichen Versorgung

Nach einer Statistik des Jahres 1865 waren in Salzburg 91 Ärzte im niedergelassenen Bereich tätig. Nur 14 dieser Ärzte hatten allerdings ein abgeschlossenes Medizinstudium, während der Rest ausgebildete Wundärzte waren. Gerade diese Wundärzte bildeten das Rückgrat der medizinischen Versorgung auf dem Lande. Während sich akademische Ärzte im ganzen Land niederlassen durften, benötigten die Wundärzte eine sogenannte chirurgische Gerechtsame (behördliche Bewilligung), die an den jeweiligen Ort gebunden war. Damit erreichte man eine gewisse Stabilität in der Verteilung der medizinischen Dienstleister. Noch im Jahre 1865 hatte sich daher der Salzburger Landtag vor dem Hintergrund der geplanten Auflösung der medizinisch-chirurgischen Lehranstalt mit dieser Frage auseinandergesetzt und sich auch an das zuständige Staatsministerium in Wien gewandt. Der Plan zur Auflösung der medizinisch-chirurgischen Lehranstalten wurde bestätigt und die Errichtung von zwei neuen medizinischen Fakultäten in Aussicht genommen. Den Sorgen des Landesausschusses trat das Ministerium mit der Versicherung entgegen, „in jeder tunlichen Weise die Ansässigmachung der Doktoren auf dem Lande zu erleichtern". Die Beschwichtigungen aus Wien fielen in Salzburg jedoch nicht auf fruchtbaren Boden. Zusammenfassend stellte der Landtag fest, „dass der durch die Aufhebung der medizinisch-chirurgischen Lehranstalt bedingte Ausfall an Heilpersonen für die Zukunft kaum notdürftig im sogenannten Flachlande zu ersetzen sein wird, für das Gebirge hingegen daraus einen schweren Nachteil zur Folge haben muss. Auch darf der Umstand nicht zu geringe angeschlagen werden, daß der in dem Bergland nicht aufgewachsene, den Gewohnheiten und Sitten der Bewohner fremde Mann nur sehr schwer und selten das Zutrauen und die Anhänglichkeit derselben erforderlichen Grades zu erwerben vermögend ist". Der Landtag richtete deshalb an das Staatsministerium das Ersuchen, die medizinisch-chirurgische Anstalt in Salzburg zu belassen bzw. in Salzburg eine eigene medizinische Fakultät zu errichten. (SLP 1865, S. 101 ff.) Aus Wien wehte jedoch ein scharfer Gegenwind durch eine grundlegende Änderung der Ärzteausbildung. Das Zentrum bildete die Standardisierung und Vereinheitlichung der Ausbildung und des Zuganges zum ärztlichen Beruf und damit die Eliminierung der Wundärzte aus dem Markt der Gesundheitsdienstleister, während gleichzeitig ein Behandlungsmonopol für die wissenschaftlich orientierte Medizin geschaffen wurde. Nur mehr bis 1875 konnten auslaufend noch Diplome für Wundärzte erworben werden. Mit kaiserlichem Edikt wurden daher 1875 die Tore der medizinisch-chirurgischen Lehranstalt endgültig geschlossen. Ausgehend von einer Verteilung im Jahre 1857 von 77 Wundärzten und 33 akademischen Ärzten blieb im Jahre 1927 ein einziger Wundarzt übrig, während die Anzahl der Ärzte auf 156 anstieg.

Das Ringen um die Verpflichtungen der Gemeinden

Mit dem Reichssanitätsgesetz von 1870 wurde eine Vielzahl von Aufgaben an die Gemeinden übertragen. Neben sanitätspolizeilichen Kompetenzen hatten die Gemeinden „die Fürsorge für die Erreichbarkeit der nöthigen Hilfe bei Erkrankungen und Entbindungen, sowie für Rettungsmittel bei plötzlichen Lebensgefahren" zu tragen. Dem Landtag wurde die Kompetenz übertragen, entsprechende landesgesetzliche Regelungen zu treffen und insbesondere die Kooperation zwischen den Gemeinden zu regeln. Im Dezember 1873 wurde dem Salzburger Landtag ein Gesetzesentwurf für ein Landessanitätsgesetz übermittelt. Dort wurde festgeschrieben, dass jede Gemeinde oder mehrere Gemeinden (sogenannte Gesundheitssprengel) zusammen einen Arzt zu bestellen hatten und größeren Gemeinden über 6.000 Einwohner sogar mehrere Ärzte zur Verfügung stehen sollten. Diese Ärzte waren nicht nur zur Wahrnehmung sanitätspolizeilicher Aufgaben verhalten, sondern auch „zur Behandlung der erkrankten Armen" verpflichtet. (SLP 1873, S. 445 ff.) Das Gesetz sah auch einen Mindestsatz für die Entlohnung in der Höhe von 400 Gulden pro Jahr vor. Im Vergleich zu Entlohnung der Wundärzte stellte dies eine enorme Belastung für die Gemeinden dar, da diese nur zwischen 100 und 300 Gulden als Entschädigung erhielten. Im Gesetzesentwurf ebenso enthalten war die Bestellung von Gemeindehebammen mit einer Entlohnung von 60 Gulden pro Jahr. In einer Umfrage bei den Salzburger Gemeinden zeigte sich insgesamt eine grundsätzlich negative Haltung zu diesem Gesetz, weil zum einen die Kosten erheblich höher waren als bisher und die Finanzierbarkeit gerade für kleine Gemeinden in Zweifel gezogen wurde. (SLP 1874, S. 149 ff.) Auch für den Salzburger Landtag war das vorliegende Gesetz keine Lösung eines sich in der Zukunft abzeichnenden Problems. So wurde die Angelegenheit nicht weiter behandelt und damit auf die lange Bank geschoben, weil die medizinische Versorgung durch die Wundärzte nach wie vor bestand. Doch dieses Potenzial schrumpfte. Dies veranlasste den Landessanitätsrat zu einem umfangreichen Bericht an den Landtag, den er eindringlich auf diese Situation hingewiesen hatte. Während in vielen anderen Ländern Lösungen für die Sicherstellung der ärztlichen Versorgung auf dem Land gefunden wurden, sei Salzburg in dieser „hochwichtigen Angelegenheit um keinen Schritt weitergekommen". Der Landtag setzte sich zwar ausführlich mit den Argumenten des Landessanitätsrates auseinander, kam aber zu keinem neuen Ergebnis und wiederholte lediglich die Forderungen nach Wiedererrichtung einer medizinisch-chirurgischen Lehranstalt oder einer medizinischen Fakultät sowie nach speziellen Stipendien für Medizin-Studenten aus Salzburg. 1886 richtete die Gemeinde Unken an den Landtag das Ersuchen um finanzielle Unterstützung für die Anstellung eines Gemeindearztes in der Höhe von 150 Gulden, weil sie die jährlichen Kosten von 600 Gulden nicht alleine tragen konnte. Der Landtag ging jedoch auf die Petition nicht weiter ein (SLP 1886, S. 543 ff. und S. 1363 ff.), sondern wollte einerseits den Gemeinden nicht die Kosten für einen Gemeindearzt per Gesetz aufbürden, auf der anderen Seite aber auch keine Subventionen für die Anstellung solcher Ärzte leisten. 1893 kam es zum Meinungsumschwung. Nachdem die Beschlussfassung eines Landessanitätsgesetzes abermals verschleppt worden war, genehmigte der Landtag erstmals eine Subvention in der Höhe von 3.000 Gulden für die durch die Anstellung von Sprengelärzten entstehenden Belastungen der Gemeinden. In den Folgejahren wurden diese Subventionen zu einer Dauerlösung. 1901 wurde sogar ein mehrjähriges Programm beschlossen und ein Betrag von jährlich 8.000 Kronen zur Verfügung gestellt, um den Gemeinden die Anstellung von Sprengelärzten finanziell zu erleichtern.

Gesundheitsversorgung trotz Armut

Mit dem Armengesetz vom 30. Dezember 1874 (LGBl. Nr. 7/1875) wurde der Vorläufer des späteren Sozialhilfegesetzes beschlossen und für die Versorgung von Personen, „welche mangels eigener Mittel und Kräfte oder infolge eines besonderen Notstandes den notwendigen Lebensunterhalt für sich und ihre arbeitsunfähigen Angehörigen nicht zu verschaffen" vermochten, eine nach der Anzahl der Familienmitglieder abgestufte Sozialhilfeunterstützung (heute: Mindestsicherung) festgelegt. Das Gesetz verpflichtete im Wesentlichen die Gemeinden bei entsprechender finanzieller Beteiligung des Landes in einem gemeinsam festzulegenden Verhältnis (Sozialhilfeschlüssel) zur Erbringung von Grundleistungen, darunter auch die Krankenversorgung. Schon vor Erlassung des Armengesetzes sah sich der Landtag veranlasst, die unübersichtliche und zum Teil widersprüchliche Rechtslage in dieser Frage zusammenzufassen und die Tarife für die Behandlung armer Personen landesgesetzlich zu regeln (LGBl. Nr. 8/1874). Für die Behandlung eines komplizierten Beinbruches konnten beispielsweise zwei Gulden (heute: € 22,50) in Rechnung gestellt werden. Geregelt wurde durch das Gemeindehebammengesetz auch die Abgeltung der geburtshilflichen Unterstützung von hilfebedürftigen Schwangeren und Wöchnerinnen. Die Betreuung bei der Geburt und die Nachsorge bis zu acht Tagen wurde mit einem Höchstmaß von fünf Gulden entlohnt. In der Debatte um dieses neue Gesetz bemängelten die Abgeordneten insbesondere die geringe Höhe der Tarife. Abg. Dr. Rudolf Spängler meinte etwa: „Ich bedaure die Ärzte, die nach diesem Tarife entlohnt werden, und ich bedaure die Patienten, welche diesem Tarife gemäß auch ... behandelt werden". (SLP 1885, S. 1245) Die Kritik an diesem Gesetz verhallte allerdings ergebnislos. 1884 kam jedoch wieder Bewegung in die Diskussion, als die Pinzgauer und Pongauer Ärzte in einer Petition an den Landtag die Erhöhung der Tarife forderten. Ein Gutachten des Landessanitätsrates kam zu dem Ergebnis, dass die bisherige Entlohnung „einerseits nicht standesgemäß, andererseits nicht mehr zeitgemäß" sei. Der Landtag erkannte die Mängel seines ursprünglichen Gesetzes, das in seinen Tarifen schon zum damaligen Zeitpunkt längst überholt war. Andere Gesetze sahen nämlich erheblich höhere Tarife vor. „Männern, welche 14–15 Jahre auf ihre Studien verwendet und dann erst die Pfade eines oft unsicheren Gewerbes betreten können, werden für ihr Tagewerk Entschädigungen geboten, die gerade denen unsere Dienstmänner und Fremdenführer gleichen, welche selten über die Bildung der Volksschule hinausgekommen sind. Gehilfen in einem einigermaßen feineren Gewerbe erschwingen sich auf einen viel höheren Lohn ... als das fragliche Gesetz dem praktischen Arzte für einen im Dienste der Armen verwendeten Tag bietet." (SLP 1885, S. 365) Im Landtag gingen in dieser Frage die Meinungen hin und her und es dauerte geraume Zeit, bis man sich am 22. Dezember 1885 auf eine Erhöhung der Tarife verständigen konnte, die insbesondere in den Bereichen der chirurgischen Tätigkeit erzielt wurde. Die meisten Tarife blieben jedoch gleich, woran sich bis zum Jahre 1910 nichts ändern sollte. Der Landtag stellte fest, die Tarife seien so niedrig, dass „heute kaum ein Tagelöhner oder Dienstmann die Arbeit übernehmen würde" und nahm eine Anpassung der Tarife vor, die bis zum Ende der Monarchie in Geltung stehen sollten (LGBl. Nr. 68/1910). Das Gesetz wurde vom Grundsatz her in die Erste Republik übernommen und im Jahre 1920 den geänderten Verhältnissen angepasst (LGBl. Nr. 43/1920). Mit dem neuen Gemeinde-Hebammengesetz von 1928 wurden die Tarife für Personen, die dem Armengesetz unterlagen, in einer eigenen Verordnung geregelt. Für eine Geburt mit achttägiger Nachbetreuung erhielt eine Hebamme im Jahre 1928 S 30,–, was dem heutigen Wert von € 105,– entspricht. Bis zum Ende der Monarchie sollte es jedoch kein Landessanitätsgesetz geben. Den Höhepunkt der Verschleppung und des offenkundigen Desinteresses des Landtages bildete ein Beschluss aus dem Jahre 1909 (SLP 1909, S. 2847): „Der Landesausschuss wird beauftragt, die Frage der Schaffung eines Sanitätsgesetzes neuerlich zu studieren, die nötigen Erhebungen zu pflegen und in Erwägung zu ziehen, welche Erfahrungen die anderen Kronländer, welche bereits ein solches haben, damit gemacht haben, und hierüber in der nächsten Session zu berichten." Damit war das Kapitel eines Sanitätsgesetzes vorerst erledigt und es sollte bis 1922 dauern, bis 49 Jahre nach der Vorlage des Entwurfes für ein Gemeindesanitätsgesetz dieses auch in Salzburg beschlossen wurde, nachdem der größte Konfliktpunkt, nämlich die Abgeltung der Ärzte für ihre Zusatzleistungen, ausgeräumt war. Der Salzburger Landtag setzte die Tradition der jährlichen Subventionierung auch in der Ersten Republik fort, war sich aber durchaus bewusst, dass es sich nur um eine Übergangslösung handeln konnte. Landesweit sollten 54 Gesundheitssprengel mit je einem Sprengelarzt eingerichtet werden. Jeder Sprengelarzt erhielt eine pauschale Entlohnung von monatlich 2.000 Kronen und eine sogenannte Aktivitätszulage, die sich an den Möglichkeiten des Zusatzverdienstes orientierten. So erhielten die Sprengelärzte eine Vergütung zwischen 5.000 und 12.500 Kronen. Die Kosten für den Landeshaushalt wurden mit 5,88 Mio. Kronen geschätzt. Zusätzlich sollte die Attraktivität dieses wichtigen Beitrages für die Grundversorgung durch die Schaffung von Pensionen verbessert werden. Das Gesetz war insgesamt ein großer Fortschritt in der Gesundheitsversorgung des Landes, weil auch soziale Aspekte mitberücksichtigt wurden. Sprengelärzte waren nach diesem Gesetz verpflichtet, im jeweiligen Sprengel „jedem Erkrankten jederzeit ohne Rücksicht auf seine Zahlungsfähigkeit ärztliche Hilfe bis zur Genesung zu leisten, wenn der Kranke nicht in Behandlung eines anderen Arztes steht". (SLP, Sitzung am 24. Februar 1922, S. 1305 ff. und 16. März 1922, S. 1375 ff.) Auf Bundesebene sah man jedoch den Salzburger Weg etwas anders. Die Behandlungsverpflichtung der Sprengelärzte wurde seitens des Ministeriums als Gefährdung von Bundesinteressen bezeichnet, weil die Schaffung einer solchen Verpflichtung in die Kompetenz des Bundes fallen würde. In dieser Frage zeigte sich der Landtag noch kompromissbereit und entschärfte die Bestimmung ein wenig. Kein Entgegenkommen zeigten die Abgeordneten jedoch bei den Voraussetzungen für die Bestellung zum Sprengelarzt. Neben den fachlichen Kriterien wurde ausdrücklich festgehalten, dass die Ärzte über „deutsch-arische Abstammung" zu verfügen hatten. Der Landtag beharrte auf dieser Bestimmung und löste damit einen abermaligen Einspruch der Bundesregierung aus, dem der Landtag im Interesse der Gesetzwerdung widerwillig entsprach. Der Landtag betonte allerdings, dass die Landesregierung bei der Bestellung von Sprengelärzten diesem Wunsch Rechnung tragen solle. (SLP, Landtagssitzung am 28. November 1922, S. 563 ff.)

Zuständigkeitsregelung für Gesundheit und Krankenanstalten

Die Gesetzgebung im Gesundheitswesen blieb im Wesentlichen bei der zentralen Bundeskompetenz, ausgenommen die Kuranstalten, die Regelung der Sanitätsangelegenheiten der Gemeinden sowie das Leichen- und Bestattungswesen. Das Krankenanstaltenwesen wurde aufgeteilt: Dem Bund oblag die Festlegung der Grundsätze und die sanitäre Aufsicht sowie Fragen der universitären Ärzteausbildung, den Ländern die Ausführung und Vollziehung. Angesichts der galoppierenden Inflation in den ersten Nachkriegsjahren musste die bisherige Finanzierung der Landesanstalten, nämlich über Erträge von Stiftungen und Fonds, zusammenbrechen. Wiesen beim Rechnungsabschluss 1917 alle Landesanstalten bis auf zwei Titel, nämlich den Salzburger Landesfonds und die Landes-Taubstummenanstalt, ein positives Jahresergebnis aus, so konnten laut Tätigkeitsbericht der Landesregierung 1921 die abgereiften Zinsen keinen auch nur einigermaßen nennenswerten Deckungsbeitrag zu den täglich schneller galoppierenden Inflationsverpflichtungen mehr leisten. Die von permanenten wirtschaftlichen Problemen gekennzeichnete Zwischenkriegszeit beengte den Spielraum für gesundheitspolitische Maßnahmen immer mehr. Der Zusammenbruch des bisherigen Finanzierungssystems wirkte sich auch auf den Landeshaushalt aus. Lag der Anteil für das Gesundheitswesen im Jahre 1910 noch bei rund 8 Prozent am Gesamthaushalt, so stieg dieser 1922 auf 22 Prozent an – ein Wert, der sich bis 1938 auf diesem hohen Niveau stabilisierte. Das St.-Johanns-Spital blieb nach wie vor ein Zuschussbetrieb. Laut Voranschlag für 1922 konnte das Krankenhaus seine Ausgaben nur zu 53,8 Prozent decken und benötigte vom Landeshaushalt einen Zuschuss in der Höhe von 39,4 Mio. Kronen. Insgesamt blieb das gesamte Gesundheitswesen im Anstaltenbereich des Landes auf die Zuschüsse des Landeshaushaltes angewiesen. Dieser Zuschussbedarf lag für alle Anstalten im Jahr 1921 bei 269 Mio. Kronen. Der Bund erstattete lediglich 37,5 Prozent der Kosten durch Zweckzuschüsse. 25 Prozent hatten die Gemeinden zu tragen und der Rest entfiel auf das Land. Dies führte in der Konsequenz dazu, dass die Lasten ungleich verteilt waren, da 1922 das gesamte Land als Beitragsbezirk und Krankenanstaltensprengel festgelegt worden war. Im Jahr 1928 ergab sich für den Salzburger Landtag ein vorhersehbarer Handlungsbedarf. Das Verfassungs-Überleitungsgesetz 1920 sah vor, dass gewisse Bestimmungen des Bundes mit 30. September 1928 außer Kraft treten würden. Mit 1. Oktober 1928 hätten die Länder die Möglichkeit gehabt, eigene Regelungen zu treffen. Davon betroffen war auch das Krankenanstaltengesetz des Bundes. Zur Vermeidung einer Doppelregelung entschloss sich der Salzburger Landtag, das Bundesgesetz zu übernehmen und somit entsprechende Rechtssicherheit herzustellen. Hinsichtlich der Mitfinanzierung des Bundes wollte der Salzburger Landtag allerdings die Garantie haben, dass der Bund seinen finanziellen Verpflichtungen – also die Übernahme von 37,5 Prozent der Kosten – weiterhin nachkomme und auch eine entsprechende Erklärung abgebe. (SLP, Landtagssitzung am 22. September 1928, S. 110–112) Eine solche Erklärung konnte oder wollte der Bund aber nicht abgeben, worauf der Landtag mit herber Kritik reagierte: „Durch das Versagen der Bundes-Grundsatzgesetzgebung sind ... Gesetzesvakanzen entstanden, deren provisorische Auffüllung die Landesgesetzgebung zur Aufrechterhaltung der geordneten Verwaltung übernehmen muss." Bedenken hatte der Landtag auch, ob der Bund seine Verpflichtungen auch ohne Abgabe einer Erklärung erfüllen würde. Trotz des offensichtlichen Misstrauens gegenüber der Bundesregierung entschied er sich schließlich dafür, auf die verbindliche Erklärung des Bundes zu verzichten und übernahm das Krankenanstaltengesetz als Landesgesetz (LGBl. Nr. 29/1928). (SLP, Landtagssitzung am 4. Dezember 1928, S. 352 und 18. Dezember 1928, S. 406 f.) Dass es sich hier um eine nicht unwesentliche Summe gehandelt hat, zeigt ein Blick in den Rechnungsabschluss des St.-Johann-Spitals aus dem Jahre 1929. (SLP, Landtagssitzung am 20. November 1930, S. 65 ff.) Der Abgang des St.-Johanns-Spitals betrug S 391.680,– (heute rund € 1,32 Mio.), wovon der Bund S 146.880,– leistete.

Eingliederung der Landesanstalten in die NS Herrschaft (1939–1945)

Nach der Eingliederung Österreichs in das nationalsozialistisch beherrschte Deutschland wurden ab 12. März 1938 alle Landesanstalten in die Organisation des Deutschen Reiches eingegliedert. Das bisher „St.-Johanns-Spital" genannte Krankenhaus wurde in „Landeskrankenanstalten Salzburg" umbenannt. Die Landes-Taubstummenanstalt und ihre Infrastruktur wurden gleich im ersten Sommer von der Hitlerjugend genützt und im Herbst 1938 geschlossen. Gegen Ende der Ferien wurde den Eltern mitgeteilt, dass sie ihre Kinder aufgrund der Auflösung für das Schuljahr 1938/39 an anderen Schulen anmelden sollten. Das Konradinum Eugendorf wurde aufgrund der Rassenhygienevorschriften überhaupt aufgelöst und die Liegenschaft samt Gebäude zu Gunsten der NSDAP unrechtmäßig enteignet. Die rechtmäßigen Eigentumsverhältnisse und die Namensfestlegungen wurden erst im Jahre 1949 durch Rückübereignung wiederhergestellt. Am 1. März 1939 wurde das Vereinswesen durch das nationalsozialistische Regime aufgelöst, folglich auch der „Verein für die Bekämpfung der Tuberkulose in Salzburg" und das Krankenhaus in das Eigentum des Landes Salzburg übertragen. Wie auch in anderen gesellschaftlichen Bereichen bedeutete die nationalsozialistische Herrschaft für die Psychiatrie das finsterste Kapitel ihrer Geschichte. Die mit der Rassenhygieneideologie verbundene Verachtung „lebensunwerten Lebens" gipfelte in der gegen ihren Willen, teils mit Gewalt und Täuschung erfolgten Überstellung von 262 Patienten in das Vernichtungslager Schloss Hartheim, das später sogar das Prädikat „Musteranstalt" erhielt.

Die Zweite Republik

Zugangssicherung zur Gesundheitsversorgung und Abgangsfinanzierung bis 1977

Das wiedererstandene Land Salzburg baute seine Gesundheitsversorgung auf den Bestand von vor 1938 auf, revidierte die Zusammenlegung des Landeskrankenhauses mit der Landesnervenklinik, die als Sonderkrankenanstalt mit der Bezeichnung Landesnervenklinik weitergeführt wurde. Während der ersten Nachkriegsjahre stand die bauliche Sanierung der Landeskrankenanstalten im Mittelpunkt. Der Landtag befasste sich bereits am 31. Mai 1946 mit diesem Thema und über Vorschlag von Landeshauptmann-Stellvertreter Dr. Schemel wurde bereits am 29. Juni 1946 die Aufnahme eines Darlehens von S 7 Mio. genehmigt. Im Landeshaushalt 1956 wurde ein fünfjähriges Sanierungs- und Investitionsprogramm genehmigt, in das nicht nur die Landeskrankenanstalten, sondern auch Ordensspitäler und die sonstigen Landesanstalten einbezogen wurden. Dem öffentlichen Gesundheitswesen hatte bis zum Inkrafttreten des Krankenanstaltengesetzes 1920, BGBl. Nr. 327/1920, eine einheitliche gestalterische Linie gefehlt. Erst mit diesem Gesetz wurde die öffentliche Krankenhausversorgung durch die Abgrenzung und Definition der Kategorien strukturiert. Dieser Rahmen wurde im Wesentlichen auch im neuen Krankenanstaltengesetz, BGBl. Nr. 1/1957, beibehalten. Neben einer geordneten Struktur wurde durch die einheitliche Festlegung der Höhe der Zweckzuschüsse des Bundes zum Betriebsabgang der öffentlichen Krankenanstalten (10 Prozent je verrechnetem Pflegetag,höchstens jedoch 18,75 Prozent des Betriebsabganges) nun zumindest bis 1977 auch ein vertretbarer Weg für die Leistungen des Bundes zur Krankenanstaltenfinanzierung gefunden. Die Leistungen der Sozialversicherungsträger mussten in den kommenden Jahrzehnten ebenso den notwendigen Reformen unterzogen und an die geänderten Rahmenbedingungen angepasst werden. Nach den Bestimmungen des Salzburger Ausführungsgesetzes (LGBl. Nr. 27/1956) hatten nun die öffentlichen Krankenanstalten des Landes Salzburg die Verpflichtung, alle nach dem ASVG pflichtversicherten anstaltsbedürftigen Personen in der allgemeinen Gebührenklasse aufzunehmen. Die für die Behandlung festgelegten Pflegegebührenersätze je Krankenanstalt (in unterschiedlicher Höhe) waren vom Versicherungsträger zur Gänze zu übernehmen, soweit es sich um die versicherte Person handelte, und zu 90 Prozent, wenn es sich um einen mitversicherten Angehörigen handelte. Der zwischen dem Hauptverband der Sozialversicherungsträger und der Krankenanstalt zu verhandelnde Pflegegebührenersatz war jedoch niedriger als die kostendeckende Pflegegebühr, sodass diese Differenz den Betriebsabgang bestimmte. Trotz der Tragweite dieses Gesetzes gab es im Landtag bei der Beschlussfassung am 6. Juni 1956 keine Debatte zu diesem Tagesordnungspunkt. Am 18. Dezember 1956 wurde durch Beschluss des Krankenanstaltengesetzes 1957 (BGBl. Nr. 1/1957) eine weitergehende Regelung des Krankenanstaltenwesens durch Einbeziehung der privaten Krankenanstalten getroffen. Salzburg erließ am 26. Juni 1958 mit der Salzburger Krankenanstaltenordnung 1958 (LGBl. Nr. 72/1958) das entsprechende Ausführungsgesetz. Diese neue landesgesetzliche Regelung sah eine Teilung des Betriebsabgangs der öffentlichen Krankenanstalten zwischen Land (30 Prozent), Gemeinden (20 Prozent) und den Rechtsträgern (Rest unter Berücksichtigung der Zweckzuschüsse des Bundes) vor. Für die Landeskrankenanstalten und die Landesnervenklinik waren alle Gemeinden des Landes beitragspflichtig, während die Krankenhäuser in den Bezirken (Hallein, St. Johann im Pongau, Zell am See und Tamsweg) nur durch die Gemeinden des jeweiligen Beitragsbezirkes mitfinanziert wurden.

Die Mitte der 1960er-Jahre einsetzende Diskussion über eine Reform des österreichischen Krankenanstaltenwesens und eine notwendige Modernisierung der medizinischen Infrastruktur führte zum ersten, im Jahre 1966 verabschiedeten Salzburger Krankenanstaltenplan. Die KAG-Novelle 1974 setzte neue Strukturakzente durch die Einteilung der öffentlichen Krankenanstalten in Standard-, Schwerpunkte- und Zentralkrankenanstalten mit der Festlegung der dafür notwendigen Fachabteilungen und sonstigen Einrichtungen für Diagnose und Therapie. Die Salzburger Ausführungsbestimmungen folgten diesen Vorgaben durch die Novelle 1975 (LGBl. Nr. 64/1975 und 97/1975). 1976 wurde eine weitere Ausbauphase des Krankenanstaltenplans beschlossen, der die Versorgungsfunktion der Landeskrankenanstalten und die Landesnervenklinik als Zentralkrankenanstalt (räumlich getrennt) und des Krankenhauses in Schwarzach in Verbindung mit dem Krankenhaus in Zell am See als Schwerpunktkrankenhaus (ebenfalls räumlich getrennt) sowie die Zuordnung der Krankenhäuser in Oberndorf, Hallein, Mittersill und Tamsweg als Standardkrankenanstalten festlegte.

Neuregelung der Finanzierung 1978 bis 1996

1978 wurde die Krankenanstaltenfinanzierung auf vollkommen neue Beine gestellt. Grundlage war erstmals eine Vereinbarung zwischen dem Bund und den Ländern gemäß Art. 15a B-VG über die Neuregelung der Krankenanstaltenfinanzierung. Auf Bundesebene wurde der Krankenanstalten-Zusammenarbeitsfonds (KRAZAF) eingerichtet, der nahezu 20 Jahre lang nicht nur Gegenstand heftiger Diskussionen war, sondern durch umfassende Detailarbeit der von den Finanzierungspartnern getragenen Arbeitsgruppen den Weg zum heutigen Finanzierungssystem ebnete. Neben der Spitalsfinanzierung hatte der Fonds allerdings auch die Aufgabe, „Kennzahlen und Richtlinien für eine möglichst rationelle Führung der Spitäler und eine gleichmäßige medizinische Versorgung der Bevölkerung“ zu erarbeiten. Weiters sollten die Krankenhauskostenrechnung weiterentwickelt und Rationalisierungsvorschläge erarbeitet werden. Damit setzte eine Entwicklung ein, die angesichts rapide steigender Kosten im Gesundheitswesen auf die stärkere Berücksichtigung wirtschaftlicher und qualitativer Parameter setzte. Dies sollte sich durch die geplante Einführung von Strukturqualitätskriterien (SQK) im Österreichischen Strukturplan Gesundheit (ÖSG) noch deutlich bemerkbar machen da durch die drohende Nichterfüllbarkeit einzelner Qualitätskriterien der Fortbestand von regionalen Krankenhäusern bzw. einzelner Abteilungen infrage gestellt war. Trotz aller Probleme wurde mit dem KRAZAF ein modernes Planungs-, Finanzierungs- und Steuerungsinstrument geschaffen, das durch die Schaffung vergleichbarer Kennzahlen Wirtschaftlichkeits- und Bedarfsaussagen bereitstellte. An finanziellen Mitteln standen dem Fonds für 1978 S 2,7 Mrd. zur Verfügung, die vom Bund, den Ländern und den Sozialversicherungsträgern aufzubringen waren. Davon flossen S 1,6 Mrd. in die Abgangsdeckung (90 Prozent nach Zweckzuschussregelung, 10 Prozent nach Pflegetagen), während der Rest von S 1,1 Mrd. zu 40 Prozent für Investitionen und zu 60 Prozent als Betriebszuschüsse, einschließlich ausgewählter medizinischer Spitzenleistungen den Krankenanstalten zur Verringerung ihrer finanziellen Lasten für die Krankenhausversorgung bestimmt war. Im Salzburger Landtag fand daher diese Vereinbarung einhellige Zustimmung.

Die Verlängerung der Art. 15a B-VG über die Krankenanstaltenfinanzierung erfolgte durch den Salzburger Landtag jedoch nicht ohne Einwände. Im Falle der Nichtverlängerung war nämlich vorgesehen, dass die Rechtslage zum 31. Dezember 1977 wieder in Kraft treten würde, was einen deutlichen Rückschritt bedeutet hätte. Der Salzburger Landtag erteilte letztlich die Zustimmung zur Verlängerung, äußerte jedoch auch Kritik. FPÖ-Klubobmann Dr. Buchner meinte 1988 zur anstehenden Verlängerung, dass diese „keinesfalls eine grundlegende Reform des reformbedürftigen Gesundheitswesens in Österreich" darstellt. „Sie garantiert nichts anderes, als ein Fortbestehen einer derzeit sicher unbefriedigenden Situation." (SLP, Landtagssitzung am 6. Juli 1988, S. 1217) Die Finanzierungskonstruktion war jedoch auch mit Vorteilen für das Land verbunden. Landesrätin Dr. Widrich rechnete 1990 zwar mit einem finanziellen Vorteil des Landes in der Höhe von S 28 Mio. bei Nichtverlängerung der Vereinbarung, musste jedoch zugestehen, dass aufgrund des Wegfalls der Investitionszuschüsse sich dies für das Land jedenfalls negativ auswirken würde. (SLP, Nr. 273, 3. Session, 10. GP)

Finanzierung und Steuerung des Gesundheitswesens ab 1997

Die Unzufriedenheit mit dem bestehenden Finanzierungssystem kam bereits in der Verlängerung der Art. 15a B-VG im Jahre 1991 zum Ausdruck, als sich die Vertragspartner darauf verständigten, vier Modelle einer DRG-Finanzierung (diagnosis related groups) zu erproben und das geeignetste Modell einer leistungsorientierten Krankenanstaltenfinanzierung (LKF) einzuführen. Der zweite gewichtige Schritt war die Konzentration aller öffentlichen Mittel (Finanzierung aus einem Guss). Für die Länder war entsprechend deren verfassungsrechtlicher Verpflichtung zur Sicherstellung öffentlicher Krankenanstaltenversorgung für ihre jeweilige Bevölkerung die Oberverteilung der Bundes-, Landes-, Gemeinde- und Sozialversicherungsmittel über Länderquoten (abgestufter Bevölkerungsschlüssel) eine conditio sine qua non. Nach der Einigung in dieser Frage, nach der Beurteilung der Ergebnisse der Modellrechnungen und der gemeinsamen Festlegung der mittelfristigen Ziele der Gesundheitsreform und -planung wurde mit 1. Jänner 1997 die leistungsorientierte Krankenanstaltenfinanzierung eingeführt. Der Salzburger Landtag genehmigte mehrheitlich mit den Stimmen von ÖVP und SPÖ per 1. Jänner 1997 die vorläufig bis zum Jahre 2000 befristete Gesundheitsreform und beschloss die Einführung der leistungsorientierten Krankenanstaltenfinanzierung sowie das SAKRAF-Gesetz. FPÖ und Bürgerliste hatten schon zu Beginn der Landtagsdebatte die Reform als kleinliche und unzureichende Systemkosmetik gegeißelt. In den teils hektischen Verhandlungen bis unmittelbar vor der Abstimmung am 11. Dezember 1996 konnten sich die Regierungsfraktionen auf eine Aufstockung der Mittel für die Ausgleichssektion einigen. Diese sollte zusammen mit der Abschöpfung der Systemgewinne, die vorwiegend bei den Zentralkrankenanstalten erwartet wurden, eine drohende Unterfinanzierung der Gemeinde- und Ordenskrankenanstalten auffangen. Rasch zeigte sich, dass die Umstellung der Vergütungsgrundlage hin zur pauschalen Gesamtleistung des Krankenhauses die erwünschte Wirkung, nämlich die deutliche Verringerung der Verweildauer, nach sich zog. Bis 1996 waren Spitalsleistungen durch die Verrechnung von Pflegetagen abgegolten worden, die Sozialversicherungen zahlten für die Behandlung ihrer Versicherten einen bei weitem nicht kostendeckenden Pflegegebührenersatz pro Tag, den Rest der verbliebenen Kosten mussten im Rahmen der gesetzlich geregelten Betriebsabgangsdeckung Bund, Land und Gemeinden bezahlen, den Rest hatte der Rechtsträger zu berappen. Der ökonomische Nachteil dieser Regelung war, dass ein längerer Spitalsaufenthalt eine bessere Abgeltung gebracht hatte, dies unabhängig von der medizinischen Notwendigkeit. Das neue leistungsorientierte Pauschalabrechnungssystem deckt jedoch den gesamten abrechnungsrelevanten Aufwand ähnlich gelagerter Patienten in sogenannten leistungsorientierten Diagnosefallgruppen (LDF-Gruppen) mit einem kalkulierten Durchschnittspunktewert ab und ist Grundlage für die Abrechnung. Die dynamische Entwicklung der Kosten im Gesundheitswesen konnte jedoch auch mit dieser neuen Finanzierungsform nicht eingedämmt werden, wie die nachfolgende Tabelle eindrucksvoll zeigt.

	1998	2007	2017
Mittel für stationäre Behandlungen in Mio.	€ 252,31	€ 376,13	€ 551,51

Die Steigerungen der Ausgaben in der Spitalsfinanzierung verteilten sich auf Bund, Sozialversicherungen und Gemeinden zwischen 1994 und 2017 relativ gleichmäßig. Der Bund leistete 69 Prozent, die Gemeinden 80 Prozent und die Sozialversicherung 90 Prozent mehr in den gemeinsamen Topf ein. Die höchsten Steigerungen hatte jedoch das Land Salzburg mit 304 Prozent zu tragen, weil das Land auch die verbleibenden Betriebsabgänge der eigenen Anstalten abzudecken hat.

Kostenbremse durch Ausgliederung?

Der zielstrebig verfolgte Ausbau der Krankenanstalten und des gesamten übrigen Gesundheitswesens hatte auch eine erhebliche Steigerung der vom Land aufzuwendenden finanziellen Mittel zur Folge. So stiegen zwischen 1960 und 1980 die Ausgaben im ordentlichen Haushalt von S 71,7 Mio. auf S 1,17 Mrd. Im Vergleich zur Steigerung der Gesamtausgaben des ordentlichen Haushalts nahmen die Kosten für das Gesundheitswesen mit einer Zunahme um das mehr als 16-Fache den führenden Platz ein. Es waren die dramatisch steigenden Kosten – 1988/89 betrug der durch das Land zu deckende Abgang 7,65 Prozent, 1989/90 hingegen bereits 15,4 Prozent! –, die 1991 Landesrätin Dr. Widrich veranlassten, die Initiative für eine Ausgliederung der Landeskrankenanstalten und organisatorische Zusammenführung zu ergreifen. Das auch im Landtag kontroversiell diskutierte Vorhaben scheiterte im Oktober 1993 nicht so sehr am Widerstand vor allem der Landesnervenklinik und von Teilen der Verwaltung, sondern durch die Verweigerung der Zustimmung von FPÖ, der Bürgerliste und der SPÖ im Landtag, wobei die SPÖ ihre ablehnende Haltung an ein von ihr gefordertes Junktim knüpfte: die ÖVP müsse auf die im Tagesbetreuungsgesetz vorgesehene „Bedarfsprüfung", d. h. den Nachweis der Notwendigkeit einer Betreuung eines Kindes durch eine Tagesmutter, verzichten. Da sich die ÖVP diesem Junktim verweigerte, scheiterte der Versuch einer Ausgliederung inklusive einer organisatorischen Reform, die allerdings drei Jahre später von Landeshauptmann-Stellvertreter Dr. Arno Gasteiger wiederbelebt wurde. Gasteiger erteilte mit Blick auf die steigenden Kosten den Auftrag, ein Modell zur wirtschaftlichen, organisatorischen und medizinischen Effizienzsteigerung unter Vermeidung von Doppelgleisigkeiten zwischen den Landeskrankenanstalten und der Christian-Doppler-Klinik (ehemalige Landes-Nervenklink) zu erarbeiten. Als Zwischenlösung wurde mit Wirksamkeit vom 1. Jänner 1998 die Holding der Landeskliniken geschaffen, bei der das Land Salzburg weiterhin als Rechtsträger und Eigentümer der landeseigenen Krankenanstalten und Liegenschaften fungierte. Einen entscheidenden Schritt setzte die vom verstorbenen Landtagspräsidenten Georg Griessner angeregte Enquete zur Frage der Rechtsform, aber auch zur entscheidenden dienstrechtlichen Zukunft und Weisungsgebundenheit der Mitarbeiter in den Landesanstalten, welche am 19. März 2003 im Bildungshaus St. Virgil stattfand. Die schließlich am 8. August 2003 neu gegründete, zu 100 Prozent im Eigentum des Landes stehende gemeinnützige Salzburger Landeskliniken Betriebsgesellschaft m. b. H. (SALK) mit einem Eigenkapital von € 30,000.000 nahm am 1. Jänner 2004 den Betrieb auf und umfasste folgende Landeseinrichtungen: Landeskrankenanstalten Salzburg/St.-Johanns-Spital, Christian-Doppler-Klinik Salzburg, Landesklinik St. Veit. im Pongau und Institut für Sportmedizin des Landes Salzburg. Dieses war 1977 zur medizinischen Betreuung der Vereins-, Breiten- und Spitzensportler gegründet worden. Zusätzlich zur sportmedizinischen Belastungsdiagnostik wollten immer mehr verschiedene Gruppen die Kompetenz dieser Einrichtung nutzen: Athleten aus dem Behindertensport, Sport- und Rettungstaucher sowie Träger schwerer Atemschutzgeräte bei der Berufs- und der freiwilligen Feuerwehr. Erhebliche Mittel des Landes wurden in Neu- und Erweiterungsbauten der Landeskrankenanstalten investiert, wobei die Bautätigkeit regelmäßig landespolitische Kontroversen vor allem über die Frage ihrer Akkordierung mit bestehenden oder geplanten Einrichtungen auslöste. Mit 1. Jänner 2004 wurden das Krankenhaus Tamsweg und das Krankenhaus Mittersill in die Rechtsträgerschaft des Landes Salzburg übernommen. Die Eingliederung des Krankenhauses Tamsweg in die SALK folgte mit Wirkung von 1. Jänner 2016. Da der Betrieb des Krankenhauses die finanziellen Möglichkeiten der Gemeinde überstieg, wurde dieses bereits ab 2008 direkt vom Land geführt, das € 23 Mio. in die Modernisierung investierte, wobei allerdings die Bettenanzahl von 139 auf 105 (davon 80 vollstationäre Betten) reduziert wurde. Das Krankenhaus in Hallein wies nur mehr eine Auslastung von 49 Prozent aus und wegen Personalmangels mussten manche Abteilungen zeitweise geschlossen werden. Die finanzielle Belastung der Gemeinde war beträchtlich, da das Land Salzburg die Verlustabdeckung für Gemeindespitäler schrittweise von 76 auf 52 Prozent senkte, wodurch die Aufwendungen der Gemeinde stiegen. Nach intensiven Vorbereitungen übertrug die Gemeinde der SALK die Betriebsführung mit 1. Jänner 2017 und mit Jahresbeginn 2018 wurden beide GmbH verschmolzen. Mit diesem Zeitpunkt lagen auch die Pläne für eine Eingliederung der Tauernkliniken Zell am See und Mittersill in die SALK vor. Ziel der Landespolitik war es, den Standort der beiden Krankenhäuser abzusichern und die chirurgischen Abteilungen rund um die Uhr zu besetzen, wobei vermehrte tagesklinische Eingriffe die Wirtschaftlichkeit sichern sollten. Für die notwendige Modernisierung wurden alleine in Mittersill rund € 25 Mio. veranschlagt.

Schlaglichter

Zentrum versus Peripherie

Das Krankenhaus Mittersill stand lange in der Diskussion und von vielen wurde dem Gemeindekrankenhaus schon das nahe Ende vorausgesagt. Am 13. Dezember 2000 verknüpfte die FPÖ ihre Zustimmung zum Landeshaushalt 2001 mit einem klaren Bekenntnis zu den Krankenhäusern in Zell am See und Mittersill. Die Landesregierung wurde beauftragt, „alle geeigneten Maßnahmen zu ergreifen, die auf den Fortbestand der Krankenhäuser Zell am See und Mittersill abzielen und insbesondere die Sicherung der gynäkologischen und der HNO-Versorgung ... im Pinzgau dienen". Das Krankenhaus Mittersill kam allerdings nicht aus den Schlagzeilen. Immer wieder gab es Meldungen, die den Fortbestand des Krankenhauses infrage stellten. Mit der Übernahme der Rechtsträgerschaft mit 1. Jänner 2008 durch das Land Salzburg wurde ein klares Signal für die regionale medizinische Versorgung im Oberpinzgau gesetzt, auch wenn die Geburtenstation nur mehr in reduzierter Form geführt wurde. Die Gemeinde Mittersill erhielt die Zusage, die Geburtenstation zumindest bis 2011 weiterzuführen. Dies veranlasste den Salzburger Landtag, sich am 12. März 2008 abermals mit der Gesundheitsversorgung im Pinzgau zu befassen und einen einstimmigen Beschluss zur Erhaltung der Geburtenstation über das Jahr 2011 hinaus zu fassen. Im Oktober 2009 erfolgte zur Überraschung aller Beteiligten eine Trendwende. Entgegen vielen Beteuerungen, entgegen den Bestimmungen des Krankenanstaltenplanes und entgegen den Beschlüssen des Salzburger Landtages aus dem Jahre 2000 und 2008 sollte die Geburtenstation des Krankenhauses Mittersill endgültig geschlossen werden. Die Landesregierung begründete die Schließung der Geburtenstation im Wesentlichen mit Strukturqualitätskriterien. Trotz des Einsparungsvolumens von € 1,2 Mio. pro Jahr standen finanzielle Kriterien nicht im Vordergrund, da die eingesparten Mittel wieder in das Krankenhaus investiert werden sollten.

Krankenanstalten in der Gesellschaftspolitik

Der gesellschaftspolitische Wandel zu Ende der 1960er-Jahre hatte auch Auswirkungen auf die Salzburger Krankenhäuser. Die Einführung der sogenannten Fristenlösung im Jahre 1975 stellte den Salzburger Landtag vor eine neue Herausforderung. Bereits im Vorfeld erhob die Salzburger Landesregierung mit den Stimmen von ÖVP und FPÖ Einwände gegen das neue Gesetz und rief sogar den Verfassungsgerichtshof an, der jedoch der Beschwerde des Landes Salzburg nicht Folge leistete und das Gesetz als verfassungskonform beurteilte (VfSlg. 7400). Das Bundesgrundsatzgesetz (Krankenanstaltengesetz, BGBl. Nr. 281/1974) sah vor, dass die Anstaltsordnungen keine Bestimmungen vorsehen dürfen, die die Durchführung eines straflosen Schwangerschaftsabbruchs oder die Mitwirkung daran verbieten. Weiters wurde moniert, dass die Weigerung an der Mitwirkung an einem Schwangerschaftsabbruch durch das Krankenhauspersonal nicht zu nachteiligen Folgen führen dürfe. Der Salzburger Landtag setzte diese Vorgabe des Grundsatzgesetzes nach Meinung der Bundesregierung nur unzureichend um, weil landesgesetzlich nur festgelegt wurde, dass das Krankenhauspersonal nicht verpflichtet werden könne, an einem Schwangerschaftsabbruch mitzuwirken. Die Durchführung des Schwangerschaftsabbruches untersagte der Salzburger Landtag jedoch nicht. Dadurch, so die Bundesregierung, würden Bundesinteressen gefährdet. Trotz dieses Einspruchs ließ sich der Landtag nicht von seiner Entscheidung vom 23. April 1975 abbringen, beharrte auf seinem Beschluss und wiederholte diesen am 9. Juli 1975 gegen die Stimmen der SPÖ, die vehement für die exakte Übernahme der Bundesbestimmung eintrat. (SLP, Nr. 299, 374 und 391, 1. Session, 7. GP) Der Bund nahm diese Entscheidung offensichtlich ohne weiteres zur Kenntnis, denn die Bestimmung steht heute noch in Rechtskraft. Ob und inwieweit diese gesetzliche Abweichung Schwangerschaftsabbrüche in den Landeskliniken beeinflusste, bleibt offen. Faktum ist jedoch, dass es bis 2005 dauern sollte, bis auf Anordnung von Landeshauptfrau Mag. Gabi Burgstaller die Durchführung von Schwangerschaftsabbrüchen in den Landeskliniken ermöglicht wurde. Eine Mitsprache des Landtages erfolgte nicht, weil keine gesetzlichen Änderungen erforderlich waren. Bereits im ersten Jahr wurden 855 Schwangerschaftsabbrüche durchgeführt und diese Zahl pendelte sich in den Folgejahren ein.

Landesnervenklinik (Christian-Doppler-Klinik)

Die Reputation der „Landesheilanstalt“ war aufgrund der Ereignisse während des Nationalsozialismus nachhaltig beschädigt, sodass sogar daran gedacht wurde, die freien Pavillons umzuwidmen. Die allgemeinen Bedingungen zur Aufrechterhaltung des 1945 von Dr. Hans Gföllner und 1946 bis 1962 von Dr. Johann Farbmacher geleiteten Betriebes waren in den ersten Jahren nach dem Krieg sehr drückend. Erst 1948 wurde mit einer würdigen Feier des 50-jährigen Bestandes der Landesheilanstalt gedacht. Landeshauptmann Josef Rehrl sprach von „unglücklichen Opfern einer herzlosen Zeit“, während Erzbischof Andreas Rohracher den erschütternden Tod von 250 Anstaltsinsassen in drastischen Worten geißelte. 1962 begann in der Sorge um psychische kranke Menschen in Form der Salzburger Psychiatriereform eine neue Ära, als die nach dem sogenannten „Deutschen Modell“ existierende „Landesheilanstalt für Geistes- und Gemütskranke“ in die Landesnervenklink und unter dem neuen Direktor Univ.-Prof. Dr. Gerhart Harrer in eine moderne Anstalt umgewandelt wurde, die ein Jahr später erstmals in Österreich Spitalsstatus erhielt. Damit waren auch die rechtlichen Voraussetzungen für die finanzielle Abgeltung der Leistungen durch die Sozialversicherungsträger geschaffen. Die größte Zäsur in der Geschichte der Landesnervenklinik stellte die vom Vorstand der 1. Psychiatrischen Abteilung, Univ.-Prof. Dr. Heimo Gastager, konzipierte Psychiatriereform dar. Grundgedanke der Reformer war das nachhaltige negative Odium der „Irrenanstalt in Lehen“ zum Verschwinden zu bringen. 1987 widmete das Land Salzburg der Psychiatriereform eine Enquete unter dem Titel „Salzburger Weg der Psychiatrie der 90er Jahre“, die auf die nach wie vor vorhandenen Defizite, vor allem die intra- und extramurale Unterversorgung der Landbezirke, hinwies und zur Verabschiedung eines Konzepts „Psychiatriereform 1990“ führte. 2003 wurde die Christian-Doppler-Klinik Bestandteil der neu geschaffenen SALK.

Rückschau und Ausblick

Der Weg der Gesundheitsversorgung von den karitativ geprägten Anfängen hin zum großteils öffentlich finanzierten und gesetzlich geregelten Gesundheitssystem kann trotz mancher Konflikte mit den anderen Finanzierungspartnern als weithin gelungen beurteilt werden, vor allem konnten die beiden dynamischsten Faktoren, nämlich die Altersentwicklung und der medizinische Fortschritt, in das System integriert werden. In beiden Elementen machen sich auch Brüche und Fragen breit, die die medizinische Machbarkeit für alle Bevölkerungsgruppen und für alle gesundheitlichen Defizite auf die Probe stellen dürften.

Christoph Braumann

Bauen und Raumordnung

Die Veränderung von Gesellschaft und Lebensraum im Spiegel der Landespolitik

Bis heute bilden das Baurecht und sein jüngerer „Spross“, die Raumordnung, einen der bedeutendsten Tätigkeitsbereiche der Landespolitik, wobei die Erlassung von Bauordnungen bereits seit dem 19. Jahrhundert zu den Agenden der österreichischen Kronländer zählte. Die Anforderungen an das Baurecht und später an die Raumordnung des Landes Salzburg waren seit jeher von der topographischen Landesstruktur beeinflusst. Die in Verbindung damit entstandene soziologische und ökonomische Struktur drückt sich in einer deutlichen Differenzierung des Landes in zwei Teile aus: Den „Zentralraum“ im nördlichen Alpenvorland um die Hauptstadt Salzburg einerseits, in dem heute zwei Drittel der Bevölkerung leben, mit hoher Nutzungsdichte und dynamischer wirtschaftlicher Aktivität; sowie den flächenmäßig viel größeren „Alpinen Raum“ im Süden andererseits, der aber nur ein Drittel der Bevölkerung beherbergt und vor allem von Tourismus und Landwirtschaft geprägt wird. Die wirtschaftliche Attraktivität des Landes hat seit der zweiten Hälfte des 20. Jahrhunderts zu beträchtlicher Migration und starkem Bevölkerungswachstum geführt. Ergebnisse dieser Entwicklung sind ein laufendes Wachstum der Siedlungen (mehr als drei Viertel aller Gebäude im Bundesland stammen aus der Zeit nach 1945), eine anhaltend hohe Nachfrage nach Baugrundstücken, steigende Kosten für die Infrastruktur, aber auch erhöhter Verkehr und daraus resultierende Umweltprobleme.

Die Stadt- und Landbauordnungen des 19. Jahrhunderts

Vor diesem Hintergrund gilt es vorerst, einen Blick fast zweihundert Jahre zurück in die Vergangenheit zu werfen: Bemerkenswert ist, dass bereits in der Zeit der Eingliederung von Salzburg in das Kronland „Österreich ob der Enns“ für die Stadt Salzburg gemeinsam mit Linz im Jahr 1820 die erste Stadtbauordnung in der Donaumonarchie überhaupt geschaffen worden ist. Im selben Jahr wurde auch eine Landesbauordnung erlassen, die ebenso für das gesamte Land außerhalb der Landeshauptstadt Gültigkeit hatte.

Nach der Wiedererlangung der Selbständigkeit des Landes Salzburg im Jahr 1866 beschloss der neugeschaffene Salzburger Landtag schon im Jahr 1873 eine eigene Stadtbauordnung für die nun im Wachstum begriffene Stadt Salzburg. Diese regelte die Abteilung eines Grundes auf Bauplätze ebenso wie das Verfahren der Baubewilligung, enthielt technische, feuerpolizeiliche und hygienische Bauvorschriften und definierte die zuständigen Baubehörden. Noch ausführlichere Regelungen, insbesondere im Hinblick auf das städtebauliche Planungsinstrument des „Regulierungsplans“, umfasste die vom Landtag 1879

Der Anfang des 20. Jahrhunderts auf Grundlage der Landbauordnung 1879 planmäßig neu angelegte Ort Oberndorf (Foto: Salzburger Landesarchiv)

für das übrige Land Salzburg erlassene Landbauordnung. Ein eigener Abschnitt der Landbauordnung galt im Übrigen der „Anlegung neuer und Wiederherstellung zerstörter Ortschaften" (§ 32 ff.). Nach einer Hochwasserkatastrophe im Jahr 1899 erfolgte auf dieser Grundlage tatsächlich die Neuanlage des Marktes Oberndorf an der Salzach auf einem hochwasserfreien Gelände flussaufwärts vom alten Ort.

Die Erkenntnis, dass die fortschreitende Erweiterung der Stadt Salzburg nicht von Fall zu Fall geplant werden dürfte, führte bald zu einer neuerlichen Befassung des Landtages mit der Stadtbauordnung. Der aufschlussreiche Motivenbericht (SLP, 8. Sitzung, 2. Session, 6. WP vom 7. Jänner 1886) verdient, hier auszugsweise wiedergegeben zu werden: „Salzburg kann und darf seiner baulichen Entwicklung nicht gleichgültig gegenüberstehen; es ist hohe Rücksicht schuldig seinem mit Recht bestehenden Ruf, eine der schönsten Städte Europas zu sein, seinem lebhaften und – wenn glückliche Maßnahmen nicht ausbleiben – sich immer mehr ausbreitenden Fremdenverkehre und endlich seinem lang gehegten Wunsche, eine Saisonstadt im wahrsten Sinn des Wortes zu werden." Wahrhaft weitblickende Worte! Um die zukünftige Gestaltung zu regeln, wurde 1886 das Instrument des „Stadtregulierungs- und Erweiterungsplanes" als Grundlage der Verbauung in der Stadtbauordnung eingeführt; es sollte beinahe ein Jahrhundert Bestand haben.

Von der Ersten Republik zum „Anschluss"

Die Notzeiten nach dem Ersten Weltkrieg und dem Zerfall der Donaumonarchie fanden auch im Land Salzburg in geringer Bautätigkeit und großer Wohnungsnot Ausdruck. Daher suchte der Salzburger Landtag durch Novellierungen der Land- und der Stadtbauordnung (Gesetz vom 5. Juli 1919, LGBl. Nr. 99) weitgehende Bauerleichterungen zur Hebung der Bautätigkeit zu gewähren. Damit wollte man auch die Errichtung von Kleinsiedlungshäusern mit Nutzgärten und landwirtschaftlichen Nebenerwerbsmöglichkeiten fördern, die zur Selbstversorgung der Bewohner in den wirtschaftlichen Notzeiten dienen sollten. Aus Anlass der Vergrößerung des Gemeindegebietes der Stadt Salzburg durch Eingemeindung von Nachbargemeinden im Jahr 1935 wurde von der Stadt der Entwurf einer neuen Stadtbauordnung an die Landesregierung übermittelt. In Anlehnung an die fortschrittliche Wiener Bauordnung von 1930 sollte als neuartiges Planungsinstrument der „Flächenwidmungsplan" eingeführt werden. Allerdings erfolgte im Landtag kein Beschluss dieses Bauordnungsentwurfes mehr. Der „Anschluss" Österreichs an das Deutsche Reich im Jahr 1938 brachte die Auflösung des Salzburger Landtages. Per Verordnung führte das totalitäre Regime das reichsdeutsche Bau- und Planungsrecht in der „Ostmark" ein. Nach Kriegsende wurden durch das österreichische „Rechtsüberleitungsgesetz" von 1945 Teile davon vorläufig in Gültigkeit übernommen – im Zusammenhang damit auch die schon in den 1930er-Jahren in Deutschland geprägten Begriffe „Raumplanung" und „Raumordnung".

Baurecht im Wiederaufbau

Einerseits trug die „Rechtsüberleitung" den Notwendigkeiten des Wiederaufbaues und den Bemühungen zur Behebung der Wohnungsnot Rechnung, die wirksame rechtliche Grundlagen erforderten. Andererseits standen damit aber bau- und planungsrechtliche Regelungen aus der NS-Zeit neben den bisherigen Bauordnungen in Gültigkeit, was Probleme in der Vollziehung bereitete. Bezeichnende Hinweise auf die damalige Situation finden sich in den Erläuterungen zu einer Änderung der Landbauordnung vom September 1951, mit der man Siedlungsentwicklung und Wiederaufbau besser steuern wollte (SLP, Nr. 2, 3. Session, 2. GP): „Die Erfahrung lehrt, dass am flachen Land in den letzten Jahren – vielfach bedingt durch die große Wohnungsnot – eine völlig planlose Bauausführung eingesetzt hat. Diese planlose Bebauung beeinträchtigt zweifellos unsere Landschaft und damit den Wert unseres Landes als Fremdenverkehrsland, sie beeinträchtigt aber auch eine künftige geregelte Verbauung. Den Bürgermeistern, denen planungswirtschaftliche Sachverständige nicht zur Verfügung stehen, kann die Beurteilung der hier einschlägigen Fragen nicht überlassen werden." Der Landtag trachtete deshalb, die Schaffung jeder Bauparzelle als Voraussetzung für eine Bauführung bewilligungspflichtig zu machen, um so eine geordnete Siedlungsentwicklung sicherzustellen. Als zuständige Instanz wurde die Bezirksverwaltungsbehörde (!) vorgesehen. Die Bundesregierung erhob gegen diese neue Kompetenz der Bezirksverwaltungsbehörden zwar Einspruch. Doch der Landtag fasste mit 16. Juli 1952 einen Beharrungsbeschluss, wodurch die verpflichtende „Bauplatzerklärung" im Land eingeführt wurde. Angesichts der herrschenden Wohnungsnot zu Beginn der 1950er-Jahre im Land Salzburg bestanden politische Bestrebungen, ein „Bodenbeschaffungsgesetz" zur Enteignung von Grundstücken für die Errichtung von „Klein- und Mittelwohnungen" einzuführen. Der diesbezügliche Gesetzesentwurf wurde zur Klärung der Kompetenzlage dem Verfassungsgerichtshof vorgelegt. Dieser entschied jedoch im Oktober 1951 (Z.K.II-1/18/51), dass die Erlassung eines solchen Gesetzes Bundessache sei, da die Gesetzgebung im Bereich des „Volkswohnungswesens" beim Bund liege.

Das erste Salzburger Raumordnungsgesetz – eine Pionierleistung

In der Folge wurde über Beschluss des Landtages im April 1953 die Ausarbeitung eines Entwurfes für ein „Raumordnungsgesetz" in Angriff genommen. Aufgrund der neuartigen Gesetzesmaterie legte man auch diesen Gesetzesentwurf dem Verfassungsgerichtshof zur Prüfung vor. Der VfGH hielt in seinem grundlegenden Erkenntnis (VfSlg. 2674/ 1954) fest, dass die „... planmäßige und vorausschauende Gesamtgestaltung eines bestimmten Gebietes in Bezug auf seine Verbauung, insbesondere für Wohn- und Industriezwecke einerseits und für die Erhaltung von im wesentlichen unbebauten Flächen andererseits (‚Landesplanung' – ‚Raumordnung') ..." Landessache sei. Ausgehend von dieser Klarstellung wurde schließlich mit 13. April 1956 das erste Salzburger Raumordnungsgesetz vom Landtag beschlossen (LGBl. Nr. 19/1956). Das ROG 1956 bildete erstmals eine einheitliche Rechtsgrundlage für die örtliche Raumordnung (Flächenwidmungsplanung) sowie für die überörtliche Raumordnung (Landesplanung). Damit hatte der Salzburger Landtag das erste derartige Gesetz eines österreichischen Bundeslandes geschaffen. Seiner Grundstruktur folgten auch die später entstandenen Raumordnungsgesetze der meisten übrigen Bundesländer. Interessant ist es, dass in den Erläuterungen zur Gesetzesvorlage (SLP, Nr. 4, 2. Session, 3. GP, S. 10) ausdrücklich bedauert wurde, „...dass das Problem der Raumordnung nicht von der höchsten Gebietskörperschaft, dem Bund, in Angriff genommen wird, weil eine gesunde Raumordnung innerhalb eines Staates sich nur dann entwickeln kann, wenn sie nicht beim Raum Gemeinde und beim Raum Land stehenbleibt..." – eine bis heute offene Fragestellung!

Eine langfristig problematische Entwicklung ganz anderer Art begründete der Landtag mit § 19 (3) ROG 1956, wonach seitens der Gemeinde über Ansuchen des Grundeigentümers Ausnahmen von den Wirkungen des Flächenwidmungsplanes gewährt werden konnten, „wenn Interessen der Flächennutzung nicht entgegenstehen ...". Die Möglichkeit der „Ausnahmegenehmigung" sollte eine gewisse „Flexibilität" der Raumplanung bieten; allerdings stellte sie bei zu großzügiger Anwendung jede Rechtssicherheit der Flächenwidmungsplanung in Frage. Tatsächlich förderte dieser § 19 (3) in der Folge die heute vielfach beklagte Zersiedelung ganzer Landesteile: Dies beweisen verschiedene Salzburger Gemeinden, wo in den 1970er- und 1980er-Jahren nachweislich der Großteil aller Neubauten mit „Ausnahmebewilligungen" im Grünland errichtet worden ist! Im Übrigen wurden im Zuge der ab 1956 beginnenden Aufstellung von Flächenwidmungsplänen durch die Gemeinden bald verschiedene Schwachstellen des ROG erkennbar und Forderungen nach seiner Verbesserung laut. Eine in der Sitzung des Landtages vom 15. Juli 1959 als „Salzburger Raumordnungsgesetz 1959" beschlossene Novellierung brachte unter anderem Differenzierungen bei der Ausweisung von Nutzungsarten und Nutzungsbeschränkungen im Flächenwidmungsplan.

Vereinheitlichung und Ausbau des Baurechts

Nach der Wiederaufbauwelle der 1950er-Jahre rückte im folgenden Jahrzehnt der Schutz erhaltenswerter Stadt- und Ortsbilder und ihrer baulichen Substanz

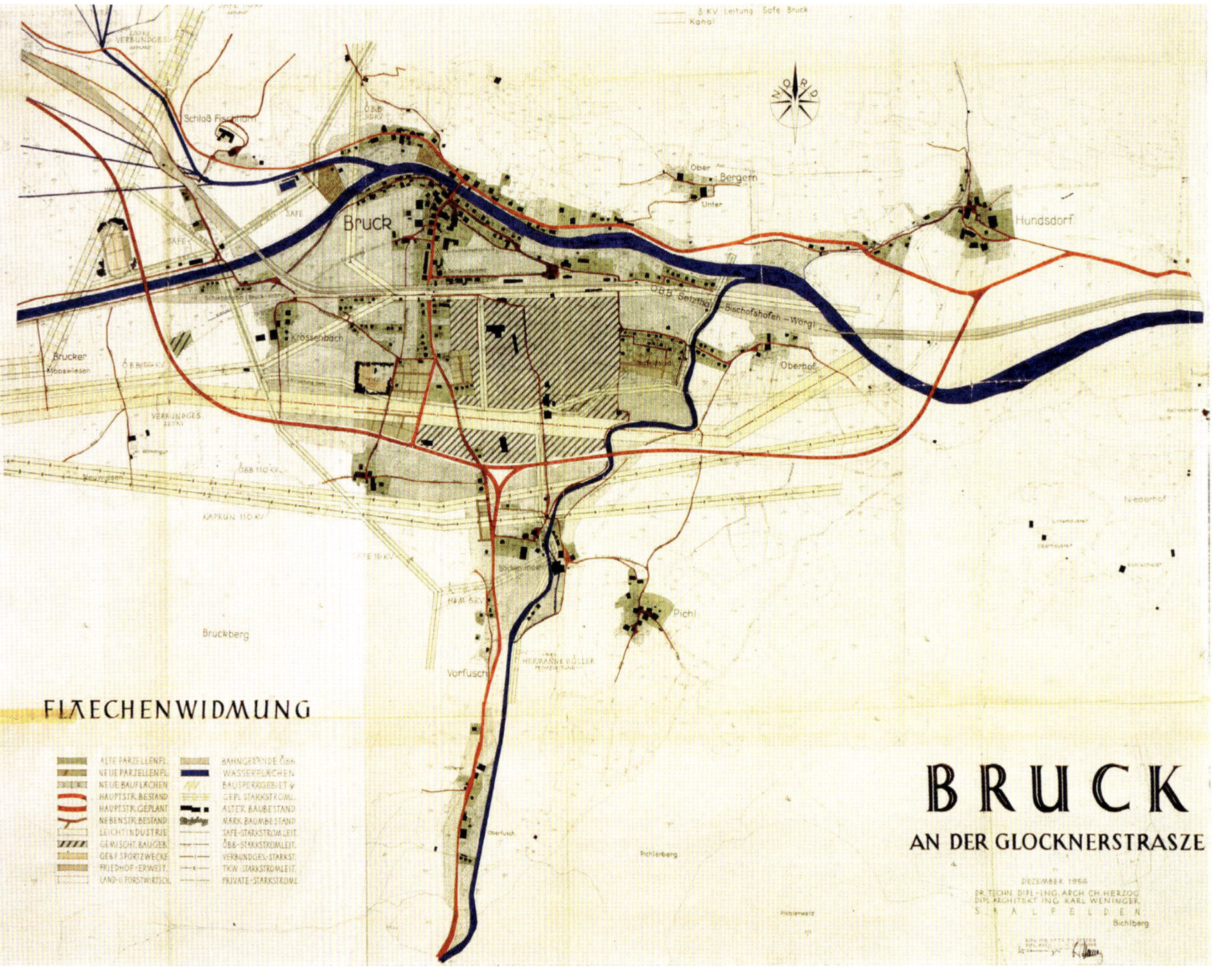

Erster rechtsgültiger Flächenwidmungsplan nach dem ROG 1956 für Bruck an der Glocknerstraße 1958 (Foto: Planarchiv der Abt. 10, Amt der Salzburger Landesregierung)

in das öffentliche Interesse. Mit dem „Salzburger Altstadterhaltungsgesetz 1967“ (LGBl. Nr. 54/1967) – das die Salzburger Altstadt, ihre bauliche und architektonische Gestalt unter gesetzlichen Schutz stellte – schuf der Landtag neuerlich eine für Österreich beispielgebende Regelung. Im Bereich der Raumordnung verstrichen indessen einige Jahre, bis das ROG weitere Änderungen erfuhr. Einen wesentlichen Anstoß dafür bildete das Vorhaben des Landtags, die städtebaulichen Regelungen der alten Land- und Stadtbauordnung auf eine zeitgemäße einheitliche Grundlage zu stellen. In einem eigenen Unterausschuss wurde die Materie unter Heranziehung maßgeblicher Experten umfassend bearbeitet; schließlich wurde das Ergebnis in der Sitzung vom 27. Juni 1968 als „Bebauungsgrundlagengesetz 1968“ vom Landtag beschlossen (LGBl. Nr. 69/1968). Wenige Monate später wurde eine Gesamt-Wiederverlautbarung des Raumordnungsgesetzes als „Raumordnungsgesetz 1968“ kundgemacht (LGBl. Nr. 78/1968). Im Zug der Schaffung des Bebauungsgrundlagengesetzes strebte man auch eine einheitliche Neuregelung der in den beiden alten Bauordnungen verankerten baupolizeilichen Belange sowie der technischen Erfordernisse für Bauten an. Eine Umsetzung erfolgte durch den Landtag einige Jahre später – einerseits im Salzburger Baupolizeigesetz 1973 (LGBl. Nr. 117/1973) sowie andererseits im Bautechnikgesetz 1976 (LGBl. Nr. 75/1976). Als Ergänzung zu den beiden neuen

Baugesetzen beschloss der Landtag – gewissermaßen zum Auftakt des Europäischen Denkmalschutzjahres 1975 – am 25. September 1974 ein „Salzburger Ortsbildschutzgesetz“. Dieses Gesetz traf Vorgaben für den Ortsbildschutz im Allgemeinen und verankerte besondere Bestimmungen für festgelegte Ortsbildschutzgebiete.

Raumordnung als vorausschauende Gesamtgestaltung

Durch die starke Bevölkerungszunahme und das dynamische Wirtschaftswachstum in den 1960/70er-Jahren hatten sich im Land Salzburg bedeutende Veränderungen im Lebensraum und verstärkte räumliche Nutzungskonflikte, besonders zwischen Wohnen und Arbeiten, ergeben. Daher wurde auf landespolitischer Ebene die Notwendigkeit gesehen, das Raumordnungsgesetz an die geänderten Anforderungen anzupassen, wobei sich mittlerweile bei den Landtagsparteien auch ein geändertes Verständnis von Raumplanung entwickelt hatte, wie eine Passage aus dem „Salzburg Programm“ der ÖVP vor den Landtagswahlen vom 31. März 1974 illustriert: „Raumordnung darf nicht nur als koordinierende Vorausschau der Flächenwidmung verstanden werden, sondern muss die planmäßige und vorausschauende Gesamtgestaltung eines Gebietes zur Gewährung der bestmöglichen Nutzung und Sicherung des Lebensraumes unter Bedachtnahme auf den Umweltschutz gewährleisten.“ Tatsächlich kündigte der wiedergewählte Landeshauptmann Dr. Hans Lechner dann in seiner Regierungserklärung vom 22. Mai 1974 an, dass „... die Regierung eine neue Fassung des Raumordnungsrechtes mit einer Ausgestaltung seines Instrumentariums ...“ vorlegen werde.

Ausgehend von einem in der Folge unter dem Titel „ROG – Novelle 1976“ erstellten Amtsvorschlag, befasste sich der zuständige Landtagsausschuss in seinen Diskussionen sogar mit Fragen des „Planwertausgleichs“; allerdings fand diese Thematik letztlich keine rechtliche Umsetzung. Schließlich beschloss der Landtag am 14. Dezember 1976 das „Raumordnungsgesetz 1977“ (LGBl. Nr. 26/1977), das eine weitgehende Neuordnung von Rechtsgrundlagen und Instrumenten der Raumplanung brachte. Aufschlussreich ist die umfassendere Definition des Begriffs „Raumordnung“ in § 1, welche nun „... die planmäßige und vorausschauende Gesamtgestaltung eines Gebietes zur Gewährung der bestmöglichen Nutzung und Sicherung des Lebensraumes ...“ sicherstellen sollte. Wichtige inhaltliche Punkte waren die Einführung des Instruments der „kommunalen Entwicklungsplanung“ in der örtlichen Raumplanung sowie der „Entwicklungsprogramme“ in der Landesplanung.

Doch ungeachtet der verbesserten Planungsinstrumente zeigte sich im Verlauf der 1980er-Jahre, dass ausgewiesenes Bauland nicht ausreichend verfügbar war. Zwar waren große Flächen als Bauland gewidmet, doch die Grundbesitzer brachten sie nicht auf den Markt. In dieser Situation wurde in vielen Gemeinden das Instrument der „Einzelbewilligung“ zur Errichtung von Wohnbauten im Grünland als Ausweg gesehen; dass die Zersiedelung dadurch immer weiter um sich griff, galt als das geringere Übel. Dringlich wurden angesichts dieser Problematik von Seiten der Landtagsparteien Maßnahmen zur Mobilisierung von Bauland gefordert, wie ein Antrag von Abgeordneten der ÖVP am 5. Juli 1989 (SLP,

Nr. 125, 1. Session, 10. GP) umreißt: „Die Mobilisierung von geeignetem Bauland wird ein zentraler Punkt der Raumordnungsnovelle sein müssen. Diesbezüglich gibt es seit Jahren verschiedenste und unterschiedlichste Vorstellungen über die einzusetzenden Mobilisierungsinstrumente. Sie reichen von einer Besteuerung bestimmter unbebaut liegender Baulandreserven, die sich am Marktwert orientiert, bis hin zu Rückwidmungsvorstellungen (scharfes und sanftes Baugebot); sie erfassen aber auch die Abschöpfung von sogenannten Planungsgewinnen sowie direkte enteignende und enteignungsähnliche Maßnahmen."

Das Raumordnungsgesetz 1992 – ein raumordnungspolitischer Paradigmenwechsel

Eine im Herbst 1991 dem Landtag zugeleitete Regierungsvorlage sah deshalb die generelle Verpflichtung aller Gemeinden vor, „Maßnahmen zur Verwirklichung der angestrebten Entwicklungsziele, insbesondere zur Vorsorge für Wohnungen und Betriebsflächen ..." zu treffen. Dem sollten vor allem Vereinbarungen zwischen der Gemeinde und den Grundeigentümern („Vertragsraumordnung") dienen. Diese „Zurverfügungstellung" eines bestimmten Grundflächenanteils zu entsprechend angemessenen Preisen sollte eine Handhabe zur Beschaffung und Sicherung preisgünstiger Grundstücke für den geförderten Wohnbau bieten. Allerdings verbarg sich hinter dem sogenannten „Vertragsmodell" eine spezielle verfassungsrechtliche Problematik: Denn die Kompetenz für gesetzliche Regelungen im Bereich des „Volkswohnungswesens" und der Bodenbeschaffung für diesen Zweck ist dem Bund vorbehalten, wie der VfGH schon 1954 festgestellt hatte. Die „Vertragsraumordnung" sollte also einen Weg bieten, dieses Problem mit Hilfe privatrechtlicher Vereinbarungen zu umschiffen.

Nach langwierigen Verhandlungen im zuständigen Landtagsausschuss wurde schließlich im Oktober 1992 das neue „Raumordnungsgesetz 1992" vom Salzburger Landtag beschlossen; es trat mit 1. März 1993 in Kraft. Das ROG 1992 sah zur Baulandmobilisierung vor, dass die Gemeinden nur mehr Bauland für zehn Jahre ausweisen durften, dessen Verfügbarkeit verpflichtend mit Raumordnungsverträgen zu sichern war. Länger als zehn Jahre gewidmetes und nicht bebautes Bauland sollte entschädigungslos zurückgewidmet werden. Außerdem kam es zu einer radikalen Einschränkung der „Einzelbewilligung" (keine Neuerrichtung von Wohnbauten im Grünland mehr). Da in den Regionen „Inner Gebirg" die Zweitwohnungsentwicklung eine Konkurrenz zur Deckung des Baulandbedarfs für die Einheimischen darstellte, wurden auch restriktive Bestimmungen für Zweitwohnungen eingeführt; diese durften künftig nur mehr in ausgewiesenen „Zweitwohnungsgebieten" errichtet werden. Außerdem wurde die Bebauungsplanung unter dem Gesichtspunkt der Baulandmobilisierung in das Raumordnungsgesetz einbezogen; die Umsetzung von Bebauungsplänen sollte ebenso durch privatrechtliche Vereinbarungen abgesichert werden. Des Weiteren erfolgte eine Neuordnung der Regionalplanung; durch die verpflichtende Einrichtung von Planungsverbänden als neuer Planungsebene trachtete der Gesetzgeber die Erstellung von „Regionalprogrammen" voranzutreiben.

Einzelne der mit dem ROG 1992 eingeführten neuen Bestimmungen führten bald zu neuen Diskussionen: Dies betraf etwa die Regelungen zur baulichen

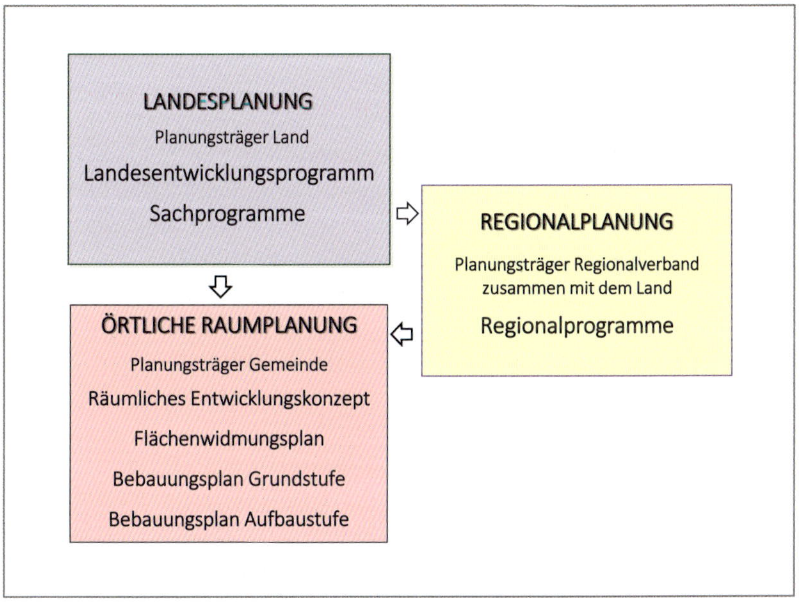

LANDESPLANUNG
Planungsträger Land
Landesentwicklungsprogramm
Sachprogramme

REGIONALPLANUNG
Planungsträger Regionalverband zusammen mit dem Land
Regionalprogramme

ÖRTLICHE RAUMPLANUNG
Planungsträger Gemeinde
Räumliches Entwicklungskonzept
Flächenwidmungsplan
Bebauungsplan Grundstufe
Bebauungsplan Aufbaustufe

Planungsebenen, Planungsträger und Planungsinstrumente nach dem ROG 1992 (Grafik: Christoph Braumann)

Ausnutzbarkeit von Grundflächen, die im baurechtlichen Vollzug Anlass zu Problemen gaben. Zudem forderten die Architekten und Planer flexiblere Gestaltungsmöglichkeiten, insbesondere für nicht baulich geschlossene Bauteile von Gebäuden (Laubengänge etc.). Nach umfangreichen Diskussionen erließ der Landtag (LGBl. Nr. 10/1999) deshalb Änderungen betreffend die Definition der baulichen Ausnutzbarkeit von Grundstücken. Zudem gaben in der zweiten Hälfte der 1990er-Jahre verschiedene Konflikte um Einkaufszentren Anlass für mehrere Novellierungen des ROG. Die sukzessiven Änderungen des ROG 1992 erforderten schließlich eine Gesamt-Wiederverlautbarung unter der Bezeichnung „Salzburger Raumordnungsgesetz 1998" (LGBl. Nr. 44/1998).

Großflächiger Einzelhandel als spezifisches Raumordnungsproblem

Die strukturellen Auswirkungen von Einkaufszentren und neuen großflächigen Versorgungs- und Dienstleistungsagglomerationen beeinflussten in den 1990er-Jahren zunehmend die gesamte Versorgungsstruktur. Die allgemeine Motorisierung förderte den Trend zu großflächigen Einzelhandelsstandorten an der Peripherie und trug zur Auflösung der traditionellen Siedlungs- und Zentrenstruktur der „kompakten europäischen Stadt" bei. Ein jahrelanger planungspolitischer Konflikt resultierte aus dem „Airport-Center" in Wals-Siezenheim Anfang der 1990er-Jahre: Dort war durch geschickte Nutzung der damals geltenden Definition für die Geschoßfläche ein Einkaufszentrum mit über 14.000 m^2 Verkaufsfläche ohne Widmung als „Gebiet für Einkaufszentren" errichtet worden. Vorerst trachtete die Landesregierung eine Lösung für das Problem des großflächigen Einzelhandels mit Hilfe der überörtlichen Planung durch ein sogenannten „Sachprogramm" zu finden. Als Grundlage dafür wurden vom Landtag in der ROG-Novelle 1997 differenzierte Widmungskategorien für „Gebiete für Handelsgroßbetriebe" geschaffen. Ein neuerlicher Raumordnungskonflikt

Die Standortentwicklung des großflächigen Einzelhandels spiegelt besonders deutlich das Kirchturmdenken vieler Gemeinden wider (Karikatur: Thomas Wizany)

um die Eröffnung des damals größten Baumarktes Österreichs in der genannten Stadtrandgemeinde führte schließlich dazu, dass der Landtag mit 1. Juli 1999 im ROG verfügte, dass „Gebiete für Handelsgroßbetriebe" grundsätzlich nur mehr aufgrund einer vorherigen „Standortverordnung" der Landesregierung ausgewiesen werden dürften.

Ein Rückschlag für die Vertragsraumordnung

Einen tiefgreifenden Einschnitt für die Salzburger Raumordnung sollte bald darauf die Aufhebung wesentlicher Bestimmungen der „Vertragsraumordnung" durch den österreichischen Verfassungsgerichtshof bilden (Erkenntnis vom 13. Oktober 1999, G 77/99-16 und V 29/99-16). Tatsächlich hatte die „Vertragsraumordnung" bis zu diesem Zeitpunkt in vielen Gemeinden bereits durchaus eine Mobilisierung von Bauland gebracht. Doch der VfGH erachtete aufgrund der Klage eines Grundbesitzers die Verpflichtung der Gemeinden zu privatwirtschaftlichen Maßnahmen – im Sinn einer zwingenden Verknüpfung von hoheitlichen Planungsmaßnahmen und privatrechtlichen Voraussetzungen für eine Baulandwidmung – als grundrechtswidrig. Als teilweise Abhilfe beschloss der Landtag mit Wirksamkeit vom 1. Mai 2000 eine Ersatzregelung in Form der öffentlich-rechtlichen „Nutzungserklärung" als Voraussetzung für jede Bauland-

Mangelnde Baulandverfügbarkeit ist ein Motor der Zersiedelung und bildet ein wiederkehrendes Thema für den Landtag (Foto: Christoph Braumann)

ausweisung; der mobilisierende Effekt der „Nutzungserklärung“ erwies sich jedoch als vergleichsweise gering.

Von der Umsetzung von EU-Richtlinien zum Raumordnungsgesetz 2009

Aus der Verpflichtung zur Umsetzung von Richtlinien der EU über die „strategische Umweltprüfung“ („SUP-Richtlinie“), der „Seveso II-Richtlinie“, der Vogelschutz-Richtlinie und der „Fauna-Flora-Habitat-(FFH)-Richtlinie“ ergab sich eine weitere Novellierung des ROG durch den Landtag, die mit 1. Mai 2004 in Kraft trat.

Noch im selben Jahr wurde im Arbeitsübereinkommen der neugewählten Salzburger Landesregierung eine neuerliche Überarbeitung des ROG mit dem Ziel einer besseren allgemeinen Verständlichkeit und der Schaffung von „verfassungskonformen Instrumenten zur effektiveren Baulandmobilisierung“ vereinbart. Nach rund dreijährigen Verhandlungen auf Verwaltungs- und Regierungsebene lag dem Landtag ein systematisch gänzlich neu gefasster ROG-Entwurf vor. (vgl. SLP, Nr. 185, 6. Session, 13. GP) Ein maßgebliches inhaltliches Anliegen darin war etwa die Aufwertung des Räumlichen Entwicklungskonzepts, um die nachfolgenden Verfahren auf Flächenwidmungsplan-Ebene zu vereinfachen und zu beschleunigen. Als „Salzburger Raumordnungsgesetz 2009“ wurde das neue Gesetz am 17. Dezember 2008 vom Landtag beschlossen und mit LGBl. Nr. 30/ 2009 kundgemacht.

Verfahrensvereinfachung und Baurechtsreform

Die Bemühungen von Landesregierung und Landtag um kürzere Verfahren und niedrigere Bewilligungshürden betrafen nicht nur den Bereich der Raumordnung. Schon in den 1990er-Jahren war auch eine Reform des Baurechts in die Wege geleitet worden. Mit dem Ziel einer Vereinfachung der Bauverfahren beschloss der Landtag am 12. Dezember 1996 das „Baurechtsreformgesetz 1996“;

Kostengünstiges Bauen und Energieeffizienz sind zentrale Anliegen des Landesgesetzgebers (Foto: Christoph Braumann)

damit wurden entsprechende Änderungen von Bebauungsgrundlagengesetz, Baupolizeigesetz, Salzburger Altstadterhaltungsgesetz und Salzburger Ortsbildschutzgesetz sowie weiterer relevanter Gesetze vorgenommen (LGBl. Nr. 11/1997). In der Folge kam es auch zu Änderungen des Bautechnikgesetzes 1976, dies ebenfalls im Sinn einer Liberalisierung von Bestimmungen entsprechend dem „Baurechtsreformgesetz 1996“. Eine Neuregelung der baurechtlichen Verfahren wurde im folgenden Jahr durch den Landtag als „Baupolizeigesetz 1997“ beschlossen (LGBl. Nr. 40/1997). Darin wurden der Bewilligungsvorbehalt und die Ausnahmen neu definiert und darüber hinaus ein Anzeigeverfahren geschaffen. Dieses Anzeigeverfahren, welches Nachbarn keine Parteistellung einräumte, sollte allerdings keinen langen Bestand haben: Denn der Verfassungsgerichtshof hob mit 27. September 2003 (G 18, 19/03 und G 20/03) bestimmte Regelungen im BauPolG, so den Ausschluss von Mitspracherechten der Nachbarn im Bauanzeigeverfahren, als unsachlich auf. Eine zur Erarbeitung von Nachfolgeregelungen gebildete Arbeitsgruppe entwarf den Vorschlag für ein einheitliches Bauverfahren, wobei Bauten unterhalb einer bestimmten Größe einem vereinfachten Verfahren unterliegen sollten. Diese Neuregelung wurde vom Landtag im Zug einer Novellierung des BauPolG am 7. Juli 2004 beschlossen (LGBl. Nr. 65/2004). Mehrere weitere Novellierungen von Bautechnikgesetz und Baupolizeigesetz dienten in der Folge der Umsetzung von EU-Richtlinien, so etwa im Zusammenhang mit der Gesamtenergieeffizienz von Gebäuden.

Schließlich wurde eine komplette Neukodifizierung der technischen Bauvorschriften in die Wege geleitet. Im Bericht des Verfassungs- und Verwaltungsausschusses (SLP, Nr. 6, 4. Session, 15. GP) wurde dargelegt, dass das Vorhaben – entsprechend dem Arbeitsübereinkommen der Landesregierung – unter der Zielsetzung stehe, „das Bebauungsgrundlagen-, das Baupolizei- und das Bautechnikgesetz sowie andere bautechnische Vorschriften zu einer einheitlichen Bauordnung des Landes zusammen zu fassen. Diese Regelungen sollen dabei auch entflechtet, angepasst und zur besseren Lesbarkeit strukturiert werden. Zudem sollen die Richtlinien des Österreichischen Institutes für Bautechnik übernommen werden". Das daraus entstandene neue „Salzburger Bautechnikgesetz 2015" wurde schließlich mit 7. Oktober 2015 vom Landtag beschlossen und trat mit LGBl. Nr. 1/2016 in Kraft. Die Übernahme der vom Österreichischen Institut für Bautechnik (OIB) herausgegebenen technischen Richtlinien erfolgte durch eine Verordnung der Salzburger Landesregierung vom 22. Juni 2016 (LGBl. Nr. 55/2016), mit der diese Richtlinien als Bezug für die bautechnischen Anforderungen für verbindlich erklärt wurden.

Die Raumordnungsgesetz-Novelle 2017

In den vergangenen Jahren wurde auf der Grundlage des Arbeitsübereinkommens der Salzburger Landesregierung von 2013 eine Neufassung des Raumordnungsgesetzes erarbeitet. Zielsetzungen waren dabei unter anderem eine verbesserte Baulandmobilisierung, die Stärkung der Ortskerne und eine wirksamere Lösung der Zweitwohnungsproblematik. Aufbauend auf mehrjährigen Vorarbeiten – in deren Rahmen unter anderem mehrere ExpertInnenrunden und insgesamt acht „Regionalforen" durchgeführt wurden – erfolgte am 28. Juni 2017 im Landtag der Beschluss mit den Stimmen von ÖVP und Grünen. Wichtige Neuerungen sind unter anderem: Neue Baulandwidmungen gelten ab 2018 grundsätzlich nur mehr zehn Jahre; wird ein Baulandgrundstück innerhalb dieser Frist nicht bebaut, erfolgt eine automatische Rückwidmung in Grünland. Wenn bei Inkrafttreten des Gesetzes bereits als Bauland ausgewiesene unverbaute Grundstücke nicht innerhalb von fünf Jahren bebaut werden, hat die Gemeinde vom Eigentümer einen „Infrastruktur-Bereitstellungsbeitrag" einzuheben. Die Erlassung von „Standortverordnungen für Handelsgroßbetriebe" mit sogenannten „zentrenrelevanten" Sortimenten darf keine nachteiligen Auswirkungen auf das Ziel der Revitalisierung von Orts- und Stadtzentren haben und ist damit auf der „Grünen Wiese" praktisch ausgeschlossen. Zweitwohnungen sind künftig in Gemeinden, deren Zweitwohnungsanteil 16 Prozent übersteigt („Zweitwohnungs-Beschränkungsgemeinden" – darunter fallen über zwei Drittel aller Salzburger Gemeinden) grundsätzlich nur mehr in ausgewiesenen Zweitwohnungsgebieten zulässig. Verschärft wurden parallel die Maßnahmen gegen unrechtmäßige Zweitwohnungsnutzungen, die bis zur Zwangsversteigerung gehen. Das neue Gesetz trat mit 1. Jänner 2018 unter dem Titel „ROG – Novelle 2017" in Kraft.

Gerade dieses letzte Beispiel beleuchtet vielleicht am deutlichsten, dass die Befassung des Landtages mit dem Thema „Bauen und Raumordnung" auch in Zukunft einen seiner bedeutendsten Tätigkeitsbereiche darstellen dürfte!

Auswahlbibliographie

Braumann, Christoph: 50 Jahre Raumplanung in Salzburg. 50 Jahre Salzburger Raumordnungsgesetz, Salzburg 2006 (Materialien zur Raumplanung, Band 19)

Handbuch Raumordnung Salzburg, 12. Ausgabe, Salzburg 2012

Hauer, Wolfgang R.: Salzburger Baurecht samt Durchführungsverordnungen und Nebengesetzen, Eisenstadt 1984

Ledochowski-Thun, Karl (Hg.): Die Bauordnungen für Stadt und Land Salzburg und ihre wichtigsten Nebengesetze mit erläuternden Bemerkungen, Salzburg 1949

Salzburger Baurecht. Texte, Materialien, Judikatur, 3. Auflage (Stand: 1. Juli 2016), Linz 2016

Semsroth, Klaus: Vom Regulierungsplan zum räumlichen Entwicklungskonzept. Städtebauliche Entwicklungslinien in Österreich im Spiegel der Rechtsgrundlagen, Wien 1985

Willomitzer, Christian: Geschichte des Baudienstes im Land Salzburg, Salzburg 1985 (Schriftenreihe des Landespressebüros, Sonderpublikationen Nr. 53)

Aus den Debatten des Salzburger Landtages

Auszug aus dem Protokoll der Landtagssitzung am 7. Jänner 1886 (Motiven-Bericht zu dem Entwurfe einer Bauordnung für die Landeshauptstadt Salzburg)

„Bei dem Entwurfe einer Bauordnung für die Stadt Salzburg mußte in erster Linie darauf Bedacht genommen werden, daß Salzburg eine in der Weiterentwicklung und Ausdehnung begriffene Stadt ist, die den jahrhundertealten, nur mäßig sich erweiternden Gürtel, der sie umspannte, mit einem Male, dem Beispiele anderer Genossinnen folgend, sprengte und nun, die Freiheit fühlend, in ungestümem Laufe von der Umgebung Besitz ergriff.

Wohl keine der Städte, die dem Impuls unseres Jahrhunderts Folge gaben und in der Sehnsucht nach Befreiung von den beengenden Fesseln der Ringmauern diese durchbrachen und ihre Straßenarme ringsum ausbreiteten, kann darauf Anspruch machen, daß sie dabei allen Anforderungen, die die Zukunft zu stellen berechtigt ist, gerecht geworden sind ... Eine radikale Umkehr auf dem Wege, nachdem in vielen Städten, und darunter auch in Salzburg, die jeweiligen Erweiterungen und Regulierungen entstanden sind, kann nur von Vorteil für die zukünftige Gestaltung der Stadtanlage sein. Salzburg kann und darf seiner baulichen Entwicklung nicht gleichgültig gegenüberstehen; es ist hohe Rücksicht schuldig seinem zu Recht bestehenden Rufe, eine der schönsten Städte Europas zu sein, seinem lebhaften und – wenn glückliche Maßnahmen nicht ausbleiben – sich immer mehr ausbreitenden Fremdenverkehr und endlich seinem lang gehegten Wunsche, eine Saisonstadt im wahren Sinne des Wortes zu werden. Nicht von Fall zu Fall dürfen die Erweiterungen geplant, durchberaten und ausgeführt werden, sondern es muß die Fürsorge sich auf das gesamte Stadtgebiet und auch darüber hinaus nach wohldurchdachten einheitlichen Grundsätzen erstrecken; es muß mit einem Worte ein Elaborat für die zukünftige Gestaltung der Stadt, d. i. ein Stadtregulierungs- und Erweiterungs-Plan geschaffen werden. Dieser Stadtregulierungs- und Erweiterungs-Plan muß für die ganz oder teilweise verbauten Stadtteile die Erweiterung und Regulierung der bestehenden Plätze, Straßen und Gassen und die Schaffung notwendig gewordener neuer Verbindungsstraßen ins Auge fassen; für die noch nicht verbauten oder sehr wenig verbauten Gebietsteile wird zum mindesten die Planung von Hauptverkehrsstraßen notwendig und dabei ein Hauptaugenmerk auf ihre günstige und zweckmäßige Verbindung mit den außer der dem Stadtrayon gelegenen jetzigen und etwaigen zukünftigen Verkehrswegen zu richten sein."

Auszug aus den Erläuterungen zur Novelle der Bauordnung mit Ausschluss der Landeshauptstadt Salzburg (SLP, Nr. 2, 3. Session, 2. GP)

„Die Landesregierung ist sich dessen bewußt, daß die Bauordnung für das Land Salzburg mit Ausnahme der Landeshauptstadt Salzburg, die im Wesentlichen auf das Gesetz vom 7. Juli 1879 zurückgeht, von Grund auf reformbedürftig ist. Ehe die Landesregierung jedoch an die Ausarbeitung einer vollständig neuen Bauordnung für das Land Salzburg schreitet, will sie die Erfahrungen abwarten, die mit der jüngsten Novelle zur Stadtbauordnung gemacht werden. Auch die übrigen Bundesländer, in denen die Verhältnisse durchaus ähnlich liegen, haben es noch nicht gewagt, mit vollständig neuen Bauordnungen an ihren Landtag heranzutreten.

Trotzdem ergeben sich verschiedene ganz dringliche Anlässe, um dem Landtag eine kleine Novellierung unserer Landbauordnung vorzuschlagen.

Zu Artikel I.

1) Die Erfahrung lehrt, daß am flachen Land in den letzten Jahren – vielfach bedingt durch die große Wohnungsnot – eine vollständig planlose Bauführung eingesetzt hat. Diese planlose Bebauung beeinträchtigt zweifellos unsere Landschaft und damit den Wert unseres Landes als Fremdenverkehrsland, sie beeinträchtigt aber auch eine künftige geregelte Verbauung. Den Bürgermeistern, denen planungswirtschaftliche Sachverständige nicht zur Verfügung stehen, kann die Beurteilung der hier einschlägigen Fragen nicht überlassen werden. Zu diesem Zweck soll die bereits bestehende Vorschrift des § 26, daß Parzellierungen der Bewilligung der Bezirksverwaltungsbehörde bedürfen, auch auf Bauführungen ausgedehnt werden, die ohne Parzellierung von Grundstücken durchgeführt werden sollen (Punkte 1 bis 3 des Entwurfes).

Während die Landwirtschaftskammer und die Landarbeiterkammer gegen Punkt 1 bis 3 des Entwurfes eine Einwendung nicht erheben, die Arbeiterkammer sie sogar nachhaltig begrüßt, bemerkt die Kammer der gewerblichen Wirtschaft folgendes:

„Die Kammer erachtet es zweifellos als notwendig, in gewissen Fällen Bauwerber davon abzuhalten, ihre Bauobjekte vollständig planlos auf unaufgeschlossenen Parzellen zu errichten. Sie hält es aber keineswegs für zweckmäßig, die Entscheidung der unter § 26 Absatz 2, lit. a, b und c) genannten Fälle der Bezirkshauptmannschaft vorzubehalten. Sie vertritt vielmehr die Ansicht, daß in diesen Fällen der Bauwerber der Zustimmung der Gemeinde (Gemeinderat) bedarf, wobei der weitere Instanzenzug selbstverständlich an die Bezirkshauptmannschaft zu gehen hat …"

Auszug aus den Erläuterungen zum Raumordnungsgesetz ROG 1956 (SLP, Nr. 4, 2. Session, 3. GP)

„1. <u>Allgemeine Ausführungen</u>:

Der Landtag hat mit Beschluß vom 18. April 1953 die Landesregierung aufgefordert, einen Gesetzentwurf für ein Landesraumordnungsgesetz auszuarbeiten und dem Landtag vorzulegen. Im Sinne dieses Auftrages wurde im Amt der Landesregierung eine Reihe von Entwürfen ausgearbeitet. Am Gebiete der Raumordnung spielen jedoch derart viele und schwerwiegende Fragen verfassungsrechtlicher Natur ein, daß sich das Amt der Landesregierung zunächst nicht in der Lage sah, der Landesregierung einen bezüglichen Entwurf zur Vorlage an den Landtag zu unterbreiten, hinsichtlich dessen in Beziehung auf die verfassungsrechtliche Zuständigkeit keine Zweifel bestehen. Über ein bezügliches Referat des Amtes der Landesregierung hat daher die Landesregierung am 19. Jänner 1954 beschlossen, vom Verfassungsgerichtshof im Sinne des Art. 38 Abs. 2 B-VG die Frage der Zuständigkeit der Landesgesetzgebung am Gebiete der Raumordnung klären zu lassen ... Die Kammer für Arbeiter und Angestellte vertritt zu dem vorliegenden Entwurf eines Landesgesetzes für die Raumordnung die Auffassung, daß Bestimmungen über die Enteignung von Grundflächen zur Durchführung von Bauvorhaben, Anlagen öffentlicher Verkehrsflächen und dergleichen, die eine konstruktive Raumordnungspolitik im Lande Salzburg gewährleisten könnten, fehlen und daher praktisch nur die §§ 10 ff dieses Gesetzesentwurfes zur Anwendung gelangen würden, jedoch die Ausarbeitung von Entwicklungsplänen im Sinne der §§ 1,3, 4 und 5 keine konkreten Erfolge zeitigen dürfte. Es wäre nach dem vorliegenden Gesetzesentwurf nur möglich, die Gemeinden zur Aufstellung von Flächenwidmungsplänen zu veranlassen und deren Überprüfung und Koordinierung vorzusehen. Maßgeblich für die Errichtung von Industrie und Gewerbebetrieben, Durchführung von Bauten und Anlage von Siedlungen ist jedoch derzeit die Verfügung über die entsprechenden Grundstücke. Sofern in einem Gesetz über die Raumordnung nicht die Möglichkeit besteht, daß Grundflächen, die zur Durchführung eines Bauvorhabens erforderlich sind und die überhaupt nicht oder nur gegen einen unangemessen hohen Preis erworben werden müssen, gegen Entschädigung enteignet werden können, ist es höchstens möglich, krasse Fehlentwicklungen im Rahmen der Flächenwidmungspläne der Gemeinden zu verhindern. Außerdem muß darauf verwiesen werden, daß auf bodenreformatorischem Gebiet die Landesgesetzgebung verfassungsmäßig auf die Erlassung von Ausführungsbestimmungen innerhalb des vom Bundesgrundsatzgesetz festgesetzten Rahmens (Art. 15 Abs. 6 B-VG) verwiesen ist ...

Auszug aus dem Antrag der Abg. Dr. Schausberger, Emberger, Dr. Gmachl und Ing. Griessner betreffend eine Novellierung des Salzburger Raumordnungsgesetzes und damit zusammenhängender weiterer landesrechtlicher Vorschriften (SLP, Nr. 125, 1. Session, 10. GP)

„Nach übereinstimmender Auffassung vieler Fachleute und der politischen Entscheidungsträger auf Landes- und Gemeindeebene ist es nunmehr an der Zeit, mit einer großen Novelle zum Salzburger Raumordnungsgesetz neue Akzente zu setzen. Im Landtag sind bereits vor einiger Zeit mehrere diesbezügliche Initiativanträge eingebracht worden, deren Behandlung wegen der Landtagswahlen nicht mehr möglich war.

Im Einzelnen geht es bei diesen Überlegungen um folgende Punkte:

Im Bundesland Salzburg ist ein höherer Siedlungsdruck als in allen anderen österreichischen Regionen festzustellen. So ist der Zeitpunkt absehbar, wo der Zentralraum bei Fortschreiten dieser Entwicklung in einem Ausmaß verbaut ist, das unter keinen Umständen hingenommen werden kann. Deshalb muss es zu einer raumordnungsrechtlich stärkeren Regelung der Verbauungsarten und Verbauungsdichten kommen. Darüber hinaus müssen Anreize geschaffen werden, dass in vermehrtem Maß vom Neubau zur Nutzung bestehender Baumassen übergegangen wird ... Ein wichtiger Gesichtspunkt der in Aussicht genommenen großen Novelle zum Raumordnungsgesetz muss die sparsamste Ausweisung von Bauland durch die Gemeinden sein. Darin liegt nicht nur eine der wichtigsten Voraussetzungen für Maßnahmen gegen weitere Zersiedelungen, sondern auch für die Wirksamkeit des Einsatzes marktvernünftiger Mobilisierungsstrategien zur Gewinnung von Bauland, etwa im Rahmen von Verträgen.

Die Mobilisierung von geeignetem Bauland wird ein zentraler Punkt der Raumordnungsnovelle sein müssen. Diesbezüglich gibt es seit Jahren verschiedenste und unterschiedlichste Vorstellungen über die einzusetzenden Mobilisierungsinstrumente. Sie reichen von einer Besteuerung bestimmter unbebaut liegender Baulandreserven, die sich am Marktwert orientiert, bis hin zu Rückwidmungsvorstellungen (scharfes und sanftes Baugebot); sie erfassen aber auch die Abschöpfung von sogenannten Planungsgewinnen sowie direkte enteignende und enteignungsähnliche Maßnahmen.

Wie die bisherigen Erfahrungen im In- und Ausland zeigen, haben alle diese hoheitlich konstituierten Maßnahmen gemeinsam, dass durch sie der Einfluss der öffentlichen Hände bedeutend verstärkt wird, ihre Ergebnisse im Hinblick auf die Siedlungsstruktur und vor allem die Beschaffung kostengünstiger Baulandreserven aber eher als bescheiden anzusetzen ist. Nach Auffassung der Antragsteller wäre es deshalb richtiger, marktvernünftige, auf Verträge beruhende Mobilisierungsstrategien einzusetzen, wie sie etwa in Bayern seit geraumer Zeit und offenbar sehr erfolgreich benützt werden und wie sie auch bereits in Salzburg ca. in einem Dutzend Gemeinden erfolgreich praktiziert werden ...

Auszug aus dem Bericht des Verfassungs- und Verwaltungsausschusses (SLP, Nr. 6, 4. Session, 15. GP) zur Vorlage der Landesregierung (Nr. 995, 3. Session, 15. GP) betreffend ein Gesetz zur Erlassung eines Salzburger Bautechnikgesetzes 2015 und eines Salzburger Hebeanlagengesetzes sowie zur Änderung des Bebauungsgrundlagengesetzes, des Baupolizeigesetzes 1997 und der Salzburger Feuerpolizeiordnung 1973

„Der Verfassungs- und Verwaltungsausschuss hat sich in der Sitzung vom 16. September 2015 mit der Vorlage befasst.

Abg. Scheinast geht auf die Erläuterungen der Regierungsvorlage ein und führt aus, dass diese im Wesentlichen dem Arbeitsübereinkommen der Landesregierung folge, in dem u. a. die Zielsetzung enthalten sei, das Bebauungsgrundlagen-, das Baupolizei- und das Bautechnikgesetz sowie andere bautechnische Vorschriften zu einer einheitlichen Bauordnung des Landes zusammen zu fassen. Diese Regelungen sollen dabei auch entflechtet, angepasst und zur besseren Lesbarkeit strukturiert werden. Zudem sollen die Richtlinien des Österreichischen Institutes für Bautechnik übernommen werden. Mit der Durchführung der geplanten Baurechtsreform liege ein erster Schritt vor. Die Neuerlassung der bautechnischen Bestimmungen wird zum Anlass genommen, die Vorschriften betreffend Aufzüge wieder in einem eigenen Gesetz (Salzburger Hebeanlagengesetz) zusammenzuführen. Als inhaltliche Neuerungen seien z. B. anzuführen, dass die allgemeinen Anforderungen an bauliche Anlagen um den Gesichtspunkt der nachhaltigen Nutzung der natürlichen Ressourcen erweitert worden sei und bezüglich der Barrierefreiheit von Bauten es zu einer Erweiterung des Personenkreises und des Kreises jener Bauten, die barrierefrei zu gestalten seien, komme. Weiters gebe es im Hinblick auf die besonderen bautechnischen Anforderungen Bestimmungen über die Verpflichtung zur Herstellung von Stellplätzen, die um den Gesichtspunkt „Fahrradstellplätze" erweitert worden seien; darüber hinaus soll künftig eine Unterschreitung der Schlüsselzahl für Kfz-Stellplätze möglich sein. Im Hinblick auf das Hebeanlagengesetz werden die Bestimmungen mit den bundesrechtlichen Anforderungen weitgehend harmonisiert. Im Hinblick auf das Baupolizeigesetz 1997 komme es u. a. betreffend Bewilligungspflicht von Solaranlagen zu einer Verwaltungsvereinfachung.

Abg. Konrad MBA erkundigt sich, ob die Textpassagen hinsichtlich baulicher Anlagen und Bauprodukte in Richtung Ö-Normen gingen.

Abg. Rothenwänder sagt, dass es sich im Wesentlichen um die Harmonisierung, Angleichung und um die Möglichkeit zur Anwendung der Richtlinien des Österreichischen Institutes für Bautechnik (OIB) gehe und meint, dass es nicht sinnvoll wäre, wenn die Bundesländer unterschiedliche Richtlinien, z. B. Feuerschutztüren u. a. m., hätten. Der Regierungsvorlage werde insgesamt zugestimmt."

Walter Scherrer

Einkaufszentren – ein Dauerbrenner in der Salzburger Landespolitik

Mitte der 1960er-Jahre wollte die Regierung der Landeshauptstadt Salzburg mit dem sozialdemokratischen Bürgermeister Alfred Bäck an der Spitze ein „großes Kaufhaus mit eigener Garage nach internationalem Vorbild" errichten. Der Plan, anstelle der Realschule im Zentrum der Stadt am Hanuschplatz ein Großkaufhaus zu errichten, führte – wie Christian Dirninger festhält – zu großer Beunruhigung in der Salzburger Kaufmannschaft. So wurde denn auch an dieser Stelle ein – architektonisch umstrittenes und ob des tollpatschigen Vorgehens der Stadt bemerkenswertes – Projekt verwirklicht, von dem nur geringe Auswirkungen auf Handelsstruktur und Verkehr in Salzburg ausgingen. Die Diskussion über großflächige Einzelhandelsbetriebe hatte damit aber auch Salzburg erreicht.

Vorzüge und Nachteile von Einkaufszentren

Bis Mitte der 1970er-Jahre bestanden in Salzburg Einkaufszentren (EKZ) aus jeweils einem einzigen Betrieb. Beispiele dafür sind der erste „Merkur-Markt" in der Stadt Salzburg (Eröffnung 1972), die Kaufhäuser „Gerngroß" in Lehen und „Forum/Konsum" beim Bahnhof (jeweils 1973) sowie der „Maximarkt" in Anif (1974). Erst mit dem „Interspar-Markt" in Taxham entstand 1977 ein erster Vorläufer eines „Shopping Centers", der neben Unternehmen aus dem Konzern des Center-Betreibers Spar auch einige Fremdfirmen und Dienstleister umfasste.

Die Attraktivität von EKZ für den Konsumenten ist leicht erklärt: Infolge der Einkommenssteigerung nach dem Wiederaufbau stiegen Kaufkraft und Konsumnachfrage rasch an, die Konsumenten waren zunehmend „automobilisiert", die Konsumwünsche differenzierten sich. Einkaufen sollte mehr als nur das Besorgen von Lebensnotwendigem sein, das Sortiment sollte zahlreiche Warengruppen umfassen und die Produktvielfalt groß sein, es sollte alles gut erreichbar und bei langen und einheitlichen Öffnungszeiten unter einem Dach erreichbar sein – all das konnte ein EKZ bieten. Unter den Nachteilen von EKZ wird anfangs Spekulation und Einflussnahme durch ausländische multinationale Unternehmen genannt, von etablierten Handelsbetrieben werden sie als unerwünschte Konkurrenz abgelehnt. Durch EKZ kommt es zu einer Umverteilung von Umsätzen zwischen den Handelsbetrieben bzw. Standorten, und speziell „auf der grünen Wiese" errichtete EKZ erzeugen zusätzlichen Verkehr. Die Suburbanisierung großer Teile des Einzelhandels, wie dies entlang des Autobahn-Halbrings um die Stadt Salzburg zwischen Eugendorf und Anif besonders deutlich wird, verschlechtert die Versorgungssituation im ländlichen Raum und gefährdet traditionelle städtische Einkaufslagen, wodurch wiederum Orts- und Stadtkerne wichtige Funktionen verlieren können. Bereits 2005 entfielen etwa zwei Drittel des Umsatzes im Salzburger Einzelhandel auf EKZ (zum Vergleich: in den angrenzenden bayrischen Landkreisen war es etwa ein Drittel) und pro Einwohner bestehen in Salzburg mittlerweile etwa zwei Quadratmeter Verkaufsfläche (was rund doppelt so viel wie im EU-Durchschnitt ist).

Ebenso rasch wie ihre Verkaufsfläche und ihre Umsätze entwickelten sich EKZ auch zu einem wirtschaftspolitischen Konfliktfeld. Die Landespolitik versuchte, die Funktionsfähigkeit der Orts- und Stadtkerne sowie im gesamten Bundesland ein einigermaßen gleichartiges Versorgungsniveau mit Einzelhandelsläden durch Eingriffe in das Marktgeschehen sicherzustellen. Das sollte insbesondere mittels einer Steuerung der Errichtung von großflächigen Handelsbetrieben mit Hilfe des Salzburger Raumordnungsgesetzes (ROG) erfolgen. Andere Ansätze wie die Etablierung eines – wenig konkretisierten – „Flächenmanagements" oder die Einführung einer Lenkungsabgabe (Überlegungen dazu gab es z. B. im Jahr 2002) wurden vom Salzburger Landtag nicht weiter verfolgt. Die im ROG normierten Vorstellungen davon, was ein „Einkaufszentrum" ist, haben sich im Laufe der Zeit gewandelt. Die Regeln für EKZ wurden im ROG immer wieder neu gefasst und neue Instrumente wurden entwickelt, oftmals anlassbezogen, oft auf faktische Entwicklungen folgend. In einem Fall geschah das in so rascher Abfolge, dass ein vom Salzburger Landtag beschlossenes Instrument gar nicht in Kraft trat, weil in der Zwischenzeit schon eine Nachfolgeregelung beschlossen worden war.

Was ist eigentlich ein Einkaufszentrum?

Der Salzburger Landtag schuf 1975 auf Drängen der Wirtschaftskammer erstmals eine gesonderte Flächenwidmungskategorie „Gebiete für Einkaufszentren". Damit sollte es nur mehr möglich sein, auf von der jeweiligen Gemeinde entsprechend gewidmeten Flächen großflächige Handelsbetriebe zu errichten. Unter EKZ wurden Verkaufslokale des Handels verstanden, in denen mehrere Warengruppen einschließlich von Waren des täglichen Bedarfs angeboten werden, die nach einem wirtschaftlichen Gesamtkonzept in sich eine bauliche und planerische Einheit bilden und deren Betriebsfläche mehr als 2.000 m^2 (in der Stadt Salzburg und in Hallein 3.000 m^2) beträgt. In den Ausschussberatungen konnte keine Einigkeit über alle Punkte der Novelle des ROG erzielt werden, aufgrund der „Dringlichkeit" wurde aber die von den Sozialpartnern entworfene EKZ-Formulierung von ÖVP und FPÖ als Antrag in den Landtag eingebracht und gegen die Stimmen der SPÖ beschlossen.

Zwei Jahre nach Schaffung der EKZ-Widmungskategorie hatte noch keine einzige Gemeinde eine derartige Widmung vorgenommen, wohl aber war die Errichtung von mehreren großflächigen Einzelhandelsbetrieben genehmigt worden, deren Betriebsfläche jeweils um ein paar Quadratmeter unter dem gesetzlichen Schwellenwert lag. Schon 1977 wurde daher der Schwellenwert auf 500 m^2 Verkaufsfläche gesenkt, ab dem eine EKZ-Widmung im Flächenwidmungsplan einer Gemeinde vorliegen muss. Gleichzeitig wurde auch ein Katalog von Grundsätzen und Zielen in das ROG aufgenommen, in dem die Sicherstellung der Versorgung der Bevölkerung mit Gütern und Dienstleistungen in ausreichendem Umfang und angemessener Qualität sowie die Ausstattung mit Einrichtungen der Daseinsvorsorge in zumutbarer Entfernung als Ziele der Raumordnung explizit genannt wurden. Damit war ein wichtiger inhaltlicher Ansatzpunkt für steuernde Eingriffe durch das Land geschaffen.

Die ROG-Novelle 1997 ersetzte den Begriff „Einkaufszentrum" durch „Handelsgroßbetrieb" (HGB), von dem nunmehr fünf Typen unterschieden wurden: Verbrauchermärkte, C&C-Märkte, Fachmärkte, Bau-, Möbel- und Gartenmärkte sowie Einkaufszentren. Für Verbrauchermärkte (die überwiegend Lebens- und Genussmittel für Letztverbraucher anbieten) galt nunmehr eine Größenschwelle von 500 m^2 Verkaufsfläche, ab der eine HGB-Widmung vorliegen muss; bei allen anderen Typen waren es 800 m^2. Unter einem Einkaufszentrum wurde nunmehr eine geplante Konzentration von Einzelhandels- und Dienstleistungsbetrieben verstanden, die zueinander in einem räumlichen Naheverhältnis stehen und eine funktionale Einheit bilden. 2009 legte der Salzburger Landtag differenzierte Schwellenwerte fest, um die Versorgungsfunktion bzw. den Zentralitätsgrad der jeweiligen Gemeinde zu berücksichtigen. In der Landeshauptstadt, den Bezirkshauptstädten sowie in Bischofshofen und Saalfelden liegt er seither bei 800 m^2 für Verbrauchermärkte und bei 1.000 m^2 für alle anderen HGB; in Gemeinden unter 1.500 Einwohnern sind die Schwellenwerte 300 bzw. 500 m^2.

Von der Flächenwidmung zur Standortverordnung (1975–1999)

Die Formulierung des seit 1975 geltenden Erfordernisses der Widmung als Gebiet für EKZ bzw. HGB wurde 1989 geändert. Am Beispiel dieser Änderung lässt sich die Gemengelage aus wirtschaftlichen Entwicklungstendenzen und Interessenlagen, der Einflussnahme von Interessensvertretungen sowie der (Partei-)Politik auf Landes- und Gemeindeebene im Zusammenhang mit Lenkungsinstrumenten zur Steuerung der EKZ-Entwicklung anschaulich darstellen. Ende der 1980er-Jahre beschleunigte sich der Strukturwandel im Handel und die Zahl von realisierten und geplanten EKZ-Projekten stieg rasch an. Zahlreiche dieser Projekte wurden aber von den an einer Ansiedlung interessierten Gemeinden formal gar nicht als EKZ eingestuft: So zeigt etwa Schmidjell, dass Behörden insbesondere auf der Gemeindeebene auch augenscheinlich falsche Angaben von Projektbetreibern unhinterfragt akzeptierten. Eine weitere und offenbar vielfach genutzte Umgehungsmöglichkeit bestand darin, EKZ-Projekte in mehrere scheinbar selbständige Geschäfte mit jeweils weniger als 500 m^2 Verkaufsfläche aufzuteilen, um damit eine EKZ-Widmung zu vermeiden. Gemeindepolitiker, egal welcher politischen Partei sie angehören, gewichteten somit offenbar die Interessen der eigenen Gemeinde so hoch, um auch vor rechtlich fragwürdigen Vorgangsweisen nicht zurück zu scheuen.

Um diese Lücken im ROG zu schließen, brachten wirtschaftsnahe ÖVP-Abgeordnete und FPÖ-Abgeordnete im Jahr 1989 einen „dringlichen Antrag" in den Landtag ein. Im ROG sollte festgelegt werden, dass eine Widmung als EKZ unabhängig von der Beurteilung des Bauvorhabens durch die Gemeinde jedenfalls dann erforderlich ist, wenn mehr als ein Viertel der Fläche aller Geschoße eines Bauvorhabens für den Handel mit Waren des täglichen Bedarfs oder Waren mehrerer Warengruppen dient. Der Antrag wurde in der „Salzburger Wirtschaft", der Wochenzeitung der Wirtschaftskammer Salzburg, medial entsprechend orchestriert. Die beiden den Antrag stellenden Parteien begründeten die Neuregelung damit, dass die steigende Zahl von EKZ die Handelsstrukturen drastisch verändere und damit die bestehenden Orts-, Stadt- und Stadtteilstrukturen gefährdeten sowie eine zusätzliche Verkehrsbelastung und Störung des Orts- bzw. Landschaftsbilds verursachten.

Eine dem Antrag diametral entgegengesetzte Position wurde von der Arbeiterkammer und der SPÖ eingenommen. Die im Antrag vorgeschlagene Regelung führe faktisch zu einer generellen Unterbindung der Errichtung von Großmärkten, womit Salzburg hinter die im „Ostblock" geltenden liberaleren Regelungen zurückfalle und der Kaufkraftabfluss ins benachbarte Bayern nicht gestoppt werden könne. Gleichzeitig wird – wenig konsistent mit der genannten Befürchtung, aber wie die spätere Erfahrung zeigt durchaus zutreffend – auf eine Reihe von Umgehungsmöglichkeiten hingewiesen, die auch die neue Regelung aufweist.

Die Neuregelung der Flächenwidmung von EKZ im Salzburger ROG wurde 1989 im Sinne des gestellten Antrags mit den Stimmen der ÖVP, der FPÖ und der kurz zuvor erstmals in den Landtag eingezogenen Bürgerliste Salzburg Land gegen die Stimmen der SPÖ beschlossen. Kritische Stimmen gegen diese Novellierung gab es auch innerhalb der ÖVP vom ÖAAB und damit jener Teilorganisation der ÖVP, die Arbeitnehmerinteressen vertritt. Diese Kritik wurde vor allem damit begründet, dass durch EKZ Arbeitsplätze geschaffen würden und diese bessere Arbeitsbedingungen böten.

Doch auch die neue Regelung enthielt – nicht unvorhersehbar – Umgehungsmöglichkeiten. So erlaubte sie beispielsweise die Errichtung des Airportcenters in Wals-Siezenheim, ohne dass für das betroffene Areal eine Widmung als EKZ vorlag. Das 1994 vom Salzburger Landtag beschlossene erste Landesentwicklungsprogramm sollte daher die Möglichkeiten zur Widmung von Flächen für EKZ einschränken: EKZ mit über 1.000 m² Verkaufsfläche waren nun nur mehr in „hochrangigen zentralörtlichen Gemeinden" erlaubt. Daran scheiterte letzten Endes die Ansiedlung eines Gartencenters, weil die als Standort vorgesehene Gemeinde zum Zeitpunkt der Antragstellung nicht die dafür erforderliche hohe „Zentralitätsstufe" im Landesentwicklungsprogramm aufwies. Eine Höherstufung dieser Gemeinde wäre zwar auf der Basis eines unabhängigen Gutachtens möglich gewesen, der Landeshauptmann reichte aber die Entscheidungsfindung an jenen Regionalverband weiter, dem auch die potenzielle Standortgemeinde angehört. Dort fand sich aber keine Mehrheit für das Projekt.

Das Landesentwicklungsprogramm sah auch die Möglichkeit zur Entwicklung von „Sachprogrammen" vor. Ein Entwurf für ein derartiges Sachprogramm „Versorgungsstruktur und Handelsgroßbetriebe" lag 1998/99 vor, wurde aber trotz Empfehlung durch den Raumordnungs-Fachbeirat nicht von der Landesregierung beschlossen. Christoph Braumann führt das auf die Errichtung eines großflächigen Baumarkts auf einer nicht entsprechend gewidmeten Fläche zurück – ein Vorgang, der die Instrumente der Raumordnung in der Öffentlichkeit als wenig wirksam erscheinen ließ. Erst kurz vor der Landtagswahl Anfang 1999 beschloss der Salzburger Landtag – wohl um in dieser Sache Flagge zu zeigen – mit den Stimmen von ÖVP, FPÖ und Bürgerliste, dass Gemeinden nur mehr dann Gebiete für HGB ausweisen dürfen, wenn dies in einem verbindlichen Sachprogramm mit Standortfestlegungen für das ganze Land vorgesehen ist. Diese von Richard Schmidjell treffend als „Vorwahl-Novelle" bezeichnete Gesetzesänderung wurde nach geschlagener Landtagswahl aber noch vor ihrem Inkrafttreten durch eine „Nachwahl-Novelle" im November 1999 überholt, mit der das Instrument der „Standortverordnung" geschaffen wurde.

Eine Standortverordnung ist seit 1999 das wichtigste Instrument der überörtlichen Raumplanung zur Steuerung der Errichtung, Ausweitung und Nutzungsänderung von HGB. Sie legt fest, dass aus Sicht der überörtlichen Raumplanung des Landes auf einer Fläche in einer Gemeinde ein HGB mit einer bestimmten Gesamtverkaufsfläche zulässig ist. Maßgeblich für die Erlassung einer auf den jeweiligen Einzelfall abstellenden Verordnung sind die im ROG normierten Ziele und Grundsätze der Raumordnung, wobei in der Praxis dem Einfluss auf die Verkehrsstrukturen besondere Bedeutung zukommt. Die Errichtung von HGB mit mehr als 1.000 m² Verkaufsfläche ist seither auch nicht mehr an eine bestimmte Zentralitätsstufe im Landesentwicklungsplan gebunden, sondern grundsätzlich wieder in jeder Gemeinde möglich. Damit wurde das System der Zentralen Orte durchbrochen, allerdings war für einen HGB wieder in jedem Fall eine entsprechende Flächenwidmung erforderlich. Der Bundesrechnungshof stellte in einem Bericht im Jahr 2007 fest, dass die Landesregierung mit der Standortverordnung „bei konsequenter Handhabung" über ein Instrument verfüge, in Entwicklungen steuernd einzugreifen.

Politische Parteien und Raumordnung

Die politische Bedeutung von Raumordnungsfragen im Zusammenhang mit EKZ bzw. HGB ist enorm. Das ist zunächst daran zu ermessen, dass bei Abstimmungen im Salzburger Landtag öfter als nur einmal Mehrheitsentscheidungen getroffen wurden, und das selbst in den Zeiten des Konsensklimas in der Landespolitik. Mindestens so bemerkenswert ist der Umgang mit dem Prinzip der Rechtsstaatlichkeit im Zusammenhang mit EKZ-Raumordnungsverfahren. So wurden in der Regierungserklärung 1999 – also einer politischen Absichtserklärung der Landesregierung – die Ergebnisse von bereits abgeschlossenen Verwaltungsverfahren widerrufen, ohne dass ein neues Verfahren stattfand, und das Ergebnis von laufenden bzw. nicht eingereichten Verwaltungsverfahren vorweggenommen. Als Ironie der Geschichte ist festzuhalten, dass eines der betroffenen und heißumkämpften Projekte zwar verwirklicht wurde, die betreffende Immobilie mittlerweile aber seit vielen Jahren leer steht.

Die grundsätzlichen Positionen der im Salzburger Landtag vertretenen politischen Parteien lassen sich – mit etwas Mut zur Vereinfachung – wie folgt beschreiben. Die ÖVP trat dem Thema HGB tendenziell restriktiv gegenüber, zählen doch potenziell negativ betroffene kleine und mittlere (Einzelhandels-) Unternehmer zur Kernwählerschaft; ebenso ist ihr Wähleranteil im durch HGB meist negativ betroffenen ländlichen Raum überproportional hoch. Innerparteiliche Interessenkonflikte brechen jedoch immer wieder auf, weil HGB für den Arbeitnehmerflügel und für Gemeindepolitiker als Quelle von neuen Arbeitsplätzen interessant sind. Das Arbeitsplatzargument steht aber auf wackligen Beinen, denn bezogen auf das ganze Land Salzburg könnte längerfristig durch HGB wohl nur dann *zusätzliche* Beschäftigung entstehen, wenn Kaufkraftströme aus angrenzenden Regionen (insbesondere aus Bayern) angezapft oder Touristen zu Mehrausgaben veranlasst werden können. Ansonsten ist mittelfristig eine Substitution zu erwarten: in den HGB entstehen neue Beschäftigungsmöglichkeiten, in den Regionen und Handelsbetrieben, von denen Kaufkraft durch HGB abgezogen wird, gehen Beschäftigungsmöglichkeiten verloren.

Die SPÖ nahm tendenziell eine liberale Position ein. Für sie spielt das Arbeitsplatzargument eine gewichtige Rolle, wobei wiederum die Erwartung von Bedeutung sein könnte, dass Beschäftigte in Großbetrieben gewerkschaftlich leichter organisierbar sein könnten als in kleineren (Familien-)Unternehmen. Nicht zuletzt aufgrund des extrem hohen Anteils von Teilzeitarbeitskräften im Handel dürfte das aber inzwischen generell schwieriger geworden sein. Von den negativen Auswirkungen von HGB ist die auf städtische Räume konzentrierte Wählerschaft der SPÖ tendenziell gering betroffen, sodass die SPÖ positive Auswirkungen von HGB in den Vordergrund stellt. Dazu zählt vor allem, dass HGB den Wettbewerb im Handel stärken, was den Konsumenten in Form von niedrigeren Preisen und größerer Produktvielfalt zugutekommen sollte. Es überrascht nicht, dass in beiden Parteien – ÖVP und SPÖ – die Positionen der von ihnen dominierten Kammern (Wirtschaftskammer bzw. Arbeiterkammer) eine wichtige Rolle spielen.

Keine durchgehende Linie ist im Verhalten der FPÖ zu erkennen, der dritten über den gesamten betrachteten Zeitraum im Salzburger Landtag vertretenen Partei. Dies zeigt sich etwa daran, dass sie 1992 den ihrer Partei zugehörigen und für Raumordnungsfragen zuständigen Landesrat, der in einem brisanten EKZ-Fall eine liberale Linie vertrat, durch einen Nachfolger ablöste, der die gegenteilige Linie vertrat.

Das Verhalten der Grünen bzw. der Bürgerliste ist in der Stadt Salzburg anders als auf Landesebene. Während von den Stadt-Grünen die Errichtung von HGB in der Stadt unterstützt wird (z. B. bei der Errichtung des Europark und bei dessen Ausbau), dominiert auf Landesebene aus ökologischen Gründen – vor allem weil HGB den motorisierten Individualverkehr steigern – und wegen der befürchteten Aushöhlung von Orts- und Stadtzentren eine restriktivere Haltung. Seit der Landtagswahl 2013 stellen die Grünen das in der Landesregierung für Raumordnungsfragen zuständige Mitglied. Das Ressort arbeitet seither u. a. an strengeren Maßstäben für die Genehmigung von HGB, die in ein neues ROG einfließen sollen. Die Nichtgenehmigung von fünf HGB-Projekten (u. a. eine neuerliche Erweiterung des Europarks) durch die Landesregierung weist bereits in diese Richtung und zeigt, dass das Instrument der Standortverordnung durchaus greifen kann. In einem Fall kulminierte diese Nichtgenehmigung sogar in Streitigkeiten vor Gericht. Das Anlegen strengerer Maßstäbe kann neben dem beabsichtigten Effekt einer Eindämmung des Flächenwachstums von HGB aber auch zu einem Festschreiben der bestehenden Situation beitragen und damit die bereits existierenden HGB begünstigen, von denen manche ja – wie dargestellt – unter durchaus bemerkenswerten politischen und rechtlichen Umständen errichtet wurden.

Abschließend stellt sich noch die Frage nach der Zukunftsfähigkeit des Modells EKZ/HGB für den Einzelhandel generell. Wie viel Verkaufsfläche ist in Zeiten des boomenden Online-Handels erforderlich und wie muss sie gestaltet werden? Stagnierende oder sinkende Quadratmeterumsätze und Umsätze auch in großen Einkaufszentren, die langsamer als die Inflationsrate wachsen oder stagnieren, zeugen bereits davon, dass das Modell Einkaufszentrum in Zukunft nicht nur vor raumordnungspolitischen Herausforderungen stehen wird.

Auswahlbibliographie

Braumann, Christoph: 50 Jahre Raumplanung in Salzburg, Salzburg 2006

Dirninger, Christian: Handel im Wandel – Vom Greißler zum Supermarkt. In: Haas, Hanns/Hoffmann, Robert/Kriechbaumer, Robert (Hg.): Salzburg – Städtische Lebenswelten seit 1945, Wien 2000

Rechnungshof: Einkaufszentren. Wirkungsbereich der Länder Kärnten, Oberösterreich, Salzburg, Steiermark, Wien 2007

Schmidjell, Richard: Regional Governance. Raumordnung in Salzburg. Einkaufszentren 1975 bis 2005, Wien 2007

Nikolaus Lienbacher

Einforstung – Lebensfrage für das Land

Im Bundesland Salzburg spielen die Einforstungsrechte nicht zuletzt aufgrund ihrer besonderen Geschichte eine herausragende Rolle. Unter Einforstungsrechten versteht man alle wie immer benannten Holzungs- und Bezugsrechte von Holz und sonstigen Forstprodukten wie Nadel-, Laub- oder Aststreu in oder aus einem fremden Wald. Weiters zählen dazu Weiderechte auf fremden Grund und Boden sowie anderweitige Feldservitute wie etwa Wasserleitungs- und Quellfassungsrechte, bei denen das dienstbare Gut Wald ist.

Bei den Einforstungsrechten handelt es sich um ein seltenes und bedeutendes Rechtsinstitut. Aufgrund ihres öffentlich-rechtlichen Charakters bestehen sie unabhängig von ihrer grundbücherlichen Eintragung und können weder verjähren noch ersessen werden. Einforstungsrechte grenzen sich von zivilrechtlichen Dienstbarkeiten ab. Sie sind stets mit Liegenschaften verbunden und zeitlich unbegrenzt. Bezugsberechtigt ist der jeweilige Eigentümer der berechtigten Liegenschaft.

Diese Einforstungsrechte fußen auf öffentlich-rechtlichen Rechtstiteln, sogenannten Regulierungs-Urkunden aus dem 19. Jahrhundert, in welchen diese Rechte überwiegend in fixen Jahresbezugsmengen festgelegt sind. Zu einem geringen Teil gibt es sogenannte Bedarfsrechte, deren Inanspruchnahme zweck- und bedarfsgebunden zu erfolgen hat. Die Behandlung der Einforstungsrechte sowie die Schlichtung von Streitigkeiten zwischen den Eigentümern der belasteten und berechtigten Liegenschaft erfolgt aufgrund spezieller (Einforstungs-) Landesgesetze, die von den Agrarbehörden vollzogen werden. Die Einforstungsrechte treten häufig in Form von Bezugsrechten von Nutzholz für die Errichtung und Instandhaltung von Gebäuden, Zäunen, Brücken oder Uferverwerkungen, als Bezugsrecht von Brennholz für die Beheizung von Gebäuden, als Bezugsrecht von Waldstreu oder als Recht, eine bestimmte Anzahl von Vieh in fremden Waldungen oder Almen weiden zu lassen, auf.

Insgesamt beläuft sich die einforstungsbelastete Fläche in Österreich auf rund 594.000 Hektar, wobei fast 80 Prozent dieser Fläche im Eigentum der Republik Österreich, Österreichische Bundesforste, steht. Rund 230 belasteten Liegenschaftseigentümern (Verpflichteten) stehen ca. 38.000 berechtigte Liegenschaftseigentümer (Berechtigte) gegenüber. Letztere haben in Summe jährliche Anspruchsrechte auf rund 96.000 Festmeter Nutzholz, 340.000 Raummeter Brennholz sowie auf Weiderechte zum jährlichen Auftrieb von rund 174.000 Großvieheinheiten.

Grundherren und Grundholde – Landesfürsten und Untertanen

Die Wurzeln der Einforstungsrechte reichen in die Zeit der Besiedelung des Landes durch die Bajuwaren im 6. Jahrhundert zurück. Mit dem Übergang von einem wandernden Hirten- zu einem sesshaft gewordenen Bauernvolk begann die Verteilung des Landes, wobei das außerhalb der Dörfer, Weiler und Einzelgehöfte im Überfluss vorhandene Wald- und Weideland allen Siedlern zur gemeinschaftlichen Nutzung offenstand. Das damals noch unverteilte Land wurde als Mark, Allmende oder auch Frei bezeichnet und war der gemeinsamen Benützung als Weide und zur Holznutzung vorbehalten. Mit der Erstarkung der landesfürstlichen Macht und des Grundherrschaftsverhältnisses verschoben sich die Eigentumsverhältnisse an Grund und Boden wesentlich. Als Lohn für ihre Führerschaft erklärten die Grundherren sowohl den Einzelbesitz als auch das Gemeinschaftseigentum der Markgenossen zu ihrem Obereigentum. Die Grundherren verteilten ihren Grund – soweit sie ihn nicht selbst bewirtschafteten – an die Bebauer. Diesen wurde der für landwirtschaftliche Nutzungen geeignete Grund und Boden ins „Urbar" übertragen. Als Gegenleistung dafür mussten die Bebauer dem Grundherren Natural-, Fron- und Zehentdienste leisten. Die Ausübung der Weide und die Holznutzung durfte bislang weiterhin im unverteilten Grund des Grundherrn erfolgen. Nachdem sich für die Grundholden an Art und Umfang der Bodenbenützung nichts änderte, hatten sie auch keinen Anlass gegen diese Änderung Einspruch zu erheben. Aus dieser Nutznießung haben sich später die Einforstungsrechte sowie das bäuerliche Grundeigentum entwickelt. Während sich andernorts viele kleine Grundherren zu halten vermochten, ist es eine Eigentümlichkeit der Rechtsentwicklung im Land Salzburg, dass die landsässigen Grundherrschaften allmählich in die Hand des Landesfürsten gerieten, sodass dieser schon um 1500 der größte Grundbesitzer im Land wurde.

Der aufkommende Bergbau und die zunehmende Besiedelung stellten den Wald an neue Herausforderungen. Zur Zeit der Landesfürsten wurden durch Forst- und Jagdbann zunächst einzelne Waldnutzungen dem Landesfürsten vorbehalten, die in der Folge zum Forstregal führten. Dies bedeutete, dass ganze Waldkomplexe als Eigentum des Landesfürsten anzusehen waren. Unter Erzbischof Matthäus Lang kam es zur ersten Waldordnung im Jahr 1524, zufolge derer alles im Land wachsende Holz, welches für den Bergbau gewinnbar war, für den Landesfürsten beschlagnahmt wurde. Damit spitzte sich die Regelung der gemeinsamen Benützung des ehemals unverteilten Bodens zu einer Machtfrage zwischen Fürst und Volk zu.

Aufhebung der Untertänigkeit – freie Bauern

Mit Kaiserlichem Patent vom 7. September 1848 kam es zur Aufhebung des Untertänigkeitsverbandes und zur Bildung von Eigentum an Grund und Boden. Der Grundholde wurde zum freien und eigentumsberechtigten Bauern. Mit der Grundentlastung wurde der persönliche Untertänigkeitsverband ausnahmslos und für ewige Zeiten beseitigt. Die Jurisdiktions- und Verwaltungsrechte der Grundherren wurden abgeschafft. Der bäuerliche Grundbesitz wurde von Frohnden, Zehenten und allen anderen Arbeits-, Natural- und Geldverbindlichkeiten teils unentgeltlich, teils gegen Übernahme einer mäßigen, zeitlich begrenzten Geldrentenverpflichtung befreit. Allerdings führte das Patent von 1848 auch zu einer Auflösung der Lebensgemeinschaft zwischen Grundherrn und Grundholden. Die nun freien Bauern drängten nach einer Regelung der Waldfrage.

Auszug aus dem Grundentlastungs-Patent vom 7. September 1848

Allerhöchstes Patent vom 7. September 1848.

Aufhebung des Unterthänigkeitsbandes und Entlastung des bäuerlichen Besitzes.

Wir Ferdinand der Erste,

constitutioneller Kaiser von Oesterreich 2c. 2c.

Haben über Antrag Unseres Ministerrathes in Uebereinstimmung mit dem constituirenden Reichstage beschlossen und verordnen, wie folgt:

1. Die Unterthänigkeit und das schutzobrigkeitliche Verhältniß ist sammt allen, diese Verhältnisse normirenden Gesetzen aufgehoben.

2. Grund und Boden ist zu entlasten; alle Unterschiede zwischen Dominical- und Rustical-Gründen werden aufgehoben.

Die Saalforstliquidation – Beginn der Regulierung der Rechte

Die erste Regelung von Einforstungsansprüchen erfolgte als sogenannte „Saalforstliquidation" im Zuge der Errichtung der Salinenkonvention 1829 in den Jahren 1830 bis 1832. Rund 18.500 Hektar landesherrlicher Wälder im Pinzgau wurden damals der königlich-bayerischen Regierung zwecks Versorgung der Saline Reichenhall mit Holz ins Eigentum übertragen. Die Einforstungsansprüche – rund 13.500 Festmeter Nutz- und Brennholz sowie Weiderechte zum jährlichen Austrieb von rund 11.100 Rindergräsern – wurden in Liquidationsprotokollen und Eichbriefen festgeschrieben. Das Patent vom 7. September 1848 enthielt keine Vorschriften zur Ablösung der Servitute. Das Kaiserliche Patent vom 4. März 1849 über die Durchführung der Grundentlastung verfügte, dass die Einforstungsrechte bis zur Durchführung der entgeltlichen Aufhebung in Wirksamkeit bleiben. Erst das Patent vom 5. Juli 1853 enthielt dazu Bestimmungen. Allerdings wechselte der Standpunkt des Gesetzgebers, indem er nun neben der Ablösung auch die Regulierung als Alternative zugelassen hat. Unter Regulierung versteht das Kaiserliche Patent 1853 die schriftliche Festlegung und Regelung der Einforstungsrechte in Bezug auf Umfang, Ort, Dauer und Art ihrer Ausübung. Eine Ablösung der „Servitutsrechte" durfte nur noch stattfinden, wenn der Wirtschaftsbetrieb des Berechtigten oder Verpflichteten nicht auf unersetzliche Weise gefährdet wurde und keine Nachteile für die Landeskultur entstanden.

Durch eine Landespetition im Jahr 1848 an die Staatsregierung kam es zur Aufstellung einer Ministerialkommission, welche mit der Bereinigung der Grundeigentumsstreite und der Regelung der Einforstung beauftragt wurde. Die in den Jahren 1850 bis 1854 tätig gewesene Kommission war in der „Forstregulierung“ nicht sehr erfolgreich, da bei den Grundeigentumsstreitigkeiten keine Entscheidungen gefällt, sondern nur Vergleiche geschlossen werden durften und als Ablösungsäquivalent für Einforstungsrechte in Betracht kommende Waldflächen nur in das Eigentum von Gemeinden übertragen werden durften. Bei Beendigung ihrer Tätigkeit im Jahr 1854 wurden in 1.479 Fällen von Eigentumsstreiten Ausgleiche erzielt, 135 Fälle auf den Gerichtsweg verwiesen und bei 13 Gemeinden kam es zur sogenannten Ausforstung, also einer Waldeigentumsabtretung an die Gemeinde unter Aufhebung der Einforstungsrechte. Mit der Durchführungsverordnung der Ministerien für Inneres und Justiz vom 31. Oktober 1857 wurden in jedem politischen Verwaltungsgebiet eigene Grundlasten-Ablösungs-Regulierungs-Landeskommissionen als entscheidende Behörden und die erforderliche Anzahl von Lokalkommissionen als erhebende Organe bestellt und Instruktionen für die Durchführung der Regulierung und Ablösung der Einforstungsrechte erlassen. Eine allzu formalistische Vorgangsweise der Landeskommission und das Streben des Ärars nach einer billigen Entlastung der Staatswälder traf auf Misstrauen und Widerstand bei den Berechtigten. Zahlreiche Streitfälle behinderten ein Fortkommen der Kommission in den Folgejahren. Erst die über einen Reformantrag des Salzburger Landtages erlassenen ministeriellen Durchführungsbestimmungen aus dem Jahr 1863 brachten wesentliche Erleichterungen. Dies führte dazu, dass ab dem Jahr 1863 der überwiegende Teil der Salzburger Grundlastenoperationen im Vergleichsverfahren und nur ein verschwindend kleiner Teil im Patentalverfahren abgeführt wurden. Ergebnis dieser in den Jahren 1860 bis 1871 im Herzogtum Salzburg durchgeführten Verfahren sind die sogenannten Regulierungs-Urkunden, die bis heute den alleinigen Rechtstitel für die Einforstungsrechte im Land Salzburg bilden.

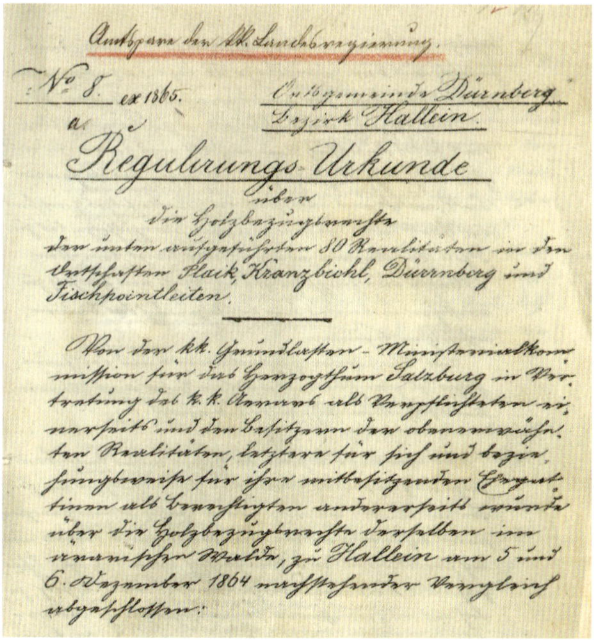

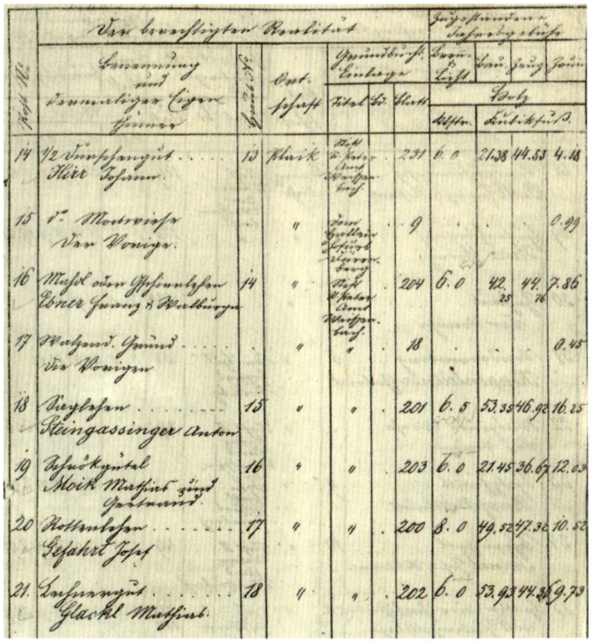

Beispiel einer Regulierungsurkunde, wie sie damals für die verschiedenen Ortsgemeinden und die einforstungsberechtigten Liegenschaften erstellt wurden. Hier die Regulierungsurkunde über die Holzbezugsrechte von 80 Realitäten in den Ortschaften Plaik, Kranzbichl, Dürrnberg und Fischpointleiten (Dürrnberg, Hallein). (Foto: Salzburger Landesarchiv)

Aus der Tabelle gehen die einzelnen Realitäten und die ihnen zuregulierten Holzbezugsrechte nach Sortiment (Bau-, Zaun- und Zeugholz) in Klafter bzw. Kubikfuß hervor (Foto: Salzburger Landesarchiv)

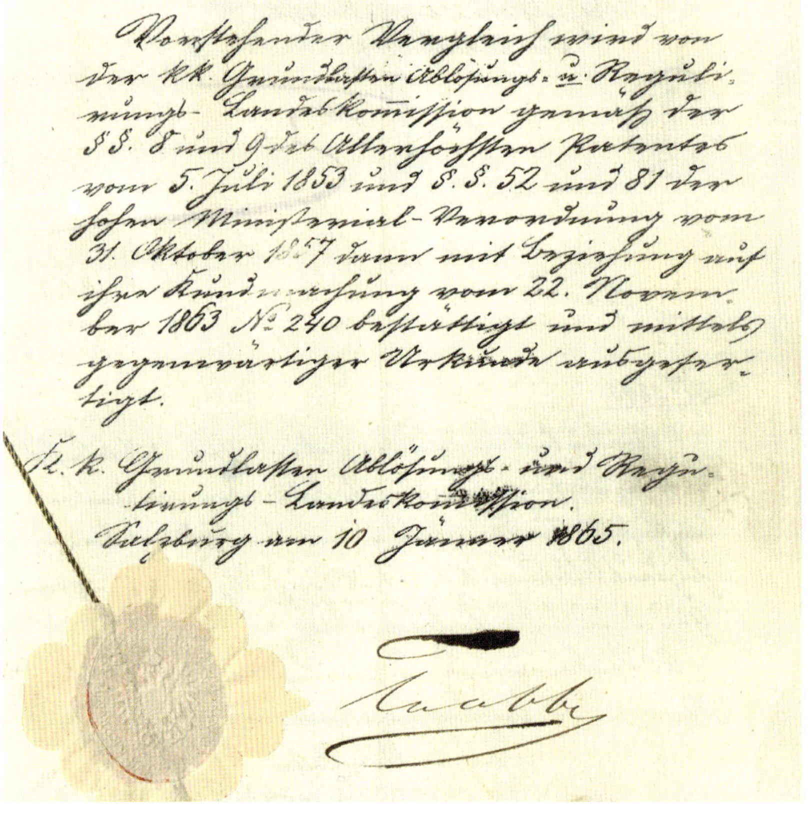

Vorstehender Vergleich wird von der k.k. Grundlasten Ablösungs- u. Regulirungs-Landeskomission gemäß der §§. 8 und 9 des Allerhöchsten Patentes vom 5. Juli 1853 und §. §. 52 und 81 der hohen Ministerial-Verordnung vom 31. Oktober 1857 dann mit Beziehung auf ihre Kundmachung vom 22. November 1863 № 240 bestättigt und mittels gegenwärtiger Urkunde ausgefertigt.

K. k. Grundlasten Ablösungs- und Regulirungs-Landeskommission.
Salzburg am 10 Jänner 1865.

Die Unterzeichnung des gegenständlichen Vergleiches vom 10. Jänner 1865 durch die k. k. Grundlasten Ablösungs- und Regulierungs-Landeskommission (Foto: Salzburger Landesarchiv)

Die Behandlung der Einforstungsrechte im Landtag

Der legendäre Steinhauser-Bericht des Abgeordneten Adolf Steinhauser über die Resultate der Grundlasten-Operation im Herzogtume Salzburg aus dem Jahr 1871, welcher als Beilage zum stenographischen Protokoll vom 12. September 1871 nachlesbar ist, spricht in seiner allgemeinen Darstellung die Forstverhältnisse in Salzburg an. Gleich zu Beginn führt er aus: „Waldwesen und Forstverhältnisse haben im Herzogtum Salzburg seit jeher einen tiefgreifenden und bestimmenden Einfluss auf die gesamte Kultur des Landes, auf die Entwicklung, Bildung und Tätigkeit, den Erwerb und Wohlstand der Bevölkerung geübt“, so der Beginn des Berichtes. „Die schon vor einem Jahrhundert nur mehr mit sichtbarer Mühe und ungenügendem Erfolge niedergehaltenen Missstände in Wald und Weide traten unter den Einflüssen der neueren Zeit, namentlich mit der fortschreitenden Verringerung des Waldbestandes, mit dem Steigen der Holzwerte, der Zunahme der Steuerlasten auf der einen, der Waldwirtschaftskosten auf der anderen Seite immer bedenklicher hervor und verlangten endlich gebieterisch nach Abhilfe. Die salzburgische Forstfrage, wie man den Inbegriff aller dieser Schäden und ihrer Abwehrmittel in kurzen Worten auszudrücken sich gewöhnte, wuchs zur Bedeutung einer Lebens- und Zukunftsfrage für Land und Bevölkerung heran“, setzte Steinhauser seinen Bericht fort. Er beklagte die fortschreitende Entwaldung in manchen Landesteilen und noch mehr das Herabsinken der Qualität und Leistungskraft der Wälder. Eine Ursache sah Steinhauser in der Nachwirkung des „einstmals berühmten salzburgischen Berg- und Hüttenbetriebes mit seinem ungeheuren Holzverbrauch, dem alle Wälder ohne Ausnahme nach Landesverfassung dienstbar waren, in einer „völlig ungeregelten und vielfach verschwenderischen Holzgebarung der Einwohner, in der übermäßigen Inanspruchnahme der Wälder nicht allein mit Holz, sondern auch mit den für Waldzucht weit bedenklicheren, im Gebirge aber alt gewohnten und schwer entbehrten Nebennutzungen der Weide und Streu, endlich, wie sich nicht leugnen lässt, in einem weit zurückgebliebenen Zustande der Waldwirtschaft mit zahlreichen und tiefen Gebrechen zu suchen, welchen das der Alpenbevölkerung eingewurzelte Streben, Weide und Viehnutzen auf Kosten des Waldes auszudehnen, gegenübersteht. … Die Mängel in der Waldpflege fanden bis jetzt zum großen Theile allerdings eine entschuldigende Erklärung. Diese lag vornehmlich in dem Umstande, dass die Großmasse des Waldes und beinahe die Hälfte des Weidebodens in vielen Tausenden von Parzellen über alle Berge und Täler des Landes zerstreut, teils unbestrittenes, teils mannigfach bestrittenes Eigentum eines Einzigen, nämlich des k. k. Ärars, resp. des Staates war, woraus die Privatgrundbesitzer ihren Bedarf an Holz, Streu und Weide in Gestalt von servitutsartigen Nutzungsrechten, Einforstung genannt, von Alters her zu beziehen hatten“.

Der Leidtragende war der Wald

Steinhauser ging in seinem Bericht dann auf die besondere geschichtliche Entwicklung in Salzburg mit der Vorherrschaft der Landesfürsten ein und meinte an anderer Stelle: „Das frühzeitige Aussterben und Verfallen des alten landsässigen Adels … brachte die freien Grundbesitztümer und Gerechtsamen allmählich in die Hand des Landesherren, sodass dieser vom Ausgange des Mittelalters an zugleich der größte Grundherr im Lande war und blieb … Damit wälzte sich demnach auch das Schwergewicht der Einforstung, deren Last andernorts auf Viele verteilt blieb, in Salzburg auf einen Träger, nämlich auf den landesfürstlichen Grund- und hauptsächlich Waldbesitz …. Damit übernahm er auch die Last, für die Behölzung der Landesinsassen soweit nötig aus seinem Walde zu sorgen. … Der zunächst und unmittelbar Leidende war und blieb überall der Wald“, konstatierte Steinhauser. Er nannte den Bestand des Regals, die ungemessene und ungeregelte Einforstung und die Verwirrung des Grundeigentums als die drei Hauptübel, welche „auf den Wäldern, aber nicht nur auf diesen allein, sondern auf dem ganzen landwirtschaftlichen und industriellen Leben Salzburgs zumal des Gebirges wie eine Art Krankheit lasteten“. Die Waldpflege litt – so Steinhauser – an einer Summe fast erdrückender Lasten und Missstände. „Zu ihrem Schutze hätte selbst ein Heer von Forstleuten kaum hingereicht. In vielen, wo nicht den meisten dieser Wälder bestand das Regiment des Forstmannes fast nur mehr dem Namen und Scheine nach; in Wirklichkeit schaltet jahraus jahrein daselbst der Tross der Forstholden und ihrer Knechte mit einem Gewimmel von Weidetieren jeder Art.“

Zerrüttete Weide- und Forstverhältnisse prägten die Zeit

Aufgrund der geschilderten Missstände war die „Forstfrage“ eine der zentralen Angelegenheiten des ersten Landtages. Bereits in der Abendsitzung vom 10. April 1861 bestieg der Abgeordnete Minister Dr. Josef Freiherr von Lasser die Tribüne und begann mit folgenden Sätzen: „Ich erlaube mir die Aufmerksamkeit des Landtages auf einen Gegenstand zu lenken, der das Interesse des ganzen Landes in hohem Grade in Anspruch nimmt, es ist dies die Forstfrage. Seit mehr als Menschengedenken war diese Frage bereits Gegenstand vielfacher Erörterungen und vielfacher Streitigkeiten. Ich denke daran, dass dieselbe bereits in den Jahren 1848 und 1849 zu einer Art Hauptfrage im Lande geworden ist. Die Gesetzgebung und die Verwaltung haben sich bemüht, die ersteren durch Forstpatente und Grundlasten-Patente, die Letzteren durch Forstregulierungs-Kommissionen und Servituten-Ablösungs- und Regulierungs-Kommissionen Licht und Klarheit in diesen Zustand, und eine gewisse Regel in diese verworrenen Verhältnisse zu bringen. Allein zahllose Rekurse, laute Klagen aus dem Lande, besonders aber in den letzten Tagen meines Hierseins, Mitteilungen vieler meiner Kollegen im Landtage, haben mir die Überzeugung verschafft, dass es mit den Forst- und Weide-Angelegenheiten unseres Heimatlandes nicht ganz in der Ordnung geht, und dass die Forst- und Weidefrage noch immer ungelöst ist, noch immer zu einer brennenden Frage für einen zahlreichen Teil der ganzen Bevölkerung sich gestaltet hat. Ich halte es daher für eine Pflicht des Salzburgischen Landtages, diesem Gegenstande eine sorgfältige Aufmerksamkeit zu widmen.“ Lasser beklagte in seinem Bericht die mangelnde Forstkultur und die Symptome der Entwaldung und führte als weiteres Symptom die Wald- und Weidefrage an, indem er bemerkte: „Es ist die steigende Verstimmung, ja die Erbitterung, welche, angeregt durch die Wald- und Weidefrage, in einem großen Teile unseres Vaterlandes herrscht; es ist nahezu ein fortwährender Krieg zwischen dem Forstpersonale einerseits und den Landwirten andererseits, es ist dies ein Krieg um den Wald, aber auch in dem Walde, ein Krieg, dessen Unkosten zum größten Nachteile des ganzen Landes eigentlich in letzter Auflösung der Wald selbst trägt.“ Als Ursachen nannte Lasser die starke Zersplitterung des ärarischen Waldes und die damit zusammenhängende schwere Administrierung. Eine tiefer liegende Ursache sah er in den zerrütteten Weide- und Forstverhältnissen. „Es ist ein seltsam Ding mit dieser Salzburger Forstverfassung. Was ist sie? Ich glaube, sie ist der Inbegriff der Gesetze und Rechtsbeziehungen, welche sich auf dem Salzburgischen Wald- und Weideboden treffen. Die Gesetze darüber finden wir in mehr als einem halben Dutzend von Waldordnungen, die jüngste davon ist älter als hundert Jahre; keine davon besteht mehr ganz in Kraft, keine davon ist ganz außer Kraft. Nebenher gibt es eine Unmasse älterer Mandate, Reskripte, Hofkammer-Befehle, neuerer Hofdekrete, Patente u. dgl. Alles das zusammen bildet ein förmliches Chaos, worin selbst einem tüchtigen Praktiker, einem geschulten Juristen sehr schwer wird sich zurecht zu finden, und dieses Gewimmel der Salzburger Forstverfassung ist eben die Quelle endlosen Streites.“ Steinhauser beschrieb in seinem Bericht die Behandlung der Forstfrage im ersten Landtag: „Aus dem Kreis der Abgeordneten, zumal jener vom Gebirge, erhob sich eine Reihe lebhafter Beschwerden und Angriffe. ... Einmal im Laufe breitete sich der Strom der Klagen und Bitten rasch über alles aus, was der Bevölkerung in Bezug auf Wald und Weide am Herzen lag. Dass hierbei vieles Übertriebene und Entstellte, ja geradezu Falsche unter das Wahre sich mengte, dass man im Tadel der Gebrechen auch ungerecht gegen das mancherlei Gute und Tüchtige wurde und namentlich den Schwierigkeiten der Sache zu wenig Rechnung trug, war bei der Heftigkeit des Ausbruches kaum zu wundern. Nur allzu bald drängten sich auch agitatorische Einflüsse und unlautere Elemente ein, um die seltene Gelegenheit einer Aufregung in dem sonst so friedliebenden Lande für ihre Zwecke auszubeuten."

Die Forstfrage muss gelöst werden!

In der Sitzung vom 12. April 1861 ersuchte der Abgeordnete Franz Peitler um Adaptierung des Lasserschen Antrages und meinte: „Meine Herren! Gelingt uns die glückliche Lösung der Forstfrage, so wird der erste Salzburg'sche Landtag beim Volk ebenso in dankbarer Erinnerung bleiben, wie es hinsichtlich des ersten österreichischen Reichstages wegen der Aufhebung des Zehents und der grundherrlichen Giebigkeiten der Fall war." In der Sitzung vom 14. Februar 1863 bezog sich Franz Peitler auf die erste Sitzung im Jahr 1861 und erwähnte die vom Landes-Ausschuss ausgearbeiteten Berichte über die Forstbeschwerden des Landes und den Stand des Grundlasten-Ablösungs-Geschäftes mit Ende Oktober 1862 sowie über die Abänderung und Ergänzung des Grundlasten-Ablösungs-Patentes vom 5. Juli 1853. „Meine Herren! Seit zwei Jahren ruft man in beiden Lagern ‚Die Forstfrage muss gelöst werden'; über die Art der Lösung aber war man verschiedener Ansicht. Endlich nach einem zweijährigen harten Kampfe ist auch dieses Wie aufgefunden worden. Durch das einträchtige Zusammengehen des hohen Staatsministeriums mit dem hohen Finanz-Ministerium hat unsere Forstfrage eine glückliche Lösung gefunden. Meine Herren! Die Eintracht, der Geist der Versöhnung soll nicht bloß in den höheren, sondern auch in den niederen Regionen herrschen. Vertrauen muss mit Vertrauen erwidert werden; wir wollen daher, jeder in seinem Wirkungskreise und nach seinen Kräften, dazu beitragen, dass die Ablösung der Einforstung, dieser letzte und schwierigste Akt der Grundentlastung, diese wichtigste nationalökonomische Operation der Gegenwart, nach dem Geiste des Ministerial-Erlasses vom 8. Februar d. J. zum Wohle der Einzelnen und zum Wohle des ganzen Landes ausgeführt werde." Im Anschluss führte Landeshauptmann Josef Freiherr Ritter von Weiß nach einstimmiger Annahme des Antrages von Abgeordneten Peitler noch weiter aus: „Meine Herren! Sie haben jetzt soeben eine Angelegenheit erledigt, welche das Interesse dieses Landes, ich möchte sagen, seit Jahrhunderten in Anspruch genommen hat. Seit mehr als 20 Jahren, welche ich diesem Lande, wenn auch nicht immer, angehört habe, aber doch mit demselben in einer näheren Beziehung gestanden bin, ist die Forstfrage eine brennende Frage, welche – ich darf es unumwunden aussprechen – alle Behörden, die politischen sowohl als die Finanzbehörden, vor allem aber die Gerichtsbehörden in Anspruch genommen hat. Es war ein Zustand eingetreten in dieser Lebensfrage für das ganze Land, der nur ein trauriger genannt werden kann. In dem einen Bezirke herrschte eine gewisse Billigkeit, in dem anderen Bezirke – ohne dass ich damit jemand angreifen will – eine strenge, das fiskalische Interesse des Staates allein im Auge habende Gewohnheit, und bei so widerstrebenden Ansichten konnten nur Ausschreitungen – ich nehme es nicht zurück – von beiden Seiten stattfinden, und das Ende davon war: der Krieg Aller gegen Alle. Wir erinnern uns, meine Herren, dass, als wir vor drei Jahren hier in diesem Saale tagten, ein Mann, auf welchen das Land stolz sein darf, – gemeint war Abgeordneter Minister von Lasser – das Wort zuerst ergriffen hat, um in diese betrübende Finsternis, in dieses Wirrsal wenigstens einmal Licht zu bringen. Ich glaube, meine Herren, dass in der kurzen Zeit, wo wir in dem dritten Jahre unseres konstitutionellen Lebens sind, auf diesem Wege bedeutende, ich möchte sagen, die schönsten Resultate erzielt worden sind."

Im Jahr 1865 folgte ein weiterer Bericht des Landesausschusses, welcher die geleisteten Arbeiten der k. k. Grundlasten-Ablösungs- und Regulierungskommission zum Gegenstand hat. Was die Ablösung und Regulierung der Grundlasten betraf, so wurden der Großteil der 31.000 Grundlasten durch die Arbeit der k. k. Ministerial-Ausgleichungs-Kommission reguliert und verglichen. Geldablöse wurde nur beim Gewerbeholz durchgeführt. Die Ablösung durch Abtretung von Grund und Boden betrug beim Holz 27 Prozent, bei der Streu 30 Prozent, bei der Heimweide 23 Prozent und bei der Alpweide 47 Prozent. Zum damaligen Stand wurde den Eingeforsteten eine Fläche von 15.000 Joch, davon 12.000 Joch in Freigelacken, abgetreten. Zu den wichtigsten und schwierigsten Objekten des Vergleichsverfahrens gehörten die zahlreichen „Wald- und Alpen-Eigentums-Streitigkeiten", wovon 240 verglichen wurden. Der Lungau lieferte dabei das größte Kontingent der Alpenprozesse. Mit dem Resultat der Ablösung und Regulierung war man damals sehr zufrieden. Die k.k. Ministerial-Ausgleichs-Kommission sollte bis Ende 1866 das Ausgleichsverfahren beenden und die neue Organisierung der politischen Behörden, welche dermalen die Lokal-Kommissionen bilden, war für 1867 in Aussicht gestellt. Im Ausschuss-Bericht heißt es: „Die glückliche Durchführung der Grundentlastung setzt aber genaue Personal- und Lokalkenntnisse, sowie umfassende Spezial-Studien in der so verworrenen Salzburger Forstverfassung voraus. Es ist daher zu besorgen, dass die Durchführung der Grundentlastung, wenn sie nicht im Wesentlichen vor der neuen Organisierung erfolgt, wieder verschleppt und vergriffen werde."

Die Forstfrage ist gelöst!

Abg. Franz Peitler führte am Schluss aus: „Mit Beendigung des Ausgleichs-Verfahrens wäre die Forstfrage im Wesentlichen als gelöst anzusehen. Nun könnte es auch für die 1. Legislatur-Periode des Landtages keinen schöneren Nachruf geben als: Die Forstfrage ist gelöst." Er gab, wie in den Vorjahren, einen Bericht über den Stand der Forstfrage im Jahr 1866 und verwies dabei einmal mehr auf die Bedeutung dieser Frage für das Land, indem er ausführte: „In Salzburg gibt es nämlich keine Nationalitäten-, keine Sprachen-, auch keine religiöse Frage, wohl aber spielte die Forstfrage mit dem Forstregale seit Jahrhunderten im Herzogtume eine große Rolle und das Forstregale in neuerer Zeit auch eine für die ordentliche Bewirtschaftung der Bauerngüter sogar nachtheilige Rolle. Von der günstigen Lösung dieser Frage war der Wohlstand, die Steuerfähigkeit der Gebirgsbewohner abhängig. Herr Landeschef Graf Taaffe hat daher dieser Lebensfrage des Landes seine volle Aufmerksamkeit und Tätigkeit zugewendet und wesentlich zum bisherigen günstigen Erfolge beigetragen." In seinem Bericht führte Peitler aus, dass das Ausgleichsverfahren der Ministerial-Commission im Wesentlichen als beendet anzusehen war und zur Aufräumung der wenigen Rückstände einige Monate genügen würden. Die nicht ausgeglichenen Streitigkeiten müssten dann im Patentalwege entschieden werden. „Besondere Schwierigkeiten bei der Durchführung der Grundlasten-Ablösung und Regulierung haben sich nur in den Bezirken Lofer und Mittersill ergeben, jedoch wird es der erprobten Umsicht und Energie der k. k. Grundlasten-Landeskommission unzweifelhaft gelingen, auch diese Schwierigkeiten im Laufe des nächsten Jahres zu bewältigen, sodass auch die Beendigung des Patentalverfahrens rücksichtlich die vollständige Durchführung der Grundentlastung im Herzogtume längstens am Schluss des Jahres 1868 mit Grund zu erwarten ist."

In der Kundmachung vom 26. September 1866 wurde betreffend die nach dem Patentalverfahren geregelten Grundlasten ausgeführt, dass die für die Grundlasten-Vergleichsverhandlungen des Herzogtumes Salzburg im Jahr 1863 gewährten Zugeständnisse auch auf die vor dem Jahr 1863 im Patentalwege durchgeführten Verhandlungen in der Form von Nachtragserklärungen zu den früheren rechtskräftigen Urkunden ausgedehnt werden sollen. Mit diesen Zugeständnissen sollten die vor dem Jahr 1863 entfertigten Parteien in allen wesentlichen Punkten mit jenen Parteien gleichgestellt werden, welche erst nach dem Jahr 1863 zur Verhandlung gelangten und somit der Begünstigungen des jetzigen Ausgleichsverfahrens teilhaft wurden. Diese Zugeständnisse fanden jedoch nur auf die in der Kundmachung angeführten Bezirke und in diesen nur auf jene Parteien Anwendung, deren Holzungs-, Streu- und Weiderechte auf ärarischem Grunde schon vor dem Jahr 1863 nach den Vorschriften des Patentes vom 5. Juli 1853 urkundlich reguliert oder abgelöst worden waren. Im Bericht des Landes-Ausschusses vom 21. Juli 1868 wurde der Landtag von Berichterstatter Peitler über den Stand der Grundentlastung ein weiteres Mal informiert und der Antrag gestellt, die Grundlasten-Ablösung und Regulierung im Herzogtume Salzburg im Jahr 1869 vollständig zu „beendigen". In diesem Bericht wurde darauf hingewiesen, dass es im Bezirk Mittersill nach wie vor Hindernisse zur Beendigung der Ablösungs- und Regulierungsgeschäfte gebe. Ähnliche Verzögerungen hätten auch in anderen im Reichsrate vertretenen Königreichen und Ländern stattgefunden. „Deren Nichtbeendigung in Salzburg darf daher nicht auffallen, und zwar umso weniger, als die Forstfrage in keinem Lande so verwickelt ist, als im Herzogtume Salzburg; sie bildete beim ersten Zusammentritte des Landtages im Jahre 1861 geradezu die brennende Frage des Landes, so dass der hohe Landtag dem Landesausschuss die genauesten Erhebungen und Stellung geeigneter Anträge zur Abhilfe der Forstbeschwerden des Landes aufgetragen hat." Im Auszug aus der Note der k. k. Grundlasten-Ablösungs- und Regulierungs-Landeskommission vom 21. Februar 1868 wurde zu den der Beendigung der Grundentlastung im Bezirke Mittersill stehenden Hindernisse ausgeführt: „Eine betrübende, aber nach den Vorgängen und Wechselfällen des letzten Dezenniums nicht unerklärliche Erscheinung, die der Erwähnung verdient, bilden die ziemlich häufig auftauchenden Versuche von Parteien, gegen die rechtskräftigen Urkunden, sowie sie etwas ihnen Unbequemes daselbst entdecken, auf's Neue aufzutreten und mit den landläufigen Behauptungen von Irreführung, Nichtverstehen, Überredung ec. sich Gehör zu verschaffen."

Wälder leiden an der Bürokratie

In der Sitzung des Landtages vom 13. Oktober 1871 wurde ein Bericht des Verwaltungsausschusses über den Landesausschussbericht betreffend den Verkauf der Staatswaldungen und Verbesserung der Wald- und Alpenwirtschaft behandelt.

Nach der eingehenden Debatte über den eingebrachten Antrag führt Landespräsident Fürst Adolf Auersperg aus: „Erlauben Sie, meine Herren, dass ich etwas in dieser Frage zurückgehe. Kurze Zeit, nachdem ich die Leitung des Landes übernommen habe, habe ich aus den Ausweisen gesehen, dass das Ärar an die Eingeforsteten 100.000 Klafter Holz jährlich abzuliefern hat, das macht in 10 Jahren 1.000.000 Klafter Holz. Es war mir daher sehr interessant, mich persönlich zu überzeugen, wie denn diese Forste aussehen, denen man eine solche große Last auferlegt. Ich habe bei meiner Bereisung – ich sage es ganz offen – trostlose Zustände gesehen. Ich bin kein Fachmann, aber ich kenne den Wald und liebe den Wald seit meiner Jugend, und ich komme aus einem Lande, wo man für den Wald wie für einen Garten sorgt, und denselben hochhält. Ich habe stundenlange Kahlschläge gesehen, ich habe Verwüstungen des Borkenkäfers gesehen, die nicht aufgearbeitet wurden, ich habe die bedeutendsten Mängel gesehen, die nur in einer Waldwirtschaft vorkommen können. Ich gehe nicht von dem Grundsatze aus, dass, wenn man ein Regierungsorgan ist, man Übelstände vertuschen muss; man muss sie offen aussprechen und darlegen, um abhelfen zu können. Darum werde ich offen und frei über diese Übelstände reden, umso mehr, weil ich die Organe nicht angreife, sondern den Organismus. Der Organismus ist ein solcher bei den ärarischen Wäldern, dass es nicht anders möglich ist, als dass die Forste einen solchen traurigen Anblick gewähren. Die Forstämter sind mit einer Masse von Kassa- und Schreibgeschäften überhäuft, die Forstmeister kommen selten in den Wald. Die ärarischen Förster haben sich mir gegenüber geäußert, dass sie froh sein müssen, wenn sie einmal im Monate den Wald sehen. Sie haben nichts als Berichte zu schreiben, Exhibitennummern zu erledigen, der ganze ärarische Walddienst ist den Forstwarten anheimgegeben. Das, meine Herren, sind die Übelstände, die ich bei meinen Bereisungen wahrgenommen und als Laie aufgefasst habe.“ Auersperg trat daher für eine andere Organisation des Forstpersonals und die Ablösung der Einforstungsrechte mit Gund und Boden ein.

Ein Gewimmel an hungernden Weidetieren schädigt den Wald

Was die Ausübung der Weide- und der Streunutzung betrifft, so sei hier eine weitere Passage aus dem zitierten Steinhauser-Bericht angeführt, wo es heißt: „Im Gebirge dagegen bilden diese wahre Lebenselemente für den Landwirt, zugleich aber höchst drückende und gefährliche Nebennutzungen für den Wald. Sie sind hier die eigentliche Quelle der bekannten niemals endenden Spannung und Reibung zwischen Forstmann und Bauer, wo die beiderseitigen Interessen und Bestrebungen sich an der Oberfläche wenigstens diametral entgegenstehen. Beide Nutzungen sind im salzburgischen Gebirge, wie eben gezeigt, in der Tat zum waldgefährlichen, häufig evident waldschädlichen Übermaße ausgeartet, weniger dem Quantum und Umfange nach, als durch die ungezügelte Art der Ausübung. Der Gebirgswald wird in der Regel mit dem ersten Keimen der Vegetation von einem Gewimmel hungernder, durch den langen Winterstall entkräfteten Weidetiere jeder Art überfallen, die ihn bis zur Wiederkehr des Schnees füllen, deren Menge, Nahrungsdrang und gänzlich ungenügende Hütung alljährlich den Waldnachwuchs mehr oder weniger schwer schädigt und jeder eigentlichen Waldkultur spottet.“ Es war somit entscheidend, die Waldwirtschaft zu verbessern. In diesem Zusammenhang wurde auf die Staatswälder bezug genommen. So hieß es u. a. im Bericht des Landesausschusses betreffend den Verkauf der Staatswaldungen und die Verbesserung der Waldwirtschaft: „Die Staatswaldungen spielen nicht allein dem Umfange nach, sondern mehr noch durch die darauf lastende Einforstung und durch den bestimmenden Einfluss, den sie auf das gesamte Kulturleben des Landes üben, die erste und wichtigste Rolle, sie ist geradezu als ein Lebenselement des Landes Salzburg zu bezeichnen. ... Die wahre und eigentliche Bedeutung dieser Wälder (ist) weniger eine finanzielle, als vielmehr eine volkswirtschaftliche und kulturpolitische ... und dass ein Verfall derselben weit höhere Interessen schädiget, als die streng fiskalischen des Ärars". In der Landtagssitzung vom 5. Oktober 1888 wurde der Bericht des Verwaltungsausschusses zum Gesetzesentwurf, „wodurch über die Behandlung der nach kaiserlichem Patente vom 5. Juli 1853 der Ablösung oder Regulierung unterliegenden Rechte einzelne abändernde Bestimmungen getroffen werden", behandelt. Hier wurde wiederum auf die unleidliche Situation der Servitutenverhältnisse hingewiesen. In der Sitzung des Landtages am 24. Oktober 1889 wurde abermals über die Erlassung eines Servituten-Ablösungsgesetzes diskutiert und dabei unter anderem bemängelt, dass ohne Wirtschaftspläne eine Durchführung der Ablösung der Servituten mit Grund und Boden nicht erfolgreich sein könne. Mit Gesetz vom 29. Jänner 1890 wurde die Tätigkeit der Grundlasten-Ablösungs- und Regulierungslandesbehörden für beendet erklärt. Für Streitigkeiten sollten ab 1. Jänner 1891 die ordentlichen Gerichte zuständig sein.

Erste Gesetzesentwürfe in Diskussion

Im Jahr 1910 erging ein weiterer Bericht des Landesausschusses betreffend die Erhebungen über den gegenwärtigen Stand der Servitutsrechte-Ausübung hinsichtlich ihrer Mängel und Beschwerden. Der Salzburger Landtag beschäftigte sich in zwei Landtagsenqueten am 7. und 21. Jänner 1910 mit einem Gesetzesentwurf „betreffend die Neuregulierung und Ablösung der im Verfahren auf Grund des kaiserlichen Patents vom 5. Juli 1853 regulierten Weide- und Forstproduktenbezugsrechte, sowie die Sicherung der Rechte der Eingeforsteten". Diese erst im Oktober 1913 dem Landesausschuss zugewiesene Gesetzesvorlage wurde sodann im Jahr 1919 dem Landtag zum Beschluss vorgelegt. Damit war ein entscheidender Schritt zur Klärung und Ordnung der Servitutenfrage getan, indem u. a. auch die Anpassung sowie die Sicherung der urkundlich regulierten Einforstungsrechte ermöglicht wurden. In weiterer Folge wurde im Jahr 1929 auf Bundesebene ein erster Entwurf eines Bundesgrundsatzgesetzes über „die Behandlung der Wald- und Weidenutzungsrechte sowie besonderer Felddienstbarkeiten" vorgelegt, welcher allerdings erst im Jahr 1933 in ein Gesetz gegossen wurde. Das erste Ausführungsgesetz dazu wurde im Jahr 1938 vom Salzburger Landtag beschlossen. Nach dem Zweiten Weltkrieg erfolgte durch eine Kundmachung der Salzburger Landesregierung vom 30. August 1955 dessen Wiederverlautbarung als „Salzburger Wald- und Weideservitutengesetz 1955".

Die Einforstungsrechte waren auch in den folgenden Jahren immer wieder Gegenstand der Behandlung im Salzburger Landtag. So wurde im Jahr 1961 die Abänderung des WWSG 1955 vor allem in Hinblick auf die freie Weiterverwendung des urkundlich zustehenden Brennholzes beschlossen. Abg. Martin Saller führt dazu aus: „Selten hat eine Gesetzesnovellierung die Gemüter der breiten Öffentlichkeit, insbesondere der Servitutsberechtigten, aber auch die einzelnen Fraktionen des Salzburger Landtages so bewegt und erregt wie gerade dieses Servitutengesetz“, da dieses eine Existenzfrage für viele Bergbauern sei. Im Jahr 1977 erfolgte eine Anpassung des Salzburger Wald- und Weideservitutengesetzes unter anderem an das neue Flurverfassungs- Landesgesetz und an das 1976 novellierte Bundesgrundsatzgesetz. Schließlich kam es im Jahr 1986 zu einer weiteren Novelle, in welcher es vor allem um eine einheitliche Regelung der Benützung der Forststraßen des Verpflichteten zum Zweck der Abfuhr der Holz- und Streugebühren ging. Im Zuge dieser Änderung wurde den Berechtigten gegen einmaligen Rücklass einer halben Jahresholzgebühr die Mitbenützung der Forststraßen ermöglicht. Über politischen Druck der im Salzburger Landtag vertretenen Oppositionsparteien wurde diese 1986 geschaffene entgeltliche Regelung mit dem Landesgesetz vom 22. Oktober 1991 in ein unentgeltliches Recht zur Mitbenützung der Forststraßen zum Zwecke der Ausübung der Einforstungsrechte umgewandelt. Die 1986 auf Verlangen der Verpflichteten ex lege vorgenommene Aufwertung der urkundlichen Gegenleistung von 3,3 Groschen auf 85 Groschen je Kreuzer führte zu heftiger Kritik der Salzburger Eingeforsteten und letztlich auch zu Auseinandersetzungen im Landtag. Diese Gegenleistungsaufwertung wurde mit Gesetz vom 22. Oktober 1991 rückgängig gemacht, jedoch im Jahr 1994 durch eine Kundmachung des Salzburger Landeshauptmannes wieder auf die im Jahr 1986 beschlossene Aufwertung hinaufgesetzt, da der Verfassungsgerichtshof im Jahr 1993 die Rückgängigmachung als verfassungswidrig aufgehoben hatte.

Mit Kundmachung der Landesregierung vom 25. Juli 1986 wurde das Salzburger Wald- und Weideservitutengesetz 1955, ergänzt um die mittlerweile verabschiedeten Novellen, wiederverlautbart und in Abgrenzung zu den Servituten des Zivilrechtes in „Einforstungsrechtegesetz“ umbenannt. In der 5. Session der 11. GP wurde von der Bürgerliste sowie der FPÖ ein Antrag zur Rückgabe des Staatswaldes an die Einforstungsberechtigten eingebracht. Dieser Antrag wurde vom Wirtschaftsausschuss mit den Stimmen der ÖVP und SPÖ abgelehnt. Von Seiten der ÖVP wurde in derselben Session der Antrag eingebracht, welcher sich vor allem mit der Ablösung von Einforstungsrechten durch die Abtretung von Grund und Boden auseinandersetzte. Die Mitglieder des Verfassungs- und Verwaltungsausschuss vertraten einstimmig die Auffassung, dass die Österreichischen Bundesforste auch nach der Umwandlung in eine Aktiengesellschaft volkswirtschaftliche Verantwortung wahrzunehmen hätten. Drei Jahre später, im Jahr 2001, brachte die FPÖ neuerlich einen Antrag zur Rückgabe des Waldes an die Einforstungsberechtigten ein. Weniger Aufsehen im Salzburger Landtag erregte dagegen die Novelle 2001, im Zuge derer über Auftrag des Grundsatzgesetzgebers Europarechtliche Bestimmungen umgesetzt bzw. im Salzburger Einforstungsrechtegesetz eingefügt wurden. Ein neuerlich von Seiten der FPÖ eingebrachter Antrag auf Rückgabe des Waldes an die Einforstungsberechtigten wurde wiederum mehrheitlich abgelehnt, da zu diesem Zeitpunkt ein Erkenntnis des Verfassungsgerichtshofes zur Eigentumsfrage noch nicht vorlag. Eine weitere Novelle erfolgte im Jahr 2006, in welcher es vor allem um die Ablösung von Einforstungsrechten in Grund und Boden und um die damit zusammenhängenden Entschädigungen von Mehrnutzungen und Einlösung von Restflächen ging. Die Novelle im Jahr 2007 hatte die Umsetzung der Öffentlichkeitsbeteiligungsrichtlinie zum Inhalt. Die von der Landesregierung eingebrachte Gesetzesvorlage hatte unter anderem das Thema der Ausformung und Abmaß des höherwertigeren Holzes sowie dessen Umrechnung zum Gegenstand, wie auch die Frage der Wertbildung bei Grundablösen infolge des Erkenntnisses des Verfassungsgerichtshofes, aus welchem hervorgeht, dass im Rahmen der Verkehrswertermittlung auch andere von der Ertragsfähigkeit abweichende, wertbestimmende Kriterien berücksichtigt werden müssten. Schließlich behandelte der jüngste, im Jahr 2017 von der ÖVP eingebrachte, Antrag wiederum die Frage der Umrechnung von höherwertigem Holz auf das urkundliche Brennholz.

Zeitgemässe Ausübung oder grosse Bodenreform?

Wie aus diesem kurzen Abriss erkennbar ist, handelt es sich bei den Einforstungsrechten um eine agrarrechtliche Spezialmaterie, welche auch in Zukunft von hoher Bedeutung für die Land- und Forstwirtschaft in Salzburg sein wird. Einforstungsrechte ersetzen den Berechtigten den vielfach nicht vorhandenen Eigenwald. Die Weiderechte erhalten ebenso durch eine Intensivierung der Almwirtschaft eine neue Bedeutung. Da sich die Rahmenbedingungen für die Land- und Forstwirtschaft im Zuge von Agrarreformen ständig verändern, steigt die Bedeutung der Einforstungsrechte für die berechtigten Betriebe. Die in der Waldbewirtschaftung sich abzeichnenden Veränderungen hin zu einer Hochmechanisierung und Professionalisierung erfordern gleichzeitig ein Umdenken in der Art der Ausübung der Nutzungsrechte. Ob es je zu einer umfassenden Agrarreform mit einer gänzlichen Ablösung der Rechte in Grund und Boden und damit einer Entlastung der Salzburger Waldungen und der Verpflichteten kommen wird, so wie es immer wieder in der parlamentarischen Debatte aufgeworfen wurde, steht in den Sternen. Der Landesgesetzgeber wird sich in periodischen Abständen allerdings immer wieder mit der zeitgemäßen Ausübung und Nutzung dieser althergebrachten Rechte beschäftigen müssen.

Auswahlbibliographie

Dimitz, Josef: Die Einforstung im Lande Salzburg, Salzburg 1921
Engl, Rudolf: Die Salzburger Forstfrage, Salzburg 2011
Graßberger, Karl: Die Salzburger Wald- und Weidenutzungsrechte, Salzburg 1958
Lienbacher, Nikolaus: Waldeigentum und seine Beschränkungen, Wien 2012
Steinhauser, Adolf: Die Ablösung und Regulierung der Grundlasten im Herzogthume Salzburg, Salzburg 1871

Sigrid Lebitsch-Buchsteiner

Streit um das Landesvermögen oder der lange Weg zur Erhaltung des historischen Erbes

Das historische Landesvermögen

Nur wenigen Erholungssuchenden wird bewusst sein, dass sie sich auf „treuhänderisch verwaltetem" Eigentum der öffentlichen Hand befinden, wenn sie bei Waldspaziergängen Liegenschaften der Österreichischen Bundesforste AG im Land Salzburg betreten. Für die Spaziergänger ist es freilich sekundär, wem der öffentlich zugängliche und für sie grundsätzlich frei betretbare Wald gehört – ob Bund, Land, einem öffentlichen Unternehmen oder auch einem Privaten. Für die öffentliche Hand hingegen gilt eine andere Betrachtungsweise. Dies gilt umso mehr in einem Bundesstaat. Dass rund 35 Prozent der Waldflächen des Landes Salzburg im Eigentum der Österreichischen Bundesforste AG, dessen Alleinaktionär die Republik Österreich ist, stehen, hat historische Gründe: Das Salzburger Erzbistum konnte über einen großen staatlichen Waldbesitz verfügen, der durch Schenkungen, Lehensnahme und Kauf entstanden war und ging das Recht auf Forsthoheit der Fürsterzbischöfe auf die Waldordnung aus dem Jahr 1524 von Erzbischof Matthäus Lang zurück. Infolge des Umstandes, dass Salzburg 1816 nicht als selbstständiges Kronland dem Kaiserreich Österreich einverleibt wurde, erwarb das gesamte Eigentum des ehemals selbstständigen Fürsterzbistums „die Krone". Die Zeit der Monarchie brachte insofern eine Stabilisierung der Eigentumsverhältnisse an den Staatsforsten, als das Eigentumsrecht des Reiches allgemein anerkannt war. Nach Schwierigkeiten der österreichischen Staatsverwaltung und häufigen organisatorischen Veränderungen samt mehrmaligem Wechsel in der Zuständigkeit für die Verwaltung des Staatsforstes im Land Salzburg wurde mit der großen Verwaltungsreform des Jahres 1873 eine Forst- und Domänendirektion für das Land Salzburg errichtet. Dieser oblag bis zum Ende der Monarchie die Verwaltung der Staatsforste. Mit der Landesverfassung 1861 erhielt Salzburg zwar den Status eines (relativ) selbstständigen Kronlandes der Monarchie als Herzogtum Salzburg und neuerlich Vermögensfähigkeit. Bereits im Jahr 1880 hat der Landtag die Frage der Rückübereignung der Staatsforste an das Land zum Gegenstand seiner Beratungen gemacht. Gelegenheit dazu bot dem Landtag die Debatte über die Servitutsablösung am Staatsforst. Vom Landtag wurde eine Petition beschlossen, in der dem k. k. Ackerbauministerium die „Waldabtretung an das Land Salzburg" wärmstens empfohlen wird. (SLP, Landtagssitzung am 9. Juli 1880, S. 903 ff. und 928) Das k. k. Ackerbauministerium lehnte das Ansuchen – ohne die Sonderstellung Salzburgs zu berücksichtigen – mit dem Hinweis auf die möglichen Präjudizwirkungen für den Staatsforstbesitz in den anderen Kronländern ab. In der Monarchie standen so große Vermögenschaften, wie die Staatsdomänen, die Staatsforste, die öffentlichen Gewässer und ihre Bette im Eigentum des Reiches. Nach dem Zusammenbruch der Monarchie zögerten die Länder nicht, die Vermögenschaften der ehemaligen Kronländer in ihren Besitz zu bringen. Dieser Vorgang wurde nachträglich rechtlich durch § 11 Abs. 1 des Übergangsgesetzes 1920, ein Bundesverfassungsgesetz, saniert. Das nicht auf diese Weise den Ländern zugewiesene Vermögen, das „übrige staatliche Vermögen“ wie auch die Staatsforste – im Land Salzburg machten diese an die 200.000 ha aus – wurden durch § 11 Abs. 2 erster Halbsatz des Übergangsgesetzes 1920 vorläufig dem Bund übertragen.

Wenngleich der „Staatswald“ Anlass für die in weiterer Folge stattfindende juristische Auseinandersetzung zwischen Bund und Land Salzburg vor dem Verfassungsgerichtshof war, welche die für den „Streit um das Landesvermögen“ entscheidende, staatsrechtliche Klarstellung brachte, so war die Auseinandersetzung auch in anderen Bereichen facettenreich. Das nach dem Ende des geistlichen Fürstentums Salzburg 1803 unter der Herrschaft von Erzherzog Ferdinand von Toskana umgewandelte Kurfürstentum fällt 1805 an Österreich und verliert seine Selbstständigkeit. Im Zeitraum 1805 bis 1807 werden Archivalien und „Kunstschätze und Denkmäler des Altertums“ aus Salzburg nach Wien verbracht. Im Zuge der Übernahme Salzburgs durch das Kaisertum Österreich am 1. Mai 1816 wird die erzbischöfliche Residenz ausgeräumt und Teile des Salzburger Archives „reisen“ nach Wien. 1872 veröffentlichte der spätere Landesarchivdirektor Friedrich Pirckmayer in den Mitteilungen der Gesellschaft für Salzburger Landeskunde einen Beitrag über „Salzburg's Kunstschätze & Alterthümer“, in dem der Abtransport der Salzburger Kunstschätze chronologisch an Hand der Quellen beschrieben und belegt wird. Am 9. Oktober 1871 befasste sich der Salzburger Landtag mit der Frage des Verbleibs der nach Wien verbrachten Salzburger Landtags-Abschiede von 1525 bis 1801, wobei zunächst erhoben werden sollte, welche Akten, Urkunden und sonstigen Werke an die Wiener Zentralstellen und Archive abgetreten wurden, um in der Folge deren „tunlichste Rückstellung“ zu erwirken.

Die Bemühungen verebbten schließlich in den Wirren der nachfolgenden historischen Ereignisse mit zwei Weltkriegen. Bemerkenswert sind jedoch die von Oskar Dohle in seiner Chronologie genannten Aktivitäten nach dem Anschluss im Jahr 1938 im Zuge der Aufteilung der „Vermögensbestände des Landes Österreich“ zu vermögensrechtlichen Auseinandersetzungen um die angesammelten Kunstschätze „in den Habsburger Besitzungen“, deren Aufteilung bis zum 30. September 1939 durchgeführt wurde. Hierzu erteilte der Salzburger Gauleiter Friedrich Rainer dem Landesstatthalter Albert Reitter am 10. Mai 1939 den Auftrag, eine „lückenlose Aufstellung von Kunstschätzen vorzubereiten“, auf die der Reichsgau Salzburg Besitzansprüche bei der „Stelle Bürckel“ anmelden könne. Tatsächlich wurden sodann vom damaligen Archivdirektor Franz Martin auf Grundlage der Arbeiten Pirckmayers erstellte Kunstgüter-Listen übermittelt, aus denen die Verbringungsorte der Kunstschätze angeführt waren. Schließlich wurde im November 1942 durch Gauleiter Gustav Adolf Scheel ein erneuter Versuch unternommen, mit dem Reichsstatthalter Baldur von Schirach in Verhandlungen wegen der Kunstschätze einzutreten. Zu diesem Zweck wurden der Generalstaatsarchivar Franz Martin, der Gaukonservator Eduard Hütter, der Leiter der Salzburger Studienbibliothek Ernst Frisch und der Landesplaner Richard Schlegel aufgefordert, erneut eine Aufstellung derjenigen Kunstgegenstände zu erstellen, auf welche der Reichsgau Salzburg Wert legen müsste.

Historisch belegbar durch verschiedene Landtagsinitiativen ist, dass die Salzburger Landespolitik im Verlauf der Zweiten Republik den Umgang von Seiten des Bundes mit dem Staatswald (zunächst durch die Staatsforstverwaltung und ab 1926 durch den Wirtschaftskörper Österreichische Bundesforste) mit „Argusaugen“ beobachtete. Überwiegend ging es dabei um die Wahrung der Rechte der Allgemeinheit, wie etwa ein Antrag der Abg. Janschitz, K. Zillner und Genossen betreffend die Verpachtung und den Verkauf von Teilen des Wolfgangsees und Fuschlsees durch die österreichischen Bundesforste aus dem Jahr 1971 zeigt, der sodann zu einer Landtagsentschließung führte. (SLP, Nr. 124 und 163, 2. Session, 6. GP) Weiter zielte ein Antrag der Abg. Dr. Schreiner, Dr. Schausberger, Emberger und Ing. Posch aus dem Jahr 1981 auf eine stärkere Vertretung der Interessen Salzburgs bei den ÖBF ab. (SLP, Nr. 232, 2. Session, 8. GP) Mit der Vermögensauseinandersetzung in Zusammenhang gebracht wurde das Thema „Staatswald“ erst gegen Ende der 1970er-Jahre, was aus einem Antrag aus dem Jahr 1979 betreffend die Rückführung der ÖBF-Waldungen in Salzburg in das Eigentum des Landes Salzburg bzw. die Übertragung der Verwaltung der ÖBF-Waldungen in die Verwaltung des Landes hervorgeht, der auf die Regierungserklärung von Landeshauptmann Dr. Haslauer sen. vom 16. Mai 1979 Bezug nahm, wonach „wir zur besseren Absicherung unserer Bergbauern auch eine stärkere Einbindung des Waldbesitzes der Republik Österreich anzustreben haben“. *(*SLP, Nr. 175, 1. Session, 8. GP)

Eine Einleitung von konkreten Schritten zur Einforderung von Staatsvermögen zugunsten des Landes kommen im Beschluss des Landtages vom 19. Oktober 1982 zum Ausdruck, mit welchem der Landeshauptmann ersucht wird, Verhandlungen mit dem Bund im Sinne des § 11 Abs. 2 Übergangsgesetzes 1920 dahin aufzunehmen, „ob der Grundbesitz der Österreichischen Bundesforste im Lande Salzburg wieder in das Eigentum des Landes übergeführt oder die Verwaltung des Grundbesitzes der Österreichischen Bundesforste in die Verwaltung des Landes übertragen werden kann“. (SLP, Nr. 38, 4. Session, 8. GP)

Um gegenüber dem Bund argumentieren zu können, wollte Landeshauptmann Haslauer sen. zunächst die verfassungsrechtliche Situation geklärt haben, was schließlich zu einem vom Salzburger Verfassungsrechtler Harald Stolzlechner verfassten Rechtsgutachten führte. Damit gewappnet trat Landeshauptmann Haslauer im April 1983 an Bundeskanzler Kreisky mit dem Ersuchen um Aufnahme von Verhandlungen für eine „gerechtere Eigentumsaufteilung“ heran. Die Antwort des neuen Bundeskanzlers Fred Sinowatz war erwartungsgemäß ablehnend: Man habe das Gutachten Stolzlechner geprüft, sei jedoch der Meinung, die Vermögensauteilung sei mit dem Finanz-Verfassungsgesetz aus dem Jahr 1922 gegenstandslos geworden. Überdies bestehe ohnedies kein mit rechtlichen Mitteln durchsetzbarer Anspruch und was die Bundesforste beträfe, hätte sich die Verwaltung und Bewirtschaftung der Waldflächen durch diese bewährt. Der Auffassung des Bundeskanzlers, der sich auf ein Gutachten des Bundeskanzleramtes/Verfassungsdienst berief, trat im März 1985 Landeshauptmann Haslauer – untermauert mit einer Beurteilung des Salzburger Legislativ- und Verfassungsdienstes – wiederum entgegen. Was folgte, war ein abermals abschlägiges Schreiben von Seiten des Bundeskanzlers im August 1985, mit welchem dieser auf dem Rechtsstandpunkt des Bundes beharrte. Für den weiteren Verlauf der 1980er-Jahre ist zwar die Beobachtung der Bundesforste von Seiten der Landespolitik nachweisbar, jedoch sind keine konkreten Schritte zur Rückführung von Staatsvermögen in das Landeseigentum ersichtlich. Von Seiten des Bundes war keine Bewegung festzustellen Auch war man wohl im Zuge der Schaffung des Nationalparks Hohe Tauern auf ein gutes Gesprächsklima mit Bund und Bundesforsten angewiesen.

Die Einleitung des Privatisierungsprozesses der Österreichischen Bundesforste auf Bundesebene führte zu den verschiedensten Aktivitäten auf Landesebene. Dies zeigt bereits eine Landtagsentschließung aus dem Jahr 1990 (SLP, Nr. 61, 3. Session, 10. GP), zu welcher der damalige Bundeskanzler Vranitzky Zusagen im Hinblick auf die Regelung von Veräußerungen zugunsten der Strukturverbesserung der heimischen Landwirte tätigte. (Schreiben des Bundeskanzlers Dr. Vranitzky an Landesrat Bertl Göttl vom 18. November 1991) Schließlich wurde im Zuge der Erlassung des Bundesgesetzes zur Neuordnung der Rechtsverhältnisse der Österreichischen Bundesforste und Errichtung einer Aktiengesellschaft zur Fortführung des Betriebes Österreichische Bundesforste, die Mitwirkung des Landes durch Schaffung eines Länderbeirates, kontinuierliche Nutzung und Pflege der Schutzwälder, Garantie der bestehenden Servitutsrechte (Wald- und Weidenutzungsrechte) sowie die Umwandlung von Einforstungsrechten durch Abtretung von Grund und Boden an die Berechtigten ohne Veräußerungscharakter im Sinn der Substanzerhaltungspflicht gefordert. (Landeskorrespondenz, 28. Oktober 1996, Nr. 210) Auch wurden konkrete Zweifel an der Vereinbarkeit der Privatisierung mit der als Provisorium im § 11 Abs. 2 Übergangsgesetz festgelegten Vermögensaufteilung laut und verlangte das Land Salzburg in seiner im Begutachtungsverfahren abgegebenen Stellungnahme „... eine endgültige Regelung über den staatlichen Waldbesitz herbeizuführen. Entweder wird der Grundbesitz der Österreichischen Bundesforste im Land Salzburg wieder in das Eigentum des Landes übergeben oder dem Land Salzburg werden Aktien, die dem Wert des Waldanteils der Österreichischen Bundesforste im Land entsprechen (rund 121.500 ha) überschrieben". (Zahl 0/1-778/116-1996 vom 13. November 1996)

Das Bundesforstegesetz 1996, BGBl. I Nr. 793, und damit die Privatisierung der Bundesforste trat mit Jahresbeginn 1997 in Kraft. Im Jahr 2000 befürchtete das Land Salzburg zu Recht Absichten des Bundes, die Veräußerung von Wäldern und anderen Liegenschaften der Österreichischen Bundesforste an Private zur Abdeckung des Defizits des Bundeshaushaltes vorzunehmen. Schon vorsorglich beschloss die Landesregierung rechtliche Schritte dagegen und die Vorbereitung einer Anfechtungsschrift für den Fall der Erlassung eines Bundesgesetzes zur Veräußerung von Bundesforstebesitzungen. (Regierungsbeschluss vom 18. September 2000, Zahl 0/9-R 1780/8-2000) Der Anlass führte zu Initiativen im Landtag. Auf Grund eines dringlichen Antrages der Abg. Zehentner und Mag. Thaler ersuchte der Landtag die Landesregierung auf Grund einstimmigen Beschlusses unter anderem „die Zulässigkeit der Veräußerung größerer von der ÖBF-AG im Bundesland Salzburg verwalteter Grundstücke durch Anrufung des Verfassungsgerichtshofes zu klären". (SLP, Nr. 165 und 204, 3. Session, 12. GP) Ferner wurde die Prüfung einer Vorkaufsoption zu Gunsten des Landes bei Verkäufen der Bundesforste einstimmig beschlossen. (SLP, Nr. 555, 3. Session, 12. GP)

Nun – der Anfechtungsgegenstand ließ nicht lange auf sich warten: Im Zusammenhang mit der Übernahme von elf Seen des Öffentlichen Wassergutes forcierte die ÖBF-AG ihre Grundverkehrsstrategie, in deren Rahmen österreichweit Flächen im Gesamtausmaß von 27.550 ha und im Land Salzburg 5.269 ha (davon etwa die Hälfte Wald) betroffen waren. Rechtliche Grundlage für Grundstücksverkäufe war (und ist) die Verfassungsbestimmung des § 1 Abs. 3 Z 1 Bundesforstegesetz 1996, wonach die ÖBF-AG unbeschadet der im Abs. 1 dritter Satz bestehenden Substanzerhaltungspflicht ermächtigt ist, Liegenschaften des Bundes im Namen und auf Rechnung des Bundes im Rahmen der dem Bundesminister für Finanzen im jährlichen Bundesfinanzgesetz eingeräumten Ermächtigung zu veräußern. Diese Regelung wurde durch das Budgetbegleitgesetz 2001 eingeführt und trat mit Jahresbeginn 2001 in Kraft. Die auch vom Landtag geforderte Anfechtung vor dem Verfassungsgerichtshof wurde umgehend und ob ihrer juristischen Komplexität – ging es doch darum, Verfassungsbestimmungen als verfassungswidrig anzufechten – sorgfältig und als Causa von höchster landespolitischer Bedeutung im Legislativ- und Verfassungsdienst vorbereitet. Um die Verfassungswidrigkeit zu argumentieren, musste eine Baugesetzwidrigkeit der Verfassungsbestimmungen des Bundesforstegesetzes in dem Sinn argumentiert werden, dass damit das bundesstaatliche Prinzip im Kern verändert wird – dies unter Verständnis der vorläufigen Vermögensregelung des § 11 Abs. 2 Übergangsgesetz 1920 als Teil des bundesstaatlichen Baugesetzes der Bundesverfassung. Das war in Bezug auf die Bedeutung des bundesstaatlichen Prinzips nach bis dahin herrschender Rechtsprechung und Lehre juristisches Neuland. Nach Beschlussfassung durch die Landesregierung wurde die Anfechtungsschrift im Juli 2001 beim Verfassungsgerichtshof eingebracht.

Das Erkenntnis des Verfassungsgerichtshofes vom 29. Juni 2002

Der Verfassungsgerichtshof führte in der Folge ein umfangreiches Verfahren unter Beteiligung sämtlicher anderer Bundesländer durch, welche das Anliegen des Landes Salzburg unterstützten. Der Bundesregierung, vertreten durch das Bundeskanzleramt/Verfassungsdienst, legte ein (von der ÖBF-AG in Auftrag gegebenes) Rechtsgutachten vor, das nachweisen wollte, dass § 11 Abs. 2 zweiter Halbsatz Übergangsgesetz 1920 mit Erlassung des Finanz-Verfassungsgesetzes 1922 seine Bedeutung verloren habe und so die vorläufige Vermögensaufteilung gemäß § 11 Abs. 2 eine endgültige war – also die Vermögensauseinandersetzung nicht mehr ausständig wäre. Vom Landtag wurde der Gang des Verfahrens vor dem Verfassungsgerichtshof genau beobachtet. (SLP, Nr. 556, 4. Session, 12. GP Anfrage der Abg. Dr. Schöppl und Dr. Schnell an Landeshauptmann Dr. Schausberger) Nach Durchführung zweier mündlicher Verhandlungen vor dem Verfassungsgerichtshof erging schließlich das Erkenntnis des Verfassungsgerichtshofes vom 29.6.2002, G 270/01, dem wörtlich zu entnehmen ist: „... Der Verfassungsgerichtshof teilt die Auffassung der antragstellenden Landesregierung, dass § 11 Abs. 2 ÜG 1920 so zu verstehen ist, dass zum Zeitpunkt der Beschlußfassung über dieses Gesetz die Frage der endgültigen Aufteilung des ehemals staatlichen Vermögens auf Bund und Länder in Schwebe gelassen wurde ...Wenn der erste Halbsatz des § 11 Abs. 2 ÜG 1920 daher anordnet, dass alles übrige Vermögen ‚Vermögen des Bundes' ist, so ist das im Hinblick auf den zweiten Halbsatz der Vorschrift so zu verstehen, dass der Bund bis zu dieser endgültigen (partnerschaftlichen) Auseinandersetzung nur im Außenverhältnis die Befugnisse eines Eigentümers ausüben kann, im Innenverhältnis – gegenüber den Ländern – jedoch hinsichtlich des diesen letztlich zustehenden Vermögensteiles gleichsam als Treuhänder anzusehen ist und daher wohl Maßnahmen einer ordentlichen Wirtschaftsführung setzen darf, nicht aber solche, die geeignet sind, die in Aussicht gestellte Vermögensauseinandersetzung – bezogen auf das jeweilige Bundesland – zu unterlaufen oder unmöglich zu machen ... Auf Grund der vorstehenden Überlegungen ist somit davon auszugehen, dass die in § 11 Abs. 2 ÜG 1920 angekündigte Vermögensauseinandersetzung zwischen Bund und Ländern bis heute nicht erfolgt, im Hinblick auf die Staatsforste insbesondere auch nicht durch das BForsteG 1996 vorgenommen worden ist. Der Bund ist demnach im Bereich des ehemals staatlichen Vermögens einschließlich der Bundesforste (nach wie vor) zwar im Außenverhältnis Eigentümer, im Innenverhältnis gegenüber den Ländern jedoch den oben erwähnten ... Bindungen unterworfen ..." Der Verfassungsgerichtshof sagt damit im Wesentlichen: Wem das Vermögen gehört, ist staatsrechtlich nicht endgültig geklärt, sondern Bund und Länder müssen sich darüber erst „auseinandersetzen", sprich darüber verhandeln. Und: Der Bund muss das ihm so nur vorläufig übertragene Vermögen gleichsam „wie ein Treuhänder" verwalten. Diese Klarstellung des Verfassungsgerichtshofes war (auch föderalistisch gesehen) ein großer Erfolg und ist für die weitere Entwicklung entscheidend.

Vermögensverhandlungen im Zeitraum 2002 bis 2016

Nach Zustellung des Erkenntnisses des Verfassungsgerichtshofes im Juli 2002 setzte das Land umgehend Schritte, um die Aussagen des Verfassungsgerichtshofes umzusetzen: Zunächst wurde unter der Leitung des damaligen Leiters des Landesarchivs Dr. Fritz Koller eine amtsinterne Arbeitsgruppe „Vermögensverhandlungen" eingesetzt, welche die Aufgabe hatte, das ehemals fürsterzbischöfliche Vermögen, das dem Bund 1920 zugefallen ist, genau zu erfassen. Dies betraf nun neben Liegenschaften, Hochbauten und Forsten eine Vielzahl von Kulturgütern. Weiters wurde die Landeshauptmännerkonferenz befasst, welche am 16. Oktober 2002 beschlussmäßig festhielt, davon auszugehen, dass die Bundesregierung in die Verhandlungen über diese Vermögensauseinandersetzung unverzüglich eintritt, wenn von Länderseite ein solches Verlangen gestellt wird und diese Verhandlungen konstruktiv im Sinn des § 11 Abs. 2 ÜG 1920 und des Verfassungsgerichtshof-Erkenntnisses führt. Salzburg wurde ersucht, in den Verhandlungen mit dem Bund die Federführung und Koordination zu übernehmen. In Wahrnehmung dessen richtete im Februar 2003 Landeshauptmann Schausberger an Bundeskanzler Schüssel sowie an die ÖBF-AG sowie die Bundesimmobiliengesellschaft ein Schreiben, in dem auf das Erkenntnis des Verfassungsgerichtshofes hingewiesen und aufgefordert wurde, die durch den Verfassungsgerichtshof klargestellte Position des Landes in der Vermögensfrage zu berücksichtigen. Basierend auf den Arbeiten der Arbeitsgruppe unter der Leitung des Landesarchivdirektors Dr. Koller wurde sodann mit Schreiben vom

24. April 2003 des Landeshauptmannes an den Bundeskanzler das offizielle Verlangen zur Aufnahme von Verhandlungen zur endgültigen Vermögensauseinandersetzung gestellt. Über all diese umgehend veranlassten Maßnahmen – bevor in konkrete Verhandlungen mit dem Bund eingetreten werden konnte – gibt der Bericht der Landesregierung an den Landtag vom 23. Juni 2003 Aufschluss. (SLP, Nr. 705, 5. Session, 12. GP und Nr. 424, 6. Session, 12. GP) Konkrete Verhandlungen mit dem Bund kamen sodann im Herbst 2003 in Gang und erstreckten sich zunächst über zwei Jahre, brachten jedoch kein nennenswertes Ergebnis.

In den Folgejahren blieben verschiedentliche Interventionen von Seiten Salzburgs von Bundesseite unbeachtet, Schriftwechsel blieben unverbindlich und inhaltlich ergebnislos. Als ein erfolgreiches Nebenprodukt kann nur der mit Ende 2006 erfolgte Abschluss der Mikroverfilmung von Salzburger Beständen im Haus-, Hof- und Staatsarchiv in Wien bezeichnet werden, an welchen Kosten sich der Bund beteiligte.

Gegen Ende 2005 erreicht das Land die Nachricht über die Absicht des Verkaufs einer von der ÖBF-AG verwalteten Fläche von über 800 ha im Salzburger Tennengebirge. Landeshauptfrau Gabi Burgstaller wandte sich schriftlich an die Bundesminister Pröll und Grasser, sprach sich dagegen aus, und auch der Landtag befasste sich eingehend damit. Die dazu gestellte Anfrage der Abg. Dr. Reiter und Schwaighofer an die Landesregierung (SLP, Nr. 273, 3. Session, 13. GP) wird in Form eines weiteren Berichtes zum Stand der Vermögensverhandlungen und der Tätigkeit der dazu eingerichteten Arbeitsgruppe beantwortet. (SLP, Nr. 404, 3. Session, 13. GP) Ein im Zusammenhang mit dem Verkauf von Flächen im Salzburger Tennengebirge gestellter Antrag der Abg. Dr. Reiter und Schwaighofer (SLP, Nr. 358, 3. Session, 13. GP) führte zu einer intensiven Diskussion im Verfassungs- und Verwaltungsausschuss unter Beratung der Ergebnisse eines im Auftrag der Grünen erstellten Gutachtens, wonach der Verkauf nicht nur gegen Verfassungsbestimmungen verstoße, sondern nach § 867 ABGB sogar ungültig wäre, weil die betreffenden Liegenschaften Landesvermögen seien, welche nur mit Zustimmung des Landtages verkauft werden dürften. (SLP, Nr. 393, 3. Session, 13. GP) Schließlich brachte das Land infolge der breiten Diskussion im Landtag eine Feststellungsklage bei Gericht ein, mit der sie die Feststellung der Nichtigkeit der Kaufverträge begehrte. Dies insbesondere wegen der Betroffenheit von strategisch wichtigen Wasserreserven, wobei derartige Verkäufe § 1 Abs. 3a Bundesforstegesetz 1996 verbietet – und gestützt auf § 4 Abs. 8 Wasserrechtsgesetz. Die Gerichte sahen jedoch über die Instanzen hinweg und letztlich bestätigt durch den Obersten Gerichtshof kein Feststellungsinteresse des Landes, weil der Kaufvertrag zwischen Bund bzw. Bundesforste AG und einem Privaten die unmittelbare Rechtsposition des Landes nicht berührt. (OGH 5. Mai 2009, 1 Ob 49/09a) Ferner wurde aus dem gleichen Anlass ein Rechtsgutachten beauftragt, das den Inhalt der „Treuhandschaft", welche der Bund nach dem Erkenntnis des Verfassungsgerichtshofes innehat, zum Gegenstand hat bzw. die Frage der Rechtsstellung des Landes im Rahmen jener Treuhandschaft zur Durchsetzbarkeit daraus folgender Rechte.

In diesen Jahren sind keine Fortschritte ersichtlich, es gibt zwar immer wieder Vorstöße von Seiten des Landes, auch einzelne Gesprächstermine und eine Befassung der Landeshauptmännerkonferenz im Jahr 2008, die an ihren Beschluss aus dem Jahr 2002 erinnert. Die einzelnen Bemühungen sind in einer Anfragebeantwortung der Landesregierung dargestellt. Darin wird von einer „Hinhaltetaktik“ von Seiten des Bundes gesprochen. (SLP, Nr. 520, 2. Session, 14. GP)

Im Juni 2010 verständigten sich Bundesregierung und Salzburger Landesregierung zur Fortführung der Verhandlungen auf partnerschaftlicher Ebene, worauf eine Bund-Land-Arbeitsgruppe auf Beamtenebene eingerichtet wurde. Diese Arbeitsgruppe tagte bis Juni 2011 mehrmals in Wien und Salzburg und sollte eine gemeinsame Endredaktion erfolgen, was aber zumindest vorläufig von Bundesseite abgeblockt wurde. Dies berichtet Landesamtsdirektor a. D. Dr. Marckhgott in seiner unveröffentlichten Chronologie „Vermögensauseinandersetzung zwischen Bund und Ländern“ vom November 2017. Erst nach politischen Interventionen von Landeshauptmann Dr. Haslauer und Landesamtsdirektor Dr. Marckhgott auf Beamtenebene kann die Wiederaufnahme der Vermögensverhandlungen erreicht werden, sodass mit Juli 2014 ein gemeinsamer Arbeitsgruppenbericht zwischen Bund und Land Salzburg als identes Grundlagenpapier für die politischen Verhandlungen zur Verfügung stand. Auf Basis dieses Arbeitsgruppenberichtes wurden ab Herbst 2014 die politischen Verhandlungen aufgenommen und konnten konkrete Forderungslisten für die Teilbereiche Gebäude und Liegenschaften, Großdenkmäler, Kulturgüter, Bundesforste und Beteiligungen durch Expertengruppen (Arbeitsgruppe Kunstgegenstände, Finanzabteilung, Liegenschaftsverwaltung, Landesamtsdirektion etc.) im Frühjahr 2016 dem Bund übermittelt werden. Auf dieser Basis führte Landeshauptmann Dr. Haslauer bis Ende 2016 intensive Verhandlungen mit dem Finanzminister und den einzelnen zuständigen Ressortministern. Landesamtsdirektor a. D. Marckhgott berichtet in seiner Chronologie von der Schwierigkeit der Verhandlungen durch das Erfordernis der Einbindung von aus der Bundesverwaltung ausgegliederten Institutionen mit eigener Rechtspersönlichkeit. Konkrete Konzepte für politische Vereinbarungen mit den einzelnen Ressorts sind bis zum Herbst 2016 ausgearbeitet worden, dies gilt insbesondere auch für ehemals Salzburger Kunst- und Kulturobjekte, für die ein Verhandlungsvorschlag des Landesarchives vorliegt, auf dessen Basis Landeshauptmann Dr. Haslauer Verhandlungen beauftragt hat. In diesem Zusammenhang ist weiters auf ein im Jahr 2017 unter Federführung des Landesarchives gestartetes Projekt einer Salzburger Kulturgüterdatenbank hinzuweisen, gemeinsam mit von Bundesseite nominierten Experten und Expertinnen soll eine solche umgesetzt werden.

Unentgeltliche Eigentumsübertragung aus Anlass der 200-jährigen Zugehörigkeit Salzburgs zu Österreich

Im Zuge der politischen Verhandlungen bot der Bund dem Land im Herbst 2016 eine Schenkung aus Anlass der 200-jährigen Zugehörigkeit Salzburgs zu Österreich an. Laut der Chronologie Marckhgotts wäre dies für den Bund insoweit von Vorteil, als kein Präzedenzfall für andere Bundesländer entstehen könne und für das Land stelle dies keinerlei Streitbeilegungs- oder Verzichtserklärung im Bereich der Vermögensauseinandersetzung dar. Mit Bundesgesetz BGBl. I Nr. 55/2017 wurden dem Land die Festung Hohensalzburg, die Neue Residenz, der Residenzbrunnen, die Pferdeschwemme am Kapitelplatz, die Marienstatue am Domplatz sowie die Pferdeschwemme am Herbert-von-Karajan-Platz unentgeltlich übertragen. Weiters erhielt das Land Salzburg 88 Mobilien der Bundesimmobilienverwaltung, 169 Gemälde aus dem Kunsthistorischen Museum und 17 Gemälde aus der Österreichischen Galerie Belvedere.

Schlussbemerkung

Zunächst ist klar festzuhalten: Die Schenkung des Bundes betreffend die aufgeführten Kulturgüter aus Anlass des Gedenkjahres 2016 „Salzburg 200 Jahre bei Österreich" ist ein wesentlicher identitätsstiftender Erfolg zur Erhaltung des historischen Erbes und eine Geste des Bundes von symbolischer Kraft. Was die Schenkung jedoch nicht ist und nicht sein darf: Eine Abfindung oder vorläufige Beruhigung der Streitpartei Land Salzburg im Rahmen der noch ausstehenden partnerschaftlichen endgültigen Auseinandersetzung über das Vermögen, das dem Bund durch das Übergangsgesetz 1920 nur vorläufig übertragen ist – und welches der Bund und die ihm wirtschaftlich zuzurechnenden Rechtssubjekte gleichsam treuhänderisch zu verwalten hat bzw. haben. Treugeber sind dabei nach den Ausführungen des Verfassungsgerichtshofes „im Innenverhältnis" die Länder. Das Erkenntnis des Verfassungsgerichtshofes ist auch dahin unmissverständlich, als die endgültige, partnerschaftlich zu führende Vermögensauseinandersetzung noch aussteht. Dies hat nach wie vor Gültigkeit, woran auch historische Versuche nichts ändern, die dem § 11 Abs. 2 Übergangsgesetz 1920 eine andere Bedeutung beilegen wollen. Die Entscheidung des Verfassungsgerichtshofes ist zu akzeptieren, und ist von Landesseite die Vermögensauseinandersetzung weiterhin einzufordern. Was die vorstehende Darlegung zeigt, ist die Beharrlichkeit des Landes Salzburg und seiner politischen Akteure – über alle Parteigrenzen hinweg – das historische Erbe einzufordern bzw. zu sichern. Dieser Weg möge weiter beschritten werden.

Auswahlbibliographie (unveröffentlicht)

Lebitsch-Buchsteiner, Sigrid: Schriftsatz an den Verfassungsgerichtshof vom 13. Juli 2001, Zahl 2001-778/138-2001. Für die Landesregierung von der Autorin als damalige Mitarbeiterin des Legislativ- und Verfassungsdienstes verfasst

Dohle, Oskar: Verbringung der Salzburger Kunstschätze nach Wien, Chronik der Vermögensauseinandersetzung, Chronologie 1805–2016

Marckhgott, Heinrich Christian: Vermögensauseinandersetzung zwischen Bund und Ländern, Chronologie – Stand: November 2017

Christian Dirninger

Der „Fall Blizzard“

Das breite Spektrum der Unternehmenspolitik

Als wesentlicher Teil der Wirtschaftspolitik des Landes weist die Unternehmenspolitik ein breites Spektrum auf. Dies beginnt in der Wiederaufbauzeit beispielsweise mit Maßnahmen für eine ausreichende Kreditversorgung des Gewerbes, wofür unter anderem der Salzburger Landesfonds für gewerbliche Darlehen mit Beschluss des Landtages vom 6. August 1953 eingerichtet wurde. Die Dotierung des Fonds, hauptsächlich aus Beiträgen der Handelskammer und des Landes, wurde in der Folge ebenso wie die Verwendung der Mittel immer wieder zu einem Thema im Landtag. Ein weiteres unternehmenspolitisches Instrument, an dem das Land finanziell beteiligt war und das infolgedessen Gegenstand von Debatten und Beschlüssen im Landtag war, war die 1969 gegründete Salzburger Kreditgarantiegesellschaft m. b. H. Als drittes Beispiel sei das im Juli 1975, nicht zuletzt angesichts der auch in Salzburg durchschlagenden allgemeinen Konjunkturkrise, im Landtag beschlossene Salzburger Strukturverbesserungsfondsgesetz erwähnt. Der damit eingerichtete und aus dem Landeshaushalt dotierte Strukturverbesserungsfonds hatte die Aufgabe, durch die Vergabe von Darlehen, Zinsenzuschüssen sowie durch Haftungen bzw. Bürgschaften die betriebliche Struktur im Land zu festigen und zukunftsorientiert weiterzuentwickeln.

Die wesentliche Bedeutung der Betriebsansiedlung im Rahmen der Unternehmenspolitik des Landes kam bereits ab Mitte der 1950er-Jahre zum Tragen, als es unter Nutzung der sogenannten „Drehscheibenfunktion“ des Salzburger Zentralraumes zwischen West- und Südosteuropa bzw. zwischen EWG und EFTA zur Ansiedlung von etlichen Handels-, Gewerbe- und Industriebetrieben, insbesondere aus der Bundesrepublik Deutschland, kam. Ende der 1970er-Jahre bzw. im Übergang in die 1980er-Jahre wurde die Betriebsansiedlung dann zu einem zentralen strategischen Instrument der Wirtschaftspolitik des Landes. Davon zeugt die im Jahr 1978 erfolgte Gründung sowie die im Laufe der 1980er-Jahre entfaltete Tätigkeit der Salzburger Betriebsansiedlungsgesellschaft. Ein Highlight war sicherlich in der Mitte des Jahrzehnts die Ansiedlung der Firma SONY in Anif. Diese war auch ein wesentlicher Akzent in Rahmen der damals vorgenommenen Weichenstellung der Struktur- und Unternehmenspolitik des Landes in Richtung Etablierung eines Hochtechnologiesektors. Ein Kernelement dabei war die ab Ende der 1980er-Jahre begonnene und in den 1990er-Jahren forcierte Entwicklung des Techno-Z-Systems.

Besondere Relevanz erhielt die Hochtechnologiepolitik als Zukunftsstrategie vor dem Hintergrund der um die Mitte der 1990er-Jahre im Land Salzburg in ungewöhnlich starkem Ausmaß durchschlagenden Krise der „alten Industrie“. Angesichts dessen stieg der industrie- und standortpolitische Handlungsdruck auf die Landespolitik spürbar an. Andererseits aber wurde deren begrenzter Handlungsspielraum für unternehmenspolitische Krisenintervention deutlich.

In besonderem Maße betroffen war dabei der Industrieraum Hallein. So beispielsweise durch die im Herbst 1993 erfolgte Stilllegung der defizitären PVC-Produktion der Halvic-Kunststoffwerke. Angesichts dessen betonte Landeshauptmann Hans Katschthaler einmal mehr die Notwendigkeit von Firmenansiedlungen am Brennhoflehen. Die im Frühjahr desselben Jahres im Raum stehende Insolvenz der Hallein Papier AG konnte 1994 durch einen Aufschub der erforderlichen Umweltinvestitionen und die Übernahme durch den schwedischen Holz- und Papierkonzern Svenska Cellulosa (SCA) abgewendet werden. Weitere Krisenfälle, wie etwa die Eröffnung des Ausgleichsverfahrens über den Maschinenhersteller EMCO sowie Personalabbau beim Grödiger Zementwerk Leube im Sommer 1995 ließen die Industrieregion Hallein in der Mitte der 1990er-Jahre zu einer Krisenregion werden. Am 5. Oktober 1995 titelte die Tennengauer Regionalzeitung: „Donnergrollen über den Fabrikshallen". Die Region werde „seit einiger Zeit im Ein-Jahres-Rhythmus von Hiobsbotschaften aus den traditionsreichsten Großbetrieben ... erschüttert".

Eine andere relevante industriewirtschaftliche Krisenzone war die in der Salzburger Wirtschaftsstruktur, speziell in den südlichen Landesteilen, bedeutsame Sägeindustrie. In diesem Sektor hatten neben der allgemeinen Konjunkturschwäche vor allem die Währungsabwertungen im Hauptabsatzmarkt Italien und bei den stärksten Konkurrenten Schweden und Finnland zu deutlich spürbaren Beeinträchtigungen im Export geführt.

Krise der Skiindustrie

Krisenszenarien ergaben sich aber auch in der für die Salzburger Wirtschaftsstruktur im Pongau und Pinzgau in besonderem Maße bedeutsamen Schiindustrie. Nachdem bereits im Übergang von den 1980er- in die 1990er-Jahre Anzeichen von aus der internationalen Konjunktur resultierenden Absatz- und damit Überkapazitätsproblemen spürbar geworden waren, standen zur Mitte der 1990er-Jahre die Insolvenzen der Traditionsunternehmen „Atomic" und „Blizzard" im Raum. Die Möglichkeiten der Landespolitik reichten für eine Abwendung der Konkurse bei weitem nicht aus. Ebenso nicht realisierbar erwiesen sich Pläne für eine „Österreichische Lösung". In diesem Zusammenhang hatte, wie die „Salzburger Wirtschaft" am 15. September 1994 berichtete, Landeshauptmann-Stellvertreter Arno Gasteiger den Bund aufgefordert, „sich für eine österreichische Kooperation einzusetzen, wozu auch Salzburg seinen Beitrag beisteuern" werde. Der Generaldirektor des Salzburger Raiffeisenverbandes, Manfred Holztrattner, schlug die Bildung einer „österreichischen Skiholding" für diese „österreichische Schlüsselindustrie" vor. (Salzburger Wirtschaft, 5. Mai 1995) Und der Präsident der Salzburger Wirtschaftskammer, Günther Puttinger, meinte, „nur durch eine österreichische Skilösung könnten endlich Strukturen im Skibereich geschaffen werden, die überlebensfähig seien". (Salzburger Wirtschaft, 11. August 1995) Berichten der „Salzburger Nachrichten" vom 2. Dezember 1993 und 10. März 1994 zufolge gab es auch Gespräche über ein eventuelles Zusammengehen von „Atomic" und „Blizzard" zu einer angestrebten „Salzburger Lösung", die aber kein Ergebnis brachten. Der Erhalt der beiden Unternehmen und damit eines Großteils der Arbeitsplätze konnte dann aber durch die Übernahme durch ausländische Konzerne gesichert werden.

Im Fall von „Atomic" war dies der finnische AMER-Konzern, der, nachdem die BAWAG als Hausbank von „Atomic" im September 1994 den Konkurs beantragt hatte, das Unternehmen im November 1994 übernahm. Dass die Landespolitik keine Möglichkeit zur Rettung des Unternehmens gehabt hatte, kam in einem in den „Salzburger Nachrichten" vom 9. Jänner 1995 abgedruckten Brief von Landeshauptmann-Stellvertreter Arno Gasteiger an den vormaligen Firmeninhaber Alois Rohrmoser zu Ausdruck, in dem es u. a. hieß: „Es tut mir persönlich sehr leid, dass das Land in den vergangenen Monaten nicht helfen konnte. Dazu waren einerseits die Beträge zu hoch, um die es gegangen ist, und andererseits gab es keine Chance, die BAWAG von ihrem zerstörerischen Weg abzubringen."

Parallel zu „Atomic" bahnte sich zu dieser Zeit auch die Insolvenz von „Blizzard" an. Anders als bei „Atomic" beschritt hier die Hausbank, in diesem Fall der Salzburger Raiffeisenverband, einen konstruktiven Weg. Zunächst mit einer Finanzierungsgarantie und in der Folge durch die Errichtung einer Produktions- und einer Marketinggesellschaft als 100-prozentige Raiffeisen-Tochter zur temporären Weiterführung des Unternehmens bis zum Verkauf an einen neuen Eigentümer. Dieser wurde dann im September 1996 mit dem US-Sportkonzern SCOTT gefunden. In die vom Raiffeisenverband gestaltete Übergangslösung war in einem speziellen Teil auch das Land involviert. Die Landesregierung gewährte zur Abwicklung des Kaufes der Liegenschaften der Firma „Blizzard" durch eine Tochtergesellschaft der TechInvest einen Zinsenzuschuss von vier Prozent auf fünf Jahre. Diese sich auf jährlich 3,6 Mio. S belaufende Landesförderung wurde aber an die Bedingung geknüpft, dass sie im Fall des Verkaufes an einen neuen Eigentümer eingestellt werden sollte, falls es durch diesen Verkauf zu Nachteilen für den Standort Mittersill kommen würde. Mit dem Verkauf des Unternehmens im September 1996 an den amerikanischen Sportartikel-Konzern SCOTT stand diese Bedingung nun in Frage und war Gegenstand von Verhandlungen der Landesregierung mit dem neuen Eigentümer. Gegenstand für eine Debatte im Landtag wurde die Angelegenheit in dessen Sitzung vom 23. und 24. Oktober 1996 anlässlich einer dringlichen Anfrage der FPÖ-Fraktion. In dieser Debatte wurden anhand des konkreten Falles auch Positionen der Landtagsparteien zur Unternehmenspolitik des Landes generell thematisiert und zum Teil durchaus kontrovers diskutiert.

Der „Fall Blizzard" im Landtag

Die dringliche Anfrage der FPÖ-Fraktion bezog sich darauf, ob und inwieweit die Landesregierung vor Beginn der Verhandlungen des Raiffeisenverbandes mit der Firma SCOTT vom beabsichtigten Kauf unterrichtet war, ob das Wirtschaftsressort Einblick in den Vertrag zwischen dem Raiffeisenverband und der Firma SCOTT genommen habe, wie mit der Landesförderung weiter verfahren werde, ob mit SCOTT eine Bestandsgarantie für den Standort oder für die Sicherung der Arbeitsplätze vereinbart werde und welche Maßnahmen von der Landesregierung vorgesehen wären, um eine Abwanderung des Unternehmens, wie dies bei Semperit in Traiskirchen der Fall gewesen war, zu verhindern.

In seiner Anfragebeantwortung erinnerte Landeshauptmann-Stellvertreter Arno Gasteiger einleitend an die Situation des Konkurses von „Blizzard" mit der damit verbundenen akuten Gefahr eines erheblichen wirtschaftlichen Einbruches im Pinzgau mit Auswirkungen auf das ganze Land und daran, dass diese Gefahr mit der Errichtung der Blizzard-Industrieanlagengesellschaft und der Vermietung der Anlagen an zwei vom Raiffeisenverband kapitalisierten Betriebsgesellschaften abgewendet werden konnte, womit ca. 300 Arbeitsplätze erhalten wurden. Zugleich erinnerte er daran, dass von Beginn an klar war, dass der Raiffeisenverband bzw. die Blizzard-Industrieanlagengesellschaft nicht auf Dauer Eigentümer des Unternehmens bleiben würde, sondern dass so rasch als möglich ein geeigneter Käufer zu finden war. Dieser sei nach schwieriger Suche und vielen Verhandlungen mit der Firma SCOTT gefunden worden. Dabei betonte er, dass die Verhandlungen nicht vom Land, sondern vom Raiffeisenverband geführt wurden. Allerdings sei das Land bzw. die Landesregierung über die Verhandlungen und deren Abschluss informiert worden. Was die in der Anfrage konkret angesprochene Förderung des Landes betraf, berichtete Gasteiger, dass die Landesregierung derzeit Verhandlungen mit der Firma SCOTT unter der Maßgabe führe, inwieweit deren Übernahme durch diese dem Kriterium eines „landespolitischen Interesses" entsprechen würde, indem eine dauerhafte Weiterführung des Unternehmens durch den neuen Eigentümer gesichert sei. Diese Verhandlungen seien aber noch nicht abgeschlossen. Um dem Verhandlungsergebnis nicht zu schaden, könnten darüber noch keine näheren Informationen gegeben werden.

Betrachtet man die folgende Debatte zu dieser Anfrage, so kamen in dieser, über den speziellen Einzelfall hinausgehend, auch grundsätzlichere Aspekte der Unternehmenspolitik im Land zum Tragen. Dass die Anfrage der FPÖ letztendlich darauf abzielte, die wirtschaftspolitische Effizienz der Landesregierung, speziell jene des Ressortchefs, in Frage zu stellen, schien für Arno Gasteiger offensichtlich. In diesem Sinne qualifizierte er speziell deren letzten Punkt, der sich auf Maßnahmen der Landesregierung zur Verhinderung einer Situation bezog, wie sie sich vor kurzem mit der Schließung bzw. Abwanderung von Semperit in Traiskirchen ergeben hatte, als polemisch und meinte direkt an den FPÖ-Klubobmann Wolfgang Haider gewandt: „Und die Frage 5 kann wohl nur polemisch verstanden sein, denn es müsste dem Klubobmann Haider als Unternehmer bekannt sein, dass es dem Land nicht möglich ist, konkrete Maßnahmen zu ergreifen, um allenfalls nach der Übernahme durch Scott eine Teilverlagerung eines Betriebes zu verhindern. Aber ich kann schon verstehen, dass die Frage durchaus so polemisch gemeint ist, damit der Herr Klubobmann dann hinausgehen kann und den Leuten sagen: Das Land garantiert nicht einmal die Sicherheit der Arbeitsplätze in den nächsten 100 Jahren. Aber Du stellst ja auch nicht die Frage, Wolfgang Haider, ob das Land die Sicherheit der Arbeitsplätze in Deinem Betrieb garantiert. Das musst Du selbst tun als Unternehmer." Gasteiger wandte sich damit explizit gegen die Verbreitung einer Vorstellung in der Öffentlichkeit, die Politik, in diesem Fall die Landesregierung, könne auf Dauer Arbeitsplätze zu garantieren. Und er machte klar, dass derartiges den Grundsätzen einer marktwirtschaftlich orientierten Unternehmenspolitik widerspreche: „Ich bin aber bei so schwierigen Fragen nicht dafür, die Dinge polemisch zu diskutieren und polemisch zu verhandeln, sondern wir sollen in einem Land, das vom Grundsatz der sozialen Marktwirtschaft getragen ist, wobei der Schwerpunkt auf Marktwirtschaft liegt, der Bevölkerung nicht suggerieren, dass die öffentliche Hand Wundertaten gegen betriebswirtschaftliche Grundsätze erzielen kann." Dass er sich damit auch gegen eine von der SPÖ nach wie vor präferierte Sichtweise positionierte, wird aus dem Kommentar Gasteigers zum Fall Semperit deutlich: „Ich führe einen Teil des Unverständnisses der Arbeiterschaft und der Öffentlichkeit im Zusammenhang mit Traiskirchen darauf zurück, dass der Bundeskanzler [Vranitzky] in drei Verhandlungsrunden den Anschein erweckt hat als könne er die Dinge beeinflussen, und als könnte er die Abwanderung verhindern, was ihm letztendlich nicht gelungen ist. Und ich glaube, aus dieser Differenz zwischen Anspruch und Wirklichkeit sind einige Glaubwürdigkeitsprobleme in den letzten Monaten entstanden."

Dem gegenüber beharrte der direkt angesprochene FPÖ-Klubobmann Wolfgang Haider darauf, dass es Aufgabe der Wirtschaftspolitik im Land sei, Arbeitsplätze zu sichern. In diesem Zusammenhang weitete er seine Argumentation auf die damalige ablehnende Haltung der FPÖ gegenüber dem EU-Beitritt aus: „Die versprochenen 420 Arbeitsplätze, die Du [Gasteiger] hier von diesem Platz aus am 28. Mai 1994 allen Mitgliedern des Salzburger Landtages versprochen hast, sollte Österreich der Europäischen Union beitreten, diese 420 Arbeitsplätze habe ich bis heute nicht gesehen." Und auf den Fall Blizzard bezogen: „Wenn wir Steuergelder hinzahlen an Förderungen, dann muss uns auch garantiert werden, dass die 300 Arbeitsplätze erhalten bleiben und der Standort Mittersill gesichert ist." FPÖ-Landesrat Karl Schnell verstärkte die Kritik am Versagen der Unternehmenspolitik im Land mit einem Hinweis auf den Konkurs von Atomic und eine aus seiner Sicht gegebene Passivität der Landesregierung: „Und Sie sagen, da hat man nichts machen können. Wo war da die Wirtschaftspolitik Salzburgs, die diesem Unternehmen geholfen hätte, wo etwas stattgefunden hat, was wirtschaftlich widerlich und nach Bankenpolitik riecht, die rein parteipolitisch orientiert war?"

Für die ÖVP-Fraktion zeigte sich deren Klubobmann Georg Griessner darüber zufrieden, dass es mit der Übernahme durch SCOTT gelungen sei, „dass die Firma Blizzard erhalten bleibt, dass der Standort Mittersill gesichert ist, und dass weiterhin 300 Arbeitsplätze in dieser Region vorhanden sind". Zugleich aber relativierte er die Möglichkeit einer dauerhaften Garantie von Arbeitsplätzen und die damit verbundenen Unwägbarkeiten bei öffentlichen Förderungsmaßnahmen: „Und es ist halt so, sehr geehrte Damen und Herren, dass hier die Politik sich immer im Zwiespalt befindet und immer in Kritik stehen wird. Einerseits fordert man die Politik auf, mit entsprechenden finanziellen Mitteln dazu beizutragen, dass Arbeitsplätze erhalten oder neu geschaffen werden. Geht es dann mit einem Betrieb einmal schief, dann kommt sofort die Kritik darüber, warum man überhaupt gefördert hat."

Der Klubobmann der Grünen, Christian Burtscher, griff insofern das von Landeshauptmann-Stellvertreter Gasteiger angesprochene Verhältnis von Unternehmertum und öffentlicher Hand auf, indem er von „krassen unternehmerischen Fehlentscheidungen" der Skifirmen in den 1980er-Jahren sprach, die zu Überkapazitäten geführt hätten und dass das dabei nun schlagend gewordene Risiko „sozialisiert, das heißt auf die Allgemeinheit, auf die betroffenen Arbeitnehmer, auf die Gläubiger oder eben auch auf die öffentliche Hand" abgeladen werde. Und direkt an Gasteiger gewandt: „Und so muss man dann auch Ihre Zitierung der sozialen Marktwirtschaft immer wieder neu hinterfragen. Worauf liegt denn dann die Betonung – auf sozial oder auf Marktwirtschaft? Und nehmen wir das je nach Belieben heran, dass wir immer dann, wenn es uns recht ist, sagen: Ja, da hat der Markt gesprochen. Und immer dann, wenn wir meinen, wir müssen jemandem zu Willen sein, jemandem die Gunst, unsere Gunst zuwenden oder seine Gunst erwerben, dann legen wir den Punkt auf das Attribut sozial."

In dem Zusammenhang ortete er auch einen grundsätzlichen Widerspruch in der Polemik der FPÖ, indem sie einerseits wirtschaftlichen Liberalismus und andererseits öffentliche Arbeitsplatzgarantien einfordere: „Aber so wie Sie das hier heraußen präsentieren, ist das nur wiederum diese permanente Wiederholung des Widerspruchs in sich. Sie sind auf der einen Seite die radikalen Befreier und reden hier auf der anderen Seite einer Reglementierung, einem Eingriff in das Unternehmen das Wort."

Für die SPÖ-Fraktion, die ebenso die FPÖ-Polemik zurückwies und sich grundsätzlich hinter die von Gasteiger verfolgte Linie stellte, argumentierte deren Abgeordneter Wolfgang Rainer für eine pragmatische, realistische Sichtweise hinsichtlich der Situation der Salzburger Skiindustrie. Diese habe unter in den vorangegangenen Jahren aufgebauten Überkapazitäten zu leiden. Insofern sei es zu begrüßen, dass sowohl für „Atomic" als auch für „Blizzard" gelungen sei, mit den neuen Eigentümern Lösungen für den Erhalt der Unternehmen und der Arbeitsplätze zu finden, wenngleich auch keine dauerhaften Garantien möglich seien. Im Grunde wurden damit die Abhängigkeit der regionalen Wirtschaft von überregionalen Konjunkturen und Strukturwandlungen sowie die demgegenüber begrenzten Handlungsspielräume der Unternehmenspolitik auf Landesebene ins Blickfeld gerückt. „Das heißt, wir müssen eigentlich froh sein, dass es jemand gibt, der noch versucht, hier in den Markt einzudringen. Das gilt für Atomic mit dem finnischen Konzern AMA genauso wie mit Blizzard und der Firma, du dem Konzern Scott. Die Realität ist einfach, dass wir politisch keine Garantien erzwingen können. Wir können sie fordern, das ist meiner Ansicht nach Polemik, aber in Wirklichkeit können wir keine Garantien erzwingen, weil wir in dieser Frage den Konzernen tatsächlich ohnmächtig gegenüberstehen. Das ist einfach eine Tatsache und wir können in Wirklichkeit nur Danke sagen, wenn sie bereit sind, hier zu investieren und versuchen, etwas daraus zu machen."

Auswahlbibliographie

Dirninger; Christian: Die Arbeitgebervertretung im Bundesland Salzburg, Salzburg 1984 (Schriftenreihe des Landespressebüros, Salzburg Dokumentationen Nr. 84)

Dirninger, Christian: Wirtschaftsbezogene Modernisierungsstrategien. Strukturpolitik – Betriebsansiedlung – Technologieförderung im Bundesland Salzburg 1958 bis 1998, Wien – Köln – Weimar 1998

Dirninger, Christian: „It's the economy". Einblicke in die politische Ökonomie des Landes. In: Dachs, Herbert/Dirninger, Christian/Floimair, Roland (Hg.): Übergänge und Veränderungen. Salzburg vom Ende der 1980er-Jahre bis ins neue

Jahrtausend, Wien – Köln – Weimar 2013 (Schriftenreihe des Landes-Medienzentrums Salzburg, Sonderpublikationen Nr. 241), S. 409–458

Scherrer, Walter: Salzburgs Wirtschaft und Wirtschaftspolitik 1989–2004. Herausforderungen und strategische Reaktionen. In: Dachs, Herbert/Dirninger, Christian/Floimair, Roland (Hg.): Übergänge und Veränderungen. Salzburg vom Ende der 1980er-Jahre bis ins neue Jahrtausend, Wien – Köln – Weimar 2013 (Schriftenreihe des Landes-Medienzentrums Salzburg, Sonderpublikationen Nr. 241), S. 367–408

Aus den Debatten des Salzburger Landtages

Auszug aus dem Protokoll der Landtagssitzung am 23. und 24. Oktober 1996 über eine Landesförderung für die Firma Blizzard

Landeshauptmann-Stellvertreter Dr. Arno Gasteiger (ÖVP): Herr Präsident! Meine sehr geehrten Damen und Herren Abgeordneten! Herr Klubobmann Haider! Es ist Deiner Fraktion sicher bekannt, warum die Firma Blizzard vor eineinhalb Jahren in Konkurs gegangen ist. Die Ursache ist einfach zu erklären. In kurzer Zeit ist der Weltmarkt im Bereich der Schinachfrage um die Hälfte zurückgegangen, halbiert worden. Es ergaben sich erhebliche Überkapazitäten im Bereich der Schiproduktion. Die Absätze und Verkäufe gingen zurück und im Prinzip sind alle großen Schifirmen in erhebliche wirtschaftliche Schwierigkeiten geraten. Die einen wurden mit staatlicher Hilfe gerettet wie z. B. HEAD, HTM, andere wurden verkauft wie z. B. die Firma Atomic, und die Firma Blizzard konnte den Weg zum Konkursrichter nicht vermeiden ... Die Anfrage bezieht sich nunmehr auf die Frage nach dem Schicksal der Landesförderungen, wobei die Grundlage dafür in der Förderungsvereinbarung zu lesen ist. ... Das Land hat sich vorbehalten, die Förderung einzustellen, wenn bei einem Verkauf Verhältnisse entstehen, die dem landespolitischen Interesse widersprechen oder die eine Chance auf dauerhafte Sicherung des Unternehmensstandortes nicht ermöglichen. Die Konstruktion zwischen den Eigentümern und Scott ist so vorgesehen, dass aus bilanztechnischen und anderen Gründen die Firma Scott den Betrieb im März nächsten Jahres übernehmen wird. Das Land Salzburg ist derzeit in Verhandlungen mit der Firma Scott über die Frage der Übernahme der Landesförderung. Die Verhandlungen sind im Gang, sie sind noch nicht abgeschlossen. Es ist in diesen Verhandlungen die realistische Chance, dass einige zusätzliche Bereiche von Scott, wie etwa die Verwaltung, nach Mittersill geholt werden. Ich möchte das auch gerne mit der Fortführung der Landesförderung verbinden. Ich bitte aber um Verständnis, dass ich über die derzeit laufenden Verhandlungen momentan nicht mehr sagen möchte. Wir wissen, dass Verhandlungen dieser Art durch vorzeitige Veröffentlichungen mehr geschadet als genützt wird. ... Und ich darf versichern, dass das Land in Zusammenhang mit seinen Förderungen natürlich Klauseln einschalten wird, die vorsehen, dass Förderungen zurückgezahlt werden müssen, falls es zu einer Verlagerung des Betriebes kommt. Wenn in einer solchen Klausel ein ausreichender Anreiz geboten wird, dass der Betrieb auch dann bleibt, wenn andere betriebswirtschaftliche Grundsätze dagegen sprechen, dann wäre das Ziel damit erreicht.

Abg. Wolfgang Haider (FPÖ): Herr Präsident! Meine Damen und Herren! Kollege Dr. Gasteiger! Ich bedanke mich für die Anfragebeantwortung und darf aber doch einige wenige Anmerkungen dazu machen. Ich darf direkt auf die Anfrage eingehen und nachfragen, mit wem die Verhandlungen, die derzeit das Land führt, geführt werden. Werden sie mit den derzeitigen Geschäftsführern der Firma Blizzard geführt oder mit den Vorstandsmitgliedern der Firma Scott?

Weil ich glaube, dass hier ein großer Unterschied ist, und Sie werden oder Du wirst mir sicher Glauben schenken, wenn ich Dir sage: im Grunde genommen geht es bei dieser Frage einzig und allein darum, ob Mittersill als Standort gesichert werden kann, ob die schon um 50% reduzierten Arbeitsplätze – das war klar, in der Hochkonjunktur damals hat man auch genügend Paar Schi verkaufen können, da hat man auch mehr Arbeiter gebraucht -, ob diese 300 Arbeitsplätze 100%ig gesichert werden können. Wenn Du sagst, es ist nicht möglich, einzugreifen, so möchte ich sagen: vertraglich absichern kann man sich immer. Ausgenommen das Land sagt, es gibt keine weiteren Förderungen, dann ist die vertragliche Absicherung nicht mehr möglich. Aber wenn es schon Verhandlungen gibt, so möchten wir Freiheitlichen Dir in die Verhandlungen mitgeben, dass nicht die, wie Du glaubst, polemisch gestellte Frage „Schicksal á la Semperit" Wirklichkeit wird. Wir wollen wirklich nicht das Semperitschicksal erleiden, denn da sind wir gebrannte Kinder. Aber es geht nicht nur um Semperit, es gäbe auch viele andere Bereiche. Ich glaube, ich brauche nicht dazu da zu sein, die hier alle aufzuzählen. Aber Semperit war das jüngste Kind, das mit vielen, vielen, vielen Steuermillionen zuerst subventioniert wurde, und zwar die Firma Conti, und dann hat man einfach die Arbeitsplätze abgebaut, die Maschinen fängt man heute an abzubauen. Die Arbeitsplätze werden reduziert, und die Familien stehen vor dem Ruin. Das darf uns im Oberpinzgau nicht passieren. Hier müssen wir alles daransetzen, dass dieser Standort Mittersill, diese 300 Arbeitsplätze gesichert sind, weil jeder von uns weiß, dass der Oberpinzgau eine Krisenregion ist, dass es im Oberpinzgau wirklich sehr schwer ist, Arbeitsplätze zu schaffen, Firmen anzusiedeln.

Abg. Ing. Georg Griessner (ÖVP): Hohes Haus! Herr Präsident! Sehr geehrte Damen und Herren! Auch als Abgeordneter des Bezirkes Pinzgau bin ich sehr froh darüber, dass die Firma Blizzard erhalten bleibt und damit auch die Arbeitsplätze in dieser Region erhalten bleiben. ... Und gerade die Argumentation des Kollegen Klubobmann Haider verwundert mich eigentlich ein wenig, weil er selbst als Unternehmer weiß, was Garantien letzten Endes, wenn man ehrlich darüber diskutiert in diesem Bereich wert sein können. Sie können unter Umständen bei durchaus gutem Glauben und guter Meinung mit aller Bemühung schiefgehen. Wenn sich die wirtschaftliche Situation für einen Betrieb derartig verschlechtert, dass er eben nicht mehr ordentlich produzieren kann, dass er keine Absätze mehr zu verzeichnen hat, dass er sein Produkt nicht mehr verkaufen kann, vor allem um einen zumindestens kostendeckenden Preis verkaufen kann, dann nützen alle Garantien, sehr geehrte Damen und Herren, nichts, dann wird es sich nicht rechnen und die Arbeitsplätze können in Gefahr geraten. Natürlich sind auch wir daran interessiert, wenn es möglich ist, über einen längeren Zeitraum eine Garantie für den Standort Mittersill, die Garantie für einen Betrieb, die Erhaltung eines Betriebes zu bekommen. Wir sollten aber ehrlich sein und wissen, was letzten Endes so eine Garantie wert ist. Wenn wir gemeinsam dazu beitragen können, dass dieser Standort auch weiterhin gesichert ist, dann werden wir sicher einen sehr sehr großen positiven Beitrag zur Arbeitsplatzsituation im Oberpinzgau beitragen können. (Beifall der ÖVP-Abgeordneten)

Landesrat Dr. Karl Schnell (FPÖ): Sehr geehrter Herr Präsident! Hohes Haus! Von Ehrlichkeit war die Rede, Herr Kollege Griessner. Diese Ehrlichkeit hören wir schon seit Jahren. Diese Ehrlichkeit haben wir bei HTM gehört, haben wir bei Semperit gehört, haben wir bei Atomic gehört. ... Und jetzt zu Scott, Herr Kollege Gasteiger. Wir haben mit wenigen Informationen in der Regierung hier einen Förderungsvertrag unterzeichnet. Wir haben diese beschlossen, um hier Arbeitsplätze im Oberpinzgau zu retten, zu halten. Nur, Herr Kollege Gasteiger, wo ist Ihre Verantwortung, wenn wir in den Medien vernehmen, dass dieser Betrieb verkauft wurde? Wo sind Sie bitte, wenn ich höre, dass der Vertrag bereits abgeschlossen wurde zwar erst später in Kraft tritt, aber bereits unterzeichnet wurde. Sie haben als Regierungsmitglied hier wirklich zu handeln. Sie haben zumindest – nicht hier in der Öffentlichkeit, da gebe ich Ihnen schon Recht – über den Kaufpreis zu reden. Aber Sie haben die anderen Regierungsmitglieder, die diesen Vertrag unterschrieben haben, zu informieren. Und dazu wäre es höchste Zeit, Herr Kollege Gasteiger. ... Wer garantiert uns, dass nicht auch die Produktionsmaschinen bei Blizzard abgebaut werden? Dafür haben Sie zu sorgen, haben uns Regierungsmitglieder zu informieren, um eine Politik zu machen, die die Arbeitsplätze wirklich hält und nicht irgend jemand fördert, von dem wir nicht wissen, was er in Zukunft vorhat. (Beifall der FPÖ-Abgeordneten)

Abg. Dr. Christian Burtscher (BL): Sehr geehrte Damen und Herren! Nach dem volkswirtschaftlichen Exkurs des derzeit nicht aktiven Landarztes Schnell darf ich zur Anfrage zurückkommen und zum Kollegen Gasteiger einige Anmerkungen geben. Kollege Gasteiger, es ist schon richtig, dass die Schiindustrie insgesamt in Schwierigkeiten geraten ist. Aber wenn Sie die Situation schildern im Zusammenhang mit Blizzard oder auch im Zusammenhang mit anderen, aber insbesondere mit Blizzard, dann darf man doch nicht übersehen, dass hier Ende der Achtzigerjahre krasse unternehmerische Fehlentscheidungen getroffen worden sind, und dass die Firma, und auch, und auch damals unter Zuspruch der Gewerkschaftsführung im Bundesland Salzburg, indem Überkapazitäten, die schon damals erkennbar waren, geschaffen worden sind. Und dies dann unter dem Hinweis auf das sogenannte unternehmerische Risiko in den Raum zu stellen, und wieder außer Acht zu lassen, dass sich hier evident erwiesen hat, dass man dieses Risiko dann nicht trägt, sondern, wenn der Risikofall eintritt, das Risiko sozialisiert, das heißt auf die Allgemeinheit, auf die betroffenen Arbeitnehmer, auf die Gläubiger oder eben auf die öffentliche Hand ablädt, das muss man miterwähnen. Und so muss man dann auch Ihre Zitierung der sozialen Marktwirtschaft immer wieder neu hinterfragen. ... Für uns heute war die Beantwortung dieser Anfrage zunächst einmal zufriedenstellend, wenngleich die Rolle von Raiffeisen in der gesamten Causa und Historie Blizzard eine ist, die nach unternehmerischen, betriebswirtschaftlichen und allgemein wirtschaftlichen Gesichtspunkten kein Ruhmesblatt für dieses Bankenkonsortium ist. (Beifall der BL-Abgeordneten)

Abg. Wolfgang Rainer (SPÖ): Herr Präsident! Meine sehr geschätzten Damen und Herren! Polemik kennt offensichtlich keine Grenzen, schon gar nicht, wenn sie von der Freiheitlichen Seite betrieben wird. Für mich hat sie in dieser Frage das Maß des Erträglichen auf alle Fälle überschritten. Hier wird einfach ganz leichtfertig versucht, ganz billig versucht, den Arbeitnehmern zu suggerieren, man mache sich Sorgen um ihre Zukunft. Tatsache ist, dass man hier versucht, politisch zu punkten mit etwas, was glaube ich alles andere als zulässig ist. Auch nicht in der Politik, denn es geht hier um Arbeitsplätze, um Arbeitnehmer, um Menschen und deren Schicksale. Und ich glaube, man sollte in der politischen

Diskussion doch immer schauen, wie weit man den Grad des Erträglichen hier einhält und in dieser Frage erscheint er auf alle Fälle überschritten. Es geht nämlich einfach um die Tatsache, dass jeder weiß, dass wir froh sein können, dass sich ein Betrieb gefunden hat, der Blizzard Mittersill übernommen hat. Das steht außer Frage. Da geht es also nicht darum, dass sich jemand etwas holen will, sondern wir haben in Wirklichkeit hier die Wartestellung gehabt in der Hoffnung, dass jemand kommt, den Betrieb zu übernehmen. ... Und wenn es darum geht, einen Betrieb mit 300 Beschäftigten in Mittersill zu halten, und das nur möglich ist mit öffentlicher Subvention, dann müssen wir als politisch Verantwortliche bereit sein, diese öffentliche Subvention zu geben. Das ist passiert und hat letztendlich Blizzard das Überleben dort oben in Mittersill ermöglicht. Und das glaube ich, muss man anerkennen und die Zukunft ist mit einem großen Fragezeichen zu versehen. Das ist die Tatsache. (Beifall der SPÖ- und ÖVP-Abgeordneten)

Christian Dirninger

Privatisierung auf Landesebene in den 1980er- und 1990er-Jahren

Weichenstellungen Mitte der 1980er-Jahre

Veranlasst durch die finale Krise und den enormen Subventionsbedarf der verstaatlichten Industrie wurde Mitte der 1980er-Jahre die Privatisierung zu einem zentralen Thema der österreichischen Wirtschaftspolitik. Diese schwenkte damit in den sich bereits seit einigen Jahren verstärkenden internationalen Paradigmenwechsel weg vom „Keynesianismus“ hin zu „Neo-Liberalismus“ und Rückzug des Staates ein, wofür der „Thatcherismus“ in Großbritannien und die „Reaganomics“ in den USA symptomatisch waren. Ein maßgeblicher Wortführer einer in diese Richtung zielenden ordnungspolitischen Wende war der nachmalige Wirtschaftsminister, Außenminister und Bundeskanzler Wolfgang Schüssel in Publikationen, Reden und Diskussionen unter der Devise „Weniger Staat – Mehr Privat“.

Vor diesem Hintergrund kündigte sich in jener Zeit eine entsprechende Neuorientierung auch auf der Landesebene an, wobei hier die Notwendigkeit des Abbaus von Schuldenstand und Defizit im Landeshaushalt als ein konkreter Anlass erschien. Im Grunde wurde von allen im Landtag vertretenen Parteien in diese Richtung argumentiert und agiert, wenn auch mit z. T. unterschiedlichen Akzentsetzungen.

So machte der damalige Landeshauptmann und ÖVP-Landesparteiobmann Wilfried Haslauer (sen.) die inzwischen deutlich gewordenen Grenzen der wirtschafts- und beschäftigungspolitischen Handlungsspielräume der öffentlichen Hand, speziell der Landesfinanzen, zu einem vorrangigen landespolitischen Thema. Angesichts eines auch im Land Salzburg drohenden Anstieges der Arbeitslosigkeit postulierte er in seiner am 16. Mai 1984 im Salzburger Landtag abgegebenen Regierungserklärung unter der Devise „Arbeit für alle Salzburger“ die Beschäftigungssicherung als wesentliche Zukunftsaufgabe der Landespolitik, allerdings unter der Maßgabe, dass diese nicht von der öffentlichen Hand gewährleistet werden könnte: „Wir müssen uns aber auch darüber klar sein, dass Arbeitsplätze, vor allem Dauerarbeitsplätze, nicht allein von der öffentlichen Hand geschaffen werden können. Der Staat kann direkt nur für neue Beschäftigungsmöglichkeiten dann sorgen, wenn er die öffentlichen Dienste ausweitet. Die öffentliche Hand gelangt aber immer mehr an die Grenze ihrer funktionellen und finanziellen Erweiterungsfähigkeit. Deshalb muss die Entwicklung in eine andere Richtung gehen, nämlich dafür geeignete öffentliche Aufgaben an Private abzutreten.“ Den unmittelbaren Zusammenhang mit der als notwendig erachteten Konsolidierung des Landeshaushaltes stellte er mit der Erklärung des „Prinzips der Sparsamkeit“ zum „finanzpolitischen Leitmotiv“ und zu einem zentralen Bestandteil eines „Grundwertekataloges“ der Landespolitik her. Im Zusammenhang damit initiierte Haslauer in seiner Regierungserklärung die Einsetzung einer mit „unabhängigen Fachleuten“ besetzten „Arbeitsgruppe zum Abbau von

Staatsaufgaben", die neben Vorschlägen zur Beseitigung von „entbehrlichen oder zu engherzigen Rechts- und Verwaltungsvorschriften" vor allem untersuchen sollte, „wo in der öffentlichen Verwaltung Einsparungen vorgenommen und welche Aufgaben allenfalls in private Hände gelegt werden könnten".

Die „Arbeitsgruppe für Verwaltungsvereinfachung und Durchforstung von Staatsaufgaben" wurde im Herbst 1984 eingesetzt, brachte allerdings wenig konkrete Ergebnisse. Jedenfalls stellte der SPÖ-Abgeordnete Harald Lettner in der Landtagssitzung vom 8. Jänner 1986 die Anfrage an den Landeshauptmann, wie es mit der angekündigten Präsentation von Ergebnissen stünde und erhielt von diesem die Antwort, „daß die von mir eingesetzte Arbeitsgruppe eine Fülle von Vorschlägen erstattet hat, die allerdings noch konkreter Präzisierung und Überlegung bedarf". In dieser Landtagssitzung hatte Landeshauptmann Haslauer auch eine Anfrage der FPÖ-Fraktion betreffend die Möglichkeit einer Teilprivatisierung der SAFE zu beantworten. Denn er war mit einem einstimmigen Beschluss des Landtages von diesem beauftragt worden, „bei der Bundesregierung vorstellig zu werden, dass das zweite Verstaatlichungsgesetz dahingehend geändert wird, dass eine Teilprivatisierung der Landesgesellschaften möglich ist". Dazu stellte Haslauer lapidar fest: „Ich habe pflichtgemäß im Sinne dieses Beschlusses mich an den Herrn Vizekanzler Dr. Steger gewandt, der eine Fülle von Einwendungen dagegen geltend gemacht hat."

Hatte Haslauer in seiner Regierungserklärung 1984 die Privatisierung von Landesbeteiligungen an Unternehmungen zwar noch nicht explizit angesprochen, so wurden diese dennoch zu einem landespolitischen Thema. So legte der damalige SPÖ-Chef und Landeshauptmann-Stellvertreter Wolfgang Radlegger im Herbst 1985, wie aus Berichten in den „Salzburger Nachrichten" vom 13. September und 7. Oktober 1985 hervorgeht, einen Vorschlag zur Abgabe von Landesbeteiligungen an Aktiengesellschaften, unter anderem an der Schmittenhöhebahn und der damals noch so bezeichneten Landeshypotheken-Anstalt, vor. Die dabei zu erzielenden Erlöse sollten in einen zweckgewidmeten Fonds zur Wirtschaftsförderung, insbesondere zur Schaffung von Arbeitsplätzen für Jugendliche und zur Unterstützung von laufenden Projekten für die Jugendbeschäftigung, fließen. Dezidiert ausgeschlossen von diesen Privatisierungsmaßnahmen sollte jedoch die Landesenergiegesellschaft SAFE sein, wobei sich Radlegger explizit gegen einschlägige, zum Zweck der Entlastung des Landeshaushaltes bestehende Pläne der ÖVP wandte. Die Begründung war, dass es sich bei Elektrizität und Wasserkraft um Elemente der öffentlichen Infrastruktur und Daseinsvorsorge handle, die nicht aus der öffentlichen Hand gegeben werden dürften. In diesem Sinne hatte Radlegger auch die seinerzeitige Teilprivatisierung der Verbundgesellschaft massiv kritisiert. Demgegenüber wäre sehr wohl die Frage zu stellen, „ob es noch gerechtfertigt ist und zeitgemäß, wenn das Land an Versicherungsgesellschaften oder Seilbahnunternehmen beteiligt ist oder wenn es eine Minimalbeteiligung an einer Bank besitzt". Mit einer derartigen Position befand sich Radlegger jedoch in Widerspruch zum damaligen Landeshauptmann und ÖVP-Chef Wilfried Haslauer, der an derartigen Beteiligungen festhalten bzw. solche zum Teil ausbauen wollte. Immerhin war damit ein nicht geringes landespolitisches Einflusspotenzial verbunden.

Dieses wiederum wurde damals insofern zu einem Thema im Landtag, als die Tätigkeit der vom Land eingesetzten Aufsichtsräte in öffentlichen Unternehmen hinterfragt wurde. So beispielsweise in der Landtagssitzung vom 26. Februar 1986 in einer Anfrage der SPÖ-Fraktion (Abg. Reinhold Wahlhütter, Inge Stuchlik, Ricky Veichtlbauer) an Landeshauptmann Haslauer, inwieweit vom Land eingesetzte Aufsichtsräte in öffentlichen Unternehmen zum Abbau von dortigen „Privilegien von leitenden Angestellten, Prokuristen und Vorständen" beitragen würden. Denn: „Sehr viel hängt dabei vom Verhalten der Landesvertreter in den Verwaltungs- und Aufsichtsräten ab, da in den meisten Fällen sie es sind, die diese Vergünstigungen beschließen." Unter anderem wurde kritisiert, dass die Abgeordneten des Landtages „erst durch Rechnungshofberichte über Fehlleistungen und Privilegien in den Gesellschaften erfahren, im speziellen an denen das Land beteiligt ist. Fast immer werden diese Vergünstigungen von den Aufsichtsräten der jeweiligen Gesellschaften mitbeschlossen, und somit auch mitverantwortet".

Die auf diese Weise auch in Salzburg Platz greifende, auf öffentliche Unternehmen bzw. Unternehmensbeteiligungen bezogene, Privilegiendiskussion wurde nach der Übernahme der Bundes-FPÖ durch Jörg Haider von der FPÖ-Fraktion im Landtag intensiviert. So etwa in einem Antrag in der Landtagssitzung vom 8. Juli 1987 bezüglich einer zu geringen Beachtung der Unvereinbarkeitsbestimmungen. Dies unter Verweis „auf das kürzlich von mehr als 25.000 wahlberechtigten Landesbürgern unterzeichnete ‚Volksbegehren für mehr Leistung und Gerechtigkeit, gegen Parteibuchwirtschaft und Privilegien'". Konkret bezog man sich darauf, dass es „in Salzburg politische Praxis" sei, dass auch „Landtagsabgeordnete und Mitglieder der Landesregierung in Aufsichtsräte entsandt werden" und dass die dabei vom „Unvereinbarkeitsausschuss" zu erteilende Genehmigung „bisher immer erteilt" worden sei. „Diese Praxis", so die FPÖ-Abgeordneten, „stößt jedoch zusehends auf Kritik in der Öffentlichkeit, denn es wird nicht zu Unrecht in der Ausübung einer solchen Tätigkeit eine Unvereinbarkeit oder auch Befangenheit, sei es bei behördlichen Genehmigungen, Subventionen oder Rechnungshofprüfungen gesehen". Daher trete man „für eine Änderung der bisherigen Praxis ein und schlägt vor, in Hinkunft anstelle von Mitgliedern des Landtages und der Landesregierung Fachleute des Wirtschaftslebens in Aufsichtsräte von Unternehmen mit Landesbeteiligung zu entsenden."

Die von der Haider-FPÖ ebenfalls stark forcierte Kritik am Staat als schlechter Unternehmer schlug deutlich in einem Antrag der FPÖ-Landtagsfraktion (Abg. Hans Buchner, Margot Hofer, Andreas Eisl und Volker Winkler) betreffend „Privatisierung von Landesbeteiligungen" in der Landtagssitzung vom 22. Oktober 1986 durch. Darin wurde festgestellt, dass eine „Privatisierung von Landesbeteiligungen notwendig sei" und dort „wo dies nicht möglich ist, weil der Unternehmensgegenstand nur durch die öffentliche Hand wahrgenommen werden kann, ... zumindest privatwirtschaftliche Geschäftsgrundsätze Einzug halten" sollten. Konkret gefordert wurde, dass „die Verwaltung aller Beteiligungen an erwerbswirtschaftlichen Unternehmungen auf eine Kapitalgesellschaft übertragen" wird sowie „ein Teil der Aktien Privaten zum Kauf angeboten werden" soll. Ferner wurde gefordert, dass „die Salzburger Landeshypothekenbank nach Möglichkeit in eine Aktiengesellschaft umgewandelt werden" sollte und dass zu prüfen wäre, „ob kulturelle Einrichtungen in diese Landesholding eingebunden werden können".

Im Grunde wurden hier, wohl auch im Hinblick auf die inzwischen starke mediale Präsenz des Themas Privatisierung in der öffentlichen Diskussion, Forderungen präsentiert, die zu diesem Zeitpunkt bereits Gegenstand von konkreten Verhandlungen in der Landesregierung waren. Als deren Ergebnis brachte diese in der Landtagssitzung vom 3. Juni 1987 eine Regierungsvorlage „betreffend die Ermächtigung zur Veräußerung von Landesbeteiligungen" ein. Darin wurde darauf verwiesen, dass das Finanzressort bereits 1985 Beratungen „für eine umfassende Veräußerung von Landesbeteiligungen eingeleitet" hatte, mit dem Ziel, „unter Beachtung landespolitischer Interessen, wirtschaftlicher Gegebenheiten und fiskalischer Notwendigkeiten unternehmerische Aktivitäten des Landes zugunsten privater Initiativen zurückzunehmen und den budgetären Handlungsspielraum zur Bewältigung aktueller Erfordernisse im Bereiche der Jugendbeschäftigung, der Wirtschaftsförderung und der Regionalpolitik zu erweitern". Im Sinne einer Differenzierung „des landespolitischen Interesses" würde jedoch „die Beteiligung an einem maßgeblichen Energieversorgungs- oder Wohnbauunternehmen anders zu beurteilen sein, als die Beteiligung an einem regionalen Fremdenverkehrsunternehmen". Und in fiskalischer Hinsicht sei dort, wo bisher Gewinnausschüttungen zur Deckung des Haushaltes eingesetzt werden konnten, „angesichts der nach wie vor angespannten Finanzlage" eine Privatisierung nur zu verantworten, „wenn der gesamte Erlös aus Beteiligungsverkäufen ertragbringend angelegt wird".

Basierend auf einem von Univ.-Prof. Dr. Alfred Kyrer erstellen Gutachten hatte das Finanzressort ein von der Landesregierung am 6. April 1987 genehmigtes Konzept erstellt. Aus diesem ging hervor, dass „von den untersuchten 26 Beteiligungen, die einen Nominalwert von zusammen S 487,2 Mio. repräsentieren, derzeit sechs nicht verwertbar sind, weitere sechs aus gesetzlichen oder landespolitischen Gründen im Landesbesitz verbleiben müssen, bei vier Beteiligungen eine Verwertung überlegenswert wäre und zehn Beteiligungen abgestoßen werden könnten". Die sechs Beteiligungen mit einem gesamten Nominalwert von S 96,4 Mio., die aus gesetzlichen oder landespolitischen Gründen im Landesbesitz bleiben sollten, waren jene an der SAFE, der Tauernkraftwerke AG, der Kabel TV Salzburg GmbH, der Gemeinnützigen Salzburger Wohnbau GmbH, der Salzburger Bauträger GmbH und der Salzburger Flughafenbetriebs GmbH.

Für die konkrete Abwicklung von allfälligen Veräußerungen der übrigen Landesbeteiligungen war die Einsetzung eines aus Landeshauptmann-Stellvertreter Hans Katschthaler, Landesrat Arno Gasteiger und Landesrat Othmar Raus bestehenden Dreierkomitees vorgesehen, „wobei das Finanzressort unter Mitwirkung des Landespressebüros eine entsprechende Öffentlichkeitsarbeit durchführen wird". Als Richtlinie wurden sechs „Grundsätze" vorgegeben. In der Sitzung des Landtages vom 8. Juli 1987 wurde der Antrag der Landesregierung auf Ermächtigung, „Landesbeteiligungen unter Bedachtnahme auf die dargelegten Grundsätze zu bestmöglichen Bedingungen zu veräußern" nach eingehender Debatte einstimmig angenommen.

Eine erste Phase der Privatisierungspolitik am Übergang von den 1980ern in die 1990er-Jahre

War mit diesem Landtagsbeschluss gleichsam die politische Weichenstellung für Privatisierungsmaßnahmen erfolgt, so standen solche auch bald auf der Tagesordnung des Salzburger Landesparlaments. Hierbei zeigten sich die konkreten Probleme und Interessensdifferenzen in den Fragen, an wen die Landesanteile abgegeben werden sollten, in welchem Verhältnis ein privater Großaktionär und Streubesitz stehen sollten, inwieweit regionale Interessen berücksichtigt werden, inwieweit der Verkaufserlös als angemessen zu werten sei usw. Aber auch in politischer Hinsicht, wie der Kommunikation der Privatisierung wurden unterschiedliche parteipolitische Positionen sichtbar.

Ein markanter Präzedenzfall war die Privatisierung der Mehrheitsanteile des Landes (61 Prozent) an der Schmittenhöhebahn AG. Davon gingen 40 Prozent an die Porsche-Holding, wobei für 26 Prozent davon ein Vorkaufrecht des Landes vereinbart wurde. Die restlichen 21 Prozent des Landesanteils gingen in Streubesitz. Abgewickelt wurde die Transaktion über die in Zell am See ansässigen Banken unter Federführung der Spängler-Bank. In der Landtagssitzung vom 16. Dezember 1987 entspann sich über diese erste große Privatisierungsaktion des Landes eine intensive Debatte. In seinem einleitenden Bericht sprach Landeshauptmann-Stellvertreter Hans Katschthaler von einer „zugegebenermaßen komplizierten und schwierigen Entwicklungsgeschichte ..., in deren Verlauf das Land auch seine Optimierungsbemühungen der sechs Grundsätze wechseln musste".

Von Seiten der ÖVP-Fraktion wurde die Entscheidung für den Großaktionär nachdrücklich befürwortet bzw. gerechtfertigt. So führte der Abgeordnete Wolfgang Gmachl (Direktor des Wirtschaftsbundes und der Handelskammer) ins Treffen, dass damit „auf den Bestand des Unternehmens in seiner wirtschaftlichen Struktur besondere Rücksicht" genommen werde. Dies insbesondere unter dem Gesichtspunkt, „dass im nächsten Jahr bei der Schmittenhöhebahn AG ein Investitionsvolumen von weit mehr als S 200 Mio. vor der Tür steht". Für die SPÖ-Fraktion befürwortete deren Klubobmann Walter Thaler die Entscheidung für den Großaktionär Porsche unter dem regionalwirtschaftlichen Aspekt. Denn es sei „unter allen Umständen ganz wesentlich für die Region, nicht nur für Zell am See, dass wiederum, so wie es bisher das Land Salzburg war, ein Partner gegeben ist, der über solide Mehrheitsverhältnisse in der Schmittenhöhebahn AG verfügt". Allerdings monierte er, dass er als Zeller Bürgermeister nicht in die Gespräche eingebunden worden sei und betonte, dass es „auch keine einheitliche Meinung innerhalb der Stadtgemeinde Zell am See" gebe, sondern die Angelegenheit „in den letzten Wochen, insbesondere in der Stadt Zell am See, zu heftigen Wogen und Auseinandersetzungen geführt" habe. Die differenzierte regionale Interessenslage bestätigte auch Landeshauptmann-Stellvertreter Hans Katschthaler: „Es gibt 400 Unterschriften von Zeller Unternehmen verschiedenster Art, die diese unsere Vorgangsweise sehr gut heißen. ... Es gibt aber auch eine zweite Gruppe, die mit dieser unserer Vorgangsweise nicht einverstanden ist und deren Ziel es ist, selbst, aber ausschließlich in die Aktienmehrheit zu kommen." Die FPÖ argumentierte grundsätzlich nach der Devise einer von ihr geforderten „Entpolitisierung von öffentlichen Unternehmen". Klubobmann Hans Buchner kritisierte aber die Vorgangsweise, wonach die Privatisierung der Schmittenhöhebahn AG faktisch innerhalb der ÖVP (Wirtschaftsbund) arrangiert worden sei. „Die interessierte Öffentlichkeit wurde vor die Tatsache gestellt, dass die Aktien am Landesunternehmen Schmittenhöhebahn AG bereits einer bestimmten Gruppe zugesagt wurden, die Öffentlichkeit konnte sich im

Großen und Ganzen nicht mehr dafür interessieren, bzw. kann nicht mehr zum Zuge kommen." Das Ergebnis sei, dass „einem potenten Unternehmen einfach ein dominierender Einfluß auf ein solches Unternehmen eingeräumt wird".

In der Sitzung des Landtages vom 20. April 1988 berichtete Landeshauptmann-Stellvertreter Hans Katschthaler in Beantwortung einer FPÖ-Anfrage, dass die Aktien des Landes an der Schmittenhöhebahn AG zur Gänze verkauft worden seien, davon rund zwei Drittel an die Porsche Holding GmbH, womit „durch einen starken privaten Partner aus der Salzburger Wirtschaft der bisherige Erfolgskurs der Schmittenhöhebahn sichergestellt wird". Durch die Veräußerung des verbleibenden Drittels an nicht weniger als 378 Einzelinteressenten sei „dem besonderen Anliegen nach einer möglichst breiten Streuung unter dem Motto ‚nah vor fern, klein vor groß' Rechnung getragen worden". Darüber hinaus berichtete Katschthaler in dieser Sitzung auch über Verhandlungen mit Interessenten für die Beteiligungen des Landes an der Gletscherbahnen Kaprun AG, der Mühlbacher Fremdenverkehrs GmbH, der Salzburger Landes-Versicherungs AG, Gasteiner Bergbahnen AG, der Gasteiner Heilstollen GmbH und der Untersbergbahn GmbH. Dabei verwehrte er sich grundsätzlich gegen den von der FPÖ forcierten populistischen Druck auf schnelle Privatisierung und sprach sich für eine umsichtige Vorgangsweise aus: „Eine solche Vorgangsweise benötigt sicher mehr Zeit als eine aggressive Verkaufspolitik erfordern würde, die sich um das Schicksal der Unternehmen und damit um die wirtschaftlichen Interessen der betroffenen Regionen nicht weiter kümmert."

Daran wird erkennbar, dass die Privatisierungspolitik am Übergang von den 1980ern in die 1990er-Jahre vorangetrieben wurde. So titelten beispielsweise die „Salzburger Nachrichten" Anfang Jänner 1989: „Salzburg setzt weiter auf Privatisierung" und „Salzburg setzt den Privatisierungskurs fort", wobei über den Verkauf der Landesanteile an der AUA, der Oberbank und des Agrarbauhofes berichtet wurde sowie über bereits in Angriff genommene weitere sieben Privatisierungsprojekte. Darunter die Landesbeteiligungen an der Gasteiner Bergbahnen AG, der Bundesländer-Versicherungs-AG, der Salzburger Landesversicherung, der Eisriesenwelt GmbH Werfen, der Untersbergbahn GmbH, der Gasteiner Heilstollen GmbH und der SAKOG.

Demgemäß war die Veräußerung von Unternehmensbeteiligungen des Landes in den folgenden Jahren auch immer wieder ein gelegentlich durchaus brisanter Verhandlungsgegenstand im Landtag. So beispielsweise die Abgabe von Landesanteilen an der Gletscherbahnen Kaprun AG (GBK), wie schon bei der Schmittenhöhebahn, an Porsche, was in den „Salzburger Nachrichten" am 4. April 1989 mit „Porsche wird Seilbahnmulti" kommentiert wurde.

Mit dem in die Landtagssitzung vom 3. Februar 1988 eingebrachten Antrag: „Die Landesregierung wird ersucht, Privatpersonen die Beteiligung an der SAFE zu ermöglichen" unternahm die FPÖ einen neuerlichen Vorstoß in Richtung Privatisierung der Landesenergiegesellschaft, an der das Land mit 51 Prozent und die OKA mit 36 Prozent beteiligt war. Nachdem diesbezüglich im Finanz- und Wirtschaftsausschuss mit den Stimmen von ÖVP und SPÖ beschlossen worden war, „das Für und Wider, die Möglichkeit und Zweckmäßigkeit einer Beteiligung von Privatpersonen an der SAFE zu prüfen und dem Landtag darüber zu berichten", interpretierte dies die FPÖ-Fraktion in der Landtagssitzung vom 17. Mai 1988 als Ausweichmanöver und beharrte auf ihrem Antrag. Unter Bezugnahme auf einen früheren gemeinsam mit der ÖVP unternommenen Vorstoß auf eine entsprechende Änderung im Zweiten Verstaatlichungsgesetz griff der FPÖ-Klubobmann Hans Buchner explizit die ÖVP an: „Und nun ist die Österreichische Volkspartei letzten Endes, sagen wir's salopp, umgefallen, und will von diesem damals beschlossenen Anliegen nichts mehr wissen." Dem wurde von ÖVP- und SPÖ-Abgeordneten entgegengehalten, dass es die „landespolitisch wichtigen Aufgabenstellungen" der SAFE als Energieversorger des Landes im Sinne der Gewährleistung der Versorgungssicherheit und einer sozial verträglichen Tarifgestaltung dringend geboten erscheinen lassen, in der Frage einer Teilprivatisierung äußerst sensibel vorzugehen und deshalb zunächst eine eingehende Prüfung der Zweckmäßigkeit und Sinnhaftigkeit einer Teilprivatisierung vorzunehmen. Im Sinne dessen führte etwa Landeshauptmann-Stellvertreter Wolfgang Radlegger aus: „Stellen wir einmal klar, es geht nicht darum, mit Schlagworten von weniger Staat und mehr privat jetzt eine Privatisierung herbeizuführen, sondern es geht um die Frage, ob eine private Beteiligung an diesem Unternehmen und aus welchen Gründen erfolgen soll. ... Und wenn Sie glauben, Herr Klubobmann [Buchner], hier mit einer sehr oberflächlichen und vielleicht mit dem einen oder anderen ins Ohr gehenden Privatisierungsforderung auch politisch Kapital einfahren zu können, da werden Sie sich auch gefallen lassen müssen, wenn Ihnen entgegnet wird, dass hier die Interessen des Stromkunden zunächst einmal in einer für mich nicht zu vertretenden Art und Weise außer Betracht gelassen werden." Schlussendlich wurde der Antrag der FPÖ „mit Mehrheit abgelehnt".

Das Thema Privatisierung spielte auch im Landtagswahlkampf 1989 eine Rolle. Einem Bericht der „Salzburger Nachrichten" vom 28. Februar 1989 zufolge vertrat die damals noch von Wilfried Haslauer sen. geführte ÖVP im Sinne eines „begrenzten und kontrollierbaren Staates" die Linie, „Landesunternehmen und Landesbeteiligungen zu verkaufen, wo immer es sinnvoll und möglich ist". Die SPÖ nahm unter der Devise „Privatisierung kein Allheilmittel" eine differenzierte Position ein. Der FPÖ ging es einmal mehr um die Beseitigung der „großkoalitionären Übermacht mit ihrer sattsam bekannten Privilegien- und Parteibuchwirtschaft" im Bereich der Landesbeteiligungen, insbesondere bei der SAFE.

Aber auch das Gegenteil von Privatisierung wurde 1989 ein landespolitisches Thema, als im Zuge der Schließung der Saline in Hallein ein Angebot des damaligen Finanzministers Ferdinand Lacina an Landeshauptmann Hans Katschthaler zu deren Übernahme durch das Land im Raum stand, das aber letztendlich nicht angenommen wurde. Voraussetzung für Verhandlungen darüber wäre, wie der Landeshauptmann in seiner „Dürrnberger Erklärung zur Industriepolitik des Landes Salzburg" (Salzburger Nachrichten, 2. Juni 1989) ausführte, die sofortige Wiederaufnahme der bereits eingestellten Soleproduktion im Bergbau gewesen, was aber nicht der Fall war. Als im Jahr 1991 die SAKOG (Landesanteil 15 Prozent) geschlossen wurde, übernahm das Land nach einem entsprechenden Beschluss im Landtag anteilsmäßig einen Teil der Schließungskosten.

Gegenstand einer intensiven Debatte in der Landtagssitzung vom 25. Oktober 1995 war der Verkauf der 26-Prozent-Anteile des Landes an der Salzburger Landesversicherung an die Landes-Hypothekenbank. Landeshauptmann-Stellvertreter Arno Gasteiger (ÖVP) argumentierte für diese Lösung, da bei einem infolge eines bestehenden Vorkaufsrechtes möglichen Abtreten der Landesanteile an die Bundesländer-Versicherung „die Landesversicherung dann ihre eigene Identität verlieren würde, ihren eigenen Aufgabenbereich und ihre Selbständigkeit in Salzburg“. Die SPÖ stimmte Gasteiger zu. Abg. Johann Holztrattner (SPÖ) argumentierte, „dass man heute in der Wirtschaft, in der Bankwirtschaft, Versicherungswirtschaft, diese zwei Dienstleistungsbereiche, die mit Finanzdienstleistungen zu tun haben, zusammenführt, um hier bessere, mehr Synergie zu erzielen, um hier mehr Effekte zu erzielen für beide Häuser“. Dem gegenüber kritisierte der FPÖ-Klubobmann Wolfgang Haider das Vorhaben als „Art der ÖVP-Privatisierung ... Wir verkaufen eine landeseigene Anstalt an die nächste landeseigene Anstalt“. Und seine Klubkollegin Abg. Margot Hofer (FPÖ) assistierte: „Es kann ja nicht so gehen, dass man das Landesvermögen einfach innerhalb des geschützten Bereiches, also innerhalb der ÖVP, hin und herschiebt. Ich glaube, dass hier wirklich Landesvermögen mit Parteivermögen verwechselt wird. Denn das Karussell zwischen Raiffeisen, Bundesländer und Landes-Hypothekenanstalt dreht sich weiter und dabei wird es immer schwärzer.“ Und der grüne Klubobmann Christian Burtscher meinte, „wenn man sich ansieht, wer im Aufsichtsrat der Landesversicherung ist, dann sind das eben schon jetzt jene Menschen, die auch in der Hypo das Sagen haben“. Zwei Jahre später wurde die Landes-Hypothekenbank bzw. die Abgabe des Landeseigentums daran selbst Gegenstand einer parteipolitischen Konfliktzone, die sich in entsprechender Weise auch im Landtag niederschlug.

Konfliktzone Landes-Hypothekenbank am Übergang ins 21. Jahrhundert

Seit Beginn der 1990er-Jahre zeichnete sich auch im Land Salzburg der international und national in Gang gekommene Trend zur Umstrukturierung des Bankensektors ab. Begonnen hatte dies mit der noch der in den späten 1970er-Jahren erfolgten Freigabe der Filialgründungen und der damit einhergehenden steigenden Präsenz der Wiener und auch ausländischer Banken in der Stadt Salzburg. Der damit verbundene zunehmende Konkurrenzdruck zeigte Wirkung. In diesem Zusammenhang kam es zu Gesprächen und Projekten über partielle Zusammenschlüsse von Salzburger Banken.

So hatte es etwa im Übergang von den 1980er- in die 1990er-Jahre einen noch von Landeshauptmann Wilfried Haslauer sen. und Raiffeisen-Generaldirektor Hans Leobacher entwickelten Vorschlag für einen sektorübergreifenden Zusammenschluss der Salzburger Banken in Form einer Holding bzw. einer „Salzburg Bank AG“ gegeben, der aber keine wirkliche Aussicht auf Realisierung hatte. Andererseits gab es zu dieser Zeit Gespräche zwischen der damals noch kommunalen Salzburger Sparkasse und der Landes-Hypothekenbank über einen für Mitte 1992 in Aussicht genommenen Zusammenschluss zu einer „Salzburg Bank“. Diese Option war aber spätestens mit dem Verkauf der Sparkasse durch die Stadt Salzburg an die „Erste Österreichische Spar-Casse Bank AG“ im Oktober 1995 vom Tisch.

Nachdem die Landes-Hypothekenbank 1992 in eine Aktiengesellschaft umgewandelt worden war (das Land Salzburg hatte 100 Prozent der Anteile an der Landes-Hypothekenbank AG), kam die Frage einer Teilprivatisierung dieser

Bank alsbald auf die landespolitische Tagesordnung. So forderte der SPÖ-Landeshauptmann-Stellvertreter Gerhard Buchleitner im Frühjahr 1997 eine Privatisierung im Ausmaß von 49 Prozent. Der Hypo-Generaldirektor Kurt Adelsburg konnte sich allerdings nur die „Hereinnahme" eines „strategischen Partners" im Ausmaß von etwa 26 Prozent vorstellen. Dem schlossen sich die FPÖ und zunächst auch die ÖVP an. Demgegenüber forderte das Liberale Forum eine Totalprivatisierung.

Auf die Tagesordnung des Salzburger Landtages kam das Thema dann am 30. September 1998 in einer auf Antrag der FPÖ und der Bürgerliste einberufenen Sondersitzung. Gegenstand war der von der Landesregierung am 22. September 1998 mit den Stimmen von ÖVP und SPÖ gegen jene der FPÖ beschlossene Verkauf von 49,9 Prozent der Landesanteile an der Salzburger Landes-Hypothekenbank an die „Oberösterreichische Hypo Beteiligungs AG", hinter der die oberösterreichische Raiffeisen-Landesbank stand. In dem im Auftrag der Landesregierung von der Schweizer Bankgesellschaft UBS gemanagten Auswahlverfahren hatten sich zwei Angebote herauskristallisiert. Das eine war jenes des Raiffeisenverbandes Salzburg, dessen Generaldirektor Manfred Holztrattner bereits einige Jahre zuvor und nunmehr erneut eine „Salzburger Lösung" angepeilt hatte. Das andere, darüber liegende Angebot war jenes der „Oberösterreichischen Hypo Beteiligungs AG".

Die Entscheidungssituation in der Landesregierung, die die Auswahl zu treffen hatte, insbesondere jene des Landeshauptmannes Franz Schausberger, war alles andere als einfach. Auf der einen Seite stand das Erfordernis der Erzielung eines maximalen Verkaufserlöses, auf der anderen Seite die landespolitisch sensible Option einer „Salzburger Lösung". Zudem sprach sich die SPÖ für den Zuschlag an die Oberösterreicher aus, die FPÖ hingegen für eine Salzburger Lösung. Aber auch innerhalb der ÖVP gab es divergierende Positionen. In den „Salzburger Nachrichten" vom 22. September 1998 war zu lesen: „Der Volkspartei droht eine Zerreißprobe, sollten die Oberösterreicher den Zuschlag bekommen, da sich wichtige Teilorganisationen (Wirtschafts-, Bauernbund) für die Salzburger Lösung einsetzen. Auch Schausbergers Stellvertreter Arno Gasteiger soll sie befürworten." Die Wirtschaftskammer Salzburg sprach sich, wie in der „Salzburger Wirtschaft" zu lesen war, dafür aus, „die Anteile an der Hypothekenbank vorrangig an Salzburger Banken bzw. eine Gruppe Salzburger Banken zu verkaufen und so sicherzustellen, dass es zu keiner Auslagerung von Diensten vom Bankplatz Salzburg kommt." Deren Präsident Günther Puttinger forderte: „Bei Hypo muss Raiffeisen Salzburg zum Zug kommen!"

Der komplexen politischen Interessenslage entsprechend verliefen die Sondersitzung des Landtages sowie die in diese eingeschobene Sitzung des Finanzausschusses teilweise sehr emotional und kontrovers. Eingangs verwies Landeshauptmann Franz Schausberger darauf, dass der Landesanteil immer noch über 50 Prozent betrage, womit gesichert sei, „dass die Hypo in Salzburger Händen bleibt". Weiters erinnerte er daran, dass bereits Anfang 1997 von Seite der SPÖ und der FPÖ eine Privatisierung der Landes-Hypothekenbank angeregt bzw. gefordert wurde. In Parteiengesprächen habe man sich dann auf Beibehaltung einer 51-prozentigen Mehrheit des Landes und die „Hereinnahme eines strategischen Partners" geeinigt. Sodann stellte der Landeshauptmann die einzelnen Schritte des Auswahlverfahrens aus ursprünglich zwölf Bewerbern dar und rechtfertigte die Entscheidung für das oberösterreichische Angebot damit, dass dieses sowohl hinsichtlich des Erlöses als auch in unternehmensstrategischer Hinsicht das „Bestangebot“ gewesen sei, nachdem ein kombiniertes Angebot von Raiffeisen Salzburg und Hypo Oberösterreich nicht realisierbar gewesen ist. Ein Problem des vom Salzburger Raiffeisenverband gelegten Angebotes sei, neben dem geringeren Preis, dessen Anspruch auf eine Dreiviertelmehrheit im Aufsichtsrat der Salzburger Landes-Hypothekenbank gewesen.

Während die SPÖ-Abgeordneten die Entscheidung für die „Oberösterreichische Hypo Beteiligungs AG“ ebenfalls rechtfertigten, gab es von Seiten der Bürgerliste und der FPÖ erwartungsgemäß heftige Kritik. So warf der Klubobmann der Bürgerliste, Christian Burtscher, den Regierungsmitgliedern der ÖVP und SPÖ Intransparenz vor und sprach von „aus Unkenntnis oder wissentlich gegebenen Falschinformationen“. Und er kritisierte, dass dem Landtag de facto keine eigene Entscheidungsmöglichkeit zugestanden werde, sondern eine Zustimmung zur Entscheidung der Landesregierung vorausgesetzt werde. „Man hat ja ein Verfahren abgewickelt, dessen Ergebnis, das unterstelle ich, von vornherein festgestanden ist.“ Er forderte eine „autonome Gestaltungsmöglichkeit und einen autonomen Gestaltungsanspruch des Landtages“ ein. Dafür sei aber die Informationsgrundlage nicht ausreichend bzw. nicht glaubwürdig genug. Zudem warf Burtscher in durchaus polemischer Weise die Frage nach der Verwendung des zu erzielenden Erlöses auf, „ob man das nun in irgendwelche Prestigeobjekte des Landeshauptmannes versickern lässt, Stadion und Alpenwelt Mittersill oder was immer, oder ob man nachhaltiges Wirtschaften im Land begründen will“. Grundsätzlich kritisierte er, dass ohne Not eine starke Regionalbank aus der Hand gegeben werde. Der Klubobmann der FPÖ, Karl Schnell, konzentrierte seine Kritik auf eine mangelnde Obsorge für das eigene Land und schoss sich dabei explizit auf den Landeshauptmann ein: „Herr Landeshauptmann, Sie haben nicht nur dem Raiffeisenverband Salzburg den Rücken zugekehrt, auch dem Land Salzburg kehren Sie den Rücken zu, denn das was Sie hier uns heute vorgelegt haben, ist ungeheuerlich.“ Und er appellierte an den Landtag im Sinne des Wohles des Landes der Regierungsvorlage nicht zuzustimmen: „Ich bitte Sie aber, liebe Kolleginnen und Kollegen, sich wirklich eindringlich zu überlegen, was und wie wir heute vorgehen, nämlich im Sinne des Landes Salzburg. Denn wir sind und werden von den Salzburgern gewählt und nicht von den Oberösterreichern.“ Darauf reagierte die Klubobfrau der SPÖ, Gabi Burgstaller, im Hinblick auf eine angesichts der Veränderungen in der internationalen Bankenwelt auch im regionalen Bereich gegebenen Notwendigkeit für großräumigere, grenzüberschreitende Strategien: „Das war eine Meisterleistung an Heimattümelei, wie ich sie selten in diesem Landtag gehört habe. Ich bin schon einigermaßen erstaunt, dass in einer Zeit des Zusammenwachsens der Regionen, in der Zeit eines europäischen Einigungsprozesses wir nicht einmal mehr über die Landesgrenze hinausschauen können und uns darüber unterhalten können, ob es strategisch Sinn macht, wenn eine Salzburger Bank mit einer anderen Bank zusammenarbeitet.“ Und sie bezog die Angriffe der FPÖ und der Grünen auch auf den beginnenden Wahlkampf für die Landtagswahl 1999, womit „die Entscheidungsmaxime nicht mehr die sachlich beste Lösung für die Zukunft, sondern die wahltaktisch günstigste Schlagzeile für den nächsten Kalendertag ist“. In dem Zusammenhang ortete sie einen „Eiertanz der FPÖ, die in den letzten Jahren in diesem Bundesland die schärfste Kritikerin des Raiffeisenverbandes Salzburg war.“ Die Sondersitzung des Landtages endete schließlich mit einer geheimen Abstimmung. Von den abgegebenen 29 Stimmen fielen 20 für die Regierungsvorlage und acht dagegen aus, eine Stimme war ungültig. Somit konnte man von einem Mehrheitsbeschluss von ÖVP und SPÖ gegen FPÖ und Bürgerliste ausgehen. Ein Antrag der FPÖ auf Einsetzung eines Untersuchungsausschusses wurde mehrheitlich abgelehnt.

In der Folge sah sich Landeshauptmann Schausberger immer wieder mit Kritik konfrontiert, etwa damit, dass eine Salzburger Lösung, wie es in einem Artikel der „Salzburger Nachrichten“ vom 2. Oktober 1998 hieß, „einfach nicht gewünscht war.“ Die ohnehin nicht gute Stimmung zwischen Raiffeisenverband und Wirtschaftskammer einerseits und dem Landeshauptmann andererseits verschlechterte sich zusehends.

In den folgenden Jahren war die Abgabe von weiteren 25 Prozent der Landes-Hypothekenbank an die „Oberösterreichische Hypo Beteiligungs AG“ sowie die Verwendung des Erlöses aus den Aktienverkäufen mehrfach Thema von abermals kontroversen Debatten im Salzburger Landtag. Unter anderem ging es dabei um eine beschäftigungspolitische Verwendung des Erlöses sowie um die Aufbringung des Landesanteils an der „Zukunft Land Salzburg AG“. Mit der Abgabe der Mehrheit der Landesanteile an der Landes-Hypothekenbank war im Übergang ins 21. Jahrhundert ein wesentlicher Schritt in der Privatisierungspolitik des Landes vollzogen. Sie blieb bis zur Landtagswahl 2004 eine landespolitische Konfliktzone.

Auswahlbibliographie

Dachs, Herbert/Floimair, Roland/Hanisch, Ernst/Schausberger, Franz (Hg.): Die Ära Haslauer. Salzburg in den siebziger und achtziger Jahren, Wien – Köln – Weimar 2001 (Schriftenreihe des Forschungsinstitutes für politisch-historische Studien der Dr.-Wilfried-Haslauer-Bibliothek Salzburg, Band 13)

Dachs, Herbert/Dirninger, Christian/Floimair, Roland (Hg.): Übergänge und Veränderungen. Salzburg vom Ende der 1980er-Jahre bis ins neue Jahrtausend, Wien – Köln – Weimar 2013 (Schriftenreihe des Landes-Medienzentrums Salzburg, Sonderpublikationen Nr. 241)

Dirninger, Christian: Privatisierung in den Bundesländern. In: Salzburger Jahrbuch für Politik 2007, S. 121–144

Kriechbaumer, Robert/Schausberger, Franz (Hg.): Fast eine Insel der Seligen. Handlungsspielräume regionaler Finanz- und Wirtschaftspolitik am Ende des 20. Jahrhunderts am Beispiel Salzburgs, Wien – Köln – Weimar 2002 (Schriftenreihe des Forschungsinstitutes für politisch-historische Studien der Dr.-Wilfried-Haslauer-Bibliothek Salzburg, Band 16)

Radlegger, Wolfgang: Auf die Zukunft setzen. Ideen und Skizzen für ein Salzburg in anderen Ansichten, o. O. 1986

Aus den Debatten des Salzburger Landtages

Auszug aus dem Protokoll der Landtagssitzung am 8. Juli 1987

Abg. Dr. Hans Buchner (FPÖ): Herr Präsident! Hohes Haus! Sehr geehrte Damen und Herren! Es gibt ein altes schottisches Sprichwort und ich hoffe, dieses Sprichwort wird sich bei diesen Beschlüssen heute nicht bewahrheiten. Dieses Sprichwort heißt: „Der Großvater kauft, der Vater baut, der Sohn verkauft und der Enkel geht betteln!“ Und ich hoffe nicht, daß ein früherer Landesfinanzreferent, etwa der geschätzte Herr Landesfinanzreferent Haslinger den Großvater darstellt, der sozusagen angeschafft hat, der damalige Finanzreferent Haslauer, jetzige Landeshauptmann, hat fleißig gebaut und der jetzige Finanzreferent ist in der Situation, verkaufen zu müssen, und der nachfolgende Finanzreferent wird dann betteln gehen müssen. Ich hoffe nicht, daß dieses Sprichwort sich bei diesem Antrag bzw. bei diesem Anliegen bewahrheiten wird. Aber ich glaube, man soll dieses Sprichwort hier nicht so wörtlich nehmen, sondern man kann durchaus feststellen, daß sich in den vergangenen Monaten auch hier in Salzburg eine sehr erfreuliche Meinungsbildung durchgesetzt hat, und ich sehe daher den heutigen Beschluß des Landtages, die Landesregierung zur weitgehenden Veräußerung von Landesanteilen an Unternehmen zu ermächtigen, als großen Tag für die Landespolitik an. Ich sehe auch nicht den Grund für den heutigen Beschluß, daß etwa durch die Veräußerung von Landesbeteiligungen die Landesfinanzen saniert werden sollen. Wenn das der Hintergedanke wäre, dann wäre ich dagegen. Die freiheitliche Fraktion sieht in dieser Privatisierung, in dieser Veräußerung von Landesbeteiligungen die Chance einer notwendigen Entstaatlichung. Was verstehen wir unter Privatisierung? Es wird die Möglichkeit geschaffen, daß Unternehmen, die derzeit im Einflußbereich der öffentlichen Hand sind, entpolitisiert werden und in den privaten Sektor überführt werden ... Wir sehen in dieser Regierungsvorlage einen Schritt in die richtige Richtung, aber wir haben die Befürchtung und den Verdacht, daß die Privatisierung durch die Katalogisierung von Unternehmen, die auf alle Fälle im Landeseinfluß bleiben sollen, bzw. Unternehmen, die erst später veräußert werden sollen, zu zaghaft angegangen wird und daß auch diese Privatisierung nach Auffassung der freiheitlichen Fraktion zu wenig professionell betrieben wird ... Ich befürchte, daß diese Mittel dazu verwendet werden, wieder Budgetlöcher zu stopfen, daß die Mittel nach dem Gießkannenprinzip ausgeschüttet werden.

Abg. Dr. Gottfried Nindl (ÖVP): Herr Kollege Buchner, gerade von ihnen als Vertreter einer doch auch liberalen Partei – ich hoffe, nicht nur einer nationalen – hätte ich mir wirklich ein höheres Niveau bei dieser Privatisierungsdebatte erhofft, weil es doch zum Großteil um liberales Gedankengut geht, das heute mit diesem Beschluß vertreten wird. Wenn Sie behaupten, daß der Enkel dann betteln gehen muß, dann glauben Sie doch nicht an Ihre eigenen Ideologien, ganz im Gegenteil, bei der Privatisierung, da ist doch das Gegenteil der Fall. Wenn Sie immer wieder reden vom Stopfen der Budgetlöcher, so möchte ich das sagen, was im letzten Rechnungsabschluß steht, die Erträge aus diesen Verkäufen sind angelegt worden und nur die Zinsen sind verwendet worden. Und ich glaube nicht, daß unabhängige Fachleute den Verkauf durchführen sollen, die kann man beiziehen zur Beratung, aber verkaufen müßte man selbst. Und wir sind die Besitzer und wir haben auch letztlich die Verantwortung daraus zu tragen. Und wenn Sie immer von einem Konzept reden, bitte Herr Kollege Buchner, schlagen Sie nach in den liberalen Wirtschaftswerken, dann hätten wir die Debatte auf höherem Niveau führen können wie jetzt. (Beifall der ÖVP-Abgeordneten)

Auszug aus dem Protokoll der Landtagssitzung am 16. Dezember 1987 über die Veräußerung der Landesbeteiligung an der Schmittenhöhe Bahn AG

Abg. Dr. Hans Buchner (FPÖ): Nicht zuletzt wegen der schwierigen finanziellen Situation des Landes Salzburg haben sich der Landtag und die Landesregierung für eine Abgabe von Landesbeteiligungen ausgesprochen. Und es hat in den vergangenen Monaten eine heftige Privatisierungsdebatte bei uns im Lande Salzburg gegeben. ... Und nun ist einiges in der Öffentlichkeit bekannt geworden, welche Vorgangsweise die Landesregierung bei der Veräußerung von Anteilen der Schmittenhöhebahn AG einschlägt. Und ich sage, es ist ein Fehler, wenn man die Privatisierung nicht unabhängigen Fachleuten überläßt, sondern hier Parteipolitiker arbeiten läßt. Und so ist es dazu gekommen, daß die Privatisierung von Landesanteilen innerhalb der ÖVP und innerhalb der Zeller ÖVP sehr intensiv diskutiert wurde. Es wurde sogar der Generaldirektor des Wirtschaftsbundes nach Zell am See gerufen, um hier entsprechende sozusagen Beruhigungsmaßnahmen zu setzen. (Heiterkeit bei den ÖVP-Abgeordneten) ... Bitte, die interessierte Öffentlichkeit wurde vor die Tatsache gestellt, daß die Aktien am Landesunternehmen Schmittenhöhebahn AG bereits einer bestimmten Gruppe zugesagt wurden, die Öffentlichkeit konnte sich im Großen und Ganzen nicht mehr dafür interessieren, bzw. kann nicht mehr zum Zuge kommen.

Abg. Dr. Wolfgang Gmachl (ÖVP): Ich bedanke mich für die hohe Auszeichnung, zum Generaldirektor ernannt worden zu sein. Meine Beförderung wird aber sicher nicht durch die Freiheitliche Partei vorgenommen, auch weiterhin nicht. ... Richtig ist, daß es in der Frage im Raum Zell am See unterschiedliche Meinungen gibt, ebenso ist richtig, daß die unterschiedlichen Meinungen in Zell am See – das weiß der Bürgermeister, der unter uns ist, sehr gut – aus den Interessenslagen verschiedener Ortsteile besteht. ... Falsch ist, was der Herr Klubobmann Dr. Buchner gesagt hat, daß das Land, der Salzburger Landtag, dies aus finanziellen Gründen, aus budgetären Gründen tut. Er müßte wissen, daß wir das Budget, den Landeshaushalt morgen verabschieden und wir die Gelder, die das Land aus dem Verkauf einnimmt, nicht dafür verwenden, um Budgetlöcher zu stopfen, sondern diese veranlagen, um aus den Zinserträgen, aus den Veranlagungserträgen neue Initiativen, insbesondere für die Jugendbeschäftigung starten. ... Falsch ist, was der Herr Klubobmann gesagt hat, daß es zu einer breiten Streuung des Aktienbündels nicht kommen kann. Dem Herrn Klubobmann müßte bekannt sein, daß es in den nächsten Wochen, immerhin im Gegenwert von rund S 25 Mio. zu einer breiten Streuung des Aktienbesitzes in Zell am See kommen wird. ... Da zu befürchten ist, daß die FPÖ, wie ich zur Kenntnis nehmen mußte, über die Frage des Verkaufes der Schmittenhöhebahn AG nach wie vor große Informationslücken hat, gehören diese ganz sicher geschlossen, deshalb wird dem Begehren auf dringliche Behandlung die Zustimmung gegeben. Ich danke! (Beifall der ÖVP-Abgeordneten).

Abg. Mag. Walter Thaler (SPÖ): Die Frage der Veräußerung des Aktienbesitzes an der Schmittenhöhebahn AG durch das Land Salzburg hat in den letzten Wochen, insbesondere in der Stadt Zell am See, zu heftigen Wogen und Auseinandersetzungen geführt. Wie der mächtige Generaldirektor des Wirtschaftsbundes schon angedeutet hat, gibt es hier zwei völlig unterschiedliche Interessensgruppen, die nicht quer durch die beiden Ortsteile Zell am See und Schüttdorf verlaufen, sondern da kommen hier wesentlich andere Komponenten zum Tragen. Daher gibt es auch keine einheitliche Meinung innerhalb der Stadtgemeinde Zell am See und das wird auch der Grund gewesen sein, daß man zwar den Generaldirektor Dr. Gmachl nach Zell am See berufen und für Gespräche eingeschaltet hat, aber den kleinen Landbürgermeister Thaler nicht. ... Es ist daher unter allen Umständen ganz wesentlich für die Region, nicht nur für Zell am See, daß wiederum, so wie es bisher das Land Salzburg war, ein Partner gegeben ist, der über solide Mehrheitsverhältnisse in der Schmittenhöhebahn AG verfügt. Dass es daneben natürlich wirtschaftliche Interessen einzelner Zeller Betriebe, Unternehmen und Wirtschaftstreibender gibt, das ist selbstverständlich, das ist das gute Recht. Die sozialistische Fraktion glaubt, daß es eine der vordringlichsten Aufgaben des Landes ist, bei Veräußerung der Landesbeteiligungen auch darauf zu achten, daß für das Land der größtmögliche Erlös dabei herausschaut. Wir können es uns im Lande aufgrund der angespannten Lage der Finanzen sicher nicht leisten, die Landesaktien zu einem Unterpreis zu veräußern. Aus diesen angeführten Gründen sind wir sehr dafür, daß alle angeführten Argumente, die bei dieser Veräußerung des Aktienkapitals des Landes eine Rolle spielen, hier im Landtag durch den Landesfinanzreferenten einer entsprechenden Erläuterung unterzogen werden. Daher werden wir selbstverständlich dem Begehren der Dringlichkeit in Entsprechung des § 71 Abs. 3 der Geschäftsordnung zustimmen! (Beifall der SPÖ-Abgeordneten).

Landeshauptmann-Stellvertreter Dr. Hans Katschthaler (ÖVP): Ich habe gestern schon zum Ausdruck gebracht ... daß das Wesen der Privatisierung darin besteht, daß wesentliche Entscheidungsbefugnisse von der öffentlichen Hand und deren politischen Verantwortungsträgern in private Entscheidungsbefugnisse übergeführt werden, egal, ob es sich um viele kleine Aktionäre oder um einige größere oder um einen größeren handelt. In jedem Falle handelt es sich um eine lupenreine Privatisierung. Ich möchte aber auch keinen Zweifel daran lassen, daß der Grundsatz einer möglichst breiten Streuung für mich und für meine Fraktion ganz besonders wichtig erscheint. ... Und es ist unser Privatisierungsmodell auch weit über unsere Landesgrenzen hinaus bekannt gemacht worden, weil es österreichweit bis zur Stunde einmalig ist. Und man spricht österreichweit sogar von einem Salzburger Weg, Aktienanteile an Unternehmen, nämlich vollständig, zu verkaufen und zu privatisieren und nicht, wie anderswo in gewissen Teilen, so daß noch eine gewisse Macht, wenn Sie so wollen, jeweils dann bei der betreffenden Körperschaft verbleibt.

Auszug aus dem Protokoll der Landtagssitzung am 17. Mai 1988 über die Privatisierung der SAFE

Klubobmann Dr. Hans Buchner (FPÖ): Bekanntlich hat die freiheitliche Fraktion schon vor Jahren den Antrag gestellt, ist dafür eingetreten, daß Anteile an der SAFE auch an Private abgegeben werden können. Dieses Anliegen wurde damals gemeinsam mit den Stimmen der Österreichischen Volkspartei an den Bund herangetragen, denn es war damals nicht möglich, aufgrund der Bestimmungen des zweiten Verstaatlichungsgesetzes, daß Anteile an EVUs auch Privaten abgegeben werden. Damals hat die Österreichische Volkspartei dann den Freiheitlichen die Schuld zugeschoben, daß es nicht zu einer möglichen Privatisierung der SAFE kommen kann. In der Zwischenzeit kam es zu einer Änderung des zweiten Verstaatlichungsgesetzes und diese Novelle sieht vor, daß Anteile der SAFE auch an Private abgegeben werden können. Also dieses Anliegen kann nunmehr verwirklicht werden. Und nun ist die Österreichische Volkspartei letzten Endes, sagen wir´s salopp, umgefallen, und will von diesem damals beschlossenen Anliegen nichts mehr wissen, sondern hat im Ausschuß gemeinsam mit den Sozialisten den Beschluß gefaßt, man solle nunmehr prüfen, ob die Landesregierung diesbezügliche Bestrebungen in die Wege leiten sollte, damit Anteile der SAFE an Private abgegeben werden können.

Klubobmann Dr. Helmut Schreiner (ÖVP): Wie im Ausschuß betont, erfordert die nunmehr mögliche Privatisierung von Beteiligungen, auch der SAFE, ernstzunehmend von der Landesregierung mit den Zusatzfragen zu versehen ist, wie es, wenn die SAFE mehrheitlich in privaten Händen ist, mit jenen landespolitischen Aufträgen stünde, die wir allesamt beschlossen haben und gutgeheißen haben. Wir haben im Landesenergieleitbild die Feststellung getroffen, die von allen drei Landtagsparteien getragen wird, daß der Energiebedarf und die Energieproduktion im Lande in absehbarer Zeit stagnieren sollen. Und dies geht nur, wenn das Energiesparen ein wichtiges vorrangiges Ziel ist, das auch in den Satzungen der SAFE enthalten ist. Ein privatisiertes Unternehmen muß aber, auf Gewinn gerichtet, an die Energieproduktion denken. Diese Frage ist zu klären und muß auch von Herrn Buchner mit einer Antwort bedacht werden, wenn er sagt, jetzt sofort muß die Privatisierung der SAFE erfolgen. ... Meine Damen und Herren, ich möchte nicht zu jenen gehören, die durch einen vorschnellen Akt zur Verteuerung des Strompreises beitragen, wie das die Folge wäre. Daher ist es angemessen und richtig, wenn der Salzburger Landtag, bevor wir uns Fragen der Privatisierung nähern, eine ganz genaue, korrekte Untersuchung jener landespolitisch wichtigen Fragen verlangt, wie die von uns allen gestellten Aufträge an die SAFE, die sie mitzuerledigen hat, weiter erfüllt werden können, ohne daß es dafür zu einer Verteuerung der Strompreise kommt dadurch oder zu einer Gefährdung anderer landespolitischer Ziele. (Beifall der ÖVP-Abgeordneten)

Abg. Inge Stuchlik (SPÖ): Die Unternehmenspolitik der E-Wirtschaft muß auch in Zukunft so wie in der Vergangenheit weiterhin Aufgaben erfüllen, welche nicht gewinnbringend sind und der Herr Kollege Schreiner hat vorhin ja schon einige Aufgaben, wie die Energiesparmaßnahmen oder auch infrastrukturelle Leistungen genannt. Bei einer Privatisierung eines solchen Unternehmens und einem Aktienverkauf würden ja zwangsläufig Fragen auftauchen und es würde mich ja wirklich interessieren, wie die FPÖ-Fraktion nur einige solcher Fragen beantworten würde. Ich denke dabei z. B. an die Bewertung einer Aktie. Es gibt zwölf verschiedene Bewertungssysteme und es gibt sehr viele Fachleute, die sich damit auseinandersetzen und ich weiß, daß solche Berechnungen zur Bewertung einer Aktie unter Umständen Jahre in Anspruch nehmen. Auch bei wesentlich weniger sensiblen Unternehmungen als wie es ein Elektrizitätswirtschaftsunternehmen ist. Oder die Börsenabwicklung mit 24 verschiedenen Arten von Aktien. Oder die Frage im so wichtigen Bereich der Dividende. Sie werden eben nur an einen Privaten verkaufen können, wenn da auch ein Gewinn herausschaut. Und so eine Dividende würde natürlich sofort auch ein preispolitisches Problem entstehen lassen, da ja die Preisbehörde eine Auszahlung der Dividenden über den Strompreis verbietet.

Landeshauptmann-Stellvertreter Wolfgang Radlegger (SPÖ): Es handelt sich hier um ein Monopolunternehmen mit einer Infrastrukturfunktion, wobei auch sehr genau dazu gesagt werden muß, daß Privatisierung in diesem Bereich aufgrund schon der Verfassungsbestimmungen des Verstaatlichungsgesetzes bedeuten würde, daß eine private Beteiligung eingegangen wird, denn allgemein versteht man ja unter Privatisierung Verkauf der Mehrheit einer Gesellschaft oder aller Anteile an dieser Gesellschaft an Private. D. h., stellen wir einmal klar, es geht nicht darum, mit Schlagworten von weniger Staat und mehr privat jetzt eine Privatisierung herbeizuführen, sondern es geht um die Frage, ob eine private Beteiligung an diesem Unternehmen und aus welchen Gründen erfolgen soll ...Wir könnten uns niemals bereit erklären, hier eine Entscheidung zu treffen, deren Konsequenzen erst dann, nachdem die Entscheidung effektuiert worden ist, für den Salzburger bekannt wird. Und wenn Sie glauben, Herr Klubobmann, hier mit einer sehr oberflächlichen und vielleicht mit dem einen oder anderen in Ohr gehenden Privatisierungsforderung auch politisch Kapital einfahren zu können, da werden Sie sich auch gefallen lassen müssen, wenn Ihnen entgegnet wird, daß hier die Interessen des Stromkunden zunächst einmal in einer für mich nicht zu vertretenden Art und Weise außer Betracht gelassen werden.

Auszug aus dem Protokoll der Landtagssitzung am 30. September 1998 über die Veräußerung der Beteiligungsrechte an der Landes-Hypothekenbank AG

Landeshauptmann Dr. Franz Schausberger (ÖVP): Hohes Haus! Herr Präsident! Meine sehr verehrten Damen und Herren! Rund um den Verkauf eines Minderheitenanteils an der Salzburger Landes-Hypothekenbank, der sehr profund, kompetent und seriös vorbereitet, durchgeführt und abgeschlossen wurde, wurden in letzter Zeit Diskussionen geführt, die leider oftmals jeder sachlichen Grundlage entbehrt haben und daher auf eine sachliche Basis zurückgeführt werden müssen. Was hier in letzter Zeit an Unterstellungen, Verdächtigungen und Falschmeldungen verbreitet wurde, ist beachtlich. Ich habe, meine Damen und Herren, sechs Monate vor einer Landtagswahl sogar ein gewisses Verständnis dafür. Umsomehr möchte ich mich, meine Damen und Herren, bei all den Abgeordneten herzlich bedanken, die die Sondersitzung beantragt haben. Damit hat die Landesregierung die Möglichkeit, erstens zu informieren und aufzuklären und zweitens rascher als in der nächsten Sitzung des Landtages einen

Beschluss über diesen Anteilsverkauf zu fällen, wobei ich der Überzeugung bin, dass nach der Aufklärung, die heute hier erfolgt, bei einigermaßen gutem Willen ein einstimmiger Beschluss im Salzburger Landtag möglich sein müßte. Gleich eingangs, meine sehr verehrten Damen und Herren, möchte ich festhalten, dass es sich ausschließlich um einen Minderheitsanteilverkauf der Hypo, also 50 % minus eine Aktie handelt. Das heißt, dass das Land Salzburg jedenfalls immer die Mehrheit hält und somit gesichert ist, dass die Hypo in Salzburger Händen bleibt. Zu dieser Vorgangsweise haben sich alle Regierungsparteien von Anfang an bekannt und dabei bleibt es auch. Ich bitte den Hohen Landtag auch um Verständnis dafür, dass ich hier natürlich die Position des Vertreters des Eigentümers der Salzburger Landes-Hypothekenbank zu vertreten habe und nicht die Interessen eines Interessenten, der den Anteil an der Hypo kaufen will. Meine Damen und Herren, erste Überlegungen, ob die Salzburger Landes-Hypothekenbank AG – kurz Hypo genannt – einen strategischen Partner braucht, um als Regionalbank im europäischen Wettbewerb bestehen zu können, wurde bereits Anfang 1997, und hier darf ich oder könnte ich Zeitungsmeldungen vom 7. Jänner 1997 nennen von seiten der SPÖ, angestellt. Auch die FPÖ hat sich in einem Antrag vom 26. Februar 1997 im Salzburger Landtag betreffend die Privatisierung der landeseigenen Hypothekenanstalt für einen Verkauf sogar bis zu 100 % ausgesprochen und die Landesregierung ersucht, eine Privatisierung der Hypo vorzubereiten. Die FPÖ, und das entnehme ich Zeitungsmeldungen aus dieser Zeit, beruft sich darauf, dass sie bereits im Jahr 1991 für eine Privatisierung der Hypo eingetreten ist.

Klubobmann Dr. Christian Burtscher (BL): Sehr geehrte Damen und Herren Abgeordnete des Salzburger Landtages! Erlauben Sie direkt anknüpfend vielleicht zwei oder drei Bemerkungen an den Herrn Dr. Schausberger. Wenn er vom besten Gewissen spricht, dann mag das sein. Vom besten Wissen hat er wohlweislich nicht gesprochen, denn dann müßte er zu anderen Schlussfolgerungen kommen. Wenn der Dr. Schausberger hier meint, dass der Verkauf schon über die Bühne gegangen ist, dann ist das wieder einmal eine Geringschätzung des Salzburger Landtages, eine Mißachtung dessen, was in der Verfassung festgelegt ist, wie sie leider zur üblichen und üblen Praxis des Landeshauptmannes gehört. Ich meine, dass trotzdem die Abgeordneten die Chance haben und bekommen sollen heute im Ausschuss, insbesondere dann in der Sache jene Informationen zu bekommen, die eine Entscheidung rechtfertigen, die haltbar ist. So wie das bisher ist, so wie das vom Landeshauptmann wiederholt worden ist, mit aus Unkenntnis oder wissentlich falsch gegebenen Falschinformationen, kann man eine solche Entscheidung keinesfalls rechtfertigen. Das sei vorangestellt. Und Herr Landeshauptmann, wenn Du sagst, Du bist mir dankbar, dass wir gemeinsam mit den Abgeordneten der Freiheitlichen Partei die Sondersitzung einberufen haben, gut, dass es diese Gelegenheit heute gibt, ich darf Dich aber nur daran erinnern, dass sechs Abgeordnete der ÖVP, und sie hat noch so viele, diese Möglichkeit gehabt hätten und Dir die Chance hätten einräumen können, eine solche Information zu geben. Allerdings wollten die ÖVP-Abgeordneten, das schließe ich nun hier, vermutlich noch eine längere Bedenkzeit, Überlegenszeit geben bis zu einer Vorlage im Salzburger Landtag, wie Du es ja bis zum 28. Oktober ursprünglich vorgehabt hast. Nun, sehr geehrte Damen und Herren, zu dieser Angelegenheit, die tatsächlich ein einmaliges Ereignis ist. Einmalig in zweifacher Hinsicht. Eine Landesbank verkauft man nur ein Mal. Wenn sie einmal weg ist, dann hat sich alles Überlegen in dieser Hinsicht erübrigt. Das ist das eine. Das andere ist, dass Sie und ich und all unsere Vorgänger noch niemals über ein Geschäft zu befinden hatten in dieser Dimension. S 1,5 Mrd. oder mehr. So genau weiß man das ja nicht. Es wird zwar behauptet, aber man weiß es heute immer noch nicht.

Klubobmann Dr. Karl Schnell (FPÖ): Sehr geehrter Herr Präsident! Hohes Haus! Meine sehr geehrten Damen und Herren! Herr Kollege Burtscher, Sie sind ein unmöglicher Mensch! Jetzt ist der Herr Landeshauptmann mit einem Lächeln hereingekommen, hat das Hohe Haus betreten und Sie haben dafür gesorgt, dass die Mundwinkel nach unten hängen. Das dürfen Sie doch nicht tun, Herr Kollege Dr. Burtscher. Meine sehr geehrten Damen und Herren! Die Lesung des Herrn Landeshauptmannes, nicht nach seiner Rede, sondern seiner Lesung hätten wir uns eigentlich ersparen können, weil wir können lesen, Herr Landeshauptmann. Sie haben eigentlich nichts anderes getan, als das vorzulesen, was Sie gütigerweise dem Landtag gestern um 10:30 Uhr zur Verfügung gestellt haben. So achten Sie den Landtag, in dem Sie selbst einmal gesessen sind. Sie bedanken sich bei uns, dass wir eine Sondersitzung zugelassen haben. Sie hätten es auch verhindern können, Herr Landeshauptmann und damit dem Land viel Geld ersparen können, denn bekanntlicherweise bekommen wir nach dem neuen Bezügegesetz alle die Kilometer vergütet, die wir zurücklegen müssen, um uns heute informieren zu dürfen, was eigentlich stattfindet im Land Salzburg. ... Herr Landeshauptmann, Sie haben nicht nur dem Raiffeisenverband Salzburg den Rücken zugekehrt, auch dem Land Salzburg kehren Sie den Rücken zu, denn das, was Sie, das was Sie hier uns heute vorgelegt haben, ist ungeheuerlich und ich werde es in meinen Ausführungen beweisen und darlegen ... Herr Landeshauptmann, Sie haben sich nicht dazu geäußert, ob es Ihrer Meinung nach seriös ist, anständig ist und ob Sie es für in Ordnung befinden, dass Sie gerade zu dem Zeitpunkt, wo die Verhandlungen laufen, mit Ihrem Freund Scharinger auf die Jagd gehen. Ich habe nichts dagegen, dass Sie auf die Jagd gehen. Ob die UBS nicht hätte dafür sorgen sollen, nachdem das in den Medien bekannt geworden ist, dass Sie eigentlich aus den Verhandlungen auszuscheiden gewesen wären. Diese Frage stelle ich mir. Denn letztendlich möchte ich nicht wissen, was die ÖVP-Fraktion angestellt hätte, wenn ich als Landesrat für das Bauwesen, für den Straßenbau zum Zeitpunkt einer Vergabe eines großen Bauwerkes mit der Baufirma Golfspielen gegangen wäre oder eine Auslandsreise unternommen hätte.

Klubvorsitzende Mag. Gabi Burgstaller (SPÖ): Nun worum geht es? Natürlich geht es bei einem Verkauf um den besten Verkaufserlös. Das ist wohl klar und muss auch für die öffentliche Hand gelten. Noch viel mehr geht es aber in dieser Frage um die Zukunftssicherung durch einen strategisch starken Partner. Und wenn Sie bedenken, dass wir 1997 den ersten Vorstoß in diese Richtung gemacht haben, dann müssen Sie auch erkennen, damals haben wir über kein Stadion gesprochen, damals haben wir über keine anderen Großprojekte gesprochen, sondern nur darüber, ob eine Bank wie die Landes-Hypothekenbank Salzburg in der Zukunft in der neuen Bankenlandschaft unter den neuen Wettbewerbsbedingungen denn tatsächlich eine Chance hat, zu überleben und weiter erfolgreich tätig zu sein. Und, und das erscheint mir besonders wichtig, es geht uns und es ging in der Entscheidung auch um die Absicherung des Institutes und damit der

Arbeitsplätze. Denn es hilft wohl nichts, wenn wir uns bemühen, im Rahmen von aktiven Arbeitsmaßnahmen da und dort zehn Arbeitsplätze zu entwickeln und auf der anderen Seite vielleicht hunderte Arbeitsplätze riskieren. Auch das ist ein entscheidendes Kriterium gewesen. Und da möchte ich schon noch anfügen, um die Arbeitsplätze haben sich außer in den Reden heute die Kollegen Burtscher und Schnell nicht gekümmert. Sie haben nicht mit der Belegschaft der Hypo gesprochen. Sie haben nicht den Betriebsrat kontaktiert, was wir sehr wohl getan haben in sehr vielen Diskussionen, sondern sie haben sich nur mit den Generaldirektoren unterhalten und dass es denen immer zuerst um die Arbeitsplätze geht, das ist wahrscheinlich eine Fehlannahme. ... Es hat also gute Gründe für uns gegeben, warum wir zu Beginn 1997 die öffentliche Diskussion über die Teilprivatisierung begonnen haben. Und diese Gründe lagen vor allem in der Änderung der Bankenlandschaft. Sie wissen alle, dass durch die Schaffung des Binnenmarktes, durch die Kapitalverkehrsfreiheit, durch die Grenzöffnung, die Internationalisierung ganz neue Herausforderungen anzutreffen waren und dass es mit der Kirchturmpolitik und dem österreichischen Schutz für die Banken damit vorbei war. Wenn eine Bank will, dass sie künftig auch noch die Nase vorne hat, dann kann sie nicht innerhalb der Grenzen des Bundeslandes denken. Wir wollen, dass die Hypo auch künftig noch die sprichwörtliche Nase vorne hat im Bundesland Salzburg. Das wollen Sie, die verzweifelt um Argumente ringenden Gegner der Regierungsentscheidung in einer „mir san mir"-Mentalität, heute wieder mehrfach bewiesen, erreichen? Wenn Ihr Horizont doch, und das haben Sie zweimal bewiesen, offensichtlich in der Schwarzstraße endet.

Alfred Rinnerthaler

Landtag und Kirche

In der rund 150-jährigen Geschichte des Salzburger Landtages wurde dieser immer wieder mit kirchlichen Themen befasst. Dabei kann man im historischen Verlauf eine deutlich abnehmende Intensität der Beschäftigung mit religiösen Fragen bzw. mit kirchlichen Antragstellern feststellen. Dies erklärt sich zum einen mit der zunehmenden Säkularisierung der Gesellschaft, zum anderen mit dem schwindenden Einfluss der Kirche auf das Landesparlament. Während in der Zeit der Monarchie der jeweilige Fürsterzbischof noch mit einer Virilstimme im Salzburger Landtag saß und sich dort auch der Unterstützung einer Reihe anderer Geistlicher – sei es als Vertreter der Großgrundbesitzer, der Märkte und Städte oder der Landgemeinden – sicher sein konnte, änderte sich dies in der Zeit der Ersten Republik, des Ständestaates und der Zweiten Republik. So gab es in der Ersten Republik keine Virilstimmen mehr für die Bischöfe, auch schafften nur mehr wenige Geistliche als Vertreter der Christlichsozialen Partei den Einzug in den Landtag. Dies gelang nur Domkapitular Daniel Etter und dem St. Johanner Dechant, Michael Neureiter. Eine institutionalisierte Vertretung der katholischen Kirche im Landtag gab es erst wieder ab der Maiverfassung 1934, also in der Zeit von 1934 bis 1938. Aufgrund der damaligen berufsständischen Ordnung hatte Fürsterzbischof Sigismund Waitz die kirchlichen Interessen im Landtag wahrzunehmen, wobei er sich dabei bis zum 5. Februar 1935 von Weihbischof Johannes Filzer vertreten ließ.

Abgeordnete zum Salzburger Landtag	Kirchliche Funktion	Funktionsperiode im Landtag
Maximilian Josef von Tarnoczy	Kardinal, Fürsterzbischof	1861–1876
Josef Halter	Propst des Stiftes Mattsee	1861–1871
Franz de Paula Albert Eder	Abt von St. Peter, Fürsterzbischof	1861–1869, 1877–1890
Franz Schleindl	Domkapitular	1865–1867, 1870–1877
Augustin Hassauer	Pfarrer (Mittersill)	1870
Mathias Lienbacher	Dechant (Köstendorf)	1870–1883
Blasius Holaus	Dechant (Stuhlfelden)	1871–1877
Mathias Steger	Domkapitular	1878–1883
Alois Winkler (Landeshauptmann)	Benefiziat (Radstadt), Domkapitular	1878–1895, 1896–1919
Josef Alexander Schwer	Domchorvikar	1878–1889
Sebastian Russegger	Dechant, Thalgau	1880–1884
Johannes Evangelist Haller	Kardinal, Fürsterzbischof	1890–1900
Andreas Winkler	Dechant (Tamsweg)	1890–1895
Josef Leitner	Dechant (Thalgau)	1896–1901
Johannes Katschthaler	Kardinal, Fürsterzbischof	1900–1914
Josef Lackner	Pfarrer (Mariapfarr)	1902–1907
Balthasar Pfisterer	Domchorvikar	1902–1904
Daniel Etter	Domkapitular	1909–1918, 1918–1927
Michael Neureiter (Landtagspräsident)	Dechant (St. Johann)	1909–1921, 1921–1922, 1922–1934
Sigismund Waitz	Fürsterzbischof	1934–1938
Johannes Filzer	Weihbischof	1934–1935

Keine institutionelle Vertretung der Kirche im Landtag gibt es in der Zeit der Zweiten Republik, ebenso dürfen Geistliche keine Mandate einer Partei mehr annehmen. Aufgrund eines zu Pfingsten 1945 ergangenen Pastoralschreibens des Salzburger Erzbischofs Andreas Rohracher war den Priestern jegliche „politische Betätigung" untersagt worden. Rohrachers Standpunkt teilte auch Kardinal Theodor Innitzer, der ebenfalls die Auffassung vertrat, dass die Kirche Österreichs „in Hinkunft keinerlei Bindungen an bestimmte Parteien mehr eingehen, also an dem Beschluss ..., der im Dezember 1933 von den österreichischen Bischöfen gefasst worden war", festhalten solle.

Diese Absage an jegliche parteipolitische Tätigkeit der Geistlichen ist jedoch nicht als eine Äquidistanz der Kirche gegenüber den politischen Parteien oder als eine völlig apolitische Haltung der Kirche zu verstehen. Politisches Handeln im Sinne der Ausübung eines Einflusses auf eine geregelte Staatsführung und auf die Rechtsordnung war und blieb natürlich für die Kirche auch weiterhin eine „Pflicht der Selbsterhaltung". Die Richtigkeit einer solchen Haltung unterstrich auch Papst Pius XII. in einer Ansprache an die Pfarrer und Fastenprediger Roms am 10. März 1948, in der er bestätigte, dass die Kirche „außer und über den politischen Parteien" stehe.

Landtag und Kirche 1861–1918

Landtag – Kirche – Schule

Mit dem Thema Kirche und Schule hatte sich der Landtag in dieser Periode besonders oft zu befassen. Die Staatsgrundgesetze vom 21. Dezember 1867 hatten der ehemaligen Einheit von Kirche und Schule ein Ende bereitet. Das kirchliche Schulwesen wurde von diesen Verfassungsgesetzen in erster Linie durch den § 11 lit. i des Gesetzes vom 21. Dezember 1867, wodurch das „Grundgesetz über die Reichsvertretung vom 26. Februar 1861 abgeändert wird", betroffen. Diese Norm wies die Feststellung der Grundsätze des Unterrichtswesens für die Volksschulen und Gymnasien dem Wirkungsbereich des Reichsrates zu. Im Art. 17 des StGG über die allgemeinen Rechte der Staatsbürger wurde zudem dem Staat das Recht der obersten Leitung und Aufsicht des gesamten Unterrichts- und Erziehungswesens zugesprochen. Ausgeführt wurden diese Verfassungsgesetze durch das Reichsvolksschulgesetz vom 14. Mai 1869 und ein „Gesetz, wodurch grundsätzliche Bestimmungen über das Verhältnis der Schule zur Kirche" erlassen wurden. Vor allem letzteres Gesetz beinhaltete in nahezu jedem Paragraphen einen radikalen Bruch mit der Vergangenheit. Fast der gesamte Einfluss der Kirche wurde in diesem Bereich ausgeschaltet, von der ursprünglichen Einheit von Schule und Kirche blieben nur mehr die folgenden Fragmente erhalten:
a) der Religionsunterricht in der Schule,
b) die konfessionellen Privatschulen,
c) ein bloßes Mitwirkungsrecht der Geistlichen an den neuorganisierten kollegialen Schulaufsichtsbehörden und
d) die religiösen Übungen.

Es ist daher nicht überraschend, dass gegen die neuen Schulgesetze und für die Beibehaltung des bisherigen konfessionellen Charakters der Volksschulen zahlreiche Petitionen an den Salzburger Landtag gerichtet wurden, die aus folgenden Gemeinden stammten: Rauris, Maishofen, Thumersbach, Bruckberg, Saalbach, Viehhofen, Saalfelden Land, Bruck im Pinzgau, Adnet, Annaberg, Krispl, Bergheim, Elixhausen, Anthering, Lamprechtshausen, Markt St. Michael, Mauterndorf, Tweng, St. Michael Land, St. Margarethen, Muhr, Zederhaus, Altenmarkt, Stadt Salzburg, Hüttschlag, Unternberg, Ramingstein, Tamsweg, Neukirchen, Wald, Krimml und Dorfbeuern. Von vielen dieser Gemeinden wurde eine eigene Petition verfasst, in einigen Fällen taten sich mehrere Gemeinden zu einer gemeinsamen Aktion zusammen; teils wurden die Petitionen von der „Gemeinde-Vorstehung", teils vom Ortsschulrat und teils vom „katholisch politischen Volksverein" unterzeichnet. In Übereinstimmung mit dem Schulausschuss, dem diese Petitionen zur Beratung zugewiesen worden waren, fasste der Landtag am 13. Oktober 1871 den folgenden Beschluss: „Der hohe Landtag findet sich nicht veranlasst, eine Abänderung der Schulgesetze ... zu beantragen."

Mit der Einführung der achtjährigen Schulpflicht durch das Reichsvolksschulgesetz 1869 entstand in einigen Gemeinden ein fühlbarer Mangel sowohl an für die wachsenden Schülerzahlen geeigneten Klassenräumen als auch an ausgebildetem Lehrpersonal. Letzterem Mangel trachtete man unter anderem durch die Heranziehung von Ordenspersonen zur Unterrichtserteilung abzuhelfen. Da Zweifel bestanden, ob geistlichen Lehrkräften eine Besoldung durch den Staat zustehe, richtete Dechant Mathias Lienbacher einen diesbezüglichen Antrag an den Landtag. Dem mit dieser Causa befassten Schulausschuss erschien der Antrag jedoch zu unbestimmt, weshalb er für eine Ablehnung durch den Landtag votierte. Der Schulausschuss differenzierte nämlich ganz genau zwischen geistlichen Lehrern an den staatlichen Schulen und solchen an den kirchlichen Privatschulen. An den öffentlichen Schulen sah er keinen Unterschied zwischen geistlichen und weltlichen Lehrkräften. Die gesetzlich geforderte Befähigung und die Ernennung durch die Landesschulbehörde vorausgesetzt, seien auch den geistlichen Lehrern ihre vorgesehenen Jahresgehälter garantiert. Für Lehrkräfte an kirchlichen Privatschulen wäre hingegen weder eine Besoldung noch eine Remuneration aus dem Landesschulfonds vorgesehen.

Diese Regelung galt – in ihrer ganzen Härte – bis zum Jahr 1879. In seiner Sitzung am 15. Oktober 1878 fasste der Landtag den Beschluss, dass „jenen Gemeinden, welche Ordenspersonen, die gesetzlich zu besetzende Lehrstellen versehen, ohne das für solche Lehrstellen gesetzlich normierte Diensteinkommen zu beziehen, eine Unterstützung gewähren, zu der sie durch ein Gesetz nicht verpflichtet sind, auf ihr Verlangen aus dem Landesfonde (nicht dem Landesschulfonds – Anm. d. Verf.) eine Vergütung des mit der Landesumlage entrichteten Schulgeldes in einem Betrag geleistet" werde, „der die Hälfte des auf solchen Lehrstellen gesetzlich entfallender Dienstbezüge und auch jenen Betrag nicht überschreitet, welchen die Gemeinden dem Orden an Lehrbezügen bezahlen". Diesem Beschluss des Salzburger Landtages verweigerte allerdings der Kaiser mit Entschluss vom 31. Mai 1879 die allerhöchste Sanktion. Als Begründung hierfür wurde angeführt, dass dadurch „dem Landesfonde die Leistung der fraglichen Beiträge auf unbestimmte Zeit, und zwar nicht allein für bestehende, sondern im Vornhinein auch für künftighin zu errichtende, von Ordenspersonen geleitete, Privatvolksschulen auferlegt und somit in dieser Ausdehnung eine mit der Schulgesetzgebung nicht im Einklang stehende und den Landesfonds überdies auch bleibend belastende Verpflichtung" übertragen werde. In einem Erlass des Ministers des Innern vom 4. Juni 1879 wurde allerdings ein Ausweg dahingehend aufgezeigt, dass kein Einwand bestehen würde gegen eventuelle Subventionen aus dem Salzburger Landesfonds, die Jahr für Jahr – und somit jährlich widerrufbar – zugewendet werden. Damit begann ab dem Jahr 1880 die Praxis der Vergabe von Subventionen an Ordensschulen, die in der Regel für ein oder zwei Jahre gewährt wurden, und um die immer wieder angesucht werden musste. Diese Subventionen waren ihrer Höhe nach limitiert mit der Hälfte des Einkommens, welches ein ebendort angestellter weltlicher Lehrer bezogen hat, und zwar pro geistlicher Lehrkraft.

Das Verhältnis Kirche und Schule beschäftigte den Landtag in der Zeit der Monarchie noch oft. Mit Themen wie dem Religionsunterricht (Bestellung von Katecheten, Gewährung von Ganggeldern usw.), wie dem Schulpatronat und der Verrichtung des Mesner- und Organistendienstes durch Lehrer hatten sich die Landtagsabgeordneten wiederholt auseinanderzusetzen.

Landtag und Kirchenfinanzierung

Immer wieder wurde der Landtag auch mit Fragen der Kirchenfinanzierung befasst. Dabei handelte es sich vor allem um Fragen der Ablösung von Naturalleistungen und Gilten, aber auch der Festsetzung von Stol- oder Seelenrechtsgebühren. Am 17. April 1875 – also rund ein Vierteljahrhundert nach erfolgter Grundentlastung – legte der Petitionsausschuss dem Landtag ein Ansuchen der „Gemeinde-Vorstehung Markt und Land St. Michael" vor, in dem um Ablösung der auf den meisten Gütern haftenden jährlichen „Abgaben von Hafer, Käse etc. an die Pfarrpfründen Nutznießer, und von Getreidegarben an den Mesner, unter dem Titel ‚Taufhaber und Läutgarben', welche Dienstbarkeiten trotz der übrigens allgemein durchgeführten Entlastung von Grund und Boden allein noch aufrecht bestehen", ersucht wurde. In Reaktion auf diese Petition beauftragte der Landtag den Landesausschuss mit einer Erhebung, inwieweit ein Bedürfnis nach Erlassung eines Gesetzes über die Ablösung von noch bestehenden Giebigkeiten und Naturalleistungen an Kirchen, Schulen, Pfarren und deren Organe bestehe. Handelte es sich bei den Naturalleistungen um öffentlichrechtliche Abgaben, die an einer Realität hafteten und wohl ausnahmslos in Naturalien bestanden, so versteht man unter „Gilten" oder „Ewiggeldern" privatrechtliche Verpflichtungen „für ewige Zeiten", die auf jährlich fixe Geldbeträge lauteten.

Vom Landesausschuss wurde das Bedürfnis nach Erlassung eines solchen Gesetzes bejaht und der Landtag um einen Auftrag ersucht, ein Gesetz mit diesem Inhalt ausarbeiten zu dürfen (Beschluss des Landtages vom 22. März 1876). Ein bereits am 30. Juni 1876 präsentierter Gesetzesentwurf wurde in der Folge vom Landtag dem Verwaltungsausschuss zur Vorbegutachtung zugewiesen, von dem allerdings dessen Behandlung in den nächsten Jahren wegen Arbeitsüberlastung unterblieb. Auch eine diesbezügliche Petition der Kirchenverwaltung Hallein im Jahr 1889 bzw. ein gemeinsamer Vorstoß der Abgeordneten Huber, Eberhart, Stabauer, Eder, Dr. Stölzel, Altenberger, Ott, Schitter, Biebl, Lettmayer, Schmiederer und Scheiblbrandner blieben ohne Erfolg und konnten keine legislativen Aktionen erwirken. Nach Auffassung des Landesausschusses sollten Ablösen nur auf freiwilliger Basis im Vertragswege erfolgen, wofür die Landesregierung unter Berufung auf einen Erlass des k. k. Ministeriums für Kultus und Unterricht vom 31. Juli 1913, Zl. 55872 ex 1912, konkrete Richtlinien bekannt machte. Angesichts dieser eher restriktiven Vorgaben fand die freiwillige Ablöseaktion keinen großen Widerhall unter den Leistungspflichtigen.

Stolgebühren im engeren Sinn sind jene Abgaben an die Geistlichkeit, die als Entgelt für Taufen, Eheaufgebote, Trauungen und Begräbnisse zu entrichten sind. Nach den kirchenrechtlichen Bestimmungen war und ist es ein Recht der Seelsorger, für bestimmte seelsorgliche Verrichtungen eine Gebühr zu verlangen. Die Einbringung dieser Gebühren ermöglichte der Staat durch die Gewährung des Mittels der politischen Exekution. Unter Stolgebühren im weiteren Sinn versteht man neben den Stolgebühren im engeren Sinn noch die sogenannten Seelenrechtsgebühren (auch Seelenrechte, Seelengeräthe oder Pönfallgebühren). Dabei handelte es sich um eine „eigene Art Funeral-Stolgebühren", die im Salzburgischen schon seit unvordenklichen Zeiten in vielen (nicht in allen) Pfarren üblich und anerkannt waren. Diese spezielle Stolgebühr stand den Seelsorgern zu für die Abhaltung von drei Vigilien und drei Seelengottesdienste („den Seel Ersten, Siebenten und Dreißigsten") und wurde nur eingehoben, wenn eine Person in einer Salzburger Pfarre verstorben war, in der das Seelenrecht noch gültig war, und auch nur dann, wenn der Nachlass eine gewisse Höhe – nämlich 1.000 Gulden – erreichte oder überschritt. Die konkrete Höhe der Seelenrechtsgebühr wurde in Form eines Prozentsatzes vom Nachlass ermittelt. Sowohl die Stolgebühren im engeren Sinn als auch die Seelenrechtsgebühren waren uralte Abgaben an die katholische Geistlichkeit, die nicht nur gewohnheitsrechtlich sondern auch gesetzlich verankert waren. Genannt seien hier nur ein Generalmandat des Erzbischofs Wolf Dietrich vom 15. Februar 1602, ein Generalmandat des Erzbischofs Markus Sittikus und eine „Stolaordnung" aus dem Jahr 1652.

Die Seelenrechtsgebühren wurden in vielen Salzburger Pfarren (über 60) zu Recht eingehoben, in anderen Pfarren bestand dieses Recht für den Pfarrer nicht. Auch hinsichtlich der Höhe der Gebühr gab es erhebliche Differenzen zwischen den einzelnen Pfarren. Die daraus resultierende Ungleichheit macht es verständlich, dass wiederholt Anträge an den Landtag auf Senkung oder gar Abschaffung der Stol- und Seelenrechtsgebühren herangetragen wurden. Seit dem Jahr 1869 musste sich der Landtag mit Ausnahme einer kurzen Unterbrechung zwischen 1884 und 1895 jedes Jahr mit diesem Thema beschäftigen. Schließlich beantragte der Landesausschuss – im Auftrag des Landtages – am 21. Juli 1899 bei den k. k. Ministerien für Kultus und Unterricht und für Finanzen die Aufhebung „der in Salzburg noch dermalen zu Recht bestehenden Seelenrechtsgebühren". Dieser Antrag wurde vom Ministerium für Kultus und Unterricht mit Verordnung vom 11. Mai 1903, Zl. 5821, positiv erledigt. Ab dem 1. Juli 1903 fand keine Einhebung von Seelenrechtsgebühren mehr statt, auch wurden die Tauf-Stolgebühren abgeschafft. Die hierdurch verursachten Ausfälle im Einkommen der Geistlichen wurden „für die Dauer deren Anstellung und für ihre Person" aus dem Religionsfonds ersetzt. Hierbei handelte es sich für das Kronland Salzburg um eine geschätzte Summe von etwa 4.000 Gulden jährlich.

Landtag und Katholische Universität

Ein gemeinsames Interesse verband die Salzburger Kirche und Salzburger Landesvertretung bezüglich der Wiedererrichtung der alten Salzburger Universität, die von der bayerischen Regierung im Jahr 1810 aufgehoben worden war. Erste Pläne hierfür waren schon seit 1848 im kirchlichen Bereich gewälzt worden, ehe der Landtagsabgeordnete Hofrat Dr. Georg Lienbacher, der Führer der konservativen Partei im Herzogtum Salzburg, am 3. Oktober 1884 den folgenden Antrag im Landtag einbrachte: „Der hohe Landtag wolle beschließen: 1. Die Wiedererrichtung der vom Fürsterzbischofe Salzburg's im Jahre 1620 zu Salzburg gegründeten, vom Kaiser und Papste bestätigten und erst im Jahre 1810 aufgehobenen Universität als einer freien katholischen Hochschule, eventuell die Neuherstellung einer katholischen Universität zu Salzburg, ist mit allen Kräften anzustreben; 2. Der Landesausschuss wird beauftragt, die Ausführung dieses Beschlusses mit allen gesetzlichen Mitteln zu fördern, um hiezu insbesondere die nöthigen Schritte bei der hohen k. k. Staatsregierung zu machen, sowie über die Resultate in der nächsten Landtags-Session zu berichten." Dieser Antrag wurde in der Sitzung am 18. Oktober nach langer und hitziger Debatte angenommen. Diesem ersten Schritt folgte die Errichtung eines „Vereins zur Gründung und Erhaltung einer freien katholischen Universität zu Salzburg". Dessen Statuten wurden von der Landesregierung am 16. November 1884 genehmigt. Auf der ersten Vereinssitzung am 28. Dezember 1884 wählten die Mitglieder Georg Lienbacher zum ersten Präsidenten. Im Weiteren wurde vom Landtag am 22. Dezember 1887 ein Antrag genehmigt, wonach zum „bleibenden Andenken an die Priestersekundiz Seiner Heiligkeit des Papstes Leo XIII. zur Wiedererrichtung der im Jahre 1810 aufgehobenen Universität zu Salzburg aus dem Landesfonds ein Betrag von 10.000 Gulden, zahlbar in zehn Jahresraten à 1.000 fl, ab 31. Dezember 1887", gewidmet werden sollte.

Die anfängliche Euphorie verflog allerdings rasch, nachdem der Verwaltungsausschuss den Auftrag erhalten hatte, „die Rechtsverhältnisse der Universität und ihrer Stiftungsfonde, Gebäude, Bibliotheken ... zu erheben, und den eventuellen Anspruch des Landes hierauf zu prüfen." Hatte man zunächst beim „Salzburger Studienfonds" noch ein erhebliches Barvermögen vermutet, so ergaben die konkreten Erhebungen, dass in Wahrheit eine Schuld des Salzburger Studienfonds gegenüber dem k. k. Ärar in Höhe von über zwei Millionen Gulden bestand und dass außerdem das Ministerium für Kultus und Unterricht keineswegs gewillt war, in Verhandlungen über „die rechtliche Eigenschaft des Studienfonds" sowie über die „bezüglich der Verwendung und Bestimmung der fraglichen Fonde und Gebäude erflossenen, längst unanfechtbar gewordenen, Verfügungen" einzutreten. Der Vertrauensverlust in die Universitätspläne manifestierte sich unter anderem darin, dass man die 1887 gegebene Spendenzusage mittels Landtagsbeschluss vom 11. November 1890 insofern modifizierte, als die jährlichen Raten nicht mehr direkt an den Universitätsverein ausgezahlt, sondern vielmehr von der Landesverwaltung selbst fruchtbringend angelegt werden sollten. Eine Auszahlung des Kapitals nebst den anfallenden Zinsen sollte erst erfolgen, „wenn eine Universität in Salzburg ganz oder doch größtenteils wieder errichtet sein wird". Sogar die drei bereits ausgezahlten Jahresraten wollte der Landesausschuss zurückerhalten, was allerdings der Zentral-Ausschuss des

Universitätsvereines in einem Schreiben vom 1. Dezember 1891 ausdrücklich verweigerte.

Der Traum von einer Universität in Salzburg konnte weder in der Zeit der Österreichisch-Ungarischen Monarchie noch in der Ersten Republik und im Ständestaat verwirklicht werden.

Landtag – Kirche – sonstige Angelegenheiten

Neben den bisher kurz angerissenen Themen befasste sich der Salzburger Landtag in dieser Periode auch noch mit vielen weiteren kirchlichen Angelegenheiten. Genannt seien hier nur die Beschränkung der Sammelbewilligung für kirchliche und religiöse Zwecke (1865), die Steuerpflicht von Klerikern (1896) und die Portofreiheit zwischen Pfarrämtern und Gemeinden (1904). Daneben setzte er sich mit Fragen auseinander, bei denen man zunächst nicht unbedingt an eine kirchliche Ingerenz denken würde, wie z. B. mit dem St.-Johanns-Spital, in dessen Dienstbetrieb allerdings Angehörige der Kongregation der Barmherzigen Schwestern Verwendung fanden (zwischen 1868 und 1902 wurde der Landtag immer wieder mit dieser Angelegenheit befasst). Seit 1891 bestand am St.-Johanns-Spital auch eine eigene Pfarre (vorher seit 1773 eine selbständige Curatie), über deren Personal und Tätigkeit der Landtag gelegentlich auch zu entscheiden hatte (1865, 1912, 1913). Zugunsten von Gottesdiensten an der dortigen, von Fischer von Erlach errichteten, Kirche verwaltete das Land den sogenannten „St.-Barbara-Altarfonds", der vom Spitalskaplan Matthias Heiß 1752 errichtet worden war. Über die Verwaltung dieses Fonds musste dem Landtag jedes Jahr Rechnung gelegt werden.

Landtag und Kirche 1918–1938

Landtag und Kirchenglocken

Inmitten der großen politischen Wirren, der wirtschaftlichen Not, dem Mangel an Nahrungsmitteln und Wohnraum sowie den daraus resultierenden Unruhen hatte sich am 7. November 1918, „nach dem Stimmergebnis der letzten auf dem allgemeinen gleichen Stimmrecht vorgenommenen Reichsratswahl 1911", eine aus insgesamt 38 Mitgliedern bestehende provisorische Salzburger Landesversammlung konstituiert. Diese hatte sich neben den großen Problemen der damaligen Zeit auch mit kirchlichen Fragen zu befassen. So wandten sich etwa die Abgeordneten Gumpold und Genossen mit dem Antrag an das Plenum, der Militärausschuss möge sich mit der Frage der Verwendung der nach dem Kriegsende aufgefundenen und in der Kriegszeit requirierten Kirchenglocken befassen. Diese Glocken sollten nicht die Kassen eines Kriegsgewinners füllen und zu Kupfervitriol verarbeitet werden, sondern an die ursprünglichen Eigentümer rückerstattet werden. Auch die reichlich vorhandene „Geschützmasse" sollte es vor allem ärmeren Gemeinden ermöglichen, auf günstige Art und Weise zu neuen Kirchenglocken zu kommen. Dieses Vorbringen wurde noch zusätzlich durch einen Dringlichkeitsantrag des Abgeordneten Kanonikus Daniel Etter unterstützt. Die Angelegenheit wurde auch wirklich dem Militärausschuss zugewiesen, der im Einvernehmen mit der Landesregierung diese Metallgegenstände ehestmöglich für das Land und die ehemaligen Eigentümer sichern sollte.

Landtag und Altes Borromäum

Die große Wohnungsnot war der Grund für den folgenden weiteren Antrag, der ebenfalls an die provisorische Landesversammlung herangetragen wurde: Das alte Borromäum in der Dreifaltigkeitsgasse sollte für Wohnungen beschlagnahmt werden, wodurch insgesamt 30 Wohnungen „auf einen Schlag zu haben" wären. Dieses Gebäude war im Jänner 1918 von der Sodalität des Heiligen Petrus Claver (unter der Leitung der Gräfin Maria Theresia Ledóchowska) dem Katholischen Universitätsverein abgekauft worden. Das alte Borromäum sollte künftig „Claverianum" heißen und als Filialhaus des an der Fischach in Bergheim gelegenen Klosters Maria Sorg fungieren. Die provisorische Landesversammlung wies diese Causa dem Verfassungsausschuss zur weiteren Behandlung zu. Für den Ausschuss kam eine Beschlagnahme sowohl aus rechtlichen als auch faktischen Gründen nicht in Betracht: Zum einen könne von der Gewinnung von 30 Wohnungen keine Rede sein, da ein Teil des Borromäums ohnedies vermietet sei und insgesamt 12 Mietparteien dort ihre Wohnungen hätten. Außerdem seien für die Mitglieder der „Petrus Claver-Sodalität" in diesem Gebäude ohnedies nicht so viele Räume frei, als diese nach der derzeitigen Rechtslage beanspruchen könnten. Das alte Borromäum blieb somit im Besitz der Sodalität, die dorthin das Noviziat des Klosters Maria Sorg verlegte. Ebenfalls dort untergebracht wurden die bisher in den Räumen der Pagerie situierte Stadtzentrale der Sodalität und ein afrikanisches Museum.

Landtag – Kirche – Schule

Von der provisorischen Landesversammlung wurde am 22. Februar 1919 eine Landtagswahlordnung beschlossen. Der am 6. April 1919 aufgrund dieser Wahlordnung gewählte Landtag trat am 26. April erstmals zusammen und beschloss unter anderem das Landesverfassungsgesetz vom 16. Februar 1921, mit dem der Übergang von der monarchistisch-konstitutionellen zur republikanischen Staatsform und die Einführung eines gleichen Wahlrechts auch für Frauen vollzogen wurde. Dieser neue Landtag hatte sich mit vielen Fragen zu befassen, die auch schon in der Zeit der Monarchie aktuell gewesen waren, wie mit dem Religionsunterricht an den öffentlichen Volks- und Bürgerschulen und mit der Dotierung der kirchlichen Privatschulen. Ein neues Thema stellte die Besoldungsfrage der katholischen Seelsorgegeistlichkeit dar, obwohl diese gar nicht in die Kompetenz des Landes Salzburg fiel. Im Landtag wurde diese Angelegenheit jedoch aktuell durch eine Anfrage der Abgeordneten „Hasenauer und Genossen" vom 15. März 1921, ob der Landeshauptmann bereit sei untersuchen zu lassen, „wer an der Nichtauszahlung der Mehrbezüge nach dem Gesetz vom 16. Dezember 1920, BGBl. Nr. 4/1921, die Schuld trägt, und alles zu veranlassen, dass bis zum 1. April l. J. diese Schuld gutgemacht und die Mehrbezüge bis zum 1. April flüssig gemacht werden". Mit dem zitierten Bundesgesetz war den Dignitären, Kanonikern und dem Seelsorgeklerus rückwirkend mit 1. Oktober 1920 eine Erhöhung ihrer Bezüge zugestanden worden. Dieses Gesetz, das am 4. Jänner im Bundesgesetzblatt promulgiert wurde, war der Landesregierung allerdings wegen eines Streiks der Angestellten der Staatsdruckerei erst mit merklicher Verspätung, nämlich am 20. Jänner 1921, zugegangen. Der zugehörige Durchführungserlass des Bundesministeriums für Inneres und Unterricht (Kultusamt) erging am 22. Jänner 1921 und langte in Salzburg erst am 7. Februar ein. In seiner Interpellationsbeantwortung wies Landeshauptmann Oskar Meyer auf diese Daten hin, ebenso auf die Überlastung und den äußerst knappen Personalstand der Rechnungsabteilung, die es unmöglich gemacht hätten, die Erhöhungen noch im Februar oder gemeinsam mit dem Märzgehalt anzuweisen. Der Landeshauptmann sagte allerdings zu, dass die Nachzahlungen für die Monate Oktober 1920 bis März 1921 noch in der zweiten Märzhälfte ausgezahlt und die erhöhten Kongruabezüge ab 1. April regelmäßig zur Anweisung gebracht werden.

Landtag – Kirche – Frauenrechte

Auch das Thema der Gleichbehandlung der Frauen beschäftigte den Salzburger Landtag. So hatte das Ministerium für Soziale Verwaltung mit dem Orden der Barmherzigen Brüder bereits 1922 Verhandlungen aufgenommen, um diesem das ehemaligen Truppenspital in Salzburg zur Fortführung eines Spitalsbetriebes zu überlassen. Als diese Verhandlungen in Salzburg publik wurden, wurde von Teilen der hiesigen Bevölkerung (katholische Frauenorganisationen, deutsche Frauenhilfe, großdeutsche und sozialdemokratische Organisationen) die Befürchtung geäußert, dass aufgrund der Ordensregel der Barmherzigen Brüder in das neue Spital keine weiblichen Patienten aufgenommen werden dürften. Ein von der Abgeordneten Marie Klaushofer diesbezüglich im Landtag eingebrachter Antrag wurde an den Verfassungs- und Verwaltungsausschuss verwiesen. Dieser empfahl dem Landtag zu beschließen, dass die Landesregierung beauftragt werde, vom Bundesministerium für Soziale Verwaltung zu verlangen, „dass bei den Verhandlungen mit den Barmherzigen Brüdern die Aufnahme von weiblichen Patienten als eine der Grundbedingungen zu behandeln sei." Sollte diese Forderung abgelehnt werden, so wäre mit anderen Interessenten an der Fortführung des Krankenhausbetriebes „in Verbindung zu treten".

Landtag – Kirche – Schule im Ständestaat

Mit der Ausschaltung des Parlaments am 4. März 1933 und der Erlassung der sogenannten Maiverfassung 1934 verschärfte sich auch das politische Klima in Salzburg merklich. Dies zeigte sich unter anderem an den Schulen, an denen einige Abgeordnete das Heranwachsen eines politischen und religiösen Ungeistes zu erkennen glaubten. Fest machten sie dies vor allem an einer Verballhornung des Weihnachtsliedes und an einem Missbrauch von Gebeten zu politischen Zwecken. Folgende Beispiele wurden dem Landtag vorgelegt:

„Stille Nacht, heilige Nacht, Arbeitsvolk, halte Wacht! Kämpfe mutig mit heiliger Pflicht, Bis die Weihnacht der Menschen anbricht, Bis die Freiheit ist da!"	„Vater unser, der du bist, Die Hakenkreuzler g'hörn am Mist, Der Seipel der g'hört a dazua, Dann hat die ganze Welt a Ruah, Ich bin ka Jud, i bin ka Christ, I bin a echter Sozialist."

Verantwortlich für diese „politischen Umtriebe“ machte man einen bestimmten Teil der Lehrerschaft, dem das Handwerk gelegt werden sollte. Am 6. April 1933 nahm der Landtag daher einstimmig (nachdem die Sozialdemokraten die Sitzung verlassen hatten) folgenden Antrag an: „Da ein Erfolg des Hauptantrages mit Rücksicht auf die Ausschaltung des Nationalrates derzeit in absehbarer Zeit nicht zu erwarten ist, wird die Landesregierung beauftragt, die Lehrerdienstpragmatik im Sinne des Hauptantrages zu ergänzen und hierüber dem Hause ... eine Vorlage zu unterbreiten.“ Gemäß der Bundes- und Landesverfassung 1934 ging in der Folge der Salzburger Landtag nicht mehr aus allgemeinen Wahlen hervor, sondern bestand nunmehr aus ernannten Vertretern der gesetzlich anerkannten Kirchen und Religionsgesellschaften, des Schul-, Erziehungs- und Volksbildungswesens, der Wissenschaft und Kunst sowie aus Vertretern diverser Berufsstände.

Landtag und Kirche in der Zweiten Republik

Landtag und Wiederaufbau des Salzburger Domes

Unmittelbar nach Ende des Zweiten Weltkrieges ging man daran, das politische, wirtschaftliche, soziale und kulturelle Trümmerfeld, das der Nationalsozialismus hinterlassen hatte, aufzuräumen. Auch das kirchliche Leben in Salzburg wurde von einer „Wiederaufbaueuphorie“ erfasst, zu deren Symbol der Wiederaufbau des Salzburger Domes wurde. Der Dom war durch einen Bomben- oder Luftminentreffer am 16. Oktober 1944 erheblich beschädigt worden. Trotz Zusagen der damaligen Regierung war es in der Folge nicht möglich, die Mauerreste des Tombours und das geborstene Gewölbe abzudecken oder eine provisorische Überdachung zu errichten. Regen und Schnee drangen somit ungehindert in das Kirchengebäude ein, wodurch die ohnedies erheblichen Schäden in den nächsten Monaten noch vergrößert wurden. Am 15. August 1945 – am Maria Himmelfahrtstag – wurde daher in allen Kirchen der Erzdiözese Salzburg eine Kollekte zur Rettung des Salzburger Doms abgehalten, deren Erträgnisse von fast einer Million Mark den Grundstock für die beginnenden Aufbauarbeiten lieferten. Ca. 3.500 m^3 Schutt mussten weggeräumt, eine provisorische Abschlusswand zum Langhaus errichtet und ein Gerüstturm mit 56 Metern Höhe und zwei Aufzügen errichtet werden. Da der Dom im Eigentum des Bundes stand, wäre es eigentlich dessen primäre Aufgabe gewesen, die Wiederinstandsetzungsarbeiten zu finanzieren. Aus diesem Grund richteten die Abgeordneten Franz Hell, Karl Wimmer und Franz Freundlinger am 14. Oktober 1947 an den Landeshauptmann die Anfrage, ob er bereit sei, bei der Bundesregierung um einen Beitrag zur Wiederinstandsetzung des Salzburger Domes vorstellig zu werden. Landeshauptmann DI Albert Hochleitner gab in seiner Anfragebeantwortung bekannt, dass an den Bund bereits herangetreten worden sei und in nächster Zeit ein Vorschuss flüssiggemacht werde. Tatsächlich trug der Bund zu den Kosten des Rohbaus von fast S 7 Mio. nur einen Betrag von S 1,2 Mio. bei.

Weitere S 650.000,– stammten aus der Ausgabe von Briefmarken (Dombaumarken), kleinere Beträge kamen von Land und Stadt Salzburg sowie von diversen öffentlichen Stellen. Alles übrige, also beinahe S 5 Mio., brachte die Erzdiözese Salzburg mit Hilfe der Gläubigen auf. Mit der Vollendung des Rohbaus im

Durch einen Bomben- oder Luftminentreffer bei einem amerikanischen Luftangriff am 16. Oktober 1944 stürzte die Kuppel des Salzburger Domes ein. Nach außen stürzende Quader des Tombours beschädigten auch die angrenzenden Querbaudächer. Rund 3.000 t des in das Dominnere gestürzten Schutts aber auch instabile Dach- und Gewölbereste machten für längere Zeit eine Benutzung des Domes unmöglich. (Foto: Salzburg 1946)

Jahr 1949 erlahmte jedoch der erste Elan, der Dombau kam fast völlig zum Stillstand. Um die Fertigstellung der Bauarbeiten nicht in eine ferne Zukunft zu verschieben, traten Vertreter von Stadt und Land Salzburg sowie der Erzdiözese an den Bund heran und signalisierten ihre Bereitschaft zur Leistung von namhaften Beiträgen, wenn sich auch der Bund hierzu bereit erkläre. Immerhin könne der Salzburger Dom hinsichtlich seiner Bedeutung durchaus mit dem Wiener Stephansdom verglichen werden. Zu diesem Zweck wurde von der Salzburger Landesregierung an den Salzburger Landtag der Antrag gestellt, für die Jahre 1955, 1956, 1957 und 1958 jährlich S 600.000,– in den Haushaltsplan aufzunehmen. Diese Zahlungen sollten ohne Anerkennung einer Rechtsverpflichtung erfolgen und nur unter der Voraussetzung, dass auch die übrigen Beteiligten ihre Beiträge leisten würden: Der Bund sollte in jedem dieser vier Jahre S 1,5 Mio. und die Stadt Salzburg S 300.000,– zahlen. Von der Erzdiözese Salzburg sollten jeweils S 100.000,– aufgebracht werden. Vom Verfassungs- und Verwaltungsausschuss sowie vom Finanzausschuss wurde der Antrag der Landesregierung am 26. Mai 1954 befürwortet, weshalb vom Landtag die beantragten Zuschüsse einstimmig beschlossen wurden. Damit stand nunmehr ein Betrag von insgesamt S 10 Mio. für die Fertigstellungsarbeiten zur Verfügung, der noch zusätzlich von der Erzdiözese Salzburg und dem Land Tirol um weitere S 2 Mio. erhöht wurde. Außerdem konnten sich noch alle Beteiligten auf eine weitere Jahresquote für das Jahr 1959 einigen. 1959 wurde der wiederhergestellte Dom feierlich eingeweiht. Dieses besondere Ereignis wurde mit einer Festwoche, mit einer Ausstellung über die Geschichte des Salzburger Domes und mit der Herausgabe einer Festschrift begangen.

Landtag und Telefonseelsorge

Im Jänner 1975 beschloss der Pastoralrat der Erzdiözese Salzburg die Einrichtung eines telefonischen Notdienstes der katholischen und evangelischen Kirche in Salzburg. Nach einem Probebetrieb zu Weihnachten 1976 und 1977 nahm diese Institution am 6. November 1978 offiziell ihren Betrieb auf. Dr. Johannes Neuhardt wurde zum ersten geistlichen Leiter bestellt. Die Telefonseelsorge verstand und versteht sich als eine besondere Form der Lebenshilfe. Sie widmet sich vor allem jenen Menschen, die sich in einer schwierigen Lebenssituation oder in einer Krise allein gelassen fühlen und bietet ein vertrauliches und an 365 Tagen im Jahr rund um die Uhr erreichbares Beratungsangebot. Die Bedeutung dieser Einrichtung wurde auch bald von der öffentlichen Hand erkannt. Allein in den ersten drei Jahren ihres Bestehens verzeichnete die Telefonseelsorge mehr als 18.000 Anrufe, wobei sich insgesamt 68 Mitarbeiter bemühten, den Menschen bei der Bewältigung ihrer Probleme behilflich zu sein. Um der Telefonseelsorge ihre Tätigkeit zu erleichtern, richteten die Abgeordneten Helmut Schreiner, Franz Schausberger, Annemarie Dengg und Walter Vogl am 21. Oktober 1981 folgenden Antrag an den Salzburger Landtag: Dieser wolle beschließen: „1. Der Herr Landeshauptmann wird ersucht, beim zuständigen Bundesministerium für Verkehr vorstellig zu werden, dass für die Salzburger Telefon-Seelsorge eine aus allen Teilen des Landes Salzburg zu wählende, kostenlose Telefon-Kurznummer genehmigt wird. 2. Dieser Antrag wird dem Verfassungs- und Verwaltungsausschuss zur weiteren Beratung, Berichterstattung und Antragstellung zugewiesen." Vom Ausschuss wurde dieser Antrag „stimmeneinhellig" befürwortet und an den Landtag zur Beschlussfassung weitergeleitet. Vom Landtag wurde der Antrag ebenfalls einstimmig angenommen, von den zuständigen Bundesstellen jedoch die Umsetzung des Antrages wegen fehlender technischer Möglichkeiten abgelehnt. Als Jahre später die technischen Voraussetzungen gegeben waren – so gab es bereits für das Bundeskanzleramt, für das Bundesministerium für Handel, Gewerbe und Industrie, für die Postauskunft und für die Volksanwaltschaft Kurznummern mit einem generellen Ortstarif – wandten sich die Abgeordneten Helmut Schreiner, Franz Schausberger, Michael Neureiter und Gerheid Widrich am 23. April 1986 erneut in dieser Causa an den Landtag. Der Landeshauptmann sollte wiederum bei den zuständigen Stellen vorstellig werden, um für die Salzburger Telefonseelsorge ebenfalls einen generellen Ortstarif zu erwirken. Trotz Befürwortung durch den Verfassungs- und Verwaltungsausschuss und trotz einstimmigen Beschlusses durch den Salzburger Landtag konnte dieses Ziel der Antragsteller erst im Jahr 1998 erreicht werden. Seit diesem Jahr ist die Telefonseelsorge in ganz Österreich unter der Notrufnummer 142 erreichbar. Menschen in der Stadt Salzburg und im gesamten Bundesland können seit damals die Telefonseelsorge ohne Vorwahl und zugleich gebührenfrei erreichen.

Landtag und kirchliche Feiertage

Nach der NS-Zeit, in der massiv in das österreichische Feiertagsrecht eingegriffen worden war und in der man das Österreichische Konkordat – das einen mit dem Staat akkordierten katholischen Feiertagskalender beinhaltet hatte – infolge eines Führerbefehls als nicht mehr existent betrachtet hatte, gab es hinsichtlich der Frage der Geltung des Konkordates und damit auch der Geltung einiger katholischer Feiertage erhebliche Auffassungsunterschiede. Dies war der Grund, warum die „Herren Abgeordneten Hell und Genossen“ am 14. Oktober 1947 eine diesbezügliche Anfrage an Landeshauptmann Hochleitner richteten. In seiner Anfragebeantwortung führte der Landeshauptmann aus, dass er schon am 1. März 1946 an das Bundesministerium für Inneres mit der Bitte herangetreten sei, man möge dafür Sorge tragen, dass „der Dreikönigstag, Peter-und-Paul-Tag und der Maria-Empfängnis-Tag sowie die Feste der beiden Landespatrone (19. März und 24. September) als Feiertage erklärt werden.“ Diesen Antrag habe er im Juni 1946 wiederholt und er sei mit demselben Begehren im Februar 1947 auch an das Bundesministerium für Unterricht herangetreten. Am 3. April 1947 habe sich auch der Landtag mit dieser Frage befasst und von der Bundesregierung verlangt, dass die vorgenannten Tage zu gesetzlichen Feiertagen erklärt werden. Am 30. April 1947 sei jedoch vom Bundesministerium für Soziale Verwaltung der Entwurf für eine Feiertagsruhe-Gesetznovelle eingetroffen, die unter den gesetzlichen Feiertagen zwar den 6. Jänner, den 29. Juni und den 8. Dezember aufzählte, nicht jedoch die beiden Salzburger Landesfeiertage. Hochleitner sagte am Ende seines Berichtes jedoch zu, erneut beim Bund wegen Erfüllung der Salzburger Forderungen vorstellig zu werden.

Die Frage der Landesfeiertage sollte den Landtag auch später noch wiederholt beschäftigen. So wandten sich am 4. Juli 1951 die Abgeordneten Karl Glaser, Johann Prodinger, Karl Wimmer, Franz Hell und Dr. Adalbert Müller an den Landtag mit dem Antrag, der Landeshauptmann möge bei der Bundesregierung eine Novellierung des Feiertagsruhegesetzes verlangen, wonach in Zukunft die Regelung der Landesfeiertage in die Kompetenz der Landeshauptleute fallen solle. Zudem möge der Landeshauptmann „im eigenen Wirkungskreis weiterhin dafür sorgen, dass die Landesfeiertage als unterrichtsfrei gelten und in den Landesdienststellen nur Journaldienst gehalten wird“. Von den befassten Ausschüssen wurde dieser Antrag unterstützt und in der Folge vom Landtag auch einstimmig beschlossen.

Vom 19. März, dem Josefitag, war schon bald keine Rede mehr. Hingegen blieb der Rupertitag bis in jüngste Zeit Gegenstand zahlreicher Diskussionen. So stellten z. B. die Abgeordneten Johann Brunauer, Fritz Schorn, Karl Steinocher und Anton Kimml am 26. September 1962 den Antrag, der Landtag möge den Herrn Landeshauptmann auffordern, „neben dem alljährlichen Aufruf – die Salzburger Wirtschaft möge den Rupertitag als Feiertag halten – die Sozialpartner zu veranlassen, in Verhandlungen zu treten, damit die finanziellen Voraussetzungen zur Einhaltung dieses Aufrufes gesichert werden“. Angesichts der großen Unterschiede in den bisherigen Arbeitszeitregelungen für den Rupertitag kamen die Ausschüsse (Verfassungs- und Verwaltungsausschuss, Finanzausschuss und Gewerbeausschuss), nachdem am 27. Juni 1963 eine Aussprache zwischen den zuständigen Stellen des Amtes der Landesregierung und den gesetzlichen Interessensvertretungen stattgefunden hatte, dahingehend überein, dem Herrn Landeshauptmann und allen öffentlichen Dienststellen zu empfehlen, „künftighin Aufrufe an die Salzburger Wirtschaft, den Rupertitag (24. September) als Feiertag zu halten, zu unterlassen“. Diesem Antrag der Ausschüsse wurde vom Landtag auch einstimmig stattgegeben. Der Rupertitag blieb somit in Salzburg auch weiterhin nur ein halboffizieller Feiertag. Gegen diesen Status wurden immer wieder Klagen laut, da ein Teil der Salzburger arbeiten musste während der andere Teil feierte. Die Arbeiter mussten ihrer Tätigkeit nachgehen, hingegen waren die Geschäfte teilweise geschlossen. Die Bundesbediensteten arbeiteten, wohingegen die Landesbediensteten einen Feiertag hatten. Angesichts dieser Ungleichbehandlung stellten die Abgeordneten Alois Zillner, Fritz Ledermann, Ing. Walter Rud, Dr. Hellfried Schuller, Michael Pöllhuber und Manfred Krüttner am 22. Oktober 1969 folgenden Antrag: „Die Landesregierung wird ersucht, eine klare und eindeutige Regelung zu treffen, die für alle Landesbürger die gleichen Voraussetzungen schafft." Zu diesem Antrag der FPÖ-Landtagsfraktion konnten der Verfassungs- und Verwaltungs- und der Gewerbeausschuss nur feststellen, „dass nach wie vor für den Landesgesetzgeber keine Möglichkeit besteht, eine verbesserte Regelung bezüglich des Rupertitages zu treffen". Dieser Bericht der vorgenannten Ausschüsse wurde vom Landtag nach längerer Diskussion zur Kenntnis genommen.

Noch mehr Probleme als der Rupertitag bereitete der 8. Dezember (Mariä Empfängnis). Die Problematik resultierte vermutlich aus dem Umstand, dass der 8. Dezember (ebenso wie das Fest Peter und Paul) aufgrund eines päpstlichen Dispenses im Jahr 1949 als Feiertag für Österreich abgeschafft wurde. Während Peter und Paul bis heute kein Feiertag ist, wurde der 8. Dezember auf Wunsch der österreichischen Bevölkerung wieder als Feiertag eingeführt. Seit 1956 wird sowohl nach kirchlichem als auch nach staatlichem Recht dieser Feiertag wiederum festlich begangen. Da im Jahr 1984 der 8. Dezember auf einen Samstag fiel, erließ Landeshauptmann Dr. Wilfried Haslauer sen. eine Verordnung, auf Grund derer an diesem Tag die Öffnung der Handelsbetriebe für die Zeit zwischen 10.00 und 17.00 Uhr gestattet wurde. Mit dieser Maßnahme sollte eine Abwanderung von Kaufkraft in das Ausland verhindert werden. Den Mitarbeitern in den Handelsbetrieben wurde ein Zuschlag von 100 Prozent zum normalen Entgelt und ein freier Tag als Zeitausgleich in Aussicht gestellt. Zudem hatte sich die Sektion Handel dem Landeshauptmann gegenüber bereit erklärt, für das Ausbildungsjahr 1985/86 zusätzlich 250 Lehrlinge einzustellen. Bezüglich dieser Zusage richteten die Abgeordneten Mag. Karl Fink, Franz Kurz und Manfred Gruber am 27. Februar 1985 eine Anfrage an den Landeshauptmann, wie man die zusätzliche Einstellung von 250 Lehrlingen im Detail überprüfen könne, zu welchen Stichtagen die Lehrlingszahlen verglichen werden können und ob es gewährleistet sei, dass im kommenden Jahr ausgelernte Lehrlinge deswegen in keinem höheren Ausmaß als in den vergangenen Jahren gekündigt werden. In der am 13. Mai 1985 erfolgten Anfragebeantwortung ging Haslauer Punkt für Punkt auf die gestellte Anfrage ein. Zusammenfassend resümierte er, „dass schon in den abgelaufenen Monaten zusätzliche Lehrlinge eingestellt oder erstmals in den Betrieben aufgenommen wurden. Dadurch konnten schon in den abgelaufenen Monaten bereits 45 zusätzliche Lehrlinge eingestellt werden. Schon bis Ende Mai 1985 war es möglich, dass insgesamt 206 neue Ausbildungsplätze im Rahmen dieser Aktion bereitgestellt werden konnten".

In einer Radioansprache am 18. November 1984 begründete Haslauer seine Verordnung vor allem mit der Notwendigkeit der Verhinderung eines Kaufkraftabflusses von über 100 Mio. S in das benachbarte Bayern, ebenso mit einem Kompetenzkonflikt zweier Minister in Wien. Trotz dieser einleuchtenden Begründung erteilte der Bundesminister für Soziale Verwaltung Landeshaupt-

Landeshauptmann Haslauer sen. vor dem Verfassungsgerichtshof mit seinem Sohn als Parteienvertreter. Da im Jahr 1984 der 8. Dezember auf einen Sonntag fiel, erließ Landeshauptmann Dr. Wilfried Haslauer sen. eine Verordnung, mit der an diesem Tag eine Öffnung der Handelsbetriebe gestattet wurde, um einen Abfluss von Kaufkraft an das benachbarte Ausland zu verhindern. SPÖ-Sozialminister Alfred Dallinger erteilte in der Folge Haslauer eine ausdrückliche Weisung, diese Verordnung abzuändern oder völlig aufzuheben. Als Haslauer die Befolgung dieser Weisung verweigerte, fasste der Ministerrat den Beschluss, den Salzburger Landeshauptmann vor dem Verfassungsgerichtshof anzuklagen. Der Gerichtshof stellte eine Rechtsverletzung fest, sah allerdings von der Verhängung einer Sanktion ab. (Foto: unbekannt)

mann Haslauer am 26. November 1984 die ausdrückliche Weisung, die erlassene Verordnung abzuändern oder völlig aufzuheben. Die Befolgung dieser Weisung wurde von Haslauer jedoch abgelehnt. Deshalb fasste der Ministerrat den Beschluss, eine Anklage gegen den Salzburger Landeshauptmann vor dem Verfassungsgerichtshof zu erheben. Dieser Gerichtshof beschränkte sich in seiner Erkenntnis auf die Feststellung, dass eine Rechtsverletzung vorliege. Von der Verhängung einer Sanktion sah er jedoch ab. Für Haslauer bedeutete das Urteil einen schweren Schlag, war er doch erstmals in seinem Leben als Angeklagter vor Gericht gestanden und dies in einer Sache, „die niemandem geschadet, aber allen genützt" hatte.

Für die spätere Regelung des 8. Dezember hatte der „Fall Haslauer" jedoch große Bedeutung. So wurde in das Arbeitsruhegesetz der folgende Passus (§ 13a) eingefügt: „Die Beschäftigung von Arbeitnehmern am 8. Dezember in Verkaufsstellen gemäß § 1 Abs. 1 und 3 des Öffnungszeitengesetzes ist zulässig, wenn der 8. Dezember auf einen Werktag fällt. Der Arbeitnehmer hat das Recht, die Beschäftigung am 8. Dezember auch ohne Angabe von Gründen abzulehnen. Kein Arbeitnehmer darf wegen der Weigerung, am 8. Dezember der Beschäftigung nachzugehen, benachteiligt werden" (BGBl. Nr. 804/1995). Mit dieser Regelung wurde der gesellschaftliche Friede in dieser Frage wiederhergestellt.

Landtag – Kirche – sonstige Angelegenheiten

Neben den vorgenannten Beispielen war der Landtag in der Zeit der Zweiten Republik noch mit einer Reihe anderer kirchlicher Themen befasst: War das Verhältnis von Kirche und Schule schon seit den Anfängen des Landesparlamentes ein Dauerbrenner gewesen, so blieb dieses Thema auch in der Zweiten Republik aktuell (Schulpatronat, Religionsunterricht, usw.). Auch die kirchlichen Krankenhäuser beschäftigten die Landespolitik (Krankenhaus der Barmherzigen Brüder, Kardinal Schwarzenberg'sches Krankenhaus in Schwarzach), ebenso die bislang letzte Klostergründung im Land Salzburg (Kloster der Schwestern von Bethlehem auf der Kinderalm der Lungenheilstätte Grafenhof bei St. Veit im Pongau) und die Errichtung des Arbeitslosenfonds „aus:Zeit" der Erzdiözese Salzburg. Mittelbar mit dem Thema „Kirche und Landtag" hatten auch die Salzburger Landesausstellungen zu tun, soweit sie kirchliche Themen zum Gegenstand hatten (wie z. B. „Reformation-Emigration-Protestanten in Salzburg" und „Wolf Dietrich"). Erfolgte eine Abnahme katholisch-kirchlicher Themen seit der Zeit der Monarchie bis heute, so wurde dieser Rückgang weitgehend wettgemacht durch die Befassung des Landesparlaments mit Themen aus dem Bereich der Evangelischen Kirche und vor allem in jüngster Zeit aus dem Islam.

Auswahlbibliographie

Brettenthaler, Josef/Feuerstein, Volkmar: Drei Jahrhunderte St. Johanns-Spital Landeskrankenhaus Salzburg. Das Landeskrankenhaus in der Geschichte der Salzburger Medizin, Salzburg 1986

Dachs, Herbert/Floimair, Roland/Hanisch, Ernst/Schausberger, Franz (Hg.): Die

Ära Haslauer. Salzburg in den siebziger und achtziger Jahren, Wien – Köln – Weimar 2001

Erzbischöfliche Domkustodie und Seelsorgeamt (Hg.): Der Dom zu Salzburg. Symbol und Wirklichkeit, Salzburg 1959

Heutger, Viola: Das Recht auf Sonn- und Feiertage, Wien – Salzburg 1999

Ortner, Franz: Die Universität in Salzburg. Die dramatischen Bemühungen um ihre Wiedererrichtung (1810–1962), Salzburg 1987

Rinnerthaler, Alfred: Ältere Schulgeschichte von Bergheim. Zugleich ein Beitrag zur rechtlichen, sozialen und wirtschaftlichen Stellung der Lehrer im 18. und 19. Jahrhundert, Bergheim 1996

Rinnerthaler, Alfred: Die Bedeutung der Naturalgiebigkeiten und Gilten für die Kirchenfinanzierung im Land Salzburg. Erste Ablöseversuche und ihr Ende. In: Paarhammer, Hans (Hg.): Deus caritas Jacob Mayr. Festgabe 25 Jahre Weihbischof von Salzburg, Thaur 1996, S. 303–337

Aus den Debatten des Salzburger Landtages

Auszug aus dem Protokoll der Sitzung der provisorischen Landesversammlung am 11. Dezember 1918

Der unüberwindliche Gegensatz zwischen dem christlichsozialen und sozialdemokratischen Lager, der die gesamte Zwischenkriegszeit überschattete, sowie das gespannte Verhältnis zwischen Sozialdemokratie und Katholischer Kirche zeigte sich bereits in der 7. Vollsitzung der provisorischen Landesversammlung am 11. Dezember 1918. Ausgangspunkt für eine heftige Debatte im Landtag bildete ein Antrag der sozialdemokratischen Abgeordneten Witternigg und Genossen wegen „Betreibung monarchistischer Politik seitens der Geistlichen in den Gotteshäusern und auf der Kanzel." Die Antragsteller forderten, „daß allen Geistlichen, welche von der Kanzel staatsfeindliche Politik betreiben, die Ausübung jeder seelsorglichen Tätigkeit untersagt werde".

Dieser Antrag wurde zunächst dem Verfassungsausschuss zur Berichterstattung zugewiesen. Für diesen beinhaltete der Antrag nicht viel Neues, „denn schon in früheren Zeiten insbesondere gelegentlich von Wahlen wurde von gewissen Parteien die Fassung eines sogenannten Kanzelparagraphen verlangt, wonach jene Geistlichen, welche die Kanzel angeblich zu politischen Zwecken mißbrauchen, gerichtlich verfolgt werden können. Der in Verhandlung stehende Antrag befremdet also nur insoferne, als darin behauptet wird, daß die Kanzel nicht bloß zu politischen Tribünen und zu Wahlzwecken Verwendung finden, sondern daß von den Kanzeln aus auch gegen die neue Republik agitiert werde". Da die Geistlichen in erster Linie dem fürsterzbischöflichen Konsistorium unterstanden, stellte der Verwaltungsausschuss daher folgenden Antrag: „Die Landesversammlung wolle beschließen: Die ganze Angelegenheit wird dem f.-e. Konsistorium zur genauen Untersuchung und Überprüfung überwiesen mit dem Ersuchen, über das Ergebnis dem Landesrat ehestens Bericht zu erstatten."

An die Verlesung des Antrages des Verfassungsausschusses knüpfte in der Landesversammlung eine heftige Debatte an, die im Folgenden auszugsweise wiedergegeben werden soll. Zunächst begründete der Abgeordnete Josef Witternigg seinen Antrag folgendermaßen: „Ich will nur eines sagen. In Neumarkt ist ein Elsässer als Priester namens Albin Schreiner. Der Betreffende wurde eine Stunde nach dem Gottesdienste in einer Versammlung, in der er gesprochen hat, apostrophiert, und dieser Priester hat sich verwahrt, daß das nicht richtig sei, was man allgemein spricht; er benütze das Gotteshaus nicht zu solchen Sachen. Und während er diese Worte spricht, ruft einer aus der Versammlung: ‚Aber, vor einer Stunde haben Sie auf der Kanzel über die Sozi geschimpft. Das ist Tatsache.' Er hat sich nicht verteidigt, weil es wahr ist. Das war in Neumarkt. Aber auch in anderen Gegenden haben wir derartige Erscheinungen, so z. B. in Lamprechtshausen, in Taxenbach (Präsident Preußler: ‚In Morzg!'). Ich will den Stand als solchen nicht angreifen und nicht alle in einen Topf werfen; es gibt auch unter Ihnen, meine werten Herren, Heißsporne. (...)" Unterstützung fand

Witternigg durch Landeshauptmann-Stellvertreter Robert Preußler. Dieser forderte nachdrücklich eine konsequente Trennung von Staat und Kirche, „weil es nur in der Monarchie eine übergeordnete Gewalt über dem Volke geben kann. Die eine Gewalt ist der Staat, die andere die Hierarchie. In der demokratischen Republik kann es keine übergeordnete Gewalt mehr geben; im Volksstaate, im Freistaate kann es nur eine geordnete Gewalt geben. (...) Es fällt uns gar nicht ein, eine antikatholische Propaganda unter den Katholiken zu machen und ihnen zu sagen, geht nicht in die Kirche, geht nicht beten; das fällt uns nicht ein, weil uns unser Grundsatz, die Religion ist Privatsache, das verbietet. Wenn aber der Pfarrer sagt, die Sozialdemokraten, das sind die Erbfeinde der Kirche; wer ein Christ sein will, der darf nicht Sozialdemokrat sein. Und wie eine Marktware lobt er seine Partei und seine Überzeugung mit allen möglichen Mitteln, da muß sich doch der christliche Sozialdemokrat verwaist fühlen und sich denken, ist das mein Pfarrer, dieser zetternde Derwisch? Der soll mir Religion und Erbauung bringen und jetzt beschimpft er mich. (...)"

Seitens der Christlichsozialen meldete sich Dr. Franz Rehrl zu Wort: „Wir selbstverständlich stehen auf dem Standpunkte, daß auf der Kanzel Politik nicht zu betreiben ist. Wir stehen auf dem Standpunkte, daß sich die Geistlichen den Verfügungen des Ordinariats anzubequemen haben und sich ausschließlich auf die Verkündung des Evangeliums beschränken sollen. Diese Betätigung nun kann ja nach der Frage, die vom Standpunkte der Religion zu behandeln ist, übergreifen auf Gebiete, die sich im realen Leben ereignen. Ich verweise z. B. auf die Fragen Schule und Ehe. Die Kirche hat sicherlich das Recht, diese Institutionen auf der Kanzel zu besprechen. Selbstverständlich wird nun der betreffende Herr die Sache vom Standpunkt seiner Religion aus behandeln und mag sich da, ohne daß er Politik treibt, im prinzipiellen Gegensatz zu den Anschauungen von verschiedenen politischen Parteien setzen. (...) Was die weitere Frage betrifft, daß auch die Sozialdemokraten gute Christen sind, so bitte ich Sie, hören Sie doch mit dem Schwindel auf. Sie sind Materialisten durch die Bank. Wir wollen Ihnen unsere Anschauung nicht oktroieren, aber unsere Weltanschauung als Aufputz benützen, das ist einfach lächerlich. Die aufgeklärten Köpfe Ihrer Partei, die maßgebenden Führer erklären sich fast ausschließlich als konfessionslos, weil sie folgerichtig und konsequent sind; und nach unserer Wirtschaftsauffassung sagen sie, gibt es keinen Herrgott, kein Christentum, kein Judentum, keinen Mohammed, sondern nur einen Materialismus. (...)"

Diesen expliziten Vorwurf der Religionslosigkeit wollte Preußler nicht auf sich sitzen lassen: „Ich bin ein Christ; ich will es Ihnen nachweisen an der Hand der Bergpredigt, des alten Testamentes, daß Christus auf unserer Seite gestanden hat. Christus war ein utopistischer Sozialdemokrat (...). Christus schaffte einen Idealstaat in seinen Schriften, er ist Kommunist, er mußte Kommunist sein, weil er aus einer Zeitepoche herüberkam, welche zum Kommunismus drängt und das werden Sie verstehen. Gerade um diese Zeit hatte Christus aus den griechischen und römischen Quellen geschöpft. Er hat die Entwicklung der Familie und der Gesellschaft erfaßt und nach dieser Auffassung hat er sich sein ganzes Weltgebilde gezeichnet. (...) Ich bin ausgetreten, meiner Kinder wegen, weil ich sie dem Schulaufsichtsgesetze und der Willkür der Kapläne und Kooperatoren nicht preisgeben wollte. Solange in der Kirche die Weltherrschaftsidee sein wird, und die Religion als Mittel zum politischen Zwecke benützt wird, ist sie keine religiöse Kirche, sondern eine antichristliche Kirche. Ich kann Ihnen die Ungläubigkeit ebenso an den Kopf werfen, wie Sie uns. Sie werden mir nicht den Vorwurf machen können, daß ich kein religiös empfindender Mensch bin. Ich bin nur konfessionslos. Natürlich, wie die Bauern hören, der Mensch ist konfessionslos, dann werden sie glauben, der Mensch habe wirklich keine Religion. Sie stehen hier auf dem Standpunkt einer großen Täuschung, wenn Sie sagen, ich glaube an keine Religion. Diese Märchen werden sich jetzt ein bißchen aufhören; jetzt kommt unsere Zeit, wo Sie nicht mehr das Privilegium auf die Religion ausnützen können, wo wir dem Volke sagen werden, beten könnt ihr, wie ihr wollt, seid Katholiken oder was ihr sein wollt, geht in die Kirche, wir werden euch nicht daran hindern, sie gehen auch. Dann kommt der Dr. Rehrl und sagt, du gehst in die Kirche, aber Christ bist du keiner, du bist ja ein Sozialdemokrat."

Weitere Wortmeldungen der Abgeordneten Hasenauer, Hueber und Baumgartner ergänzten die Debatte, ehe der Abgeordnete Haagn deren Schluss beantragte. In der Folge wurde über den Antrag des Verfassungsausschusses abgestimmt. Da kein Gegenantrag gestellt worden war, wurde dieser Antrag angenommen.

Andreas Kiefer

Die europäische Dimension der Landtagsarbeit: von klassischer Außenpolitik zu europäischer Innenpolitik

Dieser Beitrag beleuchtet ausgewählte Aspekte der Rolle des Landtags im Zuge der Vorbereitungen auf den Beitritt Österreichs zur Europäischen Union und seine Mitwirkung in europäischen Angelegenheiten im Zuge der EU-Mitgliedschaft ab 1995. Aus Platzgründen kann hier keine vertiefte Darstellung von politischen Initiativen der Landtagsparteien in einzelnen wichtigen Politikbereichen wie der Zweitwohnsitze, des Transitverkehrs oder internationaler Handelsabkommen erfolgen.

I. Historischer Rückblick

Bundesländer als Akteure in europäischen Angelegenheiten?

Zum Verständnis, warum es zur politischen und rechtlichen Einbindung der Bundesländer, ihrer Landtage und Landesregierungen, in die Europapolitik Österreichs, in die Gestaltung und Vollziehung von Rechtsakten und Politiken der EU und in die Regionalinstitutionen von Europarat und EU kam, ist ein kurzer historischer Rückblick nötig. Nach dem Zweiten Weltkrieg begann der Prozess der Versöhnung und der Einigung der europäischen Staaten mit der Gründung des Europarats durch den Vertrag von London am 5. Mai 1949 und der Gründung der Europäischen Gemeinschaften am 25. März 1957 durch die Verträge von Rom. Dieser Prozess war gleichzeitig der Startschuss für eine politische Bewegung für Dezentralisierung in Europa, die nach einem Gegengewicht zu einer Konzentration von Zuständigkeiten auf europäischer Ebene strebte. Diese politische Bewegung betrieb daher eine Stärkung der regionalen und lokalen Dimension nationaler und europäischer Politiken. Die europäische sollte durch eine bürgernahe kommunale und den Zusammenhalt fördernde Regierungsebene ergänzt werden und beide sollten dem europäischen Einigungsprozess auf der Grundlage von Demokratie, Menschenrechten und Rechtstaatlichkeit dienen. Erst 1988 fand das Subsidiaritätsprinzip durch die Europäische Charta der kommunalen Selbstverwaltung Eingang in den Rechtsbestand des Europarates und 1992 durch den Vertrag von Maastricht in jenen der Europäischen Union.

In den 1950er-Jahren setzten sich zahlreiche – hauptsächlich deutsche und französische – Bürgermeister öffentlichkeitswirksam für eine starke, auf dem Subsidiaritätsprinzip gegründete kommunale Selbstverwaltung ein und gründeten 1951 den „Rat der europäischen Gemeinden“. Es war und ist kein Zufall, dass seit damals fast jede deutsche Gemeinde Beziehungen mit einer französischen Partnergemeinde pflegt.

In der Zeit zwischen 1957 und 1975 ging es in erster Linie darum, die Vertretung der Kommunen in den Institutionen des Europarates und der Europäischen Gemeinschaft sicherzustellen und sie an der Entwicklung der künftigen Regionalpolitik zu beteiligen. Diese Periode war auch durch einen beschleunigten Prozess der Regionalisierung und durch die Entstehung der grenzüberschreitenden und der interregionalen Zusammenarbeit gekennzeichnet.

Die Regionen erfahren europäische Aufmerksamkeit

Die zunehmende Stärkung der regionalen Dimension in einer Reihe von Staaten brachte das Thema der Regionalisierung auf die internationale Ebene. Die Parlamentarische Versammlung und die Konferenz der lokalen und regionalen Gebietskörperschaften des Europarates veranstalteten von 30. Jänner bis 1. Februar 1978 in Bordeaux eine Konferenz zu Fragen der Regionalisierung in Europa. Die Konferenzteilnehmer berieten auf der Grundlage eines Berichts von Bernard Dupont, Mitglied des Großen Rates des Wallis und Vizepräsident der Konferenz der lokalen und regionalen Gebietskörperschaften Europas, über den Aufbau eines geeinten Europas unter den Aspekten von Regionalisierung und wirtschaftlicher Entwicklung sowie von Bürgernähe und Bürgerbeteiligung. Breiten Raum nahm das Thema der Regionalisierung als Ausdruck von kultureller und nationaler Identität ein. Die Loslösung des französischsprachigen Teils des Kantons Bern und die Schaffung des neuen Kantons Jura wurde ebenso diskutiert wie die Rechte und Zuständigkeiten der belgischen Regionen und Gemeinschaften, der Sonderstatus der italienischen Regionen Sizilien, Aosta und Trentino-Südtirol sowie die am 29. September 1977 in Kraft getretenen Regelungen für die politischen und Verwaltungsstrukturen in Katalonien sowie die Autonomieregelungen für das Baskenland. Die Vorschläge des Weißbuches der britischen Regierung vom November 1975 unter dem Titel „Changing democracy. Devolution to Scotland and Wales" mit dem Vorhaben, zunächst Schottland auch Gesetzgebungsbefugnisse zu übertragen, sind ebenso Beispiele für diese Regionalismus- und Identitätsdebatte, die bis heute geführt wird.

In dieser Zeit konzentrierte sich das Land Salzburg auf innerstaatliche politische Prozesse und entsandte, mit Ausnahme der ARGE ALP, keine Vertreterinnen und Vertreter in internationale Gremien von Regionen.

Grenzüberschreitende Zusammenarbeit als Motor der Integration und der Regionalisierung

Im Jahr 1972 berief der Europarat eine Konferenz über die grenzüberschreitende und interregionale Zusammenarbeit in Straßburg ein, die zu einer Definition von Grenzregionen führte. Die Mitgliedstaaten einigten sich auf grundsätzliche Modalitäten der Zusammenarbeit über Staatsgrenzen hinweg, was schließlich im Jahr 1980 zum europäischen Rahmenübereinkommen über die grenzüberschreitende Zusammenarbeit zwischen lokalen Gebietskörperschaften oder Behörden führte. Auf dieser Rechtsgrundlage schloss Österreich 1995 ein bilaterales Abkommen mit Italien und 2004 eines mit der Slowakei. Artikel 2 beider Dokumente bezeichnet die vom Abkommen erfassten Gebietskörperschaften: für Italien sind dies die Regionen Friaul-Julisch Venetien, Trentino-Südtirol und Veneto, die Provinzen Trient und Bozen sowie die Gemeinden und Gemeindeverbände innerhalb von 25 Kilometern entlang der Grenze. In Österreich sind alle Bundesländer, Gemeinden, Städte und Kommunalverbände erfasst. Nach dem Abkommen mit der Slowakei können in beiden Staaten alle Regionen bzw. Bundesländer, alle kommunalen Gebietskörperschaften und ihre Verbände an der Zusammenarbeit teilnehmen. Die Bereiche der Zusammenarbeit umfassen Gesundheitswesen, Bildung, Kultur und Sport, Landwirtschaft, Sozialwesen, Umweltschutz und Abfallbeseitigung.

Das Land Salzburg nutzte keine dieser formellen Rechtsgrundlagen, sondern praktizierte eine informelle regionale Außenpolitik, die in der 1993 erschienenen Publikation „Die regionale Außenpolitik des Landes Salzburg" in der Schriftenreihe des Landespressebüros, Salzburg Dokumentationen Nr. 108, ausführlich dokumentiert ist.

Im Rahmen der – 1972 von Salzburg mitbegründeten – ARGE ALP bestand die Praxis, Forderungen durch die Landeshauptleute bzw. die Ministerpräsidenten an die jeweiligen nationalen Regierungen in Wien, Bonn, Rom und Bern heranzutragen. Auch bestand bei den Europäischen Gemeinschaften (EG) damals die sprichwörtliche „Länderblindheit", gegen die vor allem die deutschen und die belgischen Länderpolitiker in Bonn/Berlin und Brüssel ankämpften.

1989 trat Salzburg der Versammlung der Regionen Europas (VRE) bei und erwarb in diesem Netzwerk politische Kontakte und Erfahrungen, die in weiterer Folge zu einem ausgeprägten und sichtbaren regionalen Engagement auf europäischer Ebene führte. Erst mit der Annäherung Österreichs an die EU entstand ein Bewusstsein für eigenständiges aktives Einbringen politischer Forderungen nicht nur in der Bundeshauptstadt, sondern auch bei den europäischen Einrichtungen. Für dieses Lobbying und zur Beobachtung von politischen und rechtlichen Entwicklungen wurde im April 1992 das Verbindungsbüros des Landes Salzburg zur Europäischen Union in Brüssel eröffnet. Dieser von Volkmar Hierner betriebene Salzburger Außenposten wurde ab Oktober 1995 als eigene Dienststelle in das Amt der Landesregierung integriert.

II. Das Subsidiaritätsprinzip als Türöffner für die Länder

Subsidiarität im Europarat und in der Europäischen Union: Grundlagen für Landtagshandeln

Die Entwicklung der lokalen Demokratie und die Anerkennung ihrer zunehmenden Rolle in der politischen Landschaft Europas durch die Mitgliedstaaten des Europarates führten im Jahr 1985 zur Annahme der Europäischen Charta der kommunalen Selbstverwaltung. Alle Mitgliedstaaten der EU gehören auch dem Europarat an. Die im September 1988 in Kraft getretene Charta definiert eine wirksame lokale Selbstverwaltung als Grundvoraussetzung für die Demokratie und enthält in Artikel 4, Absatz 3 eine Definition des Subsidiaritätsprinzips: „Die Wahrnehmung öffentlicher Aufgaben obliegt im Allgemeinen vorzugsweise den Behörden, die den Bürgern am nächsten sind. Bei der Aufgabenzuweisung an andere Stellen sollte Umfang und Art der Aufgabe sowie den Erfordernissen der Wirksamkeit und Wirtschaftlichkeit Rechnung getragen werden."

Durch die Ratifikation der Europäischen Charta der lokalen Selbstverwaltung durch mittlerweile alle 47 Mitgliedstaaten des Europarates bestehen Verpflichtungen für die Mitgliedstaaten, deren Einhaltung durch das Monitoring des Kongresses der Gemeinden und Regionen überprüft wird. Dazu gehören die gesetzliche Verankerung der kommunalen Selbstverwaltung, Aufgabenwahrnehmung auf möglichst bürgernächster Ebene, eigener Wirkungsbereich der Gemeinden, Konsultationsverpflichtungen, die freie Ausübung kommunaler Wahlmandate, ausreichende Finanzausstattung, das Recht zur Bildung von Gemeindeverbänden und zur Ergreifung von Rechtsmitteln zur Verteidigung der Ausübung der eigenständigen Zuständigkeiten etc.

In der Europäischen Union wurde das Subsidiaritätsprinzip 1992 mit dem Vertrag von Maastricht eingeführt und bietet seit dem Vertrag von Lissabon – in Kraft getreten am 1. Dezember 2009 – eine wichtige Grundlage für die Subsidiaritätskontrolle, u. a. durch den Ausschuss der Regionen und die nationalen Parlamente und damit der Landtage. Der Vertrag über die Europäische Union (VEU) anerkennt das Subsidiaritätsprinzip in Artikel 5 Absatz 3 und besagt: „Nach dem Subsidiaritätsprinzip wird die Union in den Bereichen, die nicht in ihre ausschließliche Zuständigkeit fallen, nur tätig, sofern und soweit die Ziele der in Betracht gezogenen Maßnahmen von den Mitgliedstaaten weder auf zentraler noch auf regionaler oder lokaler Ebene ausreichend verwirklicht werden können, sondern vielmehr wegen ihres Umfangs oder ihrer Wirkungen auf Unionsebene besser zu verwirklichen sind. Die Organe der Union wenden das Subsidiaritätsprinzip nach dem Protokoll über die Anwendung der Grundsätze der Subsidiarität und der Verhältnismäßigkeit an. Die nationalen Parlamente achten auf die Einhaltung des Subsidiaritätsprinzips nach dem in jenem Protokoll vorgesehenen Verfahren."

Besonders wichtig ist auch das Bekenntnis der Europäischen Union zur Achtung der nationalen Identität der Mitgliedstaaten in Artikel 4 Absatz 2 VEU: „Die Union achtet die Gleichheit der Mitgliedstaaten vor den Verträgen und ihre jeweilige nationale Identität, die in ihren grundlegenden politischen und verfassungsmäßigen Strukturen einschließlich der regionalen und lokalen Selbstverwaltung zum Ausdruck kommt." Beide zitierten Bestimmungen bringen die Landtage ins Spiel. Auf dieser europäischen Rechtsgrundlage entwickelten die Landesregierungen ein arbeitsteiliges Subsidiaritäts-Kontrollverfahren. Die Landtage erreichten eine Einbindung in die Verfahren des Bundesrates, der über die Schiene der nationalen Parlamente an der Kontrolle der Einhaltung der Prinzipien von Subsidiarität und Verhältnismäßigkeit in die EU-Rechtsetzung mitwirkt. Der Ausschuss der Regionen der EU richtete ein Netzwerk für Subsidiaritätskontrolle als Plattform zur Abstimmung gemeinsamer Interessen der Länder, Regionen und Kommunen ein. Von den neun Landtagen nehmen daran jene von Burgenland, Kärnten, Niederösterreich, Oberösterreich, Steiermark, Vorarlberg und Wien teil.

III. Konkrete europäische Dimensionen der Landespolitik erwartet

Als Regionen mit Gesetzgebungsbefugnissen und angesichts der Erfahrungen der deutschen Länder und der belgischen Regionen und Gemeinschaften erwarteten die österreichischen Länder ebenfalls eine direkte Betroffenheit durch die EU-Mitgliedschaft. Absehbar war, dass die Länder EU-Recht durch Landesgesetze bzw. Verordnungen umzusetzen haben, dass Landesbehörden umgesetztes und direkt anwendbares EU-Recht im Rahmen ihrer Vollziehung anzuwenden haben und dass die Länder Regionalförderprogramme mit dem Bund und der EU-Kommission ausarbeiten, Programme und Projekte kofinanzieren und die Umsetzung koordinieren werden.

All dies bewahrheitete sich und ging auch darüber hinaus. Mit dem EU-Beitritt ab 1995 sind die Länder im Rahmen des Länderbeteiligungsverfahrens gemäß Artikel 23d B-VG an der Formulierung österreichischer Positionen für die Abstimmung im Rat beteiligt und arbeiten in Ratsarbeitsgruppen und Kommissionsausschüssen mit. Länderpolitiker und Länderpolitikerinnen können den Mitgliedstaat Österreich in Angelegenheiten ausschließlicher Gesetzgebungszuständigkeiten der Länder verbindlich im Rat vertreten. Darüber hinaus finanzieren die Länder den österreichischen EU-Mitgliedsbeitrag zu 16,835 Prozent (§ 9 (3) Finanzausgleichsgesetz (FAG) 2008, BGBl. I Nr. 103/2007). Im Jahr 2016 waren dies rund € 613 Mio. Euro, davon entfielen auf das Land Salzburg 39,34 Mio. Euro. Österreichs Gemeinden steuerten € 123 Mio. zum österreichischen Gesamtbetrag von 3,638 Mrd. Euro bei. Es bedurfte großer politischer Anstrengungen auf Länderseite, um diese Mitwirkungsrechte und die länder-internen politischen und Verwaltungsstrukturen aufzubauen und ein Bewusstsein für die neue europäische Dimension der Landespolitik zu bilden.

IV. Annäherung an die europäischen Institutionen ab 1987

Forderung nach Mitwirkungsrechten und Bundesstaatsreform vor dem EU-Beitritt

Die Länder hatten 1987 auf Initiative von Landeshauptmann Wilfried Haslauer sen. sowie 1990 in Resolutionen der Landeshauptleutekonferenzen vom 8. Juni und vom 23. November 1990 verfassungsrechtlich verankerte Mitwirkungsrechte in Fragen der europäischen Integration gefordert. Bundesstaatsreform und EU-Beitritt sollten im Gleichklang erfolgen, forderte Dr. Hans Katschthaler als Vorsitzender der Landeshauptleutekonferenz am 20. Dezember 1993.

Im Vorwort zum „Memorandum des Landes Salzburg an die Bundesregierung", überreicht am 22. Mai 1991 an Bundeskanzler Franz Vranitzky und Vizekanzler Josef Riegler, unterstützte Katschthaler diese Länderpositionen und führte aus, dass die „Verantwortlichen an der Spitze der Europäischen Gemeinschaft und in den Nationalregierungen" erkennen müssten, dass „der fortschreitende Integrationsprozess in jeder seiner Phasen eine demokratische Legitimierung und Absicherung benötigt, welche auch die Ebene der Länder und Regionen umfassen muss. … Hier hat die Region ihre Aufgabe und Berechtigung nach dem Grundsatz der Subsidiarität." Die Länderforderungen wurden durch die Bundes-Verfassungsgesetz-Novelle 1992 (BGBl. Nr. 276/1992) sowie zwei Vereinbarungen nach Art. 15a B-VG (Vereinbarung zwischen dem Bund und den Ländern gemäß Art. 15a B-VG über die Mitwirkungsrechte der Länder und Gemeinden in Angelegenheiten der europäischen Integration, BGBl. Nr. 775/1992 vom 9. Dezember 1992 und Vereinbarung zwischen den Ländern gemäß Art. 15a B-VG über die gemeinsame Willensbildung der Länder in Angelegenheiten der europäischen Integration vom 12. März 1992, veröffentlicht in den Landesgesetzblättern z. B. Wien Nr. 29/1992, Salzburg Nr. 51/1993) weitestgehend umgesetzt. Die Bundesstaatsreform selbst blieb jedoch nur Stückwerk.

Europäisierung von Landtag und Landesregierung nach der Landtagswahl 1989

In seiner Antrittsrede vor dem Salzburger Landtag am 3. Mai 1989 bezeichnete Landeshauptmann Dr. Hans Katschthaler die Beantwortung der Frage, ob Österreich im Jahr 2000 in die Europäische Gemeinschaft eingebunden sein oder abseits der größten Wirtschaftsgemeinschaft der Welt stehen werde, als „die entscheidende Zukunftsaufgabe unseres Staates." Er präzisierte, dass es dabei auch um die föderalistischen Aspekte eines künftigen EG-Beitrittes gehe. Für ihn standen nicht allein die wirtschaftlichen Aspekte der EG-Mitgliedschaft im Vordergrund. „Den Ländern muss das Recht eingeräumt werden, grenzüberschreitende Politik mitzugestalten", formulierte der Landeshauptmann im Lichte der zu erwartenden Auswirkungen der EU-Mitgliedschaft auf die Landespolitik und -verwaltung.

Als Grundvoraussetzungen für einen allfälligen EG-Beitritt aus Sicht der neuen Salzburger Landesregierung, der vier Vertreter der ÖVP, zwei der SPÖ und einer der FPÖ angehörten, nannte der Landeshauptmann die Aufrechterhaltung der immerwährenden Neutralität Österreichs, die Sicherstellung, dass es zu keinem „Ausverkauf" von Grund und Boden kommt, die Absicherung der bäuerlichen Struktur der heimischen Landwirtschaft durch EG-konforme Regionalförderungen, eine nachhaltige Lösung für den Transitverkehr („Salzburg darf nicht zum Durchhaus des europäischen Transitverkehrs werden") und die Erhaltung des vergleichsweise hohen Standards des österreichischen Umweltschutzes und des hohen sozialen Standards der Bevölkerung.

In der Antrittsrede finden sich auch Aussagen zur Vorbereitung der Wirtschaft auf den Binnenmarkt, der Wunsch nach Mitfinanzierung der EG am Ausbau der Transit-Eisenbahnstrecken, die Aufforderung an den Bund, an der Universität Salzburg Europarecht zu lehren, sowie die Ankündigung, eine Koordinierungsstelle für EG-Fragen beim Amt der Landesregierung einzurichten. Als Bekenntnis zum Gestaltungswillen und zum Föderalismus bekräftigte der Landeshauptmann, dass das Land Salzburg im Wissen um seine „historischen und gegenwärtigen Leistungen ... mit Selbstbewusstsein, Selbstvertrauen und Zuversicht einen eigenständigen Platz und Rang in der Vielfalt Österreichs und Europas einnehmen" werde. Dies entsprach seinem Verständnis von Föderalismus, das die Übernahme von Verantwortung als elementaren Bestandteil der Subsidiarität begriff.

Neue Dynamik ab Herbst 1989

Wenige Monate nach der Wahl der neuen Salzburger Landesregierung im Mai 1989 traten grundlegende Veränderungen im europäischen Umfeld und in der Weltpolitik ein. Der Fall der Berliner Mauer am 9. November 1989, der Zusammenbruch des Kommunismus und der Weg vieler ost- und mitteleuropäischer Staaten in die Demokratie, kriegerische Auseinandersetzungen am Balkan, das Ansuchen Österreichs um Aufnahme in die EG sowie die politische Einigung über den Europäischen Wirtschaftsraum EWR prägten die Jahre 1989, 1990 und 1991. All das führte zu neuen Sichtweisen und zu einer neuen Dynamik auch in der Salzburger Landespolitik.

Das ursprüngliche Arbeitsprogramm der Landesregierung vom Mai 1989 musste an diese europäische Dynamik angepasst werden. Für die zweite Hälfte der Regierungsperiode von Oktober 1991 bis März 1994 formulierte Landeshauptmann Dr. Hans Katschthaler in der Halbzeitbilanz der Salzburger Landesregierung im November 1991 als Ziel, im Zuge der europäischen Integration „die Eigenart und Eigenständigkeit Salzburgs zu erhalten ... die Beziehungen zu unseren Nachbarn in Europa auszubauen und vor allem uns in die Friedens- und Freiheitsgesellschaft Europas einzufügen". Dabei konnte die Landesregierung auf zahlreichen Weichenstellungen der ersten zweieinhalb Jahre aufbauen, die auch vom Landtag mitgetragen wurden.

V. Der Salzburger Landtag und die Vorbereitung auf die EU-Mitgliedschaft

Umwelt, Verkehr, Landwirtschaft und Ausländer-Grundverkehr als Kernthemen

Eine Abfrage der Datenbank von Landtagsdokumenten für die 9. Gesetzgebungsperiode des Salzburger Landtages von 1984 bis 1989 zu den Schlagworten „Europa" und „EU" ergibt lediglich einen Treffer: den vom Landtag am 20. April 1988 einstimmig angenommenen Antrag von FPÖ-Abgeordneten an die Landesregierung, „die Errichtung eines Lehrstuhles für Europarecht an der rechtswissenschaftlichen Fakultät der Universität Salzburg zu betreiben". Dies änderte sich deutlich mit der 1989 beginnenden 10. Gesetzgebungsperiode von 1989 bis 1994 und in den weiteren Gesetzgebungsperioden. Europathemen wurden nicht nur im Europa- und Integrationsausschuss beraten, der später in Ausschuss für Europa, Integration und regionale Außenpolitik umbenannt wurde. Viele der Landeszuständigkeiten berühren europapolitische bzw. -rechtliche Aspekte und wurden in den jeweils fachlich zuständigen Ausschüssen verhandelt. Schritt für Schritt durchdrangen europäische Aspekte – manchmal mehr, manchmal wenig sichtbar – die Landtagsarbeit.

Der Landtag befasste sich zwischen 1989 und 1994 mit der Vorbereitung Österreichs auf den Beitritt zur Europäischen Union. Dazu zählten u. a. Debatten über den Ausländer-Grundverkehr, die europäische Verkehrspolitik und den Transitverkehr, die Wahrung der Rechte der Länder und Gemeinden und die Berücksichtigung der Interessen Salzburgs bei den Beitrittsverhandlungen. In dem letztgenannten Beschluss – angenommen mit den Stimmen von ÖVP und SPÖ gegen jene von FPÖ und Bürgerliste – forderte der Landtag die Bundesregierung auf, „in den derzeit laufenden Verhandlungen die intensiven Bemühungen um die Erhaltung der Zielsetzung des Transitvertrages, die Existenz- und Einkommenssicherung der bäuerlichen Land- und Forstwirtschaft sowie die Schutzmaßnahmen gegen einen Ausverkauf von Grund und Boden im Sinne des Salzburger Raumordnungs- und Grundverkehrsgesetzes fortzuführen und zu einem erfolgreichen Abschluss zu bringen."

Einrichtung eines eigenen Europaausschusses

Die Abgeordneten beschlossen bereits 1992 die Einrichtung eines Europa-Ausschusses des Landtages und das Landesverfassungsgesetz zur vorläufigen Regelung der Mitwirkung des Landtages bei Akten der Vollziehung im Rahmen der Europäischen Integration. Sie berieten u. a. den Vertrag über die Europäische Atomgemeinschaft (EURATOM), einen Vergleich der Salzburger Landesgesetze mit den Normen der EG, die Vereinbarung zwischen dem Bund und den Ländern gemäß Art. 15a B-VG über die Mitwirkungsrechte der Länder und Gemeinden in Angelegenheiten der Europäischen Integration, einen Antrag über eine Volksabstimmung über den EWR-Beitritt der Grünen Landtagsabgeordneten Christian Burtscher und Karoline Hochreiter vom 15. Dezember 1992 sowie einen Antrag von FPÖ-Abgeordneten vom 19. Mai 1993, die Landesregierung möge eine „Deklaration Salzburg und die Europäische Gemeinschaft" mit konkreten Forderungen für die EG-Beitrittsverhandlungen verabschieden.

Um allen vier Landtagsparteien und den Sozialpartnern Zugang zu Informationen über den Verlauf der Verhandlungen über den Beitritt Österreichs zur Europäischen Union zu ermöglichen, richtete die Landesregierung im Mai 1991 den ersten Integrationsrat unter den Bundesländern ein. Die konstituierende Sitzung fand am 13. Juni 1991 statt. Aufgabe des „Rates für Angelegenheiten der europäischen Integration des Landes Salzburg" war die Beratung der Landesregierung in allen Fragen der europäischen Integration, die den selbständigen Wirkungsbereich des Landes betrafen. Der Integrationsrat wurde nach sieben Sitzungen durch Beschluss der Landesregierung vom 24. März 1995, kurz nach dem EU-Beitritt, aufgelöst.

Sondersitzung zum Ergebnis der Beitrittsverhandlungen

In einer Sondersitzung des Landtages vom 25. Mai 1994 diskutierten die Abgeordneten über das Ergebnis der Beitrittsverhandlungen vom 12. April 1994 und über einen Bericht der Salzburger Landesregierung an den Landtag über den Beitritt Österreichs zur Europäischen Union. In seiner Rede im Landtag formulierte Landeshauptmann Dr. Hans Katschthaler die Grundsätze der Europapolitik des Landes Salzburg:

„a) Sicherung und Ausbau der innerstaatlichen Mitwirkungsrechte der Länder
b) Umfassende Information innerhalb des Landes
c) Lobbying für Salzburg in Brüssel
d) Stärkung des Regionalismus und Föderalismus auf europäischer Ebene
e) Nutzung der Vorteile des EU-Beitritts
f) Vermeidung von Nachteilen oder nachteiligen Auswirkungen durch den EU-Beitritt."

Der Landeshauptmann ging in seiner Erklärung auch auf Bedenken der FPÖ-Abgeordneten ein, die verlangt hatten, den Bundespräsidenten zu ersuchen, die Volksabstimmung zu verschieben und führte aus: „Angelegenheiten der europäischen Integration sind nicht länger Außenpolitik im klassischen Sinne; sie sind vielmehr europäische Innenpolitik und wirken auf Nationalstaaten wie auf Regionen und Gemeinden in gleicher Weise, wenn auch mit unterschiedlicher Intensität. Aus diesem Grund sind bis zum EU-Beitritt die Mitwirkungsrechte der Länder weiter zu stärken. Ich habe daher im Herbst vergangenen Jahres konkrete Vorschläge für einen Ausbau des EG-Länderbeteiligungsverfahrens vorgelegt. Diese Vorschläge werden derzeit diskutiert und sollen spätestens mit zum Wirksamwerden des Beitrittsvertrages auch innerstaatlich in Rechtskraft treten." Schließlich sprachen sich die Abgeordneten mit den Stimmen vom ÖVP und SPÖ gegen jene von FPÖ und Bürgerliste „klar für einen Beitritt Österreichs zur EU aus."

Landtag erhält umfassende Europainformation

Nach dem EU-Beitritt und nach der Schaffung eines eigenen Europa- und Integrationsausschusses durch den Salzburger Landtag sowie der Einführung umfassender Informationspflichten der Landesregierung wurde die Europapolitik immer mehr Landes-Innenpolitik. Das von Landtagspräsident Univ.-Prof. Dr. Helmut Schreiner initiierte „Landesverfassungsgesetz vom 15. Dezember 1992 über die Mitwirkung des Landes Salzburg im Rahmen der europäischen Integration" (LGBl. Nr. 50/1993) sah die Einbindung des Landtages in die Europapolitik des Landes vor und verpflichtete die Landesregierung, dem Landtag alle Unterlagen über Vorhaben im Rahmen der europäischen Integration zu übermitteln, die in die Gesetzgebungskompetenz des Landes fallen oder sonst von landespolitischer Bedeutung sind und über die der Bund das Land unterrichtet hat. Allein in den ersten fünfzehn Jahren von 1993 bis Ende 2007 gingen dem Salzburger Landtag 5.569 Dokumente zu. Die Landesregierung nahm davon Abstand, die Dokumente weiter aufzubereiten, weil dies als ein Eingriff in die autonome Gestion und Schwerpunktsetzung des Landtages gesehen hätte werden können. Die geringe personelle Ausstattung der Landtagskanzlei und der Sekretariate der Landtagsparteien erlaubte – vorhersehbar – keine vertiefte Analyse und Reaktion durch den Landtag.

Der Landeshauptmann informierte den Landtag regelmäßig über seine europäischen Aktivitäten und die Arbeit der anderen Ressorts sowie wichtige Entwicklungen auf Bundes- und europäischer Ebene. Im Februar 1994 erhielt der Landtag einen Bericht über den Beitritt Österreichs zum Europäischen Wirtschaftsraum. Ein Zwischenbericht „Salzburg in der Europäischen Union – Information für die Mitglieder des Salzburger Landtags" vom September 1995 und ein Bericht über den Ausschuss der Regionen vor dem Europa- und Integrationsausschuss des Salzburger Landtages am 18. Oktober 1995 folgten.

Dieses Mitwirkungsgesetz verpflichtete die Landesregierung auch, dem Landtag jährlich einen Bericht über die landespolitischen Vorhaben im Rahmen der europäischen Integration vorzulegen. Dieser europapolitische Vorhabensbericht, der nach der Beratung und Beschlussfassung im Landtag in der Schriftenreihe des Landes-Europabüros veröffentlicht wird, entwickelte sich auf Wunsch des Landtags von einem Tätigkeitsbericht hin zu einem vorausschauenden Strategiedokument für die Salzburger Europapolitik. Seit 2012 ist dieser Bericht dem Landtag „jeweils zu Beginn und zur Hälfte der Gesetzgebungsperiode" vorzulegen.

Im Rahmen einer Novelle des Landes-Verfassungsgesetzes (L-VG) im Jahr 2012 wurden die Bestimmungen des Mitwirkungsgesetzes als Art. 50a bis 50c im neuen Abschnitt 7a, Mitwirkung des Landes Salzburg im Rahmen der Europäischen Integration, in das Landes-Verfassungsgesetz inkorporiert. Die Kundmachung enthält auch die entsprechenden Anpassungen des § 70 des Landtags-Geschäftsordnungsgesetzes hinsichtlich der Behandlung von Geschäftsstücken in Angelegenheiten der Europäischen Integration. Darin wird die Regelung bestätigt, wonach der Europa- und Integrationsausschuss Beschlüsse im Namen des Landtags abgeben kann, ohne das Plenum zu befassen. Auch werden Verhandlungsgegenstände, bei denen Stellungnahmefristen zu beachten sind, dem Ausschuss und den Landtagsparteien vom Präsidenten ohne Befassung des Plenums weitergeleitet.

Rückblickend ist festzustellen, dass die Abgeordneten ihre Informations- und Mitwirkungsmöglichkeiten nur in bescheidenem Ausmaß nutzten und die Europapolitik weitestgehend eine Domäne der Exekutive blieb. Durch seine Funktion als Landtagspräsident gehörte Helmut Schreiner auch dem Landesparteivorstand der Salzburger ÖVP an. Er nutzte diese Funktion, um die Haltung der ÖVP-Regierungsmehrheit dahingehend zu beeinflussen, dass immer die Interessen des Landtags an einer weitgehenden Beteiligung an der Europapolitik berücksichtigt wurden. Diese Politik im Dienste der Landtage betrieb der Landtagspräsident auch auf der Ebene der Landtagspräsidentenkonferenz und in ÖVP-Gremien auf Bundesebene wie etwa im Fachausschuss Außenpolitik und Europa.

Ab 1989 dienten auch Landtagsenqueten der Anhörung von regierungsunabhängigen Sachverständigen und trugen zu einer fundierten Meinungs- und Willensbildung für den Gesetzgebungsprozess bei. Die im Rahmen der Enqueten erhaltenen Informationen ermöglichten es dem Landtag, seine Kontrollaufgabe gegenüber der Landesregierung besser wahrzunehmen. Die erste Enquete am 13. Juni 1989 war dem Transitverkehr gewidmet und die zweite am 11. Oktober 1989 der europäischen Integration in weiteren Sinn. Nach der Landtagsenquete vom 3. April 1991 zum EWR-Vertrag sollte es bis zur 34. Enquete am 2. Mai 2005 dauern, bis sich der Landtag mit dem Vertrag über eine Verfassung für Europa befasste und namhafte Wissenschafter und Experten anhörte. Der Grund liegt wohl darin, dass der Landtag ab 1992 über die erwähnten Informations- und Mitwirkungsrechte verfügte und Umfang und Qualität der von der Landesregierung übermittelten Dokumente und Informationen als ausreichend angesehen wurden.

VI. Landesvertreter in Gremien von Europarat und Europäischer Union

Der Kongress des Europarats

Mit der Gründung des Kongresses der Gemeinden und Regionen des Europarates durch den Europaratsgipfel 1993 in Wien, aufbauend auf der ehemaligen „Konferenz der Gemeinden und Regionen" aus dem Jahr 1957, erhielt die Bewegung für die kommunale Selbstverwaltung einen neuen Impuls. Die erste Sitzung des Kongresses fand von 31. Mai bis 3. Juni 1994 in Straßburg statt. Von den sechs Mitgliedern und sechs Stellvertretern der österreichischen Delegation, die für die erste Session des Kongresses nominiert wurden, schien Landeshauptmann Dr. Hans Katschthaler als einziger Salzburger Vertreter im Jahrbuch 1994 des Kongresses auf. Ab der zweiten Session des Kongresses im Jahr 1995 vertrat Landeshauptmann-Stellvertreter Gerhard Buchleitner das Land Salz-

Die Salzburger Mitglieder des Ausschusses der Regionen: Dr. Franz Schausberger und Dr. Brigitta Pallauf (Foto: Land Salzburg)

burg. Später wurden Landesrätin bzw. Landeshauptmann-Stellvertreterin Mag. Gabi Burgstaller, Abg. MMag. Michael Neureiter, Abg. Dr. Bernd Petrisch und Landtags-Vizepräsidentin Gudrun Mosler-Törnström auf Vorschlag Salzburgs von der Landeshauptleutekonferenz in den Kongress der Gemeinden und Regionen des Europarates entsandt. Bis 2012 hatte Salzburg mit Gerhard Buchleitner, Mag. Gabi Burgstaller, MMag. Michael Neureiter und Dr. Bernd Petrisch immer ein stellvertretendes Mitglied im Kongress gestellt. Ab September 2010 wurde Landtags-Vizepräsidentin Gudrun Mosler-Törnström als Vollmitglied nominiert und übte die Funktionen als Vorsitzende der Sozialistischen Fraktion und als Präsidentin der Kammer der Regionen aus. Im Oktober 2016 wurde sie für eine zweijährige Amtszeit als Präsidentin des Kongresses gewählt.

Während die entsandten Regierungsmitglieder lediglich an den Sitzungen teilnahmen, brachten sich die drei Landtagsvertreter durch die Übernahme von Berichterstattungen aktiv in die internationale Arbeit im Kongress ein. Michael Neureiter war im Jahr 2008 Berichterstatter zu Dienstleistungen von allgemeinem Interesse in ländlichen Gebieten – ein zentraler Faktor in der Politik der territorialen Kohäsion, Bernd Petrisch verfasste 2009 einen Bericht unter dem Titel „Regionen mit Gesetzgebungsbefugnissen: Hin zu einem Mehrebenen-Regierungssystem" und Gudrun Mosler-Törnström zeichnete mitverantwortlich für sechs Berichte: zur kommunalen und regionalen Demokratie in Litauen (2012, gemeinsam mit Irene Loizidou), zur kommunalen und regionalen Demokratie in Aserbaidschan (2012, gemeinsam mit Jakob Wienen), zur kommunalen und regionalen Demokratie in Schweden (2014, gemeinsam mit Luzette Wagenaar-Kroon), zur kommunalen und regionalen Demokratie in Griechenland (2015, gemeinsam mit Artur Torres Pereira), zur kommunalen und regionalen Demokratie in Frankreich (2016, gemeinsam mit Jakob Wienen) sowie für die Prioritäten des Kongresses 2017–2020 (2016, gemeinsam mit Anders Knape).

Der Ausschuss der Regionen der Europäischen Union

Am 9. und 10. März 1994 – zweieinhalb Monate vor dem Kongress – nahm der durch den Vertrag von Maastricht von 1992 eingerichtete Ausschuss der Regionen (AdR) der Europäischen Union seine Arbeit auf. Sein Vorläufer war der Beirat der lokalen und regionalen Gebietskörperschaften, ein von der Europäischen Kommission 1988 geschaffenes Konsultativgremium für Fragen der – wirtschaftlichen – regionalen Entwicklung.

Während der Kongress über eine Kammer der Gemeinden und eine Kammer der Regionen verfügte, wurde der AdR unikameral eingerichtet. Die deutschen Länder hatten bereits 1998 – in der Ministerpräsidentenkonferenz und im Bundesrat – für einen ausschließlich aus Vertreterinnen und Vertretern der Regionen bestehenden AdR die Stellung als Organ der Europäischen Gemeinschaft und ein Klagerecht in eigenen Angelegenheiten gefordert. In ihrer Stellungnahme vom 21. Oktober 1990 schlug die Kommission vor, ein Regionalorgan einzurichten, was vom Europäischen Rat von Rom vom 27. und 28. Oktober 1990 und vom Europäischen Parlament mit der Ergänzung um die Einbeziehung der Gemeinden gutgeheißen wurde.

In Österreich ist die Teilnahme der Länder durch neun von zwölf Vollmitgliedern und ebenso vielen Stellvertretern und durch den Städtebund sowie den Gemeindebund durch gemeinsam je drei Mitglieder bundes-verfassungsrechtlich geregelt.

Sonderregelung für Salzburgs Vertreter im AdR

Von 1995 bis 2004 gehörten dem AdR die jeweiligen Landeshauptmänner Dr. Hans Katschthaler und Univ.-Doz. Dr. Franz Schausberger als Mitglieder für Salzburg an. Als Stellvertreter fungierten die Landeshauptmann-Stellvertreter Gerhard Buchleitner und Mag. Gabi Burgstaller – auch nach ihrer Wahl zur Landeshauptfrau – sowie ab November 2013 Landtagspräsidentin Dr. Brigitta Pallauf.

Im Jahr 2004 richtete der Landtag die Funktion des/der „Beauftragten des Landes Salzburg für den Ausschuss der Regionen" ein. Die kodifizierte Bestimmung findet sich in Art. 50c L-VG. Damit wurde geregelt, dass das Mitglied oder stellvertretende Mitglied des Landes Salzburg im Ausschuss der Regionen, wenn es sich nicht um ein Regierungsmitglied handelt, vom Landtag bestätigt werden muss und von diesem ohne Angabe von Gründen abberufen werden kann. Vorbild für diese Regelung, die in Österreich sonst in keinem Land besteht, sind Bestimmungen in Rheinland-Pfalz und Sachsen-Anhalt, wo Staatssekretäre und Staatssekretärinnen für Europa- und Bundesangelegenheiten nicht dem Landtag angehören und daher ohne die ausdrückliche individuelle „Verantwortlichkeit gegenüber dem Landtag" nicht über die europarechtliche Voraussetzung für die AdR-Mitgliedschaft verfügen.

Gudrun Mosler-Törnström als Präsidentin des Kongresses der Gemeinden und Regionen im Europarat (Foto: Kongress/Europarat)

Landesregierungsmitglieder haben gegenüber dem Landtag eine klare politische Verantwortung für ihre jeweiligen Zuständigkeiten. Ein AdR-Mitglied, das nicht der Landesregierung angehört, ist verpflichtet, dem Landtag jährlich über seine Tätigkeit im Ausschuss der Regionen zu berichten. In diesem jährlichen Meinungs- und Informationsaustausch, zu dem die Abgeordneten auch einen ausführlichen schriftlichen Bericht erhalten, ist Gelegenheit zur Diskussion über aktuelle europapolitische Fragen. Bisweilen wurde das mit einer Aussprache mit österreichischen Mitgliedern des Europäischen Parlaments verbunden.

Hintergrund für diese Sonderregelung war die Einigung von SPÖ und ÖVP nach der Landtagswahl 2004, Dr. Franz Schausberger nach seinem Ausscheiden aus Landesregierung und Landtag weiter in den AdR entsenden zu wollen. Als Vorsitzender der Fachkommission „Konstitutionelle Angelegenheiten", als mehrmaliger Vorsitzender der Arbeitsgruppe Westbalkan und anerkannter Berichterstatter zu konstitutionellen Fragen und zu den Themen der Erweiterung der Europäischen Union spielte er eine besondere Rolle in Brüssel und konnte mit dem neu eingeführten Mandat weitere Aufgaben übernehmen.

Gemeinsam mit dem damaligen Präsidenten der Toskana, Claudio Martini, verfasste er im November 2001 die Stellungnahme des Ausschusses der Regionen zum Thema „Die Teilnahme der Vertreter der Regionalregierungen an den Arbeiten des Rates der Europäischen Union und die Beteiligung des AdR an den informellen Ratstagungen." Im Jahr 2004 folgte die Stellungnahme zum Vertrag über eine Verfassung für Europa – gemeinsam mit Graham Tope – und 2005 jene zum Thema „Phase des Nachdenkens: Struktur, Themen und Rahmen für eine Bewertung der Debatte über die Europäische Union". Am 11. Oktober 2006 nahm der AdR die Stellungnahme zum Erweiterungspaket 2005 und zur „Mitteilung der Kommission: Der westliche Balkan auf dem Weg in die EU: Konsolidierung der Stabilität und Steigerung des Wohlstands" an und im Jahr 2007 die Stellungnahme zum „Erweiterungspaket 2006 — Aufnahmefähigkeit und Angehende Kandidatenländer." Am 1. Juli 2011 billigte der AdR die Stellungnahme „Erweiterungsstrategie und wichtigste Herausforderungen 2010–2011", am 11. April 2013 die Stellungnahme zum Thema „Dezentralisierung in der Europäischen Union und der Platz der lokalen und regionalen Selbstverwaltung in der Politikgestaltung und -umsetzung der EU" und Schausberger zeichnete für die Stellungnahme vom 16. April 2015 zur Erweiterungsstrategie und den wichtigsten Herausforderungen 2014–2015 verantwortlich. Zuletzt erarbeitete er im März 2018 als Generalberichterstatter des AdR eine Stellungnahme zur Einbeziehung der lokalen und regionalen Gebietskörperschaften des Westbalkan in die makro-regionalen, grenzüberschreitenden und anderen transnationalen Kooperationsinitiativen der EU.

VII. Sichtbares Handeln Salzburgs auf europäischer Ebene

Konferenz der gesetzgebenden Regionalparlamente (CALRE) als wichtiges parlamentarisches Netzwerk

Landtagspräsident Univ.-Prof. Dr. Helmut Schreiner war gemeinsam mit dem baden-württembergischen Landtagspräsidenten Peter Straub und mit Ovidio Sanchez Diaz, Präsident des Parlaments von Asturien und 1997 Gastgeber der Gründungsversammlung der Konferenz der Europäischen Regionalparlamente mit Gesetzgebungsbefugnissen (CALRE), einer der unermüdlichen Bannerträger für eine aktive Einbeziehung der Landtage in die nationalen Europapolitiken und in den Dialog mit der Europäischen Kommission und dem Europäischen Parlament. Es gelang ihnen, das de facto bestehende Monopol der Landes- bzw. Regionalregierungen für die Europa- und Außenbeziehungen zurückzudrängen und mit der CALRE ein Forum zu schaffen, das national und auf internationaler Ebene Einfluss entwickelte und die Rolle der Regionalparlamente bei der Transposition von EU-Recht in Landesrecht hervorhob.

Im Rahmen der Vorsitzführung von Univ.-Prof. Dr. Helmut Schreiner in der CALRE fand am 6. und 7. Oktober 1998 in Salzburg die Jahreskonferenz der CALRE statt, an der die Landtags- bzw. Parlamentspräsidenten von rund 70 gesetzgebenden Versammlungen aus Belgien, Deutschland, Finnland, Italien, Portugal und Spanien sowie alle neun österreichischen Landtagspräsidentinnen und Präsidenten teilnehmen. Die Sessionen zur Zukunft der CALRE, zum Subsidiaritätsprinzip und zum Status und der Rolle der gesetzgebenden Regionalparlamente im europäischen Integrationsprozess wurden jeweils von Landtagspräsident Helmut Schreiner bzw. von Landtags-Vizepräsident Wolfgang Haider geleitet. Höhepunkt war die einstimmige Annahme der „Erklärung von Salzburg: Regionalismus braucht demokratische Legitimität."

Das Engagement von Landeshauptmann Dr. Hans Katschthaler in der ARGE ALP, in der Versammlung der Regionen Europas ab 1989 sowie nach dem EU-Beitritt ab 1995 auch im Ausschuss der Regionen, die Führungsrolle und der Vorsitz von Landtagspräsident Univ.-Prof. Dr. Helmut Schreiner in der Konferenz der Europäischen Regionalparlamente mit Gesetzgebungsbefugnissen (CALRE) im Jahr 1998, die Vorsitzführung von Landeshauptmann Univ.-Doz. Dr. Franz Schausberger in der Konferenz der Präsidenten von Regionen mit Gesetzgebungsbefugnissen (REGLEG) 2003 und in der Fachkommission CONST des AdR sowie die Berichterstatterfunktionen der Salzburger Landtagsmitglieder und die Salzburger Präsidentschaft durch Landtags-Vizepräsidentin Gudrun Mosler-Törnström im Kongress des Europarates prägten das Image Salzburgs in Österreich und in Europa über viele Jahre. In der Medienberichterstattung fand dieses europapolitische Engagement jedoch nur gelegentlich Beachtung.

Diese konsequente proeuropäische und föderalistische Grundhaltung führender Landespolitiker kommt auch in einer in Österreich beispiellosen Änderung von Artikel 1 der Landesverfassung zum Ausdruck. Der Landtag beschloss nach fünf Jahren der EU-Mitgliedschaft und dem erfolgreichen Wirken der EuRegio Salzburg-Berchtesgadener Land-Traunstein sowie nach vielen Jahren konstruktiver bi- und multilateraler regionaler Außenpolitik, die Landesverfassung an die neue Situation der europäischen Innenpolitik anzupassen und die Offenheit des Landes gegenüber den Nachbarn und dem europäischen Regionalismus auch verfassungsrechtlich zu verankern. In Artikel 1 L-VG wurde mit Wirkung vom 27. April 1999 als neuer Absatz 3 eingefügt: „Das Land Salzburg nimmt als Region an der europäischen Integration und an der grenzüberschreitenden und interregionalen Zusammenarbeit teil.“ Salzburg ist das einzige österreichische Bundesland, das sich in seiner Verfassung zu dieser regionalen und europäischen Dimension bekennt, die das Land bereits in der Vergangenheit aktiv praktiziert hatte.

VIII. Schlussfolgerungen

Den Landtagen insgesamt und dem Salzburger Landtag im Speziellen standen und stehen starke rechtliche Instrumente zur Beeinflussung der Europapolitik des Landes zur Verfügung. Diese wurden aber nur selten genutzt. Dies mag erstaunen, weil die Schaffung des Europaausschusses die Schwerfälligkeit des Plenums an der aktiven Begleitung von dynamischen europäischen Politikprozessen überwinden sollte und könnte.

Der Salzburger Landtag, im Besonderen sein Präsident Univ.-Prof. Dr. Helmut Schreiner, spielte eine bedeutende Rolle bei der Schaffung der Integrationskonferenz der Länder vor dem EU-Beitritt und im Zuge der internationalen Vernetzung der Landtage. Nach dem Ableben von Schreiner im September 2001 und im weiteren Verlauf nach dem EU-Beitritt trat der Landtag kaum mehr mit eigenen europapolitischen Initiativen hervor. Die von der Landesregierung regelmäßig vorgelegten umfangreichen Unterlagen und die „Europapolitischen Vorhabensberichte“ wurden und werden im Ausschuss für Europa, Integration und regionale Außenpolitik diskutiert und in der Regel „zur Kenntnis genommen“, ohne konkrete Vorgaben zu machen. Es handelt sich also um eine Begleitung der Europapolitik ex post. Zu einer Intensivierung der Diskussion – allerdings ebenfalls ohne inhaltliche Beschlussfassungen – führte die 2004 geschaffene Berichtspflicht des Salzburger Mitglieds des Ausschusses der Regionen.

Hinsichtlich der Mitarbeit Salzburgs in der CALRE, der Konferenz der Präsidentinnen und Präsidenten von gesetzgebenden Regionalparlamenten, und im Kongress der Gemeinden und Regionen sind keine formellen Rückkopplungen und Berichterstattungen an den Landtag vorgesehen. Ein Antrag der ÖVP-Fraktion vom 22. März 2017 könnte dieses Defizit für den Kongress beheben und zu Diskussionen über Grundsatzfragen wie Demokratie, Rechtstaatlichkeit und Menschenrechte führen, zu deren Umsetzung in Ländern und Gemeinden der

Kongress des Europarates 1994 geschaffen wurde und in dem Salzburg seit 2004 durch Mitglieder des Landtags vertreten ist.

Neben einem echten europapolitischen Interesse der Abgeordneten und der Bereitschaft, Zeit in eine vertiefte Vorbereitung komplexer Themen und Abläufe zu investieren, braucht es auch Unterstützungsstrukturen in der Landtagskanzlei, in den Klub- und in den Landesparteisekretariaten, die in der Lage sind, für die Abgeordneten eine inhaltliche Aufbereitung des enormen Dokumenten- und Informationsangebotes zu leisten. Regelmäßige Aussprachen des Landtags mit österreichischen Mitgliedern des Europäischen Parlaments tragen ebenfalls zur Bewusstseinsbildung der Abgeordneten und der Medien bei. Gerade Letztere widmen der Landesdimension europäischer Politiken kaum Raum. So ist anzunehmen, dass Angelegenheiten der europäischen Integration weiterhin schwerpunktmäßig von den Mitgliedern und dem Amt der Landesregierung wahrgenommen werden.

Auswahlbibliographie

Gamper, Anna/Bußjäger, Peter (Hg.): Subsidiarität anwenden: Regionen, Staaten, Europäische Union. La sussidiarietà applicata: Regioni, Stati, Unione Europea, Wien 2006 (Schriftenreihe des Instituts für Föderalismus, Band 98)

Katschthaler, Hans: Portio statt Pars: Der Föderalismusstreit zwischen Bund und Ländern in Österreich 1945–1997, Wien 1998

Kiefer, Andreas: „Salzburg – Aktives Mitgestalten in Europa. 2007. Zwischenbilanz nach 13 Jahren EU-Mitgliedschaft“. In: Salzburg. Geschichte & Politik (Mitteilungen der Dr.-Hans-Lechner-Forschungsgesellschaft, 17. Jahrgang, Heft 3–4), Salzburg 2007, S. 145–279

Kiefer, Andreas: Aktivitäten der Länder in europäischen Institutionen, Verbänden und Netzwerken. In: Hammer, Stefan/Bußjäger, Peter (Hg.): Außenbeziehungen im Bundesstaat. (Schriftenreihe des Instituts für Föderalismus, Band 105), Wien 2007, S. 69–85

Kiefer, Andreas: Gesetzgebende Regionalparlamente und ihr europäischer Verband. Die CALRE. In: Europäisches Zentrum für Föderalismus-Forschung (Hg.): Jahrbuch des Föderalismus 2006. Föderalismus, Subsidiarität und Regionen in Europa, Baden-Baden 2006, S. 606–629

Kiefer, Andreas: Gemeinden und Regionen im Europarat: Einsatz für lokale und regionale Demokratie seit 1957. In: Ebert, Kurt (Hg.): Festschrift für Herwig van Staa, Innsbruck 2014, S. 119–149

Rosner, Andreas/Bußjäger, Peter (Hg.): Im Dienste der Länder – im Interesse des Gesamtstaates. Festschrift 60 Jahre Verbindungsstelle der Bundesländer, Wien 2011

Unterberger, Michael: Die Mitwirkung von Landtagen an der EU-Politik. Ein eher ernüchterndes Bild“. In: Salzburg. Geschichte & Politik (Mitteilungen der Dr.-Hans-Lechner-Forschungsgesellschaft, 21. Jahrgang, Heft 1/2), Salzburg 2011, S. 71–89

Aus den Debatten des Salzburger Landtages

Auszug aus dem Protokoll der Landtagssitzung am 25 Mai 1994

Landeshauptmann Dr. Hans Katschthaler (ÖVP): Mit dem Zusammenbruch des kommunistischen Systems und nach der Überwindung seiner Spaltung ist Europa in eine neue geschichtliche Epoche eingetreten. Es besteht nun die Chance, Freiheit und Demokratie für alle Völker Europas aus der unitarisierenden Kraft der Europäischen Union zu verwirklichen. Nach dem Ende des Ost-West-Konfliktes bestehen aber auch mehr Möglichkeiten und Chancen als je zuvor, die weltweiten Probleme zu lösen. Kriege, Bevölkerungswachstum, Umweltzerstörung, Flüchtlingsströme sowie politischer, nationaler und religiöser Extremismus, Wirtschaftskrisen, Arbeitslosigkeit erfordern gemeinsames Handeln. Hunger und Armut gehören noch immer zu den drängendsten Problemen der Menschheit. Hier sehe ich ein gemeinsames europäisches Betätigungsfeld. …

Die Länder formulierten im Juni 1992 bzw. im November 1993 offiziell ihre Standpunkte für EG-Beitrittsverhandlungen. Die Dokumente liegen dem Bericht an den Landtag im vollen Wortlaut bei. Die Schlüsselbereiche betrafen den Transitverkehr, die Zweitwohnsitze, die Landwirtschaft, die Regionalpolitik, die Wirtschaftsförderung, die Ländervertretung in europäischen Gremien und die Finanzpolitik.

Wichtige Grundsätze der Europapolitik des Landes Salzburg lassen sich etwa so umschreiben:

Sicherung und Ausbau der innerstaatlichen Mitwirkungsrechte der Länder, umfassende Information innerhalb des Landes, Lobbying für Salzburg in Brüssel, Stärkung des Regionalismus und Föderalismus auf europäischer Ebene, die Nutzung der Vorteile des EU-Beitrittes, die Vermeidung von Nachteilen oder nachteiliger Auswirkungen durch den EU-Beitritt. …

Besonders wichtig war es für die verantwortlichen Politiker der Länder, als offizielle Mitglieder der Verhandlungsdelegationen bei den Verhandlungen über den EU-Beitritt mitwirken zu können. Ich selbst habe als damaliger Vorsitzender der Landeshauptleutekonferenz an der dritten Verhandlungsrunde auf Ministerebene am 5. Oktober 1993 in Luxemburg teilgenommen, in deren Rahmen das Energie- und das Atom-Kapitel für Österreich äußerst befriedigend abgeschlossen werden konnte. Auch habe ich die Formulierung der österreichischen Position im Zusammenhang mit dem Transitvertrag maßgeblich geprägt und konnte erreichen, dass das gesamte Bundesgebiet in den Vertragsinhalt einbezogen wird und dieser nicht nur für die Brenner-Route gilt, wie es zu Beginn der Verhandlungen in Aussicht genommen wurde. …

Wir wissen aber auch, dass für manche Berufsgruppen mit dem EU-Beitritt besondere Lasten verbunden sind. In Solidarität gegenüber diesen werden sich Bund und Land an konkreten Programmen beteiligen, um negative Auswirkungen zu vermeiden bzw. Umstellungen zu erleichtern. Nachteiligen Auswirkungen unserer regionalen Attraktivität für unternehmerische Investitionen ist in geeigneter Weise vorbeugend über die Raumordnung zu begegnen. …

Um den Menschen beiderseits der Salzach die Vorteile des Wegfalls der Grenzen näherzubringen, um aus der gemeinsamen wirtschaftsgeographisch günstigen Lage Nutzen ziehen zu können und Lebensstandard und Lebensqualität der Menschen weiter zu verbessern, um den Unternehmern im Salzburgisch-Bayerischen Grenzbereich zu zeigen, dass etwa Bayern bald „Inland“ ist, wollen wir in enger Zusammenarbeit mit Initiativgruppen, Wirtschaftstreibenden, engagierten Bürgerinnen und Bürgern, Gemeindeverantwortlichen und mit Unterstützung unserer Landesverwaltung konkrete, für beide Seiten wichtige Anliegen verwirklichen. Ich habe vor, noch im Juni mit einer kleinen Salzburger Delegation in eine Euregio zu reisen, um mir an Ort und Stelle die Vorteile und Möglichkeiten einer derartigen neuen grenzüberschreitenden Kooperation anzusehen. ...

Im Rahmen der Verhandlungen galt von Salzburger Seite den Fragen der Landwirtschaft, Transitverkehr, Zweitwohnsitze und Umwelt besonderes Augenmerk. Alle diese Themenbereiche konnten in befriedigender Weise abgehandelt werden. Für die Salzburger Bauern bleiben Produktions- und Entwicklungsmöglichkeiten voll gewahrt, Bergbauern- und Umweltförderungsmaßnahmen werden Einkommensverluste, die durch die Senkung der Erzeugerpreise auf EU-Niveau entstehen, insgesamt ausgleichen.

Der ökologische Inhalt des Transitvertrages zwischen Österreich und der Europäischen Union mit den Zielen einer 60%igen Schadstoffreduktion bei Lastkraftwagen und einer forcierten Verlagerung des Schwerverkehrs auf die Schiene wurde in den Beitrittsvertrag übernommen. Raumordnungsmaßnahmen sichern weiterhin den Siedlungs- und Erholungsraum für die heimische Bevölkerung. Im Bereich Umwelt ist eine Beibehaltung höherer einzelstaatlicher Standards im Rahmen der geltenden Bestimmungen möglich; die Europäische Union strebt überdies innerhalb von vier Jahren eine Anpassung jener Umweltstandards an, die unter dem Niveau der Beitrittskandidaten liegen. (...)

Die Einbindung der Republik Österreich und des Landes Salzburg in eine große und in eine starke Gemeinschaft ist ein Garant für unseren Frieden und für unsere Sicherheit. Bei allen Mängeln, die der EU-Außenpolitik in Bezug auf den Krieg im ehemaligen Jugoslawien anzulasten sind, ist doch festzustellen: der Europäischen Union ist es gelungen, den Brand vom eigenen Territorium fernzuhalten. Die historische Dimension wird deutlich, wenn man sich vor Augen hält, dass die Ausgangssituation bei Ausbruch des Ersten Weltkrieges vor fast genau 80 Jahren am 28. Juni 1914 ganz ähnlich war; nämlich ein Konflikt am Balkan, der dazu führte, dass verschiedene europäische Staaten zugunsten des jeweils Verbündeten eingriffen und plötzlich in eine europaweite, ja weltweite Katastrophe verwickelt waren.

Landeshauptmann-Stellvertreter Gerhard Buchleitner (SPÖ): Die entscheidende Frage, meine sehr geehrten Damen und Herren, besteht aber nicht darin, ob das angestrebte Beitrittsdatum eingehalten werden kann oder nicht, die wirkliche Herausforderung für die Politik beginnt in jedem Fall erst nach dem Beitritt. Diese Herausforderung liegt nicht nur darin, künftig im europäischen Rahmen mitzuentscheiden und mitzugestalten. Sie besteht im gleichen Maße darin, im nationalen Rahmen durch Maßnahmen auf Bundes- wie auf Landesebene die Interessen der österreichischen Bevölkerung zu wahren und Vorsorge zu treffen, dass nicht einzelne Gruppen zu Verlierern dieser Entwicklung werden.

Es ist in den vergangenen Jahren und Monaten viel unberechtigte und sehr viel berechtigte Sorge um die Zukunft unserer Bauern laut geworden. Wir können sagen und auch der vorliegende Bericht unterstreicht dies sehr eindrucksvoll, dass die Auswirkungen des Beitritts sowohl durch das Verhandlungsergebnis wie durch innerstaatliche flankierende Maßnahmen weitestgehend abgefedert werden. In mancherlei Hinsicht werden unsere Bauern damit sogar besser abgesichert sein als zuvor. Nach den vorliegenden Schätzungen muss dazu die bisherige Landwirtschaftsförderung im ersten Jahr um rund 50 % aufgestockt werden und auch nach dem Wegfall der Übergangslösungen nach drei bis vier Jahren wird gegenüber dem Iststand mit jährlichen zusätzlichen S 60 bis 70 Mio. zu rechnen sein. ...

Worauf es nun ankommt, meine sehr geehrten Damen und Herren, ist, dass flankierende Maßnahmen nicht nur dort angesetzt werden, wo es eine starke politische Lobby, wie etwa bei den Bauern oder mächtige Wirtschaftsinteressen gibt. Wenn wir das positive soziale Klima unseres Landes erhalten und sichern wollen, dann werden auch diejenigen bei den notwendigen Anpassungsprozessen unterstützt werden müssen, die schon bisher mit Schwierigkeiten zu kämpfen haben: junge Familien, Wohnungssuchende, ältere Arbeitnehmerinnen und Arbeitnehmer, Langzeitarbeitslose, die große Masse derjenigen, die über keine Spitzenpositionen und Spitzengehälter verfügt und die es sich nicht richten können. Das Land wird sich daher in den nächsten Jahren nicht nur um den Standort Salzburg die Konkurrenzfähigkeit unserer Wirtschaft und Landwirtschaft bemühen müssen, sondern in gleicher Weise um die Bildung und Ausbildung unserer Jugend, um Betreuungseinrichtungen, um Wohnungen, um die Wahrung des sozialen Netzes, kurz um eine soziale Politik. Sonst könnten am Ende doch diejenigen Recht haben, die die Europäische Union nur als grenzenlose menschenferne Wirtschaftsmaschine sehen.

Dritte Präsidentin Dipl.-Vw. Margot Hofer (FPÖ): Die wichtigste Entscheidung seit dem Staatsvertrag sei der EU-Beitritt, so heißt es. 1955 ging es um die Erlangung der Freiheit und der Selbständigkeit, und 40 Jahre danach, 1995, geht es um die weitgehende Aufgabe Österreichs: Selbständigkeit. Verfolgt man dabei die Vorgangsweise, die Missachtung der Verfassungsgrundsätze, den Mangel an Respekt vor dem Parlament, den Mangel an Respekt vor den Ländern und den Gemeinden, ja vor der Bevölkerung, so jagt es einem kalte Schauer über den Rücken, der Geist von 1933, 1934 und 1938 schwebt. anscheinend wieder über uns. ... Jetzt komme ich auch zum Weg der FPÖ, ich möchte diesen Weg nicht ausklammern. Die Freiheitliche Partei hat sich als erste der Parlamentsparteien für einen Beitritt zur EG ausgesprochen. Wir haben Sonderparteitage abgehalten, wir haben eine Information ausgegeben, wir haben Diskussionen durchgeführt, aber wir haben ein anderes Bild von Europa als das der EU, meine Damen und Herren von der SPÖ und der ÖVP, und das nehmen Sie bitte zur Kenntnis. Wir wollen ein Europa der Vielfalt und wir lehnen eine multikulturelle Einheitsgesellschaft ab.

Wenn der Herr Bundespräsident in unserem Lande sagt, dass er die Hoffnung hat, dass wir Österreicher uns auch in einem multikulturell geprägten Umfeld zurecht finden werden, dann weiß ich nicht, dann verschläft er anscheinend die Entwicklung im Osten, dann verschläft er anscheinend die Vorkommnisse im ehemaligen Jugoslawien, denn wir sind der Meinung, die Salzburger Bevölkerung hat ein Recht auf ihre Heimat. Wir sind auch bei unseren Bundesparteitagen zu der Meinung gekommen, dass wir Europa als Konföderation sehen wollen, als einen Staatenbund, wobei der Grundsatz: so viel Freiheit wie möglich und so wenig Zentralmarkt wie nötig, gelten muss. Das EU-Brüssel widerspricht dieser Meinung ganz eindeutig. …

Herr Landeshauptmann, es gibt eine Deklaration der österreichischen Bundesländer. „Österreich und die Europäische Gemeinschaft" heißt diese Deklaration, diese Deklaration trägt auch Ihre Unterschrift. Ich sage Ihnen: Punkt 1: Europa der Regionen, das ist die Idee eines föderalistisch aufgebauten Europas und so wenig Zentralismus wie möglich ist zu schaffen. Ich behaupte, diese Bedingung ist nicht erfüllt!

Der Punkt 2 in dieser Deklaration zum Thema Landwirtschaft steht drinnen: Die Erhaltung der bäuerlichen Familienbetriebe muss gesichert werden. Innerösterreichisch müssen die Rahmenbedingungen geschaffen werden, dass Direktzahlungen getätigt werden. Ich behaupte, das ist nicht erfüllt!

Der Punkt 3 dieser Deklaration betrifft den Liegenschaftsverkehr. In dieser Deklaration steht drinnen: Es muss nach dem Vorbild Dänemark gehandelt werden, es muss eine Ausnahmeregelung für fünf Jahre für den Immobilienerwerb geben. Ich·behaupte, das ist nicht erfüllt!

Der Punkt 4 in dieser Deklaration ist der Transitverkehr. Da steht drinnen: Das Transitabkommen zwischen Österreich und der EU muss inhaltlich uneingeschränkt und für die volle Laufzeit erhalten bleiben. Dieser Punkt ist nicht erfüllt!

Der Punkt 5 ist Soziales. Da steht in der Deklaration, dass sichergestellt werden muss, dass die sozialen Errungenschaften aufrecht bleiben. Lesen Sie bitte nur die Stellungnahme im Salzburger Bericht der Ärzteschaft. Die ganze Ärzteschaft hat flaue Gefühle im Magen. …

Herr Landeshauptmann, meine Damen und Herren! Wer mit großen Ankündigungen in Verhandlungen geht und dann laufend umfällt, ist für mich kein Partner. Sie haben Ihr Wort nicht gehalten und bekommen daher auch keine Zustimmung von uns. Unser Heimatland Salzburg wird durch Ihre Handlungsweise und die Ihrer Parteifreunde dem Diktat Brüssels preisgegeben, wobei Ihnen die Unterstützung der Sozialdemokraten sicher ist.

Das sage ich Ihnen in aufrechter Weise als Vertreterin eines Europagedankens und als Vertreterin der Rotzbubenpartei und als Mitglied der Bagage, so die Wortwahl eines Ihrer Parteiobmänner. …

Eine Maastricht-Union, die in ganz Europa bereits Probleme hat – schauen Sie sich die Situation in Deutschland an; in Bayern würden 70 Prozent nicht mehr zustimmen, wenn sie abstimmen könnten; sie können aber nicht, in Frankreich gibt es größte Probleme, in Dänemark gibt es größte Probleme, in England gibt es größte Probleme, die Liste ließe sich fortsetzen; es gibt Umfragen, dass im EU-Raum überhaupt 70 Prozent, wenn es eine Abstimmung geben würde, dagegen wären -, wird von sich aus nicht demokratischer werden, wenn es Länder wie Österreich gibt, die den Weg in den Zentralismus ohne Wenn und Aber beschleunigen. Ich betone nochmals, ich bin der Meinung, ohne Schweiz und Österreich wird es keine EU geben. Die EU kann es sich gar nicht erlauben, einen Umweg um Österreich und um die Schweiz zu machen. Dass wir uns so verkaufen und so billig hingeben, das ist sehr bedauerlich. Es ist bedauerlich und schmerzhaft, dass gerade die Bundesländer, allein aus parteitaktischen Gründen und aus parteitaktischem Gehorsam, diesen zentralistischen Weg Wiens noch unterstützen.

Klubobmann Dr. Christian Burtscher (BL): Tatsächlich aber ist es dann so, dass der Herr Landeshauptmann dreimal in seiner Rede als ganz zentrales Vorhaben der Salzburger Landesregierung das Lobbying erwähnt. Das Lobbying in Brüssel, dass man sich jener Kanäle bedient, um sich irgendwie hinzuschleichen in die Vorkammern der Vorteile der Europäischen Gemeinschaft, die insgesamt denn doch wohl solche nicht zu bieten vermag, wenn man als Vorteil nicht nur das Wettrennen um Subventionen ansieht. Es ist genau dieses eine Geständnis, das Lobbying, als vorrangiges Salzburger landespolitisches Ziel, das Einbekenntnis auch oder das Resignieren vor der parlamentarischen Leere, der parlamentarischen Öde, die diese EU ausmacht und die diese EU begleitet.

Wir haben es ja fürwahr mit einer sensationellen Tiefe in der Diskussion zu tun, wenn wir von den Plakaten lesen: „Wohlstand statt Stillstand". Das nenne ich eine politische ökonomische Analyse, auf der sich aufbauen lässt. Wenn wir das lesen: „Gemeinsam statt einsam", das ist ein Spruch, in dem sich wohl und wohl feil heiraten lässt mit einer Gemeinschaft, deren Substanz man in allen Bemühungen, die man setzt, zu verschleiern versucht. Eine Braut, deren wahres Gesicht man der Öffentlichkeit nicht präsentiert. …

Der ungeheure wissenschaftliche Fortschritt führt unter der totalen Herrschaft der Ökonomie zu immer mehr Destruktivität, immer mehr Gewalt, Verelendung, Arbeitslosigkeit, Vereinsamung, Naturzerstörung. Die Politik beschränkt sich darauf, in der EU und in Österreich da und dort zu reparieren und schlittert insgesamt immer stärker in diese Krise hinein. …

Die zweite Ebene, die europäisch zu denken ist, ist die der herkömmlichen Staaten, die auch weiter als Nationalstaaten eine Aufgabe haben, als Ort für wesentliche Identifikationen der Bürger und für die Erfüllung rechtsstaatlicher Ansprüche. Darüber hinaus bedarf es einer intensiven transnationalen Zusammenarbeit, allerdings nicht eines Zentralstaates oder Bundesstaates. Diese Zusammenarbeit wird Bereiche umfassen, die einzelstaatlich nicht mehr hinlänglich gegriffen werden können. Die Geltung der Menschenrechte, nicht nur z. B., sondern allen voran, die Fragen der sozialen Mindestsicherung und Ausstattung, die ökologische und soziale Steuerreform etwa. Nicht aber bedeutet diese Ebene die Durchnormierung und Durchrationalisierung aller Lebensbereiche wie dies mit dem EU-Konzept, mit dem Maastricht-Konzept verbunden ist.

Unter der Maastricht-EU ist tatsächlich eine positive Entwicklung in Europa unvorstellbar und Jaques Delors hat das vor einem halben Jahr, vor etwas mehr als einem halben Jahr selbst erkannt, indem er damals ein mutig unmutiges Zitat wohl geäußert hat: „Wir gehen zu auf einen großen Wirtschaftsraum ohne Solidarität und ohne politischen Willen. Das ist mein Europa nicht."

Ich darf zum Schluss kommen und die Rolle des Landesparlamentes und der Landesinstitutionen im sogenannten Beitrittsprozess beleuchten. Der Herr Landeshauptmann Katschthaler steht hier am 25. Mai vor dem Landtag und preist die Mitwirkungsrechte, die sich die Bundesländer im Beitrittsprozess errungen hätten. Mitwirkungsrechte der Bundesländer, die erstens bedeuten, dass der Landeshauptmann die Bundesländer vertritt auch in Angelegenheiten, die in die Legislative hineinreichen. Das einmal als Fortschritt zu verzeichnen für den Parlamentarismus halte ich für bezeichnend und eine Selbstaufgabe an jeden parlamentarischen Anspruch und zweitens wird dann noch gepriesen, dass diese so effizient seien, obwohl man weiß, dass die Ländervoten nur bei Stimmeneinhelligkeit überhaupt eine Chance haben, in diesem Prozess sich entsprechend Geltung zu verschaffen. Wenn das die Standards sind, und wenn die Republik, die europäische Republik stattfinden soll, dann gute Nacht Europa.

Abg. Dr. Klaus Firlei (SPÖ): Ich möchte hier an dieser Stelle gleich etwas sagen, was für mich eigentlich eine unfassbare Verzerrung der gesamten Konstruktion der EU und auch der Möglichkeiten der einzelnen Staaten, in Hinkunft ihre Politik weiterhin selbständig zu gestalten, darstellt. Hier wird – ich sage das ganz offen – bewusst verzerrt und desinformiert, wobei ich hier eine Differenzierung machen möchte. Ich finde es sehr positiv, dass die Bürgerliste die Grundfragen der gesellschaftspolitischen, sozialen und ökologischen Entwicklung in Europa in den Vordergrund stellt und dies als Diskussionsangebot in den Raum stellt. Was wir hingegen von der FPÖ geliefert bekommen, ist beschämend und ausschließlich Ausdruck parteipolitischer Taktik. Sie argumentieren auch nicht ehrlich, denn Ihre Vorbehalte – das sage ich Ihnen jetzt und ich bitte Sie, dazu am Nachmittag Stellung zu nehmen – gegenüber der Europäischen Union sind nicht die, die Sie heute zum Teil völlig fälschlich und in Verzerrung der Rechtslage vorbringen, sondern Ihre Vorbehalte sind die und in einem Nebensatz haben Sie es ja gesagt, Frau Präsidentin, dass das eine Gesellschaft ist, die ein friedliches Zusammenleben von vielen ethnischen Gruppen, eine multikulturelle Gesellschaft im positiven Sinn des Wortes, eine Gesellschaft, in der die Gleichheit der Kulturen in Europa vorhanden ist, eine Gesellschaft, in der man den anderen unterschiedslos Rechte einräumt, wie zum Beispiel das kommunale Wahlrecht und vieles andere mehr. Das ist ein Europa, in dem der Einfluss Deutschlands zurückgedrängt ist. Ohne den Beitritt würde Österreich in weit größerem Ausmaß in eine ökonomische Abhängigkeit zur Bundesrepublik Deutschland geraten und wir wissen, dass die europäische Rechte im Grunde ein ganz anderes Konzept Europas verfolgt und das zieht sich durch Ihre gesamte Argumentation. Ich weiß, warum Sie wirklich gegen dieses Europa sind. Nicht aus den Gründen, die Sie hier sagen. …

Zur Landespolitik ein paar Worte: Sie tun so, als wäre die Landespolitik in ihrer Bewegungsfreiheit stärkstens beeinträchtigt. Ich glaube, Sie leben völlig am Mond oder in einem Schrebergarten als Gartenzwerg, der nicht über das Gras, das schon sehr hoch gewachsen ist, hinaussieht. Nennen Sie mir doch eine einzige landespolitische Aufgabe, die wir zu bewältigen haben, die von der Europäischen Union in irgendeiner Weise beeinträchtigt wird. Ob es die Lösung der Nahverkehrsprobleme ist, ob es unsere Raumordnung ist, ob es eine Eingrenzung der explodierenden Fremdenverkehrswirtschaft ist, ob es Verbote gegenüber Liften sind, ob es ein Nulltarif für die Busbenützer in der Stadt wäre, ob es Maßnahmen des Naturschutzes sind, die über das EU-Niveau hinausgehen, ob es eine Grundsicherung, ein besseres Sozialhilfegesetz ist, ob es die Verstärkung der Kinder- und Jugendanwaltschaft ist, eine flächendeckende Versorgung für die Kinder, für die Jugendlichen, für die alleinstehenden Frauen, was immer Sie an Salzburger Problemen heranziehen. Es gibt keine EU-Normen, die uns da in irgendetwas behindern. Wo wir gehindert sind, dass wir zum Beispiel den Unternehmen gewisse Subventionen geben, aber von dieser Art von Wirtschaftspolitik haben wir uns ja ohnehin verabschiedet. Wo sind denn die Einbrüche in die Gestaltungsfähigkeit des Landes? …

Fahren Sie doch durch Europa durch, schauen Sie sich doch die Altenbetreuung in Dänemark an, schauen Sie sich die psychologische Betreuung in Italien an, schauen Sie sich die Raumordnung in Bayern an, schauen Sie sich doch diese Vielfalt an, die sich unter diesem Schutzschirm von Europa entwickeln kann. Erwecken Sie doch nicht den Eindruck, dass diese EU die Gestaltungsmöglichkeiten und die Vielfalt in diesem Europa in irgendeiner Weise beeinträchtigt und erschlägt. Das sind doch Mythen und Märchen. So wie Sie auch auf der Ebene des Angstmachens in diesem Land ständig auf Mythen und Märchen zurückkommen und auch den Österreicher leider bei seinen negativsten Seiten packen, nämlich wenn er eigenbrötlerisch ist, dort wo er sich selbst überschätzt, dort wo er sagt, zu was brauchen wir das? Es ist immer bis jetzt alles gutgegangen, dort packen Sie ihn emotional. Sie wissen doch ganz genau, dass wir unsere Raumordnung in einen Zustand gebracht haben durch zwei Jahrzehnte, die leider sehr prekär ist und wo wir jetzt reparieren müssen. Das wissen Sie doch, ja, das ist doch nichts EU-bedingtes. Sie wissen auch, dass Österreich in seinen Ernährungsgewohnheiten leider, was die Krankheitsfälle aufgrund von Fehlern in der Ernährung anlangt, ein Schlusslicht in Europa ist und dass diese Debatte über das Lebensmittelrecht aber so was von pharisäerhaft ist. Jetzt kommen Sie also mit der Mitleidsmasche, die armen Leute müssen sich nunmehr von dem Fraß ernähren, der da aus der EU geliefert wird. Die armen Leute können sich auch, wenn sie wollen, von Getreide und Gemüse und Käse ernähren, ja, die müssen nicht unbedingt diese Sachen essen. Der Konsumbereich, der Warenbereich ist ein Bereich, in dem der Markt funktionieren kann und diese ganzen Beispiele von E 506 und was es da alles gibt, ja. Bitte, ich kaufe das nicht wo E draufsteht, ich kaufe nur das, wo draufsteht „Keine Zusatzstoffe". Damit ist die Sache für mich erledigt. Also das sind doch alles pharisäerhafte Argumente ohnegleichen, die Sie hier auf den Tisch legen und mit denen Sie nichts Anderes tun wollen als verunsichern.

Klubobmann Dr. Franz Schausberger (ÖVP): Wenn man sich die Aussagen der beiden EU-Gegner-Parteien FPÖ und Grüne anhört oder auch die heute noch zu behandelnden Anträge und Anfragen im Salzburger Landtag durchliest, dann vermisst man wahrlich jede langfristige Perspektive eines politischen Denkens, das gerade in unserer, von hässlichem Nationalismus – es wurde heute schon mehrfach betont -, Chauvinismus und Rassismus geprägten Zeit, mit den für das auslaufende 20. Jahrhundert eigentlich unvorstellbaren nationalistischen Rivalitäten, so dringend notwendig wäre. Ich bin wirklich zutiefst überzeugt, meine Damen und Herren, wenn wir jetzt im Prozess der europäischen Einigung nicht weiterkommen, dann werden die bösen Geister, die wir heute glauben, dass sie sich zentrieren und konzentrieren etwa auf das frühere Jugoslawien oder auf den Balkan, dann werden diese bösen Geister auch in Mitteleuropa wieder auftreten. Das heißt, es geht, wenn wir über die Europäische Union reden, sicherlich um viele wichtige Dinge und sicherlich auch um viele Dinge, die uns hier und jetzt in Salzburg in unseren Gemeinden betreffen, um die geht es, aber es geht vor allem um eine dauerhafte Friedensordnung für ganz Europa.

Ich sage es auch ganz offen, dass es mir unverständlich ist, Herr Kollege Burtscher, wie Grün-Politiker, denen ich eigentlich immer ihre bekundete Abneigung gegen die aufkommenden populistisch nationalistischen Bewegungen abgenommen habe, dass diese Grün-Politiker – und auf das gehen Sie mir immer viel zu wenig ein, weil Sie genau wissen, dass das eine Schwachstelle ist -, dass die Grün-Politiker die einzig wirkliche Chance dagegen, nämlich die Bildung der

Europäischen Union, ausschlagen. Es ist mir unverständlich, dass Sie die Beteiligung an einer Staatengemeinschaft ausschlagen, die das Vorhandensein einer stabilen und ausgereiften Demokratie als Voraussetzung für die Mitgliedschaft deklariert.

Herr Kollege Burtscher, das garantiert ein demokratisches Europa, denn jemand, ein Staat, der nicht wirklich eine gefestigte Demokratie vorweisen kann, kann nicht Mitglied dieser EU werden. Und das gerade in einer Zeit, wo sich Österreich am Rand der europäischen Gewitterzone befindet und größtes Interesse haben muss, dass die EU ihre Verantwortung für die gesamteuropäische Stabilität wirkungsvoll wahrnimmt. ...

Meine Damen und Herren, die ständig steigende Zahl derer, die sich für einen EU-Beitritt aussprechen, ist nicht zuletzt darauf zurückzuführen, dass inzwischen immer klarer wird, welche katastrophalen Folgen ein Nicht-Beitritt mit sich bringen würde. Noch einmal, die EU bringt für Österreich nicht nur Vorteile, das ist überhaupt keine Frage, und die öffentliche Hand, sei es der Bund, die Länder oder die Gemeinden, wird finanziell in die Tasche greifen müssen, das ist überhaupt keine Frage, um so manches auszugleichen. Wir aber sind davon überzeugt, dass wir das bewältigen werden. Vor allem auch deshalb, weil bei Abwägung der Vor- und Nachteile die Vorteile eines Beitrittes ganz eindeutig überwiegen und weil ein Nicht-Beitritt für unser Land Kosten verursachen würde, die wir kaum bewältigen könnten und die unser Land – davon bin ich überzeugt – in wenigen Jahren auf den Standard der neuen Länder des früheren Ostblocks drücken würde.

Brunhilde Scheuringer

Flüchtlinge in Salzburg nach 1945

Österreich war nach 1945 von zahlreichen Fluchtbewegungen betroffen, deren Auswirkungen im Land Salzburg teils stärker, teils schwächer zu spüren waren. Abhängig war dies von historischen, wirtschaftlichen, sozialen und politischen Kontexten, von der Zahl der einströmenden Flüchtlinge, ihrem soziostrukturellen und kulturellen Hintergrund, ihren Zuteilungsschlüsseln an die Länder und schließlich von den Bewältigungsgrenzen, die Österreich bzw. Salzburg setzten und ab denen sie fürchteten, ein weiterer Zustrom an Flüchtlingen könnte zu Steuerungsverlusten ihrer Ordnungssysteme führen.

Zeitliche Abfolge der Fluchtbewegungen, Flüchtlingsbegriffe und Materialgrundlagen

Salzburg wurde im Sommer und Herbst des Jahres 2015 zur Drehscheibe für Flüchtlinge, deren Zielland Deutschland war. Tausende Menschen, mehrheitlich junge Männer aus Afghanistan, Syrien und dem Irak durchquerten das Land, ehe Deutschland Grenzkontrollen einführte. Salzburg hatte seit 1945 mehrmals die Funktion eines Durchgangslandes für Flüchtende, wurde und wird aber in jüngster Zeit immer häufiger zum Zielland für diese Menschen. Erinnern wir uns eingangs an die zeitliche Abfolge der zahlreichen Fluchtbewegungen, von denen Österreich nach 1945 betroffen war, ohne den Anspruch auf Vollständigkeit zu erheben.

Dazu zählen die Flüchtlinge der großen Massenmigration nach dem Ende des Zweiten Weltkrieges, insbesondere aus dem Osten und Südosten Europas; des Ungarnaufstandes 1956; der Tschechoslowakei nach der militärischen Intervention der Warschauer-Pakt-Staaten 1968; der kleinen Gruppen in den 1970er-Jahren, z. B. aus Indochina die vietnamesischen „Boat People" nach der kommunistischen Machtübernahme; aus Chile nach dem Militärputsch und der Ermordung des Präsidenten Allende 1973; aus Polen nach der dortigen Verhängung des Kriegsrechtes 1981; aus Rumänien in den letzten Jahren der Ära Ceausescu und nach dessen Hinrichtung Ende 1989; aus Somalia in Folge des totalen Zusammenbruchs der Staatsgewalt seit Anfang 1991 und bis heute anhaltend; aus Bosnien-Herzegowina nach dem serbischen Eroberungskrieg 1991/92; aus dem Kosovo durch kriegerische Auseinandersetzungen zwischen Serben und Albanern und den einsetzenden NATO-Luftangriffen 1998/99; aus Tschetschenien aufgrund des Krieges zwischen Russland und tschetschenischen Separatisten seit Ende der 1990er-Jahre; aus Afghanistan durch den Bündnisfall der NATO aufgrund der Ereignisse 9. November 2001; aus dem Irak nach dem Sturz Saddam Husseins 2003; aus Syrien seit 2011 aufgrund eines Bürgerkrieges mit einem komplexen Ursachenbündels wie Willkür des Sicherheitsapparates, soziale Ungleichheit, Vetternwirtschaft und konfessionelle Spannungen.

Auf dieser Hintergrundfolie sollen die für unser Bundesland wichtigsten Fluchtbewegungen eingehender beschrieben und analysiert werden. Zunächst sind noch einige wichtige Begriffe zu klären, auf die beim Lesen des Textes zurückgegriffen werden kann. Informationen dazu liefern im Internet die behördenübergreifende Plattform der österreichischen Bundesverwaltung sowie der Österreichische Integrationsfonds. Wer gilt in Österreich als Flüchtling? Hier ist auf die 1951 von den Vereinten Nationen verabschiedete Genfer Flüchtlingskonvention zu verweisen, die auch heute noch volle Gültigkeit beansprucht und von Österreich bereits 1955 ratifiziert wurde. Sie stellt die erste völkerrechtlich verbindliche Regelung über den Umgang mit Flüchtlingen dar. Nach dieser Konvention sind Flüchtlinge Menschen, die sich aufgrund einer begründeten Furcht vor Verfolgung außerhalb jenes Staates aufhalten, dessen Staatsangehörigkeit sie besitzen, außerdem Staatenlose, die sich ebenfalls aus begründeter Furcht vor Verfolgung außerhalb ihres gewöhnlichen Aufenthaltsstaates befinden. Anerkannte Fluchtgründe sind die Verfolgung aus rassischen Gründen, aus Gründen der Religionszugehörigkeit, der Nationalität, der politischen Überzeugung oder der Zugehörigkeit zu einer bestimmten sozialen Gruppe.

Menschen, die aufgrund eines Fluchtereignissen nach Österreich kommen, können um Asyl ansuchen. Die Erstbefragung wird durch ein Organ der öffentlichen Sicherheit durchgeführt, deren Ergebnisse dann an das Bundesamt für Fremdenwesen und Asyl weitergeleitet werden. Wenn dieses zu dem Schluss kommt, dass die Person aufenthaltsberechtigt ist, d. h. Österreich für die inhaltliche Prüfung des Antrages zuständig ist, wird sie einer Erstaufnahmestelle zugeteilt und gilt dann als Asylwerber. Mit diesem Status ist ein Anrecht auf Grundversorgung verbunden, die im Wesentlichen Unterkunft, Verpflegung, Bekleidung, Krankenversicherung, Taschengeld, Schulbedarf und Deutschkurse umfasst. In Salzburg betreut die Caritas, im Auftrag und finanziert durch das Land, die Asylwerber im Rahmen der Grundversorgung.

Wird der Flüchtlingsstatus beim nun folgenden inhaltlichen Zulassungsverfahren (Prüfung der nach der Genfer Konvention anerkannten Fluchtgründe) durch das Bundesamt für Fremdenwesen und Asyl zuerkannt, gelten diese Personen als Asylberechtigte, dürfen sich in Österreich niederlassen und haben freien Zugang zum Arbeitsmarkt, um für sich selbst zu sorgen. Außerdem haben sie einen Anspruch auf Mindestsicherung. Dafür ist eine finanzielle Notlage Voraussetzung, die dann gegeben ist, wenn der Asylberechtigte trotz Einsatz des eigenen Einkommens den Lebensunterhalt für sich und die Familienangehörigen nicht bestreiten kann.

Daneben gibt es für Flüchtlinge noch zwei spezifische Formen eines Aufenthaltsrechtes. Dies sind einerseits Personen, die den Status von „subsidiär Schutzberechtigten" haben, andererseits solche mit einem „humanitären Bleiberecht". Erstere sind Personen, deren Asylantrag mangels Verfolgung abgewiesen wurde, deren Leben oder Unversehrtheit aber im Herkunftsland bedroht ist und sie zwar kein Asyl, aber einen befristeten Schutz vor Abschiebung erhalten. Letztere sind Personen mit einem Sonderstatus als besonders Schutzbedürftige oder besonders gut Integrierte, die für einen befristeten Zeitraum in Österreich bleiben können, auch wenn sie keinen legalen Aufenthaltstitel haben. Personen mit diesem Status haben einen Anspruch auf Grundversorgung. Dies ist bei Zahlenangaben zu Asylwerbern respektive Personen in Grundversorgung zu berücksichtigen, indem Letztere durch die Einbeziehung von Personen mit spezifischen Aufenthaltsrechten etwas höher sein können.

Im allgemeinen Sprachgebrauch ist der Begriff „Flüchtlinge“ zu einem Sammelbegriff für alle diejenigen Personen geworden, die aus den verschiedensten Gründen ihre Heimat, ihr Herkunftsland zwangsweise oder notgedrungen verlassen mussten. Neben den in der Konvention anerkannten Fluchtgründen gehören dazu beispielsweise das große Elend in den Herkunftsländern (Armutsflüchtlinge), die dort besonders spürbare globale Erwärmung (Klimaflüchtlinge) oder immer wiederkehrende Naturkatastrophen (Umweltflüchtlinge). Menschen, die aus diesen Gründen geflohen sind, werden zusammenfassend auch als „Wirtschaftsflüchtlinge“ bezeichnet mit oft nur geringen Chancen auf Asyl, also auf internationalen Schutz in einem fremden Staat.

Ein Hinweis zu den Materialgrundlagen dieses Beitrages: Neben den stenographischen Protokollen des Salzburger Landtages ab 1945 werden in die Diskussion meine eigenen Forschungen zur Flüchtlingsthematik einbezogen, ferner Analysen und Berichte von Forschungseinrichtungen, einschlägige Publikationen in Fachzeitschriften, Internet-Recherchen sowie Erlebnisberichte und mündliche Gespräche mit ehemaligen Flüchtlingen im Land Salzburg.

Fluchtbewegungen nach 1945 und ihre Auswirkungen im Land Salzburg

Unmittelbar nach dem Ende des Zweiten Weltkrieges lebten ungefähr 1,5 Millionen Ausländer in Österreich. Dazu zählten Vertriebene und Kriegsflüchtlinge, befreite KZ-Häftlinge und Zwangsarbeiter, jüdische Flüchtlinge, ehemalige Kriegsgefangene und Angehörige von Verbündeten der deutschen Armee. Teilweise wurden sie in die Auswanderungsländer USA, Kanada oder Australien gebracht, teilweise in ihre Ursprungsländer repatriiert, einige blieben schließlich in Österreich und erhielten die Staatsbürgerschaft. Für Salzburg sind aufgrund ihrer Zahl und ihres Eingliederungsprozesses insbesondere die „volksdeutschen“ Flüchtlinge von Belang. Als „Volksdeutsche“ bezeichnete man in Österreich die deutsche Bevölkerung, die außerhalb Österreichs und der Grenzen des Deutschen Reiches von 1937 in den Staaten Ost- und Südosteuropas lebte. Diese Zuschreibung traf für die meisten Personen zu, die in der Endphase des Zweiten Weltkrieges und danach nach Österreich einströmten, denn sie kamen aus Ungarn, Jugoslawien, Rumänien und dem Sudetenland. Große Teile der Flüchtenden kamen demnach aus Gebieten, die früher Teil der Donaumonarchie und des Deutschen Reiches waren, die aber zum Zeitpunkt der Flucht außerhalb des damaligen Österreich und der Grenzen des Deutschen Reiches von 1937 lagen. Aus der Gesamtschau statistischer Quellen ist davon auszugehen, dass rund 300.000 „volksdeutsche“ Flüchtlinge in Österreich eine neue Heimat gefunden haben, von diesen entfallen auf das Bundesland Salzburg rund 30.000.

Bedingt durch siedlungsgeschichtliche, sozioökonomische und kulturelle Faktoren bildeten sich sehr früh gruppenspezifische soziale Netzwerke heraus, die zu einer Kategorisierung der „Volksdeutschen“ nach Donauschwaben (Ungarn, Jugoslawien), Sudetendeutschen (Sudetenland) und Siebenbürger Sachsen (Rumänien) führten.

Die Donauschwaben als stärkste Gruppen unter den 30.000 Geflüchteten wurden von einem starken Strukturwandel erfasst. Sie wurden um 1700 nach

Großküche des Roten Kreuzes in der Paris-Lodron-Straße zur Verpflegung der Flüchtlinge. Die Küche war bis 1948 in Betrieb (Foto: Archiv der Stadt Salzburg, Fotosammlung Anny Madner)

dem Sieg über die Türken von der habsburgischen Verwaltung in den vom Krieg verwüsteten Gebieten entlang der Donau angesiedelt. Mehrheitlich dem bäuerlichen Milieu entstammend, wurden sie in Österreich zu Hilfsarbeitern bei einheimischen Bauern oder in Handwerks- und Gewerbebetrieben. Manche erreichten durch Umschulung den Facharbeiterstatus oder wagten den Sprung in die Selbständigkeit. Bei den Donauschwaben war auch der Wunsch nach Auswanderung stark ausgeprägt. Diese gelang jedoch nur wenigen.

Die Sudetendeutschen als zweitstärkste Gruppe hatten in den Bereichen Kunst, Kultur und Wirtschaft durch ihre lange Zugehörigkeit zur Habsburgermonarchie (Anfang des 16. Jahrhunderts bis 1918) enge Bindungen an Österreich und damit auch an Salzburg. Sie waren auf Grund ihrer Bildungs- und Berufsstruktur gewerblich-industriell ausgerichtet, gründeten in Salzburg zahlreiche Betriebe und es gelang ihnen mit den Jahren auch der Zugang zu gesellschaftlich und wirtschaftlich wichtigen Positionen in Stadt und Land Salzburg.

Die Geschichte der Siebenbürger Sachsen geht bis ins 12. Jahrhundert zurück. Angeworben von den ungarischen Königen als Schutzwall gegen äußere Feinde und als Hort der Stabilität im Inneren, lag ihr Siedlungsgebiet im heutigen Rumänien. Schon im 16. Jahrhundert waren sie geschlossen zum evangelischen Glauben übergetreten, was zu einem starken Zusammenhalt der Gruppe in der „österreichischen Fremde" beitrug. Beispielgebend dafür ist die Siedlung Sachsenheim in der Salzburger Umlandgemeinde Elixhausen. In der auf dem Reißbrett mit viel Eigenleistung entstandenen Siedlung entwickelten sie ein reges Gemeinschaftsleben, das teilweise bis heute fortwirkt.

Die „volksdeutschen" Flüchtlinge mussten in den Anfangsjahren rechtliche, ökonomische und soziale Deklassierungen hinnehmen. Es gab noch keine Asylgesetzgebung. So galten die Flüchtlinge nach der in Kraft gebliebenen Ausländerpolizeiverordnung vom 22. August 1938 als Staatenlose. Es bestanden Benachteiligungen im Arbeits- und Berufsleben, indem eine Beschäftigungsgenehmigung nur dann erteilt wurde, wenn dafür kein geeigneter Österreicher vorhanden war.

In den Protokollen des Salzburger Landtages taucht der Begriff „Volksdeutsche" erstmals 1950 auf, und zwar in der Sitzung vom 23. Jänner 1950. In dieser

Das im Krieg stark zerstörte Hotel de L'Europe wurde in den Nachkriegsjahren als Flüchtlingslager genutzt, war aber auch ein wichtiger Versammlungsort der „volksdeutschen" Flüchtlinge (Foto: Archiv der Stadt Salzburg, Franz Krieger)

stellen die ÖVP-Abgeordneten Karl Glaser, Franz Hell, Dr. Adalbert Müller, Johann Prodinger und Peter Röck den Antrag, die „volksdeutschen" Heimkehrer in Bezug auf die Betreuung durch das Land den österreichischen Heimkehrern gleichzustellen. In der Sitzung vom 23. Februar 1950 wurde dem Antrag vom Landtag einstimmig stattgegeben. Von den Debattenrednern wurde darauf hingewiesen, dass die „Volksdeutschen" einstmals „Bürger des gleichen großen österreichischen Vaterlandes waren" und es wurden ihr großer Fleiß und ihre Leistungen beim Wiederaufbau des Landes gewürdigt.

In eben dieser Sitzung vom 23. Jänner 1950 wurde von den WdU-Abgeordneten Manfred Krüttner, Hans-Friedrich Freyborn, Karl Mayr, Alois Ruhdorfer und Franz Buchinger ein Antrag auf Erlassung eines besonderen Statutes für die Volksdeutschen durch entsprechende landesrechtliche Bestimmungen eingebracht. Der Antrag umfasst Forderungen nach Gewährung einer dauernden Aufenthaltsgenehmigung, Schutz des Arbeitsplatzes durch Gleichstellung mit Inländern, finanzielle Unterstützung volksdeutscher Siedlungsaktionen, Organisations- und Versammlungsfreiheit, gewerberechtliche Gleichstellung, Aufhebung der Beschränkung von Jugendlichen hinsichtlich Schulbesuch und Lehrstellen sowie nach Heranziehung der legitimierten Vertreter der Volksdeutschen bei allen sie betreffenden Fragen.

Auch dieser Antrag wurde vom Landtag am 19. Juli 1950 einstimmig angenommen. Es handelt sich dabei um eine Vorwegnahme der zu Beginn der 1950er-Jahre auf Bundesebene sukzessive verabschiedeten Gleichstellungsgesetze. Eine weitere wichtige Maßnahme auf Bundesebene war das 1954 verabschiedete Optionsgesetz, das für die Volksdeutschen ein vereinfachtes, kostengünstigeres Einbürgerungsverfahren vorsah und die staatsbürgerliche Integration rascher und leichter ermöglichte.

Ein wichtiger Grund für die gelungene Integration der „Volksdeutschen" waren ihre Eigeninitiativen, indem sie institutionelle Selbsthilfestrukturen aufbauten, so etwa eine Zentralberatungsstelle für ihre Anliegen einrichteten und eigene Wohnbaugesellschaften und landsmannschaftliche Vereinigungen gründeten. Damit initiierten sie Hilfs- und Aufbauprogramme, eine gute Zusammenarbeit mit politischen und kirchlichen Vertretern, mit Dienststellen in Stadt und Land, aber auch Hilfsorganisationen im In- und Ausland.

In der zweiten Hälfte der 1950er-Jahre ging es vor allem um die Auflösung der großen Barackenlager in Hellbrunn, Itzling, Parsch und Glasenbach sowie in der Alpenstraße. Über die dafür notwendige Wohnbaufinanzierung wurde in den 1950er-Jahren auch im Landtag häufig diskutiert und beschlossen, dem Landesförderungsfonds einige Millionen Schilling zur Finanzierung von Ersatzbauten für Barackenbewohner zur Verfügung zu stellen. In diese Zeit fällt auch eine rege Bautätigkeit durch gemeinnützige Wohnbaugenossenschaften, teils von oder für die Flüchtlinge errichtet, z. B. durch die „Neusiedler" für evangelische und durch die „Heimat Österreich" als Gründung einiger Caritas-Verbände für katholische.

Die Flüchtlinge des Ungarnaufstandes 1956

In Ungarn verschärfte sich 1956 die innenpolitische Lage. Gesellschaftliche Kräfte, die für Liberalisierung und Demokratisierung eintraten, erhoben sich gegen das kommunistische System und die russischen Besatzungsmächte. Im Oktober kam es zum Ausbruch offener Kämpfe. Mit der Niederschlagung des Aufstandes durch sowjetische Truppen und des Warschauer Paktes setzte Anfang November eine große Fluchtbewegung ein. Diese dauerte bis Mitte Januar 1957, zu diesem Zeitpunkt wurde die Grenze von ungarischer Seite offiziell abgesperrt. Der historischen Wissensplattform der Stadt Wien ist zu entnehmen, dass insgesamt an die 200.000 Ungarn nach Österreich gelangten, das für viele nur ein Transitland war. Ende 1958 lebten noch schätzungsweise 25.000 bis 30.000 Ungarn in Österreich, von denen sich die überwiegende Mehrzahl, etwa 14.000, in Wien niederließ. Auch in Salzburg wurden zahlreiche Unterkünfte für die Flüchtlinge geschaffen, nicht nur von der öffentlichen Hand, sondern auch durch zahlreiche Hilfsorganisationen und Privatinitiativen. Nach einer häufig zitierten Studie von Ibolya Murber gab es im Dezember 1956 im Bundesland Salzburg 5.366 Ungarnflüchtlinge, davon waren 4.566 „behördlicherseits Untergebrachte" und 800 „durch Privatorganisation Untergebrachte".

Am 29. November 1956 hielt der damalige Landtagspräsident Franz Hell eine sehr berührende Rede im Landtag. Er sprach der um ihre demokratischen Lebensrechte kämpfenden ungarischen Nation, mit der man über Jahrhunderte durch ein gemeinsames Schicksal verbunden war, sein tiefes Mitgefühl aus. Gleichzeitig rief er ins Bewusstsein, dass die Ereignisse in Ungarn deutlich erkennen ließen, „welch hohes Gut unsere Demokratie, Freiheit und Neutralität ist, die uns der Staatsvertrag gebracht hat."

Zwei Begebenheiten im Bundesland Salzburg sind gut dokumentiert und der Erinnerung würdig: zum einen die Unterbringung geflüchteter ungarischer Soldaten in Salzburg, recherchiert von Hubert Speckner, zum anderen die Geschichte der 500 geflohenen Professoren und Studenten der Berg- und Forstakademie Sopron, zehn Jahre nach der Fluchtbewegung niedergeschrieben von Otto Folberth, der damals in das Geschehen involviert war.

Was sollte mit den vielen bewaffneten und uniformierten Soldaten, denen die Flucht nach Österreich gelungen war, geschehen? Auf Weisung des Bundes-

2.500 junge Salzburgerinnen und Salzburger zeigten am 16. November 1956 Zivilcourage und demonstrierten gegen die sowjetische Aggression in Ungarn (Fotos: Norbert Heger)

ministers für Landesverteidigung wurden rund 600 dieser Geflüchteten in der Salzburg Siezenheim-Kaserne untergebracht, gemeinsam mit rund 180 Studenten der Universität Sopron. Letztere waren bewaffnete Kämpfer, die beim Anrücken russischer Panzer in geschlossener Formation die Grenze nach Österreich überschritten hatten. Beide Gruppen galten als Internierte, wurden streng bewacht, das Verlassen des Lagers war ihnen untersagt und ihre Versorgung galt als schlecht. Dies führte zu Hungerstreiks und mehreren Ausbruchsversuchen. Einige der Internierten waren mit Frau und Kind geflüchtet und diese rund 30 Personen erhielten als Asylberechtigte eine bessere Behandlung, ebenso die rund 70 Zivilisten, die ebenfalls im Lager untergebracht waren. Die ungarische Gesandtschaft erklärte am 7. Dezember 1956 die Kampfhandlungen für beendet, womit auch der kriegsvölkerrechtliche Grund der Internierung entfiel. Von den rund 900 Lagerinsassen kehrten nur 100 nach Ungarn zurück, 320 stellten einen Asylantrag in Österreich, die übrigen wanderten aus, vorwiegend in die USA und nach Kanada. So fand diese Episode ein gutes Ende.

Von den rund 500 geflohenen Professoren und Studenten der Bergakademie Sopron waren, wie schon ausgeführt, 180 in der Siezenheim-Kaserne untergebracht, die restlichen tauchten in verschiedenen Auffanglagern in Österreich auf. Das Österreichische Bundesministerium für Unterricht entschloss sich, diese Personen gemeinsam in staatlichen Beherbergungsbetrieben am Wolfgangsee im Salzkammergut unterzubringen. Diese Lösung hatte den Vorteil, dass hunderte einander ähnliche Einzelprobleme zu einem großen Problem zusammengefasst und dessen Lösung vereinfacht und beschleunigt werden konnte. Diese Aufgabe fiel der Salzburger Landesregierung zu, die den Flüchtlingen zur Kenntnis brachte, dass ihr Aufenthalt in Österreich nur von kurzer Dauer sein könne, da im Land kein Mangel an Forstingenieuren bestehe. Prof. Otto Folberth, ein siebenbürgischer Flüchtlingsexperte mit magyarischen Sprachkenntnissen, fungierte als Kontaktperson und hat zehn Jahre danach seine diesbezüglichen Erinnerungen 1967 im AWR-Bulletin für Flüchtlingsfragen festgehalten. Er berichtet, dass eines Tages in St. Wolfgang der kanadische Einwanderungsminister eintraf und erklärte, Kanada sei bereit, die ganze Gruppe zu übernehmen. Man werde für sie eine eigene Abteilung, vorläufig mit magyarischer Unterrichtssprache, an der Universität von British-Columbia in Vancouver einrichten. Dort könnten die Studenten, von ihren eigenen Professoren unterrichtet, ihr Studium zum Abschluss bringen. Für den Lebensunterhalt aller sorge ab Einschiffungshafen die kanadische Regierung. Nach erfolgter Ausbildung stehe es jedermann frei, entweder in seine Heimat zurückzukehren oder eine Anstellung in Kanada anzunehmen, wo Forstleute außerordentlich gefragt seien. Folberth berichtete ferner, dass sich ein Kreis von Frauen um die verwitwete Erzherzogin Franziska Habsburg, eine Schwägerin des letzten österreichischen Kaisers Karl, sehr um diese wie auch andere ungarische Flüchtlinge in Salzburg kümmerte. So organisierten die Frauen für die Soproner Gruppe 1956 ein Weihnachtsfest, bei dem diese mit Wäsche, Kleidern, Schuhe, Decken, Koffern und auch Geld ausgestattet wurde, ehe sie wenige Tage darauf mit den Reisezielen Le Havre und Liverpool die Stadt Salzburg verließen. Noch über viele Jahre erreichten Dankschreiben der Soproner Gruppe aus Kanada die helfenden Hände von damals. Im kollektiven Gedächtnis spielte die große Hilfsbereitschaft und die Solidarität der Österreicherinnen und Österreicher gegenüber den Ungarnflüchtlingen lange Zeit eine wichtige Rolle, weil sie zur positiven Formung eines humanitären Aufnahmelandes am Rande des damaligen Westens beitrugen.

Die Flüchtlinge der 1960er-, 1970er- und 1980er-Jahre

Über Flüchtlinge, die in den 1960er- bis 1980er-Jahren nach Salzburg gekommen sind, finden sich in den Landtagsprotokollen keine näheren Angaben. Die Gründe dafür dürften in der Weiterwanderung der Flüchtenden in andere Länder, in ihrer „stillen Integration" (Thea D. Boldt), die kein öffentliches bzw. mediales Aufsehen erregte, und ihrer Konzentration auf Wien und Umgebung liegen.

In einschlägigen Publikationen, so etwa in der gut dokumentierten Diplomarbeit von Magdalena Klaus, wird von rund 200.000 Tschechen ausgegangen, die nach dem August 1968 nach Österreich kamen, die meisten nach Wien. Als die Flucht im August 1968 einsetzte, waren viele österreichische Politiker im Urlaub und man war generell mit dem großen Ansturm an Flüchtlingen überfordert. In Eile mussten Flüchtlingslager und private Notunterkünfte bereitgestellt werden. Finanzielle Unterstützung kam von der Caritas und vom UN-Hochkommissariat für Flüchtlinge. Die Kosten Österreichs als Erstaufnahmeland wurden von Theodor Veiter im AWR-Bulletin 1969 mit rund 28 Mio. S angegeben. Aufgrund der prekären finanziellen Lage Österreichs war die Weiterwanderung der Flüchtlinge das Hauptziel. Dies wurde insofern erleichtert, als viele Flüchtlinge jung, großteils gut ausgebildet und viele Länder in Europa und in Übersee für diese Menschen aufnahmebereit waren. Die Zahl der in Österreich, vor allem im Wiener Raum geblieben Personen wird mit 3.000 bis 4.000 beziffert, salzburgspezifische Daten konnten nicht gefunden werden.

In den späten 1970er-Jahren setzte eine vietnamesische Flüchtlingswelle ein, die bis Anfang der 1980er-Jahre anhielt. Mit dem Sieg des kommunistischen Nordvietnams und der Wiedervereinigung mit dem Süden flohen Unterstützer der Republik Vietnam über das Meer, man nannte sie „Boat People". Von den

Aufgegriffenen nahm auch das Land Salzburg eine größere Zahl auf, nach Schätzungen etwa 200 bis 300 Personen. Viele Flüchtlinge fanden über Initiativen der Caritas in Salzburger Pfarrgemeinden ein neues Zuhause. Die Kinder und Jugendlichen besuchten sogenannte „Bunte Klassen", in denen sie Grundzüge der deutschen Sprache erwarben, um dann in reguläre Klassen zu wechseln. Sie haben eine Lehre oder ein Studium abgeschlossen und für manche hat sich Zweisprachigkeit innerhalb des asiatisch-europäischen Wirtschaftsraumes für den Berufseinstieg als großer Vorteil erwiesen.

Die Polenkrise zog sich über einen längeren Zeitraum hin. Auslöser war eine tiefe wirtschaftliche Krise, die zur Forderung nach Reformen und Verbesserung der Lebensbedingungen der Menschen führte. Im August 1980 gelang die Gründung der Gewerkschaft „Solidarnosc" mit weitreichenden Befugnissen wie Garantie des Streikrechtes, Einhaltung der Freiheit des Wortes und Zugang zu den von der Partei kontrollierten Massenmedien. Viele Menschen misstrauten der Durchsetzbarkeit eines „Sozialismus mit menschlichem Antlitz" und entschlossen sich, aus ihrer Heimat zu flüchten, solange die Möglichkeit gegeben war. Nach Angaben von Eugen Antalovsky im AWR-Bulletin 1983 kamen damals zehntausende Polen nach Österreich und die Anzahl der Asylwerber stieg täglich. Der Flüchtlingsstrom endete erst, als die polnische Militärregierung im Dezember 1981 das Kriegsrecht proklamierte und die Grenze abrupt gesperrt wurde. Mit Hilfe des UN-Hochkommissariats für die Flüchtlinge und anderer internationaler Hilfsorganisationen konnten zehntausende polnische Flüchtlinge in andere europäische Länder und nach Übersee auswandern. Im Land Salzburg leben derzeit über 1.000 Personen polnischer Staatsangehörigkeit, wie viele von ihnen Flüchtlinge aus den 1980er-Jahren sind, konnte nicht eruiert werden, sie gehören zu den „still Integrierten".

Das Jahr 1989, besonders der Umsturz in Rumänien 1989/90, markiert eine Wende in der österreichischen Asyl- und Flüchtlingspolitik. Bereits Ende der 1980er-Jahre war die Zahl der Flüchtlinge aus Rumänien, die den Weg über Ungarn, Polen oder der CSSR nehmen mussten, deutlich angestiegen. In Rumänien herrschten Armut, wirtschaftliche Rückständigkeit und massive Korruption. Nach der Liquidierung des Regimes Ceausescu stiegen die Zahlen weiter an. Die dann einsetzende Massenflucht war vor allem eine Reaktion auf die Härten und Entbehrungen, welche die Bevölkerung unter dem kommunistischen Regime hatte erleiden müssen. Die Reisefreiheit eröffnete vielen die Aussicht auf ein besseres Leben in einem anderen Land und die Institution des Asyls erschien vielen als die einzige Möglichkeit, zunächst überhaupt einen legalen Aufenthaltsstatus im Ausland zu erlangen. Von dieser Entwicklung war in erster Linie der Osten Österreichs betroffen. Einen Wendepunkt markiert das Ansinnen der österreichischen Regierung, rund 800 männliche Asylwerber in einer Kaserne der kleinen, burgenländischen Gemeinde Kaisersteinbruch unterzubringen. Es kam zu massiven Protesten der rund 200 Einwohner der Gemeinde. Diese Proteste waren ein Mitauslöser eines schon des längeren überlegten Einsatzes des Bundesheeres zum Schutz gegen „illegale Grenzübertritte". Das Asylgesetz für eine Aufnahme in Österreich wurde verschärft. Wesentliche Neuerungen waren die Einführung der „Drittstaatenklausel", nach der Flüchtlingen, die aus einem „sicheren Drittstaat" nach Österreich kommen, kein Asyl gewährt wird, beschleunigte Verfahren bei offensichtlich unbegründeten Asylanträgen sowie eine Beschneidung des Rechtes auf vorläufigen Aufenthalt. In der Folgezeit beteiligte sich Österreich im Vorfeld des EU-Beitritts 1995 an der Vereinheitlichung der Asyl- und Migrationspolitik der EU.

Über die Situation rumänischer Flüchtlinge im Bundesland Salzburg konnte nur eine Angabe in einem Bericht der Sozialberatungsstelle der Caritas gefunden werden. Nach einer dort ausgewiesenen Jahresstatistik der Flüchtlinge aus dem Jahr 1990 waren von den damals registrierten 280 Asylwerbern in Salzburg 191 aus Rumänien. Auch sie dürften zu den „still Integrierten" gehören, da keine Auskunftspersonen gefunden wurden, die über ihren Integrationsprozess in Salzburg hätten berichten können.

Die Kriegsflüchtlinge aus Kroatien und Bosnien-Herzegowina 1991/1992

Wichtige Beiträge zu diesen Ereignissen finden sich in den AWR-Bulletins der 1990er-Jahre, verfasst von Eugen Antalovsky. Das Streben Kroatiens nach Unabhängigkeit vom damaligen Jugoslawien führte 1991 zu kriegerischen Konflikten und einer dadurch bedingten Fluchtbewegung, die auch einige tausend kroatische Flüchtlinge nach Österreich brachte. In Salzburg waren mehrere kroatische Familien im Hotel Winkler untergebracht, die meisten kehrten 1992 wieder in ihre Heimat zurück. Die kriegerischen Auseinandersetzungen zwischen Serben, Bosniern und teilweise auch Kroaten begann im April 1992 und hatten Millionen an Flüchtenden zur Folge. Innerhalb des ehemaligen Jugoslawiens registrierte man 3,7 Millionen Binnenflüchtlinge und ca. 700.000 Kriegsflüchtlinge außerhalb, vornehmlich in Westeuropa. Für Letztere war Österreich erste Anlaufstelle und nahm 90.000 Flüchtende auf.

In Österreich wurden diese Menschen als „De facto-Flüchtlinge" betreut, d. h. sie galten nicht als Flüchtlinge im Sinne der Genfer Konvention, das Innenministerium gewährte ihnen jedoch, in Absprache mit den Ländern, auf bestimmte Zeit ein vorübergehendes Aufenthaltsrecht. Diese Rechtstitel nennen wir heute „subsidiärer Schutz" bzw. „humanitäres Bleiberecht". Nach einem Bericht der „Zeit Online"-Ausgabe vom 10. Juli 1992 lebten damals rund 700 Flüchtlinge aus Bosnien-Herzegowina in Salzburger Notunterkünften, weitere 2.000 hatten bei Verwandten oder Bekannten Unterschlupf gefunden, täglich kamen 20 bis 30 Personen dazu. „Wer keine kleinen Kinder hat, muss im Freien schlafen, im Mirabellgarten oder auf dem Mönchsberg. Knapp ein Drittel der in Salzburg lebenden Flüchtlinge will nach Deutschland. Allein am Grenzübergang Walserberg bei Salzburg wurden im Mai und Juni 6.000 Menschen zurückgeschickt." Leider fehlen Quellenangaben für diese Zahlen. Einer Beilage zum stenographischen Protokoll des Salzburger Landtages vom Mai 1997 ist zu entnehmen, dass die Betreuung der Flüchtlinge aus Bosnien-Herzegowina für die Jahre 1994–1996 dem Land insgesamt 34,5 Mio. S gekostet haben. Wie viele Flüchtlinge damals in unserem Bundesland geblieben sind, wie viele die österreichische Staatsbürgerschaft erworben oder die ihres Herkunftslandes behalten haben, ist nicht feststellbar. Die Salzburger Landesstatistik gibt bekannt, dass zum Stichtag 1. Jänner 2016 die meisten Salzburgerinnen und Salzburger, die nicht aus einem EU-Land stammten, mit 11.344 aus Bosnien und Herzegowina kamen. Inwieweit es sich

Kroatische Flüchtlingsfamilie 1992 im Notquartier des ehemaligen Hotel Winkler in der Franz-Josef-Straße (Foto: Archiv der Stadt Salzburg, Fotosammlung)

dabei um Nachkommen ehemaliger Flüchtlinge handelt oder um später Zugewanderte, kann nicht festgestellt werden. Empirische Erhebungen bestätigen jedoch, dass sich diese Personengruppe, was das Arbeits- und Berufsleben anbelangt, recht gut in die österreichische Gesellschaft integriert hat. Weit über die Grenzen Salzburgs hinaus fand die Aktion „Bauern helfen Bauern", gegründet von Doraja Eberle und ihrem Mann Alexander, große Beachtung. Ursprünglich ging es um den Bau einfacher, wintertauglicher Holzhäuser in den verwüsteten Regionen von Bosnien und Herzegowina. Mittlerweile kam es zu mannigfachen Erweiterungen, z. B. Förderung der Landwirtschaft, Hilfspakete an Bedürftige, Investitionen in Bildung, Förderung von Projekten zur Selbsthilfe sowie Erstellung innovativer Konzepte zur Zusammenführung von Siedlungsgebieten und deren Infrastruktur. Über Bosnien-Herzegowina hinausreichend wurden diese Hilfeleistungen auch auf den Kosovo und auf Albanien ausgedehnt.

Die Kriegsflüchtlinge aus dem Kosovo 1998/99

Von den rund zwei Millionen Einwohnern des Kosovo waren ca. 90 Prozent albanischer, der Rest serbischer Nationalität und die Provinz genoss in der Bundesrepublik Jugoslawien Autonomie-Status. Dieser wurde 1989 aufgehoben und damit kam es zu schweren Konflikten zwischen beiden Volksgruppen. Der Eskalation auf diplomatischem Wege beizukommen schlug fehl und so begannen im März 1999 NATO-Luftangriffe. Dadurch wurden die Fluchtbewegungen von rund 700.000 Albanern und 200.000 Serben beschleunigt, die zunächst in den Nachbarstaaten Albanien, Mazedonien, Montenegro und Serbien Aufnahme fanden. Da diese Länder langfristig keine so große Zahl von Flüchtlingen aufnehmen konnten, musste auf schnellstem Weg internationale Hilfe geleistet werden. Konzentrieren wir uns nun auf den Beitrag Österreichs.

Nach den Ausführungen von Eugen Antalovsky im AWR-Bulletin aus dem Jahr 1999 hatte die österreichische Regierung beschlossen, das Problem vorrangig vor Ort zu lösen und ein großes Zeltlager in Albanien zu errichten. Zwei Mitarbeiter des Roten Kreuzes, Josef Tichy aus Oberösterreich und Gerhard Huber aus Salzburg, flogen zusammen mit einem Evaluierungsteam des Bundesheeres nach Albanien, um das Lager vorzubereiten. Dort fanden dann rund 5.000 Albaner eine vorläufige Unterkunft, weitere 5.000 wurden nach Österreich ausgeflogen und mit einem provisorischen Aufenthaltsrecht in Österreich ausgestattet. Auch in unserem Bundesland hat es Kosovoflüchtlinge gegeben, wenngleich genaue Zahlen fehlen. So berichtet die „Wiener Zeitung" am 6. Mai 1999, dass eine Maschine mit 156 Flüchtlingen aus dem Kosovo in Salzburg eingetroffen sei, darunter 70 Kinder, fast alle ohne Hab und Gut, aus Skopje. Weitere Flüge nach Salzburg seien geplant. Der Nr. 80 zum Protokoll des Salzburger Landtages ist zu entnehmen, dass im August 1999 322 Kosovoflüchtlinge per Flugzeug nach Salzburg gebracht wurden. Ihre Zahl habe sich in der Folgezeit durch Zuwanderung aus anderen Bundesländern auf 650 erhöht. Den örtlichen Sicherheitsbehörden und den Gemeindeämtern wurden keine Beschwerden über strafrechtliches oder sozial auffälliges Verhalten der Flüchtlinge herangetragen.

Ein Wandel in der Flüchtlingspolitik der Regierung trat insofern ein, als vorrangiges Ziel nun war, die freiwillige Rückkehr der Kosovoflüchtlinge in ihr Herkunftsland so rasch wie möglich zu bewerkstelligen, um dadurch u. a. Kosten zu sparen. Im AWR-Bulletin 2000 heißt es dazu: „So ist denn auch die Mehrzahl der 5.046 Kosovaren, die im Rahmen der sogenannten Bund-Länder-Aktion betreut wurden, mehr oder weniger freiwillig – in manchen Fällen auch mit gewissem Druck – zurückgekehrt." Dass die Flüchtlinge nicht mit „leeren Händen" zurückgeschickt wurden, zeigt sich darin, dass ihnen je nach Zerstörung ihres Hauses bzw. Anwesens zwischen S 3.000,– und S 9.000,– als Rückkehrprämie zugesprochen wurde. Ferner organisierten Bund und Länder Schulungsprojekte, bei denen die Flüchtlinge zu Schlossern, Automechanikern, Installateuren etc. ausgebildet und mit den nötigen Werkzeugen ausgestattet wurden, um nach der Rückkehr beim Wiederaufbau ihrer Heimat helfen zu können. Genaue Zahlen zu dieser an sich sinnvollen Aktion konnten nicht gefunden werden.

Die Flüchtlinge aus Tschetschenien ab Ende der 1990er-Jahre

Die Zahl der in Österreich lebenden tschetschenischen Flüchtlinge wird nach Recherchen der Medien-Servicestelle mit etwa 30.000 beziffert, davon mindestens 15.000 in Wien. Hauptgrund für diese relativ große Zahl ist der Kriegszustand, in dem sich das Land seit Jahren fast permanent befindet. Eine stabile Zukunft ist für die meisten Menschen ein Trugbild. Ursprünglich war Österreich nur Transitland, mittlerweile ist es zum Aufnahmeland geworden. Hervorzuheben ist ein deutlicher Überhang an Männern und deren Zugehörigkeit zu jüngeren Bevölkerungsgruppen. In der Öffentlichkeit werden sie vornehmlich als eine gewaltbereite Volksgruppe wahrgenommen. Erinnert sei an eine Auseinandersetzung zwischen Tschetschenen und Afghanen in Salzburg Anfang Februar 2015, bei der Schlagringe, Stöcke und Messer eingesetzt wurden, sogar Faustfeuerwaffen wurden sichergestellt. Der ORF Salzburg berichtete ausführlich darüber. Ähnliche Meldungen erreichen uns auch aus anderen Städten, insbesondere aber aus Wien. Was steckt dahinter? Hat es damit zu tun, dass beide Gruppen aus Ländern kommen, in denen Konflikte seit Jahren durch Kriege ausgetragen werden und so ein auf Kampf ausgerichtetes Männlichkeitsideal entstanden ist? Hat es zu tun mit den patriarchalen Strukturen und der Bedeutung des Ehrbegriffes? Sind viele durch die permanenten Gewalterfahrungen in ihrem Herkunftsland traumatisiert und aus Mangel an Fachpersonal nicht in psychotherapeutischer Behandlung? Hat es schließlich auch mit der Abgrenzung von Revieren für den Drogenhandel, mit geringer Bildung und ungewissen Zukunftsperspektiven zu tun? Weitere, in letzter Zeit häufig genannte Gründe oder Wirkfaktoren greifen auf unterschiedliche religiöse Orientierungen, auf Machtpolitik und enttäuschte Hoffnungen zurück, so Sibylle Hamann in einer aktuellen, im Internet abrufbaren Analyse vom April 2016. Die Tschetschenen sind Sunniten und kämpfen auf Seiten des IS gegen das syrische Regime, das von Russland unterstützt wird, dem Erzfeind vieler Tschetschenen. Auf Seiten des syrischen Regimes finden sich viele afghanische Kämpfer aus der Minderheit der Hazara, die Schiiten sind und von denen viele in Österreich leben. Die Streitereien wären somit eine Art „Stellvertreterkrieg", ausgetragen in Österreich. Diese Vielfalt an Gründen bildet einen schwer zu entwirrenden Knoten und erschwert auch die Integration dieser Gruppe.

Wie viele Tschetschenen in Salzburg leben, lässt sich schwer in Zahlen fassen. Offiziell werden sie als Angehörige der russischen Föderation geführt. Laut Statistik Austria gaben zum Stichtag 1. Jänner 2016 1.307 in Salzburg lebende Personen die Föderation als ihr Geburtsland an. Nach Schätzungen der früheren Integrationsbeauftragten der Stadt Salzburg, Diva Döring, gibt es an die 600 Tschetschenen in Salzburg, ihr genauer Status, ob Asylwerber oder Asylberechtigte, ist unbekannt. „Salzburgs Tschetschenen kämpfen um ihren Ruf", so lautet eine Schlagzeile in den „Salzburger Nachrichten" vom 8. Februar 2015. In der Tat werden sie in der Salzburger Öffentlichkeit als mit „Gewalt und Kriminalität Verbündete" wahrgenommen. Seit einiger Zeit gibt es in Salzburg den tschetschenischen Kulturverein „Daymohk", der beim Schlichten von Streitigkeiten eingreift und sich um ein positives Image der Gruppe bemüht.

Die Flüchtlinge aus Afghanistan, Irak und Syrien

In den 2000er-Jahren wandelt sich das Bild der nach Österreich kommenden Flüchtlinge, indem immer mehr aus nichteuropäischen Ländern Asyl beantragen, die mehrheitlich dem islamischen Glauben zugehörig sind. Schon bei den Tschetschenen hatte man deutlicher als bei früheren Fluchtbewegungen eine soziokulturelle Distanz zwischen dem „Eigenen und dem Fremden" diagnostiziert. Die ersten zwei Plätze nahmen bis 2013 Asylanträge von Menschen aus Russland, im wesentlichen Tschetschenen, und aus Afghanistan ein. Die über Jahre dauernden kriegerischen Auseinandersetzungen bedingten eine anhaltende Fluchtbewegung aus diesen Ländern. Während die Zahl der Asylwerber aus Russland abnahm, stieg jene aus Afghanistan massiv an und zwar von 1.382 im Jahr 2008 auf 11.742 im Jahr 2016, so die Berichterstattung des österreichischen Integrationsfonds 2016. Auch im Bundesland Salzburg nehmen die Asylwerber aus Afghanistan mittlerweile die Spitzenstellung ein. Das Land stellt ab Januar 2017 monatlich von der Landesstatistik aufbereitete Kennzahlen zu den Themen Asyl und Grundversorgung online, differenziert nach den Herkunftsländern der Asylwerber in Grundversorgung. Diese Offenlegung ist sehr zu begrüßen, da damit eine gesellschaftlich sensible Thematik und deren Bearbeitung nachvollziehbar werden. Demnach befanden sich zum Stichtag 2. August 2017 1.459 Personen afghanischer Herkunft in der Grundversorgung, davon 1.243 Männer und 216 Frauen.

Kriegerische Auseinandersetzungen waren und sind auch Ursache der Fluchtbewegungen aus dem Irak und Syrien, zwei Länder, die in der aktuellen Asylstatistik Salzburgs den zweiten und dritten Platz bei den Personen in Grundversorgung einnehmen. Im Irak ist die Lage 2003 nach dem Sturz von Saddam Hussein durch die USA eskaliert. In der Folgezeit kam es zu religiös bedingten Kampfhandlungen zwischen Sunniten und Schiiten, zu Kämpfen zwischen paramilitärischen Verbänden, in die auch amerikanische Interessen involviert waren mit Tausenden von Toten. Der sogenannte „Islamische Staat" hat zwar Gebiete verloren, jedoch sind diese noch weitgehend unbewohnbar. Die Zerstörung staatlicher Strukturen hat Folgen, die bis heute andauern. Zum Stichtag 2. August 2017 waren in Salzburg 498 Personen aus dem Irak in Grundversorgung, davon 369 Männer und 129 Frauen.

In Syrien begannen die Kämpfe gegen das Assad-Regime 2011. Auch hier ist eine komplexe Gemengelage anzutreffen: das als korrupt angesehene, von der Minderheit der Alawiten, einer Abspaltung schiitischen Glaubens, getragene Assad-Regime und sein Sicherheitsapparat kontrollierten die Mehrheitsbevölkerung der Sunniten, die sich dagegen auflehnten, der „Islamische Staat" nutzte den Bürgerkrieg und begann, sich im Land auszubreiten und der Konflikt wurde zunehmend von anderen Konflikten, so dem zwischen dem Iran als schiitischem und den Arabischen Emiraten als sunnitischem Machtblock überlagert. Im Jahr 2015 flohen rund 700.000 Syrer nach Europa. In Salzburg waren am 2. August 2017 324 Personen syrischer Herkunft in Grundversorgung, davon 180 Männer und 144 Frauen.

Aktuelle Debatten: Asyl, Flüchtlingskrise und Integration

Ab den Jahren 2004/05 werden im Salzburger Landtag Flüchtlings- und Asylprobleme verstärkt diskutiert. Die Ursachen sind die steigenden Zahlen von Personen, die in Salzburg einen Asylantrag stellen, die zunehmend aus außereuropäischen Ländern kommen, häufig männlich, eher jung sind und unser Gesellschaftssystem mit neuen Herausforderungen konfrontieren. Als Richtwert sollten jedes Bundesland bzw. jede Gemeinde in Relation zur jeweiligen Bevölkerungszahl 1,5 Prozent dieser Asylsuchenden aufnehmen. Die Zahl der Asylwerber, wie sie sich aufgrund der Landtagsprotokolle darstellt, schwankte in den Jahren 2004 bis 2014 zwischen 1.000 und 1.300, erreichte 2015/16 mit 4.000 bis über 5.000 ihren Höchststand und sank dann bis August 2017 auf rund 3.700.

Kritisch war die Lage im Jahr 2015, als Salzburg zur Drehscheibe für die Flüchtlinge wurde, die über die Balkanroute zu uns kamen. Der ORF berichtete in seinen Nachrichtensendungen laufend über die Lage der Dinge. Als die deutsche Bundeskanzlerin Angela Merkel Ende August 2015 ankündigte, dass für syrische Flüchtlinge das Dubliner Verfahren ausgesetzt wurde, demnach Flüchtlinge nicht mehr in das Land zurückgeschickt wurden, in dem sie zuerst registriert

Salzburg an der deutsch-österreichischen Grenze im Sommer 2015 (Fotos: Stadt Salzburg)

waren, kam es zum Dammbruch. Doch nicht nur syrische, sondern auch Flüchtlinge aus anderen Ländern, die aus der Türkei kommend teils in Griechenland, in Mazedonien, Serbien, Ungarn und Slowenien in Warteposition waren, machten sich auf den Weg in Richtung Österreich, ihr Ziel war jedoch Deutschland. Züge mit Flüchtlingen kamen am Salzburger Hauptbahnhof an, viele mussten umsteigen und teils hier übernachten. In dieser Zeit zeichneten sich zwei gegenläufige Entwicklungen ab: zum einen neben dem verstärkten Einsatz traditioneller Sozial- und Hilfsorganisationen wie Caritas und Rotes Kreuz ein starkes persönliches, freiwilliges Engagement, zum anderen eine starke Abwehrhaltung gegenüber den vielen „fremden“ Flüchtlingen, durch die man die soziale Sicherheit bedroht sah. Bis Mitte September durchquerten tausende Menschen Salzburg, ehe Deutschland nachhaltige Grenzkontrollen einführte und die regulären Züge stoppte. Die Bahnhofsgarage wurde kurzfristig zum Flüchtlingscamp umfunktioniert, der Bahnhof stand mehrmals kurz davor, wegen Überfüllung geschlossen zu werden. Viele Flüchtlinge wurden ungeduldig und machten sich auf den Weg zum Grenzübergang nach Freilassing. Insgesamt wurden ab August bis zum Jahresende 2015 rund 300.000 Flüchtlinge von verschiedenen Organisationen und freiwilligen Helfern versorgt, wobei es sich bei dieser Zahl nur um eine Schätzung handelt. Es wurde sehr viel Gutes getan, jedoch wird bezweifelt, ob diese Empathie stabilisierbar sein wird. Etwa 90.000 Personen stellten 2015 in Österreich einen Asylantrag, eine Höchstzahl aller bisherigen Fluchtbewegungen. Österreich war damit vom Transitland zum Zielland geworden und dies gilt auch für das Bundesland Salzburg mit etwas über 5.000 Anträgen zu Jahresende 2015.

Bereits seit 2004 bestimmten im Landtag folgende Schwerpunkte die Diskussion: Zahl der Asylwerber in Grundversorgung über längere Zeiträume, die verpflichtende Aufnahmequote Salzburgs bezüglich Asylwerbern und deren Berechnung, die Unterbringung der Flüchtlinge organisiert und privat, ihre Einbindung in soziale Netzwerke, die Unterstützung durch ehrenamtliche Helferinnen und Helfer, die angebotenen Deutschkurse, die Förderung strukturierender Maßnahmen zur Gestaltung des Tagesablaufes sowie Informationen über die österreichische Gesellschaft, ihre Rechtsordnung und ihr Wertesystem. Allein schon die Schwerpunktsetzungen machen deutlich, dass sich der Landtag sehr wohl bewusst war, dass hier Menschen gekommen waren, die eine besondere Betreuung benötigten.

Diese Schwerpunkte beanspruchen bis heute Gültigkeit, wenngleich die Debatten angesichts der Asyllage schärfer und ungeduldiger geworden sind, die Forderungen nach konkreten Lösungsansätzen lauter, die Informationen für die Öffentlichkeit transparenter und manche Zukunftsperspektiven wie beispielsweise die rasche Integration der Asylberechtigten in den Arbeitsmarkt auch nüchterner gesehen werden. Einige wichtige Sitzungen des Landtages zur Thematik Asyl, Flüchtlinge und Integration sind am Ende dieses Beitrages bei den Landtagsprotokollen angeführt.

Schärfe und Ungeduld drückten sich zur Jahresmitte 2015 in den Landtagsdebatten durch kritische Stimmen zu staatlichen Ordnungsproblemen aus, z. B. ob der Zustrom der Flüchtlinge noch steuerbar sei, wie potentiellen Schleppern das Handwerk gelegt werden könnte, ob temporäre Grenzkontrollen an den Süd- und Ostaußengrenzen machbar wären und ob Polizei und Heer nicht deutlich nachgerüstet gehörten. Auf eine Inkorporation der Asylsuchenden in die Salzburger Gesellschaft ausgerichtete Lösungsansätze gewannen an Bedeutung. Mehrere breit gestreute Teams, zusammengesetzt aus Vertretern der Landesregierung und der Landesverwaltung, des Bundesamtes für Fremdenwesen und Asyl, der Arbeitgeber- und Arbeitnehmervertretungen, der Hilfsorganisationen, der Jugend- und Bildungsarbeit und weiterer Fachexperten, sollten Planungsgrößen in den Handlungsfeldern Sprache, Bildung, Beschäftigung und Arbeitsmarkt, Gesundheit, Wohnen, Orientierungen und Wertevermittlung sowie Zusammenleben erarbeiten.

Für dieses Zusammenleben sind Kulturvermittler wichtig, die eine Zusammenschau von „Eigenem" und „Fremden" präsentieren und kritisch beleuchten können. Manche Asylwerber kennen unsere Gesellschaft nur aus den in den Medien produzierten Bildern, die nicht unserer gesellschaftlichen Realität entsprechen. So ist beispielsweise die Freiheit der individuellen Lebensgestaltung nicht als Beliebigkeit zu vermitteln, sondern in ihrer Einbindung in Werte und Normen, aus denen sich Regeln gemeinschaftlichen Zusammenlebens ableiten lassen, die für gesellschaftliche Stabilität sorgen.

Die Öffentlichkeitsarbeit wurde verstärkt durch die mediale Präsentation der „Ziele und Maßnahmen des Salzburger Integrationsweges" im Januar 2016 sowie seit 2017 durch monatlich von der Landesstatistik aufbereitete Kennzahlen zu den Themen Asyl und Grundversorgung. Aus Gründen der Transparenz wurden auch Zahlen zum oft heiß diskutierten Thema der bedarfsorientierten Mindestsicherung von der Landesregierung publiziert. Demnach waren im Jahr 2016 von den 8.843 Personen, die Leistungen aus diesem Sicherheitsnetz bezogen, 2.119 oder rund ein Viertel Asylberechtigte, also anerkannte Flüchtlinge. Sehr früh hat man auch die besonderen Probleme der unbegleiteten minderjährigen Flüchtlinge in Salzburg erkannt, ein Thema, das immer wieder in den Landtagsdebatten angesprochen wurde. Im Januar 2016 lebten 222 dieser unter 18-jährigen Jugendlichen in unserem Bundesland, betreut von SOS Kinderdorf, Verein „menschen.leben", Verein „Einstieg" und Verein „Rettet das Kind". Sie haben den Status von „subsidiär Schutzberechtigten". Einige Jugendliche werden von speziell geschulten Gastfamilien betreut. Auch hier sind männliche Jugendliche in der Überzahl. Welche Folgen das bei den Flüchtlingen generell vorhandene demographische Ungleichgewicht zwischen Männern und Frauen längerfristig hat, wird in öffentlichen Diskursen noch wenig thematisiert.

In der zweiten Jahreshälfte 2016 wurde erstmals versucht, für alle Asylwerbenden ab 18 Jahren ein Grundprofil für ihre Integration in den Arbeitsmarkt zu erheben, mit Daten zu Sprachkenntnissen, Schul- und Berufsausbildung sowie Berufserfahrung. (SLP, Nr. 102, 5. Session, 15 GP). Die Ergebnisse bezogen sich auf rund 3.400 Personen im Bundesland Salzburg. Demnach hatten 29,2 Prozent der Asylwerbenden, das waren 990 Personen, ein Deutschzertifikat, 749 von ihnen auf A1-Niveau. Von allen befragten Asylwerbern nahmen 73,2 Prozent aktiv an einem Deutschkurs teil, mehrheitlich auf A1-Niveau. Angestrebt wird, dass möglichst viele Asylwerber schon während ihres Verfahrens das Sprachniveau A2 erreichen. Die sprachliche Förderung bedarf, so die bisherige Erfahrung, neben den Kursbesuchen der Unterstützung durch freiwillige Helferinnen und Helfer, die mit den Jugendlichen Deutsch üben. Aussagen zur Bildung sind aufgrund der unterschiedlichen Bildungssysteme problematisch, sodass nur die Schuljahre erfasst wurden. Auffallend ist, dass 17 Prozent, das sind 577 Personen, angeben, keine Schule besucht zu haben, in der Altersgruppe der 18-20-Jährigen sind es sogar 25 Prozent. Ferner haben acht Prozent aller Befragten einen Beruf ausgeübt, der unter die österreichische Mangelberufsliste 2017 fällt, allerdings hat nur ein Bruchteil davon einen Berufsabschluss. Das Screening bringt Vorteile insofern, als überzogene Erwartungen an eine rasche Arbeitsmarktintegration abgebaut und Alphabetisierungs- und Deutschkurse besser geplant werden können. Ein wesentliches Ziel sollte sein, dass keine „verlorene Generation" vornehmlich junger Männer ohne Zukunftsperspektiven entsteht

Ausblick

Aufgrund seiner geographischen Lage war Österreich in den Jahren nach dem Zweiten Weltkrieg ein wichtiges Land für die Erstaufnahme von Flüchtlingen. Von diesen sind in größerer Zahl die „Volksdeutschen“, nämlich 30.000, hiergeblieben und haben sich so gut integriert, dass sie im öffentlichen Bewusstsein nur an spezifischen Gedenktagen medial sichtbar werden, so etwa 2014 bei der Aufstellung eines Siebenbürger Wappens in der Ortsmitte von Sachsenheim bei Elixhausen, einer Gründung der Siebenbürger Sachsen oder 2016 bei der Einweihung der Donauschwaben-Gedenkstätte auf dem Salzburger Kommunalfriedhof. Der soziokulturelle und berufliche Hintergrund der Flüchtlinge, aber auch ihre bedeutenden Eigeninitiativen in der Phase des wirtschaftlichen und sozialen Aufschwunges in den 1950er- und 60er-Jahren, haben wesentlich zu ihrem Aufgehen in der österreichischen Gesellschaft beigetragen. Die Ungarnflüchtlinge 1956 sind noch etwas stärker präsent, indem Vertreter einer liberalen Position die Großzügigkeit der damaligen Aufnahme von Asylsuchenden für die Gegenwart einfordern, Vertreter einer restriktiven Position von den damals „echten Flüchtlingen“ im Vergleich zu den „reinen und daher abzuschiebenden Wirtschaftsflüchtlingen“ heute sprechen. In den 1990er-Jahren kamen etwa 90.000 Kriegsflüchtlinge aus Bosnien-Herzegowina nach Österreich, davon auch einige Tausend nach Salzburg. Sie gelten als gut integriert, obgleich sie Menschen mit fremder Muttersprache und einen vom Islam mitgeprägten kulturellen Hintergrund aufweisen. In seiner Ausgabe vom 9. Februar 2016 befasste sich „derStandard“ mit einer Studie, die folgende Gründe für die gelungene Integration dieser Menschen anführt: solide Ausbildung in Berufen des „mittleren Segmentes“ etwa in gefragten Handwerksberufen, häufige Mitarbeit der Frauen, geprägt durch das ehemals sozialistische System in Jugoslawien, was zur Angleichung der Geschlechterrollen beitrug, große Hilfsbereitschaft Österreichs gegenüber den Kriegsflüchtlingen möglicherweise durch historische Bande aus der Zeit der Habsburgermonarchie bedingt sowie ihre Orientierung an einem säkularen Islam. Aus aktuellem Anlass stellt sich die Frage, ob daraus Erkenntnisse für die derzeitige Asylproblematik zu gewinnen sind. Das scheint nur bedingt der Fall zu sein, denn die bosnischen Flüchtlinge waren sowohl soziostrukturell als auch bildungsmäßig eine homogenere Gruppe, während die derzeitigen Flüchtlinge aus unterschiedlichen Ländern mit unterschiedlichen soziokulturellen und religiösen Kontexten kommen, Männer jüngeren Alters deutlich in der Überzahl sind und das Bildungs- und Ausbildungsniveau der Flüchtlinge erst nach längeren Vorbereitungs- und Übergangsphasen eine Eingliederung in den Arbeitsmarkt realistisch erscheinen lässt. Eine qualitative Studie von Aschauer/Gann in Salzburger Asylquartieren kommt zu dem Ergebnis, dass sich Asylwerber oft über sehr lange Zeit in einer Art „Warteraum Zukunft“ (Oliver Kluck) befinden, in dem die Lebensplanung auf den Zeitpunkt nach dem Asylbescheid verschoben wird. Die Überbrückung dieser Phase mit Deutschkursen oder gemeinnütziger Arbeit ist prinzipiell sinnvoll, vielen Betroffenen fehlen jedoch der Antrieb oder das Angebot an zivilgesellschaftlicher Unterstützung für eine aktive Lebensgestaltung. Untätigkeit und Passivität sind Hindernisse für eine Integration. Hier wäre eine Begleitung durch sozialwissenschaftliche Forschungen wünschenswert. Schon 2006 wurde im Landtag die Idee einer Langzeitdokumentation zu anerkannten Flüchtlingen durch Kontaktaufnahme mit dem ORF angesprochen, jedoch aus Ressourcengründen und fehlendem technischem Know-how nicht umgesetzt. Das fehlende Wissen, was befördert und was behindert die Integration, hätte wohl damals schon an die wissenschaftliche Forschung delegiert werden müssen, eine analoge Langzeitdokumentation könnte auch bei Asylwerbern wichtige Informationen zur Integrationsproblematik erbringen. Angesichts der Tatsache, dass Salzburg 2015 große Flüchtlingsströme zu bewältigen hatte, was ohne die große Bereitschaft zu freiwilligem Engagement der Bevölkerung nicht gelungen wäre, gewinnen Fragen wie diese an Bedeutung: Auf welchem Niveau ist die staatliche Unterstützung stabilisierbar, ohne die soziale Ordnung zu destabilisieren? Was kann die Bevölkerung mittragen, wenn die Flucht nach Europa anhält und es dann um Prozesse geht, die Jahrzehnte des Einsatzes und der Fürsorge erfordern? Die Antworten umfassen ein breites Spektrum: Abschottung an den Grenzen, Eindämmung des Schlepperwesens, Aufhebung der Verquickung von Asyl und Wirtschaftsmigration, Aufbau von Gesundheits- und Bildungssystemen in den verwüsteten bzw. durch Korruption und Gewalt betroffenen Regionen, Schaffung eines ausgewogenen europäischen Verteilungsmechanismus, Weiterführung der Willkommenskultur und ähnliches mehr. Die Entscheidung über angemessene Strategien kann schließlich nicht von Österreich allein, sondern nur in Abstimmung mit der Europäischen Union getroffen werden. Wie diese ausfallen wird, muss offen bleiben. Prognosen sind in unserer globalisierten und unübersichtlich gewordenen Welt nur schwer möglich. Daher abschließend eine etwas provokante Frage der bekannten Literaturwissenschaftlerin Elisabeth von Thadden in einer Rezension über zwei Sachbücher, in denen die Zukunft eine Vergangenheit bekommt: „Die unbekannte Welt von morgen, wie mag sie eines Tages wirklich gewesen sein?“

Auswahlbibliographie

Antalovsky, Eugen: Zukunftsperspektiven der Bosnischen Kriegsflüchtlinge in Österreich. Millionen Menschen auf der Flucht in Europa. In: AWR-Bulletin, Vierteljahresschrift für Flüchtlingsfragen, 32. (41.) Jg., Nr. 4, 1994, S. 217–223

Ders.: Wie hat Österreich das Problem von 90.000 Kriegsflüchtlingen aus Bosnien-Herzegowina gelöst? In: AWR-Bulletin, Vierteljahresschrift für Flüchtlingsfragen, 36. (45.) Jg., Nr. 4, 1998, S. 202–217

Ders.: Kosovo-Flüchtlinge und Österreich. In: AWR-Bulletin, Vierteljahresschrift für Flüchtlingsfragen, 37. (46.) Jg., Nr. 4, 1999, S. 148–153

Aschauer, Wolfgang/Gann, Florian: Zu den Paradoxien der gegenwärtigen Integrationsdiskurse von Flüchtlingen in Österreich. In: Oberlechner/Trültzsche-Wijnen/Duval (Hg.): Migration bildet, Baden-Baden 2017, S. 279–302

Folberth, Otto: Die ungarische Fluchtbewegung vor 10 Jahren (1956) und die Tätigkeit der Sektion Österreich der AWR. Rückblick auf ein erlebtes Stück Geschichte. In: AWR-Bulletin, Vierteljahresschrift für Flüchtlingsfragen, 5. (14.) Jg., Nr. 1, 1967, S. 27–33

Murber, Ibolya: Ungarnflüchtlinge in Österreich 1956. In: Murber, Ibolya /Fonágy, Zoltán (Hg.): Die ungarische Revolution und Österreich 1956, Wien 2006, S. 335–385

ÖIF – Österreichischer Integrationsfonds, Flüchtlinge und Integration. Begriffe einfach erklärt, 2. aktualisierte Auflage 2017

Prlic, Anton: Salzburgs Tschetschenen kämpfen um ihren Ruf. In: Salzburger Nachrichten vom 8.2.2015, https://www.sn.at/salzburg/chronik/salzburgs-tschetschenen-kaempfen-um-ihren-ruf-2762857

Speckner, Hubert: Das Bundesheer und die Flüchtlinge. In: Schmidl, Erwin A. (Hg.): Die Ungarnkrise 1956 und Österreich, Wien – Köln – Weimar 2003

Szigetvari, Andras; Warum die Integration der Bosnien-Flüchtlinge klappte. In: „derStandard" vom 9.2.2016, http://derstandard.at/2000030611094/ (Zugriff: 22.04.2018)

Landtagsprotokolle:
„Volksdeutsche" Heimkehrer Gleichstellung mit Österreichern:

Sitzungsprotokoll vom 23.1.1950, S. 80–81 und 23.2.1950, S. 127

Gleichstellung von „Volksdeutschen" und Österreichern hinsichtlich Arbeit und Beruf:

Sitzungsprotokoll vom 23.1.1950, S. 119 und vom 17.7.1950, S. 331–334

Beseitigung von Barackenlagern:

Sitzungsprotokoll vom 1.12.1955, S. 252, Sitzungsprotokoll vom 29.11.1956, S. 29 und Sitzungsprotokoll vom 26.6.1958, S. 20

Betreuungskosten der Flüchtlinge aus Bosnien-Herzegowina 1994–1996:

Nr. 526 der Beilagen, 4. Session, 11. GP vom 20.5.1997

Kosovo-Flüchtlinge in Österreich 1999–2004:

Nr. 80 der Beilagen, 2. Session, 12. GP vom 18.9.1999

Schwerpunkte Asyl, Flüchtlingsbetreuung und Integration:

Nr. 78 der Beilagen, 2. Session, 13. GP vom 19.8.2004
Nr. 682 der Beilagen, 3. Session, 13. GP vom 8.6.2006
Nr. 78 der Beilagen, 4. Session, 13. GP vom 4.8.2006
Nr. 203 der Beilagen, 5. Session, 14. GP vom 12.12.2012
Nr. 556 der Beilagen, 2. Session, 15. GP vom 30.4.2014
Nr. 37 der Beilagen, 4. Session, 15. GP vom 4.11.2015
Nr. 233 der Beilagen, 4. Session, 15. GP vom 3.2.2016
Nr. 162 der Beilagen, 4. Session, 15. GP vom 8.6.2016
Nr. 41 der Beilagen, 5. Session, 15. GP vom 14.12.2016
Nr. 102 der Beilagen, 5. Session, 15. GP vom 20.2.2017

Aus den Debatten des Salzburger Landtages

Auszug aus dem Protokoll der Landtagssitzung am 29. November 1956

Landtagspräsident Franz Hell (ÖVP): Der Salzburger Landtag tritt heute zum ersten Mal seit den tragischen weltpolitischen Ereignissen, die unser Land zu Beginn dieses Monats tief bewegt haben, zusammen. Unsere Heimat hat an den Ereignissen der Volkserhebung in Ungarn, die von der gesamten ungarischen Nation getragen wurde, tiefe menschliche Anteilnahme gezeitigt und das Möglichste getan, um Not und Leid zu lindern. Ein tiefes Mitgefühl verbindet uns in diesen Tagen mit der um seine Freiheit und seine demokratischen Lebensrechte ringenden ungarischen Nation, mit der uns einst durch Jahrhunderte ein gemeinsames Schicksal verbunden hat. Aus dieser Verbundenheit unserem Nachbarvolk gegenüber tun wir alles, um zu helfen. In dieser schweren Schicksalsstunde des tapferen ungarischen Volkes, in der Frauen und Kinder, ja ein ganzes Volk am Vorabend des weihnachtlichen Friedensfestes in Not, Elend und Unfreiheit und auf der Flucht lebt, bitten wir nicht nur unsere eigene Bevölkerung weiter zu helfen, sondern auch die freie Welt, durch rascheste Aufnahme der Flüchtlinge deren Los zu erleichtern. Wir gedenken aber in dieser Stunde auch in Ehrfurcht der Toten dieses Kampfes eines um seine Freiheit ringenden Volkes. Im Lande Salzburg, das selbst unter der drückendsten Wohnungsnot leidet, befinden sich zur Stunde 5.500 Flüchtlinge, die alles verloren haben. Wir werden im Lande alles tun, um ihnen zu helfen. Wir haben in diesen Tagen aber auch anschaulich und deutlich erkennen können, welch hohes Gut unsere Demokratie, Freiheit und Neutralität ist, die uns der Staatsvertrag gebracht hat. Es muß unser aller Verpflichtung sein, dieses Gut zu wahren und zu vertiefen. Mögen uns diese schweren Tage Anlaß sein zu gegenseitigem Verstehen und über alle Gegensätze hinweg das Gemeinsame finden, denn damit werden wir am besten unserem Volke, unserer Heimat und unserem Vaterlande dienen ...

Auszug aus dem Protokoll der Landtagssitzung am 7. Oktober 2015

Klubobmann Cyriak Schwaighofer (Grüne): ... Wir wissen, es ist uns allen ganz tief bewusst, welches Glück es überhaupt ist, eine Heimat zu haben. Wir wissen es vielleicht als besonderes Glück zu schätzen, dass wir Salzburg als Heimat haben. Ein Land, das mit viel Reichtum ausgestattet ist, und dass wir hier sein dürfen. Vielleicht verstehen wir auch oder spüren wir vielleicht, was es heißt, heißen könnte, keine Heimat zu haben. Eine Heimat oder die Heimat verlassen zu müssen, wo Freunde, Bekannte sind, weil man um Leib und Leben fürchtet, um Leib und Leben seiner Kinder, seiner Angehörigen fürchtet. Vielleicht wissen wir oder können wir spüren, was es sein müsste, wenn wir hier aus Salzburg vertrieben würden, wenn wir alles hinter uns lassen müssten, nur um unser Leben zu retten. Oder die Familie. Die Familie als Keimzelle unserer Gesellschaft ... Wenn wir versuchen nachzuspüren, was es heißen könnte, ein eigenes Kind zu verlieren, manche machen diese bittere Erfahrung, sei es durch Krieg, sei es, dass das Kind ertrinkt ... Diese Bitterkeit, was den Verlust der Heimat betrifft, den Verlust enger Angehöriger betrifft, hat im Zuge dieser Flüchtlingsbewegung in Europa auch zu einer großen Welle der Hilfsbereitschaft geführt, weil eben viele Menschen spüren, was es heißt, seine Heimat verlassen zu müssen, sein Leben zu riskieren, alles hinzugeben, was die ganze Familie erspart hat. Das hat eine Welle der Hilfsbereitschaft, des Engagements von Freiwilligen ausgelöst, vor allem jetzt in diesem Durchzug, in dieser aktuellen Krise. Es gibt aber auch die andere Seite. Natürlich gibt es auch die, die sich Sorgen machen, die Menschen, die Ängste haben. ... Wir haben zwei Herausforderungen momentan. Wir haben ein aktuelles Krisenmanagement zu betreiben. Das sind jene Menschen, die zu uns kommen, die zum großen Teil durchreisen wollen oder die auch dringend Quartier suchen. Das braucht kraftvolles, engagiertes Handeln. Das braucht entsprechend Engagement. Wir haben aber eine zweite große Aufgabe, und die ist besonders wichtig, nämlich jene Menschen, die bei uns bleiben, dauerhaft zu integrieren. Integration ist ein komplexer Prozess. Er verändert eine Gesellschaft. Er verändert auch die Individuen. Es wird darum gehen, ob wir diese Veränderungen aktiv gestalten oder ob wie sie über uns ergehen lassen, ob wir sie zu einem Erfolg machen oder ob wir sie als Belastung empfinden.

Landeshauptmann-Stellvertreterin Dr. Astrid Rössler (Grüne): ... In Europa gibt es für Flüchtlinge keine legale Einreise. Flüchtlinge sind gezwungen, wenn sie ihr Land verlassen, dann können sie nur illegal einreisen oder durchreisen. Wir sehen seit Wochen, auch hier in Salzburg, die Bilder der vielen Menschen, der Flüchtlinge, die durch Salzburg durchreisen, die auch hier ankommen, die zum Teil auch hier bleiben wollen. Sie tragen ihre Kinder. Sie tragen die Kinder und sie haben kaum Gepäck. Jeder, der in diesen Tagen am Bahnhof ist ..., jeder, der am Bahnhof dabei war und geholfen hat, Hunderte, zum Teil über tausend Menschen aus den Zügen umsteigen zu lassen und sie zu sehen, den muss es berühren und der kann nicht diese Bilder einfach wegschieben. Ich bin stolz darauf und ich bin froh, dass es vielen Menschen in Salzburg gibt und unglaublich viele Freiwillige und alle Organisationen, die in dieser Zeit so großartig zusammenstehen. Ich bin unglaublich stolz darauf. (...) Es ist nicht nur eine rechtliche Verpflichtung, es ist eine humanitäre Verpflichtung, denn das Recht auf Asyl ist ein Grundrecht und es ist uns auch ein Grundwert. ... Was ist unser Beitrag? Was können wir überhaupt zur Lösung beitragen? Was können wir wenigstens zur Linderung der Not der Betroffenen, der Tausenden Menschen auf der Flucht beitragen? Auch das ist eine Frage der inneren Haltung, wie wir dieser Situation begegnen ... Tun wir, was zu tun ist. Die Landesregierung als allererstes hat sich die Frage zur gemeinsamen Aufgabe gestellt. Diese Situation wollen wir als Landesregierung gemeinsam, geordnet, rechtlich korrekt und menschenwürdig gut managen. (...)

Landeshauptmann Dr. Wilfried Haslauer jun. (ÖVP): Man kann ja der Frau Dr. Rössler nur Recht geben. Wenn man am Bahnhof ist, an der Grenze, Autobahnmeisterei, die Leute sieht, da kommen einem die Tränen. Das ist überhaupt keine Frage. Man erinnert sich ... wie es vor 70 Jahren bei uns war, wo das Land ja auch ausgebombt, ausgeblutet, zerstört gewesen ist und riesige Flüchtlingstrecks aus Böhmen, aus dem Banat usw. gekommen sind. Also es ist auch unserer Geschichte gar nicht so fremd. Aber bei aller Emotion müssen wir kühlen Kopf bewahren, weil wir die Dinge auch managen müssen. Wir dürfen auch die Augen vor der Realität nicht verschließen. Da ist es sehr wichtig, zu unterscheiden zwischen den einzelnen Bereichen. Tausende Menschen sind derzeit in Bewegung durch Österreich und sie wollen im Wesentlichen nach Deutschland. Nach meiner Schätzung haben wir in den letzten fünf Wochen ca. 150.000 Menschen durch Salzburg gebracht. Da muss man von einer logistischen Höchstleistung sprechen. (...) Aber lügen wir uns nicht in die Tasche. Ich gebe Ihnen jetzt die aktuellen Zahlen von Eurostat, wie die Situation ausschaut. Asylwerber auf je eine Million Einwohner in Europa. Ungarn 3.300, zweites Quartal 2015, Österreich 2.026, Schweden 1.467, Deutschland 997. Wir haben im zweiten Quartal 17.395 Asylanträge in Österreich gehabt, das sind 8,2 Prozent aller Asylanträge in Europa bei einem Einwohneranteil von 1,5 Prozent. Wenn ich das hochrechne auf Deutschland, die haben 80.000 gehabt, und Deutschland ist zehnmal so einwohnerstark wie wir, dann kann ich nur sagen, so kann das nicht weitergehen. So kann das unmöglich weitergehen. Wir brauchen eine gerechte Verteilung.

Klubvorsitzender Walter Steidl (SPÖ): ... Die Salzburgerinnen fragen sich, wie kann das friedliche und neidlose Zusammenleben von Menschen aus so vielen unterschiedlichen Kulturen funktionieren? Wir müssen darauf gemeinsame Antworten finden und wir sind dabei aktuell Lernende. Die heimische Bevölkerung, die Behörden, die Exekutive, die Verwaltung und letztendlich auch wir in der Politik, aber auch die Asylwerberinnen und Asylwerber. Friedliches und neidloses Zusammenleben bedingt ein 100prozentige Anerkennung unserer gemeinsamen politischen Kultur, die unbedingte Achtung der Menschenrechte, die Gleichberechtigung von Mann und Frau, die Religionsfreiheit und die Achtung unserer gesellschaftlichen Grundwerte und unserer kulturellen Traditionen. Das muss von der ersten Stunde an jedem Asylwerber, jeder Asylwerberin vermittelt werden und diese Bedingungen sind auch unverzichtbar. Die sind nicht verhandelbar. Wer das nicht akzeptiert, dem müssen wir offen und ehrlich sagen: Österreich kann nicht Deine neue Heimat werden.

Auszug aus dem Protokoll der Landtagssitzung am 4. November 2015

Klubobmann Dr. Karl Schnell (FPS): ... Ich sage es gleich vorweg. Wir werden diesem dringlichen Antrag und dieser Charta (zur Integrationspartnerschaft) nicht zustimmen. Eigentlich hätten wir uns erwartet, dass die Regierung der Bevölkerung erklärt, wer wird das eigentlich alles bezahlen. Eine Frage, die die Bevölkerung beschäftigt, uns hier beschäftigt, die keiner beantworten kann. Eigentlich hätten wir uns erwartet, dass uns die Regierung und die verantwortlichen Politiker, die gesagt haben, fürchtet euch nicht und es dürfen alle rein und wir schaffen das schon, uns erklären, wie wir das alles schaffen, wie jetzt kontrolliert und wer kontrolliert und wann kontrolliert wird, wer eigentlich schon herinnen ist. Genau dieser Antrag und genau Sie, meine Kolleginnen und Kollegen, machen der Bevölkerung draußen Angst. Warum? Weil sie nämlich von Integration reden. Sie reden nicht von Asyl. Haben Sie sich eigentlich das Asylgesetz nach der

Genfer Konvention genau angeschaut? Haben Sie sich das schon einmal durchgelesen? Da reden Sie alle davon, dass auch die Asylanten, die zu uns kommen und Schutz suchen, Pflichten haben. Bitte das ist im Asylgesetz verankert, das brauchen Sie in Ihrem Antrag nicht zu formulieren. Da steht es nach Art. 2: Jeder Flüchtling hat gegenüber dem Lande, wo er sich aufhält, Pflichten, die insbesondere darin bestehen, dass er sich dessen Gesetzen, Verordnungen sowie den Maßnahmen, die zur Erhaltung der öffentlichen Ordnung getroffen werden, unterwirft. Meine sehr verehrten Damen und Herren! Wir wissen nicht einmal, wie viele da sind. Wir wissen noch nicht einmal, wer da ist. Viele, viele, auch Experten, nicht nur die Freiheitlichen oder die FPS oder andere Politiker und Menschen, die sich Sorgen machen, sondern auch Experten warnen davor, sagen, die äußere und innere Sicherheit ist gefährdet.

Ralf Kühn

Freies Mandat für freie Fahrt?

Unser Zwang und Drang zur Mobilität – Reflexionen im und aus dem Landtag

Fahren. Ist es nicht so, dass dieser Begriff immer inflationärer zur Anwendung kommt? Das Fahren als Synonym für Fortbewegung dominiert – zumindest im Rahmen trivialer Alltagskommunikation. Und Hand aufs Herz – im Wort „Fahren" schwingt zu hohem Prozentsatz die Nutzung des Autos mit. Der Titel dieses Beitrages war daher keine zufällige Wahl. Welchen Stellenwert hatten und haben die unterschiedlichen Verkehrsmittel in Kreisen der Bevölkerung und bei deren Vertretung im Landesparlament? Welchen Preis sind wir bereit zu zahlen für unsere Mobilität und das Ausleben unserer Reiselust?

Immer mehr auf Achse: Werden wir bald – freiwillig oder unfreiwillig – unsere individuelle wie kollektive Verkehrsleistung per Auto, per Flugzeug, per Railjet & Co. reduzieren im Sinne von Umwelt- und Klimaschutz oder gar im Zuge eines Wandels bei Werten und Lebensstil? Ja, für den Verkehrsplaner ist es wohltuend, wenn das Hohe Haus diese Fragen zur Mobilität der Zukunft im angebrochenen neuen Jahrtausend mit sichtbar hoher Priorität auf seiner Agenda führt. Es mutet an, als wollte dieses Gremium seine tragende Rolle für breite Bewusstseinsbildung, für die Diskussion von Chancen und Risiken unserer Mobilität nicht nur bewahren, sondern kräftig ausbauen. Die folgenden Ausführungen liefern Eindrücke quasi in Form von Blitzlichtern, zur Arbeit des Landtages als Gesetzgeber, als Kontrollorgan, Ideenspender und Lobbyist für moderne und nachhaltige Mobilität und geben atmosphärische Stimmungsbilder, in welcher Art und Weise er die ihm hierzu übertragenen Kompetenzen wahrzunehmen pflegt.

Vom Wert, mobil zu sein

Zum Einstieg darf der hohe Stellenwert von Mobilität in Erinnerung gebracht werden. Sie ist ja grundsätzlich positiv besetzt und bedeutet Freiheit – für alle und in allen Lebenssituationen. Welcher Aufwand für Mobilität in Kauf genommen wird – ob aus freien und losgelösten Motiven oder aus gewissem Zwange heraus –, das zeigt die Statistik der Konsumerhebungen zu den rein privaten Ausgaben. Verkehr rangiert an zweiter Stelle bei den Haushaltsausgaben, nur übertroffen von Ausgaben für Wohnen.

Zur Biografie der Landesstrassen

Weganlagen und Straßen waren naturgegeben die primären, vom Menschen geschaffenen Vorrichtungen zur Überwindung des Raumes. Von den hochentwickelten Fernstraßen der Römerzeit einmal abgesehen, liefert das Spätmittelalter in

Salzburg die nennenswerte Ausgangslage für die Fortschritte im Straßenwesen bis zur Gegenwart. Damals waren Verkehrswege in der Regel alte Saumwege, die zunehmend für die Benützung durch Fuhrwerke verbreitert wurden. Starke Impulse dafür kamen vom heimischen Bergbau, seinem Holzbedarf und dem daraus folgenden Fernhandel. Der Transport von Massengütern erfolgte eben nicht nur auf den Wasserstraßen, sondern auch zu Lande. Ausbau und Erhaltung bedeutender Verkehrswege waren unter fürsterzbischöflicher Aufsicht mittels Mauteinhebung gesichert. Im peripheren Bereich war Wegerhaltung bis zum Anfang des 19. Jahrhunderts auf den guten Willen der Anrainer oder Interessenten angewiesen. Ab dann allerdings geriet der ländliche Raum in breites Interesse. Nahrungsmittel und Güter aus der Region waren infolge des rasanten Wachstums von Städten und Metropolen während der Industrialisierung ungleich mehr gefragt. Der erhöhten Nachfrage auf verkehrsmäßige Erschließung musste zum einen die Straßenbautechnik nachkommen – im Kurfürstentum Salzburg verpflichtete die „Wegordnung“ 1805 zur ausnahmslosen Abkehr von „Holzprügelwegen“ bei wichtigen Verkehrswegen hin zur Schotterbauweise. Zum anderen wurden im 19. Jahrhundert wesentliche Grundpfeiler zu Eigentum, Rechten und Pflichten unseres heutigen Landesstraßennetzes gelegt, vieles noch heute von Gültigkeit.

Von den Reichsstraßen der Monarchie – Ende des 19. Jahrhunderts rund 360 Kilometer – hat das Kronland Salzburg 1861 bereits zwanzig der ehemaligen „Kommerzialstraßen“ zur Landesstraße übernommen. Auch bislang von Gemeinden verwaltete Straßen kamen ins Landesstraßennetz, wobei die Kommunen mit dem neuen Landesstraßengesetz erst ab 1873 von allen Instandhaltungspflichten befreit wurden. Ab der Jahrhundertwende begann die „Entstaubung“ der bisher üblichen Schotterstraßen, als motorisierte Wägen Einzug hielten. Der Landtag verabschiedete 1910 ein eigenes Modernisierungsprogramm für die Landesstraßen, damit neue technische Regelwerke rasch zur Umsetzung kamen. Im selben Jahre beschloss er die Einführung von Straßenmeistern. Jene waren zeitweilig stolze Radfahrer im Dienst, wie deren beachtliche Gehaltszulage einer „Fahrradbenützungsgebühr“ vermuten lässt. Bis auf weiteres waren Kraftwagen eher sensationelle Erscheinungen auf den Landesstraßen. Die wirtschaftlich schwierige Zwischenkriegszeit und beide Weltkriege bremsten vorerst den Siegeszug des Automobils. Jedoch war der Geist zur raschen, ungebremsten Motorisierung und Individualisierung des Verkehrs schon längst geboren, wobei auch die NS-Zeit kräftig nachhalf. Die Reichsgaragenordnung 1939 und die Reichs-Straßenverkehrsordnung 1934 lieferten in ihren Präambeln Bekenntnisse wie etwa: „Die Förderung der Motorisierung ist das vom Führer und Reichskanzler gewiesene Ziel.“ Dieser streng verordnete Fortschritt bedeutete nicht nur das Bemühen um den Volkswagen für alle, auch der Straßenbau fand bis in die Kriegsjahre hinein statt. Neben der Salzburg unmittelbar betreffenden Westautobahn sei an erster Stelle der Ausbau der Mitterpinzgauer Straße als Reichsstraße erwähnt – zwischen Lofer und Zell am See, jetzt bekannt als B 178 Loferer Straße.

Strassen – beim Land gut aufgehoben

Nach Kriegsende lag es nahe, sich straßenrechtlich an den Regelungen der Ersten Republik zu orientieren. Das ehemalige Landesstraßengesetz 1933 wurde he-

Die Landesstraße ins Großarltal – einst und jetzt (Fotos: Landesstraßenverwaltung)

rangezogen und erfuhr 1948 seine Wiederverlautbarung per Landtagsbeschluss. Auch damit wurde ein Stück Souveränität zurückgewonnen, Salzburg nannte jetzt fast 400 Kilometer Straßen im Landeseigentum. Sechzig Jahre später – um die Jahrtausendwende – umfasst das Landesstraßennetz rund 1.440 Kilometer. Welche Hauptmechanismen waren im Spiel, um diese Verdreifachung der Straßenbau- und erhaltungslast des Landes voranzutreiben, aber auch zu rechtfertigen? Zum einen ist die „Verländerung" zu erwähnen, also die Übertragung ehemaliger Bundesstraßen B ins Landeseigentum, mit allen daraus folgenden Rechten und Pflichten. Dies geschah im Jahr 2002, als 700 Kilometer bedeutsamer Verkehrswege zu Landesstraßen B mutierten. Die zweite Komponente war die verstärkt betriebene Überführung von Gemeindestraßen in Landesstraßen ab 1950. Dabei stand vorerst das Prinzip im Vordergrund, jede Gemeinde zu ihrem Bezirkshauptort sowie an das überregionale Straßennetz nach modernen Standards und im Sinne der wachsenden Motorisierung der Bevölkerung anzubinden. Dass das Straßenangebot der Kommunen an das Land erheblich war und durchaus fragwürdige Vorschläge umfasste, erscheint verständlich. Denn was gäbe es besseres, als sich auf diese Weise der Erhaltungslast zu entledigen und die ehemalige Gemeindestraße urkundlich im entsprechenden Landesgesetz wiederzufinden. In einzelnen Fällen schien der politische Druck aus den Regionen samt Dauerkontroverse auch beim Landesgesetzgeber unangenehme Ausmaße erreicht zu haben. So war eine qualitative Weiterentwicklung der Verfahren zur Übernahme von Gemeindestraßen ins Landeseigentum unausweichlich. Grundsätzlich erkannt wurde die Problematik schon früher: Bereits 1890 vermeldete Abg. Dr. Franz Keil anlässlich eines abgelehnten sowie eines neuen

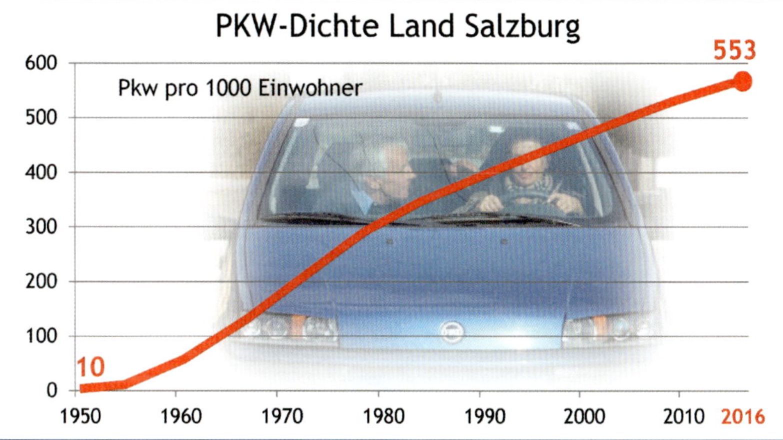

Der sprunghafte Anstieg der Motorisierung wurde zur Herausforderung an das Landesstraßennetz (Grafik: Ralf Kühn)

Übernahmeantrages im Salzburger Landtag: „… Es ist richtig, es ist ein großer Übelstand für die Landesfinanzen, dass so viele Gemeindestraßen in Landesstraßen umgewandelt wurden. Es ist kein System eingehalten und es zeigt sich, dass hier ebenfalls systemlos abgewiesen wurde."

Wie erwähnt, nach dem Zweiten Weltkrieg wuchsen die Anforderungen an das Straßennetz rasant, aber genaue Zielsetzungen im Rahmen von Übernahmen fehlten noch immer. Das Problem wurde jedoch erkannt und man ging daran, ein langfristiges Übernahmeprogramm auszuarbeiten. Wirtschaftlichkeit, Zweckmäßigkeit und die langfristige Finanzierbarkeit waren jetzt gefragt. Ein schönes Zeugnis dafür gibt die vom Landtag beschlossene funktionelle Untersuchung des bestehenden Landesstraßennetzes in den 1970/80er-Jahren. Es erfolgte die Bereisung der auf Übernahme beantragten Gemeindestraßen durch Experten und Abgeordnete und eine eigene Landtags-Enquete. Der Landtag definierte Beurteilungskriterien wie „Zentralörtliche Versorgung – Industriell-gewerbliche Wirtschaft – Fremdenverkehr" und verabschiedete 1979 ein fertiges Landesstraßenübernahmeprogramm unter Nennung jeder einzelnen in Frage kommenden Straße samt Kostenkomponenten. Spätestens seit 2007 sind Landesstraßenübernahmen marginaler Natur, kleine Ergänzungen werden öffentlich kaum wahrgenommen. Nennenswerte Erweiterungen gab es seither nur durch Neubauten, wie beispielsweise die 2014 fertiggestellte Umfahrung Straßwalchen.

Für das heute als komplett anzusehende Landesstraßennetz bleibt nun die Pflicht zur baulich-betrieblichen Erhaltung und zur Verbesserung des Verkehrsablaufes. Zur Herausforderung der Zukunft könnten neue Fahrzeug- und Antriebsarten bis hin zu autonomen Verkehrsmitteln werden. Und die europaweit angelaufene Diskussion zu Gebührensystemen im Sinne verursachergerechter Anlastung aller Kosten des Straßenverkehrs könnte den Landtag ebenfalls ernsthaft berühren. Im Gesamten bleibt die Bedeutung der Landesstraßen auch künftig unverändert, sie sind der Garant für gute wirtschaftliche und gesellschaftliche Entwicklung im Landesgebiet. Darüber hinaus sind sie Symbol für generationsübergreifende Wertevermittlung. Ihre anspruchsvolle Trassierung im Gelände, ihre Brücken, ihre Verkehrsregelungen, sogar der darauf stattfindende Verkehr und unsere Verkehrskultur – das gesamte Erscheinungsbild dieser Bauwerke kann als Teil des kulturellen Auftrittes des Landes und seiner Bevölkerung angesehen werden.

Volle Akzeptanz der Autobahnen scheint erreicht

Während die A 1-Westautobahn nach dem Kriege rasche Fertigstellung erfuhr, dauerte der Bau der A 10-Tauernautobahn auf Salzburger Boden bis 1974, der Bau der zweiten Tunnelröhren durch Tauern und Katschberg von 2005 bis 2011. Dieser Autobahnbau war stets Bundesangelegenheit und verfolgte nicht nur Ziele europäischer Dimension. Mit der A 10 konnten zahlreiche Gemeinden im Salzachtal, im Fritztal, im Pongau und im Lungau aufatmen, weil ihre Ortszentren vom Transit entlastet wurden. Dennoch – ihre stark ansteigende Verkehrsstärke löste vielenorts eine besorgte Diskussion um Verkehrslärm und Luftverschmutzung aus. Einen Höhepunkt erreichte es 2002 mit der „Halleiner Erklärung" der A 10-Anrainergemeinden der Bezirke Tennengau, Pongau und Lungau, die der Salzburger Landtag mit eigenem Beschluss unterstützte. Dazu Abg. Mag. Michael Neureiter in der Haussitzung am 11. Dezember 2002: „Wir haben, Herr Landesrat Blachfellner, die Situation, dass wir den Gemeinden St. Michael und Zederhaus, den Gemeinden Flachau und Eben, den Gemeinden Hüttau, Pfarrwerfen und Werfen, den Gemeinden Golling, Kuchl, Vigaun und Hallein, den Gemeinden Oberalm, Puch, Anif und Grödig sowie Wals-Siezenheim im Wort sind. Wir sind verpflichtet, die Interessen der Anrainer in diesen 16 Anrainergemeinden zu vertreten, und wir sind es allen 524.673 Salzburgerinnen und Salzburgern schuldig, dass wir uns der Dringlichkeit nicht verschließen, wie es die Grünen am Montag abends noch gewollt haben."

Im Kern ging es um die Aufrechterhaltung der seit 1992 zwischen der Europäischen Union und Österreich vertraglich vereinbarten Mengenbeschränkung mittels „Ökopunkte-System" im Straßengütertransit. Im Rahmen des Beitritts Österreichs sicherte sich die EU jedoch ein Laufzeitende dieser Regelung im Jahr 2003. Der Wunsch der Halleiner Erklärung für eine Nachfolgeregelung ging jedoch nicht in Erfüllung, eine zahlenmäßige Beschränkung für Lkw-Verkehr existiert bis heute nicht mehr und die seit 2004 auf allen Autobahnen eingehobene fahrleistungsabhängige Lkw-Maut mittels GO-Box ist kein echter Ersatz. Wieso wurde es dennoch eher ruhig um den Straßengütertransit auf der A 10 in der vergangenen Dekade, trotz Verkehrszunahmen? Nun, beim Lärmschutz greift die Bundesgesellschaft ASFINAG ins Volle und scheint für Zufriedenheit zu sorgen – Salzburger Höhepunkt zur Zeit der eineinhalb Kilometer lange Lärmschutztunnel Zederhaus mit Fertigstellung 2017 für stolze 70 Mio. Euro. Und die Luftqualität? Die Umweltabteilung des Landes attestiert seit Jahren einen landesweiten Rückgang der Feinstaubbelastungen unter die festgelegten Grenzwerte, gibt jedoch keine Entwarnung beim gesundheitsrelevanten Stickstoffdioxid entlang stark frequentierter Straßen, insbesondere den Autobahnen. Bemerkenswert hierzu, dass das flexible Tempolimit „100" auf der A 10 bis zum Pass Lueg schon zehn Jahre gilt. Salzburgs Autobahnen als relevante Schadstoffemittenten – so richtig ins Gerede kommen sie offensichtlich nur, wenn die Landesregierung in Vollzug des Bundesgesetzes IG-Luft nach weiteren Gegenmaßnahmen greift, wie dem flexiblen „Umwelt 80er" auf der A 1 seit 2015. Man erinnere sich an die ausgelöste lebhafte Landtagsdebatte um diese Regelung – Aufsehen erregte weniger die anlassgebende Umweltsituation, viel mehr drehte es sich um angebliche Gefahrenmomente: Die Verkehrsteilnehmer – viele von ihnen – hätten Probleme beim Einhalten der erlaubten Höchstgeschwindigkeit. Erlaubt sei nun die Frage, wie das zusammenpasst mit dem medial getrommelten Eintritt der Gesellschaft ins „digitale Zeitalter". Wofür fahren immer häufiger exakt messende Navigationsgeräte, Abstandswarner, Tempomaten und andere Elektronik mit, wird die Straße mit Kamera, Telematik und Warnanlagen aufgerüstet? Angesichts der immer akkurater vermessenen und aufgezeichneten Welt des Verkehrswesens ergeht die dezente Anregung an die maßgebenden Kräfte und Behörden Salzburgs, sich doch über eine zweite Revision der Straftoleranzen für Fahrgeschwindigkeit zu wagen. Eine erste solche ist für Salzburger Ortsgebiete 2014 erfolgt, mit Reduktion der Straftoleranz um 5 km/h. Warum dieses probate Mittel nicht für Freilandstrecken übernehmen, also auch auf Autobahnen? Bedauerlich, dass dies nicht Teil der Debatte war. Es könnte aber speziell beim Umwelt-80er das Argument der Nötigung der „braven" durch zu schnell fahrende „Drängler" entkräften. Andere Länder, andere Sitten – in vielen europäischen Staaten gelten deutlich schärfere Toleranzbestimmungen zur Fahrgeschwindigkeit als hierzulande.

Doch zurück zum Transitverkehr und zur Luftqualität an der Tauernautobahn. Mit Erklärungen zur Luftgüte wird man wohl weniger rasch Gehör und Verständnis finden, wie mit dem Thema Straßenlärm. Während diesem mit monumentalen Schutzbauten samt deren psychologischer Komponente begegnet wird, sind für die Beurteilung und den Schutz der Luftqualität subtilere Maßnahmen angesagt. Aufwändige Messreihen der Behörden erfolgen lautlos, eher verborgen. Und die Toxizität der Luft löst bei den Anwohnern der Verkehrsadern vielfach nicht unmittelbar, sondern eher langfristig gesundheitliche Probleme aus. Somit ist heute die A 10 nicht mehr der „Aufreger" über Monate wie zur Jahrtausendwende, selbst wenn der Transitverkehr weiter ansteigt. Und man arrangiert sich mit ihr, da sie zunehmend regionale Verbindungsfunktion übernimmt. Man denke an den Reisezeitunterschied für eine Fahrt von Salzburg nach Golling – zum einen über die Autobahn, zum anderen über die Landesstraßen durch unzählige Ortsgebiete, Kreisverkehre und Tempolimits an Freilandkreuzungen mit Erschließungsstraßen zu verstreuten Siedlungen.

Öffentlicher Verkehr am Beispiel von Eisenbahnschicksalen

Der öffentliche Verkehr, kurz ÖV, konnte seine Anteile am Markt der Verkehrsmittel in den vergangenen Jahrzehnten halten. In Ballungsgebieten wie dem Salzburger Zentralraum konnte er sie leicht ausbauen. Die letzte landesweite Mobilitätserhebung 2012 mit den Daten von 10.000 befragten Haushalten weist einen ÖV-Anteil von zwölf Prozent im Werktagsverkehr gegenüber 49 Prozent Pkw-Anteil aus. Ziel der aktuellen Landesmobilitätspolitik ist es, den ÖV-Anteil bis 2025 auf 14 Prozent zu heben, das Auto auf 45 Prozent zurückzudrängen. Bezüglich der Erreichbarkeit dieses Zieles stützt man sich teilweise auf Aussagen von Trendforschern und Verkehrsplanern, dass das Auto bei Führung eines topmodernen Lebensstils an Bedeutung verliere. Der öffentliche Verkehr hingegen würde aufrücken und mittlerweile mehr bieten, als reine Daseinsvorsorge und Rückfallebene zu sein für jene Teile der Bevölkerung, die sich keine Autofahrt leisten können oder dürfen.

Wie behandelte und behandelt nun das Sprachrohr der Bürgerinnen und Bürger, der Salzburger Landtag, den öffentlichen Verkehr und seine Themen? Es

1957: 6.000 Menschen demonstrieren auf dem Residenzplatz in der Salzburger Altstadt gegen die Schließung der Ischlerbahn (Foto: August Zopf)

lohnt sich, dafür den Blick stellvertretend auf die Materie Eisenbahn, im konkreten die Geschichte um zwei Regionalbahnen, nämlich die Salzkammergut Lokalbahn und die Pinzgauer Lokalbahn, zu werfen. Welche zeitgeschichtlichen Qualitäten lagen vor, dass sich die öffentliche Hand, ohne die der öffentliche Verkehr wohl nie zu bestreiten wäre, im ersten Falle zurückgezogen hat, fünfzig Jahre später den erheblichen Aufwand für eine Ertüchtigung der Pinzgauer Lokalbahn zur Sicherung ihres Bestandes mutig in Kauf genommen hat?

Zur Erinnerung: Die Überlebensfähigkeit der 1894 in Vollbetrieb genommenen Ischlerbahn war nach dem Zweiten Weltkrieg unumgänglich mit einem Modernisierungsschub für Strecke und Betrieb verbunden, der leider ausblieb. Ideen dafür gab es ja – die Bahngesellschaft hielt sogar Pläne für eine Elektrifizierung bereit. Umso mehr war der Erhalt der veralteten Infrastruktur und des Rollmateriales auf die Zuschüsse der Länder Salzburg und Oberösterreich angewiesen. Diese stiegen laufend und waren Anlass zu vielen Debatten der Jahre 1950 bis 1957 im Salzburger Landtag. Tausende Protestierende in der Salzburger Altstadt konnten zuletzt nicht für die Bahn überzeugen, auch im Landtag überwog die resignative Stimmung. Pro-Argumente wie die regionale Wertschöpfung durch die Bahn kamen wohl zur Sprache – Landeshauptmann-Stellvertreter Peyerl: „Wir dürfen bei der Betrachtung des uns heute in einem Zwischenbericht vorliegenden Gegenstandes nie darauf vergessen, dass es sich bei der Salzkammergutlokalbahn nicht nur um einen Verkehrsbetrieb, sondern auch um eine große Arbeitsstätte handelt, an der wir interessiert sind." Aber nicht nur „Kosten" waren gern genutztes „Killerargument" der Zweifler und Gegner. Ein Nebeneinander des Automobils, dessen Vorteile zur flächenhaften Erschließung klar bestehen, mit der Eisenbahn schien unmöglich, Synergieeffekte beider Verkehrsmittel waren kein Thema: Abg. Krüttner (VdU) meinte etwa: „Die Kraftwagen hoch aktiv, die Bahn schwer passiv. Es drängt also alles dazu, den Verkehr auf die Straße zu verlegen." Abg. Josef Eisl (ÖVP) traf die Feststellung, dass „eines Tages wahrscheinlich die Bahn als überflüssig gehalten wird und abgestellt werden kann …". (SLP, Landtagssitzung am 10. März 1952, S. 463–468) Der Bund trug das Seine zu dieser Stimmung bei, denn beim Verkehrsministerium stieß die Ischlerbahn offensichtlich kaum auf Interesse. Was brauchte es also mehr – der Siegeszug des Automobils stand vor der Tür und sorgte für weit hellere Visionen als diese 60 Kilometer lange Bahn, die in ihrem Altbestand verkam.

Was für ein Gegensatz nun der Ausbau des Schienennahverkehrs auf der Pinzgauer Lokalbahn. Zwischen 2005 und 2008, vor der Übernahme der über 50 Kilometer langen Bahn durch das Land, ging es sprichwörtlich um ihr nacktes Überleben. Denn seitens der langjährigen früheren Betreiberin Österreichische Bundesbahnen gab es Signale in Richtung kompletter Einstellung. Die Zerstörungen an der Strecke durch das Salzachhochwasser 2005 belasteten die Situation zusätzlich. Doch die Landesregierung konnte bei der 2005 bis 2008 gelaufenen Übernahme der Bahn auf die Unterstützung des Landtages zählen. Das Unterfangen war Maßnahmenteil des Landesmobilitätskonzeptes 2006–2015, dessen Erstellung einen entsprechenden Landtagsbeschluss zur Basis hatte. Am Beispiel der Haussitzung, protokolliert am 2. Juli 2008, wird die breite Unterstützung quer durch die Fraktionen erkennbar. Abg. Dr. Karl Schnell (FPÖ): „… dass wir sagen können als Opposition auch hier geben wir unser OK dazu. Wir werden es mit einem vorläufigen Vertrauensvorschuss tun müssen, aber als Pinzgauer bin ich wirklich froh, dass es unsere Bahn weiter gibt und ich glaube (Beifall der ÖVP-Abgeordneten), dass es viele, viele Leute gibt, die – ich weiß das auch von Freunden, die das auch genutzt haben –, dort einmal Lokomotivführer spielen möchten. Es gibt viele Touristiker, die sagen, das könnte man auch ausbauen, dass es hier auch viele erfolgreiche Firmen in diesem Bereich gibt und ich auch hier annehme, dass es uns gelingen wird, die Angelegenheit auf die Schiene zu bringen. Wir haben auch lange Zeit gekämpft dafür." Und Abg. Dr. Heidi Reiter (Grüne): „… Erledigt ist es erst, wenn auch die entsprechende Unterstützung vor Ort vorhanden ist, wenn dieser Schritt zu einer Aufbruchsstimmung im Raum Pinzgau führt und einer breiten Akzeptanz dieser Bahn durch die Bevölkerung dort, durch die Bürgermeister dort, durch die Tourismusmanager, die Hotels und alle, die dort auch beschäftigt sind. Das wünsche ich mir für die Pinzgaubahn."

Der Einsatz von € 63 Mio. für Wiederaufbau und Modernisierung der Bahn von 2006 bis 2014 wurde schließlich im Auftrage des Landtags vom Landesrechnungshof geprüft und die Gebarung für in Ordnung erklärt. Heute befördert die Pinzgauer Lokalbahn über 800.000 Fahrgäste pro Jahr und das Land ist nach wie vor gut imstande, für die laufenden Investitionen in Infrastruktur und Betrieb mit seinen Jahresbudgets aufzukommen.

Unser Verkehrssystem funktioniert nur noch mit ÖV

Angesichts der seinerzeitigen Einstellung der Ischlerbahn, aber der Zuwendung zur Pinzgauer Lokalbahn scheint sich in der Landesverkehrspolitik ein Paradigmenwechsel abzuzeichnen. Wie kam es so weit, trotz automobilem Zeitalter? Lassen wir hierzu nochmals den Abg. Josef Eisl in der Ischlerbahn-Debatte 1952 sprechen, wenn er deren angedachte Schließung kommentierte: „Zur Zeit ist es aber nicht so weit und zwar aus dem Grund, weil es noch nicht so weit ist, dass die Straßen den gesamten Verkehr übernehmen können." Man erkannte somit die Stärken des öffentlichen Verkehrs aufgrund seiner hohen Beförderungskapazitäten. Heute erhalten Regionalbahnen – auch die Pinzgauer Lokalbahn – genau deshalb neue Nachfrage: Die Straßen sind hoch belastet, in einzelnen

Abschnitten an ihrer Kapazitätsgrenze. Die jährlichen Staustunden nehmen landesweit zu. Und die aktuellen Medienberichte zum Verkehrsstillstand, neuerdings auch immer häufiger im Großraum Zell am See, tun dem Lande nicht gut. Der öffentliche Verkehr steht im Rampenlicht der Diskussion um unsere Mobilität der Zukunft und gewinnt Format. Freilich – eine Portion Mut wird weiterhin dazugehören für große Weichenstellungen beim ÖV, seien es Buskorridore, rigorose Fahrplanverdichtungen, eine Regionalstadtbahn im Zentralraum, sei es die Aufrechterhaltung des Verkehrs der Murtalbahn. Dabei wird die zweite Stärke des öffentlichen Verkehrs – seine Umwelt- und Ressourcenfreundlichkeit – zunehmend Teil der Debatte werden.

Die Mobilitätsnachfrage nachhaltig steuern – Raumordnung ist Gesetz

Verkehr ist das Ergebnis des Austausch- und Ausgleichbedürfnisses von Personen und Waren zwischen den einzelnen Standorten. Verkehr entsteht im Raum und überwindet Raum. Dass die räumliche Siedlungsverteilung – ein Urquell unserer Verkehrsnachfrage – wirksame Stellschrauben zu deren nachhaltiger Veränderung aufweist, ist bekannt. Der Salzburger Landtag in seiner Rolle als gesetzgebendes Organ verantwortet verfassungsgemäß das Salzburger Raumordnungsgesetz, und hält damit ein entscheidendes und brisantes Instrument zur Beeinflussung unseres Verkehrsgeschehens in seiner Hand. Grund genug aus Sicht der Verkehrsplanung, die Agenden um dieses Instrument der Ordnungspolitik an prominenter Stelle in Erinnerung zu rufen.

Die Motorisierung nach dem Zweiten Weltkrieg und ihre Perspektiven für die individuelle Mobilität waren Säulen für eine tiefgreifende Veränderung der Raumstruktur in ganz Europa. Der Teufelskreis aus Stadtflucht, daraus wachsenden neuen Verkehrsströmen und zusätzlicher peripherer Entwicklung als Reaktion ist in vielen Regionen noch immer Realität. Die Debatte um diesen Kern ist mindestens so alt wie das Salzburger Raumordnungsgesetz mit seinem Geburtsjahr 1953. Dazu Abg. Manfred Krüttner (VdU): „... Auf der anderen Seite muss diese ungeregelte Bautätigkeit für unsere Nachkommen einmal zu sehr unangenehmen Folgen führen, denn, bedenken Sie, dass die Aufschließung dieser weitverstreuten Siedlungen die künftigen Städte mit unerhörten Aufgaben finanzieller Art belasten wird. Unsere Kinder und Kindeskinder werden das im Steueraufkommen zu spüren bekommen. Denken Sie, dass wir die Verkehrsmittel hinauslegen müssen, dass die Verkehrsmittel lange Strecken durchfahren müssen, bei geringer Besetzung, dass sie entweder einen hohen Tarif brauchen oder passiv sein werden." (SLP, Landtagssitzung am 10. April 1953, S. 325)

Dass „zu viel am falschen Ort gebaut wird" beherrscht die Debatte um das Raumordnungsgesetz nach wie vor, so auch anlässlich der vorgesehenen Novellierung 2017. „Die hohen Transportkosten von der Müllabfuhr bis zum Taxidienst für die Kinder zum Kindergarten, von der Schneeräumung bis zur Beleuchtung, es sind letztlich Kosten, die der Allgemeinheit aufgebürdet werden. Der Einzelne, der fernab wohnt, bürdet diese Mehrkosten der Allgemeinheit auf." In dieser Frage wusste für Raumordnung zuständige Landeshauptmann-Stellvertreterin Dr. Astrid Rössler die Abgeordneten quer durch die Fraktionen hinter sich.

Das Problembewusstsein um die „Zwangsmobilität“ bei flächiger Besiedelung des Landes ist offensichtlich weit fortgeschritten. Wie sieht es aus mit der Bewältigung der Probleme? Kritische Stimmen attestieren dem Raumordnungsgesetz ja nach wie vor Zahnlosigkeit. Besteht die Chance, diesem Vorwurf durch neue Qualität beim Vollzug entgegenzutreten? Hierzu in der Debatte 2017 Abg. Mag. Wolfgang Mayer (ÖVP): „Wir müssen Verordnungsermächtigungen machen. Wir müssen Leitfäden für die Gemeinden erstellen. Wir müssen das LEP (Landesentwicklungsprogramm, Anm. d. Verf.) noch erstellen. Also das heißt, die Arbeit geht uns nicht aus.“ (SLP, Landtagssitzung am 28. Juni 2017, S. 687–689) Dieser Forderung könnte heute mehr denn je entsprochen werden, denn die Hilfsmittel dafür haben Qualitätssprünge binnen weniger Jahre erfahren. Die Datengrundlagen, wie das komplette Kartenmaterial des Landes, die Achsen und Haltestellen des öffentlichen Verkehrs, die Fahrpläne von Bus und Bahn liegen beim Land in digitalisierter Form vor. Die aktuellen Verkehrsmodelle, Verkehrsflussbeobachtung über Floating Car Data sowie ein für jeden zugänglicher Siedlungskostenrechner ermöglichen hohe Schärfe bei der Beurteilung der Verkehrsnachfrage im Raum.

Zukunftsorientierte Raumordnung auf gesetzlicher Basis

Im Auftrag der politischen Führung des Landes und im Rahmen der jüngsten Novellierung des Raumordnungsgesetzes erfolgt seit 2016 eine erneute Überarbeitung des Landesentwicklungsprogrammes LEP 2003. Dies beinhaltet unter anderem einen neuen Leitfaden für die Siedlungsentwicklung. Im Fokus: Die Abgrenzung von Siedlungskernen der Gemeinden, wobei die sogenannten ÖV-Güteklassen für Standorte und Gebiete eine entscheidende Rolle spielen könnten. Dies würde transparente, zielgerichtete Kriterien zur aktuellen und zur potentiellen Erschließbarkeit von Gebieten und Standorten mit öffentlichem Verkehr bedeuten. Die Formel dazu: Standortentwicklung nur, wenn ehrliche Aussichten auf Erreichbarkeit durch ÖV bestehen und als Antwort der Bevölkerung nicht leere Linienbusse und lange Autoschlangen zu erwarten sind. Das hat etwas vom Schweizer Vorbild – bei unseren Nachbarn im Westen steht die behördliche Steuerung der Siedlungsentwicklung mit Orientierung am Öffentlichen Verkehr in langer Tradition. Die neuen ÖV-Güteklassen Salzburgs sind österreichweit anerkannt, andere Bundesländer werden sie ebenfalls aufgreifen.

Das könnte nicht nur dem Land in seiner Funktion als Aufsichtsbehörde in Raumordnungsverfahren dienen. Diese Richtlinie sollte den Gemeindeoberhäuptern den Rücken stärken – also jenen, die an der Front stehen und mit ihren erstinstanzlichen Entscheidungen zu Flächenwidmung und Bebauung laufend in den Brennpunkt einander widersprechender Interessen geraten. „Wir brauchen mehr Spielraum und mehr Autonomie, als uns die Raumordnungsreferentin derzeit zugesteht“, so der sorgenvolle Kommentar von Günther Mitterer, Präsident des Salzburger Gemeindeverbandes, 2016 zum Raumordnungsgesetz. Ja – Flächenwidmung und Bebauung, ihre Folgen mit neu generierter Verkehrsnachfrage und deren Kostentragung werden weiterhin zur Kontroverse führen. Aber moderne Grundlagen wie die ÖV-Güteklassen für Standorte und Gebiete können tatsächlich für mehr Transparenz bei der fachlichen Beurteilung rund um die aufsichtsbehördlichen Entscheidungen in Raumordnungsverfahren beitragen. Sie bieten sich an im Sinne der im Landtag geforderten Verordnungsermächtigungen und Leitfäden auf Basis des Raumordnungsgesetzes und wären ein wichtiger Schritt zur allseits geforderten engen Abstimmung von Raum- und Verkehrsplanung für eine nachhaltige Siedlungsentwicklung.

Eine komplexe Welt der Mobilität – wer wird mitreden, mitbestimmen?

Die Mobilitätsbedürfnisse der Bevölkerung sind mittlerweile ungemein vielfältig. Der erforderliche ganzheitliche Denkansatz dazu ist im Landtag längst Debattengrundlage. Bürgerinnen und Bürger wollen von der Politik keinesfalls nur wie Kunden behandelt werden, sie wollen aktive Einbindung in die Entscheidungsprozesse. Nicht nur Partizipation bei Entwicklung und Vollendung anerkannter Lösungen ist gefragt, sondern unmittelbare Teilhabe am Dialog zu gesellschaftlichen Leitmotiven. Der Salzburger Landtag hat über seine Enquete-Kommission 2014 erstmals einen sogenannten Bürgerrat zum Thema Bürgerbeteiligung und direkte Demokratie einberufen. Die gewonnenen Erfahrungen waren hochwertig und führten zur Erkenntnis, dass künftige Bürgerräte vorbehaltslos mit anspruchsvollen Fragestellungen konfrontiert werden können. Ein Jahr darauf trat eine völlig neu ausgewählte Gruppe von Salzburgerinnen und Salzburgern im Salzburger Chiemseehof zusammen.

Welche Weichenstellungen braucht es für unsere Mobilität der Zukunft? So lautete das Arbeitsthema für den 2015 von Verkehrslandesrat Hans Mayr unter Mithilfe des Landtagspräsidiums einberufenen ersten Mobilitäts-Bürgerrat Salzburgs. Der Bürgerrat formulierte in seiner Schlusserklärung Denk- und Handlungsempfehlungen. Die moderne Mobilität sei eine hochkomplexe Materie. Sie berührt die Entscheidungsträger aller Gebietskörperschaften und Wirtschaftszweige, letztlich jeden einzelnen täglich. Ein stark ausgebautes Kompetenzzentrum für Mobilität in Salzburg könnte beste Dienste leisten. Die Titel der Handlungsfelder:

- Stärkung des ländlichen Raumes samt den Ortskernen
- Innovative, auch neue technische und logistische Ansätze in der städtischen Mobilität
- Attraktivierung des Öffentlichen Verkehrs auf allen Ebenen
- Mehr Bürgerbeteiligung, alternative/neue Finanzierungsformen von Mobilitätsprojekten
- Forcieren neuer vernetzter Technologien für alternatives Mobilitätsverhalten
- Beziehungskultur und ein Miteinander aller Verkehrsteilnehmenden, unabhängig vom Verkehrsmittel
- Beachtung der Erfolgsfaktoren für zukunftsfähige Mobilitätspolitik: Mutige politische Vertreter, die wichtige Projekte angehen und vorantreiben, gestärkt durch eine engagierte und interessierte Bürgerschaft. Die Mobilitätspolitik sollte versuchen, sich von den Ängsten um die Wiederwahl zu befreien, auch wenn schwierige oder gar unpopuläre Projekte die Agenda füllen.

Die Bandbreite von Vorschlägen im Verkehrsbereich ist groß, aber nicht immer so einfach umsetzbar (Karikatur: Thomas Wizany)

Die vom Mobilitäts-Bürgerrat 2015 öffentlich präsentierten Empfehlungen bestätigen den traditionellen strategischen Ansatz der amtierenden Landesregierungen, ihre Mobilitätspolitik an integrierten Mobilitätskonzepten auszurichten. Diese Praxis wird seit 1991 geübt, seit 2016 liegt das dritte, auf zehn Jahre ausgerichtete Programm vor. Selbstverständlich fand dieses im Hohen Haus Beachtung, wie die Aktuelle Stunde vom 5. Oktober 2016 beweist: Abg. Dr. Josef Schöchl (ÖVP): „Mobilität ist auch ein ganz wesentlicher Punkt unserer Lebensqualität, weil natürlich das Freizeitverhalten – denken wir nur an uns selbst – wesentlich durch die Mobilität geprägt wird. Umso wichtiger ist es, dieser permanenten Herausforderung ein zielführendes und zukunftsfähiges Konzept entgegenzuhalten, Herr Landesrat Mayr hat es schon erwähnt, das Landesmobilitätskonzept salzburg.mobil 2025 ist ein solches Konzept, das realistisch und nicht utopisch ist. Utopische Ziele zu verfassen, die aber nie einzuhalten sind, wäre es ein leichtes. Es geht um ein realistisches Konzept, das auch unter Beteiligung vieler Bürgerinnen und Bürger … erstellt worden ist … Es ist hoffentlich der Ausgleich gefunden worden, eine Balance zwischen Erhalt und Neubau der Infrastruktur, der Stärkung des Öffentlichen Verkehrs ganz wesentlich zu umweltfreundlichen Alternativen zum motorisierten Verkehr, auch neue Denkmodelle und der Einsatz neuer Technologien sind darin enthalten."

Das aktuelle Landesmobilitätskonzept hat nicht nur schicke und moderne, sondern viele alte Herausforderungen anzugehen, wofür Abg. Friedrich Wiedermann (FPÖ) in der erwähnten Aktuellen Stunde Beispiele lieferte: „… es gibt keine Einigkeit zwischen Stadt und Land und schon gar nicht innerhalb der Stadt. Was hier passiert im Zentralraum in der Stadt Salzburg, um die Stadt Salzburg, ist nichts anders als eine völlig verfehlte unfähige Verkehrspolitik. Man ist nicht imstande, … sich einmal gemeinsam an einen Tisch zu setzen, nämlich Stadt und Umlandgemeinden, um herauszufinden bzw. zu besprechen und abzusprechen, wie sehen die räumlichen Entwicklungskonzepte aus, welche Planungsziele haben die einzelnen Gemeinden, wo soll Wohnbau errichtet werden, wo soll das geschehen …. Negative Beispiele dafür sind der Raum Elixhausen und Bergheim mit diesen riesen Betriebsansiedlungen, mit diesen Transportgewerben, die natürlich immensen Verkehr nach sich gezogen haben."

Damit wurde die nach wie vor drängende Herausforderung an die Mobilitätspolitik angesprochen: Kommunikation und Zusammenarbeit aller Gebietskörperschaften, Institutionen und Fachdisziplinen entscheiden über den Umsetzungserfolg der Landesmobilitätskonzepte. Dazu kann ein Gremium wie der Salzburger Landtag gewichtig beitragen. Dieser Betrachtung auf subsidiärer Ebene kommt von höchster Stelle die Europäische Union entgegen: „Eine Reform des Verkehrssystems ist nur in Abstimmung mit nationalen, regionalen und lokalen Behörden, Verkehrsbetreibern und Verkehrsnutzern möglich", so formulierte es 2011 der damals amtierende EU-Verkehrskommissar Siim Kallas im Vorwort zum aktuellen Weißbuch „Verkehr der Europäischen Kommission". Das Weißbuch macht sich den „Fahrplan zu einem einheitlichen europäischen Verkehrsraum – hin zu einem wettbewerbsorientierten und ressourcenschonenden Verkehrssystem" zur Aufgabe. Diese Agenda ist im Landesparlament angekommen und leitet die Mobilitätsdebatte.

Martin Knoll und Kurt Luger

Von der Sommerfrische zur Ganzjahresdestination: Transformationen des Salzburger Tourismus

Salzburger Tourismus bis 1945

„Wem das Wohl unseres schönen Landes und das wirthschaftliche Gedeihen seiner arbeitsamen Bevölkerung am Herzen liegt, dem [sic!] wird es gewiß mit Freude und Befriedigung erfüllen, wenn die Zahl der Fremden, die zur Zeit des Sommers bei uns Naturgenuß und Erholung suchen, stetig zunimmt, die Dauer des Aufenthaltes eine immer längere wird, und der Besuch in steigendem Maße sich auch solchen Gegenden zuwendet, die abseits von den großen Verkehrsrouten liegen, heute nur flüchtig und spärlich, ja zum Theil gar nicht besucht werden, denn der Fremdenverkehr ist, wie in den Alpenländern überhaupt, so auch für unser Heimatsland zu einer ergiebigen Quelle des Erwerbes breiter Landstriche und weiter Volkskreise geworden.“ Dieses Zitat stammt aus dem Jahre 1898. Es war der Petitionsausschuss des Salzburger Landtages, der sich derart hoffnungsvoll zum Entwicklungspotential des Tourismus im Land äußerte. (SLP, II. Session, 8. Periode, 8. Februar 1898, S. 931) Zur Diskussion stand das Ansuchen des Landesverbandes für Fremdenverkehr in Salzburg um die Gewährung einer jährlichen Subvention. „Einstmals“, so sekundierte der Abgeordnete Ludwig Zeller (1844–1933), Präsident der Handels- und Gewerbekammer und des Landesverbandes im Landtagsplenum, „war das Gold *in* Salzburgs Bergen zu finden, heute ist es *auf* Salzburgs Bergen zu finden.“ (Ebd., S. 936, Hervorhebung M. K.) Der Ausschussbericht bedient sich einer nicht weniger bildstarken Sprache, um die positiven Wirkungen des Tourismus für die hiesige Volkswirtschaft zu beschreiben: „Das Geld, welches die Fremden in das Land bringen, sickert durch zahlreiche Adern in alle Schichten der betriebsamen Bevölkerung, die Versorgung der mannigfachen Bedürfnisse des Fremdenverkehrs bringt Leben in den gesammten Handel und Wandel.“ Um diese positiven Effekte mit Zahlen zu untermauern, vergleicht der Bericht die Entwicklung der Steuerleistung verschiedener damals mehr bzw. minder touristisch geprägter Salzburger Kommunen zwischen 1880 und 1895: In Zell am See habe während dieser Zeit die direkte Steuerleistung um 167 Prozent zugenommen, in Badgastein um 107 Prozent und in Lofer um 61 Prozent, während die Zunahme in Neumarkt nur 19 Prozent, in Straßwalchen 21 Prozent und selbst im „gewerbefleißigen“ Hallein nur 27 Prozent betragen habe. (Ebd., S. 932) Freilich maßen der Ausschussberichterstatter und der Verbandsvorsitzende in der Plenardebatte die Salzburger Verhältnisse auch an den bereits weiter entwickelten Vorbildern Schweiz und Tirol und kamen zu dem Schluss, dass in Sachen Professionalisierung der Fremdenverkehrswirtschaft noch viel zu tun bleibe.

Petition und Landtagsdebatte fallen in die Zeit des sogenannten Belle-Époque-Tourismus zwischen der Mitte des 19. Jahrhunderts und dem Beginn des Ersten Weltkriegs, als für eine wachsende Schicht wohlhabender und hochmobiler Reisender ein „paneuropäisches Freizeitnetz“ (Hasso Spode) geflochten wurde

Zell am See gegen das Steinerne Meer mit dem um 1900 erbauten Grandhotel (Foto: Salzburg Museum)

und man vielerorts touristische Infrastrukturen für gehobene Ansprüche aufbaute. – Die Grandhotels in Bad Gastein sind hierfür ebenso sprechende bauliche Zeugen wie das nicht mehr existierende Stadt-Salzburger Hôtel de L'Europe, das noch erhaltene Sacher Salzburg (früher: Hôtel d'Autriche, Österreichischer Hof) oder der Kurbezirk.

Schon das Fürsterzbistum Salzburg war Reiseland gewesen. Seine Lage am Fuße wichtiger Alpenübergänge und der traditionsreiche Badebetrieb im Gasteiner Tal hatten es dazu gemacht. Frühe alpinistische Unternehmungen wie die Erstbesteigung des Großglockner 1800 rückten auch hier die Alpen ins Rampenlicht. Auch einen durchaus modern anmutenden Besuch von Sehenswürdigkeiten finden wir in Salzburg schon im späten 18. Jahrhundert ausgeprägt, als jährlich mitunter mehrere tausend Menschen die Festung Hohensalzburg besuchten und mehrere hundert das Salzbergwerk am Dürrnberg. Die Europatournee, die der Maler Johann Michael Sattler mit seinem 1829 fertiggestellten Rundpanorama der Stadt unternahm, markiert eine frühe Form überregionaler Tourismuswerbung, und auch der Strahlkraft Wolfgang Amadeus Mozarts, eines zunächst recht vergessenen Sohnes der Stadt, wurde man sich bewusst. Die Errichtung des 1842 eingeweihten Mozartdenkmals steht für diesen Prozess.

Tourismusentwicklung durch die Eisenbahn

Im Grunde aber war es der Eisenbahnanschluss der Stadt Salzburg 1860, der – ähnlich wie andernorts – den Ausgangspunkt für die folgende boomartige Entwicklung des modernen Tourismus in der Region bildete, eine Entwicklung freilich, die sich zunächst auf wenige Zentren konzentrierte: die Stadt Salzburg,

Gruppe Bergführerkurs 1881 (Foto: Salzburg Museum)

das schon erwähnte Gasteiner Tal, St. Johann im Pongau mit der 1875 erschlossenen Liechtensteinklamm, Zell am See. Der Bau der Salzburg-Tiroler-Bahn (Giselabahn, fertiggestellt 1875) öffnete das Innergebirg für breitere Besucherschichten. Die Fertigstellung der Tauernbahn bis Bad Gastein 1905 brachte die Direktanbindung des Kurorts an das internationale Eisenbahnnetz. Seit 1893 verband die Salzkammergut-Lokalbahn Salzburg mit den Orten an Mondsee und Wolfgangsee sowie mit dem mondänen Bad Ischl. Ländliche Gebiete und kleinere Orte konnten, abhängig von ihrer Verkehrsanbindung, unterschiedlich stark am wachsenden Sommerfrische-Tourismus partizipieren. Bereits in die Zeit vor der Jahrhundertwende fällt der Bau wichtiger touristischer Infrastrukturen wie der Gaisbergbahn und der Festungsbahn in Salzburg (eröffnet 1887 und 1892) und der Schafbergbahn am Wolfgangsee, die 1893 fertiggestellt wurde und bald zehntausende Besucher anlockte.

Die alpinen Vereine, deren Stellungnahmen und Subventionsersuchen sich in großer Zahl in den stenografischen Protokollen des Landtags niedergeschlagen haben, trugen mit dem Bau von Wegen und Unterkunftshütten, aber auch als Meinungsführer z. B. in Sachen Wegefreiheit, das Ihre zur touristischen Erschließung der Berge bei. In der Zeit des Belle-Époque-Tourismus bildete sich bereits deutlich heraus, was den Salzburg-Tourismus bis heute prägt: Die Destination ist charakterisiert durch zwei unterschiedliche Sphären, hier die Stadt Salzburg, dort das alpin geprägte Land, beide mit gleichermaßen verflochtenen wie unterschiedlichen Modellen von Tourismus. Sprechen wir gerade beim landschaftsgebundenen Tourismus der Zeit um 1900 noch weitgehend vom Sommertourismus, so wurde man bald auch der Potentiale einer Wintersaison gewahr. Im Dezember 1900 brachte die in Salzburg erscheinende „Fremdenzeitung", Zen-

Gasthof „zum Kaiser Karl"
GROSSGMAIN
(Oesterreich)
eine halbe Stunde von **Bad Reichenhall** (Bayern).
Fremdenzimmer, sehr schattenreicher Garten. Oesterreichische, Ungarische und Tiroler Weine von und in Flaschen. Aufmerksame Bedienung, gute Küche und solide, billige Preise.
JOHANN SEITZ, Besitzer.

Große Tradition und frühes Pilgerziel: der Gasthof Kaiser Karl in Großgmain (Salzburger Fremdenzeitung, 10. August 1901)

tralorgan der österreichischen Landesverbände für Fremdenverkehr, einen von Faszination für die neue Sportart des Skifahrens durchdrungenen Beitrag mit dem Titel „Der Ski im Hochgebirge". Dessen Autor, der Oberalmer Lehrer, Alpinist und Touristiker Hans Gruber, schloss nach eingehender Erörterung skifahrerischer Techniken mit den emphatischen Worten: „Der Winter ist uns nicht mehr der böse Geselle, der unsere Bergfreude in die Stube bannt; nein er führt uns in die Berge wie im Sommer ... Wenn auch die Philister die Köpfe schütteln." (Fremden-Zeitung, XIV. Jahrgang, Nr. 11–12, 22. Dezember 1900, S. 5 f.) Mit etwas Verzögerung erreichte das Thema auch den Salzburger Landtag, einerseits mit der Stoßrichtung der Förderung des Skisports unter den Einheimischen, andererseits aber mit Blick auf den Tourismus. Im Herbst 1910 befasste sich der Landtag mit dem Antrag einer Gruppe von Abgeordneten um Anton Hueber, der die „Hebung des Wintersportes im Kronland Salzburg" bezweckte und sowohl auf die damit einhergehende Etablierung einer Wintersaison als auch auf die Förderung eines produzierenden Gewerbes in der Herstellung von Wintersportartikeln abzielte. (SLP, II. Session, 10. Periode, 28. September 1910, S. 328 f.) Wie schon zuvor bei der Entwicklung des Sommertourismus hatte man als Vorbilder Nachbarregionen im Auge. Der Antrag verweist darauf, dass es mit Mitterndorf in der Steiermark und mit Kitzbühel, St. Anton und anderen Orten in Tirol diesen Kronländern bereits gelungen sei, Wintersportplätze zu schaffen. Man wolle auch im Winter internationales Publikum und dessen Kaufkraft zum Nutzen der regionalen Wirtschaft ins Land locken. Salzburg biete hinsichtlich Terrain und Klima alle nötigen Voraussetzungen für den Wintersport, worunter man namentlich Skifahren, Rodeln, Eisschießen und Schlittschuhlaufen anführte. Eine der vorgeschlagenen Maßnahmen, die Vorbereitung einer internationalen Wintersportausstellung in Salzburg, war weitgehend umgesetzt, als man das von 1. August bis 15. September 1914 terminisierte Großereignis dem Ausbruch des Ersten Weltkriegs geschuldet absagen musste. Noch im Tourismusjahr 1924/1925 entfielen von 1.266.500 Übernachtungen im Land nur rund 167.300 auf den Winter. Und doch nahm dieser Wert bis zum Tourismusjahr 1936/1937 bereits auf rund 307.700 (bei 1.856.300 Übernachtungen insgesamt) zu. Die dramatischen Zuwachsraten im Wintergeschäft fielen freilich erst in die Zeit des massiven Infrastrukturausbaus bei Seilbahnen und Liften nach dem Zweiten Weltkrieg.

Regionale Tourismusgeschichte als Infrastrukturgeschichte

Tourismusentwicklung war und ist nur auf der Basis des Auf- und Ausbaus, des Betriebs und der Unterhaltung von Infrastrukturen denkbar. Gleichzeitig befindet sich gerade der landschaftsorientierte Tourismus in einem Zielkonflikt mit dem Infrastrukturausbau anderer Gewerbe. Mustergültig scheint dieser Konflikt schon in den Landtagsdebatten über die projektierte Wasserkraftnutzung und Industrieansiedlung an den Krimmler Wasserfällen um 1900 auf. So gab der bereits eingangs zitierte Abgeordnete Ludwig Zeller im März 1899 zu Protokoll, er bezweifle, dass, wie von der Landesregierung postuliert, „die beiden Standpunkte der Fremdenindustrie und der Großindustrie in diesem Falle vereint werden können." (SLP, III. Session, 8. Periode, 14. März 1899, S. 693) Es scheine ihm „ganz unmöglich, dass sich das Wasser des Krimmler Falles zu technischen Zwecken abzweigen ließe und dass zugleich das andere Bild erhalten bleibt, welches für die Fremdenindustrie von so außerordentlicher Wichtigkeit ist". Zeller, der für sich in Anspruch nahm, „diese Angelegenheit von der praktischen Seite vom gewerblichen Standpunkte aus zu betrachten", plädierte klar gegen den Kraftwerksbau und die Ansiedlung von produzierender Industrie im Krimmler Tal, und er machte auf einer grundsätzlichen Ebene deutlich, warum er zu dieser Haltung gelangte: „Salzburg hat seit längerer Zeit eine Fremdenindustrie und hat wenig Großindustrie und so sehr man auch versuchen würde, die Großindustrie nach Salzburg zu verpflanzen und so sehr es zu begrüßen wäre, dieselbe in Salzburg besser entwickeln zu sehen, so wird doch Salzburg, nach meiner Überzeugung, nie ein eigentliches Industrieland werden." (Ebd., S. 694)

Was die Einschätzung der ökonomischen Rolle des Tourismus im Lande betrifft, argumentierte in den 1920er-Jahren der Ökonom Dr. Erich Gebert ganz ähnlich. Gebert, Sekretär der Handels- und Gewerbekammer und später in der Zeit des Nationalsozialismus Gauwirtschaftsberater und SS-Funktionär, wies in seiner 1926 veröffentlichten Studie „Wirtschaftspolitik und Fremdenverkehr" darauf hin, „dass der Fremdenverkehr bis zu einem gewissen Grade das einfachste und wirtschaftlichste Geschäft ist, welches ausländische Werte nach dem Inlande bringt und daher in dieser Funktion Exportgeschäft ist, insoferne es gewissermaßen den Rohstoff selbsttätig stellt, an dem sich die Arbeit eines rohstoff- und kapitalarmen Landes zu Verdienst kristallisiert, eines Landes, dessen größtes Besitztum die verfügbaren Arbeitskräfte sind, wenn sie Beschäftigungsmöglichkeit finden."

Der Tourismus der Zwischenkriegszeit

Die Rahmenbedingungen für den Salzburger Tourismus hatten sich zwischenzeitlich dramatisch verändert. Mit der Monarchie war im Ersten Weltkrieg ein riesiger touristischer Binnenmarkt zerbrochen, in ganz Europa hinderten wirtschaftliche Not und neue oder politisch bedingt weniger leicht passierbar gewordene Grenzen am Reisen. Die Versorgungsengpässe für die einheimische Bevölkerung machten die Einreise von Touristen und Touristinnen zum Problem. In der provisorischen Landesversammlung diskutierte man im März 1919 nicht, ob der Fremdenverkehr aufgrund der Versorgungslage zu beschränken sei, sondern nur mehr wie. Nicht nur „Valuta-Touristen“ aus dem Ausland wollte man fernhalten, auch „die Wiener“. Vergangene Jahre hätten gezeigt, so der Abgeordnete Dr. Viktor Wimmer, „wenn man auch die Leute warnt, kommen die Wiener doch her“. (SLP, Landtagssitzung am 12. März 1919, S. 932) Früh mischte sich in die, angesichts der Not nachvollziehbare, Fremdenverkehrskritik auch xenophobes und antisemitisches Ressentiment. Schon in seiner ersten Nummer nach der Übersiedlung von Wien nach Salzburg brachte der „Eiserne Besen“, die Wochenzeitung des Antisemitenbundes, am 10. September 1923 einen Beitrag, dessen Überschrift forderte: „Sperrt die Juden aus den Sommerfrischen (...)“. Eine Reihe von Gastronomen, Hoteliers und ganze Fremdenverkehrsgemeinden im Land diskriminierten in den Folgejahren jüdische Gäste offen. Wie weit der Sommerfrischen-Antisemitismus den marktschreierischen Meldungen des „Eisernen Besens“ entsprach, ist der Einschätzung Günter Fellners zufolge im Einzelnen nicht immer leicht zu rekonstruieren. Das von Christian Strasser untersuchte Beispiel der Wallersee-Region deutet auf einen früh ausgeprägten Fremdenverkehrsantisemitismus hin, während Laurenz Krisch in seiner Studie zu Bad Gastein eine bis 1929 andauernde „judenfreundliche Phase“ ausmacht.

In der wirtschaftlich desolaten und bis zur Währungsstabilisierung (Völkerbundanleihe 1922) von der Inflation geprägten Frühphase der Ersten Republik gab es dennoch wichtige Akteure und Aktionen, die dem Tourismussektor wieder auf die Beine helfen wollten. Als bis heute für die Salzburger Tourismuswirtschaft zentrales Veranstaltungsformat sollten sich die Salzburger Festspiele erweisen, die 1920 ins Leben gerufen wurden. Die dramatische finanzielle Schieflage, in die die Festspielgemeinde durch den Umbau des Reitschulkomplexes geraten war, stand Pate bei der Schaffung des bis dahin wichtigsten fremdenverkehrspolitischen Instruments im Lande, dem 1926 eingerichteten Fremdenverkehrsförderungsfonds (LGBl. Nr. 24/1926). Die abenteuerliche Rettungsaktion der Festspiele hatte deutlich gemacht, dass es einer soliden, interessentenfinanzierten Basis für eine kontinuierliche Fremdenverkehrspolitik bedurfte. Nunmehr hatten alle gewerblichen und institutionellen Interessenten der Fremdenverkehrswirtschaft mit ihren Beiträgen einen vom Landeshaushalt getrennten öffentlich-rechtlichen Fördertopf für Investitionen in den Fremdenverkehr zu beschicken. Dass diese neue Abgabenlast ebenso ihre Kritiker fand wie bereits die 1922 vom Landtag verabschiedete und mehrfach novellierte Fremdenzimmerabgabe, die zunächst 40 Prozent des Übernachtungspreises einhob, kann wenig verwundern.

In der Summe stehen die Gesetzgebungsvorhaben der 1920er-Jahre samt der Schaffung eines Landesfremdenverkehrsbüros und des Fremdenverkehrsrats als Beirat bei der Landesregierung für den energischen Einstieg der Landespolitik in die Gestaltung der Tourismusentwicklung. Quasi das Gesicht dieses Einstiegs, tatkräftiger Impulsgeber und Organisator, war Landeshauptmann Dr. Franz Rehrl. Unter seiner Ägide gelang nicht nur die Sicherung der Festspiele, die künstlerisch früh Weltgeltung erlangt hatten, aber schon 1929 erneut in eine schwere Finanzkrise geraten waren. Unter wirtschaftlich schwierigen Rahmenbedingungen wurden auch so wichtige touristische Infrastrukturen wie der Salzburger Flugplatz (1926, sukzessiv weiter ausgebaut), Salzburgs erste Seilschwebebahn auf die Schmittenhöhe in Zell am See (1927), die Autostraße auf den Gaisberg (1929) und – das ambitionierteste Unternehmen – die Großglockner-Hochalpenstraße (1935) umgesetzt.

Was die Tourismuskonjunktur betrifft, spricht Ernst Hanisch in Anlehnung an den bereits zitierten Erich Gebert von den Jahren 1924–1929 als den „goldenen Jahren" des Salzburger Tourismus. Die 1930er-Jahre standen dagegen unter erneut schwierigen Rahmenbedingungen. Die Weltwirtschaftskrise wirkte sich auch auf die Tourismusfrequenz in Salzburg aus, wobei die Festspiele Zugpferd von hoher internationaler Strahlkraft blieben. Erste Erfahrungen mit kommerziellem Massentourismus konnte die Gemeinde Golling machen. 1932 begann der Berliner Reiseunternehmer Dr. Carl Degener, preisgünstige Pauschalreisen nach Golling anzubieten. 5.000 Urlauber kamen so 1932 in Sonderzügen in den Tennengau. Die Gollinger ihrerseits traten im Jänner 1933 als Teil einer Salzburger Gruppe in Berlin schuhplattelnd vor 3.000 Zuschauern auf und machten so Werbung für ihre Region als Reiseziel. Die Machtübernahme der Nationalsozialisten und die von der Hitler-Regierung erlassene 1.000-Mark-Sperre, eine gegen Österreich gerichtete Ausreiseabgabe für deutsche Urlauber von prohibitiver Höhe, bereitete dem Gollinger Pauschaltourismus ein schnelles Ende. Degener schickte seine Züge nunmehr ins deutsche Ruhpolding. Auch im übrigen Salzburg – wie in ganz Österreich – musste sich die Tourismuswirtschaft neu orientieren.

Das Salzburger Landesverkehrsamt reagierte, soweit es die finanziellen Mittel zuließen, mit einer weiteren Intensivierung und Internationalisierung der Tourismuswerbung. Die Eröffnungsrede von Landeshauptmann Dr. Franz Rehrl zu Beginn der Herbstsession des Salzburger Landtages am 19. November 1935 liest sich wie ein Katalog entsprechender Maßnahmen. Um nur einige herauszugreifen, legte die Behörde einen Winterführer vor. Man filmte das Training der ungarischen Ski-Olympiamannschaft in Zell am See und platzierte Kurzkopien dieses Films in der Wochenschau zahlreicher ungarischer Kinos. Die Eröffnung der Glocknerstraße wurde durch zwei Riesendioramen „Fuschertörl" und „Franz-Josephs-Höhe" begleitet, die zunächst auf der Wiener Frühjahrsausstellung zu sehen waren und dann auf Ausstellungen ins In- und Ausland geschickt wurden. Bei den Feierlichkeiten am Glockner im August war das Landes-Fremdenverkehrsamt erstmals mit einem eigenen Filmteam vertreten. Die Glocknerstraße war auch in einem Großgemälde der österreichischen Fremdenverkehrswerbung im österreichischen Pavillon auf der Brüsseler Weltausstellung präsent. 1934/35 warb das Land mit 122 Lichtbildervorträgen in 55 europäischen Städten für sich, davon 29 in der Tschechoslowakei, zehn in Österreich, vier in England, je drei in Ungarn und Belgien, zwei in Polen und je einer in Dänemark, Frankreich, Italien und der Schweiz. Für die Vortragssaison 1935/36 visierte man eine Intensivierung der Vortragstätigkeit in England an. Anachronistisch formuliert, arbeitete man intensiv an der eigenen „Marke": So betonte Landeshauptmann Dr. Franz Rehrl den positiven Einfluss der „Pflege der bodenständigen Trachten auf den Fremdenverkehr". „Während der heurigen Festspiele", so sein Eindruck, „schien die Begeisterung des ausländischen Publikums für die salzburgische Note in der Kleidung einen Höhepunkt erreicht zu haben." (SLP, 19. November 1935, S. 11) Auch sah man sich genötigt, geografische Bezeichnungen so zu adaptieren, dass die Salzburger Gebietszugehörigkeit sichtbar wurde. So strebte die Landeshauptmannschaft an, die „unzutreffende und irreführende Bezeichnung ‚Berchtesgadener Alpen' bezüglich der weitaus überwiegenden salzburgischen Gebietsteile in ‚Salzburger Kalkalpen' und die mit Unrecht verallgemeinernde

Bezeichnung ‚Kitzbüheler Alpen' bezüglich der umfangreichen salzburgischen Gebietsteile in ‚Pinzgauer Schieferalpen'" abzuändern. (SLP, 19. November 1935, S. 10)

Der „Gau der guten Nerven"

Der „Anschluss" Österreichs an NS-Deutschland 1938 veränderte dann die Rahmenbedingungen für den Salzburg-Tourismus weitgehend. Salzburg war nun Reichsgau, Antisemitismus Staatsdoktrin. Deutsche Reisende aus dem „Altreich" bescherten der Region in den letzten beiden Friedensjahren eine gute Tourismuskonjunktur. Viele der Urlauberinnen und Urlauber reisten im organisierten Sozialtourismus der NS-Organisation „Kraft durch Freude". Adolf Hitler selbst hatte ja für ausreichend Urlaub der arbeitenden Bevölkerung plädiert, mit dem Argument, er wolle „ein nervenstarkes Volk (...), denn nur allein mit einem Volk, das seine Nerven behält, kann man wahrhaft große Politik machen." Für den weiteren Ausbau des „Gaues der guten Nerven" als Tourismusregion verhießen zumindest die zahlreichen Ankündigungen und Planungen der Nationalsozialisten Großes. Tatsächlich aber standen die Zeichen auf Kriegsrüstung und Militarisierung. Einsatz der Transportkapazitäten von Eisenbahn, Kraftfahrzeugen und Flugverkehr für militärische Zwecke, Rationierung von Treibstoff und Lebensmitteln – all dies prägte den Kriegsalltag auch in Salzburg. Kur- und Badeanstalten und Spitäler im Land dienten der Rehabilitation kriegsversehrter Soldaten und Skier wurden im Winter 1941 zum Einsatz an der Front eingesammelt. Viele, die in den Jahren nach dem Anschluss in Salzburg ankamen, kamen nicht als Touristinnen und Touristen: Militär, umgesiedelte „Volksdeutsche" aus Südosteuropa, Südtiroler Optanten.

Den Salzburger Festspielen – einst angetreten als weltoffenes „Anti-Bayreuth" – dachten die neuen Machthaber eine neue Rolle als „Teil, Baustein und Juwel des nationalsozialistischen Aufbaus", so die „Salzburger Zeitung" im Juli 1938, zu. Der Fremdenverkehrsförderungsfonds blieb formal erhalten, wurde aber in die gelenkte NS-Tourismuswirtschaft integriert. Mit dem kriegsbedingten Tourismusrückgang verlor er zusehends an Bedeutung. Sein Vermögen wurde vor allem in Reichsschatzanweisungen angelegt, die nach dem Krieg wertlos sein sollten. Für die Festspiele leistete der Fonds zwar noch bis 1941 Finanzierungsbeiträge. Aber als „reichswichtige Veranstaltung" standen diese unter der Regie des Reichspropagandaministeriums, das dann auch die Ausfallhaftungen übernahm. Die Festspielgemeinde wurde 1942 aufgelöst, ihr Vermögen dem Reichsgau Salzburg übertragen. 1944 fanden unter den Vorzeichen des „totalen Krieges" keine Festspiele mehr statt.

Mobilität im Salzburg des nahenden Kriegsendes schildert Gert Kerschbaumer so: „Die wenigen Züge, die im *Gau der guten Nerven* zu Beginn des Jahres 1945 noch fuhren, waren ungeheizt, unbeleuchtet, stockdunkel, überfüllt und verspätet, mit Verwundeten und Flüchtlingen belegt oder nur mit einer Fahrerlaubnis benutzbar. Privilegierte Dienstfahrzeuge beförderten Wehrmachtsgeneräle und SS-Offiziere wie Otto Skorzeny, Politiker und Parteifunktionäre wie Franz von Epp, Walter Funck, Wilhelm Frick, Robert Ley, Julius Streicher und Hermann Göring in den letzten Zufluchtsraum der ‚Alpenfestung'."

Salzburg-Tourismus nach 1945

In der unmittelbaren Nachkriegszeit war den Menschen weniger nach Reisen zumute. Sie wollten vielmehr wieder aus der seelischen Trümmerlandschaft heraus und zu einer neuen Ordnung finden, Abstand gewinnen von den traumatischen Erfahrungen der vergangenen tausend Jahre. Enorme Zerstörungen jeglicher Infrastruktur, die Zoneneinteilung, Reise- und Devisenbeschränkungen, eine Lebensmittelknappheit und eine darniederliegende Wirtschaft – das waren die Ausgangsbedingungen für den touristischen Wiederaufbau. Gemäß der Bundesverfassung wurde Tourismus nach 1945 wieder Ländersache, daher waren Landesregierung und Landtag gefordert, die entsprechenden Weichen zu stellen, um dem Fremdenverkehr wieder auf die Füße zu helfen. Durch die zügige touristische Erschließung in den Folgejahren wurde die Transformation der vormals agrarischen Gebirgsregionen in touristisch überformte Wirtschaftsräume mit zahlreichen Dienstleistungsbetrieben vorangetrieben. In etlichen Gemeinden Innergebirgs wurde der Tourismus sogar zum dominanten Erwerbssektor, Fremdenverkehrs- und Bauwirtschaft entwickelten sich zu Führungssektoren der regionalen Wirtschaft. Diese Dominanz begann erst in den 1970er-Jahren abzuflachen, aber bis heute sind diese beiden Branchen miteinander stark verbunden und erzielen über die unmittelbaren Beschäftigungseffekte hinaus enorme Wertschöpfung. Dass der Tourismus rasch zu einem wirtschaftlichen Schlüsselsektor werden würde, war damals ebenso wenig abzusehen wie die Entwicklung der Industriegesellschaften in Richtung einer Freizeit- und Erlebnisgesellschaft. Rückblickend kann man von einer veritablen Erfolgsgeschichte des Salzburg-Tourismus sprechen. Land und Stadt Salzburg gehören heute zu den bekanntesten und beliebtesten Destinationen des globalen Tourismus und dieser trägt zum Wohlstand des Landes erheblich bei.

Phasen der Tourismusentwicklung

Wenngleich die Ausgangslage nach 1945 äußerst schwierig war, so wirkte sich die Zugehörigkeit zur US-amerikanischen Besatzungszone positiv aus. Die Beschränkungen beim Überschreiten der Zonengrenzen wurden bereits 1947 aufgehoben und dem Ausländerverkehr kam die baldige Abschaffung der Visapflicht bzw. Einreisebeschränkungen zugute. Organisatorisch war die Wiedererrichtung der Fremdenverkehrsvereine in den Gemeinden die vordringlichste Aufgabe und das Land hatte die schwierige Aufgabe zu lösen, die Finanzierung für die Neuerrichtung bzw. Wiederherstellung der Tourismusinfrastruktur zu sorgen, wie aus dem Protokoll der Sitzung des Salzburger Landtags vom 16. Jänner 1947 hervorgeht.

In dieser Aufbauphase, die bis Mitte der 1950er-Jahre andauerte, waren es in erster Linie die ERP-Mittel aus der Marshallplanhilfe, die in den Bau oder Modernisierung von Beherbergungsbetrieben, Liften und Seilbahnen flossen. Salzburg profitierte von dieser Unterstützung mehr als alle anderen Bundesländer, fünf Prozent der S 1,8 Mrd. flossen direkt in den Tourismus. Die Förderung des Wintertourismus und die Absicht, den Tourismus auf das gesamte Land auszuweiten, standen dabei im Zentrum der Fremdenverkehrspolitik des Landes. Als deren Träger und als Managementzentrale diente das Landesverkehrsamt (LVA), das auch für Werbung und Marketing zuständig war. Entscheidende Schritte auf dem Weg zu einer international konkurrenzfähigen Tourismusdestination waren aber auch der zügige Ausbau des regionalen wie überregionalen Straßennetzes, die Zusammenarbeit mit Bahn und Post sowie der Ausbau des Flughafens, denn sie entsprachen dem wachsenden individuellen Mobilitätsbedürfnis der Reisenden.

Mit den Jahren verlor die Stadt zusehends ihre touristische Sonderstellung, weil die ländlichen Erholungslandschaften immer mehr Besucher anzogen. Die barocke Altstadt war stets das Aushängeschild gewesen und bis 1950 lag der Anteil der Stadt am gesamten Salzburg Tourismus noch bei rund 40 Prozent. Durch den erheblichen Zuwachs in den Gauen sank ihr Anteil im Laufe der Jahre auf ca. zehn Prozent, obwohl auch in der Stadt die absoluten Nächtigungszahlen wuchsen. Insbesondere der Kulturtourismus mit den Festspielen, aber auch der in der Stadt und der näheren Umgebung 1964 gedrehte Hollywoodfilm „The Sound of Music" zogen Gäste aus aller Welt an. Das trifft auch auf die Gasteiner Thermalquellen oder die Großglockner Hochalpenstraße zu, die von der wachsenden Mobilisierungs- und Motorisierungswelle dieser Jahre enorm profitierte. Die Entstehung dieser Panoramaroute über die Hohe Tauern in den 1930er-Jahren war der tourismusstrategischen Weitsicht von zwei Personen zu verdanken: des damaligen Landeshauptmanns Dr. Franz Rehrl und des genialen Baumeisters DI Franz Wallack. Das 1960 eröffnete neue Festspielhaus am Fuße des Mönchsbergs entstand auf Initiative des Landeshauptmanns Dr. Josef Klaus, Gestalt gab ihm der große Architekt Clemens Holzmeister. Weltbühne, die Stadt und das Land eine großartige Naturkulisse – der Salzburgtourismus profitierte von dieser Einzigartigkeit und machte daraus ein unverwechselbares Produkt.

Bis zur Konjunkturkrise 1967/68 zeigte der Salzburg-Tourismus einen kontinuierlichen Aufschwung, wurde Österreich der Deutschen liebstes Urlaubsland. Salzburg punktete wegen seiner Vielfalt und Gastfreundschaft, war preiswert, kulinarisch wie kulturell attraktiv. Der Sommer behauptete sich noch gegen die wachsende Konkurrenz der Mittelmeerländer und 1973 verzeichnete nicht nur die Stadt mehr als eine Million Nächtigungen, sondern erstmals auch Bad Hofgastein und Saalbach, knapp darunter lagen Bad Gastein und Zell am See. Zusehends zog es die Österreicher und Deutschen aber dann an die Adria oder darüber hinaus und im Gefolge des Ölpreisschocks kam es zu einer Stagnation und Trendwende im Tourismus. Lediglich der Wintersporttourismus verzeichnete noch einen deutlichen Zuwachs. Erstmals wurde die Flexibilisierung des Urlauber- und Reiseverhaltens sichtbar, die Aufenthaltsdauer der Gäste kürzer, Kurzurlaube nahmen zu, die Branche klagte über geringe Auslastungen und Rentabilität, die Eigenkapitalbildung vieler kleinerer Familienbetriebe reichte nicht mehr für nötige Investitionen.

Die Ziele der Fremdenverkehrspolitik bis in die Mitte der 1970er-Jahre hießen Dezentralisierung, Ausbau der Wintersaison, Qualitätssteigerung, aber auch Bewahrung der Landschaft, was über den Naturschutz und die Raumordnungspolitik verfolgt wurde. Formuliert wurden diese Ziele von der Regierung bzw. den Kammern und Interessensvertretungen, ein eigentliches Fremdenverkehrskonzept gab es nicht. Aber es wurden im Landtag günstige Rahmenbedingungen für die Förderung des Fremdenverkehrs und seine finanzielle Sicherstellung geschaffen, etwa das Gesetz über den Fremdenverkehrs-Förderungsfonds, das Orts- und Kurtaxengesetz, die Grundlagen für Kreditaktionen und Zuschüsse.

Bis Mitte der 1990er-Jahre erlebte der Sommertourismus nur geringe Zuwächse, der Winter wurde ab Mitte der 1980er-Jahre zur stärkeren Saison und der Schitourismus garantierte für viele Betriebe noch eine zufriedenstellende Wertschöpfung. Die Stagnation der Nächtigungen auf einem hohen Niveau erforderte aber Strukturanpassungen. Fernreisen wurden zusehends beliebter, der Kampf um die Gäste durch die wachsende Konkurrenz immer härter. Dies führte zu Preisdumping und angesichts der enormen Verschuldung mancher Hotelbetriebe auch zu einer Beunruhigung auf dem Arbeitsmarkt, zumal viele Arbeitsplätze direkt oder indirekt mit dem Tourismus verbunden waren.

Im Umfeld des Seilbahnverkehrs entwickelte sich ein eigener dynamischer Wirtschaftszweig mit enormen Investitionen. Von 1960 bis 1980 war die Zahl der Seilbahnen von 127 auf 659 gestiegen, 1993 waren es 706 (alle Schlepplifte eingerechnet). Die infrastrukturelle Erschließung der alpinen Kulturlandschaft erreichte einen Höhepunkt. Die Auseinandersetzung über den weiteren Ausbau nahm an politischer Schärfe zu. 1986 etwa beschloss die Landesregierung nur noch Verbesserungen und Ergänzungen, aber keine weiteren Neuerschließungen im Schilift- und Seilbahnbereich zuzulassen. Dieses Konfliktfeld ist nach wie vor aktuell, stehen sich wirtschaftliche Ausbaupläne und der Naturschutz gegenüber. Mit gesetzlich vorgeschriebenen Umweltverträglichkeitsprüfungen versucht man einen Ausgleich zu finden. Auch die Protokolle der Alpenkonvention, einer völkerrechtlich bindenden Vereinbarung, deren Rahmenkonvention von der Republik 1994 ratifiziert wurde, geben diesbezüglich eine Richtlinie vor. Im gesamten Alpenraum existiert ein Spannungsverhältnis zwischen der Seilbahn- bzw. Tourismuswirtschaft und den Naturschützern bzw. den Alpinen Vereinen. Bislang ist dieser Streit im Salzburger Land noch nie eskaliert, wohl auch deshalb, weil der Ausbau in den meisten Fällen doch mit Augenmaß erfolgte und zum anderen die erhebliche wirtschaftliche Bedeutung dieser Branche durch die Bevölkerung Innergebirg anerkannt wird.

Bis in die 1990er-Jahre war der Tourismus durch eine zumeist sehr dynamische Entwicklung gekennzeichnet, kleinere Rückschläge konnten ausgeglichen und durch geförderte Kredite das Angebot konkurrenzfähig gestaltet werden. Der Salzburg-Tourismus trotzte tiefgreifenden Strukturkrisen der Weltwirtschaft und den sich verändernden Reisegewohnheiten, was für seine Anpassungsfähigkeit spricht. Dies ist auch dem 1985 nach mehrjähriger breiter Diskussion im Landtag und Bürgerbegutachtung beschlossenen Fremdenverkehrsgesetz zu verdanken. Es regelt die Organisation und Verwaltung von örtlichen Fremdenverkehrsverbänden, die als Körperschaften öffentlichen Rechts über eine Beitragshoheit verfügen. Die Einnahmen dienen der Finanzierung der Verbände, die damit an Eigenständigkeit gewannen. Das Gesetz regelt auch die Bestimmungen des Fremdenverkehrsfonds, der zur Förderung der Festspiele und von Maßnahmen mit überörtlicher Bedeutung herangezogen wird. Heute hilft er auch wirtschaftsschwachen Gemeinden bei ihren touristischen Projekten. Die Vermarktung der Destination erfolgt seit 1987 durch die neu gegründete Salzburger Land Tourismus GmbH (SLTG), die zusammen mit den Verbänden auch die Fremdenverkehrspolitik weitestgehend bestimmt.

Weichenstellungen zur umweltbewussten Tourismusdestination

Landeshauptmann-Stellvertreter Dr. Arno Gasteiger als ressortzuständiges Mitglied der Landesregierung war die treibende Kraft hinter dieser Gesetzesinitiative und er unterstützte auch die Ausrichtung der neuen Tourismuspolitik. Anstelle der Erweiterung des Bettenangebots über die bestehenden 200.000 hinaus sollte vielmehr in Qualität investiert werden, um Salzburg als umweltbewusste Destination zu entwickeln, die in den Folgejahren unter dem Slogan „Ein kleines Paradies“ zu einer unverwechselbaren Marke werden sollte.

Die Selbstbeschränkung bei der touristischen Kapazitätsausweitung – bei der Zahl der Betten und Wintersportanlagen – entsprach auch dem erwachten ökologischen Zeitgeist und den Bedürfnissen der Gäste, die diese Ausrichtung honorierten. Es bestand im Landtag ein breiter Konsens darüber, dass die Erhaltung einer möglichst intakten Umwelt als Erholungslandschaft für eine funktionierende Tourismuswirtschaft unabdingbar ist. Der Landtag trug diesen Überlegungen mit dem 1993 in Kraft getretenen neuen Raumordnungsgesetz Rechnung, indem dieses durch die besondere Widmung von Hotelbauland den Gemeinden eine gewisse Kontrolle über den weiteren Ausbau und gegebenenfalls die Ablehnung von Großbauten ermöglichte (siehe dazu den Beitrag von Christoph Braumann in diesem Band).

Bereits 1983 hatte der Salzburger Landtag einstimmig das Gesetz über die Errichtung des Nationalparks Hohe Tauern im Land Salzburg beschlossen und damit einen wichtigen Meilenstein im Kampf um die Erhaltung dieser großartigen Naturlandschaft gesetzt. Gestärkt wird diese Ausrichtung durch die Verankerung der Landesumweltanwaltschaft, der in allen naturschutzrechtlichen Verfahren volle Parteienstellung eingeräumt wurde. Schon 1968 wurde der Vorstoß der Energiewirtschaft, die Bäche vom Felbertal bis zum Krimmler Achental für Wasserkraftwerke zu nutzen, von der Landesregierung abgelehnt. Diese weitsichtigen Entscheidungen flankieren den Salzburger Weg in Richtung eines *naturnahen* Tourismus, wie er seit der Jahrtausendwende propagiert wird. Ohne diese Schutzpolitik wäre es heute nicht möglich, der Nachfrage nach gesundheitstouristischen Angeboten mit einem so innovativen Projekt zu begegnen, wie es die *Alpine Gesundheitsregion SalzburgerLand* anbietet. Seit 2013 arbeiten Hotels, Ferienregionen und Gesundheitseinrichtungen unter wissenschaftlicher Begleitung der Paracelsus Medizinischen Privatuniversität zusammen, um spezielle Angebote zu entwickeln. Die gesundheitstouristische Inwertsetzung der Krimmler Wasserfälle als Therapie gegen Allergien und Asthma ist nur ein Beispiel, wie die Kräfte der Natur zum Ausgleich von Zivilisationskrankheiten oder Defiziten im hochtechnisierten Lebensstil urbaner Menschen genutzt werden können.

Weltbühne und Naturkulisse

Die touristische Entwicklung steht immer in enger Wechselwirkung mit anderen Sektoren und erfolgt in einem Rahmen, der stark von den Bestimmungen der Raumordnung, der Flächenwidmung, der Stadt- und Regionalentwicklung bestimmt wird. Für die Stadt Salzburg war es nicht nur aus touristischen Überle-

Mozartsucher in der Altstadt (Foto: Kurt Luger)

gungen heraus von größter Wichtigkeit, dass nach langer und heftiger öffentlicher Auseinandersetzung am 10. Mai 1967 vom Salzburger Landtag das Altstadterhaltungsgesetz einstimmig beschlossen wurde. Es war das erste Gesetz dieser Art in Österreich. Mit der darauf basierenden Praxis der Bewahrung bzw. den späteren Verbesserungen zur Erhöhung der Wirksamkeit gelang es weitgehend, das städtebauliche Juwel zu schützen. Das Gesetz war auch Voraussetzung für die Anerkennung der Historischen Altstadt von Salzburg als UNESCO-Welterbe im Jahr 1996 (siehe dazu auch den Beitrag von Axel Wagner in diesem Band). Mit dieser Auszeichnung verbunden ist die Verpflichtung zur Erhaltung des Ensembles, sie hat aber auch eine kulturtouristische Strahlkraft. In Verbindung mit Wolfgang Amadeus Mozart, dem *genius loci* dieser Stadt, wurde die herausragende Architektur Salzburgs, eingebettet in eine dramatische Stadtlandschaft, sukzessive zur massentouristischen Attraktion. Die Besucher der Welterbe-Stadt – die staunend verweilenden wie die sie durcheilenden – werden konfrontiert mit dem kulturellen Erbe und erfahren die Höhepunkte kulturellen Schaffens, welches die hier lebenden Gesellschaften über Generationen hervorgebracht und erhalten haben.

Von großer tourismuspolitischer Bedeutung für die Stadt und darüber hinaus waren und sind aber auch die Neustrukturierung und Belebung der Salzburger Museumslandschaft. Salzburg Museum, Panorama Museum, Museum der Moderne, Haus der Natur, Freilichtmuseum Großgmain, die Förderung vieler kleinerer Museen in den Gauen usw. haben in den vergangenen zwei Dekaden neue Maßstäbe im Kulturtourismus gesetzt. Das Land, zusammen mit der Stadt Mitbetreiber bzw. Mitbesitzer vieler Einrichtungen des Kulturerbes, war treibende Kraft. Mit dem Rundgang DomQuartier, das die Alte Salzburger Residenz mit der Erzabtei St. Peter und dem Dom verbindet, wird in einer Geschichtsreise der ganz besonderen Art das ehemalige Zentrum der fürsterzbischöflichen Macht der Öffentlichkeit zugänglich gemacht. Für das Projekt und die Erstellung eines integrativen Museumskonzeptes, das Salzburg als Museumsstadt noch bekannter macht, hatte sich insbesondere der gegenwärtige Landeshauptmann Dr. Wilfried Haslauer jun. eingesetzt.

Am Rupertikirtag gehört der Residenzplatz den Einheimischen (Foto: Kurt Luger)

Derzeit erwirtschaften 11.500 Salzburger Tourismusbetriebe mit über 40.000 Beschäftigten rund ein Viertel des Salzburger Bruttoregionalprodukts (alleine auf den Beherbergungs- und Gastronomiesektor entfallen zehn Prozent). Im Tourismusjahr 2015/16 zählte man 7,2 Mio. Ankünfte und 27,7 Mio. Übernachtungen in rund 260.000 Gästebetten. Etwa 70 Prozent aller Übernachtungen entfallen auf den Pongau und den Pinzgau. Die Stadt verzeichnete im Jahr 2016 1,62 Mio. Ankünfte und 2,78 Mio. Übernachtungen. Die Zahl der reinen Tagesbesucher, die mit Pkw, Eisenbahn oder Reisebussen ankommen, wird auf rund sechs Millionen geschätzt, wobei die Gassen der Altstadt wie die Straßen und Parkplätze rund um die Altstadt während der Sommermonate zumeist völlig überfüllt sind. Das enorme Verkehrsproblem wird nur mit einem umfassenden regionalen Mobilitätsmanagement zu lösen sein und auch den Landtag beschäftigen. Die Verlagerung des motorisierten Individualverkehrs hin zu weniger belastenden öffentlichen Verkehrsmitteln (modal split) liegt auch im Interesse des wirtschaftspolitischen Programms *Salzburg 2020* der Landesregierung. In diesem wird das Land als Modellregion für innovative Verkehrslösungen ins Visier genommen. Zur langfristigen Ausrichtung der Region auf „green tech services" und zur Formung eines umweltbewussten, aber auch auf Innovation beruhenden Images zur Optimierung des Standortmarketings, passt die Entwicklung intelligenter Tourismusdienstleistungen im Umfeld von gesunder Natur und Umwelt oder Brauchtum und Kultur, wie eben Almsommer und Bauernherbst. Salzburg ist auch führend im biologischen Landbau und mit der Einrichtung des UNESCO-Biosphärenparks Salzburger Lungau/Kärntner Nockberge im Jahr 2012 besteht ein noch ungenutztes Potenzial für innovative Ansätze zur nachhaltigen Entwicklung, in die auch entsprechende Tourismusangebote zu integrieren sind. Angesichts des Klimawandels, der die gesamte Branche, aber insbesondere den alpinen Winter- bzw. Schneesporttourismus vor enorme Herausforderung stellen wird, kommt auf die Landespolitik die Aufgabe zu, einen Tourismus-Masterplan mit entsprechenden Anpassungsstrategien zu erarbeiten. In Abstimmung

Tourismusförderung fällt vom Himmel – so natürlich wie Schnee! (Karikatur: Thomas Wizany)

mit den Tourismusverbänden, der SLTG sowie den Stakeholdern in der Region und mit Bezug auf das neue Raumordnungsgesetz 2017 muss dieser auf die langfristige Regionalentwicklung, die ökologische Tragfähigkeit und die wirtschaftliche Ergiebigkeit abzielen, um die Erfolgsgeschichte des Salzburg Tourismus weiterschreiben zu können.

Ob sich Salzburg auch in Zukunft als international renommierte touristische Natur- und Erholungslandschaft behaupten können wird, hängt von vielen Faktoren ab. Nicht zuletzt wird entscheidend sein, ob die aktuellen Pläne der Energieversorgungswirtschaft noch zu beeinflussen bzw. zu verhindern sind. Diese möchte eine 380 kV-Starkstromleitung mit 70 Meter hohen Masten quer durchs Land zu führen. Diese Freileitung stellt das Image einer intakten, von wenigen menschlichen Eingriffen belasteten Kulturlandschaft und einer „grünen" Tourismusdestination in Frage und widerspricht dem Bild der imaginierten Erholungslandschaft. Sie steht damit im Gegensatz zu dem, womit Salzburg in den letzten Jahren seine größten touristischen Erfolge gefeiert hat.

Auswahlbibliographie

Bätzing, Werner: Der Stellenwert des Tourismus in den Alpen und seine Bedeutung für eine nachhaltige Entwicklung des Alpenraumes. In: Luger, Kurt/Rest, Franz (Hg.): Der Alpentourismus. Entwicklungspotenziale im Spannungsfeld von Kultur, Ökonomie und Ökologie, Innsbruck – Wien – München – Bozen 2002, S. 175–196

Dirninger, Christian: Zur historischen Dimension des Salzburger Tourismusförderungsfonds, Puch 2006

Fellner, Günter: Judenfreundlichkeit, Judenfeindlichkeit. Spielarten in einem Fremdenverkehrsland. In: Kriechbaumer, Robert (Hg.): Der Geschmack der Vergänglichkeit. Jüdische Sommerfrische in Salzburg, Wien – Köln – Weimar 2002, S. 59–126

Gebert, Erich: Wirtschaftspolitik und Fremdenverkehr, Salzburg 1926

Haas, Hanns/Hoffmann, Robert/Luger, Kurt (Hg.): Weltbühne und Naturkulisse. Zwei Jahrhunderte Salzburg-Tourismus, Salzburg 1994

Hanisch, Ernst: Wirtschaftswachstum ohne Industrialisierung. Fremdenverkehr und sozialer Wandel in Salzburg 1918–1938. In: Haas/Hoffmann/Luger (Hg.): Weltbühne und Naturkulisse. Zwei Jahrhunderte Salzburg-Tourismus, Salzburg 1994, S. 104–112

Hoffmann, Robert/Luger, Kurt: Tourismus und sozialer Wandel – Strukturelle Rahmenbedingungen. In: Hanisch, Ernst/Kriechbaumer, Robert (Hg.): Salzburg – Zwischen Globalisierung und Goldhaube, Wien – Köln – Weimar 1997, S. 168–209

Kerschbaumer, Gert: Tourismus im politischen Wandel der 30er und 40er Jahre. In: Haas/Hoffmann/Luger (Hg.): Weltbühne und Naturkulisse. Zwei Jahrhunderte Salzburg-Tourismus, Salzburg 1994, S. 120–128

Krisch, Laurenz: Bad Gastein. Die Rolle des Antisemitismus in einer Fremdenverkehrsgemeinde während der Zwischenkriegszeit. In: Kriechbaumer, Robert (Hg.): Der Geschmack der Vergänglichkeit. Jüdische Sommerfrische in Salzburg, Wien – Köln – Weimar 2002, S. 175–225

Luger, Kurt: Nachhaltigkeitsüberlegungen zum Salzburg Tourismus. In: Land Salzburg (Hg.): Weichenstellungen im Land Salzburg. Enquete des Salzburger Landtages am 9. Oktober 2012, Salzburg 2013, S. 105–126

Luger, Kurt: Eine Straße auf dem Weg zur Tourismusattraktion. In: Hörl, Johannes/Schöndorfer, Dietmar (Hg.): Die Großglockner Hochalpenstraße. Erbe und Auftrag, Wien – Köln – Weimar 2015, S. 203–230

Luger, Kurt: Welterbe Historische Altstadt Salzburg als tourismus- und kulturpolitisches Projekt. In: Luger, Kurt/Ferch, Christoph (Hg.): Die bedrohte Stadt. Strategien für menschengerechtes Bauen in Salzburg, Innsbruck – Wien – Bozen 2014, S. 26–39

Schmidt, Anna: Die Entwicklung des Fremdenverkehrs und der Fremdenverkehrspolitik im Bundesland Salzburg, phil. Diss., Salzburg 1990

Stadler, Georg: Von der Kavalierstour zum Sozialtourismus. Kulturgeschichte des Salzburger Fremdenverkehrs, Salzburg 1975

Strasser, Christian: Antisemitismus am Wallersee. In: Kriechbaumer, Robert (Hg.): Der Geschmack der Vergänglichkeit. Jüdische Sommerfrische in Salzburg, Wien – Köln – Weimar 2002, S. 127–152

Peter Schernthaner

Die Salzburger Gemeinden im Spannungsfeld von Fusionen, Auseinanderlegungen, Neugründungen und Stadterhebungen

Vereint, getrennt, aufgelöst, neu gegründet …

Das Thema „Gemeindefusionen“ wird seit jeher sehr kontrovers diskutiert. Und weniger sind es oft die sachlichen Argumente pro und contra, die bei solchen Erörterungen eine Hauptrolle spielen, sondern die befürchtete Zerstörung oder Beeinträchtigung von emotional stark besetzten Sozialbezügen. Überall dort, wo unter demokratischen Verhältnissen Gemeindefusionen in größerem Umfang umgesetzt wurden, war dies zumeist von heftiger Kritik und massivem Widerstand begleitet. Die vom steirischen Landtag jüngst beschlossene Gemeindestrukturreform, durch welche die Anzahl der Gemeinden in etwa auf die Hälfte reduziert wurde, ist hierfür ein beredtes Beispiel.

Der Bestand der Gemeinde als Institution ist verfassungsrechtlich garantiert. Den einzelnen Gemeinden, ausgenommen die Statutarstädte, kommt eine derartige Garantie jedoch nicht zu, sodass durch die Landesgesetzgebung Gemeinden vereinigt, auseinandergelegt oder neu gegründet werden können. Nach der Judikatur des Verfassungsgerichtshofes müssen hierfür aber sachliche Kriterien sowie überörtliche Interessen gegeben sein. In diesem Sinn regelt § 10 Abs. 1 der Salzburger Gemeindeordnung 1994, dass Vereinigungen, Aufteilungen und sonstige Veränderungen von Gemeindegrenzen „nur nach Anhörung der beteiligten Gemeinden und nur aus öffentlichen Interessen, insbesondere aus wirtschaftlichen und finanziellen Interessen der Gemeinden sowie unter Bedachtnahme auf die wirtschaftlichen, kulturellen und sozialen Belange der betroffenen Bevölkerung und jedenfalls nur dann vorgenommen werden, wenn die beteiligten Gemeinden sodann voraussichtlich für sich die Mittel zur Erfüllung der ihnen obliegenden Verpflichtungen aufbringen“. Auch die Vorgängergesetze (Provisorisches Gemeindegesetz 1849, Reichsgemeindegesetz 1862, Gemeindeordnung für das Herzogthum Salzburg 1864, Gemeindeordnung 1936, Deutsche Gemeindeordnung 1935, eingeführt in der „Ostmark“ 1938, Salzburger Gemeindeordnung 1956) ermöglichten jeweils Gemeindefusionen.

Überblickt man die Entwicklung der Salzburger Gemeinden seit ihrer Erstkonstituierung in der Mitte des 19. Jahrhunderts bis zur Gegenwart, zeigt sich, dass sich der Salzburger Landtag als demokratisch legitimiertes Parlament vornehmlich mit der Rückgängigmachung von Fusionen aus der NS-Zeit und nur ganz vereinzelt mit Zusammenlegungen oder Neugründungen zu beschäftigen hatte. Die Reduktion von ursprünglich 157 auf aktuell 118 (Land-)Gemeinden fand nämlich fast ausschließlich unter autoritären Verhältnissen statt.

Die seit der Monarchie bestehenden Bestrebungen, die Landeshauptstadt zu einem „Groß-Salzburg“ umzugestalten, waren immer wieder am Widerstand der Umlandgemeinden, die den Verlust der lokalen Identität und steuerliche Mehrbelastungen fürchteten, gescheitert. Auch einem anderen, durchaus ambitionierten „Fusionsvorhaben“ aus der Zeit nach der Erlassung der Gemeindeordnung für das Herzogthum Salzburg aus 1864 war letztendlich kein Erfolg beschieden: Rund 20 kleine Landgemeinden, vornehmlich im Lungau und Pongau, sollten zwangsweise „zu größeren Gemeinden vereinigt“ werden. Über Landtagsauftrag durchgeführte „eindringliche Revisionen“ hatten „sehr unerquickliche, wenig erfreuliche Beweise über die Geschäftsführung und Lebensfähigkeit“ der fraglichen Gemeinden gezeitigt. Die Auflistung von festgestellten Unzulänglichkeiten war umfangreich. So hatten etwa im Lungau von zwölf Gemeindevorstehern elf die Gemeindeordnung „eingestandenermaßen gar nicht gelesen“. Ein Gemeindevorsteher konnte überhaupt nicht lesen und schreiben, ein weiterer hatte erklärt, „dass er vom Lesen und Schreiben nur wenig verstehe“. Die Geschäftsstücke waren nirgendwo geordnet vorgefunden worden, vielmehr waren „dieselben häufig in der größten Unordnung bunt untereinander [...] vermengt“. Ein „ordentliches Geldjournal“ war nur in einer einzigen Gemeinde vorgefunden und in der Aufbewahrung der „Werth-Papiere“ war eine „auffallende Sorglosigkeit“ an den Tag gelegt worden. „Ganz brach liegt die Tätigkeit der Gemeinden in Bauangelegenheiten. Die Bauordnung scheint [...] nicht bekannt zu sein, [...].“ Unverkennbar liege „ein Hauptgrund des Schwächezustandes, an welchem die Gemeindeverwaltung krankt, in der geringen Einwohnerzahl und dem kleinen Gebietsumfange der in Rede stehenden Gemeinden.“ Ein „einziger einflussreicher Opponent“ sei zudem in so kleinen Gemeinden „im Stande, die ganze Tätigkeit der Gemeindevorstehung in der empfindlichsten Weise zu lähmen“. In der dazu im Landtag geführten Debatte argumentierten die Fusionsgegner, dass die Ursache für die festgestellten Missstände im Grunde darin lägen, dass die Gemeinden ganz allgemein nicht fähig seien, „nach ihren intellektuellen und materiellen Kräften den an sie gestellten Anforderungen zu entsprechen“. Da die erhobenen Missstände folglich nicht nur in den vom Gesetzentwurf erfassten Gemeinden bestünden, sei von einer zwangsweisen Zusammenlegung keine Abhilfe zu erwarten. Vielmehr müsse eine „Reorganisierung“ der Gemeinden „alle diese Übelstände gründlich in’s Auge fassen.“

In den rund acht Jahrzehnten bis zur Installierung des Ständestaates 1933/34 erfolgten sodann tatsächlich nur zwei Fusionen, dagegen aber sechs (!) Auseinanderlegungen. In der austrofaschistischen Ära wurde eine erste, größere Welle von Gemeindefusionen durchgedrückt. Forciert durch den damaligen Landeshauptmann Franz Rehrl wurden insgesamt 32 Landgemeinden via Landesgesetz zusammengelegt und die Landeshauptstadt erstmals bedeutend erweitert, wobei die damals stark verschuldeten Gemeinden Gnigl und Maxglan ihre Eigenständigkeit verloren.

Während der nationalsozialistischen Herrschaft erfolgte sodann – nunmehr im Wege dreier Verordnungen des Landeshauptmannes – ein weiterer „Schub“ an Gemeindefusionen. Zum einen wurde das Gebiet der Landeshauptstadt durch die Eingemeindung von Aigen, Leopoldskron und Morzg sowie von Teilen der Gemeinden Anif, Bergheim, Hallwang, Koppl und Siezenheim weit mehr als verdoppelt. Ein schon seit Jahrzehnten angestrebtes „Groß-Salzburg“ war somit endgültig realisiert. Zum anderen wurden erneut 32 Landgemeinden fusioniert. Darüber hinaus waren noch fünf Verwaltungsgemeinschaften mit je zwei Gemeinden zu bilden. Bemerkenswert ist, dass die vom NS-Regime verordneten Gemeindezusammenlegungen durchaus nicht widerspruchsfrei hingenommen wurden. So zog sich etwa der Köstendorfer Ortsbauernführer, welcher eine Abstimmung gegen die Zusammenlegung mit Neumarkt organisiert hatte, eine harsche Rüge der NS-Oberen zu: Er habe „versucht, unter Verwendung von demokratischen Mitteln, also völlig unnationalsozialistisch, eine Handlung von Verantwortlichen zunichte zu machen". Erfolgreich war dagegen eine Intervention gegen die via Verordnung bereits erfolgte Auflösung der Gemeinde Elixhausen, welche „infolge Änderung der seinerzeitigen Voraussetzungen" wieder rückgängig gemacht wurde. Der Besitzer des Gutes Ursprung, NS-Landesrat Paul Krennwallner, hatte hier seinen Einfluss geltend gemacht.

In den drei Jahrzehnten nach 1945 erfolgte nur mehr eine einzige Gemeindefusion (1974: Seekirchen Land und Markt), dagegen wurden einige der 1939 fusionierten Gemeinden wieder auseinandergelegt. Zwei Gemeinden, nämlich Weißbach bei Lofer (1946) und Bürmoos (1967) entstanden völlig neu. Bereits Anfang 1946 lagen dem Landtag mehrere Anträge auf Auseinanderlegung von „insbesondere in der nationalsozialistischen Zeit" vereinigten Gemeinden vor. Der betreffende Landtagsausschuss sprach sich allerdings dafür aus, große Gemeinden, wie beispielsweise Salzburg und Hallein, keinesfalls wieder zu verkleinern, um diese finanziell nicht zu schädigen. Die „Großgemeinden" sollten aber umgekehrt um eine gute Infrastruktur der eingemeindeten Teile bekümmert sein. So bemängelte etwa Landeshauptmann-Stellvertreter Anton Neumayr in einer Generaldebatte am 21. Februar 1946, „dass die Stadtgemeinde Salzburg nicht zu wissen scheint, dass auch Itzling zur Stadtgemeinde gehört. Denn wie dort draußen die Straßen ausschauen, das kann man in ganz Österreich nicht mehr finden". Insgesamt wurden schließlich fünf Fusionen wieder rückgängig gemacht, darunter der bereits in der NS-Zeit auf lokaler Ebene heftig abgelehnte Zusammenschluss von Köstendorf und Neumarkt.

Bei den parlamentarischen Debatten über die seitens der ÖVP und der FPÖ befürwortete Schaffung einer eigenen Gemeinde Bürmoos gingen die Wogen ziemlich hoch, da die SPÖ, welche auch das Gemeinderessort innehatte, die Fusion von St. Georgen und Lamprechtshausen zu einer leistungsstarken Großgemeinde präferierte. Die politischen Auseinandersetzungen um das „Arbeitergrätzl" Bürmoos waren bis dahin schon sehr lange und heftig geführt worden. Laut SPÖ-Fraktion würde die ÖVP vorwiegend parteipolitisch agieren, indem sie das von der SPÖ dominierte Gebiet von Bürmoos, welches 1964 sowohl in St. Georgen als auch in Lamprechtshausen zur Wahl eines „roten" Bürgermeisters geführt hatte, zwecks Rückgewinnung zweier „schwarzer" Gemeinden herauslösen und damit ein „Ghetto für Arbeiter und Angestellte" schaffen wolle. Landeshauptmann-Stellvertreter Karl Steinocher bezeichnete dies in der Debatte am 8. März 1967 als „eine äußerst gefährliche Entwicklung". Die ÖVP-Fraktion hielt dagegen, dass nach langen Jahren einer vergeblichen Lösungssuche die bereits vorhandene Infrastruktur, die zu erwartende Wirtschaftskraft und auch der überwiegende Wunsch der Bevölkerung des Bürmooser Gebietes für eine Gemeindeneugründung sprächen. Folglich nur mit Mehrheitsbeschluss wurde Bürmoos schließlich durch Landesgesetz vom 10. Mai 1967 und mit Wirkung vom 1. Juli 1967 als eigene Gemeinde konstituiert.

In den letzten vier Jahrzehnten blieben die Salzburger Gemeinden sodann quasi völlig „unangetastet". Fusionsbestrebungen sind in Salzburg – im Gegensatz zu anderen Bundesländern – politisch mehr oder weniger tabu. Als Alternative wird eine Forcierung der interkommunalen Zusammenarbeit beschworen. Manch innovativem Kooperations-Vorhaben steht freilich ein immer noch stark verbreitetes „Kirchturmdenken“ im Wege.

Marktgemeinden werden zu Stadtgemeinden

Von den Städten aus der Ära der Fürstenherrschaft waren auf dem 1816 an Österreich gefallenen Landesteil nur die Residenzstadt Salzburg, Hallein und Radstadt verblieben. Ehemalige Salzburger Städte wie Mühldorf am Inn, Tittmoning, Laufen, Friesach, Gmünd oder Pettau (Ptuj) finden wir heute in Bayern, Kärnten und Slowenien.

Am 19. November 1926 beschloss der Salzburger Landtag ein Gesetz „über die Erhebung einer Ortsgemeinde zu einem Markte oder zu einer Stadt, die Berechtigung zur Führung von Wappen durch Gemeinden und die Änderung des Namens von Gemeinden“. Gemäß dessen § 2 konnten Gemeinden, „denen durch ihre Einwohnerzahl oder als Verkehrsmittelpunkt oder sonstige Eigenschaften eine besondere Bedeutung zukommt“, zur Stadt erhoben werden. Die einzige Gemeinde, die sich aufgrund dieses Gesetzes in weiterer Folge mit dem Titel „Stadt“ schmücken durfte, war aufgrund eines im Landesgesetzblatt am 28. Jänner 1928 kundgemachten Beschlusses Zell am See. Nach dem einschlägigen Bericht des Verfassungs- und Verwaltungsausschusses hatte der Pinzgauer Bezirkshauptort in der Geschichte des Landes Salzburg stets „eine hervorragende Rolle gespielt. Der große Aufschwung des Marktes fällt aber vor allem in die Zeit seit dem Baue der Giselabahn, in welcher sich Zell am See zum eigentlichen Zentrum des ganzen Pinzgaues und zu einem der hervorragendsten Fremdenverkehrspunkte des Landes entwickelte. Durch den Bau der Pinzgauer Lokalbahn ist Zell am See auch zu einem Verkehrsknotenpunkte geworden, was durch die nunmehr erfolgte Eröffnung der Seilbahn auf die Schmittenhöhe sicher noch eine erhebliche Steigerung erfahren wird“. Die damals bereits sehr starke Stellung der NSDAP in der Zeller Gemeindevertretung, welche in den 1920er-Jahren auch den Bürgermeister stellte, spielte bei der ohne weitere Debatte einhellig erfolgten Beschlussfassung offenkundig keine besondere Rolle.

In der Zweiten Republik waren Stadterhebungen in Salzburg jahrzehntelang kein Thema. Zunächst war das vorerwähnte Gesetz aus 1926 im Jahr 1952 wieder in Kraft gesetzt worden. Seit 1957 ist die Stadterhebung aber in den Gemeindeordnungen (1956 bzw. 1994) geregelt und hat durch Landesgesetz zu erfolgen. Die letztaktuelle Bestimmung findet sich im § 3 Abs. 1 der Salzburger Gemeindeordnung 1994, wonach Gemeinden, „denen überragende Bedeutung zukommt“, nach ihrer Anhörung zur Stadt erhoben werden können. Was eine solche überragende Bedeutung ausmacht, wurde über Entschließung des Landtages von der Landesregierung via Richtlinie festgelegt. Demnach kommt es vor allem auf eine gesamthafte, vergleichende Betrachtung an, wobei die für eine Stadterhebung vorgesehene Gemeinde andere Gemeinden auf Grund ihrer zentralörtlichen Funktion in wirtschaftlicher, sozialer oder kultureller Hinsicht an Bedeutung überragen muss. Als Mindestvoraussetzungen werden angeführt: eine Einwohnerzahl von mindestens 5.000, die Einstufung im Landesentwicklungsprogramm als zentraler Ort der Stufe C sowie ein Ortskern, der zumindest

Eingedenk ihrer Geschichte,
in Würdigung ihrer überragenden Bedeutung
und als Auszeichnung für die Region
erhebt der
Salzburger Landtag
mit Gesetz vom 13. Februar 2008 die
Marktgemeinde Mittersill
mit Wirkung vom 1. Juli 2008 zur
Stadt
Salzburg, am 1. Juli 2008
Die Landeshauptfrau
Der Landeshauptmann-Stellvertreter

Mittersill war der letzte Markt, der am 1. Juli 2008 zur Stadt erhoben wurde (Foto: M. Huber)

Ansätze eines städtischen Charakters durch eine höhere Bebauungsdichte zeigt. Seit 1. März 2000 sind einschlägige Ansuchen der Gemeinden „vor ihrer Einreichung bei der Landesregierung“ zudem auch zwingend einer Bürgerabstimmung zu unterziehen.

Erst seit der Jahrtausendwende wollte dann eine größere Anzahl von Marktgemeinden zur Stadt mutieren. Da das Land Salzburg bis dahin unter allen österreichischen Bundesländern „in absoluten Zahlen und in jeder Relation“ die wenigsten Städte aufwies, wurde auf diesem Gebiet ein gewisser „Nachholbedarf“ erblickt. Und obgleich sich de jure ja nur die „Titulierung“ ändert, erhofften sich die Aspiranten aus einer Stadterhebung vor allem ein höheres Image und eine gewisse Attraktivität beispielsweise in Bezug auf Betriebsansiedlungen.

Es folgten schließlich zwischen den Jahren 2000 und 2008 insgesamt sieben einschlägige Gesetzesbeschlüsse, in deren Gefolge auch der § 3 der Salzburger Gemeindeordnung 1994 hinsichtlich der bereits erwähnten Bürgerabstimmung und Richtlinienerlassung erweitert wurde. 2000 wurden St. Johann im Pongau, Saalfelden am Steinernen Meer, Bischofshofen, Neumarkt am Wallersee und Seekirchen am Wallersee, 2001 Oberndorf bei Salzburg und 2008 Mittersill zur Stadt erhoben. Hinsichtlich des Inkrafttretens wurde bei Bischofshofen, Neumarkt und Seekirchen der Tag des Landespatrons (24. September) gewählt. Bei Oberndorf wurde mit dem 30. April hingegen an ein historisches Ereignis angeknüpft: Die Stadt Laufen hatte an diesem Tag des Jahres 1816 durch die „nasse Grenze“ ihre Teile Oberndorf und Altach verloren, welche dann übrigens noch längere Zeit als „Österreichisch-Laufen“ firmierten. Insofern konnte man hier, augenzwinkernd, auch von einer „Wiedererhebung“ Oberndorfs zur Stadt sprechen.

Auswahlbibliographie

Hanisch, Ernst: Der Gau der guten Nerven. Nationalsozialistische Herrschaft in Salzburg 1938–1945, Salzburg 1997

Hochold, Rainer: Cella in Bisontio. Zell im Pinzgau. Zell am See. Eine historische Zeitreise, Zell am See 2013

Pallauf, Sonja: Gemeindefusionen im Land Salzburg – historisch betrachtet. Ein Überblick. In: Mitteilungen der Gesellschaft für Salzburger Landeskunde 153 (2013), S. 139–149

Stehrer, Florian: Das Gebilde, das wir Groß-Salzburg nennen wollen. Die Eingemeindungen der Umlandgemeinden durch die Stadt Salzburg, Diplomarbeit, Salzburg 2015

Aus den Debatten des Salzburger Landtages

Auszug aus dem Protokoll der Landtagssitzung am 15. Oktober 1874 betreffend die zwangsweise Zusammenlegung kleiner nicht lebensfähiger Gemeinden

Abg. Emil Kofler: Es ist eine bekannte Tatsache, daß der lebenskräftige, moderne, freie Staat nur wieder fußen und gedeihen kann durch die lebenskräftige, ihren Pflichten gewachsene [...] autonome Gemeinde.[...] Daß aber die Gemeinden, von denen hier die Rede ist, den autonomen Wirkungskreis [...] auszufüllen nicht im Stande sind, ist sicher. [...] ich weise weiter darauf hin, wie der Landtag wöchentlich, täglich, kann man sagen, die Erfahrung macht, daß das autonome Leben in diesen Gemeinden eine Unmöglichkeit ist.

Abg. Georg Lienbacher: Allein meine Herren, was uns vorliegt, ist ja doch eigentlich die Frage: Haben wir ein Recht, Gemeinden gegen ihren Willen aufzuheben, ihnen das selbstständige Lebenslicht auszublasen [...]. Wenn ein Gemeindevorsteher gewählt worden ist, der nicht lesen und schreiben kann, folgt etwa daraus, daß die ganze Gemeinde nicht lesen und schreiben kann, daß die ganze Gemeinde nicht fähig ist, überhaupt als selbstständiges autonomes Organ zu existieren? [...] Alles, was ich hier als Gebrechen gelesen habe, hat mich zur Überzeugung gebracht, daß dem Landesausschusse eine schwere Aufgabe obliegt, und zwar diejenige, darauf zu sehen, daß in den Gemeinden wirklich ordentlich die Geschäfte geführt werden. [...] Nun, meine Herren, wenn der Grund, der hier zur Aufhebung angeführt worden ist, hinlänglich wäre, oder zur notwendige Folge hätte, daß man diesen untersuchten Gemeinden die Selbstständigkeit benimmt, dann müssen Sie es bei den anderen Gemeinden ebenso machen, müssen auch die anderen Gemeinden für lebensunfähig erklären und ihnen das Lebenslicht ausblasen. Vielleicht kommen wir dann dazu, daß wir in ganz Salzburg nur etwa drei bis vier Gemeinden oder gar nur eine einzige Gemeinde des Herzogthumes Salzburg haben.

Abg. Dr. Ignaz Harrer: Wenn eine Gemeinde die ihr durch das Gesetz übertragenen Geschäfte und Agenden nicht mehr erfüllen kann, wenn sie nicht mehr die Mittel dazu besitzt, dann hört sie auf, lebensfähig zu sein, dann muß ihr, wie bei einem Menschen, ein Curator bestellt werden und die Curatels-Bestellung besteht in dem gegenwärtigen Falle darin, daß sie mit einer anderen, lebensfähigen Gemeinde zusammengelegt wird.

Abg. Dr. August Ploner: Es ist allgemein bekannt, daß die erhobenen Mißstände nicht nur in den Gemeinden, um die es sich hier handelt, sondern ziemlich allgemein bestehen. Wenn nun ein Gesetz geschaffen werden soll, so ist von demselben zu wünschen, daß es allgemeine Abhilfe leiste und nicht nur in einzelnen Teilen. Hauptsächlich aber besteht ein großer Zweifel daran, ob diese vorhandenen Mißstände denn wirklich durch die zwangsweise Zusammenlegung der Gemeinden behoben werden können.

Auszug aus dem Protokoll der Landtagssitzung am 5. Februar 1935 betreffend die Vergrößerung der Landeshauptstadt und zur beabsichtigten Zusammenlegung von Landgemeinden

Landeshauptmann Dr. Franz Rehrl: Hohes Haus! Vor einigen Wochen habe ich bereits Gelegenheit genommen, über die Eingemeindungsfrage mit der Landeshauptstadt und die Zusammenlegungsfrage von Gemeinden im Lande draußen, die Öffentlichkeit zu informieren und ihr Gelegenheit zu geben, für und gegen dieses Vorhaben ihre Argumente vorzubringen. Es wäre nicht notwendig gewesen, an die Öffentlichkeit zu gehen; nach unseren Verfassungsbestimmungen hätte es genügt, wenn sich die Landesregierung und der Landtag in begutachtenden Sitzungen mit der Frage befaßt hätte; um jedoch allen Argumenten, die dafür und dagegen sprechen, bei der Beratung dieser Frage zur Hand zu haben, wurde die Öffentlichkeit informiert und aufgefordert, dazu Stellung zu nehmen.

Sie hat auch dazu Stellung genommen. Leider muß ich sagen, es wurden nicht allzu viele fachliche Argumente vorgebracht; das Beharrungsvermögen allein ist kein Argument, denn es würde, wenn man nur diese gelten ließe, einen Fortschritt und eine Fortentwicklung überhaupt nicht geben. Insbesondere ist es ausgeschlossen, daß die Landeshauptstadt Salzburg mit ihrem internationalen Namen an ihrer Entwicklung dauernd gehemmt werden könnte. Es ist ein ungesunder Zustand, wenn die Landeshauptstadt die meisten ihrer Anlagen außerhalb der Stadtgrenze besitzt, ein Beweis, daß sie mit den ihr gegebenen Grenzen das Auslangen nicht mehr zu finden vermag.[...] Darüber, daß insbesondere in der Stadt Salzburg eine Veränderung Platz zu greifen hat, werden die Meinungsverschiedenheiten nicht allzu groß sein. Es hat nur in einer Gemeinde diesbezüglich eine größere Aufregung abgesetzt, das ist in der Gemeinde Aigen, aber auch eine Aufregung, die nach meiner Meinung nicht berechtigt war, weil man von falschen Voraussetzungen ausgegangen ist. Ein Villenbesitzer hat der Meinung Ausdruck gegeben, daß er etwa 8.000 bis 10.000 Schilling Steuern bezahlen muß, das hat ihm ein Gemeindebeamter ausgerechnet; aufgrund welcher gesetzlicher Bestimmungen, weiß ich nicht; aber er hat den Bleistift genommen und hat eine hübsche Zahl errechnet und der Besitzer hat geglaubt, er müsse sofort seine Realität einem Büro zum Verkaufe übergeben. Ich meine, so kann man eine ernste Sache nicht behandeln. [...]

Was die Zusammenlegung von Gemeinden am Lande betrifft, sind dort ganz andere Verhältnisse maßgebend. Wir haben im Lande Gemeinden, die teilweise nicht einmal zweihundert Einwohner im Ganzen haben, die weder Schule, noch Gemeindehaus, noch Kirche haben.[...] Auch geht es nicht an, daß eine ganz kleine Gemeinde, in der die Pfarrkirche liegt, die gesamten Lasten für den ganzen Verkehr und verschiedene Einrichtungen trägt, und die andere Gemeinde, die überhaupt keine wie immer geartete Einrichtung besitzt und nur auf Kosten der anderen Gemeinde lebt, sich darüber freut, daß es der anderen Gemeinde schlecht geht. Wenn man behauptet, daß das Zusammenarbeiten der in den Märkten lebenden Bevölkerung und der Landbevölkerung nicht möglich sei und daß es dort zu den größten Reibereien kommen müsse, so muß ich sagen, das sind Annahmen, die nicht richtig sind, wenn nicht von vorneherein böser Wille vorhanden ist. Es ist lächerlich, zu behaupten, daß dieses Zusammenarbeiten nicht möglich ist, wenn zum Beispiel im Gasteinertale Badgastein mit seiner höchstentwickelten Hotellerie mit den Gebirgsbauern ruhig in einer Gemeinde zusammenlebt, das sechs Kilometer nördlich, in Hofgastein, nicht geht. Ich kann mir nicht vorstellen, daß in einer Entfernung von sechs Kilometer andere Verhältnisse sind, das verstehe ich nicht. [...]

Alle diese Argumente können nicht gelten, insbesondere dann nicht, wenn man die Absicht hat, diesen Staat nach den Bestimmungen der neuen Verfassung aufzubauen. Es heißt: Im Zusammenwirken der Stände unter Ausgleich der Interessen soll jener christliche und soziale Staat entstehen, der in der Verfassung verheißen ist. Nun baut sich der Staat und das Land aus den Gemeinden auf. Nun, meine Herren, wenn es schon in den Gemeinden nicht möglich ist, einen Ausgleich und ein Zusammenwirken im Sinne gut geführter Gemeinden anzubahnen, wo territoriale Verbundenheit und persönliche Bekanntschaft eine Rolle spielen, wie soll in den Spitzen jene Mittellinie gefunden werden, die notwendig für den Aufbau dieses Staates ist? Das ist ausgeschlossen; da müßten Sie von vorneherein erklären, der ganze Versuch, den Staat neu aufzubauen, ist von vorneherein verloren. So kann man sich den Aufbau des Staates nicht vorstellen, daß man sagt: „Ich bleibe beim alten Schimmel, es wird schon gehen." So geht es nicht! [...]

[...] wir werden am Ende dieses Monates in öffentlicher Sitzung darüber Beschluß fassen müssen, ob diese oder jene Gemeinde zusammengelegt und inwieweit Gemeindeteile anderer Gemeinden oder ganze Gemeinden mit der Landeshauptstadt Salzburg vereinigt werden, damit dann im Lande Salzburg die Gemeindeverwaltung wieder in die Hände der Bevölkerung gelegt und das Kommissarwesen eingeschränkt werden kann, um auf diese Weise den ersten Schritt in die neue Zeit zu tun. Ich bitte das hohe Haus, sich bei dieser Frage von rein fachlichen Motiven leiten und sich von der böse verschrienen Öffentlichkeit nicht allzu sehr beirren zu lassen, damit nicht wieder im neuen Hause die Methoden Platz greifen, die in früheren Landtagen sich bemerkbar machten.

AUSBLICKE

Manfred Perterer

Konzentration auf das Wesentliche

Föderalismus, Zentralismus, Salzburg 2068

„The future ain't what it used to be. Die Zukunft ist nicht mehr das, was sie mal war."
Yogi Berra

Wir kennen die rhetorische Spitzfindigkeit des Oxymorons aus der Literatur. Schon Ovid hat die Zusammenfügung zweier völlig entgegengesetzter Begriffe als Stilmittel eingesetzt, um besondere Doppelbödigkeit zum Ausdruck zu bringen. In seinen Metamorphosen schrieb er „inopem me copia fecit", was übersetzt heißt: „Diese Fülle hat mich arm gemacht." Die meisten von uns kennen das Kindersprüchlein: „Dunkel wars, der Mond schien hell, als ein Auto blitzeschnell langsam um die runde Ecke fuhr, drinnen saßen stehend Leute, schweigend ins Gespräch vertieft ..." Ein Meister solcher auf den ersten Blick unsinnig erscheinenden Oxymora war der amerikanische Baseballspieler Yogi Berra (1925 bis 2015). Ein paar Beispiele: „Da geht schon lange keiner mehr hin. Dort ist es zu voll." „Unsere Ähnlichkeiten sind unterschiedlich." „Das meiste, was ich gesagt habe, habe ich überhaupt nicht gesagt." Zu Berühmtheit hat es schließlich sein Spruch gebracht, wonach die Zukunft auch nicht mehr das sei, was sie einmal war. Im deutschen Sprachraum hat Karl Valentin dem Satz leicht abgewandelt ein Denkmal im Satireolymp gesetzt: „Die Zukunft war früher auch besser."

Was dieser Ausflug in den Yogiismus in einer ernsthaften Auseinandersetzung über die Zukunft Salzburgs zu suchen hat? Nun, man kann sich an das Thema von der wissenschaftlichen Seite her annähern. Doch da gibt es Berufenere als einen Journalisten. Ganze Heerscharen von Zukunftsforschern mühen sich mehr oder weniger erfolgreich damit ab, Halden von Statistiken zu durchforsten und daraus ihre Schlüsse zu ziehen für das, was kommt. Sie tun das mit Akribie und edler Überzeugung, und ich ziehe den Hut. Eine andere, ganz und gar nicht wissenschaftliche Spezies hat sich auf Wahrsagerei spezialisiert, die sie als Prognose tarnen. Man findet solche Leute auch in der Politik. Sie greifen vor allem in Wahlkämpfen zum Instrument der Vorhersage. Sie fällt gut aus, wenn sie einen selbst betrifft, schlecht hingegen, sollte der politische Mitbewerber ans Ruder kommen. Spätestens im zweiten Fall ist „die Zukunft nicht mehr das, was sie mal war".

Gestatten Sie, sehr geehrte Leserin, sehr geehrter Leser, daher einen Blick in die Zukunft auf der Basis von 35 Jahren journalistischer Erfahrung, gepaart mit einem Schuss kreativer Phantasie und einem leichten Augenzwinkern à la Yogi Berra. Frei nach dem Motto: „Wenn du nicht weißt, wohin du willst, kommst du ganz woanders an."

Wissen wir, wohin wir wollen? Gibt es allgemein akzeptierte Ziele für das Land und seine Bevölkerung, die über den nächsten Wahltermin hinausreichen? In einer pluralistischen Demokratie fällt die Festlegung auf ein gemeinsames

Konzept für die zukünftige Entwicklung naturgemäß schwer. Die Gefahr besteht, dass dabei nicht mehr als verwaschene Gemeinplätze herauskommen. Doch es müssten sich auch jenseits ideologischer Unterschiede die essentiellen Gemeinsamkeiten finden lassen.

Einen solchen durchaus beachtenswerten Versuch, Grundwerte als Leitlinien für die Politik im Land festzuschreiben, hat der Landtag mit der Festschreibung eines Zielkatalogs in der Salzburger Landesverfassung schon einmal unternommen. Im Artikel 9 sind folgende Aufgaben und Grundsätze des staatlichen Handelns aufgeführt:

„Aufgabe des Landes ist es, für eine geordnete Gesamtentwicklung des Landes zu sorgen, die den wirtschaftlichen, sozialen, gesundheitlichen und kulturellen Bedürfnissen seiner Bevölkerung auch in Wahrnehmung der Verantwortung für künftige Generationen Rechnung trägt. In diesem Sinn sind Aufgaben und Zielsetzungen des staatlichen Handelns des Landes insbesondere:

- die Schaffung und Erhaltung der Grundlagen für eine leistungsfähige Wirtschaft und für quantitativ ausreichende und qualitativ gute Arbeitsmöglichkeiten, insbesondere durch Vorsorge für eine hochwertige Infrastruktur;
- die Anerkennung und Erhaltung der bäuerlichen Landwirtschaft als Garantin für natürliche Ausgangsprodukte zur Versorgung der Bevölkerung mit Lebensmitteln sowie als Wahrerin und Pflegerin der Kulturlandschaft und der natürlichen Lebensgrundlagen;
- die Schaffung und Erhaltung von angemessenen Wohnverhältnissen;
- die Bewahrung der natürlichen Umwelt und der Landschaft in ihrer Vielfalt und als Lebensgrundlage für den Menschen sowie der Tier- und Pflanzenwelt vor nachteiligen Veränderungen und die Erhaltung besonders schützenswerter Natur in ihrer Natürlichkeit;
- der Schutz des Klimas, insbesondere durch Maßnahmen zur Verminderung oder Vermeidung des Ausstoßes von klimarelevanten Gasen und zur Steigerung der Energieeffizienz sowie zur nachhaltigen Nutzung erneuerbarer Energien;
- die nachhaltige Sicherung des Wassers als natürliche Lebensgrundlage, der Schutz strategisch wichtiger Wasserressourcen zur Vorsorge für kommende Generationen und die Sicherung der Versorgung insbesondere der Bevölkerung mit qualitativ hochwertigem Trinkwasser zu sozialverträglichen Bedingungen;
- die Achtung und der Schutz der Tiere als Mitgeschöpfe des Menschen aus seiner Verantwortung gegenüber den Lebewesen;
- das Bestehen von angemessenen Gesundheits- und Pflegeeinrichtungen;
- das Bestehen von bestmöglichen Bildungseinrichtungen, die Weiterentwicklung von Wissenschaft, Kunst und Kultur unter Respektierung deren Freiheit, Unabhängigkeit und Vielfalt, die Bewahrung erhaltenswerter Kulturwerte sowie die Ermöglichung der Teilhabe aller Interessierten an Bildung und am kulturellen Leben;
- die Sicherstellung der zur Führung eines menschenwürdigen Lebens notwendigen Grundlagen für jene, die dazu der Hilfe der Gemeinschaft bedürfen;
- die Unterstützung von alten und behinderten Menschen und das Bemühen um Lebensbedingungen, die den Bedürfnissen dieser Menschen entsprechen;
- die Sicherung der Kindern und Jugendlichen zukommenden Rechte auf Entwicklung und Entfaltung ihrer Persönlichkeit, auf Fürsorge und Schutz

vor physischer, psychischer und sexueller Gewalt und Ausbeutung und auf kindgerechte Beteiligung entsprechend dem UN-Übereinkommen über die Rechte des Kindes. Bei allen Maßnahmen des Landes, die Kinder betreffen, ist das Wohl des Kindes zu berücksichtigen;

- die Anerkennung der Stellung der Familie in Gesellschaft und Staat und die Erreichung einer kinderfreundlichen Gesellschaft;
- die Schaffung von Chancengleichheit und Gleichberechtigung für alle Landesbürger, insbesondere für Frauen;
- die grundsätzliche Anerkennung und Erhaltung der Sonntage als Tage der Arbeitsruhe."

Auf dieser Basis ließe sich weiterarbeiten. Die Frage ist, kann der Landtag so weitermachen wie bisher? Oder muss und wird sich in den nächsten 50 Jahren einiges ändern.

Eine politische Theorie besagt, dass mit dem Beitritt Österreichs zur Europäischen Union 1995 eine vierte politische Ebene zum bestehenden System (Gemeinden, Land, Bund) hinzugekommen sei. Eine davon sei im Sinne der Effizienz nicht mehr notwendig. Der Zeigefinger stark zentralistisch orientierter Experten geht in Richtung Länder. Sie kritisieren vor allem den hohen Verwaltungsaufwand und die unübersichtliche Gesetzeslage.

Die österreichischen Bundesländer liefern durch unterschiedliche Landesgesetze tatsächlich manchen föderalistischen Sprengstoff. So ist es kaum nachvollziehbar, dass es neun unterschiedliche Jagdgesetze oder Bauordnungen gibt. Dass in einem Land Whirlpools im Freien für Beherbergungsbetriebe gestattet sind, im anderen nicht. Man könnte die Aufzählung beliebig fortsetzen. In einer Zeit grenzüberschreitender Lebensinteressen ist es für viele Menschen nicht verständlich, dass in einem Bundesland die Ziegel für Häuslbauer so beschaffen sein müssen und im anderen wieder anders. Es besteht Harmonisierungsbedarf. Aber deshalb die Gesetzgebungskompetenz der Länder und damit gleich die Landtage abschaffen? Nein, das wird auch bis 2068 nicht geschehen.

Im Gegenteil: Salzburg wird nach einer vorübergehenden Phase der Renaissance der Nationalstaaten als gestärkte Region erscheinen. Ganz einfach, weil sich in einer zunehmenden globalisierten Welt mit starker Tendenz zur Vereinheitlichung der Drang zur Regionalisierung und Lokalisierung als ein lebenswichtiger politischer Nährstoff erweisen wird. Die Nähe zu den Bürgerinnen und Bürgern wird sich als Erfolgsrezept für praxisorientierte Politik herausstellen.

Salzburg hat im Jahr 2068 sowohl in Österreich als auch auf europäischer Ebene ein stärkeres Gewicht als je zuvor. Der Bundesrat wird nach zahlreichen erfolglosen Versuchen in eine tatsächliche Länderkammer mit Vetorecht in allen bundesgesetzlichen Fragen umgewandelt sein. Und das früher zahnlose Regionalgremium in der EU, der Ausschuss der Regionen, wird in alle Gesetzgebungsprozesse in Brüssel gleichberechtigt mit Rat und EU-Parlament eingebunden sein. Früher durften die Regionalvertreter bestenfalls wirkungslose Stellungnahmen zu Gesetzesentwürfen abgeben. Straßburg als zweiten Sitz des EU-Parlaments, ein Relikt aus der Gründungsphase der Union, wird es übrigens nicht mehr geben. In der Vergangenheit ist die Konzentration auf Brüssel als alleinigen Standort für das EU-Parlament stets am Veto Frankreichs gescheitert. Nicht die Einsicht in aufwändige, personalintensive und damit kostspielige beziehungsweise zeitraubende Doppelgleisigkeiten haben Paris zum Einlenken gebracht, sondern ein interessantes „Ersatzgeschäft“: Das Parlamentsgebäude in Straßburg ist im Jahr 2068 Standort für gleich mehrere EU-Agenturen mit Tausenden Beschäftigen.

Die Raumordnung ist 2068 noch immer die große Herausforderung für das Land. Bestrebungen des Bundes, die Raumordnung für ganz Österreich zentral zu gestalten, sind nicht von Erfolg gekrönt. Dafür sind überörtliche Zusammenarbeit und interregionale Kooperation groß geschrieben. Vor allem mit Bayern, aber auch mit Tirol, Oberösterreich und der Steiermark hat Salzburg verbindliche Vereinbarungen über eine gemeinsame Planung abgeschlossen. Das ist vor allem für den Zentralraum von Bedeutung. Der reicht mittlerweile von Hallein bis Oberndorf beziehungsweise Obertrum und erstreckt sich tief in die Landkreise Berchtesgaden und Traunstein. Sämtliche Raumordnungsentscheidungen von überörtlicher Bedeutung müssen gemeinsam getroffen werden. Das führt zu einer effizienten Gestaltung der Infrastruktur, unnötige Doppelstrukturen im Bildungs- und Gesundheitswesen gibt es nicht mehr, Freizeiteinrichtungen werden nach dem tatsächlichen Bedarf situiert und den kleinräumigen Denkmustern vergangener Jahrzehnte entzogen. Am besten sieht man das am öffentlichen Verkehr. Die Stadt Salzburg und die weitere Umgebung sind mit dem bereits seit langem bestehenden und zusätzlich ausgebauten Schienennetz mittlerweile bestens erschlossen. Schnell- und Regionalbahnen verkehren im Fünf-Minutentakt und bringen Hunderttausende Pendler täglich sicher an ihr Ziel. Vorbei sind die Zeiten stundenlanger Staus und entnervender Parkplatzsuche. Die Benützung der öffentlichen Verkehrsmittel ist kostenlos. Die Finanzierung erfolgt über Benützungsgebühren für die Straßen sowie Einsparungen bei der Erhaltung der früher extrem kostspieligen Infrastruktur für den Individualverkehr. Wer weiterhin mit dem EU-Auto in der Regel autonom fahren will, kann und darf dies auch tun, allerdings gegen Gebühren.

Die wirtschaftliche Entwicklung ist positiv. Salzburg gilt als „sauberes“ Land mit größtenteils emissionsfreier Industrie, einem ausgeprägten Handel und florierendem Tourismus. Die Gebirgsregionen haben sich in Zeiten des Klimawandels nicht mehr ausschließlich auf den Wintertourismus spezialisiert. Die Sommersaisonen haben sich stark entwickelt. Das Erlebnis Berg hat sich zum Schlager im Fremdenverkehr entwickelt. Unberührte Natur in Abwechslung mit gepflegter Naturlandschaft, saubere Luft, klares Wasser, gesundheitsförderndes Klima und gleichzeitig eine ausgeklügelte technische Infrastruktur – das sind die starken Seiten des Salzburger Tourismus. Die Stadt Salzburg hat sich noch stärker als in der Vergangenheit zur Kulturmetropole entwickelt. Dazu hat auch die erfolgreiche Bewerbung zur europäischen Kulturhauptstadt beigetragen. Eine solche war lange Zeit umstritten und wurde von der Politik abgelehnt. Salzburg sei ja schon eine Kulturhauptstadt Europas und müsse sie nicht erst werden, wurde argumentiert. Auch die hohen Kosten bereits erfolgter Projekte etwa in Graz oder Linz wurden dagegen eingewendet. Erst spät wurde erkannt, dass Kulturhauptstadt nicht gleich Kunsthauptstadt ist. Kultur betrifft auch das Zusammenleben, die erfolgreiche Integration Zugewanderter, die Kultur des Wohnens und der Architektur, den Stellenwert des öffentlichen Verkehrs und der sauberen Energieerzeugung. Und auch des Energietransports. Eines der Hauptstreitthemen der 2010er-Jahre, die Errichtung von großen Stromfreileitungen, konnte erfolgreich beigelegt werden. Das Land ist mittlerweile komplett verkabelt.

Die Bildungspolitik des Landes kann 2068 stolz auf die vergangenen Jahrzehnte zurückblicken. War der Schwerpunkt zunächst noch ganz stark auf Ausbildung im Sinne von Ermächtigung zur Teilnahme am Wirtschaftsleben ausgerichtet, hat sich Salzburg in den folgenden Jahrzehnten einem breiteren Bildungsbegriff zugewandt und die entsprechenden Einrichtungen forciert beziehungsweise erst errichtet. Die Universität mit ihrer stark humanistischen Ausrichtung steht stärker da denn je zuvor. Im Mittelpunkt steht der aufgeklärte, umfassend gebildete Bürger. In einer technisierten und digitalisierten Gesellschaft ist Fachwissen nach wie vor gefragt. Für das Fortkommen der Gesellschaft ist aber neben dem spezifischen Wissen wieder viel stärker das Allgemeinwissen in den Vordergrund getreten. Soziale Komponenten sind in einer zunehmend diversifizierten und segmentierten Gesellschaft von größter Bedeutung. Die Sozialwissenschaften und auch die Philosophie erleben eine Renaissance. Disziplinen wie Geschichte, Politik und Kommunikation stehen ganz oben in der Nachfrage. Große Unternehmen besetzen ihre Führungspositionen mit Menschen, die Zusammenhänge erkennen können. Salzburg sucht nicht mehr in erster Linie Absolventen, sondern Persönlichkeiten.

Die gibt es mittlerweile auch wieder in der Politik. Das Ansehen dieses Berufes war in den ersten beiden Jahrzehnten des Jahrhunderts auf den Nullpunkt gesunken. Das lag zum Teil an den Politikern selbst, die ihre Aufgabe weniger darin sahen, ihre eigenen Leistungen zu fördern, als die ihrer politischen Mitbewerber schlecht zu machen. Viele Medien haben diesen Irrweg ebenfalls beschritten und stellten Politik vor allem als ungustiösen Widerstreit der Interessen mit starkem Hang zur Korruption dar. Am Ende hieß es: Das sind alles Gauner.

Erst der starke Ausbau der partizipativen Demokratie hat eine Wende gebracht. Damit ist nicht die zunehmende Anwendung von in der Verfassung schon zur Jahrhundertwende vorgesehenen Mitbestimmungsmodellen gemeint. Volksbegehren, Volksbefragungen oder Volksabstimmungen wurden zunächst vor allem von den Parteien selbst initiiert und damit gewissermaßen missbraucht. Initiativen, die vom Volk selbst ausgingen, gab es selten. Diese Formen der Mitbestimmung haben Politik und Bürger einander kaum nähergebracht.

Ein Durchbruch wurde erst mit der Direktwahl aller Landtagsabgeordneten erzielt. Sie sind mit ihren Wählerinnen und Wählern viel stärker verbunden, als dies in der reinen Parteiendemokratie möglich war. Diese direkt gewählten Abgeordneten können sich nach wie vor zu Kooperationen zusammenschließen, sie stehen jedoch im direkten Kontakt mit ihrer Basis. Ihre Ideen und Anregungen holen sie sich nicht von Parteisekretären und Interessensvertretern, sondern von Bürger-Räten. Diese werden in den Gemeinden und Bezirken per Losentscheid bunt und dennoch repräsentativ zusammengewürfelt. Damit ergibt sich ein breites Spektrum, das der wahren Interessenslage der Menschen am ehesten entspricht. In Vorarlberg wurden solche Modelle schon in der Vergangenheit erfolgreich durchgeführt. Ihr Siegeszug durch andere Länder setzte aber erst spät, dafür aber umso heftiger ein.

Einen großen Schub für die Entwicklung des Landes Salzburg hat schließlich die Neuordnung des Themas Finanzen zwischen dem Bund und den Ländern gebracht. Den Ländern wurde größtmögliche Steuerautonomie gewährt bei gleichzeitiger Übernahme von großer Verantwortung. Dies führte zu neuen Mitteln und Steigerung der Effizienz. War man es früher gewohnt, mit „fremdem" Geld relativ leichtfertig umzugehen, so muss man heute, im Jahr 2068, mit den vorhandenen Mitteln wesentlich besser haushalten, da man ja auch für deren Eintreibung zuständig ist und auch die politische Verantwortung dafür übernehmen muss. Das belebt auch den Wettbewerb zu anderen Regionen. Salzburg hat sich auch für den neuen Weg entschieden, radikal von der Subventionspolitik der früheren Jahre abzugehen. Was man den Bürgerinnen und Bürgern nicht aus der Tasche zieht, muss man ihnen nicht anschließend auf wenig transparenten Wegen wieder als Förderung zukommen lassen. Dieser neue Stil erforderte ein Umdenken in der Politik und einen großen Verzicht. Gerade das Verteilen von Geld und Positionen wurde früher als ein wesentliches Merkmal der Macht gesehen.

Die Republik Österreich ist eine freiwillige Gründung der Bundesländer. Davon war in den ersten 100 Jahren nicht immer viel zu spüren. Erst eine neue Kompetenzverteilung, um die jahrzehntelang gerungen wurde, machte den Weg frei für ein wirklich föderales Österreich. Die Politik nahm dabei Anleihe an ihrem vor allem gegenüber der EU stets beschworenen Subsidiaritätsprinzip. Demzufolge überlässt man jeder politischen Ebene die Kompetenzen, die sie am besten, effizientesten, sparsamsten und vor allem bürgernah erfüllen kann. Nur jene Dinge, die man aus eigener Kraft und eigenem Können nicht realisieren kann, werden auf die nächsthöhere Ebene übertragen. Heute, 2068, wird diese Subsidiarität tatsächlich gelebt. Europa ist für die Vertretung der Interessen Österreichs und aller anderen Mitgliedstaaten auf globaler Ebene zuständig. Österreich besorgt für die Bundesländer alle Fragen der äußeren und inneren Sicherheit, der nationalen Infrastruktur oder der Außenpolitik. Die Länder wiederum besorgen die unmittelbaren Dinge des täglichen Zusammenlebens ihrer Bürgerinnen und Bürger in Zusammenarbeit mit den Gemeinden.

Die Idee vom totalen Zentralismus hat sich erledigt. Zahlreiche Studien haben bestätigt, dass eine Konzentration der Macht bei gleichzeitiger Entmachtung und Marginalisierung der Länder nicht zu mehr Effizienz und weniger Kosten führen, sondern dass das Gegenteil der Fall ist. Die Verlagerung von Ländereinrichtungen nach Wien hätte zu noch mehr aufgeblähten, kaum noch steuerbaren Apparaten geführt. Heute gibt es die starke Dezentralisierung. Bundeseinrichtungen wurden nach deutschem Vorbild auf die Regionen verteilt. Gewiss, Deutschland hat durch seine Geschichte eine andere Ausgangsposition. Berlin war lange Zeit als Hauptstadt ausgeschaltet, Bonn wurde der Ersatzstandort. Bei der Gelegenheit wurden zahlreiche Bundesstellen in die Länder verteilt. Aber, das System funktioniert bis heute. Umweltminister Andrä Rupprechter hat 2017 als Erster damit begonnen, Bundeseinrichtungen von Wien in andere Länder zu verlegen. Er verfolgte damit nicht nur das politische Ziel der Dezentralisierung, sondern wollte damit auch eine Stärkung der ländlichen Regionen erreichen. Heute, 2068, befinden sich in jedem Bundesland Bundesdienststellen. Der Prozess war mühsam und entsprechend langfristig angelegt, aber erfolgreich.

Der zunehmenden Urbanisierung steht heute der Trend zur Regionalisierung gegenüber. Es gibt beide Tendenzen. Die großen Städte sind voll, haben kaum noch Platz zum Expandieren. Die Landflucht konnte eingedämmt werden. Der

Lungau ist zwar nach wie vor die Region Salzburgs mit der geringsten Bevölkerungsdichte, die Lebensqualität ist dafür aber auch die höchste. Investitionen in die Infrastruktur (Straßen, Züge, öffentliche Verkehrsmittel, Breitband, Betriebe, Tourismus) haben den Bezirk als dauerhaften Lebensraum auch für junge Menschen wieder interessant gemacht. Es gab zuletzt wieder viele Rückkehrer, also Menschen, die als junge Leute den Lungau verlassen haben, um Karriere zu machen, und sich jetzt wieder in ihrer alten Heimat niedergelassen haben.

Zum Schluss: Salzburg präsentiert sich 2068 als starke, selbständige Region in Österreich und Europa. Die besonderen Qualitäten liegen in der hohen Lebensqualität, besten Gesundheitsversorgung und Sicherheit. Salzburg ist als Kultur- und Bildungsstandort in der Spitze der europäischen Regionen zu finden. Der Landespolitik ist es gelungen, eine Balance zwischen Fortschritt und Bewahren zu halten. Moderne Infrastruktur, erfolgreiche Unternehmen, schöne Natur, Gastfreundschaft, das sind die wesentlichen Merkmale eines erfolgreichen Landes mit erfolgreichen Bewohnerinnen und Bewohnern. Salzburg führt die österreichische Hitparade der Regionen an, die den Menschen als besonders lebenswert erscheinen. Dass das so ist, daran hat auch der erstarkte Landtag seinen Anteil. Seine gesetzgeberischen Kompetenzen wurden in ganz wesentlichen Fragen (Raumordnung, Bildung, Finanzen, Gesundheit) sogar ausgebaut, in anderen, die einer österreichweiten Angleichung bedurften, eingeschränkt. Salzburg konzentriert sich seither aufs Wesentliche. Das ist der Baustein, auf dem Erfolg beruht.

Hans Peter Hasenöhrl

Der Landtag braucht eine Revolution – bekommt er nur ein neues Dach?

Der Chiemseehof, der frühere Sitz der Bischöfe vom Chiemsee, erhält derzeit ein neues Dach. Die Renovierung war längst notwendig und die dynamische Präsidentin Brigitta Pallauf hat dies durchgesetzt. Erreichen Frauen in der Politik mehr? Auch Doris Bures gelang es als Präsidentin des Nationalrates, den Umbau des Parlaments in die Wege zu leiten. Für beide Maßnahmen bringt die Bevölkerung Verständnis auf und gerade in Salzburg ist den Menschen die Politik nicht egal. Das merken die Medienmacher am regen Interesse an landespolitischen Themen. Weiter im Osten sind sie vielleicht nur einen Einspalter wert.

Dennoch braucht der Landtag eine Revolution. Unblutig natürlich, keine Angst. Das ist kein Aufruf zur Gewalt. Aber: Eine völlige Neuordnung der staatlichen Strukturen ist überfällig. Da werden immer die neun verschiedenen Baugesetze und die neun verschiedenen Jugendschutzbestimmungen zitiert, doch es geht um mehr.

Fallen in dieser Republik die Entscheidungen in dem angeblich so noblen Wiener Bezirk, in dem sich auch TV-gerecht die „Vorstadtweiber“ tummeln? Beim Heurigen oder an den Tischen im Kaffeehaus Landtmann an der Ringstraße? Es scheint so, denn allein die Verteilung der Mittel für die Infrastruktur bevorzugt den Osten der Republik über alle Maßen. Die Hochgeschwindigkeitsbahn fährt 20 Minuten von Wien nach St. Pölten, von Attnang-Puchheim bis Salzburg dauert es fast eine Stunde. Das fällt nicht in die Kompetenz des Landtages, so lautet ein beliebtes Gegenargument.

Kaum ein Aufmacher erregte so viele Diskussionen wie meine Schlagzeile über die zunehmende Macht der Verwaltungsgerichte: Lösen Richter die Politik ab? So fragte ich plakativ. Zwei krasse Beispiele:

Hat der Landtag die Macht, über die Trasse der Stromautobahn zu entscheiden?

Kann der Landtag den Abbau der Rohstoffe am Lidaun bei Faistenau verbieten?

Das führt mich zur Frage, ob wir neun Landtage brauchen, wo doch Bayern mit einem auskommt. Ich bin klar für die regionale Strukturierung der Republik, aber es muss Sinn ergeben. Wir entsenden Abgeordnete in den Bundesrat, doch sie können höchstens eine Gesetzesvorlage des Nationalrates ein wenig verzögern. Es ist eine unnütze Fleißaufgabe, wenn der Landtag strengere Bestimmungen in Gesetzen verlangt, über die allein der Bund entscheidet. Gebt dem Landtag also mehr Macht.

Alle Abgeordneten, die ich bisher kennenlernen durfte, arbeiten mit Herzblut und Engagement für die Menschen. Wer hat Angst vor mehr Macht der Länder? 1868 ist der Landtag in den Chiemseehof eingezogen. Belanglose Festreden sind schön anzuhören, doch es muss sich endlich etwas tun in den verkrusteten Strukturen. Der Landtag bekommt ein neues Dach! Macht im Jubiläumsjahr auch eine Revolution, die Salzburg und den anderen Bundesländern gut tut.

Christoph Takacs

Der Versuch einer Vermessung

Warum die Politik besser als ihr Ruf ist

1868 fand die erste Landtagssitzung im neu umgebauten Chiemseehof statt. Der Satz ist banal und ein Faktum, welches man auf der Homepage des Landes Salzburg unter dem Titel „Der Salzburger Landtag und seine Geschichte" findet. Werfen wir doch einen Blick hinter dieses Faktum und befreien selbiges von der von mir vordergründig unterstellten Banalität. Helmut Kohl, der ehemalige deutsche Bundeskanzler, hat in den 1990er-Jahren in einer Rede vor dem deutschen Bundestag sinngemäß formuliert: Wer die Gegenwart verstehen will, muss die Vergangenheit kennen, um die Zukunft gestalten zu können.

Heuer feiert nicht nur der Salzburger Landtag im Chiemseehof seinen 150. Geburtstag. Der österreichische Pathologe, Immunologe und spätere Medizin-Nobelpreisträger Karl Landsteiner wurde 1868 geboren. Er gilt als Entdecker der Blutgruppen des Menschen sowie als Mitentdecker des Rhesusfaktors. Auch Robert Falcon Scott, britischer Marineoffizier und Polarforscher, August Horch, deutscher Maschinenbauingenieur und Namensgeber der Automobilmarke Horch, dem heutigen Audi, und der Gründer des Pharmakonzerns Fritz Hoffmann-La Roche werden im selben Jahr geboren. Ebenso wird der Begriff „Kaisertum Österreich" durch die Bezeichnung „Österreichisch-Ungarische Monarchie" per Handverfügung von Kaiser Franz Joseph I. ersetzt. Im Osmanischen Reich wird der „Rote Halbmond" als Hilfsorganisation für verwundete und kranke Soldaten gebildet.

Die Genferin Marie Goegg-Pouchoulin gründet die „Association internationale des femmes" in der Schweiz und damit die erste internationale Frauenrechtsorganisation. Das US-Repräsentantenhaus leitet gegen Präsident Andrew Johnson das erste Amtsenthebungsverfahren in der Geschichte der Vereinigten Staaten ein und scheitert. In Venedig wird die spätere Universität Venedig und in München die technische Universität gegründet. Das von August Weber errichtete Künstlerhaus Wien wird eröffnet. Die Oper „Die Meistersinger von Nürnberg" von Richard Wagner wird in München uraufgeführt. Der Norweger Sondre Norheim stellt den ersten offiziellen Skisprungweltrekord auf. Er kommt auf eine Weite von heute lächerlichen 19,5 Metern und die Tabascosauce wird in den USA erfunden. Diese ist übrigens seit 150 Jahren völlig unverändert chillischarf. Scharf war auch die soziale Situation in Salzburg. In manchen Städten, wie beispielsweise in der Salinenstadt Hallein, herrscht eine schwere soziale Krise. Es ist aber auch die Zeit, zu der Künstler Salzburgs europaweiten Ruf als eine der schönsten Landschaften der Welt begründen. Damit wird der Grundstein für den Tourismus gelegt. Das wirkt nachhaltig bis heute, wie man in der Dauerausstellung des Salzburg Museums „Mythos Salzburg" eindrucksvoll erleben kann. Politik ist damals übrigens à la James Brown „A Man's Man's Man's World". Frauen bekamen erst 1919 das Wahlrecht.

Aber was hat das alles mit dem Jubiläum zu tun? Nun ich denke, man muss das historische Umfeld betrachten, in dem diese erste Sitzung des Salzburger

Landtages im Chiemseehof stattfindet, um dann einen Bogen spannen zu können.

Bei aller potentiell gerechtfertigter Kritik an der Politik und Politikerinnen und Politikern in der Vergangenheit, Gegenwart und Zukunft: Es ist einfach unfair, wenn laut einer Umfrage, die im Oktober 2017 veröffentlicht wurde, 93 Prozent der Landsleute – österreichweit gesehen – gar kein oder wenig Vertrauen in Politikerinnen und Politiker haben. Schlimmer kann es eigentlich nicht mehr werden, oder? Könnte ich diese Frage beantworten, könnte ich Ihnen auch die Lottozahlen der nächsten Wochen nennen. Absehbar ist eine Trendwende jedenfalls für mich nicht, obwohl das wenig verständlich ist. Man könnte auch ganz platt sagen, es geht uns sehr gut, warum dann jammern?

„Wer alleine arbeitet, addiert, wer zusammenarbeitet, multipliziert", sagt eine alte arabische Weisheit. Die Menschen haben dieses Land in den vergangenen 150 Jahren gemeinsam mit Politikerinnen und Politikern verändert. Wir alle zusammen haben die Situation verbessert, wir haben „multipliziert" im besten Sinne. Das gilt für Europa, für Österreich und im selben Maße auch für Land und Stadt Salzburg. Dort, wo in früherer Zeit bittere Armut, Krankheit, soziale Krisen und menschenmordende Kriege in den Köpfen der Menschen den Ton angaben und sie das Leben kosteten, herrschen heute soziale Sicherheit und Wohlstand. Natürlich kann und muss man alles verbessern, auch heute. Stillstand ist Rückschritt, aber darüber sollten wir nicht vergessen, dass vieles erreicht wurde und vieles noch erreicht werden kann. Wenn, ja wenn wir das „Gemeinsame" in den Vordergrund rücken.

Dieses „Gemeinsame" in den Vordergrund zu rücken, ist in einer Zeit der digitalen Oberflächlichkeit, von Blasen, Echokammern, alternativen Fakten und „Fake News" eine Herausforderung. Mir fällt in diesem Zusammenhang ein Zitat von Oscar Wilde ein: „Ich lese nie die Bücher, die ich rezensiere – man ist sonst so voreingenommen." Im übertragenen Sinn bedeutet dies: Wieso soll ich mich mit Fakten wie beispielsweise der Geschichte auseinandersetzen, wenn ich doch grundlegend eine eigene Meinung habe, unabhängig davon, ob diese faktenbasiert ist oder nicht? Willkommen in der digitalen Wirklichkeit.

Wir haben eine ungeheure Schreiblust, leben in einer Epoche allgemeiner Autorenschaft. E-Mail, Twitter, Facebook, Whatsapp, Hashtags, Blogs, Internetforen. Alles schreibt, aber kaum einer liest. Wie denn auch, wenn angeblich rund ein Viertel der Schulabgängerinnen und Schulabgänger nicht sinnerfassend lesen kann. Das machen dann Algorithmen und die ziehen uns dann in eine Filterblase oder Echokammer und bestärken uns in unserer Meinung, weil sie uns das Gefühl geben, ICH bin mit meiner Sicht der Dinge nicht alleine, sondern ICH bin Teil einer Mehrheit. Wahr ist, was behauptet wird – nicht, was faktisch und sachlich nachvollziehbar ist. So quasi, man ist nicht bei Rot über die Ampel gefahren, die Ampel hat „kirschgrün" gezeigt.

„Ich mach' mir die Welt, (...) wie sie mir gefällt", legt die Schriftstellerin Astrid Lindgren ihrer Pippi Langstrumpf in den Mund. Wir leben mehr und mehr in einer Pippi-Langstrumpf-Welt. Da tritt das Gemeinsame in den Hintergrund, grenzenlose Individualität gibt den Takt an. Es ist auch bedeutend einfacher, wenn ich mich nur mit mir selbst auf einen Weg einigen muss. Ich bin ich. Da brauche ich keine Mehrheiten finden, keine Kompromisse eingehen, keinen Interessensausgleich suchen und schon gar keine Rücksicht nehmen.

Auch wenn wir es nicht wahrhaben wollen, Mehrheiten finden, Kompromisse ermöglichen, einen Interessensausgleich herstellen und Rücksicht nehmen, das ist der Treibstoff einer demokratischen Gesellschaft. Diesen Treibstoff herzustellen, das ist der Job von Politikerinnen und Politikern. Die Raffinerie dafür ist das Europäische Parlament, der Nationalrat, der Bundesrat, der Landtag und der Gemeinderat. Die Problemstellungen sind vielschichtig, die Antworten komplex. Sie lassen sich nicht auf schlichtes Schwarz oder Weiß reduzieren. Das Leben, die Gesellschaft und damit die Menschen zeigen viele Farben, es braucht Zeit, um zu verstehen, Zeit, um eine konsensuale Lösung zu erarbeiten. Und danach ist zwingend eine Entscheidung zu treffen. Die mag mir schmecken oder auch nicht. Wer in einem demokratisch organisierten Land lebt, muss diese politischen Mehrheitsentscheidungen akzeptieren, kann – durch Bürgerrechte abgesichert – dagegen protestierten und auf demokratischem Weg eine Veränderung herbeiführen. Dies ist wohl die DNA jeder Demokratie.

Für diese DNA muss man sich interessieren und die Möglichkeiten sind vielfältig. Landtagssitzungen sind öffentlich, selbst die Vorberatungen in den Fachausschüssen sind öffentlich. Auch das zeigt, wie sich der parlamentarische Arbeitsprozess im Laufe der Jahrzehnte verändert hat. Die vielfach kolportierte Stammtisch-Meinung, dass Politikerinnen und Politiker ohnehin das machen würden, was sie wollen, ist also schon aus dem Grunde falsch.

1868 fand die erste Landtagssitzung im neu umgebauten Chiemseehof statt. Dieser Satz, den ich an den Beginn gestellt habe, mag so betrachtet nicht mehr vordergründig banal klingen, sondern wirklich essentiell.

Autorinnen und Autoren

Bauer, Ingrid, Univ.-Prof. Dr. (*1954), Professorin für Neuere Geschichte sowie Frauen- und Geschlechtergeschichte an der Universität Salzburg (bis 2016)

Brandhuber, Christoph, Dr. (*1981), Leiter des Archivs der Universität Salzburg

Brandner, Harald, Dipl. Sozialarbeiter (*1960), stellvertretender Geschäftsführer von Akzente Salzburg (bis 2012)

Braumann, Christoph, DI Dr. (*1952), Raumplaner und Leiter des Referates Landesplanung beim Land Salzburg (bis 2015)

Buchner, Hans, Dr. (*1950), Direktor des Salzburger Landesrechnungshofes (bis 2005)

Dirninger, Christian, Univ.-Prof. Dr. (*1952), Professor für Wirtschafts- und Sozialgeschichte an der Universität Salzburg

Fallend, Franz, Dr. (*1965), Senior Scientist im Fachbereich Politikwissenschaft und Soziologie an der Universität Salzburg

Flandera, Christian, Dr. (*1972), Sonderprojekte und Leitung Handelswaren & Shops im Salzburg Museum

Glaeser, Othmar, Dr. (*1954), Leiter der Abteilung 5 „Natur- und Umweltschutz, Gewerbe" beim Land Salzburg

Grüner, Alois, Dr. (*1947), Leiter der Abteilung 9 „Gesundheit und Landesanstalten" beim Land Salzburg (bis 2007)

Haas, Hanns, Univ.-Prof. Dr. (*1943), Emeritierter Professor für Österreichische Geschichte an der Universität Salzburg

Hanisch, Ernst, Univ.-Prof. Dr. (*1940), Professor für Neuere Österreichische Geschichte an der Universität Salzburg (bis 2004)

Hasenöhrl, Hans Peter (*1946), Chefredakteur der Salzburg Krone

Höbelt, Lothar, Univ.-Prof. Dr. (*1956), Professor für Neuere Geschichte an der Universität Wien

Hörmandinger, Josef, Mag. (*1971), Rechts- und Informationsdienst in der Salzburger Landtagsdirektion

Kabel-Herzog, Elke, MMag. (*1964), Leiterin des Referates Kindergärten, Horte und Tagesbetreuung beim Land Salzburg (bis 2014)

Kiefer, Andreas, Dr. (*1957), Generalsekretär des Kongresses der Gemeinden und Regionen im Europarat in Straßburg, Leiter des Landes-Europabüros (1996-2010)

Kirchtag, Wolfgang, Dr. (*1962), Landtagsdirektor des Salzburger Landtags

Knoll, Martin, Univ.-Prof. Dr. (*1969), Professor für Europäische Regionalgeschichte an der Universität Salzburg

Krammer, Reinhard, Univ.-Prof. Dr. (*1949, +2017), Professor für Geschichtsdidaktik an der Universität Salzburg

Kriechbaumer, Robert, Univ.-Prof. Dr. (*1948), Professor für Neuere Österreichische Geschichte an der Universität Salzburg und für Geschichte an der Pädagogischen Hochschule Salzburg

Kühn, Ralf, DI (*1968), Verkehrsplaner beim Land Salzburg

Lebitsch-Buchsteiner, Sigrid, Dr. (*1967), Verfassungs- und Verwaltungsjuristin, Rechtsanwältin

Lienbacher, Nikolaus, DI Dr., MBA (*1960), Kammeramtsdirektor der Kammer für Land- und Forstwirtschaft in Salzburg

Luger, Kurt, Univ.-Prof. Dr. (*1952), UNESCO-Lehrstuhl „Kulturelles Erbe und Tourismus" an der Universität Salzburg

Mair, Michael, Dr. (*1955), langjähriger Politik-Redakteur beim ORF Salzburg

Mayer, Stefan, Dr. (*1972), Redakteur im Landes-Medienzentrum Salzburg

Mayr, Karl, Dr. (*1943), Leiter der Abteilung für Land- und Forstwirtschaft beim Land Salzburg (bis 2003)

Nake, Michael, Dr. (*1956), Kanzler der PMU Salzburg (Paracelsus Medizinische Privatuniversität)

Pallauf, Brigitta, Dr. (*1960), Präsidentin des Salzburger Landtages seit 2013, 2018 Landesrätin

Perterer, Manfred (*1960), Chefredakteur der Salzburger Nachrichten

Praher, Andreas, Mag. (*1980), Historiker und Senior Scientist am Fachbereich Geschichte der Universität Salzburg

Ribitsch, Raimund, Mag. (*1964), Geschäftsführer der Fachhochschule Salzburg GmbH

Rinnerthaler, Alfred, Univ.-Prof. Dr. (*1951), Professor für Rechtsgeschichte und Religionsrecht an der Universität Salzburg (bis 2016)

Rolinek, Susanne, Dr. (*1969), Historikerin, Kuratorin, Autorin und wissenschaftliche Mitarbeiterin im Salzburg Museum

Sampl, Josef, Mag. Dr. (*1948), Rektor der Pädagogischen Hochschule in Salzburg (bis 2012)

Schernthaner, Peter, Dr. (*1958), Leiter des Referates Gemeindepersonal und Tourismusrecht beim Land Salzburg

Scherrer, Walter, Univ.-Prof. Dr. (*1957), Professor für Volkswirtschaftslehre und Finanzwissenschaft an der Universität Salzburg

Scheuringer, Brunhilde, Univ.-Prof. Dr. (*1944), Professorin für Soziologie an der Universität Salzburg (bis 2008)

Schick, Wolfgang, Mag. (*1959), Leiter des Referates Jugend, Generationen und Integration beim Land Salzburg

Schopf, Hubert, Dr. (*1961), Archivar im Salzburger Landesarchiv

Stockinger, Heinz, Mag. (*1947), Lehrbeauftragter an der Universität Salzburg (bis 2011), Obmann der Plattform gegen Atomgefahren Salzburg

Stüber, Eberhard, Prof. Dr. (*1927), Landesumweltanwalt (bis 1998) und Direktor des Hauses der Natur in Salzburg (bis 2009)

Takacs, Christoph, Dr. (*1963), Landesdirektor des ORF Salzburg

Voithofer, Richard, Dr. (*1965), Wissenschaftlicher Dienst in der Salzburger Landtagsdirektion

Wagner, Axel, DI (*1939), Landesbaudirektor beim Land Salzburg (bis 2000)

Wally, Stefan, Mag., MAS (*1970), Wissenschaftlicher Mitarbeiter der Robert-Jungk-Bibliothek für Zukunftsfragen

Wintersteller, Wolfgang, Mag. (*1944), AHS-Lehrer und Historiker

Zaisberger, Friederike, Dr., MAS (*1940), Direktorin des Salzburger Landesarchivs (bis 1997)

Register